J. von Staudingers
Kommentar zum Bürgerlichen Gesetzbuch
mit Einführungsgesetz und Nebengesetzen
Buch 4 · Familienrecht
§§ 1408–1563
(Eheliches Güterrecht 2 – Vertragliches Güterrecht)

Kommentatorinnen und Kommentatoren

Dr. Karl-Dieter Albrecht
Vorsitzender Richter am Bayerischen
Verwaltungsgerichtshof a. D., München

Dr. Christoph Althammer
Professor an der Universität Regensburg

Dr. Georg Annuß
Rechtsanwalt in München, Außerplan-
mäßiger Professor an der Universität
Regensburg

Dr. Christian Armbrüster
Professor an der Freien Universität Berlin,
Richter am Kammergericht a. D.

Dr. Arnd Arnold
Professor an der Universität Trier,
Dipl.-Volksw.

Dr. Markus Artz
Professor an der Universität Bielefeld

Dr. Marietta Auer
Professorin an der Universität Gießen

Dr. Martin Avenarius
Professor an der Universität zu Köln

Dr. Ivo Bach
Professor an der Universität Göttingen

Dr. Wolfgang Baumann
Notar in Wuppertal, Professor an
der Bergischen Universität Wuppertal

Dr. Winfried Bausback
Professor a. D. an der Bergischen
Universität Wuppertal, bayerischer Staats-
minister der Justiz, Mitglied des
Bayerischen Landtags

Dr. Roland Michael Beckmann
Professor an der Universität
des Saarlandes, Saarbrücken

Dr. Dr. h. c. Detlev W. Belling,
M.C.L.
Professor an der Universität Potsdam

Dr. Andreas Bergmann
Professor an der Fernuniversität Hagen

Dr. Falk Bernau
Richter am Bundesgerichtshof, Karlsruhe

Dr. Marcus Bieder
Professor an der Universität Osnabrück

Dr. Werner Bienwald
Professor an der Evangelischen
Fachhochschule Hannover, Rechtsanwalt
in Oldenburg

Dr. Tom Billing
Rechtsanwalt in Berlin

Dr. Claudia Bittner, LL.M.
Außerplanmäßige Professorin
an der Universität Freiburg i. Br.,
Richterin am Hessischen Landessozial-
gericht

Dr. Eike Bleckwenn
Rechtsanwalt in Hannover

Dr. Reinhard Bork
Professor an der Universität Hamburg

Dr. Jan Busche
Professor an der Universität Düsseldorf

Dr. Georg Caspers
Professor an der Universität
Erlangen-Nürnberg

Dr. Tiziana Chiusi
Professorin an der Universität
des Saarlandes, Saarbrücken

Dr. Michael Coester, LL.M.
Professor an der Universität München

Dr. Dr. h. c. Dagmar Coester-
Waltjen, LL.M.
Professorin an der Universität Göttingen

Dr. Thomas Diehn
Notar in Hamburg

Dr. Katrin Dobler
Regierungsdirektorin beim Justizministe-
rium Baden-Württemberg

Dr. Heinrich Dörner
Professor an der Universität Münster

Dr. Werner Dürbeck
Richter am Oberlandesgericht Frankfurt a. M.

Dr. Anatol Dutta, M. Jur.
Professor an der Universität München

Dr. Christina Eberl-Borges
Professorin an der Universität Mainz

Dr. Dres. h. c. Werner F. Ebke,
LL.M.
Professor an der Universität Heidelberg

Dr. Jan Eickelberg, LL.M.
Professor an der Hochschule für Wirtschaft
und Recht, Berlin

Jost Emmerich
Richter am AG München

Dr. Volker Emmerich
Professor an der Universität Bayreuth,
Richter am Oberlandesgericht
Nürnberg a. D.

Dipl.-Kfm. Dr. Norbert Engel
Ministerialdirigent a. D., Rechtsanwalt
in Erfurt

Dr. Cornelia Feldmann
Rechtsanwältin in Freiburg i. Br.

Dr. Timo Fest, LL.M.
Priv. Dozent an der Universität München

Dr. Karl-Heinz Fezer
Professor an der Universität Konstanz,
Honorarprofessor an der Universität
Leipzig, Richter am Oberlandesgericht
Stuttgart a. D.

Dr. Philipp S. Fischinger, LL.M.
Professor an der Universität Mannheim

Dr. Holger Fleischer
Professor am Max-Planck-Institut,
Hamburg

Dr. Rainer Frank
Professor an der Universität
Freiburg i. Br.

Dr. Robert Freitag,
Maître en droit
Professor an der Universität
Erlangen-Nürnberg

Dr. Jörg Fritzsche
Professor an der Universität Regensburg

Dr. Beate Gsell, Maître en droit
Richterin am Oberlandesgericht München,
Professorin an der Universität München

Dr. Karl-Heinz Gursky
Professor an der Universität Osnabrück

Dr. Thomas Gutmann, M. A.
Professor an der Universität Münster

Dr. Martin Gutzeit
Professor an der Universität Gießen

Dr. Martin Häublein
Professor an der Universität Innsbruck

Dr. Johannes Hager
Professor an der Universität München

Dr. Felix Hartmann
Professor an der FU Berlin

Dr. Wolfgang Hau
Professor an der Universität Passau

Dr. Rainer Hausmann
Professor an der Universität Konstanz

Dr. Stefan Heilmann
Richter am Oberlandesgericht Frankfurt,
Honorarprofessor an der Frankfurt
University of Applied Sciences

Dr. Jan von Hein
Professor an der Universität Freiburg i. Br.

Dr. Christian Heinze
Professor an der Universität Hannover

Dr. Stefan Heinze
Notar in Moers

Dr. Tobias Helms
Professor an der Universität Marburg

Dr. Dr. h. c. mult. Dieter
Henrich
Professor an der Universität Regensburg

Dr. Carsten Herresthal, LL.M.
Professor an der Universität Regensburg

Christian Hertel, LL.M.
Notar in Weilheim i. OB.

Dr. Stephanie Herzog
Rechtsanwältin in Würselen

Dr. Katharina Hilbig-Lugani
Professorin an der Universität Düsseldorf

Joseph Hönle
Notar in München

Dr. Ulrich Hönle
Notar in Waldmünchen

Dr. Bernd von Hoffmann †
Professor an der Universität Trier

Dr. Heinrich Honsell
Professor an der Universität Zürich,
Honorarprofessor an der Universität
Salzburg

Dr. Norbert Horn
Professor an der Universität zu Köln,
Vorstand des Arbitration Documentation
and Information Center e.V., Köln

Dr. Rainer Hüttemann
Professor an der Universität Bonn

Dr. Martin Illmer
Wiss. Referent am MPI, Hamburg

Dr. Florian Jacoby
Professor an der Universität Bielefeld

Dr. Rainer Jagmann
Vorsitzender Richter am Oberlandesgericht Karlsruhe a. D.

Dr. Ulrich von Jeinsen
Rechtsanwalt und Notar in Hannover, Honorarprofessor an der Universität Hannover

Dr. Joachim Jickeli
Professor an der Universität zu Kiel

Dr. Dagmar Kaiser
Professorin an der Universität Mainz

Dr. Bernd Kannowski
Professor an der Universität Bayreuth

Dr. Rainer Kanzleiter
Notar a. D. in Ulm, Honorarprofessor an der Universität Augsburg

Dr. Sibylle Kessal-Wulf
Richterin des Bundesverfassungsgerichts, Karlsruhe

Dr. Christian Kesseler
Notar in Düren, Honorarprofessor an der Universität Trier

Dr. Fabian Klinck
Professor an der Universität Bochum

Dr. Frank Klinkhammer
Richter am Bundesgerichtshof, Karlsruhe, Honorarprofessor an der Universität Marburg

Dr. Steffen Klumpp
Professor an der Universität Erlangen-Nürnberg

Dr. Jürgen Kohler
Professor an der Universität Greifswald

Dr. Stefan Koos
Professor an der Universität der Bundeswehr München

Dr. Rüdiger Krause
Professor an der Universität Göttingen

Dr. Heinrich Kreuzer
Notar in München

Dr. Lena Kunz, LL.M.
Akad. Mitarbeiterin an der Universität Heidelberg

Dr. Hans-Dieter Kutter
Notar a. D. in Nürnberg

Dr. Arnold Lehmann-Richter
Professor an der Hochschule für Wirtschaft und Recht Berlin

Stefan Leupertz
Richter a. D. am Bundesgerichtshof, Honorarprofessor an der TU Dortmund

Johannes Liebrecht
Wiss. Referent am Max-Planck-Institut, Hamburg

Dr. Martin Löhnig
Professor an der Universität Regensburg

Dr. Dr. h. c. Manfred Löwisch
Professor an der Universität Freiburg i. Br., Rechtsanwalt in Lahr (Schw.), vorm. Richter am Oberlandesgericht Karlsruhe

Dr. Dirk Looschelders
Professor an der Universität Düsseldorf

Dr. Stephan Lorenz
Professor an der Universität München

Dr. Ulrich Magnus
Professor an der Universität Hamburg, Affiliate des MPI für ausländisches und internationales Privatrecht, Hamburg, Richter am Hanseatischen Oberlandesgericht zu Hamburg a. D.

Dr. Peter Mankowski
Professor an der Universität Hamburg

Dr. Heinz-Peter Mansel
Professor an der Universität zu Köln

Dr. Peter Marburger
Professor an der Universität Trier

Dr. Wolfgang Marotzke
Professor an der Universität Tübingen

Dr. Sebastian A. E. Martens
Professor an der Universität Passau

Dr. Dr. Dr. h. c. mult. Michael Martinek, M.C.J.
Professor an der Universität des Saarlandes, Saarbrücken, Honorarprofessor an der Universität Johannesburg, Südafrika

Dr. Annemarie Matusche-Beckmann
Professorin an der Universität des Saarlandes, Saarbrücken

Dr. Gerald Mäsch
Professor an der Universität Münster

Dr. Jörg Mayer †
Honorarprofessor an der Universität Erlangen-Nürnberg, Notar in Simbach am Inn

Dr. Dr. Detlef Merten
Professor an der Deutschen Universität für Verwaltungswissenschaften Speyer

Dr. Tanja Mešina
Staatsanwältin, Stuttgart

Dr. Rudolf Meyer-Pritzl
Professor an der Universität zu Kiel, Richter am Schleswig-Holsteinischen Oberlandesgericht in Schleswig

Dr. Morten Mittelstädt
Notarassessor in Hamburg

Dr. Peter O. Mülbert
Professor an der Universität Mainz

Dr. Dirk Neumann
Vizepräsident des Bundesarbeitsgerichts a. D., Kassel, Präsident des Landesarbeitsgerichts Chemnitz a. D.

Dr. Hans-Heinrich Nöll
Rechtsanwalt in Hamburg

Dr. Jürgen Oechsler
Professor an der Universität Mainz

Dr. Hartmut Oetker
Professor an der Universität zu Kiel, Richter am Thüringer Oberlandesgericht in Jena

Wolfgang Olshausen
Notar a. D. in Rain am Lech

Dr. Dirk Olzen
Professor an der Universität Düsseldorf

Dr. Sebastian Omlor, LL.M., LL.M.
Professor an der Universität Marburg

Dr. Gerhard Otte
Professor an der Universität Bielefeld

Dr. Lore Maria Peschel-Gutzeit
Rechtsanwältin in Berlin, Senatorin für Justiz a. D. in Hamburg und Berlin, Vorsitzende Richterin am Hanseatischen Oberlandesgericht zu Hamburg i. R.

Dr. Frank Peters
Professor an der Universität Hamburg, Richter am Hanseatischen Oberlandesgericht zu Hamburg a. D.

Dr. Axel Pfeifer
Notar in Hamburg

Dr. Christian Picker
Dozent an der Universität München

Dr. Andreas Piekenbrock
Professor an der Universität Heidelberg

Dr. Jörg Pirrung
Richter am Gericht erster Instanz der Europäischen Gemeinschaften i. R., Professor an der Universität Trier

Dr. Dr. h. c. Ulrich Preis
Professor an der Universität zu Köln

Dr. Maximilian Freiherr von Proff zu Irnich
Notar in Köln

Dr. Thomas Raff
Notarassessor, Kandel

Dr. Manfred Rapp
Notar a. D., Landsberg am Lech

Dr. Thomas Rauscher
Professor an der Universität Leipzig, Dipl. Math.

Dr. Peter Rawert, LL.M.
Notar in Hamburg, Honorarprofessor an der Universität Kiel

Eckhard Rehme
Vorsitzender Richter am Oberlandesgericht Oldenburg i. R.

Dr. Wolfgang Reimann
Notar a. D., Honorarprofessor an der Universität Regensburg

Dr. Tilman Repgen
Professor an der Universität Hamburg

Dr. Dieter Reuter †
Professor an der Universität zu Kiel, Richter am Schleswig-Holsteinischen Oberlandesgericht in Schleswig a. D.

Dr. Christoph Reymann, LL.M. Eur.
Notar in Neustadt b. Coburg, Professor an der Privaten Universität Liechtenstein

Dr. Reinhard Richardi
Professor an der Universität Regensburg, Präsident des Kirchlichen Arbeitsgerichtshofs der Deutschen Bischofskonferenz, Bonn

J. von Staudingers
Kommentar zum Bürgerlichen Gesetzbuch mit Einführungsgesetz und Nebengesetzen

Buch 4
Familienrecht
§§1408–1563
(Eheliches Güterrecht 2 – Vertragliches Güterrecht)

Neubearbeitung 2018
von
Burkhard Thiele

Redaktor
Christian von Bar

Sellier – de Gruyter · Berlin

Die Kommentatorinnen und Kommentatoren

Neubearbeitung 2018
§§ 1408–1563: Burkhard Thiele

Neubearbeitung 2007
§§ 1408 Abs 1, 1409–1414 S 1, 1415–1563:
Burkhard Thiele
§§ 1408 Abs 2, 1414 S 2: Eckhard Rehme

Neubearbeitung 2000
§§ 1408 Abs 1, 1409–1414 S 1, 1415–1563:
Burkhard Thiele
§§ 1408 Abs 2, 1414 S 2: Eckhard Rehme

Sachregister

Rechtsanwältin Dr. Martina Schulz,
Pohlheim

Zitierweise

Staudinger/Thiele (2018) Vorbem 1
zu §§ 1408 ff
Staudinger/Thiele (2018) § 1408 Rn 1

Zitiert wird nach Paragraph bzw Artikel
und Randnummer.

Hinweise

Das Abkürzungsverzeichnis befindet
sich auf www.staudingerbgb.de.

Der Stand der Bearbeitung ist jeweils
mit Monat und Jahr auf den linken Seiten
unten angegeben.

Am Ende eines jeden Bandes befindet
sich eine Übersicht über den aktuellen Stand
des „Gesamtwerk Staudinger".

MIX
Papier aus verantwor-
tungsvollen Quellen
FSC® C016439

Die Deutsche Nationalbibliothek verzeichnet diese Publikation in der Deutschen National-
bibliografie; detaillierte bibliografische Daten sind im Internet über http://dnb.dnb.de abrufbar.

ISBN 978-3-8059-1262-4

© Copyright 2018 by Dr. Arthur L. Sellier &
Co. – Walter de Gruyter GmbH & Co. KG,
Berlin. – Printed in Germany.

Satz: fidus Publikations-Service, Nördlingen.

Druck und Bindearbeiten: Hubert & Co.,
Göttingen.

Umschlaggestaltung: Bib Wies, München.

♻ Gedruckt auf säurefreiem Papier,
das die DIN ISO 9706 über Haltbarkeit
erfüllt.

Inhaltsübersicht

---

[*] Zitiert wird nicht nach Seiten, sondern nach
Paragraph bzw Artikel und Randnummer; siehe
dazu auch „Zitierweise".

Untertitel 2
Vertragliches Güterrecht

Vorbemerkungen zu §§ 1408 ff

Schrifttum

Zum älteren Schrifttum s auch STAUDINGER/ THIELE (2007).

ANGER, Paternalismus oder Privatautonomie – zur Kontrolle von Eheverträgen (Diss 2016)

APP, Die fortgesetzte Gütergemeinschaft im Einkommenssteuerrecht und Erbschaftssteuerrecht, BWNotZ 1993, 11

BERGSCHNEIDER, Zur Unwirksamkeit eines Ehevertrags mit Unterhalts- und Versorgungsausgleichsverzicht sowie Gütertrennung, FamRZ 2003, 377

ders, Ist die Rechtsprechung des BVerfG und des BGH zur richterlichen Inhaltskontrolle von Eheverträgen noch zeitgemäß?, in: FS Hahne (2012) 113

ders, Güterrecht und richterliche Inhaltskontrolle, FamRZ 2010, 1857

BORN, Eheverträge und „Gleichgewichtsstörungen", NJW 2014, 1484

BORTH, Inhaltskontrolle von Eheverträgen – Neuere Rechtsprechung und offene Fragen, FamRB 2005, 177

BOSCH, Bewertungszeitpunkt bei der Inhaltskontrolle eines Ehevertrags, FamRZ 2016, 1026

BRAEUER, Gütertrennung und Ausübungskontrolle, FamRZ 2014, 77

BRAMBRING, Ehevertrag und Vermögensordnung unter Ehegatten (7. Aufl 2012)

ders, Führt die Teilnichtigkeit zur Gesamtnichtigkeit von Eheverträgen?, FPR 2005, 130

BRIX, Eheverträge und Scheidungsfolgenvereinbarungen, FamRZ 1993, 12

BRUDERMÜLLER, „Des Pudels Kern" Probleme der Kernbereichslehre bei Eheverträgen zum Güterrecht, in: FS Hahne (2012) 121

ders, Halbteilung und Nachteilsausgleich als Grundprinzipien der Ausgleichsinstrumentarien im Dreisäulensystem des deutschen Familienrechts, in: FS Coester-Waltjen (2015) 17

BURKHARDT, Eheliche Vermögensgestaltung im Korsett des Grundgesetzes (Diss 2016)

BUSCHENDORF, Die Grenzen der Ehevertragsfreiheit im Ehevermögensrecht (1987)

BÜTTNER, Grenzen ehevertraglicher Gestaltungsmöglichkeiten, FamRZ 1998, 1

COESTER-WALTJEN, Liebe – Freiheit – gute Sitten. Grenzen autonomer Gestaltung der Ehe und deren Folgen in der Rechtsprechung des Bundesgerichtshofs, in: 50 Jahre Bundesgerichtshof (2000) 985

CYPIONKA, Vereinbarungen über den Zugewinnausgleich in Eheverträgen und Scheidungsfolgenverträgen, MittRhNotK 1986, 157

DAUNER-LIEB, Reichweite und Grenzen der Privatautonomie im Ehevertragsrecht, AcP 201 (2001) 295

dies, Familienarbeit – Plädoyer für ein partnerschaftliches Güterrecht, FF 2017, 190

dies, Vertragsgestaltung zwischen zwingendem Recht und richterlicher Inhaltskontrolle, in: SCHMOECKEL/KANZLEITER (Hrsg), Vertragsschluss – Vertragstreue – Vertragskontrolle (2010) 51

dies, Gütertrennung zwischen Privatautonomie und Inhaltskontrolle, AcP 210, 580–609

FINGER, Gerichtliche Kontrolle insbesondere güterrechtlicher Vereinbarungen bei Auslandsbezug, FF 2004, 245

GAGEIK, Wirksamkeits- und Ausübungskontrolle von Eheverträgen unter Berücksichtigung der aktuellen Rechtsprechung seit der Entscheidung des BGH vom 11. 2. 2004, FPR 2005, 122

GAUL, Zur Abgrenzung des Ehevertrags von der Scheidungsvereinbarung nach § 1378 Abs 3 S 2 BGB und dem Auseinandersetzungsvertrag, in: FS Lange (1992) 829

GOEBEL, In guten, nicht in schlechten Tagen?, FamRZ 2003, 1513

GÖPPINGER/BÖRGER, Vereinbarungen anlässlich der Ehescheidung (10. Aufl 2013)

Burkhard Thiele

GOMILLE, Feststellungsklagen über die Nichtigkeit des Ehevertrags, NJW-RR 2008, 275

GRZIWOTZ, Das Ende der Vertragsfreiheit im Ehevermögens- und Scheidungsfolgenrecht?, FamRZ 1997, 585

ders, Möglichkeiten und Grenzen von Vereinbarungen unter Ehegatten, MDR 1998, 1075

ders, Ehe mit beschränkter Haftung? – Gesamtverzichtsverträge im Ehevermögensrecht, MDR 1998, 1327

ders, Was geht noch? – Ehevertragsgestaltung nach Karlsruhe III, FamRB 2004, 199 u 239

ders/HAGENHUBER, Das innere Maß des Scheidungsfolgenrechts – Teilhabegerechtigkeit in der Ehe, DNotZ 2006, 32

HAHNE, Grenzen ehevertraglicher Gestaltungsfreiheit, DNotZ 2004, 84

dies, Vertragsfreiheit im Familienrecht, in: SCHWAB/HAHNE (Hrsg), Familienrecht im Brennpunkt (2004) 181

dies, Grundsätze der Inhaltskontrolle von Eheverträgen, in: LIMMER (Hrsg), Scheidung, Trennung – Scheidungs- und Trennungsvereinbarungen (2008) 8

HERB, Vereinbarung des Schuldprinzips in Ehe- und Scheidungsverträgen?, FamRZ 1988, 123

HERR, Nebengüterrecht, Ausgleichsansprüche und gestörter Zugewinnausgleich (2013)

HOPPENZ, Zur Gleichwertigkeit von Versorgungs- und Zugewinnausgleich bei der Inhaltskontrolle von Eheverträgen, FamRZ 2015, 630

ders, Der ehebedingte Nachteil in der Ausübungskontrolle, FamRZ 2013, 758

HORNDASCH, Die Rechtsprechung zur Unwirksamkeit von Eheverträgen, JM 2014, 139

ders, Vertragsgestaltung in Eheverträgen, FuR 2016, 154

KANZLEITER, Gütertrennung als gesetzliche Regelfolge beim ehevertraglichen Ausschluss des Versorgungsausgleichs?, in: FS Rebmann (1989)

ders, Schranken der Vertragsfreiheit im Familienrecht, in: BAYER/KOCH, Schranken der Vertragsfreiheit (2007) 65

ders, Inhalts- oder Ausübungskontrolle der Vereinbarung von Gütertrennung, in: FS Bengel u Reimann (2012) 191

ders, Ausschluss des Zugewinnausgleichs für

den Fall der Ehescheidung und Ausübungskontrolle, FamRZ 2014, 998

ders/WEGMANN, Vereinbarungen unter Ehegatten (7. Aufl 2007)

KEILBACH, Sinn und Zweck von salvatorischen Klauseln in Eheverträgen und Scheidungsvereinbarungen, FamRZ 1992, 1118

KOCH, Richterliche Kontrolle von Eheverträgen, NotBZ 2004, 147

dies, Vertragsgerechtigkeit – Rechtshistorische Betrachtungen, in: FS Kanzleiter (2010) 237

KRAFKA, Der Umgang des Notars mit aktuellen Rechtsentwicklungen, DNotZ 2002, 677

KÜHNE, Wechselbeziehungen zwischen ehelichem Güterrecht und Zuwendungsgeschäften unter Ehegatten, in: FS Beitzke (1979) 249

LANGENFELD/MILZER, Handbuch der Eheverträge und Scheidungsvereinbarungen (7. Aufl 2015)

MAYER, Inhaltskontrolle von Eheverträgen, FPR 2004, 363

MEISE, Rechtswahl in vorsorgenden Eheverträgen und Scheidungsfolgenvereinbarungen – Teil 1, RNotZ 2016, 485

MEDER, Gütertrennung als Argument bei der richterlichen Inhaltskontrolle von Verträgen über den Ausschluss der Zugewinngemeinschaft, FPR 2012, 113

MEYER-WEHAGE, Das eheliche Güterrecht – Defizite der Lex lata – ein Überblick aus Sicht der Praxis, NZFam 2016, 1057

MICHAELIS, Die Güterstände in der Praxis (Diss Hamburg 1968)

MIKAT, Schranken der Vertragsfreiheit im Ehegüterrecht, in: FS Felgentraeger (1969) 323

MÜNCH, Die Ehegatteninnengesellschaft – Ein Vorschlag zu ihrer vertraglichen Ausgestaltung, FamRZ 2004, 233

ders, Funktionsäquivalenz als Einbahnstraße – Ausübungskontrolle beim Verzicht auf Versorgungsausgleich, NJW 2015, 288

ders, Inhaltskontrolle von Eheverträgen – Zurück auf festeren Boden – Zur neuesten Rechtsprechung des BGH, DNotZ 2005, 819

ders, Inhaltskontrolle von Eheverträgen, ZNotP 2004, 122

ders, Neues zur Vertragsgestaltung im Güterrecht, in: BAYER/KOCH, Aktuelle Fragen des Familienrechts (2009) 27

ders, Notar und Parität – Die Bedeutung notarieller Beurkundung im Rahmen der Inhaltskontrolle von Eheverträgen, DNotZ 2004, 901
ders, Trennungs- und Scheidungsvereinbarungen aus notarieller Sicht, in: LIMMER (Hrsg), Scheidung, Trennung – Scheidungs- und Trennungsvereinbarungen (2008) 27
ders, Vertragsfreiheit im Eherecht, FamRZ 2014, 805
PLATE, Die modifizierte Zugewinngemeinschaft im Ehevertrag von Unternehmern, MittRhNotK 1999, 257
RAKETE-DOMBEK, Das Ehevertragsurteil des BGH – Oder: Nach dem Urteil ist vor dem Urteil, NJW 2004, 1273
RAMM, Gleichberechtigung und Hausfrauenehe, JZ 1968, 41, 90
RAUSCHER, Ehevereinbarungen: Rückkehr zur Rechtssicherheit, DNotZ 2004, 524
ders, Ein Bärendienst für die Freiheit der Eheschließung, FuR 2001, 155
REETZ, Güterrecht in der Inhaltskontrolle von Eheverträgen, eine Bestandsaufnahme für die notarielle Praxis, in: FS 25 Jahre freiberufliche Notariate in Brandenburg, Mecklenburg-Vorpommern, Sachsen, Sachsen-Anhalt u. Thüringen (2015) 305
REINICKE, Güterrechtlicher Ausgleich bei Zuwendungen eines Ehegatten an den anderen und Wegfall der Geschäftsgrundlage, WM 1982, 946
REITHMANN, Eigentumszuordnung unter Ehegatten, in: FS Knur (1972) 183
SANDERS, Schwangere Braut und Karrierefrau, FF 2006, 242
dies, Statischer Vertrag und dynamische Vertragsbeziehung – Wirksamkeits- und Ausübungskontrolle von Gesellschafts- und Eheverträgen (Diss 2008)
SCHRÖDER, Die autonome Gestaltung eines Güterstandes durch die Ehegatten (1996)
SCHWAB, Ehe- und Scheidungsvereinbarungen in Zeiten wandelbaren Familienrechts, FamRZ 2015, 1661

ders, Zur neuen gerichtlichen Kontrolle von Eheverträgen und Scheidungsvereinbarungen, in: FS Holzhauer (2005) 410
SCHWAB-LANGENFELD, Gesetzliche Regelung der Scheidungsfolgen und vertragliche Gestaltungsmöglichkeit für den landwirtschaftlichen Betrieb (1989)
SCHWENZER, Vertragsfreiheit im Ehevermögen- und Scheidungsfolgenrecht, AcP 196 (1996) 88
SETHE, Die Inhaltskontrolle von Eheverträgen – Eine Zwischenbilanz, in: HÖLAND/SETHE, Eheverträge und Scheidungsfolgevereinbarungen (2007) 23
SKULUDIS, Die Vertragsfreiheit im Ehegüterrecht nach dem deutschen und griechischen Recht (Diss Freiburg 1976)
SLAPNICAR, Vertragliche Vereinbarungen im Ehegüterrecht zum Erhalt unternehmerischer Entscheidungskompetenzen, WiB 1994, 590
STACH, Eheverträge – Gesetz und Rechtstatsachen (Diss 1998)
TRAULSEN, Inhalt und Grenzen familienrechtlicher Verträge (Diss 2006)
WACHTER, Neue Grenzen der Ehevertragsfreiheit, ZFE 2004, 132
WÄCHTER, Inhaltskontrolle von Scheidungsvereinbarungen?, ZNotP 2004, 264
WAGENITZ, Wirksamkeits- und Ausübungskontrolle von Eheverträgen – Ein Überblick über die Rechtsprechung des Bundesgerichtshofes, in: HÖLAND/SETHE, Eheverträge und Scheidungsfolgenvereinbarungen (2007) 1
WIEMER, Inhaltskontrolle von Eheverträgen und Scheidungsfolgenvereinbarungen – Eine kritische Auseinandersetzung mit der Kernbereichslehre des BGH (Diss 2007)
WINKLER, Eheverträge von Unternehmern – Gestaltungsmöglichkeiten zum Schutz des Unternehmens, FPR 2006, 217
ZENSUS, Güterrechtliche Vereinbarungen zur individuellen Gestaltung der ehelichen Vermögensverhältnisse, NZFam 2014, 529.

Systematische Übersicht

Alphabetische Übersicht

I. Grundlinien des Vertragsgüterrechts

1. Aufgaben des ehelichen Güterrechts

Aufgabe des ehelichen Güterrechts ist die rechtliche Ordnung der eine Ehe voraus- **1** setzenden vermögensrechtlichen Beziehungen der Ehegatten zueinander und zu Dritten. Dabei bestimmt das Gesetz selbst, welche vermögensrechtlichen Beziehungen zu den „güterrechtlichen Verhältnissen" (§ 1408 Abs 1 BGB) gehören. Eine Reihe vermögensrechtlicher Fragen wird güterstandsunabhängig in den §§ 1353 ff BGB geregelt. Andere Rechtsbeziehungen vermögensrechtlichen Inhalts unter Ehegatten sind nicht Gegenstand güterrechtlicher Regelungen, wenn ihre Begründung das Bestehen einer Ehe nicht voraussetzt, weil sie keine gesetzlich geregelten Rechtspositionen des Güterrechts betreffen, insbesondere nicht von den besonderen und singulären Rechtsformen des gesetzlichen Güterrechts Gebrauch gemacht wird (s dazu näher § 1408 Rn 6 ff).

2. Güterstandstypen

Das geltende Recht geht von drei **Güterstandstypen** aus, unter denen die Ehegatten **2** frei wählen können. Die Typen der **Gütergemeinschaft**, der **Gütertrennung** und der **Gütertrennung mit Verfügungsbeschränkungen und Zugewinnausgleich** sind nur Grundmuster, die vielfältige Abwandlungen im Einzelnen zulassen. Zu den Grenzen der Vertragsfreiheit im Güterrecht s Rn 14 ff.

a) Der Typus der **Gütergemeinschaft** wird gekennzeichnet durch die Bildung eines **3** gemeinschaftlichen Vermögens der Ehegatten (Gesamtgut). Innerhalb des Grundmusters sind vielfältige Abstufungen möglich. Sie reichen von der grundsätzlich umfassenden (s aber § 1417 BGB) Zuweisung allen Vermögens zum Gesamtgut bis zur Bildung eines nur unbedeutenden gemeinschaftlichen Vermögens. Die früheren Wahlgüterstände der Errungenschafts- und Fahrnisgemeinschaft sind nur Beispiele der möglichen Variationen (s dazu auch § 1408 Rn 17).

Jede Erscheinungsform des Güterstandes der Gütergemeinschaft enthält **Elemente 4 der Gütertrennung**, ist insoweit also ein Mischgüterstand. Das Element der Gütertrennung zeigt sich in einer spezifischen Verknüpfung mit dem der Gütergemeinschaft beim Sondergut (§ 1417 BGB). Jeder Ehegatte verwaltet sein Sondergut selbst, freilich für Rechnung des Gesamtguts (§ 1417 Abs 3 S 2 BGB). Es wird aber vor allem beim Vorbehaltsgut (§ 1418 BGB) deutlich, das jeder Ehegatte selbständig und für eigene Rechnung verwaltet.

b) Der Typus der **Gütertrennung** beruht auf der Negation spezifisch güterrecht- **5** licher Beziehungen unter den Ehegatten. Er lässt inhaltliche Variationen zu (aM MünchKomm/Kanzleiter § 1408 Rn 15; Bamberger/Roth/Mayer § 1408 Rn 12; der Entscheidung des OLG Schleswig [NJW-RR 1996, 134] lässt sich anderes nicht entnehmen. Der Sache nach ging es dort um die zu Recht versagte Eintragung einer modifizierten Zugewinngemeinschaft als Gütertrennung). Unproblematisch kann der Ehevertrag etwa mit einer auflösenden Bedingung versehen werden, bei deren Eintritt wieder der Güterstand der Zugewinngemeinschaft gilt (vgl etwa OLG Braunschweig FamRZ 2005, 903 mAnm Bergschneider). Es kann jedoch auf der Grundlage der Gütertrennung kraft ehelichen Güterrechts kein Gesamtgut gebildet werden. Auch Verfügungsbeschränkungen sind nicht mit dinglicher Wirkung möglich (§ 137 S 1 BGB). Unberührt bleibt aber die Schaffung von Miteigentum nach Bruchteilen durch Einzelverfügungen nicht ehevertraglicher Art, ebenso die einzelvertragliche Schaffung von Gesamthandseigentum durch Gründung einer Gesellschaft unter den Ehegatten.

6 c)   Für das dritte Grundmuster, die **Gütertrennung mit Verfügungsbeschränkungen** und **Zugewinnausgleich**, ist der gesetzliche Güterstand der Zugewinngemeinschaft ein Beispiel. Vielfache Abwandlungen sind auch hier möglich (vgl Staudinger/Thiele [2017] § 1363 Rn 37 ff und die Erl zu den §§ 1365 ff).

3.   Gesetzliche und Wahlgüterstände

7 Die drei Typen von Güterständen (s Rn 2 ff) werden vom Gesetz als vorformulierte **Musterordnungen** zur Wahl gestellt. Der in § 1408 Abs 1 BGB niedergelegte Grundsatz der Vertragsfreiheit zwingt die Ehegatten jedoch nicht zum Abschluss eines Ehevertrages. Nach § 1363 Abs 1 BGB tritt vielmehr der Güterstand der Zugewinngemeinschaft von Rechts wegen in Geltung, wenn nicht durch Ehevertrag etwas anderes vereinbart ist. Die Zugewinngemeinschaft ist der **ordentliche gesetzliche Güterstand**. Das geltende Ehegüterrecht geht damit aus von einem System des dispositiven Güterrechts mit gesetzlichem Güterstand.

8 Auch bei der Aufhebung oder sonstigen Beendigung des zunächst geltenden (gesetzlichen oder Wahl) Güterstandes werden die Ehegatten nicht gezwungen, sich für einen anderen Güterstand zu entscheiden. Sie können zwar einen anderen Güterstand ehevertraglich wählen. Treffen sie aber keine Bestimmung, so tritt kraft Gesetzes (§§ 1388, 1414, 1449, 1470 BGB) Gütertrennung ein. Die Gütertrennung ist **außerordentlicher, subsidiärer gesetzlicher Güterstand**.

9 Der Eintritt des (primären oder subsidiären) gesetzlichen Güterstandes kann durch Ehevertrag ausgeschlossen werden. An Stelle des gesetzlichen Güterstandes der Zugewinngemeinschaft stehen als **Wahl-Güterstände** die Gütertrennung und die Gütergemeinschaft zur Verfügung. Mit Inkrafttreten der Neuregelung des § 1519 BGB am 1. Mai 2013 ist neben diese der Güterstand der Wahl-Zugewinngemeinschaft getreten, der überwiegend der deutschen Zugewinngemeinschaft entspricht, modifiziert durch die Übernahme französischer güterrechtlicher Regelungen. Die Wahl-Güterstände können als vorformulierte Musterordnungen unverändert in Geltung gesetzt werden. Sie können aber auch in einer ehevertraglich abgewandelten Form als Güterstand vereinbart werden. An Stelle des subsidiären gesetzlichen Güterstandes der Gütertrennung können die Ehegatten außer der Gütergemeinschaft auch die Zugewinngemeinschaft zum neuen Güterstand bestimmen. Die Zugewinngemeinschaft steht daher grundsätzlich auch als Wahlgüterstand zur Verfügung.

II.   Vertragsfreiheit im ehelichen Güterrecht

1.   Entwicklung des Vertragsgüterrechts

10 Der weitgehenden Rechtszersplitterung auf dem Gebiet des ehelichen Güterrechts (s dazu STAUDINGER/THIELE [2017] Einl 6 zu §§ 1363 ff) hat bereits das BGB jedenfalls für die nach dem 1. 1. 1900 geschlossenen Ehen ein Ende bereitet (Art 200 EGBGB). An die Stelle des Regionalsystems, das eine Vielzahl räumlich begrenzt geltender Güterstände kannte, trat eine reichseinheitliche Regelung. Sie sah neben dem ordentlichen gesetzlichen Güterstand der Verwaltung und Nutznießung des Mannes am eingebrachten Gut der Frau noch vier Wahlgüterstände vor: die Gütertrennung, die Allgemeine Gütergemeinschaft, die Errungenschaftsgemeinschaft und die Fahrnisgemeinschaft. Die Ehegatten konnten unter diesen gesetzlich geregelten Güterstandsmustern frei wählen und sie auch durch spezielle Eheverträge inhaltlich abwandeln (§ 1432 aF). Das Gleichberechtigungsgesetz hat die Zahl der gesetzlichen Musterordnungen auf die Gütertrennung und die unter Berücksichtigung des Grundsatzes der Gleichberechtigung von Mann und Frau neu geordnete Gütergemeinschaft reduziert. Die Errungenschafts- und die Fahrnisgemeinschaft sind entfallen (s auch STAUDINGER/THIELE [2017] Einl 17 zu §§ 1363 ff). Der Grundsatz der Ehevertragsfreiheit blieb unverändert (§ 1408 BGB). Zur Überleitung der bei Inkrafttreten des GleichberG bestehenden Wahlgüterstände vgl STAUDINGER/ THIELE (2017) Einl 26 zu §§ 1363 ff.

2. Funktion der Vertragsfreiheit

Die Ehevertragsfreiheit umfasst die **Abschlussfreiheit** und die **Freiheit zur inhalt-** 11
lichen Ausgestaltung des Güterstandes. Den Ehegatten soll die Möglichkeit eröffnet sein, in Abweichung von dem nur „prinzipiell richtigen" (Mot IV 139) gesetzlichen Güterstand ihre güterrechtlichen Verhältnisse nach den Bedürfnissen, insbesondere nach den ökonomischen Daten der konkreten Ehe privatautonom zu bestimmen.

3. Funktionsschwächen des Vertragsgüterrechts

Das Gesetz verzichtet bewusst darauf, bestimmten Ehetypen (s dazu MünchKomm/ 12
KOCH Einl 11 zu §§ 1363 ff) jeweils ein bestimmtes Güterrechtssystem zuzuordnen (vgl SOERGEL/GAUL/ALTHAMMER vor § 1408 Rn 15).

Es trägt aber nicht in hinreichendem Maße dafür Sorge, dass die Ehegatten einen Güterstand wählen, der ihrem gelebten Ehetyp (Hausfrauenehe, Ehen mit erheblicher Mitarbeit eines Ehegatten im Beruf oder Geschäft des anderen, Doppelverdienerehe usw) adäquat wäre. Das vertragliche Güterrecht des BGB wird seiner Aufgabe vor allem deshalb nicht gerecht, weil es den Ehegatten nur zwei durchnormierte Vertragsgüterstände (die Gütergemeinschaft sowie die deutsch-französische Wahl-Zugewinngemeinschaft) und daneben die schlichte Gütertrennung zur Verfügung stellt. Die Tendenz zur Vereinbarung spezieller Eheverträge, die über die bloß punktuelle Abwandlung eines der gesetzlichen Güterstandsmuster hinausgeht, war nie stark ausgeprägt. Wo nicht überkommene Eheleitbilder und Güterrechtsstrukturen die Wahl der Gütergemeinschaft begünstigt (kaum noch wahrnehmbare Tendenz), provoziert das geltende Recht das Ausweichen auf die Gütertrennung (s auch unten Rn 47 ff), selbst wenn ehevertragliche Modifikationen des gesetzlichen Güterstandes ausreichend wären.

4. Grenzen der Ehevertragsfreiheit

13 Die **Ehevertragsfreiheit** kann sich **nur in den Schranken des geltenden Rechts** entfalten.

a) Zwingende gesetzliche Vorschriften

14 Schranken finden sich zunächst in den zwingenden Vorschriften der Gesetze. Neben den §§ **1409** und **1518 BGB** und den zwingenden Vorschriften im Rahmen der einzelnen Güterstände sind vor allem die §§ **134, 137 S 1, 138 BGB** von Bedeutung. Dabei bleibt zu berücksichtigen, dass grundsätzlich volle Vertragsfreiheit der Ehegatten besteht. Ein Ehevertrag ist vom Grundsatz her nicht auf eine Äquivalenz von Leistung und Gegenleistung angelegt. Eine besondere **Inhaltskontrolle**, ob die gefundene Regelung angemessen war, hatte deswegen nach früherer Rechtsprechung nicht stattzufinden, ohne dass es auf den tatsächlichen Zuschnitt der Ehe ankam (BGH NJW 1997, 192 = FamRZ 1997, 157; NJW 1997, 127). Für einen Verstoß gegen die guten Sitten genügte es folglich nicht, dass sich die Regelung eines Ehevertrages für den Fall der Scheidung ausschließlich oder überwiegend zu Lasten eines der Ehegatten auswirkte, es mussten vielmehr weitere Umstände hinzutreten (BGH FamRZ 1990, 373; 1996, 1536; 1997, 157). Danach kam jedenfalls Sittenwidrigkeit in Betracht, wenn die Ehegatten in Kenntnis der Auswirkung einen Unterhaltsverzicht zu Lasten Dritter vereinbarten (BGH FamRZ 1985, 788 ff; zur Frage, unter welchen Voraussetzungen ein ehevertraglicher Verzicht auf nacheheliche Unterhalt den Träger der Sozialhilfe belastet und deswegen nach § 138 Abs 1 sittenwidrig ist, später auch BGH FamRZ 2007, 197 mAnm BERGSCHNEIDER) also die richterliche Korrektur zum Schutz Dritter insbesondere der Kinder geboten war.

15 Änderungen der Rechtsprechung haben sich ergeben in der Folge von zwei Entscheidungen des Bundesverfassungsgerichts (FamRZ 2001, 343 u FamRZ 2001, 985). Anknüpfend an frühere Entscheidungen zu den Schranken grundgesetzlich geschützter Privatautonomie (BVerfG NJW 1990, 1469 – entschädigungsloses Wettbewerbsverbot für Handelsvertreter; BVerfG NJW 1994, 36 – Bürgschaftsverträge) zog das Verfassungsgericht die Grenze für die aus Art 2 Abs 1 und Art 6 Abs 1 GG folgende Freiheit zur Gestaltung der ehelichen Gemeinschaft im Hinblick auf die verfassungsrechtliche Prägung der ehelichen und familiären Freiheitssphäre auch durch Art 3 Abs 2 GG dort, wo der Vertrag nicht Ausdruck und Ergebnis einer gleichberechtigten Partnerschaft ist, sondern die auf ungleichen Verhandlungspositionen beruhende einseitige Dominanz eines Ehepartners widerspiegelt. Die gemeinsame Verantwortung der Ehegatten gegenüber ihrem Kind nach Art 6 Abs 2 steht zudem Regelungen entgegen, die dessen Betreuung und Versorgung gefährden (BVerfG FamRZ 2001, 343 Rn 49). Anhaltspunkte für eine Disparität ergeben sich danach aus einer besonders einseitigen Aufbürdung von vertraglichen Lasten als inhaltlichem Element und einer erheblich ungleichen Verhandlungsposition des benachteiligten Ehegatten als subjektbezogenem Element hinsichtlich der Fähigkeit zur Selbstbestimmung. Die Eheschließungsfreiheit rechtfertigt demgegenüber nicht eine unbegrenzte Vertragsgestaltung mit einseitiger Lastenverteilung (dazu bereits gegen die frühere Rechtsprechung COESTER-WALTJEN, in: 50 Jahre Bundesgerichtshof [2000] 1005 ff; BÜTTNER FamRZ 1997, 600; ders FamRZ 1998, 1; für eine weitergehende Inhaltskontrolle SCHWENZER AcP 196 [1996] 88; DAUNER-LIEB AcP 201 [2001] 295). Den Zivilgerichten bleibt danach die Aufgabe, bei gestörter

Vertragsparität eine Inhaltskontrolle und -korrektur über die Generalklauseln des § 138 BGB oder § 242 BGB vorzunehmen.

Der BGH hat die verfassungsgerichtlich vorgegebene Inhaltskontrolle konkretisiert. **16** Er zieht die Grenzen der Ehevertragsfreiheit bei einer evident einseitigen und durch die Lebensverhältnisse nicht mehr gerechtfertigten Lastenverteilung, die für den benachteiligten Ehegatten bei verständiger Würdigung des Wesens der Ehe unzumutbar ist (grundlegend BGH FamRZ 2004, 601 Rn 39). Kritiker sahen darin zu Recht eine Akzentverschiebung gegenüber dem Bundesverfassungsgericht im Hinblick auf die damit in den Hintergrund gedrängte subjektive Verhandlungssituation: SCHWAB, in: FS Holzhauer 416, 419; MAYER FPR 2004, 368; KOCH NotBZ 2004, 148; MÜNCH DNotZ 2005, 821; HOHMANN-DENNHARDT FF 2004, 235. Aber schon mit den Folgeentscheidungen wurde die subjektive Imparität als Tatbestandsmerkmal betont (BGH FamRZ 2005, 1447 Rn 32; so auch zuletzt BGH FamRZ 2017, 884 Rn 39 mwNw). Unter Umständen soll dazu die erhebliche Störung der Selbstbestimmung erschlossen werden können aus der evidenten und unzumutbaren Belastung (GERNHUBER/COESTER-WALTJEN § 26 Rn 19; SCHWAB, in: FS Holzhauer 416, 419). Dabei ist Zurückhaltung geboten. Eine rein objektive Inhaltskontrolle, die nicht die Feststellung der Disparität zulässt, verletzt den Grundsatz der Ehevertragsfreiheit als Ausdruck des durch das Grundgesetz verbürgten Rechts der Ehegatten, ihre eheliche Lebensgemeinschaft eigenverantwortlich entsprechend ihren individuellen Vorstellungen und Bedürfnissen zu gestalten (kritisch zur umfassend verstandenen Ehevertragsfreiheit SANDERS ZFE 2003, 323 ff). Einen **unverzichtbaren Mindestgehalt an Scheidungsfolgen** zugunsten des berechtigten Ehegatten **kennt das Gesetz dabei nicht** (seit BGH FamRZ 2004, 601 Rn 35 ständige Rspr). Eine auf die Einseitigkeit der Lastenverteilung gegründete tatsächliche Vermutung für die subjektive Seite der Sittenwidrigkeit lässt sich bei familienrechtlichen Verträgen nicht aufstellen. Einem unausgewogenen Vertragsinhalt kommt daher nur Indizwirkung zu, die in der Regel außerhalb der Vertragsurkunde liegender weiterer Umstände bedarf, die auf eine Subjektive Imparität hindeuten (BGH FamRZ 2017, 884 Rn 39; FamRZ 2014, 629 Rn 39; FamRZ 2013, 195 Rn 24; FamRZ 2013, 269 Rn 27). Der Annahme, dass jedenfalls im Kernbereich der Scheidungsfolgen eine Abweichung von gesetzlichen Vorgaben nur bei Vorliegen sachlicher Gründe Bestand haben kann, fehlt damit die Grundlage (zutreffend MILZER notar 2013, 320).

Unter welchen Voraussetzungen eine evident einseitige Lastenverteilung durch den **17** Ehevertrag unzumutbar erscheinen kann, hat der BGH konkretisiert mithilfe einer differenzierenden Gewichtung der Scheidungsfolgen. Die Belastungen aus einer vertraglichen Abweichung von der Gesetzeslage wiegen umso schwerer und bedingen eine umso genauere Prüfung der Belange des betroffenen Ehegatten, je unmittelbarer die vertragliche Abbedingung gesetzlicher Regelungen in den **Kernbereich des Scheidungsfolgenrechts** eingreift. Dabei werden Scheidungsfolgen unterschiedlichen Rangstufen zugeordnet. Es rangiert der Unterhalt in der Regel vor Versorgungs- und Zugewinnausgleich (BGH FamRZ 2004, 605 Rn 41). Zum Kernbereich der Scheidungsfolgen gehört in der **ersten Stufe** der **Betreuungsunterhalt** (§ 1570 BGB), der schon wegen der Ausrichtung am Kindeswohl nur eingeschränkt der Disposition unterliegt. Die Kinderbetreuung darf nicht in Frage gestellt sein. Sodann folgen in **der zweiten Stufe** Unterhaltsansprüche wegen **Alters und Krankheit** (§§ 1571, 1572 BGB), deren Ausschluss wirksam etwa in Betracht kommt, wenn bei Vertragsschluss die Leistungspflicht nicht absehbar war (BGH FamRZ 2013, 195 Rn 20 mwNw). Auf derselben Stufe bewegt sich der **Versorgungsausgleich**, der als vorweggenommener Altersunterhalt zu berücksichtigen ist. Sodann folgt in der Reihenfolge weiter abgestuft Unterhalt wegen Erwerbslosigkeit (§ 1573 Abs 1 BGB), Krankenvorsorge und Altersvorsorge- (§ 1578 Abs 2, 3 BGB), Aufstockungs- (§ 1573 Abs 2 BGB) und Ausbildungsunterhalt (§ 1575 BGB) sowie zuletzt der Zugewinnausgleich (grundlegend BGH FamRZ 2004, 601 Rn 40 ff seitdem ständige Rspr). Letzteres mit dem Ergebnis, dass der Ausschluss des Zugewinnausgleichs für sich genommen regelmäßig nicht sittenwidrig sein wird (zuletzt BGH FamRZ 2013, 269 Rn 25 mwNw). Je höher die Rangstufe desto schwerwiegender wirkt eine belastende Einschränkung. Der auf rangniederster Stufe stehende Zugewinnausgleich ist den Dispositionen am weitesten unterworfen, weil weder das Eheverständnis noch der Gedanke nachehelicher Solidarität eine Vermögensbeteiligung erfordern. Der Güterstand der Zugewinngemeinschaft bleibt bereits von den gesetzlichen Vorgaben her (arg § 1414 BGB; kritisch dazu Meder FPR 2012, 113) ein bloßer Regelungsvorschlag. Die Berufung auf eine wirksam vereinbarte Gütertrennung wird sich also nur unter engsten Voraussetzungen als rechtsmissbräuchlich erweisen (BGH FamRZ 2004, 608 Rn 43; 2014, 1978 Rn 29, 2013, 269 Rn 36; Hahne DNotZ 2004, 85 u 92 f; dies, in: Schwab/Hahne [Hrsg], Familienrecht im Brennpunkt [2004] 194; zweifelnd schon Schwab, in: FS Holzhauer 426 unter Hinweis auf BVerfG FamRZ 2002, 529; ähnlich Gernhuber/Coester-Waltjen § 26 Rn 20; Bergschneider FamRZ 2004, 1758, 1763).

18 Die Kernbereichslehre des BGH ist nicht unwidersprochen geblieben. Dabei wird zum Teil bereits die grundsätzliche Abdingbarkeit der Scheidungsfolgen jedenfalls für die Hausfrauenehe in Zweifel gezogen (Dauner-Lieb AcP 201 [2001] 295, 323: teleologische Reduktion; dies AcP 210 [2010] 580, 596 ff, 605; dies, in: FS Brudermüller 102; ähnlich Meder FPR 2012, 116; Sanders 314 ff: Ausübungskontrolle wegen begrenzter Rationalität bei Abschluss des Ehevertrages; Dethloff § 5 Rn 27; Wiemer 125), was aus den Gründen der mittlerweile ständigen Rechtsprechung von BGH (insbes BGH FamRZ 2013, 269 Rn 24 f mwNw) und Instanzgerichten im Hinblick auf die gesetzlich klare Entscheidung in § 1408 BGB und den ergänzenden Rechtssatz des § 1414 BGB für das Güterrecht bedenklich erscheint und die Inhaltskontrolle von einer Missbrauchs- zu einer Richtigkeitsprüfung erhebt (nach Meder FPR 2012, 116 soll es sich bei diesem Verständnis der Ehevertragsfreiheit allerdings um ein „historisches Missverständnis" handeln). Insbesondere stößt vor dem Hintergrund des Leitgedankens der gleichen Teilhabe und der verfassungsrechtlich gesicherten Gleichwertigkeit von Erwerbs- und Familienarbeit aber jedenfalls die Berücksichtigung des Zugewinnausgleichs grundsätzlich nur an letzter Rangposition auf Bedenken (Dauner-Lieb FF 2017, 194; dies AcP 210 [2016] 580, 600 ff; Dethloff § 5 Rn 29; Brudermüller, in: FS Hahne 121; Palandt/Brudermüller § 1408 Rn 10; Hoppenz FamRZ 2015, 630 f; wohl auch OLG Karlsruhe FamRZ 2015, 500 Rn 28 ff: einseitige Lastenverteilung bei Funktionsäquivalenz von Zugewinn- und Versorgungsausgleich bei Ausschluss nur des Zugewinnausgleichs; in der Sache allerdings nicht entscheidungserheblich).

19 Demgegenüber wird zutreffend daran festgehalten, dass eine generelle Ausweitung des Kernbereichs der Scheidungsfolgen auf das Güterrecht die Grenze des zulässigen Eingriffs in die Ehevertragsfreiheit überschreitet (so in ständiger Rspr BGH FamRZ 2017, 884 Rn 36; FamRZ 2014, 1978 Rn 30; FamRZ 2013, 269 Rn 25 jeweils mwNw; Kanzleiter FamRZ 2014, 1000; ders, in: FS Bengel u Reimann 194 ff; MünchKomm/Kanzleiter § 1408 Rn 43;

LANGENFELD/MILZER Rn 92 f; weitergehend grundsätzlich im Hinblick auf den Güterstand eine Ausübungskontrolle ablehnend BRAEUER FamRZ 2014, 81 ff).

Die hochrangige Bedeutung des Versorgungsausgleichs gegenüber dem Güterrecht **20** rechtfertigt sich aus der Funktion als vorweggenommener Altersunterhalt, dessen Ansammlung in den Regelsicherungssystemen den Dispositionen der Ehegatten weitgehend entzogen ist (BGH FamRZ 2013, 269 Rn 21). Daran ist auch festzuhalten, wenn ein Ehegatte die Altersvorsorge durch Ansammlung von privatem Vermögen betreibt, also eine Funktionsäquivalenz von Versorgungsausgleich und Zugewinnausgleich vorliegt. Nur in besonderen Konstellationen dort, wo die Berufung auf eine bestehende Gütertrennung rechtsmissbräuchlich wäre, kommt ausnahmsweise in Betracht, über einen gewissen Ausgleich des erzielten Zugewinns einen Ausgleich für ehebedingt entgangene Altersvorsorge zu gewähren (BGH FamRZ 2013, 269 Rn 35 f; FamRZ 2013, 1366 Rn 110). Dies ist denkbar für Fälle, in denen ein Haushalt führender Ehegatte zugunsten der Familienarbeit auf die Ausübung einer versorgungsbegründenden Erwerbstätigkeit verzichtet hat und bei der Scheidung keine Kompensationen für die Nachteile beim Aufbau eines Versorgungsvermögens erlangt, weil der andere Ehegatte bei bestehender Gütertrennung seine Altersversorgung ausschließlich mit der Bildung von eigenem Vermögen vorbereitet hat. Ein dann auf § 242 BGB zu stützender (Zugewinn-)ausgleich ist beschränkt auf den Betrag, der für den Aufbau der ehebedingt entgangenen eigenen Versorgungsanrechte erforderlich gewesen wäre und durch die Höhe des hypothetischen Zugewinnausgleichsanspruchs (BGH FamRZ 2014, 1978 Rn 31 mwNw zustimmend MÜNCH NJW 2015, 288; kritische Anm KANZLEITER DNotZ 2015, 133; HOPPENZ FamRZ 2015, 630).

Der Tatrichter hat im Rahmen der Inhaltskontrolle zunächst eine **Wirksamkeitskon-** **21** **trolle** vorzunehmen, bei der auf den **Zeitpunkt des Vertragsschlusses** abzustellen ist losgelöst von der künftigen Entwicklung der Ehegatten und ihrer Lebensverhältnisse. Er hat zu prüfen, ob die Vereinbarung schon zu diesem Zeitpunkt offenkundig zu einer derart einseitigen Lastenverteilung für den Scheidungsfall führt, dass ihr wegen Verstoßes gegen die guten Sitten die Anerkennung der Rechtsordnung ganz oder teilweise zu versagen ist mit der Folge, dass an ihre Stelle die gesetzlichen Regelungen treten (§ 138 Abs 1 BGB). **Subjektiv** sind die von den Ehegatten verfolgten Zwecke und sonstigen Beweggründe zu berücksichtigen, die den begünstigten Ehegatten zu dem Verlangen nach der ehevertraglichen Gestaltung veranlasst und den anderen dazu bewogen haben, dem Verlangen zu entsprechen (ständige Rspr seit BGH FamRZ 2004, 601 Rn 4; zuletzt FamRZ 2014, 1978 Rn 20; FamRZ 2014, 629 Rn 17; FamRZ 2013, 770 Rn 16). Ein unausgewogener Vertragsinhalt bietet zwar ein Indiz (keine Vermutung!) für eine subjektive Imparität in der Verhandlungssituation. Die Annahme der Sittenwidrigkeit bedarf aber in der Regel darüberhinausgehender verstärkender Umstände außerhalb der Vertragsurkunde (zuletzt BGH FamRZ 2017, 884 Rn 39 mwNw). Auch das dem Vertragsschluss vorangehende Verfahren ist dabei von Bedeutung. Erforderlich ist dabei eine Gesamtwürdigung, die auf die individuellen Verhältnisse bei Vertragsschluss eingeht, insbesondere die Einkommens- und Vermögensverhältnisse, den geplanten oder verwirklichten Zuschnitt der Ehe sowie die Auswirkungen auf die Ehegatten und die Kinder. Zu prüfen ist weiter, ob Nachteile durch anderweitige Vorteile gemildert oder durch die besonderen Verhältnisse der Ehegatten oder gewichtige Belange des begünstigten Ehegatten gerechtfertigt sind.

Zu Recht weist MÜNCH (DNotZ 2004, 913 ff u FamRZ 2014, 808) darauf hin, dass dabei im Einzelfall auch der Umstand der notariellen Beurkundung zu würdigen ist.

22 Die Wirksamkeitskontrolle erfolgt zunächst im Wege der Prüfung der Einzelklauseln. Führt dies nicht zur Unwirksamkeit, kann die anschließende Gesamtschau eine Sittenwidrigkeit durch Zusammenwirken der Einzelregelungen ergeben, wenn das Zusammenwirken aller im Vertrag enthaltener Regelungen erkennbar auf die einseitige Benachteiligung eines Ehegatten abzielt und auf einer Störung der subjektiven Vertragsparität beruht (ständige Rspr BGH FamRZ 2017, 884 Rn 39; FamRZ 2014, 629 Rn 39; FamRZ 2013, 195 Rn 24 jeweils mwNw). Zur subjektiven Seite instruktiv BGH FamRZ 2017, 884 Rn 42 ff, auch OLG Oldenburg FamRZ 2017, 2010 Rn 30 ff. Erweist sich eine Einzelregelung als gemäß § 138 BGB nichtig, ist in der Regel der gesamte Ehevertrag gemäß **§ 139 BGB** nichtig, wenn nicht anzunehmen ist, dass er auch ohne die nichtige Klausel geschlossen worden wäre (BGH FamRZ 2005, 1447 Rn 30; BRAMBRING FPR 2005, 132). Eine **salvatorische Klausel** führt dann zu einer von § 139 BGB abweichenden Darlegungs- und Beweislast für denjenigen, der Gesamtnichtigkeit geltend macht (vgl BGH NJW FamRZ 2009, 2075 Rn 23 f; MÜNCH DNotZ 2005, 823; BRAMBRING FPR 2005, 130 mwNw). Keine Teilnichtigkeit kommt in Betracht, wo die Gesamtwürdigung des Vertrags das Urteil der Nichtigkeit begründet. Die Folgen erfassen vielmehr den ganzen Vertrag (BGH FamRZ 2013, 269 Rn 31; FamRZ 2006, 1097 Rn 15; BRAMBRING FPR 2005, 131; MÜNCH DNotZ 2005, 823). Zu den Einzelheiten der Wirksamkeitskontrolle nach § 138 BGB STAUDINGER/SACK/FISCHINGER (2017) § 138 Rn 665 ff; STAUDINGER/BAUMANN (2013) § 1585c Rn 331 f im Zusammenhang mit Unterhalt; STAUDINGEN/REHME (2007) § 1408 Rn 65 ff.

23 Hat ein Vertrag danach Bestand, erfolgt sodann eine **Ausübungskontrolle** nach § 242 BGB. Es ist zu prüfen, ob und inwieweit es einem Ehegatten nach Treu und Glauben (§ 242 BGB) verwehrt ist, sich auf eine begünstigende Regelung zu berufen, weil er damit die ihm eingeräumte Rechtsmacht missbraucht. Maßgebend sind nicht nur die Verhältnisse bei Vertragsschluss. Entscheidend ist, ob sich zum Zeitpunkt des Scheiterns der Lebensgemeinschaft aus dem vereinbarten Ausschluss der Scheidungsfolgen eine evident einseitige Lastenverteilung ergibt, die hinzunehmen für den belasteten Ehegatten auch bei angemessener Berücksichtigung der Belange des anderen Ehegatten und seines Vertrauens in die Geltung der getroffenen Abrede sowie bei verständiger Würdigung des Wesens der Ehe unzumutbar ist (ständige Rspr seit BGH FamRZ 2004, 606 Rn 46; zuletzt BGH FamRZ 2014, 1978 Rn 22; FamRZ 2013, 770 Rn 19). Da sich ein **gesetzlicher Mindeststandard** an Scheidungsfolgen aus dem gesetzlichen Regelungsmodell nicht herauslesen lässt, werden weder für die Wirksamkeits- noch für die Ausübungskontrolle absolute, sondern gleitende Maßstäbe gesetzt. Für die Würdigung kommt es deswegen auf die Umstände jedes Einzelfalls an. In beiden Fällen geht es um **Missbrauchskontrolle**, nicht um Abweichungen vom gesetzlichen, im Grundsatz disponiblen Leitbild der Scheidungsfolgen (s auch MÜNCH DNotZ 2005, 821). Inhaltskontrolle ist insbesondere selbst im Kernbereich des Scheidungsfolgenvergleichs keine „Halbteilungskontrolle" (BGH FamRZ 2014, 629 Rn 28).

24 Bei der Abwägung, unter welchen Umständen von einer evident einseitigen Lastenverteilung auszugehen und ein Festhalten an dem vertraglichen Ausschluss der Scheidungsfolgen unzumutbar ist, bleibt wie bei der Wirksamkeitskontrolle die Rangordnung der betroffenen Scheidungsfolgen (s Rn 17 ff) bedeutsam. Ein zunächst wirksam vereinbarter Ausschluss des Versorgungsausgleichs etwa hält nach diesen Maßstäben einer Ausübungskontrolle nicht stand, wenn er dazu führt, dass ein Ehegatte **aufgrund einvernehmlicher Änderung der gemeinsamen Lebensumstände** über keine hinreichende Alterssicherung verfügt und dieses Ergebnis mit dem Gebot ehelicher Solidarität schlechthin unvereinbar erscheint (BGH FamRZ 2014, 1978 Rn 23; FamRZ 2013, 770 Rn 26 mwNw). Die Korrektur des Ehevertrags wird dann durch die zumindest konkludente Willensübereinstimmung gerechtfertigt (BGH FamRZ 2014, 1978 Rn 24; anders wohl KG FamRZ 2011, 1587 Rn 26, 39 ff). Im Rahmen der Ausübungskontrolle kann bei der Beurteilung der Zumutbarkeit eine Rolle spielen, ob der anspruchstellende Ehegatte vorwerfbar die Kompensation von ehebedingten Nachteilen unterlassen hat; dies aber nur, wenn es sich um ein illoyales Verhalten dem anderen Gatten gegenüber handelt. Dem auf Versorgungsausgleich verzichtenden Ehegatten kann deswegen der aufgrund gemeinsamer Lebensplanung oder mit Billigung oder Duldung des anderen Ehegatten unterlassene Erwerb von Anrechten dabei nicht entgegengehalten werden (BGH FamRZ 2013, 770 Rn 32 mwNw). Eine Ausübungskontrolle kommt jedoch auch bei **unvorhergesehenen Änderungen der Lebensumstände** in Betracht. Eine grundlegende Abweichung der Lebenssituation ist angenommen worden bei der Geburt von Kindern (BGH FamRZ 2013, 195 Rn 36) und ist zu prüfen bei krankheitsbedingter Erwerbsunfähigkeit (BGH FamRZ 2013, 1366 Rn 110). Rechtsmissbrauch ist etwa angenommen worden bei Ausschluss des nachehelichen Unterhalts und des Versorgungsausgleichs bei Erkrankung (BGH FamRZ 2008, 582 Rn 36 ff). Bei ehevertraglich ausgeschlossenem Zugewinnausgleich führt bereits § 27 VersAusglG zu einer hinreichenden Kompensation, wenn ein Anrecht aus einer Lebensversicherung durch Ausübung des Kapitalwahlrechts dem Versorgungsausgleich entzogen, dies aber beim Ausgleich der Anrechte zugunsten des anderen Ehegatten berücksichtigt wird (BGH FamRZ 2015, 998 Rn 14 ff). Führt die Ausübungskontrolle zu Beanstandungen, ist nicht Nichtigkeit des Vertrags die Folge, sondern seine **Anpassung, die dem berechtigten Interesse beider Parteien ausgewogen Rechnung** trägt (BGH FamRZ 2004, 606).

Inwieweit bei der Ausübungskontrolle auf die Grundsätze über den **Wegfall der Geschäftsgrundlage (§ 313 BGB)** zurückzugreifen ist, kann inzwischen wohl als geklärt betrachtet werden (BGH FamRZ 2005, 185 Rn 19; FamRZ 2005, 1444 Rn 49, zust BERGSCHNEIDER FamRZ 2003, 378; zweifelnd KOCH DNotZ 2004, 149). Es bietet sich eine differenzierende Lösung an. Soweit der Vertrag eine Lücke aufweist, weil die Änderungen der Lebensumstände nicht erfasst werden, ist zunächst eine **ergänzende Vertragsauslegung** zu erwägen. Der Wegfall der Geschäftsgrundlage ist zu prüfen, wenn eine spätere Änderung von Umständen eingetreten ist, die die Eheleute übereinstimmend oder jedenfalls ein Ehegatte erkennbar dem Vertrag zu Grunde gelegt haben (BGH FamRZ 2013, 770 Rn 19; FamRZ 2013, 269 Rn 34 mwNw; nicht ausreichend ist insoweit ein erheblicher Einkommensunterschied, vgl BGH FamRZ 2005, 1444 Rn 49). Nur die Anwendung von § 313 BGB bleibt, wenn nicht geltend gemacht wird, ein Missbrauch eingeräumter Rechtsmacht liege in der Berufung auf den Ausschluss von Scheidungsfolgen, sondern der verpflichtete Ehegatte eine Abänderung seiner Leistungspflicht begehrt (BGH FamRZ 2010, 525 Rn 39). In Betracht kommt die Anwendung von § 313 BGB auch bei einer nachträglichen Änderung der Rechtslage (BGH FamRZ 2015, 824 Rn 22 mwNw) oder bei der Änderung einer gefestigten höchstrichterlichen Rechtsprechung (für das Unterhaltsrecht BGH FamRZ 2013, 853 Rn 26). Haben die Ehegatten die spätere Entwicklung für möglich gehalten aber auf den Nichteintritt vertraut oder aber eine vertragliche Risikoübernahme gewollt, fehlen die Tatbestandsvoraussetzungen des § 313 BGB. Es bleibt der Rückgriff auf den **Rechtsmissbrauchsgedanken** des § 242 BGB (vgl MÜNCH DNotZ 2004, 824; HAHNE, in: SCHWAB/HAHNE [Hrsg], Familienrecht im Brennpunkt [2004] 201).

26 Als **Rechtsfolge** steht in beiden Fällen der geringstmögliche Eingriff im Vordergrund, der eine Vertragsanpassung durch den **Ausgleich ehebedingter Nachteile** sichert (aA HOPPENZ FamRZ 2013, 760: *ehevertragsbedingte* Nachteile; ders FamRZ 2015, 631). Ein Gebot der Halbteilung besteht demgegenüber nicht. Der Ehegatte kann durch die Anpassung des Ehevertrags deswegen nicht bessergestellt werden, als er ohne die Ehe und die mit der ehelichen Rollenverteilung einhergehenden Dispositionen über Art und Umfang seiner Erwerbstätigkeit stünde (BGH FamRZ 2014, 1978 Rn 26; FamRZ 2013, 770 Rn 22, FamRZ 2007, 974 Rn 28). Im Hinblick auf den Versorgungsausgleich ist zu untersuchen, welche Versorgungsanrechte der durch den Ausschluss des Versorgungsausgleichs benachteiligte Ehegatte ohne die Ehe und die damit verbundene Rollenverteilung hätte erwerben können (BGH FamRZ 2014, 1978 Rn 26 mwNw). Die obere Grenze bleibt dabei immer, was der Ehegatte bei Durchführung des Ausgleichs nach den gesetzlichen Vorschriften erhalten hätte (BGH FamRZ 2005, 185 Rn 23). Ein nicht ehebedingter Umstand (etwa Erkrankung) begründet einen ehebedingten Nachteil, wenn wegen der Rollenverteilung ein Gatte keine Vorsorge getroffen hat (jeweils zum Unterhalt: BGH FamRZ 2010, 869 Rn 42; FamRZ 2009, 406 Rn 34).

27 Die Ermittlung konkreter ehebedingter Nachteile kann sich im Einzelfall im Hinblick auf die gesamtwirtschaftliche Entwicklung und den persönlichen Werdegang des Betroffenen als schwierig darstellen. Prozessual kann dann aber auf § 287 ZPO zurückgegriffen werden (BGH FamRZ 2005, 185 Rn 22 f). Die tatsächlichen Grundlagen der Schätzung müssen jedoch angegeben werden (BGH FamRZ 2013, 195 Rn 49). Für wünschenswert wird eine Fallgruppenbildung zur Konkretisierung gehalten (GRZIWOTZ FamRB 2007, 225; WIEMER S 203 ff). Unberücksichtigt bleiben in jedem Fall Nachteile, die auf vorehelichen Umständen beruhen.

28 Kommt es zum **Ausgleich ehebedingter Nachteile**, ist dieser in der Regel innerhalb des jeweiligen Ausgleichssystems vorzunehmen. Versorgungsnachteile sind deswegen nur im Versorgungsausgleich auszugleichen. Dies gilt auch dann, wenn die ehebedingten Versorgungsnachteile nicht vollständig kompensiert werden können (BGH FamRZ 2014, 1978 Rn 29). Die Vereinbarung einer Gütertrennung bleibt unberührt. Besteht ausnahmsweise eine Funktionsäquivalenz zwischen Vermögensbildung und Altersvorsorge und lässt eine Ausübungskontrolle eine Anpassung nicht im System des Versorgungsausgleichs zu, kann es zu einem Hinübergreifen in das Güterrecht kommen (s dazu Rn 20).

29 Die Sittenwidrigkeit des Ehevertrages hat **darzulegen und zu beweisen**, wer die Unwirksamkeit geltend macht. In einem Stufenverfahren, das auf Zugewinnausgleich gerichtet ist, hat die Prüfung bereits im Verfahren auf Auskunft zu erfolgen (OLG Naumburg FamRZ 2014, 944 Rn 26). Anhaltspunkte für eine subjektive Unterlegenheit hat der Ehegatte darzulegen und zu beweisen, der sich darauf beruft (BGH FamRZ 2013, 195 Rn 24). Einer richterlichen Kontrolle, ob durch eine Vereinbarung über den Versorgungsausgleich eine evident einseitige und unzumutbare Lastenverteilung entsteht, bedarf es nur, wenn und soweit das Vorbringen der Beteiligten oder die Sachverhaltsumstände dazu Anlass bieten (BGH FamRZ 2014, 629 Rn 21). Ein unausgewogener Ehevertrag mag im Einzelfall ein Indiz für eine unterlegene Verhandlungsposition sein, eine tatsächliche Vermutung lässt sich bei Eheverträgen nicht darauf stützen (BGH FamRZ 2013, 195 Rn 24; s auch Rn 16, 21). Wer ehebedingte Nachteile und den Missbrauch vertraglich gewährter Vorteile geltend macht, hat die Umstände darzulegen und zu beweisen.

Die Nichtigkeit eines Ehevertrages oder die Rechtsmissbräuchlichkeit einer Berufung auf den Ausschluss von Scheidungsfolgen wird im Rahmen des Leistungsantrags hinsichtlich der begehrten Scheidungsfolge geprüft. Entsprechendes gilt für den Versorgungsausgleich, auch soweit er von Amts wegen durchzuführen ist, mit Blick auf den Verfahrensantrag zu seiner Durchführung. Im Verbundverfahren – im Scheidungsverfahren auch als Widerantrag – besteht die Möglichkeit Zwischenfeststellung geltend zu machen, sofern die Voraussetzungen des § 256 Abs 2 ZPO vorliegen (BGH FamRZ 2005, 691 Rn 12). Das ist der Fall, wenn die Nichtigkeit des Ehevertrags nicht nur das konkret für den geltend gemachten Anspruch vorgreifliche Rechtsverhältnis ist, sondern darüber hinaus für weitere Ansprüche im Verbund von Bedeutung sein kann. Dass diese noch nicht geltend gemacht sind, hindert die Zwischenfeststellung wegen der eintretenden Bindungswirkung nicht (BGH FamRZ 2005, 691 Rn 12; OLG Bremen FamRZ 2007, 1180 Rn 13; aA GOMILLE NJW 2008, 275). Für einen isolierten Feststellungsantrag besteht schon kein Raum, weil regelmäßig ein Leistungsantrag möglich ist (OLG Frankfurt NJW-RR 2007, 289 Rn 4; GOMILLE NJW-RR 2008, 277 mwNw). **30**

§ 311b Abs 2 BGB ist weder auf die Vereinbarung der Gütergemeinschaft noch auf die ehevertragliche Rückkehr zur Zugewinngemeinschaft anwendbar (hM). Die Vorschrift ist auch auf einen speziellen Ehevertrag, durch den die Ausgleichsforderung über die Hälfte des Mehrzugewinns gemäß § 1378 Abs 1 BGB oder die Teilungsquote nach § 1476 Abs 1 BGB zugunsten eines Ehegatten über die Hälfte des Überschusses hinaus festgesetzt wird, nicht anzuwenden (MünchKomm/KANZLEITER § 1408 Rn 10; SOERGEL/GAUL/ALTHAMMER § 1408 Rn 63; ZÖLLNER FamRZ 1965, 120; grundsätzlich auch GERNHUBER/COESTER-WALTJEN § 32 Rn 29). Auch für ehevertragliche Beteiligungsabreden in Abweichung von den §§ 1472 ff BGB, zB für die Begründung der Verpflichtung, bei Beendigung des Güterstandes bestimmte Gegenstände zu übereignen, eine bestimmte Summe zu zahlen oä, greift § 311b Abs 2 BGB nicht ein. Das gilt auch dann, wenn das zu Leistende das gesamte oder fast das gesamte Endvermögen oder einen bestimmten Bruchteil ausmacht (aM DÖLLE I 670; GERNHUBER/COESTER-WALTJEN § 32 Rn 29). § 1408 BGB lässt ohne Einschränkungen Verträge über künftiges Vermögen zu. Die angeführten Regelungen können aber im Einzelfall als sittenwidrig zu beurteilen sein (vgl etwa BayObLGZ 34, 253; SOERGEL/GAUL/ALTHAMMER § 1408 Rn 63). Das Gleiche gilt für die Verwertung des Gedankens des **§ 311b Abs 4 BGB**. Auch hier mag aber im Einzelfall ein Ehevertrag (zB des Inhalts, dass bei Gütergemeinschaft eine von einem Ehegatten erwartete Erbschaft entgegen der Anordnung des Erblassers [§ 1418 Abs 2 Ziff 2] in das Gesamtgut fallen solle) den guten Sitten widersprechen und daher nichtig sein. **31**

b) Allgemeine Schranken rechtsgeschäftlicher Gestaltung

Grenzen sind den güterrechtlichen Vereinbarungen aber auch gesetzt durch die **allgemeinen Schranken rechtsgeschäftlicher Gestaltungen**. Dazu gehören die **geschlos-** **32** sene Zahl möglicher **absoluter Rechte**, der **numerus clausus der Gesamthandsgemeinschaften**, die **begrenzte Anzahl möglicher Verfügungen**, die insbesondere der Ermöglichung von im Gesetz nicht vorgesehenen **Universalsukzessionen** im Wege steht, ferner der Ausschluss dinglich wirkender **Verfügungsbeschränkungen** durch § 137 S 1 BGB und die Unmöglichkeit der rechtsgeschäftlichen und „dinglich" wirkenden **Beschränkung der Verpflichtungs- und Verfügungsbefugnis**, soweit das Gesetz nicht solche Regelungen im Rahmen des Ehegüterrechts besonders „freigibt" (GERNHUBER/ COESTER-WALTJEN § 32 Rn 22). Es kommen hinzu neben dem Verweisungsverbot des § 1409 BGB die Schranken, die sich aus dem Zusammenhang einzelner zwingender Vorschriften im Rahmen der gesetzlich geordneten Güterstände ergeben. Zur Abdingbarkeit s die Erl zu den einzelnen Vorschriften.

c) Numerus clausus der gesetzlich modellierten Güterstände

33 Im Schrifttum wurde vielfach die Auffassung vertreten, die Vertragsfreiheit im Ehegüterrecht sei beschränkt durch einen **numerus clausus der gesetzlich modellierten Güterstände** (vgl vBALIGAND 36 ff; ENNECCERUS/KIPP/WOLFF § 41 IV 3; EHRLICH 216 ff; KÖRNER 127 ff, 164 ff; iE ebenso [Eheverträge nur im Rahmen der vom BGB zur Verfügung gestellten Güterrechtstypen] LÜDERITZ [27. Aufl] Rn 309). Den damit behaupteten **Typenzwang** gibt es in dieser Strenge im geltenden Recht nicht (ablehnend auch BÄRMANN AcP 157, 201; KNUR DNotZ 1957 459, 461; MIKAT, in: FS Felgentraeger [1969] 323; MünchKomm/KANZLEITER § 1408 Rn 13; PALANDT/BRUDERMÜLLER § 1408 Rn 19; RAUSCHER Rn 362; REITHMANN DNotZ 1961, 3; SCHWAB DNotZ – Sonderheft – 1977, 53*; SOERGEL/GAUL/ALTHAMMER Vorbem 19 zu § 1408; WESTERMANN, in: FS Bosch [1976] 1042; ZÖLLNER FamRZ 1965, 113). Dagegen ließ sich schon § 1409 Abs 2 aF ins Feld führen, der die Möglichkeit der Vereinbarung (sogar durch bloße Verweisung) auch eines dem deutschen Recht völlig unbekannten ausländischen Güterstandes eröffnete. Hinter der These vom Typenzwang verbirgt sich in Wahrheit die freilich allzu formelhaft gefasste Lösung des Sachproblems, welche allgemeinen Schranken rechtsgeschäftlicher Gestaltung auch im ehelichen Güterrecht zu beachten sind (s dazu schon oben Rn 32). Anders als § 1409 Abs 2 aF, der insoweit eine generelle Öffnungsklausel enthielt, befreit § 1408 Abs 1 BGB weder ausdrücklich noch sinngemäß von der Beachtung der im bürgerlichen Recht allgemein gesetzten Schranken (anders nur BÄRMANN AcP 157, 201 f; wie hier schon Mot IV 141 f, 309 f; LANGE FamRZ 1964, 546; MIKAT, in: FS Felgentraeger [1969] 324 mwNw; SOERGEL/GAUL/ALTHAMMER Vorbem 19 zu § 1408; ZÖLLNER FamRZ 1965, 113, 121; auch SCHWAB DNotZ – Sonderheft – 1977, 54; CYPIONKA MittRhNotK 1986, 159; BUSCHENDORF 113 f). Daraus folgt, dass die in Rn 32 aufgeführten Regelungen nur im Rahmen desjenigen gesetzlich modellierten Güterstandes in Geltung gesetzt werden können, für den sie im Gesetz vorgesehen sind. So kann insbesondere eine Gesamthandsgemeinschaft durch Ehevertrag nur im Rahmen einer im Übrigen noch so sehr modifizierten Gütergemeinschaft geschaffen werden. Verpflichtungs- und Verfügungsbeschränkungen können nur im Zusammenhang mit der Gütergemeinschaft und im Rahmen der Zugewinngemeinschaft mit absoluter Wirkung vereinbart werden. Ferner können den anderen Ehegatten ganz oder teilweise verdrängende Verwaltungsrechte eines Ehegatten nur in Bezug auf ein gütergemeinschaftliches Gesamtgut begründet werden. Insoweit ist es richtig, dass die dinglichen und die dinglich (absolut) wirkenden Rechtsfiguren des ehelichen Güterrechts jeweils mit einem der gesetzlich geregelten Güterstände fest gekoppelt sind (so treffend DÖLLE I 673; iE ebenso GERNHUBER/COESTER-WALTJEN § 32 Rn 23 ff; RAUSCHER Rn 362; SOERGEL/GAUL/ALTHAMMER Vorbem 19

zu § 1408). Einen weitergehenden Typenzwang kennt das geltende Recht dagegen nicht. Zu Misch- und Phantasiegüterständen s auch Rn 37.

d)   Wesen der Güterstandstypen

Im Zusammenhang mit der notwendigen Verknüpfung bestimmter dinglicher **34** Rechtsfiguren des Güterrechts mit jeweils einem bestimmten Güterstand steht die Lehre, dass dem **Wesen der Güterstandstypen** selbständige Begrenzungen eheverträglicher Regelungen zu entnehmen seien (vBALIGAND 34 ff, 40; CLAMER NJW 1960, 563; WOLFF § 41 IV 163; BAMBERGER/ROTH/MAYER § 1408 Rn 12; KÖRNER 188 ff; PLANCK/UNZNER § 1432 Anm 9c; RG HRR 1926 Nr 1254; OLG Hamburg DNotZ 1964, 229, 231; OLG Kolmar OLGE 7, 53; KG DR 1941, 2196). Die **Kritiker** dieser Lehre (LANGENFELD/MILZER § 32 Rn 21 ff; § 1408 Rn 14; MIKAT, in: FS Felgentraeger 323, 330 f; SOERGEL/GAUL/ALTHAMMER Vorbem 19 zu § 1408; RAUSCHER Rn 362; ZÖLLNER FamRZ 1965, 114, 1201. Kritisch auch ERMAN/HEINE-MANN § 1408 Rn 6; MünchKomm/KANZLEITER § 1408 Rn 13; H P WESTERMANN, in: FS Bosch 1029, 1042; BUSCHENDORF 112 ff) bezweifeln vornehmlich die Möglichkeit einer Abgrenzung von „zulässiger Modifikation und unzulässiger Denaturierung" (GERNHUBER/COES-TER-WALTJEN [4. Aufl] § 32 III 4; jetzt aufgegeben § 32 Rn 21) des Güterstandes. Sie führen insbesondere das Gesetz selbst an, das in § 1414 S 2 BGB zulasse, dass die Ehegatten den Zugewinn ausschließen, den gesetzlichen Güterstand jedoch im Übrigen aufrechterhalten. Gerade unter Berufung auf das Wesen des Güterstandes wird indessen die Zulässigkeit einer solchen Regelung vielfach bestritten (vgl § 1363 Rn 38 mwNw). Der Wortlaut des Gesetzes steht dieser Auffassung nicht zwingend im Wege, da die anderweitige eheverträgliche Bestimmung im Rahmen des § 1414 S 1 BGB nur die Vereinbarung der Gütergemeinschaft sein kann. Entsprechend könnte § 1414 S 2 BGB zu deuten sein. Ob diese engere Auslegung berechtigt ist, hängt von der Tragfähigkeit des Wesensarguments ab, nicht aber ergibt sich aus der Vorschrift, dass das Gesetz selbst im Wesen des Güterstandes keine Schranke der Ehevertragsfreiheit sieht.

Im Bereich des Gesellschaftsrechts sind früher vielfältige Versuche unternommen **35** worden, mit Hilfe von Wesens- und typologischen Argumenten oder einer institutionellen Theorie Grenzen der Gestaltungsfreiheit aufzuzeigen (vgl etwa NITSCHKE, Die körperschaftlich strukturierte Personengesellschaft [1970]; REUTER, Privatrechtliche Schranken der Perpetuierung von Unternehmen [1973]; TEICHMANN, Gestaltungsfreiheit in Gesellschaftsverträgen [1970]; H P WESTERMANN, Vertragsfreiheit und Typengesetzlichkeit im Recht der Personengesellschaften [1970]). Die Ergebnisse dieser Untersuchungen (s dazu FLUME, Die Personengesellschaft [1977] 189 ff; DUDEN ZGR 1973, 360 ff; SCHULTZE-VON LASAULX ZGenW 1971, 325 ff) zeigen, dass die genannten Leitbegriffe als Abgrenzungskriterien überfordert sind. Entsprechendes gilt für das eheliche Güterrecht. Was das „**Wesen**" eines Güterstandes ausmacht, seinen „**Typus**" bestimmt oder seinem „**Funktions**"- oder „**Ordnungssinn**" (GERNHUBER/COESTER-WALTJEN [4. Aufl] § 32 III 5) entspricht, lässt sich vor dem Hintergrund prinzipieller Ehevertragsfreiheit kaum eindeutig bestimmen. Die Anwendung dieser Kriterien hat denn auch die Konsensbildung bei der Lösung von Sachproblemen nicht gefördert. Sie verdeckt zudem regelmäßig die der Wertung und Entscheidung zugrundeliegenden Sachargumente. Der BGH (FamRZ 1997, 802) hat die Frage, inwieweit die den Ehegatten eingeräumte Vertragsfreiheit einen Güterstand zu modifizieren, ihre Grenzen an den immanenten Prinzipien des jeweiligen Güterstandes finde, ausdrücklich offengelassen.

Burkhard Thiele

36 So wäre etwa die Vereinbarung der Gütergemeinschaft bei gleichzeitiger Zuweisung allen gegenwärtigen und künftigen Vermögens zum Vorbehaltsgut gewiss als Verfehlung des Wesens oder des Typus anzusehen und deshalb unwirksam (KG HRR 1942 Nr 53). In der Sache ist der Ehevertrag insoweit aber einfach in sich widersprüchlich (GERNHUBER/COESTER-WALTJEN § 32 Rn 27; LANGENFELD/MILZER § 32 Rn 27) oder perplex (KÖRNER 253; ZÖLLNER FamRZ 1956, 116 Fn 33), weil es für die Anwendung der §§ 1419 ff BGB an jeglichem Substrat fehlt (MünchKomm/KANZLEITER § 1408 Rn 16). Die Unwirksamkeit eines Ehevertrages, nach dem alles gegenwärtige und künftige Vermögen nur eines Ehegatten in dessen Vorbehaltsgut fallen oder nur der Zugewinn eines Ehegatten „ausgeglichen" (geteilt) werden soll, ist nicht schon mit dem Wesens- oder Typusargument begründbar (so aber KG DRW 1941, 2196 = HRR 1942 Nr 53; BÄRMANN AcP 157, 203; BAMBERGER/ROTH/MAYER § 1408 Rn 12; GERNHUBER/COESTER-WALTJEN [4. Aufl] § 32 III 5 u 6; KÖRNER 213 f, 253; SOERGEL/GAUL/ALTHAMMER § 1408 Rn 21). Das hier zugrundeliegende Unbehagen ist nicht güterrechtsspezifisch, sondern hat seine Ursache eher in allgemeinen Äquivalenzvorstellungen und in der Befürchtung einer Ausbeutung oder wirtschaftlichen Knebelung des einen Ehegatten durch den anderen. Solchen Bedenken kann aber nicht generell, sondern nur einzelfallbezogen begegnet werden. Dafür bieten die allgemeinen Grenzen privatautonomer Gestaltung, insbesondere § 138 BGB, ausreichende Grundlagen. Deshalb ist der Minderheit zu folgen, die der Ehevertragsfreiheit auch in den Fällen einseitiger Zugewinnteilung und einseitiger Begründung von Gesamtgut grundsätzlich Raum gewährt (MIKAT, in: FS Felgentraeger 327, 332; jetzt auch GERNHUBER/COESTER-WALTJEN § 32 Rn 26; iE RAUSCHER Rn 363; MünchKomm/KANZLEITER § 1408 Rn 14; s auch DÖLLE I 797, anders 674 Fn 134).

e) Phantasie- und Mischgüterstände

37 Phantasie- und Mischgüterstände sind nicht schon von vornherein und generell unzulässig (aM DÖLLE I 673 f; KÖRNER 165 ff; wohl auch BAMBERGER/ROTH/MAYER § 1408 Rn 12). Schranken der güterrechtlichen Gestaltung ergeben sich vielmehr allein aus den oben Rn 32 angeführten allgemeinen Grenzen der „institutionellen Möglichkeiten des BGB" (SOERGEL/GAUL/ALTHAMMER Vorbem 19 f zu § 1408, § 1408 Rn 68). Diese Auffassung hat sich im neueren Schrifttum durchgesetzt (vgl GERNHUBER/COESTER-WALTJEN § 32 Rn 23 f; MünchKomm/KANZLEITER § 1408 Rn 13).

38 Im Einzelnen gehen die Meinungen jedoch auseinander. Einigkeit herrscht nur insoweit, als reine **Phantasiegüterstände** unzulässig sind, wenn sie Universalsukzessionen, dingliche Surrogationen, absolute Verwaltungs- und Verfügungsbeschränkungen usw (s oben Rn 32) vorsehen, ohne dass zugleich ein Güterstand vereinbart worden wäre, der den Zugang zu diesen sonst gesperrten Regelungen freigibt (s auch oben Rn 33). Damit sind die Möglichkeiten der Konstruktion neuer Güterstandstypen entscheidend eingeengt. Ein praktisches Bedürfnis hat sich allerdings auch nicht gezeigt.

39 Umstritten ist dagegen die rechtliche Möglichkeit einer **Kombination verschiedener Güterstände**. Dass jeder der gesetzlich modellierten Güterstände Elemente der Gütertrennung enthält, kann nicht als Indiz für die Zulässigkeit von Typenmischungen gelten. Die reine Gütertrennung ist ein Güterstand, dessen Eigenart sich in der Negation spezifisch güterrechtlicher Beziehungen unter den Ehegatten erschöpft. Probleme ergeben sich erst dann, wenn mit Hilfe der Typenvermischung die jeweils nur für einen bestimmten Güterstand freigegebenen singulären Gestaltungsformen (s Rn 32 f) nebeneinander in Geltung gesetzt werden sollen. Beispiele sind etwa

- die Einführung des Zugewinnausgleichs nebst den Verwaltungsbeschränkungen gemäß §§ 1365 ff BGB für das Vorbehaltsgut,

- die Abrede, dass nur die Verwaltungsbeschränkungen für das Vorbehaltsgut gelten sollen,

- die Bildung von Gesamtgut in der Zugewinngemeinschaft, sei es aus dem Anfangsvermögen, sei es aus bestimmten Gegenständen oder sei es an Stelle des obligatorischen Ausgleichs nach Beendigung des Güterstandes,

- die Bildung von Gesamtgut ausschließlich aus dem Vermögen des einen Ehegatten, während das des anderen den Regeln der Gütertrennung oder denen über die Zugewinngemeinschaft unterliegen soll.

Derartige **Mischgüterstände** werden überwiegend für unzulässig gehalten (Münch- **40** Komm/Kanzleiter § 1408 Rn 13; Soergel/Gaul/Althammer § 1408 Rn 68; Bamberger/Roth/ Mayer § 1408 Rn 14). Zur Begründung wird auf das Bedürfnis nach Klarheit und Sicherheit des Ehegüterrechts verwiesen (Dölle I 673 f), auf das Gebot der Freiheit des Güterstandes von inneren Widersprüchen (Knur DNotZ 1957, 463; Soergel/Gaul/ Althammer § 1408 Rn 68) und vor allem auf die Bindung an einen Güterstandstypus. Die aufeinander bezogenen Argumente gehen zurück auf ein nicht ausformuliertes Vorverständnis, nach dem jeweils nur ein einziger Güterstandstypus die güterrechtlichen Verhältnisse beherrschen könne. Das Gesetz bietet dafür keinen Anhalt. Ein „Typenzwang" ist ihm nicht zu entnehmen (s oben Rn 33). Deshalb ist auch eine Typenmischung nicht schon in sich widersprüchlich. Zu beachten sind vielmehr nur die allgemeinen Grenzen vertraglicher Gestaltung (s oben Rn 32) und die Koppelung bestimmter spezieller Gestaltungsformen mit bestimmten Güterstandstypen (iE ebenso Bärmann AcP 157, 201; Endemann § 182 3 a; Rauscher Rn 362; Mikat, in: FS Felgentraeger 327; BGB-RGRK/Finke § 1408 Rn 14).

Die in Rn 39 angeführten Beispiele sind danach wie folgt zu beurteilen: **41**

- Mit der Gütergemeinschaft könnte der Ausgleich des Zugewinns mit oder ohne die Geltung der §§ 1365 ff BGB hinsichtlich des Vorbehaltsguts vereinbart werden.

- Eine isolierte Geltung der Verwaltungs- und Verfügungsbeschränkungen der §§ 1365 ff BGB für das Vorbehaltsgut wird ebenfalls wirksam vereinbart werden können. Der Ehevertrag ist dahin auszulegen, dass neben der Gütergemeinschaft im Übrigen für das Vorbehaltsgut das Recht der Zugewinngemeinschaft gelten soll unter Ausschluss des Zugewinnausgleichs.

- Die Vereinbarung der Bildung von Gesamtgut in der Zugewinngemeinschaft ist auszulegen als Vereinbarung der Gütergemeinschaft unter Zuweisung der im Einzelnen bezeichneten Gegenstände zum Gesamtgut. Eine solche Regelung ist rechtlich möglich. Das Vorbehaltsgut (alles gegenwärtige und künftige Vermögen

Burkhard Thiele

mit Ausnahme von ...) ist hinreichend bestimmt. Nicht möglich ist jedoch die Umwandlung von Vorbehaltsgut in Gesamtgut auf den Zeitpunkt der Beendigung des Güterstandes zum Zwecke der Auseinandersetzung. Gesamtgut kann nach § 1416 BGB nur während der Gütergemeinschaft entstehen. Eine Gütergemeinschaft entsteht aber nicht, wenn während des Güterstandes ein Gesamtgut nicht gebildet werden kann.

– Ein Ehevertrag, nach dem für das Vermögen des einen Ehegatten die Regeln der Güter- oder Zugewinngemeinschaft gelten, für das des anderen aber Gütertrennung gilt, ist rechtlich möglich. Er ist dahin zu deuten, dass das Vermögen des anderen Ehegatten ausnahmslos Vorbehaltsgut sein oder nicht dem Zugewinnausgleich unterliegen solle (s dazu schon Rn 36).

f)   Wesen der Ehe

42 Aus dem Wesen der Ehe lassen sich keine eigenständigen Schranken der Ehevertragsfreiheit entwickeln (anders noch Mot IV 142, 305; wie hier bereits DÖLLE I 670; GERNHUBER/COESTER-WALTJEN § 32 Rn 21 ff; KNUR DNotZ 1957, 464; MIKAT, in: FS Felgentraeger 328 ff; SCHWAB DNotZ – Sonderheft – 1977, 53*; SOERGEL/GAUL [12. Aufl] § 1408 Rn 11; BUSCHENDORF 108 ff). Seit dem 1. EheRG ist deutlich, dass das Recht den Ehegatten weitergehende Autonomie in der Gestaltung ihrer internen, auch vermögensrechtlichen Beziehungen gewährt. Mangels verbindlicher Eheleitbilder kann einem „Wesen der Ehe" keine Gestaltungsschranke entnommen werden. Die Generalklausel des § 1353 BGB hat jedoch Bedeutung auch für die Beurteilung vermögensrechtlicher Vereinbarungen nach den Maßstäben der §§ 134, 138 BGB. Daraus kann, muss aber nicht notwendig eine Vorverlegung der Grenze insbesondere des § 138 BGB für die Ehevertragsfreiheit folgen. Neben der Gestaltungsschranke der §§ 138, 242 BGB wird überdies häufig die Beschränkung der Ausübung von Rechten aus dem Ehevertrag (§ 1353 Abs 1 S 2 BGB) zu sehen sein.

g)   Verfassungsrechtliche Grenzen

43 Absolute und verfassungsrechtliche Schranken der individuellen Ehevertragsfreiheit bestehen nicht. Art 3 Abs 1 und Art 3 Abs 2 GG begrenzen insoweit die güterrechtlichen Gestaltungsmöglichkeiten weder unmittelbar noch mittelbar (allgM). Art 3 Abs 2 GG verlangt lediglich, dass die Ehegatten bei Vertragsschluss die gleichen rechtlichen Gestaltungsmöglichkeiten besitzen. Zulässig ist also ein Vertrag, der einen Ehegatten einseitig bevorzugt, solange nicht die Grenze zur Sittenwidrigkeit überschritten wird. Wenngleich die verfassungsrechtlichen Wertentscheidungen der Grundrechte bei der Auslegung der Generalklausel des § 138 BGB heranzuziehen sind (so schon BVerfGE 7, 198), führt das zu keinen besonderen Beschränkungen im Bereich des vertraglichen Güterrechts durch Art 3 Abs 2 GG, solange ein Ehevertrag nicht eine auf ungleichen Vertragspositionen basierende einseitige Dominanz eines Ehepartners widerspiegelt (dazu s Rn 15 ff).

III.   Rechtsentwicklung und zeitlicher Geltungsbereich des vertragsmäßigen Güterrechts

44 **1.**   Vor dem **Inkrafttreten des BGB** am 1. 1. 1900 gab es in Deutschland eine Vielzahl von unterschiedlichen Güterständen (vgl auch STAUDINGER/THIELE [2017] Einl 6 zu §§ 1363 ff). Das neue Ehegüterrecht des BGB galt nur für die seit dem 1. 1. 1900

geschlossenen Ehen. Die zu dieser Zeit bestehenden Ehen behielten nach Art 200 EGBGB ihren Güterstand. Die Länder haben jedoch vielfach von der Möglichkeit der Überleitung gemäß Art 218 EGBGB Gebrauch gemacht (vgl die Erl STAUDINGER/ MAYER [2013] Art 200, 218 EGBGB).

2. Das nach dem **Inkrafttreten des Grundsatzes der Gleichberechtigung von Mann 45 und Frau** (Art 3 Abs 2, 117 Abs 1 GG) geltende **Zwischenrecht** hat die Wahlgüterstände unangetastet gelassen (s STAUDINGER/THIELE [2017] Einl 20 zu §§ 1363 ff). Das gilt sowohl für die Wahlgüterstände nach dem BGB als auch für die im Jahre 1900 landesrechtlich nicht übergeleiteten Wahlgüterstände.

3. Die **Übergangsregelungen gemäß Art 8 I Nr 5–7 GleichberG** hat die Wahlgüter- 46 stände des BGB im Kern bestehen lassen, sie jedoch den Vorschriften des GleichberG unterworfen (s dazu STAUDINGER/THIELE [2017] Einl 26 zu §§ 1363 ff). Nicht berührt wurden die gemäß Art 200 EGBGB unverändert weitergeltenden Altgüterstände. Das ist auch heute noch von gewisser Bedeutung, weil nicht alle alten Gütergemeinschaften, insbesondere fortgesetzte Gütergemeinschaften, trotz Beendigung ordnungsgemäß auseinandergesetzt worden sind. Das Gesetz zur Einführung des Rechts auf Eheschließung für Personen gleichen Geschlechts vom 20. 7. 2017 hat die Güterstände nicht geändert.

IV. Die Ehevertragsfreiheit in der Praxis

1. Umfassendes statistisches Material über Eheverträge liegt nicht vor. Die be- 47 reits lange zurückliegende Untersuchung von MICHAELIS, Die Güterstände in der Praxis (Diss Hamburg 1968), in der regional begrenzte Erhebungen sowie das Ergebnis einer Umfrage bei Notaren in der Bundesrepublik ausgewertet worden sind, bestätigt aber noch ältere Feststellungen (HÖRNER AcP 129, 340; NITSCHKE AcP 133, 201; SIEFERT AcP 132, 339). Danach wurden Eheverträge nur in einem im Verhältnis zur Zahl der Ehen recht geringen Umfang geschlossen (s auch SOERGEL/GAUL/ALTHAMMER Vorbem 30 ff zu § 1408). Es überwog deutlich die Vereinbarung der Gütertrennung gegenüber der Wahl der Gütergemeinschaft. Vor allem in ländlichen Gebieten kam der Gütergemeinschaft noch eine gewisse Bedeutung zu. Spezielle Eheverträge, insbesondere Abwandlungen der Zugewinngemeinschaft, ließen sich dagegen in erstaunlich geringer Anzahl nachweisen (zu allem MICHAELIS 63 ff, 141 ff; vgl auch STACH 13 ff).

2. Für den gegenwärtigen rechtstatsächlichen Zustand lassen sich mangels aus- 48 reichenden statistischen Materials nur Vermutungen anstellen. Es scheint, als sei die Gütergemeinschaft weiter auf dem Rückzug. Auch die Neigung zur Abwahl des gesetzlichen Güterstandes zugunsten der Gütertrennung dürfte noch geringer geworden sein. Selbst von der bis zum 30. 6. 1958 möglichen einseitigen Gütertrennungserklärung nach Art 8 I Nr 3 Abs 2 GleichberG war nur von einem sehr kleinen Prozentsatz der betroffenen Ehegatten Gebrauch gemacht worden.

3. Die Gründe für die Zurückhaltung beim Abschluss von Eheverträgen lassen 49 sich nur vermuten. Mehr als die Annahme, die Ehegatten hätten den gesetzlichen Güterstand der Zugewinngemeinschaft akzeptiert, dürfte vor allem die auch heute

noch zu verzeichnende Rechtsunkenntnis der Betroffenen ein Grund sein (s auch
SOERGEL/GAUL/ALTHAMMER Vorbem 32 zu § 1408).

Kapitel 1
Allgemeine Vorschriften

§ 1408
Ehevertrag, Vertragsfreiheit

(1) Die Ehegatten können ihre güterrechtlichen Verhältnisse durch Vertrag (Ehevertrag) regeln, insbesondere auch nach der Eingehung der Ehe den Güterstand aufheben oder ändern.

(2) Schließen die Ehegatten in einem Ehevertrag Vereinbarungen über den Versorgungsausgleich, so sind insoweit die §§ 6 und 8 des Versorgungsausgleichsgesetzes anzuwenden.

Materialien: Zu § 1432 aF: E I § 1332; II § 1331 rev § 1417; III § 1415; Mot IV 304 ff; Prot IV 215 f, 221. Zu § 1408 Abs 1 nF: E I § 1364; II § 1364; III § 1408; BT-Drucks 1/3802, 54; BT-Drucks 2/224, 39; BT-Drucks 2/3409, 24. Zu § 1408 Abs 2: BR-Drucks 77/72, 15, 86 f = BT-Drucks 6/3453, 15, 86 f; BR-Drucks 260/73, 15 f, 171 = BT-Drucks 7/650, 15 f, 171; BT-Drucks 7/4361, 22, 48 ff, 107 f; BT-Drucks 7/4454, 2; BT-Drucks 7/4694, 12 f; BT-Drucks 7/4992, 6; in der Fassung VAStrRefG: BR-Drucks 16/11903, 30. Vgl STAUDINGER/BGB-Synopse 1896–2005 § 1408.

Schrifttum

S auch Vorbem zu §§ 1408 ff. Zum älteren Schrifttum s STAUDINGER/THIELE (2000).
BÄRENZ, Der zwischenzeitliche Zugewinnausgleich (2010)
BERGSCHNEIDER, Eheverträge und Scheidungsvereinbarungen, FamRZ 2004, 1757
ders, Verträge in Familiensachen (5. Aufl 2014)
ders, Verträge zum Zugewinn, FPR 2001, 79
BISLE, Güterstandswechsel als Gestaltungsmittel, DStR 2011, 2359
BOSCH, Widerruf von Schenkungen unter (geschiedenen) Ehegatten, in: FS Beitzke (1979) 121
BRAMBRING, Ehevertrag und Vermögenszuordnung unter Ehegatten (7. Aufl 2012)
ders, Teil- oder Gesamtnichtigkeit beim Ehevertrag, NJW 2007, 865
BRANDT, Die „klassischen" Modifikationen des gesetzlichen Güterstandes, RNotZ 2015, 117
BRENNE, Verzicht eines Ehegatten auf höheren Zugewinnausgleich als freigebige Zuwendung, EFG 2017, 871
BUCHHOLZ, Zur Verbindung von Ehevertrag, Erbvertrag und gemeinschaftlichem Testament, in: FS Holzhauer (2005) 430
BREDTHAUER, Der Ehevertrag in der Praxis, NJW 2004, 3072
BRUDERMÜLLER, Halbteilung und Nachteilsausgleich als Grundprinzipien der Ausgleichsinstrumente im Dreisäulensystem des deutschen Familienrechts, in: FS Coester-Waltjen (2015) 17
BÜTTNER, Grenzen ehevertraglicher Gestaltungsmöglichkeiten, FamRZ 1998, 1
BURKHARDT, Eheliche Vermögensausgestaltung im Korsett des Grundgesetzes (Diss 2016)
DAUNER-LIEB, Familienarbeit – Plädoyer für ein partnerschaftliches Güterrecht, FF 2017, 190
DETHLOFF, Güterrecht in Europa – Perspektiven für eine Ausgleichung auf kollisions- und materiell-rechtlicher Ebene, in: FS Hoffmann 2011, 73

Burkhard Thiele

DIETERLE, Ehevertrag und Güterrechtsregister, BWNotZ 1963, 205

EINSELE, Formbedürftigkeit des Auftrags/der Vollmacht zum Abschluss eines Ehevertrages, NJW 1998, 1206

FINKE, Erläuterungen zum Gleichberechtigungsgesetz, MDR 1957, 579

FISCHER, Über Eheverträge, BayNotZ 1911, 53

GÖPPINGER/BÖRGER, Vereinbarungen anlässlich der Ehescheidung (10. Aufl 2013)

GÖTZ, Schenkungssteuerliche Folgen bei lebzeitigem Zugewinnausgleich, FamRB 2005, 245

GRZIWOTZ, Eheverträge in der Landwirtschaft, FamRB 2006, 316

ders, Formbedürftigkeit ehevertraglicher Vereinbarungen im Rahmen von Gesamtbeurkundungen, FamRB 2006, 23

HAHNE, Vertragsfreiheit im Familienrecht, in: SCHWAB/HAHNE (Hrsg), Familienrecht im Brennpunkt (2004) 181

HAMDAN/QUERNHEIN, Die Erbschaftsteuer und die ehelichen Güterstände, ZFE 2005, 228

HARTMANN-HILTER, Der Ehevertrag auf der Grundlage des neuen Scheidungsrechts (1978)

HENRICH, Vermögensregelung bei Trennung und Scheidung im europäischen Vergleich, FamRZ 2000, 1521

HERR, Der Aspekt der Gesamtbeurkundung bei Trennungs- und Scheidungsfolgenverträgen, FuR 2005, 542

ders, Kritik der konkludenten Ehegatteninnengesellschaft (2008)

ders, Die Wahlgüterstände auf dem Prüfstand, FuR 2015, 577

HERRMANN/GROBSHÄUSER, Steuerliche Aspekte bei Gestaltung von Eheverträgen und Scheidungsfolgenvereinbarungen, FPR 2005, 146

HÖLAND/SETHE, Eheverträge und Scheidungsfolgenvereinbarungen (2006)

HÖLSCHER, Güterstandsklauseln und Unternehmereheverträge auf dem Prüfstand, NJW 2016, 3057

HORNDASCH, Die Vertragsgestaltung in Eheverträgen, FuR 2016, 154

JOCHHEIM, Zu den Belehrungspflichten des Notars bei der Beurkundung von Eheverträgen, FPR 1999, 271

JÜLICHER, Die frühzeitige Erbschaft- und Schenkungssteuergestaltung fängt schon bei Abschluss von Eheverträgen an, ZEV 2006, 338

JUNGO/FOUNTOULAKIS (HG) Familienvermögensrecht: berufliche Vorsorge – Güterrecht – Unterhalt, 8. Symposium zum Familienrecht 2015 (2016)

KANZLEITER, Vertragsgestaltung im ehelichen Güterrecht und im Versorgungsausgleich (1978)

ders, Formfreiheit der Vollmacht zum Abschluss eines Ehevertrages?, NJW 1999, 1612

ders/WEGMANN, Vereinbarungen unter Ehegatten (7. Aufl 2007)

KAPFER, Scheidungsfolgenvereinbarung junger Ehegatten mit gemeinsamen Kindern, MDR-Arbeitshilfe, Beilage zu MDR Heft 17/2006

KLEYLING, Scheidungsfolgenvereinbarungen, NotBZ 2015, 365

KNOOP, Der deutsch-französische Wahlgüterstand, NotBZ 2017, 202

KOHLS, Eheverträge und Scheidungsvereinbarungen von Freiberuflern im Spiegelbild des Steuerrechts (Diss 2015)

KORNEXL, Ehevertragsgestaltung als Störfallvorsorge, FamRZ 2004, 1609

KRENZLER, Vereinbarungen bei Trennung und Scheidung (5. Aufl 2013)

KÜHNL, Schenkungen unter Ehegatten, insbesondere ihre Rückabwicklung nach Scheidung, FamRZ 1969, 371

ders, Wechselbeziehungen zwischen ehelichem Güterrecht und Zuwendungsgeschäften unter Eheleuten – Eine rechtsvergleichende Skizze, in: FS Beitzke (1979) 249

LANGENFELD, Eheverträge in der Landwirtschaft, AgrarR 1999, 107

ders, Handbuch der Eheverträge und Scheidungsvereinbarungen (7. Aufl 2015)

ders, Vorsorgende Gestaltung der Rechtsverhältnisse durch Ehevertrag, BWNotZ 1979, 21

ders, Wandlungen des Ehevertrags, NJW 2011, 966

LEHMANN, Die erb- und schenkungssteuerliche Bedeutung einer Rückwirkungsvereinbarung bei der Zugewinngemeinschaft nach Änderung von § 5 Abs 1 ErbStG, MittRhNotK 1994, 167

MAI, Die Gütergemeinschaft als vertraglicher Wahlgüterstand und ihre Handhabung in der notariellen Praxis, BWNotZ 2003, 55

MEYER-WEHAGE, Das eheliche Güterrecht,

Defizite der lex lata – ein Überblick aus Sicht der Praxis, NZFam 2016, 1057

MILZER, Die Rechtsprechung des BGH und der Oberlandesgerichte zu Eheverträgen und Scheidungsvereinbarungen in den Jahren 2014 und 2015, NZFam 2016, 433

MÜLLER-FREIENFELS, Die Gesellschaft zwischen Ehegatten, Eranion für Maridakis II (1963) 357

MÜNCH, Die Ehegatteninnengesellschaft – Ein Vorschlag zu ihrer vertraglichen Ausgestaltung, FamRZ 2004, 233

ders, Trennungsvereinbarung (Teil 1 u Teil 2), ZFE 2005, 432 u 2006, 15

OERTZEN/ENGELMEIER, Namensrechtliche Regelungen in Eheverträgen und Scheidungsvereinbarungen, FamRZ 2008, 1133

PLATE, Die modifizierte Zugewinngemeinschaft im Ehevertrag von Unternehmern, MittRhNotK 1999, 257

PONATH, Vermögensschutz durch Güterstandswechsel, ZEV 2006, 49

RAUSCHER, Ehevereinbarungen: Die Rückkehr der Rechtssicherheit, DNotZ 2004, 524

REITHMANN, Eigentumsordnung unter Ehegatten, Möglichkeiten und Bedürfnisse einer vertraglichen Regelung, in: FS Knur (1972) 183

RÖTHEL, Der Verzicht, insbesondere im Familien- und Erbrecht, Jura 2015, 1065

ROSSMANN, Eheverträge, Trennungs- und Scheidungsvereinbarungen, FuR 2015, 320

SCHLÜNDER/GEISSLER, Ehe und Familie im Erbschafts- und Schenkungssteuerrecht, FamRZ 2005, 73 u 149

SCHOTTEN/SCHMELLENKAMP, Der Vorrang des Gesellschaftsrechts vor dem Güterrecht, DNotZ 2007, 729

SCHWAB, Ehe- und Scheidungsvereinbarungen in Zeiten wandelbaren Familienrechts, FamRZ 2015, 1661

M SCHWAB, Vertragsgestaltung im Eherecht aus notarieller und richterlicher Sicht, MittBayNot 2005, 212

SEEVOGEL, Wahlgüterstand der Gütertrennung für die Europäische Ehe, 2011

SIEDE/BRUDERMÜLLER, Die Entwicklung des Familienrechts seit Herbst 2016 – Güterrecht und Versorgungsausgleich, NJW 2017, 1283

SONTHEIMER, Güterstand und Steuerrecht, NJW 2001, 1315

STÖCKER, Zur Kritik des Familienrechts, NJW 1972, 553

STUMPP, Ehevertragliche Vereinbarungen für die Auseinandersetzung des Gesamtguts, Rpfleger 1979, 441

SCHWENZER, Vertragsfreiheit im Ehevermögens- und Scheidungsfolgenrecht, AcP 196 (1996) 88

WEGMANN, Notariell beurkundete Vereinbarungen unter (künftigen) Ehegatten, FPR 1999, 264

WEINREICH, Die Rechtsprechung zum Güterrecht seit dem 1. 10. 2012, Teil 1, FuR 2014, 683

ders, FuR 2015, 11 (Rechtsprechungsübersicht)

WINKLER, Eheverträge von Unternehmern – Gestaltungsmöglichkeiten zum Schutz des Unternehmens, FPR 2006, 217

ZÖLLNER, Vermögensrechtliche Folgen von Vereinbarungen für den Scheidungsfall, in: FS Lange (1992) 973.

Systematische Übersicht

Burkhard Thiele

Alphabetische Übersicht

I.   Allgemeines

1 1.   § 1408 Abs 1 BGB entspricht wörtlich § 1432 aF. Die RegE zum GleichberG hatten in § 1364 S 2 BGB noch eine Reihe von Beispielen für den Inhalt von Ehe-verträgen aufgeführt. Dort hieß es, die Ehegatten *„können insbesondere*

1. *die im gesetzlichen Güterstand bestehenden Verfügungsbeschränkungen ausschließen oder einschränken;*

2. *den Ausgleich des Zugewinns ausschließen oder abweichend von den ge-setzlichen Bestimmungen regeln;*

3. *während des Bestehens des Güterstandes einen zwischenzeitlichen Aus-gleich des Zugewinns vereinbaren;*

4. *einen vom gesetzlichen Güterstand abweichenden Güterstand vereinbaren, ändern oder aufheben."*

Nach dem Ausschussbericht (BT-Drucks 2/3409, 24) ist auf die Nennung von Beispielen verzichtet worden. Eine sachliche Abweichung wurde damit nicht bezweckt.

2. **§ 1408 Abs 2 BGB** war durch das 1. EheRG (Art 1 Nr 15) in das Gesetz **2** eingefügt worden und seit dem 1. 7. 1977 in Kraft. Die geltende Fassung ist durch das Gesetz zur Strukturreform des Versorgungsausgleichs (VAStrRefG) geformt worden und seit dem 1. 9. 2009 in Kraft.

II. Begriff des Ehevertrages

1. Definition

Der Ehevertrag ist ein Vertrag von Ehegatten oder künftigen Ehegatten zur Re- **3** gelung ihrer güterrechtlichen Verhältnisse.

2. Vertragsparteien

Vertragsparteien können nur Personen verschiedenen Geschlechts sein, die entwe- **4** der bereits miteinander verheiratet sind (so ausdrücklich Abs 1 HS 2) oder den Vertrag für den Fall der Eingehung der Ehe abschließen. Im zweiten Fall brauchen die Vertragspartner nicht im Rechtssinne verlobt zu sein (ebenso GERNHUBER/COES-TER-WALTJEN § 32 Rn 1; SOERGEL/FISCHINGER § 1297 Rn 30). Aus den Vorschriften über den Erbvertrag, die nur von Verlobten sprechen (s insbes § 2276 Abs 2 BGB), ergibt sich nichts anderes. Der von Nichtverheirateten geschlossene Ehevertrag wird erst wirk-sam, wenn die Ehe geschlossen ist (BayObLGZ 1957, 49, 51).

3. Gegenstand des Ehevertrages

a) Gegenstand des Ehevertrages sind allein die **güterrechtlichen Verhältnisse** der **5** Ehegatten (zum Ausschluss des Versorgungsausgleichs s unten Rn 40). Ein Ehevertrag ist auch die Rechtswahl gem Art 15 Abs 3 EGBGB iVm Art 14 Abs 4 EGBGB, die den ehelichen Güterstand bestimmt.

Eine **Regelung güterrechtlicher Verhältnisse** liegt nur vor, wenn und soweit der Ver- **6** trag *den Güterstand der Ehegatten verändert,* und sei es auch nur in Bezug auf einen einzelnen Gegenstand (BGH NJW 1978, 1923; SOERGEL/GAUL/ALTHAMMER § 1408 Rn 12; SCHWAB DNotZ – Sonderheft – 1977, 56*; s auch bereits RG Gruchot 63, 614). Der Regelung der güterrechtlichen Verhältnisse kann dabei auch Rückwirkung zukommen, etwa bei vertraglicher Aufhebung der vereinbarten Gütertrennung bereits für die Vergangenheit und gleichzeitigem Eintritt der Zugewinngemeinschaft (BGH FamRZ 1998, 903). Darin liegt eine zulässige Bestimmung des Anfangsvermögens (vgl auch BGH FamRZ 1997, 800; STAUDINGER/THIELE [2017]; § 1374 Rn 49). Diese enge Umschreibung des Regelungsinhalts von Eheverträgen entspricht der gegenständlichen Begrenzung des Güterrechts. Das eheliche Güterrecht regelt nur einen positivrechtlich abgegrenzten Bereich der vermögensrechtlichen Beziehungen zwischen den Ehegatten und zu Dritten (§§ 1363–1518 BGB). Deshalb haben schuld- oder sachenrechtliche Verträge der Ehegatten, deren Rechtsfolgen den zwischen ihnen bestehenden gesetzlichen oder Wahlgüterstand unberührt lassen, keine Regelung güterrechtlicher Verhältnisse zum Inhalt (BGH NJW 1978, 1923).

7 b)   Die selbstverständliche Voraussetzung eines Ehevertrages, dass er die **Rechtsverhältnisse von Ehegatten** regelt, ist für die Abgrenzung güterrechtlicher von nicht güterrechtlichen Vereinbarungen wenig tauglich. Nicht alle Rechtsgeschäfte, die das Bestehen einer Ehe voraussetzen, sind Eheverträge. So sondert das Gesetz selbst insbesondere die *personenrechtlichen Beziehungen* aus dem Güterrecht aus. Aber auch die in den §§ 1353 ff BGB güterstandsunabhängig geregelten *allgemeinen Ehewirkungen mit vermögensrechtlichem Bezug* (§§ 1356–1362 BGB) gehören nicht zu den güterrechtlichen Beziehungen (hM). Endlich ist der Satz, nicht güterrechtlich seien solche vermögensrechtlichen Beziehungen, *die auch zwischen nicht miteinander verheirateten Partnern bestehen könnten,* weder hinreichend aussagekräftig noch sachlich zutreffend. Es gibt vermögensrechtliche Ansprüche und Rechte, deren Entstehung das Bestehen einer Ehe voraussetzen, die aber gleichwohl keine güterrechtlichen Beziehungen sind. Dazu gehören insbesondere die während eines Güterstandes *entstandenen Einzelansprüche* und die mit der Beendigung des Güterstandes *entstandenen Rechte auf und aus Auseinandersetzung.*

8 c)   **Vereinbarungen über die Auseinandersetzung** nach dem Ende eines Güterstandes setzen voraus, dass eine Ehe zwischen den Partnern besteht oder bestanden hat. Gleichwohl sind sie nicht schon deshalb notwendig Eheverträge. In der **Zugewinngemeinschaft** lässt **§ 1378 Abs 3 S 2 BGB** Vereinbarungen über den Ausgleich des Zugewinns noch vor der Beendigung des Güterstandes zu, ohne sie der Form des § 1410 BGB zu unterstellen (zu den zeitlichen Grenzen solcher Vereinbarungen und den speziellen Formvorschriften s STAUDINGER/THIELE [2017] § 1378 Rn 19 f). Schon deshalb trifft es nicht zu, dass die Auseinandersetzung nur nach dem Ende des Güterstandes ohne Einhaltung der Ehevertragsform geregelt werden könne (so aber DÖLLE I 667 Fn 77; anders GERNHUBER/COESTER-WALTJEN § 32 Rn 6; KÖRNER 47; LANGE JZ 1970, 653). Es wird vielmehr überwiegend angenommen, dass die Auseinandersetzung, insbesondere die der **Gütergemeinschaft**, bereits vor der Beendigung des Güterstandes formfrei geregelt werden könne (RGZ 89, 292, 294; RG DJZ 1908: 647; JW 1911, 183; HRR 1930 Nr 290; BayObLGZ 5, 661, 665; 11, 261, 265; 1966, 432, 434; OLG Nürnberg FamRZ 1969, 287; DÖLLE I 973; ERMAN/HEINEMANN § 1474 Rn 1; RAUSCHER Rn 358; MünchKomm/KANZLEITER § 1408 Rn 7, § 1474 Rn 3; BGB-RGRK/FINKE § 1474 Rn 2, ders anders – Form entspr § 1378 Abs 3 S 2 – § 1410 Rn 6; SOERGEL/GAUL/ALTHAMMER § 1408 Rn 9; § 1474 Rn 2). Der hM ist insoweit zuzustimmen, als die „technische" Durchführung, **die Art und Weise der Auseinandersetzung** geregelt wird. Soweit jedoch mit der Auseinandersetzung Regelungen verbunden sind, die das **künftige güterrechtliche Verhältnis** bei fortbestehender Ehe etwa mit der Folge des § 1414 S 2 BGB ordnen, bedürfen diese der Form des Ehevertrages (PALANDT/BRUDERMÜLLER Rn 20; BAMBERGER/ROTH/MAYER Rn 7; SOERGEL/GAUL/ALTHAMMER § 1408 Rn 9). Wenig hilfreich ist bei der Abgrenzung das Erfordernis, der Ehevertrag müsse eine *„allgemeine Regelung der güterrechtlichen Verhältnisse"* beinhalten (so der frühere IV. Senat des BGH [Z 54, 42]; BEITZKE NJW 1970, 265). Vielmehr kann durch einen Ehevertrag auch eine Einzelregelung für den Scheidungsfall getroffen werden – gerade deswegen kommt der IX. Senat des BGH (Z 86, 151 f) zu der Ausdehnung der Beschränkung durch § 1378 Abs 3 S 3 BGB auf Eheverträge mit der Feststellung, diese könne „in ihren Auswirkungen für die Eheleute einer Vereinbarung über den Ausgleich des Zugewinns im Hinblick auf eine bevorstehende Ehescheidung so nahe kommen, dass eine unterschiedliche rechtliche Behandlung nicht gerechtfertigt erscheint" (STAUDINGER/THIELE [2017] § 1378 Rn 19; vgl auch GAUL, in: FS Lange 851 f – dort auch krit zum eigenen Unterscheidungsmerkmal einer Regelung des Zugewinnausgleichs „von der Basis her"; BRIX FamRZ 1993, 15). Entsprechendes gilt für den Vorschlag von BRAMBRING (DNotZ 1983, 496; wohl auch CYPIONKA MittRhNotK 1986, 157 ff) zu differenzieren, ob die Ehegatten die Vereinbarung im Hinblick auf ein *konkret anstehendes* Scheidungsverfahren treffen oder ob sie *generell* Geltung beanspruchen soll (so iE auch BRIX FamRZ 1993, 17).

Bedenken bestehen dagegen, auch eine formlose **Änderung der Teilungsquote** **9** (§ 1476 Abs 1 BGB) vor der Beendigung des Güterstandes zuzulassen. Die Änderung der Teilungsquote ist in ihrer rechtlichen Qualität etwas anderes als der vollständige oder teilweise „Erlass" des künftigen Anspruchs auf das Auseinandersetzungsguthaben (anders für den Erlass generell als Regelung des güterrechtlichen Verhältnisses GAUL, in: FS Lange 851; BRIX FamRZ 1993, 15). Der Auseinandersetzungsanspruch ist ein Bestandteil der Beteiligung am Gesamtgut. Die Änderung der gesetzlichen Teilungsquote ändert deshalb das Güterrecht und nicht nur die vermögensrechtlichen Beziehungen für die Zeit nach dem Ende des Güterstandes. Eine Änderung der Teilungsquote bedarf daher der Form des Ehevertrages, wenn sie vor der Beendigung des Güterstandes vereinbart wird. Das gilt auch für Regelungen während eines Verfahrens, das auf Auflösung der Ehe gerichtet ist (anders MünchKomm/KANZLEITER Vorbem 7 zu § 1408; tendenziell anders wohl auch die Rspr zu § 1378 Abs 3 aF, s STAUDINGER/ THIELE [2017] § 1378 Rn 19 f).

4. Generelle und spezielle Eheverträge

a) Die Unterscheidung von generellen und speziellen Eheverträgen hat nur beschreibenden Wert. Die Grenzen sind fließend. Unter einem *speziellen Ehevertrag* versteht man die Abänderung des gesetzlichen oder kraft Ehevertrages geltenden Güterstandes in einzelnen Punkten. *Generelle Eheverträge* regeln dagegen die güterrechtlichen Verhältnisse insgesamt, indem sie einen neuen Güterstand an die Stelle des gesetzlichen oder des kraft Ehevertrages geltenden Güterstandes setzen (zur allgemeinen Regelung der güterrechtlichen Verhältnisse s Rn 6). **10**

11 b) Generelle Eheverträge können folgenden Inhalt haben:

12 Der gesetzliche Güterstand wird ausgeschlossen. Dann tritt gemäß § 1414 S 1 BGB Gütertrennung ein.

13 Der geltende (gesetzliche oder vertragliche) Güterstand wird aufgehoben. Es tritt ebenfalls Gütertrennung ein, § 1414 S 1 BGB.

14 Der Ausschluss des gesetzlichen oder die Aufhebung des geltenden Güterstandes wird mit der Vereinbarung eines neuen Güterstandes verbunden. Das ist auch mit Rückwirkung möglich (s Rn 6). Ist der neue Güterstand die Zugewinngemeinschaft oder die Gütergemeinschaft, so genügt die auch schlüssige *Verweisung* auf die Vorschriften der §§ 1363 ff BGB oder §§ 1415 ff BGB. Unter den Voraussetzungen des Art 15 Abs 2 EGBGB kann auch auf einen ausländischen Güterstand verwiesen werden.

15 Da das Gesetz die Ehegatten nicht auf die geregelten Güterstandstypen festlegt, können sie auch singuläre Gestaltungsformen für ihre güterrechtlichen Verhältnisse wählen. In diesem Fall müssen die Regelungen im Einzelnen formgerecht im Ehevertrag aufgeführt werden (*Kodifikationsvertrag,* vgl KÖRNER 62 f). Allgemein gesperrte und nur für bestimmte Güterstände freigegebene Rechtsfiguren (s dazu Vorbem 32 f zu §§ 1408 ff) können jedoch nur in Verbindung mit der Einführung dieses Güterstandes in Geltung gesetzt werden. Zu Mischgüterständen s Vorbem 37 ff zu §§ 1408 ff. In diesen Fällen gehen genereller und spezieller Ehevertrag ineinander über.

16 Die Neubegründung des früheren gesetzlichen Güterstandes der *Verwaltung und Nutznießung des Mannes* durch Ehevertrag ist nicht möglich (SOERGEL/GAUL/ALTHAMMER § 1408 Rn 65; ZÖLLNER FamRZ 1965, 115 f). Sie scheitert vor allem daran, dass die ausschließliche Verwaltung des eingebrachten Gutes der Frau mit § 137 BGB in Widerspruch steht. Möglich ist allerdings die Überlassung der Verwaltung an den Mann gemäß § 1413 BGB, verbunden mit der Einräumung des Nießbrauchs am „eingebrachten Gut". Die Erstreckung des Nießbrauchsrechts auf das künftige Vermögen der Frau (vgl § 1363 Abs 2 aF) ist jedoch gemäß § 311b Abs 2 BGB ausgeschlossen (DÖLLE I 677). Weder die Überlassung der Verwaltung (mit Ausnahme des Ausschlusses des Widerrufsrechts, § 1413 BGB) noch die Bestellung des Nießbrauchs sind jedoch Regelungen güterrechtlicher Verhältnisse, sondern sonstige vermögensrechtliche Rechtsgeschäfte (DÖLLE I 677; GERNHUBER/COESTER-WALTJEN § 32 Rn 33; KNUR DNotZ 1957, 451, 461, 467; SOERGEL/GAUL/ALTHAMMER § 1408 Rn 65; ZÖLLNER FamRZ 1965, 116 Fn 37; **aM** MIKAT, in: FS Felgentraeger 326).

17 Die Begründung eines der früheren *Errungenschaftsgemeinschaft* oder der *Fahrnisgemeinschaft* entsprechenden Güterstandes ist weder durch Verweisung (s § 1409 BGB) noch durch wörtliche Wiedergabe der §§ 1519 ff aF, 1549 ff aF möglich (**aM** GERNHUBER/COESTER-WALTJEN [4. Aufl] § 32 III 2; ERMAN/HEINEMANN § 1409 Rn 1; MIKAT, in: FS Felgentraeger 325). Sie findet ihre Grenzen vor allem in der mit § 137 BGB nicht zu vereinbarenden, dinglich wirkenden und verdrängenden Nutzverwaltung des Mannes am eingebrachten Gut der Frau (§§ 1525, 1550 aF) und der mit §§ 1438 ff BGB unverträglichen Regelung der Haftung des Gesamtguts (§§ 1531 ff aF). Durch Vereinbarung der Gütergemeinschaft unter entsprechender Abwandlung der Regelungen über das Vorbehaltsgut in Verbindung mit einer (schuldrechtlichen) Übertragung der Verwaltung sowie der Bestellung eines Nießbrauchs am eingebrachten Vermögen lassen sich jedoch Wirkungen erzielen, die denen der Errungenschafts- oder Fahrnisgemeinschaft weithin entsprechen (so auch die wohl hM, vgl CLAMER NJW 1960, 655; DÖLLE I 677; MünchKomm/KANZLEITER § 1408 Rn 16; SOERGEL/GAUL/ALTHAMMER § 1408 Rn 65; BAMBERGER/ROTH/MAYER Rn 61; ZÖLLNER FamRZ 1965, 116). Die Bildung des Gesamtguts vollzieht sich auch in diesen Fällen kraft Gesetzes (CLAMER 565; **aM** FINKE MDR 1957, 580).

Auch der sog **Bestätigungsvertrag** kann (genereller) Ehevertrag sein. Bestätigen die **18** Ehegatten vertraglich den zwischen ihnen ohnehin bestehenden Güterstand (oder wird er „festgestellt", „anerkannt" oä), dann kommt dem objektiv regelmäßig nur deklaratorische Bedeutung zu. Ein Ehevertrag liegt nicht vor. Konstitutiv wirkt dagegen ein in der Form des § 1410 BGB geschlossener Vertrag, der einen früheren nichtigen Ehevertrag bestätigt, § 141 BGB (KG RJA 1915 Nr 10). Ebenso wirkt konstitutiv die vertragliche „Bestätigung" des gesetzlichen Güterstandes, wenn sie bezweckt, diesen Güterstand gegenüber künftigen gesetzlichen Änderungen bestandsfest zu machen (SOERGEL/GAUL/ALTHAMMER § 1408 Rn 16). Im Zweifel ist ein solcher Zweck nicht anzunehmen (vgl BGH RdL 1957, 204 = FamRZ 1957, 305 in Bestätigung von OLG Celle DNotZ 1957, 589; OLG Celle NJW 1958, 1974; 1961, 446). RGZ 133, 20, 22 hat weitergehend einen Ehevertrag bejaht, als Verlobte den Eintritt des gesetzlichen Güterstandes bekräftigten und damit ihre gesamten güterrechtlichen Verhältnisse für den Fall der Heirat regeln sowie die Einführung eines anderen Güterstandes ausschließen wollten. Ein Bedürfnis für die Anerkennung eines Bestätigungsvertrages nur im Hinblick auf § 2276 Abs 2 BGB ist nicht anzuerkennen.

c) **Spezielle Eheverträge** wandeln den gesetzlichen oder gewählten Güterstand **19** nur in einzelnen Punkten ab. Zu den Möglichkeiten und Grenzen der Abwandlung s die Bem zu den einzelnen Vorschriften; vgl ferner Vorbem 13 ff zu §§ 1408 ff; zur Abgrenzung von einer **Scheidungsvereinbarung nach § 1378 Abs 3 S 2 BGB** s oben Rn 8 und STAUDINGER/THIELE (2017) § 1378 Rn 19 f.

III. **Sonstige Rechtsgeschäfte unter Ehegatten**

1. **Grundsätzliches**

Eheverträge regeln nur die güterrechtlichen Verhältnisse (s oben Rn 5 ff). Alle anderen Rechtsgeschäfte zwischen Ehegatten unterliegen nur den allgemeinen Vorschriften. § 1410 BGB ist auf sie nicht anwendbar. Es sind allein die speziell für bestimmte Rechtsgeschäfte vorgeschriebenen Formen einzuhalten. Die Ehegatten unterliegen bei der Vornahme solcher Rechtsgeschäfte keinen besonderen Bestimmungen. Eine nach Ehegüterrecht erforderliche Zustimmung des anderen Ehegatten (§§ 1365, 1369, 1423–1425 BGB) ist jeweils durch dessen Beteiligung am Geschäft schlüssig erklärt. Die allgemeinen Vorschriften gelten auch dann ausschließlich, wenn das Rechtsgeschäft zwischen den Ehegatten unter der Bedingung des Bestehens und Fortbestehens der Ehe geschlossen oder dies zur Geschäftsgrundlage gemacht worden ist. Eine güterrechtliche Regelung liegt allein deshalb noch nicht vor (vgl BGH NJW 1978, 1923). **Arbeitsverträge** unter Ehegatten sind unbeschränkt möglich (s dazu im

Einzelnen die Erl zu § 1356). Unmittelbare güterrechtliche Bedeutung haben die Verträge nicht (BGH FamRZ 1977, 311, 313 mwNw). Der Arbeitsverdienst kann sich aber auf den Zugewinn oder in einer Mehrung des Gesamtguts auswirken.

2. Zuwendungen unter Ehegatten

21 **Zuwendungen unter Ehegatten** beeinflussen den Güterstand nicht und unterliegen deshalb nicht der Form des § 1410 BGB. Das soll nur dann anders sein, wenn dadurch eine grundlegende Veränderung des ganzen Güterstandes herbeigeführt wird (RG SeuffA 69 Nr 108; WarnR 1915 Nr 142; RGZ 108, 122, 125; RG SeuffA 81 Nr 9; OLG Stuttgart NJW 1958, 1972; BAMBERGER/ROTH/MAYER Rn 8; offen MünchKomm/KANZLEITER Rn 8). Umfang und Bedeutung eines Geschäfts für das Vermögen der Ehegatten sind jedoch für die Beurteilung, ob es die güterrechtlichen Verhältnisse (s Rn 6) regelt, ohne Belang (so auch GERNHUBER/COESTER-WALTJEN § 32 Rn 12–14 Fn 21; SOERGEL/GAUL/ALTHAMMER § 1408 Rn 14 Fn 79 unklar BGH NJW 1978, 1924). Die in den angeführten Urteilen verwendete Floskel war denn auch in keinem Falle entscheidungserheblich. Auch solche Zuwendungen, die einen Gewinnausgleich während des Güterstandes der Zugewinngemeinschaft oder der Gütertrennung bezwecken, sind selbst dann nicht güterrechtlicher Natur, wenn ihnen ein Gesamtvermögensvergleich zugrundeliegt. Der Güterstand wird aber verändert, wenn sich die Ehegatten zu einem solchen einmaligen oder periodischen Zwischenausgleich im Voraus verpflichten (so wohl auch GERNHUBER/COESTER-WALTJEN § 32 Rn 12–14). Der Vertrag ist dann Ehevertrag, auch wenn er anders bezeichnet wird. Umgekehrt kann in der Begründung einer Gütergemeinschaft eine Schenkung oder ehebedingte Zuwendung liegen (BGH FamRZ 1992, 304; 1997, 934).

22 Zuwendungen aus dem **Gesamtgut** der Gütergemeinschaft in das **Vorbehaltsgut** und umgekehrt setzen eine ehevertragliche Änderung der gesetzlichen (§§ 1416, 1418 BGB) oder nach § 1418 Abs 1 Nr 1 BGB geltenden Zuordnung voraus. Zum dinglichen Vollzug s § 1416 Rn 33 f.

3. Gesellschaftsverträge

23 **Gesellschaftsverträge** unter Ehegatten sind weder mit der ehelichen Gemeinschaft unvereinbar, noch zieht ihnen das eheliche Güterrecht Schranken (BGH FamRZ 2006, 608; 1999, 1580; 1986, 558, 559). Allgemein zum Abschluss von Gesellschaftsverträgen s Erläuterungen zu § 1356 BGB sowie STAUDINGER/THIELE (2017) § 1363 Rn 7, 18.

24 Eine Ausnahme soll nach BGHZ 65, 79 = NJW 1975, 1774; FamRZ 1994, 295 Rn 27 nur dann gelten, wenn die Ehegatten in *Gütergemeinschaft* leben. Zur Gründung einer oHG sei die *ehevertragliche Begründung von Vorbehaltsgut* erforderlich, da die Gesellschaftsanteile der Ehegatten weder (unvereinigt) dem Gesamtgut noch den Sondergütern zugeordnet werden könnten (dem BGH stimmen zu: MünchKomm/KANZLEITER § 1416 Rn 10; PALANDT/BRUDERMÜLLER § 1416 Rn 1; BGB-RGRK/FINKE § 1416 Rn 7; SCHÜNEMANN FamRZ 1976, 137. Ablehnend dagegen – mit Zuweisung der Gesellschaftsanteile zum Sondergut: MünchKomm/SCHÄFER § 705 Rn 74, 82; STAUDINGER/HABERMEIER [2003] § 705 Rn 24; RAUSCHER Rn 448; APFELBAUM MittBayNot 2006, 189 mit Ausnahme eines freiübertragbaren Kommanditanteils; BEITZKE FamRZ 1975, 575; FLUME, Die Personengesellschaft [1977] 65, 66; REUTER/KUNATH JuS 1977, 376; – mit Zuweisung zum Gesamtgut: GERNHUBER/COESTER-WALTJEN

§ 38 Rn 16 Fn 26; SOERGEL/GAUL/ALTHAMMER Vorbem 41 zu 1408; TIEDTKE FamRZ 1975, 675; wohl auch BUCHNER, in: FS Beitzke 153, 155 ff). Entgegen der Auffassung des BGH (s auch BFHE 94, 165, 167; 74, 400, 402 f) ist die Anwendung der §§ 1417 Abs 2, 719 BGB auf die Ehegattengesellschaft unbedenklich. Die Gesellschaftsanteile können, selbst wenn sie im Gesellschaftsvertrag für übertragbar erklärt worden sind, kraft Gesetzes nicht in das Gesamtgut fallen (vgl § 1416 Rn 14). Dass die Begründung der Anteile auf einem Rechtsgeschäft beruht, steht dem nicht im Wege. Die Ehegatten erwerben zunächst je einen unveräußerlichen Gesellschaftsanteil. Die Rechtslage ist nicht anders, als wenn die Gesellschafter-Ehegatten erst nachträglich die Gütergemeinschaft vereinbaren. In beiden Fällen können die Anteile nicht Gesamtgut werden. Es entspricht dem Sinn solcher Ehegatten-Gesellschaftsverträge, dass die Anteile nicht in das Gesamtgut fallen sollen (s auch FLUME 66), da die Beteiligungen im Gesamtgut nicht unvereinigt fortbestehen können, sondern miteinander verschmelzen. Selbst wenn die Beteiligungen im Übrigen ausdrücklich für übertragbar erklärt worden sind, ist aus diesem Grunde die Klausel einschränkend dahin zu deuten, dass die „Übertragbarkeit" in das Gesamtgut ausgeschlossen bleibt. Darin liegt keine rechtsgeschäftliche Verkürzung des Gesamtguts, die an §§ 1418 Abs 1, 1410 BGB scheitern müsste, sondern die lediglich begrenzte Aufhebung der grundsätzlichen Unübertragbarkeit der Gesellschaftsanteile.

Ein Gesellschaftsvertrag unter Ehegatten erhält nicht schon dadurch güterrecht- **25** lichen Charakter, dass er praktisch ihr gesamtes Vermögen erfasst. In einem solchen Fall besteht jedoch besonderer Anlass zu prüfen, ob die Parteien nicht in Wahrheit einen Ehevertrag schließen wollten (Gütergemeinschaft). Die Fehlbezeichnung als Gesellschaftsvertrag würde dieser Auslegung nicht im Wege stehen. Es geht aber zu weit, wenn OLG Stuttgart NJW 1958, 1972; GERNHUBER/COESTER-WALTJEN § 32 Rn 12–14 Fn 23 und SOERGEL/GAUL/ALTHAMMER Vorbem 40 zu § 1408 im Zweifel eine güterrechtliche Regelung annehmen. Ein auf die Begründung der Gütergemeinschaft gerichteter nichtiger Ehevertrag kann uU in einen Gesellschaftsvertrag umgedeutet werden (OLG Hamburg DJ 1938, 1036; GERNHUBER/COESTER-WALTJEN § 32 Rn 12–14 Fn 22; SOERGEL/GAUL/ALTHAMMER Vorbem 40 zu § 1408).

4. Darlehen ua

Keine güterrechtlichen Regelungen werden auch getroffen, wenn die Ehegatten **26** **Darlehensverträge** miteinander abschließen (Mot IV 312 f; Prot IV 220 f), bei der Begründung von **Bruchteilseigentum** (vgl etwa BGH FamRZ 1990, 975 Rn 47; das gilt auch bei Erfassung des gesamten Erwerbs beider Ehegatten: HENNEMANN BWNotZ 1960, 5, 10; HIPP BWNotZ 1959, 197; RIPFEL BWNotZ 1959, 508; VOGT BWNotZ 1959, 195; anders – Ehevertrag – GOLLER BWNotZ 1959, 107), bei der Übertragung der **Vermögensverwaltung** auf den anderen Ehegatten (s dazu § 1413 BGB) oder der Begründung einer **Treuhand** (OLG Hamburg FamRZ 2002, 395). Ebensowenig bei Bestellung eines Nießbrauchs oder von **Hypotheken** BayObLG BayZ 119, 84.

5. Zustimmungen

Die nach den §§ 1365, 1369 BGB und den §§ 1423–1425, 1450 BGB erforderlichen **27** **Zustimmungen**, die **Einwilligung** des das Gesamtgut verwaltenden Ehegatten zum selbständigen Betrieb eines Erwerbsgeschäfts gemäß §§ 1431, 1456 BGB und die eine Gesamtgutshaftung begründenden Zustimmungen (§§ 1438, 1460 BGB) bedürfen nicht der Form des § 1410 BGB. Sie sind weder Verträge, noch berühren sie nach der Struktur des Gesetzes die güterrechtlichen Verhältnisse. Die Einwilligung kann auch formlos unwiderruflich erteilt werden (**aM** – Ehevertrag – früher RG JW 1911, 362; 1925, 2111; Körner 44; Bollenbeck DNotZ 1911, 714; wie hier Gernhuber/Coester-Waltjen § 32 Rn 4; Soergel/Lange [12. Aufl] § 1365 Rn 65). Zu den Grenzen des Ausschlusses des Widerrufsrechts vgl Staudinger/Gursky (2014) § 183 Rn 14. Eine *Generaleinwilligung* für noch nicht individualisierte Geschäfte bestimmter Art ist ebenfalls grundsätzlich formlos möglich. Eine *unwiderrufliche* Generaleinwilligung dagegen entspricht in ihren Wirkungen so sehr der Aufhebung des Zustimmungserfordernisses, dass sie der Form des Ehevertrages zu unterwerfen ist (Gernhuber/Coester-Waltjen § 32 Rn 4).

IV.   Abschluss des Ehevertrages

1.   Zeitpunkt

28 Ein Ehevertrag kann **zeitlich** vor oder nach Eingehung der Ehe abgeschlossen werden (s auch Rn 4). Er kann auch während der Ehe jederzeit aufgehoben (s dazu § 1414 BGB) oder geändert werden (s auch Mot IV 305). Auch **Vorverträge** sind vor und nach der Eheschließung möglich. Auch sie bedürfen der Form des § 1410 BGB (BGH FamRZ 1966, 492, 495; RGZ 48, 183, 186; 68, 322).

2.   Vorschriften über Rechtsgeschäfte

29 Zur **Form** des Ehevertrages vgl die Bem zu § 1410 BGB. Im Übrigen gelten für den Abschluss die allgemeinen **Vorschriften über Willenserklärungen, Rechtsgeschäfte und Verträge** (s aber auch § 1411 BGB). Auch **Bedingungen** und **Zeitbestimmungen** sind möglich (dazu Beitzke DNotZ 1964, 692; Lange FamRZ 1964, 547; MünchKomm/Kanzleiter Rn 4; OLG Celle FamRZ 1961, 446 = DNotZ 1962, 253; OLG Braunschweig FamRZ 2005, 903 mAnm Bergschneider). Die bedingungsfeindliche Ablehnung der fortgesetzten Gütergemeinschaft erfolgt nach §§ 1484 Abs 2, 1945 Abs 1 BGB nicht durch Ehevertrag, sondern durch einseitige Erklärung des Überlebenden gegenüber dem Nachlassgericht. Die ehevertragliche Aufhebung einer früheren Vereinbarung der Fortsetzung der Gütergemeinschaft ist *nicht* (etwa entsprechend §§ 1484 Abs 2, 1947 BGB) bedingungsfeindlich. Zur **Sittenwidrigkeit** s Vorbem 14 ff zu §§ 1408 ff. Für die **Nichtigkeit** und **Anfechtbarkeit** eines Ehevertrages sind die §§ 104 ff, 116 ff BGB maßgeblich. Zur Anfechtbarkeit eines Ehevertrages s BGH FamRZ 1996, 606 sowie Büttner FamRZ 1998, 3 (zu Drohung und arglistiger Täuschung); Schreiber FamRZ 1955, 65. Zum **Wegfall der Geschäftsgrundlage** s Vorbem 25 zu §§ 1408 ff; auch ein **Rücktritt** vom Ehevertrag wegen Verzugs kommt in Betracht, vgl BGH FamRZ 2005, 1449. Zu Sinn und Zweck **salvatorischer Klauseln** in Eheverträgen s Vorbem 22 zu §§ 1408 ff; Münch DNotZ 2005, 822 f, 831 f; Keilbach FamRZ 1992, 1118. Ein **Missbrauch** güterrechtlicher Geschäftstypen ist nur in Ausnahmefällen anzunehmen. In Betracht kommen **Umgehungszwecke**, etwa die Verkürzung von Pflichtteilsergänzungsansprüchen der Abkömmlinge oder die Umgehung eines Vorkaufsrechts durch Vereinbarung der Gütergemeinschaft. Nach Gernhuber/Coester-Waltjen § 32 Rn 9 ff liegt bei einer ausschließlich oder vorrangig nicht güterrechtlichen Geschäftsabsicht in Wahrheit kein Ehevertrag vor, sondern allein das

Umsatzgeschäft, dessen Folgen, auch Nebenfolgen, vermieden werden sollten. So auch der BGH (BGHZ 116, 178 = FamRZ 1992, 304). Es bedarf danach in tatsächlicher Hinsicht der Feststellung, dass die Geschäftsabsichten der Eheleute, jedenfalls soweit es sich um die Bereicherung des weniger begüterten Ehegatten handelt, nicht zwecks Verwirklichung der Ehe auf eine Ordnung der beiderseitigen Vermögen gerichtet waren. Es ist jedoch nicht erforderlich, in solchen Fällen dem Ehevertrag seine spezifischen Wirkungen zu versagen. Es reicht aus, den durch die güterrechtliche Einkleidung verschleierten Zweck als begleitende causa anzuerkennen (zB Schenkung) oder (bei Umgehung des Vorkaufsrechts) den Rechtsgedanken des § 162 Abs 1 BGB anzuwenden. Zur Vereinbarung der Gütergemeinschaft, die bereits nach fünf Tagen wieder aufgehoben wurde, als **Schenkung** iS des § 2325 BGB vgl RGZ 87, 301, 303 f; s auch BGH FamRZ 1992, 304; BGHZ 65, 79 = FamRZ 1975, 572, 574; HAEGELE BWNotZ 1972, 71.

3. Verbindung mit Erbvertrag

Die **Verbindung von Ehevertrag und Erbvertrag** ist möglich. § 2276 Abs 2 BGB sieht **30** sie ausdrücklich vor. Der dort bezweckten Formerleichterung für den Erbvertrag kommt heute jedoch keine praktische Bedeutung mehr zu. Über die marginalen Unterschiede STAUDINGER/KANZLEITER (2014) § 2276 Rn 7. Ob die verbundenen Verträge als Teile eines Rechtsgeschäfts gemäß § 139 BGB anzusehen sind, entscheidet der Parteiwille (allgemein dazu BGH NJW 1976, 1931). Im Zweifel sind die Verträge als rechtlich selbständig anzusehen. Die Nichtigkeit des Erbvertrages kann aber auf den in derselben Urkunde geschlossenen Ehevertrag durchschlagen, wenn beide Verträge ein einheitliches Rechtsgeschäft darstellen sollten und umgekehrt (LG Ravensburg FamRZ 2008, 1289 Rn 162; OLG Stuttgart FamRZ 1987, 1034). Der *Rücktritt* von erbvertragsmäßigen Verfügungen gemäß §§ 2294, 2295 BGB berührt den Ehevertrag jedenfalls nicht (BGHZ 29, 129 = NJW 1959, 625 = FamRZ 1959, 147; **aA** BUCHHOLZ, in: FS Holzhauer 438: § 139 anwendbar, wenn lediglich Modifikation des Güterstands Gegenstand des Ehevertrags). Allerdings kann eine Verknüpfung dergestalt bestehen, dass der Erbvertrag als Geschäftsgrundlage des Ehevertrags anzusehen ist. Dann wirkt sich der Rücktritt auch auf den Ehevertrag aus (s Rn 34).

V. Dauer des Ehevertrages

Eine **vor der Eheschließung** getroffene güterrechtliche Regelung wird nicht wirksam, **31** wenn die Ehe nicht zustandekommt (s auch oben Rn 4). Bei einer **Nichtehe** (s § 1310 BGB) entfaltet der Ehevertrag ebenfalls von vornherein keine Rechtswirkungen.

Wird die Ehe durch gerichtliche Entscheidung **aufgehoben** (§ 1313 BGB), so erfolgt die vermögensrechtliche Auseinandersetzung der Ehegatten gemäß § 1318 BGB wie nach einer Scheidung. Der Ehevertrag entfaltet insoweit volle Wirkungen.

Der Ehevertrag verliert seine Wirkungen für die Zukunft, wenn und soweit er durch **32** einen **neuen Ehevertrag** aufgehoben oder geändert wird, die Ehegatten können dem Vertrag dabei Rückwirkung beilegen (s Rn 6). Bei Aufhebung des früheren Güterstandes erfolgt, wenn nichts anderes vereinbart wird, die güterrechtliche Auseinandersetzung nach Maßgabe des Ehevertrages oder des ehevertraglich vereinbarten Güterstandes (vgl §§ 1372, 1471 BGB). **Entsprechendes gilt**, wenn der bisherige

vertragliche Güterstand **durch Beschluss aufgehoben** wird (vgl §§ 1385, 1386 mit
§ 1388 BGB; §§ 1447, 1448 BGB mit § 1449 BGB; §§ 1469, 1470 BGB). Wird die
Gütergemeinschaft fortgesetzt (§§ 1483 ff BGB), so verliert der Ehevertrag nach dem
Tode eines Ehegatten insoweit seine Wirkungen, als er Regelungen enthält, die mit
den §§ 1483 bis 1517 BGB in Widerspruch stehen, § 1518 BGB.

33 Da der Ehevertrag bedingt oder befristet geschlossen werden kann (s oben Rn 29),
endet er mit **Eintritt der Bedingung** und mit dem **Ablauf der Frist**, behält jedoch seine
Wirkung insoweit, als er die güterrechtliche Abwicklung regelt. Entsprechendes gilt,
wenn im Ehevertrag eine einseitige Aufhebungs-, Rücktritts- oder Beendigungser-
klärung vorbehalten war, mit dem Wirksamwerden dieser Erklärung.

34 Eine **Kündigung** des Ehevertrages **aus wichtigem Grund** ist dagegen nicht möglich.
Die in Rn 32 angeführten Möglichkeiten sind als speziellere gesetzliche Beendi-
gungsgründe zu werten. Insbesondere wird der Ehevertrag nicht dadurch berührt,
dass die Ehegatten **getrennt leben**. Bei enger Verknüpfung des Ehevertrages mit
anderen Rechtsgeschäften (zB bei aufeinander abgestimmter Regelung von Ehevertrag, Erbvertrag, Gesellschaftsvertrag oder Unternehmertestament) können aber
die Grundsätze der **Geschäftsgrundlage** anwendbar sein (s dazu auch Rn 29; Vorbem 22 zu
§§ 1408 ff; BGHZ 29, 129, 132 ff; wie hier Gernhuber/Coester-Waltjen § 38 Rn 110 Fn 133; Mai
BWNotZ 2003, 62).

VI. Gläubiger- und Insolvenzanfechtung

35 1.   Ein Ehevertrag, durch den das Vermögen eines Ehegatten gemindert wird,
kann von dessen Gläubigern gemäß § 3 AnfG oder nach §§ 130 ff InsO vom Insolvenzverwalter wie andere Rechtsgeschäfte auch angefochten werden (Mot IV 307 ff;
BGHZ 57, 123, 126; OLG München OLGE 30, 41; OLG Zweibrücken OLGZ 1965, 304; Soergel/
Gaul/Althammer § 1408 Rn 79). Liegen bei Abschluss eines Ehevertrages über den
vorzeitigen Ausgleich des Zugewinns die Voraussetzungen des § 133 Abs 2 S 1 InsO
vor, wird widerleglich vermutet, dass der (Schuldner-)Ehegatte mit Gläubigerbe-
nachteiligungsabsicht gehandelt hat und der andere Ehegatte dies gewusst hat. Dass
dies in der Form eines Ehevertrags geschehen ist, ändert daran nichts (BGH NZI 2010,
738 Rn 10 ff; kritisch Klühs NZI 2010, 922). Die Anfechtungsvoraussetzungen können
auch vorliegen, wenn aufgrund des Ehevertrages weitere Rechtsgeschäfte oder
Rechtshandlungen vorgenommen werden, insbesondere zwecks Auseinandersetzung
oder bei Umwandlung von Gesamtgut in Vorbehaltsgut (vgl OLG Nürnberg FamRZ
1960, 150; OLG Zweibrücken OLGZ 1965, 304, 309). Ein güterrechtsändernder Vertrag
kann nicht von Gläubigern angefochten werden, die ihre Ansprüche erst nach
Abschluss des Ehevertrages erworben haben (BGHZ 57, 123, 126; anders noch RG JW
1904, 152).

36 2.   Eheverträge, durch die ein Ehegatte aus dem Vermögen des anderen bereichert wird, sind im Allgemeinen nicht als **Schenkungen** anzusehen. Insbesondere
liegt auch bei großer Verschiedenheit der beiderseitigen Vermögensverhältnisse in
der Vereinbarung der Gütergemeinschaft grundsätzlich keine Schenkung vor (BGHZ
116, 178, 180 = FamRZ 1992, 304; 65, 79 = FamRZ 1975, 572 – zu III 2 der Gründe; Gernhuber/
Coester-Waltjen § 32 Rn 9; Soergel/Gaul/Althammer § 1408 Rn 79). Der Zweck, die
güterrechtlichen Verhältnisse zu gestalten, gibt den ehevertraglich begründeten

Vermögensverschiebungen einen eigenständigen Rechtsgrund. Zu ehevertraglich verschleierten Schenkungen s oben Rn 29. Die positivrechtliche Wertung des **Steuerrechts**, nach der die Bereicherung eines Ehegatten bei Vereinbarung der Gütergemeinschaft als Schenkung unter Lebenden gilt, § 7 Abs 1 Nr 4 ErbStG, hat für das bürgerliche Recht keine Bedeutung. Sie ist auch nicht übertragbar auf die Beurteilung der Voraussetzungen einer Schenkungsanfechtung gemäß § 134 InsO und § 4 AnfG. Nach dem Zweck dieser Vorschriften ist zwar nach Auffassung des BGH der Begriff der *unentgeltlichen Verfügung* umfassender als der der Schenkung nach § 516 BGB (BGH NJW 1999, 1033; BGHZ 71, 61 = FamRZ 1978, 398, 400). Dabei geht es nicht nur um den Fortfall der nach § 516 BGB erforderlichen Einigung über die Unentgeltlichkeit, sondern um die geminderte Rechtsbeständigkeit von Zuwendungen, für die der Schuldner keinen Ausgleich erlangt, im Interesse seiner Gläubiger. Die vom BGH vertretene Rechtsauffassung, die sich auf sonstige Vermögenszuwendungen unter Ehegatten bezieht, lässt sich jedoch nicht ohne Weiteres auf die güterrechtlich legitimierten Vermögensverschiebungen anwenden. Vereinbart der Schuldner mit seinem Ehegatten die Gütergemeinschaft, so wird den Gläubigern regelmäßig kein Haftungssubstrat entzogen. Den Altgläubigern haftet vielmehr nunmehr das Gesamtgut, §§ 1437 ff BGB. Sie werden nur dann schlechter gestellt, wenn der Ehegatte, der das geringe Vermögen in das Gesamtgut einbringt, stark verschuldet ist. Diese Fälle lassen sich aber systematisch sauber über *die Absichtsanfechtung* gemäß §§ 133 InsO, 3 AnfG auffangen.

3. Die ehevertragliche Beendigung des Güterstandes ist jedenfalls dann kein **37** anfechtbares Rechtsgeschäft, wenn die Voraussetzungen einer Beendigung durch gerichtliche Entscheidung (zB gemäß §§ 1447, 1469 BGB) vorgelegen haben (RGZ 57, 81, 87).

4. Unterhaltsberechtigte, denen infolge einer ehevertraglich begründeten Ver- **38** mögensminderung die künftigen Unterhaltsansprüche entzogen oder geschmälert worden sind, können den Ehevertrag nicht anfechten (OLG Hamburg OLGE 6, 157; 30, 49; OLG Köln OLGE 9, 448; OLG München OLGE 30, 41).

VII. Teilunwirksamkeit von Eheverträgen

Teilunwirksamkeit führt bei Eheverträgen regelmäßig zur Gesamtnichtigkeit, weil **39** bei Herauslösung einzelner Bestimmungen aus einem freigewählten System dieses regelmäßig die Fähigkeit verliert, die güterrechtlichen Vermögensbelange umfassend zu regeln (hM). Es gilt allerdings § **139 BGB.** Ein Ehevertrag kann deswegen seine Wirksamkeit behalten, wenn er trotz nichtiger Bestimmungen diese Fähigkeit bewahrt (s dazu auch Vorbem 22 zu §§ 1408 ff mwNw auch zu salvatorischen Klauseln).

Wenn die Ehegatten im Rahmen einer Gütergemeinschaft zum Zwecke der Gläubigerbenachteiligung allen zukünftigen Erwerb eines Ehegatten nicht Gesamtgut werden lassen, sondern ihn zu Vorbehaltsgut erklären, so ist mit dieser Klausel der gesamte Vertrag nichtig, weil sich keine zulässige Alternative anbietet, die die Vertragspartner mutmaßlich gewollt haben könnten (s auch Vorbem 36 zu §§ 1408 ff). Wenn aber nach Wegfall des nichtigen Teiles die verbleibenden Bestimmungen widerspruchsfrei die Züge eines bestimmten Güterstandstyps aufweisen, so kann dieser als gewollt angesehen werden (vgl Dölle I 675). Die Auslegung kann auch dahin führen, dass zumindest der Ausschluss des gesetzlichen Güterstandes gewollt ist und somit Gütertrennung vorliegt, § 1414 BGB.

VIII. Vereinbarungen über den Versorgungsausgleich (Abs 2)

1. Verweisung auf VersAusglG

40 Die durch Art 3 Nr 3 des Gesetzes zur Strukturreform des Versorgungsausgleichs mit Inkrafttreten am 1. 9. 2009 neu gefasste Regelung des § 1408 Abs 2 BGB enthält anders als zuvor nur eine **Verweisung** auf das VersAusglG. Nur dort finden sich die materiellrechtlichen Anforderungen an eine Vereinbarung, die gleichermaßen für Eheverträge wie Scheidungsvereinbarungen gelten (BT-Drucks 16/10144, 99). Wird durch einen Ehevertrag über den Versorgungsausgleich eine Regelung getroffen, bleibt es bei der Ehevertragsform wie § 7 Abs 3 VersAusglG klarstellt. Die Verweisung ist insoweit ausdrücklich auf §§ 6 und 8 VersAusglG beschränkt.

2. Folgen der Neuregelung

41 Kontroversen um die Frage, ob angesichts des Wortlauts von § 1408 Abs 2 aF auch eine Modifikation oder ein Teilausschluss des Versorgungsausgleichs möglich war, haben sich mit § 6 Abs 1 VersAusglG endgültig erledigt (dazu STAUDINGER/REHME [2007] § 1408 Rn 52). Die Regelungsbefugnisse sind weit gefasst. Auch die Rechtsprechung zur Nichtigkeit von anrechtsbezogenen Teilausschlüssen des Versorgungsausgleichs hat sich erledigt. Damit vergrößern sich die Gestaltungsmöglichkeiten der Ehegatten. Die Vereinbarungen über den Versorgungsausgleich unterliegen zudem keinen zeitlichen Beschränkungen mehr (anders § 1408 Abs 2 S 2 aF). Die Abgrenzung zwischen Ehevertrag nach Abs 2 S 2 aF und Versorgungsausgleichsvereinbarung nach § 1587o aF ist damit nicht mehr erforderlich.

42 Der Schutz der Eheleute wird nach der Neuregelung durch die Formvorschriften (§ 1410 und § 7 VersAusglG) und die Inhalts- und Ausübungskontrolle (§ 8 Abs 1 VersAusglG) sichergestellt. Auf das Genehmigungserfordernis nach § 1587o Abs 2 S 3 BGB wurde deswegen verzichtet.

43 Auch für Vereinbarungen über den Versorgungsausgleich gilt die von der Rechtsprechung und Literatur entwickelte Inhalts- und Ausübungsschranke (dazu s Vorbem 14 zu §§ 1408 ff). § 8 Abs 1 VersAusglG stellt das klar. Daneben bleiben die Grundsätze über den Wegfall der Geschäftsgrundlage anwendbar.

44 § 8 Abs 2 VersAusglG enthält die Bestimmung, dass Anrechte nur übertragen oder begründet werden können, wenn die maßgeblichen Versorgungsregeln dies zulassen und die Versorgungsträger zustimmen. Hintergrund ist der Grundsatz, dass Verträge nicht zulasten Dritter geschlossen werden können. Gegenüber der vorhergehenden Rechtslage nach § 1587o Abs 1 S 2 aF bedeutet das eine Abmilderung und die Erweiterung der Dispositionsmöglichkeiten der Ehegatten (vgl BT-Drucks 16/10144, 53).

§ 1409
Beschränkung der Vertragsfreiheit

Der Güterstand kann nicht durch Verweisung auf nicht mehr geltendes oder ausländisches Recht bestimmt werden.

Materialien: Zu § 1433 aF: E I § 1334; II § 1332 rev § 1414; III § 1416; Mot IV 309 ff; Prot IV 217. Zu § 1409: E I § 1365; II § 1365; III § 1409; BT-Drucks 1/3802, 54; BT-Drucks 2/224, 39; BT-Drucks 2/3409, 24; BT-Drucks 10/504, 86. Vgl STAUDINGER/BGB-Synopse 1896–2005 § 1409.

Systematische Übersicht

I. Allgemeines

1. § 1409 BGB entspricht § 1433 Abs 1 aF. Zweck dieser Vorschrift war es, die bis **1** 1900 herrschende Rechtszersplitterung auf dem Gebiet des ehelichen Güterrechts auch für die Zukunft möglichst zu verhindern oder doch zu erschweren. Die (formale) Verweisungstechnik enthebt die Vertragschließenden der Notwendigkeit, ihren Vertragsgüterstand durch Wiedergabe der einzelnen Klauseln umfassend festzulegen. Bereits die Beschränkung der Verweisungsmöglichkeiten auf die im geltenden Gesetz durchnormierten Wahlgüterstände und, unter besonderen Voraussetzungen, auf ausländische Güterstände, § 1433 Abs 2 aF, war geeignet, der Neigung zu begegnen, altes und ausländisches Güterrecht zu vereinbaren. § 1409 BGB hat das Verweisungsverbot beibehalten.

2. Das **Verweisungsverbot des § 1409 BGB** hat nur formale Bedeutung. Es schließt **2** die Vereinbarung alten und ausländischen Rechts durch ausführliche Wiedergabe seines Inhalts im Ehevertrag nicht aus (hM, zuletzt HERB FamRZ 1988, 123, 126). Es beschränkt also die inhaltliche Gestaltungsfreiheit nicht (**aA** wohl LUDWIG DNotZ 1982, 651 ff). Sie wird nur begrenzt durch die allgemeinen Schranken rechtsgeschäftlicher Gestaltungsfreiheit (s dazu Vorbem 13 ff zu §§ 1408 ff; § 1408 Rn 16 f), insbesondere die Bindung bestimmter Regelungsformen an bestimmte Güterstandstypen. Es trifft nicht zu, dass aus § 1409 BGB im Umkehrschluss abgeleitet werden könne, dass durch die Aufnahme aller Einzelbestimmungen alten oder fremden Rechts in den Ehevertrag diese Schranken überwunden werden könnten (so aber MIKAT, in: FS Felgentraeger [1969] 323, 324 f gegen die hM).

3. Anderes galt für § **1409 Abs 2** aF bis zum Inkrafttreten des IPRG am 1. 9. 1986. **3**

Soweit danach auf ausländisches Güterrecht verwiesen werden konnte, galt es auch insoweit, als es Gestaltungsformen vorsah, die dem geltenden deutschen Recht fremd sind.

II.   Verweisung auf nicht mehr geltendes Recht

4 **1.**   Die Bestimmung des Güterstandes durch Verweisung auf ein nicht mehr geltendes *Gesetz* ist ausgeschlossen. Das gilt generell auch für nicht mehr geltendes ausländisches Recht sowie auf das Güterrecht der DDR. Für entsprechende Anwendung von § 1409 BGB auf vertragliche Unterhaltsvereinbarungen unter Einführung *des Verschuldensprinzips* WALTER NJW 1981, 1409 ff; ders FamRZ 82, 7; HERB FamRZ 1988, 126; **aA** LUDWIG DNotZ 1982, 651, 656; SOERGEL/GAUL/ALTHAMMER Rn 5. Eine solche Vereinbarung widerspricht jedoch der mit der Reform des Scheidungsrechts zum Ausdruck gebrachten Grundentscheidung des Gesetzgebers und findet im Übrigen eine Grenze in § 1579 BGB.

5 **2.**   Als „nicht mehr geltendes Gesetz" kommen nur gesetzliche Vorschriften ehegüterrechtlichen Inhalts in Betracht. Zu prüfen ist stets die Geltung zum **Zeitpunkt des Abschlusses des Ehevertrages**. Das vor dem 1. 1. 1900 geltende Landesrecht ist an diesem Tage außer Kraft getreten, soweit das BGB oder das EGBGB nichts anderes bestimmte, Art 55 EGBGB. In einem nach dem 1. 1. 1900 geschlossenen Ehevertrag konnte auf landesrechtliche Güterstandsregelungen nicht mehr verwiesen werden (früher abgeschlossene Eheverträge blieben wirksam, Art 200 EGBGB). Seit dem 1. 4. 1953, dem Tag des Inkrafttretens des Gleichberechtigungsgrundsatzes, Art 3 Abs 2, 117 Abs 1 GG, konnte sowohl auf die von Art 3 Abs 2 GG modifizierten als auch auf die ursprünglichen Güterstände des BGB verwiesen werden. Zu den Einzelheiten s STAUDINGER/FELGENTRAEGER[10/11] Einl 57 ff zu §§ 1363 ff; § 1409 Rn 5 ff mwNw. Seit dem Inkrafttreten des GleichberG am 1. 7. 1958 sind die Vorschriften des BGB über den früheren gesetzlichen Güterstand der Verwaltung und Nutznießung des Mannes, über die Gütertrennung und die Güterstände der Errungenschafts- und Fahrnisgemeinschaft nicht mehr geltendes Recht, Art 1 Nr 9, 15 GleichberG. Ersetzt oder neu gefasst wurden auch die Vorschriften über die Gütergemeinschaft, Art 1 Nr 9–14 GleichberG. Art 8 I Nr 7 GleichberG hat die Fortgeltung der Vorschriften über die Errungenschafts- und Fahrnisgemeinschaft nur für die Fälle angeordnet, in denen diese Güterstände bereits vor dem 1. 7. 1958 vereinbart worden waren. Nach diesem Stichtag konnten und können die Güterstände nicht mehr durch Verweisung begründet werden, da die gesetzlichen Regelungen nicht mehr gelten (hM, anders nur KRÜGER/BREETZKE/NOWACK Rn 4 vor § 1408). Zur Begründung von Errungenschafts- oder Fahrnisgemeinschaft durch wörtliche Übernahme der Vorschriften des alten Rechts s § 1408 Rn 17.

6 **3.**   Das Verweisungsverbot greift auch dann ein, wenn die Ehegatten einen Güterstand, den sie aufgehoben haben, nach Wegfall der gesetzlichen Regelung wiederbegründen wollen (BayObLGZ 13, 613). Dagegen ist die ehevertragliche Verweisung auf ein bereits verkündetes, aber noch nicht in Kraft getretenes Gesetz zulässig (MEYER-WEIRICH FamRZ 1957, 399; SOERGEL/GAUL/ALTHAMMER § 1409 Rn 3; LG Dortmund NJW 1957, 1481; **aM** HAEGELE FamRZ 1957, 286). Zwischen dem 21. 6. 1957 und dem 1. 7. 1958 konnte daher die Zugewinngemeinschaft durch Verweisung auf das bereits verkündete GleichberG vereinbart werden. Andererseits steht die Verkündung eines Gesetzes, durch das ein Güterstand aufgehoben wird, der Verweisung auf diesen nicht entgegen, solange das Gesetz nicht in Kraft getreten ist.

4.   Ist ein Güterstand einmal durch Verweisung auf geltendes Recht begründet **7** worden, bleibt er mit dem bisherigen Inhalt auch dann wirksam, wenn das Gesetz später aufgehoben wird, soweit in dem aufhebenden Gesetz nichts anderes bestimmt ist (s dazu etwa Art 8 I Nr 5 und 6 GleichberG).

III.   Verweisung auf geltendes ausländisches Recht

1.   Grundsatz

Der Güterstand kann nicht durch eine Verweisung auf ausländisches Recht be- **8** stimmt werden. § 1409 BGB gilt für die Parteien des Ehevertrages jedoch nur dann, wenn deutsches Recht der Bundesrepublik anwendbar ist.

2.   Ausnahme

Abweichungen ergeben sich bei Sachverhalten mit Auslandsberührung aus dem **9** Kollisionsrecht gem Art 15 EGBGB (ab 29. 1. 2019 treten insoweit die Art 22 ff VO [EU] 2016/1103 in Kraft). Hat auch nur einer der Ehegatten seinen **gewöhnlichen Aufenthalt im Ausland**, so kann auf ein an diesem geltenden Güterrecht verwiesen werden, Art 15 Abs 2 Nr 2 EGBGB. So wird den Ehegatten ermöglicht, einen Güterstand zu wählen, der an dem Ort zulässig ist, wo auch nur einer von ihnen den Mittelpunkt seiner Lebenstätigkeit hat. Dadurch wurde § 1409 Abs 2 aF entbehrlich (BT-Drucks 10/504, 86). Die Rechtswahl bedarf nicht der Form des Ehevertrags, sondern es genügt die notarielle Beurkundung, Art 15 Abs 3, 14 Abs 4 S 1 EGBGB. Wird sie nicht im Inland vorgenommen, so genügt es, wenn sie den Formerfordernissen für einen Ehevertrag nach dem gewählten Recht oder am Ort der Rechtswahl entspricht, Art 15 Abs 3, 14 Abs 4 S 2 EGBGB. Aufgrund § 1409 aF abgeschlossene Eheverträge gelten im Umfang der darin enthaltenen Verweisung fort. Zu den weiteren Abweichungen und den Einzelheiten s Bem zu Art 15 EGBGB.

IV.   Rechtsfolgen unzulässiger Verweisung

Ein Ehevertrag, in dem auf nicht mehr geltendes oder auf ausländisches Güterrecht **10** verwiesen wird, ist nichtig. Ist der Ehevertrag vor der Eheschließung vereinbart worden, gilt § 1363 Abs 1 BGB. Bei Abschluss des Ehevertrages während der Ehe bleibt es bei dem bis dahin geltenden Güterstand.

§ 1410
Form

Der Ehevertrag muss bei gleichzeitiger Anwesenheit beider Teile zur Niederschrift eines Notars geschlossen werden.

Materialien: Zu § 1434: E I § 1335; II § 1333 rev § 1414; III § 1417; Mot IV 309 ff; Prot IV 217. Zu § 1410: E I § 1366; III § 1366; III § 1410; BT-Drucks 1/3802, 54; BT-Drucks 2/224, 39; BT-Drucks zu 2/3409, 24; BT-Drucks 7/63. Vgl STAUDINGER/BGB-Synopse 1896–2005 § 1410.

Schrifttum

S Hinweise zu § 1408.

Systematische Übersicht

Alphabetische Übersicht

I. Allgemeines

1. Rechtsentwicklung

1 Das GleichberG hatte § 1434 aE wörtlich übernommen. Er lautete:

> *Der Ehevertrag muss bei gleichzeitiger Anwesenheit beider Teile vor Gericht oder vor einem Notar geschlossen werden.*

In dieser Fassung galt die Vorschrift bis zum 31. 12. 1969. Die jetzige Fassung gilt seit dem 1. 7. 1970 gemäß §§ 56 Abs 3, 71 des Beurkundungsgesetzes vom 28. 8. 1969 (BGBl I 1513). Seitdem sind für die Beurkundung nur noch die Notare zuständig. Zur Ersetzung der notariellen Beurkundung durch einen gerichtlichen Vergleich (§ 127a BGB) s unten Rn 12 f. Zu Vereinbarungen über den Versorgungsausgleich im Zusammenhang mit der Scheidung vgl § 1587o BGB.

2. Zweck und Form

Zweck der Form ist wegen der regelmäßig gewichtigen Folgen von Eheverträgen vor **2** allem der *Übereilungsschutz (Warnfunktion)*. Daneben sichert der Formzwang die sachkundige Beratung und Belehrung durch den Notar *(Beratungsfunktion)*, § 17 BeurkG. Sie soll die inhaltliche Richtigkeit und rechtliche Gültigkeit sowie die Klarheit der Vereinbarung gewährleisten. Die Form hat endlich auch *Beweisfunktion* (GERNHUBER/COESTER-WALTJEN § 32 Rn 15; EINSELE NJW 1998, 1207).

II. Gegenstand des Formgebots

1. Eheverträge

Die Formvorschrift gilt für **Eheverträge** iS des § 1408 BGB. Sie erfasst gleichermaßen **3** Eheverträge zur Regelung der güterrechtlichen Verhältnisse (s § 1408 Rn 3 ff) und den Ausschluss des Versorgungsausgleichs (s § 1408 Rn 40 ff). Zur Form der Rechtswahl für die güterrechtlichen Wirkungen der Ehe bei Sachverhalten mit Auslandsberührung s § 1409 Rn 9. Formbedürftig ist auch die Aufhebung eines Ehevertrags, denn jede Änderung der güterrechtlichen Verhältnisse unterfällt erneut dem Schutzzweck der Norm (vgl BGH FamRZ 1998, 902; OLG Frankfurt FamRZ 2001, 1523; SOERGEL/GAUL/ALTHAMMER Rn 2; MünchKomm/KANZLEITER Rn 3). Das gilt auch, wenn dadurch wieder die gesetzliche Rechtslage hergestellt wird (MünchKomm/KANZLEITER Rn 3; **aA** OLG Karlsruhe FamRZ 1995, 361 für die Aufhebung einer Vereinbarung über den Versorgungsausgleich).

2. Vorverträge

Vorverträge verpflichten die Parteien zum Abschluss eines Hauptvertrages. Der **4** weitreichende Zweck des Formzwangs (s oben Rn 2), insbesondere der Warnzweck, gebietet die Erstreckung der Formbedürftigkeit auf den Vorvertrag zum Abschluss eines Ehevertrages (RGZ 48, 183, 186; 68, 322; BGH FamRZ 1966, 492 und allgM). Der formgültig abgeschlossene Vorvertrag entbindet nicht von der Einhaltung der Form beim Abschluss des Ehevertrages. Formbedürftig sollen auch **Verträge mit Dritten** sein, die zum Abschluss eines Ehevertrags verpflichten (GERNHUBER/COESTER-WALTJEN § 32 Rn 15; MünchKomm/KANZLEITER Rn 3). Entscheidend ist jedoch, dass ein rechtlich durchsetzbarer Abschlusszwang bewirkt wird. Eine solche Bindung entsteht nicht im Fall einer sogenannten Ehe- oder Güterstandsklausel in Gesellschaftsverträgen, die das Ziel hat, einen Zugewinnausgleichsanspruch gegen den Gesellschafter und damit eine Gefährdung der Fortführung der Gesellschaft auszuschließen. Die Mitgesellschafter können eine Gütertrennung auf Grundlage der Klausel nicht erzwingen, sondern allenfalls den Ausschluss des verpflichteten Ehegatten aus der Gesellschaft erreichen (SCHERER BB 2010, 326; KUHN BW NotZ 2008, 87; HÖLSCHER NJW 2016, 3057; **aA** NK-BGB/VÖLKER Rn 3; GERNHUBER/COESTER-WALTJEN § 32 Rn 15).

3. Vollmacht, Genehmigung

5 § 1410 BGB lässt die **Stellvertretung** beim Abschluss von Eheverträgen zu (s unten Rn 7). Nach § 167 Abs 2 BGB bedarf die **Vollmacht** nicht der für das Vertretergeschäft bestimmten Form. Auch die **Genehmigung** eines ohne Vertretungsmacht abgeschlossenen Vertrages ist nach §§ 177 Abs 1, 182 Abs 2 BGB formlos möglich. Der Schutzzweck des § 1410 BGB, insbesondere seine Warnfunktion, muss aber zu einer teleologischen Reduktion der §§ 167 Abs 2, 182 Abs 2 BGB führen. Das Ausmaß der Reduktion ist bei den Formvorschriften mit Warnfunktion noch immer ungeklärt (vgl nur STAUDINGER/SCHILKEN [2014] § 167 Rn 20 ff). Die **Vollmacht** bedarf aber dann **der Form** des Vertretergeschäfts, wenn diese Vollmacht bereits eine rechtliche oder tatsächliche **Gebundenheit** des Vollmachtgebers bewirkt. Beispiele solcher Gebundenheit sind: (1.) der Ausschluss des Widerrufs der Vollmacht, (2.) die Belastung des Vollmachtgebers mit Nachteilen für den Fall des Vollmachtswiderrufs, (3.) die Bindung des Bevollmächtigten an Weisungen des anderen Vertragsteils, (4.) eine inhaltliche Beschränkung der Vollmacht, die dem Vertreter keinen eigenen Entscheidungsspielraum belässt und (5.) die Befreiung des Vertreters vom Verbot des Selbstkontrahierens, wenn dadurch eine rechtliche oder faktische Gebundenheit erzeugt wird (s MünchKomm/SCHUBERT § 167 Rn 18 ff, 26 mwNw).

6 Diese überwiegend zu § 311b BGB, entwickelten **Grundsätze sind auch auf § 1410 BGB** anzuwenden. Auch der BGH (FamRZ 1998, 904 f m kritischer Anm VOLLKOMMER JZ 1999, 522; anders auch EINSELE NJW 1998, 1206 u DNotZ 1999, 43) unterwirft die Vollmacht zum Abschluss eines Ehevertrages nicht generell der Form des § 1410 BGB, und lehnt die Formbedürftigkeit für den Fall des Vertreters ohne eigenen Entscheidungsspielraum ab. Im Übrigen hat er die Frage einer Heranziehung der zu § 311b BGB entwickelten Grundsätze offen gelassen, weil sie nach den Umständen des entschiedenen Falles nicht in Betracht kamen (für die Formbedürftigkeit jedenfalls der unwiderruflichen Vollmacht auch MünchKomm/KANZLEITER Rn 3; GERNHUBER/COESTER-WALTJEN § 32 Rn 15; SOERGEL/GAUL/ALTHAMMER Rn 3 im Übrigen jeweils abweichend; für eine generelle Formbedürftigkeit de lege ferenda: MünchKomm/KANZLEITER Rn 4; KANZLEITER NJW 1999, 1612). Zur Formfreiheit der Bevollmächtigung des anderen Ehegatten unter Befreiung von den Schranken des § 181 BGB s zunächst Rn 5 aE; RGZ 79, 282; BayObLG JW 1925, 2139; OLG Karlsruhe ZBlFG 12, 755 = BadRspr 78 Nr 6, 61. Hat ein Vertreter ohne Vertretungsmacht den Ehevertrag abgeschlossen, bedarf die **Genehmigung** des Vertretenen stets der Form des § 1410 BGB (s dazu THIELE, Die Zustimmung in der Lehre vom Rechtsgeschäft [1966] 136 f; anders die hM, BGH FamRZ 1989, 476 f; STAUDINGER/SCHILKEN [2014] § 167 Rn 23, § 177 Rn 10 mwNw).

III. Form des Ehevertrages

1. Gleichzeitige Anwesenheit beider Teile

7 Das Gesetz verlangt die **gleichzeitige Anwesenheit** der Vertragsparteien vor dem Notar. Die Vorschriften der §§ 128, 152 BGB sind nicht anwendbar. Gleichzeitige Anwesenheit beider Teile heißt **nicht persönliche Anwesenheit**. Stellvertretung ist zulässig. Zur gesetzlichen Vertretung s § 1411 BGB. Die Vollmacht soll der Niederschrift in Urschrift oder in beglaubigter Abschrift beigefügt werden, § 12 S 1 BeurkG. Fehlt der Nachweis der Vertretungsmacht oder hat der Notar Zweifel an der

Wirksamkeit der Vollmacht, so hat er die Parteien darauf hinzuweisen. Bestehen sie auf der Beurkundung, soll er gemäß § 17 Abs 2 S 2 BeurkG die Belehrung und die dazu abgegebenen Erklärungen in der Niederschrift vermerken. Zur Form der Vollmacht s oben Rn 5, 6; dort auch zur Bevollmächtigung eines Ehegatten durch den anderen und zu § 181 BGB.

Ist ein Ehegatte aufgrund eines Vorvertrages **rechtskräftig zum Abschluss des Ehe-** **vertrages verpflichtet** worden, so wird der Form des § 1410 BGB genügt, wenn der andere Teil den mit dem Rechtskraftzeugnis versehenen Beschluss dem Notar vorlegt und seine Erklärung zur Niederschrift abgibt (vgl RGZ 76, 411). **8**

2. Zuständigkeit der Notare

Zuständig ist jeder Notar. Die Parteien sind in der Wahl des Ortes der Beurkundung **9** und in der Wahl des Notars frei. Bei Beurkundung im Ausland gilt Art 11 Abs 1 EGBGB. Die Einhaltung der am Orte der Beurkundung im Ausland geltenden Formvorschriften genügt. Wird durch den Ehevertrag die sachenrechtliche Zuständigkeit geändert, wie das insbesondere bei der Vereinbarung der Gütergemeinschaft der Fall ist, gilt gleichwohl nicht Art 11 Abs 4 EGBGB. Auch die Rechtswahl für die güterrechtlichen Wirkungen der Ehe bedarf nach Art 14 Abs 4 S 1, 15 Abs 3 notarieller Beurkundung, sofern nicht die Voraussetzungen des Art 14 Abs 4 S 2 vorliegen.

3. Niederschrift

Der Ehevertrag muss **zur Niederschrift eines Notars** geschlossen werden. Die Beur- **10** kundung erfolgt nach den Vorschriften der §§ 8 ff BeurkG. Die anwesenden (künftigen) Ehegatten oder deren Stellvertreter können ihre Erklärungen in der Verhandlung mündlich abgeben oder einen vorbereiteten Vertragstext offen vorlegen, auf den sie in der Niederschrift verweisen und der dieser als Anlage beigefügt werden muss, § 9 S 2 BeurkG. Auch wenn die schriftliche *Vorlage* von den Parteien unterschrieben ist, bedarf es noch der Unterzeichnung des vorgelesenen und genehmigten Protokolls, § 13 Abs 1 S 1 BeurkG. Weder der in Bezug genommene Vertragstext noch die Niederschrift braucht als Ehevertrag gekennzeichnet zu sein (BayObLGZ 1962, 205, 208). Behauptet ein Ehegatte Sprachunkunde, berührt dies die Wirksamkeit des Vertrags nur dann, wenn die Niederschrift diese Feststellung enthält (§ 16 Abs 1 BeurkG; OLG Hamm FamRZ 1998, 372).

4. Form nach altem Recht

Zur Form der vor dem 1. 7. 1970 abgeschlossenen Eheverträge vgl § 1410 aF (s oben **11** Rn 1); s dazu STAUDINGER/FELGENTRAEGER[10/11] § 1410 Rn 2 ff. Ob die Beurkundung gemäß §§ 167 ff FGG aF Wirksamkeitsvoraussetzung war („vor Gericht oder vor einem Notar"), war streitig. Die hM verneinte dies (vgl BGHZ 22, 312, 315 zum insoweit gleichlautenden § 925). Zur Verbindung von Ehe- und Erbvertrag s § 1408 Rn 30.

5. Gerichtlicher Vergleich

Nach § 127a BGB wird ausdrücklich die notarielle Beurkundung bei einem gericht- **12** lichen Vergleich durch die Aufnahme der Erklärungen in ein nach den Vorschriften der ZPO errichtetes Protokoll (§§ 159 ff ZPO, § 36 Abs 2 FamFG) ersetzt. Ein solcher Vergleich kann auch in Familienverfahren nach dem FamFG geschlossen werden. Ein Vergleich im Verbund von Scheidungs- und Folgesachen, der nur die güterrechtliche Auseinandersetzung betrifft, ist jedoch inhaltlich regelmäßig kein Ehevertrag (s § 1408 Rn 8 f). In Betracht kommt jedoch bei rechtshängiger güterrechtlicher Folgesache eine güterrechtliche Regelung (Ehevertrag) für die Zeit bis zur Rechtskraft des Scheidungsbeschlusses. Ersetzt wird nur die notarielle Form, nicht die gleichzeitige Anwesenheit der Parteien (BGHZ 84, 335). Auf einen gemäß **§ 278 Abs 6 ZPO** gerichtlich festgestellten Vergleich findet § 127a BGB zwar entsprechende Anwendung (BGH FamRZ 2017, 603 Rn 27 ff mwNw für einen Scheidungsfolgenvergleich nach § 1378 Abs 3 S 2), nicht aber wird mangels gleichzeitiger Anwesenheit die Ehevertragsform gewahrt.

13 § 127a BGB setzt voraus, dass ein Rechtsstreit vor einem *deutschen* Gericht anhängig ist. Zu den weiteren Einzelheiten s die Erl zu § 127a BGB.

6. Umfang der Form

14 Das Formerfordernis erstreckt sich auf den **gesamten Inhalt** des Ehevertrages einschließlich für sich betrachtet nicht formbedürftiger Nebenabreden, wenn diese Teil des Vertrages sein sollen (er damit „stehen und fallen" soll; BGH FamRZ 2002, 1179; OLG Bremen FamRZ 2011, 304; KIETHE MDR 1994, 639; BAMBERGER/ROTH/MAYER Rn 5; PALANDT/BRUDERMÜLLER Rn 3; STAUDINGER/HERTEL [2014] Bem BeurkG Rn 176; GRZIWOTZ FamRB 2006, 23; **aA** KANZLEITER NJW 1997, 217 u DNotZ 1994, 279). Eine Gesamtnichtigkeit gemäß § 139 BGB wird wegen des Gewichtes des güterrechtlichen Teils regelmäßig eher nicht anzunehmen sein (s § 1408 Rn 39; STAUDINGER/HERTEL [2017] BeurkG Rn 176). *„Stichwortverträge"* sind jedoch möglich, soweit nicht § 1409 BGB etwas anderes bestimmt. Ist eine Verweisung auf geltendes deutsches oder ausländisches Güterrecht zulässig, genügt die hinreichend bestimmte Bezeichnung des in Bezug genommenen Güterstandes oder der gesetzlichen Vorschriften, auf die verwiesen wird.

IV. Die Nichtbeachtung der Form

15 Die Beachtung der gesetzlich vorgeschriebenen Form des § 1410 BGB ist Wirksamkeitsvoraussetzung des Ehevertrages. Bei Verletzung der Formvorschrift ist der Vertrag nichtig, § 125 S 1 BGB. Eine Heilung durch Erfüllung ist im Gesetz nicht vorgesehen.

§ 1411
Eheverträge Betreuter

(1) Ein Betreuer kann einen Ehevertrag nur mit Zustimmung seines Betreuers schließen, soweit für diese Angelegenheit ein Einwilligungsvorbehalt angeordnet ist. Die Zustimmung des Betreuers bedarf der Genehmigung des Betreuungsgerichts, wenn der Ausgleich des Zugewinns ausgeschlossen oder eingeschränkt oder wenn Gütergemeinschaft vereinbart oder aufgehoben wird. Für einen geschäftsfähigen Betreuten kann der Betreuer keinen Ehevertrag schließen.

(2) Für einen geschäftsunfähigen Ehegatten schließt der Betreuer den Ehevertrag; Gütergemeinschaft kann er nicht vereinbaren oder aufheben. Der Betreuer kann den Ehevertrag nur mit Genehmigung des Betreuungsgerichts schließen.

Materialien: Zu § 1437 aF: E I § 1341 Abs 2 S 1; II § 1336 rev § 1422; III § 1420; Mot IV 313, 333; Prot IV 230 ff, 238; KB 2067. Zu § 1411: E I § 1367: II § 1367; III § 1411; BT-Drucks 1/3802. 54; BT-Drucks 2/224, 40; BT-Drucks zu 2/3409, 24; BT-Drucks 11/4528, 105. Vgl STAUDINGER/ BGB-Synopse 1896–2005 § 1411; BT-Drucks 16/ 9733, 344; BT-Drucks 18/12086, 21.

Systematische Übersicht

I.　Allgemeines

1.　Rechtsentwicklung

Bis zum Inkrafttreten des GleichberG waren auf Eheverträge grundsätzlich die **1** allgemeinen Vorschriften über die gesetzliche Vertretung beschränkt Geschäftsfähiger und Geschäftsunfähiger anwendbar. Eine Spezialregelung enthielt § 1437 aF nur für die Vereinbarung oder Aufhebung der Gütergemeinschaft und der Fahrnisgemeinschaft (§ 1549 aF) sowie für den Ausschluss der Fortsetzung der Gütergemeinschaft und die Aufhebung dieser Vereinbarung (§ 1508 Abs 2 aF). § 1411 BGB trifft demgegenüber eine einheitliche Regelung für alle Güterstände und alle ehevertraglichen Vereinbarungen bei Beteiligung Betreuter, für die ein Einwilligungsvorbehalt besteht. Zusätzliche Besonderheiten gelten für den Ausschluss oder die Einschränkung des Zugewinnausgleichs und die Vereinbarung oder Aufhebung der Gütergemeinschaft durch einen Betreuer (Abs 1 S 2, Abs 2 S 1 HS 2). Die aktuelle Fassung von § 1411 BGB geht auf die Aufhebung von § 1303 Abs 2 BGB durch das Gesetz zur Bekämpfung von Kinderehen zurück. Es handelt sich um eine Folgeänderung, nachdem die Eheschließung von Minderjährigen nunmehr nicht mehr möglich ist und die diesbezüglichen Regelungen der Norm in der alten Fassung nach Auffassung des Gesetzgebers überflüssig geworden sind.

2.　Zweck der Vorschrift

§ 1411 BGB trägt den typischerweise weitreichenden und auf Dauer angelegten **2** vermögensrechtlichen Wirkungen von Eheverträgen Rechnung. Die Vorschrift beschränkt die Vertretungsmacht gesetzlicher Vertreter. Der Betreute soll selbst darüber mitentscheiden, ob und mit welchem Inhalt ein Ehevertrag abgeschlossen werden soll. Der (nach der Eheschließung, § 1304 BGB) geschäftsunfähig gewordene Ehegatte soll zumindest vor den besonders einschneidenden Wirkungen der Gütergemeinschaft und ihrer Aufhebung bewahrt bleiben.

3 Die gewillkürte Stellvertretung voll geschäftsfähiger Ehevertragsparteien bleibt unberührt.

II. Eheverträge Betreuter (Abs 1)

1. Zustimmung des Betreuers

4 Betreute, für die insoweit ein Einwilligungsvorbehalt gem § 1903 Abs 1 BGB angeordnet ist, können einen Ehevertrag nur selbst schließen, S 3 (s auch unten Rn 16 ff). Sie bedürfen dazu der **Zustimmung ihres Betreuers**. Sie brauchen den Ehevertrag nicht persönlich abzuschließen, sondern können sich durch einen gewillkürten Stellvertreter vertreten lassen (BayObLG JW 1925, 2139 = JFG 3, 185, 188). Die Vollmacht bedarf nicht der Zustimmung des Betreuers (anders SOERGEL/GAUL/ALTHAMMER § 1411 Rn 2). Dieser soll nach dem Sinn und Zweck des Abs 1 S 1 den Ehevertrag kraft seines Aufsichtsrechts vollinhaltlich werten. Dem würde die Zustimmung zu einer Vollmacht, die dem gewillkürten Vertreter einen relevanten Spielraum lässt, nicht genügen, sodass der Betreuer dem Vertretergeschäft (dem Ehevertrag) ebenfalls erneut zustimmen müsste. Dann ist aber die Zustimmung zur Vollmacht als entbehrlich anzusehen. Die Zustimmung zu einer Vollmacht an einen Vertreter mit eng „gebundener Marschroute" ist aber als Einwilligung in den Ehevertrag anzusehen.

5 a) Die Bedeutung von **S 1** liegt in der über § 1903 Abs 3 S 1 BGB hinausgehenden Anordnung der Zustimmungsbedürftigkeit. Die Zustimmung ist auch dann erforderlich, wenn der Ehevertrag dem unter Einwilligungsvorbehalt stehenden Betreuten lediglich einen rechtlichen Vorteil bringt.

6 b) Das Zustimmungserfordernis gilt **für alle Eheverträge**, generell wie speziell (anders noch § 1437 aF).

7 c) Wer **einwilligungsbefugter Betreuer** ist, bestimmt sich nach den Vorschriften über die Betreuung. Maßgebend ist stets der Aufgabenkreis des Betreuers in Vermögensangelegenheiten.

8 d) Für die **Zustimmung** gelten die Vorschriften der §§ 108, 109, 182–184 BGB. Sie bedarf insbesondere nicht der Form des § 1410 BGB. Für die Verweigerung der Genehmigung durch den Betreuer trägt der bei Vertragsschluss unter Zustimmungsvorbehalt stehende Ehegatte die **Beweislast**, der selbst nach Aufhebung des Vorbehalts (§§ 1908d Abs 4, 108 Abs 3 BGB) genehmigt hat (BGH FamRZ 1989, 476).

2. Genehmigung des Betreuungsgerichts

9 Für Eheverträge mit bestimmten, besonders einschneidenden Wirkungen (s Rn 10) ist auch die **Genehmigung des Betreuungsgerichts** erforderlich (**Abs 1 S 2**).

Die Genehmigung des Betreuungsgerichts ist nur dann erforderlich, wenn der **Aus-** 10
gleich des Zugewinns ausgeschlossen oder eingeschränkt oder wenn **Gütergemeinschaft vereinbart oder aufgehoben** wird.

Der *Ausgleich des Zugewinns* wird ausgeschlossen, wenn der Güterstand der Zu- 11
gewinngemeinschaft durch den Ehevertrag insgesamt ausgeschlossen (§ 1363 Abs 1
HS 2 BGB) oder aufgehoben wird (hM). Abs 1 S 2 gilt aber auch dann, wenn der
Ausgleich des Zugewinns unter Beibehaltung des gesetzlichen Güterstandes im
Übrigen ausgeschlossen (vgl STAUDINGER/THIELE [2017] § 1363 Rn 38) oder auch nur eingeschränkt wird. Eine Einschränkung liegt vor, wenn nur die Erbrechtsverstärkung
gemäß § 1371 BGB oder nur der Zugewinnausgleich nach den §§ 1372 ff BGB
ausgeschlossen wird. Der Zugewinnausgleich wird auch dann eingeschränkt, wenn
die Erbquote des § 1371 Abs 1 BGB verringert wird (zum Streit um die Zulässigkeit der
Quotenänderung vgl STAUDINGER/THIELE [2017] § 1371 Rn 133), wenn die Beteiligungsquote
nach § 1378 Abs 1 BGB vermindert wird oder wenn die Modalitäten der Zugewinn-
berechnung in der Weise geändert werden, dass sich der künftige Ausgleichsanspruch verringert. Wird der Ausgleich des Zugewinns nur zu Lasten eines Ehegatten
ausgeschlossen oder eingeschränkt, ist die betreuungsgerichtliche Genehmigung
nach dem Gesetzeszweck nur dann erforderlich, wenn dies zum Nachteil des beschränkt geschäftsfähigen Vertragsteils geschieht. Bei der Beurteilung der Frage, ob
der Ausgleich des Zugewinns eingeschränkt wird, ist im Übrigen nicht entscheidend,
ob voraussichtlich ein Zugewinn erzielt werden wird und welcher Ehegatte ihn
erzielen wird.

Die *Vereinbarung der Gütergemeinschaft* bedarf unabhängig davon der Genehmi- 12
gung des Betreuungsgerichts, ob der Güterstand zugleich inhaltlich verändert wird.
Die nachträgliche *Änderung des Güterstandes* ist keine Aufhebung, bedarf daher
nicht der Genehmigung. Eine Änderung, die durch entsprechende Bestimmung des
Vorbehaltsguts das Gesamtgut praktisch aushöhlt und sein Anwachsen praktisch
ausschließt, ist jedoch wie die Aufhebung des Güterstandes zu behandeln (Münch-
Komm/KANZLEITER § 1411 Rn 3 Fn 3; BAMBERGER/ROTH/MAYER Rn 4).

Der *Ausschluss des Versorgungsausgleichs* ist in Abs 1 S 2 nicht aufgeführt. Teleo- 13
logisch ist das schwer begreiflich (s auch BERGERFURTH FamRZ 1977, 440, 441 Fn 11; Münch-
Komm/KANZLEITER § 1411 Rn 3 Fn 4). Angesichts der Hast, mit der der § 1408 Abs 2
BGB und die Ergänzung von § 1414 S 2 BGB erst durch den Vermittlungsausschuss
in das 1. EheRG aufgenommen wurden, sprach viel für die Annahme einer teleologischen Lücke, die analog § 1411 Abs 1 S 2 BGB auszufüllen war (iE auch SOERGEL/
GAUL [12. Aufl] Rn 3; **aA** BAMBERGER/ROTH/MAYER Rn 4; MünchKomm/KANZLEITER Rn 3). Das
lässt sich im Hinblick auf den Wortlaut jedoch nicht mehr vertreten seit der Ausschluss des Versorgungsausgleichs nach dem Gesetz zur Strukturreform des Versorgungsausgleichs nicht gemäß § 1414 S 2 BGB zur Gütertrennung führt. Es bedarf
in diesem Fall also nicht der Genehmigung durch das Betreuungsgericht (für eine
Änderung de lege ferenda wegen der Bedeutung des Versorgungsausgleichs MünchKomm/KANZ-
LEITER Rn 3 Fn 4; wie hier SOERGEL/GAUL/ALTHAMMER Rn 4).

Die örtliche **Zuständigkeit des Betreuungsgerichts** richtet sich nach § 272 FamFG. Es 14
entscheidet der Rechtspfleger.

15 Für die familien- bzw betreuungsgerichtliche **Erklärung** der **Genehmigung** gelten die §§ 1828–1830, 1908i BGB.

3. Kein Abschluss durch den Betreuer

16 Ein **Betreuer kann** einen Ehevertrag **nicht** im Namen des geschäftsfähigen betreuten Vertragsteils **abschließen (Abs 1 S 3)**.

17 a) Der Abschluss ist *diesem selbst* (oder einem von ihm bevollmächtigten Vertreter) vorbehalten. Wegen der regelmäßig einschneidenden Bedeutung von Eheverträgen soll der Abschluss nicht ohne Beteiligung des unmittelbar Betroffenen erfolgen können, wie das sonst im Rahmen der gesetzlichen Stellvertretung möglich ist. Auch soll die Gefahr einer Kollusion zwischen dem gesetzlichen Vertreter und dem anderen Ehegatten von vornherein ausgeschlossen werden (BT-Drucks 1/3802, 54; 2/224, 40; Prot IV 231 f). Der Betreuer ist darauf beschränkt, nach pflichtgemäßem Ermessen seine *Zustimmung* zu dem abzuschließenden oder abgeschlossenen Ehevertrag zu erteilen.

18 b) Abs 1 S 3 *beschränkt die Vertretungsmacht* des Betreuers als gesetzlichen Vertreters. Er enthält kein gesetzliches Verbot. Schließt der Betreuer den Ehevertrag selbst ab, überschreitet er seine Vertretungsmacht. Der Vertrag ist schwebend unwirksam und kann vom beschränkt geschäftsfähigen Ehegatten genehmigt werden, § 177 BGB. Einer Zustimmung des Betreuers bedarf es nicht mehr. Mit dem Abschluss des Ehevertrages hat der Betreuer vielmehr seine Mitzuständigkeit bereits positiv ausgeübt.

III. Geschäftsunfähigkeit eines Ehegatten (Abs 2)

19 1. Für einen geschäftsunfähigen Ehegatten oder Verlobten **kann nur** der **Betreuer** den Ehevertrag **abschließen (S 1)**. Dessen Vertretungsmacht ist jedoch begrenzt: er kann **Gütergemeinschaft** weder vereinbaren noch aufheben. Inhaltliche Änderungen der bestehenden Gütergemeinschaft bleiben jedoch möglich (s dazu auch oben Rn 12). Möglich bleibt auch der Ausschluss des Zugewinnausgleichs.

20 2. Der Betreuer bedarf er zum Abschluss des Ehevertrages der **Genehmigung des Betreuungsgerichts**. Auf den Inhalt des Ehevertrages kommt es nicht an, sofern dieser überhaupt zulässig ist (s Rn 19). Zur betreuungsgerichtlichen Genehmigung s oben Rn 14, 15.

§ 1412
Wirkung gegenüber Dritten

(1) Haben die Ehegatten den gesetzlichen Güterstand ausgeschlossen oder geändert, so können sie hieraus einem Dritten gegenüber Einwendungen gegen ein Rechtsgeschäft, das zwischen einem von ihnen und dem Dritten vorgenommen worden ist, nur herleiten, wenn der Ehevertrag im Güterrechtsregister des zuständigen Amtsgerichts eingetragen oder dem Dritten bekannt war, als das Rechtsgeschäft vorgenommen wurde; Einwendungen gegen ein rechtskräftiges Urteil, das

zwischen einem der Ehegatten und dem Dritten ergangen ist, sind nur zulässig, wenn der Ehevertrag eingetragen oder dem Dritten bekannt war, als der Rechtsstreit anhängig wurde.

(2) Das Gleiche gilt, wenn die Ehegatten eine im Güterrechtsregister eingetragene Regelung der güterrechtlichen Verhältnisse durch Ehevertrag aufheben oder ändern.

Materialien: Zu § 1435 aF: E I §§ 1336, 1337, 1435 Abs 1; II §§ 1334, 1435 Abs 1 rev § 1420; III § 1418; Mot IV 314 ff; Prot IV 222 ff; KB 2067. Zu § 1412: E I § 1368; II § 1368; III § 1412; BT-Drucks 1/3802, 541; BT-Drucks 2/224, 40; BT-Drucks 2/3409, 24. Vgl STAUDINGER/BGB-Synopse 1896–2005 § 1412.

Schrifttum

Zum älteren Schrifttum s auch STAUDINGER/THIELE (2000).
DIETERLE, Ehevertrag und Güterrechtsregister, BWNotZ 1963, 205
GOTTSCHALG, Aufgabe und Inhalt des Güterrechtsregisters heute (Diss Bonn 1966)
ders, Zur Eintragungsfähigkeit der Gütertrennung im Güterrechtsregister, DNotZ 1969, 339
ders, Zur Bedeutung des § 1412 Abs 2 BGB im Hinblick auf das Güterrechtsregister, DNotZ 1970, 274
HEINEMANN, Das Güterrechtsregister – ein Register mit Zukunft, FamRB 2011, 194

KANZLEITER, Zur Eintragungsfähigkeit in das Güterrechtsregister, DNotZ 1971, 453
KEILBACH, Zu den in einem Güterrechtsregister eintragungsfähigen Tatsachen, FamRZ 2000, 870
H LANGE, Ehevertrag und Güterrechtsregister, FamRZ 1964, 546
S SCHMIDT, Die Bedeutung des Güterrechtsregistereintrags im Güterrecht; § 1412 BGB und die Schuldenhaftung, BWNotZ 1964, 184.
Weitere Angaben s Vorbem zu §§ 1558 ff.

Systematische Übersicht

Alphabetische Übersicht

I. Allgemeines

1 § 1412 BGB entspricht § 1435 aF unter Berücksichtigung der Neugestaltung des gesetzlichen Güterstandes. Seit dem 1. 4. 1953 galt bis zum Inkrafttreten des GleichberG § 1435 Abs 1 aF mit der Maßgabe, dass als gesetzlicher Güterstand die Gütertrennung anzusehen war. Keine Anwendung findet § 1412 BGB ausdrücklich auf die Vereinbarung der deutsch-französischen Wahl-Zugewinngemeinschaft (§ 1519 S 3 BGB).

II. Zweck der Vorschrift

1. Funktion des Güterrechtsregisters

2 a) Zweck des Güterrechtsregisters war zunächst nur der **Verkehrsschutz**. Die Rechtswirkungen von Eheverträgen erschöpfen sich nicht im Innenverhältnis der Ehegatten. Sie können vielfältige *Außenwirkungen* haben, insbesondere im Hinblick auf die dingliche Zuordnung von Vermögensgegenständen, die Verpflichtungs- und Verfügungsbefugnisse, die Schuldenhaftung und die Voraussetzungen der Zwangsvollstreckung. Entsprechendes gilt, mit jeweils beschränkter Wirkung, in den Fällen der §§ 1357 Abs 2, 1418, 1431, 1449, 1456 und 1470 BGB. Der Rechtsverkehr bedarf des Schutzes vor diesen Drittwirkungen. Er bedarf ihrer umso mehr, als keine der angeführten Änderungen güterrechtlicher oder allgemein vermögensrechtlicher (§ 1357 Abs 2 BGB) Verhältnisse zu ihrer Wirksamkeit der Eintragung in das Güterrechtsregister bedarf. § 1412 BGB dient ausschließlich diesem (begrenzten) Verkehrsschutz.

b) Die §§ 1558 ff BGB betreffen nur die Zuständigkeit und das Eintragungsverfahren. **Die Rechtswirkungen** der Eintragung und Nichteintragung in das Güterrechtsregister **regelt allein § 1412 BGB.** Daraus ist vielfach geschlossen worden, dass sich Zweck und Funktion des Registers in dem durch § 1412 BGB gewährten Verkehrsschutz erschöpften. Daraus wurde weiter gefolgert, dass nur solche ehevertraglichen Vereinbarungen eintragungsfähig seien, die rechtlich erhebliche Wirkungen gegen Dritte äußern (BGHZ 41, 370, 376 = NJW 1964, 1795). Danach könnte weder der Ausschluss der Zugewinngemeinschaft noch der Ausschluss des Zugewinnausgleichs (mit der Folge des § 1414 S 2 BGB) noch die Aufhebung der Verwaltungs- und Verfügungsbeschränkungen in das Güterrechtsregister eingetragen werden (BGH NJW 1964, 1795 mwNw; GOTTSCHALG DNotZ 1969, 339; 1970, 276; 1971, 487; **aM** BEITZKE DNotZ 1964, 692, 694; KANZLEITER DNotZ 1971, 453; LANGE FamRZ 1964, 546; SOERGEL/GAUL/ALTHAMMER Vorbem 4 zu § 1558). **3**

c) Auf Vorlagebeschluss des OLG Celle (NdsRpfl 1975, 236 = FamRZ 1975, 152 LS) hat **4** der BGH die noch in BGHZ 41, 370 vertretene Rechtsauffassung aufgegeben und dem Güterrechtsregister über den Verkehrsschutz hinaus eine **umfassende Publikationsfunktion** zugewiesen (BGHZ 66, 203 = NJW 1976, 1258 = FamRZ 1976, 443). **Das Register dient** danach **der Offenlegung der güterrechtlichen Verhältnisse** zwecks Erleichterung des Rechts- und Geschäftsverkehrs. Diese rechtsfortbildende (JOHANNSEN Anm zu LM Nr 2 zu § 1412 BGB) Erweiterung der Aufgaben des Güterrechtsregisters hat ganz überwiegend Beifall gefunden (OLG Braunschweig FamRZ 2005, 904 mAnm BERGSCHNEIDER; DETHLOFF § 5 Rn 43; GERNHUBER/COESTER-WALTJEN § 33 Rn 3–5; MünchKomm/KANZLEITER Vorbem 6 zu § 1558; PALANDT/BRUDERMÜLLER Rn 3; ERMAN/HEINEMANN Rn 1; Vor § 1558 Rn 2; BAMBERGER/ROTH/MAYER § 1558 Rn 2; KEILBACH FamRZ 2000, 870; BGB-RGRK/FINKE § 1412 Rn 5; **aM** GOTTSCHALG NJW 1976, 1741). Auf ein berechtigtes Interesse der Ehegatten an der Klarstellung und Offenlegung des Güterstandes (bei ehevertraglicher Vereinbarung der Zugewinngemeinschaft durch Ehegatten mit verschiedener Staatsangehörigkeit) stellt auch das BayObLG FamRZ 1979, 583, ab.

d) Die Funktionserweiterung des Güterrechtsregisters betrifft in erster Linie die **5** *Eintragungsfähigkeit* (s dazu Vorbem 1 ff zu §§ 1558 ff). Der **registerrechtliche Verkehrsschutz gemäß § 1412 BGB bleibt davon unberührt.** Die richtige Eintragung oder die Nichteintragung der Gütertrennung oder des Ausschlusses der Beschränkungen der §§ 1365, 1369 BGB etwa ändert an den Rechtspositionen der Ehegatten und des Dritten nichts. Der Wegfall der Verwaltungs- und Verfügungsbeschränkungen des gesetzlichen Güterstandes bewirkt eine Erleichterung des rechtsgeschäftlichen Verkehrs. Das von einem Ehegatten allein abgeschlossene Geschäft über sein Vermögen im Ganzen oder über Haushaltsgegenstände ist wirksam. Einwendungen der Ehe-

gatten gegen die Wirksamkeit kommen daher weder bei Eintragung noch bei Nichteintragung in Betracht. Ebensowenig kann sich der Dritte bei Nichteintragung
darauf berufen, dass er auf das Bestehen des gesetzlichen Güterstandes vertraut
habe. Bei von Anfang an unrichtiger Eintragung wird dagegen das tatsächliche
Vertrauen des Dritten unter bestimmten Umständen geschützt, s unten Rn 51. Sind
die eingetragenen güterrechtlichen Verhältnisse nachträglich wirksam geändert worden, gilt zugunsten Dritter § 1412 Abs 2 BGB.

2. Praktische Bedeutung des Güterrechtsregisters

6 Echte **Verkehrsschutzwirkung entfaltet** nach der Konzeption des Gesetzes nur **die
Nichteintragung** güterrechtlicher Veränderungen. Die Eintragung dagegen sichert
den Ehegatten die volle Drittwirkung ihres Güterstandes. In der Praxis hat sich
jedoch das Güterrechtsregister nicht durchgesetzt. Die Ehegatten machen regelmä-
ßig von den Eintragungsmöglichkeiten keinen Gebrauch (Statistisches dazu etwa bei
MICHAELIS, Die Güterstände in der Praxis [Diss Hamburg 1968] 125 ff). Aber auch von den
Geschäftspartnern der Ehegatten wird das Güterrechtsregister nur selten eingese-
hen. Das Güterrechtsregister ist deshalb weitgehend ein totes Register geblieben
(GERNHUBER/COESTER-WALTJEN § 33 Rn 2; s auch BRAGA FamRZ 1967, 652, 659; MIKAT, in:
FS Felgentraeger [1969] 350; REITHMANN DNotZ 1961, 3, 14).

III. Inhalt des Registerschutzes – Grundzüge

1. Wirkung der Eintragung

7 a) Weder der Eintritt des ordentlichen gesetzlichen Güterstandes der Zugewinngemeinschaft (§ 1363 BGB) noch der des außerordentlichen gesetzlichen Güterstandes der Gütertrennung (§§ 1388, 1414, 1449, 1470 BGB) bedarf zu seiner Wirksamkeit der Eintragung in das Güterrechtsregister und der Bekanntmachung. Die
dennoch erfolgte **Eintragung hat keine konstitutive Bedeutung.** Auch für Eheverträge
ist die Eintragung nicht konstitutiv. Nichtige Eheverträge werden durch eine Eintragung nicht geheilt. Zur Bedeutung von unrichtigen Eintragungen unter dem
Gesichtspunkt des Vertrauensschutzes s aber unten Rn 51.

8 Für das **Innenverhältnis** der Ehegatten ist stets und ausschließlich die **wirkliche
güterrechtliche Lage** maßgebend.

9 b) Auch im **Außenverhältnis** der Ehegatten zu Dritten sind grundsätzlich der
gesetzliche Güterstand und der Ehevertrag voll wirksam. Ist eine *Abweichung
vom gesetzlichen Güterstand* (Aufhebung oder Änderung) in das Güterrechtsregister
eingetragen, gilt dieser Grundsatz ohne Einschränkung; ebenso, wenn eine *ehevertragliche Abweichung von einer* eingetragenen *güterrechtlichen Regelung* ebenfalls
eingetragen worden ist. Die materiell richtige Eintragung schließt jeglichen Verkehrsschutz aus. Es kommt nicht darauf an, ob der beteiligte Dritte das Güterrechtsregister eingesehen hat oder ob er die Eintragung kennt.

2. Wirkung der Nichteintragung eintragungsfähiger Tatsachen

10 a) Die **Geltung des ordentlichen gesetzlichen Güterstandes ist** nach § 1363 Abs 1

HS 1 BGB **die Regel**. Jede Abweichung aufgrund eines vor oder nach der Eheschließung vereinbarten **Ehevertrages** ist grundsätzlich im Innen- wie im Außenverhältnis auch ohne Eintragung wirksam (vgl Rn 7). Das gilt für generelle (Ausschluss oder Aufhebung der Zugewinngemeinschaft mit der Regelfolge gemäß § 1414 S 1 BGB) wie für spezielle Eheverträge (zB Ausschluss des Zugewinnausgleichs und/ oder der Verwaltungs- und Verfügungsbeschränkungen). Im rechtsgeschäftlichen und Prozessverkehr sollen sich Dritte auf die Geltung des gesetzlichen Güterstandes verlassen können. Sie brauchen sich daher **Einwendungen der Ehegatten** aus dem wirklich bestehenden Güterstand **nur entgegenhalten zu lassen, wenn** die **Abweichung** vom gesetzlichen Güterstand in das Güterrechtsregister **eingetragen oder** ihnen bei der Vornahme des Rechtsgeschäfts (s unten Rn 41) oder bei Anhängigwerden des Rechtsstreits (s unten Rn 42) **bekannt war (Abs 1)**. Es kommt nicht darauf an, ob der Dritte auf die Geltung des gesetzlichen Güterstandes tatsächlich vertraut hat.

b) Haben die Ehegatten eine wirksame **güterrechtliche Regelung** in das Güter- **11** rechtsregister **eintragen lassen** und diese nachträglich **aufgehoben** oder **geändert**, können sie Dritten ebenfalls keine Einwendungen entgegensetzen, die sich auf die neue güterrechtliche Regelung gründen (Abs 2). Dritte müssen solche Einwendungen entsprechend Abs 1 (s Rn 10) nur dann gegen sich gelten lassen, wenn die *ehevertragliche* Aufhebung oder Änderung der eingetragenen güterrechtlichen Verhältnisse in das Güterrechtsregister eingetragen oder ihnen bekannt war. Auch hier ist nicht vorausgesetzt, dass sich der Dritte von der noch eingetragenen güterrechtlichen Lage tatsächlich hat beeinflussen lassen. Zur Anwendung von Absatz 2 auf *gesetzliche* Änderungen des Güterstandes s unten Rn 29 ff.

c) **Dritte können sich jederzeit**, auch zu ihren Ungunsten, **auf die wirklich beste- 12 hende güterrechtliche Lage berufen**. Das Gesetz zwingt sie nicht, einen ihnen nach § 1412 Abs 1 BGB gewährten Verkehrsschutz in Anspruch zu nehmen (MünchKomm/ Kanzleiter § 1412 Rn 9; Palandt/Brudermüller Rn 11; Soergel/Gaul/Althammer § 1412 Rn 7; aM Dölle I 730 zu Fn 26; Gernhuber/Coester-Waltjen § 33 Rn 22; Bamberger/Roth/ Mayer Rn 14). Dass sich Dritte zu *ihren Gunsten* auf die wahre Rechtslage berufen können, ist wohl unstreitig. Sie können jedoch auch die *Unwirksamkeit* eines Rechtsgeschäfts, auf dessen Wirksamkeit sie sich gemäß § 1412 BGB berufen könnten, geltend machen. Dazu besteht insbesondere Anlass, wenn der Dritte nachträglich von dem wirklichen Güterstand Kenntnis erlangt und sich dementsprechend, in Unkenntnis des § 1412 BGB, auf die Unwirksamkeit eingestellt hat, während er anderenfalls Ansprüchen des oder der Ehegatten, etwa wegen Verzuges, ausgesetzt wäre. Ein solches besonderes Interesse braucht jedoch im Einzelfall nicht nachgewiesen zu werden. § 1412 BGB beschränkt nur die Einwendungen der Ehegatten, bindet aber den beteiligten Dritten nicht. Zu dem anders gelagerten Fall, dass sich der Dritte auf § 1412 BGB beruft, um daraus die *Unwirksamkeit* eines Rechtsgeschäfts abzuleiten, s unten Rn 14.

d) Sind die vom gesetzlichen oder vom eingetragenen Güterstand abweichenden **13** güterrechtlichen Verhältnisse **nicht eingetragen** und dem Dritten auch **nicht bekannt**, können die **Ehegatten keine Einwendungen** aus ihrem wirklich bestehenden Güterstand ableiten. Sie müssen das Rechtsgeschäft oder Urteil so gegen sich gelten lassen, als sei es auf der Grundlage des gesetzlichen oder eingetragenen Güterstandes vorgenommen worden oder ergangen. Nach ganz hM muss **auch der Dritte**, der die wirkliche Rechtslage nicht gelten lassen will, **den gesetzlichen oder eingetragenen Güterstand insgesamt zugrundelegen** (Erman/Heinemann § 1412 Rn 3 aE; MünchKomm/Kanzleiter § 1412 Rn 9; Bamberger/Roth/Mayer § 1412 Rn 14. 1; Palandt/Brudermüller § 1412 Rn 10; Soergel/Gaul/Althammer § 1412 Rn 7 aE; s auch RGZ 142, 59, 61).

Beispiel 1: Es ist Gütergemeinschaft vereinbart, aber nicht eingetragen. Der Ehemann verfügt über einen früher ihm gehörenden Hausratsgegenstand. Der Erwerber braucht sich die fehlende Verwaltungsbefugnis (§§ 1421 S 2, 1450 BGB) nicht entgegenhalten zu lassen, § 1412 Abs 1 BGB. Wohl aber muss er § 1369 BGB gelten lassen.

Beispiel 2: Im Güterrechtsregister ist noch Gütergemeinschaft mit Gesamtgutsverwaltung durch den Mann eingetragen, obwohl die Ehegatten inzwischen Gütertrennung vereinbart haben. Der Mann hat einen früher zum Gesamtgut gehörenden Gegenstand verschenkt, der der Frau gehört. Die Frau kann ihren Rückgewähranspruch nicht auf die §§ 816 Abs 1 S 2, 932 BGB stützen, weil dem die §§ 1412 Abs 2, 1422 BGB entgegenstehen. Wohl aber muss der Erwerber § 1425 Abs 1 BGB gegen sich gelten lassen, sodass der Anspruch der Frau aus § 985 BGB begründet ist.

14 **e)**   Ist ein Rechtsgeschäft **nach der wirklichen Rechtslage wirksam**, bedarf es eines Verkehrsschutzes zugunsten des Dritten nicht. Der Dritte kann sich **nicht auf § 1412 BGB**, also nicht auf das gesetzliche oder das noch eingetragene vertragliche Güterrecht **berufen, um daraus die Unwirksamkeit des Geschäfts herzuleiten** (MünchKomm/Kanzleiter § 1412 Rn 9; Soergel/Gaul/Althammer § 1412 Rn 7). Anders würde der Verkehrsschutzzweck in sein Gegenteil verkehrt. Zu dem Fall, dass das Rechtsgeschäft sowohl nach der wirklichen als auch nach der gemäß § 1412 BGB anzunehmenden Rechtslage unwirksam ist, s oben Rn 13.

IV.   Umfang des Schutzes

1.   Rechtsgeschäfte und Urteile

15 Der Verkehrsschutz bezieht sich nur auf Rechtsgeschäfte und Urteile.

16 **a)**   Einem Dritten gegenüber, dem die nicht eingetragene güterrechtliche Lage nicht bekannt war, kann kein Ehegatte Einwendungen **gegen ein Rechtsgeschäft** herleiten. Der gute Glaube schützt allerdings nicht vor dem Anspruch auf Herausgabe des Erlangten gem **§ 816 Abs 1 S 2 BGB** (BGHZ 91, 288, 292 = NJW 1984, 2156).

17 **aa)**   Das gilt für alle Rechtsgeschäfte, an denen der Dritte und einer der Ehegatten beteiligt waren. Das gilt ferner für *alle Arten* von Rechtsgeschäften, für Verträge wie einseitige Rechtsgeschäfte, für Verpflichtungs- und Verfügungsgeschäfte wie für Gestaltungsakte.

18 **bb)**   Ausgeschlossen sind die Ehegatten nur mit **Einwendungen gegen den am Rechtsgeschäft beteiligten Dritten**. Ein Dritter, zu dessen Gunsten ein Ehegatte im nichteingetragenen Güterstand als Nichtberechtigter verfügt, wird durch § 1412 BGB auch geschützt, wenn dieses eine Verfügung bei einem Vertrag zugunsten Dritter (etwa Lebensversicherung) im Valutaverhältnis ist (BGHZ 91, 288, 291 =

NJW 1984, 2156). § 1412 BGB wirkt **nicht zugunsten weiterer Personen** (RG Recht 1918 Nr 377). Das zwischen den Ehegatten und dem Dritten wirksame Rechtsgeschäft kann jedoch **Tatbestandswirkung** für und gegen andere Personen entfalten. § 1412 BGB begründet keine relative Wirksamkeit nur zwischen den Ehegatten und dem Dritten. Die Vorschrift setzt auch nicht voraus, dass sich der Dritte auf den Verkehrsschutz beruft. Der Schutz tritt ex lege ein und entfällt nur dann, wenn der Dritte auf ihn verzichtet (vgl Rn 12). Hat der Dritte einen Anspruch oder Gegenstand, den er aufgrund eines gemäß § 1412 BGB wirksamen Rechtsgeschäfts erworben hat, auf einen anderen übertragen, so erwirbt dieser das Recht. Die durch § 1412 BGB dem Dritten gegenüber ausgeschlossenen Einwendungen leben nicht wieder auf. Der Dritte kann auch nicht nachträglich zu Lasten des Erwerbers auf den Verkehrsschutz verzichten.

cc) **Keine Anwendung** findet § 1412 BGB **im Verhältnis der Ehegatten** zueinander **19** und auf **Rechtsgeschäfte zwischen mehreren Dritten**. Ist etwa die Verfügung eines Ehegatten unwirksam, weil der Erwerber die wirkliche güterrechtliche Lage kannte, und verfügt dieser weiter, so verfügt er als Nichtberechtigter. Der Zweiterwerber kann sich nicht auf § 1412 BGB berufen. Er kann aber gemäß §§ 932 ff oder 892 BGB gutgläubig erwerben.

dd) § 1412 BGB ist **nicht anwendbar** auf den Erwerb eines Dritten durch **Verwal- 20 tungsakt** und **kraft Gesetzes**. Voraussetzungen und Wirkungen eines Verwaltungsakts bestimmen sich stets nach der wirklichen güterrechtlichen Lage. Ebenso ist die wirkliche Rechtslage maßgebend für die Folgen einer *unerlaubten Handlung* eines Ehegatten, für dessen *Unterhaltsverpflichtungen* und andere gesetzlich begründete Schuldverhältnisse.

Beispiel: Es ist Gütergemeinschaft eingetragen, später aber ohne Eintragung wieder aufgehoben worden (§ 1414 BGB). Der Ehemann verletzt den Dritten D bei einem Verkehrsunfall schuldhaft. Dem D haftet nur der Ehemann persönlich, nicht aber gemäß §§ 1412 Abs 2, 1421 S 2, 1459 Abs 2 BGB auch die Ehefrau oder ein fiktives Gesamtgut.

Auch aus *ungerechtfertigter Bereicherung* kann nur derjenige Ehegatte in Anspruch genommen werden, der nach der wirklichen güterrechtlichen Lage bereichert ist.

ee) Abgesehen von den Wirkungen eines rechtskräftigen Urteils (vgl dazu Rn 25 ff) **21** ist § 1412 BGB für den **Prozessverkehr** nur insoweit von Bedeutung, als danach eine rechtsgeschäftlich begründete Verbindlichkeit eines oder beider Ehegatten besteht. Die Geltendmachung, insbesondere die Aktiv- und Passivlegitimation der Ehegatten, richtet sich nach der wirklichen Rechtslage, wenn diese bei Rechtshängigkeit in das Güterrechtsregister eingetragen oder dem Dritten bekannt war (NK-BGB/Völker Rn 27).

ff) Für die **Zwangsvollstreckung** aus einem gegen einen oder beide Ehegatten **22** bestehenden vollstreckungsfähigen Titel ergibt sich aus § 1412 BGB nichts. Die Vorschrift schließt nur Einwendungen der Ehegatten gegen die Wirkungen eines Rechtsgeschäfts oder rechtskräftigen Urteils aus. Sie ordnet dagegen nicht generell an, dass sich die Ehegatten von „gutgläubigen" Dritten so behandeln lassen müssen, als wäre die nicht eingetragene Änderung der güterrechtlichen Verhältnisse nicht erfolgt. Ist etwa Gütergemeinschaft eingetragen, aber inzwischen ohne Eintragung wieder aufgehoben worden, so lässt sich aus § 1412 Abs 2 BGB nicht die Fiktion eines tatsächlich nicht mehr bestehenden Gesamtguts ableiten (anders KIPP-WOLFF § 42 V 1 b; DIETERLE BWNotZ 1963, 205, 211; dagegen SCHMIDT BWNotZ 1964, 184, 190; SOERGEL/ GAUL/ALTHAMMER § 1412 Rn 8). Die **Zwangsvollstreckung** richtet sich vielmehr allein **nach der wirklichen güterrechtlichen Lage** (vgl Mot IV 317 f und **hM**: OLG Colmar OLGE 11, 382; OLG Hamburg OLGE 30, 42; OLG Saarbrücken JBlSaar 1965, 8 = FamRZ 1965, 274; DÖLLE I 730 Fn 32; ERMAN/HEINEMANN § 1412 Rn 5 ff; BAMBERGER/ROTH/MAYER Rn 7; GERNHU-BER/COESTER-WALTJEN § 33 Rn 20; MünchKomm/KANZLEITER § 1412 Rn 4; BGB-RGRK/FINKE § 1412 Rn 11; SOERGEL/GAUL/ALTHAMMER § 1412 Rn 8).

gg) Einzelfälle

23 **(1)** Es gilt Gütertrennung (oder der gesetzliche Güterstand). Eingetragen ist aber noch Gütergemeinschaft mit Gesamtgutsverwaltung durch den Mann. Dieser nimmt bei D ein Darlehen auf. D erwirkt einen Vollstreckungstitel gegen den Mann. Für die Zwangsvollstreckung in dessen Vermögen gilt § 739 ZPO. Wird Eigentum der Frau gepfändet, kann diese gemäß § 771 ZPO dagegen vorgehen. Die Drittwider-spruchsklage ist begründet, soweit die Frau ihr Eigentum an solchen Gegenständen geltend macht, die früher zu ihrem Vorbehalts- und Sondergut gehörten. Sie ist auch begründet hinsichtlich der von ihr erst nach Beendigung des Güterstandes er-worbenen Gegenstände (OLG Saarbrücken JBlSaar 1965, 8). Im Übrigen liegen die Voraussetzungen des § 771 ZPO zwar ebenfalls vor, dem steht aber der Einwand des D entgegen, dass die Frau mit diesen Gegenständen nach materiellem Recht ihrerseits hafte (allgemein zu diesem Einwand BGH LM Nr 2 zu § 771 ZPO; BETTERMANN, in: FS Weber [1975] 96; STEIN/JONAS/MÜNZBERG § 771 Rn 59, 61; MünchKommZPO/K SCHMIDT/ BRINKMANN § 771 ZPO Rn 48). Die Mithaftung der Frau ergibt sich aus § 1412 Abs 2 BGB iVm § 1437 Abs 1 BGB oder, wenn das Gesamtgut geteilt ist, analog § 1480 BGB. Der entsprechend § 743 ZPO oder entsprechend § 1480 BGB erforderliche Titel wird durch die Entscheidung gemäß § 771 ZPO ersetzt.

24 **(2)** Vereinbart ist **Gütergemeinschaft**, aber nicht eingetragen. Eine *Verfügung* der Frau über ein früher ihr gehörendes Grundstück ist trotz § 1450 BGB gemäß §§ 1412 Abs 1, 1364 BGB wirksam. Hat die Frau oder der Mann mit einem gutgläubigen Dritten ein *Verpflichtungsgeschäft* abgeschlossen, so ist dieses in Ansehung des Gesamtguts auch gegenüber dem anderen Ehegatten wirksam. Ein Urteil gegen die Frau ermöglicht die Zwangsvollstreckung gemäß § 739 ZPO in ihr Sonder- und Vorbehaltsgut. ERMAN/HECKELMANN[13] § 1412 Rn 2 und differenzierend SOERGEL/ GAUL/ALTHAMMER § 1412 Rn 8 halten trotz § 740 Abs 2 ZPO auch die Zwangsvoll-streckung in das Gesamtgut nach § 739 ZPO für zulässig. Dem ist mit MünchKomm/ KANZLEITER § 1412 Rn 4; GERNHUBER/COESTER-WALTJEN § 33 Rn 20 Fn 16 jetzt auch ERMAN/HEINEMANN Rn 5 zu widersprechen. Aus § 1412 BGB ergibt sich nur, dass das Gesamtgut haftet, das entbindet aber nicht von den vollstreckungsrecht-lichen Voraussetzungen des § 740 Abs 2 ZPO. Insoweit gilt dasselbe, was auch in den Fällen der §§ 1452, 1454, 1455 Nr 7 und 8 BGB von der hM angenommen wird: es **bedarf auch noch eines Titels** gegen den anderen Ehegatten.

25 **b)** Ausgeschlossen sind auch **Einwendungen gegen ein rechtskräftiges Urteil**, das zwischen einem der Ehegatten und einem Dritten ergangen ist, wenn nicht der

wirkliche Güterstand bei Eintritt der Rechtshängigkeit in das Güterrechtsregister eingetragen oder dem Dritten zu diesem Zeitpunkt bekannt war.

aa) Der Dritte wird in seinem (typisierten) Vertrauen darauf geschützt, dass der **26** Ehegatte, mit dem er den Prozess führt, nach dem von ihm angenommenen Güterstand **zur Prozessführung** auch mit Wirkung für und gegen den anderen Ehegatten **befugt** ist. Maßgebend ist der Zeitpunkt der Rechtshängigkeit, vgl dazu §§ 261, 253, 693 Abs 1, 696 Abs 3, 700 Abs 2 ZPO. Die Prozessführungsbefugnis bleibt bestehen, wenn der wirkliche Güterstand nach Eintritt der Rechtshängigkeit eingetragen oder dem Dritten bekannt wird (NK-BGB/VÖLKER Rn 27; ERMAN/HEINEMANN Rn 5). Dazu sagt zwar § 1412 BGB nichts, die Rechtsfolge lässt sich jedoch auf §§ 1433, 1455 Abs 1 Nr 7 BGB analog ableiten, wenn wirklicher Güterstand die Gütergemeinschaft ist.

bb) Die **Rechtskraft des Urteils**, das in dem Prozess zwischen einem Ehegatten und **27** dem Dritten ergangen ist, wirkt für und gegen den anderen Ehegatten, wenn und soweit das nach dem bei Rechtshängigkeit von dem Dritten angenommenen Güterstand der Fall gewesen wäre (NK-BGB/VÖLKER Rn 22; ERMAN/HEINEMANN Rn 5). Es kommt nicht darauf an, ob das Urteil aufgrund des § 1412 BGB ergangen und ob es materiellrechtlich richtig ist. Ist etwa noch Gütergemeinschaft mit Alleinverwaltung durch den Ehemann eingetragen und wird dieser aus einer Forderung gegen die Frau aus unerlaubter Handlung verklagt und verurteilt, so wirkt die Rechtskraft des Urteils ohne Rücksicht auf § 1412 BGB gegen den Mann. Sie wirkt aber nach §§ 1412 Abs 2, 1422 BGB in Ansehung des noch nicht geteilten Gesamtguts gegen die Frau. Verklagt der Gläubiger die Frau, um auch einen Titel gegen sie zu erhalten (entsprechend § 743 ZPO), kann sie wegen der Rechtskrafterstreckung keine Einwendungen gegen ihre deliktische Haftung mehr erheben, soweit die Gesamtgutshaftung in Frage steht. Wegen ihrer persönlichen Haftung bleiben ihr dagegen alle Einwendungen erhalten.

c) **Nur ein rechtskräftiges Urteil** schneidet dem anderen Ehegatten die Einwen- **28** dungen ab, nicht ein nur vorläufig vollstreckbares Urteil. Wie das Urteil zustande gekommen ist, ist unerheblich. Daher hat auch ein Versäumnis- oder Anerkenntnisurteil die in § 1412 BGB angeordnete Wirkung. Andere Vollstreckungstitel, insbesondere gerichtliche Vergleiche und vollstreckbare Urkunden, denen die Rechtskraftwirkung fehlt, stehen Urteilen nicht gleich. Sie können aber als *Rechtsgeschäfte* gemäß § 1412 BGB wirksam sein.

2.   Entsprechende Anwendung

a) § 1412 BGB regelt **nur** den Registerschutz bei **ehevertraglicher Abweichung** **29** vom gesetzlichen oder von dem eingetragenen Güterstand. Die aufgrund einseitiger Erklärung gemäß Art 8 I Nr 3 GleichberG eingetretene Gütertrennung erleichterte den Rechtsverkehr zugunsten Dritter. Aus der Annahme, es gelte der gesetzliche Güterstand der Zugewinngemeinschaft, konnten die Ehegatten daher ohnehin keine Einwendungen gegen die Wirksamkeit eines Rechtsgeschäfts herleiten. Dazu, dass der Dritte aus § 1412 BGB keine Einwendungen herleiten kann, die zur Unwirksamkeit eines Rechtsgeschäfts führen, s oben Rn 14.

Von einigen im Gesetz ausdrücklich aufgeführten Ausnahmefällen abgesehen (s unten **30**

Rn 32 ff) gilt § 1412 BGB **nicht** bei Änderungen der güterrechtlichen Lage, die **kraft Gesetzes** eingetreten sind. Insbesondere ist § 1412 BGB nicht anwendbar im Falle der Beendigung der Zugewinngemeinschaft und des Eintritts der Gütertrennung mit der Rechtskraft eines auf vorzeitigen Ausgleich des Zugewinns erkennenden Beschlusses gemäß § 1388 BGB (s dazu auch § 1388 Rn 10). Zur *Eintragungsfähigkeit* s oben Rn 4 f.

31 **b)** Wegen des auch praktisch bedeutsamen Verkehrsschutzinteresses ist dagegen **§ 1412 BGB anzuwenden,**

32 **aa)** **wenn die Gütergemeinschaft durch richterliche Entscheidung aufgehoben** worden ist, §§ 1449 Abs 2, 1470 Abs 2 BGB;

33 **bb)** wenn **Vermögensgegenstände** nicht durch Ehevertrag (§ 1418 Abs 2 Nr 1 BGB – dann gilt § 1412 BGB unmittelbar), sondern kraft Bestimmung eines Dritten (§ 1418 Abs 2 Nr 2 BGB) oder kraft Gesetzes (§ 1418 Abs 2 Nr 3 BGB) **Vorbehaltsgut** werden, § 1418 Abs 4 BGB;

34 **cc)** wenn ein **Einspruch gegen das selbständige Betreiben eines Erwerbsgeschäfts** eingelegt oder die **Einwilligung** dazu **widerrufen** worden ist, §§ 1431 Abs 3, 1456 Abs 3 BGB;

35 **dd)** wenn die **Schlüsselgewalt** eines Ehegatten **beschränkt** oder **aufgehoben** worden ist, § 1357 Abs 2 S 2 BGB.

V. Ausschluss des Schutzes

1. Eintragung oder Kenntnis

36 Dritte, die mit einem der Ehegatten ein Rechtsgeschäft abschließen oder einen Prozess führen, werden nur in ihrem generalisierten **Vertrauen auf das Schweigen des Güterrechtsregisters** geschützt. **Der Verkehrsschutz entfällt,** wenn der **Ehevertrag** oder der ihm gleichstehende Umstand, (s oben Rn 34 f) **eingetragen oder** dem **Dritten bekannt ist.**

37 **a)** Die **Eintragung** muss im Güterrechtsregister des zuständigen Registergerichts erfolgt sein. Auf die Bekanntmachung der Eintragung, § 1562 BGB, kommt es nicht an. Unerheblich ist auch, ob der Dritte von der Eintragung wusste oder wissen konnte. Zur Zuständigkeit des Registergerichts s §§ 1558, 1559 BGB. Ist ein Ehegatte Kaufmann und liegt seine Handelsniederlassung außerhalb des Bezirks des für seinen Wohnsitz zuständigen Registergerichts, so ist in Ansehung der Handelsgeschäfte auch die Eintragung in das Güterrechtsregister am Ort der Handelsniederlassung erforderlich, Art 4 EGHGB. Wegen der zum Vorbehaltsgut gehörenden Gegenstände (§ 1418 Abs 4 BGB) kann auf ein bei den Registerakten befindliches Verzeichnis Bezug genommen werden.

38 Die **Eintragung** in das Güterrechtsregister **muss** diejenige Regelung oder Tatsache **hinreichend bestimmt** erkennen lassen, auf die sich die Einwendung des oder der Ehegatten gegen die Wirksamkeit des konkreten Rechtsgeschäfts oder Urteils grün-

det (vgl auch Mot IV 317; Gernhuber/Coester-Waltjen § 38 Rn 43–45 Fn 65; Erman/ Heinemann § 1418 Rn 6). Es reicht aus, wenn sich die näheren Rechtswirkungen des eingetragenen Ehevertrages, Urteils usw aus dem Gesetz ergeben. Beim Vorbehaltsgut der Gütergemeinschaft muss sich aus der Eintragung die Eigenschaft des einzelnen betroffenen Gegenstandes als Vorbehaltsgut bei Anwendung der im Verkehr erforderlichen Sorgfalt erkennen lassen. Es genügt daher zu § 1418 Abs 1 Nr 1 BGB auch eine Gattungs- oder Sammelbezeichnung, zB „das vom Ehemann betriebene Handelsgeschäft", „das Arbeitseinkommen der Ehegatten" (KG OLGE 12, 305). Zu § 1418 Abs 1 Nr 2 und 3 BGB ist auf die Erkennbarkeit im Einzelfall abzustellen. Lassen die Umstände des Einzelfalls keine eindeutigen Schlüsse zu, darf der Dritte von der Regel des § 1416 Abs 1 BGB ausgehen. Eine Erkundigungspflicht hat er nicht.

b) Die **Kenntnis** des Dritten setzt voraus, dass er die die Einwendung der Ehe- **39** gatten begründenden **Tatsachen** positiv kennt. Er muss wissen, dass ein Ehevertrag abgeschlossen worden ist und er muss dessen Inhalt kennen, soweit er für den konkreten Fall von Bedeutung ist und in Verbindung mit den gesetzlichen Bestimmungen eine eindeutige rechtliche Beurteilung ermöglicht. Die rechtlichen Schlussfolgerungen braucht er nicht gezogen zu haben (MünchKomm/Kanzleiter § 1412 Rn 8; NK-BGB/Völker Rn 18; Palandt/Brudermüller § 1412 Rn 9; Apfelbaum MittBayNot 2006, 192; aM Bamberger/Roth/Mayer § 1412 Rn 11).

Die selbst grobfahrlässige Unkenntnis der tatsächlichen Umstände ist der Kenntnis nicht gleichzusetzen. Worauf die Kenntnis des Dritten beruht, ist unerheblich. Vgl dazu RGZ 133, 351: aus einem anderen, von dem Dritten mit abgeschlossenen oder ihm inhaltlich sonst bekannten Vertrag.

c) Für die Zulässigkeit von Einwendungen der Ehegatten kommt es auf den **40** **Zeitpunkt der Vornahme des Rechtsgeschäfts** oder **der Rechtshängigkeit** des Rechtsstreits an, in dem das Urteil ergangen ist.

aa) Dem Dritten schadet seine Kenntnis zur Zeit der Vornahme des Rechts- **41** geschäfts. Bei einseitigen Rechtsgeschäften ist der Zeitpunkt des Zugangs entscheidend, bei Verträgen der Zugang der Annahmeerklärung. Bei *Verfügungsgeschäften* kommt es auf die Kenntnis oder Unkenntnis des Dritten von der Verfügungsbefugnis des Ehegatten zur Zeit der Vollendung des Rechtserwerbs an, wenn die Übergabe oder die Grundbucheintragung der Einigung nachfolgt. Die §§ 873 Abs 2, 878, 892 Abs 2 BGB sind entsprechend anzuwenden. Die Vorschriften gelten auch sinngemäß für die Empfangszuständigkeit eines Ehegatten bei Verfügungen des Dritten. Ist das Rechtsgeschäft aufschiebend *bedingt,* schadet die Erlangung der Kenntnis vor dem Eintritt der Bedingung nicht. Ist das Geschäft von einer *Zustimmung* abhängig, ist zu unterscheiden: Ist die Zustimmung des Ehegatten oder des Dritten gemäß § 177 oder § 185 Abs 2 BGB erforderlich, so muss der Dritte noch zur Zeit der Erteilung der Genehmigung gutgläubig sein. Ist dagegen die Genehmigung eines anderen, auch eine behördliche oder familiengerichtliche Genehmigung erforderlich, genügt die Gutgläubigkeit des Dritten zur Zeit der Vornahme des Rechtsgeschäfts. Seine nachträglich, wenn auch vor Erteilung der Genehmigung erlangte Kenntnis schadet nicht (zur betreuungsgerichtlichen Genehmigung vgl RGZ 142, 59, 63).

42 bb) Der Dritte muss Einwendungen gegen ein rechtskräftiges Urteil hinnehmen, wenn er bei **Eintritt der Rechtshängigkeit** Kenntnis hatte. Die Fassung des Gesetzes in § 1412 Abs 1 BGB („der Rechtsstreit anhängig wurde") hat keine vom Begriff der Rechtshängigkeit (§§ 261 Abs 1, 253 Abs 1 ZPO) sachlich abweichende Bedeutung (NK-BGB/Völker Rn 7; Erman/Heinemann Rn 15; **aA** MünchKomm/Kanzleiter Rn 6).

2. Beweislast

43 Die Beweislast für die Eintragung sowie für die Kenntnis des Dritten zu den maßgebenden Zeitpunkten trägt derjenige, der sich auf die Zulässigkeit von Einwendungen beruft. Da diese Berufung den Dritten nicht gestattet ist (s oben Rn 14), hat derjenige Ehegatte die Darlegungs- und Beweislast, der Einwendungen erhebt.

3. Unrichtige Eintragung

44 Im Falle des § 1412 Abs 2 BGB wird nur das (generalisierte) **Vertrauen des Dritten auf eine richtige Eintragung** geschützt. Das Güterrechtsregister genießt keinen öffentlichen Glauben. § 1412 Abs 2 BGB schützt deshalb auch nur das Vertrauen auf den *Fortbestand* einer richtig eingetragenen Tatsache, begründet aber keinen Vertrauensschutz im Hinblick auf die Richtigkeit der Eintragung selbst. Das Register hat nur *„negative Publizität"*, aber keine *„positive Publizität"*. Zur Bedeutung unrichtiger Eintragungen nach allgemeinen *Rechtsscheingrundsätzen* s unten Rn 51.

4. Ende des Schutzes

45 a) Die Rechtswirkungen des § 1412 BGB **enden mit der Auflösung der Ehe**. Der Bestand der Ehe ist wesentliche Voraussetzung für die Schutzwirkungen des Registers. Über Eheschließung und den Fortbestand der Ehe enthält es keine Angaben. Dritte werden durch eine Eintragung in das Güterrechtsregister daher nicht in ihrer irrigen Annahme gestützt, dass die Ehe noch bestehe.

46 b) Nach **§ 1559 BGB** verliert die Eintragung ihre Wirkung, wenn ein Ehegatte seinen gewöhnlichen Aufenthalt in einen anderen Registerbezirk verlegt. Eine Löschung erfolgt nicht. Wird die Eintragung in dem Register des neu zuständigen Registergerichts wiederholt, entfällt die zwischenzeitlich eingetretene Wirksamkeitshemmung von Einwendungen ohne Rückwirkung erst mit der Neueintragung. Wird der Aufenthalt wieder in den Registerbezirk der ersten Eintragung zurückverlegt, gilt die alte Eintragung, ebenfalls ex nunc, als von Neuem erfolgt.

VI. Sonstiger Vertrauensschutz

1. Gutgläubiger Erwerb vom Nichtberechtigten

47 a) Die Vorschriften über den gutgläubigen Erwerb vom Nichtberechtigten, insbesondere die §§ 892 f, 932 ff BGB, bleiben nach überkommener und bis heute hM unberührt und gehen § 1412 BGB vor (vgl schon Mot IV 318 f; Erman/Heinemann § 1412 Rn 8; Gernhuber/Coester-Waltjen § 33 Rn 23–25; MünchKomm/Kanzleiter § 1412 Rn 10; Palandt/Brudermüller § 1412 Rn 2; Raebel, in: Handbuch der Grundstückspraxis [2005] Teil 5 Rn 139; Soergel/Gaul/Althammer § 1412 Rn 16). Nach dieser Auffassung ist die

Flanke des Gesamtguts der Gütergemeinschaft gegenüber dem gutgläubigen Erwerb vom Nichtberechtigten offen, selbst wenn die Gütergemeinschaft in das Güterrechtsregister eingetragen ist. Der Registereintrag soll nur im Rahmen und unter den Voraussetzungen der Bösgläubigkeit (§ 932 Abs 2 BGB) und der Kenntnis (§ 892 BGB) von Bedeutung sein. Die fehlende Kenntnis von der Eintragung soll allerdings regelmäßig den Vorwurf grober Fahrlässigkeit begründen (DÖLLE I 918; ERMAN/HEINEMANN § 1422 Rn 8; GERNHUBER/COESTER-WALTJEN § 33 Rn 23–25; SOERGEL/ GAUL/ALTHAMMER § 1422 Rn 18; einschränkend BGB-RGRK/FINKE § 1422 Rn 26; **aM** insoweit mit Recht MünchKomm/KANZLEITER § 1412 Rn 10; § 1422 Rn 22; BAMBERGER/ROTH/MAYER § 1412 Rn 16; RAUSCHER Rn 371). Der gutgläubige Erwerb von dem noch als Alleineigentümer eines Grundstücks eingetragenen Ehegatten gemäß §§ 892 f BGB wird dagegen nur bei positiver Kenntnis von der Eintragung oder sonstiger Kenntnis vom Bestehen der Gütergemeinschaft ausgeschlossen.

b) Die gegen diese hL von GERNHUBER/COESTER-WALTJEN § 38 Rn 71; HENN- **48** ECKE, Das Sondervermögen der Gesamthand (1976) 106 und MIKAT, in: FS Felgen-traeger 248, im Grundsatz auch LÜDERITZ (27. Aufl) § 16 III 4, vorgetragenen Einwände sind begründet. Die Überwindung der als absolute Verfügungsbeschränkungen konzipierten §§ 1423–1425 BGB durch den öffentlichen Glauben des Grundbuchs und den guten Glauben widerspricht dem eheschützenden Zweck dieser Vorschriften. Das Ergebnis der hM ist zudem paradox, weil zwar die Verfügungsbeschränkungen des Alleineigentümers gemäß §§ 1365, 1369 BGB jeden gutgläubigen Erwerb ausschließen, nicht aber die Verfügungsbeschränkungen des nur verwaltungsberechtigten Gesamthänders (GERNHUBER/COESTER-WALTJEN § 38 Rn 71; s auch BAUR/STÜRNER, Sachenrecht § 22 III 3: „prinzipwidrig"; dagegen aber RAEBEL in: Handbuch der Grundstückspraxis [2005] Teil 5 Rn 139). Die Vorstellung, dass sich der durch Grundbucheintragung oder Alleinbesitz gestützte Rechtsschein des Alleineigentums nicht mit der Verfügungsbeschränkung eines Gesamthänders vereinbaren lasse, ist mit Rücksicht auf den Sinn des Gesetzes überwindbar. Nach § 1412 BGB muss der Dritte die ins Güterrechtsregister eingetragene Gütergemeinschaft ohne Rücksicht auf sein Wissen oder Wissenmüssen gelten lassen. Der Hinweis darauf, dass die §§ 892 f, 932 ff BGB die Registereintragung nicht als erwerbshindernd nennen, bleibt allzu vordergründig-formal.

c) Es ist nur konsequent, die §§ 892 f, 932 ff BGB ebenfalls nicht anzuwenden auf **49** Verfügungen des alleinbesitzenden oder noch als Eigentümer eingetragenen nicht verwaltenden Ehegatten und auf beide Ehegatten bei gemeinschaftlicher Gesamtgutsverwaltung (so auch GERNHUBER/COESTER-WALTJEN § 38 Rn 86 zu § 1450; s ferner HENN-ECKE, Das Sondervermögen der Gesamthand [1976] 110 f: beschränkt auf die Gegenstände der §§ 1423–1425). Im Unterschied zu den anderen Gesamthandsgemeinschaften kennt nur die Gütergemeinschaft ein besonderes Register. Nur bei ihr gehört auch grundsätzlich alles Vermögen der Beteiligten zum Gesamthandsvermögen (§§ 1416 Abs 1, 1418 Abs 4 BGB).

d) Wird den §§ 892 f, 932 ff BGB der Vorrang vor § 1412 BGB versagt, so werden **50** zugleich die sachenrechtliche und die schuldrechtliche Lage wieder harmonisiert. Selbst nach der bislang hM ist der gutgläubige Erwerb in den Fällen der §§ 1423 ff, 1450 BGB nicht kondiktionsfest. Dass aber schuld- und sachenrechtliche Wirkungen nach dem Gesetz gleichlaufen sollen, ergibt sich aus den §§ 1428, 1455 Nr 8 BGB.

Burkhard Thiele

2. Rechtsscheinschutz bei unrichtiger Eintragung

51 Das Güterrechtsregister hat keinen öffentlichen Glauben wie das Grundbuch und entfaltet keine positive Publizität wie das Handelsregister. Auf eine von vornherein unrichtige Eintragung kann sich der Rechtsverkehr nicht gemäß § 1412 BGB verlassen. Hier greifen aber allgemeine **Rechtsscheingrundsätze** ein, wie sie zu § 15 HGB in der bis 1969 geltenden Fassung entwickelt wurden (vgl BGHZ 22, 234, 238): Wer eine unrichtige Eintragung in das Güterrechtsregister veranlasst oder schuldhaft nicht beseitigt hat, muss sich von einem gutgläubigen Dritten, der auf die Eintragung vertraut hat, im Rechtsgeschäfts- und Prozessverkehr so behandeln lassen, als sei die Eintragung richtig (hM, vgl Dölle I 732; Gernhuber/Coester-Waltjen § 33 Rn 27–29; Lange FamRZ 1964, 549; MünchKomm/Kanzleiter § 1412 Rn 10; Bamberger/Roth/Mayer § 1412 Rn 17; Soergel/Gaul/Althammer § 1412 Rn 18). Der (auch sachlich zweifelhaften, weil allein auf die Vertretungsmacht abstellenden) Heranziehung der §§ 171, 173 BGB bedarf es daneben nicht (so auch MünchKomm/Kanzleiter § 1412 Rn 10 Fn 15; Soergel/Gaul/Althammer § 1412 Rn 18 gegen Kipp/Wolff § 42 VI 2; Dölle I 732; NK-BGB/Völker Rn 26).

VII. Internationales Privatrecht

52 Die Geltung deutschen ehelichen Güterrechts richtet sich nach Art 15 EGBGB. Nach **Art 16 EGBGB** (vgl auch Art 28 Abs 2 VO [EU] 2016/1103, die ab 29. 1. 2019 in Kraft tritt) findet § 1412 BGB entsprechend Anwendung, wenn die güterrechtlichen Wirkungen einer Ehe dem Recht eines anderen Staates unterliegen, sofern einer der Ehegatten seinen gewöhnlichen Aufenthalt im Inland hat oder hier ein Gewerbe betreibt. Der fremde gesetzliche Güterstand steht einem vertragsmäßigen gleich. Die Ehegatten können ihren fremden Güterstand Dritten danach nur entgegenhalten, wenn er eingetragen ist. Zum Schutz des Rechtsverkehrs bei der **Überleitung des gesetzlichen Güterstandes der DDR** sieht Art 234 § 4 Abs 2 S 4 EGBGB für den Fall der Option für den früheren Güterstand den Ausschluss des Überganges in die Zugewinngemeinschaft ex tunc vor (dazu Rauscher DNotZ 1991, 232). Die Regelung ist § 1412 BGB nachgebildet. Zu den Einzelheiten s Staudinger/Rauscher (2016) Art 234 § 4 EGBGB.

§ 1413
Widerruf der Überlassung der Vermögensverwaltung

Überlässt ein Ehegatte sein Vermögen der Verwaltung des anderen Ehegatten, so kann das Recht, die Überlassung jederzeit zu widerrufen, nur durch Ehevertrag ausgeschlossen oder eingeschränkt werden; ein Widerruf aus wichtigem Grunde bleibt gleichwohl zulässig.

Materialien: Zu § 1430 aF: E I § 1340 Abs 1; II § 1329 rev § 1415; III § 1413; Mot IV 324; Prot IV 228 f; D 693.
Zu § 1413: E I § 1370; II § 1370; III § 1413; BT-Drucks 1/3802, 55; BT-Drucks 2/22, 40; BT-Drucks 2/3409, 25. Vgl Staudinger/BGB-Synopse 1896–2005 § 1413.

Systematische Übersicht

I.   Allgemeines

1.   Die Vorschrift ist ein Fremdkörper im ehelichen Güterrecht. Jeder Ehegatte **1** kann sein Vermögen der Verwaltung eines anderen überlassen, also auch seinem Ehegatten. Der **Verwaltungsvertrag** enthält **keine güterrechtliche Regelung** iS des § 1408 BGB und bedarf deshalb nicht der Form des Ehevertrages. Dass § 1413 BGB den Ausschluss und die Einschränkung des Widerrufs eines Verwaltungsvertrages der Form des § 1410 BGB unterstellt, macht auch diese Detailregelung nicht zu einer güterrechtlichen (GERNHUBER/COESTER-WALTJEN § 32 Rn 40; SOERGEL/GAUL/ALT-HAMMER Rn 5; MünchKomm/KANZLEITER § 1413 Rn 14 gegen RG Recht 1911 Nr 1149). Die Stellung der Vorschrift im ehelichen Güterrecht beruht allein auf der Anknüpfung an § 1430 aF, der insoweit güterrechtlichen Gehalt hatte, als der mit der Verwaltung des Frauenvermögens betraute Mann die Einkünfte nach Abzug der Verwaltungskosten uam kraft Gesetzes nach freiem Ermessen verwenden konnte.

2.   **Verwaltungsverträge** eines Ehegatten **mit einem Dritten** bleiben von § 1413 **2** BGB unberührt. Hier bleibt auch der Ausschluss des Widerrufs- oder Kündigungsrechts des Ehegatten formfrei möglich, soweit er nach allgemeinen Rechtsgrundsätzen überhaupt zulässig ist.

II.   Der Verwaltungsvertrag

1.   Voraussetzungen

a)   § 1413 BGB ist nur anwendbar, wenn ein Ehegatte sein Vermögen dem an- **3** deren **rechtsgeschäftlich** zur Verwaltung überlassen hat. Nur dann wird ein (obligatorisches) Recht zur Verwaltung begründet, das durch Widerruf zurückgenommen werden könnte. Die Vorschrift gilt nicht, wenn ein Ehegatte nur _von Fall zu Fall_ Vermögensangelegenheiten des anderen besorgt oder wenn er dessen Vermögen _im Rahmen des § 1353 BGB_ oder _aus Gefälligkeit,_ dh ohne Pflicht und Recht, faktisch (mit-)verwaltet. Regeln Ehegatten während des Zusammenlebens die Aufgabenbereiche in der Weise, dass einer von ihnen die Wirtschaftsführung im Wesentlichen allein übernimmt, entsteht daraus selbst dann auch kein Auftragsverhältnis, wenn die verfügbaren Mittel im Wesentlichen aus den Einkünften oder dem Vermögen des anderen Ehegatten zufließen. Der andere Ehegatte kann von dem die Wirtschaftsführung wahrnehmenden Ehegatten weder nach Auftragsrecht noch aufgrund eines eigenständigen familienrechtlichen Anspruchs die Rückzahlung von Geldern verlangen, deren familienbezogene Verwendung dieser Ehegatte nicht belegen kann. Dem steht das besondere Vertrauensverhältnis zwischen den Ehegatten entgegen (so BGH FamRZ 1986, 559; FamRZ 1988, 42; FamRZ 2001, 23 = MDR 2000, 1435 mAnm KOGEL; FamRZ 2002, 1696). In diesen Fällen bedarf es keines Widerrufs, um den anderen Ehegatten künftig von der Verwaltung auszuschließen. An die tatrichterliche Feststellung einer Überlassung der Vermögensverwaltung gemäß § 1413 BGB mit Rechtsbindungswillen sind wegen der damit verbundenen Pflichten (s Rn 9 ff) keine geringen Anforderungen zu stellen (vgl BGH FamRZ 1986, 559; im Einzelfall kommt die stillschweigende Begründung einer Bruchteilsgemeinschaft in Betracht, so BGH FamRZ 2002, 1696 für ein Girokonto). Umfangreiche Vollmachten allein lassen den Schluss auf einen Verwaltungsvertrag nicht zu. Der Ausschluss oder die Beschränkung des Widerrufs, die § 1413 BGB allein behandelt, lässt aber den Schluss auf den beiderseitigen **Rechtsbindungswillen** zu. In Betracht kommen bei fehlendem Vertragsverhältnis Ansprüche aus unerlaubter Handlung (BGH FamRZ 1986, 559; 2001, 25; zur Beweislast s Rn 6).

4 b) Ein Verwaltungsvertrag kann **in jedem Güterstand** geschlossen werden. Von praktischer Bedeutung ist er vor allem im gesetzlichen Güterstand und bei der Gütertrennung, kommt aber auch in der Gütergemeinschaft für das Vorbehalts- und Sondergut in Betracht. Die „Überlassung der Verwaltung" des Gesamtguts an den nicht oder einen der gemeinschaftlich verwaltenden Ehegatten ist in der Form einer Generaleinwilligung – jedenfalls bei zeitlich engerer Begrenzung oder für einen bestimmten größeren Kreis von noch nicht individualisierten Geschäften – möglich (vgl auch RGZ 60, 146; RG JW 1938, 3112), ohne dass es dazu der Form des Ehevertrages (§§ 1421, 1410 BGB) bedürfte. Auch in diesem Falle gilt § 1413 BGB.

5 c) Die Überlassung der Verwaltung setzt einen **Vertrag** voraus. Der Vertrag **bedarf keiner Form**. Er kann vor oder nach der Eheschließung abgeschlossen werden. Ist einer der Ehegatten beim Abschluss nicht voll geschäftsfähig, gelten die §§ 107 ff BGB. Die Vorschriften des § 1411 BGB sind nicht anzuwenden. Der Vertrag kann auch durch **schlüssiges Handeln** zustande kommen. Erforderlich ist aber stets der Rechtsbindungswille beider Ehegatten. Bloßes Dulden von Verwaltungshandlungen eines Ehegatten, der dem anderen dessen Vermögen vorenthält, genügt nicht (RG JW 1938, 3112 = Recht 1939 Nr 111). Auch dass ein Ehegatte mit Billigung und Vollmacht des anderen alle finanziellen Angelegenheiten der Eheleute erledigt, begründet keine Vermögensverwaltung iS des § 1413 BGB (s Rn 3). Im Einzelfall können gegenüber Dritten Rechtsscheingrundsätze entsprechend der Duldungs- oder Anscheinsvollmacht bzw -ermächtigung anzuwenden sein.

6 d) Die **Beweislast** für eine rechtswirksame Überlassung der Verwaltung trägt derjenige, der sich auf sie beruft. Eine Vermutung stellt das Gesetz nicht auf. Der Umstand allein, dass die Ehegatten in gutem Einvernehmen leben, beweist nichts. Dies auch dann nicht, wenn ein Ehegatte bereits mehrfach Rechtsgeschäfte mit Wirkung für oder gegen den anderen Ehegatten abgeschlossen hat. Zum Vertrauensschutz im Einzelfall s schon Rn 5 aE. Soweit eine Haftung des tatsächlich wirtschaftenden Ehegatten gegenüber dem anderen aus **unerlaubter Handlung** in Betracht kommt, führt der Verstoß des handelnden Ehegatten gegen die Obliegenheiten aus der ehelichen Lebensgemeinschaft zur Unterrichtung über wesentliche Ausgaben nicht zu einer Umkehr der Darlegungs- und Beweislast für die Voraussetzungen eines deliktischen Ersatzanspruches (BGH FamRZ 2001, 25; 1988, 42; 1986, 559).

e) § 1413 BGB ist nur anwendbar, wenn ein Ehegatte dem anderen die **Verwal-** 7 **tung** seines Vermögens überlässt. Die – auch wiederholte – Erteilung von Vollmacht oder Verfügungsermächtigungen genügt dem nicht (so auch BGH FamRZ 2001, 23; 1986, 559). Die Möglichkeit der Erteilung unwiderruflicher Vollmacht oder Ermächtigung richtet sich nach den allgemeinen Grundsätzen, nicht nach § 1413 BGB. Vorausgesetzt ist vielmehr, dass dem anderen Ehegatten die Verwaltung des ganzen oder von Teilen des Vermögens übertragen ist (vgl auch Art 8 I Nr 2 GleichberG). Daraus folgt **nicht**, dass es sich um **wesentliche Teile** des Vermögens handeln muss (so aber MünchKomm/KANZLEITER § 1413 Rn 4; BAMBERGER/ROTH/MAYER Rn 3; PALANDT/BRUDERMÜLLER Rn 4; wie hier NK-BGB/VÖLKER Rn 6). Gemeint ist vielmehr die Überlassung aller oder einzelner Vermögensgegenstände zur **Verwaltung auf Dauer**. Die Trennung ist zu vollziehen zwischen Einzelaufträgen und -vollmachten bzw -ermächtigungen und den allein unter § 1413 BGB fallenden Daueraufträgen und, wenn auch gegenständlich beschränkten, Generalvollmachten und -ermächtigungen. Deshalb kann die Übertragung der Verwaltung eines im Verhältnis zum Gesamtvermögen unerheblichen Vermögensgegenstandes (ein kleines Grundstück, Wertpapierdepot uam) unter § 1413 BGB fallen.

f) § 1413 BGB erfasst nur Verträge, die ein Recht und eine Pflicht zur **Vermö-** 8 **gensverwaltung** begründen. Andere Verträge (bloße Gebrauchsüberlassung, auch Miete oder Pacht, Darlehen, aber auch Gesellschaftsverträge) fallen nicht unter die Vorschrift. Auch der Abschluss eines Gesellschaftsvertrages zwischen den Ehegatten, nach dem ein Ehegatte sein Vermögen ganz oder teilweise in die Gesellschaft einzubringen hat, aber von der Geschäftsführung (etwa als Kommanditist oder stiller Gesellschafter) ganz ausgeschlossen und dessen Kündigung zumindest beschränkt ist, unterliegt nicht dem Formgebot des § 1413 BGB (**aM** GERNHUBER/COESTER-WALTJEN § 32 Rn 41; MünchKomm/KANZLEITER § 1413 Rn 6; wie hier BAMBERGER/ROTH/MAYER Rn 3; DÖLLE I 681; SOERGEL/GAUL/ALTHAMMER § 1413 Rn 2). Richtig ist es jedoch, § 1413 BGB anzuwenden auf Stimmbindungsverträge unter den Ehegatten und auf eine atypische stille Gesellschaft, die den Inhaber-Ehegatten intern unwiderruflich den Weisungen des anderen Ehegatten unterwirft (GERNHUBER/COESTER-WALTJEN § 32 Rn 42–44).

2. Das Rechtsverhältnis zwischen den Ehegatten

a) Die Rechte und Pflichten der Ehegatten richten sich in erster Linie nach den 9 zwischen ihnen getroffenen Vereinbarungen. Ist eine Vergütungsabrede nicht getroffen, ist ergänzend **Auftragsrecht** anzuwenden (BGHZ 31, 197, 204 f u hL). Haben die Ehegatten eine Vergütung vereinbart, ist **Dienstvertragsrecht** und gemäß § 675 BGB in weitem Umfange Auftragsrecht anzuwenden.

b) Der Verwalter ist zur **ordnungsgemäßen Verwaltung verpflichtet**. Er hat sich um 10 die Erhaltung der Vermögensgegenstände zu sorgen und sich um die Mehrung des Bestandes zu bemühen. Soweit dazu der Abschluss von Rechtsgeschäften mit Dritten erforderlich ist, Willenserklärungen abzugeben oder in Empfang zu nehmen sind, bedarf es dazu keiner besonderen Vollmacht. Die Bevollmächtigung ist mit der Übertragung der Verwaltung als schlüssig erteilt anzusehen. Ob und wieweit der Verwalter zu Verfügungen über die verwalteten Vermögensgegenstände berechtigt ist, richtet sich nach den Vereinbarungen und nach den Umständen des Einzelfalles. So kann zur Verwaltung von Geld- und Wertpapiervermögen auch die Befugnis gehören, zwecks Anlage oder Umschichtung des Depots zu verfügen. Auch zur Verfügung über verbrauchbare Sachen ist der Verwalter im Zweifel berechtigt. Im Übrigen bedürfen Verfügungen über den Stamm des Vermögens grundsätzlich einer besonderen Vollmacht oder Ermächtigung.

11 c) Anders als nach § 1430 aF ist der verwaltende Ehegatte ohne besondere Vereinbarung nicht berechtigt, die **Einkünfte** für sich zu verwenden. Er ist aber regelmäßig als befugt anzusehen, die Einkünfte selbständig zur Bestreitung der Kosten der Verwaltung und zur Erfüllung von Verbindlichkeiten des anderen Ehegatten zu verwenden, die das verwaltete Vermögen belasten. Dagegen ist er nicht berechtigt, die überschießenden Einkünfte ohne Zustimmung des anderen Ehegatten für den Familienunterhalt zu verwenden (wie hier GERNHUBER/COESTER-WALTJEN § 32 Rn 36; BAMBERGER/ROTH/MAYER Rn 5; NK-BGB/VÖLKER Rn 10; anders MünchKomm/KANZLEITER § 1413 Rn 8). Sie sind vielmehr dem Vermögensinhaber herauszugeben (§ 667 BGB), sofern sie nicht nach Maßgabe des Verwaltungsvertrages generell oder kraft spezieller Bestimmung dem verwalteten Vermögen zuzuschlagen sind (vgl BGHZ 31, 197, 204 f).

12 d) Der Verwalter ist verpflichtet, den **Weisungen** des überlassenden Ehegatten zu folgen (§ 665 BGB) und ihm **Nachrichten, Auskunft** und **Rechenschaft zu erteilen** (§ 666 BGB; vgl RGZ 87, 100, 108; OLG Köln FamRZ 1999, 298; zum Inhalt dieser Pflichten s §§ 259, 260 BGB). Auf die Ablegung von Rechenschaft kann der überlassende Ehegatte verzichten (vgl RG WarnR 1915 Nr 277). Ein auf vergangene Vorgänge bezogener Verzicht auf Auskunft und Rechenschaft, der aus widerspruchsloser Duldung des Verwaltungsgebarens im Allgemeinen entnommen werden kann, wird wirkungslos, wenn sich später Zweifel an der Zuverlässigkeit des Verwalters ergeben (vgl RG JW 1938, 1892). Weiter hat der Verwalter alles, was er zur Ausführung der Vermögensverwaltung erhält oder was er durch sie erlangt, an den überlassenden Ehegatten herauszugeben (§ 667 BGB; vgl RG Recht 1914 Nr 637 zur Herausgabe des zu eigenem Nutzen in einer OHG angelegten Kapitals). Abweichend von § 1430 aF treffen den Verwalter die Verpflichtungen aus §§ 665, 666 und 667 BGB für die Einkünfte ebenso wie für den Stamm des Vermögens, da er die Einkünfte nicht mehr nach freiem Ermessen verwenden darf. Verwendet der Verwalter die fremden Einkünfte für sich, so hat er sie außerdem zu verzinsen (§ 668 BGB).

13 e) Für die **Haftung** des verwaltenden Ehegatten ist nicht § 276 BGB, sondern sind die **§§ 1359, 277 BGB** maßgebend. Er hat also dem überlassenden Ehegatten für diejenige Sorgfalt einzustehen, die er in eigenen Angelegenheiten anzuwenden pflegt (RGZ 87, 100, 107; ERMAN/HEINEMANN § 1413 Rn 3; BAMBERGER/ROTH/MAYER § 1413 Rn 5; PALANDT/BRUDERMÜLLER § 1413 Rn 5; NK-BGB/VÖLKER Rn 10; aM DÖLLE I 680 Fn 181; GERNHUBER/COESTER-WALTJEN § 32 Rn 37; differenzierend MünchKomm/KANZLEITER § 1413 Rn 9). Zur Haftung aus unerlaubter Handlung s BGH FamRZ 1988, 42; NJW 1986, 1871.

14 f) Der überlassende Ehegatte ist verpflichtet, dem Verwalter **Vorschuss** zu leisten (§ 669 BGB) und ihm die für erforderlich gehaltenen **Aufwendungen** zu ersetzen (§ 670 BGB).

15 g) Die **Besitzverhältnisse** an den zur Verwaltung überlassenen Sachen sind nach den allgemeinen Grundsätzen zu beurteilen. Soweit nicht Mitbesitz an den gemein-schaftlich benutzten Sachen anzunehmen ist, richtet sich die Besitzlage nach den konkreten Umständen des Einzelfalles. Es ist nicht zulässig, aus der Überlassung zur Verwaltung generell auf unmittelbaren Alleinbesitz des verwaltenden und mittel-baren Besitz des überlassenden Ehegatten zu schließen (so aber im Anschluss an OLG Dresden JW 1921, 686 OLG Celle FamRZ 1971, 28 f; s auch SOERGEL/GAUL/ALTHAMMER § 1413 Rn 3; wie hier GERNHUBER/COESTER-WALTJEN § 32 Rn 38; MünchKomm/KANZLEITER § 1413 Rn 10; BAMBERGER/ROTH/MAYER § 1413 Rn 6).

h) Der sein Vermögen überlassende Ehegatte bleibt Rechtsinhaber, wenn nicht **16** der andere Ehegatte die Verwaltung als *Treuhänder* übernimmt. Für **Erzeugnisse** und getrennte Bestandteile bleibt es daher bei der Regel des § 953 BGB; sie erwirbt der Vermögensinhaber. In der Übertragung der Verwaltung liegt keine Gestattung der Aneignung gemäß § 956 BGB. Sie müsste besonders erklärt sein. Der **Erwerb von Dritten vollzieht** sich nach den Regeln der Stellvertretung. Ungeachtet des § 667 BGB ist der Verwalter grundsätzlich nicht befugt, Erwerbsgeschäfte mit Mitteln des verwalteten Gutes im eigenen Namen abzuschließen. Eine **Surrogation** findet nur nach Maßgabe des Güterrechts statt, vgl § 1418 Abs 2 Nr 3 BGB.

3. Beendigung des Vertrages

Der Verwaltungsvertrag endet durch jederzeit möglichen **Widerruf** des überlassen-**17** den Ehegatten, § 671 BGB, und durch jederzeitige **Kündigung** des Verwalters, § 671 BGB. Das gilt, wie § 1413 BGB voraussetzt, auch für den überlassenden Ehegatten beim (entgeltlichen) Verwaltungsdienstvertrag (dazu auch RGZ 91, 363, 365; OLG Ma-rienwerder OLGE 12, 307; OLG Hamburg OLGE 30, 51). Zur Kündigung des Verwalters s § 621 BGB und § 671 Abs 2 BGB. Der Vertrag endet ferner mit der **Insolvenz** des Überlassenden, § 115 InsO; weiter bei Tod oder **Auflösung der Ehe**, wenn nicht anderes vereinbart ist (vgl § 673 BGB; zu § 672 S 1 BGB s BT-Drucks 1/3802, 55; bei Scheidung und Aufhebung der Ehe ist Wegfall der Geschäftsgrundlage anzuneh-men). Die §§ 672 S 2, 673 S 2 BGB sind im Falle der Auflösung der Ehe (sinngemäß) anzuwenden.

III. Rechtsbeziehungen zu Dritten

1. Der Verwaltungsvertrag berechtigt den Verwalter noch nicht zum Abschluss **18** von Rechtsgeschäften mit Wirkung für und gegen den anderen Ehegatten. Auch ohne ausdrückliche Erklärung enthält er jedoch eine schlüssige **Bevollmächtigung** zumindest für solche Rechtsgeschäfte, die erkennbar zur ordnungsgemäßen Verwal-tung erforderlich sind (s auch oben Rn 10 f). Im Übrigen bedarf es besonderer Voll-macht oder, soweit es um Verfügungen geht, der Einwilligung gemäß § 185 Abs 1 BGB. Die Grundsätze über die Duldungs- und Anscheinsvollmacht sind anwendbar. Eine den Vermögensinhaber ausschließende (verdrängende) Bevollmächtigung ist rechtlich nicht möglich.

2. Für schuldhaftes Verhalten des Verwalters gegenüber Dritten haftet der Ver-**19** mögensinhaber bei der Anbahnung und Abwicklung von Schuldverhältnissen gemäß **§ 278 BGB**. Da der Verwalter grundsätzlich weisungsgebunden ist (vgl § 665 BGB), ist er Verrichtungsgehilfe nach **§ 831 BGB** (RGZ 91, 363 u hM).

IV. Ausschluss oder Beschränkung des Widerrufsrechts

20 1. Das Recht des überlassenden Ehegatten, den Verwaltungsvertrag jederzeit zu widerrufen, wird in § 1413 BGB vorausgesetzt (BT-Drucks 2/3409, 25). Auf den Verwaltungsdienstvertrag trifft das an sich nicht zu (§ 621 Nr 1–4 BGB mit Ausnahme der Nr 5). § 1413 BGB will aber die Möglichkeit des unbefristeten Widerrufs durch den Überlassenden sichern. Er enthält insoweit eine *verdeckte Geltungsanordnung.*

21 2. Der Ausschluss oder die Beschränkung des Widerrufsrechts bei Überlassung der Vermögensverwaltung im Interesse des Überlassenden ist nach allgemeinen Rechtsgrundsätzen regelmäßig nicht möglich (vgl etwa BGH WM 1971, 956). Schon zu § 1430 aF war aber die Zulässigkeit eines „Verzichts" auf das Widerrufsrecht bejaht worden (RG Recht 1911 Nr 1149). Mittelbar erklärt nunmehr § 1413 BGB den Ausschluss und die Beschränkung für möglich, **bindet sie aber an die Form des Ehevertrages.** Es gelten insoweit die Vorschriften der §§ 1410, 1411 BGB.

22 Die Formbedürftigkeit gilt nur für den Ausschluss und die Einschränkung des Widerrufs, nicht für den Verwaltungsvertrag selbst. Ist die Ausschluss- oder Einschränkungsklausel Teil des Verwaltungsvertrages und ist dieser nicht gemäß § 1411 BGB beurkundet, so ist § 139 BGB anzuwenden. Regelmäßig ist dann der formlose Verwaltungsvertrag im Übrigen wirksam (wie hier BAMBERGER/ROTH/MAYER § 1413 Rn 4; MünchKomm/KANZLEITER Rn 14).

23 3. Auch wenn das Widerrufsrecht des überlassenden Ehegatten formgerecht ausgeschlossen oder beschränkt ist, bleibt ein **Widerruf aus wichtigem Grund** stets zulässig. Er ist auch durch Ehevertrag nicht einschränkbar (hM).

24 Ein **wichtiger Grund** liegt vor, wenn dem überlassenden Ehegatten die Fortsetzung des Verwaltungsvertrages unter Berücksichtigung aller Umstände des Einzelfalles unzumutbar ist. Der Grund wird häufig in der Person des Verwalters liegen, muss es aber nicht. Auch ein Verschulden ist nicht vorausgesetzt. Die Gründe, die etwa gemäß § 1447 BGB den Antrag auf Aufhebung der Gütergemeinschaft rechtfertigen, können – mit Ausnahme der Nr 2 – als Anhalt dienen, schließen aber andere Gründe nicht aus. In Betracht kommt, dass das Vertrauen des Überlassenden in die Person des Verwaltenden oder in seine Verwaltungsführung in sachlich begründbarer Weise zerstört ist. Dazu genügt das Scheitern der Ehe (§§ 1565 ff BGB) ebenso wie ein Verstoß des Verwalters gegen die Grundsätze ordnungsgemäßer Verwaltung. Unzumutbarkeit kann auch vorliegen bei unberechtigten Abweichungen des Verwalters von Weisungen, aber auch bei wesentlicher Veränderung der beim Ausschluss des Widerrufsrechts bestehenden Verhältnisse. Dazu können auch Umstände in der Person des Überlassenden gehören, zB unerwartete Genesung von einer Krankheit, die Anlass für den Abschluss des Verwaltungsvertrages war.

Kapitel 2
Gütertrennung

Vorbemerkungen zu § 1414

Schrifttum

Zum älteren Schrifttum s auch STAUDINGER/
THIELE (2007).
BEITZKE, Zur Zwangsvollstreckung gegen Ehegatten bei Gütertrennung, ZZP 68 (1955) 241
BLUMENRÖHR, Zum Vermögensausgleich nach
gescheiterter Ehe, in: FS Odersky (1996) 517
HAEGELE, Die Gütertrennung im ehelichen
Güterrecht, Rechts- und Wirtschafts-Praxis
1971, 828
HERR, Nebengüterrecht, Ausgleichsansprüche
bei Gütertrennung und gestörtem Zugewinnausgleich (2013)
ders, Die ehebezogene Zuwendung als Teil des
materiellen Nebengüterrechts, NJW 2012, 3486
HOPPENZ, Ausgewählte Fragen des Familienrechts, MittBayNot 1998, 217
ders, Ehegattenzuwendungen, FPR 2012, 84
JOHANNSEN, Vermögensrechtliche Auseinandersetzung unter Ehegatten nach Auflösung der
Ehe bei Gütertrennung, WM 1978, 502

LINNARTZ, Aspekte zur Gütertrennung im
Erbrecht, AnwZertErbR 11/2011 Anm 2
MÜNCH, Gütertrennung für einen Abend?, StB
2003, 130
OSENSTÄTTER, Die Gütertrennung nach dem
BGB, BayNotZ 1900, 17
RAMM, Gleichberechtigung und Hausfrauenehe,
JZ 1968, 41, 90
STENGER, Güterstand bei Unternehmerehen –
Gütertrennung und Gütergemeinschaft, ZEV
2000, 141
WINKLMAIR, Rückgewähr einer ehebedingten
Zuwendung im Güterstand der Gütertrennung,
FamRZ 2006, 1650.

S auch das zu den Vorbem zu §§ 1408 ff angeführte Schrifttum.

Systematische Übersicht

I.   Wesen und Bedeutung der Gütertrennung

1.   Gütertrennung als Güterstand

Die Gütertrennung ist auch nach geltendem Recht ein Güterstand. Ein Güterstand **1**
freilich, der sich inhaltlich in der Aussage erschöpft, dass zwischen den Ehegatten

keine spezifisch ehegüterrechtlichen Beziehungen bestehen. Das Gesetz verzichtet ganz auf eine nähere Inhaltsbestimmung. Anders als in der Fassung des BGB vor Inkrafttreten des Gleichberechtigungsgesetzes (§§ 1426–1431 aF) enthält es auch keine Regelungen mehr, die den ehelichen Aufwand betreffen. Sie sind durch die Neugestaltung des ehelichen Unterhaltsrechts in den §§ 1360–1361 BGB entbehrlich geworden. Das „Wesen" des Güterstandes der Gütertrennung lässt sich daher nur aus dem Vergleich mit dem gesetzlichen Güterstand der Zugewinngemeinschaft und mit der Gütergemeinschaft erschließen. Der Gütertrennung *fehlen* alle Elemente, die diese Güterstände kennzeichnen. Sie kennt kein Gesamtgut. Sie kennt deshalb auch keine Verwaltung „für Rechnung" des Gesamtguts (vgl § 1417 Abs 3 S 2 im Gegensatz zu § 1418 Abs 3 BGB). Es bleibt vielmehr bei der auch für die Zugewinngemeinschaft geltenden Grundregel, dass jeder Ehegatte sein (bei Eheschließung vorhandenes und während der Ehe erworbenes) Vermögen selbständig verwaltet (§ 1363 HS 1 BGB). Es erfolgt weder ein Ausgleich des Zugewinns noch bestehen während der Ehe irgendwelche Verwaltungs- und Verfügungsbeschränkungen.

2. Allgemeine Wirkungen der Ehe

2 Aus dem Fehlen spezifisch güterrechtlicher Beziehungen unter den Ehegatten folgt **nicht**, dass sie sich vermögensrechtlich **ganz wie Unverheiratete gegenüberstehen** (so aber BayObLGZ 1960, 370 = FamRZ 1960, 220 f). Die Negation *güterrechtlicher* Verhältnisse (s auch Prot IV 215) lässt den Umstand unberührt, dass die Vermögensinhaber miteinander verheiratet sind. Auch für die in Gütergemeinschaft lebenden Ehegatten gelten die güterstandsunabhängigen Regeln über die eheliche Lebensgemeinschaft, die vielfältige vermögensrechtliche Wirkungen entfalten. Es gelten insbesondere die Vorschriften über den *Familienunterhalt* (§§ 1360–1361 BGB), über die *Schlüsselgewalt* (§ 1357 BGB), über die *Haushaltsführung* sowie das Recht und die Pflicht zur *Mitarbeit* (§ 1356 BGB, auch § 1360 BGB), über die *Prozesskostenvorschusspflicht* (§ 1360a Abs 4 BGB) und die Regelungen der §§ 1359, 1361, 1361a, b und 1362 BGB. Hinzu kommt die auch im Bereich des Vermögensrechts wirksame wechselseitige Verpflichtung der Ehegatten zur ehelichen Lebensgemeinschaft (§ 1353 Abs 1 S 2 BGB). Zum Recht auf Mitbenutzung der ehelichen Wohnung und des Hausrats s STAUDINGER/THIELE (2017) § 1363 Rn 8. Zu weiteren Einzelheiten vgl die Erl zu § 1353.

3. Eintritt der Gütertrennung

3 Die Gütertrennung ist sowohl möglicher **vertraglicher Güterstand** als auch **subsidiärer gesetzlicher Güterstand.**

a) Eintritt aufgrund eines Ehevertrages

4 **aa)** Die Ehegatten können die Gütertrennung durch *Ehevertrag* ausdrücklich vereinbaren, § 1408 Abs 1 BGB. Vor dem Inkrafttreten des Gleichberechtigungsgrundsatzes am 1. 4. 1953 und vor dem Inkrafttreten des Gleichberechtigungsgesetzes vereinbarte Gütertrennungen sind nach Art 8 I Nr 5 Abs 1 GleichberG in die (inhaltlich nicht geregelte) Gütertrennung des BGB nF übergeleitet worden.

5 **bb)** Nach Art 8 I Nr 3 Abs 2 GleichberG *konnte jeder Ehegatte einseitig* erklären,

dass für die Ehe Gütertrennung gelten solle. Zu den Einzelheiten s STAUDINGER/
THIELE (2000) Einl 26 zu §§ 1363 ff.

cc)   Auf Grund eines *Ehevertrages* (so die hM, vgl § 1414 Rn 1) tritt die Gütertrennung   **6**
ein, wenn die Ehegatten in ihm den gesetzlichen Güterstand der *Zugewinngemeinschaft ausschließen* oder nachträglich *aufheben,* ohne einen neuen Güterstand zu
bestimmen, § 1414 S 1 BGB. Sie tritt auch dann ein, wenn sie vertraglich den
Zugewinnausgleich oder die *Gütergemeinschaft aufheben,* ohne etwas anderes zu
bestimmen, § 1414 S 2 BGB.

b)   Eintritt kraft Gesetzes
Gütertrennung tritt **kraft Gesetzes** als subsidiärer gesetzlicher Güterstand ein   **7**

aa)   mit der *Rechtskraft einer Entscheidung auf vorzeitigen Zugewinnausgleich,*   **8**
§ 1388 BGB,

bb)   mit der Rechtskraft einer Entscheidung *auf Aufhebung der Gütergemeinschaft,*   **9**
§§ 1449 Abs 1, 1470 Abs 1 BGB. Das Gleiche galt nach Art 8 I Nr 6 u 7 GleichberG
im Falle der *Aufhebung* der *allgemeinen Gütergemeinschaft* (§ 1470 Abs 1 aF), der
Errungenschaftsgemeinschaft und der *Fahrnisgemeinschaft* (§§ 1542, 1545, 1549 aF).

II.   Wirkungen der Gütertrennung

1.   Gütermassen

a)   Die Gütertrennung kennt **nur zwei Vermögensmassen**: das Vermögen des Man-   **10**
nes und das Vermögen der Frau. Sie kennt keine Vergemeinschaftung des Vermögens während der Ehe. Unbekannt ist ihr auch eine obligatorische Vermögensteilhabe nach Beendigung des Güterstandes.

Rn 11–13 sind frei.

b)   Die Gütertrennung schließt die Bildung von Gemeinschaftsvermögen nicht   **14**
aus. Die **Regeln des allgemeinen Vermögensrechts bleiben unberührt**. Danach können
den Ehegatten auch Rechte in **Bruchteilsgemeinschaft** zustehen. Sie können auch
durch den Abschluss von Gesellschaftsverträgen **Gesamthandsvermögen** bilden und
als Miterben gesamthänderisch gebundenes Vermögen erwerben.

Zur **Ehegatten-Innengesellschaft** s STAUDINGER/THIELE (2017) § 1363 Rn 7, 14, 18;   **15**
§ 1408 Rn 23 f; § 1416 Rn 14 f sowie die Erl zu § 1356. Zur Mitberechtigung der
Ehegatten aus Geschäften im Rahmen der „**Schlüsselgewalt**" s die Erl zu § 1357
BGB. Über eine Beteiligung eines Ehegatten am Erwerb des anderen, insbesondere
bei Mitarbeit in dessen Beruf oder Erwerbsgeschäft, vgl die Erl zu § 1356 BGB.

2.   Vermögensverwaltung

Jeder Ehegatte verwaltet sein Vermögen selbständig und für eigene Rechnung. Zu   **16**
Verträgen zwischen den Ehegatten über die Vermögensverwaltung vgl die Erl zu
§ 1413 BGB. Drittwirkende Verwaltungs- und Verfügungsbeschränkungen können

auch durch Ehevertrag nicht begründet werden. Dem stehen die Unbeschränkbarkeit der Verpflichtungsfähigkeit durch Rechtsgeschäft und § 137 BGB entgegen. Etwas anderes gilt nur dann, wenn der den Ausgleich des Zugewinns ausschließende Ehevertrag die Verwaltungsbeschränkungen der §§ 1365, 1369 BGB ganz oder teilweise bestehen lässt, § 1414 S 1 HS 2 BGB (s auch STAUDINGER/THIELE [2017] § 1363 Rn 38). Die Gütertrennung kennt keine Surrogation. § 1370 BGB gilt nur in der Zugewinngemeinschaft und ist auf die Gütertrennung auch nicht entsprechend anwendbar.

3. Besitzverhältnisse

17 Die Besitzverhältnisse richten sich nach den allgemeinen Bestimmungen der §§ 854 ff BGB. An den gemeinsam benutzten Gegenständen, insbesondere am Hausrat, und der ehelichen Wohnung haben die Ehegatten regelmäßig Mitbesitz (vgl STAUDINGER/THIELE [2017] § 1363 Rn 8 ff).

4. Ehelicher Aufwand

18 Das geltende Recht enthält keine Regelung mehr darüber, von welchem Ehegatten der eheliche Aufwand zu tragen ist, anders noch die §§ 1427–1429 aF. Maßgebend sind ausschließlich die Vorschriften über die Verpflichtung beider Ehegatten, zum Familienunterhalt beizutragen, §§ 1360 ff BGB.

5. Ehebedingte Zuwendungen

19 Durch die Ehe bedingte Zuwendungen eines Ehegatten an den anderen haben nicht selten eine „benannte causa": Auftrag, Schenkung, Darlehen, Gesellschafterbeitrag, bei Dienstleistungen auch Arbeitsverträge. Die Abwicklung richtet sich dann nach den getroffenen Vereinbarungen, subsidiär nach dem dispositiven Gesetzesrecht des zugrundeliegenden Vertragstyps. Häufiger wird die causa der Zuwendung nicht näher bezeichnet. Meist treffen die Ehegatten in subjektiver Gewissheit des ungestörten Fortbestandes der Ehe keine näheren Vereinbarungen. Die Praxis verweist die Abwicklungsprobleme, die sich beim Scheitern der Ehe ergeben, grundsätzlich in das **Güterrecht**. Wo das Güterrecht keine Regelungen vorhält, insbesondere also bei Gütertrennung, oder in besonderen Fällen, in denen die güterrechtliche Lösung die Zuwendung nicht oder nicht voll berücksichtigen kann, werden die Grundsätze über den **Wegfall der Geschäftsgrundlage** angewendet (§ 313 BGB; zum Streitstand und weiteren Einzelh s STAUDINGER/THIELE [2017] § 1363 Rn 17 ff).

20 Die Einzelheiten der **Rückabwicklung** sind noch nicht befriedigend geklärt. Der **BGH** gibt nur Leitlinien. Die bewirkte Vermögensverschiebung muss nach Treu und Glauben *unzumutbar* sein (BGH FamRZ 2012, 1789 Rn 25). Maßgebend ist eine Gesamtwürdigung der Umstände des Einzelfalls (BGH FamRZ 2011, 1563 Rn 23) Auch **Art und Umfang der Rückabwicklung** bestimmt der BGH (BGH FamRZ 2012, 1789 Rn 25 in ständiger Rspr seit BGH NJW 1972, 580) nach den konkreten Umständen des Einzelfalls, die für die Zuwendung bestimmend waren, und nach deren Verwendung während der Ehe sowie den Vermögensverhältnissen der Ehegatten. Demzufolge wären zu berücksichtigen die Höhe der Zuwendung, die wirtschaftliche Lage der Ehegatten, wie lange und mit welchem *Erfolg* die Zuwendung ihrem Zweck gedient hat (BGH

NJW 1974, 2046), das Maß der Beiträge zum Familienunterhalt, das Alter der Parteien und die Dauer der Ehe (BGH vgl etwa zuletzt FamRZ 2014, 1547 Rn 18 f mAnm GRZIWOTZ für die gleichgelagerte Problematik der gemeinschaftsbezogenen Zuwendung; BGH FamRZ 2011, 1563 Rn 24; FamRZ 1992, 293; s auch JOHANNSEN WM 1978, 509; krit zu diesen Kriterien KÜHNE, in: FS Beitzke 249, 251, 265; JOHANNSEN/HENRICH/JAEGER § 1414 Rn 25 f; JAEGER DNotZ 1991, 431, 460 ff zugleich mit einer Auflistung der nach der Rspr relevanten Gesichtspunkte). Dabei soll zu beachten sein, dass auch im Fall der Gütertrennung eine angemessene Beteiligung beider Ehegatten an dem gemeinsam erarbeiteten Vermögen dem Charakter der ehelichen Lebensgemeinschaft als einer Schicksals- und Risikogemeinschaft entspricht (BGH FamRZ 2012, 1789 Rn 26; 1999, 1580, 1583; 1990, 855, 856; dagegen zu Recht JOHANNSEN/HENRICH/JAEGER § 1414 Rn 25; HOPPENZ FamRZ 2012, 1792; KOCH FamRZ 2013, 832, denn die Gütertrennung soll wirtschaftlich gerade keine güterrechtliche Schicksals- und Risikogemeinschaft begründen). Sowohl auf Tatbestandsseite als auch auf der Rechtsfolgenseite stehen damit für die Rechtspraxis schwer vorhersehbare Wertungsfragen im Vordergrund. Das führt zu hohen Anforderungen an die anwaltliche Beratung zum Verfahrensrisiko (vgl etwa OLG Düsseldorf FamRZ 2011, 323 Rn 6 f).

Die durch den Rückgriff auf § 313 BGB freilich nahegelegte undifferenzierte He- **21** ranziehung all dieser angeführten Umstände ist abzulehnen. Mit ihr würde eine quasi-güterrechtliche Lösung entwickelt (ähnlich KÜHNE, in: FS Beitzke 249, 251, 265; ablehnend auch GERNHUBER/COESTER-WALTJEN § 19 Rn 84–86; desgl kritisch BLUMENRÖHR, in: FS Odersky 525 f; WINKLMAIR FamRZ 2006, 1652; vgl auch BGH NJW 1999, 2965 Rn 26 ff), die die Grenzen selbst einer Anpassung nach den Grundsätzen über den Wegfall der Geschäftsgrundlage überschreitet. Im Mittelpunkt muss die Rückgewähr des Zugewendeten oder dessen Vermögenswertes (BGHZ 115, 132, 135 f) stehen (so im Ergebnis schon BGHZ 84, 361 = NJW 1982, 2237: Ausgleich für geleistete Arbeit nur dann, wenn die Früchte als Vermögensmehrung noch vorhanden). Inwieweit das wertmäßig oder gegenständlich noch vorhandene Zugewendete zurückzugewähren ist, hängt nicht entscheidend von der Dauer der Ehe, dem Alter der Parteien und deren gegenwärtigen Vermögensverhältnissen ab. Dagegen ist zu berücksichtigen, ob und inwieweit das Zugewendete im Laufe der Zeit, auch unterhaltsrechtlich, „verbraucht" worden ist oder ob es vornehmlich als genutztes „Kapital" gedient hat. Im zweiten Fall kommt es nicht wesentlich darauf an, wie lange die Zuwendung den Zwecken der ehelichen Gemeinschaft gedient hat (zur Berücksichtigung des Zwecks der Leistung als Orientierung für die Rechtsfolgenbestimmung STAUDINGER/THIELE [2017] § 1363 Rn 23). Allerdings führt das Tatbestandsmerkmal der Unbilligkeit dazu, dass ein Ausgleich nur wegen solcher Leistungen in Betracht kommt, denen nach den jeweiligen wirtschaftlichen Verhältnissen der Ehegatten besondere Bedeutung zukommt (BGH FamRZ 2012, 1789 Rn 25 mwNw, FamRZ 2011, 1563 Rn 23; OLG Brandenburg NZFam 2016, 336 Rn 32).

Mehrere unbenannte Zuwendungen werden nur wegen ihrer gleichen Zweckrichtung **22** nicht zu einer Gesamtleistung, die nur einheitlich ausgeglichen werden könnte. Bei der Frage nach einem Ausgleich ist jedoch eine Gesamtbetrachtung anzustellen, bei der es darauf ankommt, ob und inwieweit fragliche Vermögensteile dem in Anspruch genommenen Ehegatten zustehen oder mit Ausgleichsansprüchen belastet sind (BGH FamRZ 1989, 599 = NJW 1989, 1986; OLG Düsseldorf FamRZ 95, 1148; dazu WEVER Rn 505 f). Soweit eine Rückabwicklung der ehebezogenen Zuwendung erfolgen kann, kommt nicht nur – gegen Zahlung eines angemessenen Ausgleichs – die Rückübertragung des Eigentums an einem Vermögensgegenstand in Betracht (für diesen Fall vgl

Burkhard Thiele

BGH FamRZ 2002, 949; 1998, 669; BGHZ 68, 299, 304 ff; 82, 227, 236 f), sondern auch die Zahlung eines am Wert der Zuwendung ausgerichteten Betrages. In der Regel hat der Ausgleich in Geld zu erfolgen, weil es zur Erreichung eines dem zuwendenden Ehegatten zumutbaren Ergebnisses regelmäßig der gegenständlichen Rückgewähr nicht bedarf (BGH FamRZ 1998, 669, 670). Soweit die Zuwendung jedenfalls teilweise während des Bestehens der Ehe ihren Zweck erfüllt hat, führt dies dazu, eine Rückgewähr für diesen Zeitraum nicht vorzunehmen (BGH FamRZ 1999, 365, 367; die Zuwendung ist also für den Zeitraum der bestehenden Ehe „abzuschreiben", so HERR NJW 2012, 3488).

23 Ein Anspruch auf **dingliche Rückgewähr** kann insbesondere in Betracht kommen, wenn die Zuwendung den Vermögensgegenstand dem Zugriff der Gläubiger entziehen sollte oder der Zuwendende das übertragene Vermögensgut für seine gewerbliche Tätigkeit benötigt (s STAUDINGER/THIELE [2017] § 1363 Rn 24). Ob im Rahmen der an den Grundsätzen über den Wegfall der Geschäftsgrundlage ausgerichteten Ansprüche im Einzelfall ein Affektionsinteresse eine Rolle spielen kann, erscheint demgegenüber zweifelhaft (dazu OLG Celle FamRZ 1997, 381). Soweit keine dingliche Rückgewähr, sondern ein **finanzieller Ausgleich** erfolgt, richtet sich dessen Höhe nach den bereits genannten Gesichtspunkten. Zutreffend wird man davon ausgehen können, dass der Anspruch der Höhe nach durch den Wert der erbrachten Zuwendung sowie durch den Wert, mit dem sie beim Empfänger zum Zeitpunkt des Scheiterns der Ehe noch vorhanden ist, **nach oben begrenzt** ist (BGH FamRZ 1989, 599 = NJW 1989, 1987; OLG Düsseldorf FamRZ 1995, 1148). Demgegenüber wird teilweise auch im Falle der Gütertrennung die Obergrenze des Anspruchs auf den Wert des fiktiven ungestörten Zugewinnausgleichs, also maximal die Hälfte des Wertes des Zugewendeten, beschränkt (WEVER Rn 498d; HERR Rn 377; HOPPENZ FPR 2012, 87). Auch wenn in der Sache durchaus Billigkeitserwägungen zu einer solchen Halbierung führen mögen, ist für einen solchen güterrechtlich, zu dem an einem gerade abbedungenen Güterstand, ausgerichteten Maßstab kein Raum. **Ratenzahlungen** auf einen gemeinsam aufgenommenen Kredit für den Erwerb einer Immobilie im Alleineigentum eines Ehegatten können bei Vorliegen der Voraussetzungen im Übrigen nach Scheitern der Ehe nur hinsichtlich der Tilgungsleistungen der Rückgewährspflicht unterliegen (BGH FamRZ 2015, 490 Rn 31 – zur Schwiegerelternschenkung; BGH FamRZ 2013, 1295 Rn 23, 25 – Zuwendung in nichtehelicher Lebensgemeinschaft; BGH FamRZ 2012, 1789 Rn 30 – Ehegattenzuwendung). Die Zinsleistungen sind nicht mehr vorhandene Zuwendungsleistungen. Soweit der Zuwendungsempfänger die dingliche Rückgewähr des Erlangten Zug um Zug **gegen Zahlung eines Ausgleichs** schuldet (BGH FamRZ 2002, 949; 1998, 670 mwNw), bemisst die Rechtsprechung diesen nach § 287 ZPO zu ermittelnden Anspruch nach Art und Umfang der erbrachten Leistungen und den finanziellen Beiträgen, ferner werden wertsteigernde Maßnahmen des Empfängers in Anrechnung gebracht (BGH FamRZ 2002, 949; 1999, 366 f = NJW 1999, 354 f; FamRZ 1998, 670). Die **Darlegungs-** und **Beweislast** für Art und Umfang des Rückgewähranspruchs trifft den Anspruchsteller (BGH FamRZ 2002, 949; 1999, 366).

6. Auskunft und Unterrichtung

24 Eine spezielle Verpflichtung der Ehegatten, einander **Auskunft** über ihre Vermögensverhältnisse zu geben, besteht nicht. Die allgemeine, aus § 1353 Abs 1 BGB folgende Unterrichtungspflicht (vgl BGH FamRZ 1976, 516, 517; OLG Hamburg FamRZ

1967, 100; OLG Schleswig SchlHAnz 1974, 112; OLG Karlsruhe FamRZ 1990, 161) besteht jedoch auch in der Gütertrennung (s auch STAUDINGER/THIELE [2017] § 1386 Rn 22, 23).

7. Eintragung im Register

a) Eine Eintragung in das **Grundbuch** ist nicht möglich (KG RJA 3, 162). Zum **25** Nachweis der Gütertrennung s §§ 33, 34 GBO.

b) Die Gütertrennung kann in das **Güterrechtsregister** eingetragen werden. Nach **26** der Funktionserweiterung des Registers durch die Rspr (vgl BGHZ 66, 203, 207 gegen BGHZ 41, 370) ist davon auszugehen, dass nicht nur die auf ehevertraglichem Ausschluss der Zugewinngemeinschaft (BGHZ 66, 203) und einseitiger Gütertrennungserklärung (Art 8 I Nr 3 Abs 2 S 6 GleichberG) beruhende Gütertrennung eintragungsfähig ist, sondern jeder Fall der Gütertrennung.

III. Ende der Gütertrennung

1. Die Gütertrennung endet, wenn die Ehegatten durch **Ehevertrag** einen ande- **27** ren Güterstand vereinbaren. Die Beendigung tritt ein mit dem wirksamen Abschluss des Ehevertrages oder mit dem in diesem bestimmten Zeitpunkt des Inkrafttretens des neuen Güterstandes. Eine Vereinbarung der Parteien, die Gütertrennung rückwirkend aufzuheben und vom Beginn der Ehe an die Zugewinngemeinschaft gelten zu lassen, begegnet keinen Bedenken (BGH FamRZ 1998, 903). Wird lediglich die Gütertrennung aufgehoben, gilt der gesetzliche Güterstand der Zugewinngemeinschaft.

2. Die Gütertrennung endet ferner mit der **Auflösung der Ehe** durch Tod oder **28** Todeserklärung eines Ehegatten sowie bei Eintritt der Rechtskraft einer Entscheidung auf Aufhebung oder Scheidung der Ehe.

§ 1414
Eintritt der Gütertrennung

Schließen die Ehegatten den gesetzlichen Güterstand aus oder heben sie ihn auf, so tritt Gütertrennung ein, falls sich nicht aus dem Ehevertrag etwas anderes ergibt. Das Gleiche gilt, wenn der Ausgleich des Zugewinns ausgeschlossen oder die Gütergemeinschaft aufgehoben wird.

Materialien: Zu § 1436 aF: E I §§ 1338, 1381 Abs 1, 1429 Abs 1, 1431 Abs 1; II § 1335, rev § 1421; III § 1419; Mot IV 321, 418, 534; Prot IV 225, 293, 369, 373. Zu § 1414: E I § 1369; II § 1369; III § 1414; BT-Drucks 1/3802, 55; BT-Drucks 2/224, 40; BT-Drucks zu 2/3409, 25; Art 1 Nr 16 1. EheRG; BT-Drucks 7/4694, 12 ff; in der Fassung VAStrRefG: BR-Drucks 343/08, 39, 232; BT-Drucks 16/10144, 99; BT-Drucks 16/11903, 30. Vgl STAUDINGER/BGB-Synopse 1896–2005 § 1414.

Schrifttum

S Vorbem zu § 1414.

Systematische Übersicht

I.   Grundgedanke

1 § 1414 BGB bezweckt eine Klärung der Rechtslage für die Fälle, in denen der *gesetzliche Güterstand ausgeschlossen* oder der *geltende Güterstand aufgehoben* wird, falls nicht in dem Ehevertrag zugleich eine Bestimmung darüber getroffen worden ist, welcher Güterstand künftig gelten soll. Mit Rücksicht auf die Verkehrssicherheit soll die Frage, welcher Güterstand gilt, nicht von der oft zweifelhaften Auslegung des Ehevertrages im Einzelfall abhängen (Mot IV 418). Die hM sieht deshalb in § 1414 BGB eine (widerlegbare) **Auslegungsregel** (vgl Begr zu RegE II § 1369), während DÖLLE I 858 von einem (dispositiven) ergänzenden Rechtssatz ausgeht, wenn er meint, die Gütertrennung trete kraft Gesetzes ein. Der Wortlaut des Gesetzes spricht eher für einen ergänzenden Rechtssatz (so auch JOHANNSEN/HENRICH/JAEGER § 1414 Rn 1). Dafür spricht auch die Erstreckung der Vorschrift auf den *Ausschluss des Zugewinnausgleichs* und, vor allem nach früherem Recht (s dazu Rn 10), den Ausschluss des *Versorgungsausgleichs*. Der Unterschied zwischen der Auslegungsregel und dem ergänzenden Rechtssatz ist freilich praktisch gering (es entfällt nach der hier vertretenen Auffassung lediglich die Möglichkeit der Irrtumsanfechtung; s zur Irrtumsanfechtung LARENZ/WOLF/NEUNER AT § 28 Rn 106).

II.   Aufhebung von Güterständen und Ausschluss des Zugewinnausgleichs

1.   Eheverträge

2 § 1414 BGB behandelt nur die Rechtsfolge von **Eheverträgen** bestimmten Inhalts (s Rn 3 ff). Zum Eintritt der Gütertrennung bei Aufhebung des geltenden Güterstandes **kraft Gesetzes** s Vorbem 7 ff zu § 1414. Zur früher möglichen Gütertrennungserklärung s STAUDINGER/THIELE (1994) Einl 40 zu §§ 1363 ff.

2.   Ausschluss und Aufhebung der Zugewinngemeinschaft

3 Der **gesetzliche Güterstand** der Zugewinngemeinschaft wird durch einen vor der Heirat vereinbarten Ehevertrag **ausgeschlossen**. Die ehevertragliche Lösung von der bestehenden Zugewinngemeinschaft erfolgt durch **Aufhebung**. Isolierte Ausschließungen und Aufhebungen kommen praktisch nicht vor. Im Ehevertrag wird vielmehr regelmäßig der gewählte andere Güterstand vereinbart, womit die Zugewinngemeinschaft abbedungen ist.

3. Ausschluss des Zugewinnausgleichs

Praktische Bedeutung kommt § 1414 BGB dagegen zu beim **Ausschluss des Zugewinnausgleichs.** 4

a) Die Vorschrift ist nur anwendbar, wenn der Zugewinnausgleich **für beide Ehe-** 5 **gatten** und **vollständig** ausgeschlossen wird. Sie gilt nicht bei bloßen Einschränkungen, etwa wenn nur der obligatorische Zugewinnausgleich nach den §§ 1372–1390 BGB oder allein die Erbrechtsverstärkung gemäß § 1371 BGB ausgeschlossen wird (BayObLG NJW 1971, 991). Wird der „Ausgleich des Zugewinns" ohne nähere Angaben abbedungen, ist der Ehevertrag regelmäßig dahin auszulegen, dass auch die Erbrechtsverstärkung ausgeschlossen sein soll. Werden durch den Ehevertrag nur die Verwaltungsbeschränkungen der §§ 1365, 1369 BGB beseitigt, bleibt es ebenfalls im Übrigen bei der Zugewinngemeinschaft. § 1414 BGB gilt nicht bei inhaltlichen Änderungen der Vorschriften über den Zugewinnausgleich, mögen sie auch noch so einschneidend sein.

b) Ist der Zugewinnausgleich beiderseits und vollständig ausgeschlossen, tritt 6 **Gütertrennung** ein, **wenn die Ehegatten nichts anderes vereinbart haben.** Sie können nicht nur einen anderen Güterstand wählen, sondern sich auch für die Fortgeltung des gesetzlichen Güterstandes mit Ausnahme der §§ 1371–1390 BGB entscheiden. Es gilt dann ein Rumpfgüterstand der „Zugewinngemeinschaft", der sich in den Wirkungen der Gütertrennung (§§ 1363 Abs 2 S 1, 1364 BGB) und den Verwaltungsbeschränkungen (§§ 1365–1370 BGB) erschöpft. Zur umstrittenen Zulässigkeit der Aufrechterhaltung des gesetzlichen Güterstandes ohne Zugewinnausgleich vgl STAUDINGER/THIELE (2017) § 1363 Rn 38 mwNw.

4. Aufhebung der Gütergemeinschaft

Wird die **Gütergemeinschaft aufgehoben**, tritt, wenn nichts anderes vereinbart ist, 7 ebenfalls Gütertrennung ein. Die Gütergemeinschaft muss beiderseits und vollständig aufgehoben werden. Ein spezieller Ehevertrag, der die Gütergemeinschaft nur modelliert, genügt nicht. Das gilt auch dann, wenn nach dem Inhalt des Ehevertrages das Gesamtgut nur aus dem Vermögen eines Ehegatten gespeist wird (zur Zulässigkeit s Vorbem 36 zu §§ 1408 ff).

5. Aufhebung der Errungenschafts- und Fahrnisgemeinschaft

Auf eine gemäß Art 8 I Nr 7 GleichberG fortgeltende wohl kaum noch vorkom- 8 mende **Errungenschafts-** oder **Fahrnisgemeinschaft** sind die für diese vor dem 1. 4. 1958 geltenden Vorschriften weiterhin anwendbar. Dazu zählt auch § 1436 aF, der für den Fall der Aufhebung dieser Güterstände den Eintritt der Gütertrennung anordnet.

Burkhard Thiele

6. Aufhebung sonstiger Güterstände

9 **Nicht geregelt** ist die Rechtsfolge, die bei der ehevertraglichen **Aufhebung eines sonstigen Güterstandes** (Phantasiegüterstand, ausländischer Güterstand) eintritt. Auf Phantasiegüterstände ist § 1414 BGB entsprechend anzuwenden. Gilt ausländisches Güterrecht gemäß Art 15 EGBGB, so ist auch nach diesem die Rechtsfolge der Aufhebung zu bestimmen. Möglich ist die **Aufhebung der Gütertrennung** mit rückwirkender Vereinbarung der Zugewinngemeinschaft (BGH FamRZ 1998, 902).

III. Ausschluss des Versorgungsausgleichs

10 Seit dem Inkrafttreten des Gesetzes zur Strukturreform des Versorgungsausgleichs (VAStrRefG) am 1. 9. 2009 führt der Ausschluss des Versorgungsausgleichs nicht mehr dazu, dass Gütertrennung eintritt. Der Gesetzgeber hat damit die Kritik an der früheren Fassung der Norm aufgegriffen („verfehlt" STAUDINGER/REHME [2007] Rn 10 mwNw). Weil es praktisch aufgrund der Hinweise der Notare selten relevant wird und in der Wertung unzutreffend ist, dass Eheleute, die den Versorgungsausgleich ausschließen, zugleich eine Gütertrennung wollen, hat der Gesetzgeber die den Versorgungsausgleich betreffende Formulierung in § 1414 S 2 BGB schlicht gestrichen. Allerdings bleibt die nach § 1414 S 2 aF vor dem 1. 9. 2009 eingetretene Gütertrennung bestehen. Zu den Einzelheiten der früheren Rechtslage s STAUDINGER/REHME (2007) Rn 10 ff.

Kapitel 3
Gütergemeinschaft

Vorbemerkungen zu §§ 1415 ff

Schrifttum

APFELBAUM, Gütergemeinschaft und Gesellschaftsrecht, MittBayNot 2006, 185

APP, Zwangsvollstreckung bei in ehelicher Gütergemeinschaft lebendem Schuldner – Kurzüberblick, JurBüro 2000, 570

BECK, Der Betrieb eines Handelsgewerbes in der Gütergemeinschaft, DNotZ 1962, 348

BEHMER, Ist die Gütergemeinschaft als Wahlgüterstand „obsolet"?, FamRZ 1988, 339

BÖHRINGER, Fortbestehen der Auflassung bei Vereinbarung der Gütergemeinschaft, BWNotZ 1983, 133

BRITZ, Bewilligungsgrundsatz und familienrechtliche Gesamthandsgemeinschaften, RNotZ 2008, 333

BUCHNER, Gütergemeinschaft und erwerbswirtschaftliche Betätigung der Ehegatten, in: FS Beitzke (1979) 153

DUMOULIN, Zukunft der Gütergemeinschaft, in: FS Strätz (2009) 147

ENSSLEN, Das Zusammentreffen von Gütergemeinschaft und Scheidungsverfahren, FamRZ 1998, 1077

FABRICIUS, Relativität der Rechtsfähigkeit (1963) 152

GRASMANN, Klage auf Aufhebung der Gütergemeinschaft nach dreijähriger Trennung der Ehegatten entsprechend der für die Zugewinngemeinschaft geltenden Vorschrift des § 1385 BGB, FamRZ 1984, 957

GRZIWOTZ, Die zweite Spur – ein (neuer) Weg zur Gerechtigkeit zwischen Ehegatten, DNotZ 2000, 486

HENNECKE, Das Sondervermögen der Gesamthand (1976) 98

HOFMANN, Zum Erwerb einzelner Gegenstände durch einen Ehegatten für das Gesamtgut der Gütergemeinschaft, FamRZ 1972, 117

KANZLEITER, Der Kommanditanteil, ein möglicher Bestandteil des Gesamtguts der Gütergemeinschaft, DNotZ 2003, 422

KAPPLER, Die Auseinandersetzung des Gesamtguts der Gütergemeinschaft, FamRZ 2010, 1294

ders, Die Aufhebungsklage bei Beendigung der Gütergemeinschaft, FamRZ 2007, 696

KLEINLE, Trennungsunterhalt und Gütergemeinschaft mit gemeinschaftlicher Gesamtgutverwaltung, FamRZ 1997, 1194

KLÜBER, Die scheidungsbedingte Auseinandersetzung der Gütergemeinschaft, FPR 2001, 84

KNUR, Die Gütergemeinschaft im Blickfeld des Erbschaftssteuergesetzes, in: FS Barz (1974) 475

KRÜGER, Einfluss der Rechtswirkungen des Gesamtguts der Gütergemeinschaft auf eine steuerliche Anerkennung von Ehegattenmitarbeitsverhältnissen, Betrieb 1975, 2196

LUTTER, Zum Umfang des Sonderguts, AcP 161, 163

MAI, Die Gütergemeinschaft als vertraglicher Wahlgüterstand und ihre Handhabung in der notariellen Praxis, BWNotZ 2003, 55

MÖLLER, Die Gütergemeinschaft im Wandel der Gesellschaft (Diss 2010)

MÜNCH, Die Ehegatteninnengesellschaft – Ein Vorschlag zu ihrer vertraglichen Ausgestaltung, FamRZ 2004, 233

PINTENS, Grundgedanken und Perspektiven einer Europäisierung des Familien- und Erbrechts, FamRZ 2003, 329

REHLE, Grundstückserwerb durch Ehegatten, DNotZ 1979, 196

REUTER-KUNATH, Gütergemeinschaft und Ehegatten-OHG, JuS 1977, 376

RIPFEL, Die Verwaltung des Gesamtguts der allgemeinen Gütergemeinschaft, BWNotZ 1957, 1

ders, Die Bedeutung der Güterstände im Beurkundungs- und Grundbuchwesen, Justiz 1966, 49

RUBY, Die Gütergemeinschaft beim Tod eines Ehegatten, ZEV 2017, 72

SCHMELLENKAMP/SCHOTTEN, Der Vorrang des

Gesellschaftsrechts vor dem Güterrecht, DNotZ 2007, 729
SCHÜNEMANN, Ehegattengesellschaft in Gütergemeinschaft?, FamRZ 1976, 137
STENGER, Güterstand bei Unternehmerehen – Gütertrennung und Gütergemeinschaft, ZEV 2000, 141
TIEDTKE, Gesamthand- und Gesamtschuldklage im Güterstand der Gütergemeinschaft, FamRZ 1975, 538

ders, Offene Handelsgesellschaft und Gütergemeinschaft, FamRZ 1975, 675
ders, Universalsukzession und Gütergemeinschaft, FamRZ 1976, 510
ders, Grundstückserwerb von Ehegatten in Gütergemeinschaft, FamRZ 1979, 370
WITTICH, Die Gütergemeinschaft und ihre Auseinandersetzung (Diss 2000).

Systematische Übersicht

I. Begriff und Struktur

1 1. Die Gütergemeinschaft ist das Güterrechtssystem, in dem grundsätzlich das gesamte Vermögen beider Ehegatten im **Gesamtgut** zu einem **gemeinschaftlichen Vermögen** zusammengefasst wird. Ausgenommen vom Gesamtgut sind nur die rechtsgeschäftlich nicht übertragbaren Gegenstände (Sondergut, § 1417 BGB) und das Vorbehaltsgut (§ 1418 BGB). § 2 Abs 4 VersAusglG ändert daran nichts, wirkt sich aber bei der Auseinandersetzung aus.

2 2. Die Gütergemeinschaft kennt danach **fünf Gütermassen**: das Gesamtgut und das Sonder- und Vorbehaltsgut jedes Ehegatten. Das Gesamtgut wird von den Ehegatten gemeinschaftlich verwaltet, wenn nicht im Ehevertrag vereinbart ist, dass einer von ihnen allein verwaltungsberechtigt sein soll (§ 1421 BGB). Bei gemeinschaftlicher Verwaltung haftet das Gesamtgut grundsätzlich für die Schulden jedes Ehegatten. Daneben besteht deren persönliche Haftung als Gesamtschuldner (§ 1459 BGB). Bei Verwaltung des Gesamtguts durch einen Ehegatten haftet dieses für alle Schulden des Verwalters und, mit bestimmten Ausnahmen, auch für die Schulden des anderen Ehegatten. Daneben haftet der verwaltende Ehegatte für die Verbindlichkeiten des anderen Ehegatten, die Gesamtgutsverbindlichkeiten sind, auch persönlich als Gesamtschuldner (§ 1437 BGB).

II. Rechtsentwicklung

1. Früheres Recht

3 Den Ausgangspunkt für die Entwicklung der allgemeinen Gütergemeinschaft bildet der Anspruch der Ehefrau auf einen Anteil an der Errungenschaft in Verbindung mit gewissen Beschränkungen des Ehemannes in Bezug auf einseitige Verfügungen, namentlich über Grundstücke. So findet sich die *Errungenschaftsgemeinschaft* in fränkischer Zeit im ripuarischen und westfälischen Recht. Die Grundlage der weiteren Entwicklung war der Rechtsbegriff der gesamten Hand nach drei Richtungen: Gemeinschaftlichkeit des Erwerbs, Gemeinschaftlichkeit des Gewinns und Verlustes, Erfordernis der Gemeinschaftlichkeit bei Verfügungen namentlich über unbewegliches Vermögen. Insbesondere in Westfalen wurde die Errungenschaftsgemeinschaft später zu einer allgemeinen Gütergemeinschaft erweitert. Bis 1900 lebten unter diesem Güterrecht etwa 14 Millionen Menschen in Ost- und Westpreußen, Posen, Westfalen, den landrechtlichen Teilen der preußischen Provinzen Pommern, Schleswig-Holstein, Hannover und Hessen-Nassau, in Teilen von Mecklenburg, in Bremen und Hamburg, in Lippe und in Teilen von Sachsen-Meiningen und Sachsen-Coburg, in weiten Teilen Bayerns und in Teilen des Großherzogtums Hessen (vgl ENNECCERUS/KIPP/WOLFF § 40 II, III mwNw). Die vor dem 1. 1. 1900 in diesen Gebieten begründeten Ehen lebten somit auch weiterhin in allgemeiner Gütergemeinschaft.

2.　Regelung des BGB

Die **Stellung des BGB** gegenüber dem System der Gütergemeinschaft geht dahin, **4** dass eine so weitgehende Vereinigung der beiderseitigen Vermögen der Ehegatten auf gemeinsamen Gedeih und Verderb nicht als eine aus dem Wesen der Ehe notwendig folgende Konsequenz zu betrachten sei. Gegen das System der Gütergemeinschaft spreche vor allem die mit ihm untrennbar verbundene schwere Gefährdung der berechtigten Interessen der Ehefrau (Mot IV 147 f). Dieser Nachteil war es in erster Linie, der den Gesetzgeber bestimmt hat, die allgemeine Gütergemeinschaft nicht als *gesetzlichen* Güterstand anzuerkennen. Immerhin ergibt sich aus der eingehenden Durchbildung, die dieser Vertragstypus im BGB fand, dass der Gesetzgeber der Meinung war, die allgemeine Gütergemeinschaft werde auch fernerhin den hergebrachten Verhältnissen vieler Rechtsgebiete entsprechend, als vertragsmäßig vereinbarter Güterstand noch eine wichtige Rolle spielen.

3.　Das Zwischenrecht

Der Güterstand der allgemeinen Gütergemeinschaft konnte auch zwischen dem 1. 4. **5** 1953 und dem 1. 7. 1958 vereinbart werden. Selbst wenn eine in diesem Zeitraum von den Ehegatten vereinbarte allgemeine Gütergemeinschaft den Regelungen des Gleichberechtigungsgesetzes nicht entsprach, so blieb sie nach dem 1. 7. 1958 nach Maßgabe des Art 8 I Nr 6 Abs 1 GleichberG in Geltung, weil der Grundsatz der Gleichberechtigung von Mann und Frau in die Vertragsfreiheit nicht eingriff (vgl BayObLG FamRZ 1958, 219). Es konnte also in dieser Übergangszeit sowohl Einzelverwaltung durch einen Ehegatten als auch gemeinschaftliche Verwaltung vereinbart werden (LG Dortmund NJW 1957, 1481). Wurde in dieser Zeit auf die allgemeine Gütergemeinschaft in der bis 30. 6. 1958 geltenden Form verwiesen (vgl OLG Hamm NJW 1954, 1163; DNotZ 1956, 200; AG Minden FamRZ 1955, 385), so musste darin der Wille der Ehegatten erblickt werden, die Verwaltung durch den Mann festzulegen. Die Auslegung konnte aber auch ergeben, dass gemeinschaftliche Verwaltung gewollt war. Auf solchen Willen hat man zu Recht geschlossen, wenn nach der Verkündung des Gleichberechtigungsgesetzes (21. 6. 1957) auf die „Gütergemeinschaft des Gleichberechtigungsgesetzes" generell verwiesen worden ist. Auch von der tatsächlichen Übung der Ehegatten, das Gesamtgut gemeinsam zu verwalten, konnte auf einen dahingehenden Willen geschlossen werden (vgl BayObLG FamRZ 1990, 411). Dass die Wirkung des später in Geltung getretenen § 1421 S 2 BGB hier ohne gesetzliche Normierung eintreten konnte, ist überwiegend bejaht worden (vgl LG Dortmund NJW 1957, 1481; MEYER-WEIRICH FamRZ 1957, 399 ff; aM HAEGELE FamRZ 1957, 286).

4. Überleitung

6 Zur Überleitung einer vor dem 1. 4. 1953 vereinbarten Gütergemeinschaft s Art 8 I Nr 6 Abs 2 GleichberG und STAUDINGER/THIELE (2017) Einl 26 zu §§ 1363 ff.

5. Regelung durch das GleichberG

7 a) Als einzigen vom Gesetz inhaltlich geregelten Wahlgüterstand kennt das GleichberG nur noch die (allgemeine) Gütergemeinschaft. Für eine Regelung der bisherigen partiellen Gütergemeinschaften – Errungenschaftsgemeinschaft und Fahrnisgemeinschaft – bestand nach Ansicht des Gesetzgebers kein Bedürfnis: Den Gedanken der Errungenschaftsgemeinschaft verwirkliche bereits der gesetzliche Güterstand der Zugewinngemeinschaft, indem er jeden Ehegatten durch den Ausgleich des Zugewinns am Erwerb des anderen teilnehmen lasse. Die Fahrnisgemeinschaft sei kaum noch vereinbart worden. Sie sei auch bei den heutigen wirtschaftlichen Verhältnissen nicht mehr empfehlenswert. Brauchbar sei die Fahrnisgemeinschaft nur so lange gewesen, wie das wesentliche Vermögen der Ehegatten aus Grundstücken bestanden habe. Heute hänge es vom Zufall ab, ob das Vermögen in Grundstücken oder in Hypotheken oder in Wertpapieren angelegt sei. Dieser Zufall dürfe nicht darüber entscheiden, ob das Vermögen des Ehegatten sein Sondervermögen bleibe oder gemeinschaftliches Vermögen werde (s dazu BT-Drucks 1/3802, 51 u 54; BT-Drucks 2/224, 33 u 39; BT-Drucks 2/3409, 25). Da das GleichberG nur noch eine einzige Art von Gütergemeinschaft regelt, bedarf sie des unterscheidenden Zusatzes „allgemeine" nicht mehr.

8 b) Das GleichberG hat die allgemeine Gütergemeinschaft des BGB nicht grundsätzlich umgestaltet, sondern sie lediglich an den Grundsatz der Gleichberechtigung angepasst, im Übrigen in einigen Punkten geändert und zur besseren Übersicht eine neue Gesetzessystematik eingeführt. Über die wichtigsten Änderungen gegenüber dem früheren Rechtszustand s BÄRMANN AcP 157, 204–206; DÖLLE I 869 ff.

III. Einschätzung der Gütergemeinschaft

9 1. Die Formen der Gütergemeinschaft werden teilweise noch heute als an sich auf vermögensrechtlichem Gebiet vollkommenster Ausdruck einer idealen Ehe angesehen. Dahinter steht eine institutionelle Ehelehre, die das *sittliche Wesen der Ehe* erst dann voll verwirklicht sieht, wenn sich die eheliche Lebensgemeinschaft auch im Vermögensrecht voll widerspiegelt (vgl etwa BOSCH FamRZ 1954, 154). Nach zunächst durchaus ökonomischer Motivation (Kapitalvereinigung im Bereich der Landwirtschaft, des Handwerks und kleinen Gewerbes) hatte sich wohl vor allem deshalb die Gütergemeinschaft in weitem Umfange als gesetzlicher Güterstand durchgesetzt (vgl STAUDINGER/THIELE [2017] Einl 6 zu §§ 1363 ff). Schon der BGB-Gesetzgeber hat jedoch den Schluss vom sittlichen Wesen der Ehe auf die „intensive Vereinigung des beiderseitigen Vermögens der Ehegatten auf gemeinsamen Gedeih und Verderb" als nicht notwendig geboten angesehen (Mot IV 147). Er hat vielmehr die ideellen und wirtschaftlichen Vorteile und die praktischen Nachteile abgewogen (Mot IV 147 ff) und sich gegen eine Form der Gütergemeinschaft als gesetzlichen Güterstand entschieden. Gleichwohl sind in der Diskussion um die Reform des Güterrechts nach 1945 erneut die Gütergemeinschaft und die Errungenschaftsgemeinschaft als gesetzliches Güterrechtssystem vorgeschlagen worden (vgl die Nachw bei STAUDINGER/FELGENTRAEGER[10/11] Einl 17 zu §§ 1363 ff). Der RegE II zum GleichberG, BT-Drucks 2/224, 33, hat dagegen die Würdigung der Motive zum BGB übernommen und fortgeführt.

2.   Eine pragmatische Abwägung der Vor- und Nachteile der Gütergemeinschaft **10** muss diese als gesetzlichen Regelgüterstand in der Tat ausschließen. Die notwendige rechtliche Regelung ist kompliziert und für den Verkehr schwer durchschaubar. Die grundsätzliche Haftung des Gesamtguts für die Verbindlichkeiten beider Ehegatten, die zudem noch mit einer weitreichenden persönlichen Haftung des anderen Ehegatten verknüpft ist (§§ 1437 Abs 2, 1459 Abs 2 BGB) birgt erhebliche Gefahren. Der Zwang zur Einigung bei der gemeinschaftlichen Verwaltung und die Abhängigkeit bei der Verwaltung durch einen Ehegatten bergen Risiken für den Ehefrieden. Zu den Nachteilen und Gefahren s auch BEITZKE FamRZ 1954, 156; DÖLLE I 868; GERNHUBER/COESTER-WALTJEN § 31 Rn 19 f; MÜLLER-FREIENFELS, in: Gedschr Ascarelli (1968) 1396; NK-BGB/VÖLKER Vorbem zu §§ 1415 Rn 12 ff; BAMBERGER/ROTH/MAYER § 1415 Rn 3 ff; RAUSCHER Rn 444; LANGENFELDT BWNotZ 1979, 21; ders FamRZ 1987, 13: unzeitgemäß; MAI BWNotZ 2003, 56: Fossil. Die im gesetzlichen Güterstand der Zugewinngemeinschaft gewährleistete Vermögensteilhabe lässt bei dessen Beendigung nicht mehr viel Raum für das Bedürfnis nach einer weitergehenden Vergemeinschaftung der Vermögen der Ehegatten. Die Gütergemeinschaft ist ein wenn nicht sterbender, so doch alternder Güterstand (differenzierend dagegen BEHMER FamRZ 1988, 339).

Unterkapitel 1
Allgemeine Vorschriften

§ 1415
Vereinbarungen durch Ehevertrag

Vereinbaren die Ehegatten durch Ehevertrag Gütergemeinschaft, so gelten die nachstehenden Vorschriften.

Materialien: E II § 1415. Vgl Staudinger/
BGB-Synopse 1896–2005 § 1415.

1   1.   Die dem früheren Recht unbekannte Vorschrift ist ohne eigenen rechtlichen Gehalt. Sie macht nur noch einmal deutlich, dass die Gütergemeinschaft nur durch Ehevertrag begründet werden kann. Sie ergänzt somit § 1363 Abs 1 BGB. Sie weist zugleich darauf hin, dass die Vereinbarung der Gütergemeinschaft durch einen „Stichwortvertrag" möglich ist, ohne dass also die Vorschriften der §§ 1416 ff BGB inhaltlich im Ehevertrag niedergelegt sein müssten.

2   2.   Zum Abschluss des Ehevertrages s §§ 1410, 1411 BGB, zur Wirkung gegen Dritte s § 1412 BGB. Zur Folge des **Missbrauchs güterrechtlicher Vertragstypen** § 1408 Rn 29 u Rn 36 auch zur **Schenkung** durch Begründung einer Gütergemeinschaft.

3   3.   Die Vorschriften der §§ 1416 ff BGB sind überwiegend nicht zwingend. Zu den Möglichkeiten und Grenzen abweichender Regelungen s die Erl zu den einzelnen Vorschriften und § 1408 Rn 19.

4   4.   Die Regelung der Gütergemeinschaft ist im Gesetz wie folgt gegliedert:

Unterkapitel 1:   Allgemeine Vorschriften (§§ 1415–1421)
Unterkapitel 2:   Verwaltung des Gesamtgutes durch den Mann oder die Frau
(§§ 1422–1449)
Unterkapitel 3:   Gemeinschaftliche Verwaltung des Gesamtgutes (§§ 1450–1470)
Unterkapitel 4:   Auseinandersetzung des Gesamtgutes (§§ 1471–1482)
Unterkapitel 5:   Fortgesetzte Gütergemeinschaft (§§ 1483–1518)

§ 1416
Gesamtgut

(1) Das Vermögen des Mannes und das Vermögen der Frau werden durch die Gütergemeinschaft gemeinschaftliches Vermögen beider Ehegatten (Gesamtgut).

Zu dem Gesamtgut gehört auch das Vermögen, das der Mann oder die Frau während der Gütergemeinschaft erwirbt.

(2) Die einzelnen Gegenstände werden gemeinschaftlich; sie brauchen nicht durch Rechtsgeschäft übertragen zu werden.

(3) Wird ein Recht gemeinschaftlich, das im Grundbuch eingetragen ist oder in das Grundbuch eingetragen werden kann, so kann jeder Ehegatte von dem anderen verlangen, dass er zur Berichtigung des Grundbuchs mitwirke. Entsprechendes gilt, wenn ein Recht gemeinschaftlich wird, das im Schiffsregister oder im Schiffsbauregister eingetragen ist.

Materialien: Zu § 1438 aF: E I §§ 1342, 1343; II § 1337 rev § 1423; III § 1421; Mot IV 335 ff; Prot IV 232; VI 393. Zu § 1416 nF: E I § 1438; II § 1438; III § 1416; BT-Drucks zu 1/3802, 64; BT-Drucks 2/224, 51; BT-Drucks zu 2/3409, 26. Vgl STAUDINGER/BGB-Synopse 1896–2005 § 1416.

Schrifttum

Vgl die Angaben zu den Vorbem zu §§ 1415 ff.

Systematische Übersicht

Alphabetische Übersicht

I. Allgemeines

1 § 1416 BGB entspricht § 1438 aF. Der Güterstand heißt nur noch Gütergemein-schaft, nicht mehr allgemeine Gütergemeinschaft. Außerdem sind die Abs 2 und 3 sprachlich geändert.

II. Das Gesamtgut

1. Grundgedanke

2 Das Vermögen beider Ehegatten wird, sofern es nicht Sonder- oder Vorbehaltsgut ist, deren **gemeinschaftliches Vermögen**, § 1416 Abs 1 BGB. Mit dem Wirksamwer-den des Ehevertrages, durch den die Gütergemeinschaft vereinbart ist, tritt der Güterstand in Kraft. Es ist nicht erforderlich, dass zugleich ein Gesamtgut entstan-den ist. Auch wenn (noch) kein Gesamtgut vorhanden ist, weil etwa alles vorhan-dene Vermögen gemäß § 1418 Abs 2 Nr 1 BGB zu Vorbehaltsgut erklärt worden ist, gelten die Vorschriften der §§ 1415 ff BGB, insbesondere auch die §§ 1422, 1437 Abs 2 BGB bzw die §§ 1450, 1451, 1459 S 2 BGB. Solange kein Gesamtgut besteht, sind die dieses betreffenden Vorschriften gegenstandslos. Die Gütergemeinschaft erschöpft sich jedoch nicht in der **gesamthänderischen Zuordnung des Gesamtguts** (zum Verhältnis von Gesamthand und Gesamtgut s unten Rn 3). Die Gütergemeinschaft ist aber eine Zweckorganisation, die auf das Vermögensrecht (Güterrecht) bezogen und deshalb auf die Gesamtgutsbildung angelegt ist. Daher kann keine Güterge-meinschaft entstehen, wenn nach dem Inhalt des Ehevertrages das Entstehen eines Gesamtgutes völlig ausgeschlossen ist.

2. Gesamthandsgemeinschaft

a) Das Gesamtgut steht den Ehegatten **zur gesamten Hand** zu (vgl RGZ 129, 119f; **3** BayObLG DNotZ 1968, 493, 495 und hM). Es ist ein spezifisch organisiertes **Sondervermögen** ohne eigene Rechtssubjektivität. Anders als bei den anderen Gesamthandsgemeinschaften (Erbengemeinschaft, vor allem aber nichtrechtsfähiger Verein und Personengesellschaft) kommt den **Theorien um die Gesamthand** für die Gütergemeinschaft keine wesentliche Bedeutung zu. Zum Vorrang des personenrechtlichen Prinzips – Gesamthand als teilrechtsfähige „Gruppe" oder „kollektive Einheit" – vgl etwa BGHZ 146, 341, 343ff = NJW 2001, 1056ff mwNw.

b) Die **Gesamthand** der in Gütergemeinschaft lebenden Ehegatten **beschränkt 4 sich auf das Vermögen**. Alle nichtvermögensrechtlichen Positionen bleiben getrennt bei dem einzelnen Ehegatten.

c) Die Gesamthand der Ehegatten hat **keine eigene**, von derjenigen der Ehegat- **5** ten abgehobene **Identität** (hM vgl BayObLG DNotZ 2003, 455 mAnm GRZIWOTZ, in: ZIP 2003, 848 u KANZLEITER, in: DNotZ 2003, 422; APFELBAUM MittBayNot 2006, 186; RAUSCHER Rn 445; SOERGEL/GAUL/ALTHAMMER Rn 3; MünchKomm/KANZLEITER Rn 3; GERNHUBER/COESTER-WALTJEN 38 Rn 10; **aA** FABRICIUS, Relativität der Rechtsfähigkeit 152ff; SCHÜNEMANN FamRZ 1976, 138; HENNECKE 98ff). Träger des Gesamtguts sind die beiden Ehegatten in ihrer gesamthänderischen Bindung. Die Gütergemeinschaft oder das Gesamtgut ist weder aktiv noch passiv *parteifähig:* Sie kann nicht als solche, dh ohne Nennung der Ehegatten, in das Grundbuch eingetragen werden. Sie ist nicht *wechselfähig.* Das Gesamtgut ist jedoch bei gemeinschaftlicher Verwaltung gesondert *insolvenzfähig,* § 37 Abs 2 HS 2 InsO.

d) Die Gesamthand der Ehegatten ist **keine Handlungseinheit**. Sie tritt im Rechts- **6** verkehr nicht unter einem Gesamtnamen auf. Zum gemeinschaftlichen Rechtserwerb für das Gesamtgut s Rn 23. Rechtsgeschäftliches Verwaltungshandeln ist kein Handeln im Namen der Gütergemeinschaft oder des Gesamtguts (RGZ 89, 360, 365). Der allein verwaltungsberechtigte Ehegatte handelt auch nicht im eigenen und zugleich im Namen des anderen Ehegatten. Dazu bedürfte es dessen besonderer Vollmacht, kraft derer dieser dann aber auch persönlich, mit seinem Sonder- und Vorbehaltsgut, gebunden und verpflichtet wird. Auch bei gemeinschaftlicher Verwaltung genügt ein Handeln beider Ehegatten in eigenem Namen oder eines Ehegatten in eigenem Namen mit Zustimmung des anderen, um die Wirkungen des § 1459 Abs 1 und 2 BGB auszulösen. Die **Verwaltung des Gesamtguts** ist auch **nicht** ausschließlich **auf einen gemeinschaftlichen Zweck ausgerichtet**. Aufgabe und Ziel ist die ordnungsgemäße Verwaltung des Gesamtguts (§§ 1426, 1430, 1451 BGB) bei grundsätzlicher Freiheit in der Bestimmung der weiteren, auch individuellen Ziele (vgl § 1430 BGB).

e) Auch die **Haftungsregelung** knüpft nicht an eine (personenrechtliche) Einheit **7** der Gesamthand an. Die Haftung des Gesamtgutes wird grundsätzlich erst durch die persönliche Haftung eines (§ 1437 Abs 1 BGB) oder beider Ehegatten (§ 1459 Abs 1 BGB) vermittelt. Das Gesetz kennt eine „reine" Gesamtgutsverbindlichkeit nur ausnahmsweise im Falle der ungerechtfertigten Bereicherung des Gesamtguts gemäß §§ 1434, 1457 BGB. Auch sie beruht aber auf einer dem Durchgangserwerb (s Rn 24) entsprechenden Durchgangsbereicherung eines Ehegatten und ist nur im Einzelfall verselbständigt (zB wenn der erwerbende Ehegatte gemäß § 818 Abs 3 BGB frei geworden ist). Selbst wenn die „persönliche Haftung" der Ehegatten durch Vereinbarung mit dem Dritten ausgeschlossen ist, haften immer noch die Ehegatten, wenn auch beschränkt, mit dem Gesamtgut. Dementsprechend (s auch oben Rn 5) gibt es auch keine Prozesse der oder mit der Gesamthand der Ehegatten.

3. Die Bindung des Gesamtguts

8 a) Über ihre Anteile am Gesamthandsvermögen können die Ehegatten unter Lebenden **nicht verfügen,** § 1419 Abs 1 BGB. Sie sind folgerichtig auch der *Pfändung* nicht unterworfen, § 860 Abs 1 ZPO. Über die Anteile kann auch nach Beendigung der Gütergemeinschaft nicht verfügt werden, § 1471 Abs 2 BGB. Zur Pfändbarkeit in diesem Falle s § 860 Abs 2 ZPO. Wenn keine Fortsetzung der Gütergemeinschaft vereinbart ist, kann jeder Ehegatte von Todes wegen über seinen Anteil am Gesamtgut verfügen. Der Erbe tritt an seiner Stelle in die Auseinandersetzungsgemeinschaft (§ 1471 Abs 1 BGB) ein.

9 b) Die Ehegatten können über **Anteile an den** einzelnen **zum Gesamtgut gehörenden Gegenständen nicht verfügen**, § 1419 Abs 1 BGB.

10 c) **Kein Ehegatte kann** während des Bestehens der Gütergemeinschaft die **Teilung** des Gesamtguts **verlangen**, § 1419 Abs 1 HS 2 BGB.

III. Der Umfang des Gesamtguts

11 1. Gesamtgut sind oder werden **alle Vermögensgegenstände** des Mannes und der Frau, die bei Eintritt der Gütergemeinschaft vorhanden sind oder später von ihnen erworben werden. Ausgenommen sind nur die Gegenstände, die in das Sondergut (§ 1417 BGB) oder Vorbehaltsgut (§ 1418 BGB) fallen („Einhandsgüter"). Zur *Entstehung* des Gesamtguts s unten Rn 17 ff.

12 2. § 1416 Abs 1 BGB begründet eine **Vermutung zugunsten des Gesamtguts**. Wer behauptet, dass ein Gegenstand nicht Gesamtgut, sondern Sonder- oder Vorbehaltsgut sei, hat das im Streit zu *beweisen* (so schon Mot IV 335; RGZ 90, 288; KG OLGE 38, 250; 42, 88 und die hM). Die Vermutung gilt auch im Verhältnis zu den Gläubigern des Mannes oder der Frau. § 1416 Abs 1 BGB geht § 1362 BGB vor. § 1362 BGB greift erst ein, wenn der Gläubiger nachweist, dass der zu pfändende Gegenstand nicht zum Gesamtgut gehört, sondern zum Vorbehalts- oder Sondergut eines Ehegatten. Damit ist aber in der Regel – nicht notwendig – für die Vermutung nach § 1362 BGB kein Raum mehr. Die Gesamtgutsvermutung gilt auch dann, wenn einer der Ehegatten als Berechtigter in das **Grundbuch** eingetragen ist (vgl KG OLGE 38, 250). Für die **Zwangsvollstreckung** ist jedoch von §§ 739 ZPO, 1362 auszugehen; die Gütergemeinschaft ist dem Gerichtsvollzieher nachzuweisen (STEIN/JONAS/MÜNZBERG ZPO § 739 Rn 12), vgl §§ 740 ff, 860 ZPO. Die Zwangsvollstreckung aus einem Titel gegen einen der Ehegatten (§§ 740 Abs 1, 741 ZPO) in das Gesamtgut ist ohne Rücksicht auf den Gewahrsam oder Mitgewahrsam des anderen Ehegatten möglich. Insoweit gilt nach hM § 739 ZPO, nach **aM** (MünchKomm/KANZLEITER § 1437 Rn 14) folgt das unmittelbar aus § 740 Abs 1 ZPO.

3. In das Gesamtgut fallen **alle** nicht zum Sonder- oder Vorbehaltsgut gehören- **13**
den **Vermögensgegenstände**, aber auch nur diese.

a) **Vermögensgegenstand** ist auch der **Anteil** eines Ehegatten **an einer Personen-** **14**
gesellschaft mit Beteiligung Dritter (zur Kapitalgesellschaft s Rn 16). Gleichwohl wird
überwiegend die Möglichkeit verneint, dass der Gesellschaftsanteil in das Gesamtgut fällt. Er wird vielmehr dem *Sondergut* zugeordnet, teils, weil der Anteil gemäß
§ 719 BGB unübertragbar sei, teils, weil die Gütergemeinschaft (wie auch die Erbengemeinschaft) eine schlichte Gesamthandsgemeinschaft sei und als solche nicht als
geschlossene Einheit selbständig am Rechtsverkehr teilnehmen könne (vgl BGHZ 65,
79, 83 mit ausf weit Nachw, auch zur Gegenmeinung; OLG Nürnberg NZFam 2017, 810 Rn 14 ff =
FamRZ 2017, 2011 m abl Anm KANZLEITER; ferner BEITZKE FamRZ 1975, 574, 575; FLUME, Die
Personengesellschaft [1977] 64 f [mit Ausnahme der BGB-Gesellschaft]; LUTTER AcP 161, 166, 170 ff,
175; REUTER/KUNATH JuS 1977, 376, 379 ff; aM für den Fall, dass der Gesellschaftsanteil im Gesellschaftsvertrag für übertragbar erklärt worden ist, BayObLG Betrieb 1980, 519; GERNHUBER/COES-
TER-WALTJEN § 38 Rn 15; MünchKomm/KANZLEITER § 1416 Rn 9; ders DNotZ 2003, 425 zum
Kommanditanteil; BGB-RGRK/FINKE § 1417 Rn 6; SOERGEL/GAUL/ALTHAMMER Rn 6; TIEDTKE
FamRZ 1975, 675, 677). Es ist der Auffassung zu folgen, nach der Anteile eines oder
beider Ehegatten an einer Personengesellschaft *stets* in das *Sondergut* fallen (s auch
§ 1408 Rn 24). Maßgebend ist nicht deren Unübertragbarkeit (s dazu aber BGH LN Nr 1
zu § 260 BGB), die seit BGHZ 13, 179, 182 ff (s auch BGHZ 44, 229, 231; BGH WM 1974,
1244) ernsthaft nicht mehr behauptet werden kann, sondern die Unfähigkeit der
Gütergemeinschaft, das personenrechtliche Element der Mitgliedschaft zu integrie-
ren (wie hier BayObLG ZIP 2003, 480 f m **abl** Anm GRZIWOTZ ZIP 2003, 848; APFELBAUM Mitt-
BayNot 2006, 188 anders für einen übertragbaren Kommanditanteil; REUTER/KUNATH JuS 1977, 379;
BUCHNER, in: FS Beitzke 157; kritisch dazu KANZLEITER DNotZ 2003, 426; GERNHUBER/COES-
TER-WALTJEN § 38 Rn 15 Fn 25). Auch aus der Sicht des Gesellschaftsrechts kann die
Gütergemeinschaft nicht Gesellschafterin sein.

b) Nach BGHZ 65, 79 = NJW 1975, 1774 können in Gütergemeinschaft lebende **15**
Ehegatten unter sich und ohne Beteiligung Dritter eine oHG nur gründen, wenn sie
die Gesellschaftsanteile dem *Vorbehaltsgut* zuweisen. Der Zwang zur ehevertraglichen Begründung von Vorbehaltsgut **ist abzulehnen**. Die Gesellschaftsanteile fallen
vielmehr entgegen der Auffassung des BGH automatisch in das Sondergut der
Ehegatten (s oben Rn 14 und § 1408 Rn 24). Nach dem BGH soll jedenfalls die Annahme
einer nur stillschweigend abgeschlossenen **Innengesellschaft** nicht in Betracht kommen, wenn ein Erwerbsgeschäft in das Gesamtgut fällt. Für die Annahme einer
zusätzlichen gesellschaftsrechtlichen Verbindung bestehe angesichts des vom Güterrecht bereitgehaltenen sachgerechten Ausgleichs kein Raum, wenn sie nicht ausdrücklich vereinbart sei (NJW 1994, 654 = FamRZ 1994, 295; zustimmend WEVER FamRZ 1996,
911; GERNHUBER/COESTER-WALTJEN § 38 Rn 18–20; MÜNCH FamRZ 2004, 234). Wegen dieses
im Tatsächlichen liegenden Ansatzes hat die Entscheidung im Übrigen aber die
Frage nach dem rechtlich Möglichen ausdrücklich offen gelassen.

c) **Weitere Einzelfälle**
In das **Gesamtgut** fallen das **Anwartschaftsrecht** aus bedingter Übereignung (RG **16**
DRiZ 1924, 319 = JW 1925, 353); nach umstrittener Auffassung (s § 1417 Rn 6) wohl nicht
der **Anteil** eines Abkömmlings aus einer noch nicht auseinandergesetzten beendeten
fortgesetzten **Gütergemeinschaft** (anders zB RGZ 125, 354; BÖTTICHER ZHR 114, 92; BAM-

BERGER/ROTH/MAYER Rn 3; wie hier MünchKomm/KANZLEITER Rn 11); die **Ausgleichsforderung** aus einer früheren **Zugewinngemeinschaft** (BGH NJW 1990; 445 f = FamRZ 1990, 256 f); eine beschränkt persönliche **Dienstbarkeit**, wenn sie für beide Eheleute bestellt ist (BayObLGZ 32, 282); zur Gesamtguteigenschaft früherer **Erbhöfe** vgl BayObLG DNotZ 1953, 102; zu Höfen nach HöfeO von 1947 s BGHZ 22, 19, 21; OLG Schleswig DNotZ 1962, 425; die einem Ehegatten angefallene **Erbschaft** oder ein **Vermächtnis**, wenn nicht der Erblasser die Zugehörigkeit zum Vorbehaltsgut bestimmt hat (§ 1418 Abs 2 Nr 2 BGB; s aber auch § 1432 BGB); der andere Ehegatte wird aber nicht Miterbe (BayObLGZ 2, 223; OLG Posen OLGE 21, 360); *nicht* in das Gesamtgut fällt das öffentlich-rechtliche, nicht übertragbare **Grabnutzungsrecht** (BayrischerVGH BayVBL 2013, 280 Rn 8). In das Gesamtgut fällt das von einem Ehegatten mit Zustimmung des Gesamtgutsverwalters (§ 1431 BGB) oder des anderen Ehegatten (§ 1456 BGB) selbständig betriebene **Erwerbsgeschäft** (vgl BayObLGZ 1978, 5); auch das von beiden Ehegatten gemeinsam betriebene Erwerbsgeschäft, auch Handelsgeschäft, ohne Begründung einer Gesellschaft (s dazu BGH FamRZ 1994, 295 = NJW 1994, 652; BGH BB 1977, 160; BayObLG FamRZ 1992, 61 – für die Firma ist ein Zusatz „in Gütergemeinschaft" zulässig aber nicht notwendig; BECK DNotZ 1962, 348; BUCHWALD BB 1962, 1405, 1407; GERNHUBER/COESTER-WALTJEN § 38 Rn 18–20; MünchKomm/KANZLEITER § 1416 Rn 8; BAMBERGER/ROTH/MAYER § 1416 Rn 4; SOERGEL/GAUL/ALTHAMMER § 1416 Rn 6). Die Gründung einer **GmbH** und der Erwerb von Anteilen für das Gesamtgut begegnet keinen Bedenken, der Geschäftsanteil wird Gesamthandsvermögen (vgl ROTH FamRZ 1984, 328 f; APFELBAUM MittBayNot 2006, 190 ff), der nach § 15 Abs 5 GmbHG nicht übertragbare GmbH-Anteil und die entsprechend vinkulierte Namensaktie gemäß § 67 Abs 2 AktG fallen jedoch in das Sondergut (s § 1417 Rn 9); in das Gesamtgut fallen das für beide Eheleute bestellte **Leibgedinge** (OLG Frankfurt Rpfleger 1973, 394); die **Nutzungen** des Gesamtguts (OLG Bamberg FamRZ 1987, 703), des Sonderguts (§ 1417 Abs 2 BGB), nicht die des Vorbehaltsguts; sämtliche **Einnahmen**, auch Rentenzahlungen (BGH NJW 1990, 2253), selbst wenn zwischen den Ehegatten Einvernehmen besteht, dass sie von einem Ehegatten nach Gutdünken verwendet werden dürfen (BayObLG FamRZ 2001, 1214); **Schadensersatzansprüche** eines Ehegatten wegen Körperverletzung: während bei einer gesellschaftsrechtlichen Verbindung der einzelne Gesellschafter als Erwerbsschaden nur die durch den unfallbedingten Ausfall seiner Tätigkeit verursachte Minderung seines Gewinnanteils geltend machen kann, erstreckt sich der in das Gesamtgut fallende Schadensersatzanspruch des verletzten Ehegatten auf Ersatz des Verdienstausfalls auf die gesamten unfallbedingten Gewinneinbußen im Erwerbsgeschäft (BGH NJW 1994, 652); auch der Anspruch auf das **Schmerzensgeld** (BGH NJW 1994, 652 Rn 11); auch Ersatzansprüche eines Ehegatten aus **§ 842 BGB** oder **§ 843 BGB** (RGZ 73, 309, 311; RG SeuffA 71 Nr 31; OLG Hamburg OLGE 30, 32).

IV. Die Entstehung von Gesamtgut

1. Universalsukzession

17 a) Gesamtgut entsteht unmittelbar kraft Gesetzes an allen Gegenständen (beweglichen und unbeweglichen Sachen, dinglichen und obligatorischen Rechten usw), die den Ehegatten **bei Entstehung der Gütergemeinschaft** zustehen, sofern sie nicht vom Gesamtgut ausgeschlossen sind. Einzelrechte jedes Ehegatten wie Rechte beider Ehegatten in Bruchteilsgemeinschaft werden Gesamthandsberechtigungen. Die Gesamthand der Ehegatten ist Gesamtrechtsnachfolgerin. Sie erwirbt die

Rechte der Ehegatten so, wie sie diesen zustanden. Die Rechtsnachfolge verschafft der Gesamthand nur wirklich bestehende Rechte. Der unwirksame Rechtserwerb eines zB bösgläubigen Ehegatten wird durch § 1416 BGB nicht geheilt (vgl auch RG Gruchot 47, 667).

b) Die einzelnen Gegenstände werden kraft Gesetzes gemeinschaftlich. Es bedarf **18** **keiner rechtsgeschäftlichen Übertragung** mehr (§ 1416 Abs 2 HS 2 BGB). Ist ein Recht für einen oder für beide Ehegatten in Bruchteilsgemeinschaft im Grundbuch eingetragen, wird die Eintragung **unrichtig** (s dazu auch unten Rn 36).

c) Gehen Ansprüche auf die Gesamthand über, **wechselt** auch die **Empfangs-** **19** **zuständigkeit.** Die Zuständigkeit richtet sich künftig nach den Regeln über die Verwaltung des Gesamtguts (§§ 1422, 1450 BGB, aber auch §§ 1429, 1431–1433, 1454–1456 BGB). **Leistet** der Schuldner **an den** nach diesen Vorschriften **nicht** (allein) **verwaltungsberechtigten** und damit nicht empfangszuständigen Ehegatten, der früher sein Gläubiger war, so wird er gemäß §§ 362 Abs 1, 412, 407, 1412 BGB frei, wenn die Gütergemeinschaft nicht in das Güterrechtsregister eingetragen ist und ihm die Gütergemeinschaft auch nicht bekannt war. Aber auch dann, wenn der Schuldner die Gütergemeinschaft gemäß § 1412 BGB gelten lassen muss, wird er durch Erfüllungsleistung an den nicht (allein) verwaltungsberechtigten früheren Gläubiger regelmäßig frei. Wird doch der geschuldete **Leistungserfolg im Verhältnis zur Gesamthand** über § 1416 Abs 1 S 2 BGB herbeigeführt, **soweit** es um die Rechtsverschaffung geht. Nicht durch § 1416 Abs 1 S 2 BGB gedeckt ist jedoch eine geschuldete **Besitzverschaffung.** Insoweit ist erst dann erfüllt, wenn dem verwaltenden Ehegatten tatsächlich der Besitz verschafft worden ist, bei der gemeinschaftlichen Verwaltung der Mitbesitz.

Dem nicht oder nicht allein verwaltenden Ehegatten steht danach keine umfassende **20** eigene **Empfangszuständigkeit** zu (anders GERNHUBER/COESTER-WALTJEN § 38 Rn 28; wie hier BAMBERGER/ROTH/MAYER Rn 7). S hierzu auch § 1422 Rn 41.

2. Erwerb während der Gütergemeinschaft

Gesamtgut wird alles Vermögen, das der Mann oder die Frau während der Güter- **21** gemeinschaft erwirbt, § 1416 Abs 1 S 2 BGB. Es kommt nicht darauf an, ob es sich um originären oder derivativen Erwerb handelt. Die Gesamthand kann Vermögen unmittelbar oder vermittelt durch den Erwerb eines Ehegatten erwerben.

a) Unmittelbarer Erwerb
aa) Ohne Vermittlung durch den vorherigen Rechtserwerb eines Ehegatten fällt in **22** das Gesamtgut jeder *originäre Erwerb,* der sich auf bereits bestehendes Gesamtgut gründet. Das gilt für Nutzungen (OLG Bamberg FamRZ 1987, 703) ebenso wie für die Ersitzung gemäß § 900 BGB, wenn die Gütergemeinschaft in das Grundbuch eingetragen war. Auch die Ersitzung gemäß § 937 BGB wirkt unmittelbar zugunsten des Gesamtguts, wenn die Ehegatten die Sache in gesamthänderischem Eigenbesitz hatten. Hierher gehören zB auch die Fälle der §§ 947 ff BGB, wenn die Verbindung oder Vermischung mit einer bereits zum Gesamtgut gehörenden Sache erfolgt.

bb) Ein unmittelbarer *derivativer Erwerb* findet statt, wenn das Erwerbsgeschäft **23**

im Namen beider Ehegatten in ihrer gesamthänderischen Verbundenheit abgeschlossen wird. Dem steht weder der Gesetzeswortlaut (Abs 1 S 2: „der Mann oder die Frau", Abs 2 HS 2: „brauchen nicht durch Rechtsgeschäft übertragen zu werden") noch ein dogmatisch-konstruktives Bedenken entgegen. Das Gesetz regelt nur den Fall, dass einer der Ehegatten einen Vermögensgegenstand in eigenem Namen erwirbt. Es schließt damit aber nicht zugleich den gemeinschaftlichen Erwerb durch beide Ehegatten für das Gesamtgut aus. Dieser ist auch nach allgemeinen rechtsgeschäftlichen Grundsätzen möglich. Vorausgesetzt ist nur, dass die Ehegatten das Erwerbsgeschäft gemeinsam abschließen und dabei deutlich machen, dass sie als Gesamthänder („in Gütergemeinschaft", „für das Gesamtgut" oä) auftreten. Dem steht gleich, wenn der verwaltende Ehegatte unter entsprechender Offenlegung handelt (anders noch PLANCK/UNZNER § 1443 Anm 2: Vollmacht des anderen Ehegatten erforderlich). Auch der nicht verwaltende Ehegatte oder einer der gemeinsam verwaltenden Ehegatten, der das Geschäft „für die Gesamthand" (oder „das Gesamtgut", „die Gütergemeinschaft" als zureichende Offenlegung der Fremdwirkung, § 164 Abs 1 BGB) abschließt, erwirbt unmittelbar zum Gesamtgut, wenn er vom anderen Ehegatten dazu autorisiert ist (im Ergebnis ebenso GERNHUBER/COESTER-WALTJEN § 38 Rn 27, 50; MünchKomm/KANZLEITER § 1416 Rn 22; RAUSCHER Rn 447; TIEDTKE FamRZ 1979, 370, 371; unentschlossen die Rspr, vgl KG JFG 1, 338, 342, aber auch KG JFG 2, 283, 284; wie hier jedoch OLG München OLGE 14, 228). Auf diese Weise kann auch ein durch Rechtsgeschäft nicht übertragbarer Gegenstand (zB ein Nießbrauchsrecht) zum Gesamtgut erworben werden (ENNECCERUS/KIPP/WOLFF § 62 III; GERNHUBER/COESTER-WALTJEN § 38 Rn 50; BayObLG JW 1932, 3005).

b) Durchgangserwerb

24 Rechtsgeschäftliches Verwaltungshandeln für das Gesamtgut erfordert nach dem Gesetz kein Handeln im Namen beider Ehegatten unter Offenlegung ihrer gesamthänderischen Innenbeziehung (vgl RGZ 84, 71, 73; 90, 288). Das ist eine Besonderheit der Gütergemeinschaft gegenüber der Gesellschaft und der Erbengemeinschaft. Das Gesetz lässt die Vertretung „der Gesamthand" jedoch zu (vgl Rn 23). **Handelt** aber **ein Ehegatte** beim Vermögenserwerb **in eigenem Namen**, nicht für das Gesamtgut (s Rn 23), so ist nach allgemeinen Rechtsgeschäftsgrundsätzen (§ 164 Abs 2 BGB) er und nur er Partei des Erwerbsgeschäfts. § 1416 BGB ordnet keinen unmittelbaren Rechtsübergang vom Dritten auf die Gesamthand an, sondern leitet lediglich das von einem Ehegatten für eine „logische Sekunde" Erworbene kraft Gesetzes auf das Gesamtgut über. Der andere Ehegatte braucht von dem Erwerb nichts zu wissen (RGZ 90, 288; BayObLG RJA 4, 109). Das ist die Grundlage der sog **Durchgangstheorie** (vgl RGZ 84, 71, 74; 84, 326, 327; 90, 288, 289; 155, 344, 346; BFHE 75, 351; BayObLGZ 1954, 12, 14; 1957, 184, 186; 1978, 355 = FamRZ 1979, 436; LG Augsburg Rpfleger 1965, 369, 370; LG Köln DNotZ 1977, 233; GERNHUBER/COESTER-WALTJEN § 38 Rn 27; MünchKomm/KANZLEITER § 1416 Rn 22; NK-BGB/VÖLKER Rn 5; ERMAN/HEINEMANN Rn 4; RAUSCHER Rn 447; BAMBERGER/ROTH/ MAYER Rn 8; TIEDTKE FamRZ 1979, 370, 371; offen gelassen von BGHZ 82, 346, 348 = NJW 1982, 1097).

25 Nach anderer Auffassung fällt das Vermögen, das einem in eigenem Namen handelnden Ehegatten übertragen wird, unmittelbar in das Gesamtgut. Ein Zwischen- oder Durchgangserwerb findet nicht statt (sog **Unmittelbarkeitstheorie**, vgl DETHLOFF § 5 Rn 157; ERMAN/HECKELMANN [12. Aufl] § 1416 Rn 4; HAEGELE Rpfleger 1965, 371; HOFMANN, Der Erwerb einzelner Gegenstände durch einen Ehegatten in der Gütergemeinschaft [Diss Mainz

1970] 44 ff; ders FamRZ 1972, 117, 120; Jauernig/Chr Berger §§ 1416–1419 Rn 6; Soergel/Gaul/ Althammer § 1416 Rn 4; offen gelassen BFH BB 1993, 1648; beim Erwerb durch den allein verwaltenden Ehegatten auch Dölle I 877 und 905). Die von Dölle, Heckelmann und Hofmann zur Begründung angeführte gesetzliche *Erwerbsermächtigung* trägt das Ergebnis nicht, weil sie allein die Partei des Verfügungsgeschäfts nicht bestimmt. Auch das Gesetz selbst „richtet" das Verfügungsgeschäft nicht auf die Gesamthand als Erwerber, sondern leitet nur den Rechtserfolg (Erwerb des Mannes oder der Frau) auf das Gesamtgut über.

3. Rechtserwerb in Übergangslagen

a) Das Gesetz behandelt in § 1416 BGB nur den Übergang von Vermögens- **26** rechten, die in der Person eines Ehegatten wirksam entstanden sind. Erfasst werden davon dingliche und obligatorische Rechte. Nicht geregelt ist die Auswirkung der Gütergemeinschaft auf die Fälle, in denen ein **dinglicher Rechtserwerb eingeleitet, aber noch nicht vollendet** ist.

b) Hat sich ein Ehegatte mit einem Dritten über den Eigentumsübergang geeinigt **27** und tritt die Gütergemeinschaft ein, bevor dem Dritten die Sache übergeben oder dessen Eintragung in das Grundbuch erfolgt ist, soll nach BayObLG Rpfleger 1976, 348 = MittBayNot 1975, 228 die Einigung (Auflassung) wirkungslos werden und der auf ihr beruhende Eintragungsantrag zurückzuweisen sein. Es sei eine neue Einigung (Auflassung) durch den oder die das Gesamtgut verwaltenden Ehegatten erforderlich, zumindest die Zustimmung des Verwalters oder die des anderen Ehegatten (§§ 1424 bzw 1450 BGB). Dem hat Tiedtke FamRZ 1976, 510 (ihm zustimmend Gernhuber/Coester-Waltjen § 38 Rn 24 Fn 34; MünchKomm/Kanzleiter § 1416 Rn 7) mit Recht widersprochen. Zwar ist § 878 BGB nicht anwendbar (BayObLG Rpfleger 1976, 348 = MittBayNot 1975, 228; Tiedtke FamRZ 1976, 510), wohl aber muss die Gesamthand der Ehegatten als Gesamtrechtsnachfolgerin die Auflassung gelten lassen (s auch Baur/Stürner, Sachenrecht § 19 Rn 33 f). Zu Unrecht verneint das BayObLG die Universalsukzession.

c) Hat ein Dritter einem Ehegatten während der Gütergemeinschaft ein Grund- **28** stück verkauft und aufgelassen und ist dessen Eintragung in das Grundbuch antragsgemäß erfolgt, so wird er für eine „logische Sekunde" Alleineigentümer, das Eigentum geht aber gemäß § 1416 Abs 1 S 2 BGB sofort auf die Gesamthand über. Das Grundbuch wird unrichtig. Nach der Durchgangstheorie (s Rn 24) sollte das der dogmatisch einzig mögliche Weg des Gesamthandserwerbs sein, sofern nicht für die Gesamthand gehandelt worden ist (s Rn 23). Gleichwohl wird allgemein angenommen, dass ohne Voreintragung des Ehegatten, dem aufgelassen worden ist, also vor Vollendung seines Rechtserwerbs, auf dessen Antrag die Eintragung beider Ehegatten in **Gütergemeinschaft** erfolgen könne (RGZ 155, 344, 347 gegen RGZ 84, 71; BayObLGZ 1975, 209; 1957, 184, 186; 1954, 184, 186; Dölle I 880; Gernhuber/Coester-Waltjen § 38 Rn 28; MünchKomm/Kanzleiter § 1416 Rn 26; Palandt/Bassenge § 925 Rn 17; Palandt/ Brudermüller § 1416 Rn 3; Bamberger/Roth/Mayer § 1416 Rn 11; Tiedtke FamRZ 1979, 370, 371 sowie die Vertreter der Unmittelbarkeitstheorie). Die Rechtslage gleicht derjenigen, die nach Abtretung der gesicherten Auflassungsanwartschaft besteht: der Erwerber der Anwartschaft kann sich sogleich als Eigentümer eintragen lassen (vgl BGHZ 49, 197,

202 ff, 205). Der Abtretung der Auflassungsanwartschaft entspricht hier deren gesetzlicher Übergang in das Gesamtgut, § 1416 Abs 1 S 2 BGB.

29 Auch dann, wenn ein Grundstück an die Ehegatten in Bruchteilsgemeinschaft aufgelassen worden ist, sind sie auf ihren Antrag sogleich als Miteigentümer in Gütergemeinschaft einzutragen; einer erneuten Auflassung bedarf es nicht (anders BayObLGZ 1978, 335 = FamRZ 1979, 436; OLG Düsseldorf DNotZ 1979, 219; **wie hier** BGHZ 82, 346 = NJW 1982, 1097 = FamRZ 1982, 357; LG Düsseldorf Rpfleger 1977, 24; LG Köln DNotZ 1977, 244; GERNHUBER/COESTER-WALTJEN § 38 Rn 28; HIEBER DNotZ 1965, 615; MünchKomm/KANZLEITER Rn 26; REHLE DNotZ 1979, 196; BAMBERGER/ROTH/MAYER § 1416 Rn 11; TIEDTKE FamRZ 1979, 370). Der endgültige Erwerb zu Bruchteilseigentum ist möglich, wenn die Bruchteile Vorbehaltsgut werden (s auch BayObLG FamRZ 1982, 286). Ist bei *gesetzlichem Güterstand* Erwerb in Gütergemeinschaft im Grundbuch eingetragen, wurde Bruchteilseigentum erworben (BayObLG FamRZ 1983, 1033).

30 **d)** Eine **Auflassungsvormerkung** kann zugunsten des erwerbenden Ehegatten auch dann eingetragen werden, wenn dem Grundbuchamt die Gütergemeinschaft bekannt ist (BayObLGZ 1957, 184 = NJW 1957, 1521). Auf entsprechenden Antrag kann sie aber auch zugunsten der Gesamthand der Eheleute eingetragen werden.

4. Gutgläubiger Erwerb vom Dritten

31 **a)** **Erwirbt einer der Ehegatten** in eigenem Namen eine Sache oder ein Recht von einem Nichtberechtigten und vollendet sich der Erwerb in seiner Person (Übergabe, Eintragung), so kommt es allein auf seinen guten Glauben an (hM, vgl RG Gruchot 47, 667). Das von ihm wirksam Erworbene wird sofort anschließend Gesamtgut. Das Gleiche gilt, wenn ein verwaltungsberechtigter Ehegatte (§§ 1422, 1429 BGB) das Erwerbsgeschäft nicht für sich, sondern „für das Gesamtgut" abschließt. Hier ist § 166 Abs 1 BGB entsprechend anzuwenden. Ebenso, wenn ein mitverwaltungsberechtigter Ehegatte mit Zustimmung des anderen handelt.

32 **b)** **Treten die Ehegatten** beim Erwerb **gemeinsam nach außen auf**, schadet die Bösgläubigkeit auch nur eines von ihnen.

5. Umwandlung von Vorbehaltsgut in Gesamtgut

33 Vorbehaltsgut entsteht nur nach Maßgabe des § 1418 BGB. Jeder Ehegatte verwaltet sein Vorbehaltsgut selbständig. Er kann daher auch selbständig über die einzelnen Gegenstände verfügen. Eine Übertragung in das Gesamtgut der Gütergemeinschaft ist aber nur möglich, wenn der Ausschluss des Vorbehaltsguts vom Gesamtgut (§ 1418 Abs 1 BGB) **durch Ehevertrag** aufgehoben worden ist. Die hM verlangt darüber hinaus auch noch die anschließende **rechtsgeschäftliche Übertragung** des **Gegenstandes** auf die Gesamthand der Ehegatten (OLG Colmar OLGE 7, 54; KG KGJ 52, 140; DÖLLE I 890; ERMAN/HEINEMANN § 1416 Rn 4; PALANDT/BRUDERMÜLLER § 1416 Rn 3; BAMBERGER/ROTH/MAYER § 1416 Rn 9; SOERGEL/GAUL/ALTHAMMER § 1416 Rn 7). Eine überzeugende Begründung dafür fehlt. Insbesondere ist § 1416 Abs 2 BGB nicht deshalb unanwendbar, weil der Inhaber des Vorbehaltsguts den Vermögensgegenstand nicht erst von einem Dritten erwirbt (Abs 1 S 2) und weil auch keine Universalsukzession vorliegt. Abs 1 S 2 ist nur auf solche Gegenstände zugeschnitten, die in das Gesamt-

gut fallen können. Dem muss es gleichstehen, wenn die Zugehörigkeit zum Sondervermögen endet und erst dadurch das Hindernis des § 1418 Abs 1 BGB wegfällt. Mit dem Wirksamwerden des Ehevertrages fällt deshalb der Gegenstand automatisch in das Gesamtgut. Einer rechtsgeschäftlichen Übertragung bedarf es nicht (ebenso Gernhuber/Coester-Waltjen § 38 Rn 39; MünchKomm/Kanzleiter § 1416 Rn 18).

6. Übertragung von Gesamtgut in das Vorbehaltsgut

Zur Begründung der Eigenschaft als Vorbehaltsgut eines Ehegatten ist ein **Ehever-** **34** **trag** erforderlich, § 1418 Abs 2 Nr 1 BGB (die Nr 2 und 3 kommen hier nicht in Betracht). Das Gesetz kennt nur die automatische Entstehung von Gesamtgut, § 1416 Abs 1 und 2 BGB. Deshalb muss der bisher zum Sondervermögen „Gesamtgut" gehörende Gegenstand durch **besonderes Verfügungsgeschäft** auf den **Ehegatten** übertragen werden (allgM, RG ZAkDR 1944, 87; KG DNotZ 1937, 639; BayObLGZ 1993, 1, 5 und hL; **aM** nur MünchKomm/Kanzleiter § 1418 Rn 3).

V. Beziehungen zwischen den Gütermassen

Das Gesamtgut ist ein den Ehegatten zur gesamten Hand zustehendes Sonderver- **35** mögen. Trotz teilweiser Personenidentität sind daher Rechtsbeziehungen zwischen den Ehegatten als Trägern insbesondere ihrer Vorbehaltsgüter und der Gesamthand möglich. Die Sonderung der Gütermassen lässt sowohl Verpflichtungsgeschäfte und sonstige obligatorische Beziehungen zwischen einem Ehegatten und der Gesamthand zu (zur Haftung s §§ 1437 Abs 1, 1440 und 1459 f, 1462 BGB; zum Innenausgleich s §§ 1445, 1467 BGB) als auch Verfügungen (s zu diesen auch oben Rn 32 f). Unter der Voraussetzung, dass das Recht nach den §§ 1417, 1418 BGB zum Sonder- oder Vorbehaltsgut gehört, kann einem Ehegatten eine Hypothek an einem zum Gesamtgut gehörenden Grundstück bestellt werden (KG OLGE 8, 119; KGJ 26 A 130; OLG Stuttgart OLGE 15, 410); auch eine Grundschuld (KG RJA 14, 81), ein Nießbrauch (OLG Colmar OLGE 15, 410).

VI. Gesamtgut in Grundbuch und Schiffsregister

Fällt ein Grundstück oder Grundstücksrecht, das für einen der Ehegatten in das **36** **Grundbuch** eingetragen ist, in das Gesamtgut, so wird das Grundbuch unrichtig. Die gemeinschaftliche Berechtigung der Ehegatten ist unter Angabe des für sie maßgebenden Rechtsverhältnisses einzutragen, § 47 GBO. Entsprechendes gilt von der Eintragung in das **See- und Binnenschiffsregister** und das **Schiffsbauregister** (§§ 51, 74 SchiffsRegO) sowie auch in das Register für Pfandrechte an Luftfahrzeugen (LuftFzgG vom 26. 2. 1959, BGBl I 57).

Die **berichtigende Registereintragung** erfolgt **auf Antrag**. Zur Berichtigung der Ein- **37** tragung des Eigentümers s aber auch § 82a GBO. Den Antrag können die Ehegatten gemeinsam stellen, aber auch jeder Ehegatte allein, auch wenn er nicht verwaltungsberechtigt ist (KG JW 1934, 1580). Keine Berichtigung liegt vor, wenn einem der Ehegatten das Grundstück aufgelassen, seine Eintragung aber noch nicht erfolgt ist. Der Antrag auf sofortige Eintragung der Gesamthand steht nur dem Ehegatten zu, dem aufgelassen worden ist (s auch oben Rn 28; BayObLGZ 1954, 141, 144).

38 Die Berichtigung erfolgt entweder auf **Bewilligung** des als Alleinberechtigter einge-
tragenen Ehegatten, § 19 GBO, oder aufgrund des **Nachweises** der **Gütergemein-
schaft**; §§ 22 Abs 1, 29 GBO. Die **Bewilligung** des Eingetragenen ist gemäß §§ 1416
Abs 3, 894 und § 894 ZPO erzwingbar. Es kann auch ein Widerspruch gegen die
Richtigkeit des Grundbuchs eingetragen werden, §§ 894, 899 (RGZ 108, 281). Bei
Bewilligung durch den Eingetragenen bedarf es des Nachweises der Unrichtigkeit
nicht. In diesem Falle ist auch die Zustimmung des anderen Ehegatten gemäß § 22
Abs 2 GBO nicht erforderlich (KG JW 1934, 1580 = HRR 1934 Nr 900; KG JW 1935, 2515 =
HRR 1935 Nr 1520 u hM). Der **Nachweis** der Unrichtigkeit des Grundbuchs kann gemäß
§§ 33, 34 GBO erfolgen, wenn die Gütergemeinschaft in das Güterrechtsregister
eingetragen ist. Es genügt aber auch die Vorlage des notwendig der Form des § 29
GBO entsprechenden Ehevertrages (vgl KG OLGE 12, 158 = KGJ 30 A 169; KG OLGE 18,
219 = KGJ 39 A 180; OLG Colmar OLGE 4, 188).

§ 1417
Sondergut

(1) Vom Gesamtgut ist das Sondergut ausgeschlossen.

**(2) Sondergut sind die Gegenstände, die nicht durch Rechtsgeschäft übertragen
werden können.**

**(3) Jeder Ehegatte verwaltet sein Sondergut selbständig. Er verwaltet es für Rech-
nung des Gesamtgutes.**

Materialien: Zu § 1439 aF: E I § 1351; II § 1339
rev § 1424; III § 1422; Mot IV 344 ff; Prot IV
235 ff; D 693. Zu § 1417 nF: E I § 1439; II § 1439;
III § 1417; BT-Drucks 1/3802, 64; BT-Drucks
2/224, 51; BT-Drucks 2/3409, 26. Vgl STAUDIN-
GER/BGB-Synopse 1896–2005 § 1417.

Schrifttum

BÖTTICHER, Die durch Reederei-Statut vinkulierte Schiffspart in der Allgemeinen Gütergemeinschaft, in: FS Wüstendörfer (1949) 45 =
ZHR 114, 91
LUTTER, Zum Umfang des Sonderguts, AcP 161,
163.

S auch die Angaben zu den Vorbem zu
§§ 1415 ff.

Systematische Übersicht

I. Allgemeines

An die Stelle des § 1439 aF ist mit dem *GleichberG* der § 1417 BGB getreten. Sein **1**
Abs 1 übernimmt den in der Rechtslehre gebildeten Begriff des „Sonderguts" in das
Gesetz (gegen diese Bezeichnung ohne überzeugende Begründung SIBER JherJb 67, 93 Fn 1).
Abs 2 umschreibt – übereinstimmend mit der früheren Regelung – den Umfang des
Sonderguts. Entscheidend geändert hat sich die rechtliche Behandlung des Sonderguts: Eine technische Änderung besteht darin, dass § 1417 nF nicht mehr auf die bei
der Errungenschaftsgemeinschaft für das eingebrachte Gut geltenden Vorschriften
verweist, da dieser Güterstand weggefallen ist. Stattdessen regelt das GleichberG
das Sondergut nunmehr in dem Abschnitt über die Gütergemeinschaft selbständig in
besonderen Bestimmungen. Auch in sachlicher Hinsicht unterscheidet sich die Neuregelung von dem früheren Recht. Die bedeutsamste Änderung enthält § 1417 Abs 3
S 1 BGB. Da die Verwaltung des Sonderguts der Frau durch den Mann (s § 1439 aF
iVm § 1525 Abs 2 aF) dem Grundsatz der Gleichberechtigung von Mann und Frau
widersprach, verwaltet nunmehr jeder Ehegatte sein Sondergut selbständig. Die
Vorschrift des § 1417 Abs 3 S 2 BGB, wonach die Verwaltung für Rechnung des
Gesamtguts erfolgt, entspricht § 1439 aF iVm § 1525 aF.

II. Grundgedanke

§ 1417 BGB knüpft an § 1416 BGB an. Das Vermögen des Mannes und das der Frau **2**
werden Gesamtgut. Der auf dem Ehevertrag beruhende Übergang in das Gesamtgut
vollzieht sich kraft Gesetzes, ist aber Rechtsnachfolge. Wenn ein dem Mann oder der
Frau gehörender Gegenstand nicht durch Rechtsgeschäft übertragbar ist, wäre es ein
Wertungswiderspruch, wenn er infolge der rechtsgeschäftlichen (ehevertraglichen)
Begründung der Gütergemeinschaft in das Gesamtgut und damit in die Rechts-
zuständigkeit beider Ehegatten als Gesamthänder fallen würde. § 1416 Abs 2 BGB
stellt mit der Anordnung des gesetzlichen Übergangs in das Gesamtgut nur eine
vereinfachende „Durchführungsbestimmung" dar. Der Rechtsgrund des Anfalls an
die Gesamthand bleibt stets die vereinbarte Gütergemeinschaft. Zutreffend bezeichnet LUTTER AcP 161, 163, 167 das Sondergut als eine „Notgütermasse zur Beseitigung von Widersprüchen" (vgl auch schon Mot IV 344).

Wegen seiner Anlehnung an § 1416 Abs 1 BGB **greift § 1417 BGB nicht ein, wenn ein** **3**
seiner Art und seinem Inhalt nach **nicht durch Rechtsgeschäft übertragbarer Gegenstand unmittelbar in das Gesamtgut** fällt, insbesondere ein unübertragbares Recht
durch Rechtsgeschäft mit einem Dritten von vornherein für die Gesamthand der

Ehegatten begründet wird (s dazu § 1416 Rn 23). Deshalb fällt ein **für beide Ehegatten als Gesamthänder** bestellter *Nießbrauch* trotz § 1059 BGB in das Gesamtgut, ebenso eine entsprechend begründete *beschränkt persönliche Dienstbarkeit* – Wohnrecht – (Bay-ObLGZ 32, 282 = NJW 1932, 3005; DNotZ 1968, 493), ein *Leibgedinge,* selbst wenn es unübertragbar ausgestaltet ist (vgl BayObLGZ 19 A 388; OLG Frankfurt Rpfleger 1973, 394), eine *subjektiv-dingliche Reallast* trotz § 1111 Abs 2 BGB (BayObLGZ 67, 480).

III. Umfang des Sonderguts

1. Unübertragbarkeit kraft Gesetzes

4 **Kraft Gesetzes unübertragbar** und deshalb zum Sondergut gehörend sind, wenn sie einem der Ehegatten zustehen (s oben Rn 3): der Nießbrauch (§ 1059 S 1 BGB), das Vorkaufsrecht (§§ 514, 1098 Abs 1 BGB), die subjektiv-persönliche Reallast (§ 1111 BGB), die beschränkte persönliche Dienstbarkeit (§ 1092, 1093 BGB; vgl BGHZ 46, 253). Unübertragbar ist auch das öffentlich-rechtliche Grabnutzungsrecht (BayVGH BayVBL 2013, 280 Rn 8).

2. Mitgliedschaft in einer Personengesellschaft

5 Die **Mitgliedschaft** (der „Anteil") eines Ehegatten **an einer Personengesellschaft** fällt auch dann in das Sondergut, wenn sie im **Gesellschaftsvertrag** für übertragbar erklärt worden ist (s dazu schon oben § 1408 Rn 24; § 1416 Rn 14, 15 mwNw). Dagegen sind die in § 717 S 2 BGB aufgeführten einzelnen Ansprüche wie auch das Auseinandersetzungsguthaben und die Abfindung beim Ausscheiden oder bei Auflösung der Gesellschaft übertragbar und fallen daher in das Gesamtgut (vgl RGZ 146, 282 f; KG HRR 1935 Nr 1055; OLG Stuttgart Recht 1936 Nr 1705). Ins Sondergut fällt auch ein Genossenschaftsanteil (Lutter AcP 161, 163 Fn 1).

3. Anteil an fortgesetzter Gütergemeinschaft

6 Der **Anteil** eines Ehegatten **an einer** mit ihm **fortgesetzten Gütergemeinschaft** gehört bis zu deren Beendigung und Auseinandersetzung zum Sondergut (§§ 1497 Abs 2, 1419, 1471 Abs 2 BGB). Dass der als Abkömmling beteiligte Ehegatte auf seinen Anteil am Gesamtgut verzichten kann (§§ 1491, 1501 BGB) und dass die Bindung nach Beendigung gelockert ist (§ 1497 Abs 2, § 860 Abs 2 ZPO), ändert daran nichts (so auch Gernhuber/Coester-Waltjen § 38 Rn 32; Rauscher Rn 448; MünchKomm/Kanzleiter § 1417 Rn 4; BGB-RGRK/Finke § 1417 Rn 7). Nach anderer Auffassung wird nur der Anteil an der noch nicht beendeten fortgesetzten Gütergemeinschaft zum Sondergut gezählt, nach Beendigung aber zum Gesamtgut (RGZ 125, 347, 354; BayObLG JFG 2, 289; Bötticher ZHR 114, 92; Bamberger/Roth/Mayer § 1417 Rn 3; Soergel/Gaul/Althammer § 1417 Rn 5).

4. Miterbenanteil

7 Der **Anteil** eines Ehegatten **am** ungeteilten **Nachlass** gehört wegen der freien Verfügbarkeit (§ 2033 Abs 1 S 1 BGB) zum Gesamtgut (hM). Dagegen soll der Anteil an den einzelnen Nachlassgegenständen im Hinblick auf die Regelung in § 2033 Abs 2 BGB in das Sondergut des Erben fallen (Enneccerus/Kipp/Wolff § 60 IV Fn 11; Dölle I

883). Dem kann nicht zugestimmt werden. § 2033 Abs 2 BGB soll eine Zersplitterung des Nachlasses und eine Erschwerung der Auseinandersetzung verhindern (BGH NJW 1969, 92). Wenn aber der Anteil am Nachlass in das Gesamtgut fällt, richtet sich dessen Verwaltung nach den Regeln der Verwaltung des Gesamtguts iVm den Vorschriften der §§ 2038 ff BGB. Die Gesamthand der Ehegatten ist zwar nicht Erbin, gleichwohl ist sie für alle Maßnahmen zuständig, die den Nachlass und den Nachlassanteil betreffen. Die Abspaltung eines (Mit-)Verfügungsrechts über Nachlassgegenstände (§ 2040 Abs 1 BGB) zugunsten des Sonderguts des Erben-Ehegatten widerspräche dem Sinn und Zweck des § 2033 Abs 2 BGB. Daher fallen auch die Anteile an den einzelnen Nachlassgegenständen in das Gesamtgut (so auch BayObLG OLGE 41, 55; PALANDT/BRUDERMÜLLER § 1417 Rn 3; BAMBERGER/ROTH/MAYER § 1417 Rn 3 Fn 20; MünchKomm/KANZLEITER § 1417 Rn 2).

5. Unabtretbare Forderungen

Forderungen, die gemäß § 399 1. Alt BGB unabtretbar sind, fallen in das Sondergut **8** (hM). Sondergut sind auch Forderungen eines Ehegatten, die der Pfändung nicht unterworfen sind, § 400 BGB. Dazu gehören vornehmlich die unpfändbaren Teile des **Arbeitseinkommens** und diesem gleichstehenden **Bezüge** und **Renten**, Renten wegen Körperverletzung und **Unterhaltsansprüchen**, §§ 850 ff ZPO – nicht aber *geleistete* Rentenzahlungen, bei Überweisungen auf ein Konto steht dem §§ 55 SGB I, 850 R ZPO nicht entgegen (BGH NJW 1990, 2252 = FamRZ 1990, 851) –, ferner Ansprüche gegen Sozialversicherungsträger und auf Versorgung aus öffentlich-rechtlichen Dienstverhältnissen (vgl auch BGH FamRZ 1985, 263). Die Unpfändbarkeit gemäß § 852 ZPO führt dagegen nicht zur Unübertragbarkeit, die Ansprüche fallen in das Gesamtgut. In das Gesamtgut fallen auch die aufgrund der Forderung *eingezogenen* Gegenstände. Ansprüche aus einer **Lebensversicherung** einschließlich des Rechts auf Bestimmung des Bezugsberechtigten zählen nicht zum Sondergut (BGHZ 91, 288, 289). Der **Zugewinnausgleichsanspruch** ist übertragbar und fällt deswegen nicht in das Sondergut (BGH NJW 1990, 445 = FamRZ 1990, 256).

6. Vereinbarte Unabtretbarkeit

Streitig ist, ob die **durch Rechtsgeschäft ausgeschlossene Abtretbarkeit** gemäß § 399 **9** 2. Alt BGB die betroffenen Forderungen dem Sondergut zuweist (bejahend BÖTTICHER ZHR 114, 91, 93 f und in: FS Wüstendörfer 45, 47 ff, 55; DÖLLE I 882; BAMBERGER/ROTH/MAYER § 1417 Rn 2; GERNHUBER/COESTER-WALTJEN § 38 Rn 32; MünchKomm/KANZLEITER § 1417 Rn 3; BGB-RGRK/FINKE § 1417 Rn 5; *verneinend* LUTTER AcP 161, 163, 165; PALANDT/BRUDERMÜLLER § 1417 Rn 3; SOERGEL/GAUL/ALTHAMMER § 1417 Rn 3). Die Beschränkung des § 1417 BGB auf solche Gegenstände, die ihrer **höchstpersönlichen** Natur nach oder wegen ihrer besonderen rechtlichen Ausgestaltung **unübertragbar** sind (LUTTER AcP 161, 163, 165; s auch SOERGEL/GAUL/ALTHAMMER Rn 3), findet im Gesetz keine Stütze. Der Streit darüber, ob gemäß § 399 2. Alt BGB eine Inhaltsbestimmung des Rechts erfolge (vgl nur STAUDINGER/BUSCHE [2017] § 399 Rn 52 mwNw) oder ob das an sich übertragbare Recht durch eine ausnahmsweise (§ 137 S 1 BGB) dinglich wirkende Verfügungsbeschränkung gebunden sei, ist noch unausgefochten. Er ist auch belanglos. Entscheidend ist, dass die Nichtabtretbarkeit absolut wirkt (hM), und das lässt die Forderung unter § 1417 BGB fallen.

Burkhard Thiele

7. Vorerbschaft

10 Ist ein Ehegatte als alleiniger **Vorerbe** eingesetzt, so fällt der Nachlass in das **Sondergut**. Das ergibt sich nicht nur aus den (absoluten, vgl BGHZ 52, 269, 270) Verfügungsbeschränkungen der §§ 2113–2115 BGB, sondern auch und vor allem aus der Unvereinbarkeit der Vorerbenstellung unter Berücksichtigung ihrer Verantwortlichkeiten und Pflichten mit deren Wahrnehmung durch die Gesamthand der Gütergemeinschaft (Sondergut als Auffangmasse). Auch die Regelungen über die Zwangsvollstreckung in § 2115 BGB würden, bezogen auf das Gesamtgut, zu unübersehbaren Schwierigkeiten führen (wie hier RAUSCHER Rn 448; im Ergebnis **aM** GERNHUBER/COESTER-WALTJEN § 38 Rn 32 Fn 44; MünchKomm/KANZLEITER § 1417 Rn 2; PALANDT/BRUDERMÜLLER § 1417 Rn 3).

IV. Umwandlung von Sondergut in Gesamt- oder Vorbehaltsgut

11 1. § 1417 BGB lässt es nicht zu, **Gegenstände rechtsgeschäftlich zu Sondergut zu erklären**. Die Ehegatten können daher weder durch einfaches Rechtsgeschäft noch durch Ehevertrag Gegenstände aus dem Gesamtgut in das Sondergut des Mannes oder der Frau überleiten (vgl BGH LM Nr 1 zu § 260 BGB; anders BÄRMANN AcP 157, 203, 205). Auch kann **Sondergut nicht zu Gesamtgut erklärt werden**. Das schließt nicht aus, dass mit Mitteln des Gesamtguts Gegenstände erworben werden, die nur Sondergut sein können. Ist nicht einer der Ehegatten zum Berechtigten erklärt, werden beide Ehegatten Mitberechtigte nach Bruchteilen, die zu ihrem Sondergut gehören.

12 2. Dagegen kann **Sondergut** in das Vorbehaltsgut desselben Ehegatten **überführt werden** (BayObLG DNotZ 1953, 102, 103; MünchKomm/KANZLEITER § 1417 Rn 5; SOERGEL/GAUL/ALTHAMMER § 1417 Rn 4; BAMBERGER/ROTH/MAYER § 1417 Rn 6). Dazu bedarf es eines Ehevertrages, § 1418 Abs 2 Nr 1 BGB.

13 3. Möglich ist eine **mittelbare Änderung der Zuordnung zu** den Gütermassen. Fällt die Unübertragbarkeit des Gegenstandes weg (die Bindung gemäß § 399 2. Alt BGB wird etwa aufgehoben), fällt dieser in das Gesamtgut, sofern nicht die Voraussetzungen des § 1418 Abs 2 BGB vorliegen.

V. Die rechtliche Behandlung des Sonderguts

14 1. Jeder Ehegatte bleibt **Inhaber** der zu seinem Sondergut gehörenden Gegenstände. Eine gesamthänderische Bindung tritt nicht ein.

15 2. Für die **Verwaltung** des Sondergutes gilt Folgendes:

a) **Jeder Ehegatte verwaltet sein Sondergut selbständig** (Abs 3 S 1). Das Sondergut der Frau unterliegt nicht mehr der Verwaltung des Mannes (vgl §§ 1439 S 2, 1525 Abs 2, 1373 ff aF). Diese Regelung entspricht nicht nur der Gleichberechtigung, sondern auch dem persönlichen Charakter der zum Sondergut gehörenden Gegenstände. Jeder Ehegatte verwaltet sein Sondergut nach freiem Belieben und ohne Zustimmung oder Mitwirkung des anderen und ohne Rechenschaftspflicht. Eine entsprechende Regelung trifft § 1418 Abs 3 S 1 BGB für das Vorbehaltsgut. Die

Ehegatten können aber auch hinsichtlich des Sonderguts jedes Partners einen Verwaltungsvertrag gemäß § 1413 BGB schließen.

b) Im Rahmen der selbständigen Verwaltung führt jeder **Ehegatte** für sein Sondergut **Rechtsstreitigkeiten** selbst (anders früher: §§ 1439 S 2, 1520 ff, 1525 Abs 2, **16** 1380 aF: Prozessstandschaft des Mannes hinsichtlich des Sonderguts der Frau).

c) **Die Verwaltung** des Sonderguts **erfolgt für Rechnung des Gesamtgutes** (Abs 3 **17** S 2). Hierin liegt der wesentliche Unterschied zur rechtlichen Behandlung des Vorbehaltsgutes, das der Ehegatte für eigene Rechnung verwaltet (§ 1418 Abs 3 S 2 BGB). Dem Gesamtgut kommen alle Vorteile der Verwaltung des Sondergutes zugute (zB einzelne Rentenzahlungen, BGH NJW 1990, 2252). Insbesondere gehören die Nutzungen des Sondergutes (vgl §§ 100, 99 BGB), soweit sie übertragbar sind, zum Gesamtgut. Auf der anderen Seite trägt das Gesamtgut aber auch sowohl im Verhältnis zu den Gläubigern (§§ 1440 S 2, 1462 S 2 BGB) als auch im Verhältnis der Ehegatten zueinander (§§ 1442 S 1, 1464 S 2 BGB) die Lasten des Sondergutes.

d) Der Stamm des Sondergutes ist für den Familienunterhalt (§§ 1360, 1360a **18** BGB) zu verwenden, und zwar nach Wahl der Ehegatten neben dem Stamm seines Vorbehaltsguts, aber *nach* den in das Gesamtgut und in das Vorbehaltsgut fallenden Einkünften und *nach* dem Stamm des Gesamtgutes (§ 1420).

3. Zur **Haftung** des Gesamtgutes für Verbindlichkeiten, die sich auf das Sonder- **19** gut beziehen, s §§ 1437 ff, 1459 ff BGB; zum Innenverhältnis der Ehegatten s §§ 1441 ff, 1463 ff BGB.

4. Die **Ausgleichung** zwischen Gesamtgut und Sondergut vollzieht sich bei der **20** Gesamtgutsverwaltung durch einen Ehegatten nach den §§ 1445, 1446 BGB, bei gemeinschaftlicher Gesamtgutsverwaltung nach den §§ 1467, 1468 BGB.

5. Eine **Surrogation** (dingliche Ersetzung) von Gegenständen des Sonderguts **21** findet nicht statt (auch § 1439 S 2 aF schloss die Anwendbarkeit des § 1524 aF ausdrücklich aus). Tritt daher an die Stelle eines bisher zum Sondergut gehörenden Gegenstandes ein anderer, so wird dieser nur dann wieder Sondergut, wenn auch er die Voraussetzung des § 1417 BGB erfüllt. Besteht dagegen das Surrogat in einem übertragbaren Gegenstand (zB dem Entgelt für den Verzicht auf einen Nießbrauch, der Valuta einer eingezogenen Lohn- oder Unterhaltsforderung oder dem Auseinandersetzungsguthaben des Gesellschafters), so wird es Gesamtgut (Prot IV 237).

VI. Grundbuch

Die Sondergutseigenschaft eines Grundstücks oder Rechts an einem Grundstück **22** wird nicht in das Grundbuch eingetragen (DEMHARTER GBO § 33 Rn 22).

VII. Zwangsvollstreckung

Die Zwangsvollstreckung in das Sondergut wird wegen seiner Unpfändbarkeit re- **23** gelmäßig ausgeschlossen sein (vgl §§ 851 Abs 1 ZPO). Sofern der Gegenstand ausnahmsweise der Pfändung unterworfen ist (vgl §§ 851 Abs 2, 857 Abs 3 ZPO), ist zur

Zwangsvollstreckung in das Sondergut ein Vollstreckungstitel gegen den Ehegatten, dem das Sondergut gehört, erforderlich und genügend.

§ 1418
Vorbehaltsgut

(1) Vom Gesamtgut ist das Vorbehaltsgut ausgeschlossen.

(2) Vorbehaltsgut sind die Gegenstände,

1. die durch Ehevertrag zum Vorbehaltsgut eines Ehegatten erklärt sind;

2. die ein Ehegatte von Todes wegen erwirbt oder die ihm von einem Dritten unentgeltlich zugewendet werden, wenn der Erblasser durch letztwillige Verfügung, der Dritte bei der Zuwendung bestimmt hat, dass der Erwerb Vorbehaltsgut sein soll;

3. die ein Ehegatte aufgrund eines zu seinem Vorbehaltsgut gehörenden Rechtes oder als Ersatz für die Zerstörung, Beschädigung oder Entziehung eines zum Vorbehaltsgut gehörenden Gegenstandes oder durch ein Rechtsgeschäft erwirbt, das sich auf das Vorbehaltsgut bezieht.

(3) Jeder Ehegatte verwaltet das Vorbehaltsgut selbständig. Er verwaltet es für eigene Rechnung.

(4) Gehören Vermögensgegenstände zum Vorbehaltsgut, so ist dies Dritten gegenüber nur nach Maßgabe des § 1412 wirksam.

Materialien: Zu § 1440 aF: E I §§ 1346, 1347, 1349; II § 1340 rev § 1425; III § 1423; Mot IV 340 ff; Prot IV 234; D 693. Zu § 1369 aF: E I § 1287; II § 1268 rev § 1353; III § 1351; Mot IV 168 f; Prot IV 124, 129, 141, 156, 163; D 688; KB 2063 f. Zu § 1370 aF: E I § 1290; II § 1269 rev § 1354; III § 1352; Mot IV 177 f; Prot IV 125, 130, 141, 156, 163; D 688. Zu § 1441 aF: E I § 1350; II § 1341 rev § 1426; III § 1424; Mot IV 343; Prot IV 234; D 693. Zu § 1418 nF: E I § 1440; II § 1440; III § 1418; BT-Drucks 1/3802, 64; BT-Drucks 2/224, 51; BT-Drucks 2/3409, 26. Vgl STAUDINGER/BGB-Synopse 1896–2005 § 1418.

Systematische Übersicht

Alphabetische Übersicht

I.   Allgemeines

1 § 1418 BGB fasst die wesentlichen Bestimmungen über das Vorbehaltsgut zusammen. **Abs 1** gibt die Rechtsgrundlage für dieses Sondervermögen. **Abs 2** umreißt den Umfang des Vorbehaltsgutes: Es entsteht kraft Ehevertrages (Nr 1), kraft Bestimmung eines Dritten (Nr 2) und kraft Surrogation (Nr 3). Das Gesetz bestimmt damit die Entstehungsgründe erschöpfend (vgl RGZ 87, 100, 103; s aber auch unten Rn 19). Ein *gesetzliches* Vorbehaltsgut gibt es nicht (anders wohl GERNHUBER/COESTER-WALTJEN § 38 Rn 37; MAI BWNotZ 2003, 59 für die vom Güterrecht freigestellten Anwartschaften und Aussichten, die dem Versorgungsausgleich unterliegen). **Abs 3** ordnet die Verwaltung des Vorbehaltsguts. Schließlich bestimmt **Abs 4**, inwieweit die Zugehörigkeit eines Gegenstandes zum Vorbehaltsgut gegenüber Dritten wirkt.

II.   Rechtsentwicklung

2 § 1418 BGB vereinigt die früher in dem § 1440 aF iVm §§ 1369, 1370 aF und § 1441 aF enthaltenen Bestimmungen zu einer Vorschrift.

3 Abs 1 entspricht dem § 1440 Abs 1 aF. Abs 2 ist aus § 1440 aF hervorgegangen. Die Redaktoren des BGB erwogen, auch ein gesetzliches Vorbehaltsgut anzuerkennen, und zwar für den Erwerb durch Arbeit oder durch den selbständigen Betrieb eines Erwerbsgeschäfts (vgl § 1367 aF). Die I. Kommission lehnte jedoch die Zugehörigkeit dieser Vermögensteile zum Vorbehaltsgut ab, weil sie dem Zweck der Gütergemeinschaft widerspreche (Mot IV 342). Auch den Ausschluss der zum persönlichen Gebrauch der Frau bestimmten Gegenstände vom **Gesamtgut** (vgl § 1366 aF) hielt man für unvereinbar mit dem Wesen der **Gütergemeinschaft** (Mot IV 347, s E I zum GleichberG § 1440 Abs 2 Nr 1 BGB). Dagegen enthielt der E I zum BGB § 1348 die Bestimmung, dass auch die Gegenstände in das Vorbehaltsgut der Frau fallen, die sie ohne Einwilligung des Mannes durch ein Rechtsgeschäft unter Lebenden erwirbt, sofern der Mann seine Genehmigung versagt (Mot IV 341 f). Die Vorschrift wurde von der II. Kommission gestrichen (Prot IV 234).

4 Die Bestimmung des § 1418 Abs 3 BGB, der die Verwaltung des Vorbehaltsguts behandelt, entspricht dem § 1441 HS 1 aF.

III.   Grundgedanken

5 Der Grundsatz des § 1416 BGB, dass die Gütergemeinschaft das gesamte Vermögen beider Ehegatten zu Gesamtgut macht, ist uneingeschränkt nicht durchführbar. Ein Teil des beiderseitigen Vermögens – nämlich die unübertragbaren Gegenstände (Sondergut) – ist schon kraft seiner Rechtsnatur vom Gesamtgut ausgeschlossen (Mot IV 344 f). Für einen weiteren Vermögenskomplex ist der Ausschluss vom Gesamtgut ein **Gebot der Zweckmäßigkeit**:

6 Den Ehegatten die Möglichkeit zu geben, bestimmte Gegenstände durch Ehevertrag vom Gesamtgut auszunehmen, entspricht einem **praktischen Bedürfnis**: Dem nichtverwaltenden Ehegatten kann daran gelegen sein, gewisse Vermögensstücke der umfassenden Verfügungsbefugnis des Gesamtgutsverwalters oder der Schuldenhaltung des Gesamtguts zu entziehen. Beide Eheleute können ferner daran interessiert sein, einige Gegenstände von den erbrechtlichen Wirkungen der fortgesetzten Gütergemeinschaft freizustellen (Mot IV 338 f, 340 f). Weiter können Eltern, Verwandte oder andere Dritte, die dem Ehegatten etwas hinterlassen oder unter Lebenden zuwenden wollen, Anstoß daran nehmen, dass die Zuwendung in das Gesamtgut fällt, an dem auch der andere Ehegatte beteiligt ist und das der vielleicht sogar allein verwaltet. Das Gesetz bietet dem Dritten daher die Möglichkeit, die Gesamtgutsbildung durch einseitige Anordnung, also ohne oder gegen den Willen des anderen Ehepartners, zu verhindern (Mot IV 341, 168 f).

Der Zweck des Vorbehaltsguts rechtfertigt es, seinen Bestand auch dann aufrecht- **7** zuerhalten, wenn es im Laufe der Zeit seine rechtliche oder wirtschaftliche Erscheinungsform wechselt (Mot IV 324 f, 177 f). Aus diesem Grunde wird auch der Erwerb aufgrund eines vorbehaltenen Rechts, der Erwerb als Ersatz für den Untergang eines Vorbehaltsgutsstücks und der Erwerb aufgrund eines mit dem Vorbehaltsgut zusammenhängenden Rechtsgeschäfts wiederum Vorbehaltsgut. Die dritte Gruppe des **Surrogationserwerbs** gründet sich noch auf einen weiteren Gedanken: Jeder Ehegatte verwaltet sein Vorbehaltsgut selbständig und für eigene Rechnung. Eine ordnungsgemäße Verwaltung und Erhaltung des Vorbehaltsguts ist aber nur möglich, wenn das Gesetz dem Ehegatten die dazu unentbehrlichen Mittel gewährt (Mot IV 343, 178).

IV. Umfang des Vorbehaltsguts

1. Vorbehaltsgut kraft Ehevertrages (Nr 1)

Vorbehaltsgut sind die Gegenstände, die durch Ehevertrag zum Vorbehaltsgut eines **8** Ehegatten erklärt sind, **Abs 2 Nr 1**.

a) Die Ehegatten erklären die fraglichen Gegenstände dadurch zum Vorbehalts- **9** gut, dass sie diese im Ehevertrag entweder ausdrücklich als „Vorbehaltsgut" bezeichnen oder aber schlüssig „vom Gesamtgut ausschließen", „von der Gesamtgutsverwaltung freistellen" oder „der freien Verfügung und Nutzung eines Ehegatten überlassen" (vgl KG JJG 15, 192).

b) Vorbehaltsfähige Vermögensgegenstände

Nur **bestimmte Vermögensgegenstände** können die Ehegatten sich vorbehalten, **nicht 10 einen Bruchteil** am Vermögen. Die Erklärung zum Vorbehaltsgut muss deshalb die betreffenden Vermögensbestandteile deutlich bezeichnen, sodass ihre Zugehörigkeit zum Vorbehaltsgut auch für Dritte, die den Ehevertrag kennen, feststellbar ist.

Der Ehevertrag kann auch einen **Sachinbegriff** zum Vorbehaltsgut erklären; eine **11** Aufzählung der einzelnen Gegenstände ist nicht erforderlich (allgM; schon RG JW 1916, 834 Nr 6 mAnm von PLUM). Die vorbehaltenen Gegenstände können nach bestimmten Gesichtspunkten, insbesondere nach dem Erwerbsgrunde zusammengefasst und bezeichnet werden (zB KG OLGE 12, 310: „was ein Ehegatte dem anderen schenkt"). Auch **zukünftige Vermögensbestandteile** können gemäß § 1418 BGB zum Vorbehaltsgut erklärt werden (zB KG OLGE 12, 310: „was ein Ehegatte dem anderen schenken wird"). Die Beweislast für die Vorbehaltseigenschaft trifft denjenigen, der sich darauf beruft

(MünchKomm/KANZLEITER Rn 4). Unzureichende Bezeichnung im Ehevertrag geht deswegen zu seinen Lasten.

12 Vom Gesamtgut ausgenommen werden kann auch das **gesamte gegenwärtige**, bei Wirksamwerden des Ehevertrages vorhandene **Vermögen** eines oder beider Ehegatten. Dadurch sind die Ehegatten in der Lage, einen der früheren Errungenschaftsgemeinschaft vergleichbaren Güterstand zu schaffen. Sie können auch generell die beweglichen oder die unbeweglichen Sachen, gegenwärtig vorhanden und/oder auch künftige, zu Vorbehaltsgut erklären. Zur Zulässigkeit der Vereinbarung, dass alles Vermögen eines Ehegatten dessen Vorbehaltsgut sein soll, s Vorbem 19 zu §§ 1408 ff. Es muss nur gewährleistet sein, dass überhaupt ein Gesamtgut entsteht oder entstehen kann. Anderenfalls ist der auf die Begründung der Gütergemeinschaft gerichtete Ehevertrag in sich widersprüchlich und nichtig. Regelmäßig wird der Vertrag dann dahin auszulegen sein, dass Gütertrennung vereinbart ist.

13 c) **Zur Umwandlung** von Gesamtgut in Vorbehaltsgut und umgekehrt s § 1416 Rn 33 f. Zur Umwandlung von Sondergut in Vorbehaltsgut s § 1417 Rn 12. Die notarielle Beurkundung der **Auflassung** eines zum Gesamtgut gehörenden Grundstücks an einen der Ehegatten kann nach den Umständen des Falles zugleich **als Ehevertrag auszulegen** sein, der das Grundstück zu Vorbehaltsgut des Erwerbers erklärt (vgl KG DNotZ 1937, 639 = HRR 1937 Nr 1009; LG Köln MittRhNotK 1986, 103).

14 d) Wendet ein Ehegatte aus seinem Vorbehaltsgut dem anderen etwas in dessen Vorbehaltsgut zu, so ist nach verbreiteter Ansicht kein Ehevertrag erforderlich (vgl OLG Hamburg OLGE 12, 312; DÖLLE I 886; GERNHUBER/COESTER-WALTJEN § 38 Rn 39; **aA** SOERGEL/GAUL/ALTHAMMER § 1418 Rn 6). Das trifft jedoch in dieser Allgemeinheit nicht zu. Vorbehaltsgut des einen Ehegatten wird nicht notwendig auch Vorbehaltsgut des den Gegenstand erwerbenden anderen Ehegatten. Das ist **nur dann** der Fall, wenn sich aus dem Ehevertrag ergibt, dass der Gegenstand (mag er speziell bezeichnet sein oder Teil einer vom Gesamtgut ausgenommenen Sachgesamtheit oder durch seine Erwerbsart als Vorbehaltsgut gekennzeichnet sein) nicht in das Gesamtgut fällt. Bei einer **Schenkung** ins Vorbehaltsgut des anderen Ehegatten gilt aber Abs 2 Nr 2; der aus seinem Vorbehaltsgut zuwendende Ehegatte muss nach der ratio der Vorschrift als „Dritter" angesehen werden (s dazu unten Rn 27).

2. Vorbehaltsgut kraft Bestimmung eines Dritten (Nr 2)

15 Vorbehaltsgut ist ferner, was ein Ehegatte **von Todes wegen erwirbt** oder was ihm **von einem Dritten unentgeltlich zugewendet** wird, **wenn** der Erblasser durch letztwillige Verfügung, der Dritte bei der Zuwendung **bestimmt** hat, **dass der Erwerb Vorbehaltsgut sein soll** (Abs 2 Nr 2).

a) Erwerb von Todes wegen

16 aa) Erwerb von Todes wegen ist, was ein Ehegatte durch Erbfolge, durch Vermächtnis, als Pflichtteil (so ausdr § 1369 aF; vgl KLEIN BayNotZ 1912, 240) oder als Erbersatzanspruch erwirbt. Der Begriff der Erbfolge umfasst sowohl die gesetzliche Erbfolge (§§ 1922 ff BGB) als auch diejenige aufgrund Testaments (§§ 1937 ff, 2229 ff BGB) oder Erbvertrages (§§ 1941, 2274 ff BGB). Die Bestimmung des Pflichtteils zum Vorbehaltsgut enthält keine Beschränkung oder Beschwerung des Pflichtteilsberechtigten iS des § 2306 BGB.

bb) Die Ehegatten sind und bleiben Herren ihres Vermögens. Sie können daher im **17** Voraus die Entstehung von Vorbehaltsgut nach Maßgabe des Abs 2 Nr 2 im Ehevertrag ausschließen (vgl auch OLG Stuttgart JW 1932, 1402) und auch nachträglich das Vorbehaltsgut ehevertraglich in das Gesamtgut einbringen (hM). Das Schicksal der Zuwendung hängt, wenn sie in das Gesamtgut fällt, vom Inhalt der (auszulegenden) letztwilligen Verfügung ab. Ist der Anfall an das Vorbehaltsgut zur Bedingung oder Auflage erhoben oder Geschäftsgrundlage geworden, ist das Zugewendete zurückzugewähren. In diesem Falle kann der bedachte Ehegatte von dem anderen Ehegatten regelmäßig den Abschluss eines Ehevertrages verlangen, der das Zugewendete zu Vorbehaltsgut erklärt und damit die Zuwendung rettet. Fällt das Zugewendete endgültig in das Gesamtgut, kann im Einzelfall ebenfalls ein Anspruch auf eine ehevertragliche Zuweisung in das Vorbehaltsgut des Bedachten gegeben sein (anders GERNHUBER/COESTER-WALTJEN § 38 Rn 40 Fn 59: Erwerb findet überhaupt nicht statt).

cc) Der Erwerb des **Anteils am Gesamtgut der fortgesetzten Gütergemeinschaft 18** erfolgt nicht von Todes wegen (§ 1483 Abs 1 S 3 BGB; so KG DRiZ 1931 Nr 398). Auch der Erwerb **unter Lebenden auf den Todesfall** gehört nicht hierher. Bei vollzogener **Schenkung von Todes wegen** (§ 2301 Abs 2 BGB) ist jedoch der 2. Fall der Nr 2 (unentgeltliche Zuwendung) gegeben. Dagegen ist der Erwerb gemäß § 2301 Abs 1 BGB ein Erwerb von Todes wegen (Prot IV 124; BGB-RGRK/FINKE § 1418 Rn 9).

dd) Kein Erwerb von Todes wegen liegt vor, wenn einem Ehegatten etwas **mit 19 Rücksicht auf ein künftiges Erbrecht zugewendet** wird. Anders als § 1374 Abs 2 BGB nennt § 1418 Abs 2 Nr 2 BGB diesen Fall nicht. Auch der Fall des § 1934d aF (**vorzeitiger Erbausgleich** des nichtehelichen Kindes) war nicht erfasst. In keinem dieser Fälle ist eine letztwillige Verfügung denkbar, durch die die „Abfindung" zu Vorbehaltsgut erklärt werden könnte. Anderseits ist das Zugewendete auch nicht unentgeltlich erlangt, da der Ehegatte sein (künftiges) Erbrecht verliert. Da es sich aber um eine vorweggenommene Erbfolge, inhaltlich also um einen Erwerb quasi von Todes wegen handelt, spricht viel dafür, § 1418 Abs 2 BGB entsprechend der **Wertung** des § 1374 Abs 2 BGB teleologisch zu erweitern und die Zuweisung der „Abfindung" in das Vorbehaltsgut im oder im Zusammenhang mit dem Abfindungsvertrag zuzulassen (wie hier RAUSCHER Rn 449; anders BAMBERGER/ROTH/MAYER § 1418 Rn 5 Fn 20: Fall des Abs 2 Nr 2; s auch die in Rn 20 angeführten Fälle).

ee) Zwischen letztwilliger Verfügung und Erwerb ist ein **Zusammenhang** erforder- **20** lich. Das Vorbehaltsgut umfasst zunächst den Anteil an einer Erbengemeinschaft, die Anwartschaft auf die Nacherbschaft und den Vermächtnisanspruch (§ 2174 BGB), später dessen Surrogate (§ 1418 Abs 2 Nr 3 BGB). Wenn ein Ehegatte Miterbe ist, gehört zum Erwerb von Todes wegen alles, was ihm bei der Erbauseinandersetzung aus dem Nachlass zugeteilt wird, also auch solche Nachlassgegenstände, die er gegen die Verpflichtung zur Geldabfindung der beteiligten Miterben übernimmt (RG JW 1937, 2451 Nr 10). Zum Vorbehaltsgut gehört auch der Betrag, der nach Ausschlagung eines Vermächtnisses im Rechtsstreit über das Pflichtteilsrecht durch Vergleich erlangt ist (BayObLGZ 4, 604).

21 ff) Der **Erblasser** muss **durch letztwillige Verfügung bestimmen**, dass der Erwerb Vorbehaltsgut sein soll. Die Bestimmung kann als einseitige Verfügung auch in einem Erbvertrag getroffen werden (vgl § 2299 BGB).

22 Nach Mot IV 170 hat die im Wege letztwilliger Verfügung erfolgende Bestimmung einen selbstständigen Charakter. Sie setzt nicht letztwillige Zuwendung im eigentlichen Sinne voraus, ist vielmehr auch dann wirksam, wenn der Dritte es bei den Grundsätzen der gesetzlichen Erbfolge belässt oder den Ehegatten auf den Pflichtteil beschränkt. Die Bestimmung kann daher auch in einer anderen Verfügung enthalten sein als die Zuwendung. **Für die Errichtung, Anfechtung und Aufhebung** einer durch letztwillige Verfügung erfolgten Bestimmung von Vorbehaltsgut, insbesondere für die Anfechtung seitens des anderen Ehegatten, der durch die Bestimmung beschwert ist (vgl namentlich § 2080 BGB), kommen die allgemeinen **Vorschriften des Erbrechts** zur Anwendung (Mot IV 170).

23 Die **Bestimmung**, dass der Erwerb Vorbehaltsgut sein soll, braucht nicht gerade die Worte des Gesetzes zu enthalten; sie ist **auch stillschweigend möglich**(NK-BGB/Völker § 1418 Rn 6; unentschieden RGZ 69, 59, 63). Die testamentarische Zuwendung eines Nießbrauchs am Nachlass mit völlig freiem und uneingeschränktem Besitz bis an das Lebensende enthält keinen stillschweigenden Vorbehalt (OLG Kiel OLGE 40, 68).

24 gg) Zur **Annahme oder Ausschlagung** einer Erbschaft oder eines Vermächtnisses sowie zum Verzicht auf den Pflichtteil s §§ 1432 Abs 1, 1455 Nr 1 und 2 BGB. Diese Vorschriften gelten für letztwillige Verfügungen mit und ohne Bestimmung gemäß § 1418 Abs 2 Nr 2 BGB. Zur Errichtung eines Inventars über eine Erbschaft s §§ 1432 Abs 2, 1455 Nr 3 BGB. Zur Haftung des Gesamtguts für Verbindlichkeiten, die durch den Erwerb einer Erbschaft oder eines Vermächtnisses entstehen, s §§ 1439, 1461 BGB.

b)   Unentgeltlicher Erwerb unter Lebenden

25 aa) Nur eine **unentgeltliche Zuwendung** gewährt die Befugnis, Vorbehaltsgut zu begründen. Der Begriff der unentgeltlichen Zuwendung umfasst nicht nur **Schenkungen** (s § 516 BGB), sondern jede **Zuwendung, für die der Zuwendende keine oder keine gleichwertige Gegenleistung erhält**. Maßgebend ist aber in erster Linie, ob die Parteien von der Gleichwertigkeit von Leistung und Gegenleistung ausgehen. Bei einem groben Missverhältnis beider spricht jedoch eine Vermutung für die (teilweise) Unentgeltlichkeit (BGH NJW 1987, 890 mwNw). Im Falle einer gemischten Schenkung fällt nur der unentgeltlich zugewandte Teil ins Vorbehaltsgut (Soergel/ Gaul/Althammer Rn 9; aA NK-BGB/Völker § 1418 Rn 7; MünchKomm/Kanzleiter § 1418 Rn 7). Dies kann zu schuldrechtlichen Ansprüchen führen (s Rn 33).

Dafür spricht häufig auch die Erklärung zum Vorbehaltsgut. Hierher gehören auch **Ausstattungen**, selbst wenn sie die Vermögensverhältnisse des Vaters oder der Mutter nicht übersteigen und daher nicht als Schenkungen gelten (§ 1624 BGB; vgl auch RG JW 1908, 71). Der Umstand, dass eine sittliche Pflicht der Eltern zur Gewährung einer angemessenen *Aussteuer* besteht, ist ohne Belang (RGZ 80, 217). Dagegen sind Leistungen, die in Erfüllung einer Rechtspflicht erfolgen (zB Unterhalt, früher auch Aussteuer, § 1620 aF), nicht als unentgeltlich zu betrachten.

Für die Unentgeltlichkeit ist entscheidend, dass der bedachte Ehegatte kein Entgelt **26**
zu leisten hat; ob der Zuwendende von anderer Seite, zB von dem anderen Ehegatten, eine Gegenleistung erhält, ist ohne Bedeutung (RGZ 171, 83, 87; unentschieden
noch RGZ 69, 59, 63; wie hier MünchKomm/Kanzleiter § 1418 Rn 7; Gernhuber/Coes-
ter-Waltjen § 38 Rn 40 Fn 56; Soergel/Gaul/Althammer § 1418 Rn 9).

bb) Unter § 1418 Abs 2 Nr 2 BGB fällt nur die unentgeltliche **Zuwendung eines** **27**
Dritten. Die Schenkung eines **Ehegatten an den anderen von Vorbehaltsgut zu Vor-**
behaltsgut erfordert keinen Ehevertrag (s auch oben Rn 14). Der schenkende Ehegatte
ist als Dritter iS der Nr 2 anzusehen. Er steht mit seinem Vorbehaltsgut wegen der
funktionalen Sonderung der Vermögensmassen dem Gesamtgut (der Gesamthand)
und dem anderen Ehegatten mit seinem Vorbehaltsgut rechtlich wie ein Dritter
gegenüber. Der Gleichstellung steht nur der Wortlaut, nicht aber der Sinn und
Zweck des Gesetzes entgegen. Wendet ein Ehegatte dem anderen einen Vermögensgegenstand aus seinem in das Vorbehaltsgut des anderen zu, spricht viel dafür,
dass es sich im Zweifel nicht um eine Zuwendung handelt, die vom Bestand der Ehe
abhängig sein soll (Holzhauer FuR 1995, 271; Wever Rn 534). Ist demgegenüber von
einer Geschäftsgrundlage der Zuwendung in der Ehe der Parteien auszugehen, kann
die Zuwendung entsprechend den Grundsätzen **der ehebezogenen Zuwendung** bei
der Gütertrennung wegen Wegfalls der Geschäftsgrundlage zurückverlangt werden
(Kleinle FamRZ 1997, 1390; Wever 534).

cc) Der Dritte muss **vor oder bei der Zuwendung** bestimmt haben, dass der Erwerb **28**
Vorbehaltsgut sein soll. Danach ist die Bestimmung wirkungslos. Die Zuwendung
fällt in das Gesamtgut. Auch im Falle des Einverständnisses des anderen Ehegatten
wäre zur Überführung ein Ehevertrag erforderlich.

Die Bestimmung **bedarf keiner Form**. Sie erfolgt durch **einseitige empfangsbedürftige** **29**
Erklärung des Zuwendenden an den Ehegatten. Sie gehört nicht zum Inhalt des
Zuwendungsgeschäfts und ist deshalb nicht annahmebedürftig. Die Erklärung muss
spätestens mit der Vollendung der Zuwendung wirksam werden. Eine nachträgliche
Bestimmung ist wirkungslos. Sie kann die inzwischen eingetretene Zugehörigkeit
zum Gesamtgut nicht wieder beseitigen. Mit der Vollendung des Rechtserwerbs wird
auch ein Widerruf der Bestimmung ausgeschlossen. Zur konkludenten Bestimmung
zu Vorbehaltsgut s OLG Hamburg Recht 1908 Nr 1007 = OLGE 37, 241; s auch RG
WarnJb 1911 Nr 333.

Die Bestimmung kann **vor dem Vollzug der Zuwendung** getroffen werden. Die Par- **30**
teien brauchen an eine früher getroffene Bestimmung bei der Vornahme des Zuwendungsgeschäfts nicht zu denken oder sogar auf sie Bezug zu nehmen (so aber
BGB-RGRK/Finke § 1418 Rn 13). Die frühere Bestimmung gilt, wenn nicht die Auslegung der bei der Verfügung vom Zuwendenden abgegebenen Erklärung ergibt, dass
der Gegenstand doch nicht in das Vorbehaltsgut fallen soll.

c) **Erwerb vor Eintritt der Gütergemeinschaft**
Eine Zuwendung mit der Bestimmung, dass sie in das Vorbehaltsgut fallen soll, kann **31**
auch **vor dem Eintritt der Gütergemeinschaft erfolgen** (RGZ 106, 381 gegen RGZ 65, 367;
ebenso die allgM). Das gilt für die Zuwendungen von Todes wegen wie für unentgelt-

liche Zuwendungen. Abs 2 Nr 2 ist auch anzuwenden, wenn die Zuwendung vor der Eheschließung erfolgte.

32 Die Bestimmung der Vorbehaltsguteigenschaft kann, da künftiges Vorbehaltsgut zulässig ist, auch für eine weitere Ehe Gültigkeit haben. Ob die Bestimmung auch auf eine neue Ehe wirkt, ist durch Auslegung der Bestimmung zu ermitteln. Dabei sind die Umstände, insbesondere die Absicht der Beteiligten, zu berücksichtigen. Im Zweifel wird die Frage zu bejahen sein.

d) Wirkung der Bestimmung zu Vorbehaltsgut

33 Die Bestimmung des Erblassers oder des unentgeltlich Zuwendenden bewirkt, dass der Erwerb ohne oder auch gegen den Willen der Ehegatten in das **Vorbehaltsgut** des Bedachten fällt. Die Vorbehaltsguteigenschaft tritt unmittelbar ein. Anders ist es, wenn die Bestimmung die zugewendete Sache nur der Gattung nach bezeichnet. Lautet sie etwa „von dem der Ehefrau zugewendeten Vermögen sollen 10 000 € ihr Vorbehaltsgut sein", so hat diese lediglich einen schuldrechtlichen Anspruch gegen die Gesamthand auf Übertragung dieser Summe aus dem ins Gesamtgut gefallenen Vermögen in ihr Vorbehaltsgut. Dieser Anspruch gehört zu ihrem Vorbehaltsgut (DÖLLE I 887). Haben die Ehegatten durch Ehevertrag zuvor schon den **Ausschluss jeglichen Sondervermögens vereinbart**, so ist sowohl die Bestimmung bei unentgeltlichem Erwerb als auch die testamentarische Bestimmung eines Erblassers, Zuwendung oder Erbschaft solle Vorbehaltsgut der Frau sein, ohne Wirkung (OLG Stuttgart JW 1932, 1402 Nr 13; s auch oben Rn 17).

34 § 1418 Abs 2 BGB gilt auch für das **Vorbehaltsgut** des überlebenden Ehegatten **in der fortgesetzten Gütergemeinschaft** (§ 1486 Abs 1 BGB). Eine verwandte Regelung treffen § 1638 Abs 1 BGB für das Vermögen des unter elterlicher Aufsicht stehenden Kindes und § 1803 Abs 1 BGB für das Vermögen des unter Vormundschaft stehenden Mündels.

3. Vorbehaltsgut kraft Surrogation (Nr 3)

35 Zum Vorbehaltsgut zählen die Gegenstände, die ein Ehegatte aufgrund eines zu seinem Vorbehaltsgut gehörenden Rechtes oder als Ersatz für die Zerstörung, Beschädigung oder Entziehung eines zum Vorbehaltsgut gehörenden Gegenstandes oder durch ein Rechtsgeschäft erwirbt, das sich auf das Vorbehaltsgut bezieht. Die Vorschrift regelt also die Entstehung von Vorbehaltsgut durch dingliche und rechtsgeschäftliche Surrogation, wobei einmal (hinsichtlich der auf das Vorbehaltsgut bezogenen Geschäfte) auf den wirtschaftlichen Zusammenhang zwischen Erwerb und Vorbehaltsgut, im Übrigen auf rechtliche Zusammenhänge abgestellt ist.

a) Erwerb aufgrund eines zum Vorbehaltsgut gehörenden Rechtes

36 aa) Der Begriff „Recht" umfasst alle körperlichen wie unkörperlichen Bestandteile des Vorbehaltsguts. Ob ein Erwerb kraft Gesetzes oder aufgrund eines Rechtsgeschäftes erfolgt, macht keinen Unterschied (Mot IV 177). Dagegen gehört ein ursprünglicher Erwerb nicht hierher (RGZ 76, 357, 360). Daher fällt weder der Erwerb eines Grundstücks durch Ausschlussurteil nach § 927 (RGZ 76, 357, 360) noch der Erwerb durch Zuschlag in der Zwangsversteigerung (RG JR 1928 Nr 1592 = Recht 1928 Nr 1856) in das Vorbehaltsgut.

bb) Gesetzlicher Erwerb sind zB Erträgnisse eines Grundstücks (s § 953 BGB), **37**
Erwerb aus Verbindung und Vermischung (s §§ 946 ff BGB). Der Erwerb durch
Ersitzung (s § 937 ff BGB) wird Vorbehaltsgut, wenn vorher bereits der Besitz der
Sache zum Vorbehaltsgut gehörte (ENNECCERUS/KIPP/WOLFF § 46 I 3 a; vgl Mot IV 500).
Entdeckt der Ehegatte in einer Vorbehaltsgutssache einen Schatz (§ 984 BGB), so
fällt die ihm als Eigentümer gebührende Hälfte in das Vorbehaltsgut, dagegen die
ihm als Finder zukommende Hälfte in das Gesamtgut.

cc) Rechtsgeschäftlicher Erwerb ist derjenige, der dem Ehegatten durch Vermitt- **38**
lung eines den Inhalt des Rechtes verwirklichenden Rechtsgeschäfts zufällt (Mot IV
177). Hierher gehören namentlich die Leistungen, die durch Erfüllung einer zum
Vorbehaltsgut gehörenden Forderung erworben werden, also Mieten aus Wohn-
gebäuden, Pachtzinsen, Kapitalzinsen, Lotteriegewinne usw. Ob der Anspruch, aufgrund dessen die Leistung erbracht wird, bereits vor Eintritt der Gütergemeinschaft
oder vor Begründung der Vorbehaltsguteigenschaft bestanden hatte, ist ohne Belang. Der als Erfüllung geleistete Gegenstand wird gleichwohl Vorbehaltsgut
(Mot IV 500 f). Bei einem Erwerb durch Glücksfall kommt es darauf an, ob sich
der Erwerb auf die Person des Ehegatten oder auf ein vorbehaltenes Recht gründet.
Nur im zweiten Falle wird der Erwerb Vorbehaltsgut (Mot IV 500). Somit fällt die
gewonnene Wette (s § 762 BGB) nicht in das Vorbehaltsgut, wohl aber der Lotteriegewinn (s §§ 762 ff BGB), sofern das Los zum Vorbehaltsgut gehörte, und die
Hälfte eines Schatzes (Mot IV 500; vgl Rn 37). Ein bestrittener Anspruch, der durch
Vergleich oder Urteil festgestellt wird, besteht fort. Der Erwerb ist daher nicht
ursprünglicher Rechtserwerb (vgl Mot IV 501).

(Rn 39 ist frei.) **39**

**b)   Erwerb als Ersatz für die Zerstörung, Beschädigung oder Entziehung
eines zum Vorbehaltsgut gehörenden Gegenstandes**

„Gegenstand" sind Sachen und Rechte (vgl § 90 BGB). Die **Zugehörigkeit zum** **40**
Vorbehaltsgut richtet sich in erster Linie nach § 1418 Abs 2 Nr 1 und 2 BGB. Aber
auch Gegenstände, die an die Stelle vorbehaltender Vermögensteile treten (Nr 3),
werden ihrerseits wieder Vorbehaltsgut.

Zerstörung, Beschädigung und Entziehung setzen Verlust oder Verschlechterung des **41**
Vorbehaltsguts voraus. Unter Zerstörung und Beschädigung sind vor allem Eingriffe
von Menschenhand zu rechnen (zB unerlaubte Handlungen). Aber auch Einwirkun-
gen durch Zufall, insbesondere Elementarereignisse, gehören hierher. Also fallen
auch Ansprüche auf die Sachversicherungssumme für Schäden am Vorbehaltsgut in
dieses Sondervermögen (s auch unten Rn 42; die Versicherungssummen passen außerdem auch in die dritte Gruppe, s unten Rn 42). Als Beispiele für die Entziehung
nennen die Mot IV 501 den Anspruch wegen Enteignung und den Anspruch auf
den Überschuss aus dem Erlös der Zwangsversteigerung. Weiter sind hierher zu
rechnen der Anspruch aus § 812 BGB wegen ungerechtfertigter Bereicherung eines
Dritten aus dem Vorbehaltsgut und die Ersatzforderung aus §§ 1434, 1457 BGB.

„Als Ersatz" erwirbt der Ehegatte, was er in einem ursächlichen Zusammenhang mit **42**
dem Schadensereignis erlangt. Der Ersatz bildet wirtschaftlich eine Vergütung für
den Verlust oder die Verminderung des Vorbehaltsguts. Daher ist auch die Versi-

cherungssumme als Ersatz für die Zerstörung, Beschädigung oder Entziehung des versicherten Gegenstandes anzusehen, mag sie auch rechtlich auf dem Versicherungsvertrag beruhen (Mot IV 501).

c) Erwerb durch ein Rechtsgeschäft, das sich auf das Vorbehaltsgut bezieht

43 aa) Voraussetzung ist ein bestimmter Zusammenhang des Rechtsgeschäfts mit dem Vorbehaltsgut. Es genügt ein **wirtschaftlicher Zusammenhang**; ein rechtlicher ist – anders als bei den vorher behandelten Surrogationsarten – nicht erforderlich (Mot IV 177 f; BGH NJW 1968, 1824; RGZ 87, 100, 104). Dieser Zusammenhang muss in **subjektiver und objektiver** Richtung vorliegen (Mot IV 178; RGZ 72, 165, 167; RGZ 92, 139, 141; RG LZ 1922, 649 = WarnR 1923/24 Nr 15 = Recht 1924 Nr 178). Der Ehegatte muss also den Willen haben, für das Vorbehaltsgut abzuschließen, und außerdem muss das Rechtsgeschäft sich auch sachlich mit dem Vorbehaltsgut in Zusammenhang bringen lassen. Das Erfordernis einer subjektiven Beziehung folgt aus dem Wesen des Rechtsgeschäfts als einer Willenserklärung und aus dem Gegensatz zum Surrogationserwerb mit Mitteln der betreffenden Vermögensmasse in § 2111 BGB. Die weitere Voraussetzung eines objektiven Zusammenhanges ergibt sich aus dem Grundsatz, dass ein Ehegatte für sich selbst nicht willkürlich einseitig Vorbehaltsgut schaffen kann (so RGZ 92, 139, 141).

44 bb) Die **subjektive Beziehung** kann sich sowohl aus einer ausdrücklichen Erklärung des Ehegatten als auch aus den Umständen ergeben. Der Ehegatte braucht seine Absicht, für das Vorbehaltsgut zu handeln, bei Vertragsschluss nicht dem Geschäftspartner oder dem anderen Ehegatten gegenüber zu erklären (RGZ 92, 139, 141; BAMBERGER/ROTH/MAYER § 1418 Rn 8). Hat der Ehegatte sein Vorbehaltsgut der Verwaltung des anderen überlassen, so entscheidet dessen Absicht darüber, ob der Erwerb wieder Vorbehaltsgut wird (SOERGEL/GAUL/ALTHAMMER § 1418 Rn 13; s auch RGSt 40, 176).

45 cc) Der **objektive Zusammenhang** verlangt nicht, dass der Erwerb sich wirtschaftlich als durch das Vorbehaltsgut gemacht darstellt, also ein einfacher Umsatz von Werten in anderer Form erfolgt; die Absicht, Gewinn zu erzielen, schadet nicht (Mot IV 177, 502). Die Verwendung von Mitteln des Vorbehaltsguts begründet den Zusammenhang nicht ohne Weiteres (s unten Rn 48). An der sachlichen Beziehung fehlt es, wenn der Ehegatte bisher noch gar kein Vorbehaltsgut besitzt (Mot IV 178). Ein Zusammenhang mit dem Vorbehaltsgut besteht bei folgenden Rechtsgeschäften: Verkauf von Vorbehaltsgutssachen, entgeltliche Abtretung zum Vorbehaltsgut gehörender Forderungen, Erwerb eines Grundstücks (RGZ 92, 139) oder von Einrichtungsgegenständen mit Mitteln des Vorbehaltsgutes (OLG Hamburg OLGE 30, 42) oder für ein zum Vorbehaltsgut gehörendes Anwesen, Wiederanschaffungen an Stelle verlorenen oder untergegangenen Grundstücksinventars (Mot IV 178), Tauschverträge, Dienstverträge über Arbeiten, die sich auf Gegenstände des Vorbehaltsguts beziehen (Mot IV 178), Verträge, durch die ein gewerbetreibender Ehegatte sich gegen eine unfallbedingte Minderung seiner Erwerbsfähigkeit versichert (RGZ 72, 165), Erwerb von Sparkassenforderungen aus Mitteln des Vorbehaltsgutes (RG LZ 1922, 649 = WarnR 1923/24 Nr 15 = Recht 1924 Nr 178 [gekürzt]).

46 *Verneint* wurde ein objektiver Zusammenhang bei der Schadensversicherung für einen zum Gesamtgut gehörigen, aber für das Vorbehaltsgut (Erwerbsgeschäft)

benutzten Kraftwagen (OLG Breslau JW 1935, 2907); beim Grundstückserwerb innerhalb eines vorbehaltenen Landwirtschaftsbetriebes (OLG Kiel SchlHAnz 1919, 34); bei
Erzielung von Kaufpreiszinsen nach Verkauf eines Erwerbsgeschäftes, das Vorbehaltsgut war (RGZ 87, 100, 104).

Ist bei einem Erwerb die Beziehung zum Vorbehaltsgut nur *teilweise* vorhanden (so **47**
zB wenn der Ehegatte ein Haus eintauscht gegen zwei Grundstücke, von denen eines
zum Vorbehaltsgut, das andere zum Gesamtgut gehört), so wird der Erwerb nur zu
dem entsprechenden Bruchteil Vorbehaltsgut (PLANCK/UNZNER § 1370 aF Anm 4).

dd) § 1418 Abs 2 Nr 3 BGB knüpft die Surrogation **nicht an einen Erwerb „mit 48
Mitteln" des Vorbehaltsguts** (ebenso §§ 1473 Abs 1, 2041 S 1, 2374 BGB; anders
§§ 1646, 2019 Abs 1, 2111 Abs 1 S 1 BGB für die jeweiligen Sondervermögen). Es
ist daher nicht erforderlich, dass die Gegenleistung aus dem Vorbehaltsgut stammt:
Inhaberpapiere, die der Ehegatte auf Kredit für sein Vorbehaltsgut kauft, gehören
dorthin, mögen sie auch später aus dem Gesamtgut zu bezahlen sein (BAMBERGER/
ROTH/MAYER § 1418 Rn 8; DÖLLE I 887 Fn 108). Auf der anderen Seite begründet allein die
Tatsache, dass zum Erwerb Mittel des Vorbehaltsguts verwendet werden, noch nicht
den notwendigen objektiven Zusammenhang zwischen Kauf und Vorbehaltsgut, zB
wenn der Ehegatte mit Mitteln seines Vorbehaltsguts Inventar für ein Gesamtgutsgrundstück anschafft (BGB-RGRK/FINKE § 1418 Rn 17).

4.   Gegenstände, die nicht zum Vorbehaltsgut gehören

Nicht zum Vorbehaltsgut gehören (vorbehaltlich anderweitiger Vereinbarung durch **49**
Ehevertrag oder Bestimmung des zuwendenden Erblassers oder Dritten):

a)   die ausschließlich **zum persönlichen Gebrauch** eines Ehegatten bestimmten
Gegenstände. Hierfür ist die Erwägung maßgebend, dass dem Gläubiger Schutz
vor Schmälerung des Gesamtgutes zu gewähren sei (DÖLLE I 889);

b)   der **Erwerb durch Arbeit** oder durch den selbständigen **Betrieb eines Erwerbs- 50
geschäftes** (Mot IV 342; anders früher § 1367 aF), sofern nicht der Surrogationsgrundsatz eingreift; gehört allerdings das Erwerbsgeschäft, das einer der Ehegatten
selbständig betreibt (vgl die Erl zu § 1431 ff), zu dessen Vorbehaltsgut, so gehört der
Gewinn, den er dort aufgrund seiner Tätigkeit erzielt, gemäß Abs 3 zum Vorbehaltsgut.

V.   Rechtliche Behandlung des Vorbehaltsguts

1.   Allgemeines

Das Vorbehaltsgut hat bei der Gütergemeinschaft im Allgemeinen die gleiche recht- **51**
liche Stellung wie bei der Gütertrennung das Vermögen eines **Ehegatten**. Das Eigentum und das Recht auf Verfügung, Verwaltung und Nutzung sind *keinerlei güterrechtlichen Beschränkungen* unterworfen. Jeder Ehegatte steht seinem Vorbehaltsgut
so gegenüber, als wenn er unverheiratet wäre (vgl Mot IV 343). Die allgemeinen
rechtlichen Wirkungen der Ehe greifen aber auch hier Platz.

2. Besitz

52 Der **Besitz** richtet sich nach den tatsächlichen Verhältnissen (vgl RG JW 1914, 146 Nr 9; RG WarnJb 1922 Nr 16 = JW 1922, 93). So ist auch Mitbesitz beider Ehegatten an Sachen möglich, die zum Vorbehaltsgut eines Ehegatten gehören. Das gilt insbesondere bei gemeinschaftlicher Benutzung (jetzt auch PALANDT/BRUDERMÜLLER § 1418 Rn 1; ebenso die hM, vgl GERNHUBER/COESTER-WALTJEN § 38 Rn 42 mwNw).

3. Verwaltung

53 a) Nach § 1418 Abs 3 S 1 BGB **verwaltet jeder Ehegatte sein Vorbehaltsgut selbständig**. Dazu gehört auch die selbständige Prozessführung hinsichtlich des Vorbehaltsgutes. Eine *Ausnahme* macht § 1425 Abs 1 S 2 BGB: Für Schenkungsversprechen, die sich auf sein Vorbehaltsgut beziehen, bedarf der Ehegatte, der das Gesamtgut verwaltet, der Zustimmung des anderen Ehegatten. Realschenkungen aus dem Vorbehaltsgut sind dagegen auch ohne Zustimmung wirksam. Der Ehegatte kann sein Vorbehaltsgut ganz oder teilweise der Verwaltung des anderen Ehegatten überlassen.

54 b) Nach § 1418 Abs 3 S 2 BGB erfolgt die **Verwaltung für eigene Rechnung**, dh die Nutzungen fallen dem Ehegatten zu (so schon Abs 2 Nr 3) und er trägt auch die Lasten des Vorbehaltsguts. Im Verhältnis zu einem Dritten kann ein Ehegatte sein Vorbehaltsgut als alleinigen Haltungsgegenstand festlegen. Das Vorbehaltsgut ist andererseits gesetzliches Haftungsobjekt gemäß §§ 1441–1443; 1463–1465 BGB.

55 c) Zur Heranziehung des Vorbehaltsguts zum **Familienunterhalt** s § 1420 BGB. Danach brauchen die Einkünfte des Vorbehaltsguts erst nach den **Einkünften** herangezogen werden, die in das **Gesamtgut** fallen. Bis der Stamm des Vorbehaltsguts angegriffen werden kann, müssen der Stamm des Gesamtguts und des Sonderguts aufgezehrt sein.

4. Wirkung gegen Dritte

56 Dritten gegenüber ist die Vorbehaltsguteigenschaft eines Gegenstandes nur nach Maßgabe des § 1412 BGB wirksam (Abs 4), also nur, wenn sie zur Zeit der Vornahme des Rechtsgeschäfts oder der Rechtshängigkeit des Rechtsstreits im Güterregister eingetragen (vgl § 1412 Rn 37 f zum Umfang der Eintragung) oder dem Dritten bekannt war. Soweit das Vorbehaltsgut auf Ehevertrag beruht, ergibt sich das bereits unmittelbar aus § 1412 BGB; für den Erwerb aufgrund der Bestimmung eines Dritten und für den Surrogationserwerb war eine besondere Verweisung notwendig.

5. Eintragung in das Grundbuch

57 Zum Vorbehaltsgut eines Ehegatten gehörende Grundstücke und Grundstücksrechte werden auf dessen Namen eingetragen. Die Eigenschaft als Vorbehaltsgut ist dagegen nicht eintragungsfähig (hM, vgl OLG Hamburg RJA 4, 261; KG KGJ 38, 211).

6. Zwangsvollstreckung

Zur Zwangsvollstreckung ist ein Titel gegen den Inhaber des Vorbehaltsgutes er- **58** forderlich und genügend. § 1362 BGB ist ebenso anwendbar wie § 739 ZPO (s aber auch § 1416 Rn 12).

Zur *Anfechtbarkeit* der eheverträglichen Begründung von Vorbehaltsgut gemäß **59** AnfG s RGZ 57, 86.

§ 1419
Gesamthandsgemeinschaft

(1) Ein Ehegatte kann nicht über seinen Anteil am Gesamtgut und an den einzelnen Gegenständen verfügen, die zum Gesamtgut gehören; er ist nicht berechtigt, Teilung zu verlangen.

(2) Gegen eine Forderung, die zum Gesamtgut gehört, kann der Schuldner nur mit einer Forderung aufrechnen, deren Berichtigung er aus dem Gesamtgut verlangen kann.

Materialien: Zu § 1442 aF: E I §§ 1344 S 2, 1345 Abs 1 HS 1 Abs 2; II § 1338 rev § 1427; III § 1425; Mot IV 337; Prot IV 233; D 693. Zu § 1419 nF: E I § 1442; II § 1442; III § 1419; BT-Drucks 1/3802, 64; BT-Drucks 2/3409, 26. Vgl STAUDINGER/BGB-Synopse 1896–2005 § 1419.

Systematische Übersicht

I. Allgemeines

Die Vorschrift entspricht inhaltlich § 1442 aF. Wortlaut und Sinngehalt decken sich **1** (bewusst) mit § 719 BGB (Prot IV 233). Eine Parallele zu § 717 BGB fehlt dagegen.

II. Gesamthandsgemeinschaft

1. Gesamtgut und Gesamthand

2 § 1419 BGB regelt die wichtigsten Rechtswirkungen der Vergemeinschaftung (§ 1416 Abs 1 BGB) des Vermögens der Ehegatten im Gesamtgut. Diese Wirkungen kennzeichnen die Gemeinschaft als Gesamthand, nicht als Bruchteilsgemeinschaft nach §§ 741 ff BGB. Zur gesamthänderischen Zuordnung des Vermögens s § 1416 Rn 2, 3 ff.

2. Bindung des Gesamtguts (Überblick)

3 Die Gütergemeinschaft ist, anders als die Erbengemeinschaft (§§ 2032 ff BGB), auf Dauer angelegt. Sie ist auch ausschließlich auf die Ehegatten als Beteiligte zugeschnitten. Dem entspricht ihre rechtliche Organisation:

4 (1) kein Ehegatte kann über seinen Anteil am Gesamtgut verfügen (s unten Rn 9 ff). Anders entscheidet § 2033 Abs 1 BGB für die Miterbengemeinschaft. In der Gesellschaft wird in Auflockerung des § 719 Abs 1 BGB eine Verfügung über den Gesellschaftsanteil dann zugelassen, wenn das im Gesellschaftsvertrag vereinbart ist oder alle übrigen Gesellschafter zustimmen (BGHZ 13, 179, 182);

5 (2) kein Ehegatte kann über den Anteil an den einzelnen zum Gesamtgut gehörenden Gegenständen verfügen (s unten Rn 14). Das entspricht der Regelung bei der Gesellschaft (§ 719 Abs 1 BGB) und der Miterbengemeinschaft (§ 2033 Abs 2 BGB);

6 (3) der Anspruch auf Teilung ist ausgeschlossen (s unten Rn 17). Ebenso § 719 Abs 1 HS 2 BGB, anders § 2042 Abs 1 BGB;

7 (4) gegen Gesamtgutsforderung kann der Schuldner nur mit einer Forderung aufrechnen, für die das Gesamtgut haftet (s unten Rn 19 ff). Sinngemäß ebenso § 719 Abs 2 BGB und § 2040 Abs 2 BGB;

8 (5) die Pfändung des Anteils eines Ehegatten am Gesamtgut und an den dazu gehörenden Gegenständen ist ausgeschlossen, § 860 Abs 1 ZPO. Zur Zwangsvollstreckung s auch unten Rn 11, 26.

III. Ausschluss der Verfügung über den Gesamtgutsanteil

1. Nichtigkeit der Verfügung

9 Die **Verfügung** eines Ehegatten über seinen Anteil am Gesamtgut **ist nichtig**. § 1419 Abs 1 BGB ist kein gesetzliches Verbot gemäß § 134 BGB (anders BGB-RGRK/Finke § 1419 Rn 6) und auch kein relatives Veräußerungsverbot gemäß § 135 BGB, sondern gesetzliche Anordnung der Unübertragbarkeit des Anteils (vgl BGHZ 19, 355, 359; s auch Raebel in: Handbuch der Grundstückspraxis, Teil 5 Rn 44). Die Beteiligung eines Dritten am Gesamtgut würde der Funktion der Gütergemeinschaft als ehelicher Güterstand widersprechen. Das unterscheidet diese von der Gesellschaft. Deshalb ist eine Verfügung über den Anteil **auch bei Zustimmung des anderen Ehegatten nichtig**.

2. Verfügung von Todes wegen

§ 1419 Abs 1 BGB betrifft **nicht** die **Verfügung von Todes wegen**. Sie ist, sofern nicht **10** die Fortsetzung der Gütergemeinschaft vereinbart ist (§§ 1483 ff BGB), möglich, § 1482 BGB (vgl BGH NJW 1964, 2298; BayObLGZ 1960, 254, 257).

3. Rechtslage nach Beendigung der Gütergemeinschaft

Die Verfügung über den Anteil am Gesamtgut ist auch dann ausgeschlossen, wenn **11** die **Gütergemeinschaft** beendet ist. Das gilt auch bei Beendigung durch den Tod eines Ehegatten (OLG Saarbrücken FamRZ 1955, 138). Der Ausschluss gilt fort bis zur Auseinandersetzung über das Gesamtgut (§ 1471 Abs 2 BGB, vgl auch RGZ 125, 354). § 860 Abs 2 ZPO ermöglicht jedoch nach Beendigung der Gütergemeinschaft die Pfändung des Anteils. Der überlebende Ehegatte kann als befreiter Vorerbe trotz § 2113 Abs 2 BGB über ein Gesamtgutsgrundstück verfügen, weil andernfalls auch der eigene Gesamtgutsanteil gebunden wäre (vgl BGH FamRZ 1976, 338, 339).

4. Verpflichtungsgeschäfte

Ein zur Verfügung über den Anteil am Gesamtgut **verpflichtendes Rechtsgeschäft** **12** wird von § 1419 BGB nicht unmittelbar berührt. Es gilt aber § 275 Abs 1 BGB (nach § 306 aF: Nichtigkeit; iE auch BGH FamRZ 1966, 443 f; RG JW 1903 BeilNr 26; OLG Saarlouis JW 1925, 374 und hL). Die Umdeutung eines solchen Verpflichtungsgeschäfts in die Verpflichtung zur Abtretung der künftigen Auseinandersetzungsansprüche ist jedoch möglich (BGH FamRZ 1966, 443, 444; vgl auch OLG Hamburg JW 1934, 2572).

5. Verfügungen über den Anspruch auf Auseinandersetzung

Ausgeschlossen ist auch die Verfügung über den **Anspruch auf Auseinandersetzung** **13** nach Beendigung der Gütergemeinschaft (vgl KG JW 1931, 1371; auch OLG München BayZ 1926, 146 – zur Pfändung). Möglich sind dagegen Verfügungen über den **Anspruch auf das Auseinandersetzungsguthaben** oder auch über **bestimmte** Gegenstände, die dem Ehegatten bei der Auseinandersetzung zugeteilt werden (s dazu auch § 1477 Abs 2 BGB).

IV. Ausschluss der Verfügung über den Anteil an einzelnen Gesamtgutsgegenständen

1. § 1419 Abs 1 BGB besagt nichts darüber, ob Anteile der Ehegatten an den **14** zum Gesamtgut gehörenden Gegenständen bestehen. Die Annahme solcher Anteile widerspräche aber dem Gesamthandsprinzip; sie ist nicht nur „unpraktisch", wie es in RGZ 9, 144; 68, 413 heißt. An den Gegenständen des Gesamtguts sind die Ehegatten in ungeteilter Gesamthandsberechtigung mitzuständig. Daraus folgt die gemeinschaftliche Verfügungszuständigkeit über die einzelnen Gegenstände im Ganzen, modifiziert nur durch die vereinbarte (§ 1421 BGB) Verwaltungszuständigkeit. Das Gesetz schließt konsequent das selbständige **Verfügungsrecht** jedes Ehegatten über „seinen" Anteil an den Gesamtgutsgegenständen aus. **Verfügungen über einen** solchen **Anteil sind absolut nichtig**. Die Regelung ist zwingend. Auch mit Zustimmung des anderen Ehegatten ist die Verfügung nicht wirksam. Die **Verpflichtung** zur Verfügung über den Anteil an einem Gesamtgutsgegenstand ist zwar nicht mehr nichtig gemäß § 306 aF aber es gilt § 275 Abs 1 BGB mit der Folge, dass der Anspruch auf Leistung ausgeschlossen ist mit den Konsequenzen von § 311a Abs 2 BGB.

15 **2.** Der Anteil an den einzelnen Gesamtgutsgegenständen ist auch **nicht pfändbar**, § 860 Abs 1 ZPO. Das gilt, anders als für den Anteil am Gesamtgut (s Rn 11), auch für die Zeit nach der Beendigung der Gütergemeinschaft (vgl auch Rn 26).

16 **3.** Über die zum Gesamtgut gehörenden Gegenstände können die Ehegatten gemeinschaftlich verfügen, § 1450 BGB. Ein Ehegatte allein kann verfügen, wenn er das Gesamtgut verwaltet (§ 1422 BGB) oder wenn die Voraussetzungen der §§ 1429, 1431, 1454, 1456 BGB vorliegen.

V. **Ausschluss des Teilungsanspruchs**

17 **1.** Solange die Gütergemeinschaft besteht, bestimmen sich die güterrechtlichen Verhältnisse der Ehegatten nach den gesetzlichen Bestimmungen der §§ 1415 ff BGB und den sie speziell abändernden ehevertraglichen Regelungen. Eine Teilung des Gesamtguts ist im Gesetz nur nach Beendigung der Gütergemeinschaft vorgesehen (§§ 1471 ff, 1476 BGB). Das Gesetz verbietet die Teilung ohne vorherige Beendigung des Güterstandes jedoch nicht. Es lässt insbesondere die Überführung von Gesamtgut in die Vorbehaltsgüter zu, die allerdings nur einverständlich durch einen Ehevertrag erfolgen kann. Durch § 1419 Abs 1 HS 2 BGB wird allein der Anspruch eines Ehegatten gegen den anderen auf Durchführung der Teilung während des Bestehens der Gütergemeinschaft ausgeschlossen.

18 **2.** Der **Ausschluss des** einseitigen **Anspruchs auf Teilung ist zwingend.** Auch in einem Ehevertrag kann nicht wirksam vereinbart werden, dass vor der Beendigung des Güterstandes jederzeit, zu bestimmten Terminen oder unter bestimmten Bedingungen Teilung verlangt werden könne. Eine Verpflichtung der Ehegatten, einer vorgezogenen Teilung des Gesamtguts zuzustimmen oder bei ihr mitzuwirken, ist ebenfalls rechtsunwirksam.

VI. **Aufrechnung**

19 **1.** Gegen eine Forderung, die zum Gesamtgut gehört, kann **der Schuldner** nur mit einer Gegenforderung **aufrechnen**, deren Berichtigung er aus dem Gesamtgut verlangen kann (Abs 2). Entsprechendes gilt für die Geltendmachung eines **Zurückbehaltungsrechts**.

20 **a)** **Gesamtgutsforderungen** sind gemäß § 1416 Abs 1 S 2 BGB alle während der Gütergemeinschaft für einen der Ehegatten entstehenden Forderungen, wenn sie nicht gemäß § 1417 BGB oder § 1418 BGB einem Ehegatten allein als Sonder- oder Vorbehaltsgut zustehen.

b) Welche Verbindlichkeiten **aus dem Gesamtgut zu berichtigen** sind (Gesamtguts- **21** verbindlichkeiten), bestimmt sich nach den §§ 1437–1440 BGB und den §§ 1459–1462 BGB. Bei der Gesamtgutsverwaltung durch einen Ehegatten sind dies alle Forderungen gegen den Verwalter, sowie die Forderungen gegen den nicht verwaltenden Ehegatten, soweit sich nach den §§ 1438 ff BGB nicht Ausnahmen ergeben; bei Gesamtgutsverwaltung durch beide Ehegatten alle Forderungen gegen beide Ehegatten, soweit sich aus den §§ 1460 ff BGB nicht Ausnahmen ergeben.

c) Der Schuldner kann die Aufrechnung bei Verwaltung des Gesamtguts durch **22** einen Ehegatten nur dem Verwalter gegenüber erklären. Er muss sie an diesen richten. Der Zugang richtet sich nach den allgemeinen Bestimmungen. Der andere Ehegatte ist regelmäßig als Empfangsbote anzusehen, wenn die Ehegatten in häuslicher Gemeinschaft leben.

d) **Abs** 2 steht einem **Aufrechnungsvertrag** des Schuldners einer Gesamtgutsforderung **23** mit einer Gegenforderung gegen einen der Ehegatten, die nicht zugleich Gesamtgutsverbindlichkeit ist, nicht im Wege (wie hier BAMBERGER/ROTH/MAYER Rn 6; PALANDT/BRUDERMÜLLER Rn 3).

2. Die Aufrechnung **der Ehegatten** mit einer Gesamtgutsforderung behandelt **24** Abs 2 nicht. Das Erfordernis der Gegenseitigkeit ist aber auch insoweit nur erfüllt, wenn der Gesamtgutsforderung eine Gesamtgutsverbindlichkeit gegenübersteht. Deshalb kann kein Ehegatte, auch nicht der Gesamtgutsverwalter, gegen eine Verbindlichkeit, für die nur sein Vorbehaltsgut haftet, mit einer Gesamtgutsforderung aufrechnen. Das gilt auch dann, wenn beide Ehegatten mit ihren Vorbehaltsgütern Gesamtschuldner sind.

3. Ist eine Gesamtgutsverbindlichkeit zugleich persönliche Schuld eines Ehegat- **25** ten, so können dieser und der Gläubiger mit einer oder gegen eine zum Vorbehaltsgut des Ehegatten gehörenden Forderung aufrechnen.

VII. Zwangsvollstreckung

1. Der Anteil eines Ehegatten am Gesamtgut ist nicht pfändbar, § 860 Abs 1 **26** ZPO (auch nicht der künftige Anteil, OLG München FamRZ 2013, 1404 Rn 13); das gilt auch für den Anspruch auf Auseinandersetzung (LG Frankenthal RPfleger 1981, 241). Er ist jedoch pfändbar, sobald die Gütergemeinschaft beendet ist, § 860 Abs 2 ZPO. § 860 Abs 2 ZPO gilt nicht für die Anteile an den einzelnen zum Gesamtgut gehörenden Gegenständen (RG BayZ 1919, 80; OLG Posen Recht 1905, 856). Die Eintragung einer Zwangshypothek am Anteil des Schuldners an einem zum Gesamtgut gehörenden Grundstück ist daher in jedem Falle unzulässig (BayObLGZ 15, 371, 374 f).

2. In der Insolvenz eines Ehegatten gehört dessen Anteil am **Gesamtgut** nicht zur **27** Insolvenzmasse. §§ 36 InsO, 860 Abs 1 ZPO; anders nach Beendigung der Gütergemeinschaft.

3. Die Anteile am Gesamtgut und an den einzelnen dazu gehörenden Gegen- **28** stände unterliegen nicht der **Einziehung** gemäß § 74 StGB. Dagegen ist die Beschlagnahme dieser Anteile gemäß § 290 StPO nach hM möglich (BayObLG BayZ 1921, 846).

§ 1420
Verwendung zum Unterhalt

Die Einkünfte, die in das Gesamtgut fallen, sind vor den Einkünften, die in das Vorbehaltsgut fallen, der Stamm des Gesamtgutes ist vor dem Stamm des Vorbehaltsgutes oder des Sondergutes für den Unterhalt der Familie zu verwenden.

Materialien: E I § 1458; II § 1458; III § 1420;
BT-Drucks 1/3802, 65; BT-Drucks 2/224, 52; BT-
Drucks 2/3409, 26. Vgl STAUDINGER/BGB-
Synopse 1896–2005 § 1420.

Systematische Übersicht

I.   Rechtsentwicklung

1 Das BGB unterschied ursprünglich zwischen Unterhalt und Aufwand. Die gegenseitige Unterhaltpflicht der Ehegatten regelte es in den Vorschriften über die Wirkungen der Ehe im Allgemeinen (§§ 1360, 1361 aF). Die weitere Verpflichtung, den ehelichen Aufwand zu tragen, normierte das BGB jeweils bei den einzelnen Güterständen (§§ 1389, 1427, 1458, 1529, 1549 aF). Diese Unterscheidung hat das GleichberG aufgegeben, weil sie einen soziologischen Einheitsbegriff aufspaltete und auch dem ausländischen Recht fremd war (BT-Drucks 1/3802, 47; BT-Drucks 2/224, 30; BT-Drucks 2/3409, 37). Das GleichberG fasste beide Verpflichtungen in § 1360 S 1 BGB zusammen: Die Ehegatten sind einander verpflichtet, durch ihre Arbeit und mit ihrem Vermögen die Familie angemessen zu unterhalten. Der frühere § 1458 BGB, der den ehelichen Aufwand in der Gütergemeinschaft dem Gesamtgut zur Last legte, ist damit gegenstandslos geworden. Die Reihenfolge, in der bei der Gütergemeinschaft die einzelnen Vermögensmassen zum Familienunterhalt beitragen müssen, entscheidet § 1420 BGB. Der E III hat die Bestimmung in die allgemeinen Vorschriften über die Gütergemeinschaft übernommen, weil sie ohne Rücksicht darauf gilt, wer das Gesamtgut verwaltet (BT-Drucks 2/3409, 26). § 1420 BGB gilt in gleicher Weise für den Trennungsunterhalt (s Rn 3).

II.   Grundgedanke

2 Den wesentlichen Teil des beiderseitigen Vermögens bildet das Gesamtgut. Daher soll auch der Familienunterhalt in erster Linie aus dem Gesamtgut bestritten werden (BT-Drucks 1/3802, 65; BT-Drucks 2/224, 52).

III. Reihenfolge der Verwendung

1. Nach § 1420 BGB sind die einzelnen Gütermassen und deren Teile zum **Fa-** 3
milienunterhalt in dieser Reihenfolge **zu verwenden**:

(1) die Einkünfte, die in das Gesamtgut fallen,

(2) die Einkünfte, die in das Vorbehaltsgut fallen,

(3) der Stamm des Gesamtgutes,

(4) der Stamm des Vorbehaltsgutes und des Sondergutes.

§ 1420 BGB regelt nur den Rang von (1) zu (2) und von (3) zu (4). Dagegen richtet sich die Reihenfolge von (1) oder (2) zu (3) oder (4) nach § 1360 BGB.

§ 1420 BGB gilt auch für den **Trennungsunterhalt** gemäß § 1361 BGB (BGHZ 111, 248, 253 = NJW 1990, 2252 = FamRZ 1990, 851; OLG München FamRZ 1996, 557) und zwar bei Scheidung bis zur Erledigung der Auseinandersetzung des Gesamtgutes (OLG Zweibrücken FamRZ 1998, 239; § 1472 Rn 9). Verlangt werden kann die *Mitwirkung bei der Verwendung* (§ 1451 BGB), nicht die Zahlung einer Geldrente (s etwa auch zur Bemessung OLG Oldenburg FamRZ 2013, 213 Rn 18; *anders* für einen Sonderfall OLG Düsseldorf FamRZ 1999, 1348). Das gilt auch für Notunterhalt im Wege einer einstweiligen Anordnung (OLG München NJW-RR 1996, 903). Insoweit genießt die güterrechtliche Regelung Vorrang vor dem Zahlungsanspruch aus § 1361 Abs 4 S 1 BGB (BGH FamRZ 1990, 851). Die Mitwirkung kann durchgesetzt werden entweder im Prozessweg vor dem Familiengericht mit anschließender Vollstreckung (ohne dass dieser § 888 Abs 3 ZPO entgegenstünde), wenn es sich um eine tatsächliche Verwaltungshandlung handelt, oder durch familiengerichtliche Ersetzung der Zustimmung zu einem für die Auszahlung notwendigen Rechtsgeschäft gemäß § 1452 BGB (zu Letzterem BayObLG FamRZ 1997, 422; zu Einzelheiten § 1451 Rn 13; ENSSLEN FamRZ 1998, 1079; aA KLEINLE FamRZ 1997, 1194 ff). Der aus der Ehewohnung ausgezogene Ehegatte kann deswegen nicht generell eine unmittelbare Zahlung eines anteiligen Nutzungsentgelts aus dieser als Ertrag des Gesamtgutes an sich verlangen (aA OLG Bamberg FamRZ 1987, 703; differenzierend ENSSLEN FamRZ 1998, 1082; zweifelnd und zur Zuständigkeit OLG Köln NJW-RR 1993, 904).

2. In erster Linie sind die **Einkünfte, die in das Gesamtgut fallen**, zum Familien- 4
unterhalt heranzuziehen.

Der **Begriff der Einkünfte** ist im BGB nirgends bestimmt (vgl §§ 1427, 1430, 1441, 5
1521 aF, 1649 nF, 2050). Ob ein Erwerb zu den Einkünften zählt, ist nicht allgemein, sondern nur nach den Umständen des einzelnen Falles zu beurteilen. Maßgebend sind nicht rechtliche, sondern wirtschaftliche Gesichtspunkte; daher ist nicht nur auf die Absicht des Zuwendenden, sondern auch auf die persönlichen Verhältnisse des Empfängers, seine Erwerbstätigkeit und den Anlass der Zuwendung Rücksicht zu nehmen (vgl Mot IV 367). Einkünfte sind der Ertrag aus Vermögen, Renten, Arbeit, Erwerbsgeschäft und Zuwendungen, wenn sie nach wirtschaftlicher Betrachtung nicht zur Kapitalbildung, sondern zum laufenden Verbrauch bestimmt sind, zB

Arbeitsverdienst, Trinkgelder, einzelne Rentenzahlungen (BGHZ 111, 248 = BGH NJW 1990, 2252 = FamRZ 1990, 851), Weihnachtsgratifikationen, Zuwendungen für eine Urlaubsreise, Miet- und Pachtzinsen; dagegen nicht der Schatz oder der Lotteriegewinn.

6 In das Gesamtgut fallen neben seinen eigenen Einkünften (§ 1416 Abs 1 BGB) auch die **Einkünfte des Sondergutes** (§ 1417 Abs 3 S 2 BGB). Sie sind daher in § 1420 BGB nicht besonders genannt.

7 **3.** In zweiter Linie sind für den Familienunterhalt die **Einkünfte, die in das Vorbehaltsgut fallen**, zu verwenden. Zum Begriff der Einkünfte s oben Rn 5. In das Vorbehaltsgut fallen die in § 1418 Abs 2 BGB genannten Gegenstände. Die Einkünfte aus dem Vorbehaltsgut sind stets nach den Gesamtgutseinkünften (§ 1420 HS 1 BGB), aber regelmäßig vor den einzelnen Vermögensstämmen (§ 1360 BGB) heranzuziehen. Die letzte Rangordnung gilt aber nur vorbehaltlich ihrer Zumutbarkeit (vgl die Erl zu § 1360; DÖLLE I § 67 V 892). Jeder Ehegatte hat einen gleichen Anteil zu leisten (§ 1360 BGB). Leistet er aus seinem Vorbehaltsgut einen höheren Beitrag, so ist im Zweifel anzunehmen, dass er nicht beabsichtigt, von dem anderen Ehegatten Ersatz zu verlangen (§ 1360b BGB).

8 **4. Der Stamm des Gesamtgutes** (s § 1416 Abs 1 BGB) ist vor den Stämmen der Vorbehaltsgüter und der Sondergüter beitragspflichtig. Vermögensstamm ist alles, was nicht unter den Begriff der Einkünfte fällt.

9 **5.** Zwischen den Stämmen des Vorbehaltsgutes und des Sondergutes (s §§ 1418 Abs 2 und 1417 Abs 2 BGB) stellt das Gesetz keine Reihenfolge auf. Der Ehegatte hat die Wahl, mit welchem Vermögen er zum Familienunterhalt beiträgt.

IV. Anderweitige Vereinbarung

10 § 1420 BGB gibt den Ehegatten lediglich eine Richtlinie. Sie können sich im Einzelfall oder auch für künftige Fälle auf eine anderweitige Regelung (formlos) einigen.

§ 1421
Verwaltung des Gesamtguts

Die Ehegatten sollen in dem Ehevertrag, durch den sie die Gütergemeinschaft vereinbaren, bestimmen, ob das Gesamtgut von dem Mann oder der Frau oder von ihnen gemeinschaftlich verwaltet wird. Enthält der Ehevertrag keine Bestimmung hierüber, so verwalten die Ehegatten das Gesamtgut gemeinschaftlich.

Materialien: E I § 1442a; II § 1442a; III § 1421; BT-Drucks 1/3802, 64; BT-Drucks 2/224, 52; BT-Drucks 2/3409, 25 f. Vgl STAUDINGER/BGB-Synopse 1896–2005 § 1421.

Systematische Übersicht

I. Allgemeines

Die Vorschrift bestimmt, wer das Gesamtgut verwaltet. Dem Gesetzgeber standen **1** vier Lösungen zur Wahl: Verwaltung durch den Mann allein, durch die Frau allein, durch beide Ehegatten gemeinschaftlich oder durch jeden Ehegatten selbständig. Die Verwaltung des Gesamtgutes durch den Mann oder die Frau regeln die §§ 1422–1449 BGB, die Verwaltung durch beide Ehegatten die §§ 1450–1470 BGB. Eine selbständige konkurrierende Verwaltung durch jeden Ehegatten hat das Gesetz nicht vorgesehen (s dazu auch Rn 10).

Über die Verwaltung der Sondergüter s § 1417 Rn 15 ff; über die Verwaltung der Vorbehaltsgüter s § 1418 Rn 53 ff.

II. Rechtsentwicklung, Übergangsrecht

Nach dem Recht des BGB unterlag das Gesamtgut der Verwaltung des Mannes, **2** § 1443 Abs 1 S 1 aF. Abweichende ehevertragliche Regelungen waren möglich. Die **vor dem 1. 4. 1953 vereinbarten** allgemeinen Gütergemeinschaften blieben sowohl von Art 3 Abs 2 GG als auch von § 1421 nF unberührt.

War die Gütergemeinschaft in der Zeit **zwischen dem 1. 4. 1953 und dem 1. 7. 1958** **3** **vereinbart** worden, mussten die Ehegatten eine Regelung über die Gesamtgutsverwaltung treffen. § 1443 Abs 1 aF galt nicht mehr. Die Vereinbarung ist über den 30. 6. 1958 hinaus maßgebend geblieben, Art 8 I Nr 6 Abs 2 HS 2 GleichberG. Nachträgliche ehevertragliche Änderungen waren möglich.

Für alle **seit dem 1. 7. 1958 vereinbarten** Gütergemeinschaften gilt § 1421 BGB. **4**

III. Die Regelung der Gesamtgutsverwaltung

1. Drei Wahlmöglichkeiten

Das Gesetz stellt den Ehegatten drei Möglichkeiten zur Wahl: die Alleinverwaltung **5** durch den Mann oder die Frau und die gemeinschaftliche Verwaltung durch beide Ehegatten. Das Gesetz begnügt sich mit einer Sollvorschrift, die die Ehegatten zur

Regelung des Verwaltungsrechts anhält. Der Notar hat beim Abschluss des Ehevertrages auf die verschiedenen Gestaltungsmöglichkeiten und auch auf die Rechtsfolgen einer unterbleibenden Bestimmung über die Verwaltung hinzuweisen.

2. Alleinverwaltung durch den Mann oder die Frau

6 Die **Alleinverwaltung** des Gesamtguts durch den Mann oder die Frau ist in den §§ 1422–1449 BGB näher geregelt. Der nicht zum Verwalter bestimmte Ehegatte hat grundsätzlich keine selbständigen Verwaltungsbefugnisse. Seine Befugnisse gemäß § 1357 BGB bleiben jedoch unberührt. Ausnahmen sind in § 1428 BGB und insbesondere §§ 1429–1433 BGB geregelt. Dem Schutz des nichtverwaltenden Ehegatten dienen die §§ 1423–1425 und 1447 BGB.

7 Der verwaltende Ehegatte kann **den anderen Ehegatten zu** Verwaltungshandlungen im Einzelfall oder für bestimmte Arten von Maßnahmen **autorisieren**, ihm insbesondere **Vollmacht** erteilen oder ihn zu Verfügungen **ermächtigen**. Einen Sonderfall regelt § 1431 BGB. Nach § 1430 BGB kann der nichtverwaltende Ehegatte die Zustimmung des Verwalters in bestimmten Fällen verlangen, notfalls ersetzen lassen.

3. Gemeinschaftliche Verwaltung

8 Die Ehegatten **verwalten** das Gesamtgut **gemeinschaftlich**, wenn das im Ehevertrag vereinbart ist und auch dann, wenn der Ehevertrag keine Bestimmung über die Verwaltung enthält, § 1421 S 2 BGB. Ob eine Bestimmung getroffen worden ist, muss anhand der Auslegung möglicherweise unter Berücksichtigung der tatsächlichen Übung der Ehegatten ermittelt werden (dazu BayObLG FamRZ 1990, 411). Die Einzelheiten der gemeinschaftlichen Verwaltung sind in den §§ 1450–1470 BGB geregelt.

9 Die gemeinschaftliche Verwaltung ist schwerfällig und auch sonst praktisch nicht ganz unbedenklich. Der Gesetzgeber hat die Probleme gesehen (vgl BT-Drucks 1/3802, 50; 2/224, 35 I, 52), ihnen aber keine entscheidende Bedeutung beigemessen. Erleichterungen für den Geschäftsverkehr bringt § 1456 BGB. Eine gewisse Flexibilität lässt sich durch die Erteilung von Vollmachten erreichen (vgl dazu BEHMER FamRZ 1988, 339, 340 f). Auch sonst kann ein Ehegatte dem anderen die Verwaltung in bestimmten Arten von Angelegenheiten überlassen. Handelt es sich um die Vornahme von Rechtsgeschäften, enthält die Überlassung die gemäß § 1450 Abs 1 BGB erforderliche Mitwirkung des anderen Ehegatten in der Form der Einwilligung (vgl auch §§ 1452, 1453, 1460 BGB). Näheres zur Durchführung der gemeinschaftlichen Verwaltung in den Erl zu § 1450.

4. Keine selbständige Verwaltung jedes Ehegatten

10 Eine originär **selbständige Verwaltung jedes Ehegatten sieht** das Gesetz nicht vor. Der Wortlaut sowie Entstehungsgeschichte des § 1421 BGB (zu dieser BT-Drucks 1/3802, 64; 2/224, 52; 2/3409, 25) sprechen dafür, dass die drei Möglichkeiten der Gesamtgutsverwaltung abschließend aufgeführt sind, die Ehevertragsfreiheit insoweit also beschränkt ist, sodass konkurrierende selbstständige Einzelverwaltungsrechte beider Ehegatten unzulässig sind (im Ergebnis ebenso die hM, vgl BayObLGZ 1968, 15 = NJW 1968, 896; DÖLLE I § 68 II; BAMBERGER/ROTH/MAYER § 1421 Rn 2; GERNHUBER/

COESTER-WALTJEN § 38 Rn 46; MünchKomm/KANZLEITER § 1421 Rn 2; BGB-RGRK/FINKE § 1421 Rn 5; SOERGEL/GAUL/ALTHAMMER § 1421 Rn 3; **aM** KÖRNER, Die Grenzen der Vertragsfreiheit im neuen Ehegüterrecht [Diss Tübingen 1961] 281; MIKAT, in: FS Felgentraeger [1969] 323, 327).

5. Abwechselnde (periodische) Alleinverwaltung

Die Vereinbarung einer **abwechselnden** Alleinverwaltung wird ebenfalls als unzuläs- **11** sig angesehen (PALANDT/BRUDERMÜLLER § 1421 Rn 1; BAMBERGER/ROTH/MAYER § 1421 Rn 2; SOERGEL/GAUL/ALTHAMMER § 1421 Rn 4). Das Problem hat wohl nur theoretische Bedeutung, wird aber mit MünchKomm/KANZLEITER Rn 2 undNK-BGB/VÖLKER § 1421 Rn 3 positiv zu lösen sein. Bei hinreichender Bestimmtheit, insbesondere bei kalendermäßig eindeutig fixierten Verwaltungsperioden, ist eine wechselnde Alleinverwaltung im Ehevertrag wirksam regelbar. Sind die Perioden alternierender Alleinzuständigkeit sehr kurz bemessen (monatlich, halbjährlich, wohl auch jährlich), wird jedoch der Ehevertrag insoweit zwar nicht schon wegen Missbrauchs ehevertraglicher Gestaltungsbefugnisse oder gemäß § 138 BGB nichtig sein, wohl aber wird den Ehegatten ohne Rücksicht auf die Eintragung in das Güterrechtsregister die Berufung auf die ständig wechselnde Zuständigkeit wegen der damit verbundenen Unsicherheiten im Geschäftsverkehr gemäß § 242 BGB zu versagen sein.

6. Partielle Alleinverwaltung

Durch *Ehevertrag* kann einem Ehegatten die **Alleinverwaltung für einen bestimmten** **12** **Rechts- oder Sachbereich zugewiesen** werden (RGZ 60, 146), während im Übrigen dem anderen die Verwaltung obliegt (**aM** BAMBERGER/ROTH/MAYER § 1421 Rn 2; wie hier NK-BGB/VÖLKER § 1421 Rn 3).

IV. Güterrechtsregister

Die Bestimmung der Alleinverwaltung eines Ehegatten bedarf, um *gegen* Dritte, die **13** sie nicht kennen, wirksam zu sein, der Eintragung in das Güterrechtsregister. Die vereinbarte oder gemäß § 1421 S 2 BGB normativ geltende gemeinschaftliche Verwaltung bedarf dagegen, obwohl eintragungsfähig, nicht der Eintragung, es sei denn, es war zuvor die Alleinverwaltung des Mannes oder der Frau eingetragen. Die Unklarheiten, die sich aus den Verwaltungsregelungen kraft Übergangsrechts (s oben Rn 2) ergeben könnten, lassen sich aus der Eintragung der Gütergemeinschaft klären. Ist eine vor dem 1. 4. 1953 vereinbarte Gütergemeinschaft nicht eingetragen, darf der Dritte vom Güterstand der Zugewinngemeinschaft ausgehen. Weiß er, dass Gütergemeinschaft besteht, darf er von § 1421 S 2 BGB ausgehen, wenn Näheres nicht bekannt ist.

V. Ehevertragliche Abänderung

Die Regelung der Verwaltung des Gesamtguts kann jederzeit durch Ehevertrag **14** abgeändert werden. Dritte werden durch § 1412 BGB geschützt. Kein Ehegatte kann jedoch eine Abänderung der Verwaltungsregelung erzwingen. Unter den Voraussetzungen der §§ 1447, 1448 BGB und des § 1470 BGB kann einseitig nur eine Beendigung des Güterstandes selbst erreicht werden.

Burkhard Thiele

Unterkapitel 2

Verwaltung des Gesamtgutes durch den Mann oder die Frau

§ 1422
Inhalt des Verwaltungsrechts

Der Ehegatte, der das Gesamtgut verwaltet, ist insbesondere berechtigt, die zum Gesamtgut gehörenden Sachen in Besitz zu nehmen und über das Gesamtgut zu verfügen; er führt Rechtsstreitigkeiten, die sich auf das Gesamtgut beziehen, im eigenen Namen. Der andere Ehegatte wird durch die Verwaltungshandlungen nicht persönlich verpflichtet.

Materialien: Zu § 1443 aF: E I § 1352; II § 1342 rev § 1428; III § 1426; Mot IV 348 ff; Prot IV 238, VI 279; D 694; KB 2067. Zu § 1422 nF: E I § 1442b; II § 1442b; III § 1422; BT-Drucks 1/3802, 64; BT-Drucks 2/224, 52; BT-Drucks 2/3409, 27. Vgl STAUDINGER/BGB-Synopse 1896–2005 § 1422.

Systematische Übersicht

Alphabetische Übersicht

I. Rechtsentwicklung

Die Vorschrift nennt Beispiele für den Inhalt des Rechts zur Verwaltung des Ge- **1** samtgutes. § 1422 BGB entspricht dem § 1443 Abs 1 S 2, Abs 2 aF. An die Stelle des Mannes ist der Ehegatte getreten, der das Gesamtgut verwaltet, an die Stelle der Frau der andere Ehegatte. Die neue Fassung enthält ferner sprachliche Verbesserungen. Weggefallen ist der Hinweis, der andere Ehegatte werde durch die Verwaltungshandlung „weder Dritten noch dem Verwalter gegenüber" persönlich verpflichtet. Eine sachliche Änderung liegt darin nicht.

Die Bestimmungen für den Übergang und den Umfang der Weitergeltung der all- **2** gemeinen Gütergemeinschaft enthält Art 8 I Nr 6 GleichberG. Die Führung der Verwaltung unterliegt seit dem 1. 7. 1958 den Vorschriften des GleichberG. Wurde die allgemeine Gütergemeinschaft vor dem 1. 4. 1953 vereinbart, so verblieb aber die Verwaltung des Gesamtgutes beim Manne. Wenn allgemeine Gütergemeinschaft nach dem 1. 4. 1953 bis zum 30. 6. 1958 vereinbart wurde, blieb die ehevertragliche Verwaltungsregelung maßgebend.

II. Rechtsstellung des Gesamtgutsverwalters

1. Begriff der Verwaltung

Der Begriff der Verwaltung ist im Gesetz nicht festgelegt. Es nennt lediglich exem- **3** plarisch das Recht auf den Besitz, das Verfügungs- und das Prozessführungsrecht. Die Verwaltung ist jedoch umfassend gedacht und umfasst deshalb alle tatsächlichen rechtsgeschäftlichen und prozessrechtlichen Maßnahmen, die auch sonst ein Vermögensträger treffen kann. Die Verwaltung hat treuhänderischen Charakter. Deshalb ist sie rechtlich gebunden an die Grundsätze ordnungsmäßiger Verwaltung (§ 1435 BGB).

2. Recht zur Verwaltung

a) Der zur Verwaltung des Gesamtgutes bestimmte Ehegatte hat ein **eigenes** **4** **Recht zur Verwaltung**. Ob dieses Recht als *absolutes Recht* zu qualifizieren ist (so GERNHUBER/COESTER-WALTJEN § 38 Rn 47 unter Hinweis auf OLG Hamburg OLGE 7, 404; 21, 232), bleibt zweifelhaft. Zur Abwehr von Eingriffen Dritter ist es nicht erforderlich, weil der Verwalter außer seinem eigenen Persönlichkeitsrecht vor allem seine spezifische Zuständigkeit für die zum Gesamtgut gehörenden absoluten Rechte geltend machen kann. Zur Abwehr von Eingriffen des anderen Ehegatten in die Gesamtgutsverwaltung durch Unterlassungs- und Beseitigungsansprüche genügt die vereinbarte und gesetzlich (§ 1421 BGB) sanktionierte Ausschließlichkeit der Verwaltungsrechte, mit der ein Verbot der Einmischung des anderen Ehegatten korrespondiert.

5 b) Der Verwalter führt die Verwaltung **kraft eigenen Rechts** und **im eigenen Namen**. Der Rechtserwerb der Gesamthand ist ebenso wie ihre Verpflichtung akzessorisch konstruiert (§§ 1416 Abs 1 S 2, 1437 Abs 1 BGB). Zu abweichenden rechtsgeschäftlichen Regelungen mit Dritten vgl § 1416 Rn 22 und § 1437 Rn 18. Der Verwalter handelt nicht als „Organ der Gesamthand" oder zugleich im eigenen Namen und als Vertreter des anderen Ehegatten (RG SeuffA 71 Nr 31; BayObLGZ 5, 522, 524; KG JW 1935, 2515). Der Verwalter ist ohne besondere Vollmacht nicht befugt, im Namen des anderen Ehegatten zu handeln; dieser wird, auch wenn er äußerlich als „Vertreter des Gesamtgutes" auftritt, durch Verwaltungshandlungen nicht persönlich verpflichtet (§ 1422 S 2 BGB; RG Recht 1916 Nr 1725). Allerdings muss der andere Ehegatte sich die Wirkungen, welche sich für das Gesamtgut aus den befugterweise vorgenommenen Verwaltungshandlungen ergeben, gefallen lassen; andererseits erwirbt er auch eine persönliche Mitberechtigung als Gesamthänder (OLG München OLGE 14, 228). Die *Zahlungseinstellung* des Verwalters wirkt hinsichtlich des Gesamtgutes auch als die des nicht verwaltenden Ehegatten (§ 37 Abs 1 InsO).

6 c) Die Verwaltungsbefugnisse sind **gesetzlich begrenzt** durch die §§ 1423–1425 BGB. Sie sind ferner **im Innenverhältnis beschränkt** durch das Gebot ordnungsmäßiger Verwaltung (§ 1435 BGB, s auch § 1447 Nr 1 Fall 2, Nr 3 BGB). Abgesehen davon ist der Verwalter berechtigt, **nach eigenen Zweckmäßigkeitsvorstellungen** zu handeln (vgl auch RGZ 54, 284).

3. Pflicht zur Verwaltung

7 a) Die ehevertragliche Bestimmung des Ehegatten zur Verwaltung des Gesamtgutes begründet nicht nur ein Recht, sondern auch eine **Verpflichtung zur Verwaltung**. Die sich aus ihr ergebenden Pflichten werden in § 1435 BGB näher beschrieben: Danach hat der verwaltende Ehegatte das Gesamtgut **ordnungsmäßig zu verwalten** und den anderen Ehegatten über seine Verwaltung zu **unterrichten**. Bei Minderung des Gesamtgutes durch sein Verschulden (vgl § 1359 BGB) oder durch unerlaubte einseitige Maßnahmen (vgl §§ 1423–1425 BGB) macht er sich dem anderen Ehegatten gegenüber **schadensersatzpflichtig**. Unfähigkeit zur Verwaltung oder Missbrauch des Verwaltungsrechts geben dem gefährdeten anderen Ehegatten das Recht, einen Antrag auf Aufhebung der Gütergemeinschaft zu stellen (§ 1447 BGB). Der andere Ehegatte braucht einen Missbrauch der Verwaltungsbefugnisse nicht stets hinzunehmen. Er hat zwar kein Widerspruchsrecht, wohl aber kann er konkret drohenden Missbräuchen und nicht ordnungsgemäßen Verwaltungsmaßnahmen, zumindest dann, wenn sie seine absoluten Rechtsstellungen beeinträchtigen würden, mit Unterlassungsansprüchen begegnen (ebenso GERNHUBER/COESTER-WALTJEN § 38 Rn 49). Ob das auch bei sonstigen ordnungswidrigen und schadensträchtigen Maßnahmen gilt, bei deren Durchführung der Verwalter gemäß § 1435 S 3 BGB halten würde, ist zweifelhaft. Es werden aber wechselseitige Schutzpflichten im Hinblick auf das Gesamtgut anzuerkennen sein, die der nicht verwaltende Ehegatte analog § 1429 BGB (s auch § 1455 Nr 6 BGB) gegen den Verwalter geltend machen kann.

b) Der Alleinverwalter kann den anderen Ehegatten im Einzelfall und zu be- **8** stimmten Arten von Verwaltungsmaßnahmen „ermächtigen". Dabei ist zu unterscheiden, ob die „Ermächtigung" zur Vornahme von Rechtsgeschäften nur deren Wirkung für und gegen das Gesamtgut ermöglichen soll oder ob eine Vollmacht gemeint ist, deren Ausnutzung allein den Verwalter zur Partei macht und daneben das Gesamtgut verpflichtet (§ 1437 Abs 1 BGB). Handelt der andere Ehegatte ohne Vollmacht oder im eigenen Namen, wird primär er selbst berechtigt und verpflichtet, daneben das Gesamtgut (§§ 1416, 1438 BGB); der Verwalter haftet dann gemäß § 1437 Abs 2 BGB.

4. Das Recht auf den Besitz

Der Ehegatte, der das Gesamtgut verwaltet, ist berechtigt, die zum Gesamtgut **9** gehörenden Sachen in Besitz zu nehmen.

a) Die Verwaltung des Gesamtgutes ist auch ohne den Besitz der dazu gehören- **10** den Sachen denkbar. Immerhin ist die Einräumung des Besitzrechts an den Gesamtgutsverwalter wünschenswert, weil dieser zumeist erst hierdurch die Möglichkeit erhält, sein Verwaltungsrecht voll wahrzunehmen (vgl RGZ 85, 416, 420). Das Recht auf den Besitz ist eine Funktion des Verwaltungsrechts und schon deshalb nicht absolut. Es ist vielfachen **Beschränkungen** unterworfen (s Rn 13 ff).

b) Durch § 1422 BGB wird dem Gesamtgutsverwalter nicht der Besitz an den **11** zum Gesamtgut gehörenden Sachen kraft Gesetzes zugesprochen. Vielmehr wird ihm nur **das Recht** eingeräumt, die Sachen **in Besitz zu nehmen**. Solange das nicht geschehen ist, dauern die vorherigen Besitzverhältnisse fort. Der Verwalter hat daher aufgrund des § 1422 BGB lediglich das Recht, sowohl von dem anderen Ehegatten als auch von jedem Dritten die Einräumung des Besitzes zu verlangen. Über die Geltendmachung des Besitzrechtes s unten Rn 17.

An Sachen jedoch, die sich zwar im Besitz, aber nicht in der tatsächlichen Gewalt des nicht verwaltenden Ehegatten befinden, erlangt der Gesamtgutsverwalter ohne Weiteres den Besitz: so wenn dem anderen Ehegatten ein Nachlass (§ 857 BGB) oder ein mittelbarer Besitz anfällt. In diesen Besitz tritt der Gesamtgutsverwalter kraft Gesetzes ein (BAMBERGER/ROTH/MAYER Rn 7; DÖLLE I § 70 I; SOERGEL/GAUL/ALTHAMMER § 1422 Rn 6).

Die Besitzberechtigung des Gesamtgutsverwalters wird nicht dadurch beseitigt, dass die Ehegatten getrennt leben (OLG Braunschweig OLGE 26, 176).

c) **Gegenstände des Besitzrechtes** sind alle Sachen, die zum Gesamtgut gehören. **12** Es erstreckt sich auch auf Inhaber- und Orderpapiere, auf Obligationen (OLG Braunschweig OLGE 26, 218) und auf Sparkassenbücher (RGZ 85, 416, 420; RG JW 1907, 202 Nr 7; vgl OLG Breslau OLGE 21, 218). Wenn der nicht verwaltende Ehegatte sein Sparguthaben abhebt, kann der Gesamtgutsverwalter verlangen, dass ihm das Geld zur Verwaltung übergeben werde. § 1422 BGB gibt das Recht zur Inbesitznahme nur im Allgemeinen, schließt aber nicht aus, dass zwischen Eheleuten, die in Gütergemeinschaft mit Einzelverwaltung leben, hinsichtlich einzelner Gesamtgutsgegenstände Besitzverhältnisse bestehen, die Ausnahmen vom unmittelbaren Alleinbesitz (vgl dazu unten Rn 13 f) des verwaltenden Ehegatten bedeuten.

13 d) Das Recht auf den Besitz ist nicht davon abhängig, ob der Gesamtgutsverwalter den Besitz zur Erfüllung seiner Verwaltungsaufgaben benötigt. Es ist aber weder völlig funktionsunabhängig noch schrankenlos. Es steht insbesondere unter dem Vorbehalt der Anforderungen des § 1353 BGB, die es gebieten, der gelebten ehelichen Lebensgemeinschaft ebenso wie der Privatheit der Ehegatten Rechnung zu tragen. Die vereinbarte wie auch die tatsächliche Gestaltung des ehelichen Zusammenlebens bedingt weithin Besitzzuweisungen und deren Erhaltung, an denen das Recht des Gesamtgutsverwalters auf den unmittelbaren Alleinbesitz seine Grenzen findet. Diese Grenzen werden durch § 1422 BGB nur dann überwunden, wenn im Zuge ordnungsgemäßer Verwaltung des Gesamtguts der Zugriff auf einzelne Gegenstände erforderlich ist.

14 Dem Recht des Verwalters auf den Alleinbesitz sind die Sachen entzogen, die dem **gemeinsamen Gebrauch gewidmet** sind (Ehewohnung, Haushaltsgegenstände, auch das Inventar eines gemeinschaftlich betriebenen Erwerbsgeschäfts oder landwirtschaftlichen Betriebes). Hier besteht grundsätzlich **Mitbesitz** und ein **Recht** darauf (hM).

15 Dem Besitzrecht des Verwalters geht auch das Recht des anderen Ehegatten auf den **Alleinbesitz** der Sachen vor, die zu einem gemäß § 1431 BGB **selbständig betriebenen Erwerbsgeschäft** gehören (RGZ 84, 47 u hL).

16 Vorrangig ist auch das Recht des anderen Ehegatten auf den **Alleinbesitz** an den **ausschließlich** seinem **persönlichen Gebrauch** dienenden Sachen. Das gilt auch für den bei Getrenntleben gemäß § 1361a BGB dem anderen Ehegatten zugewiesenen Hausrat; im Übrigen bleibt das Besitzrecht des Verwalters erhalten (vgl RG Recht 1921 Nr 1912).

17 e) Soweit der Gesamtgutsverwalter zum Besitz berechtigt ist und kein gleichrangiges Besitzrecht des anderen Ehegatten anzuerkennen hat, kann er den **Alleinbesitz** beanspruchen. Wird er ihm nicht freiwillig eingeräumt, darf er ihn sich nicht eigenmächtig verschaffen (§ 858 BGB), sondern muss notfalls gerichtlich vorgehen. Das zum Gesamtgut gehörende Recht iVm § 1422 BGB gibt ihm den Herausgabeanspruch gegen den anderen Ehegatten wie auch gegen Dritte (vgl RGZ 85, 416, 420). Ist der andere Ehegatte zum Mitbesitz berechtigt (s oben Rn 14), geht der Anspruch auf Einräumung des Mitbesitzes.

18 f) Der **andere Ehegatte** ist bei unmittelbarem Alleinbesitz des Verwalters mit diesem zusammen (als Gesamthand) **mittelbarer Besitzer** (RGZ 105, 19, 20f; Dölle I § 70 I; Gernhuber/Coester-Waltjen § 38 Rn 48; Erman/Heinemann § 1422 Rn 3; MünchKomm/ Kanzleiter § 1422 Rn 14).

g) Der unmittelbare Alleinbesitz des Verwalters ist nach den allgemeinen Vor- **19** schriften geschützt. Zu § 823 Abs 1 s RGZ 102, 346, 347; RG WarnR 1922 Nr 41. Zu § 861 vgl RG BayZ 1910, 382; OLG Dresden LZ 1922, 418. Der Gesamtgutsverwalter hat auch gegen den anderen Ehegatten, der Gesamtgutssachen heimlich fortschafft, den Anspruch aus § 861 BGB (vgl OLG Dresden OLGE 24, 224; vgl auch LIPP, Die eherechtlichen Pflichten und ihre Verletzung [1988] 198 f). Dass der andere Ehegatte mittelbarer Mitbesitzer ist, steht dem nicht entgegen (RGZ BayZ 1910, 382; vgl OLG Dresden LZ 1922, 418, 419). Wegen Nichtleistung des Unterhalts hat der andere Ehegatte ein Zurückbehaltungsrecht (OLG Augsburg BayZ 1926, 338). Er kann aber nicht einwenden, er habe die Sachen an sich genommen, weil er zum Getrenntleben berechtigt sei und die Sachen nach § 1361a BGB zur Führung eines abgesonderten Haushalts benötige (RG BayZ 1910, 382 = SeuffA 66 Nr 54; s aber auch Rn 16). Genügend Schutz bieten dem nicht verwaltenden Ehegatten einstweilige Anordnungen (§§ 49 ff FamFG). Das Recht des anderen Ehegatten, auf Aufhebung der Gütergemeinschaft anzutragen (§ 1447 BGB), begründet kein Zurückbehaltungsrecht (vgl aber [zu § 1391 aF] RG SeuffA 72 Nr 57). Der andere Ehegatte kann ferner geltend machen, die Herausgabe der Gesamtgutssache verstoße gegen das Gebot zur Herstellung der ehelichen Lebensgemeinschaft (§ 1353 BGB), zB bei zu seinem ausschließlich persönlichen Gebrauch bestimmten Sachen.

Der Anspruch aus § 861 BGB richtet sich ferner gegen jeden Dritten, der auf **20** Geheiß des anderen Ehegatten Gesamtgutssachen aus der Ehewohnung fortschafft (so zB RG WarnR 1922 Nr 41 – Schwiegervater des Mannes; OLG Dresden LZ 1922, 418 Nr 2 – Tochter des Ehegatten) oder der die Sachen für den anderen Ehegatten aufbewahrt (so zB RGZ 85, 416, 420 – Vormund des Ehegatten; OLG Dresden LZ 1922, 418 Nr 2 – Ehegatte der Tochter). Auf ein Recht zum Besitz kann sich ein Dritter nur berufen, wenn es dem Gesamtgutsverwalter gegenüber wirksam ist. Gegenstände, die der andere Ehepartner gegen den Willen des Gesamtgutsverwalters weggeschafft hat, sind ihm abhanden gekommen (vgl OLG Braunschweig OLGE 26, 175).

5. Das Recht zur Verfügung

Der Ehegatte, der das Gesamtgut verwaltet, ist berechtigt, allein über das Gesamt- **21** gut zu verfügen. Ausnahmsweise ist die Zustimmung des anderen Ehegatten erforderlich (§§ 1423 ff BGB). Der Gesamtgutsverwalter ist insbesondere befugt, das *Wahlrecht* bei einer Wahlforderung auszuüben (§§ 262 ff BGB), eine *Gesamtgutsforderung* zu kündigen (§ 608 BGB), ein *Pfandrecht* aufzugeben (§ 1255 BGB) oder auf ein gemeinschaftliches *Wohnrecht* zu verzichten (RG JW 1932, 3005). Kraft seines Verfügungsrechts kann der verwaltende Ehegatte ferner zur *Löschung* einer auf dem Gesamtgutsgrundstück ruhenden *Hypothek* die Zustimmung des Eigentümers (§ 1183 BGB, § 27 Abs 1 GBO) erklären und die *Löschung beantragen* (KG OLGE 3, 226 und RJA 4, 168), den *Ablösungsbetrag,* der auf eine zum Gesamtgut gehörende Hypothek entfällt, einziehen (vHOEWEL DJ 1939, 131, 132).

§ 1422 BGB bezieht sich nur auf Verfügungen unter Lebenden. Der E I zum BGB **22** (§ 1352 Abs 1 BGB) hatte das angesichts abweichender Bestimmungen in anderen Rechten ausdrücklich hervorgehoben (Mot IV 351). Inwieweit jeder Ehegatte über das Gesamtgut letztwillig verfügen kann, bestimmen die §§ 1482 ff, 1505, 1509 ff,

Burkhard Thiele

1515, 1516, 1518 BGB iVm den erbrechtlichen Vorschriften (BayObLG BayZ 1923, 179).

6. Verpflichtungsgeschäfte

23 Beide Ehegatten können sich während der Gütergemeinschaft unbeschränkt rechtsgeschäftlich verpflichten. Den Gläubigern haftet der Schuldner jedenfalls mit seinem Vorbehaltsgut. **Das Gesamtgut haftet** jedoch (daneben) nur dann, wenn entweder der Verwalter das Verpflichtungsgeschäft selbst vorgenommen oder er einem Rechtsgeschäft des nicht verwaltenden Ehegatten zugestimmt hat (§ 1438 Abs 1 BGB) oder dieser ausnahmsweise zum Abschluss mit Wirkung für und gegen das Gesamtgut berechtigt ist (§§ 1438 Abs 1, 1428, 1429, 1431 BGB). Wegen der Einzelheiten s unten Rn 40 und die Erl zu §§ 1437 ff.

24 Der **Gesamtgutsverwalter verpflichtet** sich persönlich und das Gesamtgut, wenn er **im eigenen Namen** abschließt. Der andere Ehegatte wird nicht persönlich verpflichtet, § 1422 S 2 BGB. Eine Ausnahme gilt nur gemäß § 1357 BGB. Tritt der Verwalter nach außen als solcher auf oder schließt er „für das Gesamtgut" oder „die Gesamthand" ab, ändert sich an den Rechtsfolgen nichts. Insbesondere lässt sich daraus allein noch nicht auf den Ausschluss der persönlichen Haftung schließen. Handelt der Verwalter in eigenem und ohne Vollmacht zugleich im Namen des anderen Ehegatten, so wird dieser nicht verpflichtet, § 177 Abs 1 BGB. Ob das Geschäft gegenüber dem Verwalter und dem Gesamtgut wirksam ist, bestimmt sich nach § 139 BGB. Die Zustimmung des anderen Ehegatten gemäß §§ 1423–1425 BGB enthält keine Vollmacht oder Genehmigung nach § 177 BGB.

7. Empfangszuständigkeit des Verwalters

25 Willenserklärungen Dritter sind für das Gesamtgut nur wirksam, wenn sie an den verwaltenden Ehegatten gerichtet sind und diesem zugehen. Der andere Ehegatte kann aber nach den Umständen *Empfangsbote* sein. Zur Erfüllung von Gesamtgutsansprüchen durch Leistung an den nicht verwaltenden Ehegatten vgl § 1416 Rn 19.

8. Das Recht zur Prozessführung

26 **a)**   Zur Führung von Rechtsstreitigkeiten, die sich auf das Gesamtgut beziehen, ist in der Regel ausschließlich der Gesamtgutsverwalter aktiv und passiv legitimiert. Ausnahmen ergeben sich aus den §§ 1428, 1429, 1431, 1433 BGB. Die *Art der Rechtsstreitigkeit* ist unerheblich. Es kann sich um Aktiv- oder Passivprozesse und um Leistungs-, Gestaltungs- oder Feststellungsklagen handeln. Auch Widerklage, Mahnverfahren, Arrestverfahren, einstweilige Verfügung und Zwangsvollstreckung gehören hierher. Der Rechtsstreit muss sich aber auf das Gesamtgut beziehen (vgl OLG München HRR 1939 Nr 616).

27 **b)**   Gegenstände des Rechtsstreits können auch das Gesamtgut im Ganzen, Grundstücke und Schenkungen sein. Zur Prozessführung über diese Gegenstände bedarf der Verwalter – im Gegensatz zu Verfügungen (§§ 1423–1425 BGB) – nicht der Einwilligung des anderen Ehegatten (Mot IV 360; DÖLLE I § 70 V 2; ERMAN/HEINE-

MANN § 1422 Rn 4; MünchKomm/KANZLEITER § 1422 Rn 26; BGB-RGRK/FINKE § 1422 Rn 19; SOERGEL/GAUL/ALTHAMMER § 1422 Rn 10). Soweit eine Prozesshandlung zugleich ein Rechtsgeschäft enthält, das unter die §§ 1423–1425 BGB fällt, ist jedoch dazu die *Zustimmung* des anderen Ehegatten erforderlich (zB bei Vergleich, Verzicht, Anerkenntnis). Die materielle Verfügung ist also nur wirksam, wenn der andere Ehegatte einwilligt (Mot IV 360; KG RJA 11, 75, 78 f; BayObLGZ 2, 40, 46 f und die hL).

c)   Der zur Verwaltung bestimmte Ehegatte führt die Rechtsstreitigkeiten **im** **28** **eigenen Namen.** Er hat gesetzliche **Prozessstandschaft.** Er allein ist Partei. Der andere Ehegatte kann (selbst bei eigenem Geschäftsabschluss) Zeuge sein (RGZ 67, 262, 266 = JW 1908, 70 Nr 3) und dem Rechtsstreit des Verwalters als Nebenintervenient beitreten. Ohne besondere Vollmacht ist der verwaltende Ehegatte nicht berechtigt, den anderen Ehegatten im Prozess zu vertreten. Handelt der verwaltende Mann „für die Ehefrau", so ist anzunehmen, dass er eigene Rechte geltend machen will (BayObLGZ 27, 89 und 183). Der Gesamtgutsverwalter kann den anderen Ehegatten zur Prozessführung ermächtigen. Dieser kann den Prozess als (gewillkürter) Prozessstandschafter im eigenen Namen führen (GERNHUBER/COESTER-WALTJEN § 38 Rn 76; MünchKomm/KANZLEITER § 1422 Rn 28 m Fn 34). Der nicht verwaltende Ehegatte kann aufgrund der Übertragung Leistung an sich oder an den Gesamtgutsverwalter verlangen (vgl RGZ 60, 146). Der Erwerb fällt in das Gesamtgut, § 1416 Abs 1 S 2 BGB.

d)   Der **Klagantrag** muss nach hM erkennen lassen, dass der Verwalter ein zum **29** Gesamtgut gehörendes Recht geltend macht (ERMAN/HEINEMANN § 1422 Rn 4; Münch-Komm/KANZLEITER § 1422 Rn 27; BAMBERGER/ROTH/MAYER § 1422 Rn 6; SOERGEL/GAUL/ALT-HAMMER § 1422 Rn 10). Dem ist für die *Feststellungsklage* zuzustimmen. Bei der *Leistungsklage* ist dagegen eine Fassung des Antrags, die die Zugehörigkeit des Anspruchs zum Gesamtgut erkennbar macht, nicht erforderlich. Der Verwalter kann in eigenem Namen auf Leistung an sich klagen (RGZ 67, 262, 265; GERNHUBER/COES-TER-WALTJEN § 38 Rn 72 Fn 102). Das Urteil wirkt dann kraft Gesetzes auch für und gegen das Gesamtgut (die Ehegatten als Gesamthänder), wenn der Anspruch zum Gesamtgut gehört. Die Zugehörigkeit des Anspruchs zum Gesamtgut ist nur für die Prozessführungsbefugnis des Verwalters von Bedeutung, die sich weder aus der Parteibezeichnung noch aus dem Antrag ergeben muss.

e)   In **Passivprozessen,** die sich auf das Gesamtgut beziehen, ist ebenfalls der **30** Verwalter persönlich zu verklagen. Das gegen ihn ergangene Urteil ermöglicht kraft Gesetzes (§ 740 Abs 1 ZPO) die Zwangsvollstreckung auch in das Gesamtgut. Ist die Haftung auf das Gesamtgut beschränkt, muss der Gläubiger das allerdings zur Vermeidung einer *Teilabweisung* im Antrag zum Ausdruck bringen.

f)   Das **Urteil wirkt** hinsichtlich des Gesamtgutes auch **für und gegen den anderen** **31** **Ehegatten** (Mot IV 360). § 1422 BGB bewirkt insoweit eine **Rechtskrafterstreckung.** Das Urteil wirkt auch dann für und gegen den anderen Ehegatten, wenn es ein zum Gesamtgut gehörendes Grundstück oder das Recht eines Dritten daran zum Gegenstand hat (KGJ 26 A 260, 262; OLG Kiel SchlHAnz 1924, 219). Die Rechtskraft erstreckt sich auf den anderen Ehegatten aber nur insoweit, als sein Anteil am Gesamtgut in Frage steht. Wird der nicht verwaltende Ehegatte persönlich in Anspruch genommen wegen einer Verbindlichkeit, für die das Gesamtgut haftet und derentwegen der

Burkhard Thiele

Verwalter verurteilt ist, so kann der andere Ehegatte nicht nur die in seiner Person begründeten Einwendungen erheben, sondern auch das Bestehen der Schuld selbst bestreiten. Eine Rechtskrafterstreckung erfolgt nicht (ERMAN/HEINEMANN § 1422 Rn 4; BAMBERGER/ROTH/MAYER § 1422 Rn 6). Führt der andere Ehegatte einen Rechtsstreit mit Einwilligung des Verwalters oder liegt einer der Ausnahmefälle der §§ 1428, 1429, 1431, 1433 BGB vor, so wirkt das Urteil auch für und gegen den verwaltenden Ehegatten (RGZ 56, 76).

32 g)　Zur **Zwangsvollstreckung** ist ein Urteil gegen den Ehegatten, der das Gesamtgut allein verwaltet, erforderlich und genügend (§ 740 Abs 1 ZPO). Der Besitz oder Gewahrsam des anderen Ehegatten hindert die Zwangsvollstreckung in das Gesamtgut nicht (§ 739 ZPO). Daher ist ein Duldungstitel gegen den anderen Ehegatten regelmäßig überflüssig. Nur dann ist ein Rechtsschutzbedürfnis für eine Duldungsklage gegeben, wenn Anhaltspunkte dafür vorliegen, dass die Gütergemeinschaft demnächst beendet wird (zB Schweben eines Scheidungs- oder Aufhebungsantrags), da dann zur Zwangsvollstreckung ein Duldungstitel erforderlich wäre (§ 743 ZPO).

III. Rechtsstellung des Ehegatten, der das Gesamtgut nicht verwaltet

1. Allgemeines

33 Der andere Ehegatte ist von der Verwaltung des Gesamtgutes **grundsätzlich ausgeschlossen**; er kann daher ohne Zustimmung des verwaltungsberechtigten Ehegatten weder über das Gesamtgut verfügen noch einen Rechtsstreit über das Gesamtgut führen. Dieser (in E I zu § 1352 Abs 2 aF ausdrücklich ausgesprochene) Grundsatz erleidet jedoch eine mehrfache Einschränkung:

34 a)　Zu einzelnen Rechtsgeschäften bedarf der Ehegatte, der das Gesamtgut verwaltet, der **Einwilligung des anderen Ehegatten** (§§ 1423–1425 BGB).

35 b)　In gewissem Umfang ist das **Verwaltungsrecht** dem **anderen Ehegatten** selbst eingeräumt:

– Der andere Ehegatte kann, wenn der verwaltungsberechtigte Ehegatte ohne seine erforderliche Zustimmung über ein zum Gesamtgut gehörendes Recht verfügt, dieses Recht selbständig gegen Dritte gerichtlich geltend machen (*Revokationsrecht*, § 1428 BGB);

– der andere Ehegatte kann für das Gesamtgut ein Rechtsgeschäft vornehmen oder einen Rechtsstreit führen, wenn der verwaltungsberechtigte Ehegatte durch Krankheit oder durch Abwesenheit verhindert und mit dem Aufschub Gefahr verbunden ist (*Notverwaltungsrecht*, § 1429 BGB);

– der andere Ehegatte kann für das Gesamtgut ein Rechtsgeschäft zur ordnungsmäßigen Besorgung seiner *persönlichen Angelegenheiten* vornehmen, wenn das *Familiengericht* die erforderliche Zustimmung des verwaltungsberechtigten Ehegatten auf Antrag *ersetzt* (§ 1430 BGB);

– der andere Ehegatte kann, wenn er mit Einwilligung des verwaltenden Ehegatten selbständig ein *Erwerbsgeschäft* betreibt, Rechtsgeschäfte vornehmen und Rechtsstreitigkeiten führen, die der Geschäftsbetrieb mit sich bringt (§ 1431 BGB);

– der andere Ehegatte kann ohne Zustimmung des verwaltungsberechtigten Ehegatten eine ihm angefallene *Erbschaft* oder ein Vermächtnis *annehmen oder ausschlagen,* auf den Pflichtteil oder den Ausgleich eines Zugewinns verzichten, einen Vertragsantrag oder eine Schenkung ablehnen und ein Inventar über eine ihm angefallene Erbschaft errichten (§ 1432 BGB);

– der andere Ehegatte kann ohne Zustimmung des verwaltungsberechtigten Ehegatten einen *Rechtsstreit fortsetzen,* der bei Eintritt der Gütergemeinschaft anhängig war (§ 1433 BGB).

c) § 1357 BGB gilt auch in der Gütergemeinschaft. Daher kann auch der nicht **36** verwaltende Ehegatte die dort genannten Geschäfte mit Wirkung für und gegen den Verwalter und damit für und gegen das Gesamtgut vornehmen.

d) Abweichend von der gesetzlichen Regelung erlangt der andere Ehegatte für **37** einzelne Fälle das Recht zur Verwaltung des Gesamtguts durch ehevertragliche Vereinbarung (vgl § 1421 Rn 12), durch Bevollmächtigung oder durch Ermächtigung (vgl oben Rn 8, § 1421 Rn 7). Ein Ehevertrag bindet die Parteien; dagegen sind Vollmacht und Einwilligung im Zweifel widerruflich (§§ 168, 183 BGB).

2. Besitzrecht

Der andere Ehegatte hat grundsätzlich kein Recht zum Besitz der Gesamtgutssa- **38** chen; er ist lediglich mittelbarer Mitbesitzer. Kraft § 1353 BGB ist er aber regelmäßig berechtigt, die eheliche Wohnung und den Hausrat als unmittelbarer Mitbesitzer mitzubenutzen und seine persönlichen Sachen sowie sein selbständig betriebenes Erwerbsgeschäft in Alleinbesitz zu nehmen und zu behalten (s auch oben Rn 14 ff).

3. Verfügungen

Dem anderen Ehegatten fehlt die Befugnis, über Gesamtgut zu verfügen. Dazu **39** bedarf er der Zustimmung des Verwalters. Verfügt er ohne Zustimmung des Verwalters über Gesamtgut, so finden mangels besonderer Bestimmungen die allgemeinen Vorschriften der §§ 182–185 BGB Anwendung. Die Verfügung ist unwirksam. Über den Erwerb und die gleichzeitige Belastung eines Grundstückes durch den nicht verwaltenden Ehegatten s unten Rn 40.

4. Verpflichtungsgeschäfte

Der andere Ehegatte kann obligatorische Rechtsgeschäfte jeder Art schließen. Der **40** Zustimmung des verwaltungsberechtigten Ehegatten bedarf es selbst dann nicht, wenn der andere Ehegatte sich zur Verfügung über das Gesamtgut verpflichtet. Mit einem solchen Rechtsgeschäft verpflichtet er sich aber nur persönlich, keinesfalls auch den verwaltenden Ehegatten. Auch gegenüber dem Gesamtgut wirkt das

Rechtsgeschäft nur, wenn der Verwalter ihm zustimmt (§ 1438 Abs 1 BGB). Für die Zustimmung gelten die §§ 182–184 BGB. Der Erwerb aus diesen Rechtsgeschäften fließt dem Gesamtgut zu (§ 1416 BGB). Zeitlich und sachlich mit dem Erwerb zusammenhängende Belastungen des erworbenen Rechts sind als Minderungen des Erwerbs, aber nicht als Verfügungen über das Gesamtgut anzusehen. Der andere Ehegatte kann also insbesondere ein Grundstück erwerben und zugleich die darauf lastenden Hypotheken übernehmen (KG KGJ 30, 207; MünchKomm/KANZLEITER § 1422 Rn 21). Das Grundbuchamt muss den Erwerb eintragen, auch wenn an den anderen Ehegatten in Erfüllung eines ohne Zustimmung des Verwalters geschlossenen *Kaufvertrages* aufgelassen ist (KG KGJ 31 A 297 = RJA 7, 55; BayObLG MDR 1954, 306 Nr 293). Der andere Ehegatte kann beim Grundstückserwerb auch eine Kaufpreishypothek bestellen (JUNG BayNotZ 1913, 14 u hM). Ist bei einem Grundstückserwerb die Eigentumsübertragung mit der Bestellung eines Nießbrauchs in der Weise verbunden, dass die eine Eintragung nicht ohne die andere erfolgen soll, so sind beide Rechtsakte im wirtschaftlichen Ergebnis als eine Einheit zu betrachten mit der Folge, dass der nicht verwaltende Ehegatte ohne Mitwirkung des anderen zur Belastung des Grundstücks mit dem Nießbrauch berechtigt ist (OLG Saarbrücken FamRZ 1955, 138; hM).

5. Empfangszuständigkeit

41 Die Einziehung und der Empfang einer der Gesamthand geschuldeten Leistung (Gesamtgutsforderung) stehen dem Gesamtgutsverwalter zu. Das Gesetz gibt auch dem nicht verwaltenden Ehegatten, in dessen Person die Forderung entstanden war, keine eigene Empfangszuständigkeit (anders GERNHUBER/COESTER-WALTJEN § 38 Rn 28 Fn 38). Treten jedoch gemäß § 1416 Abs 1 S 2 BGB die geschuldeten Erfolge im Gesamtgut vollständig ein, darf nach der herrschenden Theorie der realen Leistungsbewirkung Erfüllung angenommen werden (strenger BGH LM Nr 1 zu § 1437 aF = NJW 1957, 1635: keine Erfüllung, ungerechtfertigte Bereicherung des Gesamtguts). § 1416 BGB vermittelt jedoch „dem Gesamtgut" nicht den Besitz, sodass etwa die Verkäuferpflicht erst dann vollständig erfüllt ist, wenn der Gesamtgutsverwalter den Besitz erlangt (oder der andere Ehegatte auf dessen Geheiß).

6. Prozessführung

42 **a)**   Zur Führung von Prozessen, die sich auf das Gesamtgut beziehen, ist **der nicht verwaltungsberechtigte Ehegatte nicht befugt**. Ihm spricht § 1422 BGB die sonst jedem Gesamthänder zustehende Prozessführungsbefugnis ab. Der Mangel führt zur Abweisung der Klage als unzulässig.

43 **b)**   Ausnahmsweise hat der andere Ehegatte das **Prozessführungsrecht** bei unbefugten Verfügungen des Verwalters (§ 1428 BGB), in Notfällen (§ 1429 BGB), bei selbständigem Betrieb eines Erwerbsgeschäftes (§ 1430 BGB) und zur Fortsetzung eines bei Eintritt der Gütergemeinschaft anhängigen Rechtsstreites (§ 1433 BGB). In diesen Fällen führt der nicht verwaltende Ehegatte den Prozess im eigenen Namen. Im Falle des § 1429 BGB kann er den Prozess auch im Namen des verhinderten Ehegatten führen.

44 Der nicht verwaltungsberechtigte Ehegatte erlangt die Befugnis, einen Rechtsstreit über das Gesamtgut im eigenen Namen zu führen, auch durch die **Zustimmung** des

Gesamtgutsverwalters. Das lässt auch die Fassung von § 1433 BGB erkennen (vgl RG JW 1905, 176; RGZ 60, 146; RG JW 1910, 818; RG SeuffBl 76, 699; OLG Hamburg Recht 1911 Nr 1572; vgl für Passivprozesse RGZ 56, 76 f und RGZ 148, 243, 247).

Die **Zustimmungserklärung** kann sich aus schlüssigem Handeln ergeben. Sie ist **45** regelmäßig darin zu finden, dass sich der zur Verwaltung berechtigte Ehegatte selbst an dem Rechtsstreit beteiligt und dem klagenden Ehegatten beisteht, ohne der Prozessführung zu widersprechen. Eine Zustimmung ist zB anzunehmen, wenn der Verwalter die von seinem Ehegatten einem Dritten ausgestellte Prozessvollmacht mitunterzeichnet (vgl OLG Breslau OLGE 1, 56), wenn er als Prozessbevollmächtigter des anderen Ehegatten auftritt (vgl RG Recht 1906 Nr 1652), wenn er ihm als Nebenintervenient beitritt (vgl RGZ 60, 85), oder wenn der Verwalter sich als Zeuge vernehmen lässt (RG WarnR 1914 Nr 258).

Die Zustimmung zur Prozessführung ist eine einseitige empfangsbedürftige Willens- **46** erklärung. Sie kann sowohl dem klagenden Ehegatten als auch dem Prozessgegner gegenüber erklärt werden. Sie wird vor, während oder nach der Führung des Rechtsstreits erteilt. Die Zustimmung ist nur bis zur Klageerhebung widerruflich (vgl RGZ 164, 240).

c)   Die Zustimmung des Verwalters ermächtigt den anderen Ehegatten im Zwei- **47** fel nur dazu, den Prozess im eigenen Namen zu führen (zutr Gernhuber/Coester-Waltjen § 38 Rn 76; s aber auch RGZ 148, 243, 247 u hL). Zur Prozessführung im Namen des Verwalters bedarf es dessen Vollmacht. Die Prozessführung im Namen des Verwalters belastet nur diesen und das Gesamtgut mit den Prozesskosten, nicht den vertretenden Ehegatten. Handelt dieser im eigenen Namen, haftet er für die Kosten, daneben auch das Gesamtgut, § 1438 Abs 2 BGB, und der Verwalter, § 1437 Abs 2 BGB.

d)   Ist der andere Ehegatte zur Prozessführung ermächtigt, kann er in Aktivpro- **48** zessen nur **Leistung an den Verwalter** verlangen. Leistung an sich kann er nur verlangen, wenn er vom Verwalter zur Annahme der Leistung ermächtigt ist. Die Zustimmung zur Prozessführung enthält diese Ermächtigung regelmäßig nicht. Auch die Klage auf Leistung an sich selbst oder den Verwalter nach Wahl des Schuldners ist nicht begründet, wenn die entsprechende Ermächtigung des Verwalters fehlt (anders RGZ 60, 146 u hL). Anderes gilt im Fall des § 1433 BGB (s § 1433 Rn 5).

e)   Das **Urteil**, das in den Fällen der §§ 1428, 1429, 1431, 1433 BGB oder in einem **49** mit Zustimmung des Verwalters geführten Rechtsstreit ergeht, wirkt auch **Rechtskraft** für und gegen den verwaltenden Ehegatten.

f)   Handelt es sich um einen das Gesamtgut betreffenden **Passivprozess**, so ist die **50** Klage gegen den Ehegatten zu richten, der das Gesamtgut verwaltet. Ein Urteil gegen den anderen Ehegatten ist zur Zwangsvollstreckung in das Gesamtgut weder erforderlich noch genügend (§ 740 ZPO). Die Rechtskraft des Urteils beschränkt sich auf den anderen Ehegatten, sofern nicht der Verwalter der Prozessführung zugestimmt hat (RGZ 56, 73, 76 f; RGZ 148, 243, 247). Für die Kosten des Rechtsstreits haftet das Gesamtgut aber auch dann, wenn das Urteil dem Gesamtgut gegenüber nicht wirksam ist (§ 1438 Abs 2 BGB).

51 Ist aber der andere Ehegatte persönlicher Schuldner, so ist die Klage auch gegen ihn zulässig (RG Gruchot 48, 1017; RG Recht 1924 Nr 647a; RGZ 105, 19; OLG Stettin OLGE 3, 52 und 242; s OLG München OLGE 14, 228). Ein Leistungsurteil gegen den anderen Ehegatten ist insofern von Wert, als dieser Titel die Vollstreckung in sein Vorbehaltsgut ermöglicht und § 743 ZPO nach Beendigung der Gütergemeinschaft ohnehin zur Vollstreckung in das Gesamtgut auch einen Titel gegen den nicht verwaltenden Ehegatten fordert.

52 Auch wenn der nicht verwaltungsberechtigte Ehegatte nicht persönlicher Schuldner ist, kann gegen ihn unter Umständen Klage auf Duldung der Zwangsvollstreckung in das Gesamtgut erhoben werden (RGZ 89, 360; OLG Posen OLGE 7, 304; OLG Hamburg OLGE 16, 289; OLG Königsberg OLGE 21, 228; **aM** OLG Hamburg OLGE 5, 131). Das Rechtsschutzinteresse für dieses Klagebegehren muss sich, wie bei der Leistungsklage, aus § 743 ZPO ergeben.

IV. Schutz gegenüber unberechtigten Verwaltungsmaßnahmen

1. Schutz der Ehegatten untereinander

53 a) Der **Gesamtgutsverwalter** kann von dem anderen Ehegatten Unterlassung unberechtigter Verwaltungshandlungen verlangen (s oben Rn 4). Verpflichtungsgeschäfte sind ihm (dem Gesamtgut) gegenüber nicht wirksam (§ 1438 Abs 1 BGB), Verfügungen sind (schwebend) unwirksam (§§ 1422, 185 BGB).

54 b) Zum Schutze des *nicht verwaltenden Ehegatten* dagegen, dass der Gesamtgutsverwalter seine Verwaltungsbefugnisse überschreitet, dienen zunächst die §§ 1427, 1428 BGB. Weiter muss der Verwalter, wenn sich das Gesamtgut durch ein unbefugtes Rechtsgeschäft mindert, zum Gesamtgut Ersatz leisten (§ 1435 S 3 BGB). Dieser Ersatzanspruch kann zwar erst nach Beendigung der Gütergemeinschaft geltend gemacht werden (§ 1446 Abs 1 BGB); immerhin kann er schon während ihres Bestehens einem Antrag auf Arrest oder einstweilige Anordnung zur Grundlage dienen. Schließlich ist der nicht verwaltende Ehegatte befugt, Aufhebung der Gütergemeinschaft zu beantragen (§ 1447 BGB).

2. Schutz Dritter

55 Die Vorschriften zugunsten desjenigen, der Rechte von einem Nichtberechtigten herleitet, finden auch gegenüber Verwaltungshandlungen der Ehegatten bei der Gütergemeinschaft Anwendung, solange diese nicht in das Güterrechtsregister eingetragen oder dem Dritten nicht bekannt ist (§ 1412 BGB). Ist die Eintragung jedoch erfolgt, muss sich jeder Dritte die Regelung der Verwaltungs- und Verfügungsmacht entgegenhalten lassen. Das Gleiche gilt für die Verfügungsbeschränkungen der §§ 1423–1425 BGB. Der hiervon abweichenden herrschenden Auffassung kann nicht gefolgt werden (vgl § 1412 Rn 48 ff).

§ 1423
Verfügung über das Gesamtgut im Ganzen

Der Ehegatte, der das Gesamtgut verwaltet, kann sich nur mit Einwilligung des anderen Ehegatten verpflichten, über das Gesamtgut im Ganzen zu verfügen. Hat er sich ohne Zustimmung des anderen Ehegatten verpflichtet, so kann er die Verpflichtung nur erfüllen, wenn der andere Ehegatte einwilligt.

Materialien: Zu § 1444 aF: E I § 1353 Abs 1; II § 1343 rev § 1429; III § 1427; Mot IV 351; Prot IV 251, 254 f; Prot VI 279; D 694. Zu § 1423: E I § 1444; II § 1444; III § 1423; BT-Drucks 2/2309, 27. Vgl STAUDINGER/BGB-Synopse 1896–2005 § 1423.

Systematische Übersicht

I. Rechtsentwicklung

Ohne besonderen gesetzlichen Anhalt entschied die partikularrechtliche Praxis viel- **1** fach, dass der Ehemann das Gesamtgut im Ganzen oder einen Bruchteil davon nicht einseitig veräußern oder belasten könne, selbst wenn das betreffende Landesrecht ihm für entgeltliche Rechtsgeschäfte ein unbeschränktes Verwaltungsrecht einräumte (Mot IV 351 f). Das BGB bestimmte in § 1444 aF: „Der Mann bedarf der Einwilligung der Frau zu einem Rechtsgeschäfte, durch das er sich zu einer Verfügung über das Gesamtgut im Ganzen verpflichtet, sowie zu einer Verfügung über Gesamtgut, durch die eine ohne Zustimmung der Frau eingegangene Verpflichtung dieser Art erfüllt werden soll." Das GleichberG hat den § 1444 aF ohne sachliche Änderung übernommen. An die Stelle des Mannes setzt § 1423 BGB den Ehegatten, der das Gesamtgut verwaltet, an die Stelle der Frau den anderen Ehegatten. Im Übrigen ist die Neufassung sprachlich verbessert.

II. Grundgedanke

§ 1423 BGB enthält – ebenso wie die §§ 1424 und 1425 BGB – eine Ausnahme von **2** dem Grundsatz des § 1422 Abs 1 S 1 BGB. Danach unterliegt das Gesamtgut ausschließlich der Verwaltung des Mannes oder der Frau. Die Beschränkung der Verwaltungsbefugnis des Ehegatten, der zur Verwaltung des Gesamtgutes bestimmt ist, beruht auf der Erwägung, dass Rechtsgeschäfte über das Gesamtgut im Ganzen, die ein Ehegatte ohne Zustimmung des anderen vornimmt, der Gütergemeinschaft die

Grundlage entziehen und die Rechte des anderen Ehegatten beeinträchtigen können (Mot IV 351 f). Ein wirtschaftlich so einschneidendes Geschäft bedarf der
gemeinsamen Entschließung beider Ehegatten. Deshalb bindet § 1423 BGB den
verwaltenden Ehegatten für Verpflichtungsgeschäfte über das Gesamtgut im Ganzen an die Einwilligung des anderen Ehegatten. Ebenso werden Erfüllungsgeschäfte,
die das Gesamtgut im Ganzen betreffen, von der vorherigen Zustimmung des anderen Ehegatten abhängig gemacht.

III. Rechtsgeschäfte über das Gesamtgut im Ganzen

1. Das Gesamtgut im Ganzen

3 Gegenstand des § 1423 BGB sind nur **Rechtsgeschäfte über das Gesamtgut im Ganzen**. Über sein Vorbehaltsgut und sein Sondergut kann jeder Ehegatte auch als
Ganzes frei bestimmen (§§ 1417 Abs 3, 1418 Abs 3 BGB).

4 Für die Frage, wann ein Rechtsgeschäft das Gesamtgut im Ganzen ergreift, kann auf
die Ausführungen zu § 1365 BGB verwiesen werden. Beide Vorschriften beruhen
auf dem gleichen Grundgedanken. Daher gilt hier wie dort die „Einzeltheorie" (vgl
STAUDINGER/THIELE [2017] § 1365 Rn 17) und die sog subjektive Theorie (vgl STAUDINGER/
THIELE [2017] § 1365 Rn 20 ff). Gegen die Anwendung der subjektiven Theorie zu § 1423
MünchKomm/KANZLEITER Rn 2 und § 1422 Rn 24; wie hier die hM.

2. Verpflichtungsgeschäfte

5 Der Gesamtgutsverwalter bedarf der Einwilligung des anderen Ehegatten zu einem
Rechtsgeschäft, durch das er sich **verpflichtet**, über das Gesamtgut im Ganzen zu
verfügen. Als Verpflichtung über das Gesamtgut im Ganzen gilt nicht die Verpflichtung zur Verfügung über einen ideellen Bruchteil des Gesamtguts (**aM:** DÖLLE I § 70
VI), es sei denn, dass dieser das Gesamtgut nahezu erschöpft (vgl STAUDINGER/THIELE
[2017] § 1365 Rn 32). Zur Begründung reiner Zahlungsverpflichtungen s STAUDINGER/
THIELE (2017) § 1365 Rn 6 mwNw; RGZ 54, 283.

3. Verfügungsgeschäfte

6 § 1423 BGB bindet nur **erfüllende Verfügungsgeschäfte** an die Zustimmung. Über
den Wortlaut hinaus sind aber auch **isolierte Verfügungen** zustimmungsbedürftig. In
Betracht kommen insoweit Verfügungen über einzelne Gegenstände, die wirtschaftlich das ganze oder nahezu das ganze Gesamtgut darstellen. Ist das einer Verfügung
zugrundeliegende Rechtsgeschäft wirksam, bedarf dieses keiner Zustimmung. Das
gilt auch dann, wenn das Verpflichtungsgeschäft einer Zustimmung nicht bedurfte.
Im Gegensatz zum Wortlaut ist aber eine einzige Verfügung über ein aus mehreren
Gegenständen bestehendes Gesamtgut rechtlich nicht zulässig. Der Grundsatz der
Spezialität bleibt gewahrt (BayOLGZ 34, 291).

4. Prozessführung

7 Die **Prozessführung** ist nicht gemäß § 1423 BGB zustimmungsbedürftig. Wohl aber
ist es ein gerichtlicher Vergleich, wenn er das Gesamtgut im Ganzen erfasst.

IV. Die Einwilligung

8 Einwilligung ist die vorherige Zustimmung, § 183 BGB. Sie bedarf keiner Form und kann daher auch durch schlüssiges Handeln erklärt werden. Näheres zur Einwilligung STAUDINGER/THIELE (2017) § 1365 Rn 69 ff.

V. Rechtliche Bedeutung

1. Nimmt der **Verwalter** ein Rechtsgeschäft der in § 1423 BGB bezeichneten Art **9** **mit Einwilligung** des anderen Ehegatten vor, so ist es dem Gesamtgut gegenüber wirksam; eine hierdurch begründete Verbindlichkeit des Verwalters ist Gesamtgutsverbindlichkeit (§ 1437 Abs 1 BGB). Der andere Ehegatte wird durch Erteilung der Einwilligung nicht persönlich verpflichtet.

2. Nimmt der **Verwalter** ein solches Rechtsgeschäft **ohne Einwilligung** des anderen **10** ren Ehegatten vor, so ist es dem Gesamtgut gegenüber gemäß § 1427 BGB **schwebend unwirksam.** Auch eine persönliche Verpflichtung des Verwalters wird hierdurch, abgesehen von etwaiger Ersatzpflicht des Verwalters aus § 823 BGB oder § 826 BGB, nicht begründet (Mot IV 352; Prot IV 254; s auch BayObLGZ 2, 827, 829 f). Weitere Rechtsfolgen enthalten die §§ 1428, 1434, 1435 S 3, 1447 Nr 1 BGB.

3. Nimmt der *Ehegatte,* der das Gesamtgut *nicht verwaltet,* ein solches Rechts- **11** geschäft **mit Einwilligung des Verwalters** vor, so ist es dem Gesamtgut gegenüber wirksam. Eine hierdurch begründete Verbindlichkeit des anderen Ehegatten ist Gesamtgutsverbindlichkeit und bewirkt auch die persönliche Haftung des Verwalters als Gesamtschuldner (§§ 1437 Abs 2, 1438 Abs 1 BGB; s auch OLG Colmar OLGE 7, 404).

4. Nimmt der *nicht verwaltende Ehegatte* ein in § 1423 BGB bezeichnetes Rechts- **12** geschäft **ohne die erforderliche Einwilligung** des Gesamtgutsverwalters vor, so ist es dem Gesamtgut gegenüber unwirksam, begründet aber eine persönliche Verpflichtung des anderen Ehegatten. Der in der II. Kommission gestellte Antrag, die persönliche Haftung der nicht verwaltungsberechtigten Frau aus Rechtsgeschäften dieser Art auszuschließen, wurde abgelehnt (Prot IV 255 ff).

VI. Abweichende Vereinbarungen

Eine ehevertragliche Vereinbarung, nach der der verwaltende Ehegatte von der **13** Beschränkung durch § 1423 BGB frei sein solle, ist zulässig und wirksam (hM; aM SOERGEL/GAUL/ALTHAMMER § 1423 Rn 2; ZÖLLNER FamRZ 1965, 113, 118; einschränkend – zulässig nur für entgeltliche Geschäfte – PLANCK/UNZNER § 1444 aF Anm 7). Die Befreiung vom Zustimmungserfordernis kann in das Güterrechtsregister eingetragen werden (vgl BGHZ 66, 203 = NJW 1976, 1258). Die vereinbarte Befreiung kann weder allgemein noch regelmäßig als sittenwidrig angesehen werden (anders ERMAN/HEINEMANN § 1423 Rn 5; s auch DÖLLE I § 70 VI 1 Fn 27; PALANDT/BRUDERMÜLLER § 1423 Rn 1; wie hier BAMBERGER/ROTH/ MAYER § 1423 Rn 1; MünchKomm/KANZLEITER § 1423 Rn 6; MIKAT, in: FS Felgentraeger [1969] 323, 333). § 138 greift nur dann ein, wenn im Einzelfall besondere Umstände vorliegen.

§ 1424
Verfügungen über Grundstücke, Schiffe oder Schiffsbauwerke

Der Ehegatte, der das Gesamtgut verwaltet, kann nur mit Einwilligung des anderen Ehegatten über ein zum Gesamtgut gehörendes Grundstück verfügen; er kann sich zu einer solchen Verfügung auch nur mit Einwilligung seines Ehegatten verpflichten. Dasselbe gilt, wenn ein eingetragenes Schiff oder Schiffsbauwerk zum Gesamtgut gehört.

Materialien: Zu § 1445 aF: E I § 1353 Abs 1; II § 1344 rev § 1430; III § 1428; Mot IV 352 ff; Prot IV 251 ff; D 694. Zu § 1424 nF: E I § 1445; II § 1445; III § 1424; BT-Drucks 2/3409, 27. Vgl STAUDINGER/BGB-Synopse 1896–2005 § 1424.

Systematische Übersicht

Alphabetische Übersicht

I. Rechtsentwicklung

Die Vorschrift des § 1424 BGB geht zurück auf § 1445 aF und zahlreiche frühere auf **1**
dem Boden der allgemeinen Gütergemeinschaft stehende Rechte, insbesondere auf
das PrALR Teil II Titel 1 § 378 und das sächs GB § 1698.

II. Grundgedanke

§ 1424 BGB enthält (wie die §§ 1423 und 1425 BGB) eine weitere Ausnahme von **2**
dem Grundsatz, dass das Gesamtgut der ausschließlichen Verwaltung des Mannes
oder der Frau unterliegt (§ 1422 S 1 BGB). Das unbewegliche Vermögen nimmt
nicht nur wertmäßig, sondern auch hinsichtlich seiner wirtschaftlichen und sozialen
Bedeutung gegenüber dem beweglichen Vermögen auch heute eine hervorragende
Stellung ein. Deshalb ist jede Grundstücksverfügung vinkuliert. Seinen Zweck, die
Familie gegen den Verlust ihres Grundbesitzes zu sichern, kann das Gesetz ferner
nur erreichen, wenn es auch das obligatorische Rechtsgeschäft für unwirksam erklärt, da nach § 1437 Abs 1 BGB die Verbindlichkeiten des verwaltenden Ehegatten
stets Gesamtgutsverbindlichkeiten sind (Mot IV 354 f, 352).

Die Annäherung der Rechte an eingetragenen **Schiffen** und **Schiffsbauwerken** an die **3**
Gestaltung des Liegenschaftsrechts rechtfertigt die Gleichstellung der Schiffe und
Schiffsbauwerke mit den Grundstücken.

III. Anwendungsgebiet

1. Die Gegenstände der Verwaltungsbeschränkung

a) Schutzobjekte sind Grundstücke. Ihnen stehen das **Wohnungs-** und **Teileigen-** **4**
tum sowie gemäß § 11 Abs 1 ErbbauVO **Erbbaurechte** gleich. Die Gleichstellung
erstreckt sich auch auf die Zustimmungsbedürftigkeit des Verpflichtungsgeschäfts.
Verpflichtung zur Verfügung und Verfügung über einen **Miteigentumsanteil** (s § 747
S 1 BGB) an einem **Grundstück** haben ebenfalls das Grundstück zum Gegenstand.
Schutzgegenstand sind ferner in das See- oder Binnenschifffahrtsregister **eingetra-**
gene Schiffe und **Schiffsbauwerke**. Erfasst werden auch in ausländischen Registern
eingetragene Schiffe und Schiffsbauwerke.

5 b) Das Grundstück, Schiff oder Schiffsbauwerk muss **zum Gesamtgut gehören**. Zur Gesamtgutseigenschaft s die Erl zu § 1416 BGB.

6 c) § 1424 BGB ist **nicht anwendbar**, wenn Gegenstand des Rechtsgeschäfts sind: Grundstück- oder Schiffszubehör, Rechte an Grundstücken, Schiffen und Schiffs-baurechten wie subjektiv dingliche Rechte oder Ansprüche auf den Eigentumser-werb (BGH LM Nr 1 zu § 1424 BGB = FamRZ 1971, 520; RGZ 111, 185; BayObLGZ 1954, 141, 148), auch wenn der Anspruch durch eine Vormerkung gesichert ist (BGH LM Nr 1 zu § 1424 BGB = FamRZ 1971, 520).

2. Einwilligungsbedürftige Rechtsgeschäfte

7 a) Der Zustimmung bedürfen Verfügungen des Gesamtgutsverwalters über die Schutzobjekte (s oben Rn 4 f) und die Eingehung der **Verpflichtung zu** einer solchen Verfügung. Vorausgesetzt sind verpflichtende und verfügende **Rechtsgeschäfte unter Lebenden**. Hierher gehören vor allem die Verpflichtung zur **Veräußerung** und **Be-lastung** sowie deren Erfüllung.

8 b) Eine Veräußerung liegt auch vor, wenn **Miteigentümer** oder **Gesamthänder** über das gemeinschaftliche Grundstück verfügen. Die Mitwirkung des Verwalters gemäß § 747 S 2 BGB oder § 2040 Abs 1 BGB bedarf daher der Zustimmung nach § 1424 BGB. Das gilt auch dann, wenn die Übertragung zum Zwecke der **Auseinan-dersetzung** erfolgt (zur Auseinandersetzung von Miterben BayObLGZ 20, 319; KG JW 1938, 3115 = DNotZ 1939, 508 und ganz hM gegen frühere abw Auffassungen). Auch der **Antrag auf Teilungsversteigerung** ist **zustimmungsbedürftig** (OLG Koblenz NJW 1967, 1139 f). Über den zum Gesamtgut gehörenden **Anteil** an einer **Erbengemeinschaft**, zu deren Ver-mögen ein Grundstück gehört, kann der Gesamtgutsverwalter nur mit Zustimmung des anderen Ehegatten verfügen (str, wie hier MünchKomm/Kanzleiter § 1424 Rn 4; Pa-landt/Brudermüller § 1424 Rn 2; BGB-RGRK/Finke § 1424 Rn 4; **aM** BayObLGZ 4, 22; Bam-berger/Roth/Mayer § 1424 Rn 5; Soergel/Gaul/Althammer § 1424 Rn 6).

9 c) Zustimmungsbedürftig ist jede **Belastung** des Grundstücks, Schiffs oder Schiffs-bauwerks. Das gilt auch für die Bestellung einer **Eigentümergrundschuld** (KGJ 43, 257; MünchKomm/Kanzleiter § 1424 Rn 5; **aA** Bamberger/Roth/Mayer § 1424 Rn 4: zustimmungs-bedürftig erst die Abtretung; dazu Rn 10). Belastung ist auch jede Inhaltsänderung des belastenden Rechts zum Nachteil des Eigentümers (des Gesamtguts), so die Erhö-hung des Zinssatzes (BayObLGZ 14, 501; **aM** OLG Hamburg OLGE 18, 264; Recht 1912 Nr 1487), die Vorverlegung der Fälligkeit. Der Zustimmung bedarf auch die Bewil-ligung einer **Vormerkung** (KG RJA 5, 194; KGJ 29, 150 ff hM, **aM** BayObLG NJW 1957, 1521). Die **Zuschreibung** eines vom Verwalter erworbenen Grundstücks zu einem Gesamt-gutsgrundstück ist nur dann zustimmungsfrei, wenn die Zuschreibung zugleich die den Gesamtguterwerb begründende Eintragung ist (LG Augsburg Rpfleger 1965, 369 m Zust Haegele).

10 d) **Keine Verfügung** über das Grundstück enthält die **Übernahme bereits beste-hender Grundpfandrechte** durch den Erwerber des Grundstücks (§ 416 BGB; vgl KG RJA 2, 91; OLGE 6, 284), die **Abtretung einer Eigentümerhypothek** oder Eigentümer-grundschuld (§§ 1163, 1196 BGB). Weiter die Mitwirkung des Eigentümers **zur Umwandlung von Grundpfandrechten**, etwa einer Hypothek in eine Grundschuld und umgekehrt (§ 1198 BGB, hM; **aM** BayObLGZ 2, 123, 799), einer Sicherungshypothek in eine gewöhnliche Hypothek und umgekehrt (§ 1203 BGB); ebensowenig die Zustimmung des Eigentümers zur **Rangänderung** (Rücktritt) einer Hypothek, Grundschuld oder Rentenschuld (§ 880 Abs 2 S 2 BGB; vgl KG RJA 2, 99 = KGJ 22 A 134) und zur **Löschung einer Hypothek** oder Grund- bzw Rentenschuld (§ 1183 BGB; § 27 Abs 1 GBO; KG OLGE 3, 226 = KGJ 22 A 140 und RJ 4, 168; OLG Hamburg Recht 1908 Nr 2189).

Nicht unter § 1424 BGB fällt ferner die **Vermietung oder Verpachtung** eines zum **11** Gesamtgut gehörenden Grundstücks (RGSt 35, 204, 402), die **Kündigung der** auf einem Gesamtgutsgrundstück ruhenden **Hypothek**, der Ausschluss des Kündigungsrechts bei einer solchen Hypothek (KG OLGE 14, 264).

§ 1424 BGB ist weiter nicht anwendbar bei einer Belastung des Grundstücks in **12** unmittelbarem **Zusammenhang mit dessen Erwerb**. Die Belastung erscheint als Erwerbsmodalität, wirtschaftlich handelt es sich um den Erwerb eines bereits belasteten Grundstücks, auch wenn die Belastung erst nach der Eintragung des Grundstücks bewilligt und/oder eingetragen wird (hM, vgl RGZ 69, 177; KG JW 1934, 1367 – Restkaufgeldhypothek; BGH NJW 1957, 1187 = FamRZ 1957, 303; OLG Saarbrücken FamRZ 1955, 138 – vorbehaltener Nießbrauch; LG Colmar Recht 1900, 306; **aM** OLG Karlsruhe OLGE 38, 247 – vorbehaltenes Wohnungs- oder Benutzungsrecht).

e) **Prozessführung** ist keine Verfügung. Der verwaltungsberechtigte Ehegatte ist **13** daher zur Prozessführung ohne Einwilligung des anderen Ehegatten auch insoweit berechtigt, als die Verfügung über ein Grundstück den Gegenstand des Rechtsstreits bildet. Zu prozessualen Verfügungen dieser Art (Vergleich, Verzicht, Anerkenntnis) dagegen ist die Einwilligung des anderen Ehegatten erforderlich (s § 1422 Rn 27).

Der **Zwangsvollstreckung** in ein zum Gesamtgut gehörendes Grundstück aufgrund **14** eines gegen den verwaltungsberechtigten Ehegatten allein gerichteten Vollstreckungstitels (§ 740 Abs 1 ZPO) steht § 1424 BGB nicht entgegen. Daher kann aufgrund eines nur gegen den Verwalter vollstreckbaren Titels auf einem Gesamtgutsgrundstück eine Zwangs- oder Arresthypothek, ein Widerspruch oder eine Vormerkung eingetragen werden. Insbesondere kann die Eintragung einer Vormerkung aufgrund einer einstweiligen Verfügung (§§ 883, 885 BGB) ohne Einwilligung des anderen Ehegatten erfolgen, auch wenn die einstweilige Verfügung nur gegen den Verwalter ergangen ist; allerdings muss gemäß § 40 Abs 1 GBO der andere Ehegatte als Miteigentümer im Grundbuch eingetragen sein, bevor die Eintragung der Vormerkung möglich ist (KG KGJ 29 A 150; RJA 5, 194). In dem Verzicht des Schuldners auf die Einlegung der Beschwerde gegen den Zuschlag liegt keine Verfügung über das Grundstück (OLG Königsberg JW 1930, 1079 = HRR 1930 Nr 1052).

Die **Unterwerfung unter die sofortige Zwangsvollstreckung** durch den Gesamtguts- **15** verwalter, die dieser wegen einer auf dem Grundstück lastenden Hypothek, Grundschuld oder Rentenschuld gemäß § 800 ZPO erklärt, stellt keine Verfügung über das Grundstück dar. Eine Verfügung wurde früher mit der Begründung angenommen, dass die Unterwerfung das Grundpfandrecht mit einem die Befriedigung aus dem Grundstück erleichternden Nebenrecht ausstatte (vgl BayObLGZ 3, 444). Es handelt sich jedoch nur um die Erleichterung der Durchsetzung des Rechts, die das Grundstück nicht belastet (vgl BayObLGZ 14, 499, 502 = SeuffA 69 Nr 201; KG RJA 7, 215).

3. Umfang der Zustimmungsbedürftigkeit

16 Der Zustimmung bedarf das Rechtsgeschäft in seinem den Inhalt der Verpflichtung oder Verfügung bestimmenden Umfang. Deshalb bedarf der Zustimmung des anderen Ehegatten auch die **Zusicherung** des Verwalters, dass das zu verkaufende Grundstück gewisse Eigenschaften (insbesondere eine bestimmte Größe) besitze, sofern diese Nebenabrede als Bestandteil des Veräußerungsvertrages erscheint (iE ebenso RG JW 1903 Beil 125 Nr 277 und RGZ 103, 297 f). Dagegen ist § 1424 BGB nicht anwendbar, wenn die in Gütergemeinschaft lebenden Eheleute das zu der gütergemeinschaftlichen Masse gehörende Grundstück zusammen an einen Dritten verkauft haben, der verwaltende Ehegatte aber die Vorverhandlungen allein geführt und hierbei fälschlich und arglistig Grundstückseigenschaften vorgespielt hat; in diesem Fall haftet allein der Verwalter gemäß § 463 S 2 BGB auf Schadensersatz (RGZ 99, 121).

4. Haftungsübernahme, Vertragsstrafe

17 Die **Übernahme der Haftung** für die Erteilung der Genehmigung durch den anderen Ehegatten ist regelmäßig nichtig (ERMAN/HEINEMANN § 1424 Rn 3; MünchKomm/KANZLEITER § 1424 Rn 8; SOERGEL/GAUL/ALTHAMMER § 1424 Rn 8; s auch STAUDINGER/THIELE [2017] § 1365 Rn 101). Die Haftungsübernahme würde, da aus ihr eine Gesamtgutsverbindlichkeit erwüchse, die Entscheidungsfreiheit des anderen Ehegatten bei Erteilung der Genehmigung beeinträchtigen. Damit bliebe der Zweck des § 1424 BGB unerfüllt und würde das Gesetz umgangen. Der verwaltende Ehegatte kann daher auch nicht für den Fall, dass der andere Ehegatte die Genehmigung eines Grundstücksverkaufs verweigert, eine **Vertragsstrafe** versprechen (OLG Posen OLGE 15, 407 = SeuffA 62 Nr 233). Gegen die Haftungsübernahme ist nichts einzuwenden, wenn die Haftung des Gesamtgutes ausgeschlossen wird.

IV. Die Einwilligung

18 1.   Zur Einwilligung s § 1423 Rn 8, STAUDINGER/THIELE (2017) § 1365 Rn 69 ff. Zur rechtlichen Bedeutung der Einwilligung und ihres Fehlens s § 1423 Rn 9 ff. Die Einwilligung in das Kausalgeschäft erstreckt sich in der Regel auch auf das Verfügungsgeschäft.

19 2.   Für die **Eintragung im Grundbuch** ergibt sich aus § 19 GBO, dass der Grundbuchrichter die Vorlage der nach § 1424 BGB erforderlichen **Einwilligung** des anderen Ehegatten in der durch § 29 GBO vorgeschriebenen Form verlangen darf und muss. Der verwaltende Ehegatte kann die erforderliche Einwilligung des anderen Ehegatten nicht kraft seines Verwaltungsrechts erklären (KG OLGE 24, 10). Handelt es sich um ein zum Gesamtgut gehörendes Grundstück, als dessen Eigentümer nur einer der Ehegatten eingetragen ist, so muss zur Eintragung einer zustimmungsbedürftigen Verfügung des Verwalters nach § 39 GBO zunächst die Umschreibung auf die beiden Ehegatten als gütergemeinschaftliche Miteigentümer (§ 48 GBO) erfolgen (BayObLG SeuffBl 72, 255; vgl KG RJA 2, 92 und 100; KG SeuffA 55 Nr 197; **aM** LG

Tilsit ZBlFG 1, 128). Das Grundbuchamt ist dagegen nicht gehindert, eine Auflassungsvormerkung auch bei Kenntnis der bestehenden Gütergemeinschaft allein zugunsten des das Grundstück erwerbenden Eheteils einzutragen (BayObLG NJW 1957, 1521).

V. Abweichende Vereinbarungen

Die Verwaltungsbeschränkungen des § 1424 BGB sind wie die des § 1423 BGB **20** ehevertraglich **abdingbar** (vgl RG JW 1927, 1192; RGZ 159, 363; KG HRR 1934 Nr 1122 und hL; **aM** Soergel/Gaul/Althammer § 1424 Rn 2; Zöllner FamRZ 1965, 113, 118). Das gilt auch für unentgeltliche Grundstücksgeschäfte (LG Göttingen FamRZ 1956, 228; LG Siegen NJW 1956, 671 u hL). Zu § 138 BGB gilt, was zu § 1423 Rn 12 ausgeführt wurde.

§ 1425
Schenkungen

(1) Der Ehegatte, der das Gesamtgut verwaltet, kann nur mit Einwilligung des anderen Ehegatten Gegenstände aus dem Gesamtgut verschenken; hat er ohne Zustimmung des anderen Ehegatten versprochen, Gegenstände aus dem Gesamtgut zu verschenken, so kann er dieses Versprechen nur erfüllen, wenn der andere Ehegatte einwilligt. Das Gleiche gilt von einem Schenkungsversprechen, das sich nicht auf das Gesamtgut bezieht.

(2) Ausgenommen sind Schenkungen, durch die einer sittlichen Pflicht oder einer auf den Anstand zu nehmenden Rücksicht entsprochen wird.

Materialien: Zu § 1446 aF: E I § 1335 Abs 2, 3; II § 1345 rev § 1431; III § 1429; Mot IV 356 ff; Prot IV 251, 257; VI 280; D 694; KB 2067. Zu § 1425 nF: E I § 1446; II § 1446; III § 1425; BT-Drucks 2/3409, 27. Vgl Staudinger/BGB-Synopse 1896–2005 § 1425.

Schrifttum

Zum ausschließlich älteren Schrifttum s auch Staudinger/Thiele (2000).

Systematische Übersicht

I. Grundgedanke

1 § 1425 BGB enthält neben den §§ 1423 und 1424 BGB eine dritte Ausnahme von dem Grundsatz des § 1422 S 1 BGB. Sie beruht auf der Erwägung, dass Schenkungen regelmäßig außerhalb einer ordnungsmäßigen Vermögensverwaltung liegen. Mit dem Hinweis auf die Verkehrssicherheit lässt sich die freie Befugnis zu Schenkungen nicht begründen. Andererseits spricht das berechtigte Interesse des anderen Ehegatten entschieden gegen eine solche uneingeschränkte Befugnis des verwaltenden Ehegatten (Mot IV 356 f).

Hatten die Ehegatten in der Übergangszeit (1. 4. 1953 bis 30. 6. 1958) gemeinschaftliche Verwaltung vereinbart, so entfiel damit die Anwendung des § 1446 aF.

II. Anwendungsgebiet

2 Nach § 1425 BGB bedarf der Ehegatte, der das Gesamtgut verwaltet, der Einwilligung des anderen Ehegatten zu einer **Schenkung aus dem Gesamtgut** (Abs 1 S 1 Fall 1). Über den Begriff der Schenkung s die Erl zu § 516. Unerheblich ist, ob der Gegenstand der Schenkung eine bewegliche oder eine unbewegliche Sache bildet (vgl dagegen code civil art 1422).

3 Erforderlich ist die Einwilligung auch zu einer **Verfügung über Gesamtgut**, durch die das ohne Zustimmung des anderen Ehegatten erteilte Versprechen einer Schenkung aus dem Gesamtgut **erfüllt** werden soll (Abs 1 S 1 Fall 2).

4 Einwilligungsbedürftig ist ferner ein **Schenkungsversprechen**, das sich nicht auf das Gesamtgut, sondern auf einen zum **Vorbehaltsgut** (§ 1418 BGB) **oder Sondergut** (§ 1417 BGB) des Verwalters gehörenden Gegenstand bezieht (Abs 1 S 2). Der Grund dieser Ausdehnung liegt darin, dass auch ein solches Versprechen des verwaltenden Ehegatten eine Gesamtgutsverbindlichkeit begründet (§ 1437 Abs 1 BGB) und daher das Vermögen des anderen Ehegatten berührt (Mot IV 357).

5 Die Einwilligung ist dagegen **nicht erforderlich** für eine **Handschenkung** aus dem Vorbehaltsgut, da hierdurch eine Verbindlichkeit des Verwalters und damit eine Gesamtgutsverbindlichkeit nicht begründet wird (Schenkungen aus dem Sondergut kommen wegen dessen Unübertragbarkeit nicht in Frage). Ein ohne Einwilligung gegebenes **Schenkungsversprechen wird wirksam**, wenn es der Verwalter aus eigenem Vermögen **erfüllt** (Bamberger/Roth/Mayer § 1425 Rn 2; MünchKomm/Kanzleiter § 1425 Rn 2; Palandt/Brudermüller § 1425 Rn 3; Soergel/Gaul/Althammer § 1425 Rn 3). Das Versprechen ist von Anfang an wirksam, wenn die Haftung des Gesamtguts durch Vereinbarung mit dem Beschenkten ausgeschlossen wird (hM).

6 **Schenkungen unter Ehegatten fallen** nicht unter § 1425 BGB, wenn sie aus dem Vorbehaltsgut des anderen gemacht werden. Schenkungen aus dem Gesamtgut in das Vorbehaltsgut erfordern einen Ehevertrag und den dinglichen Vollzug (vgl § 1416 Rn 34). Die auch hier erforderliche Einwilligung des anderen Ehegatten liegt in seiner Mitwirkung beim Schenkungsvertrag.

7 Auf die Prozessführung findet § 1425 BGB keine Anwendung, soweit es sich nicht um prozessrechtliche Verfügungen der in § 1425 BGB bezeichneten Art handelt (vgl § 1422 Rn 27).

III. Zustimmungsbedürftige Rechtsgeschäfte

1. Allgemeine Merkmale

In allen drei Fällen knüpft § 1425 BGB an den Begriff der Schenkung an. Schenkung **8** kann nach den Umständen des Einzelfalles vorliegen: bei Verpfändung einer Gesamtgutshypothek zur Sicherung einer fremden Schuld (Bamberger/Roth/Mayer § 1425 Rn 3; MünchKomm/Kanzleiter § 1425 Rn 3; anders: BayObLGZ 8, 474; vgl dazu die Kritik von Enneccerus/Kipp/Wolff § 62 Anm 16); bei Sicherungsabtretung einer zum Gesamtgut gehörenden Hypothek und Übernahme einer Bürgschaft (BayObLG HRR 1935 Nr 1314 unter Aufgabe des in der vorigen Entscheidung vertretenen Schenkungsbegriffs); bei Löschung einer aus dem Gesamtgut bezahlten Hypothek (KG OLGE 33, 341; OLG Colmar ZBlFG 14, 320 Nr 452).

Unter den Begriff der unentgeltlichen Zuwendung fällt nicht die Erfüllung einer **9** *unvollkommenen Verbindlichkeit* (zB Spielschuld – § 762 BGB). Auch *Schenkungen von Todes wegen* (§ 2301 BGB) fallen nicht unter § 1425 BGB.

2. Da der Begriff der Aussteuer in dem der Ausstattung enthalten ist, gilt heute **10** auch für die Aussteuer § 1624 BGB. Die Gewährung einer **Ausstattung** (§ 1624 BGB) beruht auf einer sittlichen Verpflichtung. Die Ausstattung gilt, auch wenn eine rechtliche Verpflichtung nicht besteht, nur insoweit als Schenkung, als die Ausstattung das den Umständen, insbesondere den Vermögensverhältnissen des Vaters oder der Mutter, entsprechende Maß übersteigt. Hält sich die Ausstattung innerhalb dieser Grenzen, so fällt sie demgemäß nicht unter § 1425 BGB. Eine dieses Maß übersteigende oder anderen Personen als einem Kinde gewährte Ausstattung dagegen ist, wenn die Voraussetzungen des § 516 BGB vorliegen, als Schenkung zu erachten; auf die Gewährung einer solchen Ausstattung findet daher § 1425 Abs 1 BGB (aber auch Abs 2; s BayObLGZ 1, 709) Anwendung (BayObLGZ 26, 23). Das Gleiche gilt, wenn der Verwalter die Ausstattung seinen einseitigen Abkömmlingen gewährt; die Vorschriften der §§ 1624 und 1425 BGB finden auch auf eine solche Ausstattung Anwendung. Zur Gewährung einer Ausstattung an einseitige Kinder des anderen Ehegatten ist dessen Einwilligung stets erforderlich, außer wenn die Voraussetzungen des § 1425 Abs 2 BGB gegeben sind (Mot IV 358).

3. Ein in der II. Kommission gestellte Antrag wollte auch die Wirksamkeit von **11** **Stiftungen** (§§ 80 ff BGB) des Mannes von der Zustimmung der Frau abhängig machen. Seine Ablehnung gründete sich darauf, es müsse der Auslegung des einzelnen Falles überlassen bleiben, ob eine Stiftung als Schenkung anzusehen sei (Prot IV 257, 258). In der Regel wird diese Frage zu bejahen sein (Planck/Unzner § 1446 aF Anm 8; BGB-RGRK/Finke § 1425 Rn 8).

IV. Pflicht- und Anstandsschenkungen

Eine **Ausnahme** von dem Grundsatz des § 1425 Abs 1 BGB besteht nach Abs 2 **für** **12** **Schenkungen** (nicht für Schenkungsversprechen), **durch die einer sittlichen Pflicht oder einer auf den Anstand zu nehmenden Rücksicht entsprochen wird**, weil solche

Schenkungen innerhalb des Kreises einer regelmäßigen und ordnungsmäßigen Vermögensverwaltung liegen (Mot IV 357; vgl §§ 534, 814, 1641 S 2, 1804 S 2, 2113 Abs 2 S 2, 2205 S 3, 2207 S 2, 2330 BGB). Über den Begriff derartiger Schenkungen vgl STAUDINGER/THIELE (2017) § 1375 Rn 27 f.

13 **Beispiele** für Schenkungen, durch die einer sittlichen Pflicht entsprochen wird, sind Zuwendungen an schuldlos verarmte, nicht unterhaltsberechtigte Verwandte (insbes Geschwister), Spenden bei öffentlichen Unglücksfällen und regelmäßig übermäßige Ausstattungen (dazu oben Rn 10). Zu Spenden an karitative Organisationen STAUDINGER/THIELE (2017) § 1375 Rn 22. Als Schenkung, durch die einer auf den Anstand zu nehmenden Rücksicht entsprochen wird, erscheinen angemessene Geburtstags-, Weihnachts- und Hochzeitsgeschenke und Trinkgelder. Ob die sittliche Pflicht oder die auf den Anstand zu nehmende Rücksicht für den verwaltenden Ehegatten, für den anderen Ehegatten oder für beide besteht, ist für die Anwendbarkeit des § 1425 Abs 2 BGB ohne Belang.

V. Einwilligung

14 Zur Einwilligung des anderen Ehegatten s STAUDINGER/THIELE (2017) § 1365 Rn 69 ff. Über die rechtliche Bedeutung der fehlenden oder der erteilten Einwilligung s § 1423 Rn 9. Die Ersetzung der Zustimmung des anderen Ehegatten durch das Familiengericht ist in den Fällen des § 1425 BGB ausgeschlossen (§ 1426 BGB). Über den Schutz des gutgläubigen Dritten s § 1422 Rn 55.

VI. Grundbuchverkehr

15 Zur Aufklärungspflicht des Notars gelten die Ausführungen STAUDINGER/THIELE (2017) § 1365 Rn 109 sinngemäß. Bei Verfügungen über **Grundstücke** ist dem Grundbuchamt die Zustimmung des anderen Ehegatten schon nach § 1424 BGB stets nachzuweisen. Eine Nachforschungspflicht dahin, ob Gütergemeinschaft besteht, ist nur bei konkreten Anhaltspunkten anzuerkennen. Bei Verfügungen über **Grundstücksrechte** muss das zugrundeliegende obligatorische Rechtsgeschäft nach hM (ebenso zu §§ 2113 Abs 2, 2205 S 2 BGB, s die Erl dort) vom Grundbuchamt auf seinen Schenkungscharakter überprüft werden (KG OLGE 33, 341; RJA 2, 248; BayObLGZ 34, 409; ERMAN/HEINEMANN § 1425 Rn 3; BAMBERGER/ROTH/MAYER § 1425 Rn 3; PALANDT/BRUDERMÜLLER § 1425 Rn 1). Bestehen nach dem Inhalt des Rechtsgeschäfts Zweifel, ob eine Schenkung vorliegt, hat das Grundbuchamt dem Antragsteller Gelegenheit zu geben, die erforderlichen Nachweise beizubringen, nicht aber den Antrag sofort zurückzuweisen (BayObLGZ 25, 522). Bei der Prüfung der Entgeltlichkeit kann der Grundbuchbeamte nicht ausschließlich urkundliche Beweise fordern; er hat auch allgemeine Erfahrungstatsachen zu verwerten (KG SeuffBl 73, 550; OLGE 21, 9; KGJ 35 A 209; BayObLGZ 34, 409).

VII. Abweichende Vereinbarungen

16 Nach **hM ist § 1425 BGB zwingend** (RG JW 1927, 1193; KGJ 52, 105, 109; KG HRR 1934 Nr 1122; OLG Saarbrücken HEZ 1, 105; LG Göttingen und LG Siegen FamRZ 1956, 228; KNUR DNotZ 1917, 468 Fn 40; BAMBERGER/ROTH/MAYER § 1425 Rn 6; SOERGEL/GAUL/ALTHAMMER § 1425 Rn 2; ZÖLLNER FamRZ 1965, 113, 118). Andere nehmen an, dass eine § 1425

BGB abbedingende ehevertragliche Regelung zwar möglich, aber besonders sorgfältig an § 138 BGB gemessen werden müsse (ERMAN/HEINEMANN § 1425 Rn 4; DÖLLE I
§ 70 VI 3 d). Für eine grundsätzliche **Abdingbarkeit** ohne regelhafte Anwendung von
§ 138 mit Recht GERNHUBER/COESTER-WALTJEN § 32 Rn 27; ausdrücklich 4. Aufl
§ 32 III 6; BGB-RGRK/FINKE § 1425 Rn 13; PALANDT/BRUDERMÜLLER § 1425 Rn 1;
MünchKomm/KANZLEITER § 1425 Rn 7. Der Zweck der Vorschrift gebietet eine
Einschränkung der Ehevertragsfreiheit nicht. Der Schutz des anderen Ehegatten
durch die notarielle Belehrung und Beurkundung schließt es aus, generell oder auch
nur regelmäßig Sittenwidrigkeit anzunehmen.

Zur Erteilung einer widerruflichen **Generalvollmacht** an den Verwalter, von ihm **17**
vorgenommenen Schenkungen im Namen des anderen Ehegatten unter Befreiung
von § 181 BGB zuzustimmen, s RGZ 159, 363.

§ 1426
Ersetzung der Zustimmung des anderen Ehegatten

**Ist ein Rechtsgeschäft, das nach den §§ 1423, 1424 nur mit Einwilligung des anderen
Ehegatten vorgenommen werden kann, zur ordnungsmäßigen Verwaltung des Gesamtgutes erforderlich, so kann das Familiengericht auf Antrag die Zustimmung des
anderen Ehegatten ersetzen, wenn dieser sie ohne ausreichenden Grund verweigert
oder durch Krankheit oder Abwesenheit an der Abgabe einer Erklärung verhindert
und mit dem Aufschub Gefahr verbunden ist.**

Materialien: Zu § 1447 aF: E I § 1353 Abs 4; II
§ 1346 rev § 1432; III § 1430; Mot IV 359; Prot
IV 251, 258; Prot VI 280. Zu § 1426: E I § 1447;
II § 1447; III § 1426; BT-Drucks 2/3409, 27; BT-
Drucks 16/6308, 344. Vgl STAUDINGER/BGB-
Synopse 1896–2005 § 1426.

Systematische Übersicht

I.   Allgemeines

§ 1426 BGB entspricht sachlich § 1447 aF (s dazu Prot IV 239, 251, 258). Eine **1**
Parallele dazu findet sich in § 1365 Abs 2 BGB (mit erleichterten Voraussetzungen
für die Ersetzung); s auch § 1369 Abs 2 BGB.

2 In der Übergangszeit nach dem 1. 4. 1953 galt § 1447 aF für die vor dem Inkrafttreten des Gleichberechtigungsgrundsatzes vereinbarten allgemeinen Gütergemeinschaften unverändert fort (BayObLGZ 1955, 163 = NJW 1955, 1719).

3 Die Vorschrift soll die ordnungsgemäße Verwaltung des Gesamtguts erleichtern. Sie hat vor allem praktische Bedeutung für Grundstücksgeschäfte, in diesem Zusammenhang (Hofübergabe) auch für Rechtsgeschäfte über das Gesamtgut im Ganzen. Der andere Ehegatte soll für eine ordnungsgemäße Verwaltung erforderliche Geschäfte nicht grundlos verhindern können. Auch soll im Falle einer Verhinderung das gesetzliche Zustimmungserfordernis nicht entfallen noch soll das erforderliche Geschäft nicht unterbleiben oder, wenn Gefahr im Verzug ist, aufgeschoben werden müssen.

II. Voraussetzungen der Ersetzung

4 1. Ersetzt werden kann nur die **Einwilligung** oder **Genehmigung** (§§ 1427 Abs 1, 1366 Abs 1 BGB) zu einem **Rechtsgeschäft über das Gesamtgut im Ganzen** (§ 1423 BGB) und **über** zum Gesamtgut gehörende **Grundstücke, Schiffe und Schiffsbauwerke** (§ 1424 BGB). Dagegen kann die Zustimmung zu einem *Schenkungsversprechen* oder einer *Schenkung* aus dem Gesamtgut (§ 1425 BGB) nicht ersetzt werden. Solche Geschäfte werden nicht als zur ordnungsgemäßen Verwaltung des Gesamtguts erforderlich erachtet.

5 2. Das Rechtsgeschäft muss **zur ordnungsgemäßen Verwaltung des Gesamtgutes erforderlich** sein. § 1426 BGB ist nur anwendbar, wenn das Rechtsgeschäft nach den Grundsätzen ordnungsmäßiger Wirtschaftsführung **notwendig** ist, nicht dagegen, wenn es sich lediglich als zweckmäßig oder vorteilhaft darstellt (BayObLGZ 20, 256; 26, 23; 30, 309; 2003, 195 = FamRZ 2003, 881; anders § 1365 Abs 2 BGB). Andererseits braucht das Rechtsgeschäft nicht den einzig gangbaren Weg darzustellen, um das Gesamtgut vor Schaden zu bewahren (anders BayObLGZ 22, 5; dagegen GUTMANN BayNotZ 1924, 360). Neben der wirtschaftlichen Zweckmäßigkeit ist zu berücksichtigen, ob das beabsichtigte Geschäft noch als Ausdruck „rechter ehelicher Gesinnung" angesehen werden kann (vgl KG OLGE 34, 250). Hierbei sind das wirtschaftliche Interesse, die Lebensumstände und die Bedürfnisse der Familie aus objektiver Sicht zu beachten (vgl BayObLG FamRZ 1983, 1127, 1128; ENSSLEN FamRZ 1998, 1081). **In der Liquidationsphase** treten die wirtschaftlichen Gesichtspunkte in den Vordergrund (BayObLG FamRZ 2004, 881; 2005, 109).

6 Ob ein Rechtsgeschäft zur ordnungsgemäßen Verwaltung des Gesamtgutes erforderlich ist, ist **Tatfrage**, die das Gericht unter Würdigung aller Umstände entscheidet. So kann etwa die Höhe des Erlöses (bei Veräußerung von Grundstücken) die Beurteilung beeinflussen (vgl BayObLGZ 20, 256; 26, 23). Die Entscheidung über die Ordnungsmäßigkeit ist der Nachprüfung des Gerichts der weiteren Beschwerde grundsätzlich entzogen (BayObLGZ 2, 563; 5, 414; 30, 309; § 72 Abs 1 FamFG).

7 a) Ein **Übergabevertrag** über ein zum Gesamtgut gehörendes landwirtschaftliches Anwesen **kann** als ein Rechtsgeschäft betrachtet werden, das zur ordnungsmäßigen Verwaltung des Gesamtgutes **erforderlich** ist. Namentlich wenn die Ehegatten wegen ihres hohen Alters oder ihres gesundheitlichen Zustandes das Anwesen nicht weiter bewirtschaften können, entspricht es einer ordnungsmäßigen Verwaltung, dass sie den Hof einem ihrer Kinder übergeben. Die Kinder stattdessen ohne Verschaffung von Eigentum den Hof bewirtschaften zu lassen oder Hilfskräfte einzustellen oder das Anwesen zu verpachten oder an Fremde zu verkaufen, widerspricht regelmäßig dem bäuerlichen Herkommen (BayObLGZ 14, 624; 20, 256 = Recht 1920 Nr 3392; 22, 5; 26, 23 = JW 1927, 1433; 32, 13; HRR 1935 Nr 1315; BayObLGZ 1955, 163, 167). Die Hofübergabe kann auch die Gewährung einer Ausstattung nach § 1624 Abs 1 BGB bezwecken (BayObLGZ 1, 707; 26, 23). Zur Hofübergabe s ferner BayObLGZ 1963, 183; BayObLG FamRZ 1968, 315.

Der **Übergabevertrag** muss, um **ordnungsgemäß** zu sein, auch die Interessen des **8** anderen Ehegatten und die der übrigen Abkömmlinge angemessen berücksichtigen. Die Gegenleistung ist zumindest so zu bemessen, dass sie eine angemessene Lebenshaltung und Versorgung des zustimmungsberechtigten Ehegatten sicherstellt. Etwaige Rechte auf Lebensunterhalt (Leibzucht, Leibgedinge, Altenteil, Auszug, Ausgedinge) sind auch ihm als Gesamtgläubiger einzuräumen. Eine Abfindung der übrigen Abkömmlinge ist zwar in Übergabeverträgen üblich, aber zur ordnungsmäßigen Verwaltung nicht erforderlich. Das Verfahren über die Ersetzung der Zustimmung ist nicht dazu bestimmt, eine Auseinandersetzung des Gesamtgutes anzubahnen (BayObLGZ 14, 624, 627; 26, 23, 28; 32, 13, 15). Allerdings muss die Höhe der Gegenleistung den künftigen Erbansprüchen der übrigen Abkömmlinge entsprechen (BayObLGZ 34, 221). Zum Umfang des Erlöses auch OLG Hamm FamRZ 1967, 572.

Ein Übergabevertrag ist nicht lediglich deshalb zur ordnungsmäßigen Verwaltung des Gesamtgutes erforderlich, weil er die Möglichkeit beseitigen soll, dass aufgrund eines Ehe- und Erbvertrages die gesetzlichen Anerben des Ehemannes von der Erbfolge in den Ehegatten-Erbhof ausgeschlossen werden (OLG München JFG 14, 228 = HRR 1937 Nr 114 = DJ 1937 Nr 2917). Die Ersetzung der Zustimmung des Familiengerichts zu der Verpflichtung, das ganze Gesamtgut (darunter einen Bauernhof) zu übertragen, ist unstatthaft, wenn das ganze Gesamtgut ohne jeden Ersatz aufgegeben werden soll, da durch eine derartige Verfügung das Gegenteil von der Erhaltung des Gesamtgutes bezweckt wird (BayObLGZ 34, 291 = HRR 1935 Nr 255).

b) **Weitere Beispiele**: Bestellung einer Grunddienstbarkeit (BayObLGZ 30, 309); **9** Hypothekenaufnahme zwecks Umschuldung (OLG München DNotZ 1937, 575 = DJ 1937 Nr 6128); Grundstücksübertragung als Ausstattung (BayObLGZ 30, 160) oder zur Befriedigung eines Pflichtteilsanspruches und zur Gewinnung einer Hilfskraft für die Landwirtschaft (BayObLG FamRZ 1983, 1127); Einziehung eines Kapitals (KG OLGE 4, 346); Ankauf einer Leibrente mit dem gesamten Vermögen (KGJW 1937, 2974 – zu § 1379 aF).

3. Der andere Ehegatte muss seine Zustimmung **ohne ausreichenden Grund ver-** **10** **weigern**. Meistens wird der Mangel der Erforderlichkeit zugleich den ausreichenden Grund zur Verweigerung bieten. Aber auch wenn das Rechtsgeschäft den Grundsätzen einer ordnungsmäßigen Verwaltung entspricht, sind Weigerungsgründe denkbar (vgl KG OLGE 4, 346).

a) Da der andere Ehegatte keinen Anspruch darauf hat, an der Verwaltung des **11**

Gesamtgutes teilzunehmen, ist es auch als **Verweigerung** seiner Zustimmung anzusehen, wenn er der Vornahme des Rechtsgeschäfts durch den verwaltenden Ehegatten widerspricht, sich jedoch bereit erklärt, es selbst vorzunehmen. Als Verweigerung der Zustimmung ist ferner der **Widerruf der Zustimmung** (sofern er gemäß § 183 BGB überhaupt in Betracht kommt) und regelmäßig auch die Erteilung der **Zustimmung unter einer Bedingung** anzusehen (KG OLGE 4, 346); s dazu auch STAUDINGER/THIELE (2017) § 1365 Rn 79.

12 § 1426 BGB ist dagegen nicht anwendbar, wenn der andere Ehegatte zwar nicht die Zustimmung, wohl aber deren Erteilung in der für den Nachweis **nötigen Form** (zB GBO § 29) **verweigert**. Dafür spricht, dass die formlos erteilte Zustimmung für sich materiell wirksam ist (vgl STAUDINGER/THIELE [2017] § 1365 Rn 79, 108 mwNw). Der erforderliche Nachweis kann durch einen Beschluss erbracht werden, der die Erteilung der Zustimmung feststellt oder der auf Abgabe der formgemäßen Erklärung erkennt (**aM** – § 1426 anwendbar – BGB-RGRK/FINKE § 1426 Rn 10).

13 b) Die Frage, ob der andere Ehegatte seine Zustimmung **ohne ausreichenden Grund** verweigert, hat der Familienrichter (§ 3 Nr 3g, § 25 RpflG) unter Würdigung aller Umstände des Einzelfalles zu beantworten. Einen genügenden Weigerungsgrund bildet die nicht von der Hand zu weisende Besorgnis des anderen Ehegatten, dass er durch eine Zustimmung bei einer künftigen Vermögensauseinandersetzung benachteiligt werden kann (vgl BayObLG FamRZ 2001, 1214 zu § 1452).

14 Auch **ideelle Gründe** berechtigen den anderen Ehegatten unter Umständen, seine Zustimmung zu versagen (vgl OLG Celle FamRZ 1975, 621; BayObLG FamRZ 1990, 411), etwa weil er aus der besonderen Unverträglichkeit des Hofübernehmers Schwierigkeiten erwarten muss oder weil eine Zwangsvollstreckung des Mannes den wirtschaftlichen Ruin seines Schwiegervaters zur Folge haben würde (vgl KG OLGE 7, 47, 48 zu § 1379 aF). Ferner können Pietätsrücksichten den anderen Ehegatten berechtigen, an einem unrentablen Besitz festzuhalten (vgl STAUDINGER/THIELE [2017] § 1365 Rn 80 ff; BayObLG FamRZ 1963, 521 zu § 1365 Abs 2).

15 Der andere Ehegatte kann nur **Gründe** vorbringen, **die gegen die Vornahme des Rechtsgeschäftes selbst sprechen**. Das voraussichtliche Schicksal der Gegenleistung (der verwaltende Ehegatte vertrinkt, verspielt und verschleudert den Kaufpreis) ist in diesem Verfahren nicht generell zu berücksichtigen (so KG OLGE 4, 346; BayObLGZ 9, 466, 468 f; BAMBERGER/ROTH/MAYER Rn 5; **aM** BGB-RGRK/FINKE § 1426 Rn 7). Steht eine solche nicht ordnungsgemäße (§ 1435 S 1 BGB) Verwendung des Erlöses fest oder ist sie aufgrund konkreter Anhaltspunkte ernstlich zu befürchten, wird es häufig bereits an der Erforderlichkeit des Rechtsgeschäfts fehlen. Die zu § 1365 BGB (s STAUDINGER/THIELE [2017] § 1365 Rn 81) angestellten Erwägungen treffen hier im Übrigen ebenfalls zu. Ist das Geschäft aber unerlässlich, um schwere Nachteile vom Gesamtgut abzuwenden, wird die Ersetzung nicht abgelehnt werden können. Das *Familiengericht* kann die ordnungsgemäße Verwendung des Erlöses nicht durch Bedingungen und Auflagen sichern (vgl STAUDINGER/THIELE [2017] § 1365 Rn 89). Hier bleibt dem anderen Ehegatten nur ein Antrag auf Unterlassung der ordnungswidrigen Verwaltung (s auch § 1422 Rn 7) oder/und der Antrag auf eine einstweilige Anordnung.

4. Dem Fall, dass der andere Ehegatte seine Zustimmung nicht erteilen will **16** (s oben Rn 10 ff), steht der Fall gleich, dass der andere Ehegatte die **Zustimmung nicht erteilen kann**: Er muss **durch Krankheit oder Abwesenheit** an der Abgabe einer Erklärung **verhindert und** es **muss mit dem Aufschub Gefahr verbunden sein.**

a) Eine Verhinderung setzt voraus, dass der andere **Ehegatte außerstande** ist, **17** überhaupt eine Erklärung abzugeben. Die **Krankheit** kann sowohl physischer als auch psychischer Art sein, muss aber in einem Grad **bestehen**, der eine rechtserhebliche Erklärung ausschließt. Die **Abwesenheit** muss derart sein, dass der andere Ehegatte überhaupt oder doch innerhalb eines Gefahr begründenden Zeitraumes nicht erreichbar ist oder dass seine Erklärung nicht oder nicht rechtzeitig eintreffen kann. Abwesenheit liegt auch vor, wenn die Eheleute getrennt voneinander, in Feindschaft oder Scheidung leben oder die Wohnung des anderen Ehegatten nicht auffindbar ist (vgl RGZ 103, 126 zu § 1401 aF).

b) Weiter muss **mit dem Aufschub Gefahr verbunden** sein. Die Gefahr ist nach **18** objektiven Gesichtspunkten zu beurteilen; wie der Gesamtgutsverwalter die Sachlage beurteilt und beurteilen darf, ist nicht allein entscheidend (s STAUDINGER/THIELE [2017] § 1365 Rn 85). Gefahr im Verzuge ist gegeben, wenn der Ehegatte seine Habe veräußern will, um sich dadurch die erforderlichen Mittel für sein Fortkommen zu verschaffen (vgl RGZ 103, 126 zu § 1401 aF), wenn die Verjährung eines Anspruchs zu besorgen ist (vgl OLG Marienwerder LZ 1920, 398 zu § 1401 aF), wenn die Konjunktur gerade besonders günstig erscheint (vgl OLG Hamburg OLGE 44, 68), wenn das Unterbleiben des Geschäftes einen Anspruch auf Schadensersatz wegen Nichterfüllung auslösen würde (vgl DEUMER DJZ 1925, 304 zu § 1401 aF). Auch ein Nachteil, der nicht auf vermögensrechtlichem Gebiet liegt, kommt in Betracht. Würde die Heirat eines Kindes ohne die Gewährung einer Ausstattung verzögert oder ausgeschlossen oder die Möglichkeit einer Existenzgründung für ein Kind unausgenutzt gelassen, ist die Ersetzung zu erwägen.

5. Ersetzt werden kann sowohl die **Einwilligung** zu einem **erst** geplanten Geschäft **19** als auch die **Genehmigung** eines bereits abgeschlossenen Geschäfts. In beiden Fällen muss aber der **Inhalt** des Rechtsgeschäfts **in seinen** wesentlichen **Einzelheiten bestimmt sein**, weil sonst dem Familiengericht zur Prüfung die erforderlichen Unterlagen fehlen würden (s STAUDINGER/THIELE [2017] § 1365 Rn 87; BayObLGZ 3, 880; HRR 1935 Nr 1315 = Recht 1935 Nr 419; KG OLGE 37, 240; OLG Colmar OLGE 21, 229). Das Fehlen der für das Rechtsgeschäft erforderlichen Form oder weiterer erforderlicher Zustimmungen steht der Ersetzung der Zustimmung nach §§ 1423 ff BGB nicht im Wege (BayObLGZ 55, 163 = NJW 1955, 1719; MünchKomm/KANZLEITER § 1426 Rn 10).

III. Ersetzung der Zustimmung, Verfahren

1. Stellt das Familiengericht das Vorliegen der in § 1426 BGB genannten Vor- **20** aussetzungen fest, so bleibt ihm entgegen dem Wortlaut „kann … ersetzen" keine Wahl: Der Richter kann nicht nach freiem Ermessen ersetzen oder die Ersetzung verweigern (wie hier BAMBERGER/ROTH/MAYER § 1426 Rn 3; NK-BGB/BÖHRINGER § 1426 Rn 15; anders OLG Kassel OLGE 15, 403, 405).

Bei der fortgesetzten Gütergemeinschaft ist entsprechend die Zustimmung der an- **21** teilsberechtigten Abkömmlinge zu ersetzen. Die Ersetzung ist unzulässig, wenn es sich um Vertragsabreden handelt, durch die in einem Überlassungsvertrag über einen Erbhof die Versorgung weichender Kinder und Altenteilleistungen geregelt werden (RGZ 149, 271). Wollte das Familiengericht früher die Zustimmung eines an der fortgesetzten Gütergemeinschaft beteiligten verheirateten weiblichen Abkömmlings zu einer Verfügung über das Gesamtgut ersetzen, so musste es nicht nur die Zustimmung der Frau, sondern auch die des Ehemannes ersetzen (BayObLGZ 22, 5; KG JFG 8, 275 = DNotZ 1931, 649; AG Hof DNotZ 1937, 40). Entsprechendes gilt heute, wenn ein Abkömmling gemäß §§ 1365, 1423, 1424 BGB nur mit Einwilligung seines Ehegatten die Zustimmung erteilen kann.

22 In ihrer rechtlichen Wirkung steht die Ersetzung der Zustimmung ihrer Erteilung durch den anderen Ehegatten gleich. Daher wird auch durch sie eine persönliche Haftung des nicht verwaltenden Ehegatten nicht begründet.

23 2. Das **Verfahren** richtet sich nach den Vorschriften des FamFG (s STAUDINGER/ THIELE [2017] § 1365 Rn 88 ff). Die **Zuständigkeit** des Familiengerichts ergibt sich aus §§ 111 Nr 9 FamFG, 23a Abs 1 Nr 1, 23b Abs 1 GVG. Zu landesrechtlichen Regelungen s Art 147 EGBGB. Es entscheidet der Richter, § 3 Nr 3g, § 25 RPflG. Es handelt sich nicht um eine Familienstreitsache (vgl § 112 Abs 1 Nr 2 FamFG), sodass für das Verfahren allein das FamFG gilt.

24 Antragsberechtigt ist lediglich der verwaltende Ehegatte; der am Rechtsgeschäft beteiligte Dritte hat kein Antragsrecht (KG FJG 9, 40).

25 Das Gericht hat von Amts wegen die zur Feststellung der Tatsachen erforderlichen **Ermittlungen** durchzuführen (§ 26 FamFG). Die Anhörung der Beteiligten zur Aufklärung von Tatsachen ist nicht vorgeschrieben (BayObLG FamRZ 1980, 1150), jedoch selbstverständlich zulässig und regelmäßig angebracht. Dem Ehegatten, der die Zustimmung verweigert hat, ist jedoch rechtliches Gehör zu gewähren, § 34 Abs 1 Nr 1 FamFG. Eine formelle Beweislast gibt es nicht; wohl aber trägt der Antragsteller die Feststellungslast für die Voraussetzungen seines Antrages.

26 Inhalt der gerichtlichen **Entscheidung** ist entweder die Ersetzung der Zustimmung oder die Abweisung des Antrages. Das Gericht kann nicht an Stelle des im Antrag genannten Geschäfts ein anderes setzen. Insbesondere ist das Gericht nicht befugt, die Zustimmung teilweise zu ersetzen (KG JW 1934, 908; NK-BGB/BÖHRINGER § 1426 Rn 19) oder die Ersetzung von einer Bedingung abhängig zu machen (vgl dazu STAUDINGER/THIELE [2017] § 1365 Rn 89 mwNw). Der stattgebende Beschluss hat das Rechtsgeschäft genau zu bestimmen (BayObLG OLGE 43, 356).

27 Der Beschluss, der die **Zustimmung** des anderen Ehegatten ersetzt, wird erst **mit der Rechtskraft wirksam**. Bei Gefahr im Verzuge kann das Gericht die sofortige Wirksamkeit anordnen; dann wird der Beschluss mit der Bekanntmachung an den Antragsteller wirksam (§ 40 Abs 3 S 2 FamFG). § 48 Abs 3 FamFG schließt die Abänderbarkeit der Entscheidung aus, wenn sie einem Dritten gegenüber wirksam geworden ist. Die Entscheidung des Familiengerichts ist für das Prozessgericht bindend (OLG Kassel OLGE 15, 404).

IV. Verpflichtung, die Ersetzung der Zustimmung zu beantragen

1. Dem **anderen Ehegatten** haftet der Verwalter, der den Antrag auf Ersetzung **28** der Zustimmung zu stellen schuldhaft (vgl § 1359 BGB) unterlässt, nach § 1435 BGB auf Schadensersatz, wenn der andere Ehegatte durch Krankheit oder Abwesenheit an der Abgabe einer Erklärung verhindert und mit dem Aufschub Gefahr verbunden war. Hat hingegen der andere Ehegatte seine Zustimmung verweigert, so würde er sich wider Treu und Glauben zu seinem Vorverhalten in Widerspruch setzen, wollte er daraus Ersatzansprüche ableiten, dass der Verwalter nicht die Ersetzung der Zustimmung durch das Gericht herbeigeführt hat. Nur wenn der Verwalter es pflichtwidrig unterlässt, dem anderen Ehegatten alle Umstände darzulegen, die für die Notwendigkeit des Rechtsgeschäfts sprechen, kann auch im Falle der Zustimmungsverweigerung eine Schadensersatzpflicht des Verwalters begründet sein.

2. Ob der verwaltende Ehegatte gegenüber dem **Dritten**, mit dem er das Rechts- **29** geschäft geschlossen hat oder schließen will, **zum Antrag auf Ersetzung** der Zustimmung **verpflichtet ist**, bemisst sich nach dem Inhalt ihrer Vereinbarungen. Zur Ausübung kann der Verwalter im Wege der Zwangsvollstreckung gemäß § 888 ZPO angehalten werden (s auch Staudinger/Thiele [2017] § 1365 Rn 92; **aM** Münch-Komm/Kanzleiter § 1426 Rn 8: § 894 ZPO).

V. Abweichende Vereinbarungen

Die **Ausschließung oder Einschränkung des Antragsrechts** aus § 1426 BGB ist in **30** einem Ehevertrag möglich (MünchKomm/Kanzleiter § 1426 Rn 13; NK-BGB/Böhringer § 1426 Rn 22). Dass dadurch die ordnungsgemäße Verwaltung des Gesamtguts gefährdet ist, begründet wegen des notwendigen Einverständnisses beider Ehegatten (§§ 1408, 1410 BGB) keine Bedenken. Deshalb ist die Abbedingung von § 1426 BGB auch weder „regelmäßig unzulässig" (so Erman/Heinemann § 1426 Rn 1; Bamberger/Roth/Mayer § 1426 Rn 1; Soergel/Gaul/Althammer § 1426 Rn 2) noch „regelmäßig sittenwidrig" (so BGB-RGRK/Finke § 1426 Rn 13).

§ 1427
Rechtsfolgen fehlender Einwilligung

(1) Nimmt der Ehegatte, der das Gesamtgut verwaltet, ein Rechtsgeschäft ohne die erforderliche Einwilligung des anderen Ehegatten vor, so gelten die Vorschriften des § 1366 Abs. 1, 3, 4 und des § 1367 entsprechend.

(2) Einen Vertrag kann der Dritte bis zur Genehmigung widerrufen. Hat er gewusst, dass der Ehegatte in Gütergemeinschaft lebt, so kann er nur widerrufen, wenn dieser wahrheitswidrig behauptet hat, der andere Ehegatte habe eingewilligt; er kann auch in diesem Falle nicht widerrufen, wenn ihm bei Abschluss des Vertrages bekannt war, dass der andere Ehegatte nicht eingewilligt hatte.

Materialien: Zu § 1448 aF: E I § 1553 Abs 1; II
§ 1347 rev § 1433; III § 1431; Mot IV 358; Prot
IV 254 ff; VI 280. Zu § 1427: E I § 1448; II
§ 1448; III § 1427; BT-Drucks 1/3802, 64 f; BT-
Drucks 2/224, 52; BT-Drucks 2/3409, 27.
Vgl STAUDINGER/BGB-Synopse 1896–2005
§ 1427.

Systematische Übersicht

I.   Rechtsentwicklung

1 § 1427 BGB entspricht dem § 1448 aF. An die Stelle des Mannes ist der Ehegatte getreten, der das Gesamtgut verwaltet, an die Stelle der Frau der andere Ehegatte. Die frühere Verweisung auf die §§ 1396–1398 aF, welche Verfügungen der im gesetzlichen Güterstand der Nutzverwaltung lebenden Frau über eingebrachtes Gut ohne Einwilligung des Mannes zum Gegenstand hatten, ersetzt das GleichberG durch die Verweisung auf §§ 1366, 1367 BGB.

2 In einem Punkte weicht die Neufassung auch sachlich von der früheren Regelung ab. Nach § 1448 aF iVm § 1397 Abs 1 S 2 aF konnte der andere Vertragteil den Widerruf eines Vertrages, den der Mann ohne die erforderliche Einwilligung der Frau geschlossen hatte, auch der Frau gegenüber erklären. Diese Regelung erschien unzweckmäßig.

3 Eine den §§ 1448 Abs 1, 1396 Abs 3 aF entsprechende Bestimmung, wonach der Vertrag, dessen Genehmigung die Frau verweigert hat, nicht dadurch wirksam wird, dass die Gütergemeinschaft aufhört, sieht das Gesetz nicht mehr vor. Dafür bestimmen jetzt §§ 1427 Abs 1, 1366 Abs 4 BGB, dass der Vertrag unwirksam ist, wenn die Genehmigung verweigert wird.

II.   Grundgedanke

4 Wenn die nach den §§ 1423–1425 BGB erforderliche Einwilligung fehlt, ist ein Vertrag **schwebend unwirksam**. Der **Schwebezustand** wird **beendet** durch die Genehmigung oder durch deren Verweigerung (Abs 1 mit § 1366 Abs 1 und 4 BGB). Die Regelungen des § 1427 Abs 2 BGB und der §§ 1427 Abs 1, 1366 Abs 3 BGB sollen es dem Dritten ermöglichen, den Schwebezustand seinerseits zu beenden (Widerruf) oder die Beendigung zu beschleunigen (Aufforderung zur Beschaffung der Genehmigung).

III. Die Genehmigung

5 **1.**   Wird die Genehmigung erteilt (oder vom Familiengericht ersetzt, § 1426 BGB), wird der genehmigungsbedürftige Vertrag **rückwirkend** wirksam, § 184 Abs 1

BGB. Zur Genehmigung s im Einzelnen STAUDINGER/THIELE (2017) § 1366 Rn 7 ff.

2. Grundsätzlich **nicht genehmigungsfähig** sind ohne die erforderliche Einwilli- 6 gung vorgenommene **einseitige Rechtsgeschäfte**, Abs 1 mit § 1367 BGB. Entsprechend der gesetzlichen Wertung in § 180 S 2 BGB ist jedoch eine Genehmigung zuzulassen, wenn der Dritte, dem gegenüber das einseitige Rechtsgeschäft vorgenommen wurde, mit der Vornahme ohne die erforderliche Einwilligung einverstanden ist (vgl STAUDINGER/THIELE [2017] § 1367 Rn 5 mwNw). Zur Zurückweisung des Rechtsgeschäfts s STAUDINGER/THIELE (2017) § 1367 Rn 9 ff.

IV. Die Verweigerung der Genehmigung

1. Wird die Genehmigung verweigert, ist das Rechtsgeschäft **unwirksam** (Abs 1 7 mit § 1366 Abs 4 BGB). Die Verweigerung kann nicht zurückgenommen werden. Auch die nachträgliche Beendigung der Gütergemeinschaft ändert an der Unwirksamkeit nichts. Die Möglichkeit der familiengerichtlichen **Ersetzung der** verweigerten **Genehmigung** gemäß § 1426 BGB bleibt jedoch unberührt. § 1366 Abs 4 BGB ist insoweit zu weit gefasst. Unberührt bleibt auch die rückwirkende Unwirksamkeit der dem Ehegatten erklärten Verweigerung, wenn der Dritte den Ehegatten auffordert, die Genehmigung zu beschaffen, § 1366 Abs 3 BGB (vgl dazu STAUDINGER/THIELE [2017] § 1366 Rn 26 ff).

2. Die Unwirksamkeit des zustimmungsbedürftigen Verpflichtungsgeschäfts wird 8 auch **nicht durch** dessen **Erfüllung** mit Zustimmung des anderen Ehegatten **geheilt** (es sei denn die Zustimmung umfasst auch das Verpflichtungsgeschäft). Das wirksame Erfüllungsgeschäft ist nach bereicherungsrechtlichen Grundsätzen rückabzuwickeln. § 1428 BGB ist in diesem Fall nicht anwendbar. Zur Bereicherung des Gesamtguts s § 1434 BGB.

3. Schadensersatzansprüche des **Dritten** können auch bei unwirksamem Rechts- 9 geschäft sowohl aus Delikt als auch aus *Verschulden bei Vertragsschluss* begründet sein (s auch STAUDINGER/THIELE [2017] § 1365 Rn 98 mwNw).

4. Dem Dritten steht wegen seiner Gegenansprüche gegen den Gesamtgutsver- 10 walter und das Gesamtgut nach hL kein **Zurückbehaltungsrecht** an den Gegenständen zu, die er aufgrund des unwirksamen Rechtsgeschäfts aus dem Gesamtgut erlangt hat (vgl ERMAN/HEINEMANN § 1428 Rn 1; PALANDT/BRUDERMÜLLER § 1427 Rn 1; BGB-RGRK/FINKE § 1428 Rn 8; BAMBERGER/ROTH/MAYER § 1427 Rn 2; SOERGEL/GAUL/ALTHAMMER § 1428 Rn 4; **aM** DÖLLE I 960; MünchKomm/KANZLEITER § 1427 Rn 5; OLG Stettin JW 1930, 1013). Der zur Begründung herangezogene vorrangige Schutz der Ehegemeinschaft mag das Ergebnis im Falle des § 1423 BGB rechtfertigen, aber wohl nicht in den Fällen der §§ 1424, 1425 BGB. **Hier** ist das **Leistungsverweigerungsrecht** zuzulassen.

5. Die **Aufrechnung** gleichartiger beiderseitiger Rückabwicklungsansprüche ist 11 zulässig.

§ 1427

V. Die Beendigung des Schwebezustandes

12 1. Zur Einflussnahme des anderen Ehegatten auf das schwebend unwirksame Geschäft durch Erteilung oder Verweigerung der Genehmigung s oben Rn 5 ff.

13 2. Der **Dritte** kann den Schwebezustand beenden, indem er den Vertrag **widerruft**, Abs 2. Die Regelung entspricht der des § 1366 Abs 2 BGB. Wegen der Einzelheiten vgl Staudinger/Thiele (2017) § 1366 Rn 15 ff. Anders als nach § 1366 Abs 2 BGB schließt aber nicht schon die Kenntnis von der bestehenden Ehe, sondern nur das Wissen vom Bestehen der Gütergemeinschaft den Widerruf aus.

14 3. Der **Dritte**, der seinerseits am Vertrag festhalten will, kann den Schwebezustand dadurch abkürzen, dass er den Gesamtgutsverwalter **auffordert**, die Genehmigung des anderen Ehegatten zu beschaffen, Abs 1 mit § 1366 Abs 3 BGB. Zur Aufforderung und ihren Rechtswirkungen im Einzelnen s Staudinger/Thiele (2017) § 1366 Rn 28 ff.

15 4. Konvaleszenz: Solange die Genehmigung nicht verweigert ist oder als verweigert gilt, werden Verfügungen des Gesamtgutsverwalters nach § 185 Abs 2 BGB dadurch wirksam, dass der Verwalter den Gegenstand während des Schwebezustandes als Vorbehaltsgut aufgrund der Zuteilung bei der Auseinandersetzung (nach Beendigung der Gütergemeinschaft) erwirbt oder den anderen Ehegatten beerbt (vgl auch Staudinger/Thiele [2017] § 1365 Rn 107). Das gilt auch für das Verpflichtungsgeschäft, das in diesen Fällen wirksam wird (Bamberger/Roth/Mayer § 1427 Rn 2; MünchKomm/Kanzleiter § 1427 Rn 3; Soergel/Gaul/Althammer § 1427 Rn 7). Stirbt der Verwalter und wird vom anderen Ehegatten beerbt, bleibt die Verfügung schwebend unwirksam (vgl Staudinger/Thiele [2017] § 1365 Rn 106).

16 5. Findet die Gütergemeinschaft ihr Ende, bevor die zur Wirksamkeit des vom verwaltenden Ehegatten vorgenommenen Geschäftes erforderliche Genehmigung erteilt oder verweigert ist, so ändert das an dem bestehenden Schwebezustand nichts, da die Gesamthandsbindung bis zum Abschluss der Auseinandersetzung erhalten bleibt (§§ 1471 Abs 2, 1419 BGB). In dieser Zeit fällt die Verwaltung des Gesamtgutes (und damit die Erteilung oder Verweigerung der Genehmigung) beiden Ehegatten zu mit der Maßgabe, dass jeder Ehegatte gegen den anderen einen klagbaren Anspruch auf Mitwirkung zu ordnungsmäßiger Verwaltung hat (§ 1472 Abs 1, Abs 3 BGB). Verweigert der andere Ehegatte in dieser Zeit seine Genehmigung zu einem vom Gesamtgutsverwalter getätigten Rechtsgeschäft, zu dessen Vornahme dieser der Einwilligung des anderen Ehegatten bedurfte, so kann der frühere Gesamtgutsverwalter die Genehmigung im Rechtsweg erzwingen, wenn das Rechtsgeschäft ordnungsmäßiger Verwaltung entspricht. Ist die Gütergemeinschaft durch den Tod eines Ehegatten beendet, so tritt an die Stelle des verstorbenen Ehegatten sein Erbe oder, wenn die Gütergemeinschaft fortgesetzt wird, der überlebende Ehegatte allein (§ 1487 Abs 1 BGB). Insofern schafft in dieser Zeit die Verweigerung der erforderlichen Genehmigung noch keinen endgültigen Zustand. Eine Ersetzung der fehlenden Genehmigung durch das Familiengericht (§ 1426 BGB) kommt in dieser Zeit nicht mehr in Betracht.

§ 1428
Verfügungen ohne Zustimmung

Verfügt der Ehegatte, der das Gesamtgut verwaltet, ohne die erforderliche Zustimmung des anderen Ehegatten über ein zum Gesamtgut gehörendes Recht, so kann dieser das Recht gegen Dritte gerichtlich geltend machen; der Ehegatte, der das Gesamtgut verwaltet, braucht hierzu nicht mitzuwirken.

Materialien: Zu § 1449 aF: E I § 1354; II § 1349 rev § 1334; III § 1432; Mot IV 360; Prot IV 259; D 694. Zu § 1428: E I § 1449; II § 1449; III § 1428; BT-Drucks 2/3409, 27. Vgl STAUDINGER/ BGB-Synopse 1896–2005 § 1428.

Systematische Übersicht

I. Rechtsentwicklung

Die Vorschrift ist aus § 1449 aF hervorgegangen. Nach E I zum BGB sollte die Frau **1** lediglich zur selbständigen Geltendmachung des Anspruchs auf Berichtigung des Grundbuchs (§ 894 BGB) befugt sein, weil nur hier die Abwendung einer der Frau drohenden Gefahr, bei Veräußerung von beweglichen Sachen dagegen lediglich die Ausgleichung eines bereits eingetretenen Verlustes in Frage stehe (Mot IV 361). Die II. Kommission dehnte die Vorschrift dahin aus, dass die Frau zur selbständigen gerichtlichen Geltendmachung aller zum Gesamtgut gehörenden Rechte befugt sei, über die der Mann ohne die nach §§ 1444–1446 aF erforderliche Zustimmung der Frau verfügt habe (Prot IV 295; „revokatorische Klage"). Diese Regelung war dem früheren gesetzlichen Güterstand der Nutzverwaltung (§ 1407 Nr 3 aF) nachgebildet. Das GleichberG hat an die Stelle des Mannes den Ehegatten gesetzt, der das Gesamtgut verwaltet, an die Stelle der Frau den anderen Ehegatten. Im Übrigen hat es die Bestimmung sprachlich verbessert. Entsprechende Vorschriften treffen für den Güterstand der Zugewinngemeinschaft die §§ 1368, 1369 Abs 3 BGB. Auf die

Erl zu STAUDINGER/THIELE (2017) § 1368 wird verwiesen. Zu den sachlichen Unterschieden zwischen § 1428 BGB und § 1368 BGB s BOEHMER FamRZ 1959, 82.

II. Grundgedanke

2 § 1428 BGB enthält (wie die §§ 1429, 1431, 1433 BGB) eine Ausnahme von dem Grundsatz, dass der andere Ehegatte in der Gütergemeinschaft zur Führung von Aktivprozessen, die sich auf das Gesamtgut beziehen, ohne Einwilligung des verwaltungsberechtigten Ehegatten nicht befugt ist. Die Unwirksamkeit der nach §§ 1423–1425 BGB unbefugt vorgenommenen Rechtsgeschäfte muss jedoch der andere Ehegatte selbständig geltend machen können, da der verwaltende Ehegatte schwerlich geneigt sein wird, ein von ihm selbst getätigtes Geschäft wieder rückgängig zu machen. Der verwaltende Ehegatte hat gemäß § 1422 BGB daneben ein eigenes Recht zur Prozessführung, das sich aus der Zugehörigkeit des Rückforderungsanspruchs zum Gesamtgut ergibt. Führen beide Ehegatten das Verfahren gemeinschaftlich, so führen sie den Rechtsstreit als einfache Streitgenossen, §§ 59, 61 ZPO (s auch STAUDINGER/THIELE [2017] § 1368 Rn 42).

III. Voraussetzung der Prozessstandschaft

3 Die **Prozessführungsbefugnis** des anderen Ehegatten **setzt voraus**, dass der Ehegatte, der das Gesamtgut verwaltet, ohne die erforderliche Zustimmung des anderen Ehegatten über ein zum Gesamtgut gehörendes Recht **verfügt hat**. Ein bloßes Verpflichtungsgeschäft genügt nicht; dessen Unwirksamkeit lässt sich, falls ausnahmsweise ein Rechtsschutzinteresse besteht, mit Feststellungsantrag (§ 256 ZPO) geltend machen. Unter § 1428 BGB fallen Rechte aller Art, also dingliche und Forderungsrechte, Anfechtungs- und Widerspruchsrechte, die sich aus der Unwirksamkeit der unbefugten Verfügung des verwaltenden Ehegatten ergeben (vgl dazu STAUDINGER/THIELE [2017] § 1368 Rn 21 f). Ist eine Verfügung kraft guten Glaubens des Dritten wirksam (zum gutgläubigen Erwerb s § 1412 Rn 47 ff), entfällt eine Revokation. Die aus der Unwirksamkeit des zugrundeliegenden Verpflichtungsgeschäfts sich ergebenden **Bereicherungsansprüche aus § 812 BGB** werden von § 1428 BGB nicht erfasst (**aM** MünchKomm/KANZLEITER § 1428 Rn 2; SOERGEL/GAUL/ALTHAMMER § 1428 Rn 7; BAMBERGER/ROTH/MAYER § 1428 Rn 2). Dagegen kann der andere Ehegatte den Anspruch aus **§ 816 Abs 1 S 1 BGB gegen den Dritten** geltend machen, der wirksam weiterverfügt hat; unter den Voraussetzungen des § 816 Abs 1 S 2 BGB auch gegen den Empfänger.

IV. Gerichtliche Geltendmachung

4 Der andere Ehegatte kann die zum Gesamtgut gehörenden Rechte in jeder Weise aktiv gerichtlich geltend machen. In Betracht kommen Leistungsantrag, Widerantrag, Antrag im Mahnverfahren, Einrede, Anmeldung in der Insolvenz und Erwirkung eines Arrestes, einer einstweiligen Anordnung oder einer Vormerkung im Grundbuch. Auch ein Antrag auf Feststellung des Bestehens des eigenen Rechts oder des Nichtbestehens eines Rechts des Dritten ist zulässig; ebenso die Erwirkung der Eintragung eines Widerspruchs gegen die Richtigkeit des Grundbuchs. Die Zuständigkeit des Familiengerichts folgt aus § 261 Abs 1 FamFG (bereits so BGH

FamRZ 1980, 551). Es entscheidet im Familienstreitverfahren, §§ 112 Nr 2, 113 FamFG.

Der Zweck der Vorschrift gebietet ihre Anwendung auch auf die eine gerichtliche 5 Geltendmachung vorbereitenden **außergerichtlichen Maßnahmen**. Der andere Ehegatte kann daher die Rückgewähr verlangen und auch mit verzugsbegründender Wirkung mahnen (vgl auch STAUDINGER/THIELE [2017] § 1368 Rn 24 mwNw).

V. Verfahrensantrag

Auf Grund des § 1428 BGB ist der andere Ehegatte (anders als in den Fällen des 6 § 1429 BGB) nur zur **Verfahrensführung im eigenen Namen** berechtigt. Handelt es sich um die Rückgabe einer beweglichen Sache, so kann er **nicht** ohne Weiteres **Herausgabe an sich selbst** geltend machen. War der Verwalter im Alleinbesitz, so ist Herausgabe an ihn zu beantragen. Zulässig und zweckmäßig ist es, subsidiär für den Fall, dass der Verwalter die Sache nicht wieder übernehmen kann oder will, zugleich Herausgabe an sich selbst zu beantragen (s hierzu auch STAUDINGER/THIELE [2017] § 1368 Rn 29 ff, 33 mwNw; str). Bei einem Grundbuchberichtigungsverfahren muss der Antrag auf Eintragung des Rechtes für „beide Ehegatten in Gütergemeinschaft" gerichtet werden.

VI. Die Grenze der Prozessführungsbefugnis

Die dem anderen Ehegatten verliehene Prozessführungsbefugnis umfasst nicht das 7 Recht, über den Verfahrensgegenstand (etwa durch Vergleich, Verzicht oder Anerkenntnis) zu verfügen.

VII. Einwendungen des Dritten

Der Dritte kann nach hL keine Einwendungen gegen den Revokationsanspruch 8 herleiten aus etwa gegebenen Ansprüchen gegen den verwaltenden Ehegatten aus Delikt oder cic. Insbesondere soll ihm kein **Zurückbehaltungsrecht** zustehen. Dem ist für die Fälle des § 1423 BGB zuzustimmen (s auch STAUDINGER/THIELE [2017] § 1368 Rn 51), nicht aber für die Fälle der §§ 1424, 1425 BGB (s auch § 1427 Rn 10). Zur **Aufrechnung** vgl § 1427 Rn 11; STAUDINGER/THIELE (2017) § 1368 Rn 52.

VIII. Wirkung der Entscheidung

Der von dem anderen Ehegatten erstrittene Beschluss erwächst **nicht in Rechtskraft** 9 für und gegen den Gesamtgutsverwalter (hM, vgl STAUDINGER/THIELE [2017] § 1368 Rn 36 ff mwNw; **aM** MünchKomm/KANZLEITER § 1428 Rn 6). Dieser kann die Unwirksamkeit der Verfügung jederzeit selbst geltend machen. Erstreitet er eine Entscheidung gegen den Dritten, so ist diese nicht rechtskräftig gegenüber dem anderen Ehegatten. Diesem fehlt es auch für einen eigenen Antrag nicht am **Rechtsschutzbedürfnis**, wenn der Gesamtgutsverwalter bereits einen obsiegenden Beschluss erstritten hat (anders MünchKomm/KANZLEITER § 1428 Rn 6).

IX. Kosten

10 Für die Kosten eines von dem anderen Ehegatten gemäß § 1428 BGB geführten Rechtsstreits haftet das Gesamtgut gemäß § 1438 Abs 2 BGB. Will der Gläubiger diese Haftung geltend machen, so muss er, um einen Vollstreckungstitel gegen das Gesamtgut zu erhalten (§ 740 Abs 1 ZPO), den verwaltungsberechtigten Ehegatten gerichtlich in Anspruch nehmen. Über die Frage, wem im Verhältnis der Ehegatten zueinander die Kosten eines solchen Rechtsstreits zu Lasten fallen, s § 1443 Abs 2 S 2 BGB. Im Sinne dieser Vorschrift jedenfalls ist das Urteil dem Gesamtgut gegenüber wirksam.

X. Die Wirkung der Beendigung der Gütergemeinschaft

11 Bei Beendigung der Gütergemeinschaft erlischt das Prozessführungsrecht des anderen Ehegatten. S aber auch § 1472 Abs 2 BGB. Bis zur Auseinandersetzung betreiben beide Ehegatten das Verfahren gemeinschaftlich, § 1472 Abs 1 BGB. Jeder Ehegatte ist dem anderen verpflichtet, bei Maßnahmen mitzuwirken, die zur ordnungsmäßigen Verwaltung des Gesamtguts erforderlich sind, § 1472 Abs 3 BGB.

XI. Abweichende Vereinbarung

12 Eine Vereinbarung der Ehegatten, durch welche das dem anderen Ehegatten durch § 1428 BGB eingeräumte Recht ausgeschlossen oder beschränkt wird, ist grundsätzlich zulässig (vgl auch STAUDINGER/THIELE [2017] § 1368 Rn 54 mwNw; MünchKomm/KANZLEITER § 1428 Rn 7; **aM** – zwingendes Recht – PALANDT/BRUDERMÜLLER § 1428 Rn 1; BAMBERGER/ROTH/MAYER § 1428 Rn 1; SOERGEL/GAUL/ALTHAMMER § 1428 Rn 2; – regelmäßig sittenwidrig, § 138 – BGB-RGRK/FINKE § 1428 Rn 9).

§ 1429
Notverwaltungsrecht

Ist der Ehegatte, der das Gesamtgut verwaltet, durch Krankheit oder durch Abwesenheit verhindert, ein Rechtsgeschäft vorzunehmen, das sich auf das Gesamtgut bezieht, so kann der andere Ehegatte das Rechtsgeschäft vornehmen, wenn mit dem Aufschub Gefahr verbunden ist; er kann hierbei im eigenen Namen oder im Namen des verwaltenden Ehegatten handeln. Das Gleiche gilt für die Führung eines Rechtsstreits, der sich auf das Gesamtgut bezieht.

Materialien: Zu § 1450 aF: E I § 1358; II § 1353 rev § 1435; III § 1433; Mot IV 363; Prot IV 259 ff; VI 280; D 694. Zu § 1429: E I § 1450; II § 1450; III § 1429; BT-Drucks 1/3802, 65; BT-Drucks 2/3409, 27. S ST/BGB § 1429. Vgl STAUDINGER/BGB-Synopse 1896–2005 § 1429.

Systematische Übersicht

I. Zweck der Vorschrift

Der andere Ehegatte ist grundsätzlich von der Verwaltung des Gesamtguts aus- **1** geschlossen. Das gilt regelmäßig auch dann, wenn der verwaltende Ehegatte verhindert ist, die sich aus der Gesamtgutsverwaltung ergebenden Rechte und Pflichten wahrzunehmen. An dessen Stelle tritt vielmehr sein Betreuer, § 1436 BGB. Ist ein Betreuer nicht bestellt oder seinerseits verhindert, sorgt § 1429 BGB für Abhilfe: der andere Ehegatte ist, jedenfalls bei Gefahr im Verzug, zur Verwaltung berechtigt **(Notverwaltungsrecht)**, § 1429 BGB entspricht sachlich § 1450 aF.

II. Voraussetzungen des Notverwaltungsrechts

1. Der verwaltungsberechtigte Ehegatte muss **durch Krankheit oder Abwesenheit 2 verhindert** sein, ein sich auf das Gesamtgut beziehendes Rechtsgeschäft vorzunehmen oder einen sich auf das Gesamtgut beziehenden Rechtsstreit zu führen. Zur Verhinderung durch Krankheit oder Abwesenheit s STAUDINGER/THIELE (2017) § 1365 Rn 84 f; § 1426 Rn 17. Eine vorübergehende Verhinderung genügt (RGZ 103, 126, 127 zu § 1401 aF). Eine bloße Erschwerung der Tätigkeit des Verwalters ist keine Verhinderung (BayObLGZ 3, 819, 821 f). Steht der Verwalter unter Betreuung, so findet nicht § 1429 BGB, sondern § 1436 BGB Anwendung. Dagegen ist § 1429 BGB *entsprechend* anwendbar, wenn der Betreuer des Gesamtgutsverwalters verhindert ist (so auch MünchKomm/KANZLEITER § 1429 Rn 2; BGB-RGRK/FINKE § 1429 Rn 6; BAMBERGER/ ROTH/MAYER § 1429 Rn 1; SOERGEL/GAUL/ALTHAMMER § 1429 Rn 4). Kein Notverwaltungsrecht besteht, wenn der Gesamtgutsverwalter nicht verhindert ist, sondern eine Verwaltungsmaßnahme nicht vornehmen will (RGZ 103, 126).

2. **Mit dem Aufschub muss Gefahr verbunden sein**. S dazu STAUDINGER/THIELE **3** (2017) § 1365 Rn 85; § 1426 Rn 18.

3. **Maßgebender Zeitpunkt für** das Vorliegen der Voraussetzungen des § 1429 **4** BGB ist der Zeitpunkt der Vornahme des Rechtsgeschäfts oder der Rechtshängigkeit des Rechtsstreits. Nachträglicher Wegfall der Voraussetzungen des § 1429 BGB ist auf die Wirksamkeit der in Frage stehenden Rechtsakte ohne Einfluss (RGZ 103, 126, 127; RG Recht 1925 Nr 941). Der **Nachweis** des Notverwaltungsrechts ist im Grundbuchverkehr gemäß § 29 GBO zu führen.

4. **Beweispflichtig** für das Vorliegen der Voraussetzungen des § 1429 BGB ist, wer **5** die Wirksamkeit des Rechtsgeschäfts oder Urteils gegenüber dem Gesamtgut behauptet.

III. Gegenstände und Inhalt der Notverwaltung

1. Als Gegenstände der Notverwaltung nennt das Gesetz nur **Rechtsgeschäfte 6** und **Rechtsstreitigkeiten**. Der andere Ehegatte ist jedoch auch zu **tatsächlichen Ver-**

waltungshandlungen berechtigt, wenn und solange die Voraussetzungen des § 1429 BGB vorliegen. **Auf das Gesamtgut beziehen** sich solche Rechtsgeschäfte und Prozesse, die objektiv und subjektiv der Verwaltung des Gesamtguts dienlich sind und die auch Wirkungen für oder gegen das Gesamtgut entfalten.

7 **2.** Das Notverwaltungsrecht des anderen Ehegatten bezieht sich stets nur auf einzelne Rechtsgeschäfte und Rechtsstreitigkeiten. Das ergibt sich schon aus der Voraussetzung, dass Gefahr im Verzuge sein muss. Der andere Ehegatte ist daher bei Verhinderung des Verwalters **nicht generell zur Verwaltung befugt.** Deshalb ist er auch **nicht** ohne Weiteres **empfangszuständig für** Willenserklärungen Dritter. Dritte müssen, wenn dem Verwalter eine Willenserklärung nicht zugehen kann, nach § 132 BGB verfahren. Soweit der andere Ehegatte sich aber einer Angelegenheit angenommen hat mit dem Ziel, möglicherweise ein Rechtsgeschäft abzuschließen oder einen Prozess zu führen, ist er für damit zusammenhängende Willenserklärungen und Zustellungen auch empfangsberechtigt.

8 **3.** Ein **Rechtsgeschäft** kann der notverwaltungsberechtigte Ehegatte nach seiner Wahl **im eigenen Namen oder im Namen des Verwalters vornehmen.** Das gilt auch für Rechtsgeschäfte, die der Gesamtgutsverwalter gemäß §§ 1423–1425 BGB nicht allein vornehmen könnte (hM). Bei *Verfügungen* über Gesamtgut ergeben sich daraus keine Unterschiede; sie sind wirksam kraft der gesetzlichen Vertretungsmacht oder Ermächtigung. Das im Namen des Gesamtgutsverwalters vorgenommene *Verpflichtungsgeschäft* begründet dessen persönliche Verbindlichkeit (§ 164 Abs 1 BGB), daneben gemäß § 1437 Abs 1 BGB eine Gesamtgutsverbindlichkeit. Der andere Ehegatte wird nicht persönlich verpflichtet. Handelt der Notverwalter im eigenen Namen, verpflichtet er sich zunächst selbst, begründet aber zugleich eine Gesamtgutsverbindlichkeit (§§ 1438 Abs 1, 1437 Abs 1 BGB) sowie die persönliche Haftung des Gesamtgutsverwalters (§ 1437 Abs 2 S 1 BGB).

9 **4.** Der andere Ehegatte kann unter den Voraussetzungen des § 1429 BGB **Rechtsstreitigkeiten**, die sich auf das Gesamtgut beziehen, selbständig **beginnen** oder **fortsetzen.** Die Fortsetzung erfolgt im Namen des Gesamtgutsverwalters. Die Fortsetzung im eigenen Namen wäre ein Parteiwechsel, der regelmäßig nicht sachdienlich ist. Die Möglichkeit, den Rechtsstreit im Namen des Gesamtgutsverwalters zu führen, ist wegen § 740 Abs 1 ZPO von besonderer Bedeutung. Der andere Ehegatte braucht sich weder auf eine gegen den verhinderten Verwalter noch auf eine gegen sich selbst erhobene Klage einzulassen. In beiden Fällen liegt die Entscheidung bei ihm. Hat er sich jedoch auf die Führung oder Fortführung eines Passivprozesses eingelassen, kann er, auch wenn er nur im Namen des Verwalters auftritt, davon nicht wieder abstehen (OLG Stettin OLGE 4, 404).

10 Die in dem vom anderen Ehegatten geführten oder fortgeführten Rechtsstreit ergehende **Entscheidung wirkt für und gegen das Gesamtgut.** Anders als in den Fällen des § 1428 BGB findet in Ansehung des Gesamtguts auch eine **Rechtskrafterstreckung** statt (SOERGEL/GAUL/ALTHAMMER § 1429 Rn 8; jetzt auch MünchKomm/KANZLEITER § 1429 Rn 7; BGB-RGRK/FINKE § 1429 Rn 10; BAMBERGER/ROTH/MAYER § 1429 Rn 3). Das gilt auch bei Prozessführung im eigenen Namen. Die Zwangsvollstreckung aus einem gegen den im eigenen Namen prozessierenden Ehegatten ergangenen Titel ist jedoch wegen § 740 Abs 1 ZPO nicht in das Gesamtgut möglich.

Endet die Verhinderung des Gesamtgutsverwalters während des von dem anderen **11**
Ehegatten geführten Rechtsstreits, kann der Verwalter das Verfahren jederzeit
selbst weiterführen, wenn es in seinem Namen geführt wurde. Der andere Ehegatte
scheidet dann aus dem Verfahren aus. Einen im Namen des anderen Ehegatten
geführten Rechtsstreit kann dieser entsprechend § 1433 BGB fortführen (ERMAN/
HEINEMANN § 1429 Rn 3; MünchKomm/KANZLEITER § 1429 Rn 7); der Gesamtgutsverwalter
kann ihm als Nebenintervenient beitreten. Der Verwalter kann den Prozess aber
auch an Stelle des anderen Ehegatten fortführen, wenn dieser damit einverstanden
ist. Die darin liegende Klagänderung ist regelmäßig als sachdienlich zuzulassen.

Für die **Kosten eines Rechtsstreits**, den der andere Ehegatte aufgrund des § 1429 **12**
BGB geführt hat, haftet das Gesamtgut, § 1438 Abs 2 BGB. Um in das Gesamtgut
vollstrecken zu können, muss der Gläubiger, wenn der andere Ehegatte den Prozess
im eigenen Namen geführt hat, ein Urteil gegen den verwaltenden Ehegatten erwirken (§ 740 Abs 1 ZPO; MEIKEL SeuffBl 67, 232).

IV. Verpflichtung zur Notverwaltung

§ 1429 BGB begründet nur ein **Recht, nicht** aber **eine Verpflichtung** des anderen **13**
Ehegatten. Hat er aber einen Passivprozess unter Berufung auf § 1429 BGB einmal
aufgenommen, so kann er nicht nachträglich vom Rechtsstreit zurücktreten (OLG
Stettin OLGE 4, 404). Über die Verantwortlichkeit des anderen Ehegatten s § 1435
BGB.

V. Abweichende Vereinbarungen

Das Notverwaltungsrecht des anderen Ehegatten ist durch Ehevertrag **abdingbar** **14**
(anders die wohl hM, die zumindest Nichtigkeit gemäß § 138 im Regelfall annimmt; iE wie hier NK-
BGB/VÖLKER § 1429 Rn 2; MünchKomm/KANZLEITER § 1429 Rn 8). Für den Ausschluss können gute Gründe sprechen. Den Ehegatten steht es frei, einen zeitweiligen Ausfall
der Verwaltung des Gesamtguts in Kauf zu nehmen, gegen den überdies weithin
Vorsorge getroffen werden kann. Ist der erkrankte oder abwesende Gesamtgutsverwalter nicht oder nicht rechtzeitig erreichbar, kann der andere Ehegatte in den von
§ 1429 BGB vorausgesetzten dringenden Fällen in Geschäftsführung ohne Auftrag
Abhilfe schaffen. Im Übrigen kann § 1436 BGB eingreifen. Ferner ist § 1447 Nr 1 u 4
BGB im Hintergrund zu sehen. Die Ehegatten können aber auch anderweitig Vorsorge treffen.

§ 1430
Ersetzung der Zustimmung des Verwalters

**Verweigert der Ehegatte, der das Gesamtgut verwaltet, ohne ausreichenden Grund
die Zustimmung zu einem Rechtsgeschäft, das der andere Ehegatte zur ordnungsmäßigen Besorgung seiner persönlichen Angelegenheiten vornehmen muss, aber
ohne diese Zustimmung nicht mit Wirkung für das Gesamtgut vornehmen kann,
so kann das Familiengericht die Zustimmung auf Antrag ersetzen.**

Burkhard Thiele

Materialien: Zu § 1451 aF: E I § 1366; II § 1354 rev § 1436; III § 1434; Mot IV 384; Prot IV 269, 326 ff. Zu § 1430: E I § 1451; II § 1451; III § 1430; BT-Drucks 1/3802, 65; BT-Drucks 2/3409, 27; BT-Drucks 16/6308, 344. Vgl STAUDINGER/ BGB-Synopse 1896–2005 § 1430.

Systematische Übersicht

I.   Zweck der Vorschrift, Rechtsentwicklung

1 Der nichtverwaltende Ehegatte hat, von den Ausnahmetatbeständen der §§ 1429, 1431 und 1432 BGB abgesehen, keine Möglichkeiten, Rechtsgeschäfte über oder mit Wirkung für und gegen das Gesamtgut vorzunehmen. Hat er kein ausreichendes selbstverwaltetes Vermögen (Vorbehalts- und Sondergut), ist er zur Wahrung seiner eigenen Interessen auf die Inanspruchnahme des Gesamtguts angewiesen. Ein mittelbarer Zugriff auf das Gesamtgut ist möglich aufgrund von Unterhaltsansprüchen, §§ 1360, 1420 BGB. Wenig bedeuten dagegen Rechte aus § 1353 BGB wegen § 888 Abs 3 ZPO. Das Gesetz will dem nicht verwaltenden Ehegatten die Wahrung seiner Interessen in persönlichen Angelegenheiten erleichtern und ihm zugleich deren eigenständige Besorgung ermöglichen.

2 Nach E I zum BGB § 1366 sollte der Frau ein klagbarer Anspruch auf Gewährung der zur ordnungsmäßigen Besorgung ihrer persönlichen Angelegenheiten erforderlichen Mittel zustehen (Mot IV 384). Durch die II. Kommission wurde die Entscheidung dem Vormundschaftsgericht übertragen (Prot IV 270). Der § 1451 aF entsprach genau der für den früheren gesetzlichen Güterstand geltenden Vorschrift des § 1402 aF. Das GleichberG hat die alte Regelung sachlich unverändert übernommen, sie aber sprachlich verbessert und auf die neue Verwaltungsregelung (§ 1421 BGB) abgestimmt. Durch das Gesetz zur Reform des Verfahrens in Familiensachen und in den Angelegenheiten der freiwilligen Gerichtsbarkeit vom 1. 9. 2009 ist die Norm sprachlich angepasst worden.

II.   Voraussetzungen der Ersetzung

3 **1.**   Gegenstand der zu ersetzenden Zustimmung kann **nur** ein **Rechtsgeschäft** sein. Zur **Prozessführung** über persönliche Angelegenheiten ist jeder Ehegatte ohnehin selbständig berechtigt (BayObLGZ 1964, 362, 368 = FamRZ 1964, 49, 51; MünchKomm/KANZLEITER § 1430 Rn 7; SOERGEL/GAUL/ALTHAMMER § 1430 Rn 5; **aM** LG Augsburg NJW 1951, 197). Für die Kosten eines Rechtsstreits haftet stets das Gesamtgut, §§ 1437 Abs 1, 1438 Abs 2. Zum Anspruch auf einen Kostenvorschuss s § 1360a Abs 4 BGB. Der Abschluss des Anwaltsvertrages bedarf aber, um gegenüber dem Gesamtgut wirksam zu sein, der Zustimmung des Gesamtgutsverwalters; § 1430 BGB ist anwendbar.

2. Das Rechtsgeschäft muss zur Besorgung einer **persönlichen Angelegenheit** des **4** anderen Ehegatten erforderlich sein. Zum Begriff der persönlichen Angelegenheit s auch § 1360a Abs 4 BGB. Hier wie dort ist die Abgrenzung der persönlichen von den nichtpersönlichen Angelegenheiten schwierig und nicht formelhaft fassbar. Die Bedeutung des Begriffs ist auch nicht für beide Vorschriften völlig gleich, sodass die zu § 1360a Abs 4 BGB entwickelten Lösungen nicht unbesehen bei der Anwendung von § 1430 BGB übernommen werden können.

Insbesondere kommen für § 1430 BGB **nicht** in Betracht diejenigen (vermögens- **5** rechtlichen) **Angelegenheiten, die** gemäß § 1422 BGB **vom Gesamtgutsverwalter wahrzunehmen** sind, selbst wenn sie ihre Wurzel in der Person des anderen Ehegatten oder in der ehelichen Lebensgemeinschaft haben. Deshalb fallen die der Durchsetzung von **Ansprüchen auf Schadensersatz** dienenden Maßnahmen auch dann nicht unter § 1430 BGB, wenn sie auf einer Verletzung von Körper, Gesundheit oder Persönlichkeitsrecht des anderen Ehegatten beruhen (wie hier BAMBERGER/ROTH/MAYER § 1430 Rn 2; MünchKomm/KANZLEITER § 1430 Rn 2; NK-BGB/VÖLKER § 1430 Rn 3; aM BGB-RGRK/FINKE § 1430 Rn 4; SOERGEL/GAUL/ALTHAMMER § 1430 Rn 3). Die Geltendmachung selbst steht allein dem Gesamtgutsverwalter zu (s auch unten Rn 6). § 1430 BGB soll dem anderen Ehegatten keinen unmittelbaren Eingriff in das Verwaltungsrecht ermöglichen, auch wenn die Ansprüche ihre Wurzel in dessen Person und ihrer Verletzung haben. Deshalb ist in diesen wie in anderen **Mischfällen** unerheblich, ob das persönliche oder personenbezogene Element im Einzelfall das Übergewicht hat (anders BGB-RGRK/FINKE § 1430 Rn 4; SOERGEL/GAUL/ALTHAMMER § 1430 Rn 3; OLG Braunschweig FamRZ 1958, 418; LG Darmstadt FamRZ 1958, 331; BayObLGZ 22, 61; KG Recht 1923 Nr 1016; **wie hier** MünchKomm/KANZLEITER § 1430 Rn 2; BAMBERGER/ROTH/MAYER § 1430 Rn 2; NK-BGB/VÖLKER § 1430 Rn 2f). Zum Abschluss von Arzt-, Krankenhaus- und anderen der Ausheilung von Gesundheitsschäden dienenden Verträgen s unten Rn 8.

§ 1430 BGB gilt regelmäßig auch nicht für Angelegenheiten, die zur **Verwaltung des** **6** **Sonderguts** und **des Vorbehaltsguts** des „anderen Ehegatten" gehören. Zur Wirkung von Verwaltungsmaßnahmen bzgl des Sonderguts für und gegen das Gesamtgut s §§ 1417 Abs 3 S 2, 1440 S 2 BGB. **Ansprüche auf Schadens- oder Unterhaltsrenten**, die zum Sondergut gehören (§§ 1417 Abs 2, 400 BGB mit § 850b Nr 1 und 2 ZPO), sind jedoch funktionell so stark personenbezogen, dass ihre Wahrnehmung zu Lasten des Gesamtguts nach dem Sinn des § 1430 BGB möglich sein muss.

Das Gesetz verlangt **nicht**, dass **das Rechtsgeschäft**, zu dem die Zustimmung des **7** Verwalters verlangt wird, **selbst eine persönliche Angelegenheit zum Gegenstand** hat. Es genügt, wenn dieses Rechtsgeschäft erforderlich ist, um eine solche Angelegenheit besorgen zu können. Die Ersetzung der Zustimmung kann daher gerade auch für **vorbereitende Geschäfte** beantragt werden (Arzt- und Krankenhausverträge, Verträge zur Beschaffung der Mittel, die zur Besorgung persönlicher Angelegenheiten erforderlich sind: Kreditverträge, Verfügungen über Gesamtgutsgegenstände ua).

Beispiele persönlicher Angelegenheiten sind vornehmlich die Vorbereitung und **8** Erledigung von **Ehesachen** (zur Honorarvereinbarung in einer Scheidungssache vgl KG JW 1934, 908), von **Abstammungssachen**, von **Betreuungsangelegenheiten** (vgl KG RJA 12, 11), von **Unterhaltsansprüchen** gegen den Verwalter und gegen Dritte (s dazu oben Rn 6 und BayObLGZ 22, 61; KG Recht 1917 Nr 832, Recht 1923 Nr 1016) und der **Verteidigung** in Ermittlungs- und Strafsachen. Zutreffend auch BayObLG NJW 1965, 348 zur Kündigung eines Mietvertrages zwecks **Beseitigung einer Ehestörung**. Entsprechend gehören hierher alle rechtsgeschäftlichen Maßnahmen zur Verhinderung und Abwehr drohender **Verletzungen von Körper, Gesundheit** und **Persönlichkeitsrecht**, ebenso die konkreten Maßnahmen zur **Wiederherstellung der Gesundheit** (zB Arzt- und Krankenhausverträge, Kauf von Medikamenten, Gastaufnahmeverträge zur Durchführung von Kuren; s dazu etwa OLG Oldenburg Recht 1908 Nr 3035; LG II Berlin ZBlFG 1, 979).

9 **Nicht** als **persönliche Angelegenheiten** iS des § 1430 BGB anzusehen sind etwa **Güterstandssachen** (Aufhebung des Güterstandes, BayObLGZ 22, 61; Bamberger/Roth/Mayer § 1430 Rn 2; NK-BGB/Völker § 1430 Rn 3) die **Auseinandersetzung** einer **Gesellschaft** mit Dritten (BGHZ 41, 104), **erbrechtliche Fragen** (sehr str zu § 1360a, s dort), die Aufhebung von **Zwangsvollstreckungsmaßnahmen** (BayObLGZ 22, 61).

10 3. Das **Rechtsgeschäft**, zu dem die **Zustimmung** ersetzt werden soll, muss zur ordnungsgemäßen Besorgung der persönlichen Angelegenheit **erforderlich sein** („vornehmen *muss*"). Vorausgesetzt ist damit, dass das Ziel nicht ohne die Wirksamkeit des Rechtsgeschäfts gegenüber dem Gesamtgut ebensogut erreicht werden kann. Es genügt nicht, dass sich das Rechtsgeschäft als **zweckmäßig** und vorteilhaft darstellt (hM, vgl BayObLG FamRZ 2001, 1214 zu § 1452; KG Recht 1923 Nr 1016). Andere gleichwertige oder jedenfalls nicht deutlich weniger wirksame und erfolgversprechende Maßnahmen, die keine Wirkung gegenüber dem Gesamtgut verlangen, sind vorrangig anzuwenden. Das gilt vor allem für die Inanspruchnahme des Sonder- oder Vorbehaltsguts. Der Umstand, dass letzten Endes doch das Gesamtgut belastet ist (zB gemäß §§ 1360, 1420 BGB; s auch §§ 1360a Abs 3, 1613 Abs 2 BGB) steht dem nicht entgegen (vgl BayObLGZ 22, 61). § 1430 BGB dient nicht dazu, Fragen des Unterhalts und des Innenausgleichs unter den Ehegatten mitzuerledigen. Deshalb wird die Erforderlichkeit iS des § 1430 BGB auch nicht dadurch ausgeschlossen, dass ein Anspruch auf einen *Kostenvorschuss* gemäß § 1360a Abs 4 BGB besteht, ebensowenig durch die Möglichkeit, einen Unterhalts-, insbesondere einen Kostenvorschussanspruch durch einstweilige *Anordnung* zu realisieren (BayObLGZ 22, 61; zweifelnd BayObLG NJW 1965, 348). Ist der Gesamtgutsverwalter jedoch imstande und bereit, die zur Besorgung der persönlichen Angelegenheit erforderlichen Kosten vorzuschießen, ist die Vornahme von Gesamtgutsgeschäften zur Beschaffung der Mittel nicht notwendig. Zur Erforderlichkeit der *Kündigung* des Mietverhältnisses mit dem Ehestörer trotz möglicher Ehestörungsklage s BayObLG NJW 1965, 348.

11 4. Die **ordnungsgemäße Besorgung** der persönlichen Angelegenheit **meint** nur das **Wie** ihrer Erledigung. Die Vornahme des fraglichen Rechtsgeschäfts muss eine objektiv geeignete und angemessene Maßnahme sein. Anders als für die ordnungsgemäße Verwaltung (§§ 1365 Abs 2, 1426, 1435 BGB) sind hier nicht in erster Linie Erwägungen vernünftiger und sachgerechter Wirtschaftsführung maßgebend. Sie sind aber zu beachten, soweit es um die Auswahl unter mehreren in Frage kommenden Maßnahmen geht. Die Entscheidung darüber, **ob** und mit welchem Ziel eine persönliche Angelegenheit besorgt werden soll, trifft der andere Ehegatte grundsätzlich frei. Das wird besonders deutlich bei den Entschlüssen zur Durchführung einer Ehesache oder einer Kindschaftssache. Wie jedoch das Erfordernis der grund-

losen Verweigerung der Zustimmung (s Rn 12) zeigt, muss auch diese Entscheidung ein Mindestmaß sachlicher Rechtfertigung aufweisen. Offenbar aussichtslose oder mutwillige Vorhaben verdienen nicht den Schutz des Gesetzes.

5. **Die Zustimmung** des **Gesamtgutsverwalters** muss **ohne ausreichenden Grund** 12 **verweigert** worden sein. Zur *Verweigerung* der Zustimmung vgl STAUDINGER/THIELE (2017) § 1365 Rn 79 ff. Ob ein *ausreichender Grund* für die Verweigerung vorliegt, ist nach den Umständen des Falles objektiv zu entscheiden. In Betracht kommen sowohl ideelle und persönliche als auch wirtschaftliche Gründe (**aM** MünchKomm/ KANZLEITER § 1430 Rn 5 – nur persönliche Nachteile; wie hier BAMBERGER/ROTH/MAYER § 1430 Rn 4; NK-BGB/VÖLKER § 1430 Rn 6). So kann eine unangemessene Relation zwischen der geringen Bedeutung der Angelegenheit und der Höhe der dafür einzusetzenden Mittel unter Berücksichtigung der Leistungsfähigkeit des Gesamtguts einen zureichenden **Verweigerungsgrund** abgeben. Als persönliche Gegengründe können gegen die Veräußerung von Gesamtgutsgegenständen besondere Affektionsinteressen des Verwalters vorgebracht werden, wenn andere Gegenstände zur Verfügung stehen. Wirtschaftliche Verweigerungsgründe können insbesondere Einwendungen gegen die Art des Rechtsgeschäfts oder gegen dessen Bedingungen sein.

III. Der Ersetzungsantrag

Der Antrag auf Ersetzung der Zustimmung kann vor oder nach der Vornahme des 13 Rechtsgeschäfts gestellt werden. Zu den Einzelheiten vgl STAUDINGER/THIELE (2017) § 1365 Rn 86 ff.

IV. Das Ersetzungsverfahren

Zuständig ist nach der Neuregelung des Verfahrens in Familiensachen das **Famili-** 14 **engericht** (BGH FamRZ 1982, 785). Das Gericht kann nur die Zustimmung zu einem bestimmten, im Antrag hinreichend genau spezifizierten Rechtsgeschäft ersetzen. Wegen weiterer Einzelheiten des Verfahrens vgl STAUDINGER/THIELE (2017) § 1365 Rn 88 ff.

V. Die Wirkung der Ersetzung

Der rechtskräftig gewordene Ersetzungsbeschluss wirkt wie die Zustimmung des 15 Gesamtgutsverwalters. Der andere Ehegatte kann jetzt das Rechtsgeschäft **im eigenen Namen** mit Wirkung für das Gesamtgut vornehmen. Verfügungen sind wirksam gemäß §§ 185 Abs 1 BGB (vgl § 1422 Rn 8, 37), Verpflichtungsgeschäfte gemäß § 1438 Abs 1 BGB. War das Rechtsgeschäft bereits abgeschlossen, so endet mit der Ersetzung die schwebende Unwirksamkeit einer Verfügung gemäß §§ 185 Abs 2, 184 Abs 1 BGB. Das zunächst nur für und gegen den anderen Ehegatten wirkende Verpflichtungsgeschäft wird rückwirkend auch gegen das Gesamtgut wirksam, §§ 1438 Abs 1, 184 Abs 1 BGB; der Gesamtgutsverwalter haftet gemäß § 1437 Abs 2 S 1 BGB auch persönlich.

VI. Abweichende Vereinbarungen

Die Befugnis, die Ersetzung der Zustimmung durch das Familiengericht gemäß 16

§ 1430 BGB zu beantragen, ist im Voraus auch durch Ehevertrag **nicht abdingbar** (hM).

§ 1431
Selbständiges Erwerbsgeschäft

(1) Hat der Ehegatte, der das Gesamtgut verwaltet, darin eingewilligt, dass der andere Ehegatte selbständig ein Erwerbsgeschäft betreibt, so ist seine Zustimmung zu solchen Rechtsgeschäften und Rechtsstreitigkeiten nicht erforderlich, die der Geschäftsbetrieb mit sich bringt. Einseitige Rechtsgeschäfte, die sich auf das Erwerbsgeschäft beziehen, sind dem Ehegatten gegenüber vorzunehmen, der das Erwerbsgeschäft betreibt.

(2) Weiß der Ehegatte, der das Gesamtgut verwaltet, dass der andere Ehegatte ein Erwerbsgeschäft betreibt, und hat er hiergegen keinen Einspruch eingelegt, so steht dies einer Einwilligung gleich.

(3) Dritten gegenüber ist ein Einspruch und der Widerruf der Einwilligung nur nach Maßgabe des § 1412 wirksam.

Materialien: Zu § 1452 aF: E I § 1356; II § 1351 rev § 1437; III § 1435; Mot IV 362; Prot IV 259; D 694.
Zu § 1405 aF: E I § 1307; II § 1304 rev § 1390; III § 1388; Mot IV 240 ff; Prot IV 134, 146, 160, 181, 204; D 691.

Zu § 1431: E I § 1452; II § 1452; III § 1431; BT-Drucks 1/3802, 65; BT-Drucks 2/224, 52; BT-Drucks 2/3409, 27. Vgl Staudinger/ BGB-Synopse 1896–2005 § 1431.

Schrifttum

Zum ausschließlich älteren Schrifttum s auch Staudinger/Thiele (2000).

Systematische Übersicht

I. Rechtsentwicklung

Dass gewerbetreibenden Ehefrauen, insbesondere Kauffrauen, im Interesse ihres **1** Kredits und der Verkehrssicherheit ein größeres Maß rechtlicher Bewegungsfreiheit als anderen Ehefrauen zukommen müsse, war schon in einzelnen früheren Rechten anerkannt (vgl zB PrALR Teil II Titel 1 §§ 335 ff). Das ADHGB von 1861 (Art 6 ff) und die GewO (§ 11 Abs 2) beschränkten sich in dieser Hinsicht selbstverständlich auf die durch sie geordneten Materien, also Handel und Gewerbe. Das BGB sah dagegen keinen Anlass zu einer Beschränkung auf bestimmte Erwerbszweige und verallgemeinerte diesen Grundsatz für alle Arten selbständiger Erwerbsgeschäfte der Frau (§§ 1405 aF, 1452 aF; Mot IV 240 f; 362; D 194 ff). § 1431 BGB formuliert den Inhalt der §§ 1405, 1452 aF neu und passt ihn den geänderten Grundlagen der Gesamtgutsverwaltung (§ 1421 BGB) an.

II. Grundgedanke

§ 1431 BGB enthält nach § 1429, 1430 BGB eine weitere Ausnahme von dem **2** Grundsatz, dass der nicht verwaltende Ehegatte von der selbständigen Verwaltung des Gesamtguts ausgeschlossen ist. Unter der Formulierung des Gesetzes: „… ist seine Zustimmung … nicht erforderlich" verbirgt sich die Anordnung, dass die Rechtsgeschäfte und Rechtsstreitigkeiten, die der Geschäftsbetrieb mit sich bringt, mit Wirkung gegenüber dem Gesamtgut vorgenommen und geführt werden (näher dazu unten Rn 22 ff). Damit erhält der nicht verwaltende Ehegatte auch praktisch die Möglichkeit (s auch unten Rn 32), selbständig ein Erwerbsgeschäft zu betreiben, sei es mit seinem Vorbehalts- oder Sondergut oder auch mit Teilen des Gesamtguts.

III. Selbständiger Betrieb eines Erwerbsgeschäfts

1. **Erwerbsgeschäft** ist jede planmäßige und fortgesetzte, auf Dauer angelegte, auf **3** Gewinn gerichtete selbständige Tätigkeit. Sie braucht *kein Gewerbe* und nicht wirtschaftlicher Art zu sein, kann vielmehr auch auf künstlerischem oder wissenschaftlichem Gebiet liegen. Deswegen können Tätigkeiten, die *freiberuflich* ausgeübt werden (Ärzte, Rechtsanwälte, Steuerberater, Wirtschaftsprüfer, Architekten usw) unter § 1431 BGB fallen (hM, BGHZ 83, 78 f = NJW 1982, 1810; OLG Karlsruhe OLGZ 1976, 333; NK-BGB/Völker § 1431 Rn 3; MünchKomm/Kanzleiter § 1431 Rn 3; BGB-RGRK/Finke § 1431 Rn 2; Palandt/Brudermüller § 1431 Rn 2; Soergel/Gaul/Althammer § 1431 Rn 3) auch Landwirtschaft (BayObLG FamRZ 1983, 1130). Nicht erforderlich ist, dass die Betätigung dem Geschäftszweck dienende sachliche Mittel voraussetzt (so aber MünchKomm/Kanzleiter § 1431 Rn 3; wie hier Bamberger/Roth/Mayer § 1431 Rn 2). Das Geschäft kann insbesondere auch in der ehelichen Wohnung betrieben werden.

Das Erwerbsgeschäft **braucht nicht erlaubt zu sein**. Fehlt eine öffentlich-rechtliche **4** Erlaubnis oder Genehmigung für den **Geschäftsbetrieb**, ist die Einwilligung des Gesamtgutsverwalters gleichwohl rechtswirksam und sind grundsätzlich auch die einzelnen Rechtsgeschäfte wirksam. Ist der Geschäftsbetrieb auf verbotene, insbesondere strafbare Handlungen gerichtet, ist auch die Einwilligung des Verwalters nach § 134 BGB oder § 138 BGB nichtig. Das Problem der Anwendbarkeit des § 1431 BGB stellt sich nicht. Ist die Einwilligung wirksam erteilt, kann ein rechts-

oder sittenwidriges einzelnes Rechtsgeschäft auch nicht für und gegen das Gesamtgut wirken.

5 2. Das Erwerbsgeschäft wird **selbständig betrieben**, wenn der nicht verwaltende
Ehegatte als **Unternehmer** in Erscheinung tritt. Die Stellung als Arbeitnehmer
schließt die Selbständigkeit auch dann aus, wenn sie die eines leitenden Angestellten
mit weitgehenden Entscheidungsbefugnissen ist. Auch eine gewisse selbständige
Stellung bei der Mitarbeit im Beruf oder Geschäft des verwaltenden Ehegatten
reicht regelmäßig nicht aus. Überlässt dieser dem anderen Ehegatten aber die
Führung einer organisatorisch abgegrenzten Abteilung oder Filiale, kann die geforderte Selbständigkeit vorliegen (RG WarnR 1923/24 Nr 15). Selbständig ist auch die
Tätigkeit in Heimarbeit. Wer nur nominell ein Unternehmen betreibt, es aber nicht
führt, ist kein selbständiger Unternehmer (vgl RG JW 1912, 32; RG WarnR 1935 Nr 148).

6 Die Selbständigkeit beurteilt sich nicht entscheidend danach, ob der das Geschäft
betreibende Ehegatte das Geschäftsrisiko trägt oder den Nutzen zieht (so aber BGB-
RGRK/Finke § 1431 Rn 3; Soergel/Gaul/Althammer § 1431 Rn 3; wie hier NK-BGB/Völker
§ 1431 Rn 4). Jedenfalls im *Verhältnis der Ehegatten zueinander* kann darauf nicht
abgestellt werden, weil das Geschäftsrisiko in den Fällen des § 1431 BGB stets vom
Gesamtgut mitgetragen wird (s unten Rn 26 f). Wenn das Erwerbsgeschäft zum Gesamtgut gehört, wird das Risiko von diesem und vom verwaltenden Ehegatten
persönlich getragen; der Nutzen fällt ebenfalls in das Gesamtgut. Im Verhältnis
der Ehegatten zueinander kommt es nur darauf an, dass der das Erwerbsgeschäft
führende Ehegatte nicht den Weisungen des Gesamtgutsverwalters unterworfen ist.
Das ist der Fall, wenn es zum Vorbehalts- oder Sondergut des anderen Ehegatten
gehört. Gehört es zum Gesamtgut, setzt die Selbständigkeit der Geschäftsführung
voraus, dass der Gesamtgutsverwalter insoweit auf sein Verwaltungsrecht und damit
auf Weisungsbefugnisse „verzichtet". Er darf auch im Falle des § 1431 Abs 2 BGB
nicht in die Geschäftsführung eingreifen.

7 Gesellschafter einer Personengesellschaft sind selbst Unternehmer. Sie sind als *persönlich haftende* Gesellschafter auch selbständig iS des § 1431 BGB (vgl RGZ 87, 100,
102; 127, 110, 114). Das gilt auch dann, wenn der Gesellschafter von der Vertretung
ausgeschlossen ist (RGZ 127, 110, 114). Ist der andere Ehegatte nur *stiller Gesellschafter* oder *Kommanditist* oder ist er an einer *Kapitalgesellschaft* beteiligt, fehlt ihm die
Stellung eines selbständigen Unternehmers; § 1431 BGB ist nicht anwendbar (Münch-
Komm/Kanzleiter § 1431 Rn 4; Palandt/Brudermüller § 1431 Rn 2; NK-BGB/Völker § 1431
Rn 5; Soergel/Gaul/Althammer § 1431 Rn 3; zur KG s OLG Dresden OLGE 4, 342; anders
Enneccerus/Kipp/Wolff § 46; Thiele AcP 101, 322 f; zur GmbH s KG JW 1934, 907).

IV. Einwilligung des Gesamtgutsverwalters

8 1. Die Einwilligung des Verwalters muss sich auf den selbständigen Betrieb eines
Erwerbsgeschäfts beziehen. Sie braucht aber weder subjektiv noch objektiv auf den
Eintritt der in § 1431 BGB bestimmten Rechtsfolgen gerichtet zu sein (vgl Mot IV
241). Diese Rechtswirkungen sind nicht rechtsgeschäftlich begründet, sondern treten
kraft Gesetzes ein. Gleichwohl ist die Einwilligung rechtsgeschäftliche Willenserklärung, wenn sie zum Betrieb eines Erwerbsgeschäfts gegeben wird, das zum Gesamtgut gehört. In diesem Falle umfasst sie wegen des Erfordernisses der Selbständigkeit

notwendig den „Verzicht" des Verwalters auf eigene Entscheidungsbefugnisse. Im Übrigen ist die Einwilligung jedenfalls eine geschäftsähnliche Handlung. Die §§ 104 ff BGB gelten entsprechend. Dagegen sind die **§§ 182 ff BGB nicht entsprechend** anwendbar.

2. Die **Einwilligung ist formlos dem anderen Ehegatten gegenüber zu erklären.** Die **9** Erklärung gegenüber einem Dritten kann die in § 1431 BGB bestimmte Gesamtwirkung nicht entfalten. Sie kann aber im Einzelfall als Zustimmung des Gesamtgutsverwalters zu einem konkreten Rechtsgeschäft zu deuten sein. Ist sie als Kundgabe der dem anderen Ehegatten gegenüber erteilten Einwilligung zu verstehen, sind zugunsten des gutgläubigen Dritten Rechtsscheingrundsätze entsprechend § 171 BGB anwendbar.

Die Einwilligung kann dem anderen Ehegatten **ausdrücklich oder konkludent** erklärt **10** werden. Eine schlüssige Einwilligung ist insbesondere anzunehmen, wenn die Ehegatten das Erwerbsgeschäft gemeinsam (als BGB-Gesellschaft oder oHG) betreiben (vgl RG Recht 1918 Nr 530) oder wenn der Gesamtgutsverwalter beim Erwerb oder bei der Gründung des Erwerbsgeschäfts durch den anderen Ehegatten mitwirkt.

3. **Weiß der Gesamtgutsverwalter,** dass der andere Ehegatte ein Erwerbsgeschäft **11** betreibt, **und erhebt er dagegen keinen Einspruch,** so **steht das** nach **Abs 2 einer Einwilligung gleich.** Zum Einspruch s unten Rn 18. Vorausgesetzt ist positives Wissen des Verwalters; sein Wissenmüssen genügt nicht. Es besteht auch keine Erkundigungspflicht des Verwalters. Die Rechtswirkungen des § 1431 Abs 1 BGB treten ein, sobald der Gesamtgutsverwalter Kenntnis von dem Betrieb eines Erwerbsgeschäfts erlangt hat und daraufhin schweigt. Maßgebend ist der Zeitpunkt, zu dem ein Einspruch dem anderen Ehegatten nach der Erlangung sicherer Kenntnis hätte zugehen können.

4. Die **Einwilligung** des Gesamtgutsverwalters **und** dessen **Schweigen** trotz Kennt- **12** nis (s Rn 11) **haben keine Rückwirkung** auf den Zeitpunkt des Beginns des Geschäftsbetriebes, frühestens auf den Beginn der Gütergemeinschaft (**aM** wohl MünchKomm/ KANZLEITER § 1431 Rn 6; BGB-RGRK/FINKE § 1431 Rn 6). Dem Verwalter bleibt es unbenommen, einzelne oder alle früheren Rechtsgeschäfte und Rechtsstreitigkeiten zu genehmigen und ihnen dadurch Wirkung gegenüber dem Gesamtgut zu verleihen (s dazu § 1422 Rn 39 ff).

5. Der Gesamtgutsverwalter kann seine **Einwilligung nicht inhaltlich einschränken** **13** (hM, vgl Mot IV 242), insbesondere nicht bestimmte Arten von Geschäften oder Geschäfte über Gegenstände mit einem bestimmte Beträge übersteigenden Wert von ihr ausnehmen. Solche Einschränkungen sind nicht im Güterrechtsregister eintragbar. Eine gleichwohl erfolgte Eintragung ist unwirksam. Auch die Kenntnis Dritter von den Beschränkungen ist unerheblich. Der Verwalter kann jedoch näher bestimmen, für welche Art von Erwerbsgeschäft seine Einwilligung gelten soll.

6. Die Einwilligung berührt die Rechtsbeziehungen zu einer Vielzahl von Per- **14** sonen. Sie ist deshalb **bedingungsfeindlich.** Die mit einer Bedingung verbundene Unsicherheit würde auch durch eine Eintragung in das Güterrechtsregister oder die Kenntnis des Dritten nicht beseitigt, da die Ungewissheit über den Eintritt der

Bedingung bliebe. Deshalb ist eine bedingte Einwilligung auch dann nicht wirksam, wenn sie in das Güterrechtsregister eingetragen ist (wie hier ERMAN/HEINEMANN § 1431 Rn 3; BAMBERGER/ROTH/MAYER § 1431 Rn 3; NK-BGB/VÖLKER § 1431 Rn 6; aM MünchKomm/KANZLEITER § 1431 Rn 6). Sie ist nicht lediglich im Verhältnis zu Dritten unwirksam, sondern auch im Innenverhältnis (anders BGB-RGRK/FINKE § 1431 Rn 5 u 15; SOERGEL/GAUL/ALTHAMMER § 1431 Rn 4).

15 7.   Eine **Befristung** der Einwilligung ist dagegen auch mit Drittwirkung als wirksam anzuerkennen. Entsprechend Absatz 3 kann das Erlöschen der Einwilligung mit dem Ablauf der Frist Dritten nur entgegengesetzt werden, wenn die Befristung im Güterrechtsregister eingetragen oder dem Dritten bekannt war (iE ebenso BAMBERGER/ROTH/MAYER § 1431 Rn 3; BGB-RGRK/FINKE § 1431 Rn 15; insoweit auch MünchKomm/KANZLEITER § 1431 Rn 6; aA SOERGEL/GAUL/ALTHAMMER Rn 4; ERMAN/HEINEMANN § 1431 Rn 3).

16 8.   Die **Ersetzung der Einwilligung** durch das **Familiengericht** ist im Gesetz nicht vorgesehen. § 1430 BGB ist nach seinen Voraussetzungen (erforderlich zur Besorgung seiner persönlichen Angelegenheiten) und nach seinem Ziel (Ersetzung der Zustimmung nur für ein einzelnes Rechtsgeschäft, vgl dazu BayObLG OLGE 43, 356) nicht anwendbar. Aus diesem Grunde ist auch § 1429 BGB nicht anzuwenden. Der nicht verwaltungsberechtigte Ehegatte hat keinen speziell güterrechtlichen **Rechtsanspruch** auf Erteilung der Einwilligung. Im Einzelfall kann ein Anspruch aus § 1353 BGB begründet sein (s auch MünchKomm/KANZLEITER § 1431 Rn 7).

17 9.   Steht der Gesamtgutsverwalter unter **Betreuung** bei bestehendem Einwilligungsvorbehalt (§ 1903 Abs 1 BGB), so ist die Einwilligung von seinem gesetzlichen Vertreter zu erteilen. Ist der **andere Ehegatte** zum Betreuer oder Betreuer bestellt, kann er sich selbst die Einwilligung erteilen, § 181 BGB gilt nicht (vgl auch § 1436 S 2 BGB).

V.   Einspruch und Widerruf der Einwilligung

18 1.   Durch den **Einspruch** gegen den tatsächlichen Betrieb eines Erwerbsgeschäfts durch den anderen Ehegatten kann der Gesamtgutsverwalter **den Eintritt** der in § 1431 Abs 1 BGB beschriebenen **Rechtswirkungen verhindern**. Sind die Wirkungen gemäß Absatz 2 einmal eingetreten, kann sie der Verwalter durch den Einspruch **für die Zukunft beenden**. Ebenfalls nur für die Zukunft wirkt der **Widerruf** einer früher erteilten Einwilligung.

19 2.   Einspruch und Widerruf sind **dem nicht verwaltenden Ehegatten gegenüber zu erklären**. Sie bedürfen keiner Form. Wie die Einwilligung (s oben Rn 13) können auch sie nicht inhaltlich beschränkt werden.

20 3.   Ausdrücklich verlangt das Gesetz für den Einspruch und den Widerruf keinen **Grund**. Es gelten aber jedenfalls die allgemeinen Grenzen zulässiger Rechtsausübung, sodass sie bei Fehlen jeglichen sachlichen Grundes und bei Willkür unwirksam sind. Ist der Einspruch oder Widerruf der Einwilligung ehewidrig (§ 1353 BGB), wird der andere Ehegatte teils nur auf den Herstellungsantrag, den Aufhebungsantrag nach § 1447 Nr 1 BGB und die Scheidung verwiesen (RGZ 84, 45, 47; ERMAN/HEINEMANN § 1431 Rn 4; PALANDT/BRUDERMÜLLER § 1431 Rn 4). Da der andere Ehegatte in diesem Falle einen Anspruch auf die Einwilligung hat, ist auch hier Unwirksamkeit anzunehmen (iE ebenso MünchKomm/Kanzleiter § 1431 Rn 8; BGB-RGRK/Finke § 1431 Rn 14; NK-BGB/Völker § 1431 Rn 7; Bamberger/Roth/Mayer § 1431 Rn 6).

4. Der Einspruch oder der Widerruf ist gemäß §§ 1431 Abs 3, 1412 BGB **Dritten 21 gegenüber** nur **wirksam**, wenn er in das **Güterrechtsregister eingetragen** oder dem Dritten **bekannt** war. Maßgebend ist der Zeitpunkt der Vornahme des Rechtsgeschäfts oder des Eintritts der Rechtshängigkeit. Zum Eintragungsantrag s § 1561 Abs 2 Nr 3 BGB. Nach der Erklärung des Widerrufs ist der andere Ehegatte entsprechend § 1433 BGB für befugt zu halten, einen **Rechtsstreit fortzusetzen**, der bei Wirksamwerden des Widerrufs anhängig war.

VI. Rechtliche Bedeutung der Einwilligung

1. Die Einwilligung des Gesamtgutsverwalters nach § 1431 Abs 1 BGB und die **22** ihr nach Absatz 2 gleichstehende Unterlassung des Einspruchs bei Kenntnis von der Führung des Erwerbsgeschäfts sind **keine** Erscheinungsformen der **Zustimmung** zu einem (einzelnen) Rechtsgeschäft oder einer (einzelnen) Prozessführung. Es handelt sich auch **nicht** um eine „**Generalermächtigung**" für alle das Erwerbsgeschäft betreffenden Geschäfte und Prozesse. Deshalb ist insbesondere § 183 nicht anwendbar. Vielmehr wird der andere Ehegatte für den Bereich seines Erwerbsgeschäfts insoweit „**emanzipiert**", als auch er mit Wirkung gegenüber dem Gesamtgut handeln kann (wohl auch Gernhuber/Coester-Waltjen § 38 Rn 77).

2. Die Emanzipation reicht so weit, wie es **der Geschäftsbetrieb mit sich bringt** (s **23** auch § 112 Abs 1 S 1 BGB). Zum Geschäftsbetrieb gehören alle Maßnahmen, die der Einrichtung, Führung, Erweiterung und Abwicklung des Erwerbsgeschäfts dienen. Es ist nicht vorausgesetzt, dass die Maßnahme, insbesondere das Rechtsgeschäft oder der Prozess zur ordnungsmäßigen Geschäftsführung *erforderlich* ist. Unerheblich ist auch, ob es sich um *gewöhnliche* oder *außergewöhnliche* Maßnahmen handelt. Entscheidend ist nur der nach der *Verkehrsauffassung* zu beurteilende innere sachliche Zusammenhang mit dem Betrieb des Erwerbsgeschäfts (vgl OLG Dresden OLGE 4, 341, 343). Beurteilungsgegenstand ist das einzelne Rechtsgeschäft in seiner konkreten Gestalt (BGHZ 83, 76, 80 = NJW 1982, 1810, 1811). Im Zweifel sind alle Umstände zu ermitteln, die dem Geschäft sein Gepräge geben (BGH NJW 1982, 1810, 1811). Danach kann auch der Erwerb eines anderen Erwerbsgeschäfts unter § 1431 BGB fallen, ebenso die Übernahme und Fortführung eines bisher in Gesellschaft betriebenen Geschäfts (BayObLG OLGE 43, 356). Nicht erfasst werden nach hM dagegen die Aufgabe oder Veräußerung des ganzen Geschäfts (KGJ 32 A 194, 197) und die Übertragung eines Gesellschaftsanteils auf einen Mitgesellschafter (RGZ 127, 115) oder einen Dritten. Diese an § 1405 aF orientierte Auffassung trifft indes nur zu, wenn das Erwerbsgeschäft zum Gesamtgut gehört (aA NK-BGB/Völker § 1431 Rn 9; MünchKomm/Kanzleiter § 1431 Rn 9; Bamberger/Roth/Mayer § 1431 Rn 5).

3. Der das Erwerbsgeschäft betreibende andere Ehegatte **bedarf nicht der Zu-** **24** **stimmung** des **Gesamtgutsverwalters**. Die Fassung des Gesetzes ist wenig glücklich. Gemeint ist: die Rechtsgeschäfte und Rechtsstreitigkeiten, die der Geschäftsbetrieb mit sich bringt, sind gegenüber dem Gesamtgut wirksam, wie wenn ihnen der Verwalter zugestimmt hätte. Das heißt im Einzelnen:

25 **a)** Der andere Ehegatte kann im Rahmen des Geschäftsbetriebes **über Gesamtgut** wirksam allein **verfügen**. Das gilt nicht nur für die dem Erwerbsgeschäft gewidmeten Gegenstände, sondern für alles Gesamtgut. Auch in den Fällen der §§ 1423–1425 BGB ist die Zustimmung des Gesamtgutsverwalters nicht erforderlich. Der andere Ehegatte kann daher zur Sicherung eines Geschäftskredits ein Gesamtgutsgrundstück mit einer Hypothek oder Grundschuld belasten. Das gilt auch dann, wenn das Erwerbsgeschäft zum Sonder- oder Vorbehaltsgut des anderen Ehegatten gehört.

26 **b)** **Verpflichtungsgeschäfte** des anderen Ehegatten sind auch **dem Gesamtgut gegenüber wirksam**. Das Gesamtgut haftet gemäß §§ 1437 Abs 1, 1438 Abs 1 BGB. Daneben **haftet** der **Gesamtgutsverwalter** auch **persönlich**, § 1437 Abs 2 BGB. Dass der das Erwerbsgeschäft **betreibende Ehegatte** seinerseits **persönlich** haftet, folgt daraus, dass er aufgrund der Einwilligung nach § 1431 Abs 1 BGB allein noch nicht legitimiert ist, im Namen des Gesamtgutsverwalters zu handeln. Er verpflichtet sich daher primär selbst. Ist der andere Ehegatte an einer Personengesellschaft beteiligt, erstreckt sich die Haftung des Gesamtguts auch auf die (Mit-)Haftung als Gesellschafter. Kraft ausdrücklicher gesetzlicher Regelung **haftet das Gesamtgut** auch **für Verbindlichkeiten**, die **infolge eines zum Vorbehalts- oder Sondergut** des anderen Ehegatten **gehörenden Rechts** oder einer dazugehörenden Sache entstehen, § 1440 S 2 BGB.

27 Gehört das Erwerbsgeschäft zum Gesamtgut, so bleibt es auch im **Innenverhältnis** bei der **Gesamtgutshaftung**, vgl § 1442 S 2 BGB. Die persönliche Haftung des Gesamtgutsverwalters bleibt über die Beendigung des Güterstandes hinaus bestehen, arg § 1437 Abs 2 S 2 BGB. Das Gleiche gilt, wenn das Erwerbsgeschäft zum Sondervermögen des anderen Ehegatten gehört, §§ 1442 S 2, 1417 Abs 3 S 2 BGB. Gehört das Geschäft zum Vorbehaltsgut des nicht verwaltenden Ehegatten, gilt § 1441 Nr 2 BGB und deshalb § 1437 Abs 2 S 2 BGB.

28 **c)** **Einseitige Rechtsgeschäfte**, die sich auf das Erwerbsgeschäft beziehen, sind dem Ehegatten gegenüber vorzunehmen, der das Geschäft betreibt, Abs 1 S 2. Der Gesamtgutsverwalter ist kein tauglicher Adressat. Ob er Empfangsbote ist, der dem Empfänger den Zugang vermittelt, richtet sich nach den Umständen des Einzelfalls.

29 **d)** Der andere Ehegatte ist im Rahmen des Geschäftsbetriebes zur **Prozessführung** im eigenen Namen auch insoweit legitimiert, als der Streitgegenstand das Gesamtgut berührt. Das **Urteil** ist dem Gesamtgut gegenüber wirksam. Aus einem Leistungsurteil kann deshalb auch in das Gesamtgut vollstreckt werden. Das Prozessrecht erleichtert die **Zwangsvollstreckung**, indem es zur Vollstreckung in das Gesamtgut ein Urteil gegen den Ehegatten ausreichen lässt, der das Erwerbsgeschäft selbständig betreibt, § 741 ZPO. Die Einwilligung des Gesamtgutsverwalters mit dem Geschäftsbetrieb braucht nicht nachgewiesen zu werden (RG JW 1931, 1345), ebensowenig die Voraussetzungen des § 1431 Abs 2 BGB. Ist allerdings der Einspruch des Gesamtgutsverwalters oder der Widerruf der Einwilligung zur Zeit des Eintritts der Rechtshängigkeit im Güterrechtsregister eingetragen, gilt nach

§ 741 ZPO für die Zwangsvollstreckung § 740. Hat der Gesamtgutsverwalter zwar Einspruch eingelegt oder die Einwilligung widerrufen, ist aber die Eintragung in das Güterrechtsregister nicht oder nicht rechtzeitig erfolgt, so kann der Verwalter der Vollstreckung in das Gesamtgut aus einem Titel gegen den anderen Ehegatten gemäß §§ 774, 771 ZPO durch die Widerspruchsklage begegnen, wenn der Prozessgegner den Einspruch oder den Widerruf gemäß §§ 1431 Abs 3, 1412 Abs 1 BGB bei Rechtshängigkeit gekannt hat.

4. Das **Recht des verwaltenden Ehegatten zur Verwaltung des Gesamtguts bleibt** 30 neben den Einwirkungsmöglichkeiten des anderen Ehegatten **bestehen**. Über Gegenstände, die zum Betriebsvermögen gehören, **darf** der Gesamtgutsverwalter jedoch im Innenverhältnis **nicht** verfügen oder insoweit Verpflichtungen eingehen (vgl auch oben Rn 6 aE).

5. **Gegenstände**, die der andere Ehegatte im Rahmen des Geschäftsbetriebes 31 erwirbt, **werden** kraft Gesetzes **Gesamtgut**, wenn das Erwerbsgeschäft selbst zum Gesamtgut oder zum Sondergut gehört. Der Vermögenserwerb fällt in das **Vorbehaltsgut** des Ehegatten, der das Geschäft betreibt, wenn dieses selbst (das Betriebsvermögen) zum Vorbehaltsgut gehört. In diesem Falle gilt nicht § 1416 Abs 1 S 2 BGB, sondern § 1418 Abs 2 Nr 3 BGB (anders nur Dölle I 922: stets Gesamtgut).

VII. Selbständige Geschäftsführung ohne Einwilligung

1. Der Gesamtgutsverwalter kann dem anderen Ehegatten die selbständige Füh- 32 rung eines Erwerbsgeschäfts nicht verbieten. Das eheliche Güterrecht gibt ihm diese Befugnis nicht. Es steht jedoch der Geschäftsführung insoweit praktisch im Wege, als ein Betriebsvermögen erforderlich und insbesondere Vorbehaltsgut nicht oder nicht ausreichend vorhanden ist. Der Gesamtgutsverwalter kann seinem Ehegatten jedoch die erforderlichen Einzelgegenstände überlassen und auch zur Verfügung freigeben (§§ 1422, 185 BGB). Darin liegt noch nicht die in § 1431 BGB vorausgesetzte Einwilligung.

2. **Rechtsgeschäfte**, die der andere Ehegatte in dem von ihm **betriebenen** Er- 33 werbsgeschäft vornimmt, wirken nur für und gegen ihn persönlich, nicht gegenüber dem Gesamtgut. Entsprechendes gilt für die Urteile in Rechtsstreitigkeiten, die sich auf den Geschäftsbetrieb beziehen.

VIII. Abweichende Vereinbarungen

Die Rechtsfolgen einer Einwilligung (Abs 1) und der Nichteinlegung eines Ein- 34 spruchs stehen nicht zur Disposition der Ehegatten. Sie können durch Ehevertrag die Wirkungen von Rechtsgeschäften, Rechtsstreitigkeiten und Urteilen für und gegen das Gesamtgut weder ganz oder teilweise ausschließen noch beschränken. Dagegen kann das Einspruchs- und Widerrufsrecht des Gesamtgutsverwalters ehevertraglich ausgeschlossen oder zeitlich eingeschränkt werden. Verkehrsinteressen stehen dem nicht entgegen (MünchKomm/Kanzleiter § 1431 Rn 13; BGB-RGRK/Finke § 1431 Rn 18; Soergel/Gaul/Althammer § 1431 Rn 2).

IX. Internationales Privatrecht

35 § 1431 BGB findet Anwendung, wenn und soweit die Vorschrift für den gutgläubigen Dritten günstiger ist als das ausländische Recht, Art 16 Abs 2 EGBGB.

§ 1432
Annahme einer Erbschaft; Ablehnung von Vertragsantrag oder Schenkung

(1) Ist dem Ehegatten, der das Gesamtgut nicht verwaltet, eine Erbschaft oder ein Vermächtnis angefallen, so ist nur er berechtigt, die Erbschaft oder das Vermächtnis anzunehmen oder auszuschlagen; die Zustimmung des anderen Ehegatten ist nicht erforderlich. Das Gleiche gilt von dem Verzicht auf den Pflichtteil oder auf den Ausgleich eines Zugewinns sowie von der Ablehnung eines Vertragsantrages oder einer Schenkung.

(2) Der Ehegatte, der das Gesamtgut nicht verwaltet, kann ein Inventar über eine ihm angefallene Erbschaft ohne Zustimmung des anderen Ehegatten errichten.

Materialien: Zu § 1453 aF: E I §§ 1355, 2148 Nr 4; II § 1350 rev § 1438; III § 1436; Mot IV 361 f; Prot IV 259; V 807. Zu § 1432: E I § 1453; II § 1453; III § 1432; BT-Drucks 1/3802, 65; BT-Drucks 2/3409, 27. Vgl STAUDINGER/BGB-Synopse 1896–2005 § 1432.

Systematische Übersicht

I. Grundgedanke

1 Abweichend von dem Grundsatz des § 1422 S 1 BGB behält § 1432 BGB dem nicht verwaltenden Ehegatten bestimmte vermögensrechtlich relevante Entscheidungen vor. Es handelt sich um Rechtsgeschäfte und Maßnahmen, die teils eine starke persönliche Komponente haben, vor allem aber das Gesamtgut nicht schmälern, weil sie erst künftig (endgültig) anfallenden Vermögenserwerb ausschließen (vgl Mot IV 362, 243; RGZ 54, 289, 293). Die Vorschrift entspricht insoweit § 517 BGB. Die aufgeführten Rechtsgeschäfte kann nur der nicht verwaltende Ehegatte wirksam vornehmen. Der Gesamtgutsverwalter kann lediglich als Stellvertreter eingeschaltet werden. Es ist auch die Zustimmung des Verwalters nicht erforderlich.

II. Annahme oder Ausschlagung von Erbschaft oder Vermächtnis

1.   Die Entscheidung über Annahme oder Ausschlagung einer Erbschaft oder 2
eines Vermächtnisses steht ausschließlich dem Ehegatten zu, der *Erbe* geworden
oder mit dem Vermächtnis bedacht ist. Entsprechendes galt für den Erbersatzanspruch des nichtehelichen Kindes vor dem 1. 4. 1998, vgl § 1934b Abs 2 BGB aF,
Art 227 Abs 1 EGBGB.

Die **Annahmeerklärung** bewirkt unmittelbar nur den Verlust des Ausschlagungs- 3
rechts, § 1943 BGB und § 2180 Abs 1 BGB. Damit ist jedoch der endgültige Anfall
der Erbschaft oder des Vermächtnisses verbunden. Für den Erben heißt es, dass er
nunmehr unausweichlich (zur Anfechtbarkeit der Annahme s aber §§ 1954 ff BGB)
für die Nachlassverbindlichkeiten haftet. Die Möglichkeiten des Erben, seine Haftung auf den Nachlass zu beschränken, können auch vom Gesamtgutsverwalter
wahrgenommen werden (s unten Rn 5 ff). Deshalb konnte dem anderen Ehegatten
das Alleinentscheidungsrecht über Annahme oder Ausschlagung belassen werden.

2.   Die **Anfechtung** der Annahme der Erbschaft gilt als Ausschlagung, die der 4
Ausschlagung als Annahme, § 1957 Abs 1 BGB. Auch sie steht daher allein dem
anderen Ehegatten zu.

3.   Der nicht verwaltende Ehegatte, der die ihm angefallene Erbschaft nicht 5
ausgeschlagen hat, haftet für die **Nachlassverbindlichkeiten**. Fällt die Erbschaft nicht
in das Vorbehalts- oder Sondergut (s dazu § 1439 BGB), sind die Nachlassverbindlichkeiten zugleich **Gesamtgutsverbindlichkeiten**, § 1437 Abs 1 BGB, für die der
Gesamtgutsverwalter auch persönlich haftet, § 1437 Abs 2 BGB. Wegen dieser
Rechtsfolgen gewährt das Gesetz **auch dem Gesamtgutsverwalter die Befugnis, die
zur Beschränkung der Haftung auf den Nachlass erforderlichen Maßnahmen zu treffen.**
Die entsprechenden Befugnisse des Erben bleiben unberührt. Jeder Ehegatte **kann**
die haftungsbeschränkenden Maßnahmen selbständig ergreifen. Die Zustimmung
des anderen Ehegatten ist nicht erforderlich. Die von einem Ehegatten herbei-
geführten haftungsbeschränkenden **Wirkungen** kommen auch dem anderen zugute.

Nach § 318 InsO kann auch der Gesamtgutsverwalter die **Eröffnung des Nachlass-** 6
insolvenzverfahrens beantragen. Gemäß §§ 454 ff FamFG kann er das **Aufgebot** der
Nachlassgläubiger (§§ 1970 ff BGB) beantragen. Jeder Ehegatte kann selbständig
ein **Inventar**, § 1993 BGB, errichten (§§ 1432 Abs 2, 2008 Abs 1 BGB). Eine **Inven-**
tarfrist gemäß § 1994 BGB kann wirksam nur gesetzt werden, wenn sie sowohl dem
Erben als auch dem das Gesamtgut verwaltenden Ehegatten gegenüber bestimmt
wird, § 2008 Abs 1 BGB.

Dem Gesamtgutsverwalter stehen, obwohl das Gesetz dies nicht ausdrücklich be- 7
stimmt, auch die übrigen haftungsbeschränkenden und – erleichternden Befugnisse
zu: das Recht, die Anordnung der **Nachlassverwaltung** zu beantragen, §§ 1975 ff
BGB, die **Einreden** der §§ 1990 ff BGB und die der §§ 2014, 2015 BGB sowie die
Rechte des **Vermächtnisnehmers** gemäß §§ 2186 ff BGB.

III. Verzicht auf das Erbrecht oder den Pflichtteil

8 Wenn schon die Ausschlagung einer bereits angefallenen Erbschaft dem nicht verwaltenden Ehegatten selbst vorbehalten ist, muss ihm erst recht der **Erbverzichtsvertrag** (§§ 2346 ff BGB) zustimmungsfrei möglich sein (s auch Mot IV 243). Der andere Ehegatte kann auch den **Erbschaftserwerb** eines anderen wegen Erbunwürdigkeit gemäß §§ 2339 ff BGB **anfechten**. Kraft ausdrücklicher Regelung in § 1432 Abs 1 S 2 BGB kann auch nur der andere Ehegatte auf einen **entstandenen Pflichtteilsanspruch** (§ 2317 BGB) verzichten. Der „Verzicht" erfolgt durch Erlassvertrag, § 397 BGB.

IV. Verzicht auf den Ausgleich des Zugewinns

9 Ohne Zustimmung des verwaltenden Ehegatten kann der andere Ehegatte auf den Ausgleich des Zugewinns verzichten, § 1432 Abs 1 S 2 BGB. Gegenstand des „Verzichts" ist der Ausgleichsanspruch aus einer früheren Ehe des anderen Ehegatten mit einem Dritten. Der Ausgleichsanspruch nach Beendigung des gesetzlichen Güterstandes zwischen den jetzigen Ehegatten oder nach Auflösung einer früheren Ehe zwischen ihnen ist dagegen nur unter Mitwirkung des Ehegatten, der das Gesamtgut verwaltet, möglich, da der „Verzicht" einen Erlassvertrag gemäß § 397 BGB voraussetzt.

V. Ablehnung eines Vertragsantrages

10 Das dem nicht verwaltenden Ehegatten gemachte **Angebot** zum Abschluss eines vermögensrechtlichen Vertrages kann nur von diesem selbst und zustimmungsfrei **abgelehnt** werden, Abs 1 S 2. Über die **Annahme** sagt das Gesetz dagegen nichts. Die durch das Angebot begründete *Gebundenheit* des Antragenden legt es nahe, dem Angebotsempfänger bereits eine vermögenswerte Rechtsposition zuzuerkennen, die in das Gesamtgut fiele, wenn sie übertragbar wäre. Die Annahme könnte dann nur der Gesamtgutsverwalter erklären. Ausgehend von der sog *Durchgangstheorie* (vgl § 1416 Rn 24) ist jedoch der Ehegatte, der das Angebot empfangen hat, allein und zustimmungsfrei dazu berufen, die Annahme zu erklären (Bamberger/Roth/Mayer § 1432 Rn 3; NK-BGB/Völker § 1432 Rn 5; **aM** wohl MünchKomm/Kanzleiter § 1432 Rn 4). Das allein entspricht auch dem Sinn und Zweck des § 1432 BGB, der nur die Ablehnung des Angebots behandelt, weil durch sie endgültig eine Erwerbsaussicht zugunsten des Gesamtguts zerstört wird; insoweit war eine gesetzliche Klärung angebracht. Bei der Annahme des Vertragsangebots sind dagegen Interessen des Gesamtguts nicht in Gefahr. Ohne Zustimmung des Verwalters können keine Pflichten und Lasten des Gesamtguts begründet werden, andererseits fallen aber alle Rechte und Ansprüche aus dem Vertrag in das Gesamtgut.

VI. Ablehnung einer Schenkung

11 Die Schenkung ist eine *vertragliche* Zuwendung. Für die Ablehnung des Schenkungsangebots gilt daher dasselbe, was für die Ablehnung jedes anderen Angebots auch gilt. Ist die Zuwendung bereits erfolgt und gemäß § 1416 Abs 1 BGB in das Gesamtgut gefallen, wenn auch vorerst als ungerechtfertigte Bereicherung (§ 1434 BGB), kann grundsätzlich nichts anderes gelten. Das Gesetz beseitigt insoweit alle

Zweifel: nur der nichtverwaltende Ehegatte kann die **Ablehnung** der Schenkung erklären. Er allein bleibt auch zuständig für die **Annahme** des Schenkungsangebots (s dazu Rn 10 aE).

Ist der geschenkte Gegenstand in das Gesamtgut gefallen, richten sich die **Rück-** **12** **gewähransprüche** wegen Nichtvollziehung einer Auflage (§ 527 BGB), wegen Verarmung (§ 528 BGB) und nach einem Widerruf der Schenkung (§ 531 Abs 2 BGB) gegen den Gesamtgutsverwalter (§ 1434 BGB). Die Widerrufserklärung nach § 531 BGB ist jedoch dem beschenkten Ehegatten gegenüber abzugeben (**aM** BGB-RGRK/ FINKE § 1432 Rn 5).

VII. Inventarerrichtung

Der nichtverwaltende Ehegatte, der Erbe geworden ist, kann auch dann selbständig **13** ein Inventar (§ 1993 BGB) errichten, wenn die Erbschaft in das Gesamtgut gefallen ist. Das Inventar wirkt auch zugunsten des Gesamtguts, § 2008 Abs 1 S 3 BGB. Zur Setzung der Inventarfrist und zur Inventarerrichtung durch den Gesamtgutsverwalter s schon oben Rn 6.

VIII. Abweichende Vereinbarungen

§ 1432 Abs 1 BGB ist auch durch Ehevertrag nicht abdingbar (ebenso MünchKomm/ **14** KANZLEITER § 1432 Rn 6; BAMBERGER/ROTH/MAYER § 1432 Rn 1; **aM** BGB-RGRK/FINKE § 1432 Rn 6). Die vom Gesetz dem nicht verwaltenden Ehegatten vorbehaltenen Sachentscheidungen und Erklärungen sind noch dem Erwerbstatbestand zuzurechnen, durch den erst das Gesamtgut (endgültig) begünstigt wird. Die Übertragung der (ausschließlichen) Entscheidungsbefugnisse auf den Gesamtgutsverwalter würde den anderen Ehegatten in seiner rechtsgeschäftlichen Handlungsfähigkeit einschränken. Das Gesetz gibt den Ehegatten diese Beschränkungen nicht frei (s dazu auch Vorbem 32 zu §§ 1408 ff).

§ 1433
Fortsetzung eines Rechtsstreits

Der Ehegatte, der das Gesamtgut nicht verwaltet, kann ohne Zustimmung des anderen Ehegatten einen Rechtsstreit fortsetzen, der beim Eintritt der Gütergemeinschaft anhängig war.

Materialien: Zu § 1454 aF: E I § 1357; II § 1352 rev § 1439; III § 1437; Mot IV 362; Prot IV 259. Zu § 1433 nF: E I § 1454; II § 1454; III § 1433; BT-Drucks 1/3802, 65; BT-Drucks 2/3409, 27. Vgl STAUDINGER/BGB-Synopse 1896–2005 § 1433.

Systematische Übersicht

Burkhard Thiele

I. Allgemeines

1 Wie der Verwalter die Rechtswirkungen eines vor Eintritt der Gütergemeinschaft vorgenommenen Rechtsgeschäfts des anderen Ehegatten hinnehmen muss, so auch die rechtlichen Folgen eines bereits vor jenem Zeitpunkt anhängig gewordenen Prozesses (vgl Mot IV 362, 246). § 1433 BGB entspricht dem § 1454 aF, der dem für die Nutzverwaltung geltenden § 1407 Nr 1 aF nachgebildet war. In § 1433 BGB ist an die Stelle der Frau der andere Ehegatte getreten, der das Gesamtgut nicht verwaltet. Außerdem ist die Bestimmung sprachlich neu gefasst. Für die gemeinschaftliche Verwaltung des Gesamtgutes gilt § 1455 Nr 7 BGB.

II. Die Voraussetzungen der Fortführung des Rechtsstreits

2 § 1433 BGB setzt voraus, dass **bei Eintritt der Gütergemeinschaft** ein **Rechtsstreit anhängig** war. Die Vorschrift bezieht sich sowohl auf Aktiv- wie auf Passivprozesse des nicht verwaltenden Ehegatten. Sie ist auf alle Arten gerichtlicher Verfahren anzuwenden, aber auch auf Schiedsgerichtsverfahren. Unerheblich ist für die Anwendbarkeit des § 1433 BGB, welcher Güterstand vor dem Eintritt der Gütergemeinschaft gegolten hat. Der Zeitpunkt des Eintritts der Gütergemeinschaft ist der des Wirksamwerdens des Ehevertrages oder der in diesem anderweitig vereinbarte Beginn des Güterstandes.

3 In **entsprechender Anwendung** des § 1433 BGB ist ferner die Zustimmung des verwaltungsberechtigten Ehegatten nicht erforderlich zur Fortsetzung des Rechtsstreits, wenn der andere Ehegatte bei Krankheit oder Abwesenheit des Verwalters den Rechtsstreit begonnen hat (§ 1429 BGB) und später die Voraussetzungen des § 1429 BGB weggefallen sind (vgl dazu § 1429 Rn 11), oder wenn im Falle des § 1431 BGB der Verwalter die erteilte Einwilligung zum Betrieb eines selbständigen Erwerbsgeschäfts widerruft und in diesem Zeitpunkt ein durch den Geschäftsbetrieb veranlasster Rechtsstreit des anderen Ehegatten anhängig ist (vgl § 1431 Rn 21).

III. Der Umfang der Befugnis zur Fortsetzung des Rechtsstreits

4 1. Der Ehegatte, der das Gesamtgut nicht verwaltet, kann den anhängigen Rechtsstreit **ohne Zustimmung** des Gesamtgutsverwalters fortsetzen. Der Ehegatte führt den Rechtsstreit **im eigenen Namen** weiter. Zu **materiellrechtlichen Verfügungen** (Vergleich, Verzicht, Anerkenntnis) ist er jedoch nicht befugt (§§ 1416, 1422 BGB; wie hier MünchKomm/KANZLEITER Rn 4; BAMBERGER/ROTH/MAYER Rn 1; NK-BGB/VÖLKER § 1433 Rn 3; **aM** bzgl der Wirksamkeit eines Anerkenntnisses: PLANCK/UNZNER § 1454 Anm 3).

5 2. Geht der **Antrag** der anhängigen Klage auf Leistung an den nicht verwaltenden Ehegatten, so **kann** dieser ihn nach Eintritt der Gütergemeinschaft auf Leistung an den Gesamtgutsverwalter **umstellen**. Dies als notwendig zu fordern (so Palandt/Brudermüller Rn 1; Erman/Heinemann Rn 1; Dölle I 925) geht zu weit, weil ein Erfolg der Klage ohnehin dem Gesamtgut zugute kommt (§ 1416 Abs 1 S 2 BGB), andererseits für und gegen den Gesamtgutsverwalter nach § 742 ZPO eine vollstreckbare Ausfertigung des Urteils erteilt werden kann (wie hier MünchKomm/Kanzleiter Rn 2; BGB-RGRK/Finke Rn 4; Bamberger/Roth/Mayer Rn 1; NK-BGB/Völker Rn 4; Soergel/Gaul/Althammer Rn 2).

3.　　Gegen nachlässige oder ungeeignete Prozessführung durch den anderen Ehe- 6 gatten kann der Gesamtgutsverwalter sich durch **Nebenintervention** schützen (Mot IV 362, 246; § 66 ZPO). Er gilt dann, weil das Urteil für und gegen ihn und das Gesamtgut Rechtskraftwirkungen äußert, gemäß § 69 ZPO als Streitgenosse (**aM** nur Palandt/Brudermüller Rn 1: § 66 ZPO).

4.　　Das in dem Rechtsstreit des nicht verwaltenden Ehegatten ergehende **Urteil** 7 **ist**, auch wenn der Gesamtgutsverwalter der Fortsetzung des Rechtsstreits nicht zugestimmt hat, dem **Gesamtgute gegenüber wirksam**. Die **Verbindlichkeiten** des anderen Ehegatten aus dem Rechtsstreit sind **Gesamtgutsverbindlichkeiten** (§ 1437 Abs 1 BGB). Gemäß § 742 ZPO sind auf die Erteilung einer in Ansehung des Gesamtgutes vollstreckbaren Ausfertigung des Urteils für und gegen den verwaltenden Ehegatten die Vorschriften der §§ 727, 730–732 ZPO entsprechend anzuwenden.

IV.　**Rechtsstreitigkeiten über Vorbehalts- oder Sondergut**

§ 1433 BGB findet nur Anwendung, wenn es sich um einen Rechtsstreit über **Ge-** 8 **samtgut** handelt. Dass der andere Ehegatte zur Fortsetzung eines bei dem Eintritt der Gütergemeinschaft anhängigen Rechtsstreits über sein Vorbehalts- oder Sondergut nicht der Zustimmung des Gesamtgutsverwalters bedarf, folgt aus §§ 1417 Abs 3 S 1, 1418 Abs 3 S 1 BGB.

V.　**Abweichende Vereinbarungen**

§ 1433 BGB ist unabdingbar (**aM** BGB-RGRK/Finke § 1433 Rn 6). Das schließt Verein- 9 barungen im Ehevertrag nicht aus, nach denen der Gesamtgutsverwalter den Prozess, sofern das nach Prozessrecht möglich ist, allein übernehmen und fortsetzen soll (s auch MünchKomm/Kanzleiter Rn 7 mit allerdings abweichender Begr).

§ 1434
Ungerechtfertigte Bereicherung des Gesamtguts

Wird durch ein Rechtsgeschäft, das ein Ehegatte ohne die erforderliche Zustimmung des anderen Ehegatten vornimmt, das Gesamtgut bereichert, so ist die Bereicherung nach den Vorschriften über die ungerechtfertigte Bereicherung aus dem Gesamtgut herauszugeben.

Materialien: Zu § 1455 aF: E I § 1362 Nr 1; II § 1434; BT-Drucks I/3802, 65; BT-Drucks § 1357 Abs 1 rev § 1440; III § 1438; Mot IV 373; 2/3409, 27. Vgl Staudinger/BGB-Synopse Prot IV 264. Zu § 1434: E I § 1455; II § 1455; III 1896–2005 § 1434.

Systematische Übersicht

I.   Rechtsentwicklung

1 E I § 1362 Nr 1 und E II § 1357 Abs 1 nannten neben der Bereicherung durch Rechtsgeschäfte auch eine solche durch Führung eines Rechtsstreits. Seit der Bundesratsvorlage zu § 1440 BGB fehlt der letzterwähnte Hinweis. Den § 1455 aF hat das GleichberG sprachlich verbessert übernommen. Eine entsprechende Vorschrift enthielt § 1399 Abs 2 S 2 aF für den früheren gesetzlichen Güterstand.

II.   Grundgedanke

2 **1.**   Hat ein Ehegatte ein Rechtsgeschäft vorgenommen, ohne dass die erforderliche Einwilligung des anderen Ehegatten erteilt oder durch Familiengericht (gemäß §§ 1426, 1430 BGB) ersetzt worden ist, so **ist das Rechtsgeschäft dem Gesamtgut gegenüber unwirksam**. Der Erwerb des Ehegatten aus dem Rechtsgeschäft fällt zwar nach § 1416 BGB in das Gesamtgut (RGZ 90, 289); eine aus dem Rechtsgeschäft entstehende Verbindlichkeit des nicht verwaltenden Ehegatten ist aber keine Gesamtgutsverbindlichkeit (vgl § 1423 Rn 10), während für den verwaltenden Ehegatten nicht einmal eine persönliche Verbindlichkeit begründet wird (s § 1423 Rn 12). Dem Ausgleich des hierdurch möglicherweise eintretenden unbilligen Ergebnisses dient § 1434 BGB.

3 **2.**   Die Vorschrift behandelt nur die **Bereicherung** des Gesamtgutes **durch die Leistung eines Dritten**; die internen Ausgleichsansprüche nach der **Leistung** aus dem Vorbehaltsgut eines Ehegatten in das Gesamtgut regelt § 1445 BGB. Eine Bereicherung des Gesamtguts auf andere Weise (zB durch Verbindung, Vermischung, Verarbeitung) fällt nicht unter § 1434 BGB, es gelten vielmehr die allgemeinen Vorschriften (zB der §§ 951, 812 BGB).

III.   Voraussetzungen der Gesamtgutshaftung

4 **1.**   Das **Gesamtgut** muss **bereichert** sein. Zu den möglichen Gegenständen einer Bereicherung s § 812 BGB. Die Bereicherung muss auf einem **Rechtsgeschäft** beruhen, das der erforderlichen Zustimmung entbehrt. Das bedeutet nicht, dass die Bereicherung durch eine rechtsgeschäftliche Zuwendung herbeigeführt sein müsste, sondern nur, dass ihr eine rechtsgeschäftlich begründete Kausalbeziehung zugrundeliegt.

2. Es muss die **erforderliche Zustimmung** des anderen Ehegatten **fehlen**. In den **5** Fällen, in denen der **Gesamtgutsverwalter** eines der unter die §§ 1423–1425 BGB fallenden Geschäfte abgeschlossen hat, ergibt sich aus dem Fehlen der Zustimmung zugleich die Unwirksamkeit des Verpflichtungsgeschäfts und damit die Rechtsgrundlosigkeit der Leistung des Schuldners. § 1434 BGB gewährt ihm den bereicherungsrechtlichen *Durchgriff* auf das Gesamtgut, obwohl er nicht an oder in dieses geleistet hat, dessen Erwerb vielmehr auf dem Gesetz (§ 1416 BGB) beruht.

Eine völlig andere Bedeutung hat § 1434 BGB bei **Rechtsgeschäften des nicht ver- 6 waltenden Ehegatten**. Hier geht es nicht um den Ausgleich einer nach den allgemeinen Vorschriften ungerechtfertigten Bereicherung. Verpflichtungsgeschäfte des anderen Ehegatten sind auch ohne die Zustimmung des Gesamtgutsverwalters wirksam. Sie wirken lediglich nicht gegen das Gesamtgut, wenn der Verwalter nicht zugestimmt hat. Der Rechtsgrund für den Erwerb des Gesamtguts findet sich in der Erfüllung der Verbindlichkeit des Dritten gegenüber dem nicht verwaltenden Ehegatten in Verbindung mit § 1416 BGB. Gleichwohl gewährt das Gesetz dem Dritten einen Anspruch auf Herausgabe der Bereicherung, die das Gesamtgut erfahren hat. Die Verweisung auf das Bereicherungsrecht ist insoweit nur eine **Rechtsfolgenverweisung**. Manche sehen deshalb als Grund der Haftung des Gesamtguts nicht die Bereicherung an, sondern den Anspruch des Dritten gegen den nicht verwaltenden Ehegatten, für den das Gesamtgut bis zur Höhe seiner Bereicherung hafte (vgl Dölle I 920; Planck/Unzner § 1455 aF Anm 4). Dem ist jedoch nicht zu folgen. Der Dritte erlangt gemäß § 1434 BGB keinen lediglich in der Höhe begrenzten Erfüllungsanspruch gegen das Gesamtgut. Richtig an jener Auffassung ist jedoch im Ergebnis, dass der Anspruch des **Dritten** nach dem Sinn und Zweck des Gesetzes nicht besteht, wenn und soweit der Dritte wegen seiner zugrundeliegenden Forderung von dem nicht verwaltenden Ehegatten befriedigt worden ist.

IV. Die Haftung des Gesamtguts und der Ehegatten

1. Die Verpflichtung aus § 1434 BGB ist eine (primäre) **Gesamtgutsverbindlich- 7 keit**. Der Anspruch ist allein gegen den Gesamtgutsverwalter geltend zu machen (BGH NJW 1957, 1635 = FamRZ 1957, 247; RGZ 90, 288). Für die Zwangsvollstreckung in das Gesamtgut gilt § 740 ZPO.

Inhalt und Umfang der Herausgabepflicht bestimmen sich nach den §§ 818, 819 **8** BGB. Herauszugeben sind also auch alle in das Gesamtgut gefallenen Nutzungen und Surrogate, § 818 Abs 1 BGB. Ist das ursprünglich Erlangte nicht mehr vorhanden, ist Wertersatz zu leisten, § 818 Abs 2 BGB, wenn nicht die Bereicherung fortgefallen ist, § 818 Abs 3 BGB. Für die Anwendbarkeit von § 818 Abs 4 BGB und § 819 BGB kommt es allein auf die Person des Gesamtgutsverwalters an.

2. Für die Gesamtgutsverbindlichkeit aus § 1434 BGB, die auf einem **Rechts- 9 geschäft des Gesamtgutsverwalters** beruht, haftet dieser nicht persönlich auf Erfüllung. Die Bereicherungshaftung ist hier auch nicht an eine persönliche Haftung des Verwalters aus ungerechtfertigter Bereicherung angelehnt. Es liegt vielmehr eine selbständige (primäre) Gesamtgutsverbindlichkeit vor. Eine persönliche Haftung des Verwalters, die gemäß § 1437 Abs 1 BGB auch Gesamtgutsverbindlichkeit wäre, auf Schadensersatz aus culpa in contrahendo oder Delikt (allgM; s dazu auch § 1427 Rn 9) bleibt daneben unberührt. Eine persönliche Haftung des anderen Ehegatten wird nicht begründet.

10 3.   Aus einem Verpflichtungsgeschäft, das **der nicht verwaltende Ehegatte** ohne Zustimmung des Gesamtgutsverwalters im eigenen Namen abgeschlossen hat, haftet der am Rechtsgeschäft beteiligte Ehegatte persönlich (mit seinem etwa vorhandenen Vorbehalts- und Sondergut). Die Haftung des Gesamtguts aus § 1434 BGB ist auch hier nicht an die persönliche Haftung angelehnt (s Rn 6 aE), sondern eine primäre Gesamtgutsverbindlichkeit. Eine persönliche Haftung des Gesamtgutsverwalters lässt sich deshalb aus § 1437 Abs 2 S 1 BGB nicht ableiten. Die Vorschrift ist jedoch entsprechend anwendbar.

11 4.   Macht einer der Ehegatten die Unwirksamkeit eines Rechtsgeschäfts gemäß §§ 1423 ff BGB geltend und verlangt er Rückgewähr zum Gesamtgut, so kann der Dritte diesem Anspruch nach hM wegen seines Gegenanspruchs aus § 1434 BGB kein Zurückbehaltungsrecht entgegensetzen (s dazu aber § 1427 Rn 10; § 1428 Rn 8).

V.   Abweichende Vereinbarungen

12 § 1434 BGB ist durch Ehevertrag nicht abdingbar (ebenso MünchKomm/KANZLEITER Rn 6; NK-BGB/VÖLKER Rn 1; BAMBERGER/ROTH/MAYER Rn 1).

§ 1435
Pflichten des Verwalters

Der Ehegatte hat das Gesamtgut ordnungsmäßig zu verwalten. Er hat den anderen Ehegatten über die Verwaltung zu unterrichten und ihm auf Verlangen über den Stand der Verwaltung Auskunft zu erteilen. Mindert sich das Gesamtgut, so muss er zu dem Gesamtgut Ersatz leisten, wenn er den Verlust verschuldet oder durch ein Rechtsgeschäft herbeigeführt hat, das er ohne die erforderliche Zustimmung des anderen Ehegatten vorgenommen hat.

Materialien: Zu § 1456 aF: E I § 1364; II § 1348 rev § 1441; III § 1439; Mot IV 379; Prot IV 267 ff. Zu § 1435: E I § 1456; II § 1456; III § 1435; BT-Drucks 1/3802, 65; BT-Drucks 2/224, 52; BT-Drucks 2/3409, 27. Vgl STAUDINGER/BGB-Synopse 1896–2005 § 1435.

Systematische Übersicht

I.   Rechtsentwicklung

Nach § 1456 aF war der Mann der Frau für die Verwaltung des Gesamtgutes nicht **1** verantwortlich; er hatte jedoch für eine Verminderung des Gesamtgutes zu diesem Ersatz zu leisten, wenn er die Verminderung in der Absicht, die Frau zu benachteiligen, oder durch ein Rechtsgeschäft herbeiführte, das er ohne die erforderliche Zustimmung der Frau vornahm. Den weitreichenden Ausschluss einer Verantwortlichkeit des Mannes rechtfertigen die Motive (IV 379) damit, nach dem Wesen der Gütergemeinschaft sei das beiderseitige Vermögen auf gemeinsamen Gedeih und Verderb vereinigt.

Nach dem GleichberG verwaltet der Ehegatte das Gesamtgut als **Treuhänder der 2 Gesamthand** und muss dementsprechend wie ein Treuhänder haften. Daher hat der verwaltende Ehegatte für jede Verminderung des Gesamtgutes Ersatz zu leisten, die er durch schuldhaftes Verhalten oder durch ein Rechtsgeschäft herbeiführt, das er ohne die erforderliche Zustimmung des anderen Ehegatten vornimmt. Die engen Beziehungen zwischen Mann und Frau werden insoweit berücksichtigt, als der Verwalter nicht für jede Fahrlässigkeit haftet, sondern nur für die Sorgfalt einzustehen habe, die er in eigenen Angelegenheiten anzuwenden pflegt (§ 1359 BGB).

II. Pflicht zur ordnungsmäßigen Verwaltung

Die Pflicht zur ordnungsmäßigen Verwaltung entspricht der **treuhänderischen Stel- 3 lung** des Verwalters. Die dadurch begründete objektive Bindung lässt diesem einen weiten **Entscheidungsspielraum**. Er muss in jedem Fall die gesetzlichen Grenzen seiner Befugnisse und die Mitwirkungsrechte des anderen Ehegatten achten (BGHZ 48, 369 = NJW 1968, 496). Ordnungsmäßig sind nicht nur Maßnahmen, die zur Verwaltung erforderlich sind. Der Verwalter schuldet auch nicht die jeweils optimale Entscheidung, sondern nur diejenige, die er nach den Umständen unter Anwendung der gebotenen Sorgfalt für geeignet und richtig halten durfte. Die Verwaltung hat sich unter Berücksichtigung vor allem der gesetzlichen Unterhaltspflichten (§§ 1360, 1360a, 1420 BGB, s auch § 1447 Nr 2 BGB) um die Werterhaltung und Mehrung des Gesamtguts zu bemühen (vgl RGZ 124, 325; BayObLG OLGE 34, 291). Die Pflicht betrifft nicht nur rechtsgeschäftliches, sondern auch rein **tatsächliches Handeln** wie Arbeitsleistungen (vgl BGH FamRZ 1986, 42). **Einzelfälle:** nicht ordnungsmäßig ist die Unterwerfung unter die sofortige Zwangsvollstreckung zur Umgehung der Zustimmungserfordernisse gemäß §§ 1423 ff BGB (BGHZ 48, 369 = NJW 1968, 496). Der Verwalter hat regelmäßig die zum Gesamtgut gehörenden Gegenstände gegen Brand, Hagel, Diebstahl usw zu versichern (so RGZ 76, 136 zu § 1374 aF) und eine bereits bestehende Versicherung fortzuführen (vgl Josef SeuffBl 73, 746 und Recht 1914, 65 ff). Über Einnahmen und Ausgaben des Gesamtgutes hat er Aufzeichnungen zu

machen (so RG Recht 1917 Nr 414 zu § 1374 aF; für die gemeinschaftliche Verwaltung: BGHZ
111, 248 = NJW 1990, 2252 = FamRZ 1990, 851). Zur ordnungsmäßigen Verwaltung gehört
ferner: die Erfüllung der dem anderen Ehegatten obliegenden Unterhaltspflicht,
§§ 1604, 1437 BGB (vgl RG WarnR 1916 Nr 21 zu § 1374 aF); gegebenenfalls der Abbruch
oder Umbau eines Hauses (vgl BayObLGZ 11, 101 zu § 1374 aF) und seine Erhaltung in
einem polizeimäßigen Zustand. Schließlich ist der Verwalter verpflichtet, die erforderliche Zustimmung des anderen Ehegatten zu einem Rechtsgeschäft einzuholen
oder bei dessen Verhinderung durch das Familiengericht ersetzen zu lassen. Ordnungsgemäß sind, je nach den Vermögensverhältnissen, insbesondere nach der Leis-
tungskraft des Gesamtgutes, auch angemessene Ausstattungen (vgl auch BayObLGZ 23,
160; s ferner § 1444 Rn 3).

III. Pflicht zur Unterrichtung über die Verwaltung

4 Sie ergibt sich zwar schon aus § 1353 Abs 1 BGB (vgl BGH FamRZ 1976, 16), wird aber
der Klarstellung halber im Gesetz noch ausdrücklich hervorgehoben (BT-Drucks
2/3409, 27). Zusammen mit der Auskunftspflicht ermöglicht sie dem anderen Ehegatten, die Verwaltung des Gesamtguts zu überwachen und gegebenenfalls nach
§§ 1428, 1435 S 3 oder 1447 Nr 1 BGB einzugreifen. Der verwaltungsberechtigte
Ehegatte hat dem anderen Ehegatten in angemessenen Zeitabständen unaufge-
fordert einen allgemein gehaltenen Bericht über die Verwaltung des Gesamtguts
zu erstatten. Zur **Rechenschaftslegung** (§ 259 BGB), **Vorlage** von Unterlagen und
Verzeichnissen oder der Abgabe einer **eidesstattlichen Versicherung** ist er regelmäßig
nicht verpflichtet (vgl OLG Stuttgart FamRZ 1979, 810). Die Erfüllung der Unterrichtungspflicht kann nach hM nur mit *dem Antrag* auf *Herstellung* des ehelichen Lebens
(§ 1353 Abs 1 BGB) vor dem Familiengericht verfolgt werden. Der Beschluss, der im
Verfahren als sonstige Familiensache iS von § 266 Abs 1 Nr 1 FamFG (nicht Ehesache nach § 121 FamFG) zu erstreiten ist, ist nicht vollstreckbar (§ 120 Abs 3
FamFG; OLG Stuttgart FamRZ 1979, 809; Dölle I 899 Fn 12; Erman/Heinemann Rn 2; Pa-
landt/Brudermüller Rn 3; Soergel/Gaul/Althammer Rn 5; **aM** *Leistungsantrag* Bamberger/
Roth/Mayer Rn 3; MünchKomm/Kanzleiter Rn 6; Müller FamRZ 1971, 551).

IV. Pflicht zur Auskunftserteilung

5 **1.** Die Auskunftspflicht besteht bei der Gütergemeinschaft bereits während des
Güterstandes, nicht erst, wie bei der Zugewinngemeinschaft (§ 1379 BGB), nach
seiner Beendigung. Die Geltendmachung des Auskunftsanspruchs setzt auch nicht
voraus, dass das Verhalten des Verwalters die Besorgnis einer erheblichen Gefährdung der Rechte des anderen Ehegatten begründet. Der nichtverwaltende Ehegatte
kann nach dem Gesetzeswortlaut zwar jederzeit und ohne besondere Voraussetzungen **Auskunft verlangen**; jedoch darf er die Berechtigung dazu nicht für eine treuwid-
rige Belastung des Verwalters ausnutzen. Zur Begrenzung der Pflicht zur Rechenschaftslegung und Auskunft durch § 242 BGB vgl Staudinger/Bittner (2014) Erl
zu §§ 259, 260. Über diese allgemeine Schranke der Rechtsausübung hinaus ist das
Auskunftsrecht weder davon abhängig, dass dafür ein *begründeter Anlass* besteht (so
aber BGB-RGRK/Finke Rn 5; Palandt/Brudermüller Rn 3; Soergel/Gaul/Althammer
Rn 7), noch ist das *Rechtsschutzbedürfnis* besonders sorgfältig zu prüfen (so aber
Erman/Heinemann Rn 3). Die Gesetzesmaterialien, auf die man sich bezieht (vgl den
Ausschussbericht BT-Drucks 2/3409, 27: „so muss dem nicht verwaltenden Ehegatten für den Notfall

doch ein erzwingbarer Anspruch auf Auskunftserteilung gegeben werden"), werden wohl missverstanden. Aus dem Zusammenhang ergibt sich, dass der Fall gemeint war, dass der Gesamtgutsverwalter seine Pflicht zur regelmäßigen Unterrichtung nicht erfüllt (wie hier BAMBERGER/ROTH/MAYER Rn 4; MünchKomm/KANZLEITER Rn 9).

2. Die auf Verlangen zu erteilende Auskunft betrifft den **Stand der Verwaltung** 6 des Gesamtguts. Inhalt und Umfang der Auskunft hängen von den Umständen des Einzelfalles ab, insbesondere von dem erkennbaren Ziel des vom anderen Ehegatten gestellten Verlangens (s iE auch MünchKomm/KANZLEITER Rn 7). Es kann sich auf bestimmte einzelne Vorgänge beziehen, aber auch auf eine Gesamtauskunft, auf die dann § 260 BGB anwendbar ist. Der Anspruch richtet sich auch auf Auskunft über Konten, die die Eheleute nach der Trennung allein eröffnet haben, da nicht verbrauchtes Einkommen vor Beendigung der Gütergemeinschaft in das Gesamtgut fließt (ENSSLEN FamRZ 1998, 1080; BERGERFURTH Rn 400).

3. Das Verlangen nach Auskunftserteilung ist mit einem Leistungsantrag geltend 7 zu machen und der Beschluss ist **vollstreckbar**; § 120 Abs 3 FamFG ist insoweit nicht anwendbar (hM; vgl OLG Stuttgart FamRZ 1979, 809). Zuständig ist das *Familiengericht* in einer Familienstreitsache, §§ 111 Nr 9, 112 Nr 2, 261 Abs 2 FamFG.

V. Pflicht zur Ersatzleistung

1. Nach § 1435 S 3 BGB schuldet der verwaltende Ehegatte zum **Gesamtgut** 8 Ersatz, wenn dieses **gemindert** ist entweder durch ein **ohne die erforderliche Zustimmung** des anderen Ehegatten vorgenommenes **Rechtsgeschäft** oder infolge **schuldhaften Verhaltens** des Verwalters.

a) Die **Minderung** des Gesamtguts ist nach den Grundsätzen des Schadensrechts 9 zu beurteilen. Sie liegt daher nicht nur bei einer Minderung der Aktiven oder der Mehrung der Passiven des Gesamtguts vor, sondern auch in den Fällen **entgangener Gewinne**. Es ist nicht auf das insgesamt positive oder negative Ergebnis der Gesamtgutsverwaltung abzustellen, sondern auf die einzelne schadensverursachende Maßnahme. Ein Verlust des Gesamtguts kann daher nicht mit der Folge des Ausschlusses der Ersatzpflicht „ausgeglichen" werden, wenn der Verwalter zu anderer Zeit und durch andere Maßnahmen besondere Gewinne erzielt hat (hM; jetzt auch PALANDT/BRUDERMÜLLER Rn 4).

b) Hat der Verwalter ein **Rechtsgeschäft ohne die erforderliche Zustimmung** des 10 anderen Ehegatten vorgenommen (s §§ 1423 ff BGB), liegt ein **Verlust** des Gesamtguts schon dann vor, wenn aufgrund dieses gemäß §§ 1423 ff BGB unwirksamen Rechtsgeschäft etwas aus dem Gesamtgut geleistet worden ist. Ist beiderseits geleistet worden, ist zur Bestimmung des Verlustes die Saldotheorie maßgebend. Ist nur aus dem Gesamtgut geleistet worden, ist dieses in vollem Umfang der Leistung gemindert. **Bereicherungs- oder** auch **Ersatzansprüche gegen Dritte vermindern den Anspruch gegen den Gesamtgutsverwalter nicht**; es kommt nicht darauf an, ob der Anspruch gegen den Dritten einbringlich ist (anders MünchKomm/KANZLEITER Rn 11; BGB-RGRK/FINKE Rn 7, wonach sich ein Nachteil für das Gesamtgut wegen der Unwirksamkeit des Rechtsgeschäfts nur ergibt, wenn die Rückabwicklung nicht möglich ist; wie hier NK-BGB/VÖLKER Rn 12; ERMAN/HEINEMANN Rn 4). Der Rückgewähranspruch kann jederzeit geltend gemacht werden, und zwar (vgl § 1428 BGB) von jedem der Ehegatten. Der Ersatzanspruch nach § 1435 BGB ist dagegen erst nach Beendigung der Gütergemeinschaft zu erfüllen (s Rn 15). Bis dahin gehört es zur ordnungsmäßigen Verwaltung des Gesamtguts, den Anspruch gegen den Dritten geltend zu machen. Erfüllt dieser, entfällt insoweit die Minderung des Gesamtguts; der **Verwalter wird frei**.

11 Der Anspruch auf Ersatz von Verlusten aus Rechtsgeschäften, die der Verwalter ohne die erforderliche Zustimmung vorgenommen hat, setzt **kein Verschulden** voraus (hM, offen gelassen von BGHZ 48, 369, 372).

12 c) Andere Verluste als solche aufgrund zustimmungsloser Rechtsgeschäfte (Rn 10) sind vom Verwalter dann zu ersetzen, wenn er sie **verschuldet** hat. Es gilt der Verschuldensmaßstab des § 1359 BGB (OLG Stuttgart FamRZ 2009, 974); s auch § 277 BGB. Für das Verschulden ist die einzelne verlustbringende Handlung maßgebend, nicht die unsorgfältige Verwaltung insgesamt. Auch die Frage der **Minderung** des Gesamtguts ist nicht nach dem Ergebnis der gesamten Verwaltung zu beantworten, sondern nach dem Erfolg der einzelnen Maßnahme (s oben Rn 9). Zu den Sorgfaltsanforderungen im Allgemeinen s schon oben Rn 3. Eine Ersatzpflicht *entsprechend* § 1435 S 3 BGB kommt in Betracht bei schuldhafter Minderung des Gesamtguts durch Verletzung der Mitwirkungspflicht aus § 1451 BGB, etwa durch Nichterfüllung der Mitarbeitspflicht (BGH FamRZ 1986, 42: Mitarbeit kann aber in Folge der Trennung unzumutbar sein; BGHZ 111, 248 = NJW 1990, 2252 = FamRZ 1990, 851; s auch § 1451 Rn 14).

13 Auch hier (s oben Rn 10) mindern im Zusammenhang mit dem Verhalten des Gesamtgutsverwalters entstandene **Ersatzansprüche gegen Dritte** die Ersatzpflicht des Verwalters nicht. Gesamtgutsverwalter und Dritter sind, wenn nicht die besonderen Voraussetzungen vornehmlich des § 255 BGB vorliegen, regelmäßig Gesamtschuldner. Deshalb kommt es nicht darauf an, ob der Anspruch gegen den Dritten realisierbar ist oder nicht; der Verwalter haftet nicht nur subsidiär (aM Gernhuber/Coester-Waltjen § 38 Rn 58–60; Bamberger/Roth/Mayer Rn 5; BGB-RGRK/Finke § 1435 Rn 7; Soergel/Gaul/Althammer § 1435 Rn 11; wie hier Erman/Heinemann Rn 4; Palandt/Brudermüller Rn 4; NK-BGB/Völker Rn 12; MünchKomm/Kanzleiter Rn 12). Ob der Gesamtgutsverwalter von der Ersatzpflicht frei wird, wenn der Dritte den Ersatz *leistet,* wie Heinemann und Kanzleiter annehmen, hängt davon ab, ob und inwieweit dieser im Innenverhältnis nach § 426 Abs 1 und 2 BGB Regress nehmen kann. Nur im Falle des § 255 BGB wird der Verwalter stets frei, wenn der Dritte leistet und den Verlust dadurch ausgleicht.

14 2. Der **Inhalt des Ersatzanspruchs** richtet sich nach der Art des Verlustes, den das Gesamtgut erlitten hat. Art und Weise sowie Umfang der Ersatzleistung bestimmen sich nach den §§ 249 ff BGB.

15 3. Die **Geltendmachung** des Ersatzanspruchs ist in § 1435 BGB nicht geregelt. Aus § 1446 Abs 1 BGB ergibt sich aber, dass der Gesamtgutsverwalter den **Ersatz erst nach Beendigung des Güterstandes** zu leisten hat. Der Ersatzanspruch wird dem Gesamtgut hinzugerechnet und dann auf den Anteil des Verwalters am Überschuss angerechnet, § 1476 Abs 2 S 1 BGB. Soweit die Ersatzleistung nicht auf diese Weise erfolgt, bleibt der Verwalter dem anderen Ehegatten verpflichtet, § 1476 Abs 2 S 2

BGB. Das zeigt, dass der Pflicht zur Leistung von Ersatz zum Gesamtgut ein Anspruch des nicht verwaltenden Ehegatten gegen den Gesamtgutsverwalter zugrunde liegt (s auch Mot IV 380). Dieser Anspruch kann schon vor der Beendigung des Güterstandes durch Arrest gesichert werden (§ 119 Abs 2 FamFG; ERMAN/HEINEMANN Rn 4; MünchKomm/KANZLEITER Rn 13).

VI. Andere Folgen der Verletzung einer Verwaltungspflicht

Der nicht verwaltende Ehegatte kann, wenn seine Rechte für die Zukunft dadurch **16** erheblich gefährdet werden können, dass der andere Ehegatte sein Recht zur Verwaltung des Gesamtguts missbraucht, auf **Aufhebung der Gütergemeinschaft** antragen (§ 1447 Nr 1 BGB). Ein Recht auf Sicherheitsleistung steht dem nicht verwaltenden Ehegatten dagegen nicht zu.

VII. Entsprechende Anwendung

§ 1435 BGB ist ganz auf den Gesamtgutsverwalter ausgerichtet. Die Vorschrift ist **17** aber insoweit auf die **Verwaltung** des Gesamtguts **durch den anderen Ehegatten** entsprechend anwendbar, als dieser ausnahmsweise **zur Verwaltung berechtigt** ist und **von seinem Recht auch Gebrauch macht.** Zur Anwendung auf den **Betreuer** s § 1436 Rn 4. § 1435 S 1 BGB regelt das Wie der Verwaltung, nicht aber begründet er das Recht und die Pflicht zur Verwaltung. Daher kann S 1 (analog) auch nicht die Rechtspflicht des anderen Ehegatten entnommen werden, in die Gesamtgutsverwaltung jedenfalls dann einzugreifen, wenn er dazu nach Maßgabe der §§ 1428 ff BGB berechtigt ist. *Wenn* er jedoch von seinem Verwaltungsrecht Gebrauch macht, muss er nach dem Sinn und Zweck des § 1435 S 2 BGB den Gesamtgutsverwalter unterrichten und ihm auf Verlangen Auskunft erteilen. Der andere Ehegatte muss auch entsprechend S 3 für die schuldhafte Herbeiführung von Verlusten des Gesamtguts in Ausführung einer ihm an sich gestatteten Gesamtgutsverwaltung haften (SOERGEL/GAUL/ALTHAMMER Rn 14; HOPPENZ FamRZ 2005, 277; für direkte Anwendung: MünchKomm/KANZLEITER Rn 4). Zur Haftung bei schuldhafter **Verweigerung der Mitwirkung** bei der Verwaltung des Gesamtguts s Rn 12; § 1451 Rn 14.

Für sonstige Minderungen des Gesamtguts durch den nicht verwaltenden Ehegatten **18** gilt § 1435 S 3 BGB dagegen nicht. Seine Haftung setzt daher insbesondere den vollen Tatbestand einer unerlaubten Handlung voraus.

VIII. Abweichende Vereinbarungen

Durch Ehevertrag können die **Pflichten** zur ordnungsgemäßen Verwaltung, zur Un- **19** terrichtung und Auskunftserteilung sowie zum Ersatz von Verlusten **verschärft werden.** So kann sich der Verwalter etwa zur regelmäßigen Auskunftserteilung verpflichten oder die Haftung für leichte Fahrlässigkeit übernehmen.

In den Grenzen des § 138 BGB können die in § 1435 BGB genannten Pflichten **20** grundsätzlich auch **vermindert** oder völlig **abbedungen** werden. Die Haftung für Vorsatz kann gemäß § 276 Abs 2 BGB nicht ausgeschlossen werden. Entsprechend ist eine Vereinbarung, nach der die Verwaltung „nach freiem Belieben" geführt werden darf, jedenfalls dahin einzugrenzen, dass sie nicht zu vorsätzlichen rechtswidrigen Schädigungen ermächtigt. Sie berechtigt nach der unabdingbaren Wertung des § 1447 Nr 1 BGB auch nicht zu einem Missbrauch des Verwaltungsrechts. Dagegen ist die Haltung für grobe Fahrlässigkeit des Verwalters ausschließbar. Auch die Auskunftspflicht kann dem Verwalter erlassen werden (anders ERMAN/HEINEMANN Rn 6; SOERGEL/GAUL/ALTHAMMER Rn 2; BUSCHENDORF, Die Grenzen der Vertragsfreiheit im Ehevermögensrecht [1987] 219 f). Darin liegt kein Wertungswiderspruch zu der bei § 1379 BGB (s STAUDINGER/THIELE [2017] § 1379 Rn 28) vertretenen abweichenden Auffassung, weil die Auskunft im gesetzlichen Güterstand unerlässlich für die Berechnung des Zugewinnausgleichs ist (für die Abdingbarkeit der Auskunftspflicht auch MünchKomm/KANZLEITER Rn 14; PALANDT/BRUDERMÜLLER Rn 1; BAMBERGER/ROTH/MAYER Rn 6; wohl auch BGB-RGRK/FINKE Rn 14).

§ 1436
Verwalter unter Vormundschaft oder Betreuung

Steht der Ehegatte, der das Gesamtgut verwaltet, unter Vormundschaft oder fällt die Verwaltung des Gesamtguts in den Aufgabenkreis seines Betreuers, so hat ihn der Vormund oder Betreuer in den Rechten und Pflichten zu vertreten, die sich aus der Verwaltung des Gesamtgutes ergeben. Dies gilt auch dann, wenn der andere Ehegatte zum Vormund oder Betreuer bestellt ist.

Materialien: Zu § 1457 aF: E I § 1370; II § 1335 rev § 1442; III § 1440; Mot IV 393; Prot IV 259 f, 272. Zu § 1436: E I § 1457; II § 1457; III § 1436; BT-Drucks 1/3802, 65; BT-Drucks 2/3409, 27; BT-Drucks 11/4528, 106. Vgl STAUDINGER/BGB-Synopse 1896–2005 § 1436.

Systematische Übersicht

I. Allgemeines

1 Wird für den **verwaltungsberechtigten Ehegatten ein Betreuer bestellt mit entsprechendem Aufgabenkreis**, so erlischt sein Recht zur Verwaltung des Gesamtguts (§ 1422 BGB) nicht. Auf den anderen Ehegatten geht das Verwaltungsrecht nur unter den besonderen Voraussetzungen des § 1429 BGB über. Im Übrigen werden die aus der Verwaltung des Gesamtguts sich ergebenden Rechte und Pflichten gemäß § 1436 S 1 BGB vom **Betreuer** des Verwalters wahrgenommen (vgl Mot IV 393, 363 f). Der betreute Ehegatte kann daneben handlungsfähig bleiben. Der andere Ehegatte kann Antrag auf Aufhebung der Gütergemeinschaft stellen (§ 1447 Nr 4 BGB). Zulässig ist die **ehevertragliche Vereinbarung**, für die Dauer der Minderjährigkeit oder mit der Anordnung der Betreuung solle der andere Ehegatte das Gesamtgut verwalten.

II. Vormundschaft

Entsprechendes galt für die **Vormundschaft** über Minderjährige (§§ 1773 ff BGB), **2** falls gemäß § 1303 aF ein Minderjähriger die Ehe geschlossen hatte und zum Gesamtgutsverwalter bestellt worden war. Nach der am 22. 7. 2017 in Kraft getretenen Neufassung von § 1303 BGB durch das Gesetz zur Bekämpfung von Kinderehen (BGBl I 2017, 2429) kommt dies künftig regelmäßig nicht mehr in Betracht (zu verbleibenden Einzelfällen s Art 13 Abs 3 Nr 2 EGBGB; Art 229 § 44 EGBGB). Der Vormundschaft gleichgestellt ist die **Pflegschaft** (§§ 1909, 1911, 1915 Abs 1 BGB; vgl Mot IV 228).

III. Vertretung durch den Vormund oder Betreuer

Der Vormund oder Betreuer hat den unter Vormundschaft stehenden oder betreu- **3** ten Ehegatten **in den Rechten und Pflichten zu vertreten**, die sich aus der Verwaltung des Gesamtguts ergeben. Er ist zum Besitz, zur Verfügung und zur Führung von Rechtsstreitigkeiten befugt (§ 1422 BGB). Er führt die Verwaltung im Namen des Gesamtgutsverwalters. In den Fällen der §§ 1423, 1424 BGB ist er an die Zustimmung des anderen Ehegatten gebunden. In den Fällen der §§ 1821, 1822 BGB benötigt er außerdem die Genehmigung des Familien- bzw Betreuungsgerichts. Zu Schenkungen aus dem Gesamtgut ist der Vormund auch mit Zustimmung des anderen Ehegatten nicht berechtigt, sofern es sich nicht um Pflicht- oder Anstandsschenkungen handelt (§ 1804 BGB; § 1425 BGB ist hier also gegenstandslos; vgl RGZ 91, 40). Unter den Voraussetzungen des § 1426 BGB kann der Vormund oder Betreuer die Ersetzung der Zustimmung beantragen. § 1429 BGB ist auf die Verwaltung beider nicht anwendbar (§ 1429 Rn 2). Vormund und Betreuer entscheiden, ob sie dem anderen Ehegatten die erforderliche Einwilligung zur Vornahme von Rechtsgeschäften oder Führung von Rechtsstreitigkeiten sowie zum selbständigen Betrieb eines Erwerbsgeschäfts erteilen wollen. Da durch Rechtsgeschäfte des nicht verwaltenden Ehegatten, die durch Einwilligung des Vormunds oder Betreuers des Verwalters gedeckt sind, das Vermögen des Verwaltenden verhaftet wird (§§ 1437 Abs 2 S 1, 1438 Abs 1 BGB), ist – von den in § 1432 BGB bestimmten Ausnahmen abgesehen – deren Einwilligung genehmigungsbedürftig, soweit sie (entsprechend §§ 1821, 1822, 1902, 1908i BGB) für das Vermögen des Betroffenen mittelbar Folgen haben kann (zB die Einwilligung zur Aufnahme von Geld auf den Kredit des nicht verwaltenden Ehegatten). Verweigern sie ohne ausreichenden Grund die erforderliche Zustimmung zu einem Rechtsgeschäft, das zur ordnungsmäßigen Besorgung der persönlichen Angelegenheiten des anderen Ehegatten erforderlich ist, so kann die Zustimmung auf Antrag durch das Familiengericht ersetzt werden (§ 1430 BGB).

Für die Führung der Verwaltung gelten die §§ 1793 ff BGB (vgl KG HRR 1933 Nr 203). **4** Der **Vormund ist ebenso wie der Betreuer** dem Mündel oder Betreuten nach §§ 1833, 1908i dem anderen Ehegatten nach § 1435 BGB **verantwortlich** (wie hier BAMBERGER/

Burkhard Thiele

ROTH/MAYER Rn 1; NK-BGB/VÖLKER Rn 3; anders SOERGEL/GAUL/ALTHAMMER Rn 4; Münch-
Komm/KANZLEITER Rn 3: nach § 1435 hafte der vom Vormund vertretene Gesamtgutsverwalter).
Der Ersatzanspruch nach § 1833 BGB kann schon während der Vormundschaft
(§ 1843 Abs 2 BGB) und während der Gütergemeinschaft gerichtlich geltend gemacht werden.

IV. Der nicht verwaltende Ehegatte als Vormund oder Betreuer (S 2)

5 Zum Vormund oder Betreuer des Gesamtgutsverwalters **kann auch der andere Ehegatte bestellt werden**. Gemäß § 1436 S 2 BGB gilt dann ebenfalls § 1436 S 1 BGB:
Der andere Ehegatte hat im Namen des Gesamtgutsverwalters dessen Verwaltungsrecht für ihn auszuüben. Im Übrigen behält er die Rolle des nicht verwaltenden
Ehegatten. In den Fällen der §§ 1423, 1424 BGB ist daher seine Zustimmung ebenfalls erforderlich. Der zum Vormund oder Betreuer bestellte andere Ehegatte ist
berechtigt, die erforderliche Zustimmung sich selbst zu erteilen, so etwa die Zustimmung des Gesamtgutsverwalters zur Vornahme von Rechtsgeschäften oder zur
Führung von Rechtsstreitigkeiten sowie zum selbständigen Betrieb eines Erwerbsgeschäfts (hM, so schon zu §§ 1395, 1409 aF: Mot IV 287 f; KG KGJ 22 A 142; RJA 4, 76
und KGJ 27 A 166) und die Zustimmung des nicht verwaltenden Ehegatten in den
Fällen der §§ 1423–1425 (so FUCHS SeuffBl 75, 417). § 1436 BGB **durchbricht** also trotz
des Interessenwiderstreits das in **§ 181 BGB** niedergelegte Verbot des Selbstkontrahierens. Das findet seine Rechtfertigung darin, dass die §§ 1423–1425 BGB gerade
den Schutz des jetzt verwaltenden Ehegatten bezwecken. In der Vornahme des
Rechtsgeschäfts ist regelmäßig die Erteilung der Zustimmung enthalten (aM ER-
MAN/HEINEMANN Rn 1; KGJ 22 A 142: erforderlich ist eine besondere ausdrücklich oder in kon-
kludenter Weise abgegebene Erklärung über seine Einwilligung). Der Vormund oder Betreuer
ist verpflichtet, ein Verzeichnis des Gesamtguts dem Familien- bzw Betreuungsgericht einzureichen (§ 1802 BGB) und ihm über die Verwaltung des Gesamtguts
Auskunft zu erteilen (§ 1839) sowie periodisch Rechnung zu legen (§ 1840 BGB;
so mit Recht FUCHS SeuffBl 75, 416).

6 Die Haftung des zum Vormund oder Betreuer bestellten Ehegatten bemisst sich
nach §§ 1833, 1908i BGB nicht nach § 1435 BGB. Die Haftungsmilderung nach
§ 1359 BGB kommt ihm insoweit nicht zugute.

V. Geschäftsunfähigkeit und beschränkte Geschäftsfähigkeit oder Betreuung
des nicht verwaltenden Ehegatten

7 Durch die Geschäftsunfähigkeit, beschränkte Geschäftsfähigkeit oder Betreuung
des Ehegatten, der das Gesamtgut nicht verwaltet, wird das Recht des anderen
Ehegatten auf Verwaltung des Gesamtguts nicht berührt. Die gemäß §§ 1423–1426
BGB erforderliche Einwilligung des nicht verwaltenden Ehegatten ist in diesem
Falle von seinem gesetzlichen Vertreter zu erteilen. Ist der Verwalter zum Vormund
oder Betreuer des anderen Ehegatten bestellt worden (vgl §§ 1778 Abs 3, 1897
BGB), so kann er die erforderliche Zustimmung sich selbst gegenüber allerdings
nicht erteilen; hierzu wäre gemäß §§ 1795 Abs 2, 1908i, 181, 1909 BGB die Bestel-
lung des Pflegers erforderlich. Dagegen steht kein Hindernis entgegen, dass der
Verwalter die erforderliche Zustimmung gemäß § 182 Abs 1 BGB dem anderen
Teile gegenüber erklärt (so mit überzeugender Begründung FUCHS SeuffBl 75, 340 ff; ebenso

BGB-RGRK/Finke Rn 6; **aM** Rohde ZBlFG 11, 155 ff). Einer Schenkung aus dem Gesamtgut kann der Vormund nach § 1804 BGB nicht zustimmen; der § 1425 BGB ist hier also gegenstandslos (RGZ 91, 40). Auf die vom Vormund oder Betreuer erteilte Genehmigung einer Auflassung findet § 1829 BGB, nicht § 1831 BGB Anwendung (KG HRR 1933 Nr 203 zu § 1487).

VI. Abweichende Vereinbarungen

Die betreuungs- und vormundschaftsrechtlichen Gehalte des § 1436 BGB sind auch **8** ehevertraglichen Abänderungen nicht zugänglich. Im Ehevertrag kann jedoch vorgesehen werden, dass die **Verwaltung des Gesamtguts dem anderen Ehegatten zustehen solle**, wenn und solange der Ehegatte, der das Gesamtgut verwaltet (oder es verwalten soll) unter Betreuung, Vormundschaft oder Pflegschaft steht (hM, vgl auch § 1458 BGB).

Vorbemerkungen zu §§ 1437–1440

Systematische Übersicht

I. Übersicht

Die §§ 1437–1444 BGB behandeln die **Schuldenhaftung** in der Gütergemeinschaft **1** bei Verwaltung des Gesamtgutes durch den Mann oder die Frau. Die §§ 1437–1440 BGB ordnen das Verhältnis der Ehegatten zu den Gläubigern, und zwar enthält § 1437 BGB den Grundsatz, die §§ 1438 bis 1440 BGB die Ausnahmefälle. Die §§ 1441–1444 BGB behandeln das Verhältnis der Ehegatten zueinander.

II. Die Rechtsentwicklung

Die **früheren Rechte**, die auf dem Boden der allgemeinen Gütergemeinschaft stan- **2** den, unterschieden bei der Schuldenhaftung zwischen den vorehelichen und den eigentlichen Eheschulden (vgl Mot IV 346 ff). Für die vorehelichen Schulden der beiden Ehegatten ließen die meisten Rechte das Gesamtgut haften („die dem Manne trauet, die trauet der Schuld"), so etwa das PrALR Teil II Titel 1 § 391. Auch Schulden, die während der Ehe oder während der Gütergemeinschaft entstanden, fielen nach den meisten Rechten dem Gesamtgut zur Last, so auch nach PrALR Teil II Titel 1 §§ 380, 384, 389, 390.

3 Das BGB regelte die Schuldenhaftung der Ehegatten gegenüber den Gläubigern früher in den §§ 1459–1462 aF. In der Übergangszeit vom 1. 4. 1953 bis 30. 6. 1958 haftete Art 3 Abs 2 GG zufolge das Gesamtgut für alle Schulden beider Ehegatten. Die sich aus §§ 1460 bis 1462 aF ergebenden Einschränkungen entfielen. Außerdem hafteten beide Ehegatten persönlich als Gesamtschuldner.

4 Das **GleichberG** hat die frühere Regelung ohne sachliche Änderungen in die §§ 1437 bis 1440 BGB übernommen. Abweichend von den §§ 1461, 1462 aF erwähnen die entsprechenden §§ 1439, 1440 nF auch das Sondergut. Dieser Unterschied beruht auf einem gesetzestechnischen Grund: Früher verwies § 1439 S 2 aF hinsichtlich des Sonderguts auf die bei der Errungenschaftsgemeinschaft für das eingebrachte Gut geltenden Vorschriften, also insbesondere auf den § 1530 Abs 1 aF; diese Verweisung musste das GleichberG ersetzen, weil es die Errungenschaftsgemeinschaft nicht mehr regelt.

III. Das System der Gesamtgutshaftung

5 Das Gesamtgut ist nicht als Rechtssubjekt konzipiert. Es kann deshalb auch nicht Haftungssubjekt sein. Die Gütergemeinschaft tritt auch nicht im Rechtsverkehr als Einheit auf. Das Gesetz entwickelt deshalb ein eigenartiges Haftungssystem, das an die Verbindlichkeiten der isoliert betrachteten Ehegatten anknüpft, die allein Haftungssubjekte sein können. Danach setzt jede Gesamtgutshaftung voraus, dass mindestens ein Ehegatte Schuldner ist. Ob dem Gläubiger dieses Ehegatten nur dessen Vorbehalts- und Sondergut oder auch das Gesamtgut haftet, bestimmt das Gesetz. Dass die gesetzliche Regelung der §§ 1437 ff BGB durch Vertrag mit dem Gläubiger im Einzelfall dahin modifiziert werden kann, dass diesem nur das Gesamtgut oder nur das Vorbehalts- und Sondergut haften solle, steht nicht im Widerspruch dazu. Auch die sog *„reinen Gesamtgutsverbindlichkeiten"* gehen auf die Schuld eines oder beider Ehegatten zurück. So ist der Gesamtgutsverwalter, der ein Verpflichtungsgeschäft mit der Maßgabe abgeschlossen hat, dass er „nicht persönlich" oder dass „nur das Gesamtgut" hafte, dennoch selbst („persönlich") Schuldner. Nur der Zugriff des Gläubigers ist auf das Gesamtgut beschränkt.

6 Das gesetzliche Haftungskonzept ist jedoch nicht rein darstellbar und auch im Gesetz selbst nicht konsequent durchgeführt. So sind die Gesamtgutsverbindlichkeiten aus § 1434 BGB und aus § 1445 Abs 2 BGB nicht oder nicht notwendig an die Verbindlichkeit eines Ehegatten angelehnt. Hier ordnet *das Gesetz* eine primäre reine Gesamtgutshaftung an, die als Gesamthandsverbindlichkeit der Ehegatten zu begreifen ist.

IV. Grundzüge des Haftungsschemas

7 **1.** Das Gesetz unterscheidet die **Haftung des Gesamtgutes** (§§ 1437 Abs 1, 1438–1440 BGB) und die **persönliche Haftung** jedes Ehegatten mit seinem Sonder- und Vorbehaltsgut für eigene Schulden. Eine besondere Regelung, für die es zu Lasten des nicht verwaltenden Ehegatten keine Entsprechung gibt, trifft § 1437 Abs 2 BGB

(**akzessorische persönliche Haftung** des Verwalters für Verbindlichkeiten des nicht verwaltenden Ehegatten). Die Haftung der einzelnen Gütermassen hängt davon ab, ob die Verbindlichkeit in der Person des verwaltenden Ehegatten oder in der Person des anderen Ehegatten entsteht; ferner ist entscheidend, ob die Verbindlichkeit vor oder nach Eintritt der Gütergemeinschaft entsteht. Danach ergibt sich folgendes **Haftungsschema**:

2. Das Gesamtgut haftet

a) für alle Verbindlichkeiten des verwaltenden Ehegatten; **8**

b) für die Verbindlichkeiten des nicht verwaltenden Ehegatten

(1) aus der Zeit vor Eintritt der Gütergemeinschaft unbeschränkt,

(2) aus der Zeit nach Eintritt der Gütergemeinschaft mit Ausnahme der in §§ 1438–1440 BGB genannten Verbindlichkeiten;

c) für alle Verbindlichkeiten aus gemeinschaftlichen Rechtsgeschäften der Ehegatten (s § 1437 Rn 7–9).

3. Das Sonder- und Vorbehaltsgut des verwaltenden Ehegatten haftet

a) für dessen eigene Verbindlichkeiten;

b) für die Verbindlichkeiten des nicht verwaltenden Ehegatten, sofern für sie das Gesamtgut haftet (2 b) mit der Einschränkung des § 1437 Abs 2 S 2 BGB.

4. Das **Sonder- und Vorbehaltsgut des nicht verwaltenden Ehegatten** haftet nur für dessen eigene Verbindlichkeiten.

5. Die Haftung des Gesamtgutes ist danach durchweg von zusätzlicher persönlicher Haftung begleitet (Ausnahmen oben zu Rn 5 f). Der Gläubiger des nicht verwaltenden Ehegatten ist am stärksten gesichert: Er hat die Möglichkeit des Zugriffs auf fünf Vermögensmassen (Gesamtgut und Sondergüter beider Ehegatten).

V. Zwecke der Haftungsverteilung

Dass neben dem Gesamtgut grundsätzlich auch das Vermögen des Verwalters den **9** Gläubigern beider Ehegatten zur Befriedigung zugänglich gemacht ist, hat seinen Grund in der Machtvollkommenheit des Einzelverwalters. Würde das Vorbehaltsgut (und Sondergut, soweit pfändbar) des Verwalters zur Erfüllung seiner Verbindlichkeiten nicht bereitgestellt, wäre für ihn der Anreiz gegeben, Gesamtgut in sein Vorbehaltsgut zu überführen und dadurch sowohl seine Gläubiger als auch den anderen Ehegatten zu schädigen (Mot IV 367 f; Prot V 282). Die gesamtschuldnerische Mithaftung des Verwalters gemäß § 1437 Abs 2 BGB soll ihn warnen, dass die Ausschöpfung des Gesamtgutes für eigene Belange des Verwalters den Zugriff wegen unberücksichtigt gelassener Verbindlichkeiten des anderen Ehegatten auf sein eigenes Sondervermögen lenkt. Neben den Möglichkeiten, die dem anderen

Ehegatten bei eigennützigem Wirtschaften des Verwalters gemäß §§ 1435 S 3, 1447 BGB gegeben sind, ist diese Haftungsregelung rechtspolitisch bedenklich (s auch DÖLLE I 932 Fn 28).

VI. Besonderheiten der Zwangsvollstreckung aufgrund von Gesamtgutsverbindlichkeiten

10 Die im E I zum BGB enthaltenen Vorschriften über die Zwangsvollstreckung in das Gesamtgut wurden von der II. Komm in die ZPO verwiesen (vgl E I § 1360; Mot IV 368 ff; Prot IV 135 Anm 1, 263; VI 706 ff; DzZPO 109 ff). Die einschlägigen §§ 740–745 haben durch das GleichberG Art 2 Nr 4 Änderungen erfahren, um sie an das eheliche Güterrecht anzupassen. Für die Zwangsvollstreckung in das Sondergut und das Vorbehaltsgut gelten keine Besonderheiten. Die Zwangsvollstreckung für oder gegen das Gesamtgut hingegen erfordert besondere Vorschriften.

11 Nach § 740 Abs 1 ZPO ist, wenn die Ehegatten in Gütergemeinschaft leben und einer von ihnen das Gesamtgut allein verwaltet, **zur Zwangsvollstreckung in das Gesamtgut ein Urteil gegen den Verwalter erforderlich und genügend**. Diese Bestimmung ergibt sich daraus, dass das Gesamtgut sich gemäß § 1422 BGB ausschließlich in der Hand und unter der Verfügungsgewalt des Gesamtgutsverwalters befindet (Mot IV 368). Das Anteilsrecht des anderen Ehegatten, das an sich gemäß § 771 ZPO zur Widerspruchsklage berechtigen würde, wird also durch § 740 ZPO beiseite geschoben.

12 In dem Urteil braucht der Verwalter nur mit seinem Namen als Partei bezeichnet zu sein. Es ist nicht erforderlich, dass sich aus ihm das Bestehen der Gütergemeinschaft ergibt. Der verwaltende Ehegatte braucht auch nicht als Verwalter oder Vertreter des Gesamtguts gekennzeichnet zu sein (KG HRR 1932 Nr 1984 unter Aufgabe seiner früheren Rspr). Dem Vollstreckungsorgan sind jedoch die **Voraussetzungen des § 740 ZPO nachzuweisen** (LG Frankenthal Rpfleger 1975, 371).

13 Zur Vollstreckung in das Gesamtgut ist die **Verurteilung** des verwaltenden Ehegatten **zur Leistung** erforderlich. Dementsprechend muss auch der **Klagantrag** lauten. Wegen der einzigen Ausnahme Erwerbsgeschäft des nicht verwaltenden Ehegatten, § 741 ZPO s unten Rn 16. Den Leistungstiteln stehen die in § 794 ZPO genannten Schuldtitel gleich (§ 795 ZPO), insbesondere gerichtliche Vergleiche (aM KG OLGE 24, 10), vom Verwalter ausgestellte vollstreckbare Urkunden (KG KGJ 32 A 273 = RJA 7, 215) und Kostenfestsetzungsbeschlüsse (OLG Posen SeuffA 62 Nr 196). Dagegen **reicht ein Urteil** gegen den Verwalter auf **Duldung der Zwangsvollstreckung nicht** aus (anders RG JW 1909, 321; RG SeuffA 65 A Nr 16; PALANDT/BRUDERMÜLLER § 1437 Rn 8; **wie hier** jetzt auch MünchKomm/KANZLEITER § 1437 Rn 13; BAMBERGER/ROTH/MAYER § 1437 Rn 7; RAUSCHER Rn 463; SOERGEL/GAUL/ALTHAMMER § 1437 Rn 8; NK-BGB/VÖLKER § 1416 Rn 19).

14 Auch zum Gesamtgut gehörende **Grundstücke** unterliegen, obwohl das Verfügungsrecht des Gesamtgutsverwalters insoweit beschränkt ist (§ 1424 BGB) der Zwangsvollstreckung aufgrund eines gegen ihn gerichteten vollstreckbaren Titels (Mot IV 368; vgl hierzu auch RGZ 69, 181; BGHZ 48, 369, 372). § 740 Abs 1 ZPO ist insbesondere anwendbar, wenn der Gesamtgutsverwalter allein zur Auflassung verurteilt ist, da die Fiktion des § 894 ZPO nicht Urteilswirkung, sondern Zwangsvollstreckung darstellt (KG OLGE 9, 113).

Ein gegen den verwaltenden Ehegatten ergangenes Urteil ist zur Zwangsvollstre- **15** ckung in das Gesamtgut **auch dann** erforderlich, **wenn der andere Ehegatte** gemäß §§ 1428, 1429 BGB **zur Führung des Rechtsstreits** mit Wirkung gegen das Gesamtgut **befugt war** und im eigenen Namen prozessiert hat (hM). Die Vorschrift gilt ferner, wenn der andere Ehegatte einen Prozess **mit Zustimmung** des Gesamtgutsverwalters geführt (und verloren) hat (RGZ 56, 75; s auch RGZ 148, 247). Sie gilt weiter in den Fällen des § 1433 BGB; hier erleichtert jedoch § 742 ZPO die Erlangung einer vollstreckbaren Ausfertigung gegen den Gesamtgutsverwalter (s dazu Vorbem 6 zu §§ 1459–1462).

Eine **Ausnahme** von dem Grundsatz des § 740 gilt nach **§ 741 ZPO**: Wenn der nicht **16** verwaltende Ehegatte selbständig ein **Erwerbsgeschäft** betreibt, so ist zur Zwangsvollstreckung in das Gesamtgut ein gegen ihn ergangenes Urteil genügend, es sei denn, dass zur Zeit des Eintritts der Rechtshängigkeit der Einspruch des verwaltenden Ehegatten gegen den Betrieb des Erwerbsgeschäfts oder der Widerruf seiner Einwilligung zu dem Betrieb im Güterrechtsregister eingetragen war. Findet hiernach die Zwangsvollstreckung in das Gesamtgut statt, so kann der verwaltende Ehegatte gemäß § 774 ZPO nach Maßgabe des § 771 ZPO Widerspruch erheben, wenn das gegen den anderen Ehegatten ergangene Urteil in Ansehung des Gesamtgutes ihm gegenüber unwirksam ist (s auch § 1431 Rn 29). Die Vorschrift des § 741 ZPO gilt formell für alle Verbindlichkeiten des nicht verwaltenden Ehegatten ohne Rücksicht darauf, ob sie mit dem Betrieb des Erwerbsgeschäfts zusammenhängen oder nicht (BayObLG FamRZ 1983, 1129; MEIKEL SeuffBl 67, 232); der nicht verwaltende Ehegatte kann aber die Einwendung, materiellrechtlich liege keine Gesamtgutsverbindlichkeit vor, im Wege der Widerspruchsklage (§ 774 ZPO) geltend machen (BAUR FamRZ 1958, 258). Der Besitz des Gesamtgutsverwalters an Gesamtgutssachen hindert angesichts des § 739 ZPO die Vollstreckung nicht. Zur Vollstreckung in Rechte, die im Grundbuch nur auf den Namen des verwaltungsberechtigten Ehegatten eingetragen sind, ist die vorherige Berichtigung des Grundbuchs notwendig.

Wird aus einem lediglich **gegen den nicht verwaltenden Ehegatten ergangenen Urteil** **17** die Zwangsvollstreckung in das Gesamtgut betrieben, so kann der Gesamtgutsverwalter sein Recht am Gesamtgut gemäß § 771 ZPO geltend machen. Dagegen kann der Gläubiger seinerseits einwenden, dass die zu vollstreckende Schuld eine Gesamtgutsverbindlichkeit sei. Zum Einwand der materiellen Haftung des Widerspruchsklägers s BETTERMANN, in: FS F Weber (1975) 96 ff; STEIN/JONAS/MÜNZBERG § 771 Rn 58; BGH LM Nr 2 zu § 771 ZPO. Einwendungen nach § 766 ZPO können beide Ehegatten wegen § 739 ZPO nicht mehr auf ihren Besitz oder Gewahrsam gründen.

Über die **Zwangsvollstreckung** in das Gesamtgut und über die Erteilung einer in **18** Ansehung des Gesamtguts vollstreckbaren Urteilsausfertigung **nach der Beendigung der Gütergemeinschaft** s §§ 743, 744, 794 Abs 2 ZPO. Über die Zwangsvollstreckung in das Gesamtgut der fortgesetzten Gütergemeinschaft s § 745 ZPO. Der **Anteil** eines Ehegatten **am Gesamtgut** und an den einzelnen dazu gehörenden Gegenständen ist während der bestehenden Gütergemeinschaft der Pfändung nicht unterworfen (§ 860 ZPO, s § 1419 Rn 26). Über die Zwangsvollstreckung in das *Sondergut* eines Ehegatten s § 1417 Rn 23; über die Zwangsvollstreckung in das *Vorbehaltsgut* eines Ehegatten § 1418 Rn 58.

VII. Insolvenzverfahren

19   Die Eröffnung des Insolvenzverfahrens über das Vermögen des verwaltenden oder des nicht verwaltenden Ehegatten **beendigt die Gütergemeinschaft nicht** und berechtigt den anderen Ehegatten grundsätzlich auch nicht Antrag auf Aufhebung der Gütergemeinschaft zu stellen (Mot IV 398; Prot IV 227 ff).

20   Gemäß § 37 Abs 1 S 1 InsO gehört, wenn **über das Vermögen** des **Gesamtgutsverwalters das Insolvenzverfahren eröffnet** wird, das Gesamtgut zur Insolvenzmasse; eine Auseinandersetzung wegen des Gesamtguts zwischen den Ehegatten findet nicht statt. Für die Anwendung des § 84 InsO ist daher kein Raum. Diese Regelung beruht (ähnlich wie § 740 ZPO) auf der beherrschenden Stellung des Gesamtgutsverwalters nach außen und auf der gleichstufigen Haftung seines Eigenvermögens und des Gesamtguts.

21   Durch das **Insolvenzverfahren über das Vermögen des nicht verwaltenden Ehegatten** wird das Gesamtgut nicht berührt (§ 37 Abs 1 S 3 InsO; vgl Mot IV 373). Der Gesamtgutsverwalter kann demnach das ganze Gesamtgut aussondern (§§ 47 f InsO, § 1422 BGB). Das gilt auch für den Fall, dass der nicht verwaltende Ehegatte ein Erwerbsgeschäft betreibt (BGH FamRZ 2006, 1030 Rn 5 mwNw). § 37 Abs 1 S 3 InsO enthält insoweit keine Ausnahme. Der Anteil des nicht verwaltenden Ehegatten am Gesamtgut und an den einzelnen dazu gehörenden Gegenständen ist der Pfändung nicht unterworfen (§ 860 Abs 1 ZPO) und kann daher nach § 36 InsO auch nicht zur Insolvenzmasse gezogen werden. Ebensowenig kann das ganze Gesamtgut in die Insolvenzmasse fallen, weil es nicht allen Gläubigern des nicht verwaltenden Ehegatten haftet, die Insolvenzmasse nach § 38 InsO aber zur gemeinschaftlichen Befriedigung aller persönlichen Verbindlichkeiten dient. Die Gläubiger des nicht verwaltungsberechtigten Ehegatten können aber die Einzelzwangsvollstreckung in das Gesamtgut betreiben, denn der verwaltende Ehegatte als Gesamtschuldner (§ 1437 Abs 2 S 1 BGB) haftet ihnen mit dem Gesamtgut. Insoweit sind die Gläubiger des anderen Ehegatten nicht Insolvenzgläubiger, sodass § 89 InsO sie nicht hindert.

22   Dass **in der Insolvenz** über das Vermögen des verwaltungsberechtigten Ehegatten der Insolvenzverwalter den **Verwaltungsbeschränkungen** der §§ 1423–1425 BGB nicht unterliegt, ist selbstverständlich, da jene Beschränkung auch der Pfändung von Seiten der Gläubiger des verwaltenden Ehegatten nicht entgegenstehen (Mot IV 372).

§ 1437
Gesamtgutsverbindlichkeiten; persönliche Haftung

(1) Aus dem Gesamtgut können die Gläubiger des Ehegatten, der das Gesamtgut verwaltet, und, soweit sich aus den §§ 1438 bis 1440 nichts anderes ergibt, auch die Gläubiger des anderen Ehegatten Befriedigung verlangen (Gesamtgutsverbindlichkeiten).

(2) Der Ehegatte, der das Gesamtgut verwaltet, haftet für die Verbindlichkeiten des anderen Ehegatten, die Gesamtgutsverbindlichkeiten sind, auch persönlich als Gesamtschuldner. Die Haftung erlischt mit der Beendigung der Gütergemeinschaft, wenn die Verbindlichkeiten im Verhältnis der Ehegatten zueinander dem anderen Ehegatten zur Last fallen.

Materialien: Zu § 1459 aF: E I § 1358; II § 1356 rev § 1444; III § 1442; Mot IV 364 ff; Prot IV 261 f, 281; D 694. Zu § 1437: E I § 1459; II § 1456; III § 1437; BT-Drucks 1/3802, 65; BT-Drucks 2/3409, 27. Vgl STAUDINGER/BGB-Synopse 1896–2005 § 1437.

Systematische Übersicht

I. Grundsätze der Haftung

§ 1437 BGB enthält für die Gütergemeinschaft mit Einzelverwaltung **zwei zentrale** **1** **Grundsätze** der Schuldenhaftung gegenüber den Gläubigern.

1. Gesamtgutshaftung

Für sämtliche Verbindlichkeiten des verwaltenden Ehegatten und – von den Aus- **2** nahmen der §§ 1438–1440 BGB abgesehen – auch **für sämtliche Verbindlichkeiten des nicht verwaltenden Ehegatten haftet das Gesamtgut.** Dieser Grundsatz beruht auf zwei Erwägungen: Zunächst gehört das Gesamtgut beiden Ehegatten in der Art gemeinschaftlich, dass ihre Anteile während der Dauer der Gemeinschaft nicht hervortreten und als selbständige Vermögensrechte nicht geltend gemacht werden können; zum anderen darf die Gütergemeinschaft nicht dahin führen, das gemeinschaftliche Vermögen dem Zugriff der Gläubiger des einen oder anderen Ehegatten zu entziehen. Dies entspricht dem Grundgedanken der Gütergemeinschaft, dass das gemeinschaftliche Vermögen die Funktion des Vermögens sowohl für den einen als auch für den anderen Ehegatten hat und die eheliche Wirtschaft auf gemeinsamen Gedeih und Verderb geführt wird (Mot IV 364).

2. Persönliche Haftung des Gesamtgutsverwalters

3 Der verwaltende Ehegatte haftet persönlich für die Gesamtgutsverbindlichkeiten des nicht verwaltenden Ehegatten (Abs 2). Nicht aber trifft umgekehrt den nicht verwaltenden Ehegatten eine Haftung für die Gesamtgutsverbindlichkeiten des Verwalters. Aus der ehelichen Gemeinschaft kann eine über das Gesamtgut hinausgehende Haftung des einen Ehegatten für die Schulden des anderen nicht abgeleitet werden. Eine persönliche Haftung des nicht verwaltenden Ehegatten für die Schulden des Gesamtgutsverwalters findet auch sonst keine Gründe. Die innere Rechtfertigung dafür, die Haftung des nicht verwaltenden Ehegatten für die Schulden des anderen Ehegatten auf das Gesamtgut zu beschränken, liegt in dem weitgreifenden Verfügungsrecht des Gesamtgutsverwalters und in der passiven Stellung des nicht verwaltenden Ehegatten; seine beschränkte Haftung für die Verbindlichkeiten des Verwalters bindet den durch die Billigkeit geforderten Ausgleich für die ungleiche Berechtigung der Ehegatten.

4 Anders wird die Interessenlage des verwaltungsberechtigten Ehegatten beurteilt. Die persönliche Haftung des Verwalters für die Gesamtgutsverbindlichkeiten des nicht verwaltenden Ehegatten kann für jenen zwar unter Umständen zu Härten führen. Entscheidend fällt jedoch ins Gewicht, dass dem Gesamtgutsverwalter das fast unbeschränkte Verfügungsrecht über das Gesamtgut zusteht; kraft dessen könnte er Gesamtgut in sein Sonder- oder Vorbehaltsgut verwenden und es damit dem Vollstreckungszugriff der Gläubiger entziehen oder auch zum Nachteil des anderen Ehegatten seine eigenen Schulden aus dem Gesamtgut bezahlen und die Schulden des anderen Ehegatten unbezahlt lassen (Mot IV 367 f). Im Hinblick darauf, dass die persönliche Haftung des verwaltenden Ehegatten für die Gesamtgutsverbindlichkeiten lediglich in der Gütergemeinschaft ihren Grund hat, beschloss die II. Komm die aus § 1437 Abs 2 S 2 BGB ersichtliche zeitliche Begrenzung (Prot IV 281 f; vgl Mot IV 417 f).

II. Gesamtgutsverbindlichkeiten

1. Begriff

5 Den Begriff der Gesamtgutsverbindlichkeit prägt § 1437 Abs 1 BGB. Der Ausdruck „Gesamtgutsverbindlichkeiten" leistet der unrichtigen Auffassung Vorschub, als gebe es Verbindlichkeiten, deren Schuldner das (personifizierte) Gesamtgut selbst sei. In Wahrheit **sind** auch bei der Gütergemeinschaft **nur der Mann oder die Frau oder beide Ehegatten Schuldner.** Gesamtgutsverbindlichkeiten nennt das Gesetz diejenigen Verbindlichkeiten, für welche der Gläubiger Befriedigung aus dem Gesamtvermögen verlangen kann. Das Gesamtgut haftet dann ohne Rücksicht darauf, ob sich der Gläubiger ebenso gut aus dem Sonder- oder Vorbehaltsgut des Ehegatten befriedigen könnte. Soweit eine Verbindlichkeit des verwaltenden oder des nicht verwaltenden oder beider Ehegatten nicht Gesamtgutsverbindlichkeit ist, kann der Gläubiger während des Bestehens der Gütergemeinschaft lediglich aus etwaigen Sondergütern oder Vorbehaltsgütern der Ehegatten (§§ 1417, 1418 BGB) Befriedigung verlangen.

2. Verbindlichkeiten des Gesamtgutsverwalters

Gesamtgutsverbindlichkeiten sind **alle Verbindlichkeiten** des Ehegatten, der das **6** Gesamtgut verwaltet, gleichviel ob sie vor oder nach dem Eintritt der Gütergemeinschaft – nicht allerdings nach deren Beendigung (§ 1475 Rn 3; BGH FamRZ 1986, 41; BayObLG FamRZ 1989, 1119) – entstanden sind, ob sie sich auf das Gesamtgut oder auf sein Sondergut oder Vorbehaltsgut beziehen und ob sie auf Rechtsgeschäft oder auf Gesetz (zB auf einer unerlaubten Handlung) beruhen.

3. Verbindlichkeiten des anderen Ehegatten

Gesamtgutsverbindlichkeiten sind ferner diejenigen **Verbindlichkeiten** des nicht ver- **7** waltenden Ehegatten, die **vor dem Eintritt der Gütergemeinschaft entstanden** sind. Dagegen gelten für Verbindlichkeiten, die **nach diesem Zeitpunkt** entstanden sind, gewisse **Ausnahmen**. Für sie war der Gedanke maßgebend, für solche Verbindlichkeiten der Frau, für die beim früheren gesetzlichen Güterstand ihr eingebrachtes Gut nicht haftete, dürfe bei der Gütergemeinschaft auch das Gesamtgut nicht haften (Mot IV 373). Zunächst enthält § 1438 Abs 1 BGB die wichtige Einschränkung, dass die aus einem während der Gütergemeinschaft vorgenommenen **Rechtsgeschäft** entstandenen Verbindlichkeiten des nicht verwaltenden Ehegatten lediglich dann Gesamtgutsverbindlichkeiten sind, wenn der Gesamtgutsverwalter dem Rechtsgeschäft **zustimmt** oder wenn das Rechtsgeschäft **ohne seine Zustimmung** für das Gesamtgut **wirksam** ist. Sodann bestimmen die §§ 1439 und 1440 BGB weitere Ausnahmen für gewisse Verbindlichkeiten, die mit dem Sonder- oder Vorbehaltsgut des nicht verwaltenden Ehegatten zusammenhängen.

Von diesen Ausnahmen abgesehen, sind alle Verbindlichkeiten des nicht verwalten- **8** den Ehegatten Gesamtgutsverbindlichkeiten. Dies gilt insbesondere auch für Verbindlichkeiten ex lege, also aus **unerlaubter Handlung** (ein in der II. Komm gefasster gegenteiliger Beschluss wurde später wieder aufgehoben, s Mot IV 263, 282), ferner für auf Gesetz beruhende **Unterhaltsverbindlichkeiten** (Mot IV 375 f; OLG Darmstadt OLGE 1, 164; OLG Hamburg OLGE 6, 421), für die Verpflichtung zur **Rückgewähr** aufgrund des Anfechtungsgesetzes (RG Gruchot 48, 1017).

4. Verbindlichkeiten beider Ehegatten

Die Ehegatten können auch **gemeinschaftliche Verbindlichkeiten** begründen. Ob sie **9** für eine solche Verbindlichkeit als **Teil- oder Gesamtschuldner** haften, bestimmt sich nach den allgemeinen Grundsätzen der §§ 420 ff BGB (s insbes § 427 BGB). Ob die Verbindlichkeit des einzelnen Ehegatten eine *Gesamtgutsverbindlichkeit* bildet, ist dann nach den oben (Rn 5 ff) aufgeführten Gesichtspunkten zu entscheiden.

5. Beweislast

Da auch die Verbindlichkeiten des Ehegatten, der das Gesamtgut nicht verwaltet, in **10** der Regel Gesamtgutsverbindlichkeiten sind (s § 1437 Abs 1 BGB), obliegt der Beweis, dass eine Verbindlichkeit nicht Gesamtgutsverbindlichkeit ist, demjenigen, der dies behauptet. Eine Ausnahme gilt nur für § 1438 Abs 1 BGB: Dass der Verwalter zu dem Rechtsgeschäft seine Zustimmung erteilt hat oder dass das Rechtsgeschäft ohne seine Zustimmung für das Gesamtgut wirksam ist, hat derjenige zu beweisen, der das Vorliegen einer Gesamtgutsverbindlichkeit behauptet.

III. Persönliche Haftung der Ehegatten

1. Begriff

11 Der Begriff der „persönlichen Haftung", den § 1437 Abs 2 S 1 BGB einführt, bedeutet Haftung mit dem Sonder- und Vorbehaltsgut des Ehegatten. Die Vollstreckung in das Sondergut wird jedoch zumeist an § 851 Abs 1 ZPO scheitern.

2. Haftung des Gesamtgutsverwalters

12 **a)** Der Ehegatte, der das Gesamtgut verwaltet, haftet persönlich selbstverständlich für die **in seiner Person entstandenen Verbindlichkeiten**. Außerdem haftet er gemäß § 1437 Abs 2 S 1 BGB aber auch für die **Verbindlichkeiten des anderen Ehegatten, die Gesamtgutsverbindlichkeiten sind** (vgl §§ 1437 Abs 1, 1438–1440 BGB), persönlich als Gesamtschuldner. Der Gläubiger des nicht verwaltenden Ehegatten kann also nicht nur aus dem Gesamtgut oder aus dem etwaigen Sonder- und Vorbehaltsgut des nicht verwaltenden Ehegatten Befriedigung verlangen, sondern auch aus dem etwa vorhandenen Sonder- oder Vorbehaltsgut des Gesamtgutsverwalters. Dies gilt nicht nur für Geldansprüche, sondern auch für Ansprüche auf Herausgabe individuell bestimmter Sachen (RG JW 1904, 176 Nr 20). Mit dem Klageantrag auf „Zahlung aus dem Gesamtgut" wird nur die Haftung des Gesamtgutsverwalters mit dem Gesamtgut geltend gemacht, nicht aber seine persönliche Haftung (RG SeuffA 65 Nr 16 S 35 f).

13 **b)** Der verwaltungsberechtigte Ehegatte ist im Falle des § 1437 Abs 1 BGB neben dem anderen Ehegatten **Gesamtschuldner**. Solange dem nicht verwaltenden Ehegatten das Recht zusteht, das seiner Verbindlichkeit zugrunde liegende Rechtsgeschäft **anzufechten**, oder solange sich der Gläubiger durch **Aufrechnung** gegen eine fällige, zum Sondergut oder Vorbehaltsgut des nicht verwaltenden Ehegatten gehörende Forderung befriedigen kann, steht dem Gesamtgutsverwalter analog § 770 BGB eine dilatorische Einrede zu (GERNHUBER/COESTER-WALTJEN § 38 Rn 78 Fn 108; BAMBERGER/ROTH/MAYER Rn 5; NK-BGB/VÖLKER Rn 10). Hinsichtlich der Wirkung eines gegen den nicht verwaltenden Ehegatten ergangenen rechtskräftigen Urteils (§ 425 Abs 2 BGB) für und gegen den Verwalter s § 1422 Rn 49 ff. Die **Ausgleichung** unter den Ehegatten richtet sich nach §§ 1441–1444 BGB.

14 **c)** Die **persönliche Haftung** des verwaltungsberechtigten Ehegatten ist **zeitlich unbegrenzt, wenn** die Verbindlichkeit des anderen Ehegatten auch im Verhältnis der Ehegatten zueinander **dem Gesamtgut zur Last fällt**. Fällt die Verbindlichkeit hingegen im Verhältnis der Ehegatten zueinander **dem anderen Ehegatten zur Last** (s §§ 1441–1444 BGB), so **erlischt die Haftung** gemäß § 1437 Abs 2 S 2 BGB **mit der Beendigung der Gütergemeinschaft** (nicht erst mit der Auseinandersetzung). Es kommt nicht darauf an, ob die Gütergemeinschaft aufgrund einer Aufhebungsentscheidung (§§ 1447–1449 BGB) oder aus einem anderen Grunde endigt. Die Beendigung kann auch auf einem Ehevertrag beruhen, den der Gesamtgutsverwalter in der Absicht geschlossen hat, sich von der Haftung für eine Verbindlichkeit des

anderen Ehegatten zu befreien (OLG Hamburg OLGE 30, 49; hM). Der Ehevertrag unterliegt nicht der Anfechtung innerhalb oder außerhalb des Insolvenzverfahrens (s auch PLANCK/UNZNER § 1459 III Anm 7). Ferner kommt die Beendigung durch Tod des nicht verwaltenden Ehegatten in Betracht, wenn die Gütergemeinschaft gemäß § 1483 BGB fortgesetzt wird. Die persönliche Haftung des Gesamtgutsverwalters erlischt selbst dann, wenn gegen ihn bereits ein vollstreckbarer Titel vorliegt; das Erlöschen seiner Haftung hat der verwaltende Ehegatte dann nach § 767 ZPO geltend zu machen. Auf die Befreiung des Verwalters von der persönlichen Haftung findet **§ 1412 BGB keine Anwendung.** § 1449 Abs 2 BGB ist insoweit einschränkend auszulegen (vgl § 1449 Rn 7).

3. Haftung des anderen Ehegatten

Eine persönliche Haftung des Ehegatten, der das Gesamtgut nicht verwaltet, für die **15** Verbindlichkeiten des verwaltenden Ehegatten ist im Gesetz nicht vorgesehen (arg §§ 1437 Abs 2 S 1, 1480 BGB; so BayObLGZ 27, 316 und 335; 28, 291, 305 und 738), und zwar auch nicht für den Fall, dass die Verbindlichkeit des Verwalters im Verhältnis der Ehegatten zueinander dem Gesamtgut zur Last fällt. Für die in seiner Person entstehenden Verbindlichkeiten haftet der nicht verwaltende Ehegatte nach allgemeinen Grundsätzen mit seinem etwaigen Sonder- oder Vorbehaltsgut.

4. Beweislast

Die Beweislast dafür, dass eine Verbindlichkeit des anderen Ehegatten Gesamtguts- **16** verbindlichkeit ist, folgt den oben Rn 10 angeführten Regeln. Behauptet der Gesamtgutsverwalter, dass seine Haftung gemäß § 1437 Abs 2 S 2 BGB erloschen sei, so hat er zu beweisen, dass die Gütergemeinschaft beendet ist und dass die Verbindlichkeit im Verhältnis der Ehegatten zueinander nicht dem Gesamtgut zur Last fällt.

IV. Abweichende Vereinbarungen

Vereinbarungen der Ehegatten, die deren Haftung gegenüber den Gläubigern ge- **17** genüber den Vorschriften der §§ 1437–1440 BGB einschränken, sind nichtig. Zum Schutze der Gläubiger haben diese Bestimmungen **zwingenden Charakter.** Über die Zulässigkeit vertragsmäßiger Abweichungen von den das Verhältnis unter den Ehegatten regelnden Vorschriften der §§ 1441–1444 BGB s § 1441 Rn 17.

V. Abweichende Vereinbarungen mit dem Gläubiger

Nicht ausgeschlossen ist, durch Vereinbarung mit den Gläubigern die gesetzliche **18** Regelung über die Schuldenhaftung abzuändern. So kann abweichend von dem Grundsatz, dass alle persönlichen Schulden des Gesamtgutsverwalters und alle nicht unter §§ 1438–1440 BGB fallenden persönlichen Schulden des nicht verwaltenden Ehegatten Gesamtgutsverbindlichkeiten sind, die Haftung des Gesamtguts ausgeschlossen werden. Ebenso kann umgekehrt durch Vereinbarung mit den Gläubigern die Haftung auf das Gesamtgut beschränkt, dh die persönliche Haftung der Ehegatten mit ihrem Sonder- und Vorbehaltsgut ausgeschlossen werden. Über den Ausschluss der Haftung des Gesamtgutsverwalters bei Erteilung der Zustimmung zu einem einzelnen Rechtsgeschäft des nicht verwaltenden Ehegatten oder zum selbständigen Betrieb eines Erwerbsgeschäfts s § 1438 Rn 9.

§ 1438
Haftung des Gesamtguts

(1) Das Gesamtgut haftet für eine Verbindlichkeit aus einem Rechtsgeschäft, das während der Gütergemeinschaft vorgenommen wird, nur dann, wenn der Ehegatte, der das Gesamtgut verwaltet, das Rechtsgeschäft vornimmt oder wenn er ihm zustimmt oder wenn das Rechtsgeschäft ohne seine Zustimmung für das Gesamtgut wirksam ist.

(2) Für die Kosten eines Rechtsstreits haftet das Gesamtgut auch dann, wenn das Urteil dem Gesamtgut gegenüber nicht wirksam ist.

Materialien: Zu § 1460 aF: E I § 1362 Nr 1; II § 1357 rev § 1445; III § 1443; Mot IV 373 ff; Prot IV 264; VI 277, 393. Zu § 1438: E I § 1460; II § 1460; III § 1438; BT-Drucks 1/3802, 65; BT-Drucks 2/3409, 27. Vgl STAUDINGER/BGB-Synopse 1896–2005 § 1438.

Systematische Übersicht

I.   Rechtsentwicklung

1 § 1438 BGB entspricht sachlich § 1460 aF. Die Vorschrift ist der geänderten Ausgangslage lediglich angepasst worden; es geht nicht mehr um Mann und Frau, sondern um den verwaltenden und den nicht verwaltenden Ehegatten.

II.   Zweck der Vorschrift

2 § 1438 Abs 1 BGB enthält die erste **Ausnahme** von dem Grundsatz, dass die *während* der Gütergemeinschaft entstandenen Verbindlichkeiten Gesamtgutsverbindlichkeiten sind (über weitere Ausnahmen s §§ 1439, 1440 BGB). Die Vorschrift bezweckt, die Rechte des verwaltenden Ehegatten in Ansehung des Gesamtguts gegen die ihm aus der Geschäfts- und Prozessfähigkeit des anderen Ehegatten drohenden Gefahren zu schützen (Mot IV 373). Das Gesamtgut soll ohne den Willen des Gesamtgutsverwalters nicht mit rechtsgeschäftlichen Schulden des von der Verwaltung ausgeschlossenen Ehegatten belastet werden.

Für die Kosten eines Rechtsstreits hält § 1438 Abs 2 BGB den Grundsatz aufrecht, **3** weil die Haftung des Gesamtguts für sie durch die Analogie mit den aus unerlaubter Handlung entstandenen Verbindlichkeiten und durch die billige Rücksicht auf den Prozessgegner geboten sei (Prot IV 264, 205 f; anders noch E I § 1362, dazu Mot IV 373 f).

III. Rechtsgeschäftliche Verbindlichkeiten

§ 1438 Abs 1 betrifft die **Verbindlichkeit aus einem Rechtsgeschäft**, das **während der** **4** **Gütergemeinschaft vorgenommen** worden ist. Ob sich das Rechtsgeschäft auf das Gesamtgut bezieht oder nicht, ist für die Anwendbarkeit des § 1438 Abs 1 BGB ohne Belang (RG Recht 1925, 103). Auch die Haftung des *Vertreters ohne Vertretungs-macht* aus § 179 BGB gründet sich auf das betreffende Rechtsgeschäft (wie hier BAM-BERGER/ROTH/MAYER Rn 3; NK-BGB/VÖLKER Rn 4; **aM** LESSER Recht 1918, 920 ff; GREISER JW 1933, 1818). Ähnlich wie nach § 179 Abs 3 S 2 BGB haftet das Gesamtgut nur dann, wenn der Verwalter dem Vertreterhandeln des anderen Ehegatten zugestimmt hat. Die persönliche Haftung dieses anderen Ehegatten bleibt hiervon unberührt. Eben-so gehören hierher Ansprüche gegen einen Ehegatten aus *positiver Forderungsver-letzung* (§§ 241 Abs 2, 280 BGB), auch soweit sie auf Schutzpflichtverletzungen beruhen. Maßgebend ist hier nicht der Zeitpunkt der Verletzungshandlung, sondern der des Abschlusses des Rechtsgeschäfts. Die Haftung aus *culpa in contrahendo* (§§ 311 Abs 2 u 3, 280 BGB) beruht auf einem „gesetzlichen" Schuldverhältnis. Gleichwohl wird § 1438 Abs 1 BGB auch hier (entsprechend) anzuwenden sein, das Gesamtgut also für ein Verhalten des nicht verwaltenden Ehegatten nur dann haften, wenn der Verwalter der Aufnahme des geschäftlichen Kontakts zugestimmt hat (wie hier BAMBERGER/ROTH/MAYER Rn 3; NK-BGB/VÖLKER Rn 4; **aM** MünchKomm/KANZ-LEITER Rn 2). Ist ein Ehegatte wegen einer rechtsgeschäftlichen Verbindlichkeit *ver-urteilt* worden und wirkt das Urteil nicht ohnehin gegen das Gesamtgut (zB gemäß § 1433 BGB), so richtet sich die Gesamtgutshaftung ausschließlich nach der Haftung für die dem Urteil zugrundeliegende Verbindlichkeit. Das Urteil begründet keine selbständige Gesamtgutshaftung (s auch Prot VI 277 f). Die Verbindlichkeit aus einem Gebot und *Zuschlag* bei der Zwangsversteigerung (§ 817 ZPO, §§ 79 ff ZVG) ist wie eine entsprechende Kaufpreisschuld zu beurteilen (Prot VI 278). § 1438 Abs 1 BGB gilt auch für eine Vereinbarung, durch die eine vor Eintritt der Gütergemein-schaft begründete Verbindlichkeit erweitert wird, etwa für eine Zinsfußerhöhung, ein Vertragsstrafenversprechen oder eine Stundung (PLANCK/UNZNER § 1460 Anm 5).

Das Gesamtgut haftet für die Verbindlichkeit aus einem **Rechtsgeschäft, das der** **5** **Gesamtgutsverwalter während der Gütergemeinschaft vorgenommen hat.** Das folgt schon aus § 1437 Abs 1 BGB und ist in § 1438 Abs 1 BGB nur aus redaktionellen Rücksichten noch einmal betont worden. Auch sonst ergibt sich die Haftung des Gesamtguts für Verbindlichkeiten des Verwalters allein aus § 1437 Abs 1 BGB.

Das Gesamtgut **haftet** ferner, wenn der **nicht verwaltungsberechtigte Ehegatte** wäh- **6** rend der Gütergemeinschaft **ein Rechtsgeschäft vornimmt und der verwaltungsberech-tigte Ehegatte** dem Rechtsgeschäft **zustimmt.** Über den Begriff der Zustimmung s §§ 183, 184 BGB, zur Einwilligung s § 1423 Rn 8 sowie STAUDINGER/THIELE (2017) § 1365 Rn 69 ff. Zur Genehmigung s § 1427 Rn 5 ff und STAUDINGER/THIELE (2017) § 1366 Rn 7 ff. Der Erteilung der Zustimmung durch den Gesamtgutsverwalter steht ihre Ersetzung durch das Familiengericht gleich, § 1430 BGB. Über die Zustimmung unter gleichzeitiger Haftungsbeschränkung s unten Rn 9. Für Verbindlichkeiten aus Rechtsgeschäften, die vor Eintritt der Gütergemeinschaft abgeschlossen wurden, haftet das Gesamtgut dagegen stets (§ 1437 Abs 1 BGB).

7 Das Gesamtgut haftet ferner, wenn der **nicht verwaltungsberechtigte Ehegatte das Rechtsgeschäft** ohne Zustimmung des verwaltungsberechtigten Ehegatten **vornimmt**, das Rechtsgeschäft aber **für das Gesamtgut wirksam** ist. Die Wirksamkeit gegenüber dem Gesamtgut ergibt sich aus den §§ 1429, 1431, 1432, 1434, 1357 BGB. Der Fall des § 1432 BGB zählt nur insoweit hierher, als das Geschäft sich auf das Gesamtgut bezieht; im Übrigen gilt § 1439 BGB.

IV. Beweislast

8 **Der Beweis**, dass die Voraussetzungen des § 1438 Abs 1 BGB vorliegen, obliegt dem Gläubiger, der das Gesamtgut als Haftungsgegenstand in Anspruch nimmt (s § 1437 Rn 10, 16).

V. Ausschluss und Beschränkung der Gesamtgutshaftung

9 Der Ehegatte, der das Rechtsgeschäft abschließt, kann mit dem Geschäftspartner vereinbaren, dass diesem das Gesamtgut, abweichend von den §§ 1937, 1938 BGB, nicht oder nicht im vollen Umfange haften solle oder dass die Haftung auf das Gesamtgut beschränkt sein solle (s dazu § 1437 Rn 18). Dagegen kann der Verwalter seine Zustimmung nicht mit der Maßgabe erteilen, dass das Gesamtgut nicht haften solle (für die Möglichkeit einer solchen bedingten Zustimmung aber MünchKomm/KANZLEITER Rn 4; PALANDT/BRUDERMÜLLER Rn 1; SOERGEL/GAUL/ALTHAMMER Rn 4). Eine Zustimmung unter Ausschluss der Gesamtgutshaftung ist keine Zustimmung iS des § 1438 Abs 1 BGB. Sie könnte auch die angelehnte persönliche Haftung des Verwalters gemäß § 1437 Abs 2 BGB nicht isoliert begründen. Eine Zustimmung unter Beschränkung des Umfangs der Gesamtgutshaftung hat keine Drittwirkung, es sei denn, sie bezöge sich auf einen Teil des Rechtsgeschäfts und dieses wäre teilbar. Der Verwalter kann die Gesamtgutshaftung aber dadurch beschränken, dass er eine **entsprechende Vereinbarung** mit dem Dritten trifft (so wohl auch ERMAN/HEINEMANN Rn 1).

VI. Haftung für die Kosten eines Rechtsstreits

10 Die **Kosten eines Rechtsstreits sind** nach § 1438 Abs 2 BGB **stets Gesamtgutsverbindlichkeit** ohne Rücksicht darauf, ob der verwaltungsberechtigte oder der andere Ehegatte den Rechtsstreit führt, ob der Ehegatte Kläger oder Beklagter war, ob der Rechtsstreit sich gegen den anderen Ehegatten oder gegen einen Dritten richtet (vgl OLG München OLGE 21, 231) und ob das Urteil dem Gesamtgut gegenüber wirksam ist (vgl §§ 1428, 1429, 1431 BGB).

11 **Als Kosten eines Rechtsstreits** kommen nur die **Gerichtskosten** und die **dem Gegner zu erstattenden Kosten** in Betracht; für die Kosten, die der Ehegatte seinem Anwalt oder Gerichtsvollzieher aufgrund von Rechtsgeschäften schuldet, ist dagegen § 1438 Abs 1 BGB maßgebend (so OLG Hamburg OLGE 24, 36; Prot IV 264, 205 iVm Mot IV 252 und hM; **aM**

KG OLGE 21, 223). Die in § 1438 Abs 2 BGB vorgesehene Erweiterung der Haftung des Gesamtgutes ist nur für die unmittelbaren Prozesskosten gerechtfertigt.

Als **Rechtsstreit** sind Verfahren vor Gerichten aller Art, auch dem Verwaltungsge- **12** richt und der Verwaltungsbehörde anzusehen, wobei jede Art von Rechtsverfolgung die Voraussetzung erfüllt (zB Klage, Widerklage, Mahnverfahren, Arrest, einstweilige Verfügung, Widerspruch gegen einen Verwaltungsakt). Auch auf die Kosten eines Privatklageverfahrens ist § 1438 Abs 2 BGB anwendbar. Die Kosten, die dem Ehegatten als Privatkläger erwachsen, gehören ebenso hierher wie die Kosten, die den Ehegatten als Privatbeklagten treffen. Sie sind dabei Verbindlichkeiten aus einem gegen ihn gerichteten Strafverfahren iS des § 1441 Nr 1 BGB.

Die **Prozesskostenvorschusspflicht** eines Ehegatten gegenüber dem anderen regelt **13** nunmehr für alle Güterstände einheitlich § 1360a Abs 4 BGB. Für die Vorschussverbindlichkeit haftet das Gesamtgut. Die Vorschusspflicht erlischt mit Auflösung der Ehe, selbst wenn das Gesamtgut noch nicht auseinandergesetzt ist.

VII. Abweichende Vereinbarungen

Auch durch **Ehevertrag** können die Regelungen des § 1438 BGB **nicht** zu Lasten **14** Dritter **aufgehoben oder eingeschränkt werden**. Eine **Erweiterung** der Gesamtgutshaftung ist dagegen grundsätzlich möglich.

§ 1439
Keine Haftung bei Erwerb einer Erbschaft

Das Gesamtgut haftet nicht für Verbindlichkeiten, die durch den Erwerb einer Erbschaft entstehen, wenn der Ehegatte, der Erbe ist, das Gesamtgut nicht verwaltet und die Erbschaft während der Gütergemeinschaft als Vorbehaltsgut oder als Sondergut erwirbt; das Gleiche gilt beim Erwerb eines Vermächtnisses.

Materialien: Zu § 1461 aF: E I § 1362 Nr 2; II § 1358 rev § 1446; III § 1444; Mot IV 373; Prot IV 264. Zu § 1439: E I § 1461; II § 1431; III § 1439; BT-Drucks 1/3802, 65; BT-Drucks 2/224, 52 f; Drucks BT 2/3409, 27 f. Vgl STAUDINGER/ BGB-Synopse 1896–2005 § 1439.

Systematische Übersicht

I. Rechtsentwicklung und Zweck der Vorschrift

1 § 1439 BGB entspricht § 1461 aF. Die Neufassung hat die frühere Regelung in der Sache nicht verändert.

2 § 1439 BGB enthält die **zweite Ausnahme** von dem Grundsatz, dass auch die während der Gütergemeinschaft entstandenen Verbindlichkeiten regelmäßig Gesamtgutsverbindlichkeiten sind. Im Anschluss an § 1418 Abs 2 Nr 2 BGB und § 1417 Abs 2 BGB bestimmt § 1439 BGB, dass für Verbindlichkeiten des nicht verwaltenden Ehegatten aus dem Erwerb einer Erbschaft oder eines Vermächtnisses, der ihm während der Gütergemeinschaft als Vorbehaltsgut oder als Sondergut anfällt, das Gesamtgut nicht haftet. Die Vorschrift beruht auf der Erwägung, dass ein solcher Erwerb von Todes wegen nicht in das Gesamtgut fällt und dass es daher nur billig ist, das Gesamtgut auch von der Haftung für die damit verbundenen Passiven zu entlasten (Mot IV 373, 253).

II. Erbschaft oder Vermächtnis in das Vorbehaltsgut

3 Erwirbt der **nicht verwaltende Ehegatte** eine **Erbschaft** oder ein **Vermächtnis zu seinem Vorbehaltsgut**, haftet das Gesamtgut nicht für die dadurch entstandenen Verbindlichkeiten. Der Erbe oder Vermächtnisnehmer erwirbt als **Vorbehaltsgut**, wenn der Erblasser dies durch letztwillige Verfügung bestimmt hat, § 1418 Abs 2 Nr 2 BGB, oder wenn die Ehegatten dies zuvor ehevertraglich vereinbart halten, § 1418 Abs 2 Nr 1 BGB. Ist der Erwerb zunächst in das Gesamtgut gefallen und erst dann in das Vorbehaltsgut übertragen worden, gilt § 1439 BGB nicht (s schon Mot IV 373, 253).

4 Ein Erwerb als **Pflichtteil** wird nicht erfasst, weil er nicht mit einer Schuldenhaftung verknüpft ist. Für einen Erwerb **unter Lebenden** gilt § 1439 BGB nicht. Hier sind die §§ 1437 Abs 1, 1438 Abs 1 BGB anzuwenden.

5 Der Erwerb der Erbschaft oder des Vermächtnisses muss **während der Gütergemeinschaft** erfolgen. Für Verbindlichkeiten des nicht verwaltungsberechtigten Ehegatten aus einem derartigen, *vor* Eintritt des Güterstandes gemachten Erwerb haftet das Gesamtgut gemäß § 1437 Abs 1 BGB.

III. Erwerb in das Sondergut

6 Als **Sondergut erwirbt** der Ehegatte nur solche Gegenstände, die durch Rechtsgeschäft **nicht übertragen werden** können, § 1417 Abs 2 BGB. Hierher gehört etwa der Fall, dass der nicht verwaltende Ehegatte nur **Vorerbe** ist (s dazu § 1417 Rn 10; str) oder dass wesentlicher Nachlassgegenstand oder Objekt des Vermächtnisses der **Anteil an einer Personengesellschaft** ist (vgl § 1417 Rn 5). Befinden sich im Nachlass nur einzelne unübertragbare Gegenstände, ist § 1439 BGB nicht anwendbar (so auch Bamberger/Roth/Mayer Rn 2; NK-BGB/Völker Rn 3; aA MünchKomm/Kanzleiter Rn 4). Eine wertanteilige Kürzung der Gesamtgutshaftung lässt sich jedenfalls im Hinblick auf die Nachlassverbindlichkeiten nicht begründen, wohl aber für die Erbschaftssteuern. Auch der Erwerb in das Sondergut muss **während der Gütergemeinschaft** gemacht worden sein, um die Gesamtgutshaftung auszuschließen.

IV. Rechtsfolge: keine Gesamtgutshaftung

§ 1439 BGB schließt die Haftung des Gesamtguts für solche **Verbindlichkeiten** des   **7**
nicht verwaltenden Ehegatten aus, die **durch den Erwerb einer Erbschaft oder eines
Vermächtnisses entstehen**. Hierzu gehören bei Erwerb einer Erbschaft in erster Linie
die eigentlichen Nachlassverbindlichkeiten (§§ 1967 ff BGB), die Herausgabepflicht
des Vorerben (§ 2130 BGB), ferner Erbschaftssteuern, Vermächtnisse (§ 2147
BGB), Auflagen (§ 2192 BGB) und die den Erben als solchen treffenden Unterhaltspflichten (§§ 1586b, 1615l Abs 3 S 5, 1615n BGB), bei Erwerb eines Vermächtnisses die Verbindlichkeit zur Leistung eines Untervermächtnisses. Verbindlichkeiten, die sich nicht als Folge des Erwerbs darstellen, sondern mit Rücksicht auf ihn
erst begründet worden sind, fallen nicht unter § 1439 BGB.

V. Erwerb als Gesamtgut

Erwirbt der nicht verwaltende Ehegatte eine Erbschaft oder ein Vermächtnis wäh-   **8**
rend der Gütergemeinschaft mangels einer entgegenstehenden Bestimmung des
Erblassers (vgl § 1418 Abs 2 Nr 2 BGB) als Gesamtgut, so sind die infolge des
Erwerbs entstehenden Verbindlichkeiten eines Ehegatten auch dann Gesamtgutsverbindlichkeiten, wenn der Erwerb ohne Zustimmung des Gesamtgutsverwalters
erfolgte (§ 1432 Abs 1 S 1 BGB; OLG Celle Recht 1900, 462 Nr 507). Werden die im
Erbwege oder durch Vermächtnis als Vorbehaltsgut erworbenen Gegenstände später durch Ehevertrag in Gesamtgut umgewandelt, so wird hierdurch die Haftung des
Gesamtguts für die in § 1439 BGB erwähnten Verbindlichkeiten nicht begründet.

VI. Erwerb des Gesamtgutsverwalters

Ist der Gesamtgutsverwalter Erbe oder Vermächtnisnehmer, so **haftet das Gesamtgut**   **9**
auch dann für die durch den Erwerb entstehenden Verbindlichkeiten, wenn der
Erwerb in sein Vorbehalts- oder Sondergut fällt. Es gilt § 1437 Abs 1 BGB, nicht
§ 1439 BGB.

VII. Abweichende Vereinbarungen

Die Ehegatten können ehevertraglich vereinbaren, dass das Gesamtgut auch für die   **10**
in § 1439 BGB bezeichneten Verbindlichkeiten haftet. Dagegen kann der Haftungsausschluss tatbestandlich nicht erweitert werden.

§ 1440
Haftung für Vorbehalts- und Sondergut

**Das Gesamtgut haftet nicht für eine Verbindlichkeit, die während der Gütergemein-
schaft infolge eines zum Vorbehaltsgut oder Sondergut gehörenden Rechts oder des
Besitzes einer dazu gehörenden Sache in der Person des Ehegatten entsteht, der das
Gesamtgut nicht verwaltet. Das Gesamtgut haftet jedoch, wenn das Recht oder die
Sache zu einem Erwerbsgeschäft gehört, das der Ehegatte mit Einwilligung des
anderen Ehegatten selbständig betreibt, oder wenn die Verbindlichkeit zu den Lasten des Sondersguts gehört, die aus den Einkünften beglichen zu werden pflegen.**

Burkhard Thiele

Materialien: Zu § 1462 aF: E I § 1362 Nr 3; II § 1359 rev § 1447; III § 1445; Mot IV 373; Prot IV 264. Zu § 1440: E I § 1462; II § 1462; III § 1440; BT-Drucks I/3802, 65; BT-Drucks 2/224, 51; BT-Drucks 2/3409, 27 f. Vgl STAUDINGER/ BGB-Synopse 1896–2005 § 1440.

Systematische Übersicht

I. Rechtsentwicklung und Grundgedanke

1 Die Vorschrift des § 1440 BGB stimmt sachlich mit § 1462 aF überein, der seinerseits dem für den Güterstand der Nutzverwaltung geltenden § 1414 aF nachgebildet war. In der Neufassung ist lediglich an die Stelle der Frau der Ehegatte getreten, der das Gesamtgut nicht verwaltet, an die Stelle des Mannes der andere Ehegatte. Außerdem hat das GleichberG den Gesetzestext sprachlich verändert. Geändert ist, dass § 1440 BGB neben dem Vorbehaltsgut auch das Sondergut erwähnt. Das BGB regelte die Haftung für Verbindlichkeiten zufolge des Sonderguts früher, indem es auf die bei der Errungenschaftsgemeinschaft für das eingebrachte Gut geltenden Vorschriften verwies. Da das GleichberG die Errungenschaftsgemeinschaft nicht mehr regelt, musste es diese Regelung in § 1440 BGB einfügen.

2 § 1440 BGB enthält die **dritte Ausnahme** von dem Grundsatz, dass auch die während der Gütergemeinschaft entstandenen Verbindlichkeiten des nicht verwaltenden Ehegatten regelmäßig Gesamtgutsverbindlichkeiten sind. Die Vorschrift behandelt die Verbindlichkeiten des nicht verwaltenden Ehegatten, die während der Gütergemeinschaft **infolge eines zum Vorbehaltsgut oder Sondergut gehörenden Rechtes oder des Besitzes einer dazugehörenden Sache** entstehen. Das Gesetz beschränkt für diese Verbindlichkeiten die Haftung des Gesamtguts, weil sie mit dem Vorbehalts- oder Sondergut untrennbar zusammenhängen (Mot IV 373, 253).

3 Von dieser Ausnahme macht Satz 2 **zwei Unterausnahmen**: Die Haftung des Gesamtguts für Verbindlichkeiten, die mit einem **Erwerbsgeschäft** zusammenhängen, entspricht der auch sonst üblichen Sonderbehandlung dieser Verbindlichkeiten (vgl § 1431 BGB; Mot IV 373, 253, 241 f). Für die **gewöhnlichen Lasten** des Sonderguts gründet sich die ausnahmsweise Haftung des Gesamtguts darauf, dass das Sondergut für Rechnung des Gesamtguts verwaltet wird (§ 1417 Abs 3 S 2 BGB) und daher die Lasten des Sonderguts auch im Verhältnis der Ehegatten zueinander das Gesamtgut treffen (§§ 1441 Nr 2, 3, 1442 S 1 BGB). Die beiden Ausnahmen des Satzes 2 entsprechen der für die interne Schuldenhaftung der Ehegatten getroffenen Regelung (vgl §§ 1441 Nr 2, 3, 1442 BGB).

II. Ausschluss der Gesamtgutshaftung

4 Die Voraussetzungen der Nichthaftung des Gesamtguts sind weit gefasst. **„Infolge"** eines zum Sonder- oder Vorbehaltsgut gehörenden Rechts oder des Besitzes einer dazu gehörenden Sache ist die Verbindlichkeit dann entstanden, wenn ein enger Zusammenhang mit dem Recht, dem Gegenstand, der Sache besteht. In Betracht kommen sowohl rechtsgeschäftliche als auch gesetzliche Verbindlichkeiten. Zu den Ersteren gehören insbesondere, wie auch die Unterausnahme der Lasten des Sondergutes zeigt, Verbindlichkeiten aus Rechtsgeschäften, die zwecks Erhaltung, Verwaltung oder Sicherung des Vorbehaltsguts sowie zur Gewinnung der Nutzungen abgeschlossen werden.

Als **weitere Beispiele** von Verbindlichkeiten iS des § 1440 BGB sind zu nennen: Die **5** Pflicht zur Bezahlung der auf dem Vorbehaltsgut ruhenden Reallasten (§ 1105 BGB) und der nach §§ 912, 916, 917 BGB zu leistenden Geldrenten sowie zur Erfüllung der Unterhaltungspflichten nach §§ 1021, 1022 BGB, die Verbindlichkeiten wegen Bereicherung des Vorbehaltsguts (§§ 812 ff, 951 BGB) sowie zur Erfüllung der auf Gegenstände des Vorbehaltsguts gerichteten dinglichen Ansprüche aller Art, ferner die für das Vorbehaltsgut zu entrichtenden Steuern und Abgaben. Auch die Verpflichtung des nicht verwaltenden Ehegatten zum Ersatze des durch ein Tier angerichteten Schadens (§§ 833, 834 BGB), des Wildschadens (§§ 29 ff BJagdG) und des durch den Einsturz eines Gebäudes oder Werkes verursachten Schadens (§§ 836–838 BGB) fällt unter § 1440 BGB, wenn das Tier, das Jagdrecht, das Gebäude oder Werk zum Vorbehaltsgut gehörte (ganz hM). Dagegen haftet für die aus der gesetzlichen Unterhaltspflicht entstehenden Verbindlichkeiten des nicht verwaltenden Ehegatten das Gesamtgut auch insoweit, als die Verpflichtung durch den Besitz von Vorbehaltsgut oder Sondergut begründet oder erweitert wird (vgl § 1604 S 2 BGB; hinsichtlich des Verhältnisses der Ehegatten zueinander s § 1441 Rn 12).

§ 1440 BGB spricht nur von solchen Verbindlichkeiten, die **während der Güterge- 6 meinschaft** entstanden sind. Für Verbindlichkeiten der in § 1440 BGB erwähnten Art, die *vor* dem Eintritt der Gütergemeinschaft entstanden sind, haftet daher gemäß § 1437 Abs 1 BGB das Gesamtgut. **Maßgebend ist die Entstehung** der einzelnen Verbindlichkeiten. Wo neben ein Stammrecht **Einzelleistungen** treten, kommt es für diese auf ihre **Fälligkeit** an. Daher haftet das Gesamtgut für die vor der Gütergemeinschaft fällig gewordenen einzelnen Leistungen, zB der Überbaurente oder der Reallast.

III. Unterausnahme: Haftung des Gesamtguts

Zum Schutze der Gläubiger, die auf die Haftung des Gesamtguts für die Verbind- **7** lichkeiten vertrauen dürfen, die der Geschäftsbetrieb eines Erwerbsgeschäfts gemäß § 1431 BGB mit sich bringt (s dazu Rn 8) und als Konsequenz der Verwaltung des Sonderguts für Rechnung des Gesamtguts (s Rn 10) haftet das Gesamtgut trotz Vorliegens der Voraussetzungen des § 1440 S 1 BGB in zwei Fällen.

Das Gesamtgut haftet, wenn das Recht oder die Sache zu einem **Erwerbsgeschäft 8** gehört, das der nicht verwaltende Ehegatte **mit Einwilligung** des anderen Ehegatten selbständig betreibt, auch wenn das Erwerbsgeschäft zu seinem Vorbehaltsgut gehört. Der Einwilligung des verwaltungsberechtigten Ehegatten steht es gleich, dass er von dem Betrieb des Erwerbsgeschäftes weiß, aber hiergegen keinen Einspruch einlegt (§ 1431 Abs 2 BGB). Dagegen haftet das Gesamtgut nicht, wenn der Gesamtgutsverwalter die Einwilligung widerruft oder wenn er gegen den selbständigen Betrieb des Erwerbsgeschäfts Einspruch erhoben hat. Dabei kommt es nicht darauf an, ob die Einwilligung, der Widerruf oder der Einspruch im Güterrechtsregister eingetragen ist oder ob der Gläubiger von ihnen Kenntnis hat. Da es sich hier nicht um rechtsgeschäftliche Verbindlichkeiten handelt, entscheidet allein die Tatsache der vorhandenen oder fehlenden Einwilligung des verwaltenden Ehegatten.

9 Über die gemäß § 1431 BGB begründete Haftung für Rechtsgeschäfte und Rechtsstreitigkeiten hinaus haftet das Gesamtgut etwa auch für Schäden, die ein für den Geschäftsbetrieb verwendetes Tier, Gebäude oder Werk angerichtet hat.

10 Ferner **haftet das Gesamtgut,** wenn **die Verbindlichkeit zu Lasten des Sonderguts** gehört, **die aus den Einkünften beglichen zu werden pflegen.** Dagegen haftet das Gesamtgut nicht für die außergewöhnlichen Lasten des Sonderguts, die als auf dessen Stammwert gelegt anzusehen sind. Unter den Begriff der Lasten, die aus den Einkünften beglichen zu werden pflegen, fasst das GleichberG die früher in den §§ 1384–1387 aF aufgeführten Verbindlichkeiten zusammen. Ob diese Lasten des Sonderguts aus dessen Einkünften beglichen zu werden pflegen, ist unter Würdigung der Vermögens- und Einkommensverhältnisse der Ehegatten nach der Verkehrsauffassung zu entscheiden. In Betracht kommen die Kosten der Gewinnung der Nutzungen, die Kosten der Erhaltung, die öffentlichen und privatrechtlichen Lasten, Zahlungen für Versicherungen, Zinsen und wiederkehrende Leistungen anderer Art.

IV. Abweichende Vereinbarungen

11 Ehevertragliche Vereinbarungen, durch die die Haftung des Gesamtguts ausgeschlossen oder eingeschränkt wird, sind unwirksam.

§ 1441
Haftung im Innenverhältnis

Im Verhältnis der Ehegatten zueinander fallen folgende Gesamtgutsverbindlichkeiten dem Ehegatten zur Last, in dessen Person sie entstehen:

1. **die Verbindlichkeiten aus einer unerlaubten Handlung, die er nach Eintritt der Gütergemeinschaft begeht, oder aus einem Strafverfahren, das wegen einer solchen Handlung gegen ihn gerichtet wird;**

2. **die Verbindlichkeiten aus einem sich auf sein Vorbehaltsgut oder sein Sondergut beziehenden Rechtsverhältnis, auch wenn sie vor Eintritt der Gütergemeinschaft oder vor der Zeit entstanden sind, zu der das Gut Vorbehaltsgut oder Sondergut geworden ist;**

3. **die Kosten eines Rechtsstreits über eine der in den Nummern 1 und 2 bezeichneten Verbindlichkeiten.**

Materialien: Zu § 1463 aF: E I § 1367 Abs 2; II § 1361 rev § 1448; III § 1446; Mot IV 384 ff; Prot IV 271; D 695. Zu § 1441: E I § 1463; II § 1463; III § 1441; BT-Drucks 1/3802, 65; BT-Drucks 2/224, 52; BT-Drucks 2/3409, 28. Vgl STAUDINGER/BGB-Synopse 1896–2005 § 1441.

Systematische Übersicht

I. Rechtsentwicklung und Grundgedanke

§ 1441 BGB entspricht dem § 1463 aF, der dem für die Nutzverwaltung geltenden **1** § 1415 aF nachgebildet war. Die Neuregelung erwähnt in Nr 2 abweichend von § 1463 aF auch die Verbindlichkeiten aus einem Rechtsverhältnis, das sich auf das Sondergut eines Ehegatten bezieht. Die gleiche Regelung traf früher § 1439 S 2 aF, indem er auf den bei der Errungenschaftsgemeinschaft für das eingebrachte Gut geltenden § 1535 aF verwies. Da das GleichberG die Errungenschaftsgemeinschaft nicht mehr regelt, musste es das Sondergut in den § 1441 BGB einbeziehen. Folglich war auch die das Sondergut betreffende Ausnahmeregelung des § 1439 S 2 aF iVm § 1537 aF als § 1442 BGB hierher zu übernehmen.

Diejenigen Verbindlichkeiten eines Ehegatten, die **Gesamtgutsverbindlichkeiten 2** sind, fallen **grundsätzlich auch im Verhältnis der Ehegatten zueinander dem Gesamtgut zur Last** (Mot IV 384). Von diesem Grundsatz macht § 1441 BGB (ebenso wie §§ 1443 und 1444 BGB) mehrere **Ausnahmen**. Die in § 1441 Nr 2 und 3 BGB getroffene Ausnahmeregelung wird ihrerseits wieder von § 1442 BGB durchbrochen.

II. Ausgleichspflichten

Sind Gesamtgutsverbindlichkeiten gemäß der Regel auch **Gesamtgutslasten**, so be- **3** deutet dies,

– dass dem Ehegatten, der die Verbindlichkeit aus seinem Vorbehaltsgut getilgt hat, aus dem Gesamtgut Ersatz zu leisten ist. Das folgt zugunsten des Gesamtgutsverwalters direkt aus § 1445 Abs 2 BGB. Für den anderen Ehegatten, der insoweit nur „in Vorlage" getreten ist (vgl § 1475 Abs 1 BGB) ergibt sich der Regressanspruch nach hM aus Geschäftsführung ohne Auftrag oder aus ungerechtfertigter Bereicherung;

– dass jeder Ehegatte bei der Auseinandersetzung die Berichtigung der noch offenen Schuld aus dem Gesamtgut verlangen kann, § 1475 Abs 1 und 3 BGB, und dass notfalls der Gesamtgutsverwalter dafür einzustehen hat, dass der andere Ehegatte nicht im Übermaß in Anspruch genommen wird, § 1481 Abs 1 BGB.

4 Gesamtgutsverbindlichkeiten, die im Innenverhältnis **einem der Ehegatten zur Last fallen**,

– begründen, wenn sie aus dem Gesamtgut getilgt worden sind, Ersatzpflichten in dieses. Die §§ 1445 Abs 1, 1446 Abs 1 BGB regeln das für den Gesamtgutsverwalter. Für den anderen Ehegatten gelten diese Vorschriften entsprechend, wenn er die Schuld in Ausübung der Befugnisse aus § 1429 BGB aus dem Gesamtgut beglichen hat, sonst wiederum nach Maßgabe insbes der Vorschriften der §§ 677 ff, 812 ff BGB. Die §§ 1446 Abs 2, 1476 Abs 2 BGB setzen die Erstattungspflicht voraus;

– sind *nicht* auf Verlangen vorweg aus dem Gesamtgut zu erfüllen, § 1475 Abs 2 BGB, mindern aber den Anteil oder begründen eine persönliche Schuld gegenüber dem anderen Ehegatten, § 1476 Abs 2 BGB;

– begründen eine persönliche Haftung des Gesamtgutsverwalters nur bis zur Beendigung der Gütergemeinschaft, wenn sie dem anderen Ehegatten zur Last fallen, § 1437 Abs 2 S 2 BGB.

III. Die einzelnen Fälle des § 1441

5 Verbindlichkeiten eines Ehegatten aus einer von ihm vor oder nach Eintritt der Gütergemeinschaft begangenen *unerlaubten Handlung* sind Gesamtgutsverbindlichkeiten (§ 1437 Abs 1 BGB). Im Verhältnis der Ehegatten zueinander dagegen fallen gemäß § 1441 Nr 1 BGB **die Verbindlichkeiten eines Ehegatten aus einer unerlaubten Handlung**, die er während des Bestehens der Gütergemeinschaft begeht, ihm selbst, nicht dem Gesamtgut zur Last. Dagegen treffen die Verbindlichkeiten eines Ehegatten aus einer vor dem Eintritt der Gütergemeinschaft begangenen unerlaubten Handlung auch im Verhältnis der Ehegatten zueinander das Gesamtgut (s auch Mot IV 385 f).

6 Der Begriff der unerlaubten Handlung ergibt sich aus den §§ 823 ff BGB (verschuldeter widerrechtlicher Eingriff in ein fremdes Recht oder Rechtsgut) und entsprechenden sondergesetzlichen Vorschriften. Er umfasst aber auch solche Tatbestände, bei welchen ein Verschulden des Täters vermutet wird (§§ 831, 833 S 2, 834, 836–838 BGB). Die Billigkeitshaftung aus § 829 BGB wird ebenfalls noch hierher zu zählen sein. Grundsätzlich *nicht* zu den unerlaubten Handlungen zählen die Tatbestände der *Gefährdungshaftung* (§§ 1 ff HPflG; § 7 StVG; § 33 LuftVG; §§ 25 ff AtomG; § 84 AMG; § 1 UmweltHG). Obwohl der Gefährdungshaftung zuzurechnen (BGH NJW 1977, 2158), ist nach der von § 1441 Nr 1 BGB offenbar zugrunde gelegten Systematik auch § 833 S 1 BGB den unerlaubten Handlungen zuzurechnen. Die Gleichstellung von Unterhaltsansprüchen aus außerehelicher Elternschaft mit Ansprüchen aus unerlaubter Handlung (so Planck/Unzner § 1463 Anm 2) lässt sich dagegen nicht begründen (ebenso Gernhuber/Coester-Waltjen § 38 Rn 80–85 Fn 109; NK-BGB/Völker Rn 7).

7 Verbindlichkeiten eines Ehegatten aus einem **Strafverfahren**, das **wegen einer** von ihm während des Bestehens der Gütergemeinschaft begangenen **unerlaubten Hand-**

lung gegen ihn gerichtet wird, fallen diesem Ehegatten selbst, nicht dem Gesamtgut zur Last.

Der Begriff Strafverfahren umfasst das öffentliche Strafverfahren und das Privat- **8** klageverfahren, die in den §§ 407–443 StPO erwähnten besonderen Arten des Verfahrens, ferner die Verfahren zB nach JGG, AO sowie die Verfahren wegen Ordnungswidrigkeiten.

Verbindlichkeiten aus einem Strafverfahren sind die Verpflichtung zur Zahlung der **9** ausgesprochenen Geldstrafe oder Buße sowie die Verpflichtung zur Tragung der Kosten des Strafverfahrens und der Strafvollstreckung. Dazu gehören auch die Mehrkosten, die durch Unterkunft und Verpflegung in der Haftanstalt anfallen (wie hier iE MünchKomm/KANZLEITER Rn 3; BAMBERGER/ROTH/MAYER Rn 3; **aA** PALANDT/BRUDER-MÜLLER Rn 2). Die Kosten für den eigenen Verteidiger treffen das Gesamtgut nur dann, wenn der Gesamtgutsverwalter dem Vertrag mit dem Verteidiger zugestimmt hat (§ 1438 Abs 1, nicht Abs 2; s dazu dort Rn 11) oder dessen Zustimmung gemäß § 1430 BGB vom Familiengericht ersetzt worden ist. In diesen Fällen sind sie im Innenverhältnis dem Ehegatten anzulasten, der die zugrundeliegende unerlaubte Handlung begangen hat. Darauf, ob die Bestellung des Verteidigers notwendig war oder nicht, kommt es nicht an (**aA** MünchKomm/KANZLEITER Rn 3; BAMBERGER/ROTH/MAYER Rn 3; NK-BGB/VÖLKER Rn 5 Fn 12).

Das Strafverfahren muss ergeben, dass der Ehegatte die ihm zur Last gelegte un- **10** erlaubte Handlung *begangen* hat. Wird das gegen ihn eröffnete Verfahren eingestellt, der Ehegatte außer Verfolgung gesetzt oder freigesprochen, so fallen die Verbindlichkeiten des Ehegatten aus dem Strafverfahren im Verhältnis der Ehegatten zueinander dem Gesamtgut zur Last (MünchKomm/KANZLEITER Rn 4; BGB-RGRK/FINKE § 1441 Rn 7). Anders bei Einstellung nach §§ 153, 153a StPO sofern eine unerlaubte Handlung vorliegt.

Entscheidend ist auch hier, ob die unerlaubte Handlung **nach Eintritt der Güterge-** **11** **meinschaft begangen** worden ist. Ist die unerlaubte Handlung vor dem Eintritt der Gütergemeinschaft begangen worden, so fallen die Verbindlichkeiten des Ehegatten aus einem hieraus gegen ihn gerichteten Strafverfahren im Verhältnis der Ehegatten zueinander dem Gesamtgut auch dann zur Last, wenn das Strafurteil erst nach diesem Zeitpunkt erlassen oder rechtskräftig wird. Dagegen trifft die volle Ausgleichspflicht den Ehegatten, der Teilakte einer sog natürlichen oder rechtlichen Handlungseinheit sowohl vor als auch nach dem Eintritt der Gütergemeinschaft verwirklichte, dafür aber erst nach diesem Zeitpunkt abgeurteilt wurde. Bei selbständigen Straftaten (Tatmehrheit, § 53 StGB) kommen nur die nach dem Eintritt der Gütergemeinschaft begangenen Taten und deren verpflichtende Folgen in Betracht. Der Anteil an der Gesamtstrafe, der auf die Zeit der Gütergemeinschaft entfällt, muss unter Berücksichtigung des § 54 Abs 1 StGB geschätzt werden.

Die Verbindlichkeiten eines Ehegatten aus einem sich auf sein Vorbehaltsgut oder sein **12** **Sondergut beziehenden Rechtsverhältnis** fallen diesem Ehegatten selbst, nicht dem Gesamtgut zur Last. Diese Ausnahme ergibt sich aus der Natur und dem Zweck des Sondergutes oder Vorbehaltsgutes (Mot IV 386). Da § 1441 BGB nur von Gesamtgutsverbindlichkeiten handelt, kommen diejenigen Verbindlichkeiten des nicht ver-

waltenden Ehegatten, die gemäß §§ 1439, 1440 BGB nicht Gesamtgutsverbindlichkeiten sind, für den Geltungsbereich des § 1441 Nr 2 BGB nicht in Betracht. Dagegen gehören hierher insbesondere:

(a) Verbindlichkeiten aus einem **Rechtsgeschäft**, das während der Gütergemeinschaft vorgenommen wird, wenn der verwaltende Ehegatte das Rechtsgeschäft vornimmt oder wenn er ihm zustimmt oder wenn das Rechtsgeschäft
ohne seine Zustimmung für das Gesamtgut wirksam ist (§ 1438 Abs 1 BGB)
und sich das Rechtsgeschäft auf Vorbehaltsgut oder Sondergut eines Ehegatten bezieht. Von besonderer Bedeutung ist dies für die Verbindlichkeiten
des nicht verwaltenden Ehegatten aus einem von ihm mit Einwilligung des
Gesamtgutsverwalters selbständig betriebenen *Erwerbsgeschäft* (vgl § 1431
BGB), sofern es zum Vorbehaltsgut dieses Ehegatten gehört (vgl § 1442 S 2
BGB);

(b) Verbindlichkeiten eines Ehegatten aus einer **dinglichen Belastung** seines Sondergutes oder seines Vorbehaltsgutes, soweit die Verbindlichkeit gemäß
§§ 1437 ff BGB Gesamtgutsverbindlichkeit ist, zB die Verpflichtung zur Zahlung von Zinsen einer Hypothek, die auf einem zum Sondergut gehörenden
Grundstück oder auf einem zum Vorbehaltsgut des Verwalters (für das des
anderen Ehegatten gilt § 1440 S 1 BGB) gehörenden Grundstück steht;

(c) die einem Ehegatten aufgrund seiner **gesetzlichen Unterhaltspflicht** obliegenden Verbindlichkeiten, soweit die Unterhaltspflicht durch den Besitz von
Sonder- oder Vorbehaltsgut begründet oder erweitert wird. Soweit dagegen
die Unterhaltspflicht eines Ehegatten durch den Besitz von Gesamtgut bedingt ist (vgl § 1604 BGB), fällt die Verbindlichkeit im Verhältnis der Ehegatten zueinander dem Gesamtgut zur Last.

13 Die Vorschrift des § 1441 Nr 2 BGB findet auch Anwendung, wenn die Verbindlichkeiten **vor Eintritt der Gütergemeinschaft** oder vor der Zeit entstanden sind, zu
der das Gut, auf das sich das die Verbindlichkeit begründende Rechtsverhältnis
bezieht, Vorbehalts- oder Sondergut geworden ist. Diese Regelung entspricht der
materiellen Zugehörigkeit dieser Verbindlichkeiten zum Vorbehalts- oder Sondergut und der vermutlichen Absicht der Beteiligten (Mot IV 386, 264). In Betracht
kommen zB die vor jenen Zeitpunkten fällig gewordenen Leistungen aufgrund einer
Reallast oder Hypothek, die auf einem zum Sonder- oder Vorbehaltsgut gehörenden
Grundstück ruht und die Verbindlichkeiten aus der Ausbesserung eines zum Sonder-
oder Vorbehaltsgut gehörenden Hauses.

14 **Die Kosten eines Rechtsstreits, den ein Ehegatte über eine der in den Nummern 1 und 2
bezeichneten Verbindlichkeiten führt (Nr 3)**, fallen diesem Ehegatten, nicht dem
Gesamtgut zur Last. Die Bestimmung rechtfertigt sich durch die materielle Zugehörigkeit dieser Verbindlichkeit zu jenen in Nr 1 und 2 genannten Verbindlichkeiten
(Mot IV 388, 264). Ob der Ehegatte Kläger oder Beklagter war, ist hier ohne Belang.
Zu den „Kosten eines Rechtsstreits" gehören hier neben den Gerichtskosten und
den Auslagen des Prozessgegners auch die eigenen Anwaltskosten des streitenden
Ehegatten, weil der Zusammenhang mit der unerlaubten Handlung und dem Son-
dervermögen über die Lastenverteilung im Innenverhältnis entscheidet. Inwieweit

die Kosten anderer Rechtsstreitigkeiten im Verhältnis der Ehegatten zueinander nicht dem Gesamtgut zur Last fallen, bemisst sich nach § 1443 BGB. § 1441 Nr 3 BGB ist gegenüber § 1443 Abs 2 BGB eine Sonderregelung („§ 1441 Nr 3 und § 1442 bleiben unberührt"). Über die Haftung des Gesamtguts für Kosten eines Rechtsstreits gegenüber den Gläubigern s § 1438 Abs 2 BGB.

IV. Verbindlichkeiten des Verwalters

Nicht besonders erwähnt sind in § 1441 BGB die **Verbindlichkeiten des verwaltenden** **15** **Ehegatten** aus einer schuldhaften Verletzung seiner Verwaltungspflicht oder aus einer Überschreitung seines Verwaltungsrechts (vgl Mot IV 388 f). Insoweit handelt es sich um Verbindlichkeiten des Gesamtgutsverwalters, die nicht Gesamtgutsverbindlichkeiten sind (s § 1435 S 3 BGB). Sie fallen ihrer Natur nach allein dem Verwalter und dem als Notverwalter tätigen anderen Ehegatten zur Last. Im Übrigen findet jedoch § 1441 BGB auch auf Verbindlichkeiten eines Ehegatten gegenüber dem anderen Anwendung (s schon Mot IV 390).

V. Beweislast

Dass die Voraussetzungen des § 1441 BGB gegeben sind, hat derjenige Ehegatte zu **16** beweisen, der behauptet, dass eine Verbindlichkeit des anderen Ehegatten nicht dem Gesamtgut zur Last falle.

VI. Abweichende Vereinbarungen

Die Lastenverteilung im Innenverhältnis der Ehegatten ist durch Ehevertrag abding- **17** bar (s schon Mot IV 389). Unberührt bleibt die Zulässigkeit abweichender Regelungen bei der Auseinandersetzung (vgl § 1474 BGB). Eine besondere Affinität solcher Vereinbarungen zum Verstoß gegen die guten Sitten besteht nicht, auch nicht dann, wenn im Voraus (auch) die Verbindlichkeiten aus unerlaubten Handlungen dem Gesamtgut auferlegt werden.

§ 1442
Verbindlichkeiten des Sonderguts und eines Erwerbsgeschäfts

Die Vorschrift des § 1441 Nr. 2, 3 gilt nicht, wenn die Verbindlichkeiten zu den Lasten des Sondergutes gehören, die aus den Einkünften beglichen zu werden pflegen. Die Vorschrift gilt auch dann nicht, wenn die Verbindlichkeiten durch den Betrieb eines für Rechnung des Gesamtgutes geführten Erwerbsgeschäfts oder infolge eines zu einem solchen Erwerbsgeschäft gehörenden Rechts oder des Besitzes einer dazu gehörenden Sache entstehen.

Materialien: E I § 1463a; II § 1463a; III § 1442; BT-Drucks 1/3802, 65; BT-Drucks 2/224, 53; BT-Drucks 2/3409, 28. Vgl Staudinger/BGB-Synopse 1896–2005 § 1442.

I. Rechtsentwicklung und Grundgedanke

1 Die Regelung fand sich früher in § 1439 S 2 BGB durch Verweisung auf die Vorschriften über das eingebrachte Gut bei der Errungenschaftsgemeinschaft (vgl §§ 1535, 1537, 1529 Abs 2 aF). Das GleichberG hat diese Regelung, da es die Errungenschaftsgemeinschaft nicht mehr normiert, nunmehr in den Abschnitt über die Gütergemeinschaft einbezogen: Der Grundsatz ergibt sich jetzt aus § 1441 Nr 2 und 3 BGB; die Ausnahmen regelt heute die neu eingefügte Vorschrift des § 1442 BGB.

2 Die **Gesamtgutsverbindlichkeiten fallen** grundsätzlich auch im Verhältnis der Ehegatten zueinander **dem Gesamtgut zur Last. Ausnahmen** von diesem Grundsatz enthalten die §§ 1441, 1444 BGB, wonach gewisse Verbindlichkeiten dem Ehegatten zur Last fallen, in dessen Person sie entstehen. Für die in § 1441 Nr 2 und 3 BGB genannten Verbindlichkeiten macht § 1442 BGB wiederum einzelne **Unterausnahmen**, indem er bestimmte Verbindlichkeiten dem Gesamtgut zuweist. Die Lasten des Sondergutes, die aus den Einkünften beglichen zu werden pflegen, trägt das Gesamtgut, weil das Sondergut gemäß § 1417 Abs 3 S 2 BGB für Rechnung des Gesamtguts verwaltet wird (vgl Mot IV 512). Auch die Verbindlichkeiten, die durch den Betrieb eines für Rechnung des Gesamtguts geführten Erwerbsgeschäfts oder infolge eines zu einem solchen Erwerbsgeschäft gehörenden Rechtes oder des Besitzes einer dazu gehörenden Sache entstehen, sind dem Gesamtgut aufzuerlegen, weil andererseits auch der Gewinn aus dem Erwerbsgeschäft dem Gesamtgut zugute kommt.

II. Die einzelnen Fälle des § 1442

3 Dem Gesamtgut und nicht dem Ehegatten, in dessen Person sie entstehen, fallen im Innenverhältnis zur Last **Verbindlichkeiten, die zu den Lasten des Sonderguts gehören, welche aus den Einkünften beglichen zu werden pflegen** (S 1; vgl § 1440 S 2 Fall 2 BGB). Dagegen haftet das Gesamtgut nicht für die außerordentlichen Lasten des Sonderguts, die als auf dessen Stammwert gelegt anzusehen sind (vgl §§ 995 S 2, 1047, 2126 S 1 BGB). Welche Verbindlichkeiten sich als gewöhnliche Lasten des Sonderguts darstellen, war früher im Gesetz im Einzelnen festgelegt. Die geltende Regelung ersetzt diese Aufzählung durch den Begriff der Lasten, die aus den Einkünften beglichen zu werden pflegen (dazu s § 1440 Rn 10). Haben die Ehegatten im Ehevertrag vereinbart, dass das Sondergut für eigene Rechnung verwaltet wird (entgegen § 1417 Abs 3 S 2 BGB) kann damit die Abbedingung der Gesamtgutshaftung gewollt sein (für teleologische Reduktion NK-BGB/Völker Rn 2; MünchKomm/Kanzleiter Rn 2).

4 Das Gesamtgut haftet ferner auch im Innenverhältnis, wenn die **Verbindlichkeiten durch Betrieb eines für Rechnung des Gesamtguts geführten Erwerbsgeschäfts oder infolge eines zu einem solchen Erwerbsgeschäft gehörenden Rechtes oder des Besitzes einer dazu gehörenden Sache** entstehen (S 2; vgl § 1440 S 2 Fall 1 BGB). Zum „Betrieb eines Erwerbsgeschäftes" s § 1431 Rn 3 ff. Für Rechnung des Gesamtgutes wird das Erwerbsgeschäft – vorbehaltlich abweichender Vereinbarungen der Ehegatten – nur dann geführt, wenn es zum Gesamtgut oder zum Sondergut (§ 1417 Abs 3 S 2 BGB) gehört. Dagegen wird ein Erwerbsgeschäft, das zum Vorbehaltsgut gehört, für eigene Rechnung des Ehegatten betrieben (§ 1418 Abs 3 S 2 BGB), mag auch der Geschäftsertrag gemäß §§ 1360, 1420 BGB zum Unterhalt der Familie beitragen. Haftet hierbei ausnahmsweise auch das Gesamtgut, so muss der Ehegatte, der das Erwerbsgeschäft betreibt, diese Beträge im Innenverhältnis tragen.

III. Beweislast und abweichende Vereinbarungen

Dass eine der Voraussetzungen des § 1442 BGB gegeben sei, hat derjenige Ehegatte **5** zu beweisen, der unter Bezugnahme auf diese Bestimmung behauptet, dass eine Gesamtgutsverbindlichkeit nicht ihm, sondern dem Gesamtgut zur Last falle.

Zur Abdingbarkeit durch Ehevertrag und zu anderweitigen Regelungen im Einzel- **6** fall bei der Auseinandersetzung gilt das bei § 1441 Rn 17 Ausgeführte.

§ 1443
Prozesskosten

(1) Im Verhältnis der Ehegatten zueinander fallen die Kosten eines Rechtsstreits, den die Ehegatten miteinander führen, dem Ehegatten zur Last, der sie nach allgemeinen Vorschriften zu tragen hat.

(2) Führt der Ehegatte, der das Gesamtgut nicht verwaltet, einen Rechtsstreit mit einem Dritten, so fallen die Kosten des Rechtsstreits im Verhältnis der Ehegatten zueinander diesem Ehegatten zur Last. Die Kosten fallen jedoch dem Gesamtgut zur Last, wenn das Urteil dem Gesamtgut gegenüber wirksam ist oder wenn der Rechtsstreit eine persönliche Angelegenheit oder eine Gesamtgutsverbindlichkeit des Ehegatten betrifft und die Aufwendung der Kosten den Umständen nach geboten ist; § 1441 Nr. 3 und § 1442 bleiben unberührt.

Materialien: Zu § 1464 aF: E I § 1367 Abs 2; II § 1362 rev § 1449; III § 1447; Mot IV 384; Prot IV 271; VI 227; D 695. Zu § 1443: E I § 1464; II § 1464; III § 1443; BT-Drucks 1/3802, 65; BT-Drucks 2/3409, 28. Vgl STAUDINGER/BGB-Synopse 1896–2005 § 1443.

Systematische Übersicht

Burkhard Thiele

I. Rechtsentwicklung und Grundgedanke

1 § 1443 BGB entspricht dem § 1464 aF, der dem für den Güterstand der Nutzverwaltung geltenden § 1416 aF nachgebildet war.

2 Die Gesamtgutsverbindlichkeiten fallen **grundsätzlich** auch im Verhältnis der Ehegatten zueinander dem Gesamtgut zur Last. **Ausnahmen** von diesem Grundsatz betreffen die **Kosten eines Rechtsstreits**, den die **Ehegatten gegeneinander führen** (Abs 1) oder den der **nicht verwaltende Ehegatte mit einem Dritten führt** (Abs 2). **Ausnahmen von der Ausnahme** gemäß Abs 2 S 1 sieht das Gesetz jedoch vor, wenn das Urteil dem Gesamtgut gegenüber wirksam ist oder wenn der Rechtsstreit eine persönliche Angelegenheit oder eine Gesamtgutsverbindlichkeit betrifft und die Aufwendung der Kosten den Umständen nach geboten ist (s dazu auch unten Rn 10).

II. Begriff und Kosten des Rechtsstreits

3 Über den weit auszulegenden Begriff des *Rechtsstreits* s § 1438 Rn 12.

4 Die Kosten des Rechtsstreits umfassen hier neben den Gerichtskosten und den gegnerischen Auslagen – ebenso wie in § 1441 BGB (s dort Rn 14) – auch die *eigenen Kosten* der Ehegatten, die diese aufgrund eines Rechtsgeschäfts machen müssen. Die interne Lastenverteilung erstreckt sich also auch auf die eigenen Anwaltskosten und die Gebühren eines Gerichtsvollziehers.

III. Rechtsstreit der Ehegatten untereinander

5 Die Kosten eines Rechtsstreits, den die Ehegatten miteinander führen, **fallen dem Ehegatten zur Last, der sie nach allgemeinen Vorschriften zu tragen hat** (Abs 1). Die Kostenlast ergibt sich aus der in dem Rechtsstreit ergangenen Entscheidung, aus der zwischen den Ehegatten getroffenen Vereinbarung, insbesondere beim Vergleich, sonst aus dem Gesetz. Der Prozesskostenvorschuss nach § 1360a Abs 4 BGB ist dem Gesamtgut nach Beendigung der Gütergemeinschaft regelmäßig nicht zu erstatten wegen des Vorrangs der unterhaltsrechtlichen Natur des Anspruchs (BGH FamRZ 1986, 40 Rn 19 gegen BGHZ 56, 92, 95; SOERGEL/GAUL/ALTHAMMER Rn 3; BAMBERGER/ROTH/ MAYER Rn 1; NK-BGB/VÖLKER Rn 1). Nur nach eingetretener Verbesserung der wirtschaftlichen Verhältnisse kann die Rückzahlung in das Gesamtgut der Billigkeit nach unterhaltsrechtlichen Maßgaben entsprechen. Aus den §§ 1443 Abs 1, 1465 Abs 1 BGB ergibt sich dieser Anspruch aber nicht.

IV. Rechtsstreit des Verwalters mit Dritten

6 § 1443 Abs 2 BGB behandelt nicht die Kosten eines Rechtsstreits, den der Verwalter mit einem Dritten führt. Für sie gilt als Ausnahme von § 1437 Abs 1 BGB nur § 1441 Nr 3 BGB mit § 1442 BGB.

V. Rechtsstreit des anderen Ehegatten mit Dritten

7 Die Kosten eines solchen Rechtsstreits **fallen** im Innenverhältnis grundsätzlich **dem**

nicht verwaltenden Ehegatten zur Last (Abs 2 S 1). Es ist unerheblich, in welcher Rolle der Ehegatte am Verfahren beteiligt war.

Die Kosten **belasten jedoch das Gesamtgut,** wenn eine der **Ausnahmen** des § 1443 **8** Abs 2 S 2 BGB vorliegt (s Rn 9 f). Diese Ausnahmen gelten wiederum nicht, wenn die Voraussetzungen des § 1441 Nr 3 BGB vorliegen und § 1442 BGB nicht eingreift.

1. Die Kosten fallen dem Gesamtgut zur Last, **wenn das Urteil dem Gesamtgut 9 gegenüber wirksam** ist. Es ist wirksam in den Fällen der §§ 1428, 1429, 1431, 1433 BGB oder wenn der Gesamtgutsverwalter der Prozessführung zugestimmt hatte. Ist der Rechtsstreit ohne Urteil beendigt, so ist entscheidend, ob das hypothetische Urteil dem Gesamtgut gegenüber wirksam gewesen wäre (Soergel/Gaul/Althammer Rn 5; BGB-RGRK/Finke § 1443 Rn 8).

2. Die Kosten fallen dem Gesamtgut ferner zur Last, wenn der Rechtsstreit eine **10 persönliche Angelegenheit** (s dazu § 1430 Rn 4 ff) oder eine **Gesamtgutsverbindlichkeit** (§§ 1437–1440 BGB) des nicht verwaltenden Ehegatten betrifft **und die Aufwendung der Kosten den Umständen nach geboten ist.** Der Sinn der Regelung ist der, dass der nicht verwaltungsberechtigte Ehegatte Prozesse in persönlichen Angelegenheiten, die für ihn nicht aussichtslos oder mutwillig sind, in der Gewissheit führen können soll, dass für die Kosten am Ende das Gesamtgut aufzukommen hat. Ferner soll der Ehegatte, der wegen einer eigenen Verbindlichkeit einen Rechtsstreit führt, die zugleich Gesamtgutsverbindlichkeit ist, das Kostenrisiko nicht endgültig tragen, weil er zumindest tatsächlich auch Interessen des Gesamtguts wahrnimmt, mag das Urteil auch diesem gegenüber nicht wirksam sein. Auch in diesem Falle gehen die Kosten nur dann zu Lasten des Gesamtguts, wenn ihre Aufwendung den Umständen nach geboten ist. Entscheidend ist insoweit, ob die Aufwendung nach verständigem Ermessen für erforderlich gehalten werden durfte. Die Lastenverteilung nach § 1443 Abs 2 S 2 BGB gilt daher auch dann, wenn der Ehegatte den Prozess verliert.

VI. Beweislast, abweichende Vereinbarungen

Der Ehegatte, der unter Bezugnahme auf § 1443 Abs 1 behauptet, dass die Kosten **11** des Rechtsstreits im Verhältnis der Ehegatten zueinander dem anderen Ehegatten zur Last fallen, hat die Voraussetzungen des § 1443 nachzuweisen, also dass es sich um einen Rechtsstreit zwischen ihm und dem anderen Ehegatten gehandelt hat und dass nach allgemeinen Vorschriften der andere Ehegatte die Kosten zu tragen hat.

Behauptet der Gesamtgutsverwalter unter Berufung auf § 1443 Abs 2 BGB, dass die **12** Kosten eines Rechtsstreits im Verhältnis der Ehegatten zueinander dem nicht verwaltenden Ehegatten zur Last fallen, so hat er lediglich darzutun, dass es sich um einen Rechtsstreit zwischen diesem und einem Dritten gehandelt hat. Dem anderen Ehegatten obliegt sodann der Nachweis, dass der Rechtsstreit eine persönliche Angelegenheit oder eine nicht unter §§ 1443 Nr 3, 1442 BGB fallende Gesamtgutsverbindlichkeit des nicht verwaltenden Ehegatten betroffen hat und dass die Aufwendung der Kosten den Umständen nach geboten war.

Zu § 1443 BGB gelten für abweichende Vereinbarungen die Ausführungen zu § 1441 **13** Rn 17.

§ 1444
Kosten der Ausstattung eines Kindes

(1) Verspricht oder gewährt der Ehegatte, der das Gesamtgut verwaltet, einem gemeinschaftlichen Kind aus dem Gesamtgut eine Ausstattung, so fällt ihm im Verhältnis der Ehegatten zueinander die Ausstattung zur Last, soweit sie das Maß übersteigt, das dem Gesamtgut entspricht.

(2) Verspricht oder gewährt der Ehegatte, der das Gesamtgut verwaltet, einem nicht gemeinschaftlichen Kind eine Ausstattung aus dem Gesamtgut, so fällt sie im Verhältnis der Ehegatten zueinander dem Vater oder der Mutter zur Last; für den Ehegatten, der das Gesamtgut nicht verwaltet, gilt dies jedoch nur insoweit, als er zustimmt oder die Ausstattung nicht das Maß übersteigt, das dem Gesamtgut entspricht.

Materialien: Zu § 1465 aF: E I § 1368; II § 1363 rev § 1450; III § 1448; Mot IV 358, 383, 390; Prot IV 271. Zu § 1444: E I § 1465; II § 1465; III § 1444; BT-Drucks 1/3802, 65; BT-Drucks 2/3409, 28. Vgl STAUDINGER/BGB-Synopse 1896–2005 § 1444.

Schrifttum

Zum älteren Schrifttum s auch STAUDINGER/THIELE (2000).

Systematische Übersicht

I.   Grundgedanken

1 § 1444 BGB enthält neben den §§ 1441 und 1442 BGB eine weitere Ausnahme von dem Grundsatz, dass Gesamtgutsverbindlichkeiten auch Gesamtgutslasten sind. Die Vorschrift behandelt die **interne Zuordnung** von **Ausstattungen aus dem Gesamtgut**. Sie weist Ausstattungen an ein gemeinschaftliches Kind dem Gesamtgut zu, soweit sie das diesem entsprechende Maß nicht überschreitet, weil sie materiell beide Ehegatten gleichermaßen angehen. Ausstattungen an ein nicht gemeinschaftliches

Kind fallen im Innenverhältnis dagegen dem Vater oder der Mutter zur Last, weil sie Sonderinteressen entsprechen (Prot IV 271 f). Der Gesamtgutsverwalter kann jedoch diese interne Belastung des anderen Ehegatten nicht ohne dessen Zustimmung herbeiführen, soweit das dem Gesamtgut entsprechende Maß überschritten wird.

Das Gesetz behandelt lediglich das **Versprechen** und die **Gewährung** einer Ausstat- 2 tung **durch den Ehegatten, der das Gesamtgut verwaltet**. Das beruht darauf, dass grundsätzlich nur der Verwalter „aus dem Gesamtgut" versprechen oder gewähren kann. Ist ausnahmsweise der das Gesamtgut nicht verwaltende Ehegatte allein in der Lage (s die §§ 1429, 1430 BGB), mit Wirkung gegen das Gesamtgut zu versprechen oder zu gewähren, ist **§ 1444 BGB entsprechend** anzuwenden (s dazu auch Rn 16). Hat der Gesamtgutsverwalter einem Ausstattungsversprechen des anderen Ehegatten oder der Verfügung über Gesamtgut, durch die eine Ausstattung gewährt wird, zugestimmt, so muss die Vorschrift ebenfalls entsprechend gelten. Im Falle des Abs 2 bedeutet dies, dass die Ausstattung eines nicht gemeinschaftlichen Kindes, dessen Elternteil er ist, entsprechend Abs 2 HS 2 im Innenverhältnis dem Verwalter zur Last fällt.

II. Ausstattung eines gemeinschaftlichen Kindes

1. Ausstattung

Ausstattung ist nach § 1624 Abs 1 BGB, was einem Kinde mit Rücksicht auf seine 3 Verheiratung oder auf die Erlangung einer selbständigen Lebensstellung zur Begründung oder Erhaltung der Wirtschaft oder der Lebensstellung von dem Vater oder der Mutter zugewendet wird. Eine gesetzliche Verpflichtung zur Ausstattung besteht nicht. Sie ist mit Blick auf die Gewährung von Ausbildungsunterhalt (§ 1610 Abs 2 BGB) inzwischen auch eher unüblich geworden. Gleichwohl ist weder das Versprechen noch die Gewährung Schenkung, sofern nicht das den Umständen entsprechende Maß überschritten wird.

2. Gemeinschaftliche Kinder

Gemeinschaftlichen Kindern stehen einseitige Kinder gleich, die von dem anderen 4 Teil als Kind angenommen worden sind, ebenso ein gemeinschaftlich angenommenes Kind.

3. Ausstattung im Übermaß

Übersteigt die Zuwendung das in § 1624 Abs 1 BGB bezeichnete, den Umständen 5 entsprechende **Maß**, so liegt hinsichtlich des Mehrwertes keine Ausstattung, sondern Schenkung vor. § 1444 BGB ist insoweit unanwendbar. Es gilt vielmehr § 1425 BGB; ohne die Zustimmung des anderen Ehegatten ist das Rechtsgeschäft insoweit unwirksam; der Verwalter haftet dem Gesamtgut gemäß §§ 1435 S 3, 1425 BGB. Ob das nach § 1624 Abs 1 BGB **den Umständen entsprechende Maß** eingehalten worden ist, bestimmt sich **nach dem gesamten Vermögen** des Verwalters, nämlich dem Gesamtgut (dieses nicht nur anteilig) und dessen Sonder- und Vorbehaltsgut. Soweit die Zuwendung danach Ausstattung ist und das Versprechen oder die Gewährung rechtsgeschäftlich wirksam (s dazu auch § 139 BGB), ist nach § 1444 Abs 1 BGB zu unterscheiden. Stimmt der andere Ehegatte der Zuwendung mit dem Übermaß zu, dann wird aus der nunmehr gegenüber dem Gesamtgut wirksamen Schenkung (§§ 1624 Abs 1, 1425, 1427 BGB) zwar keine Ausstattung, aber die Zustimmung wird häufig dahin zu deuten sein, dass im Ergebnis beide Ehegatten belastet sein sollen, also auch der Schenkungsteil dem Gesamtgut zur Last fällt.

6 Nur insoweit, als nach § 1624 Abs 1 BGB eine Ausstattung vorliegt, kommt es darauf an, ob sie das den Verhältnissen des Gesamtguts entsprechende Maß überschreitet oder nicht.

7 **Soweit sie das allein am Gesamtgut orientierte Maß übersteigt, fällt sie** im Innenverhältnis **dem Gesamtgutsverwalter zur Last** (Abs 1). Zur entsprechenden Belastung durch den anderen Ehegatten s oben Rn 2. Die Zustimmung des Verwalters zu einer das Maß des Gesamtgutes übersteigenden Ausstattung lässt sich jedoch regelmäßig dahin deuten, dass auch die Mehrausstattung auf das Gesamtgut übernommen werden soll. Ebenso ist die (nicht erforderliche) Zustimmung des anderen Ehegatten zu einer Übermaßausstattung durch den Gesamtgutsverwalter auszulegen (MünchKomm/Kanzleiter Rn 5; BGB-RGRK/Finke Rn 4; Soergel/Gaul/Althammer Rn 3; **aM** Erman/Heinemann Rn 1). Maßgebend ist insofern die Auslegung der Zustimmung nach allgemeinen Grundsätzen (so Soergel/Gaul/Althammer Rn 3; Bamberger/Roth/Mayer Rn 2; **aM** MünchKomm/Kanzleiter Rn 5: der Zustimmende müsse sich den Ausgleich nach Abs 1 ausdrücklich vorbehalten).

4. Angemessene Ausstattung

8 Wenn und soweit die Ausstattung (s Rn 5) das dem Gesamtgut entsprechende **Maß nicht übersteigt**, gilt die Regel: die Zuwendung fällt auch im Verhältnis der Ehegatten zueinander dem Gesamtgut zur Last (vgl BayObLGZ 1, 709).

III. Ausstattung eines nicht gemeinschaftlichen Kindes

1. Kind des Gesamtgutsverwalters

9 Stattet der Gesamtgutsverwalter ein einseitiges **eigenes Kind** aus (zum Übermaß gemäß § 1624 Abs 1 s oben Rn 5), so fallen die Verbindlichkeiten und Aufwendungen im Verhältnis der Ehegatten **stets dem Verwalter** selbst **zur Last** (Abs 2 HS 2). Das gilt unabhängig davon, ob die Zuwendung dem Gesamtgut angemessen ist oder nicht und ob sie den gesamten Vermögensverhältnissen des Verwalters entspricht (§ 1624 Abs 1 BGB). Im zweiten Fall ergibt sich die Belastung des Verwalters aus § 1435 S 3 BGB iVm § 1446 Abs 1 BGB.

10 Zuwendungen des nicht verwaltenden Ehegatten aus dem Gesamtgut an ein Kind des Ehegatten, der das Gesamtgut verwaltet, sind gegen das Gesamtgut nur wirksam mit der Zustimmung des Verwalters, allenfalls gemäß § 1429 BGB, der aber Gefahr im Verzug voraussetzt, die regelmäßig nicht vorliegen wird. Stimmt der Gesamtgutsverwalter aber zu, gilt § 1444 Abs 2 S 2 BGB entsprechend mit der Wirkung, dass dieser im Innenverhältnis die Last trägt.

2. Kind des anderen Ehegatten

Für den Fall, dass der Gesamtgutsverwalter ein (einseitiges) **Kind des anderen Ehe-** 11
gatten ausstattet, **belastet** die Verbindlichkeit oder Aufwendung aus dem Gesamtgut
im Innenverhältnis grundsätzlich **das Gesamtgut.**

Dagegen wird **der andere Ehegatte** (der Elternteil des ausgestatteten Kindes) im 12
Verhältnis der Ehegatten zueinander **belastet, wenn dieser** der Zuwendung **zustimmt.**
Eine solche Zuwendung ist zwar nicht Ausstattung iSd § 1624 Abs 1 BGB, da sie
vom Stiefelternteil gewährt oder versprochen wird. Sie stammt aber aus einem
Vermögen, an dem der Elternteil hälftig beteiligt ist. Deshalb darf sie, was § 1444
Abs 2 BGB voraussetzt, wie eine Ausstattung des Elternteils behandelt werden,
wenn dieser zustimmt.

Der **andere Ehegatte**, der Vater oder Mutter des Kindes ist, **wird** nach § 1444 Abs 2 13
aE im Innenverhältnis **auch dann belastet**, wenn die vom **Gesamtgutsverwalter** (und
Stiefelternteil) versprochene oder gewährte Ausstattung **das Maß nicht übersteigt,**
das dem Gesamtgut entspricht. GERNHUBER/COESTER-WALTJEN (5. Aufl) § 38 Rn 102
aE halten diese Regelung für gegenstandslos, weil Zuwendungen an ein Stiefkind
ohne Zustimmung des Vaters oder der Mutter keine Ausstattungen iSd § 1624 BGB
seien. Das Gesetz ist hier in der Tat in sich fehlerhaft. Es fehlt ein Zwischenglied, wie
es § 2054 Abs 1 S 2 BGB enthält, nämlich die Bestimmung, dass die Zuwendung aus
dem Gesamtgut als eine solche des anderen Ehegatten gilt. Diese Normlücke in
§ 1444 Abs 2 BGB ist entsprechend der in § 2054 Abs 1 S 2 BGB getroffenen Regelung auszufüllen. Wenn danach die Zuwendung als von dem nicht verwaltenden
Ehegatten gemacht gilt, dann ist sie auch als Ausstattung dieses Ehegatten an sein
Kind anzusehen (wie hier SOERGEL/GAUL/ALTHAMMER Rn 5; NK-BGB/VÖLKER Rn 9).

Ob das **dem Gesamtgut entsprechende Maß eingehalten** ist, bestimmt sich nicht nach 14
den Vermögensverhältnissen des Gesamtguts insgesamt, sondern unter Berücksichtigung des Umstandes, dass der Ehegatte, dem die Zuwendung als Ausstattung
zugerechnet wird, nur zur Hälfte am Gesamtgut beteiligt ist.

Fehlt die Zustimmung des nicht verwaltenden Ehegatten (s Rn 12), so ist der das 15
angemessene Maß übersteigende Wert der Ausstattung dem Gesamtgut endgültig
zuzurechnen (s oben Rn 11). Der Gesamtgutsverwalter hat jedoch in der Regel gemäß
§ 1435 S 3 BGB zum Gesamtgut Ersatz zu leisten. Das Übermaß ist Schenkung,
wenn und soweit es zugleich Übermaß iSd § 1624 Abs 1 BGB ist. Dafür sind neben
dem Wert des Anteils des nichtverwaltenden Ehegatten am Gesamtgut auch dessen
Sonder- und Vorbehaltsgut zu berücksichtigen (**aM** MünchKomm/KANZLEITER Rn 7).
Liegt danach nicht Schenkung vor, trifft den Verwalter doch regelmäßig ein Verschulden. Die Ersatzpflicht des Verwalters entspricht seiner persönlichen Belastung
im Innenverhältnis.

IV. Ausstattung aus dem Gesamtgut durch den nicht verwaltenden Ehegatten

Die den Gesamtgutsverwalter betreffenden Vorschriften des § 1444 BGB sind auf 16
den anderen Ehegatten entsprechend anzuwenden, wenn dieser wirksam für das
Gesamtgut handeln kann. § 1429 BGB kommt wohl nur theoretisch in Betracht.

Dagegen ist vor allem an die Fälle zu denken, in denen der Gesamtgutsverwalter zustimmt oder dessen Zustimmung nach § 1430 BGB ersetzt worden ist. Die Ausstattung ist den persönlichen Angelegenheiten zuzurechnen (hM; zurückhaltend ERMAN/ HEINEMANN Rn 1).

V. Ausstattung aus dem Vorbehalts- oder Sondergut

17 Stattet ein Ehegatte ein Kind aus seinem Vorbehaltsgut aus, ist für die Anwendung von § 1444 BGB zunächst kein Raum. Das Gesamtgut wird unmittelbar nicht berührt. Da aber die angenommene Ausstattung eines **gemeinschaftlichen Kindes** aus dem Gesamtgut auch Gesamtgutslast ist, kommt ein Anspruch auf Ersatz aus dem Gesamtgut in Betracht. Für den Gesamtgutsverwalter ergibt sich ein Ersatzanspruch aus § 1445 Abs 2 BGB, wenn er die Absicht hatte, aus dem Gesamtgut Ersatz zu verlangen. Dieser „Geschäftsführungswille" ist nicht zu vermuten. Für den nicht verwaltenden Ehegatten, der ein gemeinschaftliches Kind ausstattet, gelten die Vorschriften der §§ 677 ff BGB unmittelbar.

18 Wird ein **nicht gemeinschaftliches Kind** aus dem Vorbehaltsgut ausgestattet, so kommt ein Anspruch auf Ersatz aus dem Gesamtgut für den Gesamtgutsverwalter nicht in Betracht. Die Wertung des § 1444 Abs 2 BGB schließt einen Ausgleich gemäß § 1445 Abs 2 BGB aus. Ein Anspruch für den ausstattenden anderen Ehegatten aus Geschäftsführung ohne Auftrag wird regelmäßig an den Voraussetzungen des § 683 BGB scheitern, der Bereicherungsanspruch gemäß § 684 BGB an der fehlenden Gesamtgutsbereicherung.

VI. Abweichende Vereinbarungen

19 Für abweichende ehevertragliche Regelungen und Einzelvereinbarungen gilt das zu § 1441 Rn 17 Ausgeführte.

§ 1445
Ausgleichung zwischen Vorbehalts-, Sonder- und Gesamtgut

(1) Verwendet der Ehegatte, der das Gesamtgut verwaltet, Gesamtgut in sein Vorbehaltsgut oder in sein Sondergut, so hat er den Wert des Verwendeten zum Gesamtgut zu ersetzen.

(2) Verwendet er Vorbehaltsgut oder Sondergut in das Gesamtgut, so kann er Ersatz aus dem Gesamtgut verlangen.

Materialien: Zu § 1466 aF: E I § 1365; II § 1364 rev § 1451; III § 1449; Mot IV 384; Prot IV 269; VI 281; D 695. Zu § 1445: E I § 1466; II § 1466; III § 1445; BT-Drucks 1/3802, 65; BT-Drucks 2/224, 53; BT-Drucks 2/3409, 28. Vgl STAUDINGER/BGB-Synopse 1896–2005 § 1445.

Systematische Übersicht

I. Rechtsentwicklung

Die Vorschrift des § 1445, der die Ausgleichung zwischen Gesamtgut auf der einen **1** und Vorbehaltsgut oder Sondergut auf der anderen Seite behandelt, entspricht insoweit dem § 1446 aF, als er die Verwendung von Gesamtgut in das Vorbehaltsgut oder von Vorbehaltsgut in das Gesamtgut zum Gegenstand hat. Das GleichberG geht über die alte Fassung hinaus, indem es die Verwendung von Gesamtgut in das Sondergut oder von Sondergut in das Gesamtgut, die das BGB früher durch Verweisung auf die bei der Errungenschaftsgemeinschaft für das eingebrachte Gut geltenden Vorschriften regelte, in den Anwendungsbereich des § 1445 einbezieht. Die Einbeziehung des Sonderguts in den § 1445 wird von *zwei sachlichen Änderungen* begleitet: Zunächst stellten die §§ 1439 S 2, 1539 aF beim Sondergut – anders als § 1466 aF beim Vorbehaltsgut – auf den Umstand ab, ob das Sondergut auf Kosten des Gesamtguts oder das Gesamtgut auf Kosten des Sonderguts zur Zeit der Beendigung der Gütergemeinschaft bereichert ist. Die Neuregelung trifft für die Ausgleichung zwischen Gesamtgut und Sondergut die gleiche Bestimmung wie zwischen Gesamtgut und Vorbehaltsgut. Für eine unterschiedliche Regelung besteht kein innerer Grund; die Verwaltung des Vorbehaltsguts unterscheidet sich lediglich dadurch von der Verwaltung des Sonderguts, dass diese für Rechnung des Gesamtguts, jene für eigene Rechnung des Ehegatten erfolgt. Ferner regelten die §§ 1439 S 2, 1539 aF die Ausgleichung zwischen dem Gesamtgut und dem Sondergut der beiden Ehegatten, während § 1445 nur noch das Sondergut des verwaltenden Ehegatten behandelt und das Sondergut des nicht verwaltenden Ehegatten den allgemeinen Vorschriften unterstellt.

II. Grundgedanken

§ 1445 bestimmt eine Ausgleichung zwischen Gesamtgut einerseits und Vorbehalts- **2** gut oder Sondergut des verwaltenden Ehegatten andererseits, falls er Gesamtgut in sein Vorbehaltsgut oder in sein Sondergut oder umgekehrt Vorbehaltsgut oder Sondergut in das Gesamtgut verwendet. Hiermit ist die Sicherung in doppelter Hinsicht bezweckt. Der wichtigere Abs 1 schützt den nicht verwaltenden Ehegatten vor Schmälerungen des Gesamtguts zugunsten der Sondergüter des Verwalters (s auch unten Rn 3). Abs 2 bestätigt allgemeine Grundsätze für den Fall von Verwen-

Burkhard Thiele

dungen aus dem Sondervermögen in das Gesamtgut (s unten Rn 8). Die nicht geregelte Ausgleichung zwischen dem Gesamtgut und dem Vorbehaltsgut oder Sondergut des Ehegatten, der das Gesamtgut nicht verwaltet, richtet sich nach allgemeinen
Grundsätzen.

III. Ersatz des Verwalters zum Gesamtgut

3 Nach § 1445 Abs 1 hat der **verwaltende Ehegatte**, wenn er **Gesamtgut in** sein **Vorbehaltsgut oder** sein **Sondergut verwendet, den Wert** des Verwendeten zum Gesamtgut
zu ersetzen. Ohne eine besondere Bestimmung wäre der Gesamtgutsverwalter, wenn
er aus dem Gesamtgut Verwendungen in sein Vorbehaltsgut machte, mangels der
Voraussetzungen des § 1435 S 3 jedenfalls nur verpflichtet, die zur Zeit der Rechtshängigkeit des Anspruchs noch vorhandene Bereicherung nach Maßgabe der
§§ 812 ff herauszugeben. Da aber der Gesamtgutsverwalter in dessen Hand das
Gesamtgut und sein Vorbehaltsgut vereinigt sind, jederzeit in der Lage ist, Verwendungen aus dem Gesamtgut in sein Vorbehaltsgut zu machen, hat das Gesetz
zum Schutz des nicht verwaltenden Ehegatten dem freien Verfügungsrecht des
Gesamtgutsverwalters durch die Anordnung seiner Ersatzpflicht nach Maßgabe
des § 1445 Abs 1 eine Schranke gesetzt (Mot IV 380 f). Die gleiche Erwägung trifft
auch auf die Verwendung von Gesamtgut in das Sondergut zu.

4 Verwendungen aus dem Gesamtgut in das Vorbehalts- oder Sondergut sind nicht nur
Verwendungen im engeren Sinne der §§ 994 ff, sondern **alle Aufwendungen, die dem
Vorbehalts- oder Sondergut zugute kommen sollen**. Dazu gehören alle Vermögens-
opfer aus dem Gesamtgut, die nach dem Innenverhältnis der Ehegatten nicht diesem
zur Last fallen. Die Tilgung einer den Verwalter persönlich treffenden Schuld, mag
sie auch Gesamtgutsverbindlichkeit sein, aus dem Gesamtgut ist auch dann „Verwendung", wenn sie auf Druck des Gläubigers oder sogar im Wege der Zwangsvollstreckung erfolgt. Hierher gehören etwa auch die Verwendung von Material des
Gesamtguts oder die Übernahme von Kosten zu dessen Lasten, um einen zum
Sondervermögen gehörenden Gegenstand zu reparieren oder zu verbessern.

5 Der Ersatzanspruch **setzt nicht voraus**, dass den Gesamtgutsverwalter an der Verwendung ein **Verschulden** trifft (s Mot IV 381) und dass das Vorbehalts- oder Sondergut **bereichert** ist.

6 **Zu ersetzen ist der Wert des Verwendeten**, und zwar derjenige Wert, den das Verwendete **zur Zeit der Verwendung** gehabt hat (E I z BGB § 1365 Abs 1 hatte dies
ausdrücklich ausgesprochen, von der II. Komm wurden die Worte „zur Zeit der
Verwendung" lediglich aus redaktionellen Gründen beseitigt; Prot IV 269). Ob und
in welchem Umfang das Vorbehaltsgut oder das Sondergut zur Zeit der Verwendung
oder der Ersatzleistung bereichert ist, ist unerheblich (Soergel/Gaul/Althammer Rn 3;
NK-BGB/Völker Rn 2). Unter den Voraussetzungen des § 1435 S 3 hat der Gesamtgutsverwalter nicht nur den Wert des Verwendeten, sondern vollen Schadensersatz
zum Gesamtgut zu leisten.

7 Gemäß § 1446 Abs 1 HS 1 hat der Ehegatte, der das Gesamtgut verwaltet, die ihm
nach § 1445 Abs 1 obliegende Ersatzpflicht **erst** nach **Beendigung der Gütergemeinschaft** zu **erfüllen**. Es handelt sich jedoch um eine gewöhnliche Ersatzverbindlichkeit,

nicht nur um eine Anrechnungs- oder Ausgleichspflicht (allgM, SOERGEL/GAUL/ ALTHAMMER Rn 3; NK-BGB/VÖLKER Rn 2). Sie wird freilich meist durch Anrechnung gemäß § 1476 Abs 2 S 1 berichtigt, bleibt aber als Anspruch unter den Ehegatten bestehen und normal durchsetzbar, wenn keine Anrechnung erfolgt, § 1476 Abs 2 S 2.

IV. Ersatz aus dem Gesamtgut

Nach § 1445 Abs 2 kann **der verwaltende Ehegatte** umgekehrt **Ersatz aus dem Ge-** 8 **samtgut** verlangen, wenn er **Vorbehaltsgut oder Sondergut in das Gesamtgut verwendet**. Die Rechtsfolge des § 1445 Abs 2 würde mit Rücksicht darauf, dass das Gesamtgut und das Vorbehaltsgut des verwaltenden Ehegatten sich als rechtlich getrennte Vermögensmassen gegenüberstehen, schon aus den Bestimmungen über die Geschäftsführung ohne Auftrag (§§ 677 ff) abzuleiten sein. Um Zweifel auszuschließen, hielt es jedoch der Gesetzgeber für ratsam, eine ausdrückliche Bestimmung dieses Inhalts aufzunehmen (Mot IV 381 f). Die gleiche Erwägung trifft auch auf die Verwendung von Sondergut in Gesamtgut zu.

Voraussetzung des Ersatzanspruchs des verwaltenden Ehegatten ist auch hier ledig- 9 lich, dass er Vorbehaltsgut oder Sondergut in das Gesamtgut **verwendet** hat. Zum Begriff der Verwendung s oben Rn 4. Im Zweifel gehört ein Gegenstand zum Gesamtgut (§ 1416 Abs 1). Daraus ergibt sich die **Beweislast** des Verwalters hinsichtlich der Herkunft der Verwendung. Ein Fall von Verwendung in das Gesamtgut ist zB gegeben, wenn der Gesamtgutsverwalter etwas aus seinem Vorbehaltsgut oder Sondergut für den Unterhalt der Familie verwendet, obwohl nach § 1420 zunächst die Einkünfte oder der Stamm des Gesamtguts beitragspflichtig sind; hier greift allerdings die Vermutung des § 1360b ein (vgl BGHZ 50, 266, 269). Auch die Tilgung einer Gesamtgutsverbindlichkeit, die im Verhältnis der Ehegatten zueinander dem Gesamtgut zur Last fällt, aus dem Vorbehaltsgut des Verwalters löst den Ersatzanspruch aus.

Eine besondere Vorschrift darüber, ob der **Ersatzanspruch ausgeschlossen** ist, wenn 10 der Gesamtgutsverwalter bei der Verwendung nicht die Absicht hatte, Ersatz zu verlangen, hat das Gesetz nicht für erforderlich erachtet (Mot IV 382). Dem Grundsatz des § 685 Abs 1 entsprechend wird dem verwaltenden Ehegatten in einem solchen Fall ein Ersatzanspruch nicht zuzuerkennen sein (GERNHUBER/COESTER-WALTJEN § 38 Rn 98–102, hM). Handelt es sich um eine Verwendung für den Unterhalt der Familie, so ist im Zweifel anzunehmen, dass der Gesamtgutsverwalter nicht beabsichtigt, von dem anderen Ehegatten Ersatz zu verlangen (§ 1360b, BGHZ 50, 266, 269).

Der **Anspruch** des verwaltenden Ehegatten geht **auf Ersatz** des **Wertes des** von ihm in 11 das Gesamtgut **Verwendeten**; maßgebend ist auch hier der Wert, den das Verwendete **zur Zeit der Verwendung** gehabt hat. Unberücksichtigt bleibt, ob und in welchem Umfang das Gesamtgut zur Zeit der Verwendung oder zur Zeit der Geltendmachung des Ersatzanspruchs bereichert ist (Mot IV 382).

Gemäß § 1446 Abs 1 HS 2 kann der Ehegatte, der das Gesamtgut verwaltet, den ihm 12

nach § 1445 Abs 2 zustehenden Ersatzanspruch erst **nach der Beendigung der Gütergemeinschaft geltend** machen.

V. Verwendungen des nicht verwaltenden Ehegatten

13 Wird der nicht verwaltende Ehegatte in der Funktion des Verwalters tätig, insbesondere gemäß § 1429, aber auch gemäß § 1357, ist § 1445 gegen und für ihn entsprechend anwendbar (**aM** zu § 1357 MünchKomm/KANZLEITER Rn 4; wie hier BAMBERGER/
ROTH/MAYER Rn 4; BGB-RGRK/FINKE Rn 5; NK-BGB/VÖLKER Rn 4). Das Gleiche gilt im
Falle des § 1431, wenn das vom Verwalter genehmigte Erwerbsgeschäft zum Vorbehaltsgut gehört. Hier liegen nicht selten Verwendungen aus dem Gesamtgut in das
Vorbehaltsgut vor.

14 Für Verwendungen des nicht verwaltenden Ehegatten aus dem Gesamtgut in sein
Vorbehalts- oder Sondergut und umgekehrt sieht das Gesetz keine Regelung vor.
§ 1445 gilt nicht. Der nicht verwaltende Ehegatte steht mit seinem Sondervermögen
im Verhältnis zum Gesamtgut und seiner Verwaltung einem unzuständigen Dritten
gleich. Daher finden auf seine Verwendungen von einer in die andere Gütermasse
die **allgemeinen Vorschriften Anwendung**, insbesondere die über die Geschäftsführung ohne Auftrag und die ungerechtfertigte Bereicherung (s auch Mot IV 382; Prot
IV 269). § 1360b ist auch hier zu beachten. Zur Einziehung einer Gesamtgutsforderung durch den anderen Ehegatten und Verwendung der Leistung in sein Vorbehaltsgut s BGH NJW 1957, 1635.

VI. Verwendungen des Verwalters in Sondervermögen des anderen Ehegatten

15 Auch für diese Fälle sieht das Gesetz keine besondere Regelung vor. Die ratio des
§ 1445 BGB trifft hier nicht zu; die Vorschrift ist nicht anwendbar. Es gelten vielmehr die allgemeinen Vorschriften (§§ 677 ff, 812 ff BGB), aber auch § 1360b BGB.

VII. Verwendungen aus Sondervermögen in Sondervermögen

16 Verwendet ein Ehegatte sein Sondervermögen (Vorbehalts- oder Sondergut) in das
Sondervermögen des anderen Ehegatten, gelten ebenfalls die allgemeinen Vorschriften.

VIII. Abweichende Vereinbarungen

17 Vereinbarungen der Ehegatten, die die Ausgleichung zwischen dem Gesamtgut
einerseits und dem Vorbehalts- oder Sondergut des verwaltenden Ehegatten andererseits abweichend von § 1445 ausgestalten, sind zulässig (hM). Sie setzen zu ihrer
Wirksamkeit, soweit sie nicht nur für einzelne bestimmte Verwendungen eine Regelung treffen, den Abschluss eines Ehevertrages voraus. S auch § 1441 Rn 17.

§ 1446
Fälligkeit des Ausgleichsanspruchs

(1) Was der Ehegatte, der das Gesamtgut verwaltet, zum Gesamtgut schuldet,

braucht er erst nach der Beendigung der Gütergemeinschaft zu leisten; was er aus dem Gesamtgut zu fordern hat, kann er erst nach der Beendigung der Gütergemeinschaft fordern.

(2) Was der Ehegatte, der das Gesamtgut nicht verwaltet, zum Gesamtgut oder was er zum Vorbehaltsgut oder Sondergut des anderen Ehegatten schuldet, braucht er erst nach der Beendigung der Gütergemeinschaft zu leisten; er hat die Schuld jedoch schon vorher zu berichtigen, soweit sein Vorbehaltsgut und sein Sondergut hierzu ausreichen.

Materialien: Zu § 1467 aF: E I § 1369; II § 1365 rev § 1452; III § 1450; Mot IV 390 ff; Prot IV 272. Zu § 1446: E I § 1467; II § 1467; III § 1446; BT-Drucks 1/3802, 65; BT-Drucks 2/224, 53; BT-Drucks 2/3409, 28. Vgl STAUDINGER/BGB-Synopse 1896–2005 § 1446.

Schrifttum

Zum älteren Schrifttum s auch STAUDINGER/ THIELE (2000).

Systematische Übersicht

I. Rechtsentwicklung und Grundgedanke

§ 1446 entspricht sachlich dem § 1467 aF. Wie zu § 1445 ist auch hier das Sondergut **1** mit berücksichtigt worden; zugleich ist die dieses Sondergut betreffende Regelung vereinfacht und der Behandlung des Vorbehaltsguts angepasst worden.

§ 1446 regelt die **Fälligkeit** der gegenseitigen Ansprüche und Verbindlichkeiten der **2** Ehegatten. **Grundsätzlich ruhen** diese Ansprüche und Verbindlichkeiten **bis zur Beendigung der Gütergemeinschaft.** Damit berücksichtigt das Gesetz, dass nach dem Grundsatz des § 1416 BGB alles Vermögen der Ehegatten Gesamtgut ist, sodass Ausgleichungen häufig nicht stattfinden können. Selbst wenn sie möglich sind, erweisen sie sich regelmäßig als nicht zweckmäßig und nicht notwendig (Mot IV 391).

Nicht ausgeschlossen wird durch § 1446, dass schon während des Bestehens der **3** Gütergemeinschaft **Feststellungsantrag** (§ 113 Abs 1 FamFG, § 256 ZPO) oder **Antrag auf künftige Leistung** (§ 113 Abs 1 FamFG, § 259 ZPO) gestellt wird, falls die besonderen Voraussetzungen dieser Anträge vorliegen (so mit überzeugender Begründung schon Becher Recht 1914, 123 ff; hM). Auch die Zulässigkeit eines Antrags auf **Arrest** oder **einstweilige Anordnung** (iVm §§ 119 Abs 1, Abs 2, 49 ff FamFG) wird durch § 1446 nicht berührt. Das Familiengericht kann gemäß § 926 ZPO, § 119 Abs 2 S 2 FamFG zwar die Antragstellung anordnen; dieser Forderung genügt aber bereits der Antrag auf Feststellung oder auf künftige Leistung (so Becher 129; ferner iE OLG Königsberg OLGE 2, 70 und hL).

II. Schulden und Ansprüche des verwaltenden Ehegatten

4 Was der Gesamtgutsverwalter **zum Gesamtgut schuldet**, braucht er erst **nach Beendigung der Gütergemeinschaft zu leisten** (Abs 1 HS 1). Die Verbindlichkeiten des Gesamtgutsverwalters ruhen auch dann, wenn er ein ausreichendes Vorbehaltsgut oder Sondergut besitzt. Der Gesamtgutsverwalter kann jedoch gemäß § 271 die Schuld vorzeitig tilgen. Die Tilgung aus Sondergut kommt nicht in Betracht. Zur Übertragung von Vorbehaltsgut in das Gesamtgut ist ein Ehevertrag erforderlich (s § 1416 Rn 33). Die nach Ansicht vieler erforderliche anschließende rechtsgeschäftliche Übertragung könnte der Verwalter entsprechend § 181 aE vollziehen.

5 Was der Gesamtgutsverwalter **zum Vorbehaltsgut des nicht verwaltenden Ehegatten schuldet**, kann von diesem schon während der Dauer der Gütergemeinschaft beansprucht werden. § 1446 trifft insoweit keine Bestimmung (OLG München SeuffBl 75, 785). Die Übertragung von Vorbehaltsgut zu Vorbehaltsgut erfolgt nach den allgemeinen Vorschriften, wenn für den Gläubiger die Voraussetzungen des § 1418 Abs 1 Nr 3 BGB vorliegen.

6 Was der Gesamtgutsverwalter **aus dem Gesamtgut zu fordern** hat, kann er erst nach Beendigung der Gütergemeinschaft fordern (Abs 1 HS 2), gleichviel, ob der Ersatzanspruch zu seinem Vorbehaltsgut oder zu seinem Sondergut gehört. Diese Bestimmung beruht gleichfalls auf der Erwägung, dass das Gesamtgut während der Dauer der Gütergemeinschaft als eine der ehelichen Gemeinschaft dienende Vermögensmasse Ansprüchen der einzelnen Ehegatten nicht ausgesetzt sein soll (vgl Mot IV 392).

III. Schulden und Ansprüche des nicht verwaltenden Ehegatten

7 Was der nicht verwaltende Ehegatte **zum Gesamtgut schuldet**, braucht er grundsätzlich erst **nach Beendigung der Gütergemeinschaft zu leisten** (Abs 2 HS 1). Eine **Ausnahme** besteht jedoch nach Abs 2 HS 2: **Soweit das Vorbehaltsgut und das Sondergut** des nicht verwaltenden Ehegatten **dazu ausreichen, hat er seine Schuld schon vorher zu berichtigen**, also im Zeitpunkt der nach allgemeinen Grundsätzen (s § 271 BGB) eintretenden Fälligkeit (vgl BGH NJW 1990, 2252 = FamRZ 1990, 851 zu 1468). Insoweit besteht auch die Verpflichtung zu Teilleistungen (BGB-RGRK/Finke § 1468 Rn 2). Dies rechtfertigt sich im Hinblick darauf, dass das Vorbehalts- und das Sondergut des nicht verwaltenden Ehegatten dem Gesamtgut als getrennte selbständige Vermögensmasse gegenüberstehen und dass der Gesamtgutsverwalter leicht in die Lage kommen kann, den sofortigen Ersatz der für den anderen Ehegatten gemachten Aufwendungen zum Zwecke der Verwaltung des Gesamtguts dringend zu benötigen (Mot IV 391). Das Sondergut hat für die Berichtigung einer Schuld wegen seiner Unübertragbarkeit keine wesentliche praktische Bedeutung. Zur Übertragung aus dem Vorbehaltsgut in das Gesamtgut s oben Rn 4 und § 1416 Rn 33.

Dass Vorbehaltsgut oder Sondergut des nicht verwaltenden Ehegatten vorhanden ist **8** und dass es zur Berichtigung seiner Schuld ausreicht, hat der Gesamtgutsverwalter als anspruchsbegründende Tatsache bereits im Prozess **zu beweisen** (so zu § 1467 aF: OLG Hamburg OLGE 7, 404 und 14, 228; hM). Die Frage der Zulänglichkeit des Sondervermögens darf im Beschluss nicht offenbleiben; sie darf nicht dem Vollstreckungsverfahren vorbehalten werden.

Nicht ausgeschlossen ist, dass der nicht verwaltende Ehegatte sich auf eine auf **9** anderen Gründen beruhende Hinausschiebung seiner Erfüllungspflicht beruft (Mot IV 391; zB § 273 BGB).

Was der nicht verwaltende Ehegatte zum **Vorbehalts- oder Sondergut des Gesamt-** **10** **gutsverwalters schuldet**, braucht er grundsätzlich erst **nach Beendigung der Güter-** **gemeinschaft** zu leisten (Abs 2 HS 1). Eine **Ausnahme** gilt auch hier insoweit, als zur Berichtigung der Schuld das Vorbehalts- und Sondergut des nicht verwaltenden Ehegatten ausreichen (Abs 2 HS 2; oben Rn 7 f).

Was der nicht verwaltende Ehegatte **aus dem Gesamtgut zu fordern hat**, kann er auch **11** **während des Bestehens der Gütergemeinschaft** verlangen. § 1446 trifft insoweit keine Bestimmung (OLG München SeuffBl 75, 785). Ohne Belang ist dabei, ob der Anspruch zum Vorbehaltsgut oder Sondergut des nicht verwaltenden Ehegatten gehört; früher war dagegen für zum Sondergut der Frau gehörende Ansprüche gegen das Gesamtgut gemäß §§ 1439 S 2, 1505 Abs 2 aF die zeitliche Schranke des § 1394 aF maßgebend.

Zur Fälligkeit dessen, was der nicht verwaltende Ehegatte **aus dem Vorbehalts- oder** **12** **Sondergut des Gesamtgutsverwalters zu fordern hat**, s oben Rn 5.

IV. Das Anwendungsgebiet des § 1446

Die Vorschriften des § 1446 gelten nicht nur für die **güterrechtlichen Ersatzverbind-** **13** **lichkeiten** der Ehegatten (vgl §§ 1435 S 3, 1441–1444, 1446 BGB). Sie finden vielmehr auf **alle obligatorischen Ansprüche Anwendung**, also zB auch dann, wenn ein Ehegatte aus dem Gesamtgut zu seinem Vorbehaltsgut ein Darlehen erhalten hat oder wenn einer der Ehegatten aus einem sein Vorbehalts- oder Sondergut betreffenden Rechtsverhältnis einem Dritten etwas schuldet und demnächst der Nachlass dieses Dritten in das Gesamtgut fällt (Mot IV 392; Prot IV 272). Auch Ansprüche aus Delikt werden erfasst.

Auf **dingliche** und **possessorische Ansprüche** ist § 1446 **nicht anwendbar**. Hat etwa der **14** nicht verwaltende Ehegatte dem Gesamtgutsverwalter ein zum Gesamtgut gehöriges Sparkassenbuch weggenommen, so steht § 1446 dem Anspruch des verwaltungsberechtigten Ehegatten auf Herausgabe des Sparkassenbuches nicht entgegen, wohl aber dem Anspruch auf Ersatz wegen Abhebung der Spareinlage (vgl OLG Hamburg OLGE 7, 404 und 21, 232).

V. Verzinsung, Verjährung

15 Vertragliche oder fälligkeitsunabhängige gesetzliche **Zinsen** sind auch vor dem in § 1446 bestimmten Zeitpunkt zu entrichten. Die Verjährungsfrist beginnt aber mangels Fälligkeit erst nach Beendigung des Güterstandes. Die **Verjährung** der Ansprüche unter den Ehegatten ist gemäß § 207 Abs 1 BGB während der Dauer der Ehe gehemmt.

VI. Abweichende Vereinbarungen

16 Die Ehegatten können allgemein und im Voraus abweichende Vereinbarungen über die Fälligkeit ihrer Ansprüche gegeneinander durch Ehevertrag treffen. Sie können solche Vereinbarungen aber auch für den Einzelfall formlos treffen (wie hier Münch-Komm/Kanzleiter Rn 7; BGB-RGRK/Finke Rn 7). Eine Vereinbarung, durch die die Fälligkeit auf einen Zeitpunkt nach der Beendigung der Gütergemeinschaft gelegt wird, ist möglich. Sie kann aber im Einzelfall gegen § 138 BGB verstoßen oder der Gläubigeranfechtung unterliegen (so auch BGB-RGRK/Finke Rn 7; weitergehend wohl Soergel/Gaul/Althammer Rn 7; anders – keine Einschränkung – MünchKomm/Kanzleiter Rn 7).

§ 1447
Aufhebungsantrag des nicht verwaltenden Ehegatten

Der Ehegatte, der das Gesamtgut nicht verwaltet, kann die Aufhebung der Gütergemeinschaft beantragen,

1. **wenn seine Rechte für die Zukunft dadurch erheblich gefährdet werden können, dass der andere Ehegatte zur Verwaltung des Gesamtgutes unfähig ist oder sein Recht, das Gesamtgut zu verwalten, missbraucht,**

2. **wenn der andere Ehegatte seine Verpflichtung, zum Familienunterhalt beizutragen, verletzt hat und für die Zukunft eine erhebliche Gefährdung des Unterhalts zu besorgen ist,**

3. **wenn das Gesamtgut durch Verbindlichkeiten, die in der Person des anderen Ehegatten entstanden sind, in solchem Maße überschuldet ist, dass ein späterer Erwerb des Ehegatten, der das Gesamtgut nicht verwaltet, erheblich gefährdet wird,**

4. **wenn die Verwaltung des Gesamtguts in den Aufgabenkreis des Betreuers des anderen Ehegatten fällt.**

Materialien: Zu § 1468 aF: E I § 1372; II § 1366 rev § 1453; III § 1451; Mot IV 393 ff; Prot IV 273 ff; D 695. Zu § 1447: E I § 1468; II § 1468; III § 1447; BT-Drucks 1/3802, 65 f; BT-Drucks 2/224, 53; BT-Drucks 2/3409, 28; BT-Drucks 11/ 4528, 106; BT-Drucks 11/4528, Anl II 204; BT-Drucks 18/5901, 22. Vgl Staudinger/BGB-Synopse 1896–2005 § 1447.

Systematische Übersicht

I.   Rechtsentwicklung

§ 1447 hat gegenüber dem § 1468 aF die Gründe, die den nicht verwaltenden Ehe- **1** gatten zum Antrag auf Aufhebung der Gütergemeinschaft berechtigen, zum Schutze dieses Ehegatten erheblich erweitert. Insbesondere ist die Nr 1 generell auf den Tatbestand der Unfähigkeit zur Verwaltung ausgedehnt worden, während früher nur die Verschwendung berücksichtigt wurde. Nr 4 ist durch das Betreuungsgesetz neu gefasst worden. Durch das Gesetz zur Bereinigung des Rechts der Lebenspartner wurden die Überschrift und der Eingangssatz ohne Inhaltsänderung am 26. 11. 2015 redaktionell an die Begrifflichkeiten des FamFG angepasst

II.   Grundgedanken

Die Fortführung der Gütergemeinschaft setzt ein ungestörtes Vertrauensverhältnis **2** voraus. Der zur Alleinverwaltung berechtigte Ehegatte hat so umfassende Verwaltungsbefugnisse, dass deren Anerkennung dem anderen Ehegatten nicht grenzenlos zugemutet werden kann. Für ihn tritt der Aufhebungsantrag an die Stelle einer sonst bei Dauerrechtsverhältnissen gegebenen Kündigung aus wichtigem Grund. Die Aufhebung der Gütergemeinschaft lässt die Ehe unberührt. Das Gesetz sieht aber auf der anderen Seite auch keine Vorstufe zur Aufhebung vor, etwa den Wechsel der Gesamtgutsverwaltung oder den Übergang zur gemeinschaftlichen Verwaltung.

III. Aufhebungsverfahren

Zuständig ist das Familiengericht, das im Familienstreitverfahren entscheidet, §§ 111 **3** Nr 9, 112 Nr 2, 261 Abs 1 FamFG. Es besteht Anwaltszwang, § 114 FamFG. Das Aufhebungsverfahren ist weder Ehesache noch Scheidungsfolgesache. Die **Verbindung** mit anderen Familiensachen ist zulässig (BGH NJW 1979, 427). In Betracht kommt vor allem ein Antrag auf *Auskunft* nach § 1435 (vgl OLG Hamburg OLGE 30, 133; unentschieden noch RGZ 72, 12, 14). Auch ein *Widerantrag* des Gesamtgutsverwalters ist zulässig (s BGHZ 29, 129, 136). Obwohl die *Auseinandersetzung* gemäß § 1471 erst *nach* Beendigung der Gütergemeinschaft erfolgt, die erst mit Rechtskraft des Aufhebungsbeschlusses eintritt, kann der Antrag darauf mit dem auf Aufhebung oder im

Burkhard Thiele

Verbundverfahren geltend gemacht werden (so zu § 1478 BGHZ 84, 336 f; OLG Karlsruhe FamRZ 1982, 288; Bölling FamRZ 1982, 290; Soergel/Gaul/Althammer Rn 16).

4 Eine **Antragsfrist** sieht das Gesetz nicht vor. Im Einzelfall kann das Antragsrecht jedoch durch längeres Abwarten gemäß § 242 verwirkt sein.

5 Der Antrag ist **gegen den Ehegatten zu richten**, der das Gesamtgut verwaltet. Das gilt auch dann, wenn über dessen Vermögen das Insolvenzverfahren eröffnet ist (vgl RGZ 15, 321). Im Falle der Nr 4 gilt anderes nur bei Bestehen eines Einwilligungsvorbehaltes oder im Anwendungsbereich des § 53 ZPO.

6 Maßgebend für den Streitwert ist das konkrete Interesse des Antragstellers (s auch OLG Karlsruhe OLGE 15, 51). Ein am Wert des Anteils des Antragstellers orientierter Regelstreitwert (zB BGH NJW 1973, 369 zu § 1385:¼; Erman/Heinemann Rn 6) ist abzulehnen.

7 Das Rechtsschutzinteresse für den Antrag fehlt regelmäßig, wenn der Antragsgegner bereits vor Antragstellung bereit war, die Gütergemeinschaft durch Ehevertrag aufzuheben (vgl RG Gruchot 53, 697; Erman/Heinemann Rn 6; Bamberger/Roth/Mayer Rn 3; **aA** MünchKomm/Kanzleiter Rn 17: ggf Anerkenntnis mit der Kostenfolge des § 93 ZPO). Der nicht verwaltende Ehegatte ist jedoch nicht verpflichtet, vor der Antragstellung zunächst eine vertragsmäßige Aufhebung des Güterstandes zu versuchen (OLG Posen SeuffA 58 Nr 190).

8 Das **Aufhebungsverfahren** kann **durch Beschluss**, auch Versäumnis- und Anerkenntnisbeschluss **beendet** werden. Auch ein **Prozessvergleich** ist möglich (allgM, s RG Recht 1919 Nr 1486). Die Gütergemeinschaft wird dann durch **Ehevertrag** aufgehoben. Im Vergleichstermin müssen beide Seiten anwesend sein, § 1410 BGB. Die Form wird gemäß § 127a gewahrt.

9 **Durch vorläufige Anordnung** kann die Gütergemeinschaft **nicht aufgehoben** werden (allgM, s nur OLG Kassel JW 1930, 1012). Möglich sind aber **sichernde Anordnungen**, durch die dem Gesamtgutsverwalter bestimmte Maßnahmen aufgegeben oder verboten werden (OLG Kassel JW 1930, 1012; s auch RG Gruchot 46, 951; Soergel/Gaul/Althammer Rn 18 u hM). Dagegen kann dem Verwalter durch einstweilige Anordnung nicht die Verwaltung insgesamt untersagt werden (so aber BGB-RGRK/Finke Rn 19; ähnlich MünchKomm/Kanzleiter Rn 19; wie hier Soergel/Gaul/Althammer Rn 18). Eine solche Regelung wäre selbst durch die Hauptsacheentscheidung nicht möglich (s auch oben Rn 2). Andererseits kann der Gesamtgutsverwalter die Aufhebung der Gütergemeinschaft nicht durch Anbieten von **Sicherheitsleistung** abwenden (vgl OLG Hamm JZ 1952, 421; BGB-RGRK/Finke Rn 19). Eine Sequestration über das Gesamtgut kommt im Wege der einstweiligen Anordnung nicht in Betracht. Für Familienstreitverfahren verweist § 119 Abs 1 FamFG auf die Anwendung der §§ 49 ff, nicht auf §§ 934–944 ZPO (Soergel/Gaul/Althammer Rn 18 mit dem zutreffenden Hinweis, dass dies iÜ auf eine Fremdverwaltung hinauslaufen könnte; **aA** NK-BGB/Völker Rn 12; Erman/Heinemann Rn 6). Möglich bleibt eine sichernde einstweilige Anordnung über einzelne Gesamtgutsgegenstände (so wohl MünchKomm/Kanzleiter Rn 19).

10 Der **Rechtsstreit erledigt** sich in der Hauptsache, wenn die Gütergemeinschaft inzwischen durch den Tod, rechtskräftige Scheidung oder Aufhebung der Ehe beendet ist und wenn die Gütergemeinschaft nach dem Tode eines der Ehegatten **fortgesetzt** wird.

IV. Allgemeine Voraussetzungen der Aufhebung

Der gerichtliche Aufhebungsbeschluss nach §§ 1447 und 1448 ist die einzige Möglichkeit, die Gütergemeinschaft gegen den Willen des anderen Ehegatten zu beenden. Daneben finden andere Beendigungstatbestände keine Anwendung. **Verdrängt** sind insbesondere die **Kündigung** und der **Rücktritt**. Eine positive Forderungsverletzung oder der Wegfall der Geschäftsgrundlage ermöglichen weder den Rücktritt vom Ehevertrag noch reichen sie als Aufhebungsgrund aus, wenn nicht einer der im Gesetz vorgesehenen Antragsgründe vorliegt (vgl BGHZ 29, 129, 135). Zum Rücktritt von einem Erbvertrag, der mit einem Ehevertrag verbunden ist (§ 2276 Abs 2 BGB) s BGHZ 29, 129, 135 und hM: er ist nicht zugleich wirksamer Rücktritt vom Ehevertrag (§ 1408 Rn 30). Für die grundsätzliche Anwendbarkeit der Lehre von der Geschäftsgrundlage in einem solchen Fall aber GERNHUBER/COESTER-WALTJEN § 38 Rn 110 Fn 133; s dazu auch oben § 1408 Rn 34. Die allgemeinen Grundsätze der **Anfechtung** sind jedoch auch auf den Ehevertrag anwendbar (s auch § 1408 Rn 29).

Die **Voraussetzungen** des § 1447 müssen **noch zur Zeit** der **letzten mündlichen Verhandlung**, auf die der Beschluss ergeht, vorhanden sein (s RG WarnR 1908 Nr 162; 1911 Nr 246).

V. Unfähigkeit des Gesamtgutsverwalters und Missbrauch des Verwaltungsrechts (Nr 1)

Der Gesamtgutsverwalter ist **unfähig zur Verwaltung**, wenn er wegen körperlicher oder geistiger Gebrechen oder wegen längerer Abwesenheit nicht in der Lage ist, seine Aufgaben ordnungsgemäß wahrzunehmen. Steht der Verwalter unter Betreuung, kann der Antrag auch auf Nr 4 gestützt werden. Ein **Verschulden** des Verwalters ist nicht vorausgesetzt. Voraussehbar kurzfristige Verhinderungen reichen nicht aus, einen Aufhebungsantrag zu begründen; regelmäßig wird es an einer erheblichen Gefährdung (s dazu unten Rn 15) der Rechte des anderen Ehegatten fehlen. Dieser ist jedoch bei Gefahr im Verzug nicht verpflichtet, von seinem Notverwaltungsrecht gemäß § 1429 Gebrauch zu machen.

Ein **Missbrauch des Verwaltungsrechts** ist gegeben, wenn der Gesamtgutsverwalter ein Rechtsgeschäft der in den §§ 1423–1425 bezeichneten Art ohne Zustimmung des anderen Ehegatten vornimmt (vgl BGHZ 48, 369 = NJW 1968, 496; RG Recht 1906 Nr 1658), wenn der verwaltende Ehegatte das Gesamtgut in der Absicht, den anderen Ehegatten zu benachteiligen, vermindert (vgl OLG Hamburg OLGE 30, 133; KG OLGE 32, 9), oder wenn der Gesamtgutsverwalter das Gesamtgut verschwendet. Neben diesen Fällen, die früher selbständige Tatbestände bildeten, sind alle sonstigen willkürlichen oder schädlichen Maßnahmen als Missbrauch des Verwaltungsrechts anzusehen, wie zB ehevertragswidrige Hypothekenbestellung (vgl RG Recht 1924 Nr 352), die Veräußerung von Vieh und Geräten eines landwirtschaftlichen Betriebes über das vernünftige Maß hinaus, die Verwendung des Gesamtguts durch den Verwalter, um in einem ehebrecherischen Verhältnis mit einer dritten Person zusammenzuleben (vgl BGHZ 1, 313 = NJW 1951, 478). Auch eine Verletzung der Auskunftspflicht (§ 1435 S 2 BGB) kann den Antrag begründen.

15 Neben den in Rn 13 f genannten Voraussetzungen ist **weiter erforderlich, dass die Rechte des nicht verwaltenden Ehegatten für die Zukunft erheblich gefährdet werden können.** Unter den **Rechten** des anderen Ehegatten sind dessen Anteil am Gesamtgut und damit alle Vermögensinteressen zu verstehen, die mit der Entwicklung des Gesamtguts zusammenhängen. Die abstrakte **Möglichkeit einer Gefährdung** reicht aus, ihr Eintritt ist nicht erforderlich. Möglich ist die Gefährdung, wenn die durch Tatsachen belegte Besorgnis besteht, dass die Unfähigkeit des Gesamtgutsverwalters in absehbarer Zeit fortbesteht oder dass er seine missbräuchlichen Verwaltungshandlungen in Zukunft wiederholt. Die Besorgnis einer erheblichen Gefährdung der Rechte des nicht verwaltenden Ehegatten für die Zukunft liegt nicht nur dann vor, wenn zu befürchten ist, der Gesamtgutsverwalter werde neuerdings ein Rechtsgeschäft der in §§ 1423–1425 bezeichneten Art ohne die erforderliche Zustimmung vornehmen; die Besorgnis kann vielmehr schon dadurch begründet sein, dass anzunehmen ist, der Gesamtgutsverwalter werde die hieraus erwachsenden Ansprüche gegen Dritte nicht geltend machen und bei der künftigen Auseinandersetzung nicht in der Lage sein, dem anderen Ehegatten Ersatz zu leisten (Mot IV 395; vgl OLG Hamburg OLGE 30, 133, 134). Die mögliche **Gefährdung muss erheblich sein.** Diese Voraussetzung bezieht sich sowohl auf das Maß der Gefahr als auch auf den Umfang der zu besorgenden Beeinträchtigung. Sie ist nicht erfüllt, wenn nur eine entfernte Gefahr einer noch so erheblichen Beeinträchtigung vorliegt. Eine erhebliche Gefährdung des nicht verwaltenden Ehegatten ist auch nicht anzunehmen, wenn nur ein geringfügiger Wert in Frage steht, selbst wenn dieser erheblich gefährdet ist.

16 Für die Entscheidung darüber, ob die Rechte des nicht verwaltenden Ehegatten für die Zukunft erheblich gefährdet werden können, kommt es wesentlich auf das gesamte Verhalten des verwaltenden Ehegatten an, seine Persönlichkeit und seine Einstellung zur Ehe und zu seinem Ehegatten. Dasselbe äußere Verhalten ist, wenn der Handelnde eine charakterfeste Persönlichkeit ist, anders zu bewerten, als wenn bei ihm Leichtsinn und Charakterschwäche zu erkennen sind (vgl RG WarnR 1916 Nr 228; BGHZ 1, 313 = NJW 1951, 478). So kann die Besorgnis einer Gefährdung der Rechte des nicht verwaltenden Ehegatten durch die ehrenhafte und redliche Haltung sowie durch die Ersatzbereitschaft und Ersatzfähigkeit des Gesamtgutsverwalters entkräftet werden (vgl RGZ 126, 103, 105). Auch beeinflusst insbesondere das Gewicht des Rechtsmissbrauchs das Ausmaß der Rechtsgefährdung (BGHZ 48, 369, 372).

VI. Gefährdung durch Verletzung der Unterhaltspflicht (Nr 2)

17 Den Unterhalt für die Familie zu gewährleisten, ist ein Hauptzweck des Gesamtguts. Wenn der Gesamtgutsverwalter die ihm in dieser Beziehung obliegende Verpflichtung verletzt, so zerstört er selbst die Voraussetzung, unter der ihm die Verwaltung übertragen wurde. Der andere Ehegatte kann in einem solchen Falle nicht darauf beschränkt werden, gegen den verwaltenden Ehegatten auf Erfüllung seiner Verpflichtung gerichtlich anzutragen. Wenn auch für die Zukunft eine erhebliche Gefährdung des Familienunterhalts zu besorgen ist, muss ihm das Recht eingeräumt

werden, die Auflösung der Gütergemeinschaft und Trennung der Güter zu verlangen, um dadurch in den Stand gesetzt zu werden, selbst für den eigenen und der Familienangehörigen Unterhalt zu sorgen (Mot IV 395 I). Das Gesetz knüpft den Antrag an eine doppelte Voraussetzung (vgl auch BGHZ 29, 129, 136 I):

(1) Der Ehegatte, der das Gesamtgut verwaltet, muss seine **Verpflichtung, zum** **18** **Familienunterhalt beizutragen, verletzt** haben. Diese Verpflichtung, die neben dem Unterhalt der Ehegatten auch den der gemeinschaftlichen Abkömmlinge umfasst, richtet sich nach §§ 1360–1361. Eine Verletzung der Unterhaltspflicht liegt vor, wenn der Unterhaltspflichtige objektiv nicht dasjenige gewährt, was er nach dem Gesetz zu gewähren hat; dass ihm die Unterlassung als **Verschulden** anzurechnen sei, **setzt § 1447 Nr 2 nicht voraus** (allgM, vgl JW 1924, 678 Nr 12 mAnm von WIERUSZOWSKI; ferner RG JW 1911, 405 Nr 19; RG WarnR 1914 Nr 255; RG Recht 1919 Nr 1485). Der Gesamtgutsverwalter braucht auch zur Leistung des Unterhalts weder aufgefordert noch gerichtlich in Anspruch genommen zu sein (vgl RG JW 1911, 405).

(2) Außer der Verletzung der Unterhaltspflicht setzt das Gesetz voraus, dass **für** **19** **die Zukunft eine erhebliche Gefährdung des Unterhalts zu besorgen ist.** Dazu sind insbesondere Art und Ursache der bereits erfolgten Verletzung der Unterhaltspflicht in Betracht zu ziehen, zB ob der Gesamtgutsverwalter die Unterhaltsgewährung schuldhaft unterlassen hat (RG JW 1924, 678 mAnm von WIERUSZOWSKI; ferner RG WarnR 1911 Nr 245 und RG Recht 1919 Nr 1485). Erheblich ist die Gefährdung, wenn die Besorgnis weiterer Verletzungen der Unterhaltspflicht nahe liegt (vgl RG WarnR 1908 Nr 162), wenn das Gewicht der begangenen Unterhaltsverletzung groß ist oder schwerwiegende Beeinträchtigungen des Unterhalts für die Zukunft zu besorgen sind.

Der nicht verwaltende Ehegatte kann aus der objektiven Verletzung der Unterhalts- **20** pflicht aber dann **keine Rechte** herleiten, **wenn er selbst** durch sein Verhalten oder wenn ein unterhaltsberechtigter Abkömmling die **Unterhaltsgewährung verhindert hat.** In diesem Falle würde die Geltendmachung des Aufhebungsanspruchs dem eigenen Vorverhalten (§ 242) widersprechen (RG JW 1924, 678 mit krit Anm von WIERUSZOWSKI).

VII. Überschuldung des Gesamtguts (Nr 3)

Das Gesamtgut muss durch **Verbindlichkeiten**, die **in der Person des Gesamtgutsver-** **21** **walters** entstanden sind, **überschuldet** sein. Die Eröffnung des Insolvenzverfahrens über das Vermögen des Gesamtgutsverwalters ist weder ausreichend noch erforderlich. Der Aufhebungsantrag kann also auch dann erfolgreich sein, wenn das Verfahren nicht eröffnet oder eingestellt wird. Andererseits bildet die Zahlungsunfähigkeit noch keinen Aufhebungsgrund. Das Gesamtgut ist **überschuldet**, wenn die in der Person des Gesamtgutsverwalters entstandenen Verbindlichkeiten den Wert des Gesamtguts übersteigen. Die Überschuldung muss bereits eingetreten sein (OLG Hamburg OLGE 12, 313). Bei der Feststellung der Überschuldung sind lediglich die in der Person des verwaltenden Ehegatten entstandenen Gesamtgutsverbindlichkeiten zu berücksichtigen. In der Person des Gesamtgutsverwalters sind auch die gemeinschaftlichen Schulden beider Ehegatten entstanden, dagegen nicht die Verbindlichkeiten des Gesamtgutsverwalters, die sich nur aus seiner persönlichen Haftung für die Gesamtgutsverbindlichkeiten des anderen Ehegatten (§ 1437 Abs 2) ergeben. Verbindlichkeiten aus Bürgschaften sind voll in Ansatz zu bringen (s BGHZ 6, 385). Alle in der Person des Gesamtgutsverwalters entstandenen Verbindlichkeiten, mögen sie vor oder nach dem Eintritt der Gütergemeinschaft entstanden sein, sind gemäß § 1437 Abs 1 Gesamtgutsverbindlichkeiten. Ob sie im Verhältnis der Ehegatten zueinander dem verwaltenden Ehegatten zur Last fallen (§§ 1441–1444), ist unerheblich (ebenso PALANDT/BRUDERMÜLLER Rn 5; BAMBERGER/ROTH/MAYER Rn 6; RAUSCHER Rn 466; BGB-RGRK/FINKE Rn 14; SOERGEL/GAUL/ALTHAMMER Rn 10; **aM** MünchKomm/KANZLEITER Rn 14 für den Fall, dass keine Zweifel bestehen, dass die Schulden aus dem Sondervermögen zu begleichen sind, das auch im Umfang ausreicht. Doch ist das weder praktisch sicher festzustellen noch ist gewährleistet, dass die Gläubiger deshalb das Gesamtgut nicht in Anspruch nehmen. Der Ersatzanspruch aus § 1445 Abs 1 kann wegen § 1446 nicht als gegenwärtiges Aktivvermögen berücksichtigt werden).

22 **Außer Betracht bleiben** bei der Feststellung der Überschuldung des Gesamtguts **die in der Person des nicht verwaltenden Ehegatten entstandenen Verbindlichkeiten** (zT anders MünchKomm/KANZLEITER Rn 14) sowie der Wert der beiderseitigen **Vorbehalts- und Sondergüter**. Das Vorbehaltsgut des Gesamtgutsverwalters spielt jedoch für die Frage eine Rolle, ob der Erwerb des nicht verwaltenden Ehegatten durch die Überschuldung des Gesamtguts erheblich gefährdet wird (s unten Rn 24).

23 Ein Verschulden des verwaltenden Ehegatten ist nicht erforderlich (vgl OLG Hamburg OLGE 8, 337).

24 Die Überschuldung muss ein solches Maß erreicht haben, dass ein **späterer Erwerb** des Ehegatten, der das Gesamtgut nicht verwaltet, **erheblich gefährdet** wird. Nur der spätere Erwerb des nicht verwaltenden Ehegatten, nicht der tatsächliche Umfang seines Anteils an dem gegenwärtigen, überschuldeten Gesamtgut kommt in Betracht. Den Nachweis, dass ein späterer Erwerb in Aussicht stehe, erfordert § 1447 Nr 3 nicht (OLG Hamburg OLGE 8, 337; hM). Nur insoweit genügt eine abstrakte Gefahr. Die erhebliche Gefährdung eines späteren Erwerbs muss dagegen konkret festgestellt werden. Die Überschuldung allein begründet die Gefährdung noch nicht (**aM** MünchKomm/KANZLEITER Rn 15). Insbesondere muss die **Erheblichkeit** der Gefährdung des späteren Erwerbs hinreichend tatsächlich belegt sein. Für sie ist außer dem Umfang der Überschuldung auch der Wert des dem Gesamtgutsverwalter gehörenden Vorbehaltsguts in Betracht zu ziehen. Eine Gefährdung des späteren Erwerbs kann trotz Überschuldung des Gesamtguts ausgeschlossen sein, zB aufgrund eines geeigneten Insolvenzplans im Insolvenzverfahren.

25 Die Voraussetzungen der Nr 3 müssen noch zum Zeitpunkt der letzten mündlichen Verhandlung in der Tatsacheninstanz vorliegen.

VIII. Gesamtgutsverwaltung im Aufgabenkreis eines Betreuers (Nr 4)

26 Ein weiterer Grund zur Aufhebung der Gütergemeinschaft ist die Bestellung eines Betreuers für den Gesamtgutsverwalter, in dessen Aufgabenkreis die Gesamtgutsverwaltung fällt (§ 1896 BGB). Die geänderte Fassung des § 1447 Nr 4 ist mit Wirkung vom 1. 1. 1992 durch das Betreuungsgesetz in Kraft getreten. Welcher Aufgabenkreis dem Betreuer zugewiesen wird, entscheidet das Betreuungsgericht mit der Bestellung des Betreuers (§ 286 Abs 1 Nr 1 FamFG). Dass die Voraussetzungen für eine Betreuung vorliegen, berechtigt allein noch nicht zum Aufhebungsantrag (anders E I z BGB § 1372 Nr 4; s Mot IV 397). Der Grund für die Bestellung des Betreuers ist unerheblich (nach der vorletzten Fassung des Gesetzes kam nur die Entmündigung wegen Verschwendung in Betracht). Eine Gefährdung des Gesamtgutes ist nicht erforderlich. Die Vorschrift des § 1447 Nr 4 aF beruhte auf der Erwägung, dem nicht verwaltenden Ehegatten sei es nicht zuzumuten, das Gesamtgut für die Dauer der Betreuung des Gesamtgutsverwalters durch dessen Betreuer verwalten zu lassen (vgl § 1436 BGB; Mot IV 396; Prot IV 273 ff; BT-Drucks 1/3802, 66; BT-Drucks 2/224, 53). Die Anordnung der **vorläufigen Betreuung** gem § 300 Abs 1 FamFG erfüllt deshalb die Voraussetzungen **nicht**. In diesen Fällen werden aber meist die Voraussetzungen der Nr 1 vorliegen.

Die Aufhebung der Gütergemeinschaft setzte nach altem Recht voraus, dass der die **27** Entmündigung aussprechende **Beschluss unanfechtbar** geworden war. Die Wirksamkeit des Entmündigungsbeschlusses reichte zur Anwendung des § 1447 Nr 4 nicht aus. Voraussetzung für den Aufhebungsantrag ist nunmehr lediglich die Wirksamkeit der die Betreuung anordnenden Entscheidung. Sie tritt ein mit ihrer Bekanntmachung an den Betreuer (§ 287 Abs 1 FamFG).

Ist vor Erledigung des Aufhebungsverfahrens die Betreuungsentscheidung mit Er- **28** folg angefochten worden, so ist der Antrag auf Aufhebung der Gütergemeinschaft abzuweisen, da der Gesamtgutsverwalter in diesem Zeitpunkt nicht mehr betreut wird. Das Gleiche gilt, wenn vor der Entscheidung über die Aufhebung die Betreuung wieder aufgehoben worden ist.

Ist die Gütergemeinschaft rechtskräftig aufgehoben, so bleibt die **spätere Aufhebung der Betreuung** darauf ohne Einfluss.

IX. Abweichende Vereinbarungen

Durch **Ehevertrag** kann das Gestaltungsantragsrecht aus § 1447 **weder ausgeschlossen 29 noch eingeschränkt** werden. Die dem Schutze des nicht verwaltenden Ehegatten dienende Regelung ist als zwingend anzusehen. Die Ehegatten können aber die Gründe, aus denen ein Aufhebungsantrag zulässig sein soll, erweitern. Die hM hält die Aufhebungsgründe dagegen für erschöpfend geregelt (BGHZ 29, 129, 133 f und hL). Der Zweck des Gesetzes verlangt das nicht (iE auch MünchKomm/Kanzleiter § 1447 Rn 21; Bamberger/Roth/Mayer Rn 1; **aA** NK-BGB/Völker Rn 2; Erman/Heinemann Rn 7; Soergel/Gaul/Althammer Rn 2).

Der antragsberechtigte Ehegatte kann auf ein bereits entstandenes Aufhebungsrecht **30** verzichten. Ein Verzicht für künftige Fälle ist dagegen wirkungslos. Das gilt auch dann, wenn der Verzicht einen Antragsgrund betrifft, der bereits entstanden ist und fortwirkend weiterbesteht.

§ 1448
Aufhebungsantrag des Verwalters

Der Ehegatte, der das Gesamtgut verwaltet, kann die Aufhebung der Gütergemeinschaft beantragen, wenn das Gesamtgut infolge von Verbindlichkeiten des anderen Ehegatten, die diesem im Verhältnis der Ehegatten zueinander zur Last fallen, in solchem Maße überschuldet ist, dass ein späterer Erwerb erheblich gefährdet wird.

Materialien: Zu § 1469 aF: E II § 1357 rev § 1454; III § 1452; Mot IV 279. Zu § 1448: E I § 1469; II § 1469; III § 1448; BT-Drucks 1/3802, 66; BT-Drucks 2/3409, 28; BT-Drucks 18/5901, 22. Vgl STAUDINGER/BGB-Synopse 1896–2005 § 1448.

I.   Grundgedanke

1   Die Vorschrift gewährt dem Gesamtgutsverwalter den gleichen Schutz wie § 1447 Nr 3 dem anderen Ehegatten. Eine weitere Gleichstellung der Ehegatten war nicht erforderlich, weil die mit der Verwaltung des Gesamtguts im Zusammenhang stehenden Aufhebungsgründe in § 1447 Nr 1, 2 und 4 BGB auf den nicht verwaltenden Ehegatten nicht zutreffen (s auch unten Rn 5). Der Gesamtgutsverwalter kann mit Hilfe des Aufhebungsantrags nicht nur seinen späteren Erwerb, der in das Gesamtgut fallen würde, vor dem Zugriff von Gläubigern des anderen Ehegatten bewahren, sondern auch den künftigen Erwerb, der in sein Vorbehalts- oder Sondergut fallen würde. Außerdem erlischt mit der Beendigung des Güterstandes (§ 1449 Abs 1 BGB) auch seine persönliche Haftung für alte Gesamtgutsverbindlichkeiten, die im Innenverhältnis dem anderen Ehegatten zur Last fallen, § 1437 Abs 2 S 2 BGB.

II.   Voraussetzungen des Aufhebungsantrags

2   Das Gesamtgut muss durch **Verbindlichkeiten des nicht verwaltenden Ehegatten** überschuldet sein. Zur Haftung des Gesamtguts für solche Verbindlichkeiten s §§ 1437–1440 BGB. Die Überschuldung des Gesamtguts muss auf **Verbindlichkeiten** des anderen Ehegatten beruhen, **die diesem im Verhältnis der Ehegatten zueinander zur Last fallen**. Die **Überschuldung** muss ausschließlich auf solchen Verbindlichkeiten beruhen. Es müssen also allein die im Innenverhältnis den nicht verwaltenden Ehegatten treffenden Verbindlichkeiten den Wert des Gesamtguts übersteigen.

3   Welche Gesamtgutsverbindlichkeiten dem nicht verwaltenden Ehegatten zur Last fallen, bestimmen die §§ 1441–1444 BGB. Von Bedeutung sind insbesondere Verbindlichkeiten aus unerlaubter Handlung, die nach Eintritt der Gütergemeinschaft begangen wurde. Dagegen sind nicht zu berücksichtigen vornehmlich die vor dem Eintritt der Gütergemeinschaft begründeten Verbindlichkeiten aus Rechtsgeschäften und unerlaubten Handlungen, die Unterhaltsschulden und die Verbindlichkeiten aus einem für Rechnung des Gesamtguts geführten selbständigen Erwerbsgeschäft.

Die Überschuldung des Gesamtguts durch die genannten Verbindlichkeiten muss **4** ein Ausmaß erreicht haben, dass ein **späterer Erwerb des Gesamtgutsverwalters erheblich gefährdet** wird. Die Gefährdung ist nach den gleichen Grundsätzen festzustellen, die zu § 1447 Nr 3 BGB gelten (vgl § 1447 Rn 24 f). Obwohl das im Gesetz nicht ausdrücklich bestimmt ist, kommt es allein auf die Gefährdung des Gesamtgutsverwalters an (s auch § 1469 aF).

Weitere Antragsgründe stehen dem Gesamtgutsverwalter nicht zu Gebote. Er kann **5** insbesondere nicht entsprechend § 1447 Nr 1 oder 2 BGB die Aufhebung begehren. Das gilt auch dann, wenn der andere Ehegatte seine Befugnisse aus § 1357 BGB oder § 1429 BGB nicht ordnungsgemäß gebraucht oder missbraucht. Die „Schlüsselgewalt" kann gemäß § 1357 Abs 2 BGB ausgeschlossen oder eingeschränkt werden; einer Beendigung des Güterstandes bedarf es daneben nicht. § 1429 BGB gewährt dem anderen Ehegatten kein dauerndes Ersatzverwaltungsrecht. Auch sind die Voraussetzungen so eng gefasst, dass ein Bedürfnis, Missbräuchen durch Beendigung des Güterstandes zu begegnen, nicht besteht.

Für das **Aufhebungsverfahren** auf Antrag des Gesamtgutsverwalters gilt das zu **6** § 1447 Rn 3 ff Ausgeführte sinngemäß.

III. Abweichende Vereinbarungen

§ 1448 ist wie § 1447 (s dort Rn 29 f) zwingend, sofern es um die Ausschließung oder **7** Beschränkung des Antragsrechts geht. Die Antragsgründe sind jedoch erweiterungsfähig (anders wohl die hM, vgl § 1447 Rn 29).

§ 1449
Wirkung der richterlichen Aufhebungsentscheidung

(1) Mit der Rechtskraft der richterlichen Entscheidung ist die Gütergemeinschaft aufgehoben; für die Zukunft gilt Gütertrennung.

(2) Dritten gegenüber ist die Aufhebung der Gütergemeinschaft nur nach Maßgabe des § 1412 wirksam.

Materialien: Zu § 1410 aF: E I §§ 1371 Nr 2, 1381 Abs 2; II § 1368 rev § 1455; III § 1453; Mot IV 394, 418; Prot IV 272, 293; VI 281. Zu § 1440: E I § 1470; II § 1470; III § 1449; BT-Drucks 1/3802, 66; BT-Drucks 2/224, 53; BT-Drucks 2/3409, 28 f; BT-Drucks 16/6308, 344. Vgl STAUDINGER/BGB-Synopse 1896–2005 § 1449.

I.   Rechtsentwicklung

Die Wirkung des auf Klage der Frau (§ 1468 aF) oder des Mannes (§ 1469 aF) **1** ergehenden Urteils auf Aufhebung der Gütergemeinschaft regelte früher § 1470 aF im Anschluss an die §§ 1418 Abs 2, 1426 Abs 1 und 2, 1431 Abs 1 aF. Nach

E I zum BGB (§ 1381 Abs 2 BGB) sollte die Frau nach ihrer Wahl den Eintritt der Gütertrennung oder des gesetzlichen Güterstandes verlangen können (Mot IV 399, 418). Von der II. Komm wurde dieses Wahlrecht beseitigt, weil die Frau beim Vorhandensein der Voraussetzungen der Aufhebungsklage kaum je die ehemännliche Verwaltung und Nutznießung wünschen werde und andererseits dem Mann nicht zugemutet werden könne, nach Aufhebung der Gütergemeinschaft auf Klage der Frau nunmehr die Verwaltung ihres Vermögens nach den Regeln des gesetzlichen Güterrechts zu übernehmen (Prot IV 293). So bestimmte § 1470 aF als Folge des die Gütergemeinschaft aufhebenden Urteils die Gütertrennung.

2 Das GleichberG hat den § 1470 aF mit einigen sprachlichen Änderungen als § 1449 übernommen. Den Vorschlag, nach der Aufhebung der Gütergemeinschaft den gesetzlichen Güterstand der Zugewinngemeinschaft eintreten zu lassen, hat auch der Gesetzgeber des Gleichberechtigungsgesetzes abgelehnt (BT-Drucks 2/3409, 28 f). An das FamFG ist die Norm sprachlich durch das Gesetz zur Bereinigung des Rechts der Lebenspartnerschaft mit dem 26. 11. 2015 angepasst worden.

II. Wirkung der richterlichen Entscheidung

3 Die die Aufhebung der Gütergemeinschaft aussprechende Entscheidung hat **konstitutiven Charakter**. Die Aufhebung der Gütergemeinschaft wirkt nicht auf den Zeitpunkt der Rechtshängigkeit zurück, sondern erst von der Rechtskraft des Beschlusses (§ 113 Abs 1 FamFG; § 705 ZPO) an. Daraus folgt, dass die Entscheidung nicht für vorläufig vollstreckbar erklärt werden kann und dass die Aufhebung der Gütergemeinschaft durch einstweilige Anordnung unzulässig ist (s § 1447 Rn 9; zur Verbindung des Aufhebungsantrags mit dem auf Auseinandersetzung des Gesamtgutes s § 1447 Rn 3).

4 Gemäß § 1479 kann aber der Ehegatte, der die Aufhebung erwirkt hat, verlangen, dass die **Auseinandersetzung** so erfolgt, wie wenn der Anspruch auf Auseinandersetzung in dem Zeitpunkt rechtshängig geworden wäre, in dem der Antrag auf Aufhebung der Gütergemeinschaft gestellt worden ist. Die Auseinandersetzung der Gütergemeinschaft erfolgt nach den Vorschriften der §§ 1471 ff. Sie lässt jedoch die Bindung des Vermögens im Gesamtgut zunächst unberührt; diese bleibt vielmehr bis zur Beendigung der Auseinandersetzung bestehen (§§ 1471 Abs 2, 1419). Die Verwaltung des Gesamtgutes regelt bis dahin § 1472 Abs 1–3.

III. Eintritt der Gütertrennung

5 Ist durch rechtskräftige Entscheidung die Gütergemeinschaft aufgehoben, so **gilt für die Zukunft Gütertrennung**. Bei der Gütertrennung bleibt es auch dann, wenn die Entscheidung im Wege der Wiederaufnahme (§ 118 FamFG) aufgehoben wird, nachdem die Auseinandersetzung voll erfolgt, die Gütergemeinschaft also voll beendet ist (OLG Stuttgart SJZ 1949, 115).

IV. Wirkung gegenüber Dritten

6 Dritten gegenüber ist die Aufhebung der Gütergemeinschaft nur nach Maßgabe des § 1412 wirksam, dh einem Dritten gegenüber können aus dem Nichtmehrbestehen der im Güterrechtsregister eingetragenen Gütergemeinschaft Einwendungen gegen ein zwischen ihm und einem der Ehegatten vorgenommenen Rechtsgeschäft oder gegen ein zwischen ihnen ergangenes rechtskräftiges Urteil nur hergeleitet werden, wenn zZ der Vornahme des Rechtsgeschäfts oder zZ des Eintritts der Rechtshängigkeit die Aufhebung der Gütergemeinschaft in dem Güterrechtsregister des zuständigen Amtsgerichts eingetragen oder dem Dritten bekannt war (vgl Prot VI 281 ff). Die Eintragung in das Güterrechtsregister erfolgt auf Antrag eines Ehegatten, wenn mit dem Antrag die mit dem Zeugnis der Rechtskraft versehene Aufhebungsentscheidung vorgelegt wird (§ 1561 Abs 2 Nr 1).

Die **Befreiung** des Gesamtgutsverwalters **von der persönlichen Haftung** gemäß § 1437 **7** Abs 2 S 2 tritt jedoch ohne Rücksicht auf die Eintragung oder Kenntnis ein (Münch-Komm/Kanzleiter Rn 4; BGB-RGRK/Finke Rn 4; Soergel/Gaul/Althammer Rn 2).

V. Abweichende Vereinbarungen

Die güterstandsbeendende Wirkung der Aufhebungsentscheidung ist unabdingbar. **8** Die Ehegatten können jedoch durch Ehevertrag im Voraus bestimmen, dass statt Gütertrennung die Zugewinngemeinschaft eintreten solle.

Unterkapitel 3
Gemeinschaftliche Verwaltung des Gesamtgutes durch die Ehegatten

§ 1450
Gemeinschaftliche Verwaltung durch die Ehegatten

(1) Wird das Gesamtgut von den Ehegatten gemeinschaftlich verwaltet, so sind die Ehegatten insbesondere nur gemeinschaftlich berechtigt, über das Gesamtgut zu verfügen und Rechtsstreitigkeiten zu führen, die sich auf das Gesamtgut beziehen. Der Besitz an den zum Gesamtgut gehörenden Sachen gebührt den Ehegatten gemeinschaftlich.

(2) Ist eine Willenserklärung den Ehegatten gegenüber abzugeben, so genügt die Abgabe gegenüber einem Ehegatten.

Materialien: E III § 1450; BT-Drucks 1/3802, 64; BT-Drucks 2/224, 52; BT-Drucks 2/3409, 29. Vgl STAUDINGER/BGB-Synopse 1896–2005 § 1450.

Systematische Übersicht

Alphabetische Übersicht

I.   Rechtsentwicklung

Eine gemeinschaftliche Verwaltung des Gesamtgutes war dem BGB ursprünglich **1** fremd (zum Partikularrecht: Mot IV 349 I). Lediglich für die Zeit nach Beendigung der Gütergemeinschaft bis zur Auseinandersetzung war wegen des dann regelmäßig anzunehmenden Fortfalls der Vertrauensgrundlage für die Einzelverwaltung des Mannes die gemeinschaftliche Verwaltung vorgesehen (§ 1472 aF).

Die gemeinschaftliche Verwaltung empfiehlt sich für die Praxis wenig, weil sie **2** schwerfällig ist. Gleichwohl haben sich seit dem Inkrafttreten des Gleichberechti-gungsgesetzes Ehegatten, die die Gütergemeinschaft gewählt haben, vielfach für die gemeinschaftliche Verwaltung entschieden (vgl MICHAELIS, Die Güterstände in der Praxis [Diss Hamburg 1968] 123; s auch MünchKomm/KANZLEITER Rn 3). Die stets erforderliche Mitwirkung beider Ehegatten bei allen Verwaltungsmaßnahmen kann arbeitsteilig dadurch erfolgen, dass ein Ehegatte die Verwaltungsmaßnahmen durchführt und der andere ihr vorher oder nachträglich zustimmt (s unten Rn 11 ff). Dadurch wird eine größere Beweglichkeit und Praktikabilität erreicht, die den Anforderungen vieler Gütergemeinschaften genügt (vgl auch BEHMER FamRZ 1988, 339, 341).

II.   Recht und Pflicht zur Verwaltung

Jeder Ehegatte ist neben dem anderen zur Verwaltung des Gesamtguts **berechtigt**. Er **3** hat ein Recht auf **Mitverwaltung**. Er ist dem anderen Ehegatten gegenüber auch **zur Mitwirkung verpflichtet**, § 1451 BGB. Das Verwaltungsrecht ist unverzichtbar. Es kann nur dadurch ausgeschlossen werden, dass durch Ehevertrag die Verwaltung des Gesamtguts durch einen Ehegatten vereinbart wird.

Ausnahmen vom Grundsatz der Mitverwaltung sieht das Gesetz für die Fälle der **4**

tatsächlichen oder rechtlichen Verhinderung eines Ehegatten, in Not- und Einzelfällen sowie zur Sicherung des Gesamtguts vor (§§ 1454, 1455, 1458 BGB), ferner beim selbständigen **Betrieb eines Erwerbsgeschäfts** mit Einwilligung des anderen Ehegatten (§ 1456 BGB). Wirkungen für das Gesamtgut hat ferner der Erwerb von Rechten durch einen Ehegatten, § 1416 Abs 1 S 2 BGB. Endlich haben Rechtsgeschäfte eines Ehegatten zur Deckung des Lebensbedarfs der Familie gemäß **§ 1357 BGB** Wirkungen auch gegenüber dem Gesamtgut.

5 Der **Sicherung** einer funktionsfähigen Gesamtgutsverwaltung dient neben der Gewährung von Einzelverwaltungsbefugnissen (s Rn 4) insbesondere die Mitwirkungspflicht (§ 1451 BGB) und die Möglichkeit, die erforderliche Zustimmung des anderen Ehegatten durch das Familiengericht ersetzen zu lassen (§ 1452 BGB).

III. Formen der Mitwirkung

1. Allgemeines

6 Als Gegenstände der Verwaltung nennt § 1450 BGB ausdrücklich nur die Verfügung über Gesamtgutsgegenstände und Rechtsstreitigkeiten, die sich auf das Gesamtgut beziehen, ferner den Besitz und die Zuständigkeit zum Empfang von Willenserklärungen. Verpflichtungs- und Erwerbsgeschäfte werden nicht genannt, ebensowenig tatsächliche Verwaltungshandlungen. Die Vorschrift bestimmt jedoch, wie auch der Wortlaut erkennen lässt („insbesondere"), **allgemein**, dass **jegliches Verwaltungshandeln der Mitwirkung beider Ehegatten bedarf.** Das gilt für **tatsächliche Handlungen** (s Rn 22) ebenso wie für **Rechtsgeschäfte** und für die **Prozessführung** (s Rn 28 ff).

7 Die **Art und Weise**, in der gemeinschaftliches Verwaltungshandeln geschehen kann, ist im Gesetz nicht unmittelbar bestimmt. Aus §§ 1452 ff, 1460 BGB ergibt sich jedoch, dass „gemeinschaftliche Verwaltung" nicht nur bei **gleichartigem Handeln** der Ehegatten nebeneinander, sondern auch dann vorliegt, wenn ein Ehegatte die Verwaltungsmaßnahmen vornimmt und der andere Ehegatte dem **zustimmt.**

2. Vornahme von Rechtsgeschäften

a) Gemeinschaftliche Vornahme
8 Die Ehegatten können jedes Rechtsgeschäft, das sich auf das Gesamtgut bezieht, mit Wirkung für und gegen dieses gemeinschaftlich vornehmen, indem jeder von ihnen die erforderliche Willenserklärung gegenüber dem dritten Erklärungsgegner abgibt. Daneben erforderliche tatsächliche Handlungen (zB die Übergabe gemäß § 929 BGB) können ebenfalls gemeinsam vollzogen werden.

9 Bei ihrem gemeinsamen Handeln brauchen die Ehegatten dem Erklärungsgegner **nicht offenzulegen,** dass sie für die Gütergemeinschaft, das Gesamtgut oder die Gesamthand handeln. Die Rechtsfolgen sind grundsätzlich die gleichen: Verfügungen sind so oder so dem Gesamtgut gegenüber wirksam. Verpflichtungsgeschäfte verpflichten Frau und Mann und deshalb das Gesamtgut (§ 1460 Abs 1 BGB) oder sie begründen primäre Gesamtgutsverbindlichkeiten und die Ehegatten haften gemäß § 1460 Abs 2 S 1 BGB persönlich. Auch ein Erwerbsgeschäft führt stets zum Gesamtgutserwerb, sei es unmittelbar (vgl § 1416 Rn 23) oder auf dem Umweg über

das Vermögen des Ehegatten (vgl § 1416 Rn 24). **Notwendig** ist die **Offenlegung** jedoch dann, wenn die **Haftung** auf das Gesamtgut **beschränkt** werden soll oder wenn ein **nicht übertragbares Recht in das Gesamtgut** fallen soll (vgl § 1416 Rn 23 aE).

Die Ehegatten können sich jeweils durch einen Bevollmächtigten vertreten lassen. **10** Sie können auch demselben Vertreter Vollmacht erteilen.

b) Zustimmung eines Ehegatten

Den Anforderungen gemeinschaftlicher Verwaltung genügt es, wenn ein Ehegatte **11** das Rechtsgeschäft vornimmt und der andere ihm zustimmt. Das Gesetz geht auch hier (s oben Rn 9) **nicht** von einer **Vertretungskonstruktion** aus: weder muss der das Rechtsgeschäft vornehmende Ehegatte im eigenen und im Namen des anderen Ehegatten oder im Namen „der Gesamthand" handeln, noch ist die Zustimmung eine Vollmacht (oder Genehmigung nach § 177 BGB). Die vorherige Zustimmung lässt die grundsätzlich an die Mitwirkung des anderen Ehegatten gebundene Verwaltungsbefugnis zur punktuellen Einzelbefugnis erstarken (so zur Ermächtigung gemäß § 125 Abs 2 S 2 HGB: BGHZ 64, 72, 75). Im Übrigen sind die Vorschriften der §§ 182 ff BGB anwendbar.

Die **Zustimmung** bedarf keiner **Form**. Sie kann auch als *unwiderrufliche* formfrei **12** erteilt werden. Ein **Ehevertrag** ist nicht schon dann erforderlich, wenn die Zustimmung unwiderruflich erteilt wird (str vgl § 1408 Rn 27 mwNw; BayObLG FamRZ 1990, 412). Eine Änderung der güterrechtlichen Verhältnisse ist nur anzunehmen bei Erteilung einer unwiderruflichen Generaleinwilligung, wenn diese nicht auf kurze Zeit befristet ist. Zur Übertragung der Verwaltung auf einen Ehegatten allein s § 1413 Rn 4 u 7.

Die Zustimmung kann **im Voraus** (Einwilligung), aber auch **nachträglich** (Genehmi- **13** gung) erteilt werden. Die Genehmigung wirkt auch hier auf den Zeitpunkt der Vornahme des Rechtsgeschäfts durch den allein handelnden Ehegatten zurück, § 184 Abs 1 BGB. Die Zustimmung kann ausdrücklich oder schlüssig sowohl dem anderen Ehegatten als auch dem Dritten gegenüber erteilt werden. Auch testamentarisch ist die Genehmigung möglich (BGH NJW-RR 1989, 1225). Im **Verkehrsschutzinteresse** sind auch die Vorschriften der §§ 170–173 BGB entsprechend anzuwenden, ebenso die Grundsätze über die Duldungs- und Anscheinsvollmacht (hM).

Der Ehegatte, der das Rechtsgeschäft vornimmt, handelt nach der gesetzlichen **14** Konzeption **im eigenen Namen**. Er kann jedoch **auch im Namen „der Gütergemeinschaft"**, „der Gesamthand" oder „der in Gütergemeinschaft verbundenen Ehegatten" oä nach außen auftreten. Dadurch allein wird noch keine Beschränkung der Haftung auf das Gesamtgut herbeigeführt. Das Handeln „für die Gesamthand" begründet eine primäre Doppelverpflichtung der Ehegatten persönlich und der Gesamthand. Die persönliche Haftung kann zwar ausgeschlossen werden, doch bedarf dies einer Vereinbarung mit dem dritten Gläubiger, die im Handeln für die Gesamthand allein noch nicht liegt. Tritt der handelnde Ehegatte im eigenen und **zugleich im Namen des anderen** auf, ohne auf die Gütergemeinschaft hinzuweisen, so ist das Rechtsgeschäft dem Gesamtgut gegenüber wirksam, wenn der andere Ehegatte nur zugestimmt hat. Eine Differenzierung danach, ob das Einverständnis auch ein Handeln im fremden Namen deckt, ist regelmäßig nicht von Bedeutung,

Burkhard Thiele

weil die Rechtsfolgen übereinstimmen. Das gilt nicht nur für Erwerbsgeschäfte und Verfügungen über Gesamtgutsgegenstände, sondern wegen § 1460 Abs 1 BGB auch für Verpflichtungsgeschäfte. Die nach § 1459 Abs 2 S 2 BGB zu treffende Unterscheidung hat in diesem Zusammenhang keine praktische Bedeutung.

c) Willensmängel, Kennen oder Kennenmüssen

15 **Willensmängel** auch nur eines Ehegatten berechtigen zur Anfechtung der *gemeinschaftlich* abgegebenen (s oben Rn 8) Willenserklärung. Das Anfechtungsrecht steht dem Ehegatten zu, in dessen Person der Anfechtungsgrund besteht (allgM, SOERGEL/ GAUL/ALTHAMMER Rn 13; MünchKomm/KANZLEITER Rn 16; NK-BGB/VÖLKER Rn 7). Sind beide Ehegatten anfechtungsberechtigt, kann jeder von ihnen selbständig anfechten (s auch RGZ 65, 398, 405). Das Anfechtungsrecht fällt nicht in das Gesamtgut, da es personengebunden ist. Wird angefochten, ist das Rechtsgeschäft insgesamt nichtig, da es bei gemeinschaftlicher Vornahme personell nicht teilbar ist.

16 Hat ein Ehegatte das Rechtsgeschäft *allein* vorgenommen und der andere lediglich zugestimmt, kommt es auf einen Willensmangel des Zustimmenden nur an, wenn er sich auf die eigene Zustimmungserklärung bezieht; allein diese ist dann anfechtbar. Die zur Gesamtvertretung entwickelten Grundsätze sind nicht anwendbar; sie gehen zurück auf spezifische Zurechnungsgründe, die hier fehlen. Willensmängel des nur zustimmenden Ehegatten können aber im Einzelfall analog § 166 Abs 2 BGB beachtlich sein (s dazu BGHZ 51, 141, 146).

17 Ist der **Dritte anfechtungsberechtigt**, so bestimmt § 143 BGB den Anfechtungsgegner. Hat bei gemeinschaftlicher Vornahme auch nur einer der Ehegatten arglistig getäuscht, so kann der Dritte anfechten (RGZ 62, 184). Der andere Ehegatte ist nicht Dritter iS des § 123 Abs 2 BGB. Anfechtungsgegner ist gemäß §§ 123 Abs 2 S 2, 143 Abs 2, 1450 Abs 2 BGB jeder Ehegatte. Bei anderen Anfechtungsgründen ist gegenüber jedem von mehreren Geschäftspartnern anzufechten (FLUME, Das Rechtsgeschäft § 31, 5 d), sodass auch hier § 1450 Abs 2 BGB gilt, wenn die Ehegatten gemeinschaftlich gehandelt haben. Hat nur ein Ehegatte das Rechtsgeschäft mit dem Dritten vorgenommen, ist jedenfalls er Anfechtungsgegner. Der Ehegatte, der nur zugestimmt hat, wird nicht Geschäftspartei, obwohl die Rechte aus dem Geschäft in das Gesamtgut fallen und dieses für die Verbindlichkeiten haftet. Deshalb ist er auch nicht Anfechtungsgegner, § 1450 Abs 2 BGB gilt nicht.

18 Kommt es auf das **Kennen** oder **Kennenmüssen** bestimmter Umstände an, so schadet der Gesamthand entsprechend § 166 Abs 1 BGB jedenfalls das Wissen oder Wissenmüssen des Ehegatten, der das Geschäft allein vornimmt. Die Kenntnis usw des anderen Ehegatten, der dem Rechtsgeschäft zugestimmt hat, ist nur unter den besonderen Voraussetzungen des § 166 Abs 2 BGB (analog) beachtlich.

d) Rechtswirkungen der Zustimmung

19 Nehmen die Ehegatten **gemeinsam** ein Rechtsgeschäft vor, ist dieses in jeder Hinsicht für die Ehegatten persönlich sowie für und gegen das Gesamtgut wirksam. **Verfügungen** der Ehegatten über Gegenstände des Gesamtguts wirken naturgemäß nur zu Lasten des Gesamtguts. **Verpflichtungsgeschäfte** begründen, wenn die persönliche Haftung nicht besonders ausgeschlossen worden ist, sowohl (primäre) persönliche Schulden (mit den Vorbehalts- und Sondergütern) als auch Gesamtgutsverbindlichkeiten. Dabei kommt es nicht darauf an, ob die Ehegatten zu erkennen gegeben haben, dass sie in Gütergemeinschaft leben oder dass sie gesamthänderisch verbunden sind. Der rechtsgeschäftliche **Erwerb** für das Gesamtgut vollzieht sich dagegen bei einem Handeln für die Gesamthand rechtsgeschäftlich direkt (vgl § 1416 Rn 23), sonst kraft Gesetzes mittelbar über die Ehegatten persönlich (s § 1416 Rn 24).

Die von einem Ehegatten **mit Zustimmung** des anderen **vorgenommene Verfügung** **20** über einen Gegenstand, der zum Gesamtgut gehört, ist gemäß § 1450 Abs 1 BGB rechtswirksam; § 185 BGB braucht daneben nicht bemüht zu werden. Ohne Einfluss auf den Rechtserwerb des Dritten ist es, wenn die Verfügung im Namen „der Gesamthand" oder im Namen beider Ehegatten vorgenommen wurde. Konstruktiv folgt das Ergebnis in diesen Fällen jedoch aus § 164 BGB. Hat ein Ehegatte ein **Verpflichtungsgeschäft in eigenem Namen** abgeschlossen, so wird er in jedem Falle selbst (primär) daraus verpflichtet. Die Zustimmung des anderen Ehegatten begründet lediglich **daneben** auch die **Haftung des Gesamtguts**, §§ 1459 Abs 1, 1460 Abs 1 BGB, und die (sekundäre) persönliche Haftung des Zustimmenden, § 1459 Abs 2 S 1 BGB. Handelt der Ehegatte **im Namen „der Gesamthand"**, „der Gütergemeinschaft" oder auch nur im Namen beider Ehegatten, so wird eine primäre **„Doppelverpflichtung"** der Ehegatten persönlich und des Gesamtguts begründet, wenn der andere Ehegatte zugestimmt hat. **Ohne Zustimmung** entsteht in diesen Fällen keine Gesamtgutsverbindlichkeit. Auch eine persönliche Verbindlichkeit des anderen Ehegatten kann nicht entstehen. Streitig ist, ob der Ehegatte, der das Rechtsgeschäft abgeschlossen hat, persönlich haftet. Teils wird angenommen, das Geschäft sei stets für und gegen den Handelnden wirksam (MünchKomm/Kanzleiter Rn 12; BGB-RGRK/Finke Rn 6; Soergel/Gaul/Althammer Rn 6; Erman/Heinemann Rn 1; Bamberger/Roth/Mayer Rn 7). Andere (so Hennecke, Das Sondervermögen der Gesamthand [1976] 109; Palandt/Brudermüller Rn 2) wenden stets und nur § 179 BGB an. Da der handelnde Ehegatte in den hier behandelten Fällen erkennbar nicht allein für sich persönlich abschließen will, also ein Vertretergeschäft vorliegt, ist dieses wegen des regelmäßig anzunehmenden Handelns mit dem Ziel einer Doppelverpflichtung jedenfalls teilunwirksam. Wird die Genehmigung gemäß § 177 BGB von dem anderen Ehegatten verweigert, ist das Rechtsgeschäft **teilnichtig**. Soweit die eigene persönliche Verpflichtung in Frage steht, ist nach § 139 BGB zu entscheiden (so auch Gernhuber/Coester-Waltjen § 38 Rn 97 Fn 128; Ensslen FamRZ 1998, 1078 f). Ergibt sich daraus Totalnichtigkeit, haftet der Handelnde gemäß § 179 BGB für das ganze Geschäft.

Hat ein Ehegatte ein Rechtsgeschäft *im eigenen Namen* abgeschlossen, wird der **21** andere Ehegatte durch seine Zustimmung **nicht** selbst **Partei des Rechtsgeschäfts**, insbesondere nicht Vertragspartner (so auch Gernhuber/Coester-Waltjen § 38 Rn 97 Fn 129; BGB-RGRK/Finke Rn 3). Dem kommt allerdings nur geringe praktische Bedeutung zu. Für die Verbindlichkeiten haftet kraft der Zustimmung das Gesamtgut, § 1460 Abs 1 BGB. Die durch das Rechtsgeschäft begründeten Rechte fallen nicht kraft der Zustimmung, sondern allein gemäß § 1416 Abs 1 S 2 BGB in das Gesamtgut. Liegen die gesetzlichen Voraussetzungen nicht vor, bleibt allein der handelnde Ehegatte Herr des Geschäfts, kann also die Erfüllungs- und die sekundären Ansprüche geltend machen, Gestaltungsrechte ausüben usw. Fallen die Rechte dagegen in das Gesamtgut, gehen nach dem Sinn des § 1416 BGB auch die das Schuldverhältnis im Ganzen betreffenden Nebenrechte in das Gesamtgut über. Deshalb können solche Rechte, insbesondere Gestaltungsrechte wie Kündigung, Rücktritt oder

Wandlung, von dem an dem Schuldverhältnis beteiligten Ehegatten nicht mehr allein ausgeübt werden. Es bedarf vielmehr der Mitwirkung des anderen Ehegatten. Für die Kündigungs- oder Rücktrittserklärung des *anderen Teils* ist demgemäß „die Gesamthand" der Erklärungsgegner. Die Erklärung kann daher gemäß § 1450 Abs 2 BGB jedem der beiden Ehegatten gegenüber wirksam abgegeben werden (s hierzu auch unten Rn 38).

3.   Verwaltung durch tatsächliches Handeln

22 Die Verwaltung umfasst neben der Vornahme von Rechtsgeschäften auch die Durchführung von Maßnahmen tatsächlicher Art, die der Erhaltung, Verbesserung und der Verwertung des Gesamtgutes für den Bedarf der Ehegatten und gegebenenfalls der Kinder dienen (BGH FamRZ 1986, 42: Mitarbeit im landwirtschaftlichen Betrieb; BGH NJW 1990, 2252 = FamRZ 1990, 851: Leistung von Unterhalt; ENSSLEN FamRZ 1998, 1079). Zur gemeinschaftlichen Vornahme dieser Handlungen sind die Ehegatten berechtigt und (§ 1451 BGB) verpflichtet. Vielfach wird aber gerade in dieser Hinsicht die Verwaltung im ausdrücklichen oder stillschweigenden Einverständnis der Ehegatten durch einen Ehegatten durchgeführt. Für die im Rahmen der Haushaltsführung notwendigen Handlungen gilt die einvernehmliche Funktionsteilung gemäß § 1356 Abs 1 BGB. Überschreitet ein Ehegatte seine durch Gesetz oder Übereinkommen der Ehegatten begründeten Befugnisse, indem er etwa zum Gesamtgut gehörige Gegenstände eigenmächtig zerstört, beschädigt oder in unangemessener Weise verbraucht, so ist er dem Gesamtgut gegenüber entsprechend § 1435 S 3 BGB verantwortlich.

IV.   Recht auf Besitz

23 Nach § 1450 Abs 1 S 2 BGB gebührt der Besitz an den zum Gesamtgut gehörenden Sachen **den Ehegatten gemeinschaftlich**. Zu den Gegenständen des Besitzrechts s auch § 1422 Rn 12.

24 Das Recht auf Mitbesitz bedarf der Reduktion (vgl auch § 1422 Rn 15 f). Das Verlangen eines Ehegatten nach Einräumung des Mitbesitzes an **Sachen**, die **ausschließlich dem persönlichen Gebrauch** des anderen Ehegatten dienen (zB Kleidung, Schmuck, Arbeitsgeräte), wäre rechtsmissbräuchlich und ehewidrig. Ein Recht auf den Alleinbesitz ist auch anzuerkennen für die zu einem **Erwerbsgeschäft** gehörenden Sachen, das ein Ehegatte mit Zustimmung des anderen selbständig betreibt (s dazu RGZ 84, 47; DAIMER BayNotZ 1924, 85). Die Einräumung des Mitbesitzes bedarf in diesen Fällen besonderer Begründung mit überwiegenden Gesamtgutsinteressen.

25 Der gemeinschaftliche Besitz muss tatsächlich hergestellt werden; er entsteht nicht kraft Gesetzes. Erforderlich ist daher die **Inbesitznahme durch beide Ehegatten**. Kein Ehegatte hat jedoch das Recht zu eigenmächtiger Begründung des Mitbesitzes; notfalls ist ein entsprechender gerichtlicher Antrag zu stellen. Eine *Zurechnung* der Sachherrschaft eines Ehegatten auch zum anderen (oder der Gesamthand) kommt nicht in Betracht. Das Gesetz weist den Besitz den Ehegatten nach Maßgabe des § 854 BGB zu. Es ist auch grundsätzlich kein Ehegatte Besitzdiener des anderen. Ausnahmen sind möglich, etwa bei Mitarbeit im selbständig betriebenen Erwerbsgeschäft des anderen Ehegatten.

Für den gemeinschaftlichen Besitz der Ehegatten gilt § 866 BGB. Sie sind in der **26** Regel **schlichte** (unmittelbare) **Mitbesitzer**. Nach den Umständen des Einzelfalles kann auch „gesamthänderischer" Mitbesitz vorliegen. Ein Recht auf die eine oder die andere Art des Mitbesitzes kann sich aus den Erfordernissen einer ordnungsgemäßen Gesamtgutsverwaltung (vgl § 1451 BGB) ergeben.

Besitzschutz genießen die **Ehegatten untereinander** nach den allgemeinen Vorschrif- **27** ten der §§ 859 ff BGB in den durch § 866 BGB umschriebenen Grenzen. Daneben kann jeder Ehegatte von dem anderen die Wiedereinräumung des Besitzes gemäß § 1450 BGB verlangen. **Dritten gegenüber** hat jeder mitbesitzende Ehegatte die **Selbsthilferechte** des § 859 BGB. Die **Antragsrechte aus §§ 861, 862 BGB** stehen jedem Ehegatten selbständig zu. Der Besitz fällt nicht in das Gesamtgut; einen unmittelbaren „Gesamthandsbesitz" gibt es nicht (s oben Rn 25). Entsprechend sind die Ansprüche wegen Entziehung oder Störung des Mitbesitzes Ansprüche der Ehegatten, nicht der Gesamthand (ebenso ERMAN/HEINEMANN Rn 3; MünchKomm/KANZLEITER Rn 21; SOERGEL/GAUL/ALTHAMMER Rn 11; aM BGB-RGRK/FINKE Rn 13). Dass petitorische Ansprüche wegen Besitzentziehung oder -störung zB aus §§ 985, 823 Abs 1 BGB oder auch § 1004 BGB in das Gesamtgut fallen und nur von beiden Ehegatten gemeinschaftlich geltend gemacht werden können, falls nicht die Voraussetzungen des § 1454 BGB oder des § 1455 Nr 10 BGB vorliegen, zwingt nicht zu einer anderen Lösung.

V. Rechtsstreitigkeiten

1. Aktivprozesse

Ansprüche, die zum Gesamtgut gehören, können grundsätzlich nur **von beiden Ehe-** **28** **gatten gemeinschaftlich** gerichtlich geltend gemacht werden, § 1450 Abs 1 S 1 BGB. Klagen die Ehegatten gemeinsam, so sind sie *notwendige Streitgenossen,* § 62 ZPO (hM). Der **Klagantrag** ist bei der Leistungsklage auf Leistung an beide Ehegatten zu stellen. Dem entspricht sachlich ein Antrag auf Leistung in das Gesamtgut (s aber auch unten Rn 33).

Ein Ehegatte allein ist zur Geltendmachung von Gesamtgutsansprüchen ohne Zu- **29** stimmung des anderen **nicht aktivlegitimiert**. Die Klage ist als unbegründet abzuweisen, wenn nicht einer der in Rn 31, 32 angeführten Ausnahmefälle vorliegt. Die Aktivlegitimation fehlt auch dann, wenn ein Ehegatte auf Leistung an beide (oder „in das Gesamtgut" der Gütergemeinschaft) klagt. § 2039 S 1 BGB ist während des Bestehens der Gütergemeinschaft nicht entsprechend anwendbar (hM, GERNHUBER/ COESTER-WALTJEN § 38 Rn 91; MünchKomm/KANZLEITER Rn 22; BGB-RGRK/FINKE Rn 14; SOERGEL/GAUL/ALTHAMMER Rn 15; aA BGH NJW 1994, 653: fehlende Prozessführungsbefugnis mit der Folge einer Unzulässigkeit der Klage; NK-BGB/VÖLKER Rn 13; ERMAN/HEINEMANN Rn 4). Für die entsprechende Anwendung besteht angesichts der Regelungen in §§ 1452, 1454 BGB und § 1455 Nr 8 u 10 BGB kein Bedürfnis.

Auch für eine Anwendung von § 432 BGB ist kein Raum. Das RG (RGZ 70, 32, 34; **30** auch 86, 66, 69, 71) sah die Vorschrift noch als verallgemeinerungsfähig auf alle Gesamthandsverhältnisse an. Der BGH hat diese Auffassung grundsätzlich verworfen (BGHZ 12, 308, 312; 17, 340). Die in besonderen Fällen für die BGB-Gesellschaft zugelassenen Ausnahmen (BGHZ 12, 308, 312; 17, 340; BGHZ 39, 14; offen gelassen von BGH WM 1980, 366) sind auf die Gütergemeinschaft nicht übertragbar, da hier ausreichende Konfliktlösungen durch die §§ 1452 ff BGB ermöglicht werden (DIEDERICHSEN MDR 1963, 632, 634; iE ebenso MünchKomm/KANZLEITER Rn 22; BGB-RGRK/FINKE Rn 14; SOERGEL/GAUL/ALTHAMMER Rn 15).

31 Mit Zustimmung des anderen kann **jeder Ehegatte allein** auf Leistung an beide oder „in das Gesamtgut" klagen (OLG Saarbrücken FamRZ 2002, 1034; GERNHUBER/COESTER-WALTJEN § 38 Rn 91; MünchKomm/KANZLEITER Rn 22; BGB-RGRK/FINKE Rn 14; SOERGEL/GAUL/ALTHAMMER Rn 15). Der andere Ehegatte kann im **eigenen Namen** klagen. Er muss aber spätestens in der letzten mündlichen Verhandlung vor dem Tatrichter zum Ausdruck bringen, nicht sein eigenes, sondern ein den Eheleuten in Gütergemeinschaft zustehendes Recht geltend machen zu wollen (BGH NJW 1994, 653). Diese Art der gewillkürten Prozessstandschaft ist in § 1452 Abs 1 BGB offenbar vorausgesetzt (vgl auch § 1422 Rn 44). Die Klage kann aber auch sowohl im eigenen als auch im Namen des anderen Ehegatten erhoben werden. Die „Zustimmung" braucht das Handeln als Stellvertreter nicht besonders zu gestatten; der zustimmende Ehegatte ist in jedem Falle an das Urteil gebunden und haftet auch persönlich für die Prozesskosten (vgl §§ 1460 Abs 2, 1459 Abs 2 S 1 BGB). Das Urteil wird in Ansehung des Gesamtguts sowie für und gegen den zustimmenden Ehegatten rechtskräftig.

32 Zur Prozessführung durch einen Ehegatten allein kraft **gesetzlicher Ermächtigung** s §§ 1454 S 2, 1455 Nr 6–10, 1456 BGB.

33 Der allein klagende Ehegatte kann grundsätzlich nur **Leistung an beide Ehegatten** gemeinsam verlangen. Ein auf Leistung an sich allein gerichteter Antrag ist jedenfalls dann begründet, wenn auch insoweit die Zustimmung des anderen Ehegatten vorliegt. Er wird aber subsidiär (vgl dazu auch STAUDINGER/THIELE [2017] § 1368 Rn 33) dann Leistung an sich verlangen können, wenn der andere Ehegatte zur Annahme nicht willens oder imstande ist.

2. Passivprozesse

34 Für **Gesamtgutsverbindlichkeiten** haften das Gesamtgut und gemäß § 1459 Abs 2 S 1 BGB beide Ehegatten gesamtschuldnerisch auch persönlich mit ihrem Sondervermögen, wenn ihre Haftung nicht schon als primäre die Gesamtgutshaftung erst ausgelöst hat (§ 1459 Abs 1 BGB). Zur Zwangsvollstreckung in das Gesamtgut bedarf es ferner nach § 740 Abs 2 ZPO grundsätzlich (zu den Ausnahmen s §§ 741, 742 ZPO) eines Titels gegen beide Ehegatten. Die Ehegatten werden deshalb regelmäßig **gemeinsam verklagt**. Sind im Antrag nur die beiden Ehegatten genannt, liegt eine **Gesamtschuldklage** vor. Die Ehegatten sind *nicht notwendige Streitgenossen* (BGH FamRZ 1975, 405, 406; ERMAN/HEINEMANN Rn 4; GERNHUBER/COESTER-WALTJEN § 38 Rn 92; MünchKomm/KANZLEITER Rn 25; SOERGEL/GAUL/ALTHAMMER Rn 16; TIEDTKE FamRZ 1975, 538, 540). Die Auffassung, dass die Ehegatten insoweit notwendige Streitgenossen seien, als es sich um die Haftung des Gesamtguts handelt (so BGB-RGRK/FINKE § 1450 Rn 16), ist abzulehnen. Dass aus einem Urteil gegen beide Ehegatten persönlich in das Gesamtgut vollstreckt werden kann (hM), macht die Gesamtschuldklage nicht (auch) zur Gesamthandsklage. Das gilt auch dann, wenn die Klage auf Leistung eines zum Gesamtgut gehörenden Gegenstandes gerichtet ist (aM TIEDTKE

FamRZ 1975, 538, 541 Fn 22, der aber die persönliche Haftung auf die Schadensersatzleistung beschränkt). Die Auslegung des Antrags kann aber ergeben, dass in Wahrheit eine Gesamthandsklage erhoben ist. Ein persönlicher Titel gegen einen Ehegatten bewirkt im Folgeprozess über die Gesamtschuldklage gemäß § 1459 Abs 2 S 1 BGB keine Rechtskrafterstreckung (OLG Frankfurt FamRZ 1983, 173).

Der Gläubiger kann sich darauf beschränken, die Ehegatten zur **Leistung aus dem** 35 **Gesamtgut** zu verklagen. Diese **Gesamthandsklage** ist angebracht, wenn die Haftung der Ehegatten mit ihrem Sondervermögen rechtsgeschäftlich ausgeschlossen ist. Sie ist auch sinnvoll, wenn die Vorbehalts- und Sondergüter ohnehin keine Befriedigungsmöglichkeiten bieten. Die mit der Gesamthandsklage in Anspruch genommenen Ehegatten sind *notwendige Streitgenossen* (BGH FamRZ 1975, 405, 406; MünchKomm/ KANZLEITER Rn 25; SOERGEL/GAUL/ALTHAMMER Rn 16; TIEDTKE FamRZ 1975, 538, 540). Die Klage kann auch gegen einen Ehegatten allein erhoben werden, wenn der andere bereit ist, an der Leistung mitzuwirken, zu der verurteilt werden soll (GERNHUBER/ COESTER-WALTJEN § 38 Rn 92 Fn 123; TIEDTKE FamRZ 1975, 538, 539; weitergehend BGH FamRZ 1975, 405, 406; die dort angeführten Belege decken die Aussage jedoch zT nicht; andererseits hält MünchKomm/KANZLEITER Rn 25 die Gesamthandsklage gegen nur einen Ehegatten ausnahmslos für nicht zulässig).

Das gegen einen Ehegatten, der den Prozess mit Zustimmung des anderen geführt 36 hat, ergangene **Urteil ist für und gegen das Gesamtgut wirksam**, wie wenn beide Ehegatten gemeinsam den Prozess geführt hätten (vgl RGZ 148, 243, 247; s auch § 1422 Rn 50). Für die *Kosten des Rechtsstreits* haftet das Gesamtgut nach § 1460 Abs 2 BGB in jedem Falle.

Die **Zwangsvollstreckung** in das Gesamtgut setzt nach § 740 Abs 2 ZPO voraus, dass 37 *beide Ehegatten* zur Leistung verurteilt sind (s aber auch §§ 741, 742 ZPO). Das gilt nach hM auch dann, wenn ein Ehegatte den (Passiv-)Rechtsstreit mit Zustimmung des anderen geführt hat oder er dieser Zustimmung gemäß §§ 1454–1455 BGB nicht bedurfte. Das Urteil muss nach dem Gesetzeswortlaut gegen beide Ehegatten auf *Leistung* lauten (hL; anders STEIN/JONAS/MÜNZBERG § 740 Rn 6; TIEDTKE FamRZ 1975, 538, 539 Fn 8 mwNw: Kombination von Leistungs- und Duldungstitel). S auch Vorbem 4 ff zu §§ 1459– 1462. Ausnahmsweise genügt ein Titel nur gegen einen Ehegatten unter der Voraussetzung des § 741 ZPO. Demgegenüber sieht das Gesetz die Vollstreckung eines der Ehegatten in das Gesamtgut mit einem Titel nur gegen den anderen nicht vor (BGHZ 111, 248, 257 = FamRZ 1990, 853), gleichwohl erachtet die ganz überwiegende Auffassung in der Literatur eine solche Vollstreckung für zulässig (KLEINLE FamRZ 1997, 1195; ZÖLLER/STÖBER § 740 ZPO Rn 9; BAUMBACH/HARTMANN § 740 ZPO Rn 7).

VI. Entgegennahme von Willenserklärungen

§ 1450 Abs 2 BGB gewährt jedem Ehegatten die Empfangszuständigkeit für Wil- 38 lenserklärungen, die beiden Ehegatten gegenüber abzugeben sind. *Den Ehegatten gegenüber* abzugeben sind solche empfangsbedürftigen Willenserklärungen, die Rechte oder Rechtsverhältnisse betreffen, die zum Gesamtgut gehören. In Betracht kommen vor allem *einseitige Gestaltungserklärungen* wie Anfechtung, Aufrechnung, Kündigung, Rücktritt oder Fristsetzung, ferner willenserklärungsähnliche Handlungen wie die Mahnung. Hierher gehören aber auch *Vertragserklärungen* (hM, anders

ERMAN/HEINEMANN Rn 5). Vorausgesetzt ist jedoch, dass als Vertragspartner beide Ehegatten gemeinsam in Erscheinung treten. Deshalb kann nur ein an *beide* Ehegatten gerichtetes Vertragsangebot einem von ihnen gegenüber abgegeben werden. Ebenso kann die Annahme jedem der Ehegatten allein erklärt werden, wenn das Vertragsangebot von ihnen beiden ausging. Dagegen kann die Annahme des von einem Ehegatten allein gemachten Angebots wirksam nur diesem gegenüber erfolgen.

39 Der Ehegatte, der die Willenserklärung empfangen hat, ist verpflichtet, den anderen Ehegatten unverzüglich zu benachrichtigen.

40 In der Zeit *nach Beendigung der Gütergemeinschaft* ist § 1450 Abs 2 BGB nicht anzuwenden. § 1472 BGB regelt die Gesamtgutsverwaltung selbständig und kennt keine entsprechende Regelung. Eine analoge Anwendung ist nicht berechtigt. Regelmäßig bestehen nach Beendigung des Güterstandes Spannungen zwischen den Ehegatten, die die Information des anderen Ehegatten über den Zugang einer Willenserklärung nicht als gesichert erscheinen lassen.

41 Die Vorschrift des Abs 2 ist **nicht** anwendbar auf **Zustellungen** in gerichtlichen Verfahren (hM). Das Prozessrecht regelt die Zustellungen selbständig. § 171 Abs 3 ZPO ist auf die Ehegatten in Gütergemeinschaft nicht anzuwenden. Sie sind nicht Vertreter einer Partei, sondern jeder für sich selbst Partei, auch bei der Gesamthandsklage.

VII. Unberechtigte Verwaltungsmaßnahmen eines Ehegatten

42 Eigenmächtige Maßnahmen eines Ehegatten sind, soweit es sich um Rechtsgeschäfte oder Rechtsstreitigkeiten handelt, dem Gesamtgut und auch dem anderen Ehegatten persönlich gegenüber **nicht wirksam**. Eigenmächtige tatsächliche Verwaltungshandlungen sind **rechtswidrig**. Wird das Gesamtgut durch solche Maßnahmen gemindert, haftet der dafür verantwortliche Ehegatte entsprechend § 1435 S 3 BGB auf Ersatzleistung zum Gesamtgut (GERNHUBER/COESTER-WALTJEN § 38 Rn 86; ENSSLEN FamRZ 1998, 1081; s auch Rn 22). Daneben kommen Herausgabe- oder Ersatzansprüche gegen Dritte in Betracht. Unter den weiteren Voraussetzungen des § 1469 Nr 1 BGB kann der andere Ehegatte Antrag auf Aufhebung der Gütergemeinschaft stellen.

VIII. Gutgläubiger Erwerb aus dem Gesamtgut

43 Verfügt ein Ehegatte über einen Gesamtgutsgegenstand ohne Zustimmung des anderen, so ist die Verfügung gemäß § 1450 Abs 1 BGB unwirksam. Die hM hält jedoch zu Unrecht den gutgläubigen Erwerb Dritter von dem allein verfügenden Ehegatten für möglich, wenn dieser Alleinbesitzer (andernfalls gilt § 935 BGB) einer beweglichen Sache ist oder noch als Alleineigentümer im Grundbuch eingetragen ist, selbst wenn die Gütergemeinschaft in das Güterrechtsregister eingetragen ist (vgl § 1412 Rn 47 ff). Auf die fehlende Kenntnis von der Gütergemeinschaft kann sich der Erwerber aber nicht berufen, wenn der Güterstand in das Güterrechtsregister eingetragen ist. Darauf, dass der veräußerte Gegenstand dem in Gütergemeinschaft lebenden Ehegatten persönlich (als Vorbehaltsgut) gehört, kann der

Verkehr nicht vertrauen, auch dann nicht, wenn der Ehegatte im Grundbuch als Alleineigentümer eingetragen ist.

IX. Abweichende Vereinbarungen

Die gemeinschaftliche Verwaltung kann nicht nur im Einzelfall durch entsprechende **44** Zustimmungen in Richtung auf eine praktisch partielle Alleinverwaltung aufgelockert werden, sondern im Wege des *Ehevertrages* auch generell und unwiderruflich dahin abgeändert werden, dass ein Ehegatte für bestimmte Sachbereiche allein zuständig sein soll. Zur unwiderruflichen Generaleinwilligung s bereits oben Rn 12.

§ 1451
Mitwirkungspflicht beider Ehegatten

Jeder Ehegatte ist dem anderen gegenüber verpflichtet, zu Maßregeln mitzuwirken, die zur ordnungsmäßigen Verwaltung des Gesamtgutes erforderlich sind.

Materialien: E III § 1451; Drucks 2/3409, 29.
Vgl STAUDINGER/BGB-Synopse 1896–2005
§ 1451.

Systematische Übersicht

I. Rechtsentwicklung

Bei Einführung der gemeinschaftlichen Verwaltung des Gesamtgutes durch beide **1** Ehegatten musste der Gesetzgeber eine dem für die Einzelverwaltung geltenden § 1435 BGB entsprechende Regelung der Verwaltungspflicht treffen. Hierbei konnte er sich an den § 1472 Abs 2 HS 1 aF – jetzt fast unverändert als § 1472 Abs 3 HS 1 BGB fortgeltend – anlehnen, der bereits früher für die Zeit nach Beendigung der Gütergemeinschaft beiden Ehegatten die Verpflichtung auferlegt hatte, an der dann eintretenden gemeinschaftlichen Verwaltung des Gesamtgutes mitzuwirken. Diese Verpflichtung ist naturgemäß für die auf die Dauer berechnete Verwaltung des Gesamtgutes durch beide Ehegatten nach den §§ 1450 ff BGB von erheblich größerer Bedeutung als für die Verwaltung nach Beendigung der Gütergemeinschaft, deren Ziel die Auseinandersetzung ist. Eine ordnungsmäßige Verwaltung des Gesamtgutes wäre, da alle Verwaltungshandlungen grundsätzlich der Mitwirkung beider Ehegatten bedürfen, nicht gewährleistet, wenn dem Mitverwaltungsrecht der Ehegatten nicht auch eine entsprechende Pflicht gegenüberstände. Im Gegensatz zu § 1435 BGB trifft § 1451 BGB keine Regelung der sich aus der Verletzung der Verwaltungspflicht ergebenden Schadensersatzpflicht. Hieraus kann aber nicht geschlossen werden, dass der zur Mitverwaltung verpflichtete Ehegatte sich keinesfalls schadensersatzpflichtig machen kann (vgl hierzu § 1450 Rn 22, 42).

II. Pflicht zur Mitverwaltung

2 Die Mitwirkungspflicht erstreckt sich auf die gesamte Verwaltung des Gesamtgutes, mag es sich dabei um den Abschluss von Rechtsgeschäften, die Führung von Rechtsstreitigkeiten oder Verwaltungshandlungen tatsächlicher Natur handeln. Ein Verzicht auf das Verwaltungsrecht mit der Folge, dass die Verwaltungspflicht entfällt, ist nicht möglich. Ein Ehegatte kann seiner Mitwirkungspflicht auch dadurch nachkommen, dass er dem anderen Ehegatten weitgehende Vollmachten oder Einwilligungen erteilt. Eine derartige Regelung kann aber von beiden Ehegatten grundsätzlich jederzeit widerrufen werden. Unwiderrufliche Zustimmungen sind aber – auch ohne Einhaltung der Form des Ehevertrages – möglich, s dazu § 1450 Rn 12; § 1408 Rn 27.

3 Die Mitwirkungspflicht muss nicht notwendig persönlich erfüllt werden. Es darf sich aber auch kein Ehegatte der Sorge um das Gesamtgut durch Betrauung eines Dritten gänzlich entledigen. Die Bevollmächtigung Dritter im Einzelfall ist zulässig. Durch sie wird die Mitwirkungspflicht erfüllt, wenn der Bevollmächtigte geeignet ist. Der andere Ehegatte kann die persönliche Mitwirkung verlangen, wenn dies gemäß § 1353 BGB erforderlich ist, etwa dann, wenn eine Verwaltungsmaßnahme die wirtschaftliche Grundlage der Ehe grundlegend verändern soll oder kann.

4 Die Verpflichtung der Ehegatten richtet sich auf die Mitwirkung an den zur ordnungsmäßigen Verwaltung des Gesamtgutes erforderlichen Maßregeln. Ordnungsgemäß ist eine Verwaltung, die unter Beachtung der Grundsätze vernünftiger Wirtschaftsführung auf Erhaltung, Sicherung und Vermehrung des Gesamtgutes im Interesse der Ehegatten und etwaiger Kinder abzielt (allgM; BayObLG FamRZ 2004, 881; 2005, 109). Dazu gehört nicht nur **rechtsgeschäftliches Handeln**, sondern auch die Leistung von Unterhalt und Trennungsunterhalt (BGH NJW 1990, 2252 = FamRZ 1990, 851) oder **tatsächliches Handeln** wie die Mitarbeit im landwirtschaftlichen Betrieb (BGH FamRZ 1986, 42; s auch § 1450 Rn 6 f; 22). Wegen der einzelnen diesem Zwecke dienenden Verwaltungshandlungen vgl § 1435 Rn 3. Der Umfang der Mitwirkungspflichten richtet sich auch nach den Lebensumständen der Ehegatten. Die Erfüllung tatsächlicher Verrichtungen kann dabei durch Trennung in gleicher Weise **unzumutbar** werden wie die zur Haushaltsführung. Allerdings ist im Einzelfall zu prüfen, ob übergangsweise noch Mitwirkung verlangt werden kann (BGH FamRZ 1986, 42).

5 Die Mitwirkungspflicht bezieht sich auf erforderliche Verwaltungshandlungen. Es kann also grundsätzlich nicht die Teilnahme an Maßnahmen verlangt werden, die vielleicht zweckmäßig, aber nicht notwendig sind. Dabei ist jedoch zu beachten, dass es vielfach mehrere Möglichkeiten einer ordnungsmäßigen Wirtschaftsführung geben wird und dass sich ein zur Mitverwaltung verpflichteter Ehegatte nicht deshalb untätig verhalten darf, weil keine der von dem anderen Ehegatten vorgeschlagenen Maßnahmen in dem Sinne erforderlich ist, dass nur durch ihre Vornahme ein Nachteil von dem Gesamtgut abgewendet werden könnte. Die Mitwirkungspflicht ist schon dann gegeben, wenn es erforderlich erscheint, überhaupt angemessene Verwaltungsmaßnahmen zu treffen. Zur Erforderlichkeit s auch § 1426 Rn 5 f und § 1452 Rn 6.

Die **Mitwirkungspflicht besteht nur unter den Ehegatten**, nicht gegenüber Dritten, **6** auch nicht, wenn diese ein Interesse an der Mitwirkung haben. Hat einer der Ehegatten einen Vertrag mit einem Dritten ohne Zustimmung des anderen Ehegatten und auch ohne Ersetzung der Zustimmung durch das Familiengericht geschlossen, so kann der Dritte sich nicht darauf berufen, der Vertragsabschluss sei eine zur ordnungsmäßigen Verwaltung des Gesamtgutes erforderliche Maßnahme gewesen, zu der der andere Ehegatte nach § 1451 BGB hätte mitwirken müssen (BGH NJW 1958, 2061 = FamRZ 1958, 459).

III. Pflicht zur Alleinverwaltung

In den **Notfällen**, in denen das Gesetz das Alleinhandeln eines Ehegatten zulässt, **7** insbesondere bei Krankheit oder Abwesenheit des anderen Ehegatten (§ 1454 BGB), oder wenn Maßnahmen zur Erhaltung des Gesamtgutes getroffen werden müssen, mit deren Aufschub Gefahr verbunden ist (§ 1455 Nr 10 BGB), ist jeder Ehegatte zum Tätigwerden nicht nur berechtigt, sondern, wenn die ordnungsmäßige Verwaltung des Gesamtgutes Maßnahmen erforderlich macht, auch verpflichtet. Die Mitwirkungspflicht des § 1451 BGB verwandelt sich in diesen Fällen in eine *Pflicht zum Alleinhandeln* (ebenso ERMAN/HEINEMANN § 1455 Rn 7; GERNHUBER/COESTER-WALTJEN § 38 Rn 87; MünchKomm/KANZLEITER § 1451 Rn 4; § 1454 Rn 4; BAMBERGER/ROTH/MAYER Rn 3; BGB-RGRK/FINKE § 1454 Rn 3; SOERGEL/GAUL/ALTHAMMER § 1454 Rn 3; NK-BGB/VÖLKER § 1454 Rn 5).

IV. Pflicht zur Unterrichtung und Auskunftserteilung

Anders als § 1435 BGB für die Alleinverwaltung bestimmt § 1451 BGB nichts über **8** eine **Verpflichtung der Ehegatten zur gegenseitigen Unterrichtung** und zur Auskunftserteilung über den Stand der Verwaltung. Eine *Unterrichtung* über die Verwaltung des Gesamtgutes ist in der Regel auch nicht erforderlich, da die Ehegatten in der Regel gemeinsam oder doch der eine im Einzelfall mit der Zustimmung des anderen die Verwaltung führen. Die Unterrichtungspflicht beruht jedoch im Kern auf § 1353 Abs 1 BGB (vgl BGH FamRZ 1976, 16; s auch § 1435 Rn 4). Deshalb ist davon auszugehen, dass eine Pflicht zur Unterrichtung auch bei gemeinschaftlicher Verwaltung dann besteht, wenn der eine Ehegatte den anderen zur selbständigen Erledigung bestimmter Arten von Angelegenheiten oder für einige Zeit umfassend *ermächtigt* hat (s auch § 1456 BGB) und deshalb über den Stand der Verwaltung nicht orientiert ist. Die Unterrichtung ist aber auch von § 1451 BGB gefordert; sie ist in den genannten Fällen Element der Mitwirkungspflicht des ermächtigten Ehegatten. Deshalb ist ein Antrag auf Unterrichtung möglich und die gerichtliche Entscheidung auch vollstreckbar.

Entsprechend § 1435 S 2 BGB ist ein Ehegatte dem anderen jedenfalls dann **zur 9**

Erteilung von Auskunft verpflichtet, wenn er in ähnlicher Lage wie der Gesamtguts-verwalter ausnahmsweise *allein verwaltungsbefugt* ist, also in den Fällen der §§ 1454, 1455 Nr 7, 8 u 10 BGB (s auch § 1435 Rn 17; Bamberger/Roth/Mayer Rn 3; Soergel/Gaul/Althammer Rn 4; MünchKomm/Kanzleiter Rn 8; Ensslen FamRZ 1998, 1080). Der Aus-kunftsanspruch beinhaltet auch die Pflicht zur Auskunftserteilung über Konten, die nach Trennung der Eheleute allein eröffnet worden sind.

10 Im Übrigen kommt ein Auskunftsanspruch in Betracht, sei es gemäß § 242 BGB, sei es entsprechend § 666 BGB, wenn ein Ehegatte den anderen zur Verwaltung *er-mächtigt* hat. Bei einer Ermächtigung im Einzelfall kommt es nach § 242 BGB außer auf Art und Umfang der Verwaltungsmaßnahme insbesondere darauf an, ob der Ermächtigende sich selbst ausreichend und zumutbar informieren konnte. Hat ein Ehegatte dem anderen dagegen für längere Zeit die Erledigung bestimmter Arten von Gesamtgutsangelegenheiten überlassen oder ihn generell zur Verwaltung er-mächtigt, liegt eine Analogie zum Auftragsrecht näher.

11 Hat ein Ehegatte darin eingewilligt, dass der andere *selbständig ein Erwerbsgeschäft betreibt* (§ 1456 BGB), ist dem an der Führung des Erwerbsgeschäfts nicht unmittel-bar beteiligten Ehegatten ein durchsetzbares Informationsrecht zuzusprechen. Für die im Betrieb des Erwerbsgeschäftes begründeten Verbindlichkeiten haften das Gesamtgut (§§ 1460 Abs 1, 1456 BGB) und der nicht beteiligte Ehegatte persönlich (§ 1459 Abs 2 S 1 BGB). Nicht nur in seinem eigenen Interesse, sondern vor allem in dem der Familie, deren Existenzgrundlage das Gesamtgut meist darstellen wird, muss der andere Ehegatte in der Lage sein, zu überprüfen, ob er der wegen einer ungünstigen Entwicklung des Erwerbsgeschäftes drohenden Gefahr durch den Wi-derruf seiner Einwilligung oder sonstige geeignete Maßnahmen entgegentreten muss. Ein Informationsrecht analog § 716 Abs 1 BGB und § 118 Abs 1 HGB wird dem anderen Ehegatten allenfalls insoweit zuerkannt werden können, als das Er-werbsgeschäft zum Gesamtgut gehört oder das Gesamtgut unmittelbar und konkret berührt ist. Im Übrigen muss der das Erwerbsgeschäft betreibende Ehegatte aber seinerseits auf Verlangen Auskunft über den Stand des Geschäfts geben, soweit das Gesamtgut berührt ist. Auch hier lässt sich auf eine Analogie zum Gesellschaftsrecht verweisen (§§ 713, 666 BGB); auch § 1435 S 2 BGB lässt sich entsprechend heran-ziehen.

V. Durchsetzung des Anspruchs auf Mitwirkung

12 Verletzt ein Ehegatte seine Mitverwaltungspflicht dadurch, dass er ohne ausreichen-den Grund seine Mitwirkung beim Abschluss eines Rechtsgeschäfts oder bei der Führung eines Rechtsstreits verweigert, obwohl die ordnungsmäßige Verwaltung des Gesamtgutes den Abschluss des Rechtsgeschäftes oder die Prozessführung erfor-dert, so kann auf Antrag des anderen Ehegatten das *Familiengericht die Zustimmung ersetzen* (s § 1452 BGB). Dies gilt nicht für tatsächliche Verwaltungshandlungen. Weigert sich ein Ehegatte, an derartigen Maßnahmen mitzuwirken, so hat der an-dere Ehegatte die Möglichkeit, zur Erhaltung des Gesamtgutes dienende Maß-nahmen allein zu treffen, wenn mit einem Aufschub Gefahr verbunden ist (§ 1455 Nr 10 BGB; s auch Rn 13).

13 Darüber hinaus sind die Möglichkeiten beschränkt, die Erfüllung der Mitwirkungs-

pflicht hinsichtlich einzelner Verwaltungsmaßnahmen zu erzwingen. Insbesondere ist ein auf § 1451 BGB gestützter **Antrag auf Mitwirkung** idR bei bestimmten Verwaltungsmaßnahmen nicht begründet. Soweit ein derartiger Antrag auf Zustimmung zu einem Rechtsgeschäft oder zur Führung eines Rechtsstreits gerichtet wäre, würde er das gleiche Ziel verfolgen wie das in § 1452 BGB geregelte familiengerichtliche Verfahren. Ein derartiges Nebeneinander ist aber nicht der Sinn der §§ 1451, 1452 BGB; es ist vielmehr davon auszugehen, dass der Gesetzgeber die Entscheidung von Streitigkeiten zwischen den Ehegatten hinsichtlich der Verwaltung des Gesamtgutes die Voraussetzungen in § 1452 BGB abschließend regeln wollte (iE ebenso Münch-Komm/KANZLEITER Rn 9; SOERGEL/GAUL/ALTHAMMER Rn 5; BAMBERGER/ROTH/MAYER Rn 4). Anders, wenn § 1452 BGB nicht einschlägig ist, also insbesondere bei **tatsächlichen Verwaltungsmaßnahmen** oder bei ehevertraglichem Ausschluss von § 1452 BGB. Hier kann die erforderliche Mitwirkung gerichtlich geltend gemacht werden. Der Antrag ist jedenfalls dann kein Herstellungsantrag gemäß § 1353 BGB mit der Folge des § 120 Abs 3 FamFG, wenn sachliche Notwendigkeiten im Vordergrund stehen. Insbesondere, wenn vermögensrechtliche Elemente im Vordergrund stehen, ist der Anspruch im Prozesswege durchsetzbar und vollstreckbar (BGH NJW 1990, 2252 = FamRZ 1990, 851; MünchKomm/KANZLEITER Rn 9; ENSSLEN FamRZ 1998, 1079). Der Mitwirkungsanspruch ist eine Familienstreitsache nach §§ 112 Nr 2, 120 Abs 1 FamFG für die das Familiengericht zuständig ist. Soweit es um die gerichtliche Geltendmachung des Anspruches auf **Unterhalt** und Trennungsunterhalt aus dem Gesamtgut (s § 1420 Rn 3) geht, richtet sich das Vorgehen des Unterhaltsberechtigten also danach, was zur Gewährung des Unterhalts erforderlich ist. Soll der Unterhaltspflichtige den Unterhaltsbetrag an den anderen Ehegatten von seinem Konto auszahlen, ist für die Überweisung vom Konto zwar ein Auftrag gegenüber der Bank erforderlich. Hierbei handelt es sich jedoch nicht um ein zustimmungsbedürftiges Rechtsgeschäft, weil der Unterhaltsverpflichtete allein verfügungsberechtigt ist. Da in der Bewirkung der Leistung bereits eine Zustimmung steckt, bedarf es keiner Ersetzung nach § 1452 BGB (BGH FamRZ 1990, 851; ENSSLEN FamRZ 1998, 1078). Erstrebt der Unterhaltsberechtigte dagegen die Zustimmung zur Überweisung von Unterhaltsbeträgen durch den Arbeitgeber, weil der Unterhaltsschuldner, gegen den bereits eine gerichtliche Entscheidung vorliegt, seiner Mitwirkungspflicht nicht nachkommt, ist ein Antrag auf Ersetzung der Zustimmung beim Familiengericht nach § 1452 BGB zulässig (BayObLG FamRZ 1997, 422; anders KLEINLE FamRZ 1997, 1195: Ausreichend, den Trennungsunterhalt als zu zahlende Geldrente zu titulieren mit dem Zusatz, dass die Zahlung aus den Einkünften des Schuldners zu leisten ist). Zu beachten ist, dass dies nicht für den Geschiedenenunterhalt gilt. Nach Beendigung der Gütergemeinschaft ist der Unterhalt nicht mehr dem Gesamtgut zu entnehmen, da dieses für die nach Beendigung der Gütergemeinschaft entstandenen Verbindlichkeiten nicht mehr haftet. Hier geht es nur noch um eine Zahlungsverpflichtung des Unterhaltsschuldners. Verlässt ein Ehegatte die zum Gesamtgut gehörende Wohnung, so ist grundsätzlich ein Nutzungsentgelt des anderen Ehegatten gemäß § 1468 BGB erst nach Beendigung der Gütergemeinschaft zum Gesamtgut zu leisten. Soweit der andere Ehegatte allerdings darauf angewiesen ist, seinen Unterhalt aus dem Gesamtgut zu bestreiten, soll er die Zahlung eines anteiligen Nutzungsentgeltes direkt an sich verlangen können, weil ein Umweg über das Gesamtgut in einem solchen Fall „unsinnig" sei (OLG Bamberg FamRZ 1987, 703 f; ENSSLEN FamRZ 1998, 1082). Ein solcher Direktzugriff wird demgegenüber allenfalls zu erwägen sein, wenn anderweitige Einkünfte des Gesamtgutes nicht bestehen.

VI. Rechtsfolgen der Verletzung der Mitwirkungspflicht

14 Die **Haftung** der mitverwaltenden Ehegatten für einen dem Gesamtgut durch die Verletzung seiner Mitwirkungspflicht entstandenen Schaden ist in § 1451 BGB *nicht* ausdrücklich *geregelt*. Die Vorschriften der §§ 1452 f BGB reichen zur Wahrung der Gesamtgutsinteressen nicht aus. Die hL hält daher zutreffend die **entsprechende Anwendung** von **§ 1435 S 3 BGB** für geboten (BGH FamRZ 1986, 42: *Verletzung der Pflicht zur Mitarbeit;* BGH NJW 1990, 2252 = FamRZ 1990, 851; MünchKomm/KANZLEITER Rn 10; BGB-RGRK/FINKE Rn 6; SOERGEL/GAUL/ALTHAMMER Rn 5; iE auch ERMAN/HEINEMANN Rn 1). Der Verschuldensmaßstab bestimmt sich nach § 1359 BGB; für die Fälligkeit gilt § 1468 BGB. S im Übrigen § 1435 Rn 12 ff.

15 Die Verwaltung des Gesamtgutes nach den Vorschriften der §§ 1450 ff BGB ist auf die Dauer nur durchführbar, wenn beide Ehegatten ihrer Mitverwaltungspflicht nachkommen. Die Ersetzung der Zustimmung durch das Familiengericht (§ 1452 BGB) kommt nur für eine begrenzte Anzahl von Fällen in Betracht. Wiederholte Auseinandersetzungen vor dem Familiengericht wegen der Verwaltung des Gesamtgutes werden dem ehelichen Frieden auch abträglich sein. Die Schadensersatzpflicht des seine Verwaltungspflichten verletzenden Ehegatten ist schließlich von fraglichem Wert, weil ihre sofortige Durchsetzung meist nicht möglich ist (§ 1468 BGB). Jeder Ehegatte ist daher, wenn sich der andere Ehegatte nicht nur im Einzelfall, sondern beharrlich und ohne ausreichenden Grund weigert, zur ordnungsmäßigen Verwaltung des Gesamtgutes mitzuwirken, berechtigt, den **Antrag auf Aufhebung der Gütergemeinschaft** zu stellen (§ 1469 Nr 2 BGB).

VII. Abweichende Vereinbarungen

16 Die Pflicht zur Mitwirkung ist nicht allgemein abdingbar. Sie kann aber für bestimmte einzelne oder Arten von Maßnahmen im Voraus ehevertraglich ausgeschlossen oder beschränkt werden. Die Haftung sowie die Unterrichtungs- und Auskunftspflicht können ausgeschlossen oder beschränkt werden (s auch § 1435 Rn 20).

§ 1452
Ersetzung der Zustimmung

(1) Ist zur ordnungsgemäßen Verwaltung des Gesamtguts die Vornahme eines Rechtsgeschäfts oder die Führung eines Rechtsstreits erforderlich, so kann das Familiengericht auf Antrag eines Ehegatten die Zustimmung des anderen Ehegatten ersetzen, wenn dieser sie ohne ausreichenden Grund verweigert.

(2) Die Vorschrift des Absatzes 1 gilt auch, wenn zur ordnungsmäßigen Besorgung der persönlichen Angelegenheiten eines Ehegatten ein Rechtsgeschäft erforderlich ist, das der Ehegatte mit Wirkung für das Gesamtgut nicht ohne Zustimmung des anderen Ehegatten vornehmen kann.

Materialien: E III § 1452; BT-Drucks 2/3409, 29;
BT-Drucks 16/6308, 141. Vgl STAUDINGER/
BGB-Synopse 1896–2005 § 1452.

Systematische Übersicht

I.   Rechtsentwicklung

§ 1452 BGB hat keinen unmittelbaren Vorgänger im früheren Recht. Bei Meinungs- **1**
verschiedenheiten der nach § 1472 aF zur gemeinsamen Verwaltung des Gesamtgutes berechtigten Ehegatten war eine Anrufung des Vormundschaftsgerichts nicht
vorgesehen. Die Vorschrift bildet jedoch eine Parallele zu den für die Einzelverwaltung geltenden §§ 1426, 1430 BGB (§§ 1447, 1451 aF). Sie ist sprachlich an das
FamFG angepasst worden.

II. Ersetzung der Zustimmung bei Verweigerung

1.   Anwendungsbereich

Die Zustimmung des anderen Ehegatten kann nach § 1452 Abs 1 BGB durch das **2**
Familiengericht ersetzt werden, wenn zur ordnungsmäßigen Verwaltung des Gesamtgutes die **Vornahme eines Rechtsgeschäfts** oder die **Führung eines Rechtsstreits**
erforderlich ist und die Zustimmung ohne ausreichenden Grund verweigert wird. Im
Gegensatz zu § 1426 BGB und § 1365 Abs 2 BGB, die sich auf die Ersetzung der
Zustimmung zu Rechtsgeschäften beschränken, kann nach § 1452 Abs 1 BGB also
auch die Zustimmung zu Rechtsstreitigkeiten ersetzt werden. Dies ist deswegen
erforderlich, weil der alleinverwaltende Ehegatte berechtigt ist, Rechtsstreitigkeiten
mit Wirkung für das Gesamtgut im eigenen Namen zu führen (§ 1422 BGB), und
weil der im gesetzlichen Güterstand lebende Ehegatte in der Prozessführung mit
Wirkung für sein eigenes Vermögen nicht beschränkt ist, die mitverwaltenden Ehegatten Rechtsstreitigkeiten mit Wirkung für das Gesamtgut jedoch grundsätzlich nur
gemeinschaftlich führen können (§ 1450 Abs 1 S 1 BGB).

Eine Ausdehnung des § 1452 BGB über den Bereich der Rechtsgeschäfte und **3**
Rechtsstreitigkeiten hinaus ist nicht zulässig. Beim Familiengericht kann **nicht** die
Ersetzung der Zustimmung **zur Vornahme tatsächlicher Verwaltungshandlungen** be-
antragt werden (MünchKomm/KANZLEITER Rn 8; NK-BGB/VÖLKER Rn 3). Weigert sich ein
Ehegatte, an Maßnahmen tatsächlicher Art mitzuwirken, so kann der andere Ehe-

gatte diese Maßnahmen allein treffen, wenn sie zur Erhaltung des Gesamtgutes notwendig ist und mit dem Aufschub Gefahr verbunden ist (§ 1455 Nr 10 BGB; im Übrigen s § 1451 Rn 13). Unter den vorgenannten Bedingungen ist der einzelne Ehegatte allerdings auch zur alleinigen Vornahme von Rechtsgeschäften und der Führung von Rechtsstreitigkeiten befugt.

4 Im Gegensatz zu dem beschränkten Kreis der Rechtsgeschäfte, bei denen die Zustimmung des anderen Ehegatten nach den §§ 1365 Abs 2, 1369 Abs 2, 1426 BGB ersetzt werden kann (Rechtsgeschäfte über das gesamte Vermögen eines Ehegatten, § 1365 BGB; über Hausrat, § 1369 BGB; über das Gesamtgut im Ganzen, § 1423 BGB; über Grundstücke und eingetragene Schiffe, § 1424 BGB), kann Gegenstand einer Ersetzung der Zustimmung nach § 1452 BGB **jedes das Gesamtgut berührende Rechtsgeschäft** sein, weil alle diese Rechtsgeschäfte grundsätzlich nur von beiden Ehegatten gemeinsam abgeschlossen werden können (zur Verfügung über eine zum Gesamtgut gehörende Forderung s BayObLG FamRZ 1997, 422).

5 Ausgenommen sind aber auch hier Schenkungen, soweit nicht durch sie einer sittlichen Pflicht oder einer auf den Anstand zu nehmenden Rücksicht entsprochen wird (ebenso SOERGEL/GAUL/ALTHAMMER Rn 3; MünchKomm/KANZLEITER Rn 4; BAMBERGER/ROTH/MAYER Rn 4 mit teilweise abw Begründung). Über den vorgenannten Rahmen herausgehende Schenkungen kann der alleinverwaltende Ehegatte nicht allein vornehmen (§ 1425 BGB); er kann die fehlende Zustimmung seines Ehegatten auch nicht durch das Familiengericht ersetzen lassen, wie sich aus der Nichterwähnung des § 1425 BGB in § 1426 BGB ergibt. Es ist kein Grund ersichtlich, weshalb der nur mitverwaltende Ehegatte, dessen Rechtsposition sonst in jeder Hinsicht schwächer als die des alleinverwaltenden Ehegatten ist, die Möglichkeit haben sollte, eine Schenkung mit Hilfe des Familiengerichts gegen den Willen des anderen Ehegatten durchzusetzen. Abgesehen davon ist es ohnehin kaum vorstellbar, dass eine nicht einer sittlichen Pflicht oder einer auf den Anstand zu nehmenden Rücksicht entsprechende Schenkung zur ordnungsmäßigen Verwaltung des Gesamtgutes erforderlich sein soll. Bei *Pflicht- und Anstandsschenkungen,* die auch der alleinverwaltende Ehegatte ohne Zustimmung vornehmen darf (§ 1425 Abs 2 BGB), bestehen jedoch grundsätzlich keine Bedenken gegen die Ersetzung der Zustimmung durch das Familiengericht.

2. Erforderlichkeit

6 Das Rechtsgeschäft oder der Rechtsstreit muss **zur ordnungsmäßigen Verwaltung des Gesamtgutes erforderlich** sein. Über den Begriff der ordnungsmäßigen Verwaltung s STAUDINGER/THIELE (2017) § 1365 Rn 76 ff; § 1435 Rn 3. Die Ersetzung der Zustimmung kommt nur in Betracht, wenn das Rechtsgeschäft oder der Rechtsstreit nach den Grundsätzen ordnungsmäßiger Wirtschaftsführung **notwendig**, nicht aber – anders als im Falle des § 1365 Abs 2 BGB –, wenn sie lediglich zweckmäßig oder vorteilhaft sind (BayObLGZ 20, 256; 26, 23; 30, 309 und FamRZ 2001, 1214; KG OLGE 24, 250 und hL). Das bedeutet jedoch nicht, dass es sich um die *einzige* Möglichkeit handeln muss, um einen Schaden von dem Gesamtgut abzuwenden (aM BayObLGZ 22, 5; dagegen GUTMANN BayNotZ 1924, 360; s auch § 1426 Rn 5). Die Zustimmung kann auch dann ersetzt werden, wenn feststeht, dass dem Gesamtgut bei Untätigkeit der Ehegatten ein Nachteil droht, und wenn ein Ehegatte eine zur Abwendung dieses Nachteils

geeignete Maßnahme vorschlägt, der andere sich hieran aber nicht beteiligen will (vgl aber auch Rn 14). Nicht erforderlich ist eine Zustimmung des auf Unterhalt aus dem Gesamtgut in Anspruch genommenen Ehegatten, wenn es nur darum geht, den Unterhaltsbetrag an den anderen Gatten in Form einer Überweisung vom eigenen Konto zu leisten (BGHZ 111, 248, 259 = FamRZ 1990, 851), weil die Auszahlung oder Überweisung nicht zustimmungsbedürftig ist. Anders liegt der Fall, wenn der Unterhaltsverpflichtete auf Zustimmung zu der direkten Überweisung des Unterhalts vom Arbeitgeber an den Berechtigten in Anspruch genommen wird (BayObLG FamRZ 1997, 423; ENSSLEN FamRZ 1998, 1079).

Soweit es sich bei dem **Rechtsgeschäft**, welches vom Familiengericht gutgeheißen **7** werden soll, um eine Verfügung über das **Gesamtgut als Ganzes** oder über ein **Grundstück** handelt, kann wegen der Einzelheiten auf § 1426 Rn 4 ff verwiesen werden. Im Übrigen gehören zur ordnungsmäßigen Verwaltung des Gesamtgutes insbesondere die Anschaffung des erforderlichen Hausrates und der für die Familie benötigten Lebensmittel und Kleidungsstücke. Die hierauf gerichteten Rechtsgeschäfte werden allerdings vielfach in Ausübung der Schlüsselgewalt vorgenommen werden können. Ferner gehören hierher die Anmietung einer Wohnung, der Abschluss einer Lebens-, Kranken- und Haftpflichtversicherung, die Sachversicherung des Hausrats und der etwa zum Gesamtgut gehörigen Grundstücke (RGZ 76, 136), die sichere (nicht unbedingt mündelsichere – anders früher § 1377 Abs 2 aF) Anlage von Ersparnissen und die Tilgung der dem Gesamtgut zur Last fallenden Schulden.

Ob ein Rechtsgeschäft zur ordnungsmäßigen Verwaltung des Gesamtgutes erfor- **8** derlich ist, ist **Tatfrage**, die das Gericht unter Würdigung aller Umstände entscheidet; die Entscheidung ist insoweit der Nachprüfung durch das Gericht der Rechtsbeschwerde (§ 72 FamFG) entzogen (BayObLG FamRZ 1997, 423).

Die **Führung eines Rechtsstreits** gehört zur ordnungsmäßigen Verwaltung, wenn es **9** sich um Ansprüche des Gesamtgutes handelt, die anderweitig nicht durchzusetzen sind. Das Familiengericht wird in diesen Fällen zu prüfen haben, ob die von einem Ehegatten beabsichtigte Rechtsverfolgung hinreichende Aussicht auf Erfolg bietet, da die Führung eines aussichtslosen Rechtsstreites nicht im Rahmen einer ordnungsmäßigen Verwaltung liegt (OLG Celle FamRZ 1975, 621; BayObLG FamRZ 1990, 411). Der Ersetzungsbeschluss deckt alle Prozesshandlungen, sofern sie nicht zugleich materiellrechtliche Rechtsgeschäfte zum Inhalt haben.

3. Grundlose Verweigerung

Verweigert ist die Zustimmung nicht nur dann, wenn der andere Ehegatte ausdrück- **10** lich erklärt, nicht zustimmen zu wollen, sondern auch dann, wenn sich dies **aus den Umständen** ergibt, insbesondere wenn der Ehegatte auf eine Aufforderung, der Vornahme eines Rechtsgeschäfts oder der Führung eines Rechtsstreits zuzustimmen, beharrlich schweigt. Einer Verweigerung kommt es gleich, wenn die bereits erteilte Zustimmung, soweit dies nach § 183 BGB möglich ist, widerrufen wird oder wenn der Ehegatte nur unter einer Bedingung zustimmt (KG OLGE 4, 346). Ist die Bedingung sachlich gerechtfertigt, kann dies jedoch dafür sprechen, dass die Verweigerung nicht grundlos erfolgt ist. Der Verweigerung ist es jedoch nicht gleichzusetzen, wenn der Ehegatte einem Rechtsgeschäft zustimmt, die Zustimmung jedoch nicht in der nötigen Form (vgl zB § 29 GBO) erteilt. Da die Zustimmung materiell auch ohne Beobachtung von Formvorschriften wirksam ist (§ 182 Abs 2 BGB), ist für ein Verfahren nach § 1452 BGB kein Raum mehr. Weigert sich der Ehegatte, seine Zustimmungserklärung in der Form des § 29 GBO zu wiederholen, so ist ein hierauf gerichtetes Verfahren erforderlich (vgl hierzu STAUDINGER/THIELE [2017] § 1365 Rn 79 u 108; § 1426 Rn 12).

11 Ob die *Verweigerung* **ohne ausreichenden Grund** erfolgte, ist vom Familienrichter unter Würdigung aller Umstände zu entscheiden. Das Rechtsgeschäft oder die Führung des Rechtsstreits zur ordnungsmäßigen Verwaltung des Gesamtgutes erforderlich ist, schließt nicht aus, einen ausreichenden Grund des anderen Ehegatten zur Verweigerung seiner Zustimmung anzuerkennen (KG OLGE 4, 346; BayObLG FamRZ 2001, 1214; vgl auch STAUDINGER/THIELE [2017] § 1365 Rn 80 ff). Auch ideelle Gründe wie die Gefährdung des Familienfriedens oder des Verhältnisses zu Kindern können geltend gemacht werden (BayObLG FamRZ 1990, 411). In der Regel wird allerdings die Weigerung, an einer erforderlichen Verwaltungsmaßnahme teilzunehmen, nicht ausreichend begründet sein.

12 Ein **ausreichender Grund** zur Verweigerung der Zustimmung kann dann gegeben sein, wenn bei Vornahme des Rechtsgeschäfts oder Führung des Rechtsstreits eine Beeinträchtigung wirtschaftlicher Interessen des anderen Ehegatten und der Familie zu besorgen ist. Als Verweigerungsgrund kommt insbesondere die mangelnde Sicherstellung der Versorgung des anderen Ehegatten in Betracht oder die Befürchtung, dass dieser durch seine Zustimmung bei einer künftigen Auseinandersetzung des Gesamtgutes beeinträchtigt werden kann (vgl BayObLG FamRZ 2001, 1214; 1997, 423). S im Übrigen STAUDINGER/THIELE (2017) § 1365 Rn 80 ff; § 1426 Rn 13 ff.

13 Sind zur ordnungsmäßigen Verwaltung des Gesamtgutes grundsätzlich Maßnahmen erforderlich, aber *verschiedene Maßnahmen gleichermaßen geeignet* – handelt es sich etwa um die Frage, ob in einem zum Gesamtgut gehörenden Mietshaus eine Wohnung an A oder B, die beide ordentlich und zahlungsfähig sind, vermietet werden soll –, so ist für ein Eingreifen des Familiengerichts nach § 1452 BGB kein Raum. In diesem Fall kann keinem der Ehegatten der Vorwurf gemacht werden, dass er die Zustimmung zu der von dem anderen Ehegatten beabsichtigten Maßnahme ohne ausreichenden Grund verweigere. Seinem Wortlaut und seinem Sinn nach ist § 1452 BGB auf eine Durchsetzung der Mitwirkungspflicht des § 1451 BGB angelegt; es soll verhindert werden, dass die Verwaltung des Gesamtgutes durch die mangelnde Mitwirkung eines Ehegatten lahmgelegt wird. Mit der Aufgabe, über die Verwaltung des Gesamtgutes in allen Fällen zu befinden, in denen beide Ehegatten zur Mitwirkung bereit sind und geeignete Vorschläge machen, sich jedoch nicht einigen können, wäre das Familiengericht überfordert. Differenzen über die Zweckmäßigkeit unterschiedlicher Maßnahmen unterliegen nicht gerichtlicher Entscheidung. In diesem Punkt zeigt sich im Übrigen, dass die Bedenken gegen die Einführung der gemeinschaftlichen Verwaltung des Gesamtgutes (vgl BT-Drucks 2/3409) nicht unbegründet waren.

4. Keine Ersetzung bei Verhinderung

14 Nach § 1426 BGB kann die erforderliche Zustimmung des nichtverwaltenden Ehegatten auch dann durch das Familiengericht ersetzt werden, wenn dieser **durch Krankheit oder Abwesenheit verhindert** ist, bei einem Rechtsgeschäft mitzuwirken, und wenn mit einem Aufschub Gefahr verbunden wäre. Eine entsprechende Regelung **fehlt** in § 1452 BGB, weil § 1454 BGB für den Fall der Krankheit oder Abwesenheit eines Ehegatten ein **Notverwaltungsrecht** des anderen Ehegatten vorsieht, der im Rahmen dieses Notverwaltungsrechts ohne Zustimmung mit Wirkung für das Gesamtgut handeln kann. Bei unklarer Sach- und Rechtslage (zB über Verweigerung oder Verhinderung, Gefahr im Verzug) kann ein Ehegatte ein berechtigtes Interesse daran haben, dass eine gerichtliche Klärung herbeigeführt wird. Das Ersetzungsverfahren nach § 1452 BGB ist jedoch für eine abschließende Entscheidung wenig geeignet. Liegen die Ersetzungsvoraussetzungen nicht vor, wird der Antrag zurückgewiesen. Eine verbindliche Entscheidung über die Voraussetzungen des § 1452 BGB enthält dieser Beschluss nicht. Das Gleiche gilt für § **1455 Ziff 10 BGB**. Eine vorbeugende Klärung kann nur durch ein Feststellungsverfahren herbeigeführt werden (anders SOERGEL/GAUL/ALTHAMMER Rn 4: Ersetzung auch dann).

5. Ersetzungsantrag

Der Ersetzungsantrag kann von jedem Ehegatten gestellt werden, zu dessen geplan- **15** ter Maßnahme der andere die Zustimmung verweigert. Der Dritte hat kein Antragsrecht. Das Familiengericht kann die Zustimmung **vor** dem Abschluss des Rechtsgeschäfts oder dem Beginn des Rechtsstreits (Einwilligung) oder auch **nachher** (Genehmigung) ersetzen. Wird die Ersetzung der Einwilligung beantragt, so müssen dem Familiengericht die nach der Verkehrsanschauung **wesentlichen Einzelheiten des beabsichtigten Rechtsgeschäfts** vorgetragen werden, damit es diese prüfen und gegebenenfalls weitere Ermittlungen anstellen kann (BayObLG FamRZ 1997, 423; s auch STAUDINGER/THIELE [2017] § 1365 Rn 88 f). Soll ein Rechtsstreit geführt werden, so muss der Antragsteller solche Angaben über den Streitgegenstand und die zur Verfügung stehenden Beweismittel machen, die das Familiengericht in die Lage versetzen, die Erforderlichkeiten und die Aussichten des beabsichtigten Rechtsstreits zu beurteilen.

III. Ersetzung der Zustimmung zur Besorgung persönlicher Angelegenheiten

Eine Ersetzung der Zustimmung durch das Familiengericht kommt nach § 1452 **16** Abs 2 BGB – entsprechend dem § 1430 BGB für die Alleinverwaltung – auch dann in Betracht, wenn ein Ehegatte zur ordnungsmäßigen Besorgung einer persönlichen Angelegenheit ein **Rechtsgeschäft** abschließen muss, das er mit Wirkung für das Gesamtgut nicht ohne die Zustimmung des anderen Ehegatten vornehmen kann. Auf die Führung von **Rechtsstreitigkeiten** erstreckt sich § 1452 Abs 2 BGB **nicht**, weil jeder Ehegatte Rechtsstreitigkeiten in persönlichen Angelegenheiten ohne Mitwirkung des anderen Ehegatten führen kann (vgl BayObLG FamRZ 1964, 49, 51). In Betracht kommen jedoch die mit der Führung eines Rechtsstreits verbundenen Rechtsgeschäfte, etwa die Bestellung eines Prozessbevollmächtigten (s auch ENSSLEN FamRZ 1998, 1078). Es muss sich um ein Rechtsgeschäft handeln, zu dem der antragstellende Ehegatte der Zustimmung des anderen Ehegatten bedarf. Ist der Antragsteller im Einzelfall wegen Vorliegens der Voraussetzungen der §§ 1454 oder 1455 BGB berechtigt, ohne Zustimmung des anderen Ehegatten zu handeln, so kommt eine

Ersetzung der Zustimmung nach § 1452 Abs 2 BGB nach dem eindeutigen Wortlaut der Vorschrift nicht in Betracht.

17 Wegen des Begriffs der **persönlichen Angelegenheit** vgl § 1430 Rn 4 ff.

18 Zum Begriff der **Ordnungsmäßigkeit** vgl § 1430 Rn 1.

19 Das Rechtsgeschäft muss zur ordnungsmäßigen Besorgung persönlicher Angelegenheiten **erforderlich** sein. Dies schreibt § 1452 Abs 2 BGB im Gegensatz zu § 1430 BGB ausdrücklich vor. Ein sachlicher Unterschied ist damit aber nicht verbunden; es kann daher auch insoweit auf § 1430 Rn 10 verwiesen werden.

20 Auch in Fällen des § 1452 Abs 2 BGB ist die Ersetzung der Zustimmung nur zulässig, wenn der widersprechende Ehegatte seine Zustimmung **ohne ausreichenden Grund** verweigert hat, auf § 1430 Rn 12 wird verwiesen.

21 Stellt das Familiengericht das Vorliegen der in § 1452 BGB genannten Voraussetzungen fest, so hat es die Zustimmung des seine Mitwirkung verweigernden Ehegatten zu ersetzen. Zuständig ist gemäß §§ 3 Abs 3g, 25 Nr 3a RpflG der Rechtspfleger. Wegen des Verfahrens des Familiengerichts, insbesondere zur Zuständigkeit, der Antragsberechtigung, des Inhalts und der Wirksamkeit s § 1426 Rn 23 ff; § 1430 Rn 14; Staudinger/Thiele (2017) § 1365 Rn 88 ff.

IV. Verpflichtung zur Antragstellung

22 Ist eine Maßnahme zur ordnungsmäßigen Verwaltung des Gesamtgutes erforderlich, so ergibt sich aus der jeden der Ehegatten treffenden Verwaltungspflicht grundsätzlich auch die Verpflichtung, notfalls diese Maßnahme mit Hilfe des Familiengerichts durchzuführen. Stellt ein Ehegatte jedoch keinen Antrag, so kann der Ehegatte, der seine Zustimmung verweigert hat, hieraus keine Ersatzansprüche des Gesamtgutes herleiten, weil er sich dadurch mit seinem eigenen Verhalten in Widerspruch setzen würde. Nur wenn ein Ehegatte es pflichtwidrig unterlässt, dem anderen Ehegatten alle Umstände darzulegen, die für die Notwendigkeit des Rechtsgeschäfts sprechen, und der andere Ehegatte bei ordnungsmäßiger Unterrichtung seine Zustimmung erteilt hätte, kann bei Unterlassung der Antragsstellung eine Schadensersatzpflicht in entsprechender Anwendung des § 1435 BGB in Betracht kommen.

23 Ob der Ehegatte, der mit einem Dritten ein Rechtsgeschäft abgeschlossen hat, das dem Gesamtgut gegenüber wirksam werden soll, **diesem Dritten gegenüber** zum Antrag auf Ersetzung der Zustimmung **verpflichtet** ist, bemisst sich nach dem Inhalt ihrer Vereinbarungen (OLG Posen Recht 1902, 20 Nr 40). Zur Ausübung des Antragsrechts kann der Ehegatte im Wege der Zwangsvollstreckung gemäß § 888 ZPO angehalten werden (so schon OLG Posen OLGE 4, 367; KG DJZ 1932, 1001; NK-BGB/Völker Rn 9; Soergel/Gaul/Althammer § 1452 Rn 5; **aA** MünchKomm/Kanzleiter § 1452 Rn 13 mit § 1426 Rn 8: § 894 ZPO).

V. Abweichende Vereinbarungen

24 Die generelle Abbedingung würde die Verwaltung des Gesamtgutes gegen den

Willen eines böswilligen oder auch nur uninteressierten Ehegatten völlig lahmlegen. Die Möglichkeit der Ersetzung ist deshalb im Kern als zwingendes Recht anzusehen. Die Ersetzung der Zustimmung zu einzelnen bestimmten Rechtsgeschäften oder Prozessen kann jedoch im Voraus ausgeschlossen werden. Nicht abdingbar ist dagegen die Regelung des Abs 2 (wie hier NK-BGB/Völker Rn 2; weitergehend wohl Münch-Komm/Kanzleiter Rn 14; **aA** Soergel/Gaul/Althammer Rn 2: zwingendes Recht).

§ 1453
Verfügung ohne Einwilligung

(1) Verfügt ein Ehegatte ohne die erforderliche Einwilligung des anderen Ehegatten über das Gesamtgut, so gelten die Vorschriften des § 1366 Abs. 1, 3, 4 und des § 1367 entsprechend.

(2) Einen Vertrag kann der Dritte bis zur Genehmigung widerrufen. Hat er gewusst, dass der Ehegatte in Gütergemeinschaft lebt, so kann er nur widerrufen, wenn dieser wahrheitswidrig behauptet hat, der andere Ehegatte habe eingewilligt; er kann auch in diesem Falle nicht widerrufen, wenn ihm bei Abschluss des Vertrages bekannt war, dass der andere Ehegatte nicht eingewilligt hatte.

Materialien: E III § 1453; BT-Drucks 2/3409, 29, 30. Vgl Staudinger/BGB-Synopse 1896–2005 § 1453.

Systematische Übersicht

I. Rechtsentwicklung

§ 1453 BGB ersetzt für den Bereich der Mitverwaltung des Gesamtgutes den 1448 **1** aF. Er entspricht dem für die Alleinverwaltung geltenden § 1427 BGB. Zu dessen Entstehungsgeschichte s § 1427 Rn 1 f. Es besteht jedoch ein wesentlicher Unterschied zwischen den beiden Vorschriften. Während sich § 1427 BGB schlechthin auf Rechtsgeschäfte bezieht, die ein Ehegatte ohne die erforderliche Einwilligung des anderen Ehegatten vornimmt, spricht § 1453 Abs 1 BGB lediglich von **Verfügungen** ohne die erforderliche Einwilligung. Die Vorschrift gilt also nur für dingliche Rechtsgeschäfte, nicht aber für Verpflichtungsgeschäfte. Die unterschiedliche Regelung ist darauf zurückzuführen, dass bei der Mitverwaltung des Gesamtgutes kein Bedürfnis besteht, den anderen Ehegatten vor Verpflichtungsgeschäften zu schützen, die sein Ehegatte ohne seine Zustimmung abgeschlossen hat. Bei der Einzelverwaltung sind dagegen die vom verwaltenden Ehegatten allein abgeschlossenen

Verpflichtungsgeschäfte dem Gesamtgut gegenüber grundsätzlich wirksam (§ 1438 BGB). Demgegenüber haftet das Gesamtgut bei der Mitverwaltung für die von einem Ehegatten ohne die Zustimmung des anderen Ehegatten abgeschlossenen Verpflichtungsgeschäfte – abgesehen von den Sonderfällen der §§ 1454–1456 BGB – überhaupt nicht. Das ergibt sich aus § 1460 BGB. Der andere Ehegatte ist also bereits durch diese Vorschrift vor den Auswirkungen eigenmächtiger Verpflichtungsgeschäfte geschützt (s auch BT-Drucks 2/3409, 29, 30).

II. Grundsätzliche Regelung

2 Nach § 1450 Abs 1 S 1 BGB sind die mitverwaltenden Ehegatten nur gemeinschaftlich berechtigt, über das Gesamtgut zu verfügen. Dies gilt sowohl für Verfügungen über das Gesamtgut im Ganzen als auch für Verfügungen über einzelne zum Gesamtgut gehörende Gegenstände. Die Wirksamkeit einer Verfügung über das Gesamtgut, die ein Ehegatte ohne die (lediglich in den Ausnahmefällen der §§ 1454–1456 BGB nicht erforderliche) Einwilligung des anderen Ehegatten vornimmt, bemisst sich nach § 1453 BGB. Gesetzestechnisch verweist diese Vorschrift im Wesentlichen auf die für den gesetzlichen Güterstand der Zugewinngemeinschaft geltenden §§ 1366, 1367. Nur anstelle des § 1366 Abs 2 BGB trifft § 1453 BGB in seinem Abs 2, der dem § 1427 Abs 2 BGB wörtlich entspricht, eine eigene Regelung, indem er nicht auf die Kenntnis vom Verheiratetsein, sondern auf die Kenntnis vom Bestehen der Gütergemeinschaft abstellt. Im Übrigen wird aber die Formulierung des § 1366 Abs 2 fast wörtlich übernommen.

3 Einseitige Verfügungen eines Ehegatten über Gesamtgut sind gemäß §§ 1453 Abs 1, 1367 BGB nichtig, wenn die Zustimmung (Einwilligung) des anderen Ehegatten fehlt. Vgl aber auch § 1427 Rn 6.

4 Liegt die Einwilligung vor, kann bei einem empfangsbedürftigen einseitigen Verfügungsgeschäft der Dritte das Rechtsgeschäft gleichwohl zurückweisen, wenn ihm die Einwilligung nicht in schriftlicher Form vorgelegt wird, §§ 182 Abs 3, 111 S 2 und 3 BGB (vgl auch Staudinger/Thiele [2017] § 1367 Rn 9).

5 Ein **Verfügungsvertrag**, den ein Ehegatte ohne die erforderliche Zustimmung des anderen vorgenommen hat, ist **schwebend unwirksam**. Der Schwebezustand dauert an, bis der Vertrag durch die Genehmigung wirksam wird (§§ 1453 Abs 1, 1366 Abs 1 BGB) oder der Dritte den Vertrag widerruft (§§ 1453 Abs 1, 1366 Abs 2 BGB). Zur Bedeutung von § 1366 Abs 3 BGB s unten Rn 11.

III. Beendigung des Schwebezustandes

6 **Wird die Genehmigung** erteilt, so wird das Verfügungsgeschäft **rückwirkend** (§ 184 Abs 1 BGB) **wirksam**. Die Genehmigung ist ein einseitiges empfangsbedürftiges Rechtsgeschäft. Sie ist an keine Form gebunden (§ 182 Abs 2 BGB). Sie kann sowohl dem anderen Ehegatten als auch dem an dem Verfügungsgeschäft beteiligten Dritten gegenüber erklärt werden (§ 182 Abs 1 BGB). Vgl ferner § 1427 Rn 5 ff, Staudinger/Thiele (2017) 1366 Rn 7 ff.

7 Die Erteilung der Genehmigung steht im Wesentlichen der Eintritt der Rechtskraft eines sie **ersetzenden Beschlusses des Familiengerichts** gleich. Der Beschluss entfaltet jedoch keine Rückwirkung.

Wird die Erteilung der Genehmigung verweigert, ist das Verfügungsgeschäft **endgültig** **8** **unwirksam**, §§ 1453 Abs 1, 1366 Abs 4 BGB. Unberührt bleiben jedoch die Möglichkeit eines Ersetzungsbeschlusses sowie die Rechtswirkungen gemäß § 1366 Abs 3 BGB (s unter Rn 11). Unberührt bleiben auch die Wirkungen des Verpflichtungsgeschäfts, die aber, wenn sie nicht das Gesamtgut betreffen, Ansprüchen auf § 1455 Nr 8 BGB nicht entgegengesetzt werden können.

Der **Schwebezustand endet, wenn der Dritte** den Verfügungsvertrag **widerruft**, bevor **9** die Genehmigung (oder deren Ersetzung) wirksam geworden ist. Zu den Einzelheiten s § 1427 Rn 12. Die Widerrufserklärung kann nach §§ 1366 Abs 2 BGB nur demjenigen Ehegatten gegenüber abgegeben werden, der den Vertrag geschlossen hat (vgl STAUDINGER/THIELE [2017] § 1366 Rn 17). Ob das angesichts des § 1450 Abs 2 BGB auch für § 1453 Abs 2 BGB gilt, ist zweifelhaft, aber wohl zu verneinen (MünchKomm/KANZLEITER Rn 3; SOERGEL/GAUL/ALTHAMMER Rn 3).

Ein **Widerruf** des Dritten **betrifft** allein **das** schwebend unwirksame **Verfügungsge-** **10** **schäft**. War das Verpflichtungsgeschäft wirksam abgeschlossen, bleibt es wirksam. Ist es nicht für und gegen das Gesamtgut wirksam, haftet der Ehegatte, der das Geschäft abgeschlossen hat, nach schuldrechtlichen Grundsätzen, jedoch nur mit seinem Vorbehalts- und Sondergut. War das Verpflichtungsgeschäft dem Gesamtgut gegenüber wirksam, präjudiziert weder die Verweigerung der Zustimmung noch die Ablehnung des Ersetzungsantrages noch auch der Widerruf durch den Dritten die Entscheidung über die Erfüllungspflicht.

Der Dritte, der selbst am Vertrage festhalten will, **kann den Ehegatten**, mit dem er **11** kontrahiert hat, **auffordern**, die Genehmigung des anderen Ehegatten zu beschaffen (§§ 1453 Abs 1, 1366 Abs 3 BGB). Wegen der Einzelheiten STAUDINGER/THIELE (2017) § 1366 Rn 26 ff.

IV. Konvaleszenzfragen

Die noch schwebend unwirksame Verfügung über Gesamtgut wird wirksam, wenn **12** der verfügende Ehegatte **den Gegenstand** als Vorbehaltsgut **erwirbt** (§ 185 Abs 2 BGB analog).

Stirbt der andere genehmigungsberechtigte **Ehegatte** und tritt **fortgesetzte** Güterge- **13** meinschaft ein, so wird das Verfügungsgeschäft wirksam; der überlebende Ehegatte erlangt gemäß § 1487 Abs 1 BGB die Stellung eines Alleinverwalters. Etwas anderes gilt nur für Verfügungen nach §§ 1423–1425 BGB. Wird die Gütergemeinschaft nicht fortgesetzt, so wird die Verfügung wirksam, wenn der Verfügende den anderen Ehegatten allein beerbt (§ 1482 BGB; die Gütergemeinschaft erlischt). Sind weitere Personen als Erben beteiligt, entsteht über § 1482 BGB die Auseinandersetzungsgemeinschaft nach den §§ 1471 ff BGB. Das Zustimmungsrecht geht auf die Erbengemeinschaft über (**aA** DÖLLE 948 Fn 34; SOERGEL/GAUL/ALTHAMMER Rn 2 weil die Erben nicht geschützt würden; **wie hier** NK-BGB/VÖLKER Rn 4).

14 **Stirbt** der **verfügende Ehegatte**, so bleibt die Genehmigung des anderen Ehegatten erforderlich, wenn nicht der Fall des § 185 Abs 2 S 1 Fall 3 BGB vorliegt, der Überlebende also Alleinerbe ist und unbeschränkt für die Nachlassverbindlichkeiten haftet und das Verpflichtungsgeschäft wirksam war.

V. Abweichende Vereinbarungen

15 § 1453 BGB ist eine die Rechtsstellung Dritter einbeziehende und deshalb zwingende Vorschrift.

§ 1454
Notverwaltungsrecht

Ist ein Ehegatte durch Krankheit oder Abwesenheit verhindert, bei einem Rechtsgeschäft mitzuwirken, das sich auf das Gesamtgut bezieht, so kann der andere Ehegatte das Rechtsgeschäft vornehmen, wenn mit dem Aufschub Gefahr verbunden ist; er kann hierbei im eigenen Namen oder im Namen beider Ehegatten handeln. Das Gleiche gilt für die Führung eines Rechtsstreits, der sich auf das Gesamtgut bezieht.

Materialien: E III § 1454; BT-Drucks 2/3409, 30.
Vgl STAUDINGER/BGB-Synopse 1896–2005
§ 1454.

Systematische Übersicht

I. Allgemeines

1 Bei Mitverwaltung ist ein Ehegatte grundsätzlich zur Vornahme von Rechtsgeschäften und zur Führung von Rechtsstreitigkeiten, die sich auf das Gesamtgut beziehen, ohne Mitwirkung des anderen Ehegatten nicht berechtigt. Die Erwägung, dass bei Verhinderung eines Ehegatten durch Krankheit oder Abwesenheit jedoch eine gemeinschaftliche Verwaltung des Gesamtgutes nicht möglich ist, führte dazu, dem nicht verhinderten Ehegatten in diesen Fällen ein **Notverwaltungsrecht** einzuräumen, wie es auch bei Einzelverwaltungen dem nicht verwaltenden Ehegatten gem § 1429 BGB bei Verhinderung des Gesamtgutsverwalters zusteht.

Trotz der fast wörtlichen Übereinstimmung zwischen § 1454 BGB und § 1429 BGB **2** bestehen jedoch gewisse **Unterschiede**: Während der nicht verwaltende Ehegatte zwar berechtigt, nicht aber verpflichtet ist, von der ihm durch § 1429 BGB eingeräumten Befugnis Gebrauch zu machen (§ 1429 Rn 13), ist der mitverwaltende Ehegatte zur Notverwaltung nicht nur berechtigt, sondern **auch verpflichtet** (s Rn 19). Weiter muss sich der nicht verwaltende Ehegatte mit der Führung der Verwaltung durch einen gesetzlichen oder bevollmächtigten Vertreter des verwaltenden Ehegatten abfinden, während sich der mitverwaltende Ehegatte die Mitwirkung eines Vertreters des anderen Ehegatten nicht gefallen zu lassen braucht; vgl die von § 1436 BGB abweichende Regelung des § 1458 BGB im Falle der mangelnden Geschäftsfähigkeit eines Ehegatten. Insbesondere kann auch ein Notverwaltungsrecht gemäß § 1454 BGB nicht gegen seinen Willen durch Bestellung eines Vertreters des verhinderten Ehegatten beeinträchtigt werden. Schließlich sind auch die Rechtsfolgen nicht in jedem Fall die gleichen: der mitverwaltende Ehegatte haftet für Verbindlichkeiten, die er in Ausübung des Notverwaltungsrechts eingeht, stets persönlich, während der nicht verwaltende Ehegatte eine persönliche Haftung nur dann eingeht, wenn er im eigenen Namen handelt, nicht aber, wenn er, was ihm § 1429 BGB freistellt, im Namen des Gesamtgutsverwalters handelt.

II. Voraussetzungen des Notverwaltungsrechts

Einer der Ehegatten muss **durch Krankheit oder Abwesenheit verhindert** sein, ein sich **3** auf das Gesamtgut beziehendes Rechtsgeschäft vorzunehmen oder einen sich auf das Gesamtgut beziehenden Rechtsstreit zu führen. Zum Begriff der Verhinderung durch Krankheit oder Abwesenheit s § 1426 Rn 17. Eine vorübergehende Verhinderung genügt (RGZ 103, 126, 127 für § 1401 aF), sofern nach Sachlage nicht damit gerechnet werden kann, dass der verhinderte Ehegatte noch rechtzeitig eine Erklärung abzugeben in der Lage sein wird. Die Verhinderung muss gerade auch hinsichtlich des erforderlichen, auf das Gesamtgut sich beziehenden Rechtsgeschäfts oder Rechtsstreits vorliegen. Eine bloße Erschwerung der Tätigkeit eines Ehegatten ist keine Verhinderung (BayObLGZ 3, 819, 821 f). Steht ein Ehegatte unter Vormundschaft, was seit Inkrafttreten des Gesetzes zur Bekämpfung von Kinderehen am 22. 7. 2017 durch die Neufassung von § 1303 BGB nicht mehr eintreten wird, so fand nicht § 1454 BGB, sondern der aufgehobene § 1458 BGB Anwendung; der andere Ehegatte nahm dann die Stellung des alleinverwaltenden Ehegatten ein.

Mit dem Aufschub muss Gefahr verbunden sein. Die Frage ist unter Würdigung der **4** besonderen Umstände des Falles nach objektiven Gesichtspunkten zu beantworten; wie der handelnde Ehegatte die Sachlage subjektiv bewertet, ist nicht entscheidend (vgl § 1426 Rn 18). Immerhin steht der Mitverwalter dem Gesamtgut näher als der Alleinverwalter, sodass seine Annahme der Gefahr eher für deren objektives Vorliegen sprechen dürfte. Wegen einzelner Fälle s § 1426 Rn 18.

Wenngleich § 1454 BGB nicht, wie etwa § 1452 BGB, ausdrücklich bestimmt, dass **5** das vorzunehmende Rechtsgeschäft oder der zu führende Rechtsstreit zur ordnungsmäßigen Verwaltung des Gesamtgutes *erforderlich* sein müssen, so ist doch eine Gefahr regelmäßig nur dann anzunehmen, wenn es sich um ein erforderliches Rechtsgeschäft oder einen erforderlichen Rechtsstreit handelt. Die Möglichkeit des Unterbleibens eines lediglich zweckmäßigen oder vorteilhaften Rechtsgeschäftes wegen Verhinderung eines Ehegatten kann noch nicht als Gefahr für das Gesamtgut angesehen werden.

6 **Maßgebender Zeitpunkt** für das Vorliegen der Voraussetzungen des § 1454 BGB ist der Zeitpunkt der Vornahme des Rechtsgeschäfts oder des Eintritts der Rechtshängigkeit des Rechtsstreits. Nachträglicher Wegfall der Voraussetzungen des § 1454 BGB ist auf die Wirksamkeit der in Frage stehenden Rechtshandlungen ohne Einfluss (RGZ 103, 126, 127 zu § 1401 aF). Wegen der Fortführung der durch einen Ehegatten eingeleiteten Rechtsstreitigkeiten bei Fortfall der Verhinderung nach Eintritt der Rechtshängigkeit s unter Rn 13.

7 **Beweispflichtig** für das Vorliegen der Wirkungen des § 1454 BGB ist, wer die Wirksamkeit des Rechtsgeschäfts oder Urteils gegenüber dem Gesamtgut behauptet.

III. Gegenstände und Inhalt der Notverwaltung

8 Das Anwendungsgebiet des § 1454 BGB umfasst alle auf das Gesamtgut sich beziehenden **Rechtsgeschäfte** und **Rechtsstreitigkeiten**, also Verfügungen und obligatorische Rechtsgeschäfte, einseitige wie vertragsmäßige Rechtsgeschäfte. Bei Vorliegen der Voraussetzungen des § 1454 BGB kann der nicht verhinderte Ehegatte, da entsprechende Einschränkungen nicht vorgesehen sind, auch solche Rechtsgeschäfte vornehmen, die der alleinverwaltende Ehegatte gemäß §§ 1423, 1424 BGB nur mit Zustimmung des anderen Ehegatten abschließen kann. Dies führt allerdings zu dem Ergebnis, dass der mitverwaltende Ehegatte bei Verhinderung seines Ehegatten größere Befugnisse hat als ein alleinverwaltender Ehegatte, der im gleichen Fall darauf angewiesen ist, die zu einem Rechtsgeschäft der in den §§ 1423, 1424 BGB genannten Art erforderliche Zustimmung des anderen Ehegatten durch das Familiengericht ersetzen zu lassen (§ 1426, 2. Alt BGB). Abgesehen davon, dass sogar der nicht verwaltende Ehegatte nach überwiegender Meinung bei Verhinderung des Verwalters eine stärkere Rechtsposition hat als dieser im umgekehrten Falle (§ 1429 Rn 8), kann dieses auf den ersten Blick merkwürdig anmutende Ergebnis aus folgendem Grunde nicht dazu führen, die Anwendung des § 1454 BGB auf Rechtsgeschäfte der in §§ 1423, 1424 BGB genannten Art auszuschließen: Hätte der Gesetzgeber dem mitverwaltenden Ehegatten die Vornahme bestimmter Rechtsgeschäfte auch bei Verhinderung des anderen Ehegatten nicht ohne Weiteres ermöglichen, sondern etwa von der Ersetzung der Zustimmung durch das Familiengericht abhängig machen wollen, so hätte dies in § 1452 BGB, der bei der Mitverwaltung das Eingreifen des Familiengerichts regelt, seinen Ausdruck finden müssen. § 1452 BGB weicht aber gerade darin von der Parallelvorschrift des § 1426 BGB in auffälliger Weise ab, dass er eine Ersetzung der Zustimmung im Falle der Abwesenheit nicht, auch nicht für bestimmte Rechtsgeschäfte, vorsieht. Eine Rechtfertigung dieses Ergebnisses dürfte darin zu sehen sein, dass der mitverwaltende Ehegatte zB über den Erlös aus einem Grundstücksverkauf nicht frei, sondern nur im Rahmen des § 1454 BGB und nach Beendigung der Verhinderung nur unter Mitwirkung des anderen Ehegatten verfügen kann, während der alleinverwaltende Ehegatte in einem entsprechenden Falle

in der Verfügung über den Erlös nicht beschränkt wäre. Das in § 1426 BGB aufgestellte Erfordernis einer Ersetzung der Zustimmung durch das Familiengericht stellt also bei der Alleinverwaltung praktisch den einzigen Schutz des durch Krankheit oder Abwesenheit verhinderten nicht verwaltenden Ehegatten dar.

Schenkungen, die nicht einer sittlichen Pflicht oder einer auf den Anstand zu nehmenden Rücksicht entsprechen (§ 1425 BGB), kann ein Ehegatte auch bei Verhinderung des anderen Ehegatten regelmäßig **nicht vornehmen**, weil solche Rechtsgeschäfte zur ordnungsmäßigen Verwaltung des Gesamtgutes grundsätzlich nicht erforderlich sind und infolgedessen mit einem Aufschub auch keine Gefahr verbunden ist. Dass für Schenkungen der bezeichneten Art aus dem Gesamtgut ohne das Einverständnis beider Ehegatten in der Regel kein Bedürfnis besteht, ergibt sich auch daraus, dass § 1426 BGB die Ersetzung der mangelnden Zustimmung des nicht verwaltenden Ehegatten durch das Familiengericht nur für die Fälle der §§ 1423, 1424 BGB, nicht aber für den des § 1425 BGB vorsieht. **9**

Auf **Maßnahmen tatsächlicher Art** findet § 1454 BGB weder seinem Wortlaut nach Anwendung, noch dürfte eine erweiterte Auslegung angesichts der jedem Ehegatten durch § 1455 Ziff 10 BGB eingeräumten Möglichkeit erforderlich sein, bei Gefahr im Verzug die zur Erhaltung des Gesamtgutes nötigen Maßnahmen zu treffen (ebenso BAMBERGER/ROTH/MAYER Rn 2; SOERGEL/GAUL/ALTHAMMER Rn 3; NK-BGB/VÖLKER Rn 4; anders MünchKomm/KANZLEITER Rn 3). **10**

IV.   Recht auf Besitz

Der mitverwaltende Ehegatte ist in den Fällen des § 1454 BGB auch berechtigt, die zum Gesamtgut gehörenden Sachen *in Alleinbesitz* zu nehmen, soweit dies zur Durchführung des Rechtsgeschäfts erforderlich ist. Oft wird allerdings wegen der Verhinderung des anderen Ehegatten ohnehin Alleinbesitz des handelnden Ehegatten vorliegen. Soweit eine Besitzübertragung auf beide Ehegatten wegen der Verhinderung eines der Ehegatten nicht möglich ist, kann der gemäß § 1454 BGB klagende Ehegatte auch Leistung an sich allein verlangen (OLG München OLGE 26, 226). **11**

V.   Fortführung schwebender Rechtsstreitigkeiten

Ergibt sich während der Anhängigkeit eines **von beiden Ehegatten begonnenen Rechtsstreits** eine Verhinderung eines Ehegatten iS des § 1454 BGB, so ist der andere Ehegatte **zur Fortführung** des Rechtsstreits **berechtigt**. Er kann dies allerdings, entgegen der allgemeinen Regel des § 1454 BGB, nicht im eigenen Namen, sondern **nur im Namen beider Ehegatten** (ebenso BGB-RGRK/FINKE Rn 6; NK-BGB/VÖLKER Rn 7). Für die von den Ehegatten geführten *Passivprozesse* ergibt sich dies schon aus der Erwägung, dass dem klagenden Dritten nicht die Möglichkeit genommen werden kann, einen gemäß § 740 Abs 2 ZPO für die Zwangsvollstreckung in das Gesamtgut erforderlichen Titel gegen beide Ehegatten zu erwirken. Aber auch für *Aktivprozesse* ist davon auszugehen, dass sich grundsätzlich niemand ohne Zustimmung des Gegners dem einmal bestehenden Prozessrechtsverhältnis entziehen kann (vgl § 269 ZPO). **12**

13 Fällt während der Anhängigkeit eines **von einem der Ehegatten** gemäß § 1454 BGB **begonnenen Rechtsstreits** die Verhinderung des anderen Ehegatten weg, so kann der Ehegatte, der den Rechtsstreit *im eigenen* Namen begonnen hat, ihn in entsprechender Anwendung des § 1455 Ziff 7 BGB fortsetzen. Der andere Ehegatte kann dem Rechtsstreit jedoch als Nebenintervenient beitreten. Hat der nicht verhinderte Ehegatte den Rechtsstreit bisher *im Namen beider Ehegatten* geführt, so tritt der andere Ehegatte nach Fortfall seiner Verhinderung in die Prozessführung ein. Der Rechtsstreit ist dann von beiden Ehegatten gemeinsam weiterzuführen, wobei selbstverständlich die gemäß § 1454 BGB nur von einem Ehegatten vorgenommenen Prozesshandlungen wirksam bleiben.

VI. Grundbuchverkehr

14 § 1454 BGB gilt an sich auch für den *Grundbuchverkehr,* ist aber insoweit ohne erhebliche praktische Bedeutung, als der in § 29 GBO geforderte Nachweis für das Vorhandensein seiner Voraussetzungen kaum je geführt werden kann (vgl zu § 1401 aF Mot IV 240 und KG RJA 16, 307).

VII. Wirkung gegenüber dem Gesamtgut

15 Gegenüber dem Gesamtgut wirkt das von dem nicht verhinderten Ehegatten gemäß § 1454 BGB vorgenommene **Rechtsgeschäft** so, **wie wenn beide Ehegatten gehandelt hätten**. Hat der nicht verhinderte Ehegatte **ein Rechtsgeschäft im Namen beider Ehegatten** abgeschlossen, hat er also hinsichtlich seinen Ehegatten in Ausübung der ihm durch § 1454 Abs 1 BGB eingeräumten gesetzlichen Vertretungsmacht in Ansehung des Gesamtguts gehandelt, trifft die Haftung für die hierdurch begründete Verbindlichkeit außer ihn selbst den durch ihn vertretenen Ehegatten (§ 164 BGB) mit seinem Sondervermögen und das Gesamtgut. Dieses haftet grundsätzlich für die von beiden Ehegatten gemeinsam – also auch von einem Ehegatten im eigenen Namen und gleichzeitig in Vollmacht des anderen – eingegangenen Verpflichtungen. Hat der Ehegatte **im eigenen Namen** gehandelt, so wird durch das von ihm abgeschlossene Rechtsgeschäft ebenfalls nicht nur er selbst, sondern auch das Gesamtgut und damit gleichzeitig mittelbar der andere Ehegatte persönlich verpflichtet (§§ 1460 Abs 1, 1459 Abs 2 S 1 BGB). Das führt allerdings zu dem Ergebnis, dass es praktisch kaum von Bedeutung ist, ob der nicht verhinderte Ehegatte Rechtsgeschäfte im eigenen Namen oder im Namen beider Ehegatten abschließt.

16 **Verfügungen** des nicht verhinderten Ehegatten über zum Gesamtgut gehörige Gegenstände, die in Ausübung des Notverwaltungsrechts vorgenommen werden, sind trotz § 1453 BGB wirksam, weil bei Vorliegen der Voraussetzungen des § 1454 BGB die Einwilligung des anderen Ehegatten iS des § 1453 Abs 1 BGB nicht erforderlich ist.

17 Die Entscheidung, die in einem von dem nicht verhinderten Ehegatten unter den Voraussetzungen des § 1454 BGB geführten **Rechtsstreits** ergeht, **wirkt** ebenfalls **für und gegen das Gesamtgut**, und zwar gleichgültig, ob der Ehegatte im eigenen Namen oder im Namen beider Ehegatten gehandelt hat (BAMBERGER/ROTH/MAYER Rn 5; Münch-Komm/KANZLEITER Rn 7; NK-BGB/VÖLKER Rn 7; jetzt auch SOERGEL/GAUL/ALTHAMMER Rn 4).

Für die **Zwangsvollstreckung** aus einem von dem Prozessgegner erstrittenen Leistungsurteil ist es jedoch von Bedeutung, ob der zur Prozessführung ermächtigte Ehegatte den Rechtsstreit im eigenen Namen oder im Namen beider Ehegatten geführt hat. Nur im zweiten Fall kann aus dem Urteil ohne Weiteres in das Gesamtgut vollstreckt werden (§ 740 Abs 2 ZPO; vgl § 1450 Rn 37). Im ersten Fall ist nach hM die Erwirkung eines zusätzlichen Leistungsurteils gegen den anderen Ehegatten erforderlich. Doch muss ein ergänzendes Duldungsurteil genügen (s auch § 1450 Rn 37). In einem hierauf gerichteten Rechtsstreit kann der andere Ehegatte zwar bestreiten, dass die Voraussetzungen des § 1454 BGB im Vorprozess gegeben waren, ist aber bei deren Vorliegen mit anderen Einwendungen gegen den geltend gemachten Anspruch wegen der auf ihn erstreckten Rechtskraftwirkung des gegen seinen Ehegatten ergangenen Urteils ausgeschlossen. Zur Vermeidung eines zweiten Verfahrens wird der Dritte zweckmäßigerweise auch bei Verhinderung eines der in Gütergemeinschaft lebenden Ehegatten durch Krankheit oder Abwesenheit beide Ehegatten verklagen; er ist hieran durch § 1454 BGB nicht gehindert.

Für die Kosten eines Rechtsstreits, den ein Ehegatte gemäß § 1454 BGB geführt hat, **18** haftet das Gesamtgut (§ 1460 Abs 2 BGB). Wegen der Zwangsvollstreckung in das Gesamtgut aus Kostenfestsetzungsbeschlüssen, wenn ein Ehegatte den Rechtsstreit im eigenen Namen geführt hat, vgl Vorbem 6 zu §§ 1459–1462.

VIII. Pflicht zur Notverwaltung

Im Gegensatz zu § 1429 BGB, der den nicht verwaltenden Ehegatten zur Notver- **19** waltung nur berechtigt, nicht aber verpflichtet, begründet § 1454 BGB für den mitverwaltenden Ehegatten bei Verhinderung des anderen Ehegatten außer dem Recht zur Notverwaltung auch eine **Verpflichtung zum Tätigwerden**. Seine sich schon aus § 1451 BGB ergebende Mitverwaltungspflicht wird im Falle des § 1454 BGB dahingehend modifiziert, dass er nunmehr zum alleinigen Handeln verpflichtet ist (s Rn 2).

IX. Auskunfts- und Schadensersatzpflicht

Ist ein Ehegatte für eine nicht unbeträchtliche Zeit daran gehindert, an der Ver- **20** waltung des Gesamtguts mitzuwirken, und wird deshalb die Verwaltung im Rahmen des § 1454 BGB durch den nicht verhinderten Ehegatten geführt, so ist dieser nach Beendigung der Verhinderung verpflichtet, dem anderen Ehegatten **Auskunft** zu erteilen. Diese Auskunftpflicht ergibt sich aus der entsprechenden Anwendung des für die Alleinverwaltung geltenden § 1453 S 2 BGB. Die genannte Vorschrift gilt zwar nicht schlechthin für die Mitverwaltung, weil in der Regel jeder Ehegatte durch seine eigene mitverwaltende Tätigkeit hinreichend über den Stand der Verwaltung im Bilde ist; ihre Heranziehung erscheint jedoch erforderlich, wenn wegen Verhinderung durch Abwesenheit oder Krankheit der mitverwaltende genauso wie der nicht verwaltende Ehegatte auf eine Auskunftserteilung angewiesen ist.

Ein Ehegatte ist dem Gesamtgut gegenüber in entsprechender Anwendung des **21** § 1435 S 3 BGB zum **Schadensersatz** verpflichtet, wenn er bei der Durchführung der Notverwaltung eine Verminderung des Gesamtgutes schuldhaft verursacht. Das

Gleiche gilt für den Fall, dass der nicht verhinderte Ehegatte seiner Verpflichtung zur Notverwaltung (s oben Rn 19) schuldhaft nicht nachkommt.

X. Abweichende Vereinbarungen

22 Eine Vereinbarung der Ehegatten, durch welche das Notverwaltungsrecht gemäß § 1454 BGB ausgeschlossen oder beschränkt wird, braucht nicht gegen die guten Sitten zu verstoßen (vgl auch § 1429 Rn 14). Die Ehegatten können für den Fall der Verhinderung anderweitig Vorsorge treffen, etwa durch Bestellung bzw Ermöglichung der Bestellung eines Bevollmächtigten, der mit dem anderen Ehegatten zusammen handelt.

§ 1455
Verwaltungshandlungen ohne Mitwirkung eines anderen Ehegatten

Jeder Ehegatte kann ohne Mitwirkung des anderen Ehegatten

1. eine ihm angefallene Erbschaft oder ein ihm angefallenes Vermächtnis annehmen oder ausschlagen,

2. auf seinen Pflichtteil oder auf den Ausgleich eines Zugewinns verzichten,

3. ein Inventar über eine ihm oder dem anderen Ehegatten angefallene Erbschaft errichten, es sei denn, dass die dem anderen Ehegatten angefallene Erbschaft zu dessen Vorbehaltsgut oder Sondergut gehört,

4. einen ihm gemachten Vertragsantrag oder eine ihm gemachte Schenkung ablehnen,

5. ein sich auf das Gesamtgut beziehendes Rechtsgeschäft gegenüber dem anderen Ehegatten vornehmen,

6. ein zum Gesamtgut gehörendes Recht gegen den anderen Ehegatten gerichtlich geltend machen,

7. einen Rechtsstreit fortsetzen, der beim Eintritt der Gütergemeinschaft anhängig war,

8. ein zum Gesamtgut gehörendes Recht gegen einen Dritten gerichtlich geltend machen, wenn der andere Ehegatte ohne die erforderliche Zustimmung über das Recht verfügt hat,

9. ein Widerspruchsrecht gegenüber einer Zwangsvollstreckung in das Gesamtgut gerichtlich geltend machen,

10. die zur Erhaltung des Gesamtgutes notwendigen Maßnahmen treffen, wenn mit dem Aufschub Gefahr verbunden ist.

Materialien: E III § 1455; BT-Drucks 2/3409, 30.
Vgl STAUDINGER/BGB-Synopse 1896–2005
§ 1455.

Systematische Übersicht

I.   Allgemeines und Regelungszwecke

1.   Rechtsentwicklung

§ 1455 BGB zählt eine Reihe von Fällen auf, in denen jeder der mitverwaltenden **1**
Ehegatten befugt ist, ohne Mitwirkung des anderen Ehegatten für das Gesamtgut zu
handeln. Im Gegensatz zu den §§ 1454, 1456 BGB, die dem mitverwaltenden Ehegatten das Recht zum Alleinhandeln nur in bestimmten Ausnahmesituationen (Verhinderung des Ehegatten, § 1454 BGB) oder bei Vorliegen einer allgemeinen Einwilligung des anderen Ehegatten (Betrieb eines Erwerbsgeschäfts, § 1456 BGB)
einräumen, gelten die Vorschriften des § 1455 BGB schlechthin und ohne Rücksicht
darauf, ob der andere Ehegatte an der Mitwirkung verhindert ist oder ob er der in
Frage kommenden Verwaltungshandlung widerspricht.

Die Nummern 1–4 entsprechen mit einer Abweichung dem für die Alleinverwaltung **2**
geltenden § 1432 BGB und seinem Vorgänger § 1453 aF. Dieser war dem § 1406 Nr 1
und 2 aF nachgebildet. Bei den Nr 1–4 handelt es sich durchweg um Rechtsgeschäfte, deren **höchstpersönlicher Charakter** eine Bindung an die Zustimmung des anderen
Ehegatten unangebracht erscheinen lässt. Soweit ein höchstpersönlicher Charakter
nicht vorliegt, nämlich in der Inventarerrichtung, ergibt sich die Zustimmungsfrei-
heit aus dem Bedürfnis, jedem Ehegatten die Möglichkeit zu geben, die bei Nichterrichtung des Inventars drohende unbeschränkte **Haftung des Gesamtgutes abzuwenden.** Hierauf beruht auch die Abweichung von § 1432 BGB, die darin besteht,
dass § 1455 Nr 3 BGB dem mitverwaltenden Ehegatten das Recht einräumt, ein
Inventar nicht nur über eine ihm selbst, sondern auch über eine dem anderen
Ehegatten angefallene und in das Gesamtgut gefallene Erbschaft zu errichten. Er
kann dadurch verhindern, dass die bei Nichterrichtung des Inventars eintretende

Burkhard Thiele

unbeschränkte Erbenhaftung (§ 1994 Abs 1 BGB) das Gesamtgut, und damit auch ihn persönlich (§ 1459 Abs 2 S 1 BGB) trifft (s auch BT-Drucks 2/3409, 30).

3 **Die Nr 5 und 6**, nach denen jeder Ehegatte das Gesamtgut betreffende **Rechtsgeschäfte gegenüber dem anderen Ehegatten** allein vornehmen und entsprechende **Rechtsstreitigkeiten** allein führen kann, haben im Recht der Einzelverwaltung wegen des grundsätzlichen Ausschlusses des anderen Ehegatten von der Verwaltung kein Gegenstück. Sie entsprechen aber den §§ 1406 Nr 3 aF und 1407 aF.

4 **Die Nr 7** entspricht § 1433 BGB. Beide Vorschriften gehen auf § 1454 aF (für die allgemeine Gütergemeinschaft) und § 1407 Nr 1 aF (für den Güterstand der Verwaltung und Nutznießung) zurück (vgl auch § 1433 Rn 1). Die Bestimmung beruht auf dem Gedanken, dass die zur Zeit des Eintritts der Gütergemeinschaft bestehende Rechtsposition Dritter nicht beeinträchtigt werden, dass der Dritte insbesondere auch nicht gezwungen sein soll, einen bereits anhängigen Rechtsstreit noch einmal gegen beide Ehegatten von Anfang an durchzuführen (Mot IV 362, 246).

5 **Nr 8** tritt für die Mitverwaltung an die Stelle des für die Einzelverwaltung geltenden § 1428 BGB; für die mangels Zustimmung des anderen Ehegatten unwirksamen Verfügungen eines im gesetzlichen Güterstand lebenden Ehegatten trifft § 1368 BGB eine entsprechende Regelung. Vorgänger dieser Vorschriften sind die §§ 1407 Nr 3 aF und 1449 aF.

6 Die in **Nr 9** dem notverwaltenden Ehegatten eingeräumte Befugnis, Widerspruchsrechte gegenüber einer Zwangsvollstreckung in das Gesamtgut geltend zu machen, fehlt dem nichtverwaltenden Ehegatten; sie stand jedoch nach § 1407 Nr 4 aF der Frau im früheren gesetzlichen Güterstand zu. Bestimmend für diese Regelung ist die Erwägung gewesen, dass bei der Geltendmachung von Widerspruchsrechten in aller Regel Gefahr im Verzuge sei, und dass der andere Ehegatte (im Falle des § 1407 Nr 4 aF der Mann) kein rechtliches Interesse habe, entsprechende Maßnahmen verhindern zu können (vgl Mot IV 247).

7 Die unter den einzelnen Vorschriften des § 1455 BGB wichtigste Bestimmung der **Nr 10**, nach der jeder Ehegatte bei Gefahr im Verzuge die zur Erhaltung des Gesamtgutes notwendigen Maßnahmen treffen kann, hat im ehelichen Güterrecht einen Vorgänger lediglich in § 1472 Abs 2 HS 2 aF (jetzt § 1472 Abs 3 HS 2 BGB). Dem § 1455 Nr 10 BGB entsprechende Regelungen finden sich außerhalb des ehelichen Güterrechts in § 744 Abs 2 BGB für die Gemeinschaft und in § 2038 Abs 1 S 2 HS 2 BGB für die Verwaltung des Nachlasses durch mehrere Miterben.

2. Grundsätze des selbständigen Handelns

8 Das durch § 1455 BGB begründete Alleinverwaltungsrecht jedes Ehegatten ist nicht davon abhängig, dass der andere Ehegatte verhindert ist. Der Widerspruch des anderen Ehegatten ist bei Vorliegen der Voraussetzungen des § 1455 BGB unbeachtlich. Aus diesem Grunde ist auch für eine Ersetzung seiner Zustimmung durch das Familiengericht kein Raum (vgl zur Abgrenzung § 1452 Rn 14).

Eine Kollision von Maßnahmen, die beide Ehegatten im Rahmen des § 1455 BGB vornehmen, ist denkbar. Sie kann insbesondere vorliegen, wenn zur Erhaltung des Gesamtgutes (Nr 10) mehrere Maßnahmen gleich gut geeignet sind und die Ehegatten sich über die zu ergreifenden Maßnahmen nicht einigen können (vgl hierzu unten Rn 41 ff).

Soweit ein Ehegatte durch § 1455 BGB ermächtigt ist, Rechtsgeschäfte vorzunehmen oder Rechtsstreitigkeiten zu führen, kann er dies nur **im eigenen Namen** tun. Dies ergibt sich für den Fall der Nr 6 aus der Natur der Sache. Auch im Übrigen muss aber mangels einer der Ausnahmevorschrift des § 1454 S 1 HS 2 BGB entsprechenden Bestimmung davon ausgegangen werden, dass der Ehegatte bei Ausübung der sich aus § 1455 BGB ergebenden Alleinverwaltungsrechte im eigenen Namen handeln muss. Da die bei Vorliegen der Voraussetzungen des § 1455 BGB durch einen Ehegatten vorgenommenen Rechtsgeschäfte zu denjenigen zählen, die auch ohne Zustimmung des anderen Ehegatten dem Gesamtgut gegenüber wirksam sind, § 1460 Abs 1 BGB, ist es allerdings ohne Bedeutung, dass der handelnde Ehegatte im eigenen Namen auftritt. Die von ihm eingegangenen Verbindlichkeiten fallen dem Gesamtgut zur Last, für dessen Verbindlichkeiten beide Ehegatten persönlich haften (§ 1459 Abs 2 S 1 BGB). Auch die Rechtskraftwirkung einer Entscheidung, die in einem von einem Ehegatten im Rahmen des § 1455 BGB allein geführten Rechtsstreit ergeht, erstreckt sich auf den anderen Ehegatten (vgl unten Rn 24 ff). **9**

3. Beweislast

Da es sich bei den Fällen des § 1455 BGB um Abweichungen von dem Grundsatz der gemeinschaftlichen Verwaltung (§ 1450 Abs 1 BGB) handelt, trifft denjenigen die Beweislast, der die Wirksamkeit eines von einem Ehegatten allein vorgenommenen Rechtsgeschäfts gegenüber dem Gesamtgut unter Berufung auf § 1455 BGB geltend macht (hM). Dies wird in den Fällen der Nr 10 von Bedeutung sein. **10**

II. Die einzelnen Fälle

1. Annahme und Ausschlagung einer Erbschaft (Nr 1)

Jeder Ehegatte ist ohne Mitwirkung des anderen Ehegatten **zur Annahme einer ihm angefallenen Erbschaft oder eines Vermächtnisses** befugt. Die **Anfechtung der Ausschlagung** gilt gemäß § 1957 Abs 1 BGB als Annahme. Wegen der regelmäßig vorliegenden engen persönlichen Beziehung zum Erblasser ist der zum Erben berufene Ehegatte bei der Vornahme dieser Rechtshandlungen von dem Erfordernis der Mitwirkung des anderen Ehegatten freigestellt. **11**

Erbschaften und Vermächtnisse fallen, soweit sie nicht gemäß § 1418 Abs 2 Nr 2 BGB Vorbehaltsgut werden, in das Gesamtgut (§ 1416 BGB). Für die Nachlassverbindlichkeiten haftet das Gesamtgut (§ 1460 Abs 1 BGB) und damit auch der Ehegatte, der nicht Erbe ist, persönlich (§ 1459 Abs 2 S 1 BGB). Gegen die Gefährdung des Gesamtgutes und seines Vorbehaltsgutes durch Inanspruchnahme seitens der Nachlassgläubiger ist der **andere Ehegatte** dadurch geschützt, dass er unabhängig von dem erbenden Ehegatten zur Vornahme derjenigen Maßnahmen befugt ist, welche die Haftung des Erben auf den Nachlass beschränken: Gemäß § 318 InsO kann er **12** die **Eröffnung des Nachlassinsolvenzverfahrens** beantragen, ohne dass die Zustimmung des erbenden Ehegatten erforderlich wäre. Nach §§ 454 ff FamFG kann er das **Aufgebot** zum Zwecke der Ausschließung von Nachlassgläubigern (§§ 1970 ff BGB) beantragen; der von ihm gestellte Antrag und das von ihm erwirkte Ausschlussurteil kommen beiden Ehegatten zustatten. Nach § 2008 Abs 1 BGB ist ferner die Bestimmung einer **Inventarfrist** nur wirksam, wenn sie auch demjenigen der mitverwaltenden Ehegatten gegenüber erfolgt, der nicht Erbe ist; solange die Frist diesem gegenüber nicht verstrichen ist, endet sie auch nicht dem Erben gegenüber. Der nicht erbende Ehegatte ist gemäß § 1455 Nr 3 BGB zur Errichtung eines Inventars über die Erbschaft befugt; dieses kommt auch dem erbenden Ehegatten zustatten. Selbstverständlich kann auch der erbende Ehegatte diese Maßnahmen allein treffen. Zur entsprechenden Anwendung des § 318 InsO auf die Beantragung der **Nachlassverwaltung** und die **Einreden** gemäß §§ 1990 ff BGB sowie §§ 2014, 2015 BGB vgl § 1432 Rn 6 f.

13 Ein einseitiger Verzicht eines Ehegatten auf das Recht, die Beschränkung der Erbenhaftung geltend zu machen, ist dem Gesamtgut gegenüber nicht wirksam. Ist einer der Ehegatten wegen einer Nachlassverbindlichkeit ohne Vorbehalt seiner Haftungsbeschränkungen verurteilt worden (§§ 780, 781 ZPO), so findet die Zwangsvollstreckung in das Gesamtgut schon deshalb nicht statt, weil hierzu ein Urteil gegen beide Ehegatten erforderlich wäre (§ 740 Abs 2 ZPO). Der andere Ehegatte ist aber auch nicht gehindert, die Haftungsbeschränkungen in einem zweiten, gegen ihn gerichteten Verfahren noch geltend zu machen. Die Zwangsvollstreckung in das nicht zum Nachlass gehörende Gesamtgut kann dann gemäß §§ 785, 771 ZPO von jedem Ehegatten (Nr 9) abgewehrt werden.

14 Wie die Annahme kann nach § 1455 Nr 1 BGB auch die **Ausschlagung einer Erbschaft oder eines Vermächtnisses** von dem zum Erben berufenen oder als Vermächtnisnehmer eingesetzten Ehegatten allein vorgenommen werden. Die **Anfechtung der Annahme** der Erbschaft gilt als Ausschlagung (§ 1957 Abs 1 BGB). Ebensowenig wie für die Ausschlagung einer Erbschaft bedarf ein mitverwaltender Ehegatte zu einem **Erbverzicht** (§§ 2346 ff BGB) der Einwilligung des anderen Ehegatten, zumal da die noch nicht angefallene Erbschaft noch nicht zum Gesamtgut gehört (Mot IV 243).

2. Verzicht auf den Pflichtteil oder den Ausgleich des Zugewinns (Nr 2)

15 Jeder Ehegatte kann ohne Mitwirkung des anderen Ehegatten auf seinen Pflichtteil verzichten. Gemeint ist der bereits angefallene Pflichtteil; der Verzicht auf das Pflichtteilsrecht gemäß § 2346 Abs 2 BGB gilt als Erbverzicht, siehe hierzu oben Rn 14. Entscheidend für die Gleichstellung des Pflichtteilsverzichts mit der Ausschlagung einer Erbschaft oder eines Vermächtnisses ist die erbrechtsersetzende Funktion und die persönliche Natur des Pflichtteilsanspruchs (vgl Mot IV 361, 244).

16 Nicht zustimmungsbedürftig ist weiterhin der **Verzicht auf den Ausgleich eines Zugewinns**, der einem Ehegatten aus einem früheren gesetzlichen Güterstand mit einem Dritten zusteht. Diese Regelung entspricht dem persönlichen Charakter des Ausgleichsanspruchs. Da der Ehegatte auf den gesamten Ausgleichsanspruch verzichten kann, ist ihm auch der Abschluss eines Vergleichs über die Höhe des Anspruchs ohne Mitwirkung des anderen Ehegatten gestattet.

3. Inventarerrichtung (Nr 3)

Jeder Ehegatte kann unabhängig von dem anderen Ehegatten ein **Inventar über eine** 17 ihm oder dem anderen Ehegatten angefallene und in das Gesamtgut gefallene **Erbschaft errichten** (s §§ 1993 ff BGB, insbes § 2008 BGB). Diese Befugnis folgt für den erbenden Ehegatten aus seinem Recht zur Annahme oder Ausschlagung der Erbschaft. Aber auch der andere Ehegatte muss zur Inventarerrichtung über die ihm nicht selbst angefallene Erbschaft in der Lage sein, um die Haftung des Gesamtgutes und damit seine eigene Haftung für die Nachlassverbindlichkeiten beschränken zu können. Die Bestimmung einer Inventarfrist ist nur wirksam, wenn sie gegenüber beiden Ehegatten erfolgt (§ 2008 Abs 1 S 1 BGB). Errichtet einer der Ehegatten, gleichgültig, ob er der Erbe ist oder nicht, das Inventar fristgemäß, so kommt dies beiden Ehegatten zustatten (§ 2008 Abs 1 S 3 BGB). Ein Unterschied besteht lediglich insofern, als der Erbe – und damit das Gesamtgut – für die Nachlassverbindlichkeiten unbeschränkt haftet, wenn er absichtlich eine erhebliche Unvollständigkeit der im Inventar enthaltenen Angabe der Nachlassgegenstände herbeiführt oder wenn er in der Absicht, die Nachlassgläubiger zu benachteiligen, die Aufnahme einer nicht bestehenden Verbindlichkeit herbeiführt (§ 2005 S 1 BGB). Diese Sanktion tritt auch ein, wenn ein von dem anderen Ehegatten errichtetes Inventar, das dem Erben zugute kommen soll, die vorgenannten Mängel aufweist.

§ 1455 Nr 3 BGB kommt nicht zur Anwendung, wenn die **Erbschaft in das Vorbe-** 18 **haltsgut** eines Ehegatten fällt. Hierzu kann es kommen, wenn der Erblasser durch letztwillige Verfügung angeordnet hat, dass der Erwerb Vorbehaltsgut werden soll (§ 1418 Abs 1 Nr 2 BGB), oder wenn die Ehegatten dies durch Ehevertrag vereinbart haben. In diesem Falle ist allein der Erbe zur Inventarerrichtung und zu allen sonstigen den Nachlass betreffenden Maßnahmen befugt; die §§ 2008 BGB, 462 FamFG und 318 InsO finden ebenfalls keine Anwendung.

4. Ablehnung eines Vertragsantrages oder einer Schenkung (Nr 4)

Jeder Ehegatte ist allein zur **Ablehnung eines ihm gemachten Vertragsantrages** befugt. 19 Das Gesetz erwähnt lediglich die Ablehnung, nicht auch die Annahme eines Vertragsangebots, da bereits aus den allgemeinen Grundsätzen folgt, dass ein mitverwaltender Ehegatte rechtlich nicht gehindert ist, einen ihm gemachten Vertragsantrag anzunehmen (s auch § 1432 Rn 10). Die Zustimmung des anderen Ehegatten zur Annahme eines Vertragsangebotes ist nur insoweit von Bedeutung, als lediglich bei ihrem Vorliegen der Vertrag dem Gesamtgut gegenüber wirksam ist.

Ein beiden Ehegatten mit Bezug auf das Gesamtgut **gemachtes Vertragsangebot** kann 20 kein Ehegatte allein ablehnen. § 1455 Nr 4 BGB findet auf diesen Fall keine Anwendung.

In Nr 4 ist die **Ablehnung einer Schenkung** besonders aufgeführt. Die Ausführungen 21 zu § 1432 Rn 11 f gelten hier sinngemäß.

22 § 1455 Nr 4 BGB ist **entsprechend** anwendbar auf die **Zurückweisung einer Zuwendung**, die einem Ehegatten durch einen zu seinen Gunsten zwischen Dritten geschlossenen Vertrag gemacht wird (§ 333 BGB; so zu § 1406 aF Sieber JherJb 67, 111).

5. Gesamtgutsgeschäfte gegenüber dem anderen Ehegatten (Nr 5)

23 Jeder Ehegatte ist ermächtigt, ein sich **auf das Gesamtgut beziehendes Rechtsgeschäft gegenüber dem anderen Ehegatten vorzunehmen.** In Betracht kommen Rechtsgeschäfte, die einerseits das Gesamtgut und andererseits das Vorbehalts- oder Sondergut eines Ehegatten betreffen. Die Bestimmung hat vor allem auch Bedeutung für einseitige Rechtsgeschäfte, die ein Ehegatte mit Wirkung für das Gesamtgut gegenüber dem anderen Ehegatten mit Bezug auf dessen Vorbehalts- oder Sondergut vornehmen kann, zB Kündigung eines aus dem Gesamtgut in das Vorbehaltsgut des anderen Ehegatten gegebenen Darlehns; Mahnung wegen einer Forderung des Gesamtgutes gegen einen Ehegatten, die bereits bei Bestehen der Gütergemeinschaft geltend gemacht werden kann, weil zur Berichtigung das Vorbehaltsgut und das Sondergut des Schuldners ausreichen (§ 1468 HS 2 BGB); Aufrechnung mit Forderungen des Gesamtgutes gegen das Vorbehaltsgut eines Ehegatten (zB gemäß § 1467 Abs 1 BGB) gegen solche Forderungen, die sich gegen das Gesamtgut richten (zB gemäß § 1467 Abs 2 BGB).

6. Gesamtgutsprozesse gegen den anderen Ehegatten (Nr 6)

24 Jeder Ehegatte ist ermächtigt, zum Gesamtgut gehörende **Rechte gegen den anderen Ehegatten** ohne dessen Zustimmung **gerichtlich geltend zu machen.** Unter gerichtlicher Geltendmachung sind **nur Aktivprozesse**, nicht auch Passivprozesse zu verstehen. In Betracht kommt hierbei aber jede Art der Rechtsverfolgung. Geltend gemacht werden kann ein zum Gesamtgut gehöriges Recht nicht nur im Wege des Leistungsantrags, sondern gegebenenfalls auch durch einen Feststellungsantrag (vgl BGB-RGRK/Finke Rn 5).

25 In Betracht kommen insbesondere Verfahren gegen den anderen Ehegatten, der etwas aus seinem Vorbehalts- oder Sondergut zum Gesamtgut schuldet. Braucht der Schuldner erst nach Beendigung der Gütergemeinschaft zu leisten (§ 1468 BGB), kann nach Lage des Einzelfalles bereits vorher Feststellung oder künftige Leistung geltend gemacht werden. Ziel des Verfahrens kann auch die Feststellung sein, dass bestimmte Gegenstände zum Gesamtgut gehören. Für die Zugehörigkeit zum Gesamtgut besteht eine Vermutung (vgl § 1416 Rn 12). Die Prozessführungsbefugnis ist nach dem Gesetzeszweck zu erweitern auf den Abschluss von Rechtsgeschäften, die zur Durchführung des Rechtsstreits erforderlich sind, zB auf den Abschluss eines Anwaltsvertrages.

26 Der antragsberechtigte Ehegatte führt den Rechtsstreit **im eigenen Namen.** Feststellungsanträge sind auf „das Gesamtgut" zu beziehen. Leistungsanträge auf Erfüllung von Ansprüchen aus dem Sondervermögen in das Gesamtgut können nicht einfach auf Zahlung oder Übereignung „in das Gesamtgut" gerichtet werden. Erforderlich ist vielmehr die ehevertragliche Aufhebung der Zugehörigkeit zum Vorbehaltsgut (s dazu § 1416 Rn 33; abw hält MünchKomm/Kanzleiter Rn 5 Leistungsklage ins Gesamtgut für nicht erforderlich). Daher ist Abgabe entsprechender Willenserklärungen geltend zu machen, ggf verbunden mit dem Antrag auf Einräumung oder Verschaffung des Mitbesitzes (SOERGEL/GAUL/ALTHAMMER Rn 6; NK-BGB/VÖLKER Rn 7; BAMBERGER/ROTH/MAYER Rn 3).

Die **Kosten** eines Rechtsstreits zwischen den Ehegatten treffen im Außenverhältnis **27** das Gesamtgut, § 1460 Abs 2 BGB. Im Innenverhältnis gilt § 1465 Abs 1.

7. Fortsetzung anhängiger Rechtsstreitigkeiten (Nr 7)

Der Rechtsstreit muss bei Eintritt der Gütergemeinschaft bereits anhängig gewesen **28** sein. Die Parteirolle des Ehegatten als Kläger oder Beklagter ist unerheblich. Die Vorschrift ist entsprechend anzuwenden, wenn in den Fällen der §§ 1454, 1456 BGB die Voraussetzungen der selbständigen Prozessführung entfallen, nachdem der Rechtsstreit anhängig geworden ist.

Der Ehegatte führt den Rechtsstreit **im eigenen Namen** weiter. Weitere Einzelheiten **29** s zu § 1433 Rn 4 ff.

8. Revokationsrecht gegen Dritte (Nr 8)

Die Befugnis, ein zum Gesamtgut gehörendes Recht gegen Dritte gerichtlich geltend **30** zu machen, wenn der andere Ehegatte ohne die erforderliche Zustimmung verfügt hat, ist für vergleichbare Tatbestände bereits in § 1428 BGB geregelt. Im gesetzlichen Güterstand gilt der inhaltlich weitgehend entsprechende § 1368 BGB.

Wegen der Einzelheiten der Anwendung s die Erl zu § 1428 BGB. Unterschiede **31** zeigen sich im Folgenden: anders als im Falle des § 1428 BGB (s § 1428 Rn 2) kann *der Ehegatte, der* ohne Zustimmung *verfügt hat,* den Revokationsanspruch *nicht allein geltend* machen. Für ihn gilt vielmehr die Grundregel des § 1450 BGB, dh er kann nur gemeinsam mit dem anderen Ehegatten gerichtlich gegen den Dritten vorgehen. Der selbständig klagebefugte andere Ehegatte *richtet den Antrag im eigenen Namen auf Rückgewähr in das Gesamtgut.* Herausgabeansprüche sind auf Rückgewähr an beide Ehegatten zu richten. Es empfiehlt sich, subsidiär für den Fall, dass der andere Ehegatte den Besitz nicht wieder (mit-)übernehmen will oder kann, die Herausgabe an sich allein zu beantragen.

Der auf Rückgewähr in Anspruch genommene Dritte kann *Einwendungen,* insbe- **32** sondere Zurückbehaltungsrechte geltend machen, sofern sie das Gesamtgut betreffen (jede Einwendung verneinend jedoch DÖLLE I 952 mit Fn 46; zum Streit s auch noch oben § 1427 Rn 10; § 1428 Rn 8). Die besonderen Schutzzwecke der §§ 1365 und 1369 BGB sowie des § 1423 BGB greifen bei der gemeinsamen Verwaltung des Gesamtgutes nicht ein. Deshalb besteht keine Veranlassung, begründeten Einwendungen den Erfolg zum Schutze des Gesamtguts zu versagen. Keine Gegenrechte kann der Dritte aus dem regelmäßig wirksamen (vgl § 1450 Rn 20 u 42) Verpflichtungsgeschäft mit dem verfügenden Ehegatten herleiten. Anders ist es mit Ansprüchen aus § 1457 BGB (Bereicherung des Gesamtgutes) und aus unerlaubter Handlung (vgl § 1459 Abs 1 BGB)

Die von dem übergangenen Ehegatten gemäß § 1455 Nr 8 BGB erstrittene **Entschei-** **33**

dung wirkt für und gegen beide Ehegatten und das Gesamtgut (s auch BAMBERGER/ROTH/ MAYER Rn 4; SOERGEL/GAUL/ALTHAMMER Rn 8; GERNHUBER/COESTER-WALTJEN § 38 Rn 89 Fn 117). Wenn § 1455 BGB dem einzelnen Ehegatten gewisse Befugnisse einräumt, die er ohne Mitwirkung des anderen Ehegatten ausüben kann, so ist (wie in den Fällen der §§ 1454 und 1456 BGB) davon auszugehen, dass das zulässige Allein-handeln eines Ehegatten für das Gesamtgut die gleichen Wirkungen wie das in § 1450 BGB für den Regelfall vorgesehene gemeinschaftliche Handeln beider Ehe-gatten hat. Das Bedenken gegen die Erstreckung der Rechtskraft, welche in den Fällen des § 1428 BGB (s § 1428 Rn 9) und des § 1368 BGB (s STAUDINGER/THIELE [2017] § 1368 Rn 36 ff) geltend gemacht werden, greifen hier nicht durch. Der mitverwaltende Ehegatte, der ohne die erforderliche Zustimmung des anderen Ehegatten verfügt hat, ist nicht wie der alleinverwaltende oder der im gesetzlichen Güterstand lebende Ehegatte in der Lage, die Rückforderung einer zum Gesamtgut gehörigen Sache ein für allemal durch eine absichtlich mangelhafte oder nachlässige Prozessführung zu vereiteln; das würde allerdings der Zielsetzung der §§ 1368, 1428, 1455 Nr 8 BGB zuwiderlaufen.

34 Für die **Kosten** eines von einem Ehegatten gemäß Nr 8 geführten Rechtsstreits haftet das Gesamtgut nach § 1460 Abs 2 BGB. Wegen der Zwangsvollstreckung aus einem gegen den klagenden Ehegatten erwirkten Kostentitel vgl Vorbem 6 zu §§ 1459–1462. Auch im Innenverhältnis fallen die Kosten dem Gesamtgut zur Last, weil die Entscheidung dem Gesamtgut gegenüber wirksam ist (§ 1465 Abs 2 S 2 HS 1 BGB).

35 § 1455 Nr 8 BGB findet an sich nur während des Bestehens der Gütergemeinschaft Anwendung. Gleichwohl muss der Ehegatte, der bei **Beendigung der Gütergemein-schaft** einen Rechtsstreit gemäß § 1455 Nr 8 BGB führt, berechtigt sein, den Prozess ohne Mitwirkung des anderen Ehegatten zu Ende zu führen. Dies ergibt sich einmal aus der Erwägung, dass dem Prozessgegner wegen einer Änderung der güterrecht-lichen Verhältnisse ein Parteiwechsel während des Rechtsstreits nicht zugemutet werden soll (vgl §§ 1433, 1455 Nr 7 BGB), außerdem aber auch aus dem Schutz-zweck des § 1455 Nr 8 BGB. Gerade wenn die Differenzen zwischen den Ehegatten so erheblich sind, dass sie zu einer Aufhebung des Güterstandes geführt haben, ist die Gefahr besonders groß, dass der Ehegatte, der eine eigenmächtige Verfügung getroffen hat, die bereits eingeleitete Geltendmachung des zum Gesamtgut gehöri-gen Rechts hintertreibt (wie hier NK-BGB/VÖLKER Rn 9; s hierzu auch RGZ 48, 269).

9. Widerspruch gegen Zwangsvollstreckung in das Gesamtgut (Nr 9)

36 Aus Nr 9 ergibt sich für jeden Ehegatten die Befugnis, Widerspruchsrechte gegen-über einer Zwangsvollstreckung in das Gesamtgut selbständig gerichtlich geltend zu machen. Auf die Zwangsvollstreckung in das Vorbehaltsgut findet die Vorschrift keine Anwendung. Für die Anwendbarkeit des § 1455 Nr 9 BGB ist es unerheblich, ob es sich um eine Zwangsvollstreckung wegen einer Geldforderung oder um die Vollstreckung eines auf die Veräußerung einer zum Gesamtgut gehörenden Sache gerichteten Urteils handelt (Mot IV 247 zu § 1407 Nr 4 aF).

37 Aus einem **gegen beide Ehegatten ergangenen** oder umgeschriebenen **Leistungsurteil** kann grundsätzlich in das Gesamtgut vollstreckt werden (§ 740 Abs 2 ZPO). Wider-

spruchsrechte, die in diesem Fall geltend gemacht werden können, sind Einwendungen gegen die Vollstreckungsklausel (§ 732 ZPO), die Erinnerung gegen die Art und Weise der Zwangsvollstreckung oder das Verfahren des Gerichtsvollziehers (§ 766 ZPO), mit der insbesondere die Unpfändbarkeit von zum Gesamtgut gehörigen Gegenständen gemäß § 811 ZPO geltend gemacht werden kann, sowie die Vollstreckungsgegenklage (§ 767 ZPO). Allerdings ist kein Ehegatte ohne die Mitwirkung des anderen Ehegatten berechtigt, die Voraussetzungen der Vollstreckungsgegenklage durch eine Verfügung über Gesamtgut, etwa die Aufrechnung mit einer zum Gesamtgut gehörigen Forderung, erst zu schaffen. Weiterhin gehören hierher die Einwendungen aus den §§ 781–786 ZPO.

Aus einem **gegen nur einen Ehegatten gerichteten Urteil** kann grundsätzlich nicht in **38** das Gesamtgut vollstreckt werden (§ 740 Abs 2 ZPO); das gilt auch für einen Unterhaltsanspruch, den ein Ehegatte gegen den anderen als Zahlungsklage durchzusetzen versucht (BGH 111, 248, 258 = FamRZ 1990, 853; Ensslen FamRZ 1998, 1079; aA Kleinle FamRZ 1997, 1195 ff, der in diesem Fall für eine einschränkende Auslegung des § 740 ZPO eintritt); zum Unterhaltsanspruch s auch § 1451 Rn 13 u § 1452 Rn 6. Wegen der Möglichkeit der Umschreibung eines gegen einen Ehegatten ergangenen Urteils auf beide Ehegatten s § 742 ZPO. Ausnahmsweise zulässig ist gemäß § 741 ZPO die Zwangsvollstreckung in das Gesamtgut aus einem Urteil gegen einen mitverwaltenden Ehegatten, der, ohne dass ein Einspruch oder Widerruf des anderen Ehegatten im Güterregister eingetragen ist, selbstständig ein Erwerbsgeschäft betreibt. Wird, ohne dass dieser Ausnahmefall vorliegt, aufgrund eines Titels gegen einen Ehegatten ein zum Gesamtgut gehöriger Gegenstand gepfändet, so ist jeder Ehegatte gemäß § 1455 Nr 9 BGB berechtigt, die Drittwiderspruchsklage des § 771 ZPO zu erheben. Dies gilt auch für den Ehegatten, gegen den das Urteil ergangen ist, obwohl er selbst Vollstreckungsschuldner ist. Dritter iS des § 771 ZPO kann der Vollstreckungsschuldner dann sein, wenn er mit dem Vermögen, in das vollstreckt worden ist, der Zwangsvollstreckung nicht unterliegt.

Ist in einen **zum Gesamtgut gehörigen Gegenstand**, der **im Besitz eines Dritten** ist, **39** **vollstreckt** worden, so kann jeder Ehegatte die Drittwiderspruchsklage des § 771 ZPO erheben. Besteht an einem Gegenstand ein Pfandrecht zugunsten der Gesamthand, so kann jeder Ehegatte den Anspruch auf vorzugsweise Befriedigung (§ 805 ZPO) geltend machen. Im Insolvenzverfahren eines Dritten kann jeder Ehegatte Aussonderung (§§ 47 ff InsO) oder abgesonderte Befriedigung (§§ 49 ff InsO) verlangen.

Die von einem Ehegatten erreichte Entscheidung über einen Widerspruch wirkt **40** **Rechtskraft** auch gegen den anderen Ehegatten. Ist für die Widerspruchsklage kein Raum mehr, weil die **Zwangsvollstreckung beendet** ist, ist das sachliche Recht nach Maßgabe der §§ 812 ff durchzusetzen – wobei auch insoweit § 1455 Nr 9 BGB gilt (BGHZ 83, 76 = NJW 1982, 1810, 1811; BGHZ 66, 150; 32, 240, 244).

10. Notwendige Erhaltungsmaßnahmen (Nr 10)

Jeder Ehegatte ist berechtigt, **die zur Erhaltung des Gesamtgutes notwendigen Maß- 41** **nahmen** zu treffen, wenn mit **dem Aufschub Gefahr verbunden** ist. Anders als nach § 744 Abs 2 HS 2 BGB ist hier nicht vorgesehen, dass vom jeweils anderen Ehegatten verlangt werden könne, der Maßnahme im Voraus zuzustimmen. Diese der Vorabklärung der Voraussetzungen für einseitige Maßnahmen dienende Vorschrift wird durch § 1452 BGB nur teilweise verdrängt. Bei Gefahr im Verzuge wird aber eine gerichtliche Vorwegerklärung regelmäßig weder sinnvoll noch praktisch durchführbar sein. Deshalb ist auch für eine entsprechende Anwendung von § 744 Abs 2 S 2 BGB insbes bei den von § 1452 BGB nicht erfassten tatsächlichen Maßnahmen kein Bedürfnis anzuerkennen.

42 Erhaltungsmaßnahme ist eine Maßnahme, die der Erhaltung des Gesamtgutes sowie einzelner zu ihm gehörender Gegenstände in der Substanz oder in den Nutzungsmöglichkeiten und, bei Rechten, der Erhaltung der Durchsetzbarkeit dient (s dazu auch STAUDINGER/vPROFF [2017] § 744 Abs 2 u STAUDINGER/LÖHNING [2016] § 2038 Abs 2 S 2). In Betracht kommen *tatsächliche Handlungen,* ebenso wie *Rechtsgeschäfte. Verfügungsgeschäfte* werden ausnahmsweise ebenfalls ermöglicht; es gelten insoweit die gleichen Grundsätze wie zu § 744 Abs 2 S 2 HS 2 BGB und § 2038 Abs 2 HS 2 BGB (vgl OLG Schleswig SchlHAnz 1965, 276, 278); zu denken ist etwa an die Veräußerung verderbgefährdeter Güter oder die Leistung von Zahlungen, um eine Zwangsvollstreckung abzuwenden oder sonstige erhebliche Nachteile für das Gesamtgut zu vermeiden. Auch die *Führung von Prozessen* wird von § 1455 Nr 10 BGB erfasst. Ebenso kommen grundbuchrechtliche Anträge und Beschwerden in Betracht (OLG München FamRZ 2011, 1058 Rn 5 für die Löschung einer Vormerkung zu Recht abgelehnt). **Nicht zur Erhaltung notwendig** sind Maßnahmen, die nicht zugleich einer ordnungsmäßigen Verwaltung entsprechen, insbesondere zu wirtschaftlich nicht zu verantwortenden Belastungen des Gesamtgutes führen (vgl BGHZ 6, 76, 81). Bloße Nützlichkeit der Maßnahme reicht ebenfalls nicht aus. *Nicht* der *Erhaltung* dienen Maßnahmen, die lediglich auf Veränderung abzielen (s etwa BGH JZ 1954, 708 = LM Nr 14 zu § 1004; WM 1974, 201, 202 zum Wiederaufbau eines Hauses).

43 Erforderlich ist **Gefahr im Verzug**. Zu den Voraussetzungen s oben § 1426 Rn 18 und § 1454 Rn 4.

44 Nr 10 begründet nicht nur ein Recht, sondern eine **Pflicht** jedes Ehegatten, bei Gefahr im Verzug die zur Erhaltung des Gesamtgutes erforderlichen Maßnahmen zu ergreifen. Die Verletzung dieser Verpflichtung macht den Ehegatten schadensersatzpflichtig; der andere Ehegatte kann sich hierauf aber nicht berufen, wenn das Unterbleiben der erforderlichen Maßnahme auch von ihm verschuldet ist.

III. Abweichende Vereinbarungen

45 Die **Nr 1–4** sind als zwingende Regelungen anzusehen (s dazu auch § 1432 Rn 14). Die **Nr 5 und 6** sind dagegen für ehevertraglich abdingbar zu halten. Eine Abbedingung der **Nr 5** würde zwar den Abschluss von *Verträgen* nicht berühren, da der Vertragsschluss notwendig die Zustimmung des für sich selbst handelnden Ehegatten im Hinblick auf das Gesamtgut mitenthält. Einseitige Rechtsgeschäfte für das Gesamtgut gegenüber einem Ehegatten mit seinem Gesamtgut wären aber ohne die Nr 5 nur über § 1452 BGB möglich. Entsprechendes gälte für die **Nr 6**. Wenn auch § 1452 BGB abbedungen ist (s dort Rn 24), wäre die Durchsetzung von Rechten des Gesamtgutes gegen einen Ehegatten jedenfalls während des Bestehens der Gütergemeinschaft unmöglich. Da aber im Ehevertrag frei über die Frage entschieden werden kann, welche Gegenstände zum Vorbehaltsgut gehören sollen, muss es auch als zulässig angesehen werden, ein der Zuweisung zum Vorbehaltsgut praktisch entsprechendes Ergebnis zu erreichen durch „Verzicht" auf die einseitigen Handlungsbefugnisse der Nrn 5 und 6. Die **Nr 7** wird wegen der Beteiligung Dritter dagegen nicht abbedungen werden können. Die **Nr 8** abzubedingen wäre ein Widerspruch zur Entscheidung der Ehegatten für die gemeinsame Verwaltung des Gesamtgutes. Das Revokationsrecht ist deshalb als zwingendes Recht zu betrachten. Für die **Nr 9** gilt das zu Nr 8 Ausgeführte sinngemäß. Die **Nr 10** wird im Kern als unabdingbar anzusehen sein. Die Vorschrift regelt Grenzsituationen, Notfälle, für die regelmäßig keine anderweitige Vorsorge getroffen ist. Ein Verzicht auf das Notverwaltungsrecht wäre wegen der Unvorhersehbarkeit der Ereignisse ein Verstoß gegen das unabdingbare Gebot ordnungsgemäßer Verwaltung (§§ 1451, 1435 BGB).

46 Die Zulässigkeit ehevertraglicher Änderungen im Rahmen des § 1455 BGB ist in der Lit umstritten (wie hier NK-BGB/Völker Rn 2; grds verneinend BGB-RGRK/Finke Rn 12; Soergel/Gaul/Althammer Rn 2; differenzierend MünchKomm/Kanzleiter Rn 13). Praktische Bedeutung wird dem Streit nicht zukommen.

§ 1456
Selbständiges Erwerbsgeschäft

(1) Hat ein Ehegatte darin eingewilligt, dass der andere Ehegatte selbständig ein Erwerbsgeschäft betreibt, so ist seine Zustimmung zu solchen Rechtsgeschäften und Rechtsstreitigkeiten nicht erforderlich, die der Geschäftsbetrieb mit sich bringt. Einseitige Rechtsgeschäfte, die sich auf das Erwerbsgeschäft beziehen, sind dem Ehegatten gegenüber vorzunehmen, der das Erwerbsgeschäft betreibt.

(2) Weiß ein Ehegatte, dass der andere Ehegatte ein Erwerbsgeschäft betreibt, und hat er hiergegen keinen Einspruch eingelegt, so steht dies einer Einwilligung gleich.

(3) Dritten gegenüber ist ein Einspruch und der Widerruf der Einwilligung nur nach Maßgabe des § 1412 wirksam.

Materialien: E III § 1456; BT-Drucks 2/3409, 30.
Vgl Staudinger/BGB-Synopse 1896–2005
§ 1456.

I.   Allgemeines

1 Die Vorschrift entspricht sinngemäß der in § 1431 BGB für die Alleinverwaltung getroffenen Regelung. Bei der gemeinschaftlichen Verwaltung wird folgerichtig das Recht eines *jeden* Ehegatten, selbständig ein Erwerbsgeschäft mit Wirkung gegenüber dem Gesamtgut zu betreiben, begründet. Zum Sinn und Zweck der Regelung s § 1431 Rn 1 u 2.

Burkhard Thiele

II. Einwilligung in den selbständigen Betrieb eines Erwerbsgeschäfts

2 Zum Begriff des Erwerbsgeschäfts s § 1431 Rn 3, zur Selbständigkeit des Betriebes s dort Rn 5 ff. Für die Einwilligung des anderen Ehegatten gilt entsprechend das in § 1431 Rn 8 ff zur Einwilligung des Gesamtgutsverwalters Ausgeführte. Über den Einspruch und über den Widerruf der Einwilligung s § 1431 Rn 18 ff.

3 Stand einer der Ehegatten unter elterlicher Sorge oder Vormundschaft, so verwaltete der andere Ehegatte das Gesamtgut allein, § 1458 BGB in der bis zum Inkrafttreten des Gesetzes zur Bekämpfung von Kinderehen am 22. 7. 2017 geltenden Fassung. Dieser konnte daher mit den sich aus §§ 1423–1425 BGB ergebenden Einschränkungen ein Erwerbsgeschäft selbständig mit Wirkung gegenüber dem Gesamtgut führen, ohne dass eine Einwilligung erforderlich gewesen wäre. Für den selbständigen Betrieb eines Erwerbsgeschäfts durch den gesetzlich vertretenen Ehegatten galt gemäß § 1458 HS 2 BGB die Regelung des § 1431 BGB. Das hat sich mit Aufhebung von § 1458 BGB seit dem 22. 7. 2017 erledigt.

III. Rechtliche Bedeutung der Einwilligung

4 Die Rechtsgeschäfte und Rechtsstreitigkeiten, die der Geschäftsbetrieb mit sich bringt (s dazu § 1431 Rn 23) sind ohne Rücksicht auf spezielle Zustimmungen dem Gesamtgut gegenüber wirksam (zu den Einzelheiten s § 1431 Rn 24 ff). Die Haftung des Gesamtgutes ergibt sich aus § 1460 Abs 1 BGB, die persönliche Haftung beider Ehegatten folgt, soweit sie nicht bereits unmittelbar durch das Rechtsgeschäft begründet wurde, aus § 1459 Abs 2 S 1 BGB. In Abweichung von § 1450 Abs 2 BGB können einseitige Rechtsgeschäfte, die sich auf das Erwerbsgeschäft beziehen, nur dem Ehegatten gegenüber wirksam vorgenommen werden, der das Geschäft betreibt.

IV. Abweichende Vereinbarungen

5 Die Rechtsfolgen der Einwilligung und der Nichteinlegung des Einspruchs können auch durch Ehevertrag nicht abweichend vom Gesetz bestimmt werden. Dagegen kann das Einspruchs- und Widerrufsrecht des anderen Ehegatten ausgeschlossen oder eingeschränkt werden (s auch § 1431 Rn 34).

V. Internationales Privatrecht

6 Gemäß EGBGB Art 16 Abs 2 findet auf ein im Inland betriebenes Erwerbsgeschäft § 1456 BGB entsprechende Anwendung, auch soweit grundsätzlich fremdes Recht gilt, wenn dies für gutgläubige Dritte günstiger ist.

§ 1457
Ungerechtfertigte Bereicherung des Gesamtguts

Wird durch ein Rechtsgeschäft, das ein Ehegatte ohne die erforderliche Zustimmung des anderen Ehegatten vornimmt, das Gesamtgut bereichert, so ist die Bereicherung

nach den Vorschriften über die ungerechtfertigte Bereicherung aus dem Gesamtgut herauszugeben.

Materialien: E III § 1457; BT-Drucks 2/3409, 30.
Vgl STAUDINGER/BGB-Synopse 1896–2005
§ 1457.

I. Rechtsentwicklung

§ 1457 BGB, der den Ausgleich einer dem Gesamtgut zugeflossenen Bereicherung **1** regelt, entspricht wörtlich der für die Alleinverwaltung geltenden Parallelvorschrift des § 1434 BGB und sinngemäß dem § 1455 aF. Wegen der Rechtsentwicklung wird auf § 1434 Rn 1 verwiesen.

II. Voraussetzungen des Bereicherungsanspruchs

Rechtsgeschäfte, die ein Ehegatte mit einem Dritten abschließt, sind ohne die Zu- **2** stimmung des anderen Ehegatten dem Gesamtgut gegenüber grundsätzlich unwirksam. Ausnahmen gelten nur nach Maßgabe der §§ 1452, 1454–1456 BGB. Was aufgrund des Rechtsgeschäfts erworben wird, fällt jedoch prinzipiell in das Gesamtgut, § 1416 BGB mit den Ausnahmen der §§ 1417, 1418 BGB. Da das Gesamtgut nicht haftet (vgl § 1460 Abs 1 BGB), soll der Dritte den Vermögenszuwachs abschöpfen können. Dabei kommt es nicht darauf an, ob das der Vermögensmehrung zugrundeliegende Verpflichtungsgeschäft dem handelnden Ehegatten (mit seinem Sondervermögen) gegenüber wirksam ist oder nicht. Ist es wirksam, so stehen der Bereicherungsanspruch und der Erfüllungsanspruch nebeneinander. Für den Bereicherungsanspruch haften beide Ehegatten auch persönlich mit ihren Sondervermögen, § 1459 Abs 2 S 1 BGB. Die Verpflichtung zur Herausgabe der Bereicherung aus dem Gesamtgut entfällt aber, wenn und soweit der Schuldner-Ehegatte seine Verpflichtung erfüllt (s auch MünchKomm/KANZLEITER § 1457 Rn 2; ferner OLG Colmar OLGE 8, 338). Weitere Einzelheiten zu § 1434 Rn 4 ff.

III. Der Bereicherungsanspruch

Der **Umfang** des Anspruches richtet sich nach den Vorschriften der §§ 819, 819 BGB. **3** Die Haftungsverschärfungen der §§ 818 Abs 4, 819 BGB müssen in der Person beider Ehegatten begründet sein. Die Rechtshängigkeit gegenüber nur einem Ehegatten reicht so wenig aus wie die Kenntnis nur eines von ihnen. Insbesondere reicht die Kenntnis des Ehegatten, der das Rechtsgeschäft vorgenommen und auch allein am Erwerbsgeschäft beteiligt war, nicht aus (ebenso BGB-RGRK/FINKE Rn 3). Die Zurechnung der Kenntnis nur eines Ehegatten zum „Gesamtgut" ist nicht generell vorgesehen. Sie ist nur begründet, wenn ein Ehegatte mit Zustimmung des anderen gehandelt hat; dann ist § 166 Abs 1 BGB entsprechend anwendbar (s auch § 1450 Rn 18).

Hat der Dritte seinerseits einen Gegenstand zum Gesamtgut zurückzugewähren (s **4** insbes § 1455 Nr 8 BGB), können die Ehegatten dies gemäß § 273 BGB dem Bereicherungsanspruch aus § 1457 BGB entgegensetzen (str, s dazu § 1434 Rn 11; § 1455 Rn 32). Auch die (beiderseitige) Aufrechnung gleichartiger Ansprüche ist möglich.

5 Die Verurteilung des Schuldner-Ehegatten zur Erfüllung schließt dessen Inanspruchnahme neben dem anderen Ehegatten aus § 1457 BGB nicht aus (OLG Colmar OLGE 8, 338).

IV. Abweichende Vereinbarungen

6 § 1457 BGB ist auch durch Ehevertrag nicht abdingbar (vgl auch § 1434 Rn 12).

§ 1458

aufgehoben durch das Gesetz zur Bekämpfung von Kinderehen am 22. 7. 2017.

Vorbemerkungen zu §§ 1459–1462

Systematische Übersicht

I.   Übersicht

1 Die §§ 1459–1466 BGB regeln die **Schuldenhaftung** in der Gütergemeinschaft bei gemeinschaftlicher Verwaltung des Gesamtguts durch beide Ehegatten. Die §§ 1459–1462 BGB ordnen das **Verhältnis der Ehegatten zu den Gläubigern**, und zwar enthält § 1459 BGB den Grundsatz, die §§ 1460–1462 BGB die Ausnahmefälle. Die §§ 1463–1466 BGB behandeln das **Verhältnis der Ehegatten untereinander**.

II.   Rechtsentwicklung

2 Wegen der Rechtsentwicklung kann weitgehend auf die Vorbem 2 ff zu den §§ 1437–1440 verwiesen werden. Die bei der gemeinschaftlichen Verwaltung des Gesamtguts kaum vermeidbare Regelung der Haftung, wie sie nunmehr in den §§ 1459–1462 BGB erfolgt ist, hat bei den Beratungen des GleichberG zu erheblichen Bedenken Anlass gegeben. Erst der Rechtsausschuss des BT kam zu der Auffassung, dass die sich aus der Haftung ergebenden Bedenken jedenfalls nicht so schwerwiegend seien, dass sie auch der Einführung der Gütergemeinschaft mit gemeinschaftlicher Ver-

waltung als Vertragsgüterstand, dessen Vereinbarung im Belieben der Ehegatten liege, entgegenstehen müssten (BT-Drucks 2/3409, 31).

III. Grundsätzliche Regelung

Das Gesetz unterscheidet die Haftung des Gesamtguts (§§ 1459 Abs 1, 1460–1462 **3** BGB) und die **persönliche Haftung** jedes Ehegatten mit seinem Sonder- und Vorbehaltsgut, sowie mit seinem etwa nach Beendigung der Gütergemeinschaft erworbenen Vermögen (§ 1459 Abs 2 BGB). Die Haftung der einzelnen Gütermassen hängt davon ab, ob die Verbindlichkeit in der Person beider Ehegatten oder in der Person nur eines Ehegatten entsteht; ferner ist von Bedeutung, ob die Verbindlichkeit vor oder nach Eintritt der Gütergemeinschaft entsteht.

IV. Zwangsvollstreckung

Die Besonderheiten der Zwangsvollstreckung in das Gesamtgut sind in den §§ 740– **4** 745 ZPO geregelt (vgl für Einzelverwaltung Vorbem 10 ff zu §§ 1437–1440). Die Vorschriften, welche die Zwangsvollstreckung betreffen, mussten durch das GleichberG (Art 2 Nr 4) ua auch wegen der Neueinführung der gemeinschaftlichen Verwaltung des Gesamtguts abgeändert und ergänzt werden. Speziell für die Zwangsvollstreckung in das von beiden Ehegatten verwaltete Gesamtgut gilt § 740 Abs 2 ZPO, während die übrigen Vorschriften so gefasst sind, dass sie auch auf die Mitverwaltung des Gesamtguts Anwendung finden können. Die hier in erster Linie interessierenden §§ 740–742 ZPO betreffen das Gesamtgut der Gütergemeinschaft, §§ 743, 744 ZPO das Gesamtgut der Auseinandersetzungsgemeinschaft und § 745 ZPO das Gesamtgut der fortgesetzten Gütergemeinschaft.

Nach § 740 Abs 2 ZPO ist, wenn die Ehegatten in Gütergemeinschaft leben und das **5** Gesamtgut gemeinschaftlich verwalten, **zur Zwangsvollstreckung in das Gesamtgut erforderlich, dass beide Ehegatten zur Leistung verurteilt** worden sind, was *auch in zwei verschiedenen Prozessen* geschehen kann (BGH FamRZ 1975, 405; eingehend dazu TIEDTKE FamRZ 1975, 538). Ein Leistungstitel gegen den einen Ehegatten und ein Duldungstitel gegen den anderen genügt nicht (aA STEIN/JONAS/MÜNZBERG § 740 Rn 6; TIEDTKE FamRZ 1975, 538; MünchKomm/KANZLEITER § 1459 Rn 10). Für eine dahingehende erweiternde Auslegung des Gesetzes fehlt das Bedürfnis (wie hier: LG Frankenthal RPfleger 1975, 371; LG München DGVZ 1982, 88: auch für den Fall fehlender Eintragung im Güterrechtsregister; BAUMBACH/HARTMANN § 740 Rn 6; SOERGEL/GAUL/ALTHAMMER § 1459 Rn 5; ZÖLLER/STÖBER § 740 Rn 9; WASSERMANN FamRZ 1991, 507, 509 jeweils mwNw). Auch die Vollstreckung eines Ehegatten in das Gesamtgut mit einem Titel nur gegen den anderen ist nicht zulässig (s § 1455 Rn 38). Den Leistungsurteilen stehen die in § 794 **ZPO** genannten Schuldtitel gleich (§ 795 ZPO), insbesondere gerichtliche Vergleiche (aM KG OLGE 24, 10), von beiden Ehegatten ausgestellte vollstreckbare Urkunden und Kostenfestsetzungsbeschlüsse (OLG Posen SeuffA 62 Nr 196).

Die **Zwangsvollstreckung in das Gesamtgut aus einem nur gegen einen Ehegatten 6 gerichteten Titel** ist ohne Weiteres nur im Falle des § 741 ZPO möglich, dh wenn der Titel sich gegen einen Ehegatten richtet, der selbständig ein Erwerbsgeschäft betreibt, und zur Zeit des Eintritts der Rechtshängigkeit ein Einspruch des anderen Ehegatten gegen den Betrieb des Erwerbsgeschäfts oder ein Widerruf seiner Einwilligung im Güterrechtsregister nicht eingetragen ist (s § 1456 Abs 3 BGB). Das Vorliegen dieser Voraussetzungen ist vom Gläubiger zu *beweisen,* LG Frankenthal FamRZ 1975, 371. Auch eine **Rechtskrafterstreckung** kommt nicht in Betracht (OLG Frankfurt FamRZ 1983, 173). In den Fällen, in denen ein Ehegatte allein einen Rechtsstreit geführt hat, ist die Zwangsvollstreckung in das Gesamtgut aus dem erwirkten Titel auch dann nicht möglich, wenn der Prozess mit Wirkung für und gegen das Gesamtgut geführt worden ist (vgl die Fälle der §§ 1452, 1454, 1455 Ziff 7 und 8 BGB). In der Regel wird es sich hierbei um *Kostenfestsetzungsbeschlüsse aus verlorenen Aktivprozessen* handeln. Das Gleiche gilt für Kostenfestsetzungsbeschlüsse, die der Prozessgegner in einem Rechtsstreit erwirkt hat, den ein Ehegatte allein geführt hat, obwohl das Gesamtgut in jedem Fall für die Prozesskosten haftet (§ 1460 Abs 2 BGB). Für einen der vorgenannten Fälle, nämlich den § 1455 Ziff 7 BGB (Fortsetzung eines bei Eintritt der Gütergemeinschaft bereits anhängigen Rechtsstreit durch einen Ehegatten), sieht **§ 742 ZPO** ausdrücklich die Erteilung einer in Ansehung des Gesamtgutes vollstreckbaren Ausfertigung des Urteils für und gegen den Ehegatten in entsprechender Anwendung der §§ 727, 730–732 ZPO vor. Es wäre nämlich unökonomisch, von dem Gläubiger die Führung eines weiteren Rechtsstreites zwecks Erlangung eines Titels gegen den anderen Ehegatten zu verlangen, wenn dieser keine Einwendungen gegen die Gesamtgutshaftung geltend machen kann. Dies gilt ebenso mindestens für alle **Kostenfestsetzungsbeschlüsse**, weil durch § 1460 Abs 2 BGB alle Einwände des anderen Ehegatten gegen die Gesamtguthaftung für Prozesskosten abgeschnitten werden. **§ 742 ZPO** muss daher in diesen Fällen **entsprechende Anwendung** finden (OLG Nürnberg JurBüro 1978, 762; Soergel/Gaul/Althammer § 1460 Rn 4; Palandt/Brudermüller § 1460 Rn 2; Stein/Jonas/ Bork Rn 27 vor § 91 ZPO; Stein/Jonas/Münzberg § 740 ZPO Rn 7; **aM** OLG Stuttgart FamRZ 1987, 304; Zöller/Stöber § 740 ZPO Rn 9; MünchKomm/Kanzleiter § 1459 Rn 11; BGB-RGRK/ Finke § 1460 Rn 6). Erforderlich zur Umschreibung gem § 727 ZPO wäre hier lediglich der Nachweis des Bestehens der Gütergemeinschaft durch Vorlage eines Zeugnisses des Güterrechtsregisters; die Haftung des Gesamtgutes und damit auch des anderen Ehegatten persönlich für Prozesskosten ergibt sich aus dem Gesetz. Im eigentlichen Anwendungsfall des § 742 ZPO bedarf es ferner des Nachweises der Rechtshängigkeit vor Beginn der Gütergemeinschaft, etwa durch die Zustellungsurkunde. Eine **weitere Ausdehnung des § 742 ZPO auf die übrigen Fälle** der Prozessführung durch einen Ehegatten ist **bedenklich**, da in diesen Fällen die Umstände, die die Wirksamkeit der Prozessführung auch gegenüber dem anderen Ehegatten begründen (zB Zustimmung, Abwesenheit oder Krankheit), meist nicht durch öffentliche oder öffentlich beglaubigte Urkunden nachzuweisen sind (s auch § 1412 Rn 24). Wäre § 742 ZPO entsprechend anzuwenden, so käme die Klage auf Erteilung der Vollstreckungsklausel in Betracht. Dieser Weg stellt jedoch gegenüber der an sich gem § 740 ZPO erforderlichen Leistungsklage gegen den noch nicht verurteilten Ehegatten, der ja gegen die Richtigkeit des bereits vorliegenden Urteils nichts einwenden kann und daher alsbald verurteilt wird, keine so wesentliche Vereinfachung dar, dass die Durchbrechung des Grundsatzes des § 740 ZPO gerechtfertigt wäre.

7 **Widerspruchsrechte gegenüber einer Zwangsvollstreckung** in das Gesamtgut kann jeder Ehegatte allein geltend machen (§ 1455 Ziff 9 BGB; hierzu dort Rn 36 ff).

8 Zur **Zwangsvollstreckung in das Vorbehaltsgut** oder, soweit zulässig, in das **Sondergut** eines der Ehegatten ist lediglich ein Titel gegen diesen Ehegatten erforderlich;

insoweit gelten keine Besonderheiten. Aus seinem etwaigen Mitbesitz kann der andere Ehegatte in der Zwangsvollstreckung keine Rechte herleiten (§ 739 ZPO).

V. Insolvenzverfahren

Während bei der Verwaltung des Gesamtgutes durch einen Ehegatten allein das **9** Gesamtgut in die Insolvenzmasse des verwaltenden Ehegatten fällt und eine Sonderinsolvenz nicht vorgesehen ist (§ 37 Abs 1 InsO), bestimmt § 37 Abs 2 InsO, dass bei der Verwaltung des Gesamtgutes durch beide Ehegatten das Gesamtgut durch die Eröffnung des Insolvenzverfahrens über das Vermögen eines der Ehegatten nicht berührt wird. Diese Regelung war erforderlich, um das Gesamtgut vor dem Zugriff persönlicher Gläubiger eines der Ehegatten, die wegen fehlender Mitwirkung des anderen Ehegatten bei dem Verpflichtungsgeschäft keine Rechte gegenüber dem Gesamtgut erworben haben, auch dann zu schützen, wenn der schuldende Ehegatte mangels ausreichenden Vorbehalts- oder Sondergutes seinen Verpflichtungen nicht nachkommen kann. Das **Sonderinsolvenzverfahren nach §§ 11 Abs 2 Nr 2, 333 f InsO** über das Gesamtgut schließt ein gleichzeitiges Insolvenzverfahren über das Vorbehaltsgut oder Sondergut eines der beiden Ehegatten nicht aus, ist aber andererseits auch von der Eröffnung eines solchen Insolvenzverfahrens nicht abhängig. Die Eröffnung des Sonderinsolvenzverfahrens über das Gesamtgut setzt, da beide Ehegatten für die Schulden des Gesamtgutes persönlich haften (§ 1459 Abs 2 S 1 BGB), voraus, dass beide Ehegatten zahlungsunfähig sind, dh auch aus ihrem Vorbehalts- oder Sondergut nicht mehr leisten können (Baur FamRZ 1958, 259). **Antragsberechtigt** ist **jeder Gläubiger**, der die Berichtigung einer Forderung aus dem Gesamtgut verlangen kann, sowie **jeder Ehegatte**. Ein Ehegatte, der den Antrag auf Eröffnung des Insolvenzverfahrens allein stellt, muss jedoch die Zahlungsunfähigkeit glaubhaft machen (§ 333 Abs 2 S 2 InsO)

Die Eröffnung des Insolvenzverfahrens über das Gesamtgut beendigt die **Güterge- 10 meinschaft nicht.** Ist es jedoch dazu wegen Verbindlichkeiten gekommen, die in der Person eines Ehegatten entstanden sind und diesem im Innenverhältnis zur Last fallen, so kann der andere Ehegatte in der Regel die Aufhebung der Gütergemeinschaft beantragen, da eine den späteren Erwerb gefährdende Überschuldung vorliegen wird (vgl § 1469 Ziff 4 BGB und § 1469 Rn 22).

§ 1459
Gesamtgutsverbindlichkeiten; persönliche Haftung

(1) Die Gläubiger des Mannes und die Gläubiger der Frau können, soweit sich aus den §§ 1460 bis 1462 nichts anderes ergibt, aus dem Gesamtgut Befriedigung verlangen (Gesamtgutsverbindlichkeiten).

(2) Für die Gesamtgutsverbindlichkeiten haften die Ehegatten auch persönlich als Gesamtschuldner. Fallen die Verbindlichkeiten im Verhältnis der Ehegatten zueinander einem der Ehegatten zur Last, so erlischt die Verbindlichkeit des anderen Ehegatten mit der Beendigung der Gütergemeinschaft.

Burkhard Thiele

Materialien: Zu § 1459 nF: E I, –; II, – III
§ 1459; BT-Drucks 2/3409, 30, 31. Vgl STAU-
DINGER/BGB-Synopse 1896–2005 § 1459.

Systematische Übersicht

I. Rechtsentwicklung

1 An die Stelle des § 1459 aF, der früher die Gesamtgutshaftung und die Haftung des Mannes für die dem Gesamtgut zur Last fallenden Verbindlichkeiten regelte, sind bei Anpassung des Familienrechts an den Gleichberechtigungsgrundsatz zwei neue Vorschriften getreten, nämlich § 1437 nF für die Alleinverwaltung und § 1459 nF für die gemeinschaftliche Verwaltung des Gesamtguts. Einzelheiten s in den Vorbem zu §§ 1437–1440 und zu §§ 1459–1462.

II. Grundsätze

2 § 1459 BGB enthält für die Gütergemeinschaft mit gemeinschaftlicher Verwaltung die beiden wesentlichen Grundsätze der Schuldenhaftung gegenüber den Gläubigern:

1. Für sämtliche Verbindlichkeiten beider Ehegatten haftet das Gesamtgut, soweit sich nicht aus den §§ 1460–1462 BGB etwas anderes ergibt. Dieser Grundsatz beruht auf zwei Erwägungen: Zunächst gehört das Gesamtgut beiden Ehegatten in der Art gemeinschaftlich, dass ihre Anteile während der Dauer der Gemeinschaft nicht hervortreten und als selbständige Vermögenswerte nicht geltendgemacht, insbesondere aber auch nicht gepfändet werden können. Zum anderen darf die Gütergemeinschaft nicht dazu führen, das gemeinschaftliche Vermögen dem Zugriff der Gläubiger des einen oder anderen Ehegatten zu entziehen. Dies entspricht dem Grundgedanken der Gütergemeinschaft, weil das gemeinschaftliche Vermögen die Funktion des Vermögens sowohl für den einen als auch für den anderen Ehegatten hat und die eheliche Wirtschaft auf *gemeinsamen Gedeih und Verderb* geführt wird (Mot IV 364).

3 2. Ferner trifft beide Ehegatten eine persönliche Haftung für sämtliche Gesamtgutsverbindlichkeiten, mögen sie in der Person des einen oder des anderen Ehegatten oder auch beider Ehegatten entstanden sein. Insoweit weicht § 1459 Abs 2 BGB entscheidend von § 1437 Abs 2 BGB ab, der die persönliche Haftung für die Gesamtgutsverbindlichkeiten lediglich dem Gesamtgutsverwalter auferlegt, den nicht verwaltenden Ehegatten aber davon freistellt. Aus diesem Grunde ist die Vereinbarung der gemeinschaftlichen Verwaltung besonders für den Ehegatten, der von seinem Recht der Mitverwaltung keinen Gebrauch macht, sondern praktisch dem anderen Ehegatten die Alleinverwaltung überlässt, *außerordentlich gefährlich;* er geht dadurch der Haftungsbeschränkung verlustig, die der nichtverwaltende Ehegatte in Anspruch nehmen kann. Aus dem *Wesen der Gütergemeinschaft* kann an sich eine über das Gesamtgut hinausgehende Haftung des einen Ehegatten für die Schulden des anderen nicht hergeleitet werden. Durch diese Haftungsregelung soll aber eine Schmälerung des Gesamtgutes zugunsten des Sonder- oder Vorbehaltsgutes eines Ehegatten zum Nachteil der Gläubiger verhindert werden (krit GERNHUBER/COESTER-WALTJEN § 38 Rn 97 Fn 130; SOERGEL/GAUL/ALTHAMMER Rn 1 jeweils mwNw).

III. Gesamtgutsverbindlichkeiten

Wegen des Begriffs der Gesamtgutsverbindlichkeiten kann auf § 1437 Rn 5 verwiesen werden. **4**

Die **vor dem Eintritt der Gütergemeinschaft entstandenen Verbindlichkeiten** beider **5** Ehegatten sind Gesamtgutsverbindlichkeiten, gleichgültig, ob sie rechtsgeschäftlichen Ursprungs sind oder auf dem Gesetz beruhen, wie etwa Schulden aus unerlaubten Handlungen oder Unterhaltsverpflichtungen. Insoweit besteht kein Unterschied gegenüber der Alleinverwaltung.

Die **nach Eintritt der Gütergemeinschaft entstandenen Verbindlichkeiten** der Ehegat- **6** ten sind ebenfalls grundsätzlich Gesamtgutsverbindlichkeiten. Aus dem Wesen der gemeinschaftlichen Verwaltung ergeben sich hier jedoch **Einschränkungen**. Rechtsgeschäftliche Verbindlichkeiten, die von den Ehegatten *gemeinschaftlich* eingegangen worden sind, fallen auf jeden Fall dem Gesamtgut zur Last. Rührt eine Verbindlichkeit aus einem Rechtsgeschäft her, das ein Ehegatte vorgenommen hat, so ist sie nur dann eine Gesamtgutsverbindlichkeit, wenn der andere Ehegatte dem Rechtsgeschäft *zugestimmt* hat oder wenn es auch *ohne Zustimmung* des anderen Ehegatten dem Gesamtgut gegenüber *wirksam* ist, dh wenn einer der Ausnahmefälle der §§ 1454–1456 BGB vorliegt. Ohne diese bei Weitem bedeutsamste, in § 1460 Abs 1 BGB genannte Ausnahme würde tatsächlich keine gemeinschaftliche Verwaltung vorliegen, sondern eine selbständige Verwaltung des Gesamtguts durch beide Ehegatten. Diese Form der Verwaltung hätte häufig zu einander widersprechenden Verwaltungshandlungen führen können und ist wegen der damit verbundenen wirtschaftlichen Gefahr vom Gesetzgeber ausdrücklich abgelehnt worden (BT-Drucks 1/3802, 51; BT-Drucks 2/224, 52; BT-Drucks 2/3409, 25; MASSFELLER/REINICKE BAnz, Sonderdruck vom 10. 8. 1956).

Weitere Ausnahmen vom Grundsatz der Haftung des Gesamtguts sind in den **7** §§ 1461, 1462 BGB geregelt; es handelt sich dabei um gewisse Verbindlichkeiten, die mit dem Sonder- oder Vorbehaltsgut eines Ehegatten zusammenhängen.

Im Übrigen sind alle Verbindlichkeiten eines der Ehegatten gleichzeitig Gesamtguts- **8** **verbindlichkeiten**. Dies gilt insbesondere für gesetzliche Unterhaltsverpflichtungen und Verbindlichkeiten aus unerlaubter Handlung; weitere Fälle s § 1437 Rn 8. Ausgenommen ist insoweit allerdings im Hinblick auf § 1462 BGB die Haftung aus **§ 833 BGB** oder **§ 836 BGB**, wenn es sich um ein zum Vorbehaltsgut eines Ehegatten gehörendes Tier oder Grundstück handelt (dazu § 1440 Rn 5). Hat ein Ehegatte gleichzeitig im Namen des anderen Ehegatten gehandelt, ohne jedoch von diesem bevollmächtigt gewesen zu sein, und trifft ihn deswegen eine Haftung aus **§ 179 BGB**, so wird hierdurch noch keine Gesamtgutsverbindlichkeit begründet, da diese dem Schutzzweck des § 1460 Abs 1 BGB zuwiderlaufen würde (s § 1450 Rn 20). Stellt das Verhalten des Ehegatten bei Vornahme des Rechtsgeschäfts allerdings eine sittenwidrige Schädigung des Gegners dar, so haftet das Gesamtgut für die aus § 826 BGB begründete Schadensersatzverpflichtung. Die **Haftung** eines Ehegatten aufgrund dessen Stellung **als Pfleger, Betreuer** oder **Vormund** ist eine Gesamtgutsverbindlichkeit. § 1460 BGB greift nicht ein, weil die Verbindlichkeit nicht auf einem Rechtsgeschäft, sondern auf hoheitlicher Bestellung zum Amt beruht (OLG Frankfurt FamRZ 1983, 173; s auch Schreiber, Die Haftung des Vormundes, AcP 178, 540 mwNw).

9 Da die Verbindlichkeiten jedes Ehegatten nach der Grundregel des § 1459 Abs 1 BGB Gesamtgutsverbindlichkeiten sind, **obliegt der Beweis**, dass eine Verbindlichkeit nicht Gesamtgutsverbindlichkeit ist, demjenigen, der dies behauptet. Dieser Grundsatz wird jedoch durch eine wesentliche Ausnahme so weitgehend durchbrochen, dass tatsächlich die Regel zur Ausnahme wird: Aus der Fassung des § 1460 Abs 1 BGB ergibt sich, dass bei Rechtsgeschäften eines Ehegatten derjenige, der die Begründung einer Gesamtgutsverbindlichkeit durch das Rechtsgeschäft behauptet, die Zustimmung des anderen Ehegatten beweisen muss (Bamberger/Roth/Mayer Rn 8; MünchKomm/Kanzleiter § 1460 Rn 5). Wird geltend gemacht, dass das Rechtsgeschäft dem Gesamtgut gegenüber auch ohne die Zustimmung des anderen Ehegatten wirksam sei, so ist das Vorliegen der tatsächlichen Voraussetzungen der §§ 1454, 1455 oder 1456 BGB zu beweisen.

IV. Persönliche Haftung der Ehegatten

10 Der **Begriff der persönlichen Haftung**, den § 1459 Abs 2 BGB einführt, bedeutet Haftung mit dem Sonder- und Vorbehaltsgut des Ehegatten, wobei die Vollstreckung in das *Sondergut* allerdings regelmäßig an seiner *Unpfändbarkeit* scheitern wird (dazu § 1417 Rn 23). Darüber hinaus bedeutet die persönliche Haftung aber auch, dass der Ehegatte *nach Beendigung* der Gütergemeinschaft (vorbehaltlich der in § 1459 Abs 2 S 2 BGB ausgesprochenen Ausnahme) *mit seinem gesamten Vermögen* für die Erfüllung der Verbindlichkeit einzustehen hat.

11 **Jeder Ehegatte haftet** selbstverständlich persönlich **für die in seiner Person entstandenen Verbindlichkeiten**. Außerdem haftet er gem § 1459 Abs 2 S 1 BGB aber **auch** für die **Verbindlichkeiten des anderen Ehegatten**, die Gesamtgutsverbindlichkeiten sind (§§ 1459 Abs 1, 1460–1462 BGB), persönlich als Gesamtschuldner. Der Gläubiger eines Ehegatten kann also nicht nur aus dem Gesamtgut oder aus dem etwaigen Sonder- und Vorbehaltsgut seines unmittelbaren Schuldners Befriedigung verlangen, sondern auch aus dem etwa vorhandenen Sonder- oder Vorbehaltsgut des anderen Ehegatten. *Hinsichtlich der persönlichen Haftung* für Gesamtgutsverbindlichkeiten ist der mitverwaltende Ehegatte also dem alleinverwaltenden Ehegatten (s § 1437 Abs 2 S 1 BGB) vollkommen *gleichgestellt*. Dies gilt nicht nur für **Geldansprüche**, sondern auch für **Ansprüche auf Herausgabe** individuell bestimmter Sachen (RG JW 1904, 176). Mit dem Antrag auf „Zahlung aus dem Gesamtgut" wird *nur* die Haftung der Ehegatten mit dem Gesamtgut geltend gemacht, nicht aber ihre persönliche Haftung (so für die Alleinverwaltung RG SeuffA 65 Nr 16 S 35 ff). Die Ehegatten haften nebeneinander als **Gesamtschuldner** (§§ 421–425 BGB). Solange dem unmittelbar beteiligten Ehegatten das Recht zusteht, das seiner Verbindlichkeit zugrundeliegende Rechtsgeschäft anzufechten (wegen der Anfechtung s § 1450 Rn 15), oder solange sich der Gläubiger durch Aufrechnung gegen eine fällige zum Sonder- oder Vorbehaltsgut des beteiligten Ehegatten gehörende Forderung befriedigen kann, steht dem anderen Ehegatten in entsprechender Anwendung des § 770 BGB eine **dilatorische Einrede** zu (vgl § 1437 Rn 13). Selbstverständlich ist es dem anderen Ehegatten gegebenenfalls auch unbenommen, die Wirkung des Rechtsgeschäfts gegenüber dem Gesamtgut und damit seine persönliche Haftung gem § 1459 Abs 2 S 1 BGB durch *Anfechtung seiner Zustimmung* zu beseitigen. Hinsichtlich der Wirkung eines gegen einen Ehegatten ergangenen rechtskräftigen Urteils gegenüber dem Gesamtgut und damit gem § 1459 Abs 2 S 1 BGB auch gegen den anderen Ehegatten s § 1450 Rn 36; wegen der Zwangsvollstreckung s Vorbem 6 zu § 1459–1462. Die Ausgleichung unter den Ehegatten richtet sich nach den §§ 1463–1466 BGB. Wird ein Ehegatte gemäß § 1459 Abs 2 S 1 BGB von einem Gläubiger in Anspruch genommen, ist der Rechtsstreit eine **Familiensache** (allgM; vgl BGH NJW 1980, 1626; OLG Frankfurt FamRZ 1983, 173).

Die persönliche Haftung des mitverwaltenden Ehegatten ist **zeitlich unbegrenzt**, **12** wenn die in der Person des anderen Ehegatten entstandene Gesamtgutsverbindlichkeit der Regel entsprechend auch im Verhältnis der Ehegatten zueinander dem Gesamtgut zur Last fällt. Fällt die Verbindlichkeit dagegen im Verhältnis der Ehegatten zueinander dem anderen Ehegatten zur Last (s § 1463–1466 BGB), so **erlischt** die persönliche Haftung gem § 1459 Abs 2 S 2 BGB **mit der Beendigung** der Gütergemeinschaft (nicht erst mit der Auseinandersetzung; so auch ERMAN/HEINEMANN Rn 3; MünchKomm/KANZLEITER Rn 9), gleichviel ob die Gütergemeinschaft aufgrund eines Aufhebungsentscheidung (§§ 1469, 1470 BGB) oder aus einem anderen Grunde endet. Die Beendigung kann auch auf einem Ehevertrag beruhen, den der Ehegatte in der Absicht geschlossen hat, sich von der Haftung für eine Verbindlichkeit des anderen Ehegatten freizumachen (OLG Hamburg OLGE 30, 49). Der **Tod des mitverwaltenden Ehegatten**, dem die Verbindlichkeit im Innenverhältnis zur Last fällt, löst die haftungsbeschränkende Wirkung des § 1459 Abs 2 S 2 BGB zugunsten des anderen Ehegatten grundsätzlich auch dann aus, wenn die Gütergemeinschaft von dem überlebenden Ehegatten mit den Abkömmlingen gem § 1483 BGB fortgesetzt wird. Die Verbindlichkeit bleibt aber Gesamtgutsverbindlichkeit und der überlebende Ehegatte haftet nunmehr gem § 1485 Abs 1 BGB persönlich für diese Verbindlichkeit.

Die persönliche Haftung des mitverwaltenden Ehegatten erlischt selbst dann, wenn **13** gegen ihn bereits ein **vollstreckbarer Titel** vorliegt; das Erlöschen seiner Haftung kann er dann nach § 767 ZPO geltendmachen. Hat er jedoch bei Beendigung der Gütergemeinschaft bereits geleistet, so kann das Geleistete **nicht** als **ungerechtfertigte Bereicherung** herausverlangt werden. Über das Verhältnis der Vorschrift des § 1459 Abs 2 S 2 BGB zu § 1470 Abs 2 BGB s § 1470 Rn 2.

Hinsichtlich des Beweises dafür, dass die Verbindlichkeit eines Ehegatten Gesamt- **14** gutsverbindlichkeit ist, für die der andere Ehegatte gem § 1459 Abs 2 S 1 BGB haftet, s oben Rn 9. Behauptet ein Ehegatte, dass seine Haftung gem § 1459 Abs 2 S 2 BGB erloschen sei, so hat er zu beweisen, dass die Gütergemeinschaft beendet ist und dass die Verbindlichkeit im Verhältnis der Ehegatten zueinander nicht dem Gesamtgut zur Last fällt (MünchKomm/KANZLEITER Rn 8; NK-BGB/VÖLKER Rn 12).

V. Abweichende Vereinbarungen

15 **Vereinbarungen der Ehegatten miteinander**, die ihre Haftung gegenüber den Gläubigern abweichend von den Vorschriften der §§ 1459–1462 BGB ausgestalten, sind **nichtig**. Zum Schutz der Gläubiger besitzen diese Bestimmungen **zwingenden Charakter**. Über die Zulässigkeit vertragsmäßiger Abweichungen von den Vorschriften der §§ 1463–1466 BGB, die die Schuldenhaftung im Innenverhältnis der Ehegatten zueinander regeln, s die Erl dort.

16 **Nicht ausgeschlossen** ist es dagegen, durch **Vereinbarungen der Ehegatten mit den Gläubigern** die gesetzliche Regelung über die **Schuldenhaftung zu modifizieren**. So kann abweichend von dem Grundsatz, dass (mit dem sich aus den §§ 1460–1462 BGB ergebenden Ausnahmen) alle persönlichen Schulden eines Ehegatten Gesamtgutsverbindlichkeiten sind (s oben Rn 2), die Haftung des Gesamtgutes ausgeschlossen werden. Ebenso kann umgekehrt durch Vereinbarung mit den Gläubigern die Haftung auf das Gesamtgut beschränkt, dh die persönliche Haftung der Ehegatten mit ihrem Sonder- und Vorbehaltsgut ausgeschlossen werden. Auch in diesem Fall aber ist Schuldner nicht das Gesamtgut, sondern beide Ehegatten (§ 1437 Rn 5). **Entlässt der Gläubiger einen Ehegatten aus der persönlichen Haftung** für eine Gesamtgutsverbindlichkeit, so bedeutet dies nicht ohne Weiteres, dass der in § 740 Abs 2 ZPO geforderte Leistungstitel gegen beide Ehegatten nicht erwirkt werden kann und daher auch eine Vollstreckung in das Gesamtgut nicht erfolgen kann. Ergibt die Auslegung einer derartigen Vereinbarung, dass lediglich die Haftung des betreffenden Ehegatten mit seinem Sonder- und Vorbehaltsgut ausgeschlossen werden sollte, so verbleibt eine gegenständlich begrenzte Schuld des Ehegatten, und es muss möglich sein, auch diesen Ehegatten auf „Leistung aus dem Gesamtgut" zu verklagen.

VI. Sicherungsmittel

17 Das Sicherungsmittel jedes Ehegatten gegen die aus der Überschuldung des anderen Ehegatten sich ergebenden Gefahren besteht im Antrag **auf Aufhebung** der Gütergemeinschaft, § 1469 Ziff 4 BGB. In Betracht kommt diese aber nur hinsichtlich solcher Verbindlichkeiten, die während des Bestehens der Gütergemeinschaft in der Person des anderen Ehegatten entstanden sind und diesem im Innenverhältnis zur Last fallen. Insoweit wird der andere Ehegatte durch die Beendigung der Gütergemeinschaft von der persönlichen Haftung befreit (s oben Rn 12 f). Eine Absicherung gegen die Haftung für Verbindlichkeiten des anderen Ehegatten, die vor dem Beginn der Gütergemeinschaft entstanden sind, ist dagegen nicht möglich.

§ 1460
Haftung des Gesamtguts

(1) Das Gesamtgut haftet für eine Verbindlichkeit aus einem Rechtsgeschäft, das ein Ehegatte während der Gütergemeinschaft vornimmt, nur dann, wenn der andere

Ehegatte dem Rechtsgeschäft zustimmt oder wenn das Rechtsgeschäft ohne seine Zustimmung für das Gesamtgut wirksam ist.

(2) Für die Kosten eines Rechtsstreits haftet das Gesamtgut auch dann, wenn das Urteil dem Gesamtgut gegenüber nicht wirksam ist.

Materialien: Zu § 1460 nF: E I –; E II; E III
§ 1460; BT-Drucks 2/3409, 31. Vgl STAUDINGER/
BGB-Synopse 1896–2005 § 1460.

I.   Grundgedanke

§ 1460 Abs 1 BGB enthält die erste Ausnahme von dem Grundsatz, dass auch die **1** während der Gütergemeinschaft entstandenen Verbindlichkeiten regelmäßig Gesamtgutsverbindlichkeiten sind (s Erl zu § 1459 Rn 1 ff). Die Vorschrift bezweckt, den mitverwaltenden Ehegatten *gegen eigenmächtige Verwaltungshandlungen* des anderen Ehegatten zu schützen. Das Gesamtgut soll ohne den Willen beider Ehegatten nicht mit rechtsgeschäftlichen Schulden belastet werden. Eine andere Regelung als die in § 1460 Abs 1 BGB vorgesehene würde weitgehend auf eine selbständige Verwaltung des Gesamtguts durch jeden der Ehegatten hinauslaufen. Dieses Ergebnis wollte der Gesetzgeber bewusst vermeiden (s hierzu § 1459 Rn 6). Für die Kosten eines Rechtsstreits hält § 1460 Abs 2 BGB jedoch (wie § 1438 Abs 2 BGB für die Alleinverwaltung) den erwähnten Grundsatz aufrecht, weil die Haftung des Gesamtguts für sie durch die Analogie mit den aus unerlaubter Handlung entstehenden Verbindlichkeiten und durch die billige Rücksichtnahme auf den Prozessgegner geboten sei (Prot IV 264, 205 f; anders noch E I § 1362, dazu Mot IV 373 f).

II.   Anspruchsvoraussetzungen

§ 1460 Abs 1 BGB betrifft die Verbindlichkeit aus einem Rechtsgeschäft, das während 2 der Gütergemeinschaft vorgenommen wird. Ob sich das Rechtsgeschäft auf das Gesamtgut bezieht oder nicht, ist für die Anwendbarkeit des § 1460 Abs 1 BGB ohne Belang. Verbindlichkeiten aus einem vor Eintritt der Gütergemeinschaft vorgenommenen Rechtsgeschäft sind, der Regel des § 1459 Abs 1 BGB entsprechend, Gesamtgutsverbindlichkeiten. Das Gleiche gilt für die unmittelbar auf Gesetz, insbes auf einer unerlaubten Handlung, beruhenden Verbindlichkeiten ohne Rücksicht auf den Zeitpunkt der Entstehung. Die Verbindlichkeit aus einem Zuschlag bei der Zwangsversteigerung ist analog zur Kaufpreisschuld zu behandeln; wegen der Haftung aus § 179 BGB, positiver Forderungsverletzung und culpa in contrahendo s § 1438 Rn 4. Keine Verbindlichkeit aus einem Rechtsgeschäft ist die Haftung eines Ehegatten aus seiner Stellung als Pfleger (OLG Frankfurt FamRZ 1983, 173; s § 1459 Rn 8).

Für eine **Verbindlichkeit aus einem Rechtsgeschäft**, das **während der Gütergemein- 3 schaft** vorgenommen wird, haftet das Gesamtgut **nur dann**,

– wenn das Rechtsgeschäft *von beiden Ehegatten gemeinsam* vorgenommen wird;

– wenn *ein Ehegatte* das Rechtsgeschäft *im eigenen Namen* vornimmt und *der andere Ehegatte zustimmt;*

– wenn ein *von einem Ehegatten* abgeschlossenes Rechtsgeschäft *ohne Zustimmung des anderen Ehegatten* für das Gesamtgut *wirksam* ist, dh in den Fällen der §§ 1454, 1455 Ziff 10, 1456 BGB. In Betracht kommt auch die Annahme einer Erbschaft oder eines Vermächtnisses (s § 1455 Ziff 1 BGB), wenn die Erbschaft oder das Vermächtnis in das Gesamtgut fällt (andernfalls gilt § 1461 BGB); auch der Fall des **§ 1357 BGB** zählt hierher.

4 Ist das von einem Ehegatten ohne Mitwirkung des anderen abgeschlossene Rechtsgeschäft nicht wirksam, so kann gleichwohl eine bei Ausführung des Geschäfts entstehende **Bereicherung** des Gesamtguts zu einer **Verbindlichkeit des Gesamtguts** führen (s § 1457 BGB mit Erl). Unrichtig dürfte es sein, den Fall des § 1457 BGB zu denjenigen Fällen zu zählen, in denen ein Rechtsgeschäft ohne Zustimmung des anderen Ehegatten dem Gesamtgut gegenüber wirksam ist (so anscheinend PLANCK/UNZNER § 1460 aF Anm 2), und zwar deswegen, weil es sich bei der Haftung gem § 1457 BGB überhaupt nicht um eine Haftung aus einem Rechtsgeschäft, sondern aus Gesetz handelt.

III. Beweislast

5 Der Beweis, dass die Voraussetzungen des § 1460 Abs 1 BGB erfüllt sind, obliegt, wie die Fassung des Gesetzes erkennen lässt, dem die Haftung des Gesamtguts in Anspruch nehmenden Gläubiger (s § 1459 Rn 9).

IV. Haftungsausschluss

6 Das Gesetz trifft keine Bestimmung darüber, ob ein Ehegatte bei der Erteilung seiner Zustimmung zu einem einzelnen Rechtsgeschäft des anderen Ehegatten entweder die Haftung des Gesamtguts und damit seine persönliche Haftung oder auch lediglich seine persönliche Haftung gegenüber Dritten ausschließen kann (vgl § 1459 Rn 15 f). Eine Zustimmung unter gleichzeitigem Ausschluss der Gesamtgutshaftung wäre sinnlos, da jeder der mitverwaltenden Ehegatten ohnehin nicht daran gehindert ist, rechtsgeschäftliche Verpflichtungen einzugehen, für die sein Vorbehalts- und Sondergut haftet. In Betracht kommt also praktisch nur noch der einer Zustimmung beigefügte **Ausschluss der persönlichen Haftung** des zustimmenden Ehegatten. Dass dieser durch Vertrag mit dem Gläubiger seine persönliche Haftung ausschließen kann, ist selbstverständlich (Mot IV 374; s auch § 1459 Rn 16). Seine persönliche Haftung tritt ferner dann nicht ein, wenn er seine Zustimmung nur unter der Bedingung erteilt hat, dass seine Haftung ausgeschlossen werde. Die Zustimmung muss dann als nicht erteilt angesehen werden, wenn der das Rechtsgeschäft mit dem Dritten vornehmende Ehegatte den Haftungsausschluss nicht vereinbart. Erteilt der Ehegatte seine **Zustimmung unbedingt**, schließt er dabei jedoch seine persönliche Haftung einseitig oder auch im Einverständnis mit seinem Ehegatten aus, so ist eine derartige Haftungsbeschränkung gegenüber Dritten unwirksam. Willigt ein Ehegatte darin ein, dass der andere Ehegatte **selbständig ein Erwerbsgeschäft** betreibt, so kann er dabei die Haftung des Gesamtguts oder seine persönliche Haftung gegenüber Dritten ebenfalls nicht ausschließen (s auch § 1456 Rn 4 f).

V. Kosten eines Rechtsstreits

Zur Haftung des Gesamtguts für die Kosten eines Rechtsstreits gelten die Erläute- 7
rungen zu § 1438 Abs 2 BGB entsprechend (s dort Rn 10 ff).

Soweit die Kosten im **Innenverhältnis** einem der Ehegatten zur Last fallen (s §§ 1463 8
Ziff 3, 1465 BGB), endet die aus der Gesamtgutshaftung (§ 1460 Abs 2 BGB) her-
geleitete persönliche Haftung des anderen Ehegatten (§ 1459 Abs 2 S 1 BGB) gem
§ 1459 Abs 2 S 2 BGB bei Beendigung der Gütergemeinschaft.

Wegen der **Zwangsvollstreckung** in das Gesamtgut aus **Kostentiteln** vgl Vorbem 6 zu 9
§§ 1459–1462.

Die **Prozesskostenvorschusspflicht** eines Ehegatten gegenüber dem anderen regelt 10
für alle Güterstände einheitlich § 1360a Abs 4 BGB. Die Vorschusspflicht erlischt
mit Auflösung der Ehe, selbst wenn das Gesamtgut noch nicht auseinandergesetzt ist
(ERMAN/HEINEMANN § 1438 Rn 3).

§ 1461
Keine Haftung bei Erwerb einer Erbschaft

**Das Gesamtgut haftet nicht für Verbindlichkeiten eines Ehegatten, die durch den
Erwerb einer Erbschaft oder eines Vermächtnisses entstehen, wenn der Ehegatte die
Erbschaft oder das Vermächtnis während der Gütergemeinschaft als Vorbehaltsgut
oder als Sondergut erwirbt.**

Materialien: Zu § 1461 nF: E I –; II –; III 1461;
BT-Drucks 2/3405 S 31. Vgl STAUDINGER/BGB-
Synopse 1896–2005 § 1461.

I. Grundgedanke

Die Vorschrift beruht auf der Erwägung, dass es, wenn der Aktiverwerb von Todes 1
wegen nicht in das Gesamtgut falle, nur billig sei, das Gesamtgut auch von der
Haftung für die damit verbundenen Passiven zu entlasten. Ohne § 1461 BGB würde
das Gesamtgut auch für die durch die Annahme einer Erbschaft oder eines Vermächtnisses als Vorbehalts- oder Sondergut begründeten Verbindlichkeiten eines
Ehegatten gem § 1460 Abs 1 BGB haften, da der Ehegatte zur Annahme einer
Erbschaft oder eines Vermächtnisses der Mitwirkung des anderen Ehegatten nicht
bedarf (§ 1455 Ziff 1 BGB).

§ 1461 BGB **entspricht** dem für die Alleinverwaltung geltenden **§ 1439 BGB**. Beide 2
Vorschriften gehen auf die §§ 1413, 1461 aF zurück. Von § 1439 BGB *unterscheidet*
sich der § 1461 BGB der Sache nach nur dadurch, dass die Haftung des Gesamtgutes
bei der Alleinverwaltung nur dann ausgeschlossen sein kann, wenn der nicht verwaltende Ehegatte einen Erwerb von Todes wegen macht, während bei der Mit-

verwaltung das Gesamtgut in keinem Falle haftet, wenn einem der Ehegatten eine Erbschaft oder ein Vermächtnis als Vorbehalts- oder Sondergut anfällt.

II. Anwendungsgebiet

3 Wegen der Übereinstimmung mit § 1439 BGB kann auf die Erläuterungen dort verwiesen werden, wobei lediglich die oben unter Rn 2 dargelegte Abweichung zu berücksichtigen ist.

III. Beweislast

4 Da grundsätzlich die Verbindlichkeiten jedes Ehegatten Gesamtgutsverbindlichkeiten sind, hat derjenige, der den Anfall einer Erbschaft oder eines Vermächtnisses als Vorbehalts- oder Sondergut und damit die Haftungsfreiheit des Gesamtguts behauptet, die Tatsachen zu beweisen, aus denen sich die Eigenschaft als Vorbehalts- oder Sondergut ergibt (s auch § 1459 Rn 9). Ferner besteht eine Vermutung, dass alles Vermögen, das sich im Besitz eines oder beider Ehegatten befindet, Gesamtgut ist (vgl § 1416 Rn 12).

IV. Inventarerrichtung

5 Die Errichtung eines Inventars kann, wenn die einem Ehegatten zugefallene Erbschaft in das Gesamtgut gefallen ist, auch der andere Ehegatte vornehmen (s § 1455 Ziff 3 BGB und § 1455 Rn 17). Hat ein Ehegatte die Erbschaft jedoch als Vorbehaltsgut erworben, so ist der andere Ehegatte, wie § 1455 Ziff 3 BGB ausdrücklich hervorhebt, zur Errichtung eines Inventars nicht berechtigt. Diese Regelung rechtfertigt sich durch den in § 1461 BGB ausgesprochenen Ausschluss der Haftung des Gesamtguts und damit auch des anderen Ehegatten für die Nachlassverbindlichkeiten.

§ 1462
Haftung für Vorbehalts- oder Sondergut

Das Gesamtgut haftet nicht für eine Verbindlichkeit eines Ehegatten, die während der Gütergemeinschaft infolge eines zum Vorbehaltsgut oder zum Sondergut gehörenden Rechts oder des Besitzes einer dazu gehörenden Sache entsteht. Das Gesamtgut haftet jedoch, wenn das Recht oder die Sache zu einem Erwerbsgeschäft gehört, das ein Ehegatte mit Einwilligung des anderen Ehegatten selbständig betreibt, oder wenn die Verbindlichkeit zu den Lasten des Sondergutes gehört, die aus den Einkünften beglichen zu werden pflegen.

Materialien: Zu § 1462 nF: E I –; II –; III 1462;
BT-Drucks 2/3409, 31. Vgl STAUDINGER/BGB-
Synopse 1896–2005 § 1462.

I. Grundgedanke

Der § 1462 BGB weicht von der für die Alleinverwaltung geltenden Parallelvor- **1** schrift des § 1440 BGB insoweit ab, als er die Haftung des Gesamtgutes für gewisse mit dem Vorbehalts- oder Sondergut in Zusammenhang stehende Verbindlichkeiten beider Ehegatten ausschließt, während sich § 1440 BGB auf derartige Verbindlichkeiten des nicht verwaltenden Ehegatten beschränkt. Das Gesetz schließt für diese Verbindlichkeiten die Haftung des Gesamtgutes aus, weil sie mit dem Vorbehalts- oder Sondergut untrennbar zusammenhängen (Mot IV 373, 253). Von dieser Ausnahme macht S 2 *zwei Unterausnahmen*:

1. Die Haftung des Gesamtgutes für Verbindlichkeiten, die mit einem Erwerbsgeschäft zusammenhängen, entspricht der auch sonst üblichen Sonderbehandlung dieser Verbindlichkeiten (vgl §§ 1431, 1456 BGB; Mot IV 373, 253, 241 f).

2. Für die gewöhnlichen Lasten des Sonderguts gründet sich die ausnahmsweise vorgesehene Haftung des Gesamtgutes darauf, dass das Sondergut für Rechnung des Gesamtgutes verwaltet wird (§ 1417 Abs 3 S 2 BGB) und daher die Lasten des Sondergutes auch im Verhältnis der Ehegatten zueinander das Gesamtgut treffen (§§ 1463 Nr 2, 3, 1462 S 1 BGB). Diese beiden Ausnahmen des Satzes 2 entsprechen der für die interne Schuldenhaftung der Ehegatten getroffenen Regelung (vgl §§ 1463 Nr 2, 3, 1464 BGB).

II. Anwendungsgebiet

§ 1462 BGB stimmt inhaltlich im Wesentlichen mit § 1440 BGB überein, lediglich **2** insoweit als § 1462 BGB für *beide* Ehegatten gilt, liegt eine Abweichung vor. Die Erläuterungen zu § 1440 BGB gelten unter Berücksichtigung dieser Abweichung auch hier.

§ 1463
Haftung im Innenverhältnis

Im Verhältnis der Ehegatten zueinander fallen folgende Gesamtgutsverbindlichkeiten dem Ehegatten zur Last, in dessen Person sie entstehen:

1. **die Verbindlichkeiten aus einer unerlaubten Handlung, die er nach Eintritt der Gütergemeinschaft begeht, oder aus einem Strafverfahren, das wegen einer solchen Handlung gegen ihn gerichtet wird,**

2. **die Verbindlichkeiten aus einem sich auf sein Vorbehaltsgut oder sein Sondergut beziehenden Rechtsverhältnis, auch wenn sie vor Eintritt der Gütergemeinschaft oder vor der Zeit entstanden sind, zu der das Gut Vorbehaltsgut oder Sondergut geworden ist,**

3. **die Kosten eines Rechtsstreits über eine der in den Nummern 1 und 2 bezeichneten Verbindlichkeiten.**

Materialien: Zu § 1463 nF: E I –; E II –; E III
1463; BT-Drucks 2/3409 S 31. Vgl STAUDINGER/
BGB-Synopse 1896–2005 § 1463.

I. Grundgedanke

1 § 1463 BGB *entspricht wörtlich* dem für die Alleinverwaltung des Gesamtgutes
geltenden § 1441 BGB. In seiner Bedeutung dürfte § 1463 BGB dem § 1441 BGB
nachstehen, weil der Bereich der Gesamtgutsverbindlichkeiten, um deren internen
Ausgleich es bei beiden Vorschriften geht, bei der Mitverwaltung ein engerer ist als
bei der Alleinverwaltung. Rechtsgeschäfte des alleinverwaltenden Ehegatten begründen, auch wenn sie sich auf dessen Vorbehaltsgut beziehen, grundsätzlich immer
Gesamtgutsverbindlichkeiten (§ 1438 Abs 1 BGB), während dies bei Rechtsgeschäften, die ein mitverwaltender Ehegatte allein abgeschlossen hat, nicht der Fall ist
(§ 1460 Abs 1 BGB). Im ersten Fall ergibt sich aus § 1441 Ziff 2 BGB, dass der
alleinverwaltende Ehegatte die mit seinem Vorbehaltsgut zusammenhängende Gesamtgutsverbindlichkeit im Innenverhältnis zu tragen hat. Der gleichlautende § 1463
Ziff 2 BGB kommt im zweiten Falle mangels Vorliegens einer Gesamtgutsverbindlichkeit überhaupt nicht zur Anwendung; er ist nur dann von Bedeutung, wenn etwa
der andere Ehegatte dem auf das Vorbehaltsgut bezüglichen Rechtsgeschäft zugestimmt hat und dadurch eine Gesamtgutsverbindlichkeit entstanden ist (§ 1459 Rn 6).
In anderer Beziehung decken sich allerdings die Anwendungsgebiete der §§ 1441
und 1463 BGB, so etwa hinsichtlich der Haftung für vor dem Eintritt der Gütergemeinschaft begründete oder aus dem Gesetz – insbesondere den Vorschriften über
die unerlaubten Handlungen – sich ergebende Verbindlichkeiten.

2 Diejenigen Verbindlichkeiten eines Ehegatten, die Gesamtgutsverbindlichkeiten
sind, fallen grundsätzlich auch im Verhältnis der Ehegatten zueinander dem Gesamtgut zur Last. Von diesem Grundsatz macht § 1463 BGB (ebenso wie §§ 1465,
1466 BGB) mehrere Ausnahmen. Die in § 1463 Nr 2 u 3 BGB getroffene Ausnahmeregelung wird ihrerseits wieder von § 1464 BGB durchbrochen.

II. Anwendungsgebiet

3 Wegen der **wörtlichen und inhaltlichen Übereinstimmung mit § 1441 BGB** kann auf
die Erläuterungen dort verwiesen werden.

§ 1464
Verbindlichkeiten des Sonderguts und eines Erwerbsgeschäfts

**Die Vorschriften des § 1463 Nr. 2, 3 gelten nicht, wenn die Verbindlichkeiten zu den
Lasten des Sonderguts gehören, die aus den Einkünften beglichen zu werden pflegen. Die Vorschrift gilt auch dann nicht, wenn die Verbindlichkeiten durch den
Betrieb eines für Rechnung des Gesamtgutes geführten Erwerbsgeschäfts oder infolge eines zu einem solchen Erwerbsgeschäft gehörenden Rechts oder des Besitzes
einer dazu gehörenden Sache entstehen.**

Materialien: Zu § 1464 nF: E I –; II –; III 1464;
BT-Drucks 2/3409 S 31. Vgl STAUDINGER/BGB-
Synopse 1896–2005 § 1464.

I.   Grundgedanke

Abgesehen von dem Hinweis auf § 1463 Nr 2 und 3 BGB **entspricht § 1464 BGB** **1**
wörtlich dem für die Alleinverwaltung geltenden **§ 1442 BGB**. Wegen der Rechtsentwicklung kann auf Rn 1 zu § 1442 BGB verwiesen werden. § 1464 BGB stellt eine
Unterausnahme dar. Grundsätzlich fallen die Gesamtgutsverbindlichkeiten im Verhältnis der Ehegatten untereinander dem Gesamtgut zur Last. Die Ausnahmen von
diesem Grundsatz sind in den §§ 1463, 1465 und 1466 BGB geregelt. Die Ausnahmevorschrift des § 1463 BGB wird, soweit sie sich auf gewisse mit dem Vorbehalts- und
Sondergut zusammenhängende Verbindlichkeiten bezieht (Nr 2 und 3), wiederum
durch § 1464 BGB durchbrochen. Verbindlichkeiten, die sich an das Sondergut
knüpfen, fallen entgegen § 1463 Nr 2 und 3 BGB dann dem Gesamtgut zur Last,
wenn sie zu den Lasten des Sondergutes gehören, die aus den Einkünften beglichen
zu werden pflegen. Diese Regelung ist deswegen sinnvoll und erforderlich, weil
andererseits die Einkünfte des Sonderguts in das Gesamtgut fallen (§ 1417 Abs 3
S 2 BGB).

Ebenso entspricht es der Billigkeit, dass Verbindlichkeiten, die ihren Grund im
Betrieb eines selbständigen Erwerbsgeschäfts haben, dem Gesamtgut zur Last fallen, wenn der Betrieb für Rechnung des Gesamtgutes geführt wird. Von großer
praktischer Bedeutung ist die Bestimmung insoweit nicht, als sie sich nur auf ein zum
Sondergut gehörendes Erwerbsgeschäft beziehen könnte. Auf Erwerbsgeschäfte, die
zum Gesamtgut gehören, findet § 1463 Nr 2 und 3 BGB und danach auch die Unterausnahme des § 1464 BGB keine Anwendung; gehört ein Erwerbsgeschäft zum
Vorbehaltsgut eines Ehegatten, so wird es nicht für Rechnung des Gesamtguts,
sondern gem § 1418 Abs 2 S 2 BGB für eigene Rechnung des betreffenden Ehegatten verwaltet.

II.   Anwendungsgebiet

Wegen der vollständigen Übereinstimmung des § 1464 BGB mit § 1442 BGB kann **2**
auf die dortigen Erläuterungen verwiesen werden.

§ 1465
Prozesskosten

**(1) Im Verhältnis der Ehegatten zueinander fallen die Kosten eines Rechtsstreits,
den die Ehegatten miteinander führen, dem Ehegatten zur Last, der sie nach allgemeinen Vorschriften zu tragen hat.**

**(2) Führt ein Ehegatte einen Rechtsstreit mit einem Dritten, so fallen die Kosten
des Rechtsstreits im Verhältnis der Ehegatten zueinander dem Ehegatten zur Last,
der den Rechtsstreit führt. Die Kosten fallen jedoch dem Gesamtgut zur Last, wenn**

das Urteil dem Gesamtgut gegenüber wirksam ist oder wenn der Rechtsstreit eine persönliche Angelegenheit oder eine Gesamtgutsverbindlichkeit des Ehegatten betrifft und die Aufwendung der Kosten den Umständen nach geboten ist; § 1463 Nr. 3 und § 1464 bleiben unberührt.

Materialien: Zu § 1465 nF: E I –; II –; III 1465;
BT-Drucks 2/3409 S 31. Vgl STAUDINGER/BGB-
Synopse 1896–2005 § 1465.

I. Grundgedanke

1 § 1465 BGB entspricht dem für die Alleinverwaltung geltenden **§ 1443 BGB**, jedoch **mit der Maßgabe**, dass sich die in Abs 2 enthaltene Vorschrift **auf beide Ehegatten** bezieht, während der Abs 2 des § 1443 BGB lediglich für den nicht verwaltenden Ehegatten gilt. Wegen der Rechtsentwicklung kann auf § 1443 Rn 1 verwiesen werden.

2 Die Gesamtgutsverbindlichkeiten fallen grundsätzlich auch im Verhältnis der Ehegatten untereinander dem Gesamtgut zur Last. Wie die §§ 1463 und 1466 BGB enthält auch § 1465 BGB Ausnahmen von diesem Grundsatz, und zwar hinsichtlich der Kosten von den Ehegatten geführter Rechtsstreitigkeiten, die im Außenverhältnis in jedem Falle das Gesamtgut treffen (§ 1460 Abs 2 BGB). Abs 1 regelt die Aufteilung der Kosten eines zwischen den Ehegatten geführten Rechtsstreits dahingehend, dass der Ehegatte, der sie nach den allgemeinen Bestimmungen der Prozessgesetze zu tragen hat, auch im Innenverhältnis der Gütergemeinschaft mit ihnen belastet bleibt. Abs 2 bestimmt für die zwischen einem der Ehegatten und einem Dritten geführten Prozesse, dass der beteiligte Ehegatte die hieraus erwachsenden Kosten im Innenverhältnis zu tragen hat. Nach der Parallelvorschrift des § 1443 BGB gilt dies nur für den nicht verwaltenden Ehegatten; die Kosten der vom Gesamtgutsverwalter geführten Rechtsstreitigkeiten fallen auch im Innenverhältnis immer dem Gesamtgut zur Last. In zwei Fällen kehrt § 1465 Abs 2 S 2 BGB jedoch zu dem Grundsatz der Haftung des Gesamtgutes zurück.

3 Wegen des Begriffs der Kosten des Rechtsstreits s § 1438 Rn 11. Als Kosten des Rechtsstreits im Sinne des § 1465 BGB sind jedoch (anders als im Falle des § 1460 Abs 2 BGB; dazu § 1443 Rn 4) auch die dem eigenen Anwalt oder Gerichtsvollzieher aufgrund Rechtsgeschäfts geschuldeten Kosten anzusehen. Ein **Prozesskostenvorschuss** gemäß § 1360a Abs 4 BGB, der aus dem Gesamtgut gewährt wurde, ist dem Gesamtgut nach Beendigung der Gütergemeinschaft nicht nach den §§ 1465, 1468 BGB zu erstatten (BGH FamRZ 1986, 42 Rn 19 mit Hinweis auf die unterhaltsrechtliche Natur des Anspruchs; s § 1443 Rn 5).

II. Anwendungsgebiet

4 Wegen der inhaltlichen Übereinstimmung mit § 1443 BGB kann wegen der weiteren Einzelheiten auf die Erläuterungen dort mit der Maßgabe verwiesen werden, dass sich § 1465 Abs 2 BGB auf beide Ehegatten bezieht (s oben Rn 1).

§ 1466
Kosten der Ausstattung eines nicht gemeinschaftlichen Kindes

Im Verhältnis der Ehegatten zueinander fallen die Kosten der Ausstattung eines nicht gemeinschaftlichen Kindes dem Vater oder der Mutter des Kindes zur Last.

Materialien: Zu § 1466 nF: E I –; E II –; E III 1466; BT-Drucks 2/3409. Vgl STAUDINGER/ BGB-Synopse 1896–2005 § 1466.

Systematische Übersicht

I.   Allgemeines

§ 1466 enthält (wie die §§ 1463 und 1465 BGB) eine **Ausnahme** von dem Grundsatz, **1** dass die Gesamtgutsverbindlichkeiten auch im Verhältnis der Ehegatten zueinander dem Gesamtgut zur Last fallen. Die Vorschrift betrifft die **Ausstattung eines nicht gemeinschaftlichen Kindes** aus dem Gesamtgut. Sie entspricht dem für die Alleinverwaltung geltenden § 1444 BGB; jedoch ist die in § 1466 BGB getroffene Regelung wesentlich einfacher. Vor allem wird die Ausstattung eines gemeinschaftlichen Kindes nicht erwähnt; es wird als selbstverständlich vorausgesetzt, dass deren Kosten – der Regel entsprechend – im Verhältnis der Ehegatten zueinander dem Gesamtgut zur Last fallen. Dies gilt auch für Ausstattungen, die das dem Gesamtgut entsprechende Maß übersteigen. Eine besondere Regelung, wie sie § 1444 BGB trifft, erscheint bei der Mitverwaltung nicht erforderlich, weil die Ausstattung von beiden Ehegatten gemeinsam gewährt wird und es daher jedem Ehegatten freisteht, eine übermäßige Belastung des Gesamtgutes zu verhindern (wegen der Ausnahmefälle s unten Rn 9 ff). Ausdrücklich erwähnt wird nur der Fall, dass ein nicht gemeinschaftliches Kind ausgestattet worden ist. In diesem Fall sind die Kosten der Ausstattung im Innenverhältnis vom Vater oder der Mutter des Kindes zu tragen, und zwar ebenfalls ohne Rücksicht darauf, ob sie den Verhältnissen der Ehegatten entsprechen oder nicht. Derjenige Ehegatte, um dessen Kind es sich handelt und zu dessen Lasten daher die Ausstattung erfolgt, hat als Mitverwalter die Möglichkeit, seine Belastung in angemessenen Grenzen zu halten.

Im **Gegensatz zu § 1444 BGB**, der zwischen dem Versprechen und dem Gewähren **2** einer Ausstattung unterscheidet, spricht § 1466 BGB nur von den Kosten einer Ausstattung. Einen sachlichen Unterschied begründet dies nicht.

3 Wegen des **Begriffs** der gemeinschaftlichen und nicht gemeinschaftlichen Kinder s § 1444 Rn 4.

II.   Ausstattung eines gemeinschaftlichen Kindes

4 Sie ist, wie § 1466 BGB voraussetzt (s Rn 1), **Sache beider Ehegatten. Ihre Kosten gehen** daher grundsätzlich auch im Innenverhältnis **zu Lasten des Gesamtguts**. Entspricht eine Ausstattung nur deswegen den Verhältnissen der Ehegatten, weil außer dem Gesamtgut noch Vorbehaltsgut vorhanden ist, so kann jeder Ehegatte verlangen, dass die Ausstattung nur zu dem Teile aus dem Gesamtgut erfolgt, der dem Verhältnis des Wertes des Gesamtgutes zum Werte der übrigen Vermögensmassen entspricht (s hierzu auch § 1444 Rn 5 ff). Wegen der grundsätzlichen Verschiedenheit des Unterhalts und der Ausstattung kommt § 1420 BGB auch nicht entsprechend zur Anwendung. Erbringen die Ehegatten die Ausstattung aber nur aus dem Gesamtgut, so wird dies in aller Regel als Einigung darüber aufzufassen sein, dass das Gesamtgut auch mit sämtlichen Kosten der Ausstattung belastet bleiben soll.

5 **Gewährt ein Ehegatte,** was ihm selbstverständlich freisteht, einem gemeinschaftlichen Kind eine **Ausstattung aus seinem Vorbehaltsgut**, so kann er die **Erstattung seiner Aufwendungen** aus dem Gesamtgut nur insoweit verlangen, als die Ausstattung dem Gesamtgut entspricht (vgl Mot IV 390). Rechtsgrundlage für diesen Anspruch ist § 1467 Abs 2 BGB; der Ehegatte, der eine sittliche Verpflichtung, die an sich aus dem Gesamtgut erfüllt werden müsste, aus Mitteln seines Vorbehaltsgutes erfüllt, macht dadurch eine Verwendung in das Gesamtgut. Eines Zurückgreifens auf die Vorschriften über die ungerechtfertigte Bereicherung oder die Geschäftsführung ohne Auftrag bedarf es daneben nicht (vgl auch § 1445 Rn 9). Der **Anspruch kann ausgeschlossen sein,** wenn sich aus den Umständen ergibt, dass der betreffende Ehegatte eine Erstattung seiner zu Lasten des Vorbehaltsgutes gemachten Aufwendungen aus dem Gesamtgut nicht verlangen wollte. Hiervon wird in aller Regel auszugehen sein, wenn der Ehegatte die Ausstattung aus seinem Vorbehaltsgut gewährt, nachdem der andere Ehegatte seine Zustimmung zur Ausstattung eines Kindes aus dem Gesamtgut verweigert und der ausstattende Ehegatte den Versuch, die Zustimmung gem § 1452 BGB ersetzen zu lassen (vgl unten Rn 8), nicht gemacht hat. Hat das Familiengericht dagegen die Ersetzung der Zustimmung abgelehnt und gewährt der Ehegatte gleichwohl eine Ausstattung aus seinem Vorbehaltsgut, so fehlt es bereits an einer Verwendung in das Gesamtgut iS des § 1467 Abs 2 BGB.

III.   Ausstattung eines nicht gemeinschaftlichen Kindes

6 Die Ausstattung eines nicht gemeinschaftlichen Kindes ist **grundsätzlich Sache desjenigen Ehegatten, von dem das Kind abstammt.** Die Kosten einer aus dem Gesamtgut bestrittenen Ausstattung fallen daher im Innenverhältnis dem Vater oder der Mutter des Kindes zur Last. Es steht dem anderen Ehegatten jedoch frei, sich im Einzelfall damit einverstanden zu erklären (vgl auch unten Rn 13), dass das Gesamtgut die Kosten der Ausstattung auch im Innenverhältnis trägt. Dies kann sich auch ohne ausdrückliche Vereinbarung aus den Umständen ergeben. Jedoch ist es nicht angängig, aus der bloßen Zustimmung des Ehegatten, der nicht Elternteil des Kindes ist, zur Ausstattung mit Mitteln des Gesamtgutes bereits auf einen Verzicht auf die Ausgleichung zu schließen. Diese Zustimmung ist Voraussetzung dafür, dass die Ausstattung überhaupt mit Wirkung gegenüber dem Gesamtgut versprochen oder gewährt werden kann; wenn § 1466 BGB den Ausgleich im Innenverhältnis regelt, so wird dabei unterstellt, dass beide mitverwaltenden Ehegatten bei der Ausstattung mitgewirkt haben.

Stattet ein Ehegatte sein Kind, das nicht zugleich Kind des anderen Ehegatten ist, **aus** **7** **seinem Vorbehaltsgut** aus, so ergibt sich aus § 1466 BGB, dass er – mangels einer entsprechenden Vereinbarung der Ehegatten – **keine Erstattung seiner Aufwendungen** aus dem Gesamtgut verlangen kann. Wird das Kind eines Ehegatten von dem anderen Ehegatten aus dessen Vorbehaltsgut ausgestattet – ein seltener Fall –, so kommt zwar ein Anspruch des Ausstattenden aus Geschäftsführung ohne Auftrag gegen den Elternteil des Kindes, der aus dessen Vorbehaltsgut zu befriedigen wäre, in Betracht. Aus dem Umstand, dass der ausstattende Ehegatte freiwillig sein eigenes Vorbehaltsgut angegriffen hat, anstatt den naheliegenden Weg einer Ausstattung aus dem Gesamtgut zu wählen, dürfte sich jedoch ergeben, dass ihm die Absicht fehlte, Ersatz für seine Aufwendungen zu verlangen (§ 685 Abs 1 BGB).

IV. Ersetzung der Zustimmung durch das Familiengericht

Weigert sich ein Ehegatte, der Ausstattung eines gemeinschaftlichen oder nicht **8** gemeinschaftlichen Kindes aus dem Gesamtgut zuzustimmen, so kann der andere Ehegatte die Ersetzung der Zustimmung durch das Familiengericht gem § 1452 BGB beantragen. Wenngleich ein Rechtsanspruch auf eine Ausstattung nicht besteht, kann doch die **einer sittlichen Verpflichtung der Ehegatten entsprechende Gewährung einer Ausstattung** uU als Rechtsgeschäft angesehen werden, das zur ordnungsgemäßen Verwaltung des Gesamtguts erforderlich ist (ERMAN/HEINEMANN Rn 1; SOERGEL/ GAUL/ALTHAMMER Rn 2; NK-BGB/VÖLKER Rn 4; BGB-RGRK/FINKE Rn 3; BayObLGZ 23, 160; **aM** BAMBERGER/ROTH/MAYER Rn 1 Fn 1). Es kommt hierbei jedoch auf die **Umstände des Einzelfalls** an; zu berücksichtigen ist, dass das Gesamtgut in erster Linie den Ehegatten und den noch nicht selbständigen Kindern als wirtschaftliche Lebensgrundlage zu dienen hat. Eine die Verhältnisse des Gesamtguts übersteigende Ausstattung, die gem § 1624 BGB als Schenkung gilt, kann das Familiengericht nicht sanktionieren (vgl § 1452 Rn 5). Handelt es sich um das Kind nur eines Ehegatten und verfügt dieser über ein zur Ausstattung ausreichendes Vorbehaltsgut, so besteht für die Gewährung einer Ausstattung aus dem Gesamtgut, deren Kosten ja doch alsbald gem §§ 1466, 1468 BGB aus dem Vorbehaltsgut des betreffenden Ehegatten zu erstatten wären, keine Veranlassung. Der die Ersetzung der Zustimmung beantragende Ehegatte muss den Umfang der vorgesehenen Ausstattung genau angeben; das Familiengericht kann nicht eine Ausstattung schlechthin, sondern nur bestimmte Rechtsgeschäfte gutheißen, welche die Ausstattung bewirken sollen.

V. Ausstattung eines Kindes durch einen Ehegatten

Der in § 1450 BGB ausgesprochene Grundsatz der gemeinschaftlichen Verwaltung **9** hindert den einzelnen Ehegatten, soweit er nicht über Vorbehaltsgut verfügt (s hierzu Rn 5), in der Regel daran, ein Kind ohne Mitwirkung des anderen Ehegatten auszustatten. **Ausnahmsweise wird ein Ehegatte die Ausstattung dann alleine vornehmen können, wenn die Voraussetzungen des § 1454 BGB** vorliegen, dh wenn der andere Ehegatte wegen Krankheit oder Abwesenheit an der Mitwirkung gehindert ist und mit einem Aufschub Gefahr verbunden wäre (SOERGEL/GAUL/ALTHAMMER Rn 2; **aA** MünchKomm/KANZLEITER Rn 2: praktisch niemals Gefahr; BAMBERGER/ROTH/MAYER Rn 1 Fn 2). Dem Gesamtgut selbst wird zwar durch das Unterbleiben der Ausstattung eines Kindes kaum ein Nachteil entstehen; erkennt man jedoch die Ausstattung der Kinder nach den Umständen des Einzelfalls als eine aus den Mitteln des Gesamtgutes zu erfüllende sittliche Verpflichtung der Ehegatten an, so wird man als „Gefahr" im Sinne des § 1454 BGB auch ansehen müssen, dass die Hergabe einer Ausstattung deswegen ihren Zweck verfehlt, weil die für das auszustattende Kind günstige Gelegenheit einer Existenzgründung nicht genutzt werden kann.

10 Hat ein Ehegatte den anderen Ehegatten zur Gewährung einer Ausstattung an ein Kind **bevollmächtigt**, so gilt das in Rn 9 Gesagte entsprechend; an der Stelle der angemessenen Ausstattung steht gegebenenfalls die den bei der Bevollmächtigung erteilten Richtlinien entsprechende Ausstattung.

11 Stattet ein Ehegatte ein Kind aus, **ohne** dass die Voraussetzungen des **§ 1454 BGB oder eine Bevollmächtigung** vorliegen, so ist die Ausstattung dem Gesamtgut gegenüber **nicht wirksam**. Das Geleistete kann zurückverlangt werden, und zwar auch durch den übergangenen Ehegatten allein (§ 1455 Ziff 8 BGB). Ist es nicht möglich, von dem ausgestatteten Kind die aus dem Gesamtgut erbrachten Leistungen zurückzuverlangen, so kommt – in entsprechender Anwendung des § 1435 S 3 BGB – ein Schadensersatzanspruch gegen den ausstattenden Ehegatten wegen der Verletzung dieser Verpflichtungen als Mitverwalter in Betracht (s hierzu § 1451 Rn 14).

VI. Zeitpunkt des Ausgleichs

12 Der Zeitpunkt, zu dem der mit den Kosten der Ausstattung belastete Ehegatte ausgleichen muss, ergibt sich aus § 1468 BGB: Danach hat er, soweit sein Vorbehaltsgut ausreicht, alsbald zum Gesamtgut Ersatz zu leisten; anderenfalls findet die Ausgleichung erst bei Beendigung des Güterstandes statt. Vgl im Übrigen die Erl zu § 1468 Rn 1 ff.

VII. Abweichende Vereinbarungen

13 Abweichende Vereinbarungen beliebigen Inhalts sind im Voraus im Rahmen eines Ehevertrages **zulässig**. Für einen konkreten Einzelfall kann eine abweichende Regelung auch ohne Einhaltung der Form des Ehevertrages getroffen werden.

§ 1467
Ausgleichung zwischen Vorbehalts-, Sonder- und Gesamtgut

(1) Verwendet ein Ehegatte Gesamtgut in sein Vorbehaltsgut oder in sein Sondergut, so hat er den Wert des Verwendeten zum Gesamtgut zu ersetzen.

(2) Verwendet ein Ehegatte Vorbehaltsgut oder Sondergut in das Gesamtgut, so kann er Ersatz aus dem Gesamtgut verlangen.

Materialien: Zu § 1467 nF: E I; E II; E III 1466; BT-Drucks 2/3409, 31. Vgl STAUDINGER/BGB-Synopse 1896–2005 § 1467.

I. Grundgedanke

§ 1467 BGB regelt für die gemeinschaftliche Verwaltung die Ausgleichung zwischen **1** dem Gesamtgut einerseits und dem Vorbehaltsgut oder Sondergut desjenigen Ehegatten andererseits, der Gesamtgut in sein Vorbehalts- oder Sondergut oder umgekehrt sein Vorbehaltsgut oder Sondergut in das Gesamtgut verwendet. Die Vorschrift *entspricht* damit dem für die Alleinverwaltung geltenden § 1455 BGB, welcher wiederum auf § 1466 aF zurückgeht. Zwar kommt als Anspruchsgrundlage für die Ersatzverpflichtung auch die entsprechende Anwendung von § 1435 S 3 BGB in Betracht (s § 1450 Rn 42), doch hat § 1467 BGB dann insbesondere für die Fälle Bedeutung, bei denen die Voraussetzungen von § 1435 S 3 BGB nicht bewiesen werden können und ein Herausgabeanspruch nach §§ 812 ff BGB scheitert, weil dieser Anspruch auf die zur Zeit der Rechtshängigkeit des Anspruchs noch vorhandene Bereicherung beschränkt ist (s § 1445 Rn 3).

§ 1467 BGB sieht (ebenso wie § 1445 BGB für die Alleinverwaltung) eine **Sicherung** **2** **in doppelter Hinsicht** vor: Der wichtigere Abs 1 schützt den nicht verwendenden Ehegatten; Abs 2 bestätigt allgemeine Grundsätze für den Fall von Verwendungen in ein Sondervermögen. Die Ausgleichung zwischen dem Gesamtgut und dem Vorbehalts- oder Sondergut des nicht verwendeten Ehegatten richtet sich nach allgemeinen Grundsätzen.

II. Anwendungsbereich

Unter Berücksichtigung Abweichung zu § 1445 BGB (s oben Rn 1), dass § 1467 BGB **3** für und gegen beide Ehegatten Anwendung findet, gelten die **Erläuterungen zu § 1445 BGB entsprechend.** Auf diese wird verwiesen.

III. Verwendungen von Gesamtgut durch einen Ehegatten in Vorbehalts- oder Sondergut des anderen Ehegatten und umgekehrt

Für die Fälle, in denen durch den einen Ehegatten Verwendungen aus dem Ge- **4** samtgut in das Vorbehalts- oder Sondergut des *anderen,* des nichtverwendenden Ehegatten, oder umgekehrt aus dessen Sondervermögen in das Gesamtgut gemacht worden sind, hat das Gesetz mit Rücksicht darauf, dass das Sondervermögen des nicht verwendenden Ehegatten und das Gesamtgut regelmäßig nicht in einer Hand vereinigt sind, besondere Bestimmungen nicht getroffen. Es finden daher in dieser Beziehung die **allgemeinen Vorschriften** über Geschäftsführung ohne Auftrag (§§ 677 ff BGB) und Herausgabe einer ungerechtfertigten Bereicherung (§§ 812 ff BGB) Anwendung (Mot IV 382 zu § 1466 aF).

5 Die allgemeinen Vorschriften der §§ 677 ff, 812 ff BGB werden auch hier ergänzt durch **§ 1360b BGB**. Handelt es sich also um eine Verwendung für den Unterhalt der Familie, so ist im Zweifel anzunehmen, dass dem nicht verwendenden Ehegatten keine Ersatzverbindlichkeit obliegen oder ihm kein Ersatzanspruch zustehen soll. Über die **Fälligkeit** einer dem nicht verwendenden Ehegatten etwa obliegenden Ersatzverbindlichkeit s § 1468 BGB. Hinsichtlich der Fälligkeit eines ihm etwa zustehenden Ersatzanspruchs bleibt es beim Grundsatz des § 271 BGB; dh, wenn nichts anderes vereinbart worden ist, kann die Leistung sofort verlangt werden.

IV. Verwendungen von Vorbehalts- oder Sondergut des einen Ehegatten in das Sondervermögen des anderen Ehegatten und umgekehrt

6 Ob ein Ersatzanspruch besteht, wenn Vorbehaltsgut oder Sondergut des einen Ehegatten in das Vorbehaltsgut oder Sondergut des anderen Ehegatten oder umgekehrt verwendet worden ist, bemisst sich nach den Grundsätzen über die Geschäftsführung ohne Auftrag (§§ 677 ff BGB) und Herausgabe einer ungerechtfertigten Bereicherung (§§ 812 ff BGB). Für die Fälligkeit solcher Ersatzansprüche gilt § 1468 BGB.

§ 1468
Fälligkeit des Ausgleichsanspruchs

Was ein Ehegatte zum Gesamtgut oder was er zum Vorbehaltsgut oder Sondergut des anderen Ehegatten schuldet, braucht er erst nach Beendigung der Gütergemeinschaft zu leisten; soweit jedoch das Vorbehaltsgut und das Sondergut des Schuldners ausreichen, hat er die Schuld schon vorher zu berichtigen.

Materialien: Zu § 1468 nF: E I –; E II –; E III
1468; BT-Drucks 2/3409, 31. Vgl Staudinger/
BGB-Synopse 1896–2005 § 1468.

I. Grundgedanke

1 § 1468 BGB bestimmt für die gemeinschaftliche Verwaltung die Fälligkeit der den Ehegatten obliegenden Verbindlichkeiten gegenüber dem Gesamtgut sowie gegenüber dem Vorbehaltsgut oder dem Sondergut des jeweils anderen Ehegatten. Die Vorschrift entspricht damit dem für die Alleinverwaltung geltenden § 1446 Abs 2 BGB, welcher seinerseits wiederum auf § 1467 aF zurückgeht. Wegen der Rechtsentwicklung kann auf § 1446 Rn 1 verwiesen werden.

2 Nicht ausgeschlossen wird durch § 1468 BGB, dass schon während des Bestehens der Gütergemeinschaft **Feststellungsantrag** (§ 113 Abs 1 FamFG, § 256 ZPO) oder **Antrag auf künftige Leistung** (§ 259 ZPO) gestellt wird. Auch die Zulässigkeit eines Antrages auf **Arrest oder einstweilige Anordnung** wird durch § 1468 BGB nicht berührt, zu den Einzelheiten s § 1446 Rn 3 mwNw.

II. Schulden und Ansprüche der Ehegatten

Was die Ehegatten zum Gesamtgut schulden, brauchen sie grundsätzlich erst nach 3 **Beendigung der Gütergemeinschaft** zu leisten (HS 1; dazu s § 1446 Rn 6 u 7). Dieser Rechtssatz folgt aus dem Wesen der Gütergemeinschaft: Danach hat das Gesamtgut die Funktion des Vermögens des einen wie des anderen Ehegatten; während des Bestehens der Gemeinschaft soll der Gegensatz in den vermögensrechtlichen Interessen der Ehegatten tunlichst zurücktreten. Ferner ist Vorbehalts- und Sondergut eines Ehegatten bei der Gütergemeinschaft verhältnismäßig selten vorhanden. Eine **Ausnahme** besteht jedoch nach HS 2 Der Gläubiger kann den Anspruch trotz bestehender gemeinschaftlicher Verwaltung des Gesamtguts gegen den Schuldner ohne dessen Mitwirkung erheben und gegebenenfalls gerichtlich geltend machen (§ 1455 Nr 6 BGB).

Dass Vorbehalts- oder Sondergut des Schuldners vorhanden ist und zur Berichtigung 4 seiner Schuld ausreicht, hat der **anspruchstellende Ehegatte** als anspruchsbegründende Tatsache zu **beweisen**, und zwar bereits im Prozess, nicht erst im Zwangsvollstreckungsverfahren (s § 1446 Rn 8).

Nicht ausgeschlossen ist, dass der Schuldner sich auf eine auf anderen Gründen 5 beruhende **Hinausschiebung seiner Erfüllungspflicht** beruft (Mot IV 391 zu § 1467; vgl zB § 273 BGB).

Für das, **was der eine Ehegatte zum Vorbehalts- oder Sondergut des anderen Ehegatten** 6 **schuldet**, gilt die gleiche Regelung wie bei Schulden zum Gesamtgut. Der Schuldner braucht daher auch hier **erst nach Beendigung der Gütergemeinschaft zu leisten** (HS 1). Eine *Ausnahme* gilt auch hier insoweit, als zur Berichtigung der Schuld das Vorbehalts- und Sondergut des Schuldners ausreicht (HS 2; s oben Rn 3).

Was ein Ehegatte aus dem Gesamtgut zu fordern hat, kann er auch **während des** 7 **Bestehens der Gütergemeinschaft** verlangen. § 1468 BGB trifft insoweit keine Bestimmung (OLG München SeuffBl 75, 785 zu § 1467 aF), sodass es hier bei der allgemeinen Regel des § 271 BGB sein Bewenden hat. Ohne Belang ist dabei, ob der Anspruch zum Vorbehalts- oder Sondergut des Gläubigers gehört. Früher war dagegen für zum Sondergut der Frau gehörende Ansprüche gegen das Gesamtgut gemäß §§ 1439 S 2, 1505 Abs 2 aF die rechtliche Schranke des § 1394 aF maßgebend.

Anders verhält es sich mit der Fälligkeit dessen, **was der eine Ehegatte aus dem** 8 **Vorbehalts- oder Sondergut des anderen Ehegatten** zu fordern hat. Die Forderung des einen Ehegatten stellt sich stets als Verbindlichkeit des anderen Ehegatten zum Vorbehalts- oder Sondergut des Gläubigers dar und unterliegt damit § 1468 BGB. Die Fälligkeit einer solchen Forderung ist also bis nach Beendigung der Gütergemeinschaft hinausgeschoben.

III. Abweichende Vereinbarungen

Abweichende Vereinbarungen der Ehegatten über die Fälligkeit ihrer gegenseitigen 9 Ansprüche sind zulässig, soweit dadurch nicht Rechte Dritter verletzt werden. Sofern die Abreden jedoch von § 1469 BGB abweichen, bedürfen sie grundsätzlich der

Form des Ehevertrages, es sei denn, dass sie sich nur auf einen Einzelfall beziehen (hM, vgl § 1446 Rn 16).

§ 1469
Aufhebungsantrag

Jeder Ehegatte kann die Aufhebung der Gütergemeinschaft beantragen,

1. **wenn seine Rechte für die Zukunft dadurch erheblich gefährdet werden können, dass der andere Ehegatte ohne seine Mitwirkung Verwaltungshandlungen vornimmt, die nur gemeinschaftlich vorgenommen werden dürfen,**

2. **wenn der andere Ehegatte sich ohne ausreichenden Grund beharrlich weigert, zur ordnungsmäßigen Verwaltung des Gesamtgutes mitzuwirken,**

3. **wenn der andere Ehegatte seine Verpflichtung, zum Familienunterhalt beizutragen, verletzt hat und für die Zukunft eine erhebliche Gefährdung des Unterhalts zu besorgen ist,**

4. **wenn das Gesamtgut durch Verbindlichkeiten, die in der Person des anderen Ehegatten entstanden sind und diesem im Verhältnis der Ehegatten zueinander zur Last fallen, in solchem Maße überschuldet ist, dass sein späterer Erwerb erheblich gefährdet wird,**

5. **wenn die Wahrnehmung eines Rechtes des anderen Ehegatten, das sich aus der Gütergemeinschaft ergibt, vom Aufgabenkreis eines Betreuers erfasst wird.**

Materialien: Zu § 1469 nF: E I –; E II –; E III § 1469; BT-Drucks 2/2309, 31; BT-Drucks 11/4528, 106, Anl II S 204. Vgl STAUDINGER/BGB-Synopse 1896–2005 § 1469. BT-Drucks 18/5901, 22.

Systematische Übersicht

I. Grundgedanken

1 § 1469 BGB regelt für die gemeinschaftliche Verwaltung den Antrag auf Aufhebung der Gütergemeinschaft. Die Bestimmung entspricht damit den für die Alleinverwaltung geltenden §§ 1447, 1448 BGB, die wiederum auf §§ 1468, 1469 aF zurückgehen. Wegen der **Rechtsentwicklung** kann auf § 1447 Rn 1 verwiesen werden. Im **Unterschied zur Alleinverwaltung**, bei der der nicht verwaltende Ehegatte (§ 1447 BGB) und der Gesamtgutsverwalter (§ 1448 BGB) hinsichtlich des Antragsrechts verschieden gestellt sind, behandelt § 1469 BGB beide Ehegatten infolge ihrer Gleichstellung als gemeinschaftliche Verwalter auch hinsichtlich des Antragsrechts gleich. Hierbei ist jedoch die Stellung des mitverwaltenden Ehegatten in § 1469 BGB weniger der des Gesamtgutsverwalters (§ 1448 BGB), welcher auf einen Aufhebungsgrund beschränkt ist, sondern mehr der des nicht verwaltenden Ehegatten (§ 1447 BGB) angenähert.

Bei den einzelnen Tatbeständen, die jeden mitverwaltenden Ehegatten zum Antrag **2** auf Aufhebung der Gütergemeinschaft berechtigen sollen, geht das Gesetz davon aus, dass einerseits eine *erhebliche Gefährdung* der Rechte dieses Ehegatten vorliegen und dass andererseits diese Gefährdung *durch den anderen Ehegatten herbeigeführt* sein muss (Mot IV zu E I § 1372), sei es durch seine persönlichen Eigenschaften oder durch schädigende oder pflichtwidrige Verwaltungshandlungen.

II. Die Voraussetzungen des Antrags

Die Voraussetzungen des Antrags auf Aufhebung der Gütergemeinschaft sind in den **3** Nr 1–5 des § 1469 BGB aufgestellt. Jeder der Tatbestände begründet für sich allein den Antrag. Wie in § 1447 für die Einzelverwaltung ist auch in § 1469 BGB für die gemeinschaftliche Verwaltung dem Gericht **eine Würdigung der Angemessenheit der Maßregel nicht eingeräumt.** Ändert zB der andere Ehegatte während des Prozesses sein Verhalten, sodass die Rechte des Antragstellers nicht mehr gefährdet werden können (Nr 1 und 3), erfährt das Gesamtgut etwa durch eine Erbschaft einen Zuwachs, sodass die Überschuldung entfällt (Nr 4), oder endet die Betreuung (Nr 5), so ist der Aufhebungsantrag abzuweisen. Die **Aufzählung der Aufhebungsgründe** im Gesetz ist **erschöpfend** (ebenso BGB-RGRK/Finke Rn 1; MünchKomm/Kanzleiter Rn 4; Bamberger/Roth/Mayer Rn 1; s auch Rn 29). Eine **positive Vertragsverletzung** oder ein **Fortfall der Geschäftsgrundlage** im Allgemeinen **reichen als Aufhebungsgrund nicht aus** (BGHZ 29, 129, 135 zu § 1469 aF).

III. Die einzelnen Fälle des § 1469

Nach **§ 1469 Nr 1 BGB** kann jeder Ehegatte auf Aufhebung der Gütergemeinschaft **4** antragen, wenn seine **Rechte für die Zukunft dadurch erheblich gefährdet** werden können, dass der andere Ehegatte **ohne seine Mitwirkung Verwaltungshandlungen vornimmt**, die nur gemeinschaftlich vorgenommen werden dürfen. Die Verwaltungshandlungen, die nur gemeinschaftlich vorgenommen werden dürfen, umfassen den gesamten Begriff der gemeinschaftlichen Verwaltung, wie er im § 1450 vorgegeben ist; das sind aber insbesondere alle Verfügungen und Rechtsstreitigkeiten, die sich auf das Gesamtgut beziehen. Im Einzelnen s die Erl zu § 1450 BGB.

Dadurch dass der Ehegatte Verwaltungshandlungen ohne die erforderliche Mitwir- **5** kung des anderen Ehegatten vornimmt, müssen dessen **Rechte für die Zukunft er-**

heblich gefährdet werden können. Die *Möglichkeit* einer Gefährdung reicht aus, ihr Eintritt ist nicht erforderlich; zu den Einzelheiten s § 1447 Rn 15 f.

6 Eine erhebliche Gefährdung des antragstellenden Ehegatten ist **nicht anzunehmen**, wenn nur ein **geringfügiger Wert** in Frage steht. Für die Entscheidung darüber, ob die Rechte des Ehegatten für die Zukunft erheblich gefährdet werden können, kommt es wesentlich auf das **gesamte Verhalten des anderen Ehegatten** an, uU auch auf seine Persönlichkeit und die bisher gezeigte Einstellung zur Ehe (s § 1447 Rn 16).

7 Dass den die Verwaltungshandlungen vornehmenden Ehegatten ein **Verschulden** trifft, ist zur Anwendung des § 1469 Nr 1 BGB **nicht erforderlich** (hM).

8 Nach **§ 1469 Nr 2 BGB** kann jeder Ehegatte die Aufhebung der Gütergemeinschaft beantragen, wenn der andere Ehegatte sich ohne ausreichenden Grund beharrlich weigert, zur ordnungsmäßigen Verwaltung des Gesamtguts mitzuwirken. **Zur Mitwirkung bei der ordnungsmäßigen Verwaltung des Gesamtguts** ist bei der Verwaltungsform der gemeinschaftlichen Verwaltung jeder Ehegatte **verpflichtet**, § 1451 BGB. Über den Begriff der ordnungsmäßigen Verwaltung im Einzelnen s § 1451 Rn 4. Danach ist eine Verwaltung ordnungsmäßig, wenn sie unter Beachtung der Grundsätze vernünftiger Wirtschaftsführung auf Erhaltung, Sicherung und Vermehrung des Gesamtguts im Interesse der Ehegatten und etwaiger Kinder abzielt. Im Unterschied zu § 1451 BGB spricht § 1469 BGB nicht von Maßregeln, die zur ordnungsmäßigen Verwaltung des Gesamtguts erforderlich sind. Die im Sinne von § 1469 BGB verweigerten Verwaltungsmaßnahmen brauchen daher lediglich einer ordnungsmäßigen Verwaltung des Gesamtguts zu entsprechen, sodass bereits ihre **Zweckmäßigkeit genügt** (ebenso BGB-RGRK/Finke Rn 6). Allerdings kann dann, wenn der die Mitwirkung zu einer lediglich zweckmäßigen Maßnahme verweigernde Ehegatte stattdessen zur Mitwirkung an einer anderen, den Regeln einer ordnungsmäßigen Verwaltung gleichfalls entsprechenden Maßregel bereit ist, ein ausreichender Grund für die Verweigerung der Mitwirkung gegeben sein (s BGB-RGRK/Finke Rn 8; vgl unten Rn 12).

9 Der auf Aufhebung in Anspruch genommene Ehegatte muss die der ordnungsmäßigen Verwaltung des Gesamtguts entsprechende **Mitwirkung beharrlich verweigert** haben. Die Verweigerung der Mitwirkung deckt sich mit dem Begriff der Weigerung in § 1452 BGB (vgl dort Rn 10). Sie kann *ausdrücklich* oder *stillschweigend* erfolgen. Letzteres ist der Fall, wenn der Ehegatte auf eine Aufforderung, zur Vornahme einer bestimmten Verwaltungsmaßnahme mitzuwirken, beharrlich schweigt. Einer Verweigerung kommt es gleich, wenn zB die zu einem Rechtsgeschäft bereits erteilte Zustimmung, soweit dies nach § 183 BGB möglich ist, widerrufen wird oder wenn der Ehegatte **nur unter einer Bedingung** zustimmt (KG OLGE 4, 346 zu § 1447 aF). Ist die Bedingung jedoch sachlich gerechtfertigt, kann dies zu der Annahme führen, dass die Verweigerung nicht ohne ausreichenden Grund erfolgt ist. Der Verweigerung ist es jedoch nicht gleichzusetzen, wenn der Ehegatte einem Rechtsgeschäft zustimmt, die Zustimmung jedoch nicht in der nötigen Form (vgl zB § 29 GBO) erteilt. Da die Zustimmung materiell auch ohne Beobachtung von Formvorschriften wirksam ist (§ 182 Abs 2 BGB), ist dann für einen Aufhebungsantrag nach § 1469 BGB kein Raum mehr. Weigert sich der Ehegatte, seine Zustimmungserklärung in der nötigen

Form zu wiederholen, so ist ein hierauf gerichtetes Verfahren erforderlich (vgl STAU-DINGER/THIELE [2017] § 1365 Rn 79; § 1426 Rn 12).

Allerdings genügt die Verweigerung für sich allein genommen nicht. Vorausgegan- **10** gen sein muss eine **ernstliche Aufforderung** zur Mitwirkung bei der ordnungsmäßigen Verwaltung (ebenso BGB-RGRK/FINKE Rn 7). Ein solches Erfordernis ergibt sich zwar nicht aus dem Wortlaut der Bestimmung, muss jedoch zusätzlich erfüllt sein, um eine so einschneidende Maßnahme wie die Aufhebung der Gütergemeinschaft zu rechtfertigen.

Die Verweigerung der Mitwirkung muss **beharrlich** sein. Dies setzt eine gewisse **11** Hartnäckigkeit in der Ablehnung voraus. Eine einmalige oder selbst mehrmalige Verweigerung der Mitwirkung innerhalb kurzer Zeit genügt nicht. Es muss sich vielmehr um eine innerhalb eines angemessenen Zeitraumes sich häufiger wiederholende Ablehnung der Aufforderung zur Mitwirkung handeln, die dazu noch einen nicht ganz unwichtigen Gegenstand betreffen muss. Bei einzelnen Verstößen ist der ordnungsmäßig verwaltende Ehegatte zunächst auf die Anrufung des Familiengerichts zwecks Ersetzung der Zustimmung nach § 1452 Abs 1 BGB beschränkt. Zusammengefasst ergibt sich daraus, dass die Verweigerung der Mitwirkung beharrlich erfolgen muss, folgendes: Die Weigerung zur Mitwirkung muss ein *solches Ausmaß* erlangen, dass für den anderen Ehegatten die *Fortsetzung der Gütergemeinschaft* als *nicht mehr zumutbar* anzusehen ist (MünchKomm/KANZLEITER Rn 6; SOERGEL/GAUL/ALT-HAMMER Rn 4). Gleichgültigkeit allein genügt nicht.

Die Verweigerung der der ordnungsmäßigen Verwaltung des Gesamtguts entspre- **12** chenden Mitwirkung muss **ohne ausreichenden Grund** erfolgt sein. Dieses Erfordernis deckt sich mit dem des § 1452 Abs 1 BGB; es kann daher auf die dortigen Ausführungen in Rn 10 ff verwiesen werden. Entscheidend sind auch hier alle **Umstände des Einzelfalls. Sind zur ordnungsmäßigen Verwaltung zwei verschiedene Maßnahmen** gleichermaßen **geeignet**, verweigert der Ehegatte seine Mitwirkung aber nur zu einer und ist hingegen zur Mitwirkung bei der anderen bereit, so kann ihm nicht der Vorwurf gemacht werden, dass er seine Mitwirkung zu der von dem anderen Ehegatten beabsichtigten Maßnahme ohne ausreichenden Grund verweigere (vgl oben Rn 8). Wenn in diesem Fall schon kein Raum für das Verfahren nach § 1452 BGB ist (vgl dort Rn 13), so kann erst recht nicht der weit einschneidendere Aufhebungsantrag nach § 1469 BGB zulässig sein.

Aus dem Erfordernis einer beharrlichen Weigerung folgt weiter, dass die **Ablehnung** **13** **der Mitwirkung bewusst** erfolgen muss. Das bedeutet, dass der nicht zur Mitwirkung bereite Ehegatte von der Notwendigkeit der Mitwirkung Kenntnis erlangt haben muss (ebenso BGB-RGRK/FINKE Rn 7).

Nach **§ 1469 Nr 3 BGB** kann jeder Ehegatte auf Aufhebung der Gütergemeinschaft **14** antragen, wenn der andere Ehegatte seine **Verpflichtung, zum Familienunterhalt beizutragen, verletzt** hat und für die Zukunft eine **erhebliche Gefährdung des Unterhalts zu besorgen** ist. Dieser Aufhebungsgrund deckt sich mit dem für die Einzelverwaltung geltenden § 1447 Nr 2 BGB, allerdings mit dem Unterschied, dass dort nur der nicht verwaltende Ehegatte aus diesem Grund vorgehen kann, während bei der gemeinschaftlichen Verwaltung jeder Ehegatte dazu berechtigt ist. Wie in § 1447

Abs 2 BGB bei der Einzelverwaltung ist der Antrag auch hier an eine doppelte Voraussetzung geknüpft (vgl BGHZ 29, 129, 136 f, zu § 1469 aF):

15 Der Ehegatte muss seine Verpflichtung, zum Familienunterhalt beizutragen, verletzt haben. Zur ordnungsgemäßen Verwaltung gehört auch die Mitwirkung an der Leistung des aus dem Gesamtgut zu erbringenden Trennungsunterhalts (BGH NJW 1990, 2252 = FamRZ 1990, 851). Zu den Einzelheiten kann auf § 1447 Rn 18 verwiesen werden.

16 Außer der Verletzung der Unterhaltspflicht setzt das Gesetz voraus, dass für die **Zukunft eine erhebliche Gefährdung** des Unterhalts zu besorgen ist (vgl hierzu § 1447 Rn 19).

17 Wie § 1447 Nr 2 BGB für den Einzelverwalter **setzt** auch § 1469 Nr 3 BGB für den gegnerischen Ehegatten **nicht voraus**, dass die Nichtgewährung des Unterhalts ihm als **Verschulden** zuzurechnen ist, dass er **zur Erfüllung** seiner Unterhaltspflicht bereits **aufgefordert** worden ist oder dass der Unterhaltsanspruch schon **vergeblich gerichtlich geltend gemacht** worden ist (vgl § 1447 Rn 18).

18 Der Antragsteller kann freilich auch hier aus der objektiven Verletzung der Unterhaltspflicht dann **keine Rechte** herleiten, **wenn** er **selbst** durch sein Verhalten **widerrechtlich die Unterhaltsgewährung verhindert** hat. In diesem Falle würde die Geltendmachung des Aufhebungsanspruchs dem eigenen Vorverhalten (§ 242 BGB) sowie auch dem „sittlichen Wesen der Ehe" widersprechen (RG JW 1924, 678 Nr 12 m krit Anm von WIERUSZOWSKI).

19 Nach § **1469 Nr 4 BGB** kann jeder Ehegatte ferner die Aufhebung der Gütergemeinschaft beantragen, wenn das **Gesamtgut durch Verbindlichkeiten**, die in der Person des anderen Ehegatten entstanden sind und diesem im Verhältnis der Ehegatten zueinander zur Last fallen, in solchem Maße **überschuldet** ist, dass sein späterer Erwerb erheblich gefährdet wird. Dieser Aufhebungsgrund entspricht damit den für die Einzelverwaltung geltenden §§ 1447 Nr 3, 1448 BGB, welche wiederum den §§ 1468, 1469 aF nachgebildet sind. Der mitverwaltende Ehegatte, der wegen der Aufhebung in Anspruch genommen wird, ist daher hinsichtlich der Antragsvoraussetzung dem nicht verwaltenden Ehegatten des § 1448 BGB gleichgestellt.

20 Das **Gesamtgut muss durch Verbindlichkeiten, die in der Person des Antragsgegners entstanden sind, überschuldet** sein. Erforderlich ist also zunächst einmal, dass es sich um Verbindlichkeiten handelt, für die das Gesamtgut nach §§ 1459, 1460 BGB haftet. Im Übrigen kann auf § 1447 Rn 21 verwiesen werden.

21 **Diese Gesamtgutsverbindlichkeiten müssen im Verhältnis der Ehegatten zueinander dem Antragsgegner zur Last** fallen. Diese Voraussetzung bestimmt sich nach §§ 1463–1466 BGB. Wegen der vor dem Eintritt der Gütergemeinschaft entstandenen Verbindlichkeiten beider Ehegatten kann daher die Aufhebung nicht verlangt werden; denn dies sind Gesamtgutsverbindlichkeiten, die endgültig dem Gesamtgut zur Last fallen (s § 1459 Rn 5). Es fallen dagegen hierunter vor allem die Verbindlichkeiten des gegnerischen Ehegatten aus einer von ihm nach Eintritt der Gütergemeinschaft begangenen unerlaubten Handlung (§ 1463 Nr 1 BGB) sowie die in

§ 1463 Nr 2 BGB genannten Verpflichtungen. In Frage kommen auch die im Rahmen von § 1456 BGB begründeten Verbindlichkeiten. Gemäß § 1459 Abs 2 BGB haftet bis zur Beendigung der Gütergemeinschaft für derartige Verbindlichkeiten des Ehegatten auch der antragsberechtigte Ehegatte persönlich als Gesamtschuldner.

Die Überschuldung des Gesamtguts muss ein solches Maß erreicht haben, dass ein **22** **späterer Erwerb** durch den nicht schuldenden Ehegatten **erheblich gefährdet** wird. Nur der spätere Erwerb des nicht schuldenden Ehegatten, nicht der tatsächliche Umfang seines Anteils an dem gegenwärtigen, überschuldeten Gesamtgut kommt in Betracht. Der spätere Erwerb muss nur möglich sein; den Nachweis dass ein solcher bereits in Aussicht steht, erfordert § 1469 Nr 4 BGB nicht (vgl OLG Hamburg OLGE 8, 337 zu § 1468 Nr 4 aF). Andererseits muss die Überschuldung des Gesamtguts bereits eingetreten sein (OLG Hamburg OLGE 12, 313 zu § 1468 Nr 5 aF). Für die Gefährdung ist *auch der Wert* des dem schuldenden Ehegatten gehörenden *Vorbehalts- und Sonderguts* in Betracht zu ziehen. Eine Gefährdung des späteren Erwerbs kann trotz Überschuldung des Gesamtguts ausgeschlossen sein, zB aufgrund eines geeigneten Insolvenzplans im Insolvenzverfahren.

Wie bei der Einzelverwaltung für den gegnerischen nichtverwaltenden Ehegatten **23** nach § 1448 BGB sowie für den verwaltenden Ehegatten nach § 1447 Nr 3 BGB (vgl § 1447 Rn 23) ist auch zur Anwendung des § 1469 Nr 4 BGB ein **Verschulden** des wegen der Aufhebung in Anspruch genommenen, mitverwaltenden Ehegatten **nicht erforderlich**.

Nach § **1469 Nr 5 BGB** kann schließlich jeder Ehegatte auf Aufhebung der Güter- **24** gemeinschaft antragen, wenn die Wahrnehmung eines Rechtes des anderen Ehegatten, das sich aus der Gütergemeinschaft ergibt, **vom Aufgabenkreis eines Betreuers erfasst** wird. Dieser Aufhebungsgrund entspricht inhaltlich dem für die Einzelverwaltung geltenden § 1447 Nr 4 BGB. Auch diese Vorschrift wurde durch das Betreuungsgesetz vom 12. 9. 1990 geändert, weil sie zuvor auf die Entmündigung abstellte. Ebenso wie § 1447 Nr 4 BGB beruht auch § 1469 Nr 5 BGB auf der Erwägung, dass es keinem der beiden Ehegatten zuzumuten ist, sich für die Dauer der Betreuung des anderen Ehegatten bei der Verwaltung des Gesamtguts mit dem Betreuer auseinanderzusetzen (vgl § 1458 BGB). Im Falle der Betreuung hat der andere Ehegatte nicht mehr wie vor der Gesetzesänderung im Fall der Entmündigung das Recht, das Gesamtgut allein zu verwalten (§ 1458 BGB). Von einer Auseinandersetzung mit dem Betreuer soll sich der andere Ehegatte durch Aufhebungsantrag befreien können. Zu den Voraussetzungen s § 1447 Rn 25 f.

IV. Kein Antragsrecht

Die Aufzählung der Aufhebungsgründe ist abschließend. Kein Antragsrecht für die **25** mitverwaltenden Ehegatten begründen daher:

Das bloße **Insolvenzverfahren eines Ehegatten**. Häufig werden freilich in diesem Fall die Voraussetzungen von § 1469 Nr 3 oder 4 BGB gegeben sein.

Die **Bestellung einer Pflegschaft** für einen Ehegatten gem §§ 1911 BGB (Mot IV **26**

398 f zu E I § 1372; anders dagegen § 1418 Abs 1 Nr 4 u 5 aF für den Güterstand der Verwaltung und Nutznießung des Ehemannes).

V. Wirkungen der Entscheidung

27 Über die Wirkungen des aufgrund des Aufhebungsantrags des § 1469 BGB ergehenden Beschlusses s § 1470 BGB. Eine Besonderheit des Auseinandersetzungsverfahrens für den Fall der Aufhebung der Gütergemeinschaft aufgrund des § 1469 BGB enthält § 1479 BGB.

VI. Prozessuales

28 In prozessualer Hinsicht kann auf § 1447 Rn 3 ff verwiesen werden.

VII. Keine abweichenden Vereinbarungen

29 Eine Vereinbarung der Ehegatten, die das Recht der Aufhebung der Gütergemeinschaft nach § 1469 BGB **einschränkt** oder **ausschließt**, ist **nichtig**; denn es handelt sich um Bestimmungen zwingenden Rechts. Aus dem gleichen Grund ist der **Verzicht** auf einen bereits begründeten Aufhebungsausspruch **nichtig**, sofern der Anspruchsgrund – wie in den Fällen der Überschuldung und Betreuung – weiter fortbesteht (s § 1447 Rn 30). Die Gründe, aus denen ein Ehevertrag aufgehoben werden kann, durch den die Ehegatten den Güterstand der Gütergemeinschaft vereinbart haben, sind erweiterungsfähig (s auch § 1447 Rn 29 mwNw).

§ 1470
Wirkung der richterlichen Aufhebungsentscheidung

(1) Mit der Rechtskraft der richterlichen Entscheidung ist die Gütergemeinschaft aufgehoben; für die Zukunft gilt Gütertrennung.

(2) Dritten gegenüber ist die Aufhebung der Gütergemeinschaft nur nach Maßgabe des § 1412 wirksam.

Materialien: Zu § 1470 nF: E I –; E II –; E III
§ 1470; BT-Drucks 2/3409, 31. Vgl Staudinger/
BGB-Synopse 1896–2005 § 1470; BT-Drucks 16/
6308, 344.

I. Allgemeines

1 § 1470 BGB regelt für die gemeinschaftliche Verwaltung die Wirkung der Aufhebungsentscheidung. Die Bestimmung **entspricht wörtlich** dem für die Alleinverwaltung geltenden **§ 1449 BGB**, welcher seinerseits den § 1470 aF mit einigen sprachlichen Änderungen übernommen hat.

II. Anwendungsbereich

Weil § 1470 BGB gegenüber § 1449 BGB eine gleichlautende Regelung trifft, kann **2** auf die Erläuterungen dort verwiesen werden, die hier entsprechend gelten. Abweichend zu § 1449 Rn 7 richtet sich die Beendigung der **persönlichen Haftung** nach **§ 1459 Abs 2 S 2 BGB**, allerdings auch ohne dass insoweit § 1470 Abs 2 BGB Anwendung findet.

Unterkapitel 4
Auseinandersetzung des Gesamtgutes

Vorbemerkungen zu §§ 1471 ff

1 Die §§ 1471–1482 BGB behandeln die Auseinandersetzung des Gesamtguts, und zwar ohne Rücksicht darauf, ob dieses von einem Ehegatten allein oder von beiden Ehegatten gemeinschaftlich verwaltet worden ist. Gegenstand der Regelung ist das **Rechtsverhältnis**, das **nach Beendigung der Gütergemeinschaft** hinsichtlich des Gesamtguts im Verhältnis zu Dritten, insbesondere zu den Gesamtgläubigern, und im Verhältnis der Ehegatten zueinander eintritt (Mot IV 400). Die §§ 1471–1473 BGB betreffen die Zeit von der Beendigung der Gütergemeinschaft bis zur Auseinandersetzung, die §§ 1474–1481 BGB die Auseinandersetzung selbst.

2 Die Beendigung der Gütergemeinschaft tritt bei Auflösung der Ehe ein. Trotz Fortbestehens der Ehe haben der auf Aufhebung der Gütergemeinschaft gerichtete Ehevertrag sowie die auf die Anträge gemäß §§ 1447, 1448, 1469 BGB ergehende rechtskräftige Entscheidung beendigende Wirkung.

3 **Hilfsweise** Anwendung auf die beendete Gütergemeinschaft finden die **Vorschriften über die Gemeinschaft** (§§ 741 ff BGB).

§ 1471
Beginn der Auseinandersetzung

(1) Nach der Beendigung der Gütergemeinschaft setzen sich die Ehegatten über das Gesamtgut auseinander.

(2) Bis zur Auseinandersetzung gelten für das Gesamtgut die Vorschriften des § 1419.

Materialien: Zu § 1471 aF: E I §§ 1373 Abs 1 S 1 HS 1, 1376; II §§ 1369, 1370; III § 1454; Mot IV 400 ff, 410; Prot IV 279, 289. Zu § 1471 nF: GleichberG E I § 1471; II § 1471; III § 1471. BT-Drucks 1/3802, S 66; BT-Drucks 2/3409, 31. Vgl STAUDINGER/BGB-Synopse 1896–2005 § 1471.

Systematische Übersicht

I.   Rechtsentwicklung

§ 1471 BGB entspricht sachlich dem § 1471 aF und unterscheidet sich von diesem **1**
lediglich durch eine redaktionelle Änderung. Der in Abs 2 in Bezug genommene
§ 1419 BGB entspricht dem früheren § 1442 BGB.

II.   Anspruch auf Auseinandersetzung des Gesamtguts

§ 1471 Abs 1 BGB gibt jedem Ehegatten (oder Rechtsnachfolger eines Ehegatten) **2**
gegenüber dem anderen Ehegatten (oder dessen Rechtsnachfolger) einen gerichtlich
durchsetzbaren Anspruch darauf, dass nach Beendigung der Gütergemeinschaft
hinsichtlich des Gesamtguts die Auseinandersetzung stattfindet (Mot IV 410; Prot
IV 244, 282; vgl § 730 Abs 1 BGB). Die Auseinandersetzung erfolgt mangels einer
abweichenden Vereinbarung nach den §§ 1475–1481 BGB (§ 1474 Rn 1 ff hierzu).

Das gem § 1471 Abs 1 BGB jedem Ehegatten zustehende Recht auf Auseinander- **3**
setzung kann *weder vor noch nach Beendigung* der Gütergemeinschaft durch Vertrag
ausgeschlossen oder beschränkt werden (BAMBERGER/ROTH/MAYER Rn 3; GERNHUBER/
COESTER-WALTJEN § 38 Rn 121; NK-BGB/VÖLKER Rn 5; aM, dh für Beschränkbarkeit bis hin
zum Ausschluss unter Vorbehalt des Aufhebungsverlangens aus wichtigem Grund entspr § 749:
RGZ 89, 292; BGB-RGRK/FINKE Rn 9; MünchKomm/KANZLEITER Rn 13; PALANDT/BRUDERMÜL-
LER Rn 1; SOERGEL/GAUL/ALTHAMMER Rn 6; ERMAN/HEINEMANN Rn 2). Der numerus clausus
der Gesamthandsgemeinschaften steht dem entgegen. Die nach Beendigung der
Gütergemeinschaft fortbestehende Gemeinschaft ist auf Abwicklung gerichtet.
Die Vereinbarung andauernden oder auch nur vorübergehenden Fortbestandes ändert diesen Gemeinschaftszweck und schafft eine dem Wesen nach neue, vom Gesetz nicht vorgesehene Gesamthandsgemeinschaft. Möglich ist jedoch uU die Auslegung einer auf Ausschluss des Rechtes auf Auseinandersetzung gerichteten
Vereinbarung als **Umwandlung** der Auseinandersetzungsgemeinschaft **in eine Personengesellschaft**, die auf gemeinsame Nutzung des Gemeinschaftsvermögens gerichtet ist.

Das Verlangen nach Auseinandersetzung ist **nicht** deswegen **sittenwidrig**, weil der **4**
Erwerb des Gesamtguts ausschließlich oder überwiegend auf die Tätigkeit des an-
deren Ehegatten zurückzuführen ist (RG WarnR 1925 Nr 58; BayObLG NJW 1971, 2315;
NK-BGB/VÖLKER Rn 7). Nur ausnahmsweise kann das Betreiben der Auseinanderset-
zungsversteigerung eine **unzulässige Rechtsausübung** beinhalten (BGH FamRZ 1988,
813, 816). Es besteht jedoch die Möglichkeit einer Vermögensanpassung durch die
Korrektur des Auseinandersetzungsergebnisses gemäß **§ 242 BGB** bei Scheitern der
Ehe. Die Beibehaltung der im Vertrauen auf den Fortbestand der Ehe geschaffenen
Vermögenszuordnung müsste dafür zu einer dem benachteiligten Ehegatten nach
Treu und Glauben nicht zumutbaren Verteilung der während der Ehe gemeinsam

geschaffenen Vermögenswerte führen (vgl BGH FamRZ 1987, 43 = MDR 1987, 215 mwNw).

III. Fortbestand der Gesamthandsgemeinschaft

5 Durch § 1471 Abs 2 BGB ist zum Ausdruck gebracht, dass das **Gesamthandsverhältnis** für das Gesamtgut auch von der Beendigung der Gütergemeinschaft an **bis zur Erledigung der Auseinandersetzung** fortdauert (sog Liquidationsgemeinschaft; vgl BGH FamRZ 1985, 903; OLG Koblenz FamRZ 2006, 41 mAnm Bergschneider; OLG Frankfurt für FamFR 2013, 475; zu den Folgen für den Unterhaltsanspruch eines Ehegatten s OLG Karlsruhe FamRZ 1996, 1415; OLG Zweibrücken FamRZ 1998, 239; s auch § 1420 Rn 3 ff). Die Auseinandersetzung ist erledigt, wenn der Überschuss verteilt (§§ 1476, 1477 BGB) und die Zurückerstattung nach § 1478 BGB erfolgt ist (BayObLGZ 1, 736).

6 **§ 1419 gilt weiterhin.** Kein Ehegatte kann also vor der Auseinandersetzung über seinen Anteil am Gesamtgut verfügen (§ 1419 Abs 1 BGB; vgl § 1419 Rn 4). Hingegen kann über das Gesamtgut *im Ganzen* nach Maßgabe des § 1423 BGB verfügt werden. Der obligatorische Vertrag, durch den sich ein Ehegatte zur Verfügung über seinen Anteil am Gesamtgut verpflichtet fällt nicht unter § 1419 BGB. Die Verpflichtung bereitet zwar die Verfügung vor, kann aber infolge der Unpfändbarkeit des Anteils (§ 860 Abs 1 ZPO) nicht zu dem missbilligten Personenwechsel führen. Es gilt jedoch § 275 Abs 1 BGB, da die Leistung objektiv rechtlich unmöglich ist (s die Nachweise zu § 1419 Rn 12, auch zur Frage der Umdeutung solcher Verpflichtungen). Zu den weiteren sich aus § 1419 BGB ergebenden Beschränkungen kann auf die Erläuterungen dort verwiesen werden.

7 Die Beendigung der Gütergemeinschaft und ihre Fortsetzung als Auseinandersetzungsgemeinschaft kann im **Grundbuch** eingetragen werden (KGJ 50, 150; BayObLGZ 21, 10 [17]; 1, 734; Bamberger/Roth/Mayer Rn 4; Soergel/Gaul/Althammer Rn 8; Erman/Heinemann Rn 1; aA MünchKomm/Kanzleiter Rn 10).

IV. Die Auseinandersetzungsgemeinschaft

8 Bei der Auseinandersetzungsgemeinschaft handelt es sich um einen **Übergangszustand**, der von dem Rechtsverhältnis der fortgesetzten Gütergemeinschaft (§§ 1483 ff BGB) wesentlich verschieden ist (BayObLGZ 2, 360, s auch Rn 3). Was ein Ehegatte nach Beendigung der Gütergemeinschaft erwirbt, fällt – von der Sondervorschrift des § 1473 BGB abgesehen – nicht in das Gesamtgut, während andererseits die in der Person eines Ehegatten entstehenden Verbindlichkeiten nicht mehr Gesamtgutsverbindlichkeiten werden (s § 1475 Rn 3). Das **Gesamtgut bleibt** bis zur Auseinandersetzung im Verhältnis der Ehegatten zueinander eine **geschlossene Vermögensmasse** („Auseinandersetzungsgesamtgut", s oben Rn 5), dessen Verwaltung *beiden Ehegatten gemeinschaftlich* zusteht (§ 1472 BGB). Nach außen aber wirkt sich die Beendigung der Gütergemeinschaft bei der Zwangsvollstreckung (s unten Rn 13) und im Insolvenzverfahren (s unten Rn 14) aus.

9 Ist die Gütergemeinschaft durch **Tod eines Ehegatten beendigt** und fortgesetzte Gütergemeinschaft nicht eingetreten (§ 1483 BGB), so ergibt sich bei Vorhandensein mehrerer Erben ein **doppeltes Gesamthandsverhältnis**: einerseits die *Erbenge-*

meinschaft hinsichtlich des Nachlasses des verstorbenen Ehegatten, in den sein Anteil am Gesamtgut, nicht aber die einzelnen Gesamtgutsgegenstände gefallen sind (§§ 2032 ff BGB), andererseits die zwischen dem überlebenden Ehegatten und den Erben des verstorbenen eintretende *Gemeinschaft hinsichtlich des Gesamtguts,* § 1471 Abs 2 BGB (OLG Stuttgart FamRZ 1996, 1474 und hM). Für jede dieser Gemeinschaften gelten ihre besonderen Vorschriften (SOERGEL/GAUL/ALTHAMMER Rn 5).

§ 2033 Abs 1 BGB gestattet daher, abweichend von § 1419 Abs 1 BGB, jedem Mit- **10** erben die Verfügung über seinen Erbteil im Ganzen und damit mittelbar auch über den seinem Erbteil entsprechenden Anteil am Gesamtgut (hM; BayObLG MDR 1960, 1014). Dies gilt auch dann, wenn der Nachlass lediglich aus dem Anteil des Erblassers am Gesamtgut besteht (vgl OLG Hamburg OLGE 9, 152 f; OLG Colmar RJA 13, 267 und OLGE 32, 408 f; SOERGEL/GAUL/ALTHAMMER Rn 5). Überträgt ein Miterbe seinen Nachlassanteil auf einen Dritten, so kann diese Übertragung nur gleichzeitig mit der Eintragung der übrigen Erben in das Grundbuch eingetragen werden (OLG Hamm DNotZ 1966, 744).

Bei der **Auseinandersetzung** ist **mit der Gütergemeinschaft zu beginnen,** da erst da- **11** nach die Auseinandersetzung der Erben über den vorher unteilbaren Gesamtgutsanteil möglich ist (hM; ebenso OLG Stuttgart FamRZ 1996, 1474). Ist gemäß §§ 2043, 2045 BGB die Auseinandersetzung des Nachlasses nicht möglich, schließt dies die Auseinandersetzung des Gesamtgutes nicht aus. Lediglich die Verteilung des Guthabens des verstorbenen Ehegatten auf die Erben ist nicht möglich.

Jeder Erbe kann zugunsten der Erbengemeinschaft **gemäß § 2039 BGB** Auseinan- **12** dersetzung des Gesamtgutes verlangen (OLG Stuttgart FamRZ 1996, 1475; OLG Hamm Rpfleger 1959, 269; OLG Schleswig MDR 1959, 46; GERNHUBER/COESTER-WALTJEN § 38 Rn 122; BAMBERGER/ROTH/MAYER Rn 5; MünchKomm/KANZLEITER Rn 12).

V. Zwangsvollstreckung und Insolvenzverfahren

Während des Bestehens der Gütergemeinschaft ist der Anteil eines Ehegatten an **13** dem Gesamtgut und an den einzelnen dazu gehörenden Gegenständen der Pfändung nicht unterworfen (§ 860 Abs 1 S 1 ZPO; vgl § 1419 Rn 26). Dagegen ist **nach Beendigung der Gütergemeinschaft** der **Anteil jedes Ehegatten** am **Gesamtgut** zugunsten der Gläubiger des Anteilsberechtigten **der Pfändung unterworfen** (§ 860 Abs 2 ZPO). Dies beruht darauf, dass mit Beendigung der Gütergemeinschaft eine Lockerung der Gesamthandsbindung eintritt, sowie auf der Erwägung, dass von diesem Zeitpunkt ab jedem Ehegatten der Anteil am Gesamtgut als Ganzem als ein selbständiges Sonderrecht zusteht (vgl E I § 1373 Abs 1 S 1 HS 2; Mot IV 405; Prot IV 279). Die Zwangsvollstreckung aufgrund des § 860 Abs 2 ZPO bemisst sich nach § 857 ZPO. Gestattet ist nur die Pfändung des Anteils am Gesamtgut im Ganzen, nicht des Anteils an den einzelnen Gegenständen (RG BayZ 1919, 80 f). Der Pfändungsgläubiger hat das Recht, ohne Rücksicht auf eine etwa entgegenstehende Vereinbarung, die Aufhebung der Gütergemeinschaft zu verlangen. Zur Zwangsvollstreckung nach Beendigung der Gütergemeinschaft vgl § 1472 Rn 23.

Aus § 860 Abs 2 ZPO iVm § 36 Abs 1 InsO ergibt sich, dass der Gesamtgutsanteil **14** eines Ehegatten, wenn nach Beendigung der Gütergemeinschaft, aber vor der Auseinandersetzung das **Insolvenzverfahren** über das Vermögen eines Ehegatten eröffnet wird, zur Masse gehört. Die Auseinandersetzung zwischen den Anteilsberechtigten findet nach § 84 Abs 1 InsO *außerhalb* des Insolvenzverfahrens statt.

VI. Auseinandersetzungsverfahren

15 Die Auseinandersetzung erfolgt grundsätzlich aufgrund gütlicher Vereinbarung (§ 1474 BGB). Ein solcher **Auseinandersetzungsvertrag** hat jedoch nur **schuldrechtliche, nicht dingliche Wirkung** (KGJ 50, 152). Die dingliche Wirkung tritt erst mit der Erfüllung der im Auseinandersetzungsvertrag begründeten Verpflichtungen ein. Auf Antrag eines Beteiligten vermittelt ein **Notar** die Auseinandersetzung (§ 23a Abs 2 Nr 2, Abs 3 GVG iVm §§ 363 ff, 373 Abs 1 FamFG).

16 Erst wenn ein solcher gütlicher Auseinandersetzungsvertrag zwischen den Beteiligten nicht zustandekommt, muss auf den Antrag eines Berechtigten, der die Auseinandersetzung betreibt, das Gericht entscheiden. Dabei sind die §§ 1475–1481 BGB maßgebend (§ 1474 BGB). Zum Verfahren s § 1474 Rn 9.

VII. Sonderregelung für Haushaltsgegenstände

17 Soweit im Rahmen einer Ehescheidung gemäß den §§ 1568a, 1568b BGB gerichtliche Regelungen hinsichtlich der Ehewohnung, der Wohnungseinrichtung oder des sonstigen Hausrats getroffen worden sind, hat es dabei auch für die nachfolgende Auseinandersetzung des Gesamtgutes der Gütergemeinschaft sein Bewenden (ebenso BGB-RGRK/Finke Rn 8; Bamberger/Roth/Mayer Rn 2; NK-BGB/Völker Rn 3), wobei die auf solche Weise den einzelnen Ehegatten zugewiesenen Gegenstände natürlich wertmäßig berücksichtigt werden müssen. Abweichende Regelungen sind, soweit die früheren Ehegatten Einvernehmen erzielen können, zulässig.

§ 1472
Gemeinschaftliche Verwaltung des Gesamtguts

(1) Bis zur Auseinandersetzung verwalten die Ehegatten das Gesamtgut gemeinschaftlich.

(2) Jeder Ehegatte darf das Gesamtgut in derselben Weise wie vor der Beendigung der Gütergemeinschaft verwalten, bis er von der Beendigung Kenntnis erlangt oder sie kennen muss. Ein Dritter kann sich hierauf nicht berufen, wenn er bei der Vornahme eines Rechtsgeschäfts weiß oder wissen muss, dass die Gütergemeinschaft beendet ist.

(3) Jeder Ehegatte ist dem anderen gegenüber verpflichtet, zu Maßregeln mitzuwirken, die zur ordnungsmäßigen Verwaltung des Gesamtgutes erforderlich sind; die zur Erhaltung notwendigen Maßregeln kann jeder Ehegatte allein treffen.

(4) Endet die Gütergemeinschaft durch den Tod eines Ehegatten, so hat der überlebende Ehegatte die Geschäfte, die zur ordnungsmäßigen Verwaltung erforderlich

sind und nicht ohne Gefahr aufgeschoben werden können, so lange zu führen, bis der Erbe anderweit Fürsorge treffen kann. Diese Verpflichtung besteht nicht, wenn der verstorbene Ehegatte das Gesamtgut allein verwaltet hat.

Materialien: Zu § 1472 aF: E I § 1373 Abs 1 S 2, 3; II § 1371; III § 1455; Mot IV 400 ff; Prot IV 279; V 135; VI 393. Zu § 1472 nF: GleichberG E I 1472; II 1472; III 1472; BT-Drucks 1/3802, 66; BT-Drucks 2/3409, 31. Vgl STAUDINGER/BGB-Synopse 1896–2005 § 1472.

Systematische Übersicht

I. Rechtsentwicklung

§ 1472 nF passt die früher durch § 1472 aF in Verbindung mit § 1424 aF gegebene **1** Rechtslage dem Gleichberechtigungsgesetz an. Die frühere Regelung galt nur für den Mann, dessen alleiniger Verwaltung das Gesamtgut unterlag; sie wird nunmehr auf den jeweils verwaltenden oder an der Verwaltung beteiligten Ehegatten erstreckt. Das gilt sowohl für das Recht zur Fortführung der Verwaltung nach Abs 2 wie für die Notverwaltungspflicht nach Abs 4 der Vorschrift.

II. Auseinandersetzungsverwaltung

Die **Verwaltung des Gesamtguts** steht gemäß § 1472 Abs 1 BGB nach Beendigung **2** der Gütergemeinschaft bis zur Erledigung der Auseinandersetzung **beiden Ehegatten**, bei Beendigung der Gütergemeinschaft durch den Tod eines Ehegatten **dessen**

Erben, ggf für diese dem Testamentsvollstrecker, **und dem überlebenden Ehegatten gemeinschaftlich** zu (OLG Hamburg OLGE 34, 253; OLG Stuttgart NJW 1967, 1809; vgl § 744 Abs 1 BGB). Dabei ist gleichgültig, welche Verwaltungsform vor Beendigung der Gütergemeinschaft bestand, ob Alleinverwaltung (§§ 1422 ff BGB) oder gemeinschaftliche Verwaltung (§§ 1450 ff BGB). An der Auseinandersetzungsverwaltung ist insbesondere auch derjenige Ehegatte beteiligt, der bei vor Beendigung der Gütergemeinschaft bestehender Alleinverwaltung von der Verwaltung des Gesamtguts ausgeschlossen war (DÖLLE I § 79 II 3 S 969). Ist für einen Ehegatten ein **Betreuer** mit diesem Wirkungskreis bestellt, so verwaltet sein Betreuer gemeinsam mit dem anderen Ehegatten das Gesamtgut (MünchKomm/KANZLEITER Rn 5; NK-BGB/VÖLKER Rn 4). Aus dem Grundsatz der gemeinschaftlichen Auseinandersetzungsverwaltung ergeben sich als weitere Folgerungen:

1.   Recht auf Besitz

3 Das Recht auf Verwaltung des Gesamtguts gewährt auch das Recht auf Inbesitznahme der zum Gesamtgut gehörenden Sachen (§ 1450 Abs 1 S 2 BGB). Bestand vor Beendigung der Gütergemeinschaft Alleinverwaltung eines Ehegatten, so kann nunmehr der mitverwaltende Ehegatte hinsichtlich dieser Sachen vom anderen Ehegatten die Einräumung des Mitbesitzes, dh die Herstellung eines Verhältnisses verlangen, das auch ihm die Ausübung der tatsächlichen Gewalt über die Sache (s § 854 BGB) ermöglicht (vgl Mot IV 406; OLG Hamburg Recht 1915 Nr 1563; OLG Hamm SeuffA 72 Nr 13 zu § 1472 aF). Ist dem Verlangen des nichtverwaltenden Ehegatten entsprochen, so sind **beide Ehegatten Mitbesitzer** (§ 866 BGB). Zu den Einzelheiten s § 1450 Rn 23 ff. Eine *Beschränkung* oder ein *Ausschluss* des Rechtes auf Mitbesitz und Mitverwaltung kann erforderlich sein, um eine *ordnungsgemäße Verwaltung* zu gewährleisten (vgl hierzu OLG Hamm FamRZ 1979, 811; OLG Stuttgart NJW 1950, 70 mAnm BOEHMER; SOERGEL/GAUL/ALTHAMMER Rn 3).

2.   Auskunftspflicht

4 Der nichtverwaltende Ehegatte hat zur Durchsetzung seines Verwaltungsrechts und des Rechts auf Mitbesitz einen Anspruch auf Vorlage eines **Bestandsverzeichnisses** und gegebenenfalls auf Abgabe einer eidesstattlichen Versicherung durch den bis zur Beendigung der Gütergemeinschaft allein verwaltenden Ehegatten (ebenso BGB-RGRK/FINKE Rn 10; MünchKomm/KANZLEITER Rn 17; SOERGEL/GAUL/ALTHAMMER Rn 3 mwNw; BAMBERGER/ROTH/MAYER Rn 3). Aus dem Recht auf Mitbesitz und Mitverwaltung folgt ferner das Recht, in die zum Gesamtgut gehörenden oder sich hierauf beziehenden Urkunden **Einsicht** zu nehmen (OLG Hamburg OLGE 2, 484 zu § 1472 aF; MünchKomm/KANZLEITER Rn 17), sowie das Recht **Auskunft** über den Stand des Gesamtguts zu verlangen (OLG Hamburg OLGE 34, 254; OLG Hamm FamRZ 1979, 811; nur insoweit zutreffend auch LG Kleve FamRZ 2005, 276 mAnm HOPPENZ). Über die Geltendmachung dieser Rechte gegenüber dem Testamentsvollstrecker s OLG Hamburg OLGE 6, 164 f.

3.   Verfügungen und sonstige Rechtsgeschäfte

5 Beide Ehegatten können **über das Gesamtgut**, und zwar sowohl über das Gesamtgut im Ganzen wie über die einzelnen hierzu gehörenden Gegenstände, **nur gemeinschaftlich verfügen**. Es müssen also entweder die beiden Ehegatten oder ein Ehegatte mit Zustimmung des anderen verfügen (§ 1450 Rn 20). Bei fehlender Zustimmung gelten die §§ 182 f BGB (RGZ 139, 122 zu § 1472 aF). *Ausnahmen* von diesem Grundsatz sind in Abs 3 HS 2 und Abs 4 enthalten. Über ihren Anteil am Gesamtgut und den einzelnen zum Gesamtgut gehörenden Gegenständen können die Ehegatten auch gemeinschaftlich nicht verfügen (s § 1471 Rn 6 f).

Einseitige Rechtsgeschäfte, die sich auf das Gesamtgut beziehen, sind im Unterschied **6** zu der bereits vor Beendigung der Gütergemeinschaft bestehenden gemeinschaftlichen Verwaltung (§ 1450 Abs 2 BGB) beiden Ehegatten gemeinsam gegenüber vorzunehmen. Es ist davon auszugehen, dass der Gesetzgeber in § 1472 BGB eine dem § 1450 Abs 2 BGB entsprechende Regelung bewusst nicht aufgenommen hat (s § 1450 Rn 40).

Ansprüche, die zum Gesamtgut gehören, werden nur durch Leistung **an beide Ehe- 7 gatten erfüllt**. Jeder Ehegatte kann nur Leistung an beide Ehegatten fordern, doch kann unter **entsprechender Anwendung des § 2039 BGB** jeder Ehegatte verlangen, dass der Schuldner die geschuldete Sache für beide Ehegatten hinterlegt oder, wenn sie sich nicht zur Hinterlegung eignet, an einen gerichtlich zu bestellenden Verwahrer abliefert (vgl § 1450 Rn 29; ERMAN/HEINEMANN Rn 1; SOERGEL/GAUL/ALTHAMMER Rn 7; MünchKomm/KANZLEITER Rn 9; BAMBERGER/ROTH/MAYER Rn 4). Diese Befugnis jedes Ehegatten wird bei der Auseinandersetzungsgemeinschaft im Gegensatz zur Stellung der Ehegatten bei der vor Beendigung der Gütergemeinschaft bestehenden Verwaltungsgemeinschaft mit Rücksicht darauf gewährt, dass nach der Beendigung der Gütergemeinschaft meist eine Entfremdung zwischen den Eheleuten anzunehmen ist, sowie darauf, dass nach diesem Zeitpunkt im Unterschied zu § 1452 Abs 1 BGB die Zustimmung des mit der Forderungserhebung nicht einverstandenen Ehegatten nicht mehr durch das Familiengericht ersetzt werden kann.

4.   Rechtsstreitigkeiten

Aus dem Grundsatz der gemeinschaftlichen Verwaltung folgt schließlich, dass auch **8 Rechtsstreitigkeiten**, die sich auf das Gesamtgut beziehen, **von beiden Ehegatten gemeinschaftlich**, dh im Namen beider Ehegatten zu führen sind (zu § 1472 aF: RGZ 108, 281; OLG Posen OLGE 7, 55 f; vgl § 1450 Rn 28 ff). Dies gilt sowohl für Aktiv wie Passivprozesse (s zu Einzelheiten auch Rn 23 ff). Die Prozessführung durch einen Ehegatten allein ist nur zulässig, wo alleinige Verwaltungsbefugnis besteht (s unten Rn 10 ff).

5.   Mitwirkungspflicht

Auch bei der Auseinandersetzung stehen den sich aus dem Grundsatz der gemein- **9** schaftlichen Verwaltung ergebenden Verwaltungsrechten entsprechende **Verwaltungspflichten** gegenüber, da sonst die Durchführung dieses Grundsatzes nicht gewährleistet wäre (vgl § 1450 Rn 3, § 1451 Rn 1). Ausdrücklich ist die Mitwirkungspflicht angeordnet für Maßregeln, die zur ordnungsmäßigen Verwaltung des Gesamtguts erforderlich sind (§ 1472 Abs 3 HS 1 BGB). In der Liquidationsphase treten allerdings die wirtschaftlichen Interessen in den Vordergrund, insbesondere die Erhaltung und Sicherung des Gesamtguts (BayObLG FamRZ 2005, 109; 2004, 881). Zur Verwaltung gehört auch, dass Unterhalt zur Verfügung gestellt wird (vgl OLG Zweibrücken

FamRZ 1998, 239; OLG Karlsruhe FamRZ 1996, 1414 f). Diese Gestaltung entspricht der bei der gemeinschaftlichen Verwaltung während des Bestehens der Gütergemeinschaft geltenden Regelung (vgl auch BayObLG FamRZ 2004, 880), sodass auf die Erläuterungen zu § 1451 Rn 2 ff verwiesen werden kann. Die Pflicht zur Mitwirkung kann soweit reichen, dass die *Verpflichtung zur Überlassung der Verwaltung* durch weitgehende Bevollmächtigung eines Mitgliedes der Gemeinschaft besteht (vgl OLG Hamm FamRZ 1979, 811; OLG Stuttgart NJW 1950, 70). Es kann sich auch die Verpflichtung zur Vermietung eines zum Gesamtgut gehörenden Grundstücks ergeben (OLG Frankfurt FamRZ 2006, 1678). Eine Ersetzung der Zustimmung durch das Familiengericht ist im Unterschied zur Regelung des § 1452 Abs 1 BGB für die Auseinandersetzungsgemeinschaft nicht vorgesehen und daher nicht zulässig (hM). Es muss gerichtlich auf Mitwirkung bzw Zustimmung angetragen werden (BayObLG FamRZ 2004, 881; Münch-Komm/Kanzleiter Rn 10; Bamberger/Roth/Mayer Rn 7; NK-BGB/Völker Rn 8; **aA** ohne Begründung BayObLG FamRZ 2005, 109).

III. Ausnahmen von dem Grundsatz der gemeinschaftlichen Verwaltung

1. Erhaltungsmaßnahmen

10 Die **zur Erhaltung des Gesamtguts erforderlichen Maßregeln** kann nach § 1472 Abs 3 HS 2 BGB **jeder Ehegatte ohne Mitwirkung** des anderen vornehmen (vgl Prot V 135; § 744 Abs 2 BGB; § 2038 Abs 1 BGB). Diese Regelung geht insofern weiter als die sonst für die gemeinschaftliche Verwaltung geltende Vorschrift des § 1455 Ziff 10 BGB, als es auf eine Gefahr bei Aufschub nicht ankommt. Im Übrigen gelten hierfür die in § 1455 Rn 41 ff entwickelten Grundsätze. Hieraus kann sich insbesondere die Befugnis eines Ehegatten ergeben, ohne Mitwirkung des anderen auf Herausgabe von Gesamtgut zu klagen, das sich infolge Zusammenwirkens des anderen Ehegatten mit einem Dritten in dessen Besitz befindet, oder die Befugnis, Widerspruch gegen die Zwangsvollstreckung in das Gesamtgut zu erheben (RGZ 48, 269 f). Ob die Einziehung von Erträgen des Gesamtguts, zB von Früchten, Miet- und Pachtzinsen, insbesondere die klageweise Geltendmachung solcher Ansprüche eine zur Erhaltung des Gesamtguts notwendige Maßregel bildet, ist nach den Umständen des einzelnen Falles zu beurteilen. **Beweispflichtig** für das Vorliegen dieser Voraussetzung ist der Kläger (OLG München OLGE 30, 49).

2. Fortführung der früheren Verwaltung

11 Gemäß § 1472 Abs 2 S 1 BGB darf jeder Ehegatte das Gesamtgut in derselben Weise wie vor der Beendigung der Gütergemeinschaft verwalten, bis er **von der Beendigung Kenntnis** erlangt oder sie **kennen muss**. Ein Dritter kann sich darauf nicht berufen, wenn er bei der Vornahme eines Rechtsgeschäfts die Beendigung der Gütergemeinschaft kennt oder kennen muss (§ 1472 Abs 2 S 2 BGB). Es müssen also Verwalter und Dritter gutgläubig sein. Das Recht zur Fortführung der Verwaltung besteht in demselben Umfang, wie es vor Beendigung der Gütergemeinschaft bestand.

12 Rechtsfolge des § 1472 Abs 2 S 1 BGB ist, dass die in jenem Zwischenzeitraum vorgenommenen Verwaltungshandlungen des Ehegatten als rechtswirksam gelten, und zwar sowohl unter den Ehegatten selbst als auch gegenüber Dritten. Handelt der die Verwaltungsmaßregeln vornehmende Ehegatte in Kenntnis oder auf Fahrlässigkeit beruhender Unkenntnis von der Beendigung der Gütergemeinschaft, so finden auf die hieraus sich ergebenden Rechtsverhältnisse die allgemeinen Grundsätze, insbesondere §§ 177 ff, 677 ff BGB, Anwendung.

Beweislast: Dass der die Verwaltungsmaßregeln vornehmende Ehegatte von der 13 Beendigung der Gütergemeinschaft Kenntnis gehabt oder infolge von Fahrlässigkeit nicht gehabt hat, hat zu beweisen, wer sich ihm gegenüber auf die Beendigung seines Verwaltungsrechts beruft. Dass der Dritte bei der Vornahme des Rechtsgeschäfts von der Beendigung der Gütergemeinschaft Kenntnis oder infolge von Fahrlässigkeit keine Kenntnis hatte, hat zu beweisen, wer dem Dritten das Recht bestreitet, sich auf die dem Ehegatten nach § 1472 Abs 2 BGB zustehende Befugnis zu berufen (SOERGEL/GAUL/ALTHAMMER Rn 12; BAMBERGER/ROTH/MAYER Rn 10; NK-BGB/VÖLKER Rn 12).

3. Verwaltungspflicht bei Tod eines Ehegatten

Gemäß § 1472 Abs 4 BGB hat der überlebende Ehegatte, wenn die Gütergemein- 14 schaft durch den Tod eines Ehegatten endet, die Geschäfte, die zur ordnungsmäßigen Verwaltung erforderlich sind und nicht ohne Gefahr aufgeschoben werden können, so lange zu führen, **bis der Erbe des verstorbenen Ehegatten anderweit Fürsorge treffen** kann. Diese Verpflichtung besteht *nicht,* wenn der verstorbene Ehegatte das Gesamtgut *allein* verwaltet hatte. Im Umfang der somit bestehenden Verpflichtung besteht zugleich ein Verwaltungsrecht. Recht und Pflicht bestehen hiernach nur für den Ehegatten, der während des Bestehens der Gütergemeinschaft Alleinverwalter oder wenigstens Mitverwalter des Gesamtguts war. Aus S 2 folgt, dass der nichtverwaltende Ehegatte in jedem Fall von der Verpflichtung freigestellt sein sollte. Dies erstreckt sich auch auf den Fall, dass er zur Zeit des Todes des Verwalters das Notverwaltungsrecht nach § 1429 BGB ausübte (ebenso BGB-RGRK/FINKE Rn 19).

Voraussetzung der Anwendbarkeit des § 1472 Abs 4 BGB ist, dass die Gütergemein- 15 schaft durch den **Tod eines Ehegatten** ihr Ende gefunden hat. Dem steht gleich die **Todeserklärung** eines Ehegatten (§ 9 Abs 1 VerschG). Tritt der Tod eines Ehegatten jedoch erst *nach* Beendigung der Gütergemeinschaft, also erst während bereits bestehender Auseinandersetzung ein, so trifft den überlebenden Ehegatten *keine* Pflicht zur Verwaltung nach § 1472 Abs 4 BGB. Wohl aber ist er in diesem Fall nach § 1472 Abs 3 HS 2 BGB berechtigt, die zur Erhaltung des Gesamtguts notwendigen Maßregeln allein zu treffen (ebenso BGB-RGRK/FINKE Rn 13).

Die **Verpflichtung** des überlebenden Ehegatten **umfasst** im Hinblick auf das Gesamt- 16 gut **die Geschäfte**, die **zur ordnungsmäßigen Verwaltung erforderlich sind**. Insoweit kann auf § 1451 Rn 4 f verwiesen werden. Die Verpflichtung ist jedoch beschränkt auf die Geschäfte, die nicht ohne Gefahr aufgeschoben werden können. Das bedeutet, dass mit erheblicher Wahrscheinlichkeit eine Schädigung des Gesamtguts bevorstehen muss, wenn nicht unverzüglich geeignete Maßnahmen ergriffen werden. Im Übrigen vgl hierzu § 1426 Rn 18; § 1454 Rn 4 ff.

Beweislast: Dass mit dem Aufschub Gefahr verbunden ist, hat zu beweisen, wer die 17

Tätigkeit des Ehegatten aufgrund des § 1472 Abs 4 BGB in Anspruch nimmt. Dass der Erbe anderweit Fürsorge treffen kann, hat der seine Verpflichtung aus § 1472 Abs 4 BGB bestreitende Ehegatte zu beweisen.

4. Alleinverwaltungsrecht durch Ehevertrag

18 Die **Verwaltung des Gesamtguts kann** einem der Ehegatten – ausschließlich oder unter gewissen Einschränkungen – durch Vereinbarung der Ehegatten in Form eines Ehevertrages (§ 1410 BGB) **übertragen werden**. Eine solche Klausel kann zB in einem der Gütergemeinschaft aufhebenden Ehevertrag (§ 1408 BGB) enthalten sein. Eine die **Form des Ehevertrages** (§ 1410 BGB) nicht beachtende Vereinbarung genügt nicht (**aA** BGB-RGRK/Finke Rn 26; wie hier MünchKomm/Kanzleiter Rn 21; Soergel/Gaul/Althammer Rn 2). Auch nach Beendigung der Gütergemeinschaft wirkt der eheliche Güterstand bis zur Auseinandersetzung nach (vgl §§ 1470 Abs 2, 1419 BGB, § 860 Abs 1 S 1 ZPO). Es besteht noch ein güterrechtliches Verhältnis am Gesamtgut. Die Regelung des Verwaltungsrechts ändert dieses Verhältnis und ist nicht bloße Auseinandersetzungsvereinbarung. Durch sie wird nicht auseinandergesetzt, sondern die Lenkung der Liquidationsgemeinschaft abgeändert, ohne dass dies auf die reine Auseinandersetzung beschränkt bliebe. Wenn während der Gütergemeinschaft die Änderung der Verwaltungsregelung gemäß § 1421 BGB des Ehevertrages bedürfte, muss dies wegen der Bedeutung für das Gesamtgut auch nach deren Beendigung gelten. Wird die Gütergemeinschaft durch den Tod eines Ehegatten beendet, gilt für die nachträgliche Verwaltungsregelung mit den Erben § 1410 BGB entsprechend.

19 Zu diesem Ergebnis steht nicht in Widerspruch, dass die gemeinschaftliche Verwaltung des Gesamtguts in der Weise durchgeführt werden kann, dass ein Ehegatte allein mit formfreier Zustimmung oder Vollmacht des anderen handelt (RGZ 81, 32; § 1450 Rn 11 ff). Diese Möglichkeit ist dadurch gerechtfertigt, dass die Zustimmung idR nur *einzelne* Rechtsgeschäfte betrifft (vgl §§ 182 ff BGB) und für die Generaleinwilligung die *freie Widerruflichkeit* (§ 168 S 2 BGB) nicht ohne Ehevertragsform eingeschränkt werden darf (vgl § 1450 Rn 12; RG JW 1938, 3112 Nr 16; auch RGZ 133, 351).

IV. Lasten und Nutzungen des Gesamtguts

20 Hinsichtlich der Lasten enthalten die §§ 1471 ff BGB keine ausdrückliche Regelung. Aus § 748 BGB, dessen entsprechende Anwendbarkeit keinem Bedenken unterliegt (vgl § 2038 Abs 2 BGB), ergibt sich, dass nach Beendigung der Gütergemeinschaft bis zur Erledigung der Auseinandersetzung die **Lasten** des Gesamtguts sowie die **Kosten** der Erhaltung, Verwaltung und gemeinschaftlichen Benutzung des Gesamtguts von jedem Ehegatten oder dem überlebenden Ehegatten und den Erben des verstorbenen Ehegatten **zur Hälfte** zu tragen sind (OLG München FamRZ 1996, 170; BGB-RGRK/Finke Rn 12). Dies gilt jedoch nur im Verhältnis der Ehegatten zueinander. Den Gläubigern gegenüber haftet für eine Verbindlichkeit dieser Art jeder Ehegatte nach Maßgabe der allgemeinen Grundsätze. Die nach Beendigung der Gütergemeinschaft **in der Person eines Ehegatten entstehenden Verbindlichkeiten** werden **nicht mehr Gesamtgutsverbindlichkeiten** (BGH FamRZ 1986, 40, 41; s dazu § 1475 Rn 3). Die **Nutzungen** des Gesamtguts fallen nach § 1473 BGB in das Gesamtgut. Wie diese von der Beendigung der Gütergemeinschaft bis zur Erledigung der Auseinanderset-

zung zu verteilen sind, bleibt der Vereinbarung der Ehegatten oder des überlebenden Ehegatten und des Erben des verstorbenen Ehegatten überlassen (OLG Karlsruhe FamRZ 1996, 1415; vgl §§ 743 Abs 1, 2032 Abs 2 BGB). Zur Behandlung der Nutzung einer zum Gesamtgut gehörenden **Ehewohnung** durch einen Ehegatten s OLG Frankfurt FamFR 2013, 475; OLG Koblenz FamRZ 2006, 43; OLG Düsseldorf FamRZ 1984, 1098 f; Ensslen FamRZ 1998, 1082 mwNw.

V. Haftung

Die Haftung der Ehegatten (entspr § 1435 S 3 BGB) hinsichtlich der aus § 1472 **21** BGB sich ergebenden Verpflichtungen bemisst sich nach § 1359 BGB, soweit sich nicht aus besonderen Vereinbarungen eine Abweichung ergibt (allgM, NK-BGB/Völker Rn 10; Bamberger/Roth/Mayer Rn 5). Dies gilt sowohl für die grundsätzlich gebotene gemeinschaftliche Verwaltungstätigkeit wie auch für die ausnahmsweise zulässige Alleinverwaltung. Der **abgeschwächte Haftungsmaßstab** des § 1359 BGB gilt jedoch nicht für den Erben des verstorbenen Ehegatten; denn für ihn handelt es sich bei den aus dem Auseinandersetzungsverhältnis folgenden Verpflichtungen nicht um solche aus einem ehelichen Verhältnis. Für ihn hat es bei dem allgemeinen Haftungsmaßstab des § 276 BGB sein Bewenden (ebenso BGB-RGRK/Finke Rn 20; NK-BGB/Völker Rn 10).

VI. Schutz gutgläubiger Dritter

Die Bestimmungen zum Schutz gutgläubiger Dritter, insbesondere §§ 892 ff, 932 ff **22** BGB, werden durch § 1472 BGB *nicht* berührt (BGB-RGRK/Finke Rn 25). Es besteht daher die gleiche Regelung wie bei der bereits vor Beendigung der Gütergemeinschaft bestehenden gemeinschaftlichen Verwaltung des Gesamtguts, sodass in vollem Umfang auf § 1450 Rn 43 verwiesen werden kann. Folgendes sei jedoch der Bedeutung halber hervorgehoben: Die Beendigung der Gütergemeinschaft berechtigt zu – allerdings nur bei voraufgegangener Alleinverwaltung denkbaren – **Einwendungen** gegenüber Dritten nur dann, wenn sie zur Zeit der Vornahme des Rechtsgeschäfts oder zur Zeit des Eintritts der Rechtshängigkeit im **Güterrechtsregister** des zuständigen Amtsgerichts eingetragen oder dem Dritten bekannt war. Einzelheiten s bei den Erl zu § 1412.

VII. Zwangsvollstreckung und Insolvenzverfahren

1. Das Erfordernis eines Vollstreckungstitels gegen beide Ehegatten (§ 743 ZPO)

Gemäß § 743 ZPO ist im Hinblick auf die gemäß § 1472 BGB grundsätzlich beste- **23** hende Gemeinschaftlichkeit der Verwaltung nach der Beendigung der Gütergemeinschaft und vor der Auseinandersetzung die Zwangsvollstreckung in das Gesamtgut nur zulässig, wenn **beide Ehegatten** zu der Leistung oder der eine Ehegatte zu der Leistung und der andere zur Duldung der Zwangsvollstreckung **verurteilt** sind. Gegen denjenigen Ehegatten, der für die Gesamtgutsverbindlichkeit persönlich haftet, ist auf *Leistung,* gegen den anderen auf *Duldung der Zwangsvollstreckung* zu klagen (RGZ 108, 281, 286; OLG Hamburg OLGE 40, 76; vgl auch BGB E I § 1374 Abs 1 S 1; Mot IV 406; Prot IV 241 Anm 1, 280; VI 707). Soweit eine persönliche Haftung

§ 1472

nicht begründet ist, folgt die Duldungspflicht aus der gemeinschaftlichen Verwaltung (RGZ 118, 131). Die Verurteilung zur Duldung der Zwangsvollstreckung wird nach § 794 Abs 2 ZPO dadurch ersetzt, dass der Ehegatte in einer nach Abs 1 Nr 5 aufgenommenen Urkunde die sofortige Zwangsvollstreckung in das Gesamtgut bewilligt. § 743 ZPO gilt auch dann, wenn die Beendigung der Gütergemeinschaft während eines anhängigen Rechtsstreits des vorher verwaltenden Ehegatten oder nach Beendigung eines solchen Rechtsstreits eintritt. Im ersten Fall muss sich der Gläubiger den zur Vollstreckung in das Gesamtgut erforderlichen Titel gegen den vorher nichtverwaltenden Ehegatten – auf Leistung oder Duldung – durch neue Klage uU im Wege der Klageerweiterung verschaffen. Der gegen den früheren Alleinverwalter anhängige Rechtsstreit nimmt seinen Fortgang, jedoch muss der Antrag auf Leistung in den Antrag auf Duldung geändert werden, wenn der frühere Alleinverwalter nicht mehr persönlich haftet (§§ 264 Nr 2 ZPO, 1459 Abs 2 S 2 BGB). Im zweiten Fall, wenn also die Beendigung der Gütergemeinschaft nach Beendigung eines vom früheren Alleinverwalter geführten Rechtsstreits eintritt, muss sich der Gläubiger eine vollstreckbare Ausfertigung des gegen den früheren Gesamtgutsverwalter ergangenen rechtskräftigen Urteils erteilen lassen (§ 744 BGB, s unten Rn 24). Tritt die Beendigung der Gütergemeinschaft während eines Rechtsstreits des vorher nicht verwaltenden Ehegatten ein, so ist zur Vollstreckung in das Gesamtgut, was bei Vorliegen einer Gesamtgutsverbindlichkeit nach § 1437 Abs 1 HS 2 BGB in Betracht kommt, eine neue Klage gegen den früheren Alleinverwalter auf Leistung oder Duldung erforderlich. Nach Erledigung der Auseinandersetzung ist § 743 ZPO unanwendbar. Ebenso ist § 743 ZPO auf eine im Verwaltungszwangsverfahren beitreibbare Kostenschuld nicht anzuwenden (OLG Posen OLGE 7, 55).

2.   Erteilung einer vollstreckbaren Ausfertigung gegen den früheren Nichtverwalter (§ 744 ZPO)

24 Ist die *Beendigung* der Gütergemeinschaft *nach der Beendigung* eines Rechtsstreits des früheren Alleinverwalters eingetreten, so finden nach § 744 ZPO auf die Erteilung einer in Ansehung des Gesamtguts vollstreckbaren Ausfertigung des Urteils gegen den früheren Nichtverwalter die Vorschriften der §§ 727, 730–732 ZPO entsprechende Anwendung (vgl BGB E I § 1374 Abs 2; Mot IV 407 ff; Prot IV 241 Anm 1, 280; VI 707 ff). Ist dagegen die *Beendigung* der Gütergemeinschaft *während des Rechtsstreits* eingetreten, so findet § 744 ZPO keine Anwendung; vielmehr muss der frühere Nichtverwalter, je nachdem ob er persönlich haftet oder nicht, auf Leistung oder Duldung verklagt werden (s oben Rn 23; vgl Mot IV 407; ein in der II. Komm gestellter Antrag, nach welchem auch in diesem Fall § 744 ZPO aF anwendbar sein sollte, wurde abgelehnt, Prot IV 280). Handelt es sich aber um eine dingliche Klage, so ergibt sich aus §§ 265, 727 ZPO, dass das im Rechtsstreit des früheren Alleinverwalters nach der Beendigung der Gütergemeinschaft erlassene Urteil in Ansehung des Gesamtguts auch gegen den früheren Nichtverwalter wirksam und vollstreckbar ist (Mot IV 407; Prot IV 280; Soergel/Gaul/Althammer Rn 8). § 744 ZPO ist auch anwendbar, wenn die Gütergemeinschaft durch Tod des früheren Nichtverwalters eintritt (OLG Posen OLGE 10, 375).

3. Nach Beendigung der Gütergemeinschaft entstehende Verbindlichkeiten der Ehegatten

Für Verbindlichkeiten eines Ehegatten, die nach Beendigung der Gütergemeinschaft **25** entstehen, **haftet das Gesamtgut nicht**. Die Zwangsvollstreckung wegen solcher Verbindlichkeiten ist daher nur in den Anteil des Ehegatten am Gesamtgut zulässig (§ 860 Abs 2 ZPO; § 1471 Rn 13). Eine **Ausnahme** hiervon besteht lediglich insofern, als auch wegen solcher Verbindlichkeiten, wenn beide Ehegatten aufgrund ihrer persönlichen Haftung zur Leistung verurteilt sind, die Zwangsvollstreckung in das Gesamtgut möglich ist.

4. Zwangsvollstreckung in den Anteil eines Ehegatten

Über die Zulässigkeit der Zwangsvollstreckung in den Anteil eines Ehegatten **26** s § 1471 Rn 13.

5. Insolvenzverfahren

Besondere Vorschriften über die Behandlung des Gesamtguts im Insolvenzverfah- **27** ren für die Zeit nach der Beendigung der Gütergemeinschaft aber vor Erledigung der Auseinandersetzung bestehen nicht. Insbesondere kommt auch nicht § 37 Abs 2 InsO – auch nicht entsprechend – zur Anwendung (MünchKomm/Kanzleiter Rn 20; Bamberger/Roth/Mayer § 1471 Rn 4; s auch § 1471 Rn 14).

VIII. Fortgesetzte Gütergemeinschaft

Über die Anwendbarkeit des § 1472 BGB auf die fortgesetzte Gütergemeinschaft **28** s § 1497 Abs 2 BGB.

§ 1473
Unmittelbare Ersetzung

(1) Was auf Grund eines zum Gesamtgut gehörenden Rechtes oder als Ersatz für die Zerstörung, Beschädigung oder Entziehung eines zum Gesamtgut gehörenden Gegenstandes oder durch ein Rechtsgeschäft erworben wird, das sich auf das Gesamtgut bezieht, wird Gesamtgut.

(2) Gehört eine Forderung, die durch Rechtsgeschäft erworben ist, zum Gesamtgut, so braucht der Schuldner dies erst dann gegen sich gelten zu lassen, wenn er erfährt, dass die Forderung zum Gesamtgut gehört; die Vorschriften der §§ 406 bis 408 sind entsprechend anzuwenden.

Materialien: Zu § 1473 aF: E I § 1373 Abs 2; II § 1372; III § 1456; Mot IV 405; Prot IV 279; VI 282, 326. Zu § 1473 nF: GleichberG E I § 1473; II § 1473; III § 1473; BT-Drucks 1/3802, 66; BT-Drucks 2/3409, 31. Vgl Staudinger/BGB-Synopse 1896–2005 § 1473.

Systematische Übersicht

I.   Allgemeines, Rechtsentwicklung

1   § 1473 nF entspricht sachlich völlig dem § 1473 aF und unterscheidet sich von diesem nur durch geringfügige sprachliche Änderungen. Die Vorschrift des § 1473 BGB betrifft wiederum das „**Liquidationsstadium**", dh die Zeit nach Beendigung, aber vor Auseinandersetzung der Gütergemeinschaft. In **Abs 1** regelt sie den Ausnahmefall, dass das (noch nicht auseinandergesetzte) Gesamtgut noch hinzuerwirbt, und zwar infolge von Surrogation (dazu unten Rn 2 ff). In **Abs 2** wird zugunsten des gutgläubigen Schuldners einer Gesamtgutsforderung eine Schutzbestimmung getroffen (dazu unten Rn 6 ff).

II.   Surrogationserwerb (Abs 1)

2   Während der Gütergemeinschaft fällt aller **Erwerb der Ehegatten**, soweit er nicht in das Sondergut (§ 1417 BGB) oder Vorbehaltsgut (§ 1418 BGB) fällt, ins Gesamtgut. Das ändert sich mit der Beendigung der Gütergemeinschaft: von nun an erwirbt jeder Ehegatte für sich selbst; eine Vermehrung des Gesamtguts tritt nicht mehr ein. **Arbeitseinkommen**, Arbeitslosengeld, Rente uä fallen deswegen nicht mehr in das Gesamtgut (OLG Karlsruhe FamRZ 1996, 1415). Das gilt auch für die Nutzungen des Sondergutes eines Ehegatten, die – soweit sie übertragbar sind – bis zur Beendigung der Gütergemeinschaft ins Gesamtgut fielen (§ 1417 Abs 3 S 2 BGB; dazu § 1417 Rn 17), von nun an jedoch dem Eigentümer des Sondergutes allein verbleiben. Dieser Grundsatz erfährt jedoch eine **Einschränkung** durch § 1473 Abs 1 BGB, wonach auf derartigen Erwerb der während des Bestehens der Gütergemeinschaft für das Vorbehaltsgut geltende **Surrogationsgrundsatz** des § 1418 Abs 2 Nr 3 BGB Anwendung findet (vgl Mot IV 405; §§ 718 Abs 2, 2041 S 1, 2111 Abs 1 S 1 BGB). Was ein Ehegatte in dieser Weise erwirbt, wird ohne besondere Übertragung **kraft Gesetzes Gesamtgut** und unterliegt als solches den Bestimmungen der §§ 1471 Abs 2, 1472 BGB.

Folgende **Fälle** kommen in Betracht (vgl dazu § 1418 Rn 35 ff):

3   **1.   Erwerb aufgrund eines zum Gesamtgut gehörenden Rechts** erfasst den Erwerb kraft Gesetzes aber auch aufgrund eines Rechtsgeschäfts (Einzelheiten s § 1418 Rn 36 ff). Wegen des Bestehens der Gesamthandsgemeinschaft kann § 743 Abs 1 BGB – Bruchteile an den Früchten – nicht zur Anwendung kommen (RG Gruchot 49, 958). Die Gesamtgutseigenschaft erhält auch ein während der Ehe von einem Ehegatten **unter Eigentumsvorbehalt gekaufter** und erst nach Beendigung, aber vor Auseinandersetzung der Gütergemeinschaft vollständig bezahlter **Gegenstand** (RGZ JW 1925, 353). Denn der Eigentumsübergang beruht auf dem Übereignungsanspruch sowie auf der Eigentumsanwartschaft, welche beide zum Gesamtgut gehören. Über die einer Briefmarkensammlung des Liquidationsguts eingefügten Briefmarken s RGZ SeuffA 90 Nr 144.

2.   Zum Erwerb als Ersatz für die Zerstörung, Beschädigung oder Entziehung eines 4 **zum Gesamtgut gehörenden Gegenstandes** gehören zB Ansprüche auf Sachversicherungssummen, Enteignungsentschädigungen und Ansprüche wegen ungerechtfertigter Bereicherung (§§ 812 ff BGB) oder **unerlaubter Handlung** (§§ 823 ff BGB); vgl § 1418 Rn 39 ff.

3.   Erwerb durch Rechtsgeschäft, das sich auf das Gesamtgut bezieht, setzt einen 5 bestimmten Zusammenhang des Rechtsgeschäfts mit dem Gesamtgut voraus. Es genügt ein wirtschaftlicher Zusammenhang. Ein rechtlicher Zusammenhang ist jedoch nicht erforderlich (Mot IV 177 f; RGZ 87, 100, 104; dazu im Einzelnen § 1418 Rn 43 ff). Dieser Zusammenhang muss in subjektiver und objektiver Richtung vorliegen, dh außer der subjektiven Willensrichtung auf Erwerb für das Gesamtgut ist auch eine objektive Beziehung zum Gesamtgut erforderlich (Prot VI 282; Mot IV 178; s auch HOFMANN FamRZ 1972, 117).

III.   Schutz gutgläubiger Schuldner (Abs 2)

Die von der II. Komm bei der Revision beschlossene Vorschrift des § 1473 Abs 2 6 BGB bezweckt den schuldrechtlichen Schutz gutgläubiger Dritter (Prot VI 326 f; vgl §§ 720, 2019 Abs 2, 2041 S 2, 2111 Abs 1 S 2 BGB), und zwar während des nach Beendigung der Gütergemeinschaft, aber vor Erledigung der Auseinandersetzung bestehenden Liquidationsstadiums. Während des Bestehens der Gütergemeinschaft ist der Dritte ja nach Maßgabe des § 1412 BGB geschützt. Hat ein Ehegatte durch Rechtsgeschäft eine Forderung erworben, die nach § 1473 Abs 1 BGB Bestandteil des Gesamtguts geworden ist, so soll dem Schuldner, dem die (subjektive und objektive) Beziehung des Rechtsgeschäfts zu dem Gesamtgut unbekannt ist, welche die Voraussetzung für die Zugehörigkeit der Forderung zum Gesamtgut bildet (s oben Rn 5), aus dieser Unkenntnis kein Nachteil erwachsen. Da die Verwaltung des Gesamtguts gemäß § 1472 Abs 1 S 1 BGB beiden Ehegatten gemeinschaftlich zusteht, handelt es sich hierbei um Rechtsgeschäfte, die mit beiden Ehegatten gemeinschaftlich oder mit einem zugleich als Vertreter des anderen handelnden Ehegatten vorgenommen worden sind. Der gutgläubige Schuldner darf in diesem Fall annehmen, dass die Forderung den beiden Ehegatten nach Maßgabe der allgemeinen Grundsätze, also jedem zur Hälfte oder als Gesamtgläubigern, zusteht (vgl §§ 420, 428, 431 BGB). In Betracht kommt hierbei nur die – gleichviel auf welchem Wege erworbene – (positive) **Kenntnis der** die Zugehörigkeit der Forderung zum Gesamtgut begründenden **tatsächlichen Umstände**; unerheblich ist, ob der Schuldner von der Bestimmung des § 1473 Abs 1 BGB Kenntnis hatte oder nicht (RGZ 102, 387; 88, 4). Eine auf (leichter oder grober) Fahrlässigkeit beruhende Unkenntnis der Zugehörigkeit der Forderung zum Gesamtgut steht der Kenntnis nicht gleich (vgl RGZ 135, 251; § 122 Abs 2 BGB). Selbst die Eintragung der Beendigung der Gütergemeinschaft im Güterrechtsregister schließt den guten Glauben wegen der in § 1473 Abs 2 BGB geforderten positiven Kenntnis nicht aus; **§ 1412 Abs 1 BGB**, wonach die Eintragung gegen den Schuldner wirken würde, **wird insoweit verdrängt** (ebenso BAMBERGER/ROTH/ MAYER Rn 3; MünchKomm/KANZLEITER Rn 3, 4).

Der Schutz des gutgläubigen Schuldners wird **auf doppeltem Wege** erreicht:

7 1. Der *gutgläubige* Schuldner braucht die Zugehörigkeit der Forderung zum Gesamtgut nicht gegen sich gelten zu lassen. Er darf also annehmen, dass die Verfügungsbeschränkungen, denen jeder Ehegatte in Ansehung des Gesamtguts gemäß §§ 1471 Abs 2, 1419 Abs 1, 1472 Abs 1 BGB unterliegt, hinsichtlich der fraglichen Forderung nicht Platz greifen.

8 2. Die Vorschriften der §§ 406–408 BGB finden entsprechende Anwendung. Hieraus ergibt sich:

9 a) Der Schuldner kann eine ihm gegen den erwerbenden Ehegatten zustehende Forderung, für die das Gesamtgut nicht haftet, auch gegenüber der vom Ehegatten erworbenen und zum Gesamtgut gehörenden Forderung **aufrechnen**, es sei denn, dass er bei dem Erwerb seiner Forderung von der Zugehörigkeit der von dem Ehegatten erworbenen Forderung zum Gesamtgut Kenntnis hatte oder dass seine Forderung erst nach Erlangung der Kenntnis und später als die von dem Ehegatten erworbene Gesamtgutsforderung fällig geworden ist (§ 406 BGB; vgl BGHZ 19, 153).

10 b) Eine nach dem Erwerb der Forderung seitens des Ehegatten an diesen erfolgende **Leistung** des Schuldners, sowie jedes nach diesem Zeitpunkt zwischen dem Schuldner und dem Ehegatten in Ansehung der Forderung vorgenommene Rechtsgeschäft **ist dem Gesamtgut gegenüber wirksam**, es sei denn, dass der Schuldner die Zugehörigkeit der Forderung zum Gesamtgut bei der Leistung oder der Vornahme des Rechtsgeschäfts kennt (§ 407 Abs 1 BGB).

11 c) Ist in einem nach dem Erwerb der Forderung zwischen dem Schuldner und dem Ehegatten anhängig gewordenen **Rechtsstreit** ein rechtskräftiges Urteil über die Forderung ergangen, so ist das **Urteil dem Gesamtgut gegenüber wirksam**, es sei denn, dass der Schuldner die Zugehörigkeit der Forderung zu dem Gesamtgut bei Eintritt der Rechtshängigkeit gekannt hat (§ 407 Abs 2 BGB).

12 d) Wird die von dem Ehegatten erworbene **Forderung** an einen Dritten **abgetreten**, so finden, wenn der Schuldner an den Dritten leistet oder wenn zwischen dem Schuldner und dem Dritten ein Rechtsgeschäft vorgenommen oder ein Rechtsstreit anhängig wird, zugunsten des Schuldners die oben unter Rn 10 f erwähnten Grundsätze dem Gesamtgut gegenüber entsprechende Anwendung (§ 408 Abs 1 BGB).

13 e) Das Gleiche gilt, wenn die **Forderung durch gerichtlichen Beschluss** einem Dritten **überwiesen** wird oder wenn der Ehegatte dem Dritten gegenüber **anerkennt**, dass die Forderung kraft Gesetzes auf den Dritten übergegangen sei (§ 408 Abs 2 BGB).

IV. Fortgesetzte Gütergemeinschaft

14 Für die Auseinandersetzung einer fortgesetzten Gütergemeinschaft gilt die Regelung des § 1473 BGB entsprechend (§ 1497 Abs 2 BGB).

§ 1474
Durchführung der Auseinandersetzung

Die Ehegatten setzen sich, soweit sie nichts anderes vereinbaren, nach den §§ 1475 bis 1481 auseinander.

Materialien: Zu § 1474 aF: E I § 1376; II § 1369; III § 1467; Mot IV 410; Prot IV 244, 282. Zu § 1474 nF: GleichberG E I § 1474; II § 1474; III § 1474; BT-Drucks 1/3802, 66; BT-Drucks 2/3409, 31. S STAUDINGER/BGB-Synopse 1896–2005 § 1474.

Schrifttum

BEHMER, Der Wertverlust eingebrachter Güter in der Gesamtgutsauseinandersetzung, BayNotZ 1989, 7
KAPPLER, Die Auseinandersetzung des Gesamtguts der Gütergemeinschaft, FamRZ 2010, 1294
ders, Die Aufhebungsklage bei Beendigung der Gütergemeinschaft, FamRZ 2007, 696
KLEIN, Wegweiser zur Auseinandersetzung einer Gütergemeinschaft, FuR 1995, 165
ders, Fälle und Lösungen zur Auseinandersetzung einer Gütergemeinschaft, FuR 1995, 249.
KLÜBER, Die scheidungsbedingte Auseinandersetzung der Gütergemeinschaft, FPR 2001, 84

KOTZUR, Gesamtgutsauseinandersetzung und Übernahme von Grundstücken, BWNotZ 1987, 134
MAI, Die Gütergemeinschaft als vertraglicher Wahlgüterstand und ihre Handhabung in der notariellen Praxis, BWNotZ 2003, 55
STUMP, Ehevertragliche Vereinbarungen für die Auseinandersetzung des Gesamtgutes, Rpfleger 1979, 441
WITTICH, Die Gütergemeinschaft und ihre Auseinandersetzung (Diss 2000).

I.   Allgemeines, Rechtsentwicklung

§ 1474 BGB ist gegenüber § 1474 aF nur sprachlich verändert, entspricht ihm dagegen sachlich völlig. Für die Auseinandersetzung ist in erster Linie eine etwa getroffene Auseinandersetzungsvereinbarung maßgebend (unten Rn 2 ff). Zur Herbeiführung einer solchen Vereinbarung kann die Vermittlung eines Notars in Anspruch genommen werden (unten Rn 6 ff). Kommt eine Vereinbarung nicht zustande, bleibt nur der Auseinandersetzungsantrag vor dem Familiengericht (unten Rn 9). **1**

II.   Auseinandersetzungsvertrag

Für die Auseinandersetzung ist in erster Linie eine etwa von den Ehegatten getroffene Vereinbarung entscheidend. **2**

1.   Form des Auseinandersetzungsvertrages

Eine solche Vereinbarung erscheint, sofern sie nach Beendigung der Gütergemeinschaft getroffen wird und sich auf die dann vorzunehmende Auseinandersetzung beschränkt, *nicht* als Ehevertrag (Einzelheiten vgl § 1408 Rn 8) und unterliegt daher *nicht* der Formvorschrift des § 1410 BGB (RGZ 89, 292). Nicht ausgeschlossen ist aber, dass in den die Gütergemeinschaft einführenden oder aufhebenden Ehevertrag auch Bestimmungen über die Auseinandersetzung aufgenommen werden (ebenso MünchKomm/KANZLEITER Rn 3, 4).

2. Inhalt des Auseinandersetzungsvertrages

3 Entscheidend für den Inhalt der Vereinbarung ist der Wille der Parteien. Rechte dritter Personen (vgl §§ 1475, 1480 BGB) können allerdings durch die Vereinbarung der Ehegatten nicht geschmälert werden (BayObLG BayZ 1912, 24). Der Auseinandersetzungsvertrag soll in der Regel *die Vermutung der vollzogenen Auseinandersetzung* für sich haben (so BGHZ 2, 86; dagegen zu Recht: nur Vermutung für eine vollständige Einigung GERNHUBER/COESTER-WALTJEN § 38 Rn 125 Fn 151; MünchKomm/KANZLEITER Rn 5 Fn 5; SOERGEL/GAUL/ALTHAMMER Rn 4). Er hat keine dingliche, sondern **nur schuldrechtliche Wirkung** (KGJ 50, 152). Die dingliche Wirkung der Auseinandersetzung tritt erst mit Erfüllung der vertraglichen Verpflichtungen ein; hierfür gelten die allgemeinen Vorschriften. Erst danach ist die Auseinandersetzung vollzogen (OLG Hamm FamRZ 1979, 811; ENSSLEN FamRZ 1998, 1083; KLEIN FuR 1995, 168). Dabei muss die Form des jeweils vorgeschriebenen Übertragungsakts eingehalten werden (RG WarnR 1922 Nr 55). Die Abtretung einer gewöhnlichen Forderung kann zB formlos erfolgen; die Abtretung einer hypothekarisch gesicherten Forderung muss den Formvorschriften der §§ 1153, 1154 BGB genügen. Zur Übertragung des Eigentums an Grundstücken ist Auflassung und Eintragung im Grundbuch erforderlich (§ 925 BGB), und zwar sowohl bei der Umwandlung des gesamthänderischen Grundstückseigentums in Bruchteilseigentum beider Ehegatten (RGZ 57, 432) als auch bei der Übertragung des Eigentums an einem Gesamtgutsgrundstück auf einen Ehegatten allein, wobei sich die Auflassung auf das ganze Grundstück beziehen muss (KGJ 33 B 37; s auch RGZ 67, 62).

4 Dagegen ist eine besondere Übertragung der einzelnen Gegenstände, also bei Grundstücken die Auflassung, **nicht erforderlich, wenn** im Falle der Beendigung der Gütergemeinschaft durch Tod eines Ehegatten ohne Eintritt der fortgesetzten Gütergemeinschaft der **überlebende Ehegatte** gegen eine an die Kinder zu zahlende Abfindungssumme das **ganze Gesamtgut übernimmt**. Hierin wird regelmäßig eine nach § 2033 Abs 1 BGB der notariellen Beurkundung bedürftige Verfügung der Kinder als Erben über ihren Anteil am Nachlass einschließlich des dazu gehörenden Anteils am Gesamtgut (vgl § 1471 Rn 10) zu erblicken sein. In diesem Fall wird der überlebende Ehegatte ohne weitere Übertragungshandlung Alleineigentümer des Gesamtguts. Für Grundstücke kann dann die Umschreibung auf den überlebenden Ehegatten auf dem Wege der Grundbuchberichtigung erfolgen (§ 894; KG RJA 3, 262). Eine besondere Übertragung der einzelnen Gegenstände ist jedoch nur dann entbehrlich, wenn die Kinder ihren ganzen Erbteil auf den überlebenden Ehegatten übertragen; denn die Übertragung ihres Anteils am Gesamtgut allein ist nach §§ 1471 Abs 2, 1419 Abs 1 BGB ausgeschlossen (s § 1471 Rn 6).

5 Ansprüche *aus* dem Auseinandersetzungsvertrag sind vor dem **Familiengericht** geltend zu machen (Familienstreitsachen, §§ 112 Nr 2, 111 Nr 9 FamFG; BGH FamRZ 1980, 989). Das gilt auch für Ansprüche wegen Wegfalls der Geschäftsgrundlage und Nichtigkeit des Auseinandersetzungsvertrages (BGH FamRZ 1980, 989 und NJW 1980, 193).

III. Vermittlung des Notars

Zur Herbeiführung der Auseinandersetzung kann auf Antrag jedes Beteiligten die **6** Vermittlung eines Notars eingeschaltet werden. Gemäß § 373 FamFG finden nach der Beendigung einer ehelichen oder einer fortgesetzten Gütergemeinschaft auf die Auseinandersetzung des Gesamtguts die die Auseinandersetzung eines Nachlasses regelnden Vorschriften der §§ 363 ff FamFG entsprechende Anwendung. Nach § 363 Abs 1 FamFG hat ein Notar auf Antrag die Auseinandersetzung zwischen den Beteiligten zu vermitteln (vgl OLG Hamburg OLGE 14, 230; 17, 367; zum Verfahren auch BRAK-KER MittBayNot 1984, 114). § 363 Abs 2 FamFG regelt das Antragsrecht, Abs 3 den notwendigen Inhalt des Antrages.

Zunächst findet ein *Verhandlungstermin* statt, zu dem der Antragsteller und die **7** Beteiligten zu laden sind (§ 365 Abs 1). Sobald die Auseinandersetzung stattfinden kann, hat der Notar einen *Auseinandersetzungsplan* anzufertigen, der zu beurkunden und bei Einverständnis sämtlicher Beteiligten zu bestätigen ist (§ 368 Abs 1 S 3 FamFG). § 369 FamFG ordnet die *Losziehung* für nicht erschienene Beteiligte, § 370 FamFG das Verfahren für den Fall, dass sich Streitpunkte ergeben. Die Rechtswirkung der rechtskräftigen Bestätigung und die Zwangsvollstreckung bemisst sich nach § 371 FamFG.

Zuständig für die Auseinandersetzung ist, wenn ein Anteil zum Gesamtgut zu einem **8** Nachlass gehört, nach § 344 Abs 4a FamFG der für die Auseinandersetzung des Nachlasses zuständige Notar. Gemäß dem Vorbehalt des § 487 FamFG bleiben jedoch die *landesgesetzlichen Vorschriften* unberührt.

IV. Auseinandersetzungsantrag

Kommt eine Auseinandersetzungsvereinbarung – auch durch Vermittlung des No- **9** tars (s oben Rn 6 ff) – nicht zustande, bleibt nur der Auseinandersetzungsantrag vor dem Familiengericht. Nach Beendigung der Gütergemeinschaft hat jeder Ehegatte gegen den anderen einen gerichtlich durchsetzbaren Anspruch auf Auseinandersetzung in Ansehung des Gesamtguts (s § 1471 Rn 2). Zuständig ist das Familiengericht, das im Familienstreitverfahren (§§ 112 Nr 2, 111 Nr 9, 261 FamFG) entscheidet. Der Antrag ist auf Zustimmung zu dem vorgelegten **Auseinandersetzungsplan** zu richten. Richterliche Gestaltungsfreiheit nach Zweckmäßigkeitsgesichtspunkten besteht nicht (BGH FamRZ 1988, 813, 814). Es muss deswegen ein konkreter Teilungsplan des Antragstellers vorliegen (instruktiv zur Auseinandersetzung OLG Koblenz FamRZ 2006, 40 ff; KLEIN FuR 1995, 166; ausführlich mit Muster WITTICH 89 ff, 95 f). Unter Umständen ist in erster Stufe zunächst Antrag auf Auskunft zu stellen (BGH FamRZ 1988, 813, 814, vgl auch § 1435 Rn 5, 7). Die Zustimmungserklärung wird dann durch die Rechtskraft des dem Antrag entsprechenden Beschluss ersetzt (§ 894 ZPO; vgl BGH FamRZ 1986, 776, 777; 1988, 813, 814). Über die Auseinandersetzung kann bereits im **Verbundverfahren** entschieden werden (s § 1447 Rn 3).

§ 1475
Berichtigung der Gesamtgutsverbindlichkeiten

(1) Die Ehegatten haben zunächst die Gesamtgutsverbindlichkeiten zu berichtigen. Ist eine Verbindlichkeit noch nicht fällig oder ist sie streitig, so müssen die Ehegatten zurückbehalten, was zur Berichtigung dieser Verbindlichkeit erforderlich ist.

(2) Fällt eine Gesamtgutsverbindlichkeit im Verhältnis der Ehegatten zueinander einem der Ehegatten allein zur Last, so kann dieser nicht verlangen, dass die Verbindlichkeit aus dem Gesamtgut berichtigt wird.

(3) Das Gesamtgut ist in Geld umzusetzen, soweit dies erforderlich ist, um die Gesamtgutsverbindlichkeiten zu berichtigen.

Materialien: Zu § 1475 aF: E I §§ 1377 Abs 1, 1378 Abs 1; II § 1373; III § 1458; Mot IV 410 ff; Prot IV 283 ff; VI 282. Zu § 1475 nF: Gleich-berG E I § 1475; II § 1475; III § 1475; BT-Drucks 1/3802, 66; BT-Drucks 2/3409, 31. Vgl STAUDINGER/BGB-Synopse 1896–2005 § 1475.

Systematische Übersicht

I. Allgemeines, Rechtsentwicklung

1 § 1475 nF ist gegenüber § 1475 aF nur sprachlich geändert. In **Abs 1** ist die Pflicht begründet, vor Durchführung der Teilung des Gesamtguts die Gesamtgutsverbindlichkeiten zu berichtigen (unten Rn 2 ff). **Abs 2** schafft von diesem Grundsatz eine allerdings nur im Innenverhältnis der Ehegatten wirkende Ausnahme für solche Gesamtgutsverbindlichkeiten, welche im Verhältnis der Ehegatten zueinander einem Ehegatten allein zur Last fallen (unten Rn 8). **Abs 3** ordnet die Umsetzung von Gesamtgut in Geld an, soweit dies zur Berichtigung von Gesamtgutsverbindlichkeiten erforderlich ist (unten Rn 10).

II. Berichtigung der Gesamtgutsverbindlichkeiten (Abs 1)

2 Die Vorschrift des § 1475 Abs 1 S 1 BGB gewährt jedem Ehegatten einen Anspruch darauf, dass vor der Teilung des Gesamtguts aus diesem zunächst die Gesamtgutsverbindlichkeiten berichtigt werden. Dies rechtfertigt sich sowohl durch das Interesse der Gesamtgutsgläubiger als auch das der Ehegatten wegen deren persönlicher Haftung für die Gesamtgutsverbindlichkeiten (BGH NJW 1985, 3066, 3068 = FamRZ 1985, 903).

1. Gesamtgutsverbindlichkeiten

Der Begriff der Gesamtgutsverbindlichkeiten ergibt sich aus den §§ 1437, 1459 BGB **3** (vgl § 1437 Rn 5 ff, § 1459 Rn 4 ff). Zu den Gesamtgutsverbindlichkeiten gehören auch die Ersatzansprüche eines Ehegatten gegen das Gesamtgut (§§ 1445 Abs 2, 1467 Abs 2 BGB; vgl RGZ Recht 1909 Nr 1889; BayObLG NJW 1971, 2315; Mot IV 412; vgl cod civ art 1470). Ist der ersatzberechtigte Ehegatte zugleich Schuldner des Gesamtguts, so kann bei Vorhandensein der Voraussetzungen der §§ 387 ff BGB Aufrechnung stattfinden (Mot IV 412). **Keine Gesamtgutsverbindlichkeiten** sind die nach Beendigung der Gütergemeinschaft in der Person eines Ehegatten entstehenden Verbindlichkeiten (hM, vgl auch BGH FamRZ 1986, 40, 41; BayObLG FamRZ 2004, 879; OLG München FamRZ 1996, 170). Die Eheleute können im *Innenverhältnis* aber auch im Liquidationsstadium sowohl die Haftung des Gesamtguts als auch die Vorwegerfüllung von Verbindlichkeiten aus dem Gesamtgut vor Auseinandersetzung der Gütergemeinschaft vereinbaren (s auch OLG München FamRZ 1996, 291). Verpflichten sich die Ehegatten während des Liquidationsstadiums gemeinschaftlich zu einer Leistung und haften sie deshalb gemäß §§ 427 oder 431 BGB als Gesamtschuldner, so können die Gläubiger aus dem Gesamtgut nicht unmittelbar Befriedigung verlangen. Die Haftung der Ehegatten ist dann vielmehr auf ihre nach Beendigung der Gütergemeinschaft pfändbaren Anteile am Gesamtgut (§ 860 Abs 2 ZPO) sowie auf ihr Vorbehalts- und Sondergut beschränkt.

2. Berichtigung

Das Gesetz verlangt „Berichtigung" der Gesamtgutsverbindlichkeiten, also wirkli- **4** che **Tilgung durch Erfüllung** oder deren Surrogate (§§ 362 ff, 372 ff, 387 ff, 397 BGB). Kein Ehegatte kann daher verlangen, dass der zur Berichtigung der Gesamtgutsverbindlichkeiten erforderliche Betrag dem Gesamtgut entnommen und ihm zu diesem Zweck ausgehändigt werde. Über die gegen eine derartige Regelung sprechenden Erwägungen s Mot IV 410 ff. Eine Gesamtgutsverbindlichkeit kann auch in der Weise berichtigt werden, dass ein Ehegatte sie bei der Auseinandersetzung als alleiniger Schuldner übernimmt und der Gläubiger den anderen Ehegatten aus der Haftung entlässt (BGH NJW 1985, 3066, 3068; FamRZ 1986, 40, 41; 1988, 813, 815; OLG Frankfurt FamRZ 1984, 170; OLG Karlsruhe FamRZ 1982, 286 mAnm BÖLLING; KAPPLER FamRZ 2010, 1295). Erforderlich ist die unbedingte, vorbehaltslose und uneingeschränkte Übernahme als Alleinschuldner und eine ebensolche Haftungsfreistellung, also auch ohne Vorbehalt einer Zug-um-Zug-Leistung des Gläubigers. Spätestens mit der letzten Tatsachenverhandlung müssen beide Voraussetzungen vorliegen (BGH FamRZ 1988, 813, 815).

3. Nicht fällige oder streitige Gesamtgutsverbindlichkeiten (Abs 1 S 2)

Über den Begriff der **Fälligkeit** s § 271 BGB. **Streitig** ist eine Gesamtgutsverbind- **5** lichkeit nicht nur dann, wenn zur Zeit der Auseinandersetzung bereits ein Rechtsstreit über sie anhängig ist, sondern schon dann, wenn sie außergerichtlich nach Bestand, Höhe oder Fälligkeit zwischen dem Ehegatten und dem Gläubiger bestritten ist oder wenn zwischen den Ehegatten selbst Streit darüber besteht, ob die Verbindlichkeit der Ehegatten zueinander dem Gesamtgut oder einem der Ehegatten zur Last fällt (vgl § 1475 Abs 2 BGB; BGB-RGRK/Finke Rn 5).

6 **Das zur Berichtigung** solcher Gesamtgutsverbindlichkeiten (zuzüglich eines Zuschlags für Zinsen und Kosten) **Erforderliche ist zurückzubehalten**, dh es verbleibt bis zur Fälligkeit oder Erledigung des Streits in der gemeinschaftlichen Verwaltung der beiden Ehegatten (§ 1472 Abs 1 BGB). Solange zurückbehalten wird, bleibt auch die Haftung für die Schuld bestehen (vgl OLG Stuttgart SeuffBl 71, 267). Sicherheitsleistung (§§ 232 ff BGB) oder Hinterlegung (§§ 372 ff BGB) kann nicht verlangt werden (Bamberger/Roth/Mayer Rn 3). Nicht ausgeschlossen ist aber bei Vorhandensein der prozessualen Voraussetzungen der Erlass einer einstweiligen Verfügung, durch welche die Hinterlegung angeordnet wird. Die Verpflichtung, nach § 1475 Abs 1 S 2 BGB zu verfahren, besteht nur für die Mitglieder der Liquidationsgemeinschaft, **nicht** aber **gegenüber Dritten**. Diese schützt § 1480 BGB.

4. Verstoß gegen die Berichtigungspflicht

7 Wird entgegen der Vorschrift des § 1475 Abs 1 S 1 BGB eine Gesamtgutsverbindlichkeit nicht vor der Teilung des Gesamtguts berichtigt, **so haften** dem Gläubiger **beide Ehegatten persönlich als Gesamtschuldner**, jedoch derjenige, für den zur Zeit der Teilung eine solche Haftung nicht bestand, nur in beschränktem Umfang (s § 1480 BGB mit Erl). Für die Haftung der Ehegatten untereinander gilt § 1481 BGB.

III. Die einem Ehegatten im Innenverhältnis allein zur Last fallenden Gesamtgutsverbindlichkeiten (Abs 2)

8 Die in § 1475 Abs 1 BGB niedergelegten Grundsätze der Pflicht zur Berichtigung der Gesamtgutsverbindlichkeiten (S 1) sowie der Zurückbehaltungspflicht (S 2) erfahren eine **Ausnahme** durch die Vorschrift des Abs 2, deren **Wirkung** allerdings **ausschließlich auf das Innenverhältnis der Ehegatten** beschränkt ist. Kann der Ehegatte, dem im Innenverhältnis eine Gesamtgutsverbindlichkeit allein zur Last fällt, Berichtigung aus dem Gesamtgut nicht verlangen, so kann jedoch umgekehrt der andere Ehegatte, dem die Verbindlichkeit nicht zur Last fällt, dies mit Rücksicht auf die ihm drohende persönliche Haftung verlangen (vgl § 1480 BGB; MünchKomm/ Kanzleiter Rn 6; Soergel/Gaul/Althammer Rn 5). Ist die Berichtigung aus dem Gesamtgut erfolgt, so muss sich der Ehegatte, dem die Verbindlichkeit zur Last fällt, den Betrag auf seinen Teil anrechnen lassen (§ 1476 Abs 2 S 1 BGB). Vor der Auseinandersetzung findet ein Gesamtschuldnerausgleich zwischen den Eheleuten nicht statt (OLG Zweibrücken FamRZ 1992, 821 mit Hinw d Red auf die Entscheidung des BGH über die Versagung von PKH für die Revision; s auch § 1481 Rn 1).

9 Besteht zwischen den Ehegatten Streit darüber, ob eine Gesamtgutsverbindlichkeit im Innenverhältnis von einem Ehegatten allein oder von beiden gemeinsam zu tragen ist, so ist zur Klärung dieses Rechtsverhältnisses *Feststellungsantrag* zulässig

(§ 113 Abs 2 FamFG; § 256 ZPO; vgl RG JW 1909, 223 zur entsprechenden Frage bei Nachlassschulden).

IV. Umsetzung von Gesamtgut in Geld (Abs 3)

Nach § 1475 Abs 3 BGB ist zur Berichtigung der Gesamtgutsverbindlichkeiten das **10** Gesamtgut, soweit es zu diesem Zweck erforderlich ist, in Geld umzusetzen (vgl die entsprechenden Vorschriften §§ 733 Abs 3, 2046 Abs 3, 149 HGB). Die Umsetzung der zum Gesamtgut gehörenden Gegenstände in Geld hat selbstverständlich auch insoweit zu erfolgen, als dies zum Ausgleich wegen des von einem Ehegatten zum Gesamtgut zu ersetzenden Betrages (§ 1476 Abs 2 BGB) erforderlich ist. Der nicht ersatzpflichtige Ehegatte kann den von dem anderen Ehegatten zum Gesamtgut zu ersetzenden Betrag in Geld beanspruchen und daher verlangen, dass auch die sonst in Natur zu teilenden Gegenstände (s § 1477 Rn 3) zu Geld gemacht werden, falls nicht der ersatzpflichtige Ehegatte den von ihm zu ersetzenden Betrag bar einzahlt (Mot IV 414).

Die Pflicht zur Umsetzung des Gesamtguts in Geld nach **§ 1475 Abs 3 BGB** hat **11** **Vorrang gegenüber** der jedem Ehegatten nach **§ 1477 Abs 2 BGB** zustehenden Befugnis zur Übernahme gewisser Gegenstände (BGH FamRZ 2007, 625 Rn 13; s § 1477 Rn 19 f). Die Gegenstände, die übernommen werden sollen, sind aber zuletzt zu verwerten (KAPPLER FamRZ 2010, 1296; KOTZUR BWNotZ 1987, 136; MünchKomm/KANZLEITER Rn 8; SOERGEL/GAUL/ALTHAMMER Rn 6). Das Recht zur Übernahme kann jedoch dem Versteigerungsbegehren entgegengesetzt werden, wenn das Risiko einer fortdauernden persönlichen Haftung nicht besteht, weil Verbindlichkeiten als Alleinschuldner übernommen worden sind (s Rn 4) oder das verbleibende Gesamtgut zur Tilgung ausreicht. Es ist der Versteigerung im Wege des Drittwiderspruchs entsprechend § 771 ZPO entgegenzusetzen (BGH FamRZ 1987, 43, 44; NJW 1985, 3066, 3068). Bei der Übernahme von Gesamtgutsgegenständen vor endgültiger Klärung der Auseinandersetzungsguthaben kann der andere Ehegatte Sicherheitsleistung in Höhe des hälftigen Wertes verlangen (§ 273 BGB, BGH FamRZ 2007, 625 Rn 20 f; BGH FamRZ 2008, 1323 Rn 18).

Die Umsetzung des Gesamtguts in Geld erfolgt mangels anderweitiger Vereinba- **12** rung durch Verkauf der Sachen und Einziehung oder Verkauf der Forderungen (§§ 1477, 753, 754 BGB). Welche Sachen zunächst zu verkaufen sind, insbesondere, ob Grundstücke oder bewegliche Sachen, bleibt dem Ermessen der Ehegatten überlassen (s aber auch Rn 11). Die Ehegatten sind gehalten, bei der Auseinandersetzung des Gesamtgutes den Weg zu wählen, der das Gesamtgut am wenigsten belastet (vgl OLG Düsseldorf FamRZ 1993, 196).

V. Unzulänglichkeit des Gesamtguts

Reicht das Gesamtgut zur Berichtigung aller Gesamtgutsverbindlichkeiten **nicht aus**, **13** so können die Ehegatten, ohne sich der Haftung aus § 1480 BGB auszusetzen, die Gläubiger nach der Reihenfolge der Anmeldung befriedigen (BGB-RGRK/FINKE Rn 9; MünchKomm/KANZLEITER Rn 4; BAMBERGER/ROTH/MAYER Rn 4). Gemäß § 1472 Abs 3 HS 1 BGB wird aber jeder Ehegatte von dem anderen verlangen können, dass zunächst diejenigen Gesamtgutsverbindlichkeiten berichtigt werden, an deren Berichtigung das Gesamtgut besonders interessiert ist – also solche, für die ein Vollstreckungstitel besteht –, und dass im Übrigen alle Gläubiger verhältnismäßige Befriedigung erhalten (BGB-RGRK/Finke Rn 9; MünchKomm/Kanzleiter Rn 4).

VI. Zwangsvollstreckung

14 Über die Zwangsvollstreckung s § 1471 Rn 13, § 1472 Rn 23.

§ 1476
Teilung des Überschusses

(1) Der Überschuss, der nach der Berichtigung der Gesamtgutsverbindlichkeiten verbleibt, gebührt den Ehegatten zu gleichen Teilen.

(2) Was einer der Ehegatten zum Gesamtgut zu ersetzen hat, muss er sich auf seinen Teil anrechnen lassen. Soweit er den Ersatz nicht auf diese Weise leistet, bleibt er dem anderen Ehegatten verpflichtet.

Materialien: Zu § 1476 aF: E I 1377 Abs 2–4; II 1374; III 1459; Mot 4, 413; Prot 4, 282. Zu § 1476 nF: GleichberG E I 1476; II 1476; III 1476; BT-Drucks 1/3802, 66; BT-Drucks 2/3409, 31. Vgl Staudinger/BGB-Synopse 1896–2005 § 1476.

Systematische Übersicht

I.   Allgemeines, Rechtsentwicklung

1 § 1476 nF ist nur sprachlich geändert und stimmt sachlich mit § 1476 aF völlig überein. In Abs 1 ist der Grundsatz aufgestellt, dass der nach Berichtigung der Gesamtgutsverbindlichkeiten verbleibende Überschuss den Ehegatten zu gleichen Teilen gebührt (unten Rn 2 f). Darin findet der Leitgedanke der ehelichen Gütergemeinschaft Ausdruck, dass die in ihr lebenden Ehegatten am Gewinn und Verlust des Gesamtgutes je zur Hälfte beteiligt sind. Abs 2 regelt die Anrechnung der Ersatzverpflichtung (unten Rn 4 ff).

II.   Teilungsgrundsätze (Abs 1)

2 **Teilungsmaßstab**: Nach § 1475 Abs 1 BGB sind aus dem Gesamtgut zunächst die

Gesamtgutsverbindlichkeiten zu berichtigen und die zur Berichtigung noch nicht fälliger oder streitiger Gesamtgutsverbindlichkeiten erforderlichen Beträge zurückzubehalten. Verbleibt hiernach noch ein **Überschuss**, so gebührt er, dem Grundsatz des § 742 BGB entsprechend, jedem **Ehegatten zur Hälfte**, ohne Rücksicht darauf, was jeder Ehegatte in die Ehe eingebracht oder während der Ehe erworben hat (BayObLG Recht 1906 Nr 1655; vgl cod civ art 1474). Eine **Ausnahme** von diesem Grundsatz gilt gemäß § 1478 BGB bei Beendigung der Gütergemeinschaft durch Scheidung.

Das Verlangen nach Teilung kann nur in extremen Ausnahmefällen als treu- oder sittenwidrig angesehen werden (ebenso MünchKomm/KANZLEITER Rn 3; vgl auch RG WarnR 1925 Nr 58). Über den Anspruch auf den anteiligen Überschuss hinaus kommt ein Vermögensausgleich bis hin zur Übertragung von Eigentumsrechten gemäß **§ 242 BGB** in Betracht, wenn die Beibehaltung der im Vertrauen auf den Fortbestand der Ehe geschaffenen Vermögenszuordnung zu einer dem benachteiligten Ehegatten nach Treu und Glauben nicht zumutbaren Verteilung der während der Ehe gemeinsam geschaffenen Vermögenswerte führen würde (vgl BGH FamRZ 1987, 43, 45 mwNw; zur Ausübungskontrolle s auch Vorbem 23 zu §§ 1408 ff).

Teilungsmasse: Teilungsmasse ist der nach Berichtigung der Gesamtgutsverbindlich- **3** keiten und Zurückbehaltung der zur Berichtigung noch nicht fälliger oder streitiger Gesamtgutsverbindlichkeiten erforderlichen Beträge (§ 1475 Abs 1 S 2 BGB) **verbleibende Überschuss**. Hinzuzurechnen ist dasjenige, was ein Ehegatte zum Gesamtgut schuldet (§§ 1435 S 3, 1441–1444, 1445 Abs 1, 1446, 1463–1466, 1467 Abs 1, 1468 BGB; vgl Mot IV 413; cod civ art 1474), sowie was ein Ehegatte als Wertersatz gem § 1477 Abs 2 BGB zu leisten hat (BGH FamRZ 1988, 927).

III. Die Anrechnung der Ersatzverpflichtung (Abs 2)

Die Anrechnung von Ersatzverpflichtungen eines Ehegatten zum Gesamtgut kommt **4** insbesondere für die Fälle in Betracht, in denen die Fälligkeit solcher Verbindlichkeiten bis nach Beendigung der Gütergemeinschaft aufgeschoben ist (§§ 1446 Abs 1, Abs 2, 1468 BGB); denn in diesen Fällen erfolgt eine anderweitige Tilgung zumeist nicht mehr.

Anrechnungspflicht: Nach § 1476 Abs 2 S 1 BGB muss sich – entsprechend der für **5** die Gemeinschaft geltenden Regelung des § 756 S 1 BGB – jeder Ehegatte auf den ihm nach Abs 1 zukommenden Teil des Überschusses anrechnen lassen, was er zum Gesamtgut zu ersetzen hat (zB nach §§ 1445 Abs 1, 1467 Abs 1 oder 1477 Abs 2 BGB; vgl RG Recht 1909 Nr 1889). Ist also ein Überschuss von 5 000 € vorhanden, während ein Ehegatte 3 000 € zum Gesamtgut zu ersetzen verpflichtet ist, so beträgt die Teilungssumme 8 000 € (s oben Rn 3); der Ehegatte muss sich auf die ihm zustehenden 4 000 € die von ihm geschuldeten 3 000 € anrechnen lassen, sodass er nur noch 1 000 €, der andere Ehegatte dagegen 4 000 € erhält (vgl auch § 1477 Abs 1 BGB [mit Erl] sowie §§ 755, 756 BGB).

Recht auf Anrechnung: Aus § 1476 Abs 2 S 1 BGB folgt umgekehrt auch, dass jeder **6** Ehegatte sich die Anrechnung dessen, was er zum Gesamtgut zu ersetzen verpflichtet ist, auf den ihm zukommenden Teil des Überschusses nicht nur gefallen lassen muss, sondern auch berechtigt ist, Deckung seiner Schuld durch Anrechnung zu verlangen (vgl BGH FamRZ 1988, 927; OLG Nürnberg FamRZ 1999, 855). Das gilt auch, wenn das Übernahmerecht vor der Teilung des Gesamtgutes ausgeübt wird. Zur Deckung vor der Teilung ist er daher nur verpflichtet, wenn und soweit dies zur Berichtigung von Gesamtgutsverbindlichkeiten erforderlich ist (BGB-RGRK/Finke Rn 4; Bamberger/Roth/Mayer Rn 5; vgl auch §§ 2039, 2046 mit Erl).

7 **Ersatzverpflichtung bei Unterlassung der Anrechnung**: Soweit die einem Ehegatten obliegende Ersatzleistung zum Gesamtgut nicht durch Anrechnung (s oben Rn 4 ff) erfolgt, weil der zu ersetzende Betrag den dem ersatzpflichtigen Ehegatten zukommenden Betrag übersteigt, bleibt gemäß § 1476 Abs 2 S 2 BGB der ersatzpflichtige Ehegatte dem anderen Ehegatten verpflichtet. Hiermit ist zum Ausdruck gebracht, dass die dem Ehegatten obliegende Ersatzverbindlichkeit keine bloße, auf die erhaltenen Gegenstände beschränkte Ausgleichungspflicht (vgl §§ 2050, 2055 BGB), sondern eine gewöhnliche Ersatzpflicht ist (BGB-RGRK/Finke Rn 6; MünchKomm/Kanzleiter Rn 5; Mot IV 413 f). Beträgt also der Überschuss nur 1 000 €, während ein Ehegatte 5 000 € zum Gesamtgut schuldet, so ist die Teilungssumme 6 000 €. Für 3 000 € erfolgt die Ersatzleistung des schuldnerischen Ehegatten durch Anrechnung auf die ihm zukommende Hälfte der Teilungssumme. Für 2 000 € bleibt er dem anderen Ehegatten, welcher die vorhandenen 1 000 € erhält, persönlich, insbesondere mit seinem früheren Vorbehalts- und Sondergut ersatzpflichtig. Ein Anspruch auf **Verzinsung** besteht erst mit Rechtskraft der die Teilung vollziehenden Entscheidung (BGHZ 109, 89, 96 = NJW 1990, 445).

8 Bei der **fortgesetzten Gütergemeinschaft** besteht die im § 1476 Abs 2 S 2 BGB bezeichnete Verpflichtung nur für den überlebenden Ehegatten (§ 1498 S 2 BGB).

IV.   Unzulänglichkeit des Gesamtguts

9 Über das Verfahren, wenn das Gesamtgut zur Berichtigung der Gesamtgutsverbindlichkeiten nicht ausreicht, s § 1475 Rn 13.

V.   Abweichende Vereinbarungen

10 Die Vorschriften des § 1476 BGB finden nur Anwendung, sofern die Ehegatten keine andere Vereinbarung treffen (§ 1474 BGB).

§ 1477
Durchführung der Teilung

(1) Der Überschuss wird nach den Vorschriften über die Gemeinschaft geteilt.

(2) Jeder Ehegatte kann gegen Ersatz des Wertes die Sachen übernehmen, die ausschließlich zu seinem persönlichen Gebrauch bestimmt sind, insbesondere Kleider, Schmucksachen und Arbeitsgeräte. Das Gleiche gilt für die Gegenstände, die ein Ehegatte in die Gütergemeinschaft eingebracht oder während der Gütergemeinschaft durch Erbfolge, durch Vermächtnis oder mit Rücksicht auf ein künftiges Erbrecht, durch Schenkung oder als Ausstattung erworben hat.

Materialien: Zu § 1477 aF: E I § 1378 Abs 2; II § 1375; III § 1460; Mot IV 414; Prot IV 285; V 135. Zu § 1477 nF: GleichberG E I 1477; II 1477; III 1477; BT-Drucks 1/3802, 66; BT-Drucks 2/3409, 31. Vgl STAUDINGER/BGB-Synopse 1896–2005 § 1477.

Schrifttum

BÖLLING, Zur Bewertung eines landwirtschaftlichen Betriebes ..., FamRZ 1980, 754
ders, Auswirkungen des Geldwertverfalles auf die Auseinandersetzung des Gesamtguts, FamRZ 1982, 234
GRZIWOTZ, Sicherung von Rückübertragungsansprüchen für Ehegatten in Gütergemeinschaft, MittBayNot 1993, 74

KOTZUR, Gesamtgutsauseinandersetzung und Übernahme von Grundstücken, BWNotZ 1987, 134
ders, Übernahme von Grundstücken und Illatenersatz bei der Auseinandersetzung des Gesamtguts ehelicher Gütergemeinschaften, BWNotZ 1987, 134.

Systematische Übersicht

I. Rechtsentwicklung

§ 1477 nF ist gegenüber § 1477 aF lediglich sprachlich neu gefasst, sachlich dagegen unverändert geblieben. **1**

II. Die entsprechende Geltung der Vorschriften über die Gemeinschaft (Abs 1)

Die Anwendung der aus dem Recht der Gemeinschaft in Betracht kommenden Bestimmungen §§ 752–757 BGB mit Ausnahme des § 755 Abs 1 BGB, der durch § 1475 BGB ersetzt ist, führt zu folgenden Ergebnissen: **2**

1. Teilung in Natur oder Teilung des Veräußerungserlöses

Die Verteilung des Überschusses unter die Ehegatten erfolgt durch **Teilung in Natur**, **3** wenn der zu teilende Gegenstand oder, falls mehrere Gegenstände zu teilen sind, diese sich ohne Verminderung des Wertes in gleichartige – nicht notwendig gleichwertige – Teile zerlegen lassen, § 752 BGB. Zur Gewährleistung s § 757 BGB.

4 Ist die Teilung in Natur ausgeschlossen, so erfolgt die **Verteilung durch Verkauf** des zu teilenden Gegenstandes nach den Vorschriften über den Pfandverkauf (§§ 1233 ff BGB), bei Grundstücken durch Zwangsversteigerung (§§ 180 ff ZVG) und durch Teilung des Erlöses, § 753 BGB. Die Auseinandersetzung im Wege der Zwangsvollstreckung kann sich im Einzelfall als grober Verstoß gegen **Treu und Glauben** darstellen und damit dem Einwand der unzulässigen Rechtsausübung ausgesetzt sein (offen gelassen vom BGH FamRZ 1988, 813, 816). Vor Durchführung der Zwangsversteigerung nach den §§ 1477 Abs 1, 753 sowie 180 ZVG ist ein Auseinandersetzungsantrag mangels Teilungsreife regelmäßig *verfrüht* (BGH FamRZ 1988, 813, 816). Einen unteilbaren Gegenstand stellt in der Regel ein bebautes Hausgrundstück dar. Wird dieses von einem Ehegatten übernommen, so muss wegen der gesamthänderischen Bindung des auseinanderzusetzenden Gesamtguts Gegenstand der Auflassung das ganze Grundstück sein (KG KGJ B 37).

5 Auch für die **Verwertung von Forderungen** gilt zunächst der Grundsatz der Teilung in Natur (RGZ 65, 7). Der Verkauf einer zum Gesamtgut gehörenden Forderung ist nur bei Unteilbarkeit und nur dann zulässig, wenn die Forderung noch nicht eingezogen werden kann (s § 754 S 1 BGB sowie STAUDINGER/EICKELBERG [2015] § 754 Rn 5 ff). Ein solcher Fall ist beispielsweise gegeben bei mangelnder Fälligkeit. Aus diesem Grund ist der künftig fällig werdende Anspruch eines Ehegatten aus seiner *Beteiligung an einer offenen Handelsgesellschaft* zum Zwecke der Teilung zu verkaufen (RGZ 146, 284). Ist die Einziehung möglich, so kann jeder Ehegatte gemeinschaftliche Einziehung verlangen (s § 754 S 2 BGB sowie STAUDINGER/EICKELBERG [2015] § 754 Rn 9).

2. Berichtigung von Schulden

6 Die diesbezüglich für die Gemeinschaft geltende Vorschrift des § 755 BGB wird nach dem Grundsatz, dass die lex specialis der lex generalis vorgeht, durch § 1475 BGB ersetzt (ebenso BAMBERGER/ROTH/MAYER Rn 2; SOERGEL/GAUL/ALTHAMMER Rn 2; MünchKomm/KANZLEITER Rn 2). Allerdings können § 755 Abs 2, 3 BGB durch die in § 756 S 2 BGB enthaltene Verweisung zur Anwendung kommen (vgl unten Rn 7).

7 Hat ein **Ehegatte gegen den anderen** eine auf die Gütergemeinschaft sich gründende **Forderung**, so **kann** er bei der Auseinandersetzung die **Berichtigung seiner Forderung aus dem auf den anderen Ehegatten entfallenden Teil** des Gesamtguts verlangen. Dies gilt nicht nur hinsichtlich dessen, was ein Ehegatte aus der Zeit des Bestehens der Gütergemeinschaft dem anderen zu ersetzen verpflichtet ist (vgl § 1476 Abs 2 BGB mit Rn 4 ff), sondern auch für die Forderungen, welche sich auf die nach Beendigung der Gütergemeinschaft bis zur Auseinandersetzung zwischen den Ehegatten bestehende Auseinandersetzungsgemeinschaft gründen (s § 1472 Rn 20), sowie für die Kosten der Auseinandersetzung. Soweit zur Berichtigung der Schuld der Verkauf von Gesamtgut erforderlich ist, hat der Verkauf nach § 753 BGB (s oben Rn 4) zu erfolgen (s §§ 756, 755 Abs 2, 3 BGB mit Erl). **Der forderungsberechtigte Ehegatte** ist nicht auf einen persönlichen Anspruch gegen den anderen Ehegatten beschränkt; er **kann** vielmehr **verlangen, aus den zum Gesamtgut gehörenden Gegenständen**, die dem anderen Ehegatten zugeteilt worden sind, **befriedigt zu werden**. Soweit der zu ersetzende Betrag von dem ersatzpflichtigen Ehegatten nicht bar einbezahlt wird, sind die ihm zugeteilten Gegenstände in Geld umzusetzen (§ 1475 Rn 10). Gemäß § 84 InsO kann ein Ehegatte wegen derartiger Forderungen im Insolvenzverfahren des anderen Ehegatten abgesonderte Befriedigung aus dessen bei der Auseinandersetzung ermitteltem Anteil verlangen. Der Anspruch des forderungsberechtigten Ehegatten kann nicht nur gegen den Gesamtnachfolger, sondern auch gegen die Sondernachfolger (§§ 756 S 2, 755 Abs 2 BGB), insbesondere gegen die Pfändungspfandgläubiger (s § 1471 Rn 13) des anderen Ehegatten geltend gemacht werden.

III. Die Übernahme bestimmter Gegenstände (Abs 2)

Von den allgemeinen Vorschriften über die Teilung einer Gemeinschaft macht **8** § 1477 Abs 2 BGB insofern eine Ausnahme, als er jedem Ehegatten die Übernahme bestimmter Gegenstände gegen Wertersatz erlaubt. Eine Verpflichtung zur Übernahme besteht dagegen nicht. Wird das Übernahmerecht nicht ausgeübt, so bleibt es bei der Verteilung des Gesamtgutes gemäß § 1471 Abs 1 BGB.

1. Gegenstand des Übernahmerechts

Gegenstand des Übernahmerechts sind für jeden Ehegatten (für weitere Übernahme- **9** rechte gemäß § 242 WITTICH 99 ff):

Die **ausschließlich zu seinem persönlichen Gebrauch bestimmten Sachen**, insbesondere Kleider, Schmucksachen und Arbeitsgeräte (vgl § 1362 Abs 2 BGB mit Erl). Besteht zwischen den Ehegatten Streit darüber, ob eine Sache zum ausschließlich persönlichen Gebrauch eines Ehegatten bestimmt ist, so trifft die **Beweislast** denjenigen Ehegatten, der dies behauptet (RG LZ 1922, 291 Nr 2).

Die von ihm in die Gütergemeinschaft eingebrachten Gegenstände, also diejenigen **10** Gegenstände, die bei Eintritt der Gütergemeinschaft sein Eigentum gewesen sind, nicht aber diejenigen, die er später aus seinem Sonder- oder Vorbehaltsgut eingebracht hat (so aber MünchKomm/KANZLEITER Rn 4; KAPPLER FamRZ 2010, 1296; KLEIN FuR 1995, 168; wie hier SOERGEL/GAUL/ALTHAMMER Rn 4; NK-BGB/VÖLKER Rn 6; BAMBERGER/ROTH/ MAYER Rn 4). Gegenstand bedeutet hier jedes Vermögensrecht, also bewegliche Sachen wie auch Grundstücke (RG JR 1925 Nr 780). Bei Letzteren steht dem Übernahmerecht eine zwischenzeitlich erfolgte Flurbereinigung (OLG Bamberg FamRZ 1983, 72) ebensowenig entgegen wie Umbauten, Neubauten oder Anbauten während der Ehe (OLG Nürnberg OLGZ 82, 375; OLG Zweibrücken MittBayNot 2005, 48). Ein Grundstück ist auch dann eingebracht, wenn bei Begründung der Gütergemeinschaft ein schuldrechtlicher Anspruch auf Übereignung des Grundstücks bestand und dieser später erfüllt worden ist (OLG Stuttgart FamRZ 1996, 1475; OLG Düsseldorf FamRZ 1993, 194; KLEIN FuR 1995, 168; s auch Rn 12 aE).

Die von ihm **während des Bestehens der Gütergemeinschaft erworbenen Gegenstände**, **11** wenn er sie **durch Erbfolge** (§ 1922 ff BGB), **Vermächtnis** (§§ 2147 ff BGB), mit Rücksicht auf ein **künftiges Erbrecht**, durch **Schenkung** (§§ 516 ff BGB) oder als **Ausstattung** (§ 1624 BGB) **erworben** hat. Auch hier kommt jedes Vermögensrecht, sowohl an beweglichen Sachen als auch an Grundstücken und an Forderungen, in Betracht. Der Erwerb mit Rücksicht auf ein künftiges Erbrecht spielt insbesondere im Zusammenhang mit der Übergabe bäuerlicher Anwesen eine Rolle (vgl etwa BGHZ 84, 333 f; FamRZ 1986, 776 ff).

12 **Nicht Gegenstand des Übernahmerechts** sind **Teilrechte** (allg M, vgl etwa BGH FamRZ 1988, 813, 816). War zB ein Ehegatte bei Begründung der Gütergemeinschaft an einem Grundstück nur als Miterbe beteiligt und hat er das Grundstück erst während bestehender Gütergemeinschaft vollständig erworben, so hat er das Grundstück weder durch Erbfolge erworben, noch in die Gütergemeinschaft eingebracht (RG JR 1925 Nr 780; bestätigt durch BGH FamRZ 1986, 884 = NJW 1986, 1132). Anderes gilt jedoch für den Fall, dass ein Miterbe den Gegenstand im Wege der Teilungsanordnung oder des Auseinandersetzungsvertrags voll erwirbt (SOERGEL/GAUL/ALTHAMMER Rn 4; so auch BGH FamRZ 1998, 818 gegen OLG Hamm FamRZ 1997, 120). Wird im Hinblick auf ein künftiges Erbrecht im Ganzen erworben, stehen *Ausgleichszahlungen* an die Miterben dem Übernahmerecht nicht entgegen, weil das Übernahmerecht nicht von unentgeltlichem Erwerb abhängig ist (BGH FamRZ 1986, 884; OLG Köln FamRZ 1991, 572). Die Ausdehnung des Übernahmerechts auf **Surrogate** der in § 1477 Abs 2 BGB genannten Gegenstände ist unzulässig; denn das Übernahmerecht wird ausnahmsweise im Hinblick auf das persönliche Interesse an bestimmten Sachen gewährt und kann daher nicht beliebig erweitert werden (OLG Hamburg OLGE 7, 405 I). Kein Surrogat in diesem Sinne sind durch Ein-, Um- oder Neubauten während der Ehezeit umgestaltete von einem Ehegatten eingebrachte Grundstücke (OLG Nürnberg OLGZ 82, 375), ebensowenig Grundstücke, die dem Flurbereinigungsverfahren unterlegen haben (BGH FamRZ 1998, 818; OLG Bamberg FamRZ 1983, 72 f); nach OLG Düsseldorf (FamRZ 1993, 194) auch nicht ein Grundstück, wenn bei Vereinbarung der Gütergemeinschaft ein Anspruch auf Übereignung bereits bestand und dieser erfüllt worden ist (vgl Rn 10).

2. Übernahme nur gegen Wertersatz

13 Die Übernahme erfolgt gegen Ersatz des Wertes. Zu vergüten ist von dem übernehmenden Ehegatten **der Wert**, den der Gegenstand **zur Zeit der Übernahme** – nicht zur Zeit der Einbringung oder des Erwerbes – hat (BGH FamRZ 1986, 42; 1986, 777; 1987, 45; OLG Stuttgart NJW 1950, 70 mAnm von BOEHMER; vgl E I § 1378 Abs 2 S 2; Mot IV 415; Prot IV 285; anders dagegen die Regelung in § 1478 Abs 3 BGB). Andere Vereinbarungen bleiben jedoch – formlos – möglich (vgl BGHZ 84, 333). Es muss der objektive Wert (Verkehrswert), nicht der Ertragswert oder der Affektionswert ersetzt werden (Prot IV 286). Das gilt auch für einen landwirtschaftlichen Betrieb (vgl BGHZ 84, 333 = FamRZ 1982, 992 mit Anm BÖLLING; BGH FamRZ 1986, 777; BAMBERGER/ROTH/MAYER Rn 8). Entscheidend ist der Zeitpunkt des dinglichen Vollzuges, bei Grundstücken kommt es daher auf die Eintragung (BGH FamRZ 1986, 41; 777; **aA** MünchKomm/KANZLEITER Rn 11: Zeitpunkt der Übernahmeerklärung), bei einem Handelsunternehmen auf den Vollzug sämtlicher dinglicher Übertragungsakte an (BGH FamRZ 1984, 256). Erfolgt die Übernahme erst nach der Entscheidung über den Wertausgleich, kann der Tatrichter für die Bewertung auf den Zeitpunkt der letzten mündlichen Verhandlungen abstellen, sofern er sich davon die Überzeugung verschafft hat, dass sich bis zur tatsächlichen Übernahme der Wert nicht mehr ändert (BGH FamRZ 1986, 40, 42; 1986, 883, 884). Die **Ermittlung des Wertes** erfolgt mangels Einigung der Ehegatten durch Schätzung eines Sachverständigen (vgl E I § 1378 Abs 2 S 2; Prot IV 285). Für die Benennung, Beeidigung und Vernehmung des Sachverständigen ist jedoch das Verfahren nach § 410 Nr 2 FamFG nicht anwendbar (BayObLG JW 1923, 759 f; NK-BGB/VÖLKER Rn 13). Die Höhe des Wertersatzes muss notfalls in einem Rechtsstreit zwischen den Beteiligten geklärt werden. Die Wahl der Bewertungsmethode ist Sache des Tatrichters (BGH FamRZ 1986, 37; 776, 779; 1991, 43 = NJW 1991, 1547). Zu den Bewertungsgrundsätzen s § 1376 Rn 10 ff (ausführlich auch BGH FamRZ 1986, 776, 779 mwNw).

3. Rechtsnachfolger

Das **Recht auf Übernahme** steht (im Unterschied zu dem Übernahmerecht des **14** Ehegatten bei der fortgesetzten Gütergemeinschaft, § 1502 Abs 1 BGB) nicht nur den Ehegatten selbst, sondern auch ihren **Rechtsnachfolgern**, insbesondere dem Erben (§ 1482 BGB) wie auch dem Erbschaftskäufer (§§ 2371 ff BGB) zu (RG DJZ 1924, 141; RGZ 85, 4 f; OLG Hamburg OLGE 24, 79). Von mehreren Erben kann das Übernahmerecht nur gemeinschaftlich ausgeübt werden, doch kann jeder Erbe von dem anderen die Mitwirkung zur Ausübung des Übernahmerechts verlangen, wenn die Voraussetzungen des § 2038 Abs 1 S 2 BGB gegeben sind. Da das Recht auf Übernahme *kein höchstpersönliches Recht* ist, kann es mangels gegenteiliger Anordnung des Erblassers auch vom Testamentsvollstrecker – auch gegen den Willen der Erben – ausgeübt werden (RGZ 85, 4 f). Das Gleiche gilt für den Gläubiger, der den Anteil am Gesamtgut nach Beendigung der Gütergemeinschaft gepfändet hat (§ 860 Abs 2 ZPO).

4. Geltendmachung des Übernahmerechts

Das **Übernahmerecht ist ein Gestaltungsrecht** (ebenso BGH FamRZ 1987, 44). Seine **15** Geltendmachung erfolgt durch einseitige, formlose, zugangsbedürftige und unwiderrufliche Erklärung gegenüber dem anderen Ehegatten oder dessen Erben. Da die Ausübung von Gestaltungsrechten grundsätzlich bedingungsfeindlich ist, kommt eine bedingte Übernahmeerklärung nur ausnahmsweise in Betracht, wenn sie keine ungewisse Lage für den anderen Ehegatten schafft, etwa wenn die Erklärung nur für den Fall gelten soll, dass ein bestimmter Betrag als Wertersatz gebilligt wird (Klein FuR 1995, 167; weitergehend ohne Einschränkung: Bamberger/Roth/Mayer Rn 5; MünchKomm/ Kanzleiter Rn 8). Auch die Erklärung gegenüber der die Auseinandersetzung vermittelnden Behörde (§ 1471 Rn 15, § 1474 Rn 6 ff) genügt (ebenso BGB-RGRK/Finke Rn 13). Die Übernahmeerklärung ist auch dann **nicht formbedürftig gem § 313 BGB**, wenn sie ein Grundstück betrifft (OLG München FamRZ 1988, 1275). Das Übernahmerecht ist an die Einhaltung einer Frist nicht gebunden und kann daher bis zur Erledigung der Auseinandersetzung ausgeübt werden (RG DJZ 1924, 141). Im Falle drohender Teilungsversteigerung muss vor dem Familiengericht **Widerspruchsantrag gem § 711 ZPO** gestellt werden (BGH FamRZ 1987, 44; NJW 1985, 3068; BayObLG OLGZ 71, 293 = NJW 1971, 2315; OLG Bamberg FamRZ 1983, 73; s auch § 1475 Rn 11). Bedarf es des Gegenstandes der Übernahme in der Liquidation nicht mehr, kommt eine Übernahme auch vor der Auseinandersetzung in Betracht (Rn 17, 19 u § 1475 Rn 11). Zur Geltendmachung vor Beendigung der Gütergemeinschaft AG Aachen FamRZ 1990, 57 f u Ensslen FamRZ 1998, 1080; zu derjenigen im Scheidungsverbundverfahren vgl § 1478 Rn 22.

Mit der Übernahmeerklärung wird **der andere Ehegatte** (oder dessen Erbe) **ver- 16 pflichtet**, die **zur Übertragung** des bisherigen gemeinsamen Eigentums in das Alleineigentum des übernehmenden Ehegatten **erforderlichen Handlungen vorzunehmen**, also bewegliche Sachen an ihn zu übereignen (§§ 929 ff BGB), Grundstücke an ihn aufzulassen und die für die Umschreibung des Grundbuchs nötigen Erklärungen abzugeben (§§ 925, 873 BGB). Sollte ausnahmsweise der übernehmende Ehegatte noch allein im Grundbuch eingetragen sein, so soll ein Verzicht des anderen Ehegatten auf die Grundbuchberichtigung genügen (Boehmer NJW 1950, 72). Das Recht auf Mitbesitz und -verwaltung besteht jedoch nicht nur bis zur Abgabe der Übernahmeerklärung, sondern bis zum Abschluss der Auseinandersetzung, also etwa bis zur vollzogenen Übernahme (OLG Stuttgart NJW 1950, 70; OLG Hamm FamRZ 1979, 811).

17 **Der übernehmende Ehegatte wird** durch seine Übernahmeerklärung verpflichtet, den Gegenwert an **die Teilungsmasse zu entrichten**. Es gilt jedoch unverändert § 1476 Abs 2 S 1 BGB. Die Leistung erfolgt durch Anrechnung auf den Anteil an dem Überschuss, der sich nach Hinzurechnung des Wertersatzes ergibt, und zwar auch dann, wenn das Übernahmerecht ausnahmsweise schon vor Teilung des Gesamtguts im Übrigen ausgeübt wird (BGH FamRZ 2007, 626 Rn 15; FamRZ 2008, 1323 Rn 16; FamRZ 1988, 927; OLG Nürnberg FamRZ 1999, 855). Für die Berechnung des Überschusses tritt also an die Stelle des Gegenstandes sein Wert, kein Zahlungsanspruch (BGH FamRZ 2007, 626 Rn 15). Nur wenn der Überschussanteil nicht ausreicht, bleibt der übernehmende dem anderen Ehegatten bei der endgültigen Auseinandersetzung unmittelbar zum Wertersatz verpflichtet (§ 1477 Abs 2 S 2 BGB). Sollte die Berichtigung der Gesamtgutsverbindlichkeiten bereits abgeschlossen sein, sodass nur noch die Teilung des Überschusses unter die beiden Ehegatten (oder deren Erben) in Betracht kommt, so wird man es als ausreichend ansehen müssen, wenn der übernehmende Ehegatte die Hälfte des Gegenwertes an den anderen Ehegatten zahlt (abweichend: OLG Stuttgart NJW 1950, 72; Boehmer NJW 1950, 72; Dölle I § 80 I 2 b S 976).

18 Die Pflicht zur Übertragung und die Pflicht zur Leistung des Wertersatzes führen bei **Erhebung der entsprechenden Einrede** im Prozess zu einer Entscheidung zur Leistung **Zug-um-Zug** gem § 274 BGB (so die hM, – vgl BGH FamRZ 2007, 627 mwNw; FamRZ 2008, 1323; OLG Zweibrücken MittBayNot 2005, 48 auch zur Abwendung durch Sicherheitsleistung; OLG München FamRZ 1996, 170). Solange nicht feststeht, ob und in welchem Umfang eine Anrechnung auf den Anteil am Überschuss in Betracht kommt oder eine Aufrechnung mit einem Anspruch aus § 1478 Abs 1 BGB möglich ist, kann Übertragung nur Zug um Zug gegen Leistung einer Sicherheit erfolgen, deren Wert nach dem hälftigen Wert der übernommenen Sache zu bemessen ist (BGH FamRZ 2007, 627).

5. Grenzen des Übernahmerechts

19 **a)** **Das Recht auf Übernahme** gewisser Gegenstände steht den Ehegatten erst bei der Teilung des Überschusses zu, **setzt** also, falls nicht eine gegenteilige Vereinbarung der Ehegatten vorliegt (RG WarnR 1922 Nr 55), **vorherige Berichtigung der Gesamtgutsverbindlichkeiten voraus** (BGH FamRZ 2008, 1323; 2007, 626; 1987, 44; 1985, 904 f; OLG Köln FamRZ 1991, 571 u 572; OLG Frankfurt FamRZ 1984, 171; s § 1475 Rn 11). Grundsätzlich steht also bis zum Abschluss der Auseinandersetzung, nicht nur bis zur Abgabe der Übernahmeerklärung, beiden Ehegatten das Recht auf Mitbesitz und Mitverwaltung zu (OLG Hamm FamRZ 1979, 810). Steht fest, dass es für die Schuldentilgung auf den zu übernehmenden Gegenstand nicht ankommt, weil dafür ohnehin genügend Mittel verfügbar sind oder weil die Verbindlichkeiten als Alleinschuldner vom Ehegatten übernommen worden sind (§ 1475 Rn 4), so steht der **Übernahme vor der Schuldentilgung** nichts im Wege (BGH FamRZ 2007, 626; OLG Düsseldorf FamRZ 1993,

195; RG DJZ 1924, 141). Im Übrigen verstärkt der Gegenwert des übernommenen Gegenstandes die Mittel für die Schuldentilgung (RGZ 85, 1, 10; Dölle I § 80 I 2 b S 976).

Ist der in Frage stehende *Gegenstand selbst* einem Gesamtgutsgläubiger zu *leisten,* so **20** ist § 1477 Abs 2 BGB selbstverständlich unanwendbar. Ebenso scheidet das Übernahmerecht aber auch dann aus, wenn gemäß § 1475 Abs 3 BGB eine Versilberung der zum Gesamtgut gehörenden Gegenstände in Frage kommt, da Versteigerungen, namentlich bei gewissen Sachen, wie zB bei Kunstgegenständen, oft einen höheren Erlös als den mehr oder weniger relativen Schätzwert ergeben, die Schuldentilgung der Teilung aber immer vorgehen muss (Mot IV 415). Sind allerdings andere als die in § 1477 Abs 2 BGB erwähnten Gegenstände vorhanden, aus deren Versilberung der zur Berichtigung der Gesamtgutsverbindlichkeiten erforderliche Betrag erzielt werden kann, so kann der übernahmeberechtigte Ehegatte verlangen, dass die Berichtigung der Gesamtgutsverbindlichkeiten auf diesem das Übernahmerecht nicht beeinträchtigenden Wege erfolgt (s § 1475 Rn 11).

b) **Liegen die Voraussetzungen des § 1477 Abs 2 BGB bei beiden Ehegatten vor** – so **21** zB, wenn der Mann einen von ihm geerbten Schmuck der Frau ausschließlich zu ihrem persönlichen Gebrauch überlassen hat –, so greift das Übernahmerecht nicht Platz, da sich die Befugnisse der beiden Ehegatten aufheben. Dies gilt auch für solche in § 1477 Abs 2 BGB genannten Sachen, die die Ehegatten gemeinschaftlich erworben haben, zB Hochzeitsgeschenke (ebenso NK-BGB/Völker Rn 5; Palandt/Brudermüller Rn 2; Soergel/Gaul/Althammer Rn 5).

c) Über den Ausschluss des Übernahmerechts durch letztwillige Verfügung des **22** erstverstorbenen Ehegatten s Walther BayNotZ 1904, 172 f.

d) Durch das Vorliegen des Erstattungsanspruchs aus § 1478 Abs 1 BGB wird das **23** Übernahmerecht aus § 1477 Abs 2 BGB nicht ausgeschlossen; vielmehr können beide Rechte nebeneinander ausgeübt werden (BGH NJW 1952, 1300 f; BGHZ 84, 338; BGH FamRZ 1984, 256; 1986, 41; 884; 1987, 43; 1990, 256; OLG Bamberg FamRZ 2001, 1216; OLG Nürnberg FamRZ 1999, 854; OLG Karlsruhe FamRZ 1982, 288 mAnm Bölling; Bölling FamRZ 1980, 755).

e) Das Übernahmerecht aus § 1477 Abs 2 BGB steht neben dem mit Teilungs- **24** antrag geltend zu machenden Auseinandersetzungsanspruch (vgl § 1474 Rn 9) wahlweise zur Verfügung. Für die Ausübung dieses Rechts ist im Gesetz ein Zeitpunkt nicht bestimmt, sodass anzunehmen ist, dass dieses Wahlrecht bis zur Beendigung der Auseinandersetzung ausgeübt werden kann. Deshalb geht das Übernahmerecht aus § 1477 Abs 2 BGB auch nicht durch bloße Stellung des Teilungsantrags verloren (OLG Augsburg SeuffA 77 Nr 3; OLG Hamburg SeuffA 59 Nr 131).

IV. Verteilung der von mehreren Erben eines Ehegatten übernommenen Gegenstände

Die Verteilung der aufgrund des § 1477 BGB mehreren Erben eines Ehegatten **25** **zugewiesenen Gegenstände** unter die Erben selbst bemisst sich nach den erbrechtlichen Normen (vgl §§ 2032 ff BGB).

V. Abweichende Vereinbarungen

26 Die Bestimmungen des § 1477 Abs 1 und 2 BGB finden nur Anwendung, soweit die Ehegatten keine andere Vereinbarung treffen (§ 1474 Rn 2, 3). Insbesondere können einem Ehegatten gegen Abfindung des anderen oder seiner Erben das ganze Gesamtgut oder einzelne Bestandteile hiervon überlassen werden.

VI. Grundbuch

27 Über die dem **Grundbuchamt** zu erbringenden Nachweise für den Fall, dass bei einer zum Gesamtgut gehörenden Hypothek, Grundschuld oder Rentenschuld ein Beteiligter, auf den das Recht bei der Auseinandersetzung übertragen ist, als neuer Gläubiger eingetragen werden soll, s GBO §§ 36, 37.

§ 1478
Auseinandersetzung nach Scheidung

(1) Ist die Ehe geschieden, bevor die Auseinandersetzung beendet ist, so ist auf Verlangen eines Ehegatten jedem von ihnen der Wert dessen zurückzuerstatten, was er in die Gütergemeinschaft eingebracht hat; reicht hierzu der Wert des Gesamtguts nicht aus, so ist der Fehlbetrag von den Ehegatten nach dem Verhältnis des Wertes des von ihnen Eingebrachten zu tragen.

(2) Als eingebracht sind anzusehen

1. die Gegenstände, die einem Ehegatten beim Eintritt der Gütergemeinschaft gehört haben,

2. die Gegenstände, die ein Ehegatte von Todes wegen oder mit Rücksicht auf ein künftiges Erbrecht, durch Schenkung oder als Ausstattung erworben hat, es sei denn, dass der Erwerb den Umständen nach zu den Einkünften zu rechnen war,

3. die Rechte, die mit dem Tod eines Ehegatten erlöschen oder deren Erwerb durch den Tod eines Ehegatten bedingt ist.

(3) Der Wert des Eingebrachten bestimmt sich nach der Zeit der Einbringung.

Materialien: Zu § 1478 aF: E II § 1476; III § 461; Mot IV 610 ff; Prot IV 438 ff. Zu § 1478 nF: GleichberG E I § 1478; II § 1478; III § 1478. BT-Drucks 1/3802, 66; BT-Drucks 2/3809, 31; Art 1 Nr 11 EheRG BT-Drucks 7/650, 102 f. Vgl STAUDINGER/BGB-Synopse 1896–2005 § 1478.

Systematische Übersicht

I.   Grundzüge

§ 1478 BGB war durch das GleichberG vom 18. 6. 1957 nur der äußeren Form, nicht **1** aber der Sache nach geändert worden. Die Vorschrift ist jedoch durch das 1. EheRG vom 14. 6. 1976 in Abs 1 völlig neu gefasst worden.

§ 1478 BGB bildet eine auf *Billigkeitserwägungen* beruhende Ausnahme von dem in **2** § 1476 Abs 1 BGB festgelegten, an sich für die Gütergemeinschaft kennzeichnenden Grundsatz der hälftigen Teilung des nach Abzug der Gesamtgutsverbindlichkeiten verbleibenden Überschusses. Der Zweck dieser Ausnahme ist es, zu verhindern, dass sich ein Ehegatte am eingebrachten Gut des anderen aus Anlass der Scheidung bereichert und vielleicht gar mit diesem Ziel die Scheidung betreibt (vgl BT-Drucks 7/ 650, 103; teilweise krit STUMPP Rpfleger 1979, 442).

II.   Voraussetzungen des Rechts auf Wertersatz

Die **Ehe muss vor Beendigung der Auseinandersetzung rechtskräftig geschieden** sein. **3** Nicht erforderlich ist, dass die Gütergemeinschaft durch die Ehescheidung beendet worden ist. **Jeder Beendigungsgrund genügt**, sofern nur die Auseinandersetzung die Scheidung überdauert. Zur Geltendmachung des Anspruchs vor Scheidung im Rahmen des *Verbundverfahrens* s Rn 22.

Wird die **Ehe aufgehoben**, greift § 1478 BGB trotz der in § 1318 BGB enthaltenen **4** missverständlichen Verweisung wie nach einer Scheidung ein (zutreffend SOERGEL/ GAUL/ALTHAMMER Rn 3; **aA** BAMBERGER/ROTH/MAYER Rn 2; NK-BGB/VÖLKER Rn 4).

§ 1478 BGB ist entsprechend anzuwenden, wenn sich das Scheidungsverfahren durch 5 den Tod eines Ehegatten erledigt. Eine Halbteilung trotz bereits schwebenden Scheidungsverfahrens würde hier zu unbilligen Härten führen. Die nach dem Normzweck im Falle der Scheidung zu vermeidenden Vermögensvorteile oder -nachteile träfen ohne inneren Grund nur wegen des einer Scheidung zuvorkommenden Todes ein. Um zu verhindern, dass der Normzweck durch den Tod vereitelt wird, ist die entsprechende Anwendung des § 1478 BGB hier geboten. Sie setzt jedoch voraus, dass die Ehe, wäre sie nicht durch den Tod aufgelöst worden, geschieden worden wäre (wie hier BAMBERGER/ROTH/MAYER Rn 2; MünchKomm/KANZLEITER Rn 4; SOERGEL/GAUL/ALT-HAMMER Rn 6; **aA** BGB-RGRK/FINKE Rn 5; ERMAN/HEINEMANN Rn 2). Im Prozess über die Erstattung ist daher als Vorfrage zu klären, ob die Ehe geschieden worden wäre (über „Hypothetische Inzidentprozesse" vgl BAUR, in: FS Larenz [1973] 1063). Das Wahlrecht steht sowohl dem überlebenden Gatten als auch den Erben zu.

§ 1478 BGB ist keine von der sonstigen Regelung der Auseinandersetzung unab- **6** hängige Sonderbestimmung, sondern fügt sich, ebenso wie das Übernahmerecht aus § 1477 Abs 2 BGB, in den Rahmen der Auseinandersetzungsvorschriften der §§ 1477 ff BGB ein. Daher müssen auch die allgemeinen Voraussetzungen für die

Durchführung der Auseinandersetzung gewahrt sein, also vorher die Gesamtgutsgläubiger befriedigt oder durch Zurückbehaltung von Vermögenswerten sichergestellt werden (§ 1475 Abs 1 BGB; § 1477 Rn 19).

III. Der Inhalt des Rechts

1. Wahlrecht

7 § 1478 BGB gewährt dem berechtigten Ehegatten ein Wahlrecht hinsichtlich der Art der Auseinandersetzung in Ansehung des Gesamtguts. Der wahlberechtigte Ehegatte kann es entweder bei dem Grundsatz des § 1476 Abs 1 BGB belassen oder aber verlangen, dass jedem Ehegatten der Wert des von ihm in die Gütergemeinschaft Eingebrachten zurückerstattet wird (OLG Augsburg SeuffA 77 Nr 3; OLG Hamburg OLGE 6, 280). Diese Wahl steht ihm frei; er wird von diesem Recht wohl nur dann Gebrauch machen, wenn er mehr als sein Ehegatte eingebracht hat. Hat er sein Wahlrecht ausgeübt (dazu unten Rn 21), so ist er (wie bei jeder Ausübung eines Gestaltungsrechts) daran **gebunden**. Das schließt nicht aus, dass er sich später mit seinem Partner (formfrei) auf eine andere Art der Auseinandersetzung einigt. Das Wahlrecht ist vererblich und kann daher auch von den Erben des wahlberechtigten Ehegatten ausgeübt werden (s auch Rn 5).

2. Wertersatz

8 Zurückzuerstatten ist jedem Ehegatten **der Wert des von ihm Eingebrachten**. Es findet also – vorbehaltlich gegenteiliger Vereinbarungen der Ehegatten – keine Naturalauseinandersetzung, kein Auseinanderfallen der Bestandteile nach ihrer Herkunft, sondern ein Wertersatz statt (OLG Augsburg SeuffA 77 Nr 3 = BayZ 1921, 77 ff; Prot IV 439).

9 Der Wert des Eingebrachten bestimmt sich im Unterschied zu § 1477 BGB, wonach der Zeitpunkt der Übernahme maßgebend ist, nach der **Zeit der Einbringung** (§ 1478 Abs 3 BGB; vgl Prot IV 443). Das weitere Schicksal des Eingebrachten wie Wertsteigerung, -minderung oder Untergang ist ohne Belang. Die später begründete Verjährungseinrede gegen einen eingebrachten Zugewinnausgleichsanspruch geht deswegen ins Leere (BGH NJW 1990, 445 = FamRZ 1990, 256). Nachträgliche Wertminderungen oder Werterhöhungen werden aber berücksichtigt, wenn sie lediglich auf der allgemeinen Kaufkraftentwicklung der Währung beruhen. Der **Kaufkraftschwund** ist dadurch zu berücksichtigen, dass der inflationsbereinigte Wert des Eingebrachten zurückzuerstatten ist (dazu s STAUDINGER/THIELE [2017] § 1373 Rn 12 ff mwNw; für § 1478 s BGHZ 83, 333, 338 = FamRZ 1982, 991 mit krit Anm von BÖLLING; BGH FamRZ 1986, 777; OLG Karlsruhe FamRZ 1982, 286, ebenfalls mit krit Anm von BÖLLING; MünchKomm/KANZLEITER Rn 8; SOERGEL/GAUL/ALTHAMMER Rn 7; PALANDT/BRUDERMÜLLER Rn 3; NK-BGB/VÖLKER Rn 7; aA BÖLLING FamRZ 1982, 234; BGB-RGRK/FINKE Rn 10, der nur ausnahmsweise § 242 heranziehen will); Bewertungsstichtag insoweit ist der Tag der Rückerstattung (WITTICH 52). Zur **Berechnung** im Einzelnen s STAUDINGER/THIELE (2017) § 1373 Rn 15. Auszugehen ist – auch für landwirtschaftliche Betriebe – vom **Verkehrswert** nicht vom Ertragswert. § 1376 Abs 4 BGB gilt nicht entsprechend (BGH FamRZ 1986, 776, 777 f). Zur Ermittlung des Wertes s § 1477 Rn 13 unter Berücksichtigung des unterschiedlichen Bemessungszeitpunktes; s auch STAUDINGER/THIELE (2017) § 1376 Rn 10 ff.

3. Der Begriff des eingebrachten Guts

Gegenstände gem Abs 2 Nr 1 sind Sachen und jegliche Vermögensrechte (BGHZ 1, **10** 294, 305). Maßgebend ist der **Zeitpunkt**, in dem der Ehevertrag wirksam wird, mangels abweichender Vereinbarung also der Zeitpunkt des Vertragsschlusses (§ 1415 BGB). Neben diesem Zeitpunkt knüpft das Gesetz das Übernahmerecht an keine weiteren Voraussetzungen. Wie etwa die Anschaffung finanziert worden ist, insbesondere ob die Mittel von einem Ehegatten stammen und aus welchem Grund sie zur Verfügung gestellt worden sind, ist unerheblich (BGH FamRZ 1987, 43, 44). Im Einzelfall kann allerdings ein Anpassungsverlangen eines Ehegatten gem § 242 BGB in Betracht kommen (BGH FamRZ 1987, 43, 45; § 1476 Rn 2). Ist der Erwerb von einer Bedingung abhängig und tritt diese erst nach Eintritt der Gütergemeinschaft ein, so ist gemäß § 158 Abs 1 BGB, wonach grundsätzlich der Zeitpunkt des Bedingungseintritts maßgebend ist, im Zweifel der Erwerb als erst nach dem Eintritt der Gütergemeinschaft erfolgt anzusehen. Etwas anderes muss jedoch gelten, wenn die Bedingung so gestaltet ist, dass zugunsten des erwerbenden Ehegatten im Zeitpunkt des Eintritts der Gütergemeinschaft eine **Anwartschaft** besteht. Mit Rücksicht darauf, dass das Anwartschaftsrecht als eine Vorstufe zum Eigentum und damit als diesem wesensgleich anzusehen ist mit der Folge, dass es hinsichtlich der Übertragung sowie der Wirkung gegenüber Dritten dem Eigentum gleichgestellt ist (BGHZ 35, 85, 89), ist das Anwartschaftsrecht auch in diesem Zusammenhang wie das Eigentum zu behandeln und wie dieses zum eingebrachten Gut zu zählen. Ebenso fällt in das eingebrachte Gut, was aufgrund eines anfechtbaren, aber nach Eintritt der Gütergemeinschaft unanfechtbar gewordenen Rechtsgeschäfts erworben wird. Zu dem in die Gütergemeinschaft Eingebrachten gehört auch der **Zugewinnausgleichsanspruch** eines Ehegatten gegen den anderen bei Wechsel vom gesetzlichen Güterstand in denjenigen der Gütergemeinschaft (BGH NJW 1990, 445 = FamRZ 1990, 256).

Erwerb von Todes wegen ist, was ein Ehegatte durch *Erbfolge aufgrund Gesetzes* **11** (§§ 1922 ff BGB), *Testaments* (§§ 2064 ff BGB) oder *Erbvertrags* (§§ 2274 ff BGB), durch *Vermächtnis* (§§ 2147 ff BGB) oder als *Pflichtteil* (§§ 2303 ff BGB) erwirbt. Der Erblasser darf allerdings nicht bestimmt haben, dass der Erwerb Vorbehaltsgut sein soll (§ 1418 Abs 2 Nr 2 BGB). Was beiden Ehegatten gemeinschaftlich zugewendet ist, gilt als gemeinschaftlich eingebrachtes Gut und ist bei der Bewertung des Erstattungsanspruchs anteilmäßig zu berücksichtigen (Mot IV 496). Der **Erwerb mit Rücksicht auf ein künftiges Erbrecht** zählt hierher, weil es sich hierbei um eine vorzeitige Erbfolge handelt. Unerheblich ist dabei, ob von dem erwerbenden Ehegatten gewisse Verpflichtungen – etwa die Gewährung einer Leibrente oder die Abfindung von Geschwistern – übernommen werden (BGH FamRZ 1986, 884). Besondere Bedeutung haben in dieser Richtung die **Hofübergabeverträge**. Außerdem gehören regelmäßig hierher der mit Rücksicht auf ein künftiges Erbrecht an einen gesetzlichen Erben vorgenommene Verkauf (§ 470 BGB) sowie die einem anteilsberechtigten Abkömmling für den Verzicht auf seinen Anteil am Gesamtgut der fortgesetzten Gütergemeinschaft (§§ 1491, 1517 BGB) oder für seinen Ausschluss von der fortgesetzten Gütergemeinschaft (§ 1511 BGB) gewährte Abfindung (vgl § 1491 Rn 7 ff, § 1511 Rn 17, § 1517 Rn 3).

Über den Begriff der **Schenkung** s § 516 BGB sowie STAUDINGER/CHIUSI (2013) **12** § 516 Rn 8 ff. Der Schenker darf bei der Zuwendung nicht bestimmt haben, dass der

Erwerb Vorbehaltsgut sein soll (§ 1418 Abs 2 Nr 2 BGB). Eine beiden Ehegatten gemeinschaftlich gemachte Schenkung gilt als von beiden gemeinschaftlich einge-brachtes Gut und ist bei der Bewertung des Erstattungsanspruchs anteilmäßig zu berücksichtigen. Dies trifft vor allem zu für Hochzeitsgeschenke, welche in der Regel als beiden Ehegatten gemeinschaftlich zugewendet gelten (Mot IV 497; KG SeuffA 66 Nr 317). Unter diese Vorschrift fallen auch Schenkungen der Ehegatten untereinander.

13 Eingebrachtes Gut ist schließlich auch, was jeder Ehegatte als **Ausstattung** erworben hat. Zu dem Begriff der Ausstattung s § 1624 BGB sowie STAUDINGER/HILBIG-LU-GANI (2015) § 1624.

14 Gegenstände, die ein Ehegatte dagegen durch ein **entgeltliches Rechtsgeschäft** von einem Dritten erwirbt, können auch durch entsprechende Bestimmung des Dritten **nicht** zum eingebrachten Gut erklärt werden. Ein solcher Erwerb fällt in das Ge-samtgut (§ 1416 Abs 1 S 2 BGB). Will jedoch der erwerbende Ehegatte für den Fall der Auseinandersetzung die für ihn unvorteilhafte Lösung vermeiden, dass dieser Erwerb nur hälftig für ihn Berücksichtigung findet (§ 1476 Abs 1 BGB), so ist er auf einen Ehevertrag angewiesen, der einen solchen Erwerb zu seinem Vorbehaltsgut erklärt (§ 1418 Abs 2 S 1 BGB).

15 Als eingebracht kann nach § 1478 Abs 2 Ziff 2 BGB nur solcher **Erwerb** gelten, der **während des Bestehens der Gütergemeinschaft** stattgefunden hat. Diese Einschrän-kung fehlt zwar in der Bestimmung, folgt jedoch praktisch daraus, dass der vor der Eingehung der Gütergemeinschaft anfallende Erwerb unter § 1478 Abs 2 Ziff 1 BGB fällt (s Rn 10).

16 Der Erwerb der in § 1478 Abs 2 Nr 2 BGB bezeichneten Art zählt jedoch dann **nicht** zum eingebrachten Gut, wenn er **den Umständen nach zu den Einkünften** zu rechnen ist. Man dachte hierbei insbesondere an Zuwendungen, die nach der Natur der Sache und den Umständen des Falles dazu bestimmt sind, die zum alsbaldigen Verbrauch bestimmten gemeinsamen Mittel zu vergrößern (Prot IV 365 ff; Mot IV 497). Grundsätzlich kann aber die Frage, ob ein Erwerb zu den Einkünften zu rechnen ist, nicht allgemein, sondern nur nach den **Umständen des einzelnen Falles entschieden** werden. Maßgebend sind hier nicht rechtliche, sondern wirtschaftliche Gesichtspunkte. Daher ist nicht nur auf die Absicht des Zuwendenden, sondern auch auf die persönlichen Verhältnisse des Empfängers, seine Erwerbstätigkeit und den Anlass der Zuwendung Rücksicht zu nehmen. Vor allem gehören hierher Schen-kungen, die ein Ehegatte in Beziehung auf seine Erwerbstätigkeit und aus deren Anlass erhält (zB Trinkgelder eines Kellners, Weihnachtsgratifikationen eines An-gestellten). Ebenso zählen, weil zum alsbaldigen Verbrauch bestimmt, hierher: Schenkungen zur Ermöglichung einer Studienreise oder eines Erholungsaufenthalts; für laufende Haushaltsbedürfnisse bestimmte Zuwendungen (weitere Einzelheiten s STAUDINGER/THIELE [2017] § 1374 Rn 47 f).

17 **Für Rechte gem Abs 2 Nr 3** erhält der berechtigte Ehegatte aufgrund seiner engen persönlichen Beziehung zu diesen Rechten die Möglichkeit, sich deren Wert bei der Auseinandersetzung der Gütergemeinschaft zu erhalten; er soll nicht gezwungen sein, eine Aufteilung des Wertes (§ 1476 Abs 1 BGB) hinzunehmen (vgl Mot IV

504). Zu den Rechten, die mit dem Tod eines Ehegatten erlöschen, gehört insbesondere die **Leibrente** (§ 759 Abs 1 BGB). Der von den Motiven (IV 504) als weiteres Beispiel erwähnte *Nießbrauch* fällt dagegen *nicht* hierunter. Wohl erlischt er zwar ebenfalls mit dem Tod des Berechtigten (§ 1061 S 1 BGB), doch wegen seiner Nichtübertragbarkeit (§ 1059 S 1 BGB) gehört er nicht zum Gesamtgut, sondern zum Sondergut (§ 1417 Abs 2 BGB). Von den Rechten, deren Erwerb durch den Tod eines Ehegatten bedingt ist, ist das wichtigste der Anspruch aus einer **Lebensversicherung** (aA MünchKomm/KANZLEITER Rn 7; BAMBERGER/ROTH/MAYER Rn 4 wie hier SOERGEL/GAUL/ALTHAMMER Rn 12; NK-BGB/VÖLKER Rn 5; KAPPLER FamRZ 2010, 1298; ENSSLEN FamRZ 1998, 1084; zum Wert vgl § 1376 Rn 45).

4. Berechnung

Wählt der berechtigte Ehegatte die Auseinandersetzung gemäß § 1478 BGB, dann **18** dürfen beide Ehegatten den Wert, den ihr Eingebrachtes zur Zeit der Einbringung hatte, vorab **von dem Reinwert des Gesamtgutes abziehen**, der nach Berichtigung der Gesamtgutsverbindlichkeiten verbleibt. Ein dann noch verbleibender Überschuss wird unter die beiden Ehegatten hälftig verteilt.

Reicht der Reinwert jedoch zur Rückerstattung des von beiden Ehegatten Einge **19** brachten **nicht** aus, dann wird der Fehlbetrag gemäß der Neufassung der Vorschrift nach dem Verhältnis des Wertes der beiderseitigen Erstattungsansprüche getragen und nicht, wie vor Inkrafttreten des 1. EheRG, hälftig geteilt.

Beispiel: Die Ehefrau hat 20 000 € in die Ehe eingebracht, der Ehemann 10 000 €. Der Wert des Gesamtgutes beträgt nach der Scheidung 40 000 €. Der Überschuss von 10 000 € wird hälftig geteilt, sodass die Frau 25 000 € erhält, der Mann 15 000 €. Müssen aber zuvor noch Verbindlichkeiten in Höhe von 19 000 € erfüllt werden, wird der Fehlbetrag von 9 000 € im Verhältnis 20 000 : 10 000 oder 2 : 1 geteilt, sodass die Frau 14 000 € (20 000 € – 6 000 €) und der Mann 7 000 € erhält.

5. Wahlrecht und Übernahmerecht nach § 1477 Abs 2

Das jedem Ehegatten nach § 1477 Abs 2 BGB zustehende Recht der Übernahme **20** gewisser Sachen wird durch § 1478 BGB nicht ausgeschlossen (vgl § 1477 Rn 23 mwNw). Bei Ausübung des Übernahmerechts muss aber der Wert der Gegenstände zur Zeit der Übernahme ersetzt werden (§ 1477 Rn 13), während gemäß § 1478 BGB der Wert zur Zeit der Einbringung in Ansatz zu bringen ist (§ 1478 Abs 3 BGB; s auch oben Rn 9).

IV. Geltendmachung des Wahlrechts

Die Geltendmachung des Wahlrechts erfolgt durch formlose Erklärung gegenüber **21** dem anderen Ehegatten oder dem die Auseinandersetzung vermittelnden Notar (vgl § 1471 Rn 15, § 1474 Rn 6 ff). Die Erklärung ist unwiderruflich (OLG Posen Recht 1906 Nr 3306). Die Geltendmachung ist an die Einhaltung einer Frist nicht gebunden und kann also bis zur Erledigung der Auseinandersetzung ausgeübt werden (RG DJZ 1924, 141). Es geht daher auch durch Stellung des Auseinandersetzungsantrags nicht verloren (OLG Hamburg OLGE 6, 280 f).

22 Die gerichtliche Geltendmachung ist im **Verbund mit dem Scheidungsantrag** selbst zulässig, da durch die Regelungen der §§ 137, 142, 148 FamFG eine einheitliche und gleichzeitige Entscheidung über Scheidungsantrag und Wertersatzanspruch gewährleistet ist (BGHZ 84, 333, 336 = NJW 1982, 2373 = FamRZ 1982, 992; OLG Karlsruhe FamRZ 1982, 286; beide Entscheidungen mit insoweit zustimmender Anm von Bölling). Ausnahmsweise kann also in diesem Fall das Recht aus § 1478 BGB nicht erst nach der Ehescheidung, sondern schon gleichzeitig mit dieser geltend gemacht werden (vgl auch § 1447 Rn 3).

V.   Abweichende Vereinbarungen

23 Nur ausnahmsweise wird eine von § 1478 BGB abweichende Vereinbarung noch als sittenwidrig zu bewerten sein (so auch MünchKomm/Kanzleiter Rn 14; Soergel/Gaul/ Althammer Rn 13; Zöllner, in: FS H Lange [1992] 977; zurückhaltender BGB-RGRK/Finke Rn 16). Ein Verzicht auf das bereits begründete Wahlrecht war schon nach altem Recht möglich. Dies gilt weiterhin.

§ 1479
Auseinandersetzung nach richterlicher Aufhebungsentscheidung

Wird die Gütergemeinschaft auf Grund der §§ 1447, 1448 oder des § 1469 durch richterliche Entscheidung aufgehoben, so kann der Ehegatte, der die richterliche Entscheidung erwirkt hat, verlangen, dass die Auseinandersetzung so erfolgt, wie wenn der Anspruch auf Auseinandersetzung in dem Zeitpunkt rechtshängig geworden wäre, in dem der Antrag auf Aufhebung der Gütergemeinschaft gestellt ist.

Materialien: Zu § 1479 aF: E I § 1379; II § 1377;
III § 1462; Mot IV 415; Prot IV 286, 437. Zu
§ 1479 nF: GleichberG E I § 1479; II § 1479. Vgl
Staudinger/BGB-Synopse 1896–2005 § 1479;
BT-Drucks 16/6308, 344; BT-Drucks 18/5901, 22.

I.   Grundzüge

1 § 1479 nF übernimmt ohne sachliche Änderung den § 1479 aF, ändert ihn sprachlich unwesentlich und fügt die jetzt für den Aufhebungsantrag geltenden Bestimmungen ein. Sprachlich angepasst wurde § 1479 BGB an das FamFG durch das Gesetz zur Reform des Verfahrens in Familiensachen und der freiwilligen Gerichtsbarkeit am 1. 9. 2009 und durch das Gesetz zur Bereinigung des Rechts der Lebenspartner mit Inkrafttreten am 26. 11. 2015.

2 Entscheidet sich der wahlberechtigte Ehegatte für die ihm in § 1479 BGB eröffnete Möglichkeit, so richtet sich der Umfang des Gesamtguts nach dem Zeitpunkt der der Stellung des Aufhebungsantrags. Nachfolgende Vermehrungen oder Verminderungen des Gesamtguts bleiben – mit Ausnahme des Erwerbs der Surrogate gemäß § 1473 BGB – außer Betracht (OLG Königsberg HRR 1938 Nr 1113). Damit will die

Vorschrift verhindern, dass sich die Dauer des Rechtsstreits über die Aufhebung der Gütergemeinschaft für den das Verfahren betreibenden Ehegatten nachteilig auswirkt. Sie berücksichtigt, dass mit der Stellung des Aufhebungsantrags in der Regel das Einvernehmen zwischen den Ehegatten nicht mehr besteht und egoistische Eingriffe des anderen Ehegatten in das Gesamtgut zu besorgen sind.

II. Voraussetzungen des Wahlrechts

Diese Vergünstigung besteht nur nach einer rechtskräftigen Entscheidung auf Auf- **3** hebung der Gütergemeinschaft, wie sie bei Alleinverwaltung nach § 1447 BGB auf den Antrag des nicht verwaltenden Ehegatten, nach § 1448 BGB auf den Antrag des verwaltenden Ehegatten und bei gemeinschaftlicher Verwaltung nach § 1469 BGB ergehen kann. Erledigt sich ein solches Verfahren in der Hauptsache vor der Entscheidung, etwa durch Scheidung oder Tod eines Ehegatten, so ist **§ 1479 BGB analog** anwendbar, wenn das Verfahren zur Aufhebung der Gütergemeinschaft geführt haben würde (BGB-RGRK/FINKE Rn 3; MünchKomm/KANZLEITER Rn 3; HECKELMANN FamRZ 1968, 67). In einem Prozess über die Auseinandersetzung ist daher zu klären, ob die Aufhebung erfolgt wäre (über „Hypothetische Inzidentprozesse" vgl BAUR, in: FS Larenz [1973] 1063).

Dagegen kommt § 1479 BGB nicht in Betracht, wenn die Gütergemeinschaft ohne **4** Erhebung eines Aufhebungsantrags aus einem anderen Grunde, zB Scheidung oder Tod eines Ehegatten, beendigt wird.

III. Ausübung des Wahlrechts

Der Ehegatte, der eine rechtskräftige Entscheidung auf Aufhebung der Güterge- **5** meinschaft erwirkt hat, kann sein Wahlrecht durch unbefristete, formlose Erklärung gegenüber dem anderen Ehegatten dessen Erben oder der vermittelnden Behörde ausüben (vgl § 1477 Rn 15), und zwar bis zur Beendigung der Auseinandersetzung. Diese Erklärung ist – wie jede Gestaltungserklärung – unwiderruflich. Das schließt jedoch eine nachträgliche (formlose) Vereinbarung zwischen den Ehegatten nicht aus, es für die Auseinandersetzung über das Gesamtgut bei dem Zeitpunkt der Rechtskraft des Aufhebungsbeschlusses zu belassen.

IV. Beschränkung der Wirkungen auf die Ehegatten

Die Vorverlegung des Abrechnungszeitpunktes **wirkt nur im Verhältnis der Ehegat-** **6** **ten** zueinander, nicht dagegen im Verhältnis zu Dritten, insbesondere den Gesamtgutsgläubigern, deren Rechte auf Befriedigung aus dem Gesamtgut unberührt bleiben. Dementsprechend gilt bei der *Auseinandersetzung* ein Erwerb eines Ehegatten nach Stellung des Antrags auf Aufhebung der Gütergemeinschaft – mit Ausnahme der in § 1473 BGB aufgeführten Surrogate – im Verhältnis der Ehegatten zueinander nicht mehr als zum Gesamtgut gehörig, während er dem Gläubiger gegenüber dem Gesamtgut zugerechnet wird, wenn er vor der Rechtskraft der Aufhebungsentscheidung (§ 1470 Abs 1 BGB) erworben ist. Spätere Schulden eines Ehegatten sind entsprechend zu behandeln. **Dingliche Wirkung** ist der Regelung jedoch **auch im Innenverhältnis nicht** beizulegen. Schon dem Wortlaut nach geht § 1479 BGB nicht über eine bloße Zuordnung im Rahmen der Auseinandersetzung hinaus. Auch der

Normzweck wird ohne Abweichung der relativen von der absoluten dinglichen Wirkung erreicht, sodass diese nicht erforderlich ist. Gesamtgut, das seit Antragstellung erworben wurde, muss demnach bei der Auseinandersetzung auf den berechtigten Ehegatten übertragen werden (GERNHUBER/COESTER-WALTJEN § 38 Rn 111; MünchKomm/KANZLEITER Rn 4; BAMBERGER/ROTH/MAYER Rn 2; **aA** BGB-RGRK/FINKE Rn 4; ERMAN/HEINEMANN Rn 1; SOERGEL/GAUL/ALTHAMMER Rn 3).

V. Abweichende Vereinbarungen

7 Eine schon während des Bestehens der Gütergemeinschaft getroffene Vereinbarung der Ehegatten, durch die das Recht aus § 1479 BGB beschränkt oder ausgeschlossen werden soll, kann uU gegen die guten Sitten verstoßen und daher nichtig sein (§ 138 Abs 1 BGB; so auch BGB-RGRK/FINKE Rn 5). Ein genereller Sittenverstoß ist bei einer abweichenden Vereinbarung nicht anzunehmen (HECKELMANN FamRZ 1968, 69; anders SOERGEL/GAUL/ALTHAMMER Rn 6; MünchKomm/KANZLEITER Rn 6; PALANDT/BRUDERMÜLLER Rn 1).

§ 1480
Haftung nach der Teilung gegenüber Dritten

Wird das Gesamtgut geteilt, bevor eine Gesamtgutsverbindlichkeit berichtigt ist, so haftet dem Gläubiger auch der Ehegatte persönlich als Gesamtschuldner, für den zur Zeit der Teilung eine solche Haftung nicht besteht. Seine Haftung beschränkt sich auf die ihm zugeteilten Gegenstände; die für die Haftung des Erben geltenden Vorschriften der §§ 1990, 1991 sind entsprechend anzuwenden.

Materialien: Zu § 1480 aF: E II § 1378 rev 1465;
III § 1463; Mot IV 417; Prot IV 286 ff; V 136 ff,
823. Zu § 1478 nF: GleichberG E I § 1480; II
§ 1480. Vgl STAUDINGER/BGB-Synopse 1896–
2005 § 1480.

Systematische Übersicht

I. Grundzüge

1 Die Vorschrift übernimmt mit geringfügigen sprachlichen Veränderungen den § 1480 aF.

2 Sie regelt zusammen mit § 1481 BGB die **Haftung der Ehegatten** (oder ihrer Erben) für die Gesamtgutsverbindlichkeiten, die vor der Teilung des Gesamtguts unter die

Ehegatten nicht berichtigt worden sind. Dabei behandelt § 1480 BGB die Haltung gegenüber den Gesamtgutsgläubigern, § 1481 BGB den Ausgleich der Ehegatten untereinander.

Ist das Gesamtgut geteilt worden, die Berichtigung einer Gesamtgutsverbindlichkeit **3** jedoch unterblieben, so würde – abgesehen von der gemeinschaftlichen Haftung der Ehegatten bei gemeinsamer Verwaltung gemäß § 1459 BGB – dem Gläubiger nur der Ehegatte persönlich haften, in dessen Person die Verbindlichkeit begründet war. Gegenüber dem anderen Ehegatten könnte der Gläubiger nur in der Weise vorgehen, dass er sich, wenn dieser bei der Teilung zuviel erhalten hat, den Anspruch auf Herausgabe der ungerechtfertigten Bereicherung im Wege der Zwangsvollstreckung überweisen ließe. Eine solche **Gefährdung der Gesamtgutsgläubiger** will § 1480 BGB **vermeiden** (ebenso § 1480 aF, der von der II. Komm eingeführt wurde; Prot IV 245, 286 ff; VI 136 ff, 828). Danach haftet in diesen Fällen dem Gläubiger außer dem Ehegatten, in dessen Person die Verbindlichkeit entstanden war, auch der andere Ehegatte, für den eine solche Haftung zur Zeit der Teilung nicht besteht, freilich mit Einschränkungen (§ 1480 S 2 BGB). Darin liegt eine **Erweiterung der Haftung** auf den anderen Ehegatten zugunsten der Gesamtgutsgläubiger (vgl dazu auch § 1475 Rn 6 f).

II. Voraussetzungen der erweiterten Haftung

Die Ausdehnung der **Haftung gemäß § 1480 BGB setzt voraus, dass das Gesamtgut 4 geteilt worden ist**. Darunter ist die Auseinandersetzung zu verstehen, durch die das Gesamtgut seiner Eigenschaft als Gesamthandsvermögen entkleidet und in das Sondereigentum des einen oder anderen Ehegatten überführt worden ist (RGZ 75, 295). Sie ist erst dann erfolgt, wenn das **ganze Gesamtgut** unter die Ehegatten **verteilt** ist, nicht etwa schon dann, wenn einzelne zum Gesamtgut gehörende Gegenstände den Ehegatten zwecks Teilung übertragen worden sind. Eine Verteilung des Gesamtguts liegt jedoch dann vor, wenn der übertragene Gegenstand im Wesentlichen das Gesamtgut darstellt (vgl BGH FamRZ 1986, 41). Auch wenn das Gesamtgut im Ganzen einem Ehegatten zugewiesen worden ist, ist diese Voraussetzung erfüllt; andernfalls könnten die Gesamtgutsgläubiger durch die Übertragung des Gesamtgutes im Ganzen an einen Ehegatten leer ausgehen (ebenso RGZ 75, 295; 89, 367).

Haben die Ehegatten vereinbart (vgl § 1474 BGB), dass **einzelne Gegenstände** des **5** Gesamtguts **unverteilt** bleiben sollen, so schließt das die Anwendung des § 1480 BGB nicht aus, da diese Gegenstände nunmehr nicht mehr Gesamtgut, sondern Miteigentum der Ehegatten sind (RG JW 1917, 102; RGZ 89, 366). Das gilt besonders dann, wenn nur unbedeutende Werte unverteilt bleiben.

Solange jedoch **Gesamtgut noch vorhanden** ist, das zur Befriedigung der bisher nicht **6** berücksichtigten Gesamtgutsgläubiger ausreichen würde, ist die Teilung noch nicht erfolgt. Ebenso liegt in der Zuweisung einzelner Gegenstände des Gesamtguts, selbst solcher von bedeutendem Wert, noch keine Teilung (RGZ 89, 407; s aber auch Rn 4).

Die **Übernahme einzelner Sachen** durch einen Ehegatten gemäß § 1477 Abs 2 BGB **7** ist schon deshalb keine Teilung des Gesamtguts, weil der Wert der Sachen ersetzt werden muss und dadurch der Bestand der den Gläubigern zur Befriedigung zur Verfügung stehenden Werte nicht verringert wird (ebenso KOTZUR BWNotZ 1987, 136 mwNw).

8 Eine **nachträgliche Aufgabe des Eigentums** oder der Rechte, die einem Ehegatten bei der Teilung zugewiesen worden sind, ändert an der Haftung des Ehegatten nach § 1480 BGB nichts (RG Recht 1917 Nr 640).

9 Den **Beweis**, dass das Gesamtgut verteilt worden ist, muss der Gläubiger führen, der sich auf § 1480 BGB beruft.

10 **Um die besondere Haftung des § 1480 BGB auszulösen, muss die Berichtigung einer Gesamtgutsverbindlichkeit unterblieben sein.** Das ist dann der Fall, wenn ein Gesamtgutsgläubiger nicht vollständig durch Erfüllung (oder deren Surrogate, vgl §§ 362 ff, 372 ff, 387 ff, 397 BGB; dazu § 1475 Rn 4) befriedigt worden ist oder wenn – bei einer noch nicht fälligen oder streitigen Verbindlichkeit – das zur Befriedigung Erforderliche nicht zurückbehalten worden ist (§ 1475 Abs 1 S 2 BGB; dazu § 1475 Rn 6). Weswegen die Berichtigung unterblieben ist, ist gleichgültig (RG Recht 1928 Nr 2108).

11 Wegen des **Begriffs der Gesamtgutsverbindlichkeit** wird auf § 1437 Rn 5 ff, § 1459 Rn 4 ff verwiesen (vgl dazu auch § 1475 Rn 3). Hierzu gehören auch die Ausgleichsansprüche der einzelnen Ehegatten an das Gesamtgut (§§ 1435 S 3, 1455 Abs 2, 1467 Abs 2 BGB; vgl § 1475 Rn 3). Ob die Gesamtgutsverbindlichkeit im **Innenverhältnis der Ehegatten** zueinander dem Gesamtgut zur Last fällt oder nicht (§§ 1441 ff, 1463 ff BGB), ist für die Anwendbarkeit des § 1480 BGB **unerheblich** (so schon Prot IV 289 ff).

12 Die Ausdehnung der **Haftung trifft nur den Ehegatten, für den zur Zeit der Teilung eine persönliche Haftung für die (unberichtigten) Gesamtgutsverbindlichkeiten nicht bestand.** Diese Tatbestände ergeben sich bei bisheriger Alleinverwaltung des Gesamtguts aus den §§ 1437–1440 BGB und bei gemeinsamer Verwaltung aus den §§ 1459–1462 BGB. Hiernach haftet der eine Ehegatte für bestimmte während der Gütergemeinschaft entstandene Verbindlichkeiten persönlich überhaupt nicht. Die Ausdehnung der Haftung gemäß § 1480 BGB auf ihn bedeutet daher eine **Neubegründung einer zusätzlichen Haftung**. Die §§ 1437 Abs 2 S 2 BGB (bei Einzelverwaltung) und 1459 Abs 2 S 2 BGB (bei gemeinschaftlicher Verwaltung) sehen aber auch Fälle vor, in denen zunächst eine persönliche Haftung des Ehegatten entstanden ist, mit der Beendigung der Gütergemeinschaft jedoch erlischt. Hier lässt die Ausdehnung der persönlichen Haftung gemäß § 1480 BGB zugunsten der Gläubiger die **erloschene Haftung wieder aufleben**. Wo jedoch eine Haftung des Ehegatten aus anderen Gründen bereits besteht, ist § 1480 BGB unanwendbar.

III. Wirkungen der Haftungserweiterung

13 Infolge der Ausdehnung der Haftung **haften beide Ehegatten nunmehr persönlich als Gesamtschuldner** für die (noch nicht berichtigten) Gesamtgutsverbindlichkeiten. Für ihre Rechtsstellung gegenüber den Gesamtgutsgläubigern gelten die §§ 421–425 BGB (vgl BGHZ 76, 305 = NJW 1980, 1627). An die Stelle der internen Ausgleichspflicht nach § 426 BGB tritt die Regelung des § 1481 BGB.

Diese **Haftung wird jedoch durch § 1480 S 2 BGB gegenständlich begrenzt**. Sie be- **14** schränkt sich auf die dem nach § 1480 BGB haftenden Ehegatten gehörenden Gegenstände, die ihm bei der Teilung des Gesamtguts aus diesem zugeteilt worden sind. Nur an sie, *nicht* aber *an das sonstige Vermögen* des so haftenden Ehegatten, können sich die Gesamtgutsgläubiger halten. Eine solche Haftungsbeschränkung können auch die Erben eines Ehegatten geltend machen (§§ 786, 780 Abs 1 ZPO). Alsdann haften sie den Gesamtgutsgläubigern nicht mit dem Ganzen Nachlass, sondern nur mit den Gegenständen, die ihnen aus dem Gesamtgut zugeteilt worden sind (RGZ 79, 345, 370).

Diese Haftungsbeschränkung hat zur Folge, dass eine *Haftung* nach § 1480 S 1 BGB **15** dann *nicht in Betracht kommt,* wenn der Ehegatte aus dem Gesamtgut nichts erhalten hat (RGZ 75, 295). In diesem Falle ist ein Antrag des Gläubigers zurückzuweisen (RGZ 89, 366). Dass der in Anspruch genommene Ehegatte etwas aus dem Gesamtgut erhalten hat, muss der Gläubiger beweisen (RGZ 75, 297).

Da der nach § 1480 BGB haftende Ehegatte nur mit den ihm aus dem Gesamtgut **16** zugeteilten Gegenständen haftet, wird ihm in entsprechender Anwendung der §§ 1990, 1991 BGB, auf die in § 1480 S 2 BGB ausdrücklich Bezug genommen wird, das Recht zugestanden, die Befriedigung der Gesamtgutsgläubiger insoweit zu **verweigern**, als die ihm zugeteilten Gegenstände nicht ausreichen („**Erschöpfungseinrede**", „**Unzulänglichkeitseinrede**"). Insofern haftet der Ehegatte bis zu dieser Grenze. Er muss notfalls alle ihm aus dem Gesamtgut zugeteilten Gegenstände zum Zwecke der Befriedigung im Wege der Zwangsvollstreckung herausgeben und die Zwangsvollstreckung in sie dulden (RGZ 137, 53, 55; STAUDINGER/DOBLER [2016] § 1990 Rn 29 ff). Die Herausgabepflicht richtet sich auf die **zugeteilten Gesamtgutsgegenstände** selbst. Daher kann der Ehegatte die Herausgabe der ihm zugeteilten Gegenstände nicht durch Zahlung ihres Wertes abwenden. Er ist für die bisherige Verwaltung der empfangenen Gesamtgutsgegenstände dem Gläubiger **wie ein Beauftragter verantwortlich** (§§ 1991 Abs 1, 1978 Abs 1 BGB), muss also auch alles herausgeben, was er aus Anlass der Verwaltung erlangt hat (§§ 1991, Abs 1, 667, 668 BGB; dazu STAUDINGER/DOBLER [2016] § 1991 Rn 3 ff). Davon darf er jedoch seine Aufwendungen nach Auftragsgrundsätzen abziehen (§§ 1991 Abs 1 S 1, 1978 Abs 1 S 1, Abs 3, 670 BGB). Der Ehegatte darf die Gesamtgutsgläubiger in der **Reihenfolge** befriedigen, wie sie ihre Ansprüche gegen ihn geltend machen (§§ 1991 Abs 1, 1979 BGB).

Voraussetzung für die Geltendmachung der Haftungsbeschränkung ist, dass der in **17** Anspruch genommene Ehegatte sich die **Beschränkung der Haftung in der gerichtlichen Entscheidung vorbehalten** lässt. Nur dann kann er gegen eine Zwangsvollstreckung gemäß §§ 780 Abs 1, 781, 785, 786 ZPO Einwendungen erheben. Auf diese Weise kann der verklagte Ehegatte im Vollstreckungsverfahren auch geltendmachen, dass er **lediglich unpfändbare Gegenstände** aus dem Gesamtgut erhalten habe (§ 811 ZPO; dazu OLG Hamm OLGE 14, 230).

Zur Geltendmachung der erweiterten Haftung gemäß § 1480 BGB bedarf es eines 18 vollstreckbaren Titels gegen den in Anspruch genommenen Ehegatten (§ 750 Abs 1 ZPO). Ein Titel gegen den anderen ohnehin haftenden Ehegatten genügt nicht; ebensowenig ein Titel auf Duldung der Zwangsvollstreckung wegen eines gegen den anderen Ehegatten gerichteten Anspruchs (RGZ 68, 426). Bei dem Rechtsstreit handelt es sich um eine **Familiensache** gemäß §§ 112 Nr 2, 113 Abs 1, 261 Abs 1 FamFG (vgl BGHZ 76, 305 = NJW 1980, 1627).

19 Das gemäß § 1480 BGB den Gläubigern eingeräumte Recht schließt eine **Gläubigeranfechtung** nach § 3 AnfG nicht aus (RG Gruchot 48, 958 ff; 50, 382 ff). Soweit also ein Gläubiger auch auf dem Wege des § 1480 BGB keine Befriedigung erlangen konnte, bleibt ihm dieser Weg der Geltendmachung der (relativen) Unwirksamkeit der zwecks Auseinandersetzung vorgenommenen Verfügungen und der sich daraus ergebende Zugriff auf Vollstreckungsobjekte offen. Zur Anfechtbarkeit von Auseinandersetzungsverträgen s auch BGHZ 57, 126.

IV. Abweichende Vereinbarungen

20 Da § 1480 BGB den Schutz der Gläubiger bezweckt, sind von ihm abweichende Vereinbarungen der Ehegatten **nichtig**. Gegen Abmachungen der Ehegatten mit den Gläubigern über die Inanspruchnahme bestehen dagegen keine Bedenken (so auch DÖLLE I § 80 II 1 S 978; NK-BGB/VÖLKER Rn 1). Wurde während der Gütergemeinschaft die persönliche Haftung des Ehegatten ausgeschlossen, liegt darin nicht zugleich ein Haftungsausschluss nach § 1480 BGB (MünchKomm/KANZLEITER Rn 12).

§ 1481
Haftung der Ehegatten untereinander

(1) Wird das Gesamtgut geteilt, bevor eine Gesamtgutsverbindlichkeit berichtigt ist, die im Verhältnis der Ehegatten zueinander dem Gesamtgut zur Last fällt, so hat der Ehegatte, der das Gesamtgut während der Gütergemeinschaft allein verwaltet hat, dem anderen Ehegatten dafür einzustehen, dass dieser weder über die Hälfte der Verbindlichkeit noch über das aus dem Gesamtgut Erlangte hinaus in Anspruch genommen wird.

(2) Haben die Ehegatten das Gesamtgut während der Gütergemeinschaft gemeinschaftlich verwaltet, so hat jeder Ehegatte dem anderen dafür einzustehen, dass dieser von dem Gläubiger nicht über die Hälfte der Verbindlichkeit hinaus in Anspruch genommen wird.

(3) Fällt die Verbindlichkeit im Verhältnis der Ehegatten zueinander einem der Ehegatten zur Last, so hat dieser dem anderen dafür einzustehen, dass der andere Ehegatte von dem Gläubiger nicht in Anspruch genommen wird.

Materialien: Zu § 1481 aF: E I § 1380; II § 1379; III § 1464; Mot IV 415; Prot IV 291, 345. Zu § 1481 nF: GleichberG E I § 1481; II § 1481. Vgl STAUDINGER/BGB-Synopse 1896–2005 § 1481.

Systematische Übersicht

I.   Grundzüge

Wie § 1480 BGB geht auch § 1481 BGB davon aus, dass die Berichtigung von **1** Gesamtgutsverbindlichkeiten vor der Teilung des Gesamtguts unter die Ehegatten (oder deren Erben) unterblieben ist. Während § 1480 BGB die Haftung der Ehegatten (oder ihrer Erben) gegenüber den Gesamtgutsgläubigern in diesem Falle regelt, behandelt § 1481 BGB den Ausgleich zwischen den Ehegatten (oder deren Erben) bei oder nach der Inanspruchnahme im Innenverhältnis und ersetzt insoweit § 426 BGB (dazu OLG Zweibrücken FamRZ 1992, 821 f).

Eine **entsprechende Anwendung** des § 1481 BGB bei noch nicht geteiltem Gesamtgut **2** kommt nur in Betracht, wenn der Ersatzanspruch aus dem Gesamtgut nicht erfüllt werden kann wegen dessen Unzulänglichkeit oder wenn aus diesem Grunde eine Teilung unterbleibt (OLG Zweibrücken FamRZ 1992, 821 und wohl auch der BGH im dort von der Redaktion dazu mitgeteilten Beschluss über die Gewährung von PKH; MünchKomm/KANZLEITER Rn 3; BAMBERGER/ROTH/MAYER Rn 3).

II.   Gesamtgutsverbindlichkeiten, die im Innenverhältnis dem Gesamtgut zur Last fallen

1.   Einzelverwaltung (Abs 1, erster Fall)

Wird der Ehegatte, der während der Gütergemeinschaft das Gesamtgut nicht ver- **3** waltet hat, wegen einer rückständigen Gesamtgutsverbindlichkeit in Anspruch genommen, entweder weil es sich um eine Gesamtgutsverbindlichkeit handelt, für die vom Regelfall der gemeinschaftlichen Haftung beider Ehegatten (§§ 1437, 1476 Abs 1 BGB) keine Ausnahme gem §§ 1441–1444 BGB gilt, oder weil dieser Ehegatte ausnahmsweise für diese Verbindlichkeit gem § 1480 BGB haftet, so muss er diese Verbindlichkeit dem Gläubiger gegenüber erfüllen. Ihm steht insbesondere *nicht* das Recht zu, den Gläubiger auf die *„Vorausklage"* gegen den Gesamtgutsverwalter zu verweisen. Er kann jedoch von dem bisherigen Gesamtgutsverwalter verlangen, dass dieser dafür einsteht, dass er im Endergebnis **nicht mehr als die Hälfte der Verbindlichkeit** zu tragen und auch **nicht mehr** zu leisten braucht, **als er aus dem Gesamtgut erhalten hat**. Hat er nichts erhalten, so kann er verlangen, dass er von jeder Verpflichtung befreit wird.

Die Ehegatten können den Haftungsschlüssel im Verhältnis zueinander vertraglich **4** ändern (vgl unten Rn 14). Soweit sie von der vom Gesetz als Normallösung angesehenen hälftigen Teilung der Haftung abweichen – zB soll der Gesamtgutsverwalter 2/3 der andere 1/3 der Gesamtgutsverbindlichkeiten tragen –, so gilt das auch für den Umfang der Einstandspflicht des Gesamtgutsverwalters (DÖLLE I § 80 II Anm 37 S 978).

5 Der Gesamtgutsverwalter ist verpflichtet, seinen Ehegatten wegen einer nach Teilung gegen ihn geltend gemachten Gesamtgutsverpflichtung dieser Art in doppelter Weise zu schützen:

6 Er muss ihn davor bewahren, dass dieser über das Maß hinaus, in dem er im Innenverhältnis der Ehegatten zueinander haftet, von dem Gläubiger in Anspruch genommen wird. Dieser Verpflichtung kann er dadurch nachkommen, dass er selbst den Gläubiger insoweit befriedigt, als sein Ehegatte im Innenverhältnis die Schuld nicht zu tragen braucht. Er hat also seinen Ehegatten insoweit **von der Inanspruchnahme** durch den Gläubiger rechtzeitig **freizustellen**. Verletzt er diese Freistellungspflicht schuldhaft, so hat er seinem Ehegatten den daraus entstandenen Schaden zu ersetzen (vgl auch § 1435 BGB).

7 Dieses Recht des Ehegatten, der das Gesamtgut nicht verwaltet hat, gegenüber dem Gesamtgutsverwalter ist ein *„verhaltener Anspruch"* in dem Sinne, als es erst dann entsteht, wenn dieser Ehegatte vom Gesamtgutsgläubiger in Anspruch genommen wird, sei es dass der Gläubiger die Forderung gegen ihn erhebt, ihn mahnt oder die ein Verfahren anstrengt. Vorher kann dieser Ehegatte seinen Anspruch auf Freistellung gegenüber dem Gesamtgutsverwalter nicht geltend machen. Ebenso kann er vorher auch nicht Sicherheitsleistung von ihm verlangen (hM; MünchKomm/KANZLEITER Rn 2 hält aber Sicherung durch Arrest [§ 119 Abs 2 FamFG] oder einstw Anordnung [§§ 119 Abs 1, 49 FamFG] für möglich; zust NK-BGB/VÖLKER Rn 7).

8 Hat der Ehegatte, der während der Gütertrennung das Gesamtgut nicht verwaltet hat, den Gläubiger befriedigt, so kann er vom Gesamtgutsverwalter insoweit Ersatz dafür verlangen, als er im Innenverhältnis zur Leistung an den Gläubiger nicht verpflichtet war. Damit erhält er ein **Rückgriffsrecht** gegenüber dem Gesamtgutsverwalter. Ein gesetzlicher Forderungsübergang (etwa nach dem Beispiel des § 426 Abs 2 BGB) fehlt jedoch.

9 Wird der Ehegatte, der während der Gütergemeinschaft das Gesamtgut verwaltet hat, wegen einer bisher noch nicht berichtigten Gesamtgutsverbindlichkeit in Anspruch genommen, so haftet er dafür unbeschränkt mit seinem ganzen Vermögen. Das entspricht seiner bevorzugten Stellung während der Gütergemeinschaft und seiner Verantwortung für die ordnungsmäßige Auseinandersetzung nach ihrer Beendigung. Der Gesetzgeber hat es nicht für nötig erachtet, das noch besonders auszusprechen. Ist er für die Gesamtgutsverbindlichkeit in Anspruch genommen worden, so kann er sich wegen der auf den anderen Ehegatten entfallenden Hälfte der Verbindlichkeit an ihn halten, soweit dieser ausreichende Werte aus dem Gesamtgut erhalten hat. Andernfalls muss der Gesamtgutsverwalter den Ausfall allein tragen (MünchKomm/KANZLEITER Rn 5; BAMBERGER/ROTH/MAYER Rn 4).

2. Gemeinschaftliche Verwaltung (Abs 2, zweiter Fall)

Haben die Ehegatten während der Gütergemeinschaft das Gesamtgut gemeinschaft- **10** lich verwaltet (vgl §§ 1450 ff BGB), so haften sie für die Gesamtgutsverbindlichkeiten deren Gläubigern gegenüber zwar gesamtschuldnerisch, im Innenverhältnis jedoch je zur Hälfte (vgl § 1476 Abs 1 BGB). Wird ein Ehegatte auf mehr als die Hälfte der Verbindlichkeit in Anspruch genommen, so ist es nur gerecht, dass er von dem anderen Ehegatten verlangen darf, dass dieser ihn wegen des Übermaßes freistellt, dass dieser insbesondere die Gläubiger wegen des auf ihn im Endergebnis entfallenden Teils der Verbindlichkeit rechtzeitig aus seinem Vermögen befriedigt. Hat der in Anspruch genommene Ehegatte mehr als die auf ihn im Innenverhältnis entfallende Hälfte der Verbindlichkeit getilgt, so kann er sich deswegen an seinen Ehegatten halten (wie hier NK-BGB/Völker Rn 5).

Diese allgemeine Regel (vgl § 1476 Abs 1 BGB) gilt nach § 1481 Abs 2 BGB **auch** **11** **für den Fall, dass eine Gesamtgutsverbindlichkeit erst nach der Teilung berichtigt** **werden muss.** Eine **Beschränkung der Haftung** im Innenverhältnis auf das aus dem Gesamtgut Erlangte, wie sie nach § 1481 Abs 1 BGB für den Fall der Alleinverwaltung zugunsten des nicht verwaltenden Ehegatten vorgesehen ist, kommt bei der gemeinschaftlichen Verwaltung schon deshalb nicht in Betracht, weil beide Ehegatten für die rechtzeitige Berichtigung der Gesamtgutsverbindlichkeiten hätten sorgen können. Dagegen kommt auch hier die Vereinbarung eines anderen Haftungsschlüssels in Betracht (vgl oben Rn 4).

III. Gesamtgutsverbindlichkeiten, die im Innenverhältnis nur einem Ehegatten zur Last fallen (Abs 3, dritter Fall)

Handelt es sich bei der Gesamtgutsverbindlichkeit, die nach der Teilung des Ge- **12** samtguts geltend gemacht wird, um eine Schuld, für die kraft ausdrücklicher Regelung im Innenverhältnis der Ehegatten zueinander nur ein Ehegatte allein haftet, so kann der andere Ehegatte, wenn er ihretwegen in Anspruch genommen wird, sich dem Gläubiger gegenüber nicht darauf berufen, dass er im Innenverhältnis für sie nicht haftet; er muss sie vielmehr erfüllen. Er kann aber von seinem Ehegatten, dem kraft besonderer Vorschrift die Verbindlichkeit im Innenverhältnis allein zur Last fällt, verlangen, dass dieser ihn von der Verbindlichkeit **freistellt**, dass dieser sie also rechtzeitig selbst berichtigt, oder dass dieser ihm **Ersatz leistet**, soweit er sie hat tilgen müssen. In diesen Fällen kommt es nicht darauf an, ob während der Gütergemeinschaft Einzelverwaltung oder gemeinschaftliche Verwaltung des Gesamtguts bestanden hat.

Solche Tatbestände, in denen eine Gesamtgutsverbindlichkeit im Innenverhältnis **13** der Ehegatten zueinander einem Ehegatten allein zur Last gelegt wird, werden in den §§ 1441–1444 BGB (bei Einzelverwaltung des Gesamtguts) und §§ 1463–1466 BGB (bei gemeinschaftlicher Verwaltung des Gesamtguts) erschöpfend aufgeführt; auf sie und die Erl dazu wird verwiesen.

IV. Abweichende Vereinbarungen

Gegen eine vertragliche anderweitige Verteilung der Haftung der Ehegatten im **14**

Innenverhältnis bestehen keine Bedenken. **Gegenüber den Gläubigern** hat sie jedoch **keine Wirkung**. Wird sie vor Beendigung der Gütergemeinschaft vereinbart, so bedarf sie der **Form eines Ehevertrages** (§§ 1408, 1410 BGB).

§ 1482
Eheauflösung durch Tod

Wird die Ehe durch den Tod eines Ehegatten aufgelöst, so gehört der Anteil des verstorbenen Ehegatten am Gesamtgut zum Nachlass. Der verstorbene Ehegatte wird nach den allgemeinen Vorschriften beerbt.

Materialien: Zu § 1482 aF: E I §§ 1382, 1383
Abs 1; II § 1380 rev 1467; III § 1465; Mot IV,
419; Prot IV, 294 ff. Zu § 1482 nF: GleichberG E
I § 1482; II § 1482. Vgl STAUDINGER/BGB-Syn-
opse 1896–2005 § 1482.

I.   Grundzüge

1 Die Gütergemeinschaft wird **nur dann** mit gemeinschaftlichen Abkömmlingen **fortgesetzt**, wenn die Ehegatten dies durch Ehevertrag **ausdrücklich vereinbart** haben (§ 1483 Abs 1 S 1 BGB). Insofern regelt § 1482 BGB nur den Tatbestand, dass die Ehe durch Tod eines Ehegatten aufgelöst, damit auch die Gütergemeinschaft beendet und nicht fortgesetzt wird. Alsdann soll die Folge eintreten, dass der verstorbene Ehegatte nach den allgemeinen Vorschriften des Erbrechts beerbt wird und sein Anteil am Gesamtgut zu seinem Nachlass gehört. Dass Letzteres ausdrücklich gesagt wird, soll den Gegensatz zur fortgesetzten Gütergemeinschaft hervorheben, bei der der Anteil des verstorbenen Ehegatten nicht zu seinem Nachlass gehört (§ 1483 Abs 1 S 3 BGB).

2 Die gleichen Folgen treten kraft ausdrücklicher Vorschrift auch ein, wenn der überlebende Ehegatte die **Fortsetzung** der Gütergemeinschaft **ablehnt** (§ 1484 Abs 3 BGB) oder der verstorbene Ehegatte von dem ihm in besonderen Fällen gewährten Recht Gebrauch gemacht hat, die Fortsetzung der Gütergemeinschaft durch **letztwillige Verfügung auszuschließen** (§§ 1509, 1510 BGB). Das Gleiche gilt ferner, wenn der einzige gemeinschaftliche Abkömmling oder alle gemeinschaftlichen Abkömmlinge für erbunwürdig erklärt sind (§§ 1506, 2339 ff BGB), gemäß § 1517 BGB auf ihr Recht am Gesamtgut verzichtet haben oder von der fortgesetzten Gütergemeinschaft nach § 1511 BGB ausgeschlossen sind.

II.   Erbrechtliche Folgen

3 Der verstorbene Ehegatte wird nach den Vorschriften des Erbrechts beerbt. Es tritt also entweder **gesetzliche Erbfolge** (§ 1924, 1931 BGB) oder, da jeder Ehegatte durch die Eingehung der Gütergemeinschaft in seinem Recht, letztwillige Anordnungen zu treffen, nicht beschränkt worden ist, **gewillkürte Erbfolge** ein.

Der überlebende Ehegatte hat **keine Sonderstellung**. Sein Erb- und Pflichtteil richtet **4**
sich nach den allgemeinen erbrechtlichen Grundsätzen (§§ 1931 ff, 2303 Abs 2
BGB). Eine Erhöhung seines Erbteils wie bei der Zugewinngemeinschaft (§ 1371
Abs 1 BGB) findet nicht statt.

Der **Nachlass des verstorbenen Ehegatten** umfasst sein Vorbehaltsgut, sein Sondergut **5**
(soweit vererblich) und seinen Anteil am Gesamtgut, nicht aber die einzelnen Gesamtgutsgegenstände (BGHZ 26, 378).

Ist der **überlebende Ehegatte Erbe** kraft Gesetzes (§ 1931 Abs 2 BGB), Testaments **6**
(§ 1937 BGB) oder Erbvertrages (§ 1941 BGB) Alleinerbe des verstorbenen Ehegatten geworden, so vereinigt sich sein eigener Anteil am Gesamtgut mit dem des
verstorbenen Ehegatten in seiner Hand, ohne dass es einer Auseinandersetzung
nach den §§ 1471–1481 BGB und einzelner Übertragungsakte hinsichtlich der
zum Gesamtgut gehörenden Gesamtgutsgegenstände bedarf.

Ist der **überlebende Ehegatte nicht Erbe** seines verstorbenen Ehegatten, zB wegen **7**
Ausschließung (§ 1933 BGB), Enterbung (§ 1938 BGB), Ausschlagung (§ 1953
BGB), Erbunwürdigkeit (§ 2330 BGB), Erbverzicht (§ 2346 BGB), so bleibt es
bei der Auseinandersetzung des Gesamtguts zwischen ihm und den Erben des verstorbenen Ehegatten gemäß §§ 1471–1481 BGB.

Ist der **überlebende Ehegatte**, wie es der Regel entsprechen wird, neben weiteren **8**
Erben **Miterbe** des verstorbenen Ehegatten, so finden auf sein Rechtsverhältnis zu
den weiteren Miterben die §§ 2032 ff BGB Anwendung. Danach bestehen nebeneinander **zwei Gesamthandsverhältnisse**: die Erbengemeinschaft und die Gesamtguts-
gemeinschaft. Für jedes dieser beiden Gesamthandsverhältnisse gelten deren besondere Regeln (§§ 1471 Abs 1, 1419 u 2032 ff BGB). Zu den Einzelheiten vgl § 1471
Rn 9 ff.

Ist der **überlebende Ehegatte (alleiniger) Vorerbe** des verstorbenen Ehegatten, so **9**
findet zunächst keine Auseinandersetzung des Gesamtguts statt. Vielmehr ist der
überlebende Ehegatte für die Zeit seiner Vorerbschaft Erbe des vom verstorbenen
Ehegatten herrührenden Anteils am Gesamtgut geworden, sodass sich sein Anteil
und der des verstorbenen Ehegatten in seiner Hand vereinigen. Zweifel bestehen
jedoch, ob in einem solchen Falle die dem **Vorerben** zugunsten des Nacherben
auferlegten Beschränkungen (vgl §§ 2113 ff BGB) auf die Verfügungen des überlebenden Ehegatten und Vorerben über Gegenstände des Gesamtguts Anwendung
finden. Das wird teilweise befürwortet, im Wesentlichen unter Betonung des Vor-
ranges der Schutzbedürftigkeit des Nacherben (BGH NJW 1970, 943 inzwischen durch
denselben Senat wieder aufgegeben s unten; OLG Hamm NJW 1976, 575; BATSCH NJW 1970, 1314;
HAEGELE Rpfleger 1971, 125; MünchKomm/KANZLEITER Rn 5; ders ZEV 1996, 66; ERMAN/HEINE-
MANN Rn 1; K SCHMIDT FamRZ 1976, 683). Diese Auffassung ist mit der herrschenden
Meinung **abzulehnen**. Der Anteil am Gesamtgut ist Gegenstand der Erbschaft, nicht
dagegen die einzelnen Gesamtgutsbestandteile. Über diese darf der Vorerbe ver-
fügen (BGHZ 26, 378; BGH NJW 1976, 893; 1978, 698; BayObLG ZEV 1996, 64; SOERGEL/GAUL/
ALTHAMMER Rn 3; JAKOBS FamRZ 1975, 238; GERNHUBER/COESTER-WALTJEN [5. Aufl] § 38 Rn 140
Fn 178). Zum Streitstand vgl ausführlich STAUDINGER/AVENARIUS (2013) § 2113
Rn 10 ff.

Unterkapitel 5
Fortgesetzte Gütergemeinschaft

Vorbemerkungen zu §§ 1483 ff

Schrifttum

Zum älteren Schrifttum s auch STAUDINGER/ THIELE (2000 u 2007).

APP, Die fortgesetzte Gütergemeinschaft im Einkommenssteuerrecht und Erbschaftssteuerrecht, BWNotZ 1993, 11

MAI, Die Gütergemeinschaft als vertraglicher Wahlgüterstand und ihre Handhabung in der notariellen Praxis, BWNotZ 2003, 55

ROHR, Die fortgesetzte Gütergemeinschaft un-

ter Berücksichtigung ihres Verhältnisses zur Beerbung und anderer rechtlicher Ausgestaltungsmöglichkeiten (Diss Münster 1999)

MICHAELIS, Die Güterstände in der Praxis (Diss Hamburg 1968) 54

vVENROOY, Fortgesetzte Gütergemeinschaft: Überlegungen zum Vertrag nach §§ 1491 Abs 2 und 1492 Abs 2 BGB, FamRZ 1988, 561.

Systematische Übersicht

I.   Rechtsentwicklung

1 In Unterkapitel 5 stellt das Gesetz die Möglichkeit zur Verfügung, nach dem Tode eines Ehegatten, der bisher mit dem anderen in Gütergemeinschaft gelebt hat, diese **Gütergemeinschaft zwischen dem überlebenden Ehegatten und den gemeinschaftlichen Abkömmlingen fortzusetzen.** In den früheren Rechten waren die Rechtsverhältnisse bei „beerbter" Ehe sehr verschieden geordnet. Das BGB hat sich zunächst im Wesentlichen dem System der fortgesetzten Gütergemeinschaft im engeren Sinne angeschlossen, um damit dem Gedanken der allgemeinen Gütergemeinschaft am besten gerecht zu werden und die Schwächen der anderen Systeme zu vermeiden (vgl Mot IV 424 II). Danach traten beim Tode eines Ehegatten, der mit dem anderen in allgemeiner Gütergemeinschaft gelebt hatte, kraft Gesetzes die gemeinschaftlichen Abkömmlinge hinsichtlich des Gesamtguts an die Stelle des verstorbenen Ehegatten; der überlebende Ehegatte führte jedoch die Verwaltung. Die fortgesetzte Gütergemeinschaft hat die Aufgabe, das Gesamtgut und damit den Kern des gemeinsamen Vermögens vor einer alsbaldigen Aufteilung zu bewahren, seine Verwaltung durch den überlebenden Ehegatten sicherzustellen und die wirtschaftliche

„Abschichtung" der nachfolgenden Generation hinauszuschieben. Sie ist vor allem auf (patriarchalisch geführte) Familienbetriebe zugeschnitten, die durch den Tod eines Ehegatten nicht gesprengt werden sollen (dazu Boehmer, Die Vermögensverfassung des deutschen „Hauses", MDR 1950, 458; Dölle, FamR I § 81 I 1 S 981; Soergel/Gaul/Altham-mer Vorbem 3 zu § 1483; Michaelis 54). Schon bald nach Inkrafttreten des BGB vereinbarten in zunehmendem Maße die in allgemeiner Gütergemeinschaft lebenden Ehegatten in ihren Eheverträgen den Ausschluss der fortgesetzten Gütergemeinschaft (gem § 1508 aF) und kehrten damit die vom Gesetzgeber als Regel gedachte Rechtsfolge um. Was ursprünglich der Gesetzgeber als einen besonderen Vorzug der allgemeinen Gütergemeinschaft angesehen hatte, dass sie kraft Gesetzes fortgesetzt werde, war in der Praxis damit zur Ausnahme geworden. Diese Entwicklung wurde auch durch das Ergebnis einer Umfrage der Rheinischen Notarkammer und des Württembergischen und des Bayerischen Notarvereins von 1951 (vgl RegE II BT-Drucks 224 2. WP, 54) bestätigt. Dabei mögen nicht nur die veränderten sozialen Verhältnisse (Absterben der Familienbetriebe, wachsende Abneigung gegen die Bevorzugung des überlebenden Ehegatten auf Kosten der nachfolgenden Generation), sondern auch die Entwicklung zweckmäßigerer Rechtsformen zur Erhaltung eines Betriebes bzw Gutes (durch handelsrechtliche Gesellschaftsformen und HöfeO) und zur Sicherung des überlebenden Ehegatten (durch Versicherung und Kapitalanlagen) zusammengewirkt haben. Soweit darüberhinaus ein Interesse an einer individuellen Regelung bestand, wurde es zumeist mit Hilfe eines mit dem Ehevertrag verbundenen Erbvertrages befriedigt, in dem das Erbrecht des überlebenden Ehegatten und der gemeinschaftlichen Abkömmlinge geregelt wurde (so das Ergebnis der Umfrage bei Notaren im Jahre 1951; vgl RegE II BT-Drucks Nr 224 2. WP, 54).

Das GleichberG hat aus dieser Entwicklung die Folgerung gezogen und den Eintritt **2** der fortgesetzten Gütergemeinschaft nicht kraft Gesetzes an die Gütergemeinschaft angeknüpft, sondern von einer ausdrücklichen ehevertraglichen Vereinbarung der Ehegatten abhängig gemacht. Dass es damit die praktischen Bedürfnisse zutreffend beurteilt hat, zeigt das Ergebnis einer Umfrage bei norddeutschen Notaren (Michaelis 63, 124): von 2313 Eheverträgen (aus der Zeit vom 1. 7. 1958 bis 31. 12. 1965) vereinbarten 252 (= 10,9 %) Gütergemeinschaft und von diesen nur von 4 (= 1,6 % der Gütergemeinschaftsverträge) fortgesetzte Gütergemeinschaft. Eine Änderung dieser Tendenz ist nicht zu erwarten, schon weil offenbar Notare von der Vereinbarung abraten (vgl Behmer FamRZ 1988, 342 mwNw; Bamberger/Roth/Mayer § 1483 Rn 5 mwNw). Zumal kann ein vergleichbarer Erfolg zur fortgesetzten Gütergemeinschaft erzielt werden durch die Einsetzung des überlebenden Ehegatten als Vorerben.

Gesetzestechnisch konnte das GleichberG die meisten bisherigen Vorschriften die- **3** ses Abschnittes unverändert übernehmen. Bis auf § 1483 BGB, in dem der Eintritt der fortgesetzten Gütergemeinschaft neu geregelt wird, und die sich dadurch ergebende Streichung des § 1508 aF handelt es sich bei den neuen Vorschriften fast ausschließlich um Anpassungen ohne wesentliche sachliche Abänderungen.

II. Eintritt der fortgesetzten Gütergemeinschaft

Wie sich aus § 1483 Abs 1 S 1 und 2 BGB ergibt, tritt die fortgesetzte Gütergemein- **4** schaft ein, wenn die Ehegatten, die im Güterstand der Gütergemeinschaft leben, dies ehevertraglich vereinbart haben, ein Ehegatte stirbt und zu gesetzlichen Erben berufene gemeinschaftliche Abkömmlinge vorhanden sind. Sterben also beide Ehegatten gleichzeitig (vgl dazu auch § 11 VerschG) oder leben im Zeitpunkt des Todes eines Ehegatten keine gemeinschaftlichen Abkömmlinge (oder ein nasciturus – dazu § 1483 Rn 8), so ist für eine fortgesetzte Gütergemeinschaft *kein Raum;* es bleibt die gesetzliche oder gewillkürte Erbfolge (§ 1482 BGB).

5 Die fortgesetzte Gütergemeinschaft tritt ferner nicht ein, wenn der überlebende Ehegatte die Fortsetzung ablehnt (§ 1484 BGB); der verstorbene Ehegatte die Fortsetzung der Gütergemeinschaft durch letztwillige Verfügung ausgeschlossen hat (§ 1509 BGB); der überlebende Ehegatte in Ansehung des Nachlasses des verstorbenen Ehegatten für erbunwürdig erklärt ist (§§ 2339 ff BGB; obwohl das Gesetz diesen Fall nicht erwähnt, wird man eine Fortsetzung der Gütergemeinschaft entsprechend den erbrechtlichen Vorschriften für ausgeschlossen ansehen müssen; vgl hierzu § 1483 Rn 6, § 1506 Rn 11); alle gemeinschaftlichen Abkömmlinge für erbunwürdig in Ansehung des Nachlasses des verstorbenen Ehegatten erklärt worden sind (§§ 1506, 2340, 2342 BGB); alle gemeinschaftlichen Abkömmlinge durch letztwillige Verfügung des verstorbenen Ehegatten mit Zustimmung des anderen Ehegatten von der Fortsetzung der Gütergemeinschaft ausgeschlossen sind (§§ 1511, 1516 BGB); alle gemeinschaftlichen Abkömmlinge durch Vertrag auf ihren Anteil an der fortgesetzten Gütergemeinschaft verzichtet haben (§ 1517 BGB). In allen diesen Fällen bleibt es bei der Regelung des § 1482 BGB: der verstorbene Ehegatte wird gemäß der gesetzlichen Erbfolge oder letztwilligen Verfügung beerbt. Dabei gehört sein Anteil am Gesamtgut der Gütergemeinschaft zu seinem Nachlass.

III.   Wirkungen der fortgesetzten Gütergemeinschaft

6 Der **Eintritt der fortgesetzten Gütergemeinschaft wirkt sich allein auf das bisherige Gesamtgut** aus: an die Stelle des verstorbenen Ehegatten treten die (anteilsberechtigten) gemeinschaftlichen Abkömmlinge in dessen Anteilsrechte am Gesamtgut ein. Dieser Gesamtgutsanteil ist der regelmäßigen Vererbung entzogen (§ 1483 Abs 1 S 3 BGB). Dagegen unterliegen das Vorbehaltsgut und das Sondergut des verstorbenen Ehegatten der Erbfolge.

7 Neben dem Gesamtgut, das nunmehr dem überlebenden Ehegatten und den (anteilsberechtigten) gemeinschaftlichen Abkömmlingen zur gesamten Hand gehört, bleiben das **Vorbehaltsgut** und das **Sondergut** des überlebenden Ehegatten ebenso wie die einzelnen Vermögen der Abkömmlinge von der fortgesetzten Gütergemeinschaft **unberührt**.

8 Zur Verwaltung des Gesamtgutes ist allein der überlebende Ehegatte befugt, während die Abkömmlinge die Rechtsstellung des (zur Verwaltung des Gesamtgutes einer Gütergemeinschaft nicht berechtigten) anderen Ehegatten erhalten (§ 1487 Abs 1 BGB; vgl §§ 1422–1449 BGB).

9 Die Vorschriften der §§ 1483–1517 BGB enthalten **zwingendes Recht** (s § 1518 BGB mit Erl). Der Gesetzgeber wollte damit die Rechtsstellung der an der fortgesetzten Gütergemeinschaft Beteiligten verbindlich festlegen und insbesondere die **anteilsberechtigten Abkömmlinge**, die durch die Entziehung des Erb- und Pflichtteilsrech-

tes hinsichtlich des dem erstversterbenden Ehegatten gehörenden Gesamtgutsanteils beeinträchtigt werden, vor weiteren Einschränkungen **schützen** (Mot IV 424).

IV. Beendigung der fortgesetzten Gütergemeinschaft

Die fortgesetzte Gütergemeinschaft endet durch Aufhebung (§ 1492 BGB), Wieder- **10** verheiratung des überlebenden Ehegatten (§ 1493 BGB), Tod und Todeserklärung des überlebenden Ehegatten (§ 1494 BGB), gerichtliche Entscheidung auf Antrag eines anteilsberechtigten Abkömmlings (§§ 1495, 1496 BGB) und Tod oder Verzicht aller anteilsberechtigten Abkömmlinge (§§ 1490, 1491 BGB).

Eine **Wiederherstellung** der einmal beendeten fortgesetzten Gütergemeinschaft ist **11** **ausgeschlossen**, da ein Gesamthandsverhältnis über den Rahmen der gesetzlichen Vorschriften hinaus durch Vertrag nicht begründet werden kann. Inwieweit ein der fortgesetzten Gütergemeinschaft tatsächlich entsprechendes Verhältnis durch Vertrag begründet werden kann, bemisst sich nach den allgemeinen Vorschriften, insbes nach § 138 Abs 1 BGB (s dazu auch § 1492 Rn 8; § 1493 Rn 6).

V. Auseinandersetzung der fortgesetzten Gütergemeinschaft

Ist die fortgesetzte Gütergemeinschaft beendet, so findet zwischen dem überleben- **12** den Ehegatten und den anteilsberechtigten Abkömmlingen eine Auseinandersetzung über das Gesamtgut der fortgesetzten Gütergemeinschaft statt (§ 1497 BGB). Eine solche Auseinandersetzung entfällt, wenn die fortgesetzte Gütergemeinschaft dadurch beendet wird, dass kein anteilsberechtigter Abkömmling (infolge Todes, § 1490 BGB, oder Verzichtes, § 1491 Abs 4 BGB) mehr vorhanden ist und daher deren Anteile dem überlebenden Ehegatten anwachsen. Wird die fortgesetzte Gütergemeinschaft durch den Tod oder die Todeserklärung des überlebenden Ehegatten beendet (§ 1494 BGB), so findet die Auseinandersetzung zwischen der ihn kraft Gesetzes oder letztwilliger Verfügung beerbenden Erbengemeinschaft und den anteilsberechtigten Abkömmlingen statt. Bis zur Durchführung der Auseinandersetzung bilden sie eine Auseinandersetzungsgesamthand (§§ 1497, 1419 BGB).

Auf das Auseinandersetzungsverfahren finden im Wesentlichen die Regeln Anwen- **13** dung, die für die Auseinandersetzung zwischen den Ehegatten einer Gütergemeinschaft gelten (§§ 1498, 1471 ff BGB). Dabei tritt der überlebende Ehegatte an die Stelle des Ehegatten, der das Gesamtgut allein verwaltet; an die Stelle des anderen Ehegatten treten die anteilsberechtigten Abkömmlinge (§ 1498 Abs 1 S 1 BGB).

VI. Eintragung der fortgesetzten Gütergemeinschaft

1. Grundbuch

Eintritt und Ende der fortgesetzten Gütergemeinschaft werden (ebenso wie Eintritt **14** und Ende der Gütergemeinschaft – vgl § 1416 Rn 28 ff) in das Grundbuch eingetragen, wenn ein Grundstück oder ein eingetragenes Recht zum Gesamtgut einer fortgesetzten Gütergemeinschaft gehört (§§ 1485 Abs 3, 1416 Abs 3 BGB); auch die Beendigung und der Eintritt der Auseinandersetzungsgemeinschaft sind einzutragen, s § 1497 Rn 18). Das Bestehen einer fortgesetzten Gütergemeinschaft ist durch ein dem überlebenden Ehegatten vom Nachlassgericht erstelltes Zeugnis gem § 1507 nachzuweisen (§ 35 Abs 2 GBO; dazu § 1507 Rn 1 ff). Einzutragen sind der überlebende Ehegatte und die (an der fortgesetzten Gütergemeinschaft beteiligten) gemeinschaftlichen Abkömmlinge „in fortgesetzter Gütergemeinschaft" (§ 47 GBO).

15 Sind bei einem zum Gesamtgut der Gütergemeinschaft gehörenden Grundstück nur der frühere Eigentümer-Ehegatte oder beide Ehegatten eingetragen, so bedarf es zur Eintragung einer Rechtsveränderung, die erst nach Eintritt der fortgesetzten Gütergemeinschaft vorgenommen wird, nicht erst der (in § 39 GBO grundsätzlich geforderten) Voreintragung des überlebenden Ehegatten und der anteilsberechtigten Abkömmlinge. Obwohl die Fortsetzung der Gütergemeinschaft kein erbrechtlicher Vorgang ist, muss der Gedanke des § 40 GBO auch auf diesen Fall angewendet werden (so schon KG UFG 1, 1924, 289). Ebenso ist für die Zwangsversteigerung in ein zum Gesamtgut der fortgesetzten Gütergemeinschaft gehörendes Grundstück die in § 17 Abs 1 ZVG erforderliche Voreintragung der fortgesetzten Gütergemeinschaft im Grundbuch entbehrlich, wenn nur ein oder beide Ehegatten der vorangehenden Gütergemeinschaft eingetragen sind.

2.   Güterrechtsregister

16 Eine Eintragung der fortgesetzten Gütergemeinschaft in das Güterrechtsregister kommt nicht in Betracht, weil dieses Register nur über die güterrechtlichen Verhältnisse während des Bestehens der Ehe Auskunft zu geben bestimmt ist (allgM; BayObLG FamRZ 2003, 1778). Das Gleiche gilt hinsichtlich der Beendigung der fortgesetzten Gütergemeinschaft.

3.   Handelsregister

17 Da die fortgesetzte Gütergemeinschaft als solche nicht Inhaberin eines Handelsgeschäfts sein kann, kommt ihre Eintragung ins Handelsregister nicht in Betracht. Gehörte ein vom verstorbenen Ehegatten geführtes Handelsgeschäft zum Gesamtgut der Gütergemeinschaft, so kann der überlebende Ehegatte es kraft seines Verwaltungsrechts (§§ 1487 Abs 1, 1422 ff BGB) im eigenen Namen oder unter der alten Firma weiterführen (RG LZ 1931, 914). Der Gewinn fällt ins Gesamtgut der fortgesetzten Gütergemeinschaft. Nur der überlebende Ehegatte, nicht die fortgesetzte Gütergemeinschaft, wird ins Handelsregister eingetragen (vgl auch § 1487 Rn 9).

VII.   Steuerrechtliche Wirkungen

18 Einkünfte, die in das Gesamtgut fallen, gelten als Einkünfte des überlebenden Ehegatten, wenn dieser unbeschränkt steuerpflichtig ist, § 28 EStG. Entsprechend wurde auch bei der früher erhobenen Vermögensteuer das Gesamtgut gemäß § 120 BewG dem Überlebenden zugerechnet, ohne dass dem verfassungsrechtliche Bedenken entgegenstanden (BVerfG BB 1971, 298; BFH Betrieb 1973, 1730).

Die erbschaftssteuerrechtliche Regelung durch § 4 ErbStG geht dagegen davon aus, dass der Anteil des verstorbenen Gatten lediglich den Abkömmlingen zufällt.

§ 1483
Eintritt der fortgesetzten Gütergemeinschaft

(1) Die Ehegatten können durch Ehevertrag vereinbaren, dass die Gütergemeinschaft nach dem Tod eines Ehegatten zwischen dem überlebenden Ehegatten und den gemeinschaftlichen Abkömmlingen fortgesetzt wird. Treffen die Ehegatten eine solche Vereinbarung, so wird die Gütergemeinschaft mit den gemeinschaftlichen Abkömmlingen fortgesetzt, die bei gesetzlicher Erbfolge als Erben berufen sind. Der Anteil des verstorbenen Ehegatten am Gesamtgut gehört nicht zum Nachlass; im Übrigen wird der Ehegatte nach den allgemeinen Vorschriften beerbt.

(2) Sind neben den gemeinschaftlichen Abkömmlingen andere Abkömmlinge vorhanden, so bestimmen sich ihr Erbrecht und ihre Erbteile so, wie wenn fortgesetzte Gütergemeinschaft nicht eingetreten wäre.

Materialien: Zu § 1483 aF: E I §§ 1383 Abs 2
S 1, 1384; II § 1381 rev 1468; III § 1466; Mot V
1423 ff; Prot IV 299; VI 283. Zu § 1483 nF:
GleichberG E I § 1483; II § 1483. Vgl STAU-
DINGER/BGB-Synopse 1896–2005 § 1483.

Systematische Übersicht

I. Allgemeines

§ 1483 BGB bezeichnet in Abs 1 S 1 und 2 die Voraussetzungen des Eintritts der **1** fortgesetzten Gütergemeinschaft und in Satz 3 die erbrechtlichen Folgen. Im Abs 2 wird der Fall behandelt, dass neben gemeinschaftlichen Abkömmlingen auch noch andere, einseitige Abkömmlinge vorhanden sind.

II. Voraussetzungen des Eintritts der fortgesetzten Gütergemeinschaft

1. Vereinbarung der Ehegatten

Die Fortsetzung der Gütergemeinschaft muss in einem Ehevertrag vereinbart sein. **2** Wegen der Form und der etwa erforderlichen Mitwirkung eines gesetzlichen Vertreters s §§ 1410, 1411 BGB mit Anm. Dass die Ehegatten einen solchen Ehevertrag, durch den sie die Fortsetzung der Gütergemeinschaft vereinbart haben, durch Ehevertrag aufheben und damit die vereinbarte Fortsetzung der Gütergemeinschaft ausschließen können, hebt § 1518 S 2 BGB ausdrücklich hervor, der vom GleichberG Art 1 Nr 14 zur Klarstellung eingefügt worden ist. Wegen der weiteren Hinderungsgründe, die den Eintritt der fortgesetzten Gütergemeinschaft ausschließen, s die Zusammenstellung in den Vorbem 5 ff zu §§ 1483 ff.

2. Tod eines Ehegatten

3 Nach dem Tode eines Ehegatten wird die Gütergemeinschaft mit den anteilsberechtigten Abkömmlingen fortgesetzt. Ist der Zeitpunkt des Todes gem §§ 1 Abs 2, 9 Abs 2, 39 VerschG festgestellt, so tritt die Fortsetzung der Gütergemeinschaft zu dem im Beschluss festgestellten Zeitpunkt ein (§ 44 Abs 2 VerschG).

4 Ist ein Ehegatte für tot erklärt, fehlt eine gesetzliche Bestimmung (anders für die bestehende fortgesetzte Gütergemeinschaft, s § 1494 Abs 2 BGB). Da jedoch § 9 Abs 1 VerschG die Vermutung aufstellt, dass der Verschollene zu dem im Beschluss festgestellten Zeitpunkt verstorben ist, so wird man an die Todeserklärung die gleichen Wirkungen anknüpfen müssen wie an den Tod, sodass von dem bezeichneten Zeitpunkt an die Gütergemeinschaft fortgesetzt wird. Kehrt der für tot Erklärte zurück und hat sich sein Ehegatte inzwischen nicht wieder verheiratet (s § 1319 BGB), wird die Gütergemeinschaft zwischen den beiden Ehegatten weitergeführt. In Anlehnung an den Rechtsgedanken des § 2370 BGB behalten Rechtsgeschäfte, die der überlebende Ehegatte inzwischen als Verwalter mit redlichen Dritten vorgenommen hat, ihre Gültigkeit.

5 **Sterben beide Ehegatten** gleichzeitig, so ist für eine Fortsetzung der Gütergemeinschaft kein Raum. Kann nicht bewiesen werden, dass einer der beiden verstorbenen oder für tot erklärten Ehegatten den anderen überlebt hat, so wird vermutet, dass beide Ehegatten gleichzeitig gestorben sind (§ 11 VerschG).

6 Hat sich der überlebende Ehegatte einer schwerwiegenden Verfehlung gegen den verstorbenen Ehegatten schuldig gemacht, die zur rechtskräftigen Feststellung seiner **Erbunwürdigkeit** geführt hat (§§ 2339 ff BGB), so ist damit auch die innere Berechtigung entfallen, dass ein solcher Ehegatte die Gütergemeinschaft mit den Abkömmlingen fortsetzt (s auch § 1506 Rn 11). Das Gesetz regelt zwar nur den Fall der Erbunwürdigkeit eines gemeinschaftlichen Abkömmlings, nicht des Ehegatten. Aber weder aus der fehlenden Regelung ist auf die Unanwendbarkeit der Vorschriften über die Erbunwürdigkeit zu schließen (so BGB-RGRK/Finke § 1506 Rn 2) noch aus dem Gedanken, dass die Fortsetzung der Gütergemeinschaft einen Ersatz für die Beerbung des verstorbenen Ehegatten darstelle (Gernhuber/Coester-Waltjen § 39 Rn 3; Erman/Heinemann § 1506 Rn 1; Soergel/Gaul/Althammer § 1506 Rn 4; Palandt/Brudermüller § 1506 Rn 1; Bamberger/Roth/Mayer § 1506 Rn 2; MünchKomm/Kanzleiter § 1483 Rn 4; Rohr 39 ff), die entsprechende Anwendung der Erbunwürdigkeitsregeln zu folgern. Vielmehr ist *der Sinn* und die *Grundlage der ehevertraglichen Vereinbarung* entfallen, im Familieninteresse das im Gesamtgut zusammengefasste Vermögen bis zum Tode des letztversterbenden Ehegatten als Einheit zu erhalten (wie hier Rauscher Rn 471; s § 1506 Rn 11).

7 Die Fortsetzung der Gütergemeinschaft kann einseitig durch letztwillige Verfügung ausgeschlossen werden, wenn eine der Voraussetzungen des § **1509 BGB** vorliegt, zu denen seit dem 1. EheRG mit Einfügung des § 1509 S 2 BGB ausdrücklich auch die Erhebung des **berechtigten Antrags auf Aufhebung** der Ehe gehört. Nach dem Sinn und Zweck des Gesetzes ist dem die **Einreichung eines begründeten Scheidungsantrages** gleichzustellen (s dazu im Einzelnen § 1509 Rn 6). Auch in diesem Falle ist aber eine entsprechende letztwillige Verfügung erforderlich (ebenso die hM: MünchKomm/ KANZLEITER § 1483 Rn 5; SOERGEL/GAUL/ALTHAMMER § 1509 Rn 2; GERNHUBER/COESTER-WALTJEN § 39 Rn 3).

3. Gemeinschaftliche Abkömmlinge

Nur mit gemeinschaftlichen Abkömmlingen kann die Gütergemeinschaft fortgesetzt **8** werden. Daher muss zur Zeit des Todes des Ehegatten mindestens ein gemeinschaftlicher Abkömmling leben oder erzeugt sein *(nasciturus,* vgl § 1923 Abs 2 BGB).

Gemeinschaftliche Abkömmlinge sind alle Abkömmlinge, die von dem Elternpaar **9** abstammen, also Kinder, auch wenn sie bereits vor Eheschließung geboren waren, Enkel, auch nichteheliche Kinder gemeinschaftlicher Abkömmlinge (siehe dazu aber unter Rn 13). Die Stellung gemeinschaftlicher Abkömmlinge erlangen auch von beiden Ehegatten gemeinsam angenommene Kinder und Kinder eines Ehegatten, die vom anderen Ehegatten angenommen sind (§ 1754 BGB), auch wenn sie bei Annahme schon volljährig waren (§ 1767 Abs 2 BGB), sowie deren Abkömmlinge (§ 1754 BGB), nicht jedoch von eigenen Abkömmlingen angenommene Volljährige (§ 1770 Abs 1 S 1 BGB, Ausnahme: § 1772).

Alter, Geschäftsfähigkeit, Familienstand, Zugehörigkeit des Abkömmlings zum el- **10** terlichen Hausstand sind dabei unerheblich. Die verwandtschaftliche Beziehungen gemeinschaftlicher Abkömmlinge zu den leiblichen Eltern und damit auch die Rechte als deren leibliche Abkömmlinge auf Fortsetzung der Gütergemeinschaft *erlöschen* allerdings mit der Adoption (§ 1755 BGB).

Dagegen gehören nicht zu den gemeinschaftlichen Abkömmlingen Kinder aus einer **11** früheren Ehe mit einem anderen Partner oder einseitig nichteheliche Kinder (BGHZ 63, 35, 39 = NJW 1974, 1764, 1765) sowie nur von einem Ehegatten angenommene Kinder oder Volljährige (§§ 1754, 1770 BGB).

Von den gemeinschaftlichen Abkömmlingen nehmen an der fortgesetzten Güterge- **12** meinschaft nur diejenigen teil, die im Zeitpunkt des Eintritts der fortgesetzten Gütergemeinschaft **kraft Gesetzes erbberechtigt** sind (§§ 1483 Abs 1 S 2, 1923 Abs 1 BGB). Dabei schließt ein in diesem Zeitpunkt lebender Abkömmling die durch ihn mit dem verstorbenen Ehegatten verwandten Abkömmlinge von der Teilnahme an der fortgesetzten Gütergemeinschaft aus (§ 1924 Abs 2 BGB). Enkel sind daher nur dann an der fortgesetzten Gütergemeinschaft beteiligt, wenn ihr Elternteil, durch den sie mit den verstorbenen Ehegatten der Gütergemeinschaft verwandt sind, nicht mehr lebt. Ist dieser Elternteil vor dem Eintritt der fortgesetzten Gütergemeinschaft verstorben, so nehmen an seiner Stelle die durch ihn mit dem verstorbenen Ehegatten verwandten Abkömmlinge an der Gütergemeinschaft teil (§ 1924 Abs 3 BGB). Ist zB die (gemeinschaftliche) Tochter der in der Gütergemeinschaft (mit Fortsetzungsvereinbarung) lebenden Ehegatten unter Zurücklassung eines nichtehe-

lichen und eines ehelichen Kindes vor dem Ableben des erstversterbenden Elternteils verstorben, dann sind diese beiden Kinder beim Tode ihres Großelternteiles an
der fortgesetzten Gütergemeinschaft beteiligt.

13 **Gemeinschaftliche Abkömmlinge, die** im Zeitpunkt des Eintritts der fortgesetzten
Gütergemeinschaft **von der gesetzlichen Erbfolge ausgeschlossen** sind, nehmen an der
fortgesetzten Gütergemeinschaft nicht teil (§ 1483 Abs 1 S 2 BGB). Das gilt für die
gemeinschaftlichen Abkömmlinge, die hinsichtlich des verstorbenen Ehegatten
rechtskräftig für erbunwürdig erklärt worden sind (§§ 1506, 2339 ff BGB) oder die
durch letztwillige Verfügung des verstorbenen Ehegatten (mit Zustimmung des
anderen Ehegatten, § 1516 BGB) von der fortgesetzten Gütergemeinschaft ausgeschlossen worden sind (§ 1511 BGB) oder die durch Erbverzicht (§§ 2346 ff BGB)
auf ihr gesetzliches Erbrecht oder durch Vertrag mit einem der beiden Ehegatten
(und der Zustimmung des anderen Ehegatten) auf ihren Anteil am Gesamtgut der
fortgesetzten Gütergemeinschaft verzichtet haben (§§ 1517, 2346 ff BGB).

III. Wirkungen der fortgesetzten Gütergemeinschaft

1. Nur gemeinschaftliche Abkömmlinge sind vorhanden

14 Sind die Voraussetzungen für den Eintritt der fortgesetzten Gütergemeinschaft
gegeben, so *setzen der überlebende Ehegatte und die anteilsberechtigten gemeinschaftlichen Abkömmlinge die Gütergemeinschaft hinsichtlich des Gesamtgutes fort,*
indem die Abkömmlinge an die Stelle des verstorbenen Ehegatten treten (§§ 1483
Abs 1 S 1 u 2, 1487 Abs 1 BGB). Eine Auseinandersetzung des bisherigen Gesamtgutes findet nicht statt. Das Gesamtgut wird – ohne weitere Übertragungsakte –
gesamthänderisches Eigentum der an der fortgesetzten Gütergemeinschaft beteiligten Personen. Es bildet den Kern des neuen Gesamtgutes (§ 1485 Abs 1 BGB). Als
weitere Vermögensmassen bestehen daneben das Vorbehaltsgut und das Sondergut
des überlebenden Ehegatten (§ 1486 BGB) und die einzelnen Vermögen der Abkömmlinge (§ 1485 Abs 2 BGB).

15 Der Anteil des verstorbenen Ehegatten am ehelichen Gesamtgut gehört nicht zu
seinem Nachlass (§ 1483 Abs 1 S 3 BGB), ist also der Vererbung entzogen. Über ihn
konnte daher auch der verstorbene Ehegatte nicht letztwillig verfügen.

16 Sein **Nachlass** besteht also **nur aus** seinem **Vorbehaltsgut** und seinem **Sondergut**
(soweit vererblich). Über ihn konnte der verstorbene Ehegatte letztwillige Anordnungen treffen. Etwaige Pflichtteilsansprüche (§§ 2303 ff BGB) und Pflichtteilser-
gänzungsansprüche (§§ 2325–2332 BGB) richten sich nach dem Wert dieser Sondervermögen. Auch die Erbenhaftung des überlebenden Ehegatten und der
Abkömmlinge kann allein auf diese Vermögensmassen beschränkt werden (§§ 1967,
1975 ff, 1990 BGB).

17 Zwecks Feststellung des Vorbehaltsgutes und des Sondergutes des verstorbenen
Ehegatten findet eine etwa erforderliche Ausgleichung der einzelnen Vermögensmassen statt. Sind also aus dem Gesamtgut Ausgaben bestritten worden, die entweder keine Gesamtgutsverbindlichkeiten waren (§§ 1437–1440 BGB bei Alleinverwaltung; §§ 1459–1462 BGB bei gemeinschaftlicher Verwaltung) oder zwar

Gesamtgutsverbindlichkeiten waren, im Innenverhältnis der Ehegatten zueinander jedoch dem Vorbehaltsgut oder dem Sondergut des einzelnen Ehegatten zur Last fallen (§§ 1441–1444 BGB bei Alleinverwaltung, §§ 1463–1466 BGB bei gemeinschaftlicher Verwaltung), so müssen diese Werte dem Gesamtgut zurückerstattet werden (§§ 1445, 1446 BGB bei Alleinverwaltung, §§ 1467, 1468 BGB bei gemeinschaftlicher Verwaltung). Umgekehrt müssen Werte, die aus dem Vorbehaltsgut oder dem Sondergut eines Ehegatten in das Gesamtgut geflossen sind, aus dem Gesamtgut zurückerstattet werden (§§ 1445, 1446, 1467, 1468 BGB).

18 Vorempfänge der gemeinschaftlichen Abkömmlinge sind auszugleichen, soweit nicht der verstorbene Ehegatte bei der Zuwendung etwas anderes angeordnet hatte (§§ 2050 ff BGB). Das bezieht sich jedoch nur auf die Vorempfänge, die aus dem Vorbehaltsgut oder Sondergut des verstorbenen Ehegatten stammen, während Vorempfänge aus dem ehelichen Gesamtgut erst bei der Auseinandersetzung des Gesamtgutes der fortgesetzten Gütergemeinschaft nach deren Beendigung auszugleichen sind (§ 1503 Abs 2 BGB).

19 Was der überlebende Ehegatte aus diesem Nachlass des verstorbenen Ehegatten erbt, fällt in das Gesamtgut der fortgesetzten Gütergemeinschaft, es sei denn, dass der verstorbene Ehegatte durch letztwillige Verfügung bestimmt hat, dass der Erwerb Vorbehaltsgut des überlebenden Ehegatten werden soll (§§ 1486 Abs 1, 1418 Abs 2 Nr 2 BGB). Was die gemeinschaftlichen Abkömmlinge aus diesem Nachlass erben, wird ihr eigenes Vermögen (§ 1485 Abs 2 BGB); sie nehmen also an der fortgesetzten Gütergemeinschaft nur mit ihrem Anteil am Gesamtgut teil.

2. Neben gemeinschaftlichen Abkömmlingen sind noch einseitige Abkömmlinge des verstorbenen Ehegatten vorhanden

20 Für diesen Fall ordnet das Gesetz in § 1483 Abs 2 BGB an, dass das Erbrecht und die Erbteile und Pflichtteilsansprüche der einseitigen Abkömmlinge so zu bestimmen sind, wie wenn eine fortgesetzte Gütergemeinschaft nicht eingetreten wäre.

21 An der Fortsetzung der Gütergemeinschaft zwischen dem überlebenden Ehegatten und den anteilsberechtigten gemeinschaftlichen Abkömmlingen ändert sich nichts. Es kommt vielmehr zu einer *gesonderten Auseinandersetzung* mit den einseitigen Abkömmlingen (s oben Rn 11). Dabei rechnet zu deren Gunsten auch der Anteil des verstorbenen Ehegatten am ehelichen Gesamtgut zu seinem Nachlass. An diesem Nachlass, der also aus der Hälfte des ehelichen Gesamtgutes und dem Vorbehaltsgut (und dem Sondergut) des verstorbenen Ehegatten besteht, sind der überlebende Ehegatte und die gemeinschaftlichen Abkömmlinge einerseits und die einseitigen Abkömmlinge andererseits beteiligt, und zwar entsprechend der gesetzlichen oder gewillkürten Erbfolge.

Beispiel: Mann M und die verstorbene Frau F lebten in Gütergemeinschaft mit Fortsetzungsvereinbarung. Frau F hinterlässt außer dem Sohn S aus dieser Ehe eine Tochter T aus einer früheren Ehe. Das eheliche Gesamtgut hat einen Wert von 60 000 €; das Vorbehaltsgut der F beträgt 10 000 €.

Der Nachlass der F setzt sich demnach aus 10 000 € (Vorbehaltsgut) und 30 000 €

(halbes Gesamtgut) zusammen. Ihr Mann M ist daran zu ¼ (§ 1931 BGB), S und T zu je ³/₈ (§ 1924 BGB) als Miterben beteiligt. Bei der Auseinandersetzung entfallen auf

M: 2500 € (aus dem Vorbehaltsgut der F) und 7500 € (aus dem Gesamtanteil der F)

S: 3750 € und 11 250 €

T: 3750 € und 11 250 € = 15 000 €.

Nach der Befriedigung des einseitigen Abkömmlings T (15 000 €) und der Auszahlung von 3750 € an S zu freier Verfügung (§ 1485 Abs 2 BGB) setzt sich das Gesamtgut der fortgesetzten Gütergemeinschaft aus dem Gesamtgutsanteil des M (30 000 €), seinem Erbteil (10 000 €) (§ 1485 Abs 1 BGB) und dem Betrage von 11 250 € zusammen, der dem S aus dem Gesamtgutsanteil seiner Mutter zugefallen wäre, wenn die Gütergemeinschaft nicht fortgesetzt worden wäre.

22 Während sich die Auseinandersetzung mit den gemeinschaftlichen Abkömmlingen auf das Vorbehaltsgut und das Sondergut des verstorbenen Ehegatten beschränkt, bedarf es bei der Auseinandersetzung mit den einseitigen Abkömmlingen in der Regel auch der Auseinandersetzung des ehelichen Gesamtgutes (§§ 1471–1481 BGB), allerdings nur insoweit, als dies zur Befriedigung der Ansprüche der einseitigen Abkömmlinge erforderlich ist. Soweit eine Realteilung bezüglich des Gesamtgutes gemäß §§ 2042, 752 BGB nicht möglich ist, gebietet der Zweck der Fortsetzung der Gütergemeinschaft **zunächst eine Befriedigung** des einseitigen Abkömmlings **aus dem Vorbehalts- und Sondergut**, um so das Gesamtgut als ungeteilte Vermögenseinheit zu wahren (so auch SOERGEL/GAUL/ALTHAMMER § 1483 Rn 6; ERMAN/HEINEMANN § 1483 Rn 4; KAPPLER 289 f; NK-BGB/VÖLKER Rn 10). Sind die Ansprüche dadurch nicht zu befriedigen, kann die Gütergemeinschaft die **Teilung durch Verkauf abwenden**, indem sie dem Berechtigten den zu schätzenden Wertanteil auszahlt. Eine weitergehende Beschränkung der Ansprüche des Abkömmlings (so aber Münch-Komm/KANZLEITER § 1483 Rn 14; GERNHUBER/COESTER-WALTJEN § 39 Rn 2; ROHR 76; BAMBERGER/ROTH/MAYER Rn 12) ist wegen des eindeutigen Gesetzeswortlautes nicht zulässig. Sie bedürfte der Regelung im Wege der letztwilligen Verfügung durch den verstorbenen Ehegatten. Ist einem einseitigen Abkömmling nur ein **Vermächtnis** zugewendet oder steht ihm nur ein **Pflichtteilsanspruch** zu, so ist eine Auseinandersetzung des Gesamtgutes nicht nötig; die Ermittlung des Wertes des Anteils des verstorbenen Ehegatten am Gesamtgut erfolgt auch in diesem Falle durch Schätzung.

23 Die Auseinandersetzung des ehelichen Gesamtgutes gehört als **Verwaltungsaufgabe** zu den Pflichten **des überlebenden Ehegatten** (§§ 1487 Abs 1, 1422 ff BGB). Inwieweit er dabei an die Zustimmung der gemeinschaftlichen Abkömmlinge gebunden ist, ergibt sich aus den §§ 1423–1425 BGB.

24 **Über den Anteil eines einseitigen Abkömmlings** am Nachlass **kann der verstorbene Ehegatte letztwillig verfügen.** Er kann ihn dem einseitigen Abkömmling entziehen und dem überlebenden Ehegatten, einem gemeinschaftlichen Abkömmling oder einem Dritten zuwenden (hM; BGB-RGRK/FINKE § 1483 Rn 12; SOERGEL/GAUL/ALTHAMMER

§ 1483 Rn 7; ERMAN/HEINEMANN § 1483 Rn 4; NK-BGB/VÖLKER Rn 11; BayObLGZ 1950/51, 383; **aA** MünchKomm/KANZLEITER § 1483 Rn 15; BAMBERGER/ROTH/MAYER Rn 15).

Sind neben gemeinschaftlichen Abkömmlingen, mit denen die Gütergemeinschaft **25** fortgesetzt wird, auch einseitige Abkömmlinge vorhanden, so müssen auch **Vorempfänge**, die aus dem ehelichen Gesamtgut stammten, ausgeglichen werden, soweit nicht der verstorbene Ehegatte bei der Zuwendung etwas anderes angeordnet hatte (§§ 2050 ff BGB, anders als bei gemeinschaftlichen Abkömmlingen, vgl oben Rn 18).

Die **einseitigen Abkömmlinge haften** den Nachlassgläubigern für die Nachlassver- **26** bindlichkeiten mit allem, was sie aus dem Nachlass des verstorbenen Ehegatten erhalten haben, können diese Haftung jedoch auf das Erlangte beschränken (§§ 1975, 1990 ff, 2014 ff BGB).

§ 1484
Ablehnung der fortgesetzten Gütergemeinschaft

(1) Der überlebende Ehegatte kann die Fortsetzung der Gütergemeinschaft ablehnen.

(2) Auf die Ablehnung finden die für die Ausschlagung einer Erbschaft geltenden Vorschriften der §§ 1943 bis 1947, 1950, 1952, 1954 bis 1957, 1959 entsprechende Anwendung. Bei einer Ablehnung durch den Betreuer des überlebenden Ehegatten ist die Genehmigung des Betreuungsgerichts erforderlich.

(3) Lehnt der Ehegatte die Fortsetzung der Gütergemeinschaft ab, so gilt das Gleiche wie im Falle des § 1482.

Materialien: Zu § 1484 aF: E I § 1386; II § 1382 rev 1469; III § 1467; Mot IV 439; Prot IV 308; IV 285. Zu § 1484 nF: GleichberG E I § 1484; II § 1484; BT-Drucks 11/4528, 106. Vgl STAUDINGER/BGB-Synopse 1896–2005 § 1484. BT-Drucks 16/6308, 345; BT-Drucks 18/12086, 21.

Systematische Übersicht

Burkhard Thiele

I. Allgemeines

1 Die vom Gleichberechtigungsgesetz unverändert übernommene und zuletzt durch das Betreuungsgesetz, das FamFG und das Gesetz gegen Kinderehen geänderte Vorschrift bestimmt, dass die Gütergemeinschaft nicht fortgesetzt wird, wenn der überlebende Ehegatte sie ablehnt. Dass nur ihm und nicht den anteilsberechtigten gemeinschaftlichen Abkömmlingen dieses Wahlrecht zugestanden wird, erklärt sich daraus, dass die Fortsetzung der Gütergemeinschaft in erster Linie ihm und nicht so sehr den Interessen der Abkömmlinge dient (Mot IV 439 ff).

2 Das Gesetz unterscheidet die (hier zu behandelnde) Ablehnung der fortgesetzten Gütergemeinschaft gem § 1484 BGB, bei der es überhaupt nicht zur Fortsetzung der Gütergemeinschaft kommt, von der Aufhebung der fortgesetzten Gütergemeinschaft, mit der die bereits eingetretene Fortsetzung der Gütergemeinschaft beendet wird (vgl § 1492 Rn 1 ff).

II. Annahme und Ablehnung der fortgesetzten Gütergemeinschaft

1. Anwendung erbrechtlicher Vorschriften

3 Obwohl es sich bei der Fortsetzung der Gütergemeinschaft nicht um einen Erbfolgevorgang handelt, ist die Annahme und die Ablehnung der fortgesetzten Gütergemeinschaft im Gesetz weitgehend der Annahme und Ausschlagung einer Erbschaft nachgebildet. Eine Reihe erbrechtlicher Vorschriften finden daher auf sie entsprechende Anwendung (§ 1484 Abs 2 BGB).

2. Annahme der fortgesetzten Gütergemeinschaft

4 Zum Eintritt der fortgesetzten Gütergemeinschaft bedarf es einer Annahme nicht. Liegen die Voraussetzungen für die fortgesetzte Gütergemeinschaft vor und fehlen die Hinderungsgründe, so tritt sie ohne weiteres Zutun der Beteiligten ein. Hat der überlebende Ehegatte die fortgesetzte Gütergemeinschaft jedoch (stillschweigend oder ausdrücklich) angenommen, so kann er sie nicht mehr ablehnen (§ 1943 BGB). Sein Recht, sie durch einseitige Erklärung oder durch Vertrag mit den anteilsberechtigten Abkömmlingen aufzuheben, bleibt unberührt (§ 1492 BGB). Die Annahme der fortgesetzten Gütergemeinschaft ist eine formlose, einseitige, nicht empfangsbedürftige **Willenserklärung**; zu Einzelheiten s STAUDINGER/OTTE (2017) § 1943 Rn 2 ff. Der überlebende Ehegatte kann die Annahme der fortgesetzten Gütergemeinschaft erst *nach dem Tode* des anderen Ehegatten erklären (§ 1946 BGB). Die Beifügung einer *Bedingung* oder *Zeitbestimmung* ist unzulässig (§ 1947 BGB), ebenso die *Beschränkung* auf einen Teil des Gesamtgutes; die *Annahme eines Teiles* ist unwirksam (§ 1950 BGB). Wegen der *Anfechtung* der Annahme s unter Rn 9 ff.

3. Ablehnung der fortgesetzten Gütergemeinschaft

5 Die Ablehnung der fortgesetzten Gütergemeinschaft erfolgt durch Erklärung **gegenüber dem** nach §§ 342 ff FamFG zuständigen **Nachlassgericht**; zur Form s § 1945 Abs 1 BGB. Sie kann nicht unter einer Bedingung oder Zeitbestimmung erklärt (§ 1947 BGB) oder auf einen Teil des Gesamtgutes beschränkt werden (§ 1950

BGB). Ist über das Vermögen des überlebenden Ehegatten das *Insolvenzverfahren* eröffnet, so bleibt er allein (und nicht der Insolvenzverwalter) zur Ablehnung der fortgesetzten Gütergemeinschaft befugt (§ 83 Abs 1 InsO). Die Ablehnungserklärung kann auch durch einen *Vertreter* abgegeben werden. Der bevollmächtigte Vertreter bedarf einer öffentlich beglaubigten Vollmacht, die der Erklärung beigefügt oder innerhalb der Ablehnungsfrist (dazu unten Rn 7) nachgebracht werden muss (§ 1945 Abs 3 BGB).

Steht der überlebende Ehegatte unter Betreuung, so bedarf der Betreuer zur Ab- **6** lehnung (nicht auch zur Annahme) der fortgesetzten Gütergemeinschaft der Genehmigung des Betreuungsgerichts (§ 1484 Abs 2 S 2 BGB; zu den Einzelheiten s Staudinger/Otte [2017] § 1945 Rn 5 f). Erfasst wird der Fall, dass der Betreuer selbst die Ablehnung erklärt, ebenso wie derjenige, dass der geschäftsfähige aber unter Einwilligungsvorbehalt stehende überlebende Ehegatte die Ablehnung erklärt und der Betreuer dem zustimmt (vgl BT-Drucks 11/4528, 106; Bamberger/Roth/Mayer Rn 4; NK-BGB/Völker Rn 4; aA MünchKomm/Kanzleiter Rn 3). Nicht genehmigungsbedürftig ist die Ablehnung durch den nicht unter Einwilligungsvorbehalt stehenden Ehegatten.

Die Ablehnung der fortgesetzten Gütergemeinschaft kann erst nach dem Tode des **7** anderen Ehegatten erklärt werden (§ 1946 BGB). Die **Ablehnungsfrist** gemäß § 1944 BGB beginnt mit dem Zeitpunkt, in welchem der überlebende Ehegatte von dem Tode des anderen Ehegatten und dem darauf beruhenden Eintritt der fortgesetzten Gütergemeinschaft Kenntnis erhält, § 1944 Abs 2 S 1 BGB (heute hM, siehe BGHZ 31, 209). Das gilt auch beim Vorhandensein eines nasciturus (vgl § 1483 Rn 8). Dagegen ist die Verweisung des § 1484 Abs 2 BGB auf § 1944 Abs 2 S 2 BGB gegenstandslos, weil der Eintritt der fortgesetzten Gütergemeinschaft nicht auf letztwilliger Verfügung beruht (hM, vgl KGJ 51, 172 ff). Die §§ **206** und **210 BGB** finden entsprechende Anwendung. Eine verspätete Ablehnung kann wegen der unterschiedlichen Rechtsfolgen nicht in eine Aufhebungserklärung nach § 1492 BGB umgedeutet werden (wie hier NK-BGB/Völker Rn 3; aA MünchKomm/Kanzleiter Rn 2; Soergel/Gaul/Althammer Rn 5; Bamberger/Roth/Mayer Rn 3).

Das Recht des überlebenden Ehegatten, die fortgesetzte Gütergemeinschaft abzu- **8** lehnen, ist *vererblich* (s § 1952 BGB sowie dazu Staudinger/Otte [2017]). Nimmt der Erbe des überlebenden Ehegatten die fortgesetzte Gütergemeinschaft an oder gibt er innerhalb der Ablehnungsfrist keine Erklärung ab, so gilt die fortgesetzte Gütergemeinschaft als mit dem Tode des verstorbenen Ehegatten eingetreten und mit dem Tode des überlebenden Ehegatten beendigt (§ 1494 Abs 1 BGB). Für die Zwischenzeit sind die §§ 1483, 1485 ff BGB maßgebend. Danach fällt insbesondere ein Erwerb, den der überlebende Ehegatte in der Zwischenzeit gemacht hat, in das Gesamtgut der fortgesetzten Gütergemeinschaft. Die Erben treten in die fortgesetzte Gütergemeinschaft nicht mehr ein. Lehnt dagegen der Erbe des überlebenden Ehegatten die fortgesetzte Gütergemeinschaft ab, so treten die gleichen Wirkungen ein, wie wenn der überlebende Ehegatte selbst sie abgelehnt hätte (dazu unten Rn 10).

4. Anfechtung der Annahme und der Ablehnung der fortgesetzten Gütergemeinschaft

9 Für die Anfechtung der Annahme und der Ablehnung der fortgesetzten Gütergemeinschaft greifen die für die Anfechtung der Annahme und der Ausschlagung einer Erbschaft geltenden Vorschriften der §§ 1954–1957 BGB ein. Diese setzen die Anwendung der allgemeinen Vorschriften über die Anfechtung von Willenserklärungen (§§ 119 ff BGB) voraus. Zur *Form* der Anfechtung s § 1955 BGB; zur *Frist* s § 1954 BGB. Die *Versäumung der Ablehnungsfrist* kann in der gleichen Weise wie die Annahme der fortgesetzten Gütergemeinschaft angefochten werden (§ 1956 BGB). Die (erfolgreiche) Anfechtung der Annahme der fortgesetzten Gütergemeinschaft gilt als Ablehnung, die Anfechtung der Ablehnung als Annahme (§ 1957 Abs 1 BGB).

5. Wirkungen der Ablehnung der fortgesetzten Gütergemeinschaft

10 Hat der überlebende Ehegatte die Fortsetzung der Gütergemeinschaft abgelehnt, so wird der verstorbene Ehegatte nach den allgemeinen Vorschriften (§§ 1922 ff, 2064 ff, 2274 ff BGB) beerbt. Sein Anteil am ehelichen Gesamtgut gehört zu seinem Nachlass (§§ 1484 Abs 3, 1482 BGB). Eine letztwillige Verfügung, die der verstorbene Ehegatte für den Fall getroffen hat, dass der überlebende Ehegatte die fortgesetzte Gütergemeinschaft ablehnt, ist wirksam (Mot IV 440; Bamberger/Roth/ Mayer Rn 5; MünchKomm/Kanzleiter § 1484 Rn 7).

6. Verwaltungshandlungen vor der Ablehnung

11 Der überlebende Ehegatte ist, abgesehen von unaufschiebbaren Maßnahmen zur ordnungsgemäßen Verwaltung des Nachlasses (§ 1472 Abs 4 BGB), zur Verwaltung des Gesamtgutes nicht verpflichtet. Wird er dennoch dafür tätig, so wird darin in der Regel eine Annahme der fortgesetzten Gütergemeinschaft zu sehen sein, wenn deren Voraussetzungen gegeben sind. Nur wenn der überlebende Ehegatte sich die Ablehnung der fortgesetzten Gütergemeinschaft vorbehält und sie dann innerhalb der Ablehnungsfrist auch erklärt, sollen für die zwischenzeitliche Besorgung erbschaftlicher Geschäfte die Regeln des § 1959 BGB gelten (§ 1484 Abs 2 BGB). Das Gleiche gilt für den Fall, dass der überlebende Ehegatte seine Annahme der fortgesetzten Gütergemeinschaft später erfolgreich anficht. Wegen der Einzelheiten siehe § 1959 BGB sowie Staudinger/Mešina (2017).

7. Haftung des überlebenden Ehegatten vor der Ablehnung

12 Dem überlebenden Ehegatten wird die Frist, innerhalb der er sich wegen der Fortsetzung der Gütergemeinschaft oder deren Ablehnung entscheiden muss, deswegen zugebilligt, damit er diesen wichtigen Entschluss nach Prüfung aller dafür maßgebenden Gesichtspunkte treffen kann. Der Erbe ist in dieser Überlegungszeit sogar vor der gerichtlichen Geltendmachung von Ansprüchen gegen den Nachlass geschützt (§ 1958 BGB, vgl auch §§ 239 Abs 5, 778, 779 ZPO, § 455 FamFG, 175 ZVG, 316 InsO). Eine solche Vergünstigung wird dem überlebenden Ehegatten während der Ablehnungsfrist nicht gewährt (§ 1484 Abs 2 BGB verweist auf § 1958 BGB nicht). Die Gesamtgutsgläubiger sind demnach nicht gehindert, ihre Ansprüche

gegen das Gesamtgut gegenüber dem überlebenden Ehegatten bereits in der Ablehnungsfrist gerichtlich geltend zu machen und aus einem gegen ihn gerichteten Titel auch in sein Vorbehaltsgut oder Sondergut zu vollstrecken (vgl auch § 1489 Rn 3).

III. Unabdingbarkeit des Ablehnungsrechts

Das Recht des überlebenden Ehegatten, die Fortsetzung der Gütergemeinschaft **13** abzulehnen, kann durch Vertrag nicht beseitigt oder eingeschränkt werden (§ 1518 S 1 BGB).

§ 1485
Gesamtgut

(1) Das Gesamtgut der fortgesetzten Gütergemeinschaft besteht aus dem ehelichen Gesamtgut, soweit es nicht nach § 1483 Abs. 2 einem nicht anteilsberechtigten Abkömmling zufällt, und aus dem Vermögen, das der überlebende Ehegatte aus dem Nachlass des verstorbenen Ehegatten oder nach dem Eintritt der fortgesetzten Gütergemeinschaft erwirbt.

(2) Das Vermögen, das ein gemeinschaftlicher Abkömmling zur Zeit des Eintritts der fortgesetzten Gütergemeinschaft hat oder später erwirbt, gehört nicht zu dem Gesamtgut.

(3) Auf das Gesamtgut finden die für die eheliche Gütergemeinschaft geltenden Vorschriften des § 1416 Abs. 2, 3 entsprechende Anwendung.

Materialien: Zu § 1485 aF: E I §§ 1396 Abs 1, 5, 1397 Abs 1; II § 1393 rev 1470; III § 1468; Mot IV 455 ff; Prot IV 316; VI 287. Zu § 1485 nF: GleichberG E I § 1485; II § 1485. Vgl STAUDINGER/BGB-Synopse 1896–2005 § 1485.

Systematische Übersicht

Burkhard Thiele

I. Allgemeines

1 Die Vorschrift ist unverändert aus der alten Fassung des BGB übernommen worden. Dabei ist versehentlich zunächst die Verweisung auf § 1438 Abs 2, 3 BGB stehengeblieben; stattdessen musste es seit dem Gleichberechtigungsgesetz vom 18. 6. 1957 **richtig** heißen: „§ 1416 Abs 2, 3". Das ist mit Wirkung vom 1. 8. 2002 bereinigt worden (OLG-VertrÄnderungsG BGBl I 2850).

2 Die Vorschrift umgrenzt den Begriff des Gesamtgutes der fortgesetzten Gütergemeinschaft. Der Umfang des Vorbehaltsgutes und des Sondergutes des überlebenden Ehegatten wird in § 1486 BGB bestimmt. Neben diesen Gütermassen bestehen noch die einzelnen eigenen Vermögen der an der fortgesetzten Gütergemeinschaft beteiligten gemeinschaftlichen Abkömmlinge (vgl § 1485 Abs 2 BGB).

II. Gesamtgut der fortgesetzten Gütergemeinschaft

1. Zusammensetzung des Gesamtgutes

3 Das Gesamtgut der fortgesetzten Gütergemeinschaft setzt sich zusammen:

a) Aus dem **bisherigen Gesamtgut** der ehelichen Gütergemeinschaft, und zwar in dem Bestande, in dem es sich zur Zeit des Eintritts der fortgesetzten Gütergemeinschaft befindet. Dazu gehören außer etwaigen Surrogaten des Gesamtgutes gem § 1473 Abs 1 BGB auch etwaige Ersatzansprüche an das Vorbehaltsgut oder Sondergut eines Ehegatten der bisherigen Gütergemeinschaft (§§ 1435 S 3, 1445, 1446, 1467, 1468 BGB). Wegen eines zum Gesamtgut gehörenden Handelsgeschäftes s Vorbem 36 zu § 1483 ff. Das Gesamtgut vermindert sich gegebenenfalls um das, was einem einseitigen Abkömmling gem § 1483 Abs 2 BGB zufällt (dazu § 1483 Rn 21), und um das, was ein gemeinschaftlicher Abkömmling, der durch letztwillige Verfügung des verstorbenen Ehegatten von der fortgesetzten Gütergemeinschaft ausgeschlossen ist, gem § 1511 Abs 2 BGB verlangen kann (dazu § 1511 Rn 17).

4 b) Aus dem, was der **überlebende Ehegatte aus dem Nachlass des verstorbenen Ehegatten** erhält. Hierzu gehört nicht nur das, was er als Erbe, Vermächtnisnehmer oder Pflichtteilsberechtigter aus dem Vorbehaltsgut oder dem Sondergut des verstorbenen Ehegatten erhält, sondern auch das, was er etwa aufgrund eines Vermächtnisses erhält, mit dem der verstorbene Ehegatte den Erbteil eines einseitigen Abkömmlings am Gesamtgut belastet hat.

5 c) Aus dem, was der **überlebende Ehegatte** während des Bestehens der fortgesetzten Gütergemeinschaft **erwirbt**, soweit ein solcher Erwerb nicht gemäß § 1486 BGB Vorbehaltsgut oder Sondergut des überlebenden Ehegatten wird. Auf welchem Rechtsgrund der Erwerb beruht, ist belanglos.

6 d) Aus den **Surrogaten**, insbesondere den **Nutzungen des Gesamtgutes** der fortgesetzten Gütergemeinschaft; ferner den **Nutzungen des Sondergutes** des überlebenden Ehegatten (§§ 1486 Abs 2, 1417 Abs 3 S 2 BGB). Dagegen fallen die Nutzungen des Vorbehaltsgutes des überlebenden Ehegatten wieder in sein Vorbehaltsgut (§§ 1486 Abs 1, 1418 Abs 2 Nr 3, Abs 3 S 2 BGB; dazu § 1486 Rn 10).

2. Vermutung der Zugehörigkeit zum Gesamtgut

Für die Gesamtguteigenschaft der im Besitz des überlebenden Ehegatten befind- **7** lichen Sachen spricht eine Vermutung (s § 1416 Rn 12); dass ein Gegenstand zum Vorbehaltsgut oder Sondergut des überlebenden Ehegatten gehört, muss derjenige **beweisen**, der das behauptet. Dies gilt jedoch nicht, wenn streitig ist, ob ein Gegenstand zum Gesamtgut der fortgesetzten Gütergemeinschaft oder zum eigenen Vermögen eines Abkömmlings gehört.

3. Inventarisierung des Gesamtgutes

Eine Verpflichtung des überlebenden Ehegatten ein Verzeichnis des von ihm zu **8** verwaltenden Gesamtgutes aufzustellen, ist vom Gesetz nicht vorgesehen. Zur Auskunftspflicht s § 1487 Rn 19.

Steht ein gemeinschaftlicher **Abkömmling**, der an der fortgesetzten Gütergemein- **9** schaft teilnimmt, **unter der elterlichen Sorge** des überlebenden Ehegatten (§§ 1626, 1680 BGB), so hat dieser über das seiner Verwaltung unterliegende Kindesvermögen ein Vermögensverzeichnis nach dem Stande zur Zeit des Todes des anderen Ehegatten aufzustellen (§ 1640 BGB). In dieses Vermögensverzeichnis ist lediglich aufzunehmen, was das Kind außer seinem Anteil am Gesamtgut der fortgesetzten Gütergemeinschaft besitzt, also insbesondere, was es aus dem Nachlass des verstorbenen Elternteils (aus dessen Vorbehaltsgut und Sondergut) erhält. Hinsichtlich des Gesamtgutes genügt die einfache Feststellung, dass fortgesetzte Gütergemeinschaft eingetreten ist (hM: s BayObLG JFG 1, 55; SOERGEL/GAUL/ALTHAMMER Rn 4; PALANDT/DIEDERICHSEN § 1640 Rn 5).

4. Entstehung des Gesamtgutes

Ebenso wie bei der Gütergemeinschaft vollzieht sich auch bei der fortgesetzten **10** Gütergemeinschaft die Verwandlung des Einzeleigentums in Gesamtgut kraft Gesetzes, ohne dass es einer Übertragung durch Rechtsgeschäft (Abtretung, Einigung und Übergabe, Einigung und Eintragung im Grundbuch) bedarf (§§ 1485 Abs 3, 1416 Abs 2 BGB).

Das bisherige eheliche Gesamtgut geht im *Zeitpunkt* des *Eintritts* der fortgesetzten **11** Gütergemeinschaft auf die neuen Rechtsträger (den überlebenden Ehegatten und die anteilsberechtigten gemeinschaftlichen Abkömmlinge) über. Das Gleiche gilt für die Vermögenswerte, die der überlebende Ehegatte *aus dem Nachlass* des verstorbenen Ehegatten (seinem Vorbehaltsgut und Sondergut) erhält (s oben Rn 4). Was der überlebende Ehegatte während des Bestehens der fortgesetzten Gütergemeinschaft erwirbt (s oben Rn 5) und was an Nutzungen des Gesamtgutes der fortgesetzten Gütergemeinschaft und des Sondergutes des überlebenden Ehegatten anfällt (s oben Rn 6), wird im *Zeitpunkt des Erwerbes* Gesamtgut der fortgesetzten Gütergemeinschaft, soweit es nicht ausnahmsweise sein Vorbehaltsgut wird (§§ 1486 Abs 1, 1418 Abs 2 Nr 2, 3 BGB).

Hinsichtlich des Gesamtgutes der fortgesetzten Gütergemeinschaft bilden der über- **12**

lebende Ehegatte und die anteilsberechtigten Abkömmlinge eine Gesamthandsgemeinschaft (§§ 1487 Abs 1, 1419 Abs 1 BGB).

5. Erwerb von Grundstücksrechten zum Gesamtgut

13 Wie für den Erwerb von Grundstücksrechten zum Gesamtgut der Gütergemeinschaft (§ 1416 Abs 3 BGB) gilt auch in der fortgesetzten Gütergemeinschaft der
Grundsatz, dass Grundstücksrechte, die ins Gesamtgut fallen, kraft Gesetzes Gesamthandseigentum der an der fortgesetzten Gütergemeinschaft Beteiligten werden
(§ 1485 Abs 3 BGB).

14 Wird das **Grundbuch** durch den (automatischen) Rechtsübergang auf das Gesamtgut
der fortgesetzten Gütergemeinschaft unrichtig, so können der überlebende Ehegatte
und jeder an der fortgesetzten Gütergemeinschaft beteiligte Abkömmling von dem
anderen Teile die Mitwirkung zur Berichtigung des Grundbuches verlangen (§§ 1485
Abs 3, 1416 Abs 3 BGB) und notfalls eine entsprechende Entscheidung (§ 894 ZPO)
dem Grundbuchamt als Unterlage des Berichtigungsantrages vorlegen (§ 19
GBO).

15 Statt dieses umständlichen Verfahrens kann aber auch jeder an der fortgesetzten
Gütergemeinschaft Beteiligte allein die Grundbuchberichtigung betreiben. Der
überlebende Ehegatte kann die Unrichtigkeit des Grundbuches durch Vorlage des
Zeugnisses über die Fortsetzung der Gütergemeinschaft gem § 1507 BGB nachweisen und darauf seinen Antrag auf Berichtigung des Grundbuches stützen (§ 22
GBO). Die an der fortgesetzten Gütergemeinschaft beteiligten Abkömmlinge, denen ein solches Zeugnis nicht ausgestellt wird, weil sie nicht verwaltungsberechtigt
sind (dazu § 1507 Rn 5), können eine Berichtigung des Grundbuches von Amts wegen
anregen (§§ 82, 82a GBO).

16 Wegen der Entbehrlichkeit der Voreintragung des letzten Rechtsinhabers (§§ 39, 40
GBO) s Vorbem 15 zu §§ 1483 ff.

III. Weiteres Vermögen des überlebenden Ehegatten und der Abkömmlinge

1. Weiteres Vermögen des überlebenden Ehegatten

17 Neben seinem Anteil am Gesamtgut der fortgesetzten Gütergemeinschaft hat der
überlebende Ehegatte noch sein Vorbehaltsgut und sein Sondergut, deren Zusammensetzung in § 1486 BGB abschließend geregelt ist. Beide Vermögensmassen sind
vom Gesamtgut getrennt und unterliegen der uneingeschränkten alleinigen Verwaltung des überlebenden Ehegatten (§§ 1417, 1418 BGB). Nur die Nutzungen des
Sondergutes fallen (wie schon in der ehelichen Gütergemeinschaft) in das Gesamtgut (§ 1417 Abs 3 S 2 BGB), während die Nutzungen des Vorbehaltsgutes dem
überlebenden Ehegatten zu freier Verfügung verbleiben (§ 1418 Abs 3 S 2 BGB;
vgl oben Rn 6).

2. Weiteres Vermögen der Abkömmlinge

18 Neben seinem Anteil an dem Gesamtgut der fortgesetzten Gütergemeinschaft kann

der anteilsberechtigte Abkömmling eigenes Vermögen haben, das sich aus dem Vermögen, das er bei Eintritt der fortgesetzten Gütergemeinschaft bereits hatte, und dem, das er danach erwirbt, zusammensetzt (§ 1485 Abs 2 BGB). Dazu gehört auch sein Erwerb aus dem Nachlass des verstorbenen Ehegatten oder anderer Personen, sein Arbeitsverdienst und sonstiger Erwerb (ohne Rücksicht auf den Erwerbsgrund).

§ 1486
Vorbehaltsgut; Sondergut

(1) Vorbehaltsgut des überlebenden Ehegatten ist, was er bisher als Vorbehaltsgut gehabt hat oder was er nach § 1418 Abs. 2 Nr. 2, 3 als Vorbehaltsgut erwirbt.

(2) Sondergut des überlebenden Ehegatten ist, was er bisher als Sondergut gehabt hat oder was er als Sondergut erwirbt.

Materialien: Zu § 1486 aF: E I § 1396 Abs 2–4; II § 1394 rev 1471; III § 1469; Mot IV 455; Prot IV 316. Zu § 1486 nF: GleichberG E I § 1486; II § 1486. Vgl STAUDINGER/BGB-Synopse 1896–2005 § 1486.

Systematische Übersicht

I. Allgemeines

Das Gleichberechtigungsgesetz hat den § 1486 BGB neu gefasst. Für den ersten **1** Absatz, in dem das Vorbehaltsgut behandelt wird, ergibt sich daraus keine sachliche Änderung. Die Verweisung auf § 1418 Abs 2 Nr 2, 3 BGB trifft sachlich die gleiche Regelung wie die des §§ 1486, 1440, 1369, 1370 aF.

Die Neufassung des Abs 2, die schon wegen des Fortfalls der Errungenschaftsge- **2** meinschaft erforderlich wurde, auf die verwiesen wurde, bringt nicht nur eine sprachliche Vereinfachung, sondern auch sachlich für das Sondergut des überlebenden Ehegatten die gleiche Änderung wie § 1417 BGB für das Sondergut der Ehegatten.

Das Vorbehaltsgut und das Sondergut des verstorbenen Ehegatten bilden dessen **3**

Nachlass und gehen nach den allgemeinen Vorschriften auf seine Erben über (§ 1922 BGB). Was der überlebende Ehegatte daraus erwirbt, fällt in das Gesamtgut der fortgesetzten Gütergemeinschaft (§ 1485 Abs 1 BGB).

4 Vorbehaltsgut oder Sondergut der an der fortgesetzten Gütergemeinschaft beteiligten Abkömmlinge ist begrifflich ausgeschlossen (vgl § 1485 Abs 2 BGB).

II. Vorbehaltsgut des überlebenden Ehegatten

1. Zusammensetzung

5 Das Vorbehaltsgut des überlebenden Ehegatten besteht aus dem bisherigen Bestand und dem, was der überlebende Ehegatte während der fortgesetzten Gütergemeinschaft als Vorbehaltsgut erwirbt.

6 Der bisherige Bestand des Vorbehaltsgutes richtet sich nach § 1418 BGB (zu den Einzelheiten s § 1418 Rn 8 ff).

7 Nach Eintritt der fortgesetzten Gütergemeinschaft kann der überlebende Ehegatte weiteres Vorbehaltsgut nur dadurch erwerben, dass ihm etwas von Todes wegen oder unentgeltlich zugewendet wird und der Zuwendende dabei die Bestimmung getroffen hat, dass dieser Erwerb in das Vorbehaltsgut des überlebenden Ehegatten fallen solle (§ 1418 Abs 2 Nr 2 BGB). Ferner gehört zum Vorbehaltsgut des überlebenden Ehegatten, was dieser aufgrund eines zum Vorbehaltsgut gehörenden Rechtes oder als Ersatz für die Zerstörung, Beschädigung oder Entziehung eines zum Vorbehaltsgut gehörenden Gegenstandes oder durch ein Rechtsgeschäft erwirbt, das sich auf das Vorbehaltsgut bezieht (§ 1418 Abs 2 Nr 3 BGB), also insbesondere die Nutzungen des Vorbehaltsgutes.

8 **Andere als die in § 1486 Abs 1 BGB bezeichneten Vermögensbestandteile** können weder durch Ehevertrag noch (wie bei den Ausschussberatungen angeregt, dann aber verworfen wurde) durch Vertrag des überlebenden Ehegatten mit den an der fortgesetzten Gütergemeinschaft beteiligten Abkömmlingen zu Vorbehaltsgut des überlebenden Ehegatten erklärt werden (§ 1518 S 1 BGB). Die Regelung des § 1486 Abs 1 BGB ist erschöpfend.

9 Ist daher durch Ehevertrag vereinbart worden, dass ein bestimmter künftiger Erwerb des überlebenden Ehegatten dessen Vorbehaltsgut werden soll, und erfolgt dieser Erwerb erst nach dem Eintritt der fortgesetzten Gütergemeinschaft, so kann dadurch kein Vorbehaltsgut entstehen (ebenso SOERGEL/GAUL/ALTHAMMER § 1486 Rn 4; MünchKomm/KANZLEITER § 1486 Rn 4; BAMBERGER/ROTH/MAYER Rn 3; NK-BGB/VÖLKER Rn 2; PALANDT/BRUDERMÜLLER § 1486 Rn 1; **aM** GERNHUBER/COESTER-WALTJEN § 39 Rn 21–23; ERMAN/HEINEMANN § 1486 Rn 1). Der Erwerb fällt vielmehr ins Gesamtgut der fortgesetzten Gütergemeinschaft.

2. Rechtliche Behandlung des Vorbehaltsgutes

10 Die rechtliche Behandlung des Vorbehaltsgutes des überlebenden Ehegatten ergibt sich aus § 1418 Abs 3 BGB: Danach verwaltet der überlebende Ehegatte dieses

Vorbehaltsgut selbständig und für eigene Rechnung. Die Nutzungen des Vorbehaltsgutes fallen wieder in das Vorbehaltsgut. Die fortgesetzte Gütergemeinschaft hat auf die Beziehungen des überlebenden Ehegatten zu seinem Vorbehaltsgut keinen Einfluss.

III. Sondergut des überlebenden Ehegatten

Der bisherige **Bestand des Sondergutes** richtete sich nach § 1417 BGB. Danach **11** umfasste das Sondergut des überlebenden Ehegatten die ihm gehörenden Gegenstände, die nicht durch Rechtsgeschäft übertragen werden können (dazu im Einzelnen § 1417 Rn 4 ff).

Nach Eintritt der fortgesetzten Gütergemeinschaft kann der überlebende Ehegatte **12** **weiteres Sondergut** erwerben. Auch dabei kann es sich nur um Gegenstände handeln, die ihrer Rechtsnatur nach durch Rechtsgeschäft nicht übertragen werden können. Weder durch einen (früheren) Ehevertrag noch durch einen Vertrag des überlebenden Ehegatten mit den an der fortgesetzten Gütergemeinschaft beteiligten Abkömmlingen kann Sondergut entstehen (§ 1518 S 1 BGB).

Die **rechtliche Behandlung des Sondergutes** des überlebenden Ehegatten ergibt sich **13** aus § 1417 Abs 3 BGB: Danach verwaltet der überlebende Ehegatte sein Sondergut selbständig. Anders jedoch als beim Vorbehaltsgut des überlebenden Ehegatten (vgl oben Rn 10) fallen alle Vorteile, insbesondere alle Nutzungen des Sondergutes, in das Gesamtgut der fortgesetzten Gütergemeinschaft. Wegen der Einzelheiten wird auf § 1417 Rn 14 ff Bezug genommen.

IV. Keine Eintragung des Vorbehaltsgutes oder Sondergutes

Die Eigenschaft eines Vermögensbestandteiles als Vorbehaltsgut oder Sondergut **14** kann weder im Grundbuch noch im Güterrechtsregister eingetragen werden (s § 1418 Rn 57; § 1417 Rn 22).

§ 1487
Rechtsstellung des Ehegatten und der Abkömmlinge

(1) Die Rechte und Verbindlichkeiten des überlebenden Ehegatten sowie der anteilsberechtigten Abkömmlinge in Ansehung des Gesamtgutes der fortgesetzten Gütergemeinschaft bestimmen sich nach den für die eheliche Gütergemeinschaft geltenden Vorschriften der §§ 1419, 1422 bis 1428, 1434, des § 1435 Satz 1, 3 und der §§ 1436, 1445; der überlebende Ehegatte hat die rechtliche Stellung des Ehegatten, der das Gesamtgut allein verwaltet, die anteilsberechtigten Abkömmlinge haben die rechtliche Stellung des anderen Ehegatten.

(2) Was der überlebende Ehegatte zu dem Gesamtgut schuldet oder aus dem Gesamtgut zu fordern hat, ist erst nach der Beendigung der fortgesetzten Gütergemeinschaft zu leisten.

Materialien: Zu § 1487 aF: E I § 1399 Abs 1; II
§ 1398 rev 1472; III § 1470; Mot IV 461 ff; Prot
IV 334; V 140. Zu § 1487 nF: GleichberG E I
§ 1487; II § 1487. Vgl STAUDINGER/BGB-Syn-
opse 1896–2005 § 1487.

Systematische Übersicht

I.   Allgemeines

1 § 1487 BGB behandelt wie früher die Rechtsstellung des überlebenden Ehegatten
und der an der fortgesetzten Gütergemeinschaft beteiligten Abkömmlinge in Bezug
auf das Gesamtgut. Dabei wird im Wesentlichen auf die für die Gütergemeinschaft
mit Verwaltung eines einzelnen Ehegatten verwiesen (§§ 1419, 1422 ff BGB). Einige
dieser Regelungen (§§ 1430–1433, 1438–1444 BGB) sind als für die fortgesetzte
Gütergemeinschaft ungeeignet fortgelassen, ebenso wie § 1429 BGB (Notverwaltungsrecht des anderen Ehegatten). § 1437 BGB wird durch §§ 1488, 1489 BGB und
§ 1446 BGB durch § 1487 Abs 2 BGB ersetzt. Daraus ergeben sich jedoch keine
wesentlichen sachlichen Änderungen. Die in § 1487 BGB getroffenen Regelungen
sind **unabdingbar** (§ 1518 S 1 BGB).

II.   Gesamtgut

1.   Gesamthandsgemeinschaft

2 Mit der Verweisung auf § 1419 BGB stellt das Gesetz klar, dass auch die fortgesetzte
Gütergemeinschaft eine Gesamthandsgemeinschaft der an ihr beteiligten Personen
(des überlebenden Ehegatten und der anteilsberechtigten Abkömmlinge) ist (RGZ
129, 120). Die fortgesetzte Gütergemeinschaft ist also keine Gemeinschaft nach

Bruchteilen. Die Aufgabe des Gesamtgutes, während des Bestehens der fortgesetzten Gütergemeinschaft nicht den Sonderinteressen einzelner Beteiligter, sondern dem zur Fortführung dieses Vermögens zusammengefassten Familienverband zu dienen, erfordert nach Auffassung des Gesetzes eine solche feste Bindung. Die Möglichkeiten ihrer Beendigung sind gesetzlich festgelegt (s Vorbem 10 f zu §§ 1483 ff).

2. Keine Verfügungen über den Anteil am Gesamtgut

Diese Bindung der Beteiligten während des Bestehens der fortgesetzten Gütergemeinschaft kommt darin zum Ausdruck, dass **kein Beteiligter** (überlebender Ehegatte, anteilsberechtigte Abkömmlinge) **über seinen Anteil** am Gesamtgut der fortgesetzten Gütergemeinschaft **rechtsgeschäftlich verfügen kann** (§ 1419 Abs 1 BGB). Von diesem Grundsatz bildet der Verzicht eines Abkömmlings auf seinen Gesamtgutsanteil gem § 1491 BGB die einzige Ausnahme (dazu unten Rn 24; § 1491 Rn 1).

Ebenso kann kein Beteiligter über seinen Anteil **an den einzelnen zum Gesamtgut gehörenden Gegenständen verfügen** oder eine Teilung des Gesamtgutes verlangen, solange die fortgesetzte Gütergemeinschaft **besteht**. Solche Verfügungen sind auch mit Zustimmung der übrigen Beteiligten nicht zulässig (vgl § 1419 Rn 9). Verpflichtungsgeschäfte, durch die sich ein Beteiligter zur Verfügung über seinen Anteil am Gesamtgut oder an einzelnen zum Gesamtgut gehörenden Gegenständen verpflichtet, sind regelmäßig unwirksam (vgl § 1419 Rn 12 mw Belegen). Der Anteil eines an der fortgesetzten Gütergemeinschaft Beteiligten am Gesamtgut ist unpfändbar (§ 860 Abs 1 ZPO).

Abtretbar ist demgegenüber der **Anspruch auf das künftige Auseinandersetzungsguthaben**.

3. Letztwillige Verfügung

Da § 1419 BGB sich nur auf Verfügungen unter Lebenden bezieht (s § 1419 Rn 10), kann der überlebende Ehegatte über seinen Anteil am Gesamtgut der fortgesetzten Gütergemeinschaft letztwillig verfügen (hM: BGH FamRZ 1964, 423; zuletzt OLG Saarbrücken 2006, 108). Dieser Anteil fällt in seinen Nachlass. Über den Anteil eines an der Gütergemeinschaft beteiligten Abkömmlings kann er dagegen keine letztwillige Verfügung treffen.

Dem an der fortgesetzten Gütergemeinschaft **beteiligten Abkömmling** ist eine letztwillige Verfügung über seinen Anteil am Gesamtgut versagt (§ 1490 S 1 BGB), weil es mit dem Charakter dieses Familienvermögens für unvereinbar angesehen wurde, dass fremde Personen durch eine Verfügung eines Abkömmlings unter Lebenden oder von Todes wegen über seinen Gesamtgutsanteil in die fortgesetzte Gütergemeinschaft eintreten könnten (Mot IV 458). Das schließt eine letztwillige Verfügung eines Abkömmlings über seinen Gesamtgutsanteil nicht aus, setzt jedoch voraus, dass der Abkömmling **die Beendigung** der fortgesetzten Gütergemeinschaft als an ihr Beteiligter **erlebt** (zu den Einzelheiten s § 1490 Rn 4).

4. Aufrechnung

8 Die Gesamtzuständigkeit der an der fortgesetzten Gütergemeinschaft Beteiligten erstreckt sich auch auf die Gesamtgutsforderungen. Dem trägt die Verweisung des § 1487 Abs 1 BGB auf § 1419 Abs 2 BGB dadurch Rechnung, dass ein Schuldner einer solchen zum Gesamtgut gehörenden Forderung nur mit einer Forderung aufrechnen kann, deren Berichtigung aus dem Gesamtgut der fortgesetzten Gütergemeinschaft er verlangen kann (Gesamtgutsverbindlichkeit, § 1488 BGB). Wegen einer Forderung, die sich allein gegen das Vorbehaltsgut oder das Sondergut des überlebenden Ehegatten oder gegen einen an der fortgesetzten Gütergemeinschaft beteiligten Abkömmling richtet, kann er sich durch die Aufrechnung gegen eine Gesamtgutsforderung nicht befriedigen.

III. Verwaltung des Gesamtgutes

1. Rechtsstellung des überlebenden Ehegatten

9 Der überlebende Ehegatte hat hinsichtlich der Verwaltung des Gesamtgutes der fortgesetzten Gütergemeinschaft die rechtliche Stellung des Ehegatten, der innerhalb der ehelichen Gütergemeinschaft das Gesamtgut allein verwaltet (§ 1487 Abs 1 HS 2 BGB). Ob ihm schon während der ehelichen Gütergemeinschaft diese Aufgabe oblag oder nicht, ist belanglos. Gehörte ein vom verstorbenen Ehegatten geführtes Handelsgeschäft zum Gesamtgut der ehelichen Gütergemeinschaft, so kann der überlebende Ehegatte es kraft seines alleinigen Verwaltungsrechts im eigenen Namen und unter der alten Firma weiterführen (s Vorbem 17 zu § 1483 ff).

10 Die Rechte und Pflichten des überlebenden Ehegatten bei der Verwaltung des Gesamtgutes werden durch die in § 1487 Abs 1 BGB in Bezug genommenen Vorschriften der §§ 1422–1428, 1434, 1435 S 1, 3 und 1436, 1445 BGB näher umrissen. Zur Verwaltung des Gesamtgutes kann im Übrigen auf die Darlegungen zu § 1422 Rn 3 ff verwiesen werden. Die an der fortgesetzten Gütergemeinschaft beteiligten Abkömmlinge haben die Rechtsstellung des anderen Ehegatten, der grundsätzlich von der Verwaltung des Gesamtgutes ausgeschlossen ist (im Einzelnen s unten Rn 24 ff).

2. Beschränkungen der Verwaltungsbefugnis

11 Wie bei der ehelichen Gütergemeinschaft ist auch hier die Wirksamkeit einiger Rechtsgeschäfte, die der überlebende Ehegatte vornimmt, von der Einwilligung des anderen Beteiligten abhängig. Das gilt für Rechtsgeschäfte über das Gesamtgut im Ganzen (vgl § 1423 BGB), über Gesamtgutsgrundstücke (vgl § 1424 BGB) und für Schenkungen (vgl § 1425 BGB), und zwar für die sich darauf beziehenden Verfügungen ebenso wie für die zugrundeliegenden obligatorischen Geschäfte (dazu im Einzelnen §§ 1423–1425 BGB m Erl).

12 Die hiernach für die Wirksamkeit dieser Verfügungs- und Verpflichtungsgeschäfte erforderliche Zustimmung (Einwilligung oder Genehmigung, § 1427 BGB) muss von allen Abkömmlingen erteilt werden, die an der fortgesetzten Gütergemeinschaft teilnehmen. Eine ehevertragliche Befreiung des überlebenden Ehegatten von dem

Zustimmungserfordernis, hat für die fortgesetzte Gütergemeinschaft wegen § 1518 BGB keine Bedeutung. Zur Übernahme der Haftung für die Erteilung der Zustimmung der Abkömmlinge s § 1424 Rn 17 mw Belegen (regelmäßig nichtig).

Ist ein Abkömmling minderjährig, so bedarf er zur Abgabe seiner Zustimmungs- **13** erklärung der Zustimmung seines gesetzlichen Vertreters (§ 107 BGB). Entsprechendes gilt für den Fall der Betreuung mit Einwilligungsvorbehalt (§ 1903 BGB).

Ist der überlebende Ehegatte gesetzlicher Vertreter seines Abkömmlings, so kann er **14** nicht im Namen seines Abkömmlings dem Vertrage mit dem Dritten zustimmen; hier findet § **181 BGB entsprechende Anwendung** (so auch KG JFG 2, 283; GERNHUBER/ COESTER-WALTJEN [5. Aufl] § 39 Rn 36; MünchKomm/KANZLEITER Rn 7; NK-BGB/VÖLKER Rn 5). Die noch in der 10./11. Aufl vertretene Gegenauffassung (STAUDINGER/FELGENTRAE-GER[10/11] § 1487 Rn 17; BayObLG DNotZ 1952, 163; BAMBERGER/ROTH/MAYER Rn 4; ERMAN/ HEINEMANN Rn 3; SOERGEL/GAUL/ALTHAMMER Rn 9; BGB-RGRK/FINKE Rn 19; PALANDT/BRU-DERMÜLLER Rn 4) wird aufgegeben. Trotz fehlender Personenidentität ist der Vertreter gemäß § 181 BGB auch von der Vertretung ausgeschlossen, wenn er das einseitige Rechtsgeschäft nicht sich selbst, sondern einem Dritten gegenüber vornimmt. Sind bei einseitigen Rechtsgeschäften Vertreter und Vertretener die sachlich Betroffenen und geht es um die Wahrung gegenläufiger Interessen, so darf der Vertreter nach dem Zweck des § 181 BGB nicht zugleich eigenes und das Interesse des Vertretenen wahrnehmen. Die Gegenläufigkeit der Interessen folgt bereits aus dem Sinn und Zweck der Zustimmung, deren *Kontrollfunktion* sich in der Person des Ehegatten als *Verwaltungsbeschränkung,* in der des Abkömmlings als *Mitverwaltungsinstrument* zeigt. Das Erfordernis der Bestellung eines Pflegers darf nicht formal von der Wahl des Erklärungsempfängers durch den Ehegatten abhängen, sondern hat der sachlichen Beurteilung zu folgen. Für den Abkömmling ist ein Pfleger zu bestellen.

Der Pfleger bedarf zur Erteilung seiner Zustimmung der *Genehmigung des Fami-* **15** *liengerichtes,* wenn es sich um ein Rechtsgeschäft über ein Grundstück oder Grundstücksrecht handelt, das zum Gesamtgut gehört. Das gilt für die Verfügung ebenso wie für das Verpflichtungsgeschäft (§§ 1487 Abs 1, 1424, 1915, 1821 Nr 1–4 BGB). Ob das auch für die Zustimmung des Pflegers zu einem Rechtsgeschäft gilt, das eine Verfügung über das Gesamtgut im Ganzen betrifft, hängt davon ab, ob der Anteil des Abkömmlings am Gesamtgut sein ganzes Vermögen darstellt (§§ 1487 Abs 1, 1423, 1915, 1822 Nr 1 BGB).

Ist ein **Abkömmling**, von dessen Zustimmung die Wirksamkeit eines vom überle- **16** benden Ehegatten vorgenommenen Geschäftes abhängt, **verheiratet**, so entscheidet der Güterstand, in dem der Abkömmling mit seinem Ehegatten lebt, darüber, ob auch dieser seine Zustimmung zur Zustimmung seines Ehegatten geben muss, damit diese wirksam werden kann. Bei *Gütertrennung* scheidet das aus. Bei einer *Zu-gewinngemeinschaft* kommt die Mitwirkung des Ehegatten des Abkömmlings nur in Betracht, wenn es sich um ein Geschäft handelt, das das Vermögen des Abkömmlings im Ganzen betrifft (§ 1365 Abs 1 BGB). Bei einer *Gütergemeinschaft* gehört der Anteil des Abkömmlings am Gesamtgut einer fortgesetzten Gütergemeinschaft zu seinem Sondergut (s § 1417 Rn 6 – bestr), das vom Abkömmling allein verwaltet wird; einer Zustimmung seines Ehegatten bedarf es also nicht.

17 Ist zur ordnungsmäßigen Verwaltung des Gesamtgutes der fortgesetzten Gütergemeinschaft ein zustimmungsbedürftiges Rechtsgeschäft (§§ 1423, 1424 BGB) erforderlich, so **kann das Familiengericht** auf Antrag des überlebenden Ehegatten die fehlende **Zustimmung der Abkömmlinge ersetzen**, wenn ein Abkömmling sie ohne ausreichenden Grund verweigert oder durch Krankheit oder Abwesenheit an der Abgabe der Zustimmungserklärung verhindert ist und mit dem Aufschub Gefahr verbunden ist (§§ 1487 Abs 1, 1426 BGB). Die Übertragung des Gesamtgutes der fortgesetzten Gütergemeinschaft im Ganzen auf einen Abkömmling, um mit dem Erlös die anderen Abkömmlinge auszuzahlen, wird in der Regel nicht zur ordnungsmäßigen Verwaltung gehören (KG OLGE 42, 88), es sei denn, dass der überlebende Ehegatte das Gesamtgut nicht halten kann (BayObLG OLGE 14, 624; Bamberger/Roth/ Mayer Rn 5; NK-BGB/Völker Rn 9); eine Erschwerung allein reicht freilich nicht aus (BayObLGZ 22, 5). Die Zustimmung eines Abkömmlings zu einer Schenkung des überlebenden Ehegatten (§ 1425 BGB) kann nicht ersetzt werden (vgl § 1426 Rn 4). Bedarf es außerdem der Zustimmung des Ehegatten des Abkömmlings (vgl Rn 16), so kann auch deren Ersetzung beantragt werden (BayObLG OLGE 42, 88). Wird die Zustimmungserklärung des Abkömmlings ersetzt, so liegt darin auch die Ersetzung der Zustimmung seines Ehegatten (KG JFG 8, 275).

IV.   Verantwortung des überlebenden Ehegatten

1.   Ordnungsmäßige Verwaltung

18 Der überlebende Ehegatte ist zur Verwaltung des Gesamtgutes der fortgesetzten Gütergemeinschaft nicht nur berechtigt, sondern auch *verpflichtet*. Er kann seine Befugnisse *nicht im Ganzen* auf Dritte oder einen Abkömmling *übertragen* (RG JW 1925, 2111). Er hat das Gesamtgut ordnungsmäßig zu verwalten (§ 1435 Abs 1 BGB), insbesondere alle der Erhaltung, Verbesserung und sachgemäßen Nutzung und Verwertung des Gesamtgutes dienenden tatsächlichen und rechtlichen Maßnahmen zu treffen (vgl RGZ 124, 325) und alles zu unterlassen, was diese Zwecke beeinträchtigen kann. So ist es zB mit einer ordnungsmäßigen Verwaltung unvereinbar, wenn der überlebende Ehegatte sich der sofortigen Zwangsvollstreckung unterwirft, um dadurch die nach §§ 1487, 1424 BGB erforderliche Einwilligung der Abkömmlinge zu einer Verfügung über ein Gesamtgutsgrundstück zu umgehen (BGHZ 48, 369). Inwieweit der überlebende Ehegatte zur Verwaltung des Gesamtguts der fortgesetzten Gütergemeinschaft Hilfspersonen oder auch die Abkömmlinge hinzuzieht, ist in sein pflichtmäßiges Ermessen gestellt (RGZ 60, 146).

2.   Keine Verpflichtung zur Unterrichtung der Abkömmlinge

19 Im Gegensatz zu der für die eheliche Gütergemeinschaft vorgesehenen Verpflichtung des verwaltenden Ehegatten, den anderen Ehegatten über die Verwaltung zu unterrichten und ihm auf Verlangen über den Stand der Verwaltung Auskunft zu erteilen (§ 1435 S 2 BGB), ist dem überlebenden Ehegatten innerhalb der fortgesetzten Gütergemeinschaft eine **gleiche Pflicht nicht auferlegt** (§ 1487 Abs 1 BGB verweist nicht auf § 1435 S 2 BGB; BGHZ 48, 373). Bei Maßnahmen, die sich entscheidend auf das Gesamtgut auswirken und damit das Vermögen der Abkömmlinge wesentlich berühren, wird man eine Verpflichtung des überlebenden Ehegatten, seinen Abkömmlingen auf deren Verlangen **aus konkretem Anlass** darüber **Auskunft**

zu geben, aus seiner Pflicht zu ordnungsmäßiger Verwaltung ableiten dürfen (so auch MünchKomm/KANZLEITER Rn 9 Fn 13; NK-BGB/VÖLKER Rn 7). Andernfalls fehlt den Abkömmlingen ja auch die für die Beurteilung der Verwaltungsmaßnahmen des überlebenden Ehegatten (Zustimmungsbedürftigkeit, Verschulden, Missbrauch usw) notwendige Kenntnis der Tatsachen. **Nach Beendigung** der Gütergemeinschaft bis zur endgültigen Auseinandersetzung folgt dies aus dem Mitverwaltungsrecht (§§ 1497 Abs 2, 1472 BGB). Zur Inventarisierung s § 1485 Rn 8 f.

3. Schadensersatzpflicht des überlebenden Ehegatten

Mindert sich das Gesamtgut, so muss der überlebende Ehegatte zu dem Gesamtgut **20** Ersatz leisten, wenn er den Verlust verschuldet oder durch ein Rechtsgeschäft herbeigeführt hat, das er ohne die nach §§ 1423–1425 BGB erforderliche Zustimmung des anderen vorgenommen hat (§§ 1487 Abs 1, 1435 S 3 BGB, dort s Rn 8 ff).

Soweit es für diese Haftung auf Verschulden des überlebenden Ehegatten ankommt, muss dieser Vorsatz und jede Fahrlässigkeit vertreten, da weder § 1359 BGB noch § 1664 BGB zu seiner Entlastung in Betracht kommt. Beruht die Schadensersatzpflicht des überlebenden Ehegatten auf einer Vermögensminderung durch Vornahme eines zustimmungsbedürftigen Rechtsgeschäftes ohne die Zustimmung aller Abkömmlinge, so ist zur Stellung eines Antrags nur ein Abkömmling befugt, der seine Zustimmung nicht gegeben hat. Nur ihm gegenüber ist das Rechtsgeschäft ohne die erforderliche Zustimmung vorgenommen worden (vgl § 1435 S 3 BGB). Der überlebende Ehegatte braucht diese Schadensersatzverpflichtungen, die er zu dem Gesamtgut schuldet, erst nach Beendigung der fortgesetzten Gütergemeinschaft zu erfüllen (§ 1487 Abs 2 BGB).

4. Ausgleichung zwischen Gesamtgut und Sondervermögen

Hat der überlebende Ehegatte Gesamtgut in sein Vorbehaltsgut oder in sein Sonder- **21** gut verwendet, so muss er den Wert des Verwendeten zum Gesamtgut ersetzen (§§ 1487 Abs 1, 1445 Abs 1 BGB). Umgekehrt kann er Ersatz aus dem Gesamtgut verlangen, wenn er etwas aus seinem Vorbehaltsgut oder Sondergut zum Gesamtgut verwendet hat (§ 1445 Abs 2 BGB). Diese Ausgleichung der Vermögensmassen braucht jedoch erst nach Beendigung der fortgesetzten Gütergemeinschaft zu erfolgen (§ 1487 Abs 2 BGB).

5. Herausgabe einer Bereicherung des Gesamtgutes

Hat der überlebende Ehegatte ein zustimmungsbedürftiges **Rechtsgeschäft ohne die** **22** **erforderliche Zustimmung** der Abkömmlinge vorgenommen, so ist dieses Rechtsgeschäft unwirksam (§§ 1487 Abs 1, 1427 Abs 1, 1366 Abs 4 BGB). Hat er dabei etwas erlangt, so ist das Gesamtgut ungerechtfertigt bereichert. Der überlebende Ehegatte muss diese Bereicherung nach den Vorschriften der §§ 812 ff BGB an den, der die Leistung erbracht hat, herausgeben (§§ 1487 Abs 1, 1434 BGB). Diese Verpflichtung stellt eine Gesamtgutsverbindlichkeit dar, für die der überlebende Ehegatte nicht nur mit dem Gesamtgut, sondern auch mit seinem Sondervermögen haftet (§§ 1488, 1489 Abs 1 BGB).

6. Haftung für Gesamtgutsverbindlichkeiten

23 **Wegen der Haftung des überlebenden Ehegatten** für Gesamtgutsverbindlichkeiten s §§ 1488, 1489 BGB.

V. Rechtsstellung der anteilsberechtigten Abkömmlinge

1. Beteiligung am Gesamtgut der fortgesetzten Gütergemeinschaft

24 Die gemeinschaftlichen Abkömmlinge, die an der fortgesetzten Gütergemeinschaft teilnehmen, sind allein am Gesamtgut der fortgesetzten Gütergemeinschaft zusammen mit dem überlebenden Ehegatten als Gesamthänder beteiligt. Über ihren Anteil am Gesamtgut können sie weder unter Lebenden noch von Todes wegen verfügen (hierzu oben Rn 3 ff, 7). Hiervon bildet die Möglichkeit, auf ihren Anteil am Gesamtgut verzichten zu können (§ 1491 BGB), die einzige Ausnahme.

25 Andererseits bleibt ihre **Beteiligung am Gesamtgut ohne Einfluss auf ihr eigenes Vermögen**: was ihnen zum Zeitpunkt des Eintrittes der fortgesetzten Gütergemeinschaft gehört und was sie später erwerben, bleibt ihr eigenes Vermögen (§ 1485 Abs 2 BGB). Es haftet für die Gesamtgutsverbindlichkeiten nicht (§ 1489 Abs 3 BGB). Das Insolvenzverfahren über das Vermögen des überlebenden Ehegatten erfasst ihr eigenes Vermögen nicht; andererseits ist das Insolvenzverfahren über das Vermögen eines Abkömmlings für das Gesamtgut der fortgesetzten Gütergemeinschaft ohne Bedeutung. Rechtswirkungen von Rechtsgeschäften, die der überlebende Ehegatte im Namen eines Abkömmlings vornimmt, treffen den Abkömmling nur dann, wenn der überlebende Ehegatte dazu rechtsgeschäftlich erteilte oder gesetzliche Vertretungsmacht hatte (§ 164 BGB).

2. Beteiligung an der Verwaltung des Gesamtgutes

26 Das Gesetz umschreibt die Beteiligung der Abkömmlinge an der Verwaltung des Gesamtgutes der fortgesetzten Gütergemeinschaft mit der Verweisung auf die Rolle des nicht zur Verwaltung des ehelichen Gesamtgutes berufenen anderen Ehegatten (§§ 1487 Abs 1, 1422 ff BGB). Ebenso wie dieser andere Ehegatte ist auch der Abkömmling grundsätzlich von der Verwaltung des Gesamtgutes ausgeschlossen. Seine Rechtsstellung ist gegenüber der des anderen Ehegatten weiter abgeschwächt, insofern als ihm ein Notverwaltungsrecht, wie es dem anderen Ehegatten in § 1429 BGB zugestanden wird, und ein Anspruch gegen den anderen Ehegatten auf Auskunft über den Stand der Verwaltung grundsätzlich versagt werden (§ 1487 Abs 1 BGB verweist nicht auf § 1435 S 2 BGB; dazu oben Rn 19).

27 Nur gegen einige wenige, für sie wirtschaftlich besonders gefährliche Rechtsgeschäfte werden die Abkömmlinge dadurch geschützt, dass deren Wirksamkeit von ihrer Zustimmung abhängt (§§ 1423–1425 BGB). Ohne diese Zustimmung aller an der fortgesetzten Gütergemeinschaft beteiligten Abkömmlinge, die freilich unter bestimmten Voraussetzungen durch das Familiengericht ersetzt werden kann (§§ 1487 Abs 1, 1426 BGB; s oben Rn 17), bleiben diese Rechtsgeschäfte unwirksam (§§ 1487 Abs 1, 1427 Abs 1, 1366 Abs 4 BGB). Jeder Abkömmling, der seine Zustimmung zu einem solchen Geschäft versagt hat, kann das Recht auf Rückgabe gerichtlich gel-

tend machen (§§ 1487 Abs 1, 1428 BGB). Tritt infolge eines vorgenommenen Geschäfts eine Minderung des Gesamtgutes ein, so muss der überlebende Ehegatte zum Gesamtgut Ersatz dafür leisten (§§ 1487 Abs 1, 1435 S 3 BGB), freilich erst nach Beendigung der fortgesetzten Gütergemeinschaft (§ 1487 Abs 2 BGB).

§ 1488
Gesamtgutsverbindlichkeiten

Gesamtgutsverbindlichkeiten der fortgesetzten Gütergemeinschaft sind die Verbindlichkeiten des überlebenden Ehegatten sowie solche Verbindlichkeiten des verstorbenen Ehegatten, die Gesamtgutsverbindlichkeiten der ehelichen Gütergemeinschaft waren.

Materialien: Zu § 1488 aF: E I §§ 1384 Abs 1 S 2, 1399 Abs 2; II § 1399 rev 1473; III § 1471: Mot IV 433, 463; Prot IV 336. Zu § 1488 nF: GleichberG E I § 1488; II § 1488. Vgl STAUDINGER/BGB-Synopse 1896–2005 § 1488

Systematische Übersicht

I. Allgemeines, Inhalt der Vorschrift

§ 1488 BGB und § 1489 BGB, die unverändert weitergelten, regeln die Schulden- **1** haftung der fortgesetzten Gütergemeinschaft. Dabei beschreibt § 1488 BGB Inhalt und Umfang der Gesamtgutsverbindlichkeiten, während § 1489 BGB die persönliche Haftung des überlebenden Ehegatten regelt.

II. Verbindlichkeiten des überlebenden Ehegatten

Gesamtgutsverbindlichkeiten sind danach – ohne jede Ausnahme – **alle Verbindlich-** **2** **keiten des überlebenden Ehegatten.** Dabei kommt es weder auf den Zeitpunkt ihrer Entstehung (vor oder nach Eintritt der fortgesetzten Gütergemeinschaft) noch auf die Frage an, ob das eheliche Gesamtgut für sie haftete. Für die vor Eintritt der fortgesetzten Gütergemeinschaft entstandenen Verbindlichkeiten ist es ferner gleichgültig, ob sie zwar Gesamtgutsverbindlichkeiten der ehelichen Gütergemeinschaft waren, im Innenverhältnis der Ehegatten jedoch dem anderen Ehegatten zur Last fielen (vgl §§ 1441–1444 BGB bei Alleinverwaltung; §§ 1463–1466 BGB bei gemeinschaftlicher Verwaltung). Auch reine Gesamthandsschulden, für die zuvor bei Eintritt der fortgesetzten Gütergemeinschaft aufgrund von Vereinbarungen mit den Gläubigern nur das Gesamtgut haftete, bleiben selbstverständlich Gesamtgutsverbindlichkeiten (NK-BGB/Völker Rn 2; MünchKomm/Kanzleiter Rn 4).

3 War der überlebende Ehegatte in der bisherigen Gütergemeinschaft zur Verwaltung des ehelichen Gesamtgutes nicht berechtigt, so haftete das eheliche Gesamtgut für gewisse Verbindlichkeiten dieses Ehegatten nicht (§§ 1438–1440 BGB). Das Gleiche gilt für gewisse Verbindlichkeiten, die bei gemeinschaftlicher Verwaltung des ehelichen Gesamtgutes in der Person des überlebenden Ehegatten entstanden waren (§§ 1460–1462 BGB). Es handelt sich dabei vor allem um ohne Zustimmung des verwaltenden oder mitverwaltenden Ehegatten vorgenommene Rechtsgeschäfte oder um Rechtsgeschäfte mit Bezug auf das Vorbehaltsgut oder Sondergut des überlebenden Ehegatten. Während der ehelichen Gütergemeinschaft konnten sich Gläubiger solcher Forderungen lediglich an das Vorbehaltsgut oder Sondergut dieses Ehegatten halten. Nach Eintritt der fortgesetzten Gütergemeinschaft sind jedoch auch diese Verbindlichkeiten Gesamtgutsverbindlichkeiten geworden; ihre Gläubiger haben nunmehr den Zugriff auch auf das Gesamtgut der fortgesetzten Gütergemeinschaft und sind dadurch besser gestellt.

III. Verbindlichkeiten des verstorbenen Ehegatten

1. Frühere Gesamtgutsverpflichtungen des verstorbenen Ehegatten

4 Außer den Verbindlichkeiten des überlebenden Ehegatten werden auch die Verbindlichkeiten des verstorbenen Ehegatten Gesamtgutsverbindlichkeiten, die diese Eigenschaft bereits während der ehelichen Gütergemeinschaft hatten. Dafür ist entscheidend, ob für die eheliche Gütergemeinschaft Alleinverwaltung eines Ehegatten oder gemeinschaftliche Verwaltung beider Ehegatten galt und ob im ersten Falle die fortgesetzte Gütergemeinschaft nach dem Tode des verwaltenden oder nicht verwaltungsberechtigten Ehegatten eingetreten ist. Daraus ergibt sich Folgendes:

2. Alleinverwaltung eines Ehegatten

5 Gem § 1437 BGB sind alle seine Verbindlichkeiten Gesamtgutsverbindlichkeiten. Daran ändert sich auch durch den Eintritt der fortgesetzten Gütergemeinschaft nichts: für sie haftet der überlebende Ehegatte mit dem Gesamtgut auch weiterhin.

6 War der verstorbene Ehegatte von der Verwaltung des Gesamtgutes ausgeschlossen, so haftete das eheliche Gesamtgut für gewisse Verbindlichkeiten, die in seiner Person begründet waren, nicht (§§ 1438–1440 BGB m Erl; vgl auch oben Rn 3). Diese Verbindlichkeiten des verstorbenen Ehegatten werden auch nach Eintritt der fortgesetzten Gütergemeinschaft keine Gesamtgutsverbindlichkeiten, da sie es vorher auch nicht waren.

Da für diese Verbindlichkeiten des verstorbenen Ehegatten das Gesamtgut der **7**
fortgesetzten Gütergemeinschaft nicht haftet, kann der überlebende Ehegatte ihretwegen den Zugriff der Nachlassgläubiger auf das Gesamtgut der fortgesetzten
Gütergemeinschaft abwehren, wenn er die **Erbschaft** gem §§ 1942 ff BGB **ausschlägt**
und die Gläubiger solcher Forderungen auf das Vorbehaltsgut und Sondergut des
verstorbenen Ehegatten verweist.

Alle übrigen Verbindlichkeiten des verstorbenen Ehegatten sind dagegen schon wäh- **8**
rend der ehelichen Gütergemeinschaft Gesamtgutsverbindlichkeiten und bleiben es
auch nach Eintritt der fortgesetzten Gütergemeinschaft. Dazu gehören insbesondere
alle Verbindlichkeiten des verstorbenen Ehegatten aus der Zeit vor der Gütergemeinschaft, aus Rechtsgeschäften des verstorbenen Ehegatten, die er während der
Gütergemeinschaft mit Zustimmung des verwaltenden Ehegatten vorgenommen hat
(§ 1438 Abs 1 BGB) oder die auch ohne dessen Zustimmung für das Gesamtgut
wirksam waren (§§ 1429, 1431, 1432, 1434, 1457 BGB; dazu § 1438 Rn 7), und die auf
Gesetz beruhenden Verbindlichkeiten (zB aus unerlaubter Handlung, ungerechtfertigter Bereicherung, aus gesetzlichen Unterhaltspflichten, aus Vermögensübernah-
me usw; dazu § 1437 Rn 8).

3. Gemeinschaftliche Verwaltung

Auch bei gemeinschaftlicher Verwaltung des Gesamtgutes durch beide Ehegatten **9**
werden nicht alle Verbindlichkeiten eines Ehegatten Gesamtgutsverbindlichkeiten.
Die einzelnen Tatbestände sind in §§ 1460–1462 BGB zusammengestellt und entsprechen im Wesentlichen den Fällen der §§ 1438–1440 BGB (vgl oben Rn 3; § 1459
Rn 6 f, §§ 1460, 1461, 1462 m Erl). Alle übrigen Verbindlichkeiten, die in der Person
des verstorbenen Ehegatten entstanden sind, bilden bereits in der Gütergemeinschaft Gesamtgutsverbindlichkeiten und bleiben es auch in der fortgesetzten Gütergemeinschaft.

IV. Verbindlichkeiten der Abkömmlinge

Für Verbindlichkeiten eines anteilsberechtigten Abkömmlings haftet das Gesamtgut **10**
der fortgesetzten Gütergemeinschaft in keinem Falle (OLG Stettin OLGE 14, 232; SOER-
GEL/GAUL/ALTHAMMER Rn 4).

V. Zwangsvollstreckung in das Gesamtgut

Zur Zwangsvollstreckung in das Gesamtgut der fortgesetzten Gütergemeinschaft ist **11**
ein gegen den überlebenden Ehegatten ergangenes Urteil erforderlich und genügend (§ 745 Abs 1 ZPO); für alle seine Verbindlichkeiten haftet das Gesamtgut der
fortgesetzten Gütergemeinschaft uneingeschränkt. Das gilt auch für einen vor Eintritt der fortgesetzten Gütergemeinschaft gegen ihn als alleinigen Gesamtgutsverwalter erwirkten Titel (§ 740 Abs 1 ZPO).

Ebenso kann aus einem Leistungsurteil, das bei gemeinschaftlicher Verwaltung des **12**
ehelichen Gesamtgutes gegen beide Ehegatten gem § 740 Abs 2 ZPO erwirkt worden war, in das Gesamtgut der fortgesetzten Gütergemeinschaft vollstreckt werden,
da es sich ja auch gegen den überlebenden Ehegatten richtet (§ 745 Abs 1 ZPO).

13 War der überlebende Ehegatte jedoch bei Einzelverwaltung von der Verwaltung des ehelichen Gesamtgutes ausgeschlossen, so kann der Gläubiger gegen ihn die Umschreibung des Vollstreckungstitels, den er während der Gütergemeinschaft gegen den (alleinverwaltenden) verstorbenen Ehegatten erwirkt hatte, gem §§ 744, 727, 730–732 ZPO betreiben.

VI. Insolvenzverfahren

14 Im Insolvenzverfahren des überlebenden Ehegatten gehört das ganze Gesamtgut der fortgesetzten Gütergemeinschaft zur Insolvenzmasse (§ 37 Abs 1 S 1, Abs 3 InsO). Eine Auseinandersetzung zwischen dem überlebenden Ehegatten und den anteilsberechtigten Abkömmlingen findet nicht statt. Darin liegt eine erhebliche Gefährdung der beteiligten Abkömmlinge. Andererseits hat ein solches Insolvenzverfahren auf das eigene Vermögen der Abkömmlinge keine Auswirkungen. Ein Insolvenzverfahren über das eigene Vermögen eines beteiligten Abkömmlings berührt das Gesamtgut der fortgesetzten Gütergemeinschaft nicht (§ 37 Abs 1 S 2, Abs 3 InsO). Wegen des Sonderinsolvenzverfahrens s § 1489 Abs 2 BGB. Ist der überlebende Ehegatte gestorben und die fortgesetzte Gütergemeinschaft dadurch beendigt (§ 1494 BGB), so gehört sein Anteil am Gesamtgut der fortgesetzten Gütergemeinschaft zur Insolvenzmasse eines über seinen Nachlass eröffneten Insolvenzverfahrens (s dazu § 1494 Rn 6).

§ 1489
Persönliche Haftung für die Gesamtgutsverbindlichkeiten

(1) Für die Gesamtgutsverbindlichkeiten der fortgesetzten Gütergemeinschaft haftet der überlebende Ehegatte persönlich.

(2) Soweit die persönliche Haftung den überlebenden Ehegatten nur infolge des Eintritts der fortgesetzten Gütergemeinschaft trifft, finden die für die Haftung des Erben für die Nachlassverbindlichkeiten geltenden Vorschriften entsprechende Anwendung; an die Stelle des Nachlasses tritt das Gesamtgut in dem Bestand, den es zur Zeit des Eintritts der fortgesetzten Gütergemeinschaft hat.

(3) Eine persönliche Haftung der anteilsberechtigten Abkömmlinge für die Verbindlichkeiten des verstorbenen oder des überlebenden Ehegatten wird durch die fortgesetzte Gütergemeinschaft nicht begründet.

Materialien: Zu § 1489 aF: E I §§ 1384 Abs 1
S 2 2. HS, 1399 Abs 2; II § 1400 rev 1474; III
§ 1472; Mot IV 433, 463; Prot IV 336; VI 295. Zu
§ 1489 nF: GleichberG E I § 1489; II § 1489. Vgl
STAUDINGER/BGB-Synopse 1896–2005 § 1489.

Systematische Übersicht

I. Persönliche Haftung des überlebenden Ehegatten

Der überlebende Ehegatte haftet für alle Gesamtgutsverbindlichkeiten (dazu § 1488 **1** BGB m Erl) auch persönlich, also mit seinem Vorbehaltsgut und seinem Sondergut (§ 1489 Abs 1 BGB).

Soweit eine solche persönliche Haftung des überlebenden Ehegatten bisher nicht **2** bestand, weil sie ohne die Fortsetzung der Gütergemeinschaft erloschen wäre (vgl §§ 1437 Abs 2 S 2, 1459 Abs 2 S 2 BGB m Erl) oder weil sie innerhalb der ehelichen Gütergemeinschaft dem jetzt überlebenden Ehegatten nicht auferlegt war (vgl § 1437 Abs 1 BGB m Erl), beruht sie auf dem Gesetz, das insofern einen selbständigen Haftungsgrund aufstellt.

Die persönliche Haftung des überlebenden Ehegatten beginnt mit dem Eintritt der **3** fortgesetzten Gütergemeinschaft ohne Rücksicht auf die Ablehnungsfrist (dazu § 1484 Rn 12). Sie bleibt auch nach der Beendigung der fortgesetzten Gütergemeinschaft bestehen, da ein Erlöschen der Haftung des überlebenden Ehegatten (anders als in den §§ 1437 Abs 2 S 2, 1459 Abs 2 S 2 BGB für die eheliche Gütergemeinschaft) nicht vorgesehen ist.

II. Beschränkung der persönlichen Haftung

1. Grundsätze

Soweit nach § 1489 Abs 1 BGB den überlebenden Ehegatten die persönliche Haf- **4** tung nur infolge des Eintritts der fortgesetzten Gütergemeinschaft trifft (s oben Rn 2), gewährt § 1489 Abs 1 BGB ihm Schutz gegen die bei Unzulänglichkeit des Gesamtgutes drohende Inanspruchnahme seines nicht zum Gesamtgut gehörenden Vermögens und zugleich den Gesamtgutsgläubigern, denen er vor dem Eintritt der fortgesetzten Gütergemeinschaft nicht persönlich haftete, Schutz gegen die Konkurrenz seiner übrigen Gläubiger, denen das Gesamtgut nach § 1488 1. Alt BGB haftet (vgl § 332 Abs 2 InsO). Zu diesem doppelten Zweck erklärt das Gesetz die für die Haftung des Erben für die Nachlassverbindlichkeiten geltenden Vorschriften (§§ 1967 ff BGB) für entsprechend anwendbar; an die Stelle des Nachlasses tritt hier das Gesamtgut in dem Bestande, den es zur Zeit des Eintritts der fortgesetzten Gütergemeinschaft hat (dazu § 1485 Rn 3 ff).

2. Der maßgebende Bestand des Gesamtgutes

5 Dazu gehören außer etwaigen Surrogaten des Gesamtgutes (§ 1473 Abs 1 BGB) etwaige Ersatzansprüche an das Vorbehaltsgut oder Sondergut eines Ehegatten der bisherigen Gütergemeinschaft (§§ 1435 S 3, 1445, 1446, 1467, 1468 BGB) und das, was der überlebende Ehegatte aus dem Nachlass des verstorbenen Ehegatten als Erbe, Vermächtnisnehmer oder Pflichtteilsberechtigter erhält (§ 1485 Abs 1 BGB), und die Ansprüche des Gesamtgutsgläubiger gegen den überlebenden Ehegatten aus dessen Verantwortlichkeit bei Gesamtgutsverwaltung oder Gesamtgutsinsolvenzverfahren (§ 1978 Abs 1, 2 BGB).

6 Dieser Bestand des Gesamtgutes **vermindert** sich gegebenenfalls um das, was einem einseitigen Abkömmling gem § 1483 Abs 2 BGB zufällt (dazu § 1483 Rn 21 ff), und um das, was ein gemeinschaftlicher Abkömmling, der durch letztwillige Verfügung des verstorbenen Ehegatten von der fortgesetzten Gütergemeinschaft ausgeschlossen ist, gem § 1511 Abs 2 BGB verlangen kann (dazu § 1511 Rn 17).

7 **Nicht zu diesem Bestande des Gesamtgutes** gehört, was der überlebende Ehegatte nach Eintritt der fortgesetzten Gütergemeinschaft erwirbt (vgl § 1485 Rn 5, 6). Es ist gerade das Anliegen dieser Haftungsbeschränkung, dass sich der Zugriff dieser Gesamtgutsgläubiger nicht auf den späteren Erwerb des überlebenden Ehegatten erstrecken soll.

3. Die betroffenen Gesamtgutsgläubiger

8 Den Nachlassgläubigern in den erbrechtlichen Vorschriften, auf die § 1489 Abs 2 BGB verweist, entsprechen hier die **Gesamtgutsgläubiger, denen der überlebende Ehegatte zur Zeit des Eintritts** der **fortgesetzten** Gütergemeinschaft **nicht persönlich haftet** (vgl oben Rn 2).

9 Ihnen gegenüber haftet der überlebende Ehegatte grundsätzlich unbeschränkt, aber – ebenso wie der Erbe den Nachlassgläubigern gegenüber – beschränkbar (§§ 1967 ff BGB; dazu STAUDINGER/DUTTA [2016] Vorbem 12 ff zu §§ 1967–2017).

10 **Anderen Gesamtgutsgläubigern** gegenüber hat der überlebende Ehegatte keine Möglichkeit, seine Haftung gegenständlich zu begrenzen. Haftet der überlebende Ehegatte bereits aus anderen Rechtsgründen persönlich, so entfällt die ihm in § 1489 Abs 2 BGB eingeräumte Vergünstigung. Nur wenn er gemäß § 1967 Abs 1 BGB als Erbe persönlich haftet, ist dies nicht der Fall. Sonst würde wegen der Haftungserweiterung des § 1489 Abs 1 BGB die Möglichkeit zur Beschränkung der Erbenhaftung iE umgangen (GERNHUBER/COESTER-WALTJEN § 39 Rn 26 Fn 17; SOERGEL/GAUL/ALTHAMMER Rn 2; MünchKomm/KANZLEITER Rn 4; **aA** DÖLLE I § 82 II 4 c; BGB-RGRK/FINKE Rn 4).

4. Einzelheiten der Haftungsbeschränkung

11 Die Einzelheiten der Haftungsbeschränkung ergeben sich aus §§ 1967 ff BGB; §§ 305 Abs 2, 786, 780 ZPO.

III. Persönliche Haftung der Abkömmlinge

Die an der fortgesetzten Gütergemeinschaft beteiligten Abkömmlinge sind zwar **12** verpflichtet, die Tilgung der Gesamtgutsverbindlichkeiten der fortgesetzten Gütergemeinschaft (§ 1488 BGB) aus deren Gesamtgut zu dulden, haften jedoch weder für die Verbindlichkeiten des verstorbenen noch für die des überlebenden Ehegatten persönlich, dh mit ihrem eigenen Vermögen (§ 1489 Abs 3 BGB; Mot IV 433, 463 ff). Dass sie durch die Verwaltungshandlungen des überlebenden Ehegatten nicht persönlich verpflichtet werden, ergibt sich schon aus §§ 1487 Abs 1, 1443 Abs 2 BGB; dazu § 1487 Rn 25.

Durch § 1489 Abs 3 BGB wird jedoch nur zum Ausdruck gebracht, dass durch die **13** fortgesetzte Gütergemeinschaft als solche eine persönliche Haftung der Abkömmlinge nicht begründet wird. Das schließt nicht aus, dass ein anteilsberechtigter Abkömmling deswegen für eine Verbindlichkeit des überlebenden Ehegatten persönlich haftet, weil er sich gemeinschaftlich mit ihm zu einer teilbaren Leistung verpflichtet hat (§ 427 BGB). Soweit ein anteilsberechtigter Abkömmling Erbe des verstorbenen Ehegatten geworden ist, bemisst sich seine persönliche Haftung für dessen Verbindlichkeiten nach den allgemeinen erbrechtlichen Vorschriften (§§ 1967 ff, 2058 ff BGB). Wegen der Haftung des anteilsberechtigten Abkömmlings für die bei der Auseinandersetzung des Gesamtgutes der fortgesetzten Gütergemeinschaft unberichtigt gebliebenen Gesamtgutsverbindlichkeiten s §§ 1498 S 1, 1480, 1504 BGB. Wegen der Verpflichtung der anteilsberechtigten Abkömmlinge, sich gewisse Verbindlichkeiten bei der Auseinandersetzung der fortgesetzten Gütergemeinschaft anrechnen zu lassen, s § 1500 BGB m Erl.

Während der fortgesetzten Gütergemeinschaft ist zur Zwangsvollstreckung in deren **14** Gesamtgut ein gegen den überlebenden Ehegatten gerichteter Titel ausreichend (§ 745 Abs 1 ZPO). *Nach ihrer Beendigung* kann jedoch ein Gesamtgutsgläubiger nur dann in das Gesamtgut vollstrecken, wenn der überlebende Ehegatte zur Leistung und die anteilsberechtigten Abkömmlinge zur Duldung der Zwangsvollstreckung in das Gesamtgut verurteilt sind (§§ 745 Abs 2, 743 ZPO). Als dann kann sich ein Rechtschutzbedürfnis des Gläubigers daran ergeben, die Abkömmlinge auf Duldung der Zwangsvollstreckung in das Gesamtgut, zu der sie verpflichtet sind (RGZ 148, 250), zu verklagen (vgl § 1422 Rn 32, 52).

§ 1490
Tod eines Abkömmlings

Stirbt ein anteilsberechtigter Abkömmling, so gehört sein Anteil an dem Gesamtgute nicht zu seinem Nachlasse. Hinterlässt er Abkömmlinge, die anteilsberechtigt sein würden, wenn er den verstorbenen Ehegatten nicht überlebt hätte, so treten die Abkömmlinge an seine Stelle. Hinterlässt er solche Abkömmlinge nicht, so wächst sein Anteil den übrigen anteilsberechtigten Abkömmlingen und, wenn solche nicht vorhanden sind, dem überlebenden Ehegatten an.

Materialien: Zu § 1490 aF: E I § 1397 Abs 2; II
§ 1395 rev 1475; III § 1473; Mot IV 456 ff; Prot
IV 316. Zu § 1490 nF: GleichberG E I; 1490; II
§ 1490. Vgl STAUDINGER/BGB-Synopse 1896–
2005 § 1490.

Systematische Übersicht

I.   Allgemeines

1 Die §§ 1490 und 1491 BGB, deren Fassung durch das GleichberG nicht geändert ist,
regeln die rechtlichen Folgen des Wegfalls eines Abkömmlings während des Bestehens der fortgesetzten Gütergemeinschaft. § 1490 BGB behandelt den Wegfall infolge des Todes, § 1491 BGB den Wegfall infolge des Verzichts eines Abkömmlings.
Stirbt der überlebende Ehegatte, so wird dadurch die fortgesetzte Gütergemeinschaft beendet (§ 1494 Abs 1 BGB).

II. Unvererblichkeit des Gesamtgutsanteils des Abkömmlings

2 **Der Anteil eines Abkömmlings am Gesamtgut** der fortgesetzten Gütergemeinschaft
gehört im Falle seines Todes **nicht zu seinem Nachlass**. Dieser Nachlass besteht
vielmehr allein aus seinem eigenem Vermögen ohne den Anteil am Gesamtgut
der fortgesetzten Gütergemeinschaft. Dieser Nachlass unterliegt der gesetzlichen
oder gewillkürten Erbfolge. Er fällt den Erben des Abkömmlings an. Diese haften
für die Nachlassverbindlichkeiten ihres Erblassers nach den allgemeinen erbrechtlichen Grundsätzen (§§ 1967 ff, 2058 ff BGB). Für die Gesamtgutsverbindlichkeiten
der fortgesetzten Gütergemeinschaft haften die Erben des Abkömmlings nicht.
Andererseits berühren die Verbindlichkeiten des verstorbenen Abkömmlings das
Gesamtgut der fortgesetzten Gütergemeinschaft nicht.

3 Aus der Unvererblichkeit des Anteils eines Abkömmlings am Gesamtgut der fortgesetzten Gütergemeinschaft folgt, dass der Abkömmling über diesen seinen Anteil
auch letztwillig nicht verfügen und ihn auch nicht letztwillig belasten kann (KG OLGE
26, 315). Für Verfügungen unter Lebenden haben das bereits §§ 1487 Abs 2, 1419
Abs 1 BGB (dazu § 1487 Rn 3) ausgesprochen. Außenstehende Personen sollen nach
dem Willen des Gesetzgebers an dem Gesamtgut der fortgesetzten Gütergemeinschaft als einem Familienvermögen nicht beteiligt werden können (Mot IV 458).
Dieser Grundsatz gilt sogar gegenüber dem Ehegatten des verstorbenen Abkömmlings (KG KGJ 44, 108).

Diese Regelung gilt jedoch nur für die Zeit des Bestehens der fortgesetzten Güter- **4**
gemeinschaft. **Stirbt der Abkömmling** erst **nach deren Beendigung**, so **gehört sein
Anteil** an der Auseinandersetzungsgemeinschaft, in die sich die fortgesetzte Gütergemeinschaft verwandelt (s § 1497 Rn 1 ff), **zu seinem Nachlass.** Dieser Nachlass wird
nach den allgemeinen erbrechtlichen Vorschriften vererbt (BayObLG MDR 1967, 673).
Über ihn kann der Abkömmling auch letztwillig verfügen. Trifft der Abkömmling
eine solche letztwillige Verfügung vor der Beendigung der fortgesetzten Gütergemeinschaft, so ist diese Verfügung nur wirksam, wenn der Abkömmling zZ der
Beendigung als anteilsberechtigter Abkömmling noch lebt (vgl § 1487 Rn 7).

Durch **Rechtsgeschäft unter Lebenden** kann der Abkömmling aber auch nach der **5**
Beendigung der fortgesetzten Gütergemeinschaft über seinen Anteil an der Aus-
einandersetzungsgemeinschaft nicht verfügen (§§ 1497 Abs 2, 1419 Abs 1 BGB; Bay-
ObLG MDR 1952, 41).

III. Eintritt der Abkömmlinge des verstorbenen Abkömmlings

Hinterlässt der verstorbene Abkömmling seinerseits Abkömmlinge, die anteilsbe- **6**
rechtigt wären, wenn der verstorbene Ehegatte nach dem verstorbenen Abkömmling verstorben wäre, so **treten** diese **Abkömmlinge an seiner Stelle in die fortgesetzte
Gütergemeinschaft** kraft eigenen Rechts ein. Das gilt auch – trotz des insoweit zu
engen Wortlautes des § 1490 S 2 BGB – für solche Abkömmlinge des Abkömmlings,
die erst nach dem Tode des verstorbenen Ehegatten erzeugt (§ 1923 Abs 2 BGB),
geboren oder angenommen worden sind (hM, unter Hinweis auf § 1503). Ebenso ist es
gleichgültig, ob sie aus der zZ des Todes des verstorbenen Ehegatten bestehenden
oder aus einer späteren Ehe des Abkömmlings stammen.

Ansonsten müssen die Abkömmlinge des Abkömmlings hinsichtlich der Anteils- **7**
berechtigung alle Voraussetzungen des § 1483 BGB erfüllen wie ein anfänglicher
Teilhaber der fortgesetzten Gütergemeinschaft (s dazu § 1483 Rn 12, 13). Daher kann
auch ein **nichteheliches Kind** eines männlichen Abkömmlings des verstorbenen Ehegatten beim Tode seines Vaters an dessen Stelle treten (anders vor Inkrafttreten des
Erbrechtsgleichstellungsgesetzes die hM im Anschluss an LG Heilbronn Justiz 1975, 231; OLG
Stuttgart Justiz 1975, 476; JR 1976, 196 mit Anm Bökelmann).

Nicht in Betracht kommt ein Abkömmling des verstorbenen Abkömmlings für den
Eintritt in die fortgesetzte Gütergemeinschaft, der wegen Verzichts (§§ 1491, 1517
BGB), Erbunwürdigkeit (§ 1506 BGB) oder aufgrund letztwilliger Verfügung
(§ 1511 BGB) von der Erbfolge ausgeschlossen ist.

IV. Anwachsung der Gesamtgutsanteile des verstorbenen Abkömmlings

Das Gesetz spricht in § 1490 S 3 BGB von einer „**Anwachsung**", verwendet jedoch **8**
sonst diesen Ausdruck nur für die gewillkürte Änderung der Anteile (s zB § 2094
BGB). Bei der auf Gesetz beruhenden Veränderung der Quoten benutzt das Gesetz
sonst den Ausdruck „Erhöhung" (zB § 1935 BGB). Ein *sachlicher Unterschied* wird
jedoch dadurch *nicht begründet* (vgl Staudinger/Werner [2017] § 1935 Rn 8, 9).

Hinterlässt der verstorbene Abkömmling zwar **eigene Abkömmlinge nicht**, die an **9**

seiner Stelle in die fortgesetzte Gütergemeinschaft eintreten, sind jedoch weitere **anteilsberechtigte Abkömmlinge der beiden Ehegatten** der ehelichen Gütergemeinschaft vorhanden, so wächst der Anteil des verstorbenen Abkömmlings am Gesamtgut der fortgesetzten Gütergemeinschaft diesen Abkömmlingen an. Das gilt auch zugunsten eines zZ des Todes des Abkömmlings noch nicht geborenen, aber bereits erzeugten gemeinschaftlichen Abkömmlings der beiden Ehegatten der ehelichen Gütergemeinschaft; wird er dann lebend geboren, so wächst ihm der Anteil des verstorbenen Abkömmlings an (§ 1923 Abs 2 BGB), da er die Gütergemeinschaft zusammen mit seinem überlebenden Elternteil fortsetzt (s § 1483 Rn 8).

10 Weder der überlebende Ehegatte der ehelichen Gütergemeinschaft noch der Ehegatte des verstorbenen Abkömmlings (so nach § 16 Westfälisches GüterrechtsG vom 16. 4. 1860) noch seine Erben werden an diesem Gesamtgutsanteil des verstorbenen Abkömmlings beteiligt.

11 Die anteilsberechtigten Abkömmlinge können die durch die Anwachsung entstehende *Erhöhung ihrer Quoten* nicht ablehnen. Die Größe ihres Anteils an der den beteiligten Abkömmlingen insgesamt zustehenden Hälfte des Gesamtgutes der fortgesetzten Gütergemeinschaft ist während deren Bestehens ohne Bedeutung. Erst bei der Auseinandersetzung, die sich nach der Beendigung der fortgesetzten Gütergemeinschaft anschließt (§§ 1497 ff, 1503 BGB), äußert sie ihre Wirkung. Danach teilen mehrere Abkömmlinge die ihnen gemeinsam zufallende Hälfte des Gesamtgutes nicht nach Kopfteilen, sondern nach dem Verhältnis ihrer gesetzlichen Erbteile am Nachlass des verstorbenen Ehegatten (§§ 1503 Abs 1, 1924 Abs 3 BGB; dazu § 1503 Rn 2).

12 In der Anwachsung liegt **keine erbrechtliche Gesamtnachfolge** (KG KGJ 44, 108), sondern ein besonders gearteter familienrechtlicher Erwerb.

13 Sind **weitere anteilsberechtigte Abkömmlinge** als der verstorbene Abkömmling **nicht vorhanden** oder sind alle anteilsberechtigten Abkömmlinge verstorben, so tritt **Konsolidation in der Person des überlebenden Ehegatten** ein (iE auch BAMBERGER/ROTH/ MAYER Rn 4 Fn 6; NK-BGB/VÖLKER Rn 6 Fn 14 beide kritisch zum Begriff Konsolidation). Die fortgesetzte Gütergemeinschaft endet und der überlebende Ehegatte wird Alleineigentümer des Gesamtgutes der fortgesetzten Gütergemeinschaft (s Vorbem 12 zu §§ 1483 ff). Einer Auseinandersetzung bedarf es dafür natürlich nicht (vgl § 1497 Rn 2).

14 Über die Zulässigkeit eines **Zeugnisses** gem § 1507 BGB mit dem Inhalt, dass alle anteilsberechtigten Abkömmlinge fortgefallen sind und sich alle Anteile in der Hand des überlebenden Ehegatten vereinigt haben, s § 1507 Rn 12.

V. Todeserklärung eines Abkömmlings

15 § 1490 BGB findet auch Anwendung, wenn ein anteilsberechtigter *Abkömmling* für tot erklärt wird (§ 9 VerschG). Stellt sich heraus, dass er für tot Erklärte noch lebt oder wird der Todeszeitpunkt nachträglich geändert (§§ 40, 33a VerschG), so treten die der wahren Sachlage entsprechenden Rechtsfolgen ein. Bei Todeserklärung des *überlebenden Ehegatten* endigt dagegen die fortgesetzte Gütergemeinschaft (§ 1494 Abs 2 BGB).

VI. Höferecht

Im Geltungsbereich der Höfeordnung (für die Länder der ehemals britisch besetzten **16** Zone) erhält beim Ehegattenhof der überlebende Ehegatte die Rechtsstellung als endgültiger Hoferbe, wenn gem § 5 HöfeO berufene Verwandte des Ehegatten, von dem der Hof stammt, nicht vorhanden sind (SOERGEL/GAUL/ALTHAMMER § 1492 Rn 8).

VII. Unabdingbarkeit

Die Regelung des § 1490 BGB kann durch Rechtsgeschäft nicht abgeändert werden **17** (§ 1518 S 1 BGB).

§ 1491
Verzicht eines Abkömmlings

(1) Ein anteilsberechtigter Abkömmling kann auf seinen Anteil an dem Gesamtgut verzichten. Der Verzicht erfolgt durch Erklärung gegenüber dem für den Nachlass des verstorbenen Ehegatten zuständigen Gericht; die Erklärung ist in öffentlich beglaubigter Form abzugeben. Das Nachlassgericht soll die Erklärung dem überlebenden Ehegatten und den übrigen anteilsberechtigten Abkömmlingen mitteilen.

(2) Der Verzicht kann auch durch Vertrag mit dem überlebenden Ehegatten und den übrigen anteilsberechtigten Abkömmlingen erfolgen. Der Vertrag bedarf der notariellen Beurkundung.

(3) Steht der Abkömmling unter elterlicher Sorge oder unter Vormundschaft, so ist zu dem Verzicht die Genehmigung des Familiengerichts erforderlich. Bei einem Verzicht durch den Betreuer des Abkömmlings ist die Genehmigung des Betreuungsgerichts erforderlich.

(4) Der Verzicht hat die gleichen Wirkungen, wie wenn der Verzichtende zur Zeit des Verzichts ohne Hinterlassung von Abkömmlingen gestorben wäre.

Materialien: Zu § 1491 aF: E I § 1398 Abs 1–3; II § 1396 rev 1476; III § 1474; Mot IV 460; Prot IV 316; V 443; VI 393. Zu § 1491 nF: Gleich-berG E I § 1491; II § 1491; BT-Drucks 11/4528 S 106. Vgl STAUDINGER/BGB-Synopse 1896–2005 § 1491; BT-Drucks 16/6308, 345.

Systematische Übersicht

Burkhard Thiele

I. Allgemeines

1 § 1491 BGB regelt den Fall, dass ein anteilsberechtigter Abkömmling während des Bestehens der fortgesetzten Gütergemeinschaft aus ihr durch Verzicht ausscheidet. Über das Ausscheiden eines Abkömmlings *durch Tod* s § 1490 BGB. Über den Verzicht eines Abkömmlings auf seinen künftigen Anteil am Gesamtgut der fortgesetzten Gütergemeinschaft *vor deren Eintritt* s § 1517 BGB (Vorausverzicht). Über die Aufhebung einer fortgesetzten Gütergemeinschaft durch den überlebenden Ehegatten s § 1492 BGB. Das Gesetz macht in § 1491 BGB die einzige Ausnahme von dem Grundsatz, dass ein anteilsberechtigter Abkömmling über seinen Gesamtgutsanteil nicht verfügen kann (§§ 1487 Abs 1, 1419 Abs 1 BGB). Es erlaubt ihm damit, aus der Gesamthandsgemeinschaft auszuscheiden und seinen Anteil (in gewissen Grenzen) gegen eine Abfindung zu verwerten (Mot IV 460). Eine solche „Abschichtung" dient in der Regel der wirtschaftlichen Verselbständigung des Abkömmlings. Einen Anspruch auf eine solche Abschichtung hat der Abkömmling jedoch im Gegensatz zu früheren Regelungen nicht. § 1491 BGB ist durch das Gleichberechtigungsgesetz nicht geändert worden. Abs 3 wurde dem geltenden Betreuungsrecht angepasst durch das Betreuungsgesetz vom 12. 9. 1990 und sprachlich dem FamFG entsprechend neu gefasst mit dem 1. 9. 2009.

II. Inhalt und Zulässigkeit des Verzichts

2 Der Verzicht enthält die Aufgabe eines Rechts und ist somit eine gestaltende Verfügung. Ihren Kern bildet die **Willenserklärung** des verzichtenden Abkömmlings, auf seinen Anteil am Gesamtgut der fortgesetzten Gütergemeinschaft zu verzichten. Auf diese Willenserklärung finden die allgemeinen Vorschriften der §§ 104 ff, 116 ff BGB Anwendung. Ist sie wirksam abgegeben, so können ihre Wirkungen nicht mehr rückgängig gemacht werden (s unten Rn 19). Die Verzichtserklärung kann wegen Irrtums, Zwanges oder Täuschung angefochten werden (§§ 119, 123 BGB; BayObLG RJW 1954, 928). Mangels einer gegenteiligen Regelung kann der Verzicht auch unter einer aufschiebenden Bedingung oder Befristung erklärt werden. Eine **auflösende Bedingung** oder **Befristung** muss jedoch als ausgeschlossen angesehen werden, weil die einmal eingetretenen Wirkungen des Verzichts nicht rückgängig gemacht werden können (hM, vgl MünchKomm/Kanzleiter Rn 5; Bamberger/Roth/Mayer Rn 3; NK-BGB/ Völker Rn 3; BGB-RGRK/Finke Rn 1). § 1491 BGB lässt nur den Verzicht auf den ganzen Gesamtgutsanteil zu; ein *Teilverzicht* ist *unzulässig*. Das ergibt sich aus der in § 1491 Abs 4 BGB festgelegten Wirkung des Verzichts (vgl auch § 1950 BGB für die Erbschaft).

3 § 1491 BGB setzt voraus, dass der **Verzicht erst nach Eintritt** der fortgesetzten Gütergemeinschaft ausgeübt wird. Für den Verzicht vor Eintritt der fortgesetzten Gütergemeinschaft s § 1517 BGB (Vorausverzicht). Der an der fortgesetzten Gütergemeinschaft beteiligte Abkömmling kann auf seinen Gesamtgutsanteil aber auch noch **nach der Beendigung** der fortgesetzten Gütergemeinschaft verzichten (BayObLGZ 17, 172; MDR 1952, 41). So hindert auch der Tod des überlebenden Ehegatten, mit dem die fortgesetzte Gütergemeinschaft endet (§ 1494 BGB), den Verzicht des beteiligten Abkömmlings nicht. Gerade dann kann ein praktisches Bedürfnis für eine solche Maßnahme bestehen. Wegen der Beteiligung der Erben des zweitverstorbenen Ehegatten an dem vertragsmäßigen Verzicht s unten Rn 23. Erst nach

Beendigung des Auseinandersetzungsverfahrens (§§ 1497 ff BGB) ist ein Verzicht eines Abkömmlings nicht mehr möglich.

Ob ein **Abkömmling, der noch nicht anteilsberechtigt** ist, weil der vor ihm berufene **4** Abkömmling an der fortgesetzten Gütergemeinschaft noch teilnimmt, bei dessen Ausscheiden (durch Tod) er in die fortgesetzte Gütergemeinschaft eintreten würde (zB ein Enkel bei Lebzeiten seines anteilsberechtigten Vaters) auf seinen künftigen Gesamtgutsanteil verzichten kann, ist in § 1491 BGB nicht geregelt, sollte jedoch bejaht werden (so auch schon PLANCK/UNZNER § 1491 Anm 2; **aM** MünchKomm/KANZLEITER Rn 2).

Da der Anteil des Abkömmlings am Gesamtgut der fortgesetzten Gütergemein- **5** schaft während deren Bestehens dem Zugriff seiner Gläubiger nicht unterliegt (**§ 860 Abs 1 ZPO**), kann der Abkömmling auf ihn auch dann verzichten, wenn in sein Vermögen vollstreckt wird oder über sein Vermögen das **Insolvenzverfahren** eröffnet worden ist. Verzichtet der Abkömmling erst nach der Beendigung der fortgesetzten Gütergemeinschaft (aber vor Beendigung des Auseinandersetzungsverfahrens), so ist der Verzicht gleichfalls wirksam, unterliegt jedoch möglicherweise der *Gläubigeranfechtung* (dazu s unten Rn 11).

Die **Wirkungen des Verzichts** sind in § 1491 BGB festgelegt und können durch **Par- 6 teiabrede nicht abgeändert werden** (§ 1518 S 1 BGB). Daher ist es nicht möglich, die durch den Verzicht eines Abkömmlings entstehenden Wirkungen anderen Personen oder den durch das Gesetz bestimmten Personen in anderem Umfang zukommen zu lassen (s auch unten Rn 17; anders beim Vorausverzicht s § 1517 Rn 1 ff).

Der Verzicht als Verfügungsgeschäft beruht in der Regel auf einem **Verpflichtungs- 7 geschäft**, durch das der Abkömmling entweder unentgeltlich oder – wie zumeist – gegen ein Entgelt (Abfindung) den einseitigen oder vertragsmäßigen Verzicht auf seinen Gesamtgutsanteil zu erklären verspricht. Während es sich bei dem unentgeltlichen Verpflichtungsvertrag um einen einseitig verpflichtenden Vertrag handelt, der allein auf die Leistung (den Verzicht) des Abkömmlings abzielt, handelt es sich bei dem Abfindungsvertrag um einen entgeltlichen gegenseitigen Vertrag, auf dessen Abwicklung die allgemeinen schuldrechtlichen Vorschriften anzuwenden sind (RGZ 75, 263; BayObLG MDR 1952, 41). Der Abkömmling schuldet die Verzichtserklärung, der Partner die Gegenleistung. Vertragspartner können der überlebende Ehegatte, die anderen anteilsberechtigten Abkömmlinge oder ein Dritter sein. Die **Gegenleistung** kann in allen denkbaren Vermögenswerten und auch in einer begünstigenden letztwilligen Verfügung bestehen. Wird etwa ein zum Gesamtgut der fortgesetzten Gütergemeinschaft gehörendes Grundstück als Abfindung übereignet, so gelten hinsichtlich bestehender Rechtsmängel die §§ 435, 442 BGB (RG SeuffA 86 Nr 167).

Eine **Form** ist **für den obligatorischen Abfindungsvertrag** (im Ggs zum Verzicht selbst, **8** s unten Rn 12 ff) nicht ausdrücklich vorgesehen, obwohl sie zu Zwecken der Warnung und Klarstellung dringend geboten ist. Analog § 1491 Abs 2 BGB ist ein Zwang zur notariellen Beurkundung auch des kausalen Abfindungsvertrages aber anzunehmen (wie hier iE: MAI BWNotZ 2003, 65; BAMBERGER/ROTH/MAYER Rn 2; GERNHUBER/COESTER-WALTJEN § 39 Rn 13 Fn 8; NK-BGB/VÖLKER Rn 5; ROHR 50 ff; hM beim Erbverzicht s STAU-

DINGER/SCHOTTEN [2016] § 2348 Rn 10 mwNw; aA vVENROOY FamRZ 1988, 561: formfrei). Der formnichtige Abfindungsvertrag wird durch den förmlichen Verzicht geheilt. Der unentgeltliche Verzicht ist **keine Schenkung** (vgl § 517 BGB); das unentgeltliche Versprechen eines Verzichts ist dementsprechend nicht an die Form des § 518 Abs 1 BGB gebunden.

9 Der **Verzicht ist** – wie jede Verfügung – **abstrakt**, dh von dem zugrundeliegenden Rechtsgeschäft (zB einem Abfindungsvertrag), zu dessen Erfüllung der Verzicht dient, in seinem rechtlichen Schicksal unabhängig. Ist der Verzicht also wirksam erklärt, kann er wegen des Ausbleibens der Gegenleistung nicht rückgängig gemacht werden (s unten Rn 19). Die Gegenleistung kann jedoch von vornherein zur (aufschiebenden) Bedingung (s oben Rn 2) erhoben werden, von deren Eintreten die Wirksamkeit des Verzichts abhängt.

10 Das Gesetz regelt in §§ 1501, 1503 Abs 3 BGB den praktisch wichtigsten Fall, dass der Abkömmling gegen eine **Abfindung aus dem Gesamtgut** der fortgesetzten Gütergemeinschaft verzichtet hat (dazu § 1501 Rn 1). Eine solche Abfindung, die der überlebende Ehegatte aufgrund seines Verwaltungsrechts (§§ 1487 Abs 1, 1422 BGB) aus dem Gesamtgut der fortgesetzten Gütergemeinschaft leisten kann, ist eine Ausstattung, soweit sie das dem Anteil des verzichtenden Abkömmlings am Gesamtgut der fortgesetzten Gütergemeinschaft nach dessen Stande zur Zeit der Gewährung der Abfindung entsprechende Maß nicht übersteigt (§ 1624 Abs 1 BGB). Eine höhere Gegenleistung stellt jedoch eine *Schenkung* dar, die der überlebende Ehegatte nur mit Einwilligung der übrigen anteilsberechtigten Abkömmlinge dem Gesamtgut entnehmen könnte (§§ 1487 Abs 1, 1425 BGB).

11 **Vor Beendigung der fortgesetzten Gütergemeinschaft** unterliegt der **unentgeltliche** Verzicht des anteilsberechtigten Abkömmlings nicht der **Gläubigeranfechtung** (§§ 129 ff InsO, 1 ff AnfG; BGB-RGRK/FINKE Rn 3; aA BAMBERGER/ROTH/MAYER Rn 3; MünchKomm/KANZLEITER Rn 2 Fn 2; SOERGEL/GAUL/ALTHAMMER Rn 9). Anfechtbar sind nur Rechtshandlungen, die das Vermögen des Gemeinschuldners betreffen, das Bestandteil der Insolvenzmasse geworden wäre. Verfügungen über unpfändbare Werte bewirken wegen § 36 Abs 1 InsO keine Benachteiligung. Der Anteil an der Gütergemeinschaft ist vor Beendigung nicht pfändbar (§ 860 Abs 1 S 2 ZPO). Verzichtet der Abkömmling dagegen erst **nach der Beendigung**, aber vor dem Abschluss der Auseinandersetzung der fortgesetzten Gütergemeinschaft (s dazu oben Rn 5 f), so verfügt er über ein dem Zugriff seiner Gläubiger unterliegendes Vermögensrecht (vgl § 860 Abs 2 ZPO). Der Gläubiger kann sich deswegen an die Personen, denen der Verzicht zustatten gekommen ist (s unten Rn 16), wegen des **Wertersatzes** des erlangten Vorteils halten (so OLG Stettin JW 1934, 921; NK-BGB/VÖLKER Rn 9; BGB-RGRK/ FINKE Rn 3; BAMBERGER/ROTH/MAYER Rn 3; anderer Meinung offenbar MünchKomm/KANZLEITER Rn 2 Fn 2).

III. Form des Verzichts

12 Das Gesetz unterscheidet den einseitigen Verzicht (§ 1491 Abs 1 S 2 BGB) und den vertragsmäßigen Verzicht (§ 1491 Abs 2 BGB). Für beide sieht er bestimmte Formen vor, deren Nichtbeachtung den Verzicht nichtig macht (§ 125 S 1 BGB). **Der einseitige Verzicht** erfolgt durch die Erklärung des Abkömmlings gegenüber dem für

den Nachlass des verstorbenen Ehegatten zuständigen Gericht, also dem Amtsgericht, in dessen Bezirk der verstorbene Ehegatte zur Zeit seines Todes seinen Wohnsitz oder (bei dessen Fehlen) seinen Aufenthalt hatte (§ 343 FamFG). Die Erklärung ist in öffentlich beglaubigter Form abzugeben (§§ 1491 Abs 1 S 2, 129 BGB; §§ 39, 40 BeurkG; krit zum Formerfordernis vVENROOY FamRZ 1988, 561). Das Gericht soll die Erklärung dem überlebenden Ehegatten und den übrigen anteilsberechtigten Abkömmlingen mitteilen (§ 1491 Abs 1 S 3 BGB). Geschieht das nicht, so ist das ohne Einfluss auf die Wirksamkeit der Verzichtserklärung. Zur **Anfechtung** eines einseitigen Verzichts vgl § 143 Abs 4 S 2 BGB.

Der Abkömmling kann auch durch einen **Vertrag** mit dem überlebenden Ehegatten **13** und den übrigen anteilsberechtigten Abkömmlingen auf seinen Gesamtgutsanteil verzichten und damit aus der fortgesetzten Gütergemeinschaft ausscheiden. Den **Verzichtsvertrag müssen also alle an der fortgesetzten Gütergemeinschaft beteiligten Personen** abschließen (RG LZ 1918, 613). Nach dem Tode des überlebenden Ehegatten wird der vertragsmäßige Verzicht durch einen Vertrag des verzichtenden Abkömmlings mit den Erben des zuletzt verstorbenen Ehegatten und den übrigen anteilsberechtigten Abkömmlingen abgeschlossen. Der Verzichtsvertrag bedarf der **notariellen Beurkundung** (§§ 1491 Abs 2 S 2, 128 BGB, s auch § 127a BGB). Gegen den Wortlaut und die allgM will vVENROOY (FamRZ 1988, 561) im Wege teleologischer Korrektur des Gesetzeswortlautes auf die Beurkundungspflicht verzichten (ausführlich dagegen ROHR 50 ff).

Ist der verzichtende Abkömmling unbeschränkt geschäftsfähig, so kann er seine **14** (einseitige oder vertragliche) **Verzichtserklärung auch durch einen Bevollmächtigten** abgeben lassen (§ 164 BGB). Ist der überlebende **Ehegatte der gesetzliche Vertreter** des verzichtenden Abkömmlings, so ist er durch **§ 181 BGB** an einer *einseitigen* Verzichtserklärung, die er im Namen seines Abkömmlings abgibt, nicht gehindert, weil er kein Rechtsgeschäft mit sich selbst vornimmt. Der überlebende Ehegatte kann ihn jedoch bei einem *Verzichtsvertrag* wegen der Gefahr einer Interessenkollision nicht vertreten (§ 181 BGB). In diesem Falle bedarf es der Bestellung eines Pflegers oder Ergänzungsbetreuers für den verzichtenden Abkömmling (§§ 1909, 1899 Abs 4 BGB). In den vorstehenden Fällen bedarf der (einseitige oder vertragsmäßige) Verzicht der **Genehmigung des Familien- oder Betreuungsgerichts** (§ 1491 Abs 3 BGB; Einzelh s § 1484 Rn 6). Ist hiernach die Genehmigung des Gerichts erforderlich, so muss sie *zusammen mit der einseitigen Verzichtserklärung* dem Nachlassgericht eingereicht werden. Andernfalls ist die Verzichtserklärung unwirksam (§§ 1643 Abs 3, 1831 BGB). Bei einem vertraglichen Verzicht kann die Genehmigung des Gerichts nachgebracht werden (§§ 1643 Abs 3, 1829 BGB).

Ob der verzichtende Abkömmling, der verheiratet ist, zu der in seinem Verzicht auf **15** seinen Gesamtgutsanteil liegenden Verfügung die Zustimmung seines Ehegatten benötigt, hängt von dem Güterstand ab, in dem er lebt. Eine solche Zustimmung des Ehegatten ist jedoch nur in der Zugewinngemeinschaft erforderlich, wenn der Gesamtgutsanteil das ganze oder fast das ganze Vermögen des verzichtenden Abkömmlings darstellt (§ 1365 BGB). Lebt der Abkömmling in Gütergemeinschaft, so gehört sein Gesamtgutsanteil zu seinem Sondergut (hM; dazu § 1417 Rn 6 mwNw), über das er allein verfügen kann (§ 1417 Abs 3 BGB).

IV. Wirkungen des Verzichts

16 Ebenso wie die Voraussetzungen und die Form des Verzichts sind auch seine Wirkungen festgelegt (§ 1491 Abs 4 BGB). Das Gesetz umschreibt sie dahin, dass die gleichen Wirkungen von dem Verzicht ausgehen, **wie wenn** der verzichtende Abkömmling zur Zeit des Verzichts ohne Hinterlassung von Abkömmlingen **gestorben** wäre. Damit nimmt es auf § 1490 S 3 BGB Bezug, der für diesen Fall anordnet, dass der Anteil des ausscheidenden Abkömmlings am Gesamtgut der fortgesetzten Gütergemeinschaft den übrigen anteilsberechtigten Abkömmlingen und, wenn solche nicht vorhanden sind, dem überlebenden Ehegatten anwächst (s dazu § 1490 Rn 8 ff). Durch das Ausscheiden eines Abkömmlings durch seinen Verzicht erhöhen sich somit die Anteile der in der fortgesetzten Gütergemeinschaft verbleibenden Abkömmlinge an der ihnen bei der Auseinandersetzung gebührenden Hälfte des Gesamtgutes. Ist mit dem Verzicht der letzte Abkömmling ausgeschieden, so fällt das ganze Gesamtgut dem überlebenden Ehegatten als freies Vermögen zu; einer Auseinandersetzung des Gesamtgutes bedarf es nicht; die fortgesetzte Gütergemeinschaft ist damit beendet.

17 Die **Anwachsung** vollzieht sich **kraft Gesetzes**, sodass Folgen wie nach § 729 Abs 1 ZPO nicht in Betracht kommen (LG München I MDR 1952, 44). Sie kann weder durch Vertrag der Ehegatten der ehelichen Gütergemeinschaft noch durch letztwillige Verfügung geändert werden (§ 1518 S 1 BGB; hM gegen PLANCK/UNZNER § 1491 Anm 11). Sie kann **weder ausgeschlossen noch** zugunsten des überlebenden Ehegatten oder eines in der fortgesetzten Gütergemeinschaft verbleibenden Abkömmlings oder eines Dritten **abgeändert werden** (s auch oben Rn 6; anders beim Vorausverzicht dazu § 1517 Rn 4 ff).

18 **Durch den Verzicht** des anteilsberechtigten Abkömmlings **scheiden auch seine eigenen Abkömmlinge aus**, da aufgrund seines Verzichts die Rechtslage so angesehen wird, als sei er zur Zeit des Verzichts ohne Hinterlassung von Abkömmlingen gestorben. Damit bindet sein Verzicht auch seine Abkömmlinge, ohne dass diese Folge durch Vertrag abgewendet werden könnte (§ 1518 S 1 BGB; BAMBERGER/ROTH/MAYER Rn 4; PALANDT/BRUDERMÜLLER Rn 3; anders PLANCK/UNZNER § 1491 Anm 11, unter Hinweis auf § 2349).

V. Keine Wiederaufhebung des Verzichts

19 Ist der Verzicht (einseitig oder vertragsmäßig) wirksam erfolgt, kann er auch durch einen Vertrag zwischen dem verzichtenden Abkömmling und dem überlebenden Ehegatten und den anderen anteilsberechtigten Abkömmlingen nicht wieder rückgängig gemacht werden (s oben Rn 16). Eine solche Möglichkeit ist im Gesetz nicht vorgesehen (MünchKomm/KANZLEITER Rn 5; BGB-RGRK/FINKE Rn 11).

§ 1492
Aufhebung durch den überlebenden Ehegatten

(1) Der überlebende Ehegatte kann die fortgesetzte Gütergemeinschaft jederzeit aufheben. Die Aufhebung erfolgt durch Erklärung gegenüber dem für den Nachlass

des verstorbenen Ehegatten zuständigen Gericht; die Erklärung ist in öffentlich beglaubigter Form abzugeben. Das Nachlassgericht soll die Erklärung den anteilsberechtigten Abkömmlingen und, wenn der überlebende Ehegatte gesetzlicher Vertreter eines der Abkömmlinge ist, dem Familiengericht, wenn eine Betreuung besteht, dem Betreuungsgericht mitteilen.

(2) Die Aufhebung kann auch durch Vertrag zwischen dem überlebenden Ehegatten und den anteilsberechtigten Abkömmlingen erfolgen. Der Vertrag bedarf der notariellen Beurkundung.

(3) Bei einer Aufhebung durch den Betreuer des überlebenden Ehegatten ist die Genehmigung des Betreuungsgerichts erforderlich.

Materialien: Zu § 1492 aF: E I § 1403 Nr 4, 5; II § 1403 rev 1477; III § 1475; Mot IV 468; Prot IV 342; VI 288. Zu § 1492 nF: GleichberG E I 1492; II 1492; BT-Drucks 11/4528, 106. Vgl STAUDINGER/BGB-Synopse 1896–2005 § 1492. BT-Drucks 16/6308, 345; BT-Drucks 18/12086, 21.

Systematische Übersicht

I.   Allgemeines

In § 1484 BGB räumt das Gesetz dem überlebenden Ehegatten das Recht ein, den **1** Eintritt der fortgesetzten Gütergemeinschaft durch seine Ablehnung zu verhindern. Aber auch nach ihrem Eintritt kann der überlebende Ehegatte sie jederzeit durch seine Aufhebung beenden. Damit trägt der Gesetzgeber dem Umstand Rechnung, dass die fortgesetzte Gütergemeinschaft **in erster Linie im Interesse des überlebenden Ehegatten** eingeführt ist und dass es daher nicht gerechtfertigt ist, sie gegen seinen Willen eintreten zu lassen oder aufrechtzuerhalten. Das Inkrafttreten des FamFG führte zu redaktionellen Folgeänderungen wegen der Abschaffung des Vormundschaftsgerichts.

II.   Aufhebungserklärung und ihre Voraussetzungen

Die Aufhebungserklärung des überlebenden Ehegatten ist eine **gestaltende Verfü-** **2** **gung**. Ihren Kern bildet die Willenserklärung des überlebenden Ehegatten, die fortgesetzte Gütergemeinschaft zu beenden. Auf diese Willenserklärung finden die allgemeinen Vorschriften der §§ 104 ff, 116 ff BGB Anwendung. Ist sie wirksam abgegeben, so können ihre Wirkungen nicht mehr rückgängig gemacht werden (s unten Rn 7). Die Ausführungen zur Verzichtserklärung gelten entsprechend. Zur **Anfechtung** kann daher auf § 1491 Rn 12, zur **Bedingung** und **Befristung** auf § 1491

Rn 2 verwiesen werden. Die Aufhebung der fortgesetzten Gütergemeinschaft kann **nur mit Wirkung allen**, nicht aber einzelnen anteilsberechtigten **Abkömmlingen gegenüber** erfolgen, da die mit der Aufhebung verbundene Beendigung der fortgesetzten Gütergemeinschaft alle an ihr Beteiligten betrifft. **Das Recht** des überlebenden Ehegatten, die fortgesetzte Gütergemeinschaft **durch Aufhebung zu beenden, setzt voraus**, dass die **Fortsetzung der Gütergemeinschaft eingetreten** ist. Von dann an kann der überlebende Ehegatte sie jedoch jederzeit erklären, solange die fortgesetzte Gütergemeinschaft besteht, also auch nach ihrer Beendigung **bis zur Erledigung des Auseinandersetzungsverfahrens**.

3 Weder **Zwangsvollstreckung** in das Gesamtgut noch **Insolvenzverfahren** über das Vermögen des überlebenden Ehegatten hindern die Aufhebung der fortgesetzten Gütergemeinschaft (ebenso schon PLANCK/UNZNER § 1492 Anm 2; BGB-RGRK/FINKE Rn 2). Zwar gehört nach der Insolvenzeröffnung das Gesamtgut zur Insolvenzmasse (§ 37 Abs 1, 3 InsO), das der alleinigen Verwaltung und Verfügung des Insolvenzverwalters unterliegt (§ 80 Abs 1 InsO). Das darf jedoch nicht dazu führen, den überlebenden Ehegatten gegen seinen Willen an der fortgesetzten Gütergemeinschaft festzuhalten. Zudem liegt in der Aufhebung der fortgesetzten Gütergemeinschaft weder eine Verfügung über das Gesamtgut noch ein Eingriff in die Verwaltungs- und Verfügungsbefugnis des Insolvenzverwalters.

III. Form der Aufhebung

4 Das Gesetz stellt – ebenso wie beim Verzicht eines Abkömmlings (§ 1491 Abs 1 S 2, Abs 2 BGB) – die einseitige und die vertragsmäßige Aufhebung zur Wahl, die auch in ihrer technischen Ausgestaltung weitgehend der des Verzichts entsprechen (vgl § 1491 Rn 19 ff). **Die einseitige Aufhebung** erfolgt durch die **Erklärung** des überlebenden Ehegatten **gegenüber** dem für den Nachlass des verstorbenen Ehegatten **zuständigen Gericht** (dazu § 1491 Rn 12). Soweit die anteilsberechtigten Abkömmlinge unter elterlicher Sorge stehen oder bevormundet sind, muss das Familiengericht ihnen für das **Auseinandersetzungsverfahren** Pfleger bestellen, da der überlebende Ehegatte sie hierbei nicht vertreten kann (§§ 181, 1629 Abs 2, 1795 Nr 1, 1909 BGB; offenbar missverstanden bei BAMBERGER/ROTH/MAYER Rn 3 Fn 2; NK-BGB/VÖLKER Rn 5 Fn 3). Ist das bei mehreren Abkömmlingen der Fall, so ist für jeden einzelnen ein Pfleger zu bestellen (BGHZ 21, 232). Für den Fall der Betreuung ist dementsprechend durch das Betreuungsgericht ein Ergänzungsbetreuer zu bestellen (§§ 1908i; 1795; 1899 Abs 4 BGB).

5 Die **Aufhebung** der fortgesetzten Gütergemeinschaft kann **auch durch einen Vertrag** zwischen dem überlebenden Ehegatten und allen anteilsberechtigten Abkömmlingen erfolgen. Der Vertrag bedarf der notariellen Beurkundung (§ 1492 Abs 2, 128 BGB; hM; aA vVENROOY FamRZ 1988, 561). Bei einem solchen Aufhebungsvertrag kann der überlebende Ehegatte seine Abkömmlinge, soweit er ihr gesetzlicher Vertreter ist, nicht vertreten (§§ 181, 1629 Abs 2, 1795; 1909 BGB). Für jeden dieser Abkömmlinge muss daher ein Pfleger oder ein Ergänzungsbetreuer bestellt werden (vgl oben Rn 4). Damit sind nach Auffassung des Gesetzes die Interessen der minderjährigen oder betreuten Abkömmlinge hinreichend gewahrt. Eine **familiengerichtliche Genehmigung** der im Aufhebungsvertrag abgegebenen Willenserklärungen der Abkömmlinge (und der für sie bestellten Pfleger oder Betreuer) ist daher (im Gegensatz zu § 1491 Abs 3 BGB) **nicht vorgesehen**. Sie kann jedoch erforderlich sein, wenn im Aufhebungsvertrag gleichzeitig eine Auseinandersetzung vorgenommen wird und zum Gesamtgut der fortgesetzten Gütergemeinschaft ein Grundstück gehört (§§ 1915 Abs 1, 1821 Ziff 1 BGB) oder der Anteil des Abkömmlings sein ganzes Vermögen darstellt (§ 1822 Ziff 1 BGB). Wegen des Erfordernisses der **Zustimmung des Ehegatten** des an dem Aufhebungsvertrag beteiligten Abkömmlings s § 1491 Rn 15.

Der überlebende Ehegatte kann seine **einseitige oder vertragsmäßige** Aufhebungs- 6 erklärung auch **durch einen Bevollmächtigten** abgeben lassen. Steht er unter Betreuung (§§ 1896 ff BGB), so bedarf es zur (einseitigen oder vertragsmäßigen) Aufhebungserklärung der **Genehmigung des Betreuungsgerichts** (§ 1492 Abs 3 BGB; s auch § 1484 Abs 2 S 2 BGB). Die Genehmigung des Betreuungsgerichts muss gleichzeitig mit der einseitigen Aufhebungserklärung des gesetzlichen Vertreters des überlebenden Ehegatten dem Nachlassgericht vorgelegt werden, beim Aufhebungsvertrag kann sie auch nachgereicht werden (s § 1491 Rn 14).

IV. Wirkungen der Aufhebung

Durch die Aufhebung wird die **fortgesetzte Gütergemeinschaft beendet**. An ihre 7 Stelle tritt die Auseinandersetzungsgemeinschaft, in der der überlebende Ehegatte und die anteilsberechtigten Abkömmlinge das bisherige Gesamtgut gemeinschaftlich verwalten und auseinandersetzen (§§ 1497, 1498 BGB). Ist die fortgesetzte Gütergemeinschaft durch die Aufhebungserklärung des überlebenden Ehegatten beendet, so **kann** sie auch durch einen Vertrag der an ihr Beteiligten **nicht wiederhergestellt werden**.

V. Abweichende Vereinbarungen

Die im Gesetz festgelegten Wirkungen der Aufhebung können nicht vertraglich 8 abgeändert werden (§ 1518 S 1 BGB). Unzulässig ist zB die Vereinbarung der Abkömmlinge, die Gütergemeinschaft trotz der Aufhebung durch den überlebenden Ehegatten fortzusetzen; ob eine solche Vereinbarung als Gesellschaftsvertrag angesehen werden kann, bemisst sich nach den allgemeinen Vorschriften.

VI. Güterrechtsregister

Die Beendigung der fortgesetzten Gütergemeinschaft wird – ebenso wie ihre Ent- 9 stehung – nicht in das Güterrechtsregister eingetragen (s Vorbem 16 zu §§ 1483 ff).

§ 1493
Wiederverheiratung oder Begründung einer Lebenspartnerschaft des überlebenden Ehegatten

(1) Die fortgesetzte Gütergemeinschaft endet, wenn der überlebende Ehegatte wieder heiratet oder eine Lebenspartnerschaft gründet.

(2) Der überlebende Ehegatte hat, wenn ein anteilsberechtigter Abkömmling min-

derjährig ist, die Absicht der Wiederverheiratung dem Familiengericht anzuzeigen, ein Verzeichnis des Gesamtguts einzureichen, die Gütergemeinschaft aufzuheben und die Auseinandersetzung herbeizuführen. Das Familiengericht kann gestatten, dass die Aufhebung der Gütergemeinschaft bis zur Eheschließung unterbleibt und dass die Auseinandersetzung erst später erfolgt. Die Sätze 1 und 2 gelten auch, wenn die Sorge für das Vermögen eines anteilsberechtigten Abkömmlings zum Aufgabenkreis eines Betreuers gehört; in diesem Fall tritt an die Stelle des Familiengerichts das Betreuungsgericht.

(3) Das Standesamt, bei dem die Eheschließung angemeldet worden ist, teilt dem Familiengericht die Anmeldung mit.

Materialien : Zu § 1493 aF: E I §§ 1403 Nr 2, 1404; II § 1404 rev 1478; III § 1476; Mot IV 466, 470; Prot II 342. Zu § 1493 nF: GleichberG E I § 1493; II § 1493; BT-Drucks 11/4528, 106. Vgl STAUDINGER/BGB-Synopse 1896–2005 § 1493; BT-Drucks 16/6308, 345; BT-Drucks 16/1831, 57.

Systematische Übersicht

I.   Allgemeines

1 Das Gesetz geht davon aus, dass die bisherige fortgesetzte Gütergemeinschaft allein zwischen dem überlebenden Ehegatten und den gemeinschaftlichen Abkömmlingen seiner vorherigen Ehe bestehen kann und durch eine neue Ehe oder eine Lebenspartnerschaft nach dem Partnerschaftsgesetz (§ 1493 Abs 1 BGB insoweit neugefasst durch Art 2 d Ges vom 16. 2. 2001, BGBl I 266) des überlebenden Ehegatten ihren Sinn verloren hat. In Abs 2 werden dem überlebenden Ehegatten, der mit minderjährigen oder betreuten Abkömmlingen in fortgesetzter Gütergemeinschaft lebt, bestimmte Pflichten zum Schutz der Abkömmlinge auferlegt, wenn er eine neue Verbindung eingehen will. Redaktionelle Änderungen haben sich mit Inkrafttreten des FamFG ergeben, im Hinblick auf die neuen Zuständigkeiten des Familien- und Betreuungsgerichts. Mit dem Personenstandsrechtsreformgesetz vom 24. 2. 2007 ist Abs 3 eingefügt worden, weil sich die nachträgliche Mitteilung über die erfolgte Eheschließung in der Praxis als unzureichend erwiesen hatte (PALANDT/BRUDERMÜLLER Rn 4).

II.   Wiederverheiratung oder Lebenspartnerschaft des überlebenden Ehegatten (Abs 1)

2 Die Vorschrift setzt voraus, dass der überlebende Ehegatte eine neue Ehe schließt oder eine Lebenspartnerschaft begründet. Ob die neue Ehe Bestand hat oder ob sie aufgehoben wird, ist gleichgültig (hM; MünchKomm/KANZLEITER Rn 2; SOERGEL/GAUL/ALT-HAMMER Rn 1). Beides beendet die fortgesetzte Gütergemeinschaft (§ 1493 Abs 1

BGB). Diese Folge tritt kraft Gesetzes ein und ist unabdingbar (§ 1518 S 1 BGB); sie kann weder durch Vertrag noch durch letztwillige Anordnung ausgeschlossen werden. Ein Antrag der Abkömmlinge ist nicht erforderlich. Ist die fortgesetzte Gütergemeinschaft auf diese Weise beendet, so kann sie auch vertraglich oder durch letztwillige Verfügung **nicht wiederhergestellt** werden. An die Beendigung der fortgesetzten Gütergemeinschaft schließt sich in der Regel die Auseinandersetzung über deren Gesamtgut an (§§ 1497 ff BGB; wegen der Ausnahmen s unten Rn 7).

III. Besondere Pflichten vor Wiederverheiratung (Abs 2)

Zum Schutze minderjähriger oder betreuter Abkömmlinge, die mit dem überleben- **3** den Ehegatten in fortgesetzter Gütergemeinschaft leben, werden dem überlebenden Ehegatten einige besondere Pflichten auferlegt, die er schon vor der Wiederverheiratung oder Begründung einer Lebenspartnerschaft erfüllen soll. Voraussetzung ist dafür, dass an der fortgesetzten Gütergemeinschaft mindestens ein Abkömmling beteiligt ist, der minderjährig ist oder unter Betreuung mit dem Wirkungskreis Vermögenssorge (§§ 1896 ff BGB) steht. Dass der überlebende Ehegatte selbst gesetzlicher Vertreter (Inhaber der elterlichen Sorge, Betreuer) ist, wird nicht gefordert.

Der überlebende Ehegatte hat die **Absicht seiner Wiederverheiratung** oder Begrün- **4** dung einer Lebenspartnerschaft dem Familien- oder Betreuungsgericht (Abs 2 S 3) **anzuzeigen**. Die Verpflichtungen des Abs 2 gelten auch für den Fall der Begründung einer Lebenspartnerschaft, obwohl dies der Wortlaut nicht ausdrücklich vorgibt. Das Schutzbedürfnis der Abkömmlinge besteht in gleicher Weise für diesen Fall. Insoweit dürfte ein redaktionelles Versehen vorliegen (BAMBERGER/ROTH/MAYER Rn 2; NK-BGB/VÖLKER Rn 3; MünchKomm/KANZLEITER Rn 3). Eine Form ist für die Anzeige nicht vorgeschrieben. Die örtliche Zuständigkeit des Familiengerichts folgt aus § 152 Abs 2 FamFG, weil es sich in der Sache um eine Kindschaftssache handelt (BT-Drucks 16/6308, 261). Die örtliche Zuständigkeit des Betreuungsgerichts folgt aus § 272 FamFG.

Er hat ein **Verzeichnis des Gesamtguts** dem Familien- oder Betreuungsgericht (Abs 2 S 3) einzureichen. Das gilt auch dann, wenn die fortgesetzte Gütergemeinschaft bereits vorher (durch Aufhebung des überlebenden Ehegatten) beendet worden ist, der überlebende Ehegatte jedoch vor der Beendigung der Auseinandersetzung eine neue Ehe eingehen will (BayObLGZ 22, 29). Die gleiche Verpflichtung traf einen Elternteil, der Kindesvermögen verwaltet, vor seiner Wiederverheiratung (§ 1683 aF, aufgehoben durch Gesetz vom 4. 7. 2008). Im Einzelnen ist Folgendes zu beachten: Die Vermögensstücke müssen vollständig aufgeführt sein. Einer **Beschreibung** der einzelnen Vermögensstücke und der Angabe ihres Wertes bedarf es in der Regel nicht (so auch zu § 1683 aF STAUDINGER/COESTER [2004] § 1683 Rn 15; aA STAUDINGER/HEILMANN [2016] § 1640 Rn 17 mwNw). Auch die **Aufnahme der Schulden** des Gesamtguts ist nicht vorgeschrieben (STAUDINGER/HEILMANN [2016] § 1640 Rn 19; MünchKomm/HUBER § 1640 Rn 15; SOERGEL/STRÄTZ § 1640 Rn 6; vgl auch RGZ 149, 175; aM BGB-RGRK/FINKE Rn 3; SOERGEL/GAUL/ALTHAMMER Rn 5; MünchKomm/KANZLEITER Rn 3; ERMAN/HEINEMANN Rn 3; PALANDT/BRUDERMÜLLER Rn 2). Sie ist zwar in der Regel zweckmäßig, der Zweck der Norm, den Bestand des Gesamtgutes zu sichern, wird jedoch auch ohne Verzeichnis der Passiva erreicht. Bei **Haushaltsgegenständen** genügt die **Angabe des Gesamtwertes**. Die Vorschrift des § 1640 Abs 1 S 3 BGB kann sinngemäß herangezogen werden.

Belege brauchen nicht beigefügt zu werden (Bamberger/Roth/Mayer Rn 2; Soergel/ Gaul/Althammer Rn 5; BGB-RGRK/Finke Rn 3).

5 Die Aufstellung des Verzeichnisses ist allein Sache des überlebenden Ehegatten. Ihm muss dazu eine angemessene **Frist** gesetzt werden. Der **Zuziehung** der Abkömmlinge bedarf es nicht (BGB-RGRK/Finke Rn 3). Dass der überlebende Ehegatte das Verzeichnis mit der Versicherung der Richtigkeit und Vollständigkeit zu versehen habe, ist hier nicht vorgesehen (anders dagegen §§ 1640 Abs 1 S 1, 1802 Abs 1 BGB). Zur **eidesstattlichen Versicherung** (§ 260 Abs 2 BGB) kann der überlebende Ehegatte nicht angehalten werden, da es sich hier um eine ihm kraft Gesetzes obliegende Pflicht, nicht jedoch um eine privatrechtliche Verbindlichkeit gegenüber den Abkömmlingen handelt (Mot IV 1099; Soergel/Gaul/Althammer Rn 5; Bamberger/ Roth/Mayer Rn 3). Das Familien- oder Betreuungsgericht hat die **Richtigkeit und Vollständigkeit** des eingereichten Verzeichnisses zu *prüfen*. Es kann den überlebenden Ehegatten von der Vorlage des Verzeichnisses *nicht befreien* (Mot IV 813) oder die Vorlage bis nach der Eingehung der neuen Ehe verschieben. Die **Kosten** der Aufstellung des Verzeichnisses fallen dem Gesamtgut der fortgesetzten Gütergemeinschaft zur Last.

6 Der **überlebende Ehegatte hat die fortgesetzte Gütergemeinschaft aufzuheben**. Dazu gelten die Vorschriften des § 1492 BGB. Das Familien- oder Betreuungsgericht kann gestatten, dass die Aufhebung der fortgesetzten Gütergemeinschaft bis zur Schließung der neuen Ehe unterbleibt (§ 1493 Abs 2 S 3 BGB). In diesem Falle endet die fortgesetzte Gütergemeinschaft mit der neuen Eheschließung kraft Gesetzes (§ 1493 Abs 1 BGB). Der Aufhebung kommt es gleich, wenn alle anteilsberechtigten Abkömmlinge auf ihre Anteile am Gesamtgut der fortgesetzten Gütergemeinschaft gem § 1491 BGB verzichten (BayObLGZ 23, 74); praktisch wird dieser Verzicht nur gegen Abfindung der Abkömmlinge erfolgen. Einer Auseinandersetzung über das Gesamtgut bedarf es in diesem Falle nicht, da die Gesamtgutsanteile der Abkömmlinge dem Vermögen des überlebenden Ehegatten anwachsen (§§ 1491 Abs 4, 1490 S 3 BGB). Ist die Aufhebung *erfolgt*, kann die fortgesetzte Gütergemeinschaft **nicht wiederhergestellt** werden, auch wenn die vom überlebenden Ehegatten beabsichtigte neue Eheschließung unterbleibt (Mot IV 471).

7 Der überlebende Ehegatte hat endlich die **Auseinandersetzung** mit den anteilsberechtigten Abkömmlingen über das Gesamtgut der fortgesetzten Gütergemeinschaft herbeizuführen. Eine Auseinandersetzung kommt nicht in Betracht, wenn die anteilsberechtigten Abkömmlinge auf ihren Gesamtgutsanteil verzichten (s oben Rn 6) oder wenn der verstorbene Ehegatte den überlebenden Ehegatten zum Vorerben und seine Abkömmlinge zu seinen Nacherben mit der Bestimmung letztwillig eingesetzt hat, dass der Nacherbfall mit der Wiederverheiratung des überlebenden Ehegatten eintreten solle (KG KGJ 43, 38). Auf die Auseinandersetzung finden die Vorschriften der §§ 1497–1506 BGB Anwendung. „Herbeigeführt" ist die Auseinandersetzung erst mit deren völliger Erledigung (§ 1497 Rn 3). Ist der überlebende Ehegatte gesetzlicher Vertreter eines anteilsberechtigten Abkömmlings, so ist die *Bestellung eines Pflegers* oder Ergänzungsbetreuers für den Abkömmling erforderlich (s § 1492 Rn 4). Das Gericht kann gestatten, dass **die Auseinandersetzung** (überhaupt oder hinsichtlich einzelner Bestandteile des Gesamtguts) **erst nach Eingehung der neuen Ehe erfolgt**; eine zeitliche Schranke besteht in dieser Richtung nicht.

Die neu eingefügte Mitteilungspflicht nach Abs 3 trifft das Standesamt, bei dem die **8** Eheschließung angemeldet wird. Damit soll sichergestellt werden, dass die Anzeigepflicht des Ehegatten erfüllt wird. Auch wenn ausdrücklich nur das Familiengericht bezeichnet ist, gilt die Pflicht auch gegenüber dem Betreuungsgericht. Auch hier dürfte ein redaktionelles Versehen vorliegen (SOERGEL/GAUL/ALTHAMMER Rn 10; s auch oben Rn 4).

§ 1494
Tod des überlebenden Ehegatten

(1) Die fortgesetzte Gütergemeinschaft endet mit dem Tode des überlebenden Ehegatten.

(2) Wird der überlebende Ehegatte für tot erklärt oder wird seine Todeszeit nach den Vorschriften des Verschollenheitsgesetzes festgestellt, so endet die fortgesetzte Gütergemeinschaft mit dem Zeitpunkt, der als Zeitpunkt des Todes gilt.

Materialien: Zu § 1494 aF: E I § 1403 Nr 1; II § 1405 rev 1479; III § 1477; Mot IV 466; Prot IV 342. Zu § 1494 nF: GleichberG E I § 1494; II § 1494. Vgl STAUDINGER/BGB-Synopse 1896–2005 § 1494.

Systematische Übersicht

I. Allgemeines

Während der erste Absatz der Vorschrift seit Inkrafttreten des BGB unverändert ist, **1** hat das Gleichberechtigungsgesetz den zweiten Absatz aufgrund des Verschollenheitsgesetzes vom 4. 7. 1939 (idF des Verschollenheitsänderungsgesetzes vom 15. 1. 1951) dahingehend ergänzt, dass neben der Todeserklärung auch die Feststellung der Todeszeit aufgenommen worden ist.

II. Tod des überlebenden Ehegatten (Abs 1)

Mit dem Tode des überlebenden Ehegatten ist der Zweck der fortgesetzten Güter- **2** gemeinschaft entfallen, das gemeinsame Familienvermögen unter seiner Verwaltung zusammenzuhalten (Vorbem 1 ff zu §§ 1483 ff). Die deswegen in § 1494 BGB festgelegte Rechtsfolge, wonach der Tod des überlebenden Ehegatten die Beendigung der fortgesetzten Gütergemeinschaft nach sich zieht, kann weder durch die Ehegatten noch durch die Abkömmlinge abgeändert werden (§ 1518 S 1 BGB).

3 Die fortgesetzte Gütergemeinschaft wird nicht beendet, wenn der überlebende Ehegatte nur aufgrund einer unrichtigen Sterbeurkunde für tot gehalten worden ist, tatsächlich jedoch lebt. Anders die Wirkung einer Todeserklärung des überlebenden Ehegatten, dazu unten Rn 5. Ist der Tod des überlebenden Ehegatten nicht zweifelhaft, sondern ist nur der **Zeitpunkt des Todes** ungewiss, so kann der überlebende Ehegatte nicht für tot erklärt werden (§ 1 Abs 2 VerschG). In einem solchen Falle kann jedoch beantragt werden, den Tod und den Zeitpunkt des Todes durch gerichtliche Entscheidung festzustellen (§ 39 VerschG). Ist das geschehen, so ist der festgestellte Zeitpunkt gleichzeitig der Zeitpunkt, in dem die fortgesetzte Gütergemeinschaft ihr Ende gefunden hat. Wird der Zeitpunkt später in einem Verfahren nach §§ 40, 33a VerschG abgeändert, so gilt der berichtigte Zeitpunkt auch für die Beendigung der fortgesetzten Gütergemeinschaft.

4 Der **Tod eines anteilsberechtigten Abkömmlings** beendet dagegen die fortgesetzte Gütergemeinschaft nur dann, wenn er der einzige oder letzte an ihr beteiligte Abkömmling ist (§ 1490 BGB). Andernfalls bleibt die fortgesetzte Gütergemeinschaft zwischen dem überlebenden Ehegatten und den verbleibenden anteilsberechtigten Abkömmlingen bestehen.

III. Todeserklärung des überlebenden Ehegatten (Abs 2)

5 Ist der **überlebende Ehegatte verschollen** (§ 1 Abs 1 VerschG) und wird er in einem Aufgebotsverfahren unter den Voraussetzungen der §§ 3–7 VerschG rechtskräftig für tot erklärt, so wird vermutet, dass er zu dem im Beschluss gem §§ 9, 23 VerschG angegebenen Zeitpunkt gestorben ist (§ 9 Abs 1 VerschG). Daran knüpft § 1494 Abs 2 BGB die Folge, dass zu diesem Zeitpunkt auch die fortgesetzte Gütergemeinschaft beendet worden ist. **Bei der Beendigung** der fortgesetzten Gütergemeinschaft **bleibt es auch, wenn der für tot erklärte** überlebende Ehegatte **noch lebt**. Die Gemeinschaft gilt nicht nur als beendigt, sie ist beendet. Insofern geht die Regelung des § 1494 Abs 2 BGB über die Folgen der Vermutung des Todes hinaus und lässt ihre Wirkung (Beendigung) auch dann eintreten, wenn die Vermutung sich als unrichtig erweist. Die auf diese Weise beendete fortgesetzte Gütergemeinschaft kann weder von dem überlebenden Ehegatten noch von den Abkömmlingen wiederhergestellt werden. Auch die Aufhebung des die Todeserklärung enthaltenden Beschlusses (§ 30 VerschG) kann nicht zur Wiederherstellung einer bereits auseinandergesetzten Gütergemeinschaft führen. Sofern eine Herstellung des Gesamtgutes nach Auseinandersetzung überhaupt möglich wäre, sollten die dabei zu erwartenden Verwicklungen gerade ausgeschlossen werden (iE wie hier: BAMBERGER/ROTH/MAYER Rn 3; MünchKomm/KANZLEITER Rn 3; NK-BGB/VÖLKER Rn 3; **aA** BGB-RGRK/FINKE Rn 2; SOERGEL/GAUL/ALTHAMMER Rn 7; ERMAN/HEINEMANN Rn 1; PALANDT/BRUDERMÜLLER Rn 1). Wegen der vermögensrechtlichen Ansprüche des zu Unrecht für tot Erklärten gegen seine Scheinerben und gegen Dritte, die bei oder nach der Auseinandersetzung Gegenstände erworben haben, die zu seinem Vermögen gehört haben, s §§ 2031, 2370, 816 BGB.

IV. Auseinandersetzung

6 Ist die fortgesetzte Gütergemeinschaft durch den Tod oder die Todeserklärung des überlebenden Ehegatten beendet, schließt sich daran die Auseinandersetzung an, die in den §§ 1497–1506 BGB geregelt ist. Haben Ehegatten die Fortsetzung der Gütergemeinschaft vereinbart und angeordnet, dass eine Teilung nach Ableben des letztlebenden Teils unter den Abkömmlingen erfolgen soll, kann darin zugleich die Einsetzung als Schlusserben liegen (BayObLG FamRZ 1986, 1151). Einer Auseinandersetzung bedarf es dann nicht, wenn der einzige an der fortgesetzten Gütergemeinschaft beteiligte Abkömmling Alleinerbe des überlebenden Ehegatten ist (KG JFG 1, 360). Bei der Auseinandersetzung treten an die Stelle des überlebenden Ehegatten seine Erben (Scheinerben), die sich nunmehr mit den anteilsberechtigten Abkömmlingen über das Gesamtgut der fortgesetzten Gütergemeinschaft auseinandersetzen (Näheres s §§ 1497 ff BGB). Der Anteil des überlebenden Ehegatten am Gesamtgut der fortgesetzten Gütergemeinschaft gehört zu seinem Nachlass (ebenso wie sein Vorbehaltsgut und sein Sondergut, soweit es vererblich ist) und wird nach den allgemeinen erbrechtlichen Vorschriften vererbt (§§ 1922 ff, 2064 ff, 2274 ff BGB).

§ 1495
Aufhebungsantrag eines Abkömmlings

Ein anteilsberechtigter Abkömmling kann gegen den überlebenden Ehegatten die Aufhebung der fortgesetzten Gütergemeinschaft beantragen,

1. **wenn seine Rechte für die Zukunft dadurch erheblich gefährdet werden können, dass der überlebende Ehegatte zur Verwaltung des Gesamtgutes unfähig ist oder sein Recht, das Gesamtgut zu verwalten, missbraucht,**

2. **wenn der überlebende Ehegatte seine Verpflichtung, dem Abkömmling Unterhalt zu gewähren, verletzt hat und für die Zukunft eine erhebliche Gefährdung des Unterhalts zu besorgen ist,**

3. **wenn die Verwaltung des Gesamtguts in den Aufgabenkreis des Betreuers des überlebenden Ehegatten fällt,**

4. **wenn der überlebende Ehegatte die elterliche Sorge über den Abkömmling verwirkt hat oder, falls sie ihm zugestanden hätte, verwirkt haben würde.**

Materialien: Zu § 1495 aF: E I § 1405 Abs 1; II § 1406 rev 1480; III § 1478; Mot IV 472; Prot IV 328, 342. Zu § 1495 nF: GleichberG E I § 1495; II § 1495; BT-Drucks 11/4528, 106. Vgl Staudinger/BGB-Synopse 1896–2005 § 1495. BT-Drucks 18/5901, 22.

Systematische Übersicht

I. Allgemeines

1 Frühere Rechte zeigten in der Frage, wann ein Abkömmling (außer im Falle der Wiederverheiratung des überlebenden Ehegatten) eine Abschichtung verlangen kann, eine große Vielfalt (Mot IV 472 ff). Hier hatte bereits der Gesetzgeber des BGB in § 1495 aF eine Beschränkung auf wenige Gründe vorgesehen. Das Gleichberechtigungsgesetz hat den § 1495 BGB neugefasst. Die Gründe, die den Abkömmling zu einem Antrag gegen den überlebenden Ehegatten auf Aufhebung der fortgesetzten Gütergemeinschaft berechtigen, entsprechen nun weitgehend denen, die in der ehelichen Gütergemeinschaft dem Schutze des Ehegatten dienen sollen, der von der Verwaltung des Gesamtgutes ausgeschlossen ist (§ 1447 BGB). Das gilt für die Nr 1, 2 und 3 des § 1495 BGB, die (mit geringfügigen Abweichungen) den Nr 1, 2 und 4 des § 1447 BGB folgen. § 1495 Nr 4 BGB (Verwirkung der elterlichen Gewalt) passt nur für die fortgesetzte Gütergemeinschaft, während § 1447 Nr 3 BGB deswegen nicht hierher gehört, weil die Überschuldung des Gesamtguts nicht das Vermögen der Abkömmlinge berührt (§§ 1485 Abs 2, 1489 Abs 3 BGB). Andere Tatbestände, die in der Person des überlebenden Ehegatten (zB Insolvenzverfahren über sein Vermögen) oder des Abkömmlings (zB Volljährigkeit, Verheiratung, Gründung eines selbständigen Haushalts usw) liegen und im Einzelfall eine Abschichtung des Abkömmlings wünschenswert erscheinen lassen können, sind als Antragsgründe nicht zugelassen.

Gemeinsam ist allen Aufhebungsgründen des § 1495 BGB, dass dem anteilsberechtigten Abkömmling unter den genannten Umständen die **Fortsetzung der Gütergemeinschaft** mit dem überlebenden Ehegatten nicht **mehr zugemutet werden kann**.

II. Antrag des Abkömmlings auf Aufhebung

2 Antragsbefugt ist nur der **anteilsberechtigte Abkömmling**. Im Falle der Betreuung des überlebenden Ehegatten (§ 1495 Nr 3 BGB) kann jeder anteilsberechtigte Abkömmling gegen den überlebenden Ehegatten auf Aufhebung der fortgesetzten Gütergemeinschaft antragen, in den anderen Fällen nur der anteilsberechtigte Abkömmling, in dessen Person die Voraussetzungen des Anspruchs auf Aufhebung begründet sind. Steht der antragsberechtigte Abkömmling unter der elterlichen Sorge, Betreuung oder Vormundschaft (etwa der Enkel) des überlebenden Ehegatten, so ist ihm zur Wahrnehmung seiner Rechte ein *Pfleger oder Ergänzungsbetreuer* zu bestellen (§§ 1629 Abs 2, 1795, 1909, 1899 Abs 4 BGB). Die Stellung des Antrags bedarf der *Zustimmung seines Ehegatten* nicht. Da es sich bei diesem Antrag um einen vermögensrechtlichen Anspruch handelt, bestehen insoweit in der Zugewinngemeinschaft (dazu STAUDINGER/THIELE [2017] § 1364 Rn 12) und Gütertrennung (Vorbem 16 zu § 1414) für ihn keine Beschränkungen. Aber auch dann, wenn der Abkömmling in Gütergemeinschaft lebt, ist er uneingeschränkt zur Stellung des Aufhebungsantrags befugt, da sein Gesamtgutsanteil zu seinem Sondergut gehört (s § 1417 Rn 6, bestr; vgl auch § 1487 Rn 16; § 1491 Rn 15). **Der überlebende Ehegatte** benötigt keinen Antrag auf Aufhebung (etwa entsprechend § 1448 BGB), da er die fortgesetzte Gütergemeinschaft (ohne jede Begründung) jederzeit aufzuheben berechtigt ist (§ 1492 Abs 1 S 1 BGB).

3 Wegen der prozessualen Einzelfragen kann auf § 1447 BGB verwiesen werden. Dabei tritt an die Stelle des Gesamtgutsverwalters der überlebende Ehegatte und an die Stelle des anderen Ehegatten der antragsberechtigte Abkömmling. Zuständig ist das Familiengericht. *Zum Streitwert* vgl BGH NJW 1973, 50 (halber Wert des Anteils des Antragstellers am Gesamtgut). Die nicht antragstellenden Abkömmlinge können dem anderen Abkömmling als Nebenintervenienten betreten; sie sind alsdann „streitgenössische Nebenintervenienten" (§§ 66, 69, 61, 62 ZPO). Wegen der Wirkungen des rechtskräftigen Aufhebungsbeschlusses s § 1496 m Erl.

III. Die einzelnen Aufhebungsgründe

Wie oben dargelegt, decken sich die einzelnen Tatbestände des § 1495 BGB weitgehend mit den entsprechenden des § 1447 BGB, sodass insoweit auf die dortigen Erl verwiesen werden kann. Dabei tritt hier an die Stelle des dortigen Gesamtgutsverwalters der überlebende Ehegatte und an die Stelle des anderen (nicht verwaltenden) Ehegatten der anteilsberechtigte Abkömmling. **4**

§ 1495 Nr 1 BGB deckt sich mit dem des § 1447 Nr 1 BGB, sodass auf § 1447 Rn 13 ff verwiesen werden kann. Von den Unterschieden verdienen folgende vermerkt zu werden: Ein **Notverwaltungsrecht** (§ 1429 BGB) ist den Abkömmlingen in der fortgesetzten Gütergemeinschaft nicht gewährt (§ 1487 Rn 26). Insofern ist bei einem Versagen des überlebenden Ehegatten die erhebliche Gefährdung der Rechte des Abkömmlings eher gegeben (dazu BGHZ 48, 373). Eine **Verletzung der Auskunftspflicht** durch den überlebenden Ehegatten kommt als Missbrauch seiner Gesamtgutsverwaltung deswegen nicht in Betracht, weil dem Abkömmling ein Recht auf Auskunft gegenüber dem überlebenden Ehegatten nicht zugestanden ist (§ 1487 Abs 1 BGB verweist nicht auf § 1435 S 2 BGB; dazu § 1487 Rn 19). Soweit es auf ein **Verschulden** des überlebenden Ehegatten ankommt, ist er für jede Fahrlässigkeit verantwortlich; weder § 1359 BGB noch § 1664 BGB kommen zu seiner Entlastung in Betracht (dazu § 1487 Rn 20). **5**

Bei der Prüfung der künftigen erheblichen Gefährdung des Abkömmlings sind nicht nur die einzelnen missbräuchlichen Verwaltungshandlungen, sondern das gesamte Verhalten des überlebenden Ehegatten maßgebend (BGHZ 1, 313; 48, 373).

§ 1495 Nr 2 BGB stimmt mit dem des § 1447 Nr 2 BGB überein, nur beruht die Unterhaltspflicht gegenüber dem Abkömmling auf den §§ 1601 ff BGB. Mit dieser Maßgabe kann auf § 1447 Rn 17 ff verwiesen werden. **§ 1495 Nr 3 BGB** deckt sich mit dem des § 1447 Nr. 4 BGB, sodass auf § 1447 Rn 26 ff verwiesen werden kann. **6**

Bei **§ 1495 Nr 4 BGB** handelt es sich um einen Tatbestand, der sich im § 1447 BGB nicht findet. Gemäß § 1676 aF verwirkte ein Elternteil die elterliche Gewalt, wenn er wegen eines an dem Kinde verübten Verbrechens oder vorsätzlichen Vergehens zu Freiheitsstrafe von mindestens sechs Monaten verurteilt wurde. Nach der Aufhebung dieser Vorschrift durch das Gesetz zur Neuregelung des Rechts der elterlichen Sorge vom 18. 7. 1979 (BGBl I 1061) ist eine regelrechte Verwirkung der elterlichen Sorge nicht mehr vorgesehen. Ein entsprechendes Verhalten des Elternteils kann nur noch Maßnahmen im Rahmen des §§ 1666 ff BGB auslösen, wobei dem Familiengericht ein weitgefasstes Ermessen zusteht. Der Aufhebungsgrund des **§ 1495 Nr 4 BGB** ist damit jedoch **nicht gegenstandlos** geworden (so auch SOERGEL/GAUL/ALTHAMMER Rn 8). Dafür spricht im Übrigen schon der Umstand, dass Nr 4 trotz redak- **7** tioneller Änderungen der Norm (zuletzt durch das Gesetz zur Bereinigung des Rechts der Lebenspartner vom 20. 11. 2015 [BGBl I 2015, 2010]) unverändert geblieben ist. Die nach altem Recht die Verwirkung begründenden Umstände berechtigen nach Rechtskraft des Strafurteils (§ 1676 Abs 2 aF) nicht nur einen minderjährigen anteilsberechtigten Abkömmling, der unter elterlicher Sorge des überlebenden Gatten steht, sondern auch **volljährige Abkömmlinge** oder etwa an der Gütergemeinschaft beteiligte **Enkel** zur Antragserhebung, wenn sich das Verhalten gegen diese gerichtet hat. Es genügt, wenn der Ehegatte die elterliche Sorge nach altem Recht verwirkt hätte, wenn er sie gehabt hätte. Auch dann gilt, dass wer das Familienband auf diese Weise zerrissen hat, die vermögensrechtlichen Vorteile nicht mehr in Anspruch nehmen kann, welche die auf jenem Familienband beruhende fortgesetzte Gütergemeinschaft bietet (vgl Mot IV 474; **aA** Bamberger/Roth/Mayer Rn 4; Münch-Komm/Kanzleiter Rn 2; Palandt/Brudermüller Rn 4). Der Verwirkung im Rahmen des § 1495 Nr 4 BGB sind **andere Fälle** von Gefährdungen des Kindeswohls gemäß § 1666 BGB **nicht gleichzustellen**. In Betracht kommt jedoch – ebenso wie bei Vorliegen der Gründe die zum Entzug des Elternpflichtteils führen können (§§ 2333, 2334 BGB) – die Anwendung der Tatbestände nach Ziff 1 und 2 (zB langjährige Freiheitsstrafe führt zur Unfähigkeit ordnungsgemäßer Gesamtgutsverwaltung).

IV. Abweichende Vereinbarungen

8 Die in § 1495 BGB aufgeführten Tatbestände sind abschließende Regelungen, die durch Vereinbarungen der Ehegatten nicht abgeändert werden können (§ 1518 S 1 BGB). Ebensowenig kann der überlebende Ehegatte durch Vertrag mit einem Abkömmling oder allen Abkömmlingen deren Recht, aus den in § 1495 BGB genannten Gründen die Aufhebung der fortgesetzten Gütergemeinschaft zu beantragen, beschränken oder ausschließen, da das gegen die guten Sitten verstoßen würde (§ 138 Abs 1 BGB). Das gilt auch für den Verzicht auf einen bereits begründeten Aufhebungsanspruch, sofern der Antragsgrund weiter fortbesteht (dazu auch § 1447 Rn 30).

§ 1496
Wirkung der richterlichen Aufhebungsentscheidung

Die Aufhebung der fortgesetzten Gütergemeinschaft tritt in den Fällen des § 1495 mit der Rechtskraft der richterlichen Entscheidung ein. Sie tritt für alle Abkömmlinge ein, auch wenn die richterliche Entscheidung auf den Antrag eines der Abkömmlinge ergangen ist.

Materialien : Zu § 1496 aF: E I § 1403 Nr 3, Abs 2; II § 1407 rev 1481; III § 1479; Mot IV 474; Prot IV 342. Zu § 1496 nF: GleichberG E I § 1496; II § 1496. Vgl Staudinger/BGB-Synopse 1896–2005 § 1496. BT-Drucks 16/6308, 345; BT-Drucks 18/5901, 22.

1. Eintritt der Entscheidungswirkung (Satz 1)

1 Die Vorschrift, die durch das Gleichberechtigungsgesetz nicht geändert worden ist, bringt (entsprechend § 1449 BGB) den rechtsgestaltenden (konstitutiven) Charakter der Aufhebungsentscheidung zum Ausdruck. Die Rechtswirkung der Aufhebung und Beendigung der fortgesetzten Gütergemeinschaft tritt erst mit der Rechtskraft ein (§ 705 ZPO).

Daraus folgt, dass die Entscheidung außer im Kostenpunkt nicht für vorläufig voll- **2** streckbar erklärt werden kann (s § 1449 Rn 3) und dass die Aufhebung der fortgesetz- ten Gütergemeinschaft durch einstweilige Anordnung unzulässig ist (s § 1447 Rn 9, § 1449 Rn 3; hM).

2. Wirkung gegenüber allen Abkömmlingen (Satz 2)

In Abweichung von dem Grundsatz, dass richterliche Entscheidungen nur unter den **3** Parteien des Rechtsstreits wirken, bestimmt § 1496 S 2 BGB zur Vermeidung der sonst entstehenden praktischen Schwierigkeiten und auch im Interesse der anteils- berechtigten Abkömmlinge selbst, dass das auf den Antrag eines Abkömmlings erwirkte Entscheidung die Aufhebung der fortgesetzten Gütergemeinschaft für alle beteiligten Abkömmlinge herbeiführt (Mot IV 474 ff). Ob ein weiterer Abkömmling oder alle anderen Abkömmlinge dem Antrag des einen Abkömmlings beigetreten sind (dazu § 1495 Rn 3), ist hierfür bedeutungslos.

§ 1497
Rechtsverhältnis bis zur Auseinandersetzung

(1) Nach der Beendigung der fortgesetzten Gütergemeinschaft setzen sich der über- lebende Ehegatte und die Abkömmlinge über das Gesamtgut auseinander.

(2) Bis zur Auseinandersetzung bestimmt sich ihr Rechtsverhältnis am Gesamtgut nach den §§ 1419, 1472, 1473.

Materialien: Zu § 1497 aF: E I § 1406 Abs 1; II § 1408 rev § 1482; III § 1480; Mot IV 475; Prot IV 344. Zu § 1497 nF: GleichberG E I § 1497; II § 1497. Vgl STAUDINGER/BGB-Synopse 1896– 2005 § 1497.

Systematische Übersicht

I. Allgemeines

1 Mit § 1497 BGB beginnt die Reihe der Vorschriften (§§ 1497–1506 BGB), in denen die Auseinandersetzung der an der fortgesetzten Gütergemeinschaft Beteiligten über deren Gesamtgut geregelt wird, die sich an die Beendigung der fortgesetzten Gütergemeinschaft anschließt. Diese Vorschriften lehnen sich eng an die an, nach denen sich die Auseinandersetzung der ehelichen Gütergemeinschaft vollzieht (§§ 1471–1481 BGB). In Abs 1 wird die allgemeine Folgerung aus der Beendigung der fortgesetzten Gütergemeinschaft gezogen. Danach kommt es zu einer Auseinandersetzung der Beteiligten über das Gesamtgut. Wegen der Ausnahmen von diesem Grundsatz s unten Rn 2. Ebenso wie bei der Auseinandersetzung der ehelichen Gütergemeinschaft bleibt gem Abs 2 für die Zeit der Auseinandersetzung, also von der Beendigung der fortgesetzten Gütergemeinschaft an bis zum Abschluss der Auseinandersetzung, das Gesamtgut – einschließlich seiner Surrogate – gesamthänderisches Vermögen der am Auseinandersetzungsverfahren Beteiligten (§§ 1497 Abs 2, 1419, 1473 BGB). Diese verwalten nunmehr das Gesamtgut gemeinschaftlich (§§ 1497 Abs 2, 1472 BGB). Die Vorschrift ist durch das Gleichberechtigungsgesetz sprachlich besser gefasst, entspricht jedoch in der Sache völlig dem § 1497 aF. In Abs 2 ist die bisherige Verweisung auf § 1442 aF in die auf § 1419 BGB geändert, der an seine Stelle getreten ist.

II. Auseinandersetzung

2 An die Beendigung der fortgesetzten Gütergemeinschaft schließt sich in der Regel deren Auseinandersetzung an. Bei Tod oder Verzicht des letzten beteiligten Abkömmlings (§§ 1490, 1491 BGB) findet jedoch **ausnahmsweise keine Auseinandersetzung** statt, weil der Gesamtgutsanteil dieses letzten Abkömmlings dem des überlebenden Ehegatten anwächst (§§ 1490 S 3, 1491 Abs 4 BGB), sodass das ganze Gesamtgut freies Vermögen des überlebenden Ehegatten wird. Zu einer Auseinandersetzung kommt es auch in dem Fall nicht, in dem die fortgesetzte Gütergemeinschaft durch den Tod des überlebenden Ehegatten beendigt wird und der einzige an ihr beteiligte Abkömmling den überlebenden Ehegatten allein beerbt (s § 1494 Rn 6; ein weiterer Fall s § 1493 Rn 7).

3 Wie jede solche Auseinandersetzung hat auch die der fortgesetzten Gütergemeinschaft die Aufgabe, das gemeinschaftliche Vermögen unter die Beteiligten zu verteilen. Dazu sind zunächst alle Forderungen einzuziehen, die Schulden zu begleichen und der verbleibende Rest ist entweder durch Übernahme einzelner Gegenstände gegen Wertersatz oder Anrechnung zuzuweisen oder durch Auszahlung des Erlöses für die verwerteten Gegenstände an die Beteiligten zu verteilen. Die Auseinandersetzung der fortgesetzten Gütergemeinschaft ist erst beendet, wenn deren Gesamtgut bis zum letzten Stück auf die Teilhaber der fortgesetzten Gütergemeinschaft verteilt ist. Wegen der Auseinandersetzung im Einzelnen s §§ 1498 ff BGB.

4 Nach § 1497 Abs 1 BGB hat sowohl der überlebende Ehegatte (oder seine Erben) als auch jeder anteilsberechtigte Abkömmling einen **gerichtlich geltend zu machenden Anspruch** darauf, dass das Gesamtgut der fortgesetzten Gütergemeinschaft nach deren Beendigung auseinandergesetzt wird. Dieser Auseinandersetzungsanspruch kann *nicht übertragen* werden, weil das einer unzulässigen Verfügung über den

Gesamtgutsanteil gleichkäme (KG JW 1931, 1371). Das Recht auf Auseinandersetzung kann weder vor noch nach Beendigung der fortgesetzten Gütergemeinschaft *ausgeschlossen* oder beschränkt werden, da dies eine unzulässige Erweiterung des Gesamthandsverhältnisses bedeuten würde (vgl § 1471 Rn 3).

III. Auseinandersetzungsgemeinschaft

Ebenso wie bei der Beendigung der ehelichen Gütergemeinschaft (s dazu § 1471 Rn 5) **5** bleibt auch nach der Beendigung der fortgesetzten Gütergemeinschaft bis zur Erledigung der Auseinandersetzung („Liquidationsstadium") die **gesamthänderische Bindung** der Partner der fortgesetzten Gütergemeinschaft (oder ihrer Erben) hinsichtlich des Gesamtgutes bestehen (§§ 1497 Abs 2, 1419 BGB). Die fortgesetzte Gütergemeinschaft verwandelt sich also nach ihrer Beendigung in eine **Auseinandersetzungsgemeinschaft**, der die Aufgabe zufällt, die Auseinandersetzung des Gesamtgutes vorzubereiten und durchzuführen.

An dieser Auseinandersetzungsgemeinschaft sind der **überlebende Ehegatte** (oder **6** seine Erben) einerseits **und die Abkömmlinge**, die zZ der Beendigung der fortgesetzten Gütergemeinschaft an ihr teilgenommen haben oder, wenn einer von ihnen danach gestorben ist, seine **Erben** (BayObLG MDR 1967, 673), andererseits **beteiligt**. Ist ein Abkömmling *vor* der Beendigung der fortgesetzten Gütergemeinschaft gestorben, so treten seine Abkömmlinge (nicht seine Erben!) an seine Stelle; stirbt er, ohne Abkömmlinge zu hinterlassen, so wächst sein Anteil am Gesamtgut den anderen in der fortgesetzten Gütergemeinschaft verbliebenen Abkömmlingen an (§ 1490 BGB). Auch nach der Beendigung, jedoch vor dem Abschluss der Auseinandersetzung der fortgesetzten Gütergemeinschaft kann zudem ein Abkömmling durch *Verzicht* (§ 1491 BGB) ausscheiden; sein Anteil wächst den verbleibenden Abkömmlingen der fortgesetzten Gütergemeinschaft an; seine eigenen Abkömmlinge werden durch seinen Verzicht ausgeschlossen. Treten nach dem Tode eines Beteiligten (zB des überlebenden Ehegatten) dessen Erben (als Erbengemeinschaft) an seiner Stelle in die Auseinandersetzungsgemeinschaft ein, so gelten für jedes Gesamthandsverhältnis dessen besondere Vorschriften (OLG Hamm DNotZ 66, 744, vgl auch § 1471 Rn 9).

Wegen der Verweisung des § 1497 Abs 2 BGB auf § 1419 BGB kann im Wesentli- **7** chen auf die Anmerkungen zu § 1419 Rn 9 ff, sowie § 1471 Rn 5 ff Bezug genommen werden. Die **letztwillige Verfügung** eines beteiligten Abkömmlings über seinen Anteil an der Auseinandersetzungsgemeinschaft ist möglich, sofern der Abkömmling die Beendigung der Gemeinschaft erlebt hat (s § 1487 Rn 7, § 1490 Rn 4). Während der Anspruch auf Auseinandersetzung (s oben Rn 4) sowie der Anteil an der Auseinandersetzungsgemeinschaft **nicht abgetreten** werden kann, ist eine Abtretung des Anspruches auf das, was dem Beteiligten bei der Auseinandersetzung zusteht, möglich (s dazu und zur Umdeutung § 1419 Rn 12). Nach der Beendigung der fortgesetzten Gütergemeinschaft ist der Anteil des überlebenden Ehegatten und der anteilsberechtigten Abkömmlinge am Gesamtgut der fortgesetzten Gütergemeinschaft (nicht auch der Anteil an den einzelnen zum Gesamtgut der fortgesetzten Gütergemeinschaft gehörenden Gegenständen) zugunsten der Gläubiger des Anteilsberechtigten der **Pfändung** unterworfen (§ 860 Abs 2 ZPO; vgl § 1471 Rn 13). Aus § 860 Abs 2 ZPO in Verbindung mit § 36 Abs 1 InsO ergibt sich, dass der Anteil des überlebenden

Ehegatten und der anteilsberechtigten Abkömmlinge am Gesamtgut der fortgesetzten Gütergemeinschaft im **Insolvenzverfahren** über das Vermögen einer dieser Personen, wenn dieser nach Beendigung, aber vor dem Abschluss der Auseinandersetzung der fortgesetzten Gütergemeinschaft eröffnet worden ist, zur Insolvenzmasse gehört. Die Auseinandersetzung zwischen den Beteiligten findet nach § 84 InsO außerhalb des Insolvenzverfahrens statt (Prot IV 344, 242 Abs 2; 6, 753; vgl § 1471 Rn 14; BayObLGZ 17, 98 ff).

IV. Gesamtgut der Auseinandersetzungsgemeinschaft

8 Indem § 1497 Abs 2 BGB auf § 1473 BGB verweist, übernimmt das Gesetz für das Liquidationsstadium der fortgesetzten Gütergemeinschaft die Regelung, die auch für die Auseinandersetzung der ehelichen Gütergemeinschaft hinsichtlich des Umfangs des Gesamtgutes gilt. Auf die Erläuterungen zu § 1473 BGB kann daher weitgehend Bezug genommen werden. Von der Beendigung der fortgesetzten Gütergemeinschaft an fällt also aller **Erwerb des überlebenden** Ehegatten in sein freies Vermögen. Das Gleiche gilt für die **Nutzungen** seines Sonderguts, die bisher in das Gesamtgut fielen. Durch den Erwerb des Ehegatten wird also das Gesamtgut von diesem Zeitpunkt an grundsätzlich nicht mehr vermehrt. Wieder Gesamtgut werden aber die **Surrogate** des Gesamtguts. An dem Grundsatz, dass das, was ein anteilsberechtigter **Abkömmling** zur Zeit des Eintritts der fortgesetzten Gütergemeinschaft hat oder später erwirbt, nicht zum Gesamtgut, sondern zu seinem freien Vermögen gehört (§ 1485 Abs 2 BGB), ändert sich auch durch die Beendigung der fortgesetzten Gütergemeinschaft nichts.

9 **Gesamtgutsverbindlichkeiten** sind nur die Schulden, die bis zur Beendigung der fortgesetzten Gütergemeinschaft entstanden sind. Das sind gem § 1488 BGB neben den Verbindlichkeiten des verstorbenen Ehegatten, die Gesamtgutsverbindlichkeiten der ehelichen Gütergemeinschaft waren, alle Verbindlichkeiten des überlebenden Ehegatten. Neue Gesamtgutsverbindlichkeiten können jedoch nach der Beendigung der fortgesetzten Gütergemeinschaft nicht mehr entstehen. Vielmehr treffen von diesem Zeitpunkt an alle neuen Verbindlichkeiten nur den, in dessen Person sie entstehen, also den überlebenden Ehegatten oder die Abkömmlinge, bei denen dieser Grundsatz ja schon bisher galt. Auch wenn sie sich gemeinschaftlich rechtsgeschäftlich verpflichten, sind sie zwar Gesamtschuldner (§ 427 BGB); aber es entstehen daraus keine Gesamtgutsverbindlichkeiten. **Für die Gesamtgutsverbindlichkeiten haftet der überlebende Ehegatte allein** (§ 1489 Abs 1 BGB). Wegen der Möglichkeit, seine persönliche Haftung für gewisse Verbindlichkeiten zu beschränken, s § 1489 Rn 4 ff. Eine Haftung der anteilsberechtigten Abkömmlinge für die Gesamtgutsverbindlichkeiten hat weder vor der Beendigung der fortgesetzten Gütergemeinschaft bestanden (§ 1489 Abs 3 BGB und § 1489 Rn 12), noch tritt sie danach ein, es sei denn als Folge nicht rechtzeitiger Berichtigung der Gesamtgutsverbindlichkeiten (§§ 1498, 1480 BGB; dazu § 1498 Rn 11).

V. Gemeinschaftliche Verwaltung des Gesamtgutes

10 Gem §§ 1497 Abs 2, 1472 Abs 1 BGB steht die **Verwaltung des Gesamtgutes der fortgesetzten Gütergemeinschaft** von deren Beendigung an bis zum Abschluss der Auseinandersetzung dem überlebenden Ehegatten (oder seinen Erben) und den

anteilsberechtigten Abkömmlingen **gemeinschaftlich** zu. Dabei kann der überlebende Ehegatte auch für seinen Abkömmling handeln, der unter seiner elterlichen
Sorge oder unter seiner Vormundschaft (Enkel) steht, soweit nicht § 181 BGB ent-
gegensteht; andernfalls muss für den Abkömmling ein Pfleger bestellt werden
(§§ 1629 Abs 2, 1795 Abs 2, 181 BGB). Das gilt entsprechend für den Fall der
Betreuung. Wegen der Zustimmung des Ehegatten eines verheirateten Abkömmlings s § 1487 Rn 16.

Die Vorschrift, wonach die an der Auseinandersetzungsgemeinschaft Beteiligten das **11**
Gesamtgut nunmehr gemeinschaftlich verwalten, **bezieht sich auf alle Rechtsgeschäfte und Rechtsstreitigkeiten** (dazu § 1472 Rn 5 ff). So sind auch Leistungen, die dem
Gesamtgut zugutekommen sollen, allen Beteiligten (oder einem von ihnen Bevollmächtigten) zu erbringen. Dritte werden bei entschuldbarer Unkenntnis der durch
die Beendigung der fortgesetzten Gütergemeinschaft veränderten Rechtslage geschützt, wenn sie an den überlebenden Ehegatten leisten (§§ 1497 Abs 2, 1472 Abs 2
S 2 BGB). Während die anteilsberechtigten Abkömmlinge vor der Beendigung der
fortgesetzten Gütergemeinschaft ohne Mitwirkung des überlebenden Ehegatten
gegen eine unbefugte Verfügung über Gesamtgut selbständig gerichtlich vorgehen
konnten (§§ 1487 Abs 1, 1428 BGB; dazu § 1487 Rn 26), bedarf es dazu nach der
Beendigung der fortgesetzten Gütergemeinschaft eines gemeinsamen Vorgehens
aller Beteiligten (OLG München SeuffA 63 Nr 252).

Während der fortgesetzten Gütergemeinschaft war allein der überlebende Ehegatte **12**
berechtigt, die zum Gesamtgut gehörenden Sachen in **Besitz** zu nehmen (§§ 1487
Abs 1, 1422 BGB). In der Auseinandersetzungsgemeinschaft haben die volljährigen
Abkömmlinge aufgrund ihres Mitverwaltungsrechts einen Anspruch gegen den
überlebenden Ehegatten auf Einräumung des Mitbesitzes (§ 1472 Rn 3). Minderjährige Abkömmlinge im Hausstand des überlebenden Ehegatten behalten dagegen
ihre Stellung als Besitzdiener (BGHZ 12, 400).

Die an der Auseinandersetzungsgemeinschaft Beteiligten sind nicht nur zur gemein- **13**
schaftlichen Verwaltung berechtigt, sondern auch im Interesse einer ordnungsmäßigen Verwaltung einander **verpflichtet**, zu den dazu erforderlichen tatsächlichen
und rechtlichen Maßnahmen **mitzuwirken** (§§ 1497 Abs 2, 1472 Abs 3 BGB; dazu
eingehend § 1472 Rn 9). Diese Verpflichtung ist notwendig, da alle Maßnahmen ein-
stimmig beschlossen werden müssen. Jeder Beteiligte hat gegen die anderen einen
gerichtlich verfolgbaren Anspruch darauf, dass diese zu bestimmten zur ordnungsmäßigen Verwaltung erforderlichen Handlungen mitwirken (RG Gruchot 49, 839). Auf
der Mitwirkungspflicht beruht auch die Verpflichtung der anteilsberechtigten Abkömmlinge, die Zwangsvollstreckung in das Gesamtgut wegen eines gegen den
überlebenden Ehegatten ergangenen Urteils zu dulden (RGZ 148, 250).

Mit dem Recht auf Mitbesitz an den Gesamtgutssachen (oben Rn 12) und der Mit- **14**
wirkungspflicht zu gemeinschaftlicher ordnungsmäßiger Verwaltung (oben Rn 13) die
den anteilsberechtigten Abkömmlingen nach der Beendigung der fortgesetzten Gütergemeinschaft zufallen, muss ihnen ein **Anspruch auf Auskunft** über den Bestand
und die Verwaltung des Gesamtgutes gegen den überlebenden Ehegatten eingeräumt werden (ebenso BAMBERGER/ROTH/MAYER Rn 6; MünchKomm/KANZLEITER Rn 3; SOER-

GEL/GAUL/ALTHAMMER Rn 10, s dazu § 1472 Rn 4). Auf diese Auskunftspflicht ist § 260 BGB anzuwenden.

15 Verletzt ein an der Auseinandersetzungsgemeinschaft Beteiligter die Verpflichtungen zur Mitwirkung bei der ordnungsmäßigen Verwaltung des Gesamtgutes schuldhaft (§ 276 BGB), ist er den anderen Beteiligten zum **Schadensersatz** verpflichtet.

16 **Der überlebende Ehegatte darf** das Gesamtgut auch nach der Beendigung der fortgesetzten Gütergemeinschaft solange wie bisher **allein verwalten**, bis er von ihrer Beendigung Kenntnis erlangt oder sie kennen muss (§§ 1497 Abs 2, 1472 Abs 2 BGB; dazu § 1472 Rn 11 ff). Rechtsgeschäfte, die er in dieser Zeit tätigt, sind den Abkömmlingen gegenüber wirksam, ebenso auch Dritten, die bei der Vornahme des Rechtsgeschäfts nicht wussten oder zu wissen brauchten, dass die fortgesetzte Gütergemeinschaft beendet ist (s § 1472 Rn 12). Eine Verpflichtung des überlebenden Ehegatten zur alleinigen Fortführung der Verwaltung des Gesamtgutes besteht nicht. Auch § 1472 Abs 4 BGB kommt nicht in Betracht (die Verweisung des § 1497 Abs 2 BGB auf § 1472 BGB ist insofern ungenau). In der Auseinandersetzungsgemeinschaft ist ein jeder Beteiligte berechtigt, die zur Erhaltung des Gesamtgutes notwendigen Maßregeln allein zu treffen (§§ 1497 Abs 2, 1472 Abs 3 HS 2 BGB; dazu § 1472 Rn 10).

VI. Zwangsvollstreckung

17 In das Gesamtgut der Auseinandersetzungsgemeinschaft kann nur vollstreckt werden, wenn ein Urteil gegen den überlebenden Ehegatten und die an ihr beteiligten Abkömmlinge vorliegt oder wenn der überlebende Ehegatte zur Leistung und die Abkömmlinge zur Duldung der Zwangsvollstreckung in das Gesamtgut verurteilt sind (§§ 745 Abs 2, 743 ZPO). Ist gegen den überlebenden Ehegatten vor der Beendigung der fortgesetzten Gütergemeinschaft ein Urteil ergangen und rechtskräftig geworden, so kann nach der Beendigung der fortgesetzten Gütergemeinschaft gegen die Abkömmlinge hinsichtlich des Gesamtgutes eine vollstreckbare Ausfertigung erteilt werden (§§ 745 Abs 2, 744, 727, 730–732 ZPO). Nach der Beendigung der fortgesetzten Gütergemeinschaft können die Anteile der Beteiligten am Gesamtgut der Auseinandersetzungsgemeinschaft, nicht jedoch auch die Anteile an den einzelnen Gesamtgutsgegenständen von den Gläubigern der Beteiligten gepfändet werden (§ 860 Abs 2 ZPO; s oben Rn 7; § 1471 Rn 13). Das Gleiche gilt für den Anspruch des einzelnen Beteiligten auf sein künftiges Auseinandersetzungsguthaben. Zum Insolvenzverfahren s oben Rn 7.

VII. Grundbuch

18 Der Eintritt der Auseinandersetzungsgemeinschaft wird auf Antrag des überlebenden Ehegatten oder eines anteilsberechtigten Abkömmlings bei den zum Gesamtgut gehörenden Grundstücken und Grundstücksrechten eingetragen (vgl § 1471 BGB; s auch Vorbem 14 zu §§ 1483 ff; BAMBERGER/ROTH/MAYER Rn 6; NK-BGB/VÖLKER Rn 10; SOERGEL/GAUL/ALTHAMMER Rn 5; **aA** MünchKomm/KANZLEITER Rn 3). Damit wird klargestellt, dass zu Verfügungen über das Grundstück oder das Grundstücksrecht nicht – wie bisher in der fortgesetzten Gütergemeinschaft – der überlebende Ehegatte allein, sondern nach deren Beendigung nur noch alle an ihr Beteiligten gemeinsam berechtigt sind (s oben Rn 11).

§ 1498
Durchführung der Auseinandersetzung

Auf die Auseinandersetzung sind die Vorschriften der §§ 1475, 1476, des § 1477 Abs. 1, der §§ 1479, 1480 und des § 1481 Abs. 1, 3 anzuwenden; an die Stelle des Ehegatten, der das Gesamtgut allein verwaltet hat, tritt der überlebende Ehegatte, an die Stelle des anderen Ehegatten treten die anteilsberechtigten Abkömmlinge. Die in § 1476 Abs. 2 Satz 3 bezeichnete Verpflichtung besteht nur für den überlebenden Ehegatten.

Materialien: Zu § 1498 aF: E I §§ 1406 Abs 1, 2, 4, 6, 1407 Abs I; II § 1409 rev 1483; III § 1481; Mot IV 475 ff; Prot IV 344; 6, 289. Zu § 1498 nF: GleichberG E I § 1498; II § 1498. Vgl STAUDINGER/BGB-Synopse 1896–2005 § 1498.

Systematische Übersicht

I. Grundzüge

§ 1498 BGB übernimmt für die Regelung der Auseinandersetzung der fortgesetzten **1** Gütergemeinschaft im Wesentlichen die Vorschriften, die für die Auseinandersetzung der ehelichen Gütergemeinschaft gelten (§§ 1475–1481 BGB). Dabei tritt an die Stelle des Ehegatten, der das Gesamtgut allein verwaltet hat, der überlebende Ehegatte; an die Stelle des anderen, nicht verwaltungsberechtigten Ehegatten treten die anteilsberechtigten Abkömmlinge.

Nicht übernommen werden dagegen die §§ 1474 (ersetzt durch § 1497 Abs 1 BGB), **2** 1477 Abs 2 BGB (ersetzt durch § 1502 BGB) und die für die fortgesetzte Gütergemeinschaft nicht passenden §§ 1478 (Scheidung vor Beendigung der Auseinandersetzung) und 1481 Abs 2 BGB (gemeinschaftliche Gesamtgutsverwaltung).

II. Auseinandersetzungsvertrag

3 § 1498 BGB, der § 1474 BGB für die Auseinandersetzung der fortgesetzten Gütergemeinschaft ersetzt, enthält zwar nicht dessen Zusatz „soweit sie (die Ehegatten) nichts anderes vereinbaren", mit dem der Gesetzgeber den Weg gütlicher Vereinbarung der Auseinandersetzung empfiehlt. Auch für die Auseinandersetzung der fortgesetzten Gütergemeinschaft soll die vertragliche Regelung der Beteiligten jedoch nicht ausgeschlossen werden. Insbesondere steht § 1518 S 1 BGB ihr nicht im Wege, der nur den Ehegatten der ehelichen Gütergemeinschaft von den §§ 1483–1517 BGB abweichende letztwillige oder vertragliche Regelungen verbietet, Vereinbarungen des überlebenden Ehegatten mit den anteilsberechtigten Abkömmlingen jedoch nicht berührt. Solche Vereinbarungen dürfen freilich die **Rechte Dritter**, insbesondere der Gläubiger, nicht beeinträchtigen; darin liegt ihre Grenze. Zum **Inhalt** des von allen an der Auseinandersetzungsgemeinschaft Beteiligten zu schließenden grundsätzlich formfreien Vertrages s § 1474 Rn 3; zur **Vermittlung** eines Notars s § 1474 Rn 6 ff.

4 Steht ein Abkömmling unter der elterlichen Sorge oder unter Vormundschaft des überlebenden Ehegatten, so muss ihm ein **Pfleger** bestellt werden (§§ 181, 1629 Abs 2, 1795, 1909, 1915 Abs 1 BGB). Entsprechendes gilt für den Fall der Betreuung (§§ 1896, 1899 Abs 4, 1908 i; 1795 BGB) für einen Ergänzungsbetreuer. Enthält die Auseinandersetzungsvereinbarung die Verpflichtung zur Verfügung über ein zum Gesamtgut gehörendes Grundstück, so bedarf der gesetzliche Vertreter dazu der **Genehmigung des Familiengerichts** (§ 1821 Nr 1 BGB; KG KGJ 38, 219). Dies ist auch erforderlich, wenn zugleich eine Vereinbarung gemäß § 1503 Abs 3 BGB getroffen wird (hM, s § 1501 Rn 8; **aA** MünchKomm/Kanzleiter Rn 3). Ist der Abkömmling verheiratet und lebt er in Zugewinngemeinschaft, so bedarf er der Zustimmung seines Ehegatten, wenn der Anteil des Abkömmlings am Gesamtgut der fortgesetzten Gütergemeinschaft sein ganzes Vermögen ausmacht (§ 1365 BGB; vgl dazu auch § 1491 Rn 15).

III. Gesetzliche Vorschriften über die Auseinandersetzung

1. Voraussetzungen für ihre Anwendung

5 Einigen sich die Beteiligten nicht auf eine Auseinandersetzung, so kann jeder an der fortgesetzten Gütergemeinschaft Beteiligte (also auch jeder einzelne Abkömmling) gegen die anderen Partner, die ihre Zustimmung zu dem vorgeschlagenen Plan verweigern oder zu einer gütlichen Einigung über die Auseinandersetzung nicht bereit sind, den Antrag beim Familiengericht zu stellen, diese Partner zur Zustimmung zu einem bestimmten Auseinandersetzungsplan hinsichtlich des Gesamtgutes mit der Folge des § 894 ZPO zu verpflichten (vgl § 1474 BGB). Dazu hat das Gesetz für die Auseinandersetzung der ehelichen Gütergemeinschaft in den §§ 1475–1481 BGB Regeln aufgestellt, auf die § 1498 BGB auch für die Auseinandersetzung der fortgesetzten Gütergemeinschaft Bezug nimmt. Dabei tritt an die Stelle des allein verwaltenden Ehegatten der überlebende Ehegatte und an die Stelle des anderen Ehegatten treten die anteilsberechtigten Abkömmlinge. Auf diese Vorschriften und die Erläuterungen dazu darf verwiesen werden. Unter Berücksichtigung der Abweichungen von diesen Regeln ergibt sich Folgendes:

2. Halbteilung des Überschusses

Der nach der Berichtigung der Gesamtgutsverbindlichkeiten (s dazu § 1475 Rn 1 ff) der **6** fortgesetzten Gütergemeinschaft verbleibende Überschuss gebührt zur einen Hälfte dem überlebenden Ehegatten (oder seinen Erben), zur anderen Hälfte den anteilsberechtigten Abkömmlingen (§§ 1498, 1476 Abs 1 BGB). Die Verteilung der den Abkömmlingen zufallenden Hälfte unter die einzelnen Abkömmlinge bemisst sich nach § 1503 BGB.

Die Bestimmungen früherer Rechte über das Teilungsverhältnis zwischen dem über- **7** lebenden Ehegatten und den anteilsberechtigten Abkömmlingen waren sehr verschieden (dazu Mot IV 477 ff). Die hier festgesetzte Halbteilung entspricht dem Gedanken, dass der Anteil der Abkömmlinge am Gesamtgut der fortgesetzten Gütergemeinschaft materiell der *Ersatz für ihr gesetzliches Erbrecht* an dem zum Nachlass des verstorbenen Ehegatten gehörenden Gesamtgutsanteil sein soll. Dieser Gedanke erleidet jedoch insofern eine Einschränkung, als das dem überlebenden Ehegatten sonst zustehende Erbrecht (§§ 1931 ff BGB) hinsichtlich des zum Nachlass des erstverstorbenen Ehegatten gehörigen Gesamtgutsanteils gegenüber den gemeinschaftlichen Abkömmlingen bei der Teilung des Gesamtguts der fortgesetzten Gütergemeinschaft unberücksichtigt bleibt (BayObLGZ 13, 619). Hierin liegt ein Ausgleich dafür, dass die gemeinschaftlichen Abkömmlinge ihren Erbteil nicht sofort nach dem Tode des verstorbenen Ehegatten, sondern erst nach der Beendigung der fortgesetzten Gütergemeinschaft erhalten. Da der überlebende Ehegatte die fortgesetzte Gütergemeinschaft ablehnen kann (§ 1484 Abs 1 BGB), wird er durch diese Regelung nicht unbillig beschwert (Mot IV 478).

Von diesem Grundsatz der Halbteilung gibt es auch dann **keine Ausnahme, wenn** **8** **neben dem überlebenden Ehegatten einseitige Abkömmlinge des erstverstorbenen** **Ehegatten diesen mitbeerbt haben** (§ 1483 Abs 2 BGB). Auch dann wird bei der Teilung des Gesamtgutes der fortgesetzten Gütergemeinschaft die Größe des den gemeinschaftlichen Abkömmlingen zufallenden Anteils nicht nach dem Verhältnis bestimmt, in dem der nach Abzug des den einseitigen Abkömmlingen zugefallenen Teiles des Gesamtgutes verbleibende Teil der Hälfte zu der anderen Hälfte stand. Das Gesamtgut wird vielmehr auch in diesem Falle in zwei gleiche Hälften geteilt. Auch hierdurch soll ein Ausgleich dafür erzielt werden, dass den gemeinschaftlichen Abkömmlingen durch die fortgesetzte Gütergemeinschaft das Erb- und Pflichtteilsrecht gegenüber dem erstverstorbenen Ehegatten entzogen ist und sie materiell ihren Erbteil an dem zu dessen Nachlass gehörenden Gesamtgutsanteil erst nach der Beendigung der fortgesetzten Gütergemeinschaft erhalten. Bei einer späteren Verminderung des Gesamtgutes sind sie außerdem der Gefahr ausgesetzt, weniger als die einseitigen Abkömmlinge zu erhalten (Mot IV 478 ff).

3. Anrechnungspflicht

Was der überlebende Ehegatte oder ein anteilsberechtigter Abkömmling zum Ge- **9** samtgut der fortgesetzten Gütergemeinschaft zu ersetzen verpflichtet ist (zB gem §§ 1487 Abs 2, 1500, 1502 Abs 2, 1515 BGB), muss er sich auf seinen Anteil anrechnen lassen (§§ 1498, 1476 Abs 2 S 1 BGB; dazu § 1476 Rn 5 f). Soweit die Ersatzleistung nicht durch Anrechnung erfolgt, bleibt der überlebende Ehegatte den anteilsberechtigten Abkömmlingen gegenüber verpflichtet (§ 1498, 1476 Abs 2 S 2 BGB; dazu § 1476 Rn 7). Den Abkömmlingen ist eine solche Verpflichtung nicht auferlegt (§ 1498 S 2 BGB), weil sie durch die fortgesetzte Gütergemeinschaft persönlich überhaupt nicht verpflichtet werden sollen (§ 1489 Abs 3 BGB). Das bedeutet jedoch nicht, dass etwa auch die persönliche Haftung der Abkömmlinge für die in ihrer Person entstandenen Verbindlichkeiten (zB die Ersatzpflicht für die Beschädigung einer Gesamtgutssache) ausgeschlossen wird (Mot IV 476).

4. Vorverlegung des Abrechnungszeitpunktes

10 Wird die fortgesetzte Gütergemeinschaft auf den Antrag eines anteilsberechtigten Abkömmlings durch gerichtliche Entscheidung aufgehoben (§§ 1495, 1496 BGB), so kann der Abkömmling verlangen, dass die Auseinandersetzung so erfolgt, wie wenn der Anspruch auf Auseinandersetzung mit der Antragstellung auf Aufhebung der fortgesetzten Gütergemeinschaft rechtshängig geworden wäre (§§ 1498, 1479 BGB). Durch dieses dem Abkömmling eingeräumte Wahlrecht soll er gegen beeinträchtigende Eingriffe des überlebenden Ehegatten in das Gesamtgut in der Zeit zwischen Antragstellung und Rechtskraft der Aufhebungsentscheidung geschützt werden (vgl § 1479 Rn 2). Sind mehrere Abkömmlinge anteilsberechtigt, so können sie dieses Wahlrecht nur gemeinsam ausüben (Mot IV 483 ff; BAMBERGER/ROTH/MAYER Rn 5; SOERGEL/GAUL/ALTHAMMER Rn 7; NK-BGB/VÖLKER Rn 13; aA MünchKomm/KANZLEITER Rn 7). Können die Abkömmlinge sich darüber nicht einigen, so bleibt der Zeitpunkt der Rechtskraft der Aufhebungsentscheidung maßgebend (§ 1496 S 1 BGB).

5. Haftungserweiterung bei verspäteter Schuldentilgung

11 Wird eine Gesamtgutsverbindlichkeit der fortgesetzten Gütergemeinschaft nicht vor der Teilung des Gesamtgutes berichtigt, so haften dem Gläubiger einer solchen Forderung neben dem überlebenden Ehegatten auch die anteilsberechtigten Abkömmlinge als Gesamtschuldner persönlich (§§ 1498, 1480 S 1 BGB); die für die Haftung der Erben geltenden Vorschriften der §§ 1990, 1991 finden entsprechende Anwendung (§§ 1498, 1480 S 2 BGB; dazu § 1480 Rn 14 f). Über die Haftung der anteilsberechtigten Abkömmlinge im Verhältnis zueinander (s § 1504 Rn 1 ff).

12 Im Innenverhältnis zwischen Ehegatten und Abkömmlingen gilt § 1481 Abs 1 und Abs 3 BGB. Die Abkömmlinge haften jedoch auch hier nur bis zur Erschöpfung ihres Gesamtgutsanteils (s oben Rn 9). Für die Auseinandersetzung der Abkömmlinge untereinander gilt ebenfalls § 1504 BGB entsprechend, falls einer der Abkömmlinge dem überlebenden Ehegatten Ersatz geleistet hat (dazu § 1504 Rn 4).

IV. Auseinandersetzung des Gesamtguts und Erbrecht

13 Die Erb- und Pflichtteilsrechte der Abkömmlinge im Verhältnis zu dem überlebenden Ehegatten oder untereinander werden durch die Auseinandersetzung des Gesamtgutes der fortgesetzten Gütergemeinschaft nicht berührt. Ist die fortgesetzte Gütergemeinschaft durch den Tod oder die Todeserklärung des überlebenden Ehegatten beendet worden (§ 1494 BGB), so treten dessen Erben als Erbengemeinschaft bei der Auseinandersetzung an seine Stelle. Leben die Abkömmlinge – wie es der Regel entspricht – in einer Auseinandersetzungsgemeinschaft und einer Erben-

gemeinschaft, so finden für jedes Gesamthandsverhältnis dessen besondere Vorschriften Anwendung (OLG Hamm DNotZ 1966, 744; vgl § 1471 Rn 9 ff). Zum Nachlass des überlebenden Ehegatten, über den dieser auch frei letztwillig verfügen kann (s § 1487 Rn 6), gehört außer seinem Vorbehaltsgut und seinem Sondergut auch sein Anteil am Gesamtgut der fortgesetzten Gütergemeinschaft.

§ 1499
Verbindlichkeiten zu Lasten des überlebenden Ehegatten

Bei der Auseinandersetzung fallen dem überlebenden Ehegatten zur Last:

1. **die ihm bei dem Eintritt der fortgesetzten Gütergemeinschaft obliegenden Gesamtgutsverbindlichkeiten, für die das eheliche Gesamtgut nicht haftete oder die im Verhältnis der Ehegatten zueinander ihm zur Last fielen;**

2. **die nach dem Eintritt der fortgesetzten Gütergemeinschaft entstandenen Gesamtgutsverbindlichkeiten, die, wenn sie während der ehelichen Gütergemeinschaft in seiner Person entstanden wären, im Verhältnis der Ehegatten zueinander ihm zur Last gefallen sein würden;**

3. **eine Ausstattung, die er einem anteilsberechtigten Abkömmling über das dem Gesamtgut entsprechende Maß hinaus oder die er einem nicht anteilsberechtigten Abkömmling versprochen oder gewährt hat.**

Materialien: Zu § 1499 aF: E I §§ 1400 Abs 2 Nr 1, 2; Abs 3, 1401; II § 1401 rev § 1484; III § 1482; Mot IV 464; Prot IV 339 ff. Zu § 1499 nF: GleichberG E I § 1499; II § 1499. Vgl STAUDINGER/BGB-Synopse 1896–2005 § 1499.

Systematische Übersicht

I.   Allgemeines

In § 1488 BGB wird die Frage behandelt, welche Verbindlichkeiten Gesamtgutsverbindlichkeiten der fortgesetzten Gütergemeinschaft sind, dh für welche Verbindlichkeiten die Gläubiger Befriedigung aus dem Gesamtgut der fortgesetzten Gütergemeinschaft verlangen können. In den §§ 1499, 1500 BGB, die durch das Gleichberechtigungsgesetz nicht geändert sind, wird dagegen das Verhältnis des   **1** überlebenden Ehegatten und der anteilsberechtigten Abkömmlinge zueinander hinsichtlich dieser Verbindlichkeiten geregelt. Diese Frage ist bei der fortgesetzten Gütergemeinschaft nur für die Auseinandersetzung des Gesamtgutes bedeutsam.

2 Aus dem Wesen der fortgesetzten Gütergemeinschaft ergibt sich der Grundsatz, dass alle Gesamtgutsverbindlichkeiten der fortgesetzten Gütergemeinschaft auch im Verhältnis des überlebenden Ehegatten zu den anteilsberechtigten Abkömmlingen dem Gesamtgut der fortgesetzten Gütergemeinschaft zur Last fallen.

Das bedeutet:

3 a)   dass, wenn die Verbindlichkeit aus dem Vorbehaltsgut oder Sondergut des überlebenden Ehegatten (§ 1486 BGB) getilgt worden ist, dem überlebenden Ehegatten nach Beendigung der fortgesetzten Gütergemeinschaft Ersatz zu leisten ist (§§ 1487 Abs 1, 1445 Abs 2, 1487 Abs 2 BGB). Hat dagegen ein anteilsberechtigter Abkömmling die Verbindlichkeit getilgt, so kann er sofort aus dem Gesamtgut der fortgesetzten Gütergemeinschaft Ersatz verlangen;

b)   dass bei der Auseinandersetzung der überlebende Ehegatte die Berichtigung der Verbindlichkeit aus dem Gesamtgut der fortgesetzten Gütergemeinschaft verlangen kann (§§ 1498, 1475 BGB);

c)   dass, wenn bei der Auseinandersetzung die Berichtigung der Verbindlichkeit unterblieben ist, der überlebende Ehegatte dafür einzustehen hat, dass die anteilsberechtigten Abkömmlinge von dem Gläubiger nicht über die Hälfte der Verbindlichkeit oder über das aus dem Gesamtgut Erlangte hinaus in Anspruch genommen werden (§§ 1498, 1481 Abs 1, 3 BGB).

4 Von diesem Grundsatz, dass für Gesamtgutsverbindlichkeiten der fortgesetzten Gütergemeinschaft endgültig deren Gesamtgut haftet, machen die §§ 1499, 1500 BGB insofern **Ausnahmen**, als sie die Verbindlichkeiten bezeichnen, die im Verhältnis des überlebenden Ehegatten zu den anteilsberechtigten Abkömmlingen bei der Auseinandersetzung des Gesamtgutes dem überlebenden Ehegatten (§ 1499 BGB) oder den Abkömmlingen (§ 1500 BGB) zu Last fallen.

5 Für den ersteren, hier zu behandelnden Bereich (§ 1499 BGB) bedeutet das,

a)   dass bei der Auseinandersetzung der überlebende Ehegatte die Berichtigung der Verbindlichkeit aus dem Gesamtgut der fortgesetzten Gütergemeinschaft nicht verlangen kann (§§ 1498, 1475 Abs 2 BGB);

b)   dass wenn eine solche Verbindlichkeit aus dem Gesamtgut der fortgesetzten Gütergemeinschaft getilgt worden ist, der überlebende Ehegatte nach deren Beendigung zum Gesamtgut Ersatz zu leisten hat (§§ 1487 Abs 1, 1445 Abs 1, 1487 Abs 2 BGB).

II.   Die einzelnen Fälle des § 1499

6 1.   Nach **§ 1499 Nr 1 BGB (erster Fall)** fallen dem überlebenden Ehegatten die ihm bei Eintritt der fortgesetzten Gütergemeinschaft obliegenden Gesamtgutsverbindlichkeiten zur Last, die nicht auch Gesamtgutsverbindlichkeiten der ehelichen Gütergemeinschaft waren. Das sind diejenigen persönlichen Schulden des überlebenden Ehegatten, der in der ehelichen Gütergemeinschaft von der Verwaltung des Gesamtgutes ausgeschlossen war oder es nur mitverwaltete, für die das eheliche Gesamtgut nicht haftete (§§ 1438–1440; 1460–1462 BGB).

Hierher gehören zB Verbindlichkeiten aus Rechtsgeschäften, die der überlebende **7** Ehegatte als nicht verwaltungsberechtigter oder als nur mitverwaltender Ehegatte während der ehelichen Gütergemeinschaft ohne Zustimmung des anderen Ehegatten vorgenommen hatte (§§ 1438, 1460 BGB) oder die durch den Erwerb einer Erbschaft (oder eines Vermächtnisses) entstanden sind, die der überlebende Ehegatte während der elterlichen Gütergemeinschaft als Vorbehaltsgut oder Sondergut erworben hat (§§ 1439, 1461 BGB), oder die im Zusammenhang mit einem Gegenstand des Vorbehaltsgutes oder des Sondergutes während der ehelichen Gütergemeinschaft entstanden sind (§§ 1440, 1462 BGB). Während der ehelichen Gütergemeinschaft konnten sich die Gläubiger dieser Verbindlichkeiten lediglich an das Vorbehaltsgut oder Sondergut dieses Ehegatten halten. Nach Eintritt der fortgesetzten Gütergemeinschaft sind diese Verbindlichkeiten jedoch Gesamtgutsverbindlichkeiten der fortgesetzten Gütergemeinschaft geworden, wenn ihr Schuldner der überlebende Ehegatte ist (dazu § 1488 Rn 3).

2. Nach **§ 1499 Nr 1 BGB (zweiter Fall)** fallen dem überlebenden Ehegatten ferner **8** auch diejenigen ihm bei Eintritt der fortgesetzten Gütergemeinschaft obliegenden Gesamtgutsverbindlichkeiten zur Last, die zwar auch schon Gesamtgutsverbindlichkeiten der ehelichen Gütergemeinschaft waren, im Innenverhältnis der Ehegatten zueinander jedoch nicht – wie es der Regel entspricht – dem ehelichen Gesamtgut, sondern dem überlebenden Ehegatten zur Last fielen.

Diese Gesamtgutsverbindlichkeiten sind in den §§ 1441–1444 BGB (für frühere **9** Einzelverwaltung des Gesamtgutes) und §§ 1463–1465 BGB (für frühere gemeinschaftliche Gesamtgutsverwaltung) aufgeführt, auf die verwiesen wird. Es handelt sich hierbei um Verbindlichkeiten, die zum Schutze der Gläubiger Gesamtgutsverbindlichkeiten sind, wegen ihrer engen Beziehung zu diesem Ehegatten jedoch im Endergebnis von ihm allein getragen werden sollen.

3. Nach **§ 1499 Nr 2 BGB** fallen dem überlebenden Ehegatten weiterhin die nach **10** dem Eintritt der fortgesetzten Gütergemeinschaft entstandenen Gesamtgutsverbindlichkeiten zur Last, die, wenn sie während der ehelichen Gütergemeinschaft in seiner Person entstanden wären, im Verhältnis der Ehegatten zueinander ihm zur Last gefallen sein würden. Hierher gehören die Fälle der §§ 1441 Nr 1–3; 1443 Abs 3 BGB, nicht aber §§ 1463–1465 BGB (ebenso SOERGEL/GAUL/ALTHAMMER Rn 4; Münch-Komm/KANZLEITER Rn 2; BAMBERGER/ROTH/MAYER Rn 3).

4. Endlich fällt nach **§ 1499 Nr 3 BGB** dem überlebenden Ehegatten auch eine **11** Ausstattung (§ 1624 BGB) zur Last, die er einem anteilsberechtigten Abkömmling über das dem Gesamtgut der fortgesetzten Gütergemeinschaft entsprechende Maß hinaus oder die er einem (zZ der Gewährung oder des Versprechens der Ausstattung) nicht anteilsberechtigten Abkömmling versprochen oder gewährt hat (Mot IV

465; § 1499 Nr 3 BGB ersetzt die §§ 1444, 1466 BGB für die fortgesetzte Gütergemeinschaft). Übersteigt dagegen die einem anteilsberechtigten Abkömmling versprochene oder gewährte Ausstattung das Maß des Gesamtgutes nicht, so fällt sie
dem Gesamtgut zur Last. Ihr Empfänger muss sie bei der Teilung der den Abköm-
lingen zufallenden Gesamtgutshälfte als Vorempfang zur Ausgleichung bringen
(§ 1503 Abs 2 BGB). Das Gleiche gilt für die einer Tochter gewährte Aussteuer
(§ 1620 aF); diese ist nur noch eine Unterform der Ausstattung (vgl Art I Nr 21
GleichberG).

III. Beweislast

12 Dass die Voraussetzungen des § 1499 BGB gegeben sind, hat zu beweisen, wer unter
Bezugnahme auf diese Ausnahmebestimmung behauptet, dass eine Gesamtgutsver-
bindlichkeit der fortgesetzten Gütergemeinschaft dem überlebenden Ehegatten zur
Last fällt.

IV. Abweichende Vereinbarungen

13 Vereinbarungen zwischen dem überlebenden Ehegatten und den anteilsberechtigten
Abkömmlingen sind zulässig, in denen in Abweichung von den Vorschriften der
§§ 1499, 1500 BGB bestimmt wird, welche Gesamtgutsverbindlichkeiten dem Gesamtgut, dem überlebenden Ehegatten oder den anteilsberechtigten Abkömmlingen
zur Last fallen sollen. § 1518 S 1 BGB findet auf solche Vereinbarungen keine
Anwendung (s § 1518 Rn 11). Im Einzelfall kann eine solche Vereinbarung jedoch
gegen die guten Sitten verstoßen und daher nichtig sein (§ 138 BGB). Eine besondere Form ist für eine solche Vereinbarung nicht vorgeschrieben.

§ 1500
Verbindlichkeiten zu Lasten der Abkömmlinge

**(1) Die anteilsberechtigten Abkömmlinge müssen sich Verbindlichkeiten des ver-
storbenen Ehegatten, die diesem im Verhältnis der Ehegatten zueinander zur Last
fielen, bei der Auseinandersetzung auf ihren Anteil insoweit anrechnen lassen, als
der überlebende Ehegatte nicht von den Erben des verstorbenen Ehegatten Deckung hat erlangen können.**

**(2) In gleicher Weise haben sich die anteilsberechtigten Abkömmlinge anrechnen zu
lassen, was der verstorbene Ehegatte zu dem Gesamtgut zu ersetzen hatte.**

Materialien: Zu § 1500 aF: E I §§ 1400 Abs 2
Nr 3, Abs 3, 4; 1402 Abs 2; II § 1402 rev § 1485;
II § 1483; Mot IV 464, 466; Prot IV 340; VI 287.

Zu § 1500 nF: GleichberG E I § 1500; II § 1500.
Vgl STAUDINGER/BGB-Synopse 1896–2005
§ 1500.

Systematische Übersicht

I. Allgemeines

Die vom Gleichberechtigungsgesetz nicht geänderte Vorschrift enthält ebenso wie **1**
§ 1499 BGB (s dazu § 1499 Rn 4) eine Ausnahme von dem Grundsatz, dass die Gesamtgutsverbindlichkeiten der fortgesetzten Gütergemeinschaft auch im Verhältnis des überlebenden Ehegatten zu den anteilsberechtigten Abkömmlingen dem Gesamtgut der fortgesetzten Gütergemeinschaft zu Last fallen. Während § 1499 BGB gewisse Verbindlichkeiten dem überlebenden Ehegatten zuweist, bestimmt § 1500 BGB, welche Gesamtgutsverbindlichkeiten den anteilsberechtigten Abkömmlingen zur Last fallen. Die innere Berechtigung dafür, sie in begrenztem Umfang zu diesen Verbindlichkeiten heranzuziehen, liegt darin, dass sie am Gesamtgut der fortgesetzten Gütergemeinschaft beteiligt sind, in dem der Anteil des verstorbenen Ehegatten enthalten ist, und dass sie daher auch mit Verbindlichkeiten belastet werden dürfen, die der verstorbene Ehegatte hätte ausgleichen müssen. Dafür ist jedoch kein Raum, soweit der überlebende Ehegatte von den Erben des verstorbenen Ehegatten Deckung hat verlangen können.

Dass eine Verbindlichkeit den anteilsberechtigten Abkömmlingen zur Last fällt, **2**
bedeutet,

(a) dass bei der Auseinandersetzung die anteilsberechtigten Abkömmlinge die Berichtigung der Verbindlichkeit aus dem Gesamtgut der fortgesetzten Gütergemeinschaft nicht verlangen können (§§ 1498, 1475 Abs 2 BGB);

(b) dass, wenn eine solche Verbindlichkeit aus dem Gesamtgut der fortgesetzten **3**
Gütergemeinschaft getilgt worden ist, die anteilsberechtigten Abkömmlinge zum Gesamtgut der fortgesetzten Gütergemeinschaft Ersatz zu leisten haben (§§ 1487 Abs 1, 1445 Abs 1 BGB).

Diese Ersatzpflicht begründet jedoch keine persönliche Verpflichtung der anteils- **4**
berechtigten Abkömmlinge (§ 1489 Abs 3 BGB). Diese sind vielmehr lediglich verpflichtet, sich die Verbindlichkeit bei der Auseinandersetzung **auf ihren Anteil anrechnen** zu lassen (Mot IV 464; dazu § 1498 Rn 9). Darüber hinaus haften sie dem überlebenden Ehegatten gegenüber nicht.

II. Die einzelnen Fälle des § 1500

Gemäß **§ 1500 Abs 1 BGB** fallen den anteilsberechtigten Abkömmlingen diejenigen **5**
Verbindlichkeiten des verstorbenen Ehegatten zur Last, die zwar Gesamtgutsverbindlichkeiten der ehelichen Gütergemeinschaft (§§ 1437–1440, 1459–1462 BGB) und daher auch Gesamtgutsverbindlichkeiten der fortgesetzten Gütergemeinschaft (§ 1488 BGB) waren, im Verhältnis der Ehegatten zueinander jedoch dem verstorbenen Ehegatten zur Last fielen (§§ 1441–1444, 1463–1466 BGB).

Burkhard Thiele

6 Gemäß **§ 1500 Abs 2 BGB** besteht die gleiche Anrechnungspflicht der anteilsberechtigten Abkömmlinge hinsichtlich der Ersatzpflicht, die den verstorbenen Ehegatten wegen der Verwendung von Gesamtgut in sein Vorbehaltsgut oder in sein Sondergut getroffen hätte (§§ 1445 Abs 1, 1446, 1467 Abs 1, 1468 BGB).

III. Wegfall der Anrechnungspflicht

7 Die Anrechnungspflicht entfällt, insoweit der überlebende Ehegatte **von den Erben** des verstorbenen Ehegatten (§ 1483 Abs 1 S 3, Abs 2 BGB) **Deckung** erlangt hat oder hätte erlangen können. Auf den Grund, weswegen der überlebende Ehegatte von der Möglichkeit, Deckung zu erlangen, keinen Gebrauch gemacht hat, kommt es nicht an (Soergel/Gaul/Althammer Rn 3; Bamberger/Roth/Mayer Rn 2; NK-BGB/Völker Rn 3).

8 Der **Erlangung der Deckung steht es gleich**, wenn der überlebende Ehegatte den verstorbenen Ehegatten beerbt hat und sich daher Recht und Verbindlichkeit in der Person des überlebenden Ehegatten vereinigt haben. Allerdings gilt dies nur, soweit der Nachlass Deckung zulässt. Sonst würden die Abkömmlinge besser gestellt als bei anderer Erbfolge, die die Möglichkeit einer Haftungsbeschränkung auf den Nachlass gegenüber dem überlebenden Ehegatten bieten würde. § 1500 BGB verteilt jedoch das Insolvenzrisiko gegen die Abkömmlinge zugunsten des Ehegatten (wie hier MünchKomm/Kanzleiter Rn 2; NK-BGB/Völker Rn 3; **aA** BGB-RGRK/Finke Rn 5; Soergel/Gaul/Althammer Rn 3; Palandt/Brudermüller Rn 2; Erman/Heinemann Rn 2; Bamberger/Roth/Mayer Rn 2).

IV. Beweislast

9 Der überlebende Ehegatte trägt die Beweislast dafür, dass die Voraussetzungen des § 1500 BGB vorliegen, insbesondere dass und inwieweit der überlebende Ehegatte von den Erben des verstorbenen Ehegatten Deckung nicht erlangen konnte.

V. Erbrechtliche Vorschriften

10 Unberührt von § 1500 BGB bleiben die allgemeinen erbrechtlichen Grundsätze nach denen die anteilsberechtigten Abkömmlinge als Erben des verstorbenen Ehegatten (§ 1483 Abs 1 S 3 BGB) für dessen Verbindlichkeiten persönlich haften (§§ 1967 ff BGB; vgl § 1489 Rn 13).

VI. Abweichende Vereinbarungen

11 Vereinbarungen zwischen dem überlebenden Ehegatten und den anteilsberechtigten Abkömmlingen sind zulässig, in denen in Abweichung von § 1500 BGB bestimmt wird, welche Gesamtgutsverbindlichkeiten dem Gesamtgut, dem überlebenden Ehegatten oder den anteilsberechtigten Abkömmlingen zur Last fallen sollen (s dazu § 1499 Rn 13). Solche Vereinbarungen bedürfen keiner besonderen Form.

§ 1501
Anrechnung von Abfindungen

(1) Ist einem anteilsberechtigten Abkömmling für den Verzicht auf seinen Anteil eine Abfindung aus dem Gesamtgut gewährt worden, so wird sie bei der Auseinandersetzung in das Gesamtgut eingerechnet und auf die den Abkömmlingen gebührende Hälfte angerechnet.

(2) Der überlebende Ehegatte kann mit den übrigen anteilsberechtigten Abkömmlingen schon vor der Aufhebung der fortgesetzten Gütergemeinschaft eine abweichende Vereinbarung treffen. Die Vereinbarung bedarf der notariellen Beurkundung; sie ist auch denjenigen Abkömmlingen gegenüber wirksam, welche erst später in die fortgesetzte Gütergemeinschaft eintreten.

Materialien: Zu § 1501 aF: E I § 1398 Abs 4; II § 1397 rev 1486; Mot IV 460; Prot IV 316. Zu § 1501 nF: GleichberG E I § 1501; II § 1501. Vgl STAUDINGER/BGB-Synopse 1896–2005 § 1501.

Systematische Übersicht

I.   Grundgedanke der Vorschrift

Die Vorschrift, die durch das Gleichberechtigungsgesetz nicht geändert worden ist, **1** steht mit § 1491 BGB, in dem der Verzicht eines anteilsberechtigten Abkömmlings auf seinen Anteil am Gesamtgut behandelt wird, in engem Zusammenhang. Sie regelt die Anrechnung einer einem durch Verzicht ausscheidendem Abkömmling aus dem Gesamtgut der fortgesetzten Gütergemeinschaft geleisteten Abfindung auf die den übrigen Abkömmlingen bei der Auseinandersetzung gebührende Hälfte des Gesamtgutes. Ohne eine solche Vorschrift würde das (um die Abfindung verkürzte) Gesamtgut der fortgesetzten Gütergemeinschaft zwischen dem überlebenden Ehegatten und den übrigen anteilsberechtigten Abkömmlingen je zur Hälfte geteilt (§§ 1498, 1476 Abs 1 BGB), sodass der überlebende Ehegatte die aus dem Gesamtgut geleistete Abfindung zur Hälfte mitzutragen hätte. Das wäre jedoch unangemessen, weil der Anteil des durch den Verzicht ausscheidenden Abkömmlings nicht dem überlebenden Ehegatten, sondern den übrigen Abkömmlingen anwächst (§§ 1491 Abs 4, 1490 S 3 BGB). Bei der Auseinandersetzung des Gesamtgutes der fortgesetzten Gütergemeinschaft wird daher das Gesamtgut zugunsten des überlebenden Ehegatten rechnerisch um den Betrag der Abfindung erhöht und die allein den anteilsberechtigten Abkömmlingen gebührende Hälfte mit der Abfindung belastet. Auf diese Weise tragen die übrigen anteilsberechtigten Abkömmlinge die dem ausscheidenden Abkömmling aus dem Gesamtgut geleistete Abfindung zum Ausgleich dafür, dass ihnen auch dessen Anteil zuwächst. Untereinander gleichen sie diese Belastung gemäß § 1503 Abs 3 BGB aus.

II. Voraussetzungen für die Anwendbarkeit der Vorschrift

1. Verzicht des anteilsberechtigten Abkömmlings

2 Die Vorschrift findet nur auf den Fall Anwendung, dass ein anteilsberechtigter Abkömmling während des Bestehens der fortgesetzten Gütergemeinschaft auf seinen Anteil an deren Gesamtgut verzichtet hat (§ 1491 BGB). Ein Verzichtsvertrag, durch den ein Abkömmling vor Eintritt der fortgesetzten Gütergemeinschaft auf seinen künftigen Gesamtgutsanteil verzichtet hat (Vorausverzicht, § 1517 BGB), gehört nicht hierher (heute hM; Bamberger/Roth/Mayer Rn 1; MünchKomm/Kanzleiter Rn 2 Fn 1; Soergel/Gaul/Althammer Rn 2; Palandt/Brudermüller Rn 1).

2. Abfindung für den Verzicht

3 Die Gewährung der Abfindung beruht auf dem (obligatorischen) Abfindungsvertrag (dazu § 1491 Rn 13). Dieser wird zwischen dem durch Verzicht ausscheidenden Abkömmling und dem überlebenden Ehegatten und – in der Regel – auch mit den in der fortgesetzten Gütergemeinschaft verbleibenden Abkömmlingen geschlossen. Ob der ausscheidende Abkömmling den von ihm aufgrund dieses Vertrages geschuldeten **Verzicht durch** einseitige **Erklärung oder durch Verzichtsvertrag** (zu beiden § 1491 Rn 12 ff) erklärt, ist gleichgültig (hM, anders nur Planck/Unzner Anm 2 c).

4 Da die Abfindung eines verzichtenden Abkömmlings eine **Ausstattung** ist (§ 1624 BGB; dazu § 1491 Rn 10), sind die in der fortgesetzten Gütergemeinschaft verbleibenden Abkömmlinge gegen eine den Verhältnissen des Gesamtguts nicht entsprechende übermäßige Abfindung des verzichtenden Abkömmlings aus dem Gesamtgut der fortgesetzten Gütergemeinschaft dadurch gesichert, dass der überlebende Ehegatte sie ohne ihre Einwilligung nur insoweit dem Gesamtgut entnehmen darf, als die Abfindung keine Schenkung ist (§§ 1487 Abs 1, 1425 BGB); bei der Auseinandersetzung mit den verbleibenden Abkömmlingen fällt das Übermaß ihm zur Last (§ 1499 Nr 3 BGB). Ferner stellt eine übermäßige Ausstattung eines Abkömmlings aus dem Gesamtgut in der Regel eine nicht ordnungsmäßige Verwaltung des Gesamtguts dar, für die der überlebende Ehegatte den in der fortgesetzten Gütergemeinschaft verbleibenden Abkömmlingen haftet (§§ 1487 Abs 1, 1435 S 3 BGB).

3. Abfindung aus dem Gesamtgut

5 Die Abfindung des ausscheidenden Abkömmlings muss aus dem Gesamtgut der fortgesetzten Gütergemeinschaft gewährt worden sein (s dazu § 1491 Rn 10). Ist sie von den überlebenden Ehegatten aus seinem Vorbehaltsgut (oder seinem Sondergut) oder von einem anteilsberechtigten Abkömmling aus seinem eigenen Vermögen gewährt worden, so ist § 1501 BGB unanwendbar.

III. Art der Anrechnung der Abfindung

Die Art der Anrechnung der Abfindung, die für den Verzicht des ausscheidenden **6** anteilsberechtigten Abkömmlings gewährt worden ist, richtet sich in erster Linie nach einer etwaigen Vereinbarung der Beteiligten (§ 1501 Abs 2 BGB), mangels einer solchen nach § 1501 Abs 1 BGB.

1. Vereinbarung der Beteiligten

Eine Vereinbarung darüber, wie die einem verzichtenden Abkömmling gewährte **7** Abfindung bei der Auseinandersetzung berücksichtigt werden soll, setzt einen Vertrag zwischen dem überlebenden Ehegatten und allen übrigen anteilsberechtigten Abkömmlingen voraus. Wird dieser bei der Auseinandersetzung geschlossen, so bedarf er keiner besonderen Form. Wird er jedoch vor der Beendigung der fortgesetzten Gütergemeinschaft geschlossen, so bedarf er der notariellen Beurkundung (§§ 1501 Abs 2 S 2, 128 BGB; weitergehend MünchKomm/KANZLEITER Rn 3 gegen die hM u den Wortlaut für Formfreiheit). Regelmäßig wird eine solche Vereinbarung im Zusammenhang mit dem Abfindungsvertrag (s oben Rn 3) und dem Verzichtsvertrag (s § 1491 Rn 7, 13 ff) getroffen.

Ist der überlebende Ehegatte gesetzlicher Vertreter eines an der Vereinbarung be- **8** teiligten Abkömmlings, so muss für den Abkömmling ein Pfleger oder Ergänzungsbetreuer bestellt werden (§§ 1629 Abs 2, 1795 Abs 2, 181, 1909; 1896; 1899 Abs 4 BGB). Es bedarf der **Genehmigung des Familien- oder Betreuungsgerichts**, wenn die Vereinbarung auch die Verteilung der Abfindung auf die einzelnen in der fortgesetzten Gütergemeinschaft verbleibenden Abkömmlinge betrifft (§ 1503 Abs 3 BGB); darin liegt ein Erbteilungsvertrag iS des § 1822 Nr 2 BGB (s § 1498 Rn 4; SOERGEL/GAUL/ALTHAMMER Rn 4; PALANDT/BRUDERMÜLLER Rn 2; ERMAN/HEINEMANN Rn 2; BAMBERGER/ROTH/MAYER Rn 3; wohl auch BGB-RGRK/FINKE Rn 4; *anders* MünchKomm/KANZLEITER § 1498 Rn 3).

Eine solche Vereinbarung wirkt auch gegenüber denjenigen Abkömmlingen, die erst **9** später in die fortgesetzte Gütergemeinschaft eintreten (§ 1501 Abs 2 S 2 HS 2 BGB), also zB gegenüber den Abkömmlingen eines an der Vereinbarung beteiligten Sohnes, die nach dessen Tode an seiner Stelle an der fortgesetzten Gütergemeinschaft teilnehmen (§ 1490 S 2 BGB). Mangels einer solchen ausdrücklichen Vorschrift wären solche Abkömmlinge, die ja kraft einen Rechts in die fortgesetzte Gütergemeinschaft eintreten, an eine solche Vereinbarung nicht gebunden (Mot IV 460 ff).

2. Gesetzliche Regelung

Ist eine Vereinbarung nach § 1501 Abs 2 BGB nicht getroffen, so greift die Dis- **10** positivbestimmung des § 1501 Abs 1 BGB ein: die Abfindung wird zu dem Gesamtgut hinzugerechnet und auf die den Abkömmlingen gebührende Hälfte angerechnet.

Beispiel: Die fortgesetzte Gütergemeinschaft bestand aus dem überlebenden Ehe- **11** gatten, seinen Söhnen A und B und den beiden Kindern D und E seiner verstorbenen Tochter C. A hat gegen eine (aus dem Gesamtgut gezahlte) Abfindung von

4 000 € auf seinen Gesamtgutsanteil verzichtet. Bei der Auseinandersetzung beträgt der Wert des Gesamtguts 12 000 €. Davon erhält der überlebende Ehegatte ½ (12 000 + 4 000) = 8 000 €. Die restlichen 4 000 € werden auf B mit 2 000 € und D und E mit je 1 000 € verteilt (vgl § 1503 Abs 3).

12 Eine persönliche Haftung der Abkömmlinge gegenüber dem überlebenden Ehegatten kommt nicht in Betracht, auch wenn die ihnen gebührende Hälfte des Gesamtguts den Betrag der Abfindung nicht erreicht (vgl § 1489 Abs 3 BGB).

13 Beispiel: Hätte im obigen Beispiel A eine Abfindung von 20 000 € aus dem Gesamtgut erhalten, wie es dessen Stande zZ der Abfindung angemessen war, so würden dem überlebenden Ehegatten bei der Auseinandersetzung zwar rechnerisch ½ (12 000 + 20 000) = 16 000 € zustehen. Er muss sich jedoch mit den restlichen 12 000 € begnügen und hat keinen Anspruch gegen die Abkömmlinge; diese gehen leer aus.

§ 1502
Übernahmerecht des überlebenden Ehegatten

(1) Der überlebende Ehegatte ist berechtigt, das Gesamtgut oder einzelne dazu gehörende Gegenstände gegen Ersatz des Wertes zu übernehmen. Das Recht geht nicht auf den Erben über.

(2) Wird die fortgesetzte Gütergemeinschaft auf Grund des § 1495 durch Urteil aufgehoben, so steht dem überlebenden Ehegatten das im Absatz 1 bestimmte Recht nicht zu. Die anteilsberechtigten Abkömmlinge können in diesem Falle diejenigen Gegenstände gegen Ersatz des Wertes übernehmen, welche der verstorbene Ehegatte nach § 1477 Abs. 2 zu übernehmen berechtigt sein würde. Das Recht kann von ihnen nur gemeinschaftlich ausgeübt werden.

Materialien: Zu § 1502 aF: E I §§ 1406 Abs 5, 1407 Abs 2, 3; II § 1410 rev § 1487; III § 1485; Mot IV 480; Prot IV 344, 347. Zu § 1502 nF: GleichberG E I § 1502; II § 1502. Vgl STAU-DINGER/BGB-Synopse 1896–2005 § 1502.

Systematische Übersicht

I. Grundzüge

Wie § 1477 Abs 2 BGB für die eheliche Gütergemeinschaft, so regelt § 1502 BGB, **1** den das Gleichberechtigungsgesetz unverändert übernommen hat, für die fortgesetzte Gütergemeinschaft das Recht der an ihr Beteiligten, bei der Auseinandersetzung des Gesamtgutes gewisse Gegenstände zu übernehmen. Diese Vorschrift enthält damit (ebenso wie § 1477 Abs 2 BGB) eine Ausnahme von dem Grundsatz, dass die Teilung des Gesamtguts nach den Vorschriften über die Teilung der Gemeinschaft (§§ 1498, 1477 Abs 1, 752 ff BGB) erfolgt.

Das **Übernahmerecht des überlebenden Ehegatten** (§ 1502 Abs 1 BGB) **ist die Regel**, **2** während das Übernahmerecht der anteilsberechtigten Abkömmlinge nur ausnahmsweise zum Zuge kommt, wenn nämlich der überlebende Ehegatte nach einem Aufhebungsantrag eines Abkömmlings (oder aller Abkömmlinge) gem § 1495 BGB sein Übernahmerecht verloren hat (§ 1502 Abs 2 S 1 BGB). Auch im Umfang unterscheidet sich das Übernahmerecht des überlebenden Ehegatten insofern von dem der Abkömmlinge, als es ihm wesentlich weitergehende Befugnisse einräumt (vgl § 1502 Abs 2 S 2 BGB), im Gegensatz zu § 1477 Abs 2 BGB, der beiden Ehegatten ein gleiches Übernahmerecht zugesteht. Trotz einer Reihe von entsprechenden Gesetzesänderungen an anderer Stelle ist Abs 2, der immer noch auf die Aufhebung durch Urteil verweist, sprachlich noch nicht an das FamFG angepasst.

Gem § 1515 Abs 1 BGB kann jeder Ehegatte mit Zustimmung des anderen Ehe- **3** gatten (§ 1516 BGB) für den Fall, dass mit seinem Tode die fortgesetzte Gütergemeinschaft eintritt, durch letztwillige Verfügung anordnen, dass ein anteilsberechtigter Abkömmling bei der Teilung das Gesamtgut im Ganzen oder einzelne Gegenstände des Gesamtguts gegen Wertersatz übernehmen darf. Diese Vorschrift geht der Regelung des § 1502 BGB vor.

II. Übernahmerecht des überlebenden Ehegatten (Abs 1)

1. Rechtsstellung des überlebenden Ehegatten

Gem § 1502 Abs 1 S 1 BGB hat der überlebende Ehegatte das Recht, sowohl das **4** Gesamtgut der fortgesetzten Gütergemeinschaft im Ganzen wie auch einzelne dazu gehörige Gegenstände ohne Rücksicht auf deren Herkunft gegen Wertersatz zu übernehmen. So kann er sich auch nach Beendigung der fortgesetzten Gütergemeinschaft, insbesondere bei Wiederverheiratung, den Besitz des Gesamtvermögens und damit die wirtschaftliche Grundlage seiner Existenz in der bisherigen Weise erhalten, wie es dem Gedanken der vorausgegangenen ehelichen Gütergemeinschaft entspricht. Damit kann zugleich die Gefahr einer unwirtschaftlichen Veräußerung des Gesamtgutes zwecks Auszahlung der Abkömmlinge vermieden werden. Schließlich kann der überlebende Ehegatte auf diese Weise bestimmen, welcher Abkömmling einzelne zum Gesamtgut gehörende Gegenstände (Grundbesitz, Unternehmen usw) demnächst bekommen soll (Mot IV 480 ff). Ähnliche Vorschriften enthielten schon einzelne frühere Rechte (vgl PrALR II 1 §§ 648 ff; Mot IV 480, 481).

5 Das Übernahmerecht des überlebenden Ehegatten besteht **nur gegenüber den anteilsberechtigten Abkömmlingen**, nicht jedoch gegenüber den einseitigen Abkömmlingen des verstorbenen Ehegatten (RGZ 118, 388).

6 Das Recht der Übernahme ist unvererblich (§ 1502 Abs 1 S 2 BGB). Auch durch letztwillige Verfügung kann der überlebende Ehegatte dieses Recht einem anteilsberechtigten Abkömmling nicht einräumen. Er kann jedoch dieses Ergebnis dadurch herbeiführen, dass er die übrigen Abkömmlinge unter der Bedingung zu Erben einsetzt, dass sie ihren Anteil dem anderen Abkömmling übertragen (BayObLG JFG 1, 150 = OLGE 43, 360; KG JW 1931, 1369), oder dass er sie mit einem Verschaffungsvermächtnis zugunsten des anderen Abkömmlings belastet (BGH FamRZ 1964, 423). Hat der überlebende Ehegatte das Übernahmerecht durch seine Erklärung ausgeübt, so ist die dadurch entstandene Rechtsstellung vererblich und übertragbar. Aus der Unvererblichkeit des Übernahmerechts des überlebenden Ehegatten ergibt sich, dass dieses **Recht höchstpersönlicher Natur** ist. Es kann daher auch nicht von einem Testamentsvollstrecker oder von einem Gläubiger ausgeübt werden, der den Anteil des überlebenden Ehegatten am Gesamtgut gepfändet hat (§ 860 Abs 2 ZPO).

2. Geltendmachung des Übernahmerechts

7 Die Übernahme ist ein Gestaltungsrecht. Seine Geltendmachung erfolgt durch einseitige, formlose, zugangsbedürftige und unwiderrufliche Erklärung des überlebenden Ehegatten gegenüber den anteilsberechtigten Abkömmlingen. Auch die Erklärung gegenüber der die Auseinandersetzung ermittelnden Behörde genügt (s § 1477 Rn 15). Die Ausübung des Übernahmerechts ist an keine Frist gebunden und kann bis zur Erledigung der Auseinandersetzung erfolgen.

3. Wirkungen der Übernahmeerklärung

8 Mit der Übernahmeerklärung werden die anteilsberechtigten Abkömmlinge zur Übertragung des bisherigen gemeinschaftlichen Eigentums in das Alleineigentum des überlebenden Ehegatten, dieser zur Leistung des Wertersatzes verpflichtet (s § 1477 Rn 16 ff). Entscheidend ist hierbei der (gegebenenfalls durch Schätzung zu ermittelnde) **Wert zur Zeit der Übernahme** (§ 1477 Rn 13), und zwar der objektive Wert (Verkehrswert), nicht der Ertragswert oder Affektionswert. Können die Beteiligten sich über den Übernahmepreis nicht einigen, so muss ein Rechtsstreit darüber entscheiden; die Feststellung durch Sachverständige gem § 410 Nr 2 FamFG kommt nicht in Betracht.

9 Über die Befugnis jedes Ehegatten, im Einverständnis mit dem anderen Ehegatten (vgl § 1516 BGB) durch letztwillige Verfügung für ein zum Gesamtgut gehörendes **Landgut** den Übernahmepreis nach dem Ertragswert zu bestimmen, s § 1515 Abs 2 u 3 BGB.

4. Grenzen des Übernahmerechts

Das Übernahmerecht des überlebenden Ehegatten kann ganz oder teilweise da- **10** durch begrenzt sein, dass die vorrangige Schuldentilgung (§§ 1498, 1475 Abs 1 BGB) eine andere Verwertung des Gegenstandes erfordert, den der überlebende Ehegatte übernehmen möchte (dazu § 1477 Rn 19).

Das Übernahmerecht des überlebenden Ehegatten tritt ferner gegenüber dem An- **11** spruch eines Gesamtgutsgläubigers auf Übertragung des Gegenstandes zurück, den der überlebende Ehegatte übernehmen möchte (s § 1477 Rn 20).

Das Übernahmerecht des überlebenden Ehegatten entfällt, wenn die fortgesetzte **12** Gütergemeinschaft auf Antrag eines Abkömmlings gem § 1495 BGB durch gerichtliche Entscheidung aufgehoben ist (§ 1502 Abs 2 S 1 BGB; die Norm spricht fehlerhaft noch von Urteil, die terminologische Anpassung an das FamFG ist offensichtlich versehentlich nicht erfolgt). Entgegen dem Wortlaut dieser Bestimmung muss das aber auch für den Fall gelten, dass die Aufhebungsantrag gem § 1495 BGB gestellt worden ist, die fortgesetzte Gütergemeinschaft jedoch vor Erlass der Entscheidung aus einem anderen Grunde (zB durch Aufhebung durch den überlebenden Ehegatten, § 1492 BGB) beendet worden ist und der Antrag des Abkömmlings begründet gewesen wäre (hM; Bamberger/Roth/Mayer Rn 3; MünchKomm/Kanzleiter Rn 3; Soergel/Gaul/Althammer Rn 5; Erman/Heinemann Rn 4), was ggf von den Abkömmlingen im Rahmen der Auseinandersetzung geltend gemacht und erforderlichenfalls *bewiesen* werden muss (ebenso BGB-RGRK/Finke Rn 3).

III. Übernahmerecht der anteilsberechtigten Abkömmlinge (Abs 2)

1. Voraussetzungen

Ist das Übernahmerecht des überlebenden Ehegatten gem § 1502 Abs 2 S 1 BGB **13** ausgeschlossen (s oben Rn 12), so steht den anteilsberechtigten Abkömmlingen ein beschränktes Übernahmerecht zu (§ 1502 Abs 2 S 2 BGB). Voraussetzung eines solchen Rechts ist also ein vorhergehender Antrag eines anteilsberechtigten Abkömmlings gegen den überlebenden Ehegatten auf Aufhebung der fortgesetzten Gütergemeinschaft gem § 1495 BGB, die zu einer entsprechenden Entscheidung geführt hat oder geführt hätte, wenn sich nicht die Hauptsache durch eine Beendigung der fortgesetzten Gütergemeinschaft aus einem anderen Grunde erledigt hätte. Liegt diese Voraussetzung nicht vor, so ist den anteilsberechtigten Abkömmlingen ein Übernahmerecht grundsätzlich versagt.

Wegen der Möglichkeit, ein Übernahmerecht einem anteilsberechtigten Abkömm- **14** ling durch letztwillige Verfügung einzuräumen, s § 1515 Abs 1 BGB.

2. Inhalt des Übernahmerechts der Abkömmlinge

Im Gegensatz zum Übernahmerecht des überlebenden Ehegatten ist das der anteils- **15** berechtigten Abkömmlinge **inhaltlich beschränkt.** Gem § 1502 Abs 2 S 2 BGB können sie nur diejenigen Gegenstände gegen Wertersatz übernehmen, die der verstorbene Ehegatte nach § 1477 Abs 2 BGB hätte übernehmen dürfen (wegen der Einzelheiten s § 1477 Rn 9 ff; wegen der Höhe und Entrichtung des Wertersatzes s oben Rn 8).

16 Das Übernahmerecht der Abkömmlinge ist (im Gegensatz zu dem des überlebenden Ehegatten – vgl oben Rn 6) mangels einer dem § 1502 Abs 1 S 2 BGB entsprechenden Bestimmung **vererblich und übertragbar**. Es kann auch vom Testamentsvollstrecker (RGZ 85, 1), Erbschaftskäufer oder einem Gläubiger ausgeübt werden, der den Gesamtgutsanteil des Abkömmlings gem § 860 Abs 2 ZPO gepfändet hat.

3. Ausübung des Übernahmerechts der Abkömmlinge

17 Das Übernahmerecht der anteilsberechtigten Abkömmlinge kann von ihnen nur gemeinschaftlich ausgeübt werden (§ 1502 Abs 2 S 3 BGB); ein Mehrheitsbeschluss genügt deswegen nicht. Können sich die anteilsberechtigten Abkömmlinge über die Ausübung des Übernahmerechts nicht einigen, so entfällt die Übernahme. Es bleibt dann bei der Teilung des Gesamtguts nach den Vorschriften über die Gemeinschaft (§§ 1498, 1475 Abs 1, 752 ff BGB). Die Einmütigkeit der Ausübung kann auch dann nicht erzwungen werden, wenn die Ausübung im offenbaren Interesse der Abkömmlinge liegt; § 2038 BGB gilt nicht entsprechend (ebenso ERMAN/HEINEMANN Rn 3; MünchKomm/KANZLEITER Rn 3 BGB-RGRK/FINKE Rn 7; NK-BGB/VÖLKER Rn 5; **aM** BAMBERGER/ROTH/MAYER Rn 3; SOERGEL/GAUL/ALTHAMMER Rn 6).

18 Ist der überlebende Ehegatte gesetzlicher Vertreter eines anteilsberechtigten Abkömmlings, so ist für Letzteren ein Pfleger oder Betreuer zu bestellen (§§ 1629 Abs 2, 1795 Abs 2, 181, 1909, 1896, 1899 Abs 4 BGB), der über die Ausübung des Übernahmerechts entscheidet.

19 Ist ein Abkömmling verheiratet, so bedarf er zu seiner Übernahmeerklärung nicht der Zustimmung seines Ehegatten. Lebt er in Gütergemeinschaft, so gehört sein Anteil am Gesamtgut der fortgesetzten Gütergemeinschaft auch in der Auseinandersetzung zu seinem Sondergut (§ 1417 Rn 6; bestr), das er selbständig verwaltet. Übt er sein Übernahmerecht zusammen mit den übrigen anteilsberechtigten Abkömmlingen aus, so haftet sein eheliches Gesamtgut für den auf ihn entfallenden Wertersatz (§§ 1440 S 2, 1462 S 2 BGB); sein Anteil an dem übernommenen Gegenstand fällt in sein eheliches Gesamtgut (s § 1417 Rn 13).

20 Wegen der *Form,* des *Zeitpunktes* und der *Unwiderruflichkeit* der gemeinschaftlichen Übernahmeerklärung der anteilsberechtigten Abkömmlinge gegenüber dem überlebenden Ehegatten gelten die Ausführungen zu Rn 7. Zur Wirkung der Übernahmeerklärung gelten die Ausführungen zu Rn 8 entsprechend.

4. Verteilung der übernommenen Gegenstände unter den Abkömmlingen

21 Mehrere anteilsberechtigte Abkömmlinge, die gemeinschaftlich Gegenstände des Gesamtguts übernommen haben, teilen sie unter sich nach Maßgabe des § 1503 BGB.

§ 1503
Teilung unter den Abkömmlingen

(1) Mehrere anteilsberechtigte Abkömmlinge teilen die ihnen zufallende Hälfte des Gesamtguts nach dem Verhältnis der Anteile, zu denen sie im Falle der gesetzlichen Erbfolge als Erben des verstorbenen Ehegatten berufen sein würden, wenn dieser erst zur Zeit der Beendigung der fortgesetzten Gütergemeinschaft gestorben wäre.

(2) Das Vorempfangene kommt nach den für die Ausgleichung unter Abkömmlingen geltenden Vorschriften zur Ausgleichung, soweit nicht eine solche bereits bei der Teilung des Nachlasses des verstorbenen Ehegatten erfolgt ist.

(3) Ist einem Abkömmling, der auf seinen Anteil verzichtet hat, eine Abfindung aus dem Gesamtgut gewährt worden, so fällt sie den Abkömmlingen zur Last, denen der Verzicht zustatten kommt.

Materialien: Zu § 1503 aF: E I § 1408; II § 1411 rev § 1488; III § 1486; Mot IV 282; Prot IV 347; VI 289. Zu § 1503 nF: GleichberG E I § 1503; II § 1503. Vgl STAUDINGER/BGB-Synopse 1896–2005 § 1503.

Systematische Übersicht

I.   Grundzüge

In den §§ 1498–1502 BGB wird die Teilung des Gesamtguts der fortgesetzten Gütergemeinschaft zwischen dem überlebenden Ehegatten einerseits und der Gesamtheit der anteilsberechtigten Abkömmlinge andererseits geregelt. § 1503 BGB, der vom Gleichberechtigungsgesetz unverändert übernommen worden ist, bestimmt dagegen, wie die gem §§ 1498, 1476 Abs 1 BGB den Abkömmlingen zufallende Gesamtgutshälfte unter die einzelnen anteilsberechtigten Abkömmlinge verteilt werden soll. Dafür wird der allgemeine Teilungsmaßstab in Abs 1 festgelegt. In Abs 2 wird der Ausgleich von Vorempfängen geregelt. In Abs 3, der an die Vorschriften über den Verzicht eines Abkömmlings gegen Abfindung (§§ 1491, 1501

1

BGB) anknüpft, behandelt schließlich die Frage, wer von den Abkömmlingen die aus dem Gesamtgut geleistete Abfindung tragen soll.

II. Teilungsmaßstab (Abs 1)

1. Beteiligung der gemeinschaftlichen Abkömmlinge nach Stämmen

2 Gemäß § 1503 Abs 1 BGB soll die Teilung der auf die anteilsberechtigten Abkömmlinge bei der Auseinandersetzung des Gesamtguts entfallenden Gegenstände nach dem Verhältnis der Anteile erfolgen, zu denen die Abkömmlinge im Falle der gesetzlichen Erbfolge als Erben des erstverstorbenen Ehegatten berufen wären, wenn dieser erst zur Zeit der Beendigung der fortgesetzten Gütergemeinschaft gestorben wäre (Mot IV 484 ff). An die Stelle eines zur Zeit der Beendigung der fortgesetzten Gütergemeinschaft nicht mehr lebenden anteilsberechtigten Abkömmlings treten also die durch ihn mit dem verstorbenen Ehegatten verwandten Abkömmlinge (Erbfolge nach Stämmen). Kinder erben zu gleichen Teilen. Wer verschiedenen Stämmen angehört, erhält den in jedem dieser Stämme ihm zufallenden Anteil (§§ 1924, 1927, 1930 BGB).

2. Nichtbeteiligte gemeinschaftliche Abkömmlinge

3 Gemeinschaftliche Abkömmlinge, die vor Eintritt der fortgesetzten Gütergemeinschaft (§ 1517 BGB) oder während ihres Bestehens (§ 1491 BGB) auf ihren Anteil am Gesamtgut verzichtet haben oder die von der fortgesetzten Gütergemeinschaft durch letztwillige Verfügung ausgeschlossen worden sind (§ 1511 BGB) oder denen ihr Anteil entzogen worden ist (§ 1513 BGB), werden bei der Berechnung der Anteile der übrigen anteilsberechtigten Abkömmlinge nicht berücksichtigt (vgl § 1483 Rn 13). Dagegen nehmen an der Teilung die Abkömmlinge teil, deren Anteil durch letztwillige Verfügung herabgesetzt worden ist (§ 1512 BGB).

3. Unabänderlichkeit des Teilungsmaßstabes

4 Der überlebende Ehegatte kann das Teilungsverhältnis nicht abändern (§ 1518 S 1 BGB). Ebensowenig können beide Ehegatten das durch Ehevertrag erreichen. Nur der erstverstorbene Ehegatte kann mit Zustimmung des anderen Ehegatten (§ 1516 BGB) durch letztwillige Verfügung gem §§ 1511–1513 BGB das Teilungsverhältnis ändern.

III. Ausgleichung von Vorempfängen (Abs 2)

1. Grundsatz

5 Ebenso wie bei dem Verteilungsmaßstab, nach dem die Anteile der Abkömmlinge bei der Auseinandersetzung der fortgesetzten Gütergemeinschaft bemessen werden sollen, erbrechtliche Regeln angewendet werden, sollen auch Vorempfänge, die die anteilsberechtigten Abkömmlinge von dem erstverstorbenen Ehegatten oder an dessen Stelle aus dem Gesamtgut der fortgesetzten Gütergemeinschaft erhalten haben, nach dem für die Ausgleichung unter Abkömmlingen geltenden erbrechtlichen Bestimmungen bei der nunmehr stattfindenden Auseinandersetzung der fort-

gesetzten Gütergemeinschaft ausgeglichen werden, soweit das nicht schon bei der Teilung des Nachlasses des erstverstorbenen Ehegatten erfolgt ist (Mot IV 485). Damit verweist § 1503 Abs 2 BGB auf die §§ 2050 ff BGB.

2. Frühere Ausgleichung

Waren beim Ableben des erstverstorbenen Ehegatten nur gemeinschaftliche Ab- **6** kömmlinge vorhanden, so erfolgte in jenem Zeitpunkt unter diesen eine Ausgleichung ihrer Vorempfänge nur hinsichtlich dessen, was sie aus dem Vorbehaltsgut und Sondergut des verstorbenen Ehegatten erhalten haben, während hinsichtlich ihrer Vorempfänge aus dem Gesamtgut der ehelichen Gütergemeinschaft die Ausgleichung erst jetzt bei der Auseinandersetzung der fortgesetzten Gütergemeinschaft vorzunehmen ist (vgl § 1483 Rn 18). Waren beim Ableben des erstverstorbenen Ehegatten neben gemeinschaftlichen auch einseitige Abkömmlinge von ihm vorhanden, so erfolgte den einseitigen Abkömmlingen gegenüber die Ausgleichung aller Vorempfänge sofort, während die unter den gemeinschaftlichen Abkömmlingen auch in diesem Falle erst jetzt stattfindet (vgl § 1483 Rn 25).

Ist eine Ausgleichung, die schon bei der Teilung des Nachlasses des erstverstorbenen **7** Ehegatten hätte stattfinden sollen, damals (zB mangels eines Nachlasses) unterblieben, so ist sie nunmehr bei der Teilung des Gesamtguts der fortgesetzten Gütergemeinschaft vorzunehmen.

Der Beweis, dass die Ausgleichung schon bei der Teilung des Nachlasses des erst- **8** verstorbenen Ehegatten erfolgt ist, obliegt dem ausgleichspflichtigen Abkömmling.

Eine Ausgleichspflicht gegenüber dem überlebenden Ehegatten kommt auch für die **9** gemeinschaftlichen Abkömmlinge nicht in Betracht (Mot IV 485).

3. Ausgleichsregeln

Für die Ausgleichung selbst sind die Vorschriften der §§ 2050 ff BGB maßgebend. **10** Die Anteilsberechtigten Abkömmlinge sind verpflichtet, dasjenige, was sie als Ausstattung (§ 1624 BGB) erhalten haben, bei der Teilung der ihnen zufallenden Gesamtgutshälfte untereinander zur Ausgleichung zu bringen, soweit nicht der Ehegatte bei der Zuwendung ein anderes bestimmt hat (§ 2050 Abs 1 BGB). Zuschüsse, die zum Zweck gegeben worden sind, als Einkünfte verwendet zu werden, sowie Aufwendungen für die Vorbildung zu einem Beruf sind insoweit auszugleichen, als sie das den Vermögensverhältnissen der Ehegatten entsprechende Maß überstiegen haben (§ 2050 Abs 2 BGB). Andere Zuwendungen unter Lebenden sind zur Ausgleichung zu bringen, wenn der Ehegatte bei der Zuwendung die Ausgleichung angeordnet hat (§ 2050 Abs 3). Jeder Abkömmling ist verpflichtet, den übrigen Abkömmlingen auf Verlangen *Auskunft* über die Zuwendung zu erteilen, die er nach §§ 1503 Abs 2, 2050–2053 BGB auszugleichen hat. Die Vorschriften der §§ 260, 261 über die Verpflichtung zur Abgabe der eidesstattlichen Versicherung finden entsprechende Anwendung (§ 2057 BGB). Zu den weiteren Einzelheiten s die Erl zu §§ 2050 ff BGB.

11 Ist die fortgesetzte Gütergemeinschaft durch den **Tod oder die Todeserklärung** des überlebenden Ehegatten beendigt worden, so finden die §§ 2050–2057a BGB unmittelbar Anwendung, wenn dessen Abkömmlinge als gesetzliche Erben zur Erbfolge kommen.

12 Die Ehegatten können Anordnungen, die mit den Vorschriften der §§ 1503 Abs 2, 2050–2057a BGB im Widerspruch stehen, weder durch letztwillige Verfügung noch durch Vertrag treffen (**§ 1518 S 1 BGB**; Mot IV 485). So ist zB eine Anordnung des zuwendenden Ehegatten unzulässig, dass die Zuwendung bei der Ausgleichung nur mit einem bestimmten Betrage angerechnet werden solle, da diese Anordnung mit § 2055 Abs 2 BGB im Widerspruch steht; das gilt jedoch nicht für eine Zuwendung, die nur deshalb ausgleichspflichtig ist, weil der Ehegatte dies bei der Zuwendung angeordnet hat (§ 2050 Abs 3 BGB). Andererseits können die an der Auseinandersetzung beteiligten Abkömmlinge dabei von den Regeln der §§ 2050 ff BGB im allseitigen Einverständnis abweichen, also zB (formlos) vereinbaren, dass die Ausgleichung in Natur erfolgen oder einzelnen Beteiligten erlassen werden soll (vgl auch § 1498 Rn 3 f).

IV. Anrechnung einer Abfindung (Abs 3)

13 Die Vorschrift des § 1503 Abs 3 BGB knüpft an die §§ 1491, 1501 BGB an (Prot VI 289), nicht dagegen an § 1517 BGB. Sie setzt also voraus, dass ein anteilsberechtigter Abkömmling während des Bestehens der fortgesetzten Gütergemeinschaft gegen eine aus deren Gesamtgut geleistete Abfindung auf seinen Anteil am Gesamtgut verzichtet hat. Sie regelt die Frage, welchem Abkömmling diese Abfindung bei der Auseinandersetzung des Gesamtguts der fortgesetzten Gütergemeinschaft zu Last fallen soll. Insofern ergänzt sie die Regelung des § 1501 Abs 1 BGB, in der die Anrechnung dieser Abfindung im Verhältnis zu dem überlebenden Ehegatten auf die den Abkömmlingen zufallende Gesamtgutshälfte festgelegt wird, es sei denn, dass der überlebende Ehegatte mit den übrigen Abkömmlingen eine andere Verteilung vereinbart hat (§ 1501 Abs 2 BGB). Nach § 1503 Abs 3 BGB soll die aus dem Gesamtgut der fortgesetzten Gütergemeinschaft an einen Abkömmling für seinen Verzicht geleistete Abfindung lediglich den Abkömmlingen zur Last fallen, denen der Verzicht des abgefundenen Abkömmlings zustatten kommt (§§ 1491 Abs 4, 1490 S 3, 1503 Abs 1 BGB).

14 **Beispiel**: Das Gesamtgut der fortgesetzten Gütergemeinschaft, die aus dem überlebenden Ehegatten, seinem Sohne A und den beiden Söhnen seiner vorverstorbenen Tochter B, C und D, besteht, beträgt bei deren Beendigung 10 000 €. D hat vorher gegen eine Abfindung (aus dem Gesamtgut) von 2 000 € auf seinen Anteil verzichtet. Bei der Auseinandersetzung der fortgesetzten Gütergemeinschaft erhält der überlebende Ehegatte 1/2 (10 000 € + 2 000 €) = 6 000 €, seine anteilsberechtigten Abkömmlinge A und C den Rest von 4 000 € (§ 1501 Abs 1 BGB). Da D infolge seines Verzichts als vorverstorben gilt (§ 1491 Abs 4 BGB), kommt sein Verzicht allein dem C zustatten, da er bei gesetzlicher Erbfolge neben A zur Hälfte des Restes berufen ist (§ 1924 Abs 3 BGB). A und C gleichen daher dem § 1503 Abs 1 BGB so untereinander aus, dass A ½ (4 000 € + 2 000 €) = 3 000 € und C ½ (4 000 € – 2 000 €) = 1 000 € erhalten.

V. Abweichende Vereinbarungen

Hat der überlebende Ehegatte mit den übrigen anteilsberechtigten Abkömmlingen **15** hinsichtlich der Anrechnung der Abfindung gem § 1501 Abs 2 BGB eine andere Vereinbarung getroffen, so geht diese der gesetzlichen Regelung des § 1501 Abs 1 BGB vor. Dagegen können die Ehegatten der ehelichen Gütergemeinschaft weder durch letztwillige Verfügung noch durch Vertrag die Regelung des § 1503 Abs 2 BGB ändern (§ 1518 S 1 BGB).

§ 1504
Haftungsausgleich unter Abkömmlingen

Soweit die anteilsberechtigten Abkömmlinge nach § 1480 den Gesamtgutsgläubigern haften, sind sie im Verhältnis zueinander nach der Größe ihres Anteils an dem Gesamtgut verpflichtet. Die Verpflichtung beschränkt sich auf die ihnen zugeteilten Gegenstände; die für die Haftung des Erben geltenden Vorschriften der §§ 1990, 1991 finden entsprechende Anwendung.

Materialien: Zu § 1504 aF: E II § 1412 rev
§ 1489; III § 1487; Mot IV 475; Prot IV 346; V
828. Zu § 1504 nF: GleichberG E I § 1504; II
1504. Vgl STAUDINGER/BGB-Synopse 1896–
2005 § 1504.

I. Allgemeines

Von dem Grundsatz, dass die anteilsberechtigten Abkömmlinge für die Gesamt- **1** gutsverbindlichkeiten nicht haften (§ 1489 Abs 3 BGB), kennt das Gesetz nur eine Ausnahme: Wird eine Gesamtgutsverbindlichkeit der fortgesetzten Gütergemeinschaft nicht vor der Teilung des Gesamtguts berichtigt, so haften dem Gläubiger einer solchen Verbindlichkeit neben dem überlebenden Ehegatten auch die anteilsberechtigten Abkömmlinge als Gesamtschuldner (§§ 1498, 1480 S 1 BGB; dazu § 1498 Rn 11). Der Gläubiger kann sich also an jeden anteilsberechtigten Abkömmling wegen der ganzen Forderung halten, ohne Rücksicht darauf, wie hoch der Anteil des Abkömmlings am Gesamtgut ist. Der in Anspruch genommene Abkömmling kann sich jedoch auf die Beschränkung seiner Haftung auf die ihm aus dem Gesamtgut zugeteilten Gegenstände berufen (§§ 1990, 1991 BGB). An diese Regelung knüpft § 1504 BGB an, indem er die Haftung des einzelnen Abkömmlings im Innenverhältnis der Abkömmlinge untereinander auf die Größe ihres Gesamtgutanteils begrenzt. § 1504 BGB ist vom Gleichberechtigungsgesetz nicht geändert worden.

II. Ausgleichung unter den Abkömmlingen

1. Voraussetzungen des Rückgriffsrechts

Hat ein anteilsberechtigter Abkömmling den Gläubiger einer nicht rechtzeitig be- **2** richtigten Forderung befriedigt, so hat er gegen die übrigen Abkömmlinge einen Ausgleichsanspruch, soweit seine Leistung über das ihn treffende Maß hinausreicht. Das Maß wird im § 1504 S 1 BGB dahin bestimmt, dass es sich nach der Größe seines Gesamtgutanteils richtet, nicht also nach Kopfteilen. Hat also ein Abkömmling dem Gläubiger mehr geleistet, als dem Verhältnis seines Anteils zur Gesamtgutshälfte der Abkömmlinge entspricht, so kann er sich wegen dieses Mehrbetrages an die übrigen Abkömmlinge halten und von ihnen Ersatz verlangen.

2. Beschränkung des Rückgriffsrechts

3 Das Rückgriffsrecht des vom Gläubiger in Anspruch genommenen Abkömmlings ist freilich in doppelter Weise beschränkt: Zunächst kann er von jedem der übrigen Abkömmlinge nicht mehr ersetzt verlangen, **als auf dessen Anteil am Gesamtgut entfällt** (§ 1504 S 1 BGB). Sodann kann sich aber auch jeder von ihm zum Ausgleich herangezogene Abkömmling darauf berufen, dass er nur mit den ihm aus dem Gesamtgut **zugeteilten Gegenständen haftet** (§ 1504 S 2 BGB). Im Übrigen kann der ersatzpflichtige Abkömmling seine Leistung verweigern, muss jedoch die ihm zugeteilten Gegenstände zum Zwecke der Befriedigung des ersatzberechtigten Abkömmlings diesem herausgeben, nötigenfalls auch ein Verzeichnis der ihm zugeteilten Gegenstände vorlegen und durch eidesstattliche Versicherung bekräftigen (§ 260 BGB). Der ausgleichspflichtige Abkömmling kann diese gegenständliche Beschränkung seiner Haftung in der Zwangsvollstreckung nur geltend machen, wenn er sie sich in der gerichtlichen Entscheidung vorbehalten hat (§§ 786, 780 Abs 1 ZPO).

3. Entsprechende Anwendung

4 § 1504 behandelt nur den Rückgriff eines wegen einer verzögerten Schuldentilgung von deren Gläubiger in Anspruch genommenen Abkömmlings (§§ 1498, 1480 BGB). Die gleichen Grundsätze (Haftung nach Größe des Gesamtgutsanteils, gegenständliche Beschränkung) müssen aber auch für den Fall gelten, in dem der **überlebende Ehegatte** wegen einer vor der Gesamtgutsteilung nicht berichtigten Gesamtgutsverbindlichkeit, die im Innenverhältnis dem verstorbenen Ehegatten zur Last gefallen wäre, in Anspruch genommen worden ist (§§ 1498, 1481 Abs 3 BGB) und nun seinerseits bei einem Abkömmling Rückgriff genommen hat (dazu § 1498 Rn 12). Der Abkömmling, der dabei mehr hat ausgleichen müssen, als seinem Gesamtgutsanteil entspricht, kann sich seinerseits an die übrigen anteilsberechtigten Abkömmlinge halten. Auch für diesen Rückgriff des ausgleichsberechtigten Abkömmlings gilt also, dass jeder ausgleichspflichtige Abkömmling ihm nur soweit haftet, wie seinem Gesamtgutsanteil entspricht, und dass er sich auf die Beschränkung seiner Haftung auf die ihm aus dem Gesamtgut zugeteilten Gegenstände nach §§ 1990, 1991 BGB berufen kann (s dazu § 1498 Rn 11).

4. Abweichende Vereinbarungen

5 Gegen (formlose) Vereinbarungen der anteilsberechtigten Abkömmlinge, den internen Ausgleich anders als nach den Grundsätzen des § 1504 BGB zu regeln, bestehen keine Bedenken.

§ 1505
Ergänzung des Anteils des Abkömmlings

Die Vorschriften über das Recht auf Ergänzung des Pflichtteils finden zugunsten eines anteilsberechtigten Abkömmlings entsprechende Anwendung; an die Stelle des Erbfalls tritt die Beendigung der fortgesetzten Gütergemeinschaft, als gesetzlicher Erbteil gilt der dem Abkömmling zur Zeit der Beendigung gebührende Anteil an dem Gesamtgut, als Pflichtteil gilt die Hälfte des Wertes dieses Anteils.

Materialien: Zu § 1505 aF: E I § 1391, § 1389
rev § 1490; III § 1488; Mot IV 446; Prot IV 314.
Zu § 1505 nF: GleichberG E I § 1505; II § 1505.
Vgl STAUDINGER/BGB-Synopse 1896–2005
§ 1505.

Systematische Übersicht

I. Grundzüge

Gemäß § 1518 S 1 BGB können die Ehegatten das den anteilsberechtigten Abkömmlingen bei der Beendigung der fortgesetzten Gütergemeinschaft zustehende Recht auf die Hälfte des Gesamtguts nur insoweit beschränken, als ihnen das durch die §§ 1512, 1513 BGB (letztwillige Verfügung eines Ehegatten mit Zustimmung des anderen Ehegatten, § 1516 BGB) ausdrücklich erlaubt ist. Um zu verhüten, dass das Recht der Abkömmlinge unter Umgehung dieser unteren Grenze durch Schenkungen beeinträchtigt wird, erklärt § 1505 BGB, der vom Gleichberechtigungsgesetz unberührt geblieben ist, die Vorschriften über das Recht auf Ergänzung des Pflichtteils (§§ 2325–2332 BGB) für entsprechend anwendbar. Wie im Erbrecht den Pflichtteilsberechtigten wird den anteilsberechtigten Abkömmlingen ein zusätzlicher güterrechtlicher Ergänzungsanspruch gewährt, der Verminderungen des Gesamtguts durch Schenkungen ausgleichen soll. **1**

§ 1505 BGB selbst sieht einige terminologische Anpassungen vor: So wird die Beendigung der fortgesetzten Gütergemeinschaft dem Erbfall, der dem einzelnen Abkömmling in diesem Zeitpunkt gebührende Gesamtgutsanteil seinem gesetzlichen **2**

Erbteil und die Hälfte seines Wertes seinem Pflichtteil gleichgestellt. Dementsprechend sind die allen anteilsberechtigten Abkömmlingen zustehende Gesamtgutshälfte als der Nachlass (OLG Hamburg HansRGZ 1933 B 590) und die anteilsberechtigten **Abkömmlinge selbst als die Erben** anzusehen (vgl auch § 2329 BGB).

II. Schenkung

1. Schenkung des verstorbenen Ehegatten

3 Obwohl das Gesetz es nicht ausdrücklich sagt, setzt der güterrechtliche Ergänzungsanspruch eine – wirksame – Schenkung des *verstorbenen* Ehegatten aus dem ehelichen Gesamtgut voraus. Nur dieser entspricht dem Erblasser, dessen Schenkung den Pflichtteilsergänzungsanspruch auslöst (§§ 1505, 2325 Abs 1 BGB).

4 Auf Schenkungen, die der *überlebende* Ehegatte aus dem Gesamtgut der fortgesetzten Gütergemeinschaft gemacht hat, findet § 1505 BGB dagegen keine Anwendung. Sie sind ohne Zustimmung der Abkömmlinge unwirksam (§§ 1487 Abs 1, 1425 BGB); ihre Unwirksamkeit kann von den Abkömmlingen während der fortgesetzten Gütergemeinschaft nach den §§ 1487 Abs 1, 1428 BGB und nach deren Beendigung gemäß §§ 1497 Abs 2, 1472 BGB geltend gemacht werden. Haben die Abkömmlinge einer solchen Schenkung zugestimmt, so kommt deren Berücksichtigung für einen Pflichtteilsergänzungsanspruch erst bei der Erbauseinandersetzung nach dem Tode des überlebenden Ehegatten in Betracht (§ 2331 Abs 2 BGB). Das Gleiche gilt für Schenkungen, die der überlebende Ehegatte aus dem ehelichen Gesamtgut (mit Zustimmung des anderen Ehegatten) oder aus seinem Vorbehaltsgut oder Sondergut gemacht hat. Hier finden die §§ 2325–2332 BGB unmittelbar Anwendung.

5 **Ist die Schenkung** des Verstorbenen mangels Zustimmung des anderen Ehegatten **unwirksam**, so kann auch der andere Ehegatte das Geschenk von dem Beschenkten selbständig zurückfordern (§§ 1428, 1455 Ziff 8 BGB). Während der fortgesetzten Gütergemeinschaft kann der überlebende Ehegatte dieses Rückforderungsrecht gegenüber dem Beschenkten ausüben (§§ 1487 Abs 1, 1428 BGB). Nach der Beendigung der fortgesetzten Gütergemeinschaft können auch die Abkömmlinge aufgrund ihres Mitverwaltungsrechts (§§ 1497 Abs 2, 1472 BGB) die Rückgabe des Geschenkes erzwingen. Daher ist hier ein güterrechtlicher Ergänzungsanspruch zu ihren Gunsten nicht erforderlich.

6 Für die Anwendung des § 1505 BGB ist es gleichgültig, an wen die Schenkung gemacht worden ist. **„Dritter" iS des § 2325 BGB** kann jede Person sein, also auch der überlebende Ehegatte, ein anteilsberechtigter Abkömmling oder ein Außenstehender. Hat der Abkömmling, der Ergänzung beansprucht, auch selbst ein Geschenk erhalten, so findet § 2327 BGB entsprechende Anwendung (wie hier NK-BGB/VÖLKER Rn 2).

2. Nicht zu berücksichtigende Schenkungen

7 Schenkungen, durch die einer sittlichen Pflicht oder einer auf den Anstand zu nehmenden Rücksicht entsprochen wird (dazu § 534 BGB m Erl), bleiben für den Ergänzungsanspruch unberücksichtigt (§ 2330 BGB). Gleiches gilt für Schenkungen, die bei der Beendigung der fortgesetzten Gütergemeinschaft länger als 10 Jahre zurückliegen. Ist die Schenkung an den überlebenden Ehegatten erfolgt, so beginnt die Frist nicht vor der Auflösung der Ehe, also mit dem Tode des verstorbenen Ehegatten (§ 2325 Abs 3 BGB).

III. Güterrechtlicher Ergänzungsanspruch

1. Ergänzungsberechtigter

Das Recht, gemäß § 1505 BGB Ergänzung des Anteils zu verlangen, *steht jedem* **8** *einzelnen* anteilsberechtigten Abkömmling unabhängig von den übrigen zu; eine dem § 1502 Abs 2 S 3 BGB entsprechende Bestimmung (nur gemeinschaftliche Geltendmachung) ist hier nicht getroffen.

Auch dass der anteilsberechtigte Abkömmling selbst ein Geschenk des verstorbenen **9** Ehegatten erhalten hat, schließt seinen Ergänzungsanspruch nicht aus, § 2327 BGB. Ist ein Abkömmling, der eine Schenkung erhalten hat, vor oder nach der Beendigung der fortgesetzten Gütergemeinschaft weggefallen, so gilt das Gleiche gegenüber dem Abkömmling, der gemäß §§ 1490 S 2, § 1491 Abs 4 BGB an seine Stelle getreten ist (§§ 2327 Abs 2, 2051 Abs 1 BGB).

2. Ergänzungsverpflichteter

Der Ergänzungsanspruch richtet sich gegen die übrigen anteilsberechtigten Ab- **10** kömmlinge. Jeder anteilsberechtigte Abkömmling kann jedoch gegenüber dem ergänzungsberechtigten Abkömmling die von diesem verlangte Anteilsergänzung soweit *verweigern,* dass ihm selbst die Hälfte des Wertes seines Gesamtgutsanteils mit Einschluss dessen verbleibt, was ihm zur Ergänzung seines Anteils gebühren würde (§ 2328 BGB).

Soweit die übrigen anteilsberechtigten Abkömmlinge zur Ergänzung nicht verpflich- **11** tet sind, kann jeder anteilsberechtigte Abkömmling von dem Beschenkten die **Herausgabe des Geschenks** zum Zwecke der Befriedigung des fehlenden Betrages nach den Vorschriften über die Herausgabe einer ungerechtfertigten Bereicherung (§§ 812 ff BGB) fordern. Das gilt auch für den Fall, dass nur ein einziger anteilsberechtigter Abkömmling vorhanden ist. Der Beschenkte kann die Herausgabe der Schenkung durch Zahlung des fehlenden Betrages abwenden. Unter mehreren Beschenkten haftet der frühere Beschenkte nur insoweit, als der später Beschenkte nicht verpflichtet ist (§ 2329 BGB).

3. Inhalt des Ergänzungsanspruchs

Der Ergänzungsanspruch ist ein **zusätzlicher, selbständiger Anspruch**, der dem an- **12** teilsberechtigten Abkömmling die auf Schenkungen des verstorbenen Ehegatten aus dem ehelichen Gesamtgut beruhende Vermögensverminderung ausgleichen soll. Er geht grundsätzlich **auf Geldzahlung**. Zum für die *Wertbestimmung* des Geschenkes ausschlaggebenden Zeitpunkt s § 2325 Abs 2 BGB. Die Schenkung gilt als von jedem der Ehegatten zur Hälfte gemacht (§ 2331 Abs 1 BGB). Dementsprechend ist in der Regel die Hälfte des Wertes der Schenkung bei der Berechnung des Ergänzungsanspruchs zu berücksichtigen. Davon sind die Fälle ausgenommen, in denen der verstorbene Ehegatte die Schenkung an seinen einseitigen Abkömmling oder eine Person gemacht hat, von der nur er abstammt. In diesen Fällen gilt die Schenkung als allein von ihm gemacht und muss daher bei der Berechnung des Ergänzungsanspruchs in vollem Umfang berücksichtigt werden (§ 2331 Abs 1 S 2 BGB).

13 Richtet sich der Ergänzungsanspruch gegen den Beschenkten, der eine Sachzuwendung erhalten hat (s Rn 11), so muss der Antrag unter Bezifferung des geforderten Betrages auf **Duldung der Zwangsvollstreckung** in die Gegenstände der Schenkung gerichtet werden, da der Beschenkte nur dazu verpflichtet und die Zwangsvollstreckung durch Zahlung abzuwenden berechtigt ist (§ 2329 Abs 1, 2 BGB).

14 Der **Ergänzungsanspruch besteht auch dann, wenn ein Gesamtgut nicht vorhanden ist**. In diesem Falle errechnet er sich lediglich nach der Schenkung. Nur wenn sich auch bei Hinzurechnung der Schenkung kein aktives Gesamtgut ergibt, ist für einen Ergänzungsanspruch gegen den Beschenkten kein Raum (vgl RG LZ 1928, 53).

15 Auf den güterrechtlichen Ergänzungsanspruch finden im Übrigen die allgemeinen Regeln über den Pflichtteilsanspruch (§§ 2303 ff BGB) entsprechende Anwendung. So entsteht der Ergänzungsanspruch mit der Beendigung der fortgesetzten Gütergemeinschaft (vgl § 2317 Abs 1 BGB). Er ist alsdann vererblich, übertragbar (§ 2317 Abs 2 BGB) und der Pfändung unterworfen (§ 852 Abs 1 ZPO). Er **verjährt** in drei Jahren von dem Zeitpunkt an, in dem der anteilsberechtigte Abkömmling von der Beendigung der fortgesetzten Gütergemeinschaft und der ihn beeinträchtigenden Schenkung Kenntnis erlangt, ohne Rücksicht auf diese Kenntnis in dreißig Jahren von der Beendigung der fortgesetzten Gütergemeinschaft an. Soweit sich der *Anspruch gegen den Beschenkten* richtet, verjährt er in drei Jahren von der Beendigung der fortgesetzten Gütergemeinschaft an (§ 2332 Abs 1 und 2 BGB).

IV. Entziehung des Ergänzungsanspruchs

16 Hat der verstorbene Ehegatte durch letztwillige Verfügung mit Zustimmung des anderen Ehegatten dem Abkömmling den Gesamtgutsanteil entzogen (§§ 1513, 2333, 1516 BGB), so kommt auch ein Ergänzungsanspruch des Abkömmlings nicht in Betracht (ebenso MünchKomm/Kanzleiter Rn 5; NK-BGB/Völker Rn 2).

V. Verzicht auf den Ergänzungsanspruch

17 Der Abkömmling kann auf seinen Ergänzungsanspruch vertraglich (§ 397 BGB) formlos verzichten, sobald der Ergänzungsanspruch entstanden ist. Vorher bedarf es eines notariell beurkundeten Pflichtteilsverzichts (§§ 2346 Abs 2, 2348 BGB).

§ 1506
Anteilsunwürdigkeit

Ist ein gemeinschaftlicher Abkömmling erbunwürdig, so ist er auch des Anteils an dem Gesamtgut unwürdig. Die Vorschriften über die Erbunwürdigkeit finden entsprechende Anwendung.

Materialien: Zu § 1506 aF: E I § 1392; II § 1390, § 1392 rev § 1491; III § 1489; Mot IV 446; Prot IV 314. Zu § 1506 nF: GleichberG E I § 1506; II § 1506. Vgl STAUDINGER/BGB-Synopse 1896–2005 § 1506.

Systematische Übersicht

I. Allgemeines

Der erstversterbende Ehegatte wird beim Vorhandensein gemeinschaftlicher Ab- **1** kömmlinge, mit denen der überlebende Ehegatte die Gütergemeinschaft fortsetzt, hinsichtlich seines Vermögens mit Ausnahme seines Anteils am Gesamtgut nach den allgemeinen Regeln beerbt (§ 1483 Abs 1 S 3 BGB). Ist ein gemeinschaftlicher Abkömmling für erbunwürdig erklärt (§§ 2339 ff BGB), so verliert er nicht nur sein Erbrecht gegenüber dem Nachlass des verstorbenen Ehegatten (seinem Vorbehaltsgut und seinem Sondergut, soweit dieses vererblich ist) – (§ 2344 BGB), sondern auch seinen Anteil am Gesamtgut der fortgesetzten Gütergemeinschaft (§ 1506 S 1 BGB). Ist eine Erbunwürdigkeitserklärung (durch Urteil, § 2342 BGB) nicht erfolgt, so kann der gemeinschaftliche Abkömmling seines Anteils am Gesamtgut der fortgesetzten Gütergemeinschaft für unwürdig erklärt werden (§ 1506 S 2 BGB). Auf diese „Anteilsunwürdigkeit" finden die Vorschriften über die Erbunwürdigkeit (§§ 2339 ff BGB) entsprechende Anwendung (Mot IV 416 ff).

II. Anteilsunwürdigkeit

Die entsprechende Anwendung der Vorschriften über die Erbunwürdigkeit **2** (§§ 2339–2345 BGB) führt zu folgenden Ergebnissen:

1. Unwürdigkeitsgründe

Anteilsunwürdig ist ein anteilsberechtigter Abkömmling in den Fällen des § 2339 **3** Nr 1–4 BGB. Als Verfügungen von Todes wegen im Sinne dieser Bestimmungen kommen insbesondere auch die in den §§ 1511–1515 BGB bezeichneten Verfügungen von Todes wegen des verstorbenen Ehegatten in Betracht.

Dass § 2339 BGB auch auf die Zustimmung des überlebenden Ehegatten, die zur **4** Wirksamkeit dieser letztwilligen Verfügungen des verstorbenen Ehegatten gemäß § 1516 BGB erforderlich ist, entsprechend angewendet werden kann, war früher umstritten, wird heute aber allgemein anerkannt. Da die Verhinderung der Zustimmung des überlebenden Ehegatten eine mittelbare Verhinderung des verstorbenen Ehegatten darstellen kann, eine wirksame letztwillige Verfügung gemäß §§ 1511–1515 BGB zu treffen, wird man den Abkömmling auch dann als erbunwürdig oder anteilsunwürdig behandeln müssen, wenn dieser die Wirksamkeit einer letztwilligen Verfügung des verstorbenen Ehegatten dadurch verhindern wollte, dass er die Zustimmung des überlebenden Ehegatten vorsätzlich und widerrechtlich verhinderte. Eine etwaige Verzeihung des *überlebenden* Ehegatten (§ 2343 BGB) kann daran nichts ändern (so auch SOERGEL/GAUL/ALTHAMMER Rn 3; MünchKomm/KANZLEITER Rn 2; BAMBERGER/ROTH/MAYER Rn 3; NK-BGB/VÖLKER Rn 2).

2. Geltendmachung der Anteilsunwürdigkeit

5 Die Anteilsunwürdigkeit wird durch **Anfechtung** des Erwerbes des Anteils am Gesamtgut der fortgesetzten Gütergemeinschaft geltend gemacht. Das Gleiche gilt hinsichtlich des dem ausgeschlossenen Abkömmling zugebilligten Anspruchs aus § 1511 Abs 2 BGB (dazu § 1511 BGB). Die Anfechtung ist erst *nach dem Eintritt der fortgesetzten Gütergemeinschaft* zulässig. Sie kann nur binnen *Jahresfrist* erfolgen; die Frist beginnt mit dem Zeitpunkt, in dem der Anfechtungsberechtigte von dem Anfechtungsgrunde Kenntnis erlangt; auf den Lauf der Frist finden die für die Verjährung geltenden Vorschriften der §§ 203, 206, 207 BGB entsprechende Anwendung; die Anfechtung ist ausgeschlossen, wenn seit dem Eintritt der fortgesetzten Gütergemeinschaft dreißig Jahre verstrichen sind (§§ 2340, 2082 BGB; § 2340 Abs 2 S 2 BGB ist unanwendbar).

6 **Anfechtungsberechtigt** ist jeder, dem der Wegfall des anteilsunwürdigen Abkömmlings, sei es auch nur bei dem Wegfall eines anderen, zustatten kommt (vgl § 2341 BGB; s auch unten Rn 9):

– jeder andere Abkömmling;

– die an seine Stelle tretenden Abkömmlinge des anteilsunwürdigen Abkömmlings;

– bei Nichteintritt der fortgesetzten Gütergemeinschaft jeder Erbe des verstorbenen Ehegatten.

7 Die Anfechtung erfolgt durch Erhebung der Anfechtungsklage gegen den anteilsunwürdigen Abkömmling. Die Klage ist darauf zu richten, dass der Abkömmling für anteilsunwürdig erklärt wird. Die Wirkung der Anfechtung tritt erst mit der Rechtskraft der Entscheidung ein (vgl § 2342 Abs 2 BGB).

8 Die Anfechtung ist ausgeschlossen, wenn der verstorbene Ehegatte dem Abkömmling verziehen hat (§ 2343 BGB). Die **Verzeihung** des überlebenden Ehegatten ist ohne Bedeutung (vgl auch Rn 4)

3. Wirkung der Anteilsunwürdigkeit

9 Ist ein anteilsberechtigter Abkömmling für anteilsunwürdig erklärt, so gilt sein Anteil am Gesamtgut der fortgesetzten Gütergemeinschaft als von ihm nicht erwor-

ben. Der Anteil fällt demjenigen zu, der ihn gemäß § 1483 BGB erworben haben würde, wenn der anteilsberechtigte Abkömmling zur Zeit des Eintritts der fortgesetzten Gütergemeinschaft nicht gelebt hätte; der Erwerb gilt als in diesem Zeitpunkt erfolgt (§ 2344 BGB). Die Anteilsunwürdigkeit eines gemeinschaftlichen Abkömmlings kommt also auch den einseitigen Abkömmlingen des verstorbenen Ehegatten zustatten. Ist der anteilsunwürdige Abkömmling der einzige gemeinschaftliche Abkömmling oder sind alle anteilsberechtigten Abkömmlinge anteilsunwürdig, so tritt die fortgesetzte Gütergemeinschaft überhaupt nicht ein (§ 1482 BGB).

III. Keine Anteilsunwürdigkeit des Abkömmlings gegenüber dem überlebenden Ehegatten

Ist die fortgesetzte Gütergemeinschaft durch den Tod oder die Todeserklärung des **10** überlebenden Ehegatten beendet (§ 1494 BGB), so finden die §§ 2339–2345 BGB hinsichtlich der Beerbung des überlebenden Ehegatten unmittelbar Anwendung. Ist ein Abkömmling gegenüber dem Nachlass des verstorbenen Ehegatten erbunwürdig, so ist er deswegen nicht auch seines Anteils am Gesamtgut der fortgesetzten Gütergemeinschaft unwürdig; seine Anteilsunwürdigkeit kommt also insoweit nicht in Betracht. Bei der Auseinandersetzung der fortgesetzten Gütergemeinschaft (§§ 1497 ff BGB) erhalten die Erbengemeinschaft, an der der Abkömmling wegen seiner Erbunwürdigkeit nicht beteiligt ist, und die Gesamtheit der anteilsberechtigten Abkömmlinge nach Berichtigung der Gesamtgutsverbindlichkeiten je eine Gesamtgutshälfte (§§ 1498 Abs 1, 1476 Abs 1 BGB).

IV. Entsprechende Anwendung des § 1506 auf den überlebenden Ehegatten

Das Gesetz behandelt den Fall nicht, dass der überlebende Ehegatte Verfehlungen **11** der in § 2339 Abs 1 BGB genannten Art gegenüber dem verstorbenen Ehegatten begangen hat. Ob auch auf diesen Tatbestand § 1506 BGB angewendet werden kann und damit seine Erbunwürdigkeit hinsichtlich des Nachlasses (Vorbehaltsguts und Sonderguts) des verstorbenen Ehegatten auch seine Anteilsunwürdigkeit hinsichtlich des Gesamtgutsanteils des verstorbenen Ehegatten nach sich zieht, ist umstritten (s oben § 1483 Rn 6; dafür BAMBERGER/ROTH/MAYER Rn 2; RAUSCHER Rn 471; SOERGEL/GAUL/ALTHAMMER Rn 4; MünchKomm/KANZLEITER Rn 3; ERMAN/HEINEMANN Rn 1; PALANDT/BRUDERMÜLLER Rn 2; dagegen BGB-RGRK/FINKE Rn 2). Man wird die **entsprechende Anwendbarkeit** bejahen müssen, da nur sie zu annehmbaren Ergebnissen führt. Ist der überlebende Ehegatte gegenüber dem Nachlass des verstorbenen Ehegatten erbunwürdig, so ist er auch hinsichtlich des Gesamtgutsanteils des verstorbenen Ehegatten unwürdig (§ 1506 BGB). Eine Fortsetzung der Gütergemeinschaft tritt nicht ein (s § 1483 Rn 6). Bei der Auseinandersetzung der ehelichen Gütergemeinschaft erhält der überlebende Ehegatte seine Gesamtgutshälfte (§§ 1498 Abs 1, 1476 BGB), während er an dem Nachlass (Vorbehaltsgut, Sondergut und Gesamtgutsanteil) des verstorbenen Ehegatten infolge seiner Erbunwürdigkeit nicht beteiligt ist.

§ 1507
Zeugnis über Fortsetzung der Gütergemeinschaft

Das Nachlassgericht hat dem überlebenden Ehegatten auf Antrag ein Zeugnis über die Fortsetzung der Gütergemeinschaft zu erteilen. Die Vorschriften über den Erbschein finden entsprechende Anwendung.

Materialien: Zu § 1507 aF: E II § 1392a rev § 1492; Prot V 729. Zu § 1507 nF: GleichberG E I § 1507; II § 1507. Vgl STAUDINGER/BGB-Synopse 1896–2005 § 1507.

Systematische Übersicht

I. Grundzüge

1 Das Zeugnis über die Fortsetzung der Gütergemeinschaft bescheinigt im Interesse des Verkehrs unter namentlicher Bezeichnung der beteiligten Personen, dass die Gütergemeinschaft, die in der Ehe geherrscht hat, nach dem Tode des einen Ehegatten zwischen dem überlebenden Ehegatten und den gemeinschaftlichen Abkömmlingen fortgesetzt wird. Es bezieht sich auf das Gesamtgut, während der Erbschein nur den Nachlass (Vorbehaltsgut und Sondergut) des verstorbenen Ehegatten betrifft. Praktisch spielt es vor allem im Verkehr mit dem Grundbuchamt (und anderen Registerbehörden) eine Rolle (s § 35 Abs 2 GBO; § 41 Abs 2 SchiffsRegO).

2 Auf das Zeugnis über die Fortsetzung der Gütergemeinschaft finden die Vorschriften über den Erbschein entsprechende Anwendung (§ 1507 S 2 BGB). Daher kann wegen der Einzelfragen auf die Darstellung bei STAUDINGER/HERZOG (2016) §§ 2353–2370 verwiesen werden.

II. Zeugnis über die Fortsetzung der Gütergemeinschaft

3 Nach § 1507 S 1 BGB hat das Nachlassgericht dem überlebenden Ehegatten auf Antrag ein Zeugnis über die Fortsetzung der Gütergemeinschaft zu erteilen.

1. Antrag

Der Antrag auf Erteilung des Zeugnisses bedarf keiner besonderen Form (§ 25 **4**
FamFG). Er kann zum Protokoll der Geschäftsstelle des zuständigen Gerichts oder
eines Amtsgerichts erfolgen. Das zuständige Nachlassgericht ergibt sich nach §§ 343,
354 FamFG. Der Antrag kann von einem (gesetzlichen oder bevollmächtigten) Vertreter gestellt werden. Die Erteilung des Zeugnisses kann noch nach Beendigung der
fortgesetzten Gütergemeinschaft verlangt werden (OLG München FamRZ 2012, 229
Rn 11; BayObLG DNotZ 1968, 37). Eine Antragsfrist besteht nicht.

Antragsberechtigt ist der überlebende Ehegatte; nach seinem Tode sein Rechtsnach- **5**
folger, dh seine Erben, und zwar jeder Erbe einzeln (KG OLGE 40, 155); jeder Gläubiger, der einen vollstreckbaren Titel gegen den überlebenden Ehegatten erwirkt hat
(§§ 792, 896 ZPO; §§ 14, 40 Abs 2 GBO), um in ein zum Gesamtgut der fortgesetzten Gütergemeinschaft gehörendes Grundstück vollstrecken zu können (vgl § 35
Abs 1 u 2 GBO); nach Beendigung der fortgesetzten Gütergemeinschaft auch jeder
anteilsberechtigte Abkömmling mit Rücksicht auf sein Mitverwaltungsrecht
(§§ 1497 Abs 2, 1472 Abs 3 HS 2 BGB; KG JW 1935, 1437). Während des Bestehens
der fortgesetzten Gütergemeinschaft haben die anteilsberechtigten Abkömmlinge
jedoch kein Antragsrecht (OLG München FamRZ 2012, 229 Rn 10), da sie von der Verwaltung des Gesamtguts der fortgesetzten Gütergemeinschaft ausgeschlossen sind
(dazu § 1487 Rn 26).

Bei der Antragstellung sind der **Ehevertrag** (mit der Vereinbarung, dass nach dem **6**
Tode des erstverstorbenen Ehegatten die Gütergemeinschaft zwischen dem überlebenden Ehegatten und den gemeinschaftlichen Abkömmlingen fortgesetzt werden
soll; vgl § 1483 Abs 1 S 1, 2 BGB) und die **standesamtlichen Nachweise** über den Tod
des einen Ehegatten sowie über das Vorhandensein gemeinschaftlicher Abkömmlinge vorzulegen, die bei gesetzlicher Erbfolge als Erben berufen wären. Ferner ist
eine **eidesstattliche Erklärung** darüber abzugeben, dass eine Aufhebung der Vereinbarung über die Fortsetzung der Gütergemeinschaft oder dahingehende Verfügungen (§§ 1509, 1511 BGB), nicht vorliegen (KG OLGE 18, 271) und ein Rechtsstreit
über die Fortsetzung der Gütergemeinschaft nicht anhängig ist (§§ 352 Abs 3, 354
Abs 1 FamFG). Wegen der Anforderungen an den Antrag eines Gläubigers des
überlebenden Ehegatten (s oben Rn 5) STAUDINGER/HERZOG (2016) § 2353 Rn 34 ff.

2. Inhalt des Zeugnisses

Aus dem Zweck des § 1507 BGB ergibt sich als wesentlicher Inhalt des Zeugnisses **7**
die Bestätigung, dass der überlebende Ehegatte nach dem Tode des anderen Ehegatten zusammen mit den gemeinschaftlichen Abkömmlingen die Gütergemeinschaft *fortsetzt*. Bei Erteilung nach Beendigung der Gütergemeinschaft, ist die *Beendigung* aufzunehmen (hM; anders MünchKomm/KANZLEITER Rn 4: Eintragung möglich, aber
unnötig). Es sind die *persönlichen Verhältnisse* der beiden Ehegatten, die zur genauen
Bezeichnung der Personen erforderlich sind (Name, Stand, Wohnort) und der To-
destag des verstorbenen Ehegatten anzugeben. Es empfiehlt sich, auch die anteilsberechtigten Abkömmlinge mit Namen, Wohnort und Geburtsdatum aufzuführen
(offen gelassen OLG München FamRZ 2012, 229 Rn 13). Ein *vermisster Abkömmling* und
dessen Abkömmlinge können im Zeugnis alternativ nebeneinander aufgeführt wer-

den (LG Heidelberg NJW 1959, 295; Müller FamRZ 1956, 339). Die *Größe der Anteile* der anteilsberechtigten Abkömmlinge wird im Zeugnis jedoch nicht vermerkt (KG OLGE 43, 361), ebensowenig das *Verwandtschaftsverhältnis* (OLG München DNotZ 1935, BayBeil 190).

8 Sind **erbberechtigte einseitige Abkömmlinge** des verstorbenen Ehegatten vorhanden, so sind sie im Zeugnis aufzuführen, um wegen ihrer Beteiligung am Gesamtgut Klarheit zu schaffen (BGHZ 63, 35, 40; NK-BGB/Völker Rn 4; Palandt/Brudermüller Rn 4; Erman/Heinemann Rn 4; Soergel/Gaul/Althammer Rn 3; **aA** MünchKomm/Kanzleiter Rn 4; Bamberger/Roth/Mayer Rn 5 Fn 17). Auch müssen die Bruchteile angegeben werden, mit denen sie am Gesamtgut beteiligt sind (vgl § 1483 Abs 2). Nicht aufzunehmen waren bis 1. 4. 1998 nichteheliche Abkömmlinge eines vorverstorbenen Sohnes, weil diesen nur ein Erbersatzanspruch gemäß § 1934a aF zustand. Dieser Anspruch war ohne dinglichen Einfluss auf das Gesamtgut. Sind im Zeugnis keine einseitigen Abkömmlinge genannt, so wird dadurch bewiesen, dass solche neben den anteilsberechtigten Abkömmlingen nicht vorhanden sind (KG KGJ 34 A 229; BGHZ 63, 35, 40 zugleich zu den *Amtspflichten* des Nachlassgerichts gegenüber einseitigen Abkömmlingen).

9 Wegen der **Zulässigkeit der Erteilung eines Zeugnisses unter Beschränkung auf bestimmte Gegenstände** (gegenständlich beschränktes Zeugnis; § 352c FamFG) gilt das Gleiche wie beim Erbschein (dazu Staudinger/Herzog [2016] § 2353 Rn 108 ff); § 2369 BGB ist unanwendbar (**aM** Planck/Unzner Anm 22; Dörner DNotZ 80, 667). Das schloss bis 17. 8. 2015 jedoch (ebenso wie beim Erbschein) die (kostengünstige) Erteilung des Zeugnisses für *beschränkte Verwendungen* (Rückerstattung, Entschuldung, Kriegsgefangenenentschädigung, Lastenausgleich) nicht aus (dazu Staudinger/Herzog [2016] § 2353 Rn 452).

3. Zeugnis nach § 1507 und Erbschein

10 In Anbetracht der verschiedenen Aufgaben sind das Zeugnis nach § 1507 BGB und der Erbschein voneinander unabhängig (KG OLGE 6, 319). Insbesondere ist ein Erbschein auch beim Eintritt der fortgesetzten Gütergemeinschaft ohne Rücksicht darauf zu erteilen, ob ein Vorbehaltsgut oder Sondergut des verstorbenen Ehegatten vorhanden ist (KG OLGE 7, 365). Beide Urkunden können auch miteinander verbunden werden (KG OLGE 14, 237).

4. Einsichtnahme und Ausfertigungen

11 Wer ein berechtigtes Interesse glaubhaft macht, kann beim Nachlassgericht die Einsicht in das Zeugnis, Abschriften und eine Ausfertigung des Zeugnisses verlangen (§§ 357 Abs 2, 354 FamFG).

III. Negativzeugnis

12 Aus dem Grundgedanken des § 1507 BGB hat das Kammergericht (KG RJA 16, 154 ff) mit Recht die Folgerung abgeleitet, dass auf Antrag des überlebenden Ehegatten das Nachlassgericht auch verpflichtet ist, ein Zeugnis des Inhalts auszustellen, dass die Fortsetzung der Gütergemeinschaft nicht eingetreten ist. Es hat das Bestehen einer Gütergemeinschaft vor dem Tod eines Ehegatten zur Voraussetzung (BayObLG

FamRZ 2003, 1778 Rn 14). Auch dieses „Negativzeugnis" ist nicht nur ein Tatsachenzeugnis, sondern ein Urteilszeugnis mit dem Charakter eines Erbscheins. Ebenso wie das „Positivzeugnis" steht es unter dem öffentlichen Glauben (dazu unten Rn 20 ff) und beweist im Verkehr mit dem Grundbuchamt (und anderen Registerbehörden), dass eine fortgesetzte Gütergemeinschaft nicht eingetreten ist (unten Rn 19). Im Grundbuchverkehr ist der Nachweis allerdings auch auf andere Weise möglich, sofern die Form des § 29 Abs 1 GBO gewahrt ist (OLG Frankfurt Rpfleger 1978, 412; BayObLG FamRZ 2003, 1778: eidesstattliche Versicherung).

IV. Erteilungsverfahren

Zum Erteilungsverfahren s die Erläuterungen zu §§ 2358–2360 BGB. Gegen die **13** Erteilung des Zeugnisses oder seinen Inhalt ist eine Beschwerde nicht zulässig (Staudinger/Herzog [2016] § 2353 Rn 564 ff). Rechtsmittelfähig ist nur der Feststellungsbeschluss gemäß § 352e Abs 2 FamFG.

V. Unrichtiges Zeugnis

Für die Einziehung und die Kraftloserklärung des unrichtigen Zeugnisses gelten **14** ebenfalls die Regeln über den Erbschein entsprechend (s Erl zu § 2361). Ein unrichtiges Zeugnis kann vom Nachlassgericht nicht nur eingezogen oder für kraftlos erklärt und gegebenenfalls durch ein neues richtiges ersetzt, sondern auch stattdessen *ergänzt oder berichtigt* werden (Bamberger/Roth/Mayer Rn 5; Soergel/Gaul/Althammer Rn 4; BGB-RGRK/Finke Rn 20; Erman/Heinemann Rn 4; Palandt/Brudermüller Rn 4; KG OLGE 7, 58; 26, 318; BayObLG NJW 1954, 928; DNotZ 1968, 35; **aA** Bergerfurth NJW 1956, 1506; Dölle I § 81 V 1; ganz anders MünchKomm/Kanzleiter Rn 5).

Die Praxis hat bis jetzt – im Einklang mit landesrechtlichen Regelungen – eine **15** Berichtigung des Zeugnisses dann zugelassen, wenn ein im Zeugnis aufgeführter anteilsberechtigter Abkömmling durch Tod oder Verzicht (§§ 1490, 1491 BGB) weggefallen ist (KG OLGE 7, 58) oder wenn nach dem Tode des einzigen und letzten anteilsberechtigten Abkömmlings sich das gesamte gütergemeinschaftliche Vermögen in der Hand des überlebenden Ehegatten vereinigt hat (KG OLGE 26, 318). Nach der Beendigung der fortgesetzten Gütergemeinschaft soll jedoch eine Berichtigung des Zeugnisses nur hinsichtlich solcher Umstände zulässig sein, die schon vor der Beendigung der fortgesetzten Gütergemeinschaft eingetreten sind oder doch auf die Zeit vor der Beendigung zurückwirken (BayObLG DNotZ 1968, 35). Dementsprechend ist ein auf dem Zeugnis vermerkter Verzicht eines anteilsberechtigten Abkömmlings auf seinen Gesamtgutsanteil auch noch nach der Beendigung der fortgesetzten Gütergemeinschaft auf dessen Antrag hin berichtigt worden, weil der Verzicht unwirksam war (BayObLGZ 1954, 79).

Ein **Anspruch auf Herausgabe** des unrichtigen Zeugnisses besteht entsprechend **16** § 2362 Abs 1 BGB; ein **Anspruch auf Auskunft** entsprechend § 2362 Abs 2 BGB.

VI. Wirkungen des Zeugnisses

Das Zeugnis über die Fortsetzung der Gütergemeinschaft hat – ebenso wie der **17** Erbschein (vgl §§ 2365–2367 BGB) – für den Rechtsverkehr in zwei Richtungen

Burkhard Thiele

Bedeutung: es erleichtert die Beweisführung und dient als Anknüpfung des Gut-
glaubensschutzes.

1. Vermutung der Richtigkeit und Vollständigkeit des Zeugnisses

18 Es wird vermutet, dass zwischen den im Zeugnis genannten Personen die Gütergemeinschaft fortgesetzt wird, dass also das Gesamtgut der ehelichen Gütergemeinschaft auf die fortgesetzte Gütergemeinschaft übergegangen ist. Diese Vermutung erstreckt sich freilich nur auf die Tatsache, dass die **fortgesetzte Gütergemeinschaft zwischen den im Zeugnis bezeichneten Personen eingetreten ist**. Wie beim Erbschein umfasst die Vermutung nicht das Vorliegen von Tatsachen, aufgrund derer die Fortsetzung der Gütergemeinschaft als festgestellt angenommen worden ist (etwa rechtliche Stellung eines Beteiligten als gemeinschaftlicher Abkömmling; BGHZ 63, 39). Ob die fortgesetzte Gütergemeinschaft noch besteht, wird von der Vermutung nicht umfasst und muss daher von demjenigen, der sich auf den Fortbestand berufen will, auf eigene Gefahr geprüft werden. Wer sich dagegen darauf beruft, dass die Gütergemeinschaft nicht fortgesetzt worden sei, muss die Vermutung, dass der Inhalt des Zeugnisses wahr und vollständig ist, durch Gegenbeweis widerlegen. Umgekehrt muss jeder, der entgegen dem Inhalt eines „Negativzeugnisses" (s oben Rn 12) behauptet, die Gütergemeinschaft sei fortgesetzt worden, dafür den Beweis führen.

19 Dem **Grundbuchamt** gegenüber kann der Beweis, dass die Gütergemeinschaft fortgesetzt oder nicht fortgesetzt worden ist, allein durch das Zeugnis nach § 1507 BGB erbracht werden (§ 35 Abs 2 GBO). Das Gleiche gilt für den Nachweis vor dem Schiffsregister.

2. Öffentlicher Glaube

20 Erwirbt jemand von demjenigen, der im Zeugnis als der überlebende Ehegatte bezeichnet wird, durch Rechtsgeschäft einen zum Gesamtgut der fortgesetzten Gütergemeinschaft gehörenden Gegenstand oder die Befreiung von einem zum Gesamtgut der fortgesetzten Gütergemeinschaft gehörenden Recht, so gilt zu seinen Gunsten der Inhalt des Zeugnisses, soweit die darin beschriebene Vermutung reicht, als richtig. Das gilt nicht, wenn er die Unrichtigkeit des Zeugnisses kennt oder weiß, dass das Nachlassgericht die Rückgabe des Zeugnisses wegen Unrichtigkeit verlangt hat (vgl § 2366 BGB).

21 Dieser Grundsatz findet entsprechende Anwendung auf den Fall, dass an denjenigen, der im Zeugnis als der überlebende Ehegatte bezeichnet ist, aufgrund eines zum Gesamtgut der fortgesetzten Gütergemeinschaft gehörenden Rechts eine Leistung bewirkt oder wenn zwischen ihm und einem anderen in Ansehung eines solchen Rechts ein nicht unter § 2366 BGB fallendes Rechtsgeschäft vorgenommen wird, das eine Verfügung über das Recht enthält (vgl § 2367 BGB).

22 Insofern werden Redliche, die auf die Richtigkeit des Zeugnisses vertrauen, bei Rechtsgeschäften mit der durch das Zeugnis ausgewiesenen Person geschützt.

§ 1508

Die Vorschrift ist durch Art 1 Nr 13 GleichberG gestrichen, vgl STAUDINGER/BGB-Synopse 1896–2005 § 1508.

§ 1509
Ausschließung der fortgesetzten Gütergemeinschaft durch letztwillige Verfügung

Jeder Ehegatte kann für den Fall, dass die Ehe durch seinen Tod aufgelöst wird, die Fortsetzung der Gütergemeinschaft durch letztwillige Verfügung ausschließen, wenn er berechtigt ist, dem anderen Ehegatten den Pflichtteil zu entziehen oder die Aufhebung der Gütergemeinschaft zu beantragen. Das Gleiche gilt, wenn der Ehegatte berechtigt ist, die Aufhebung der Ehe zu beantragen, und den Antrag gestellt hat. Auf die Ausschließung finden die Vorschriften über die Entziehung des Pflichtteils entsprechende Anwendung.

Materialien: Zu § 1509 aF: E I § 1387 Abs 1–3; II § 1383 Abs 1 rev § 1494; III § 1492; Mot IV 440; Prot IV 309; VI 289. Zu § 1509 nF: GleichberG E I § 1509; II § 1509. Vgl STAUDINGER/BGB-Synopse 1896–2005 § 1509; BT-Drucks 18/5901, 22.

Systematische Übersicht

I. Grundgedanke

Haben die in Gütergemeinschaft lebenden Ehegatten in einem Ehevertrag mitein- **1** ander vereinbart, dass nach dem Tode des einen Ehegatten der andere mit den gemeinschaftlichen Abkömmlingen die Gütergemeinschaft fortsetzen soll (§ 1483 Abs 1 BGB), so sind sie daran gebunden. Zwar können sie diese Vereinbarung durch einen Ehevertrag aufheben (§ 1518 S 2 BGB); einseitig kann sich aber ein Ehegatte von ihr nur dadurch lossagen, dass er durch letztwillige Verfügung unter einer der Voraussetzungen des § 1509 S 1, 2 BGB die Fortsetzung der Gütergemeinschaft nach seinem Tode ausschließt. § 1509 BGB bildet somit den einzigen Tatbestand, in dem das Gesetz dem erstversterbenden Ehegatten das Recht einräumt, einseitig den Eintritt der fortgesetzten Gütergemeinschaft zu verhindern.

Auf die Ausschließung finden die Vorschriften über die Entziehung des Pflichtteils **2** entsprechende Anwendung (§§ 1509 S 3, 2333–2337 BGB). Ohne Änderung des Wortlauts verweist die Vorschrift nach Inkrafttreten der Aufhebung von § 2335 aF seit dem 1. 1. 2010 auf § 2333 Abs 2 iVm Abs 1 BGB in der geänderten Fassung. Die Wirkung einer solchen letztwilligen Verfügung besteht darin, dass die bisherige Gütergemeinschaft nach dem Tode des Testators nicht fortgesetzt wird, sondern dass dieser vielmehr nach den allgemeinen Vorschriften beerbt wird. Dabei wird sein Anteil am Gesamtgut der ehelichen Gütergemeinschaft zu seinem Nachlass gerechnet (§§ 1510, 1482 BGB).

3 § 1509 BGB ist vom Gleichberechtigungsgesetz nicht geändert worden. Durch das 1. EheRG vom 14. 6. 1976 (BGBl I 1421) wurde mit Rücksicht auf die Neufassung des § 2335 BGB der S 2 eingefügt und durch das EheschlRG vom 4. 5. 1998 (BGBl I 833) geändert. Durch das Gesetz zur Bereinigung des Rechts der Lebenspartner ist die Vorschrift an die Terminologie des FamFG angepasst worden.

II. Voraussetzungen des Ausschließungsrechts

1. Pflichtteilsentziehungsgründe

4 Als eine Gruppe von Gründen, die die Ausschließung der Fortsetzung der Gütergemeinschaft rechtfertigen, nennt § 1509 S 1 BGB die Pflichtteilsentziehungsgründe (§ 2333 Abs 2 iVm Abs 1 BGB). Danach kann ein Ehegatte dem anderen den Pflichtteil entziehen, wenn dieser dem anderen, dessen Abkömmling oder einer ihm ähnlich nahestehenden Person nach dem Leben trachtet, ihn oder die vorgenannten zum Opfer eines Verbrechens oder schweren vorsätzlichen Vergehens macht, die ihm dem Ehegatten gegenüber gesetzlich obliegende Unterhaltspflicht böswillig verletzt oder schließlich wegen einer vorsätzlichen Straftat zu einer Freiheitsstrafe von mindestens einem Jahr ohne Bewährung rechtskräftig verurteilt wird und die Teilhabe dieses Ehegatten am Nachlass deshalb für den anderen Ehegatten unzumutbar ist (zu Einzelheiten siehe STAUDINGER/OLSHAUSEN [2015] §§ 2333 ff). Dagegen rechtfertigen schuldhafte Eheverfehlungen im Gegensatz zum früheren Recht (s Rn 3) die Entziehung des Ehegattenpflichtteils nicht mehr (stattdessen nunmehr S 2, dazu s unten Rn 6).

2. Gründe für die Aufhebung der Gütergemeinschaft

5 Als zweite Gruppe von Tatbeständen, die die einseitige Ausschließung der Fortsetzung der Gütergemeinschaft rechtfertigen, nennt § 1509 S 1 BGB die Gründe, die den Ehegatten zum Antrag auf Aufhebung der ehelichen Gütergemeinschaft berechtigen. Ein solches Antragsrecht steht bei Alleinverwaltung eines Ehegatten dem Gesamtgutsverwalter nach § 1448 BGB, dem nichtverwaltenden Ehegatten nach § 1447 BGB und bei gemeinsamer Verwaltung jedem Ehegatten nach § 1469 BGB zu. Hat einer der Ehegatten hiernach einen Grund, der ihm die Aufhebung der ehelichen Gütergemeinschaft zu erzwingen erlauben würde, so kann er die Fortsetzung der Gütergemeinschaft nach seinem Tode durch Ausschließung verhindern.

3. Aufhebung und Scheidung der Ehe

Der neu eingefügte Satz 2 der Vorschrift nennt als weiteren Grund für die einseitige **6** Ausschließung der Fortsetzung der Gütergemeinschaft den **berechtigten Antrag auf Eheaufhebung**, *nicht* aber den Fall des berechtigten **Antrags auf Ehescheidung**. In diesem Punkt liegt eine echte Regelungslücke vor, zu deren Ausfüllung § 1509 S 2 BGB in entsprechender Anwendung heranzuziehen ist. Aus der Nichtregelung im Rahmen der Neufassung kann in diesem Punkte nicht auf ein beredtes Schweigen des Gesetzgebers geschlossen werden. Die Lücke beruht auf einem Redaktionsversehen (MünchKomm/KANZLEITER Rn 2; SOERGEL/GAUL/ALTHAMMER Rn 8 jeweils mwNw). In beiden Fällen ist die Grundlage der ehevertraglichen Regelung entfallen. Bei bevorstehendem Ende der Gütergemeinschaft muss dem Ehegatten die Möglichkeit eingeräumt werden, die Fortsetzung allein aufgrund seines Todes zu verhindern (vgl BT-Drucks 7/650 [2. RegE] S 103). Auch ein begründet eingereichter Scheidungsantrag berechtigt daher zur einseitigen Ausschließung gem § 1509 BGB (s auch § 1483 Rn 7; SOERGEL/GAUL/ALTHAMMER Rn 8; MünchKomm/KANZLEITER Rn 2; NK-BGB/VÖLKER Rn 2; BAMBERGER/ROTH/MAYER Rn 4; **aM** ERMAN/HEINEMANN Rn 2; BGB-RGRK/FINKE Rn 9; PALANDT/BRUDERMÜLLER Rn 1).

4. Letztwillige Verfügung

Die Ausschließung erfolgt durch eine letztwillige Verfügung. Ihre Erfordernisse und **7** Form sind in §§ 2229 ff BGB geregelt. Aus §§ 2278, 2299 BGB folgt, dass eine solche Bestimmung auch in einem Erbvertrag getroffen werden kann, und zwar als einseitige und nicht als vertragliche (KG KGJ 51, 170).

Dass zur Zeit der Errichtung der letztwilligen Verfügung bereits gemeinschaftliche **8** Abkömmlinge vorhanden sind, ist nicht erforderlich.

Die letztwillige Verfügung kann nur darauf gerichtet sein, die Fortsetzung der Gü- **9** tergemeinschaft *im Ganzen* auszuschließen (§ 1518 BGB). Eine Änderung der in § 1510 BGB vorgesehenen Wirkung der letztwilligen Verfügung ist nicht möglich (s dazu § 1510 Rn 3).

Entzieht der Ehegatte durch letztwillige Verfügung seinem Ehegatten **den Pflichtteil**, **10** so schließt er damit auch die Fortsetzung der Gütergemeinschaft aus, selbst wenn er das nicht ausdrücklich anordnet (Mot IV 441; wie hier BAMBERGER/ROTH/MAYER Rn 4; SOERGEL/GAUL/ALTHAMMER Rn 5; **aA** GERNHUBER/COESTER-WALTJEN [5. Aufl] § 39 Rn 10). Setzt zB ein Ehegatte, der kein Sondervermögen hat, wegen einer körperlichen Misshandlung durch seinen Ehegatten seine Kinder zu Alleinerben ein, so entzieht er damit nicht nur seinem Ehegatten dessen Pflichtteil, sondern schließt er auch die vereinbarte Fortsetzung der Gütergemeinschaft aus.

Ob andererseits in der letztwilligen Ausschließung der fortgesetzten Gütergemein- **11** schaft zugleich auch eine Entziehung des Pflichtteils liegt, ist Auslegungsfrage (Mot IV 441). Auch wenn der Ehegatte sich dafür auf einen Pflichtteilsentziehungsgrund beruft, kann er dennoch Anlass haben, seine Anordnung auf die Ausschließung der fortgesetzten Gütergemeinschaft zu beschränken (BAMBERGER/ROTH/MAYER Rn 4; BGB-RGRK/FINKE Rn 4; SOERGEL/GAUL/ALTHAMMER Rn 5). Schließt er dagegen die

Fortsetzung der Gütergemeinschaft aus einem Grunde aus, der ihn die Aufhebung der Gütergemeinschaft zu beantragen berechtigt (s oben Rn 5), so berührt das das Pflichtteilsrecht des anderen Ehegatten nicht.

5. Entsprechende Anwendung der §§ 2333–2337

12 Auf die Ausschließung der fortgesetzten Gütergemeinschaft durch letztwillige Verfügung eines Ehegatten finden die Vorschriften über die Entziehung des Pflichtteils entsprechende Anwendung (§§ 1509 S 3, 2333–2337 BGB). Hieraus ergibt sich im Einzelnen:

13 a) Der **Grund der Ausschließung** (vgl oben Rn 4 ff) muss *zur Zeit der Errichtung* der letztwilligen Verfügung bestehen (Mot IV 441) und in der Verfügung *angegeben* werden (§ 2336 Abs 2 BGB). Dabei muss er deutlich bezeichnet werden, da sonst noch andere Gründe nachgeschoben werden könnten (OLG Saarbrücken JZ 1952, 47; OLG Karlsruhe FamRZ 1967, 691).

14 b) Der **Beweis** des Grundes obliegt demjenigen, der die Entziehung geltend macht (§ 2336 Abs 3 BGB).

15 c) Das Recht zur Ausschließung der fortgesetzten Gütergemeinschaft erlischt durch **Verzeihung** der das Ausschließungsrecht begründenden Tatsachen. Eine letztwillige Verfügung, durch die die Fortsetzung der Gütergemeinschaft ausgeschlossen wird, wird durch die Verzeihung unwirksam (§ 2337 BGB).

6. Tod des Ehegatten

16 Die letztwillige Verfügung, durch die der Ehegatte einseitig die vereinbarte Fortsetzung der Gütergemeinschaft ausschließt, erlangt mit seinem Tode Wirksamkeit. Stirbt der andere Ehegatte, so bleibt die letztwillige Verfügung ohne Folgen.

17 Wird die Ehe aus anderen Gründen (Scheidung oder Aufhebung der Ehe) gelöst, so kommt eine Fortsetzung der Gütergemeinschaft ohnehin nicht in Betracht.

III. Wirkung der Ausschließung

18 Die Wirkung der Ausschließung ist in § 1510 BGB geregelt (s § 1510 Rn 1 ff).

IV. Keine Eintragung ins Güterrechtsregister

19 Die Ausschließung der fortgesetzten Gütergemeinschaft durch letztwillige Verfügung wird nicht in das Güterrechtsregister eingetragen.

§ 1510
Wirkung der Ausschließung

Wird die Fortsetzung der Gütergemeinschaft ausgeschlossen, so gilt das Gleiche wie im Falle des § 1482.

Materialien: Zu § 1510 aF: E I § 1387 Abs 4; II § 1383 Abs 2 rev § 1495; III § 1493; Mot IV 441; Prot IV 309. Zu § 1510 nF: GleichberG E I § 1510; II § 1510. Vgl STAUDINGER/BGB-Synopse 1896–2005 § 1510.

I. Allgemeines

Die Vorschrift ist durch das Gleichberechtigungsgesetz nicht geändert worden. Ihre **1** selbständige Stellung erklärt sich daraus, dass sie ursprünglich für die §§ 1508 (fortgefallen) und 1509 BGB gemeinsam galt.

II. Wirkung der Ausschließung der fortgesetzten Gütergemeinschaft

Die Vorschrift beschreibt die Wirkung der in § 1509 BGB geregelten einseitigen **2** Ausschließung der vereinbarten Fortsetzung der Gütergemeinschaft durch letztwillige Verfügung eines Ehegatten durch Verweisung auf § 1482 BGB. Danach finden nach dem Tode des ausschließenden Ehegatten die allgemeinen erbrechtlichen Vorschriften Anwendung: der verstorbene Ehegatte wird in gesetzlicher oder gewillkürter Erbfolge beerbt, wobei sein Anteil am Gesamtgut der ehelichen Gütergemeinschaft zu seinem Nachlass gehört. Die Regeln der §§ 1483 ff BGB kommen nicht in Betracht. Letztwillige Verfügungen des verstorbenen Ehegatten über seinen Nachlass (einschließlich des Gesamtgutsanteils) sind unbegrenzt wirksam. Zu den gesetzlichen Erben gehört auch der überlebende Ehegatte, sofern der verstorbene Ehegatte ihm sein Erbrecht nicht durch letztwillige Verfügung entzogen hat. Zur Frage, ob mit der Ausschließung der fortgesetzten Gütergemeinschaft zwangsläufig auch die Entziehung des Pflichtteils verbunden ist, s § 1509 Rn 11.

III. Unabdingbarkeit

Diese Wirkung der Ausschließung der fortgesetzten Gütergemeinschaft kann weder **3** vom Testator noch durch Vereinbarung des überlebenden Ehegatten mit den gemeinschaftlichen Abkömmlingen abgeändert werden (§ 1518 S 1 BGB).

§ 1511
Ausschließung eines Abkömmlings

(1) Jeder Ehegatte kann für den Fall, dass die Ehe durch seinen Tod aufgelöst wird, einen gemeinschaftlichen Abkömmling von der fortgesetzten Gütergemeinschaft durch letztwillige Verfügung ausschließen.

(2) Der ausgeschlossene Abkömmling kann, unbeschadet seines Erbrechts, aus dem Gesamtgut der fortgesetzten Gütergemeinschaft die Zahlung des Betrags verlangen, der ihm von dem Gesamtgut der ehelichen Gütergemeinschaft als Pflichtteil gebühren würde, wenn die fortgesetzte Gütergemeinschaft nicht eingetreten wäre. Die für den Pflichtteilsanspruch geltenden Vorschriften finden entsprechende Anwendung.

(3) Der dem ausgeschlossenen Abkömmlinge gezahlte Betrag wird bei der Auseinandersetzung den anteilsberechtigten Abkömmlingen nach Maßgabe des § 1501 angerechnet. Im Verhältnis der Abkömmlinge zueinander fällt er den Abkömmlingen zur Last, denen die Ausschließung zustatten kommt.

Materialien: Zu § 1511 aF: E I § 1388; II § 1384 rev § 1496; III § 1494; Mot IV 442; Prot IV 309; VI 287. Zu § 1511 nF: GleichberG E I § 1511; II § 1511. Vgl STAUDINGER/BGB-Synopse 1896– 2005 § 1511.

Systematische Übersicht

I.   Grundgedanke

1 Während § 1509 BGB die Ausschließung der fortgesetzten Gütergemeinschaft im Ganzen durch letztwillige Verfügung des erstverstorbenen Ehegatten behandelt, gewährt § 1511 Abs 1 BGB jedem Ehegatten das Recht, für den Fall seines Vorablebens einen gemeinschaftlichen Abkömmling durch letztwillige Verfügung von der vereinbarten fortgesetzten Gütergemeinschaft mit den übrigen gemeinschaftlichen Abkömmlingen auszuschließen. Da aber die Teilnahme eines gemeinschaftlichen Abkömmlings an der fortgesetzten Gütergemeinschaft das Surrogat seines gesetzlichen Erbrechts bildet, kann der aus ihr ausgeschlossene Abkömmling, ebenso wie der von der Erbfolge ausgeschlossene Abkömmling von den Erben den Pflichtteil verlangen kann, einen entsprechenden Ausgleichsanspruch gegen den überlebenden Ehegatten als den Verwalter des Gesamtgutes der fortgesetzten Gütergemeinschaft geltend machen (§ 1511 Abs 2 BGB; Mot IV 442). In § 1511 Abs 3 BGB wird dann die Anrechnung dieses Ausgleichsanspruchs bei der Auseinandersetzung des Gesamtguts geregelt.

2 Diese Ausschließung eines gemeinschaftlichen Abkömmlings unterscheidet sich von der Entziehung des Anteils gemäß § 1513 BGB dadurch, dass bei der Ausschließung der Abkömmling von Anfang an an der fortgesetzten Gütergemeinschaft nicht teilnimmt, während er bei der Entziehung des Anteils zwar Teilhaber der fortgesetzten Gütergemeinschaft wird, ihm aber nach deren Beendigung sein Anteil am Gesamtgut der fortgesetzten Gütergemeinschaft entzogen wird.

Das Redaktionsversehen in Abs 3 S 1, wo statt auf § 1501 BGB auf § 1500 BGB **3** verwiesen worden war, ist erst mit Wirkung vom 1. 8. 2002 durch Art 25 Abs 1 OLG-VertrÄnderungsG vom 23. 7. 2002 (BGBl I 2850) bereinigt worden.

II. Voraussetzungen der Ausschließung des Abkömmlings (Abs 1)

1. Letztwillige Verfügung des erstversterbenden Ehegatten

Die Ausschließung des gemeinschaftlichen Abkömmlings von der fortgesetzten Gü- **4** tergemeinschaft erfolgt durch eine **letztwillige Verfügung** des erstversterbenden Ehegatten (s auch § 1509 Rn 7). Auf den Grund, aus dem der Ehegatte diese Anordnung trifft, kommt es nicht an (vgl demgegenüber §§ 1509, 1513 BGB).

Zur Wirksamkeit der Ausschließung durch letztwillige Verfügung des Ehegatten **5** bedarf es der **Zustimmung** des anderen Ehegatten (§ 1516 BGB).

Die **Ausschließung** eines gemeinschaftlichen Abkömmlings von der fortgesetzten **6** Gütergemeinschaft muss **nicht ausdrücklich**, sie kann auch durch anderweitige letztwillige Verfügungen erfolgen, die mit dem Eintritt der fortgesetzten Gütergemeinschaft unvereinbar sind (OLG München FamRZ 2012, 229 Rn 18; KG OLGE 7, 62 ff; 40, 78). Wird zB in einem späteren gemeinschaftlichen Testament der überlebende Ehegatte als Alleinerbe oder als Vorerbe und der einzige gemeinschaftliche Abkömmling als Nacherbe eingesetzt, so wird damit die Fortsetzung der Gütergemeinschaft ausgeschlossen (RGZ 94, 314, 317; vgl auch BGH FamRZ 1998, 229; BayObLG FamRZ 1986, 1151; LG Marburg RPfleger 2000, 70). Allerdings ist in einem solchen Fall sorgfältig zu prüfen, ob sich eine Verfügung von Todes wegen nur auf das Vorbehalts- und Sondergut bezieht (vgl RGZ 94, 314, 317; weiter aber MünchKomm/KANZLEITER Rn 2; BAMBERGER/ROTH/MAYER Rn 2: die dahingehende *Vermutung* sei zu widerlegen). Entzieht der erstversterbende Ehegatte in einem gemeinschaftlichen Testament dem anteilsberechtigten Abkömmling wirksam den Pflichtteil (§§ 2333, 2336 BGB), so wird das auch als Ausschließung des Abkömmlings von der fortgesetzten Gütergemeinschaft zu werten sein. Wegen der Ausschließung aller anteilsberechtigten Abkömmlinge s unten Rn 16.

Die Ausschließung erstreckt sich nur auf den ausgeschlossenen **Abkömmling**, nicht **7** auch auf *dessen* Abkömmlinge (s unten Rn 14 f). Der Ehegatte kann jedoch auch entferntere Abkömmlinge von der fortgesetzten Gütergemeinschaft ausschließen. Zulässig ist ferner nicht nur die Ausschließung eines nasciturus (s dazu § 1483 Rn 8), sondern auch die Ausschließung eines beim Tode des Testators noch nicht erzeugten Abkömmlings. Ohne eine solche letztwillige Anordnung gilt die Ausschließung für diese Nachkommen der Abkömmlinge nicht.

Die Ausschließung kann auch unter einer **Bedingung** erfolgen. So kann der Ehegatte **8** die Ausschließung des Abkömmlings davon abhängig machen, dass dieser bestimmte

Anordnungen des Erblassers (Belastung mit einem Nießbrauch, Teilungsanordnungen, Verwaltungsauflagen) befolgt (OLG Hamburg LZ 1915, 92; RG LZ 1915, 1657; BAMBERGER/ROTH/MAYER Rn 2; NK-BGB/VÖLKER Rn 2).

9 Der Ehegatte kann jedoch den Anteil des ausgeschlossenen Abkömmlings nicht (wie in den Fällen der §§ 1512, 1513 BGB) einem anderen Abkömmling oder einem Dritten zuwenden (§§ 1514, 1518 S 1 BGB).

10 Hinsichtlich der **Eröffnung** einer gemäß § 1511 BGB errichteten letztwilligen Verfügung gelten die allgemeinen Vorschriften (§§ 348 ff FamFG). Demgemäß erfolgt die Eröffnung nach dem Tode des ausschließenden Ehegatten. Hat der überlebende Ehegatte in der gleichen Urkunde Verfügungen gemäß § 1511 BGB getroffen, so sind diese, weil durch sein Überleben gegenstandslos geworden, nicht zu verkünden noch in amtlichen Gewahrsam zu bringen, auch wenn sie sich sondern lassen (§ 349 Abs 1 FamFG; BayObLGZ 1, 470).

2. Tod des ausschließenden Ehegatten

11 Die letztwillige Verfügung erlangt erst mit dem Tode des ausschließenden Ehegatten ihre Wirksamkeit. Stirbt der andere Ehegatte zuerst, so bleibt die letztwillige Verfügung ohne Folgen. Wird die Ehe aus einem anderen Grunde aufgelöst (Scheidung oder Aufhebung), so kommt eine Ausschließung eines Abkömmlings ohnehin nicht in Betracht.

12 Wollen die Ehegatten also einen gemeinschaftlichen Abkömmling aus der fortgesetzten Gütergemeinschaft ohne Rücksicht darauf ausschließen, wer von ihnen beiden zuerst stirbt, so muss ihn jeder Ehegatte ausschließen. Nach dem Tode des erstverstorbenen Ehegatten ist eine Ausschließung nicht mehr möglich; es bleibt nur die Möglichkeit, den Abkömmling (etwa durch eine Abfindung) zum Verzicht zu bewegen (dazu § 1491 Rn 1 ff).

13 Tritt die fortgesetzte Gütergemeinschaft nicht ein (zB weil der überlebende Ehegatte sie ablehnt, § 1484 BGB), so wird die Ausschließung des Abkömmlings gegenstandslos.

III. Wirkung der Ausschließung des Abkömmlings

14 Die Wirkung der Ausschließung besteht darin, dass der ausgeschlossene Abkömmling an der fortgesetzten Gütergemeinschaft (von Anfang an) nicht teilnimmt, indem er als vor dem Eintritt der fortgesetzten Gütergemeinschaft verstorben anzusehen ist.

15 Die Ausschließung des einen Abkömmlings kommt den übrigen anteilsberechtigten Abkömmlingen nach Maßgabe des § 1490 S 2 und 3 BGB zustatten (Mot IV 442). Es sei denn, dass auch sie selbst durch letztwillige Verfügung des Ehegatten von der fortgesetzten Gütergemeinschaft ausgeschlossen sind (s oben Rn 7). Demgemäß treten die Abkömmlinge des ausgeschlossenen Abkömmlings an dessen Stelle (s aber Rn 7 und 16). Dies gilt auch für die erst nach dem Eintritt der fortgesetzten Gütergemeinschaft erzeugten und geborenen Abkömmlinge des ausgeschlossenen Ab-

kömmlings (s § 1503 Abs 1 BGB; ebenso MünchKomm/Kanzleiter Rn 3; Bamberger/ Roth/Mayer Rn 3; NK-BGB/Völker Rn 3).

Sind dagegen bei dem Tode des erstverstorbenen Ehegatten außer dem ausgeschlos- **16** senen Abkömmling weitere anteilsberechtigte Abkömmlinge nicht vorhanden oder sind alle anteilsberechtigten Abkömmlinge ausgeschlossen, so tritt die fortgesetzte Gütergemeinschaft nicht ein (hM; vgl auch OLG München FamRZ 2012, 229 Rn 18). Es bleibt vielmehr bei den Rechtsfolgen des § 1482 BGB (Beerbung des verstorbenen Ehegatten nach allgemeinen Grundsätzen, §§ 1922 ff BGB). Insbesondere kommt eine Anwendung des § 1511 Abs 2 BGB (Ausgleichsanspruch des ausgeschlossenen Abkömmlings) nicht in Betracht. Das Gleiche gilt, wenn ein *Abkömmling* des ausgeschlossenen Abkömmlings erst *nach* dem Tode des erstverstorbenen Ehegatten geboren wird (s Rn 15).

IV. Ausgleichsanspruch des ausgeschlossenen Abkömmlings (Abs 2)

1. Ausgleichsanspruch

§ 1511 Abs 2 S 1 BGB gewährt dem von der fortgesetzten Gütergemeinschaft aus- **17** geschlossenen gemeinschaftlichen Abkömmling einen dem Pflichtteilsanspruch des von der Erbschaft ausgeschlossenen gesetzlichen Erben entsprechenden Ausgleichsanspruch. Der ausgeschlossene Abkömmling kann hiernach von dem überlebenden Ehegatten verlangen, dass ihm aus dem Gesamtgut der fortgesetzten Gütergemeinschaft (§ 1485 BGB) **derjenige Geldbetrag** gezahlt wird, **der ihm** bei Nichteintritt der fortgesetzten Gütergemeinschaft vom Gesamtgut der ehelichen Gütergemeinschaft **als Pflichtteil gebühren** würde, und zwar *sofort* und nicht erst bei der Beendigung der fortgesetzten Gütergemeinschaft. Dieser Anspruch ist übertragbar, vererblich und nach Maßgabe des § 852 Abs 1 ZPO pfändbar. Er geht auf die Hälfte des Wertes des Gesamtgutanteils zum Zeitpunkt des Eintritts der fortgesetzten Gütergemeinschaft (wie hier Soergel/Gaul/Althammer Rn 5; anders Bamberger/Roth/Mayer Rn 4; MünchKomm/ Kanzleiter Rn 4: NK-BGB/Völker Rn 4: Gesamtgutshälfte des Verstorbenen unter Berücksichtigung des überlebenden Ehegatten; im Einzelnen s §§ 2311, 2313 und Rn 18; § 2312 dagegen findet keine Anwendung, s Rn 22). Daneben steht dem ausgeschlossenen Abkömmling gegebenenfalls zusätzlich sein gesetzliches Erbrecht an dem Vorbehaltsgut und an dem Sondergut (§§ 1418, 1417 BGB) des verstorbenen Ehegatten in vollem Umfange zu. Eine Anordnung des Inhalts, dass auf den dem ausgeschlossenen Abkömmling gemäß § 1511 Abs 2 S 1 BGB zukommenden Betrag dasjenige anzurechnen sei, was er als Erbe aus dem Vorbehaltsgut oder dem Sondergut des verstorbenen Ehegatten erhält, ist gemäß § **1518 S 1 BGB** unwirksam. Die Geltendmachung des Ausgleichsanspruches ist an **keine Frist** gebunden. Für die **Verjährung** gilt § 2332 BGB.

2. Anwendung der für den Pflichtteilsanspruch geltenden Vorschriften

Auf den dem ausgeschlossenen Abkömmling zustehenden Ausgleichsanspruch fin- **18** den die für den Pflichtteilsanspruch geltenden Vorschriften, soweit sie passen, entsprechende Anwendung (§§ 1511 Abs 2 S 2, 2303 ff BGB). Daraus ergeben sich im Einzelnen folgende Besonderheiten: Ist ein ausgeschlossener Abkömmling mit einer **Zuwendung** nach § 1514 BGB bedacht, so kann er den Ausgleichsanspruch nur geltend machen, wenn er auf die Zuwendung verzichtet. Verzichtet er nicht auf die Zuwendung, so steht ihm der Ausgleichsanspruch nicht zu, soweit der Wert der Zuwendung reicht. § 2307 BGB findet entsprechende Anwendung. Für entferntere Abkömmlinge gilt § 2309 BGB. Die §§ **2304–2306 BGB** sind **unanwendbar**. Aus der Unanwendbarkeit des § 2306 BGB ergibt sich, dass auch § **2308 BGB** nicht angewendet werden kann (wie hier Bamberger/Roth/Mayer Rn 4; NK-BGB/Völker Rn 5). Unanwendbar sind auch § **2312 BGB** sowie die §§ **2318–2324 BGB**. Bei der Feststellung des für die **Berechnung des Ausgleichsanspruches** maßgebenden Erbteils werden diejenigen Abkömmlinge mitgezählt, die durch letztwillige Verfügung von der fortgesetzten Gütergemeinschaft ausgeschlossen (§ 1511 Abs 1 BGB) oder für anteilsunwürdig erklärt sind (§ 1506 BGB), nicht aber diejenigen, die gemäß § 1517 BGB auf ihren *künftigen* Anteil am Gesamtgut der fortgesetzten Gütergemeinschaft verzichtet haben (§ 2310 S 2 BGB; hM). Ebenso werden anteilsberechtigte Abkömmlinge, die erst nach Eintritt der fortgesetzten Gütergemeinschaft auf ihren Anteil am Gesamtgut verzichtet haben (§ 1491 BGB), nicht mitgezählt (so Planck/Unzner Anm 12d; **aM** Erman/Heinemann Rn 3; Bamberger/Roth/Mayer Rn 4; MünchKomm/Kanzleiter Rn 4). Über die entsprechende Anwendung des § **2338 BGB** (Pflichtteilsbeschränkung in guter Absicht) s § 1513 Rn 18 ff. Hat sich der ausgeschlossene Abkömmling einer **Verfehlung** schuldig gemacht, die seine Erbunwürdigkeit begründet (§§ 2339 Abs 1 BGB), so ist sein Ausgleichsanspruch anfechtbar (vgl § 2345 BGB und Anm dazu).

V. Anrechnung des Ausgleichsanspruchs bei der Auseinandersetzung des Gesamtgutes (Abs 3)

1. Anrechnung im Verhältnis zu dem überlebenden Ehegatten

19 Für die Frage, wie der einem ausgeschlossenen Abkömmling gewährte Ausgleichsanspruch bei der Auseinandersetzung des Gesamtguts der fortgesetzten Gütergemeinschaft anzurechnen ist, verweist § 1511 Abs 3 S 1 BGB auf § 1501 BGB. Danach wird der dem Abkömmling gezahlte Ausgleichsbetrag bei der Auseinandersetzung des Gesamtguts diesem hinzugerechnet und auf die den Abkömmlingen gebührende Hälfte angerechnet. Damit tragen wirtschaftlich die in der fortgesetzten Gütergemeinschaft verbliebenen Abkömmlinge – ebenso wie die für einen nachträglichen Verzicht eines Abkömmlings gezahlte Abfindung – den Ausgleichsbetrag allein (dazu § 1501 Rn 1); der überlebende Ehegatte wird damit also nicht belastet.

2. Anrechnung im Verhältnis der anteilsberechtigten Abkömmlinge zueinander

20 Mit der Regelung des § 1511 Abs 3 S 2 BGB, nach der im Verhältnis der Abkömmlinge zueinander diejenigen den Ausgleichsbetrag tragen sollen, denen die Ausschließung eines Abkömmlings zustatten kommt, wird auf § 1503 Abs 3 BGB verwiesen. Danach wird der einem ausgeschlossenen Abkömmling gezahlte Ausgleichsbetrag ebenso behandelt wie eine für den Verzicht eines Abkömmlings gemäß § 1491 BGB gezahlte Abfindung. Nur diejenigen Abkömmlinge sollen bei der Auseinandersetzung der fortgesetzten Gütergemeinschaft mit diesem Betrage belastet werden, die durch die Ausschließung eines Abkömmlings einen Vorteil haben (vgl § 1503 Rn 13 f).

§ 1512
Herabsetzung des Anteils

**Jeder Ehegatte kann für den Fall, dass mit seinem Tode die fortgesetzte Güterge-
meinschaft eintritt, den einem anteilsberechtigten Abkömmling nach der Beendigung der fortgesetzten Gütergemeinschaft gebührenden Anteil an dem Gesamtgut
durch letztwillige Verfügung bis auf die Hälfte herabsetzen.**

Materialien: Zu § 1512 aF: E I § 1389 Abs 1; II
§ 1385 S 1 rev § 1497; III § 1495; Mot IV 443;
Prot IV 310. Zu § 1512 nF: GleichberG E I
§ 1512; II § 1511. Vgl Staudinger/BGB-Syn-
opse 1896–2005 § 1512.

I. Grundgedanke

Während § 1511 BGB gestattet, einen anteilsberechtigten Abkömmling von der **1**
fortgesetzten Gütergemeinschaft überhaupt auszuschließen, regeln die §§ 1512–
1514 BGB die Frage, inwieweit ein Ehegatte für den Fall, dass mit seinem Tode
die fortgesetzte Gütergemeinschaft eintritt, durch letztwillige Verfügung in die
Rechte eines an der fortgesetzten Gütergemeinschaft teilnehmenden Abkömmlings
einzugreifen berechtigt ist (Mot IV 443). Nach § 1512 BGB kann jeder Ehegatte den
Anteil eines Abkömmlings am Gesamtgut der fortgesetzten Gütergemeinschaft bis
auf die Hälfte herabsetzen. Diese untere Grenze entspricht dem Pflichtteilsrecht des
Abkömmlings (§ 2303 Abs 1 BGB). Die Vorschrift ist durch das Gleichberechtigungsgesetz nicht geändert worden.

II. Voraussetzungen der Herabsetzung des Anteils

1. Berechtigung zur Herabsetzung des Anteils

Der Ehegatte, der die Herabsetzung des Anteils des Abkömmlings am Gesamtgut **2**
der fortgesetzten Gütergemeinschaft letztwillig anordnet, ist darin an keine Gründe
gebunden (anders §§ 1509, 1513 BGB). Die Herabsetzung kann unter einer Bedingung erfolgen (s § 1511 Rn 8). Eine **Herabsetzung, die das in § 1512 BGB genannte Maß
überschreitet**, gilt hinsichtlich der Überschreitung als nicht angeordnet (vgl § 2306
BGB), es sei denn, dass die Voraussetzungen des § 1513 BGB vorliegen. Nur die
Quote, die dem Abkömmling bei der Auseinandersetzung des Gesamtguts der fortgesetzten Gütergemeinschaft zusteht, kann herabgesetzt werden (RG 105, 242 ff).
Seine Rechte, die ihm bis zur Auseinandersetzung der fortgesetzten Gütergemein-
schaft an ihr zustehen, bleiben unberührt. Ebenso kann er nicht auf ein Forderungs-
recht gegenüber den übrigen Beteiligten beschränkt werden. Die Herabsetzung des
Anteils des Abkömmlings kann mit der **Zuweisung des entzogenen Betrages** an einen
Dritten verbunden werden (§ 1514 BGB; anders als bei der Ausschließung eines
Abkömmlings nach § 1511 BGB; dazu § 1511 Rn 9).

2. Letztwillige Verfügung des erstversterbenden Ehegatten

3 Die Herabsetzung des Anteils des Abkömmlings erfolgt durch letztwillige Verfügung des erstversterbenden Ehegatten (hierzu § 1511 Rn 4 ff). Wegen des Erfordernisses der Zustimmung des anderen Ehegatten (§ 1516 BGB) s § 1511 Rn 5. Wegen der Eröffnung einer solchen letztwilligen Verfügung s § 1511 Rn 10. Ob in der letztwilligen **Beschränkung** eines anteilsberechtigten Abkömmlings **auf sein Pflichtteil** auch die Herabsetzung seines Anteils am Gesamtgut auf die Hälfte zu sehen ist (und umgekehrt), ist Auslegungsfrage. Stirbt der andere Ehegatte zuerst oder wird die Gütergemeinschaft (etwa wegen der Ablehnung des überlebenden Ehegatten, § 1484 BGB) nicht fortgesetzt, so ist die letztwillige Verfügung gegenstandslos (s § 1511 Rn 11, 13).

III. Wirkung der Herabsetzung des Anteils

1. Wirkung während des Bestehens der fortgesetzten Gütergemeinschaft

4 Während des Bestehens der fortgesetzten Gütergemeinschaft übt die Herabsetzung des Anteils eines Abkömmlings **keinerlei Rechtswirkungen** aus. Der Abkömmling ist und bleibt Teilhaber der fortgesetzten Gütergemeinschaft bis zu deren Beendigung und hat alle den anteilsberechtigten Abkömmlingen zustehenden Rechte (§§ 1419, 1472, 1473, 1497 BGB; hierzu s auch Rn 2).

5 Stirbt der Abkömmling, dessen Anteil durch letztwillige Verfügung herabgesetzt worden ist, während des Bestehens der fortgesetzten Gütergemeinschaft unter Hinterlassung von Abkömmlingen, die anteilsberechtigt wären, wenn er den verstorbenen Ehegatten nicht überlebt hätte, so gilt die Herabsetzung auch ihnen gegenüber, da sie gemäß § 1490 S 2 BGB an seine Stelle treten (ebenso BGB-RGRK/Finke Rn 7; Soergel/Gaul/Althammer Rn 2; Erman/Heinemann Rn 2; **aM** MünchKomm/Kanzleiter Rn 2, der darin eine Auslegungsfrage sieht). Das Gleiche gilt bei Verzicht des Abkömmlings gemäß § 1491 BGB: die übrigen anteilsberechtigten Abkömmlinge oder der überlebende Ehegatte, denen der Anteil gemäß §§ 1491 Abs 4, 1490 S 3 BGB anwächst, müssen sich dessen Herabsetzung gefallen lassen (ebenso NK-BGB/Völker Rn 4; BGB-RGRK/Finke Rn 7).

2. Wirkung bei der Auseinandersetzung der fortgesetzten Gütergemeinschaft

6 Fällt während des Bestehens der fortgesetzten Gütergemeinschaft ein anderer Abkömmling durch Tod (ohne Hinterlassung von Abkömmlingen, die an seine Stelle treten) oder durch Verzicht weg, so bestimmt sich bei der Auseinandersetzung der Anteil des Abkömmlings, dessen Anteil herabgesetzt ist, so, als ob der erstverstorbene Ehegatte erst jetzt verstorben wäre (§§ 1490 S 3, 1491 Abs 4 BGB).

Beispiel: Sind bei Eintritt der fortgesetzten Gütergemeinschaft drei Abkömmlinge A, B und C vorhanden und ist der Anteil des A auf $3/4$ herabgesetzt, so erhält, wenn während der fortgesetzten Gütergemeinschaft B kinderlos verstirbt, A bei der Auseinandersetzung $3/4$ von $1/4 = 1/16$ des Gesamtguts und C den Rest der Gesamtgutshälfte also $5/16$ des Gesamtguts.

Die Wirkung einer letztwilligen Herabsetzung des Anteils des Abkömmlings besteht **7** darin, dass nach der Beendigung der fortgesetzten Gütergemeinschaft bei der Auseinandersetzung in Ansehung des Gesamtguts der Abkömmling statt des ihm nach § 1503 Abs 1 BGB zustehenden Anteils am Gesamtgut der fortgesetzten Gütergemeinschaft nur den ihm vom erstverstorbenen Ehegatten belassenen Anteil erhält. Das ihm Entzogene fällt mangels einer anderweitigen Verfügung des erstverstorbenen Ehegatten (s § 1514 BGB) an die übrigen anteilsberechtigten Abkömmlinge und an den anderen Ehegatten, wenn anteilsberechtigte Abkömmlinge nicht vorhanden sind.

Beispiele: Sind bei Beendigung der fortgesetzten Gütergemeinschaft drei anteilsberechtigte Abkömmlinge A, B und C vorhanden und ist der Anteil des A auf $3/4$ herabgesetzt, so erhalten bei der Auseinandersetzung der überlebende Ehegatte die Hälfte des Gesamtguts, A $3/4$ von $1/6 = 1/8$, B und C je $3/16$ des Gesamtguts. Ist A der einzige anteilsberechtigte Abkömmling und sein Anteil auf $3/4$ herabgesetzt, so erhält er bei der Auseinandersetzung $3/8$, der überlebende Ehegatte jedoch $5/8$ des Gesamtguts.

Andererseits fällt die Abfindung, die einem verzichtenden Abkömmling gewährt **8** worden ist (§ 1503 Abs 3 BGB), und der einem ausgeschlossenen Abkömmling gezahlte Ausgleichsbetrag (§ 1511 Abs 3 S 2 BGB) dem Abkömmling, dessen Anteil am Gesamtgut durch letztwillige Verfügung herabgesetzt worden ist, nur **nach dem Verhältnis des ihm belassenen Anteils** zur Last. Das Gleiche gilt hinsichtlich der Haftung des Abkömmlings für Gesamtgutsverbindlichkeiten (§§ 1504, 1480 BGB) und der Anrechnung nach den §§ 1499, 1500 BGB. Hierbei entstehen für den Abkömmling unterschiedliche Belastungen je nachdem, ob die Herabsetzung des Anteils dadurch erfolgt, dass die Quote selbst herabgesetzt wird oder ob ihm der Anteil belassen, aber zugunsten eines Dritten mit der Verpflichtung zur Leistung einer Geldsumme (bis zur Hälfte des Wertes seines Anteils) beschwert worden ist.

§ 1513
Entziehung des Anteils

(1) Jeder Ehegatte kann für den Fall, dass mit seinem Tode die fortgesetzte Gütergemeinschaft eintritt, einem anteilsberechtigten Abkömmling den diesem nach der Beendigung der fortgesetzten Gütergemeinschaft gebührenden Anteil an dem Gesamtgut durch letztwillige Verfügung entziehen, wenn er berechtigt ist, dem Abkömmling den Pflichtteil zu entziehen. Die Vorschrift des § 2336 Abs. 2 und 3 findet entsprechende Anwendung.

(2) Der Ehegatte kann, wenn er nach § 2338 berechtigt ist, das Pflichtteilsrecht des Abkömmlings zu beschränken, den Anteil des Abkömmlings am Gesamtgut einer entsprechenden Beschränkung unterwerfen.

Materialien: Zu § 1513 aF: E I § 1389 Abs 2; II
§ 1386 rev § 1498; III § 1496; Mot IV 444; Prot
IV 310. Zu § 1513 nF: GleichberG E I § 1513; II
§ 1513. Vgl Staudinger/BGB-Synopse 1896–
2005 § 1513; BT-Drucks 16/8954, 15.

Systematische Übersicht

I.   Allgemeines

1 Die Vorschrift ist durch das Gleichberechtigungsgesetz nicht geändert worden. Während § 1512 BGB das Recht der Ehegatten zur Herabsetzung des Anteils regelt, der einem anteilsberechtigten Abkömmling bei der Auseinandersetzung der fortgesetzten Gütergemeinschaft gebührt, räumt § 1513 Abs 1 S 1 BGB jedem Ehegatten das weitergehende Recht ein, einem Abkömmling den ihm gebührenden Anteil noch weiter als bis zur Hälfte zu kürzen oder sogar ganz zu entziehen. Dies kann entweder dadurch geschehen, dass der Anteil des Abkömmlings zugunsten eines Dritten (§ 1514 BGB) mit der Verpflichtung zur Leistung einer Geldsumme belastet wird, die bis zu dessen Geldwert reicht, oder durch eine entsprechende Kürzung oder Entziehung des Anteils selbst (vgl § 1512 Rn 1). Voraussetzung hierfür ist, dass der Ehegatte dem Abkömmling den Pflichtteil zu entziehen berechtigt ist (§ 2333 BGB). In der Wirkung unterscheidet sich diese Entziehung des Anteils von der Herabsetzung des Anteils gemäß § 1512 BGB durch den Umfang der Kürzung, von der Ausschließung des Abkömmlings gemäß § 1511 BGB dadurch, dass der Abkömmling an der fortgesetzten Gütergemeinschaft teilnimmt (und nicht von Anfang an ausgeschlossen ist, § 1511 Rn 1) und einen Ausgleichsbetrag nicht erhält (§ 1511 Abs 2 BGB). Durch das am 1. 1. 2010 in Kraft getretene Gesetz zur Änderung des Erb- und Verjährungsrechts ist Abs 1 an die Neufassung von § 2336 BGB angepasst worden. § 1513 Abs 2 BGB behandelt die Beschränkung des Anteils aus wohlmeinender Absicht (§ 2338 Abs 1 BGB).

II. Voraussetzungen der Entziehung des Anteils, Abs 1

1. Berechtigung zur Entziehung des Anteils

Voraussetzung für das Entziehungsrecht des § 1513 Abs 1 BGB ist, dass der ver- **2** fügende Ehegatte berechtigt ist, dem anteilsberechtigten Abkömmling den Pflichtteil zu entziehen; ob dies der Fall ist, bestimmt sich nach § 2333 BGB. Wie das Recht zur Entziehung des Pflichtteils, so erlischt auch das Recht zur Entziehung des Anteils am Gesamtgut durch **Verzeihung** (§ 2337 BGB); eine letztwillige Verfügung, durch die der Ehegatte die Entziehung des Anteils angeordnet hat, wird durch die Verzeihung unwirksam.

Nach § 1513 Abs 1 S 2 BGB finden auch die Vorschriften des § 2336 Abs 2 und 3 **3** BGB entsprechende Anwendung. Demgemäß muss der **Grund der Entziehung des Anteils zur Zeit der Errichtung der letztwilligen Verfügung** bestehen und in der Verfügung **angegeben** werden. Der **Beweis** des Grundes obliegt demjenigen, der die Entziehung geltend macht. Wegen der **Zuweisung** des entzogenen Anteils **an einen Dritten** s § 1514 BGB mit Anm. Diese Vorschriften finden auch Anwendung, wenn der Anteil des anteilsberechtigten Abkömmlings auf weniger als die Hälfte seines ihm sonst gebührenden Anteils herabgesetzt worden ist (s oben Rn 1 und § 1512 Rn 2).

2. Letztwillige Verfügung des erstversterbenden Ehegatten

Die Entziehung des Anteils des Abkömmlings erfolgt durch letztwillige Verfügung **4** des erstversterbenden Ehegatten (hierzu § 1511 Rn 4 ff). Wegen des Erfordernisses der Zustimmung des anderen Ehegatten § 1516 BGB. Wegen der Eröffnung einer solchen letztwilligen Verfügung s § 1511 Rn 10. Zusätzlich ist § 2336 Abs 2 BGB (Angabe des Grundes in der letztwilligen Verfügung) zu beachten. Ob in der Entziehung des *Pflichtteils* auch die Entziehung des *Anteils am Gesamtgut* zu sehen ist (und umgekehrt), ist Auslegungsfrage. Stirbt der andere Ehegatte zuerst oder wird die Gütergemeinschaft (etwa wegen der Ablehnung des überlebenden Ehegatten, § 1484 BGB) nicht fortgesetzt, so ist die letztwillige Verfügung gegenstandslos (s § 1511 Rn 11, 13).

III. Wirkung der Entziehung des Anteils

1. Wirkung während des Bestehens der fortgesetzten Gütergemeinschaft

Während des Bestehens der fortgesetzten Gütergemeinschaft übt die Entziehung **5** des Anteils eines Abkömmlings keinerlei Rechtswirkung aus. Der Abkömmling ist und bleibt Teilhaber der fortgesetzten Gütergemeinschaft bis zu deren Beendigung (anders als bei der Ausschließung nach § 1511 BGB) und hat alle den Abkömmlingen zustehenden Rechts (vgl auch § 1512 Rn 4).

Stirbt der Abkömmling, dem sein Anteil entzogen worden ist, während des Bestehens **6** der fortgesetzten Gütergemeinschaft unter Hinterlassung von Abkömmlingen, die anteilsberechtigt wären, wenn er den verstorbenen Ehegatten nicht überlebt hätte, so gilt die Entziehung des Anteils auch ihnen gegenüber, da sie gemäß § 1490 S 2

BGB an seine Stelle treten. Das Gleiche gilt bei Verzicht des Abkömmlings gemäß § 1491 BGB (vgl § 1512 Rn 5). Fällt während des Bestehens der fortgesetzten Gütergemeinschaft **ein anderer Abkömmling** durch Tod (ohne Hinterlassung von Abkömmlingen, die an seine Stelle treten) oder durch Verzicht weg, so wächst dessen Anteil zwar auch dem Abkömmling an, dem gemäß § 1513 BGB sein Anteil entzogen ist (§§ 1490 S 3, 1491 Abs 4 BGB); das ist jedoch für ihn ohne praktische Bedeutung.

2. Wirkung bei der Auseinandersetzung der fortgesetzten Gütergemeinschaft

7 Die Wirkung der letztwilligen Entziehung des Anteils besteht darin, dass nach der Beendigung der fortgesetzten Gütergemeinschaft bei der Auseinandersetzung der Abkömmling aus dem Gesamtgut der fortgesetzten Gütergemeinschaft nichts erhält. Das ihm Entzogene fällt mangels einer Zuweisung an einen Dritten durch letztwillige Verfügung des erstverstorbenen Ehegatten (§ 1514 BGB) an die übrigen anteilsberechtigten Abkömmlinge oder, wenn anteilsberechtigte Abkömmlinge nicht vorhanden sind, an den überlebenden Ehegatten (vgl § 1512 Rn 7). Entsprechendes gilt, wenn der Abkömmling auf weniger als die Hälfte seines ihm sonst gebührenden Gesamtgutsanteils herabgesetzt worden ist.

8 Andererseits fällt dem Abkömmling, dem sein Anteil nach § 1513 BGB entzogen ist, bei der Auseinandersetzung weder die einem verzichtenden Abkömmling gewährte Abfindung (§ 1503 Abs 3 BGB) noch der einem ausgeschlossenen Abkömmling gezahlte Ausgleichsbetrag (§ 1511 Abs 3 BGB) zur Last. Ebensowenig trifft ihn eine Haftung für Gesamtgutsverbindlichkeiten (§§ 1504, 1480 BGB) oder kommt für ihn eine Anrechnung nach den §§ 1499, 1500 BGB in Betracht (vgl dazu § 1512 Rn 8). Ist der Anteil des Abkömmlings auf weniger als die Hälfte des ihm sonst gebührenden Anteils herabgesetzt, so treffen ihn diese Belastungen nur nach dem Verhältnis des ihm belassenen Anteils.

IV. Beschränkung des Anteils am Gesamtgut in guter Absicht, Abs 2

1. Voraussetzungen der Beschränkung in guter Absicht

9 Voraussetzung der Beschränkung ist, dass der Abkömmling sich in solchem Maße der **Verschwendung** ergeben hat oder in solchem Maß verschuldet ist, dass sein **späterer Erwerb** erheblich **gefährdet** ist. Infolge seiner Verschwendung oder seiner Überschuldung muss die Gefahr bestehen, dass das Vermögen, das der Abkömmling aus dem Gesamtgut der fortgesetzten Gütergemeinschaft oder sonst erhält, von ihm verschwendet oder von seinen Gläubigern gepfändet wird. Dass der Abkömmling wegen Verschwendung betreut wird, schließt diese Besorgnis nicht aus.

2. Letztwillige Verfügung des erstversterbenden Ehegatten

10 Auch die Beschränkung in guter Absicht erfolgt durch letztwillige Verfügung des erstversterbenden Ehegatten. Wegen der Erfordernisse der Zustimmung des anderen Ehegatten s § 1516 BGB; wegen weiterer Einzelheiten s oben Rn 4 ff. Auf diese letztwillige Verfügung finden die Vorschriften des § 2336 Abs 1–3 BGB entsprechende Anwendung (§ 2338 Abs 2 S 1 BGB). Danach muss der Grund der Beschränkung zur Zeit der Errichtung der letztwilligen Verfügung bestehen und in ihr angegeben werden (§ 2336 Abs 2 BGB). Der Beweis des Beschränkungsgrundes obliegt dem, der die Beschränkung geltend macht (§ 2336 Abs 3 BGB). Die Anordnungen sind unwirksam, wenn der Abkömmling zur Zeit der Beendigung der fortgesetzten Gütergemeinschaft sich dauernd von dem verschwenderischen Leben abgewendet hat oder die den Grund der Anordnung bildende Überschuldung nicht mehr besteht (§ 2338 Abs 2 S 2 BGB). Die andernfalls von selbst eintretende Unwirksamkeit der Beschränkung aus guter Absicht kann von jedermann, insbesondere von den Gläubigern des Abkömmlings geltend gemacht werden.

3. Inhalt der Beschränkung in guter Absicht

§ 2338 Abs 1 BGB gibt dem Ehegatten die Möglichkeit, dem verschwenderischen **11** oder überschuldeten Abkömmlinge hinsichtlich dessen, was er bei der Auseinandersetzung des Gesamtguts der fortgesetzten Gütergemeinschaft erhält, die dort genannten Beschränkungen aufzuerlegen. Er kann diese Möglichkeiten miteinander *verbinden*. Andere Beschränkungen als diese kann der Ehegatte jedoch nicht anordnen.

In allen diesen Fällen wird das **Anteilsrecht des Abkömmlings** während des Bestehens der fortgesetzten Gütergemeinschaft **nicht berührt**. So verbleibt dem Abkömmling die Rechtsstellung gemäß § 1487 BGB: Soweit ein Rechtsgeschäft des überlebenden Ehegatten der Zustimmung der Abkömmlinge bedarf (zB §§ 1423–1425 BGB), ist seine Zustimmung und nicht die des Nacherben oder Testamentsvollstreckers erforderlich. Auch der Antrag aus § 1495 BGB steht ihm persönlich zu. Ferner kann er nach wie vor durch Verzicht (§ 1491 BGB) ausscheiden. Erhält er dafür eine Abfindung, so unterliegt diese nicht der Beschränkung (Planck/Unzner § 1513 Anm 6). Die **Beschränkungen** werden erst **mit der Beendigung** der fortgesetzten Gütergemeinschaft **wirksam**.

Hat der Ehegatte den verschwenderischen oder überschuldeten Abkömmling dadurch beschränkt, dass er dessen gesetzliche Erben für den Fall des Todes des **12** Abkömmlings zu Nacherben eingesetzt hat, so finden auf die Rechtsstellung des Abkömmlings als „Vorerben" die Vorschriften der §§ 2113 ff BGB entsprechende Anwendung. Der Ehegatte kann seine Beschränkung auch dadurch mildern, dass er ihm die Stellung eines „befreiten Vorerben" (§ 2136 BGB) einräumt. Aber auch ohne dies erhält der Abkömmling weitgehende Verwaltungs- und Verfügungsbefugnisse (s §§ 2112 ff BGB). Daraus entstehenden Gefahren kann der Ehegatte dadurch begegnen, dass er außerdem die Verwaltung des dem Abkömmling zufallenden Vermögens einem Testamentsvollstrecker überträgt (dazu unten Rn 14). Die dem Abkömmling als Vorerben zufallenden **Nutzungen** sind nur beschränkt pfändbar (§ 863 ZPO). Ist ein Testamentsvollstrecker ernannt, so gilt das für den Anspruch auf den jährlichen Reinertrag (§ 2338 Abs 1 S 2 BGB).

Der nach § 2338 Abs 1 BGB zulässigen Anordnung, dass die gesetzlichen Erben des **13** Abkömmlings das diesem Hinterlassene oder den dem Abkömmling gebührende Pflichtteil als Nachvermächtnisnehmer erhalten sollen, entspricht bei der fortgesetzten Gütergemeinschaft die Anordnung des Ehegatten, dass die gesetzlichen Erben des Abkömmlings nach dessen Tode den Ausgleichsbetrag erhalten sollen, der dem von der fortgesetzten Gütergemeinschaft ausgeschlossenen Abkömmling aufgrund des § 1511 Abs 2 BGB zukommt. Die Zulässigkeit einer solchen Anordnung folgt nicht aus § 1513 Abs 2 BGB (wo nur von der Beschränkung des Anteils am Gesamtgut die Rede ist), sondern aus § 1511 Abs 2 S 2 BGB. Das Gleiche gilt hinsichtlich der Anordnung der Verwaltung jenes Betrages durch einen Testamentsvollstrecker. Ein Pfändungsschutz (vgl § 863 ZPO, dazu oben Rn 12) ist hier nicht vorgesehen (STAUDINGER/OLSHAUSEN [2015] § 2338 Rn 27). Da der Vorvermächtnisnehmer keinen Verfügungsbeschränkungen unterliegt, weil die Bestimmungen der §§ 2113–2115 BGB nicht gelten (s § 2191 Abs 2 BGB), ist ein Nachvermächtnis zur Beschränkung des Abkömmlings nur zweckmäßig, wenn sein Gegenstand der Verwaltung eines Testamentsvollstreckers unterstellt wird (STAUDINGER/OLSHAUSEN [2015] § 2338 Rn 27).

14 Hat der Ehegatte seinen verschwenderischen oder überschuldeten Abkömmling dadurch beschränkt, dass er die Verwaltung dessen, was dem Abkömmling bei der Auseinandersetzung der fortgesetzten Gütergemeinschaft zufällt, einem Testamentsvollstrecker zuweist, so ist der Abkömmling von allen Verfügungen über diese Vermögensteile ausgeschlossen (§ 2211 BGB). Ihm gebührt jedoch der jährliche Reinertrag dieses vom Testamentsvollstrecker verwalteten Vermögens (§ 2338 Abs 1 S 2 BGB). Bei dieser Testamentsvollstreckertätigkeit handelt es sich um einen Sonderfall der Verwaltungstestamentsvollstreckung (§ 2209 BGB); ist sie auf die Lebenszeit des Abkömmlings angeordnet, so ist sie zeitlich nicht auf die sonst geltende Frist von 30 Jahren begrenzt (§ 2210 S 2 BGB). Die Stellung des Testamentsvollstreckers ergibt sich in einzelnen aus den §§ 2197 ff BGB. Das der Verwaltung des Testamentsvollstreckers unterliegende Vermögen des Abkömmlings haftet dessen Privatgläubigern nicht (§ 2214 BGB). Der jährliche Reinertrag ist der Pfändung nicht unterworfen, soweit er den in § 863 Abs 1 ZPO genannten Unterhaltsverpflichtungen zu genügen bestimmt ist (§ 863 Abs 1 S 2 ZPO; s oben Rn 12).

4. Kürzung des Anteils des Abkömmlings und Beschränkungen in guter Absicht

15 Liegen sowohl die Voraussetzungen des § 1513 Abs 1 BGB (Entziehung des Anteils) als auch die des § 1513 Abs 2 BGB (Beschränkungen in guter Absicht) vor und wird dem Abkömmling nicht sein ganzer Anteil am Gesamtgut entzogen, so kann der Ehegatte (mit Zustimmung des anderen Ehegatten, § 1516 BGB) die Beschränkungen der §§ 1513 Abs 2, 2338 BGB für den Betrag letztwillig anordnen, der dem Abkömmling bei der Auseinandersetzung verbleibt.

V. Beerbung des erstverstorbenen Ehegatten

16 Soweit es sich um die Beerbung des erstverstorbenen Ehegatten handelt (§ 1483 Abs 1 S 3 BGB), finden die Vorschriften über die Entziehung des Pflichtteils und die Beschränkungen in guter Absicht (§§ 2333–2338 BGB) unmittelbar Anwendung. Der Ehegatte kann dabei die Rechtsstellung seines Abkömmlings für seinen Nachlass (Vorbehaltsgut und Sondergut) letztwillig anders regeln als die hinsichtlich des Anteils am Gesamtgut. Ob die Entziehung des Anteils gemäß § 1513 Abs 1 BGB auch die Entziehung des Pflichtteils nach dem Übrigen Vermögen einschließen soll, ist Auslegungsfrage (s dazu auch Rn 4 und § 1511 Rn 6).

§ 1514
Zuwendung des entzogenen Betrags

Jeder Ehegatte kann den Betrag, den er nach § 1512 oder nach § 1513 Abs. 1 einem Abkömmling entzieht, auch einem Dritten durch letztwillige Verfügung zuwenden.

Materialien: Zu § 1514 aF: E II § 1387 rev § 1499; III § 1497; Mot IV 444; Prot IV 312, 323 ff. Zu § 1514 nF: GleichberG E I § 1514; II § 1514. Vgl Staudinger/BGB-Synopse 1896–2005 § 1514.

Systematische Übersicht

I. Zuwendung an einen Dritten

1. Inhalt der Zuwendung

Die Zuwendung kann in zweierlei Weise erfolgen: **1**

a) entweder dadurch, dass dem Abkömmling, dem der ihm sonst bei der Auseinandersetzung der fortgesetzten Gütergemeinschaft zufallende Anteil am Gesamtgut gemäß §§ 1512, 1513 Abs 1 BGB ganz oder teilweise gekürzt werden soll, die Verpflichtung auferlegt wird, einen der Kürzung entsprechenden Betrag an den Dritten zu zahlen; in diesem Falle haftet lediglich dieser betroffene Abkömmling dem Dritten;

b) oder dadurch, dass der dem Abkömmling entzogene Betrag den anderen Abkömmlingen zugewendet wird und diese mit der Verpflichtung belastet werden, diesen Betrag an den Dritten zu zahlen; beschwert sind dann die übrigen anteilsberechtigten Abkömmlinge oder der überlebende Ehegatte, wenn nur ein Abkömmling vorhanden ist und dessen Anteil entzogen oder herabgesetzt worden ist oder wenn sämtlichen Abkömmlingen der Anteil entzogen ist, sodass der entzogene Anteil dem überlebenden Ehegatten anwächst (ebenso Soergel/Gaul/Althammer Rn 3; NK-BGB/Völker Rn 3; Bamberger/Roth/Mayer Rn 1; MünchKomm/Kanzleiter Rn 2, der im Zweifel die Gütergemeinschaft belastet sieht).

2. Gegenstand der Zuwendung

Auf Grund des § 1514 BGB kann einem Dritten **nur ein Geldbetrag** zugewendet **2** werden. Dabei braucht nicht eine bestimmte Geldsumme genannt zu werden; es genügt vielmehr, wenn er sich aus der Angabe errechnen lässt, dass dem Dritten der Betrag zugewendet wird, der dem Wert des dem Abkömmling entzogenen Anteils oder einer Quote hiervon entspricht. Eine Quote des Gesamtguts kann jedoch dem Dritten nicht zugewendet werden. Auch ein **bestimmter Gegenstand**, der zum Gesamtgut der fortgesetzten Gütergemeinschaft gehört, kann einem Dritten aufgrund des § 1514 BGB **nicht** zugewendet werden. Um das zu erreichen, muss entweder ein Vertrag zugunsten des Dritten geschlossen oder der Gegenstand durch Ehevertrag zum Vorbehaltsgut eines Ehegatten erklärt (§§ 1418 Abs 1 Nr 1, 1408 BGB) und von diesem sodann letztwillig dem Dritten zugewendet werden (§§ 1483 Abs 1 S 3, 1939, 2147 ff BGB).

3. Dritter

3 Als Dritter iSd § 1514 BGB kommt nicht nur jeder Außenstehende, sondern auch jeder andere (gemeinschaftliche oder einseitige) Abkömmling und der überlebende Ehegatte in Betracht. Die Zuwendung kann auch mehreren Personen zugedacht werden.

4. Letztwillige Verfügung des erstversterbenden Ehegatten

4 Die Zuwendung nach § 1514 BGB erfolgt durch letztwillige Verfügung des Ehegatten, der die Entziehung oder Herabsetzung des Anteils des Abkömmlings letztwillig angeordnet hat. Ob er die Zuwendung gleichzeitig mit der Verfügung anordnet, in der er die Entziehung oder Herabsetzung vornimmt, oder erst später, ist belanglos. Er bedarf der Zustimmung des anderen Ehegatten zu dieser Zuwendung (§ 1516 BGB). Stirbt der *andere* Ehegatte zuerst oder wird die Gütergemeinschaft (etwa wegen der Ablehnung des überlebenden Ehegatten, § 1484 BGB) nicht fortgesetzt, so wird die Zuwendung gegenstandslos, es sei denn, dass die Auslegung ergibt, dass die Verfügung als ein dem Erben des verstorbenen Ehegatten auferlegtes Vermächtnis zugunsten des Dritten aufrechterhalten werden kann (vgl § 2084 BGB).

II. Wirkung der Zuwendung

5 Die Wirkung einer Verfügung gemäß § 1514 BGB besteht nicht darin, dass der Dritte hierdurch Teilhaber der fortgesetzten Gütergemeinschaft wird. Gegenstand der Zuwendung ist nicht der dem Abkömmling entzogene Anteil am Gesamtgut der fortgesetzten Gütergemeinschaft oder eine Quote dieses Anteils, sondern lediglich der dem Abkömmling entzogene Betrag. Der Anspruch des Dritten geht also nur auf Geldzahlung (s oben Rn 2). Er wird **erst nach** der **Beendigung der fortgesetzten Gütergemeinschaft wirksam** (s dazu auch unten Rn 6). Bis dahin hat der Dritte keine Rechte aus der Zuwendung. Ist der dem Abkömmling entzogene Betrag dem überlebenden Ehegatten zugewendet (s oben Rn 3) und endigt die fortgesetzte Gütergemeinschaft durch dessen Tod, so gehört der zugewendete Betrag zu seinem Nachlass.

III. Anwendung der Vorschriften über das Vermächtnis

6 Die Zuwendung an den Dritten ist zwar kein Vermächtnis, da ein Vermächtnis nur

Erben oder Vermächtnisnehmern auferlegt werden kann (§ 2147 S 1 BGB). Wirtschaftlich steht jedoch die Zuwendung dem Vermächtnis so nahe, dass auf sie die **Vorschriften über das Vermächtnis** (§§ 2147 ff BGB) **entsprechend** angewendet werden können (hM). Ist die Zuwendung zugunsten mehrerer erfolgt, so gelten die §§ 2151–2153 BGB entsprechend. Die Zuwendung ist unwirksam, wenn der Dritte zur Zeit der Beendigung der fortgesetzten Gütergemeinschaft nicht mehr lebt (vgl § 2160 BGB). Durch die Zuwendung wird für den Dritten das Recht begründet, von dem Beschwerten die Zahlung des zugewendeten Betrages zu verlangen (vgl § 2174 BGB). Über die Frage, wer beschwert ist, s oben Rn 1. Ist einer der hiernach als beschwert anzusehenden Abkömmlinge durch Tod oder Verzicht (§§ 1490, 1491 BGB) weggefallen, so tritt derjenige an seine Stelle, dem sein Wegfall gemäß §§ 1490, 1491 BGB zustatten kommt (vgl § 2161 BGB), also unter Umständen der überlebende Ehegatte. Die Forderung des Dritten entsteht mit dem Zeitpunkt der Beendigung der fortgesetzten Gütergemeinschaft (vgl § 2176 BGB, ferner auch §§ 2177–2179, 2181 BGB). Wegen der Zulässigkeit der Ernennung eines Testamentsvollstreckers s STAUDINGER/REIMANN (2016) § 2197 Rn 12 ff. Wegen des Verhältnisses der Zuwendung des entzogenen Betrages zu dem Ausgleichsanspruch des ausgeschlossenen Abkömmlings (§ 1511 Abs 2 BGB) s § 1511 Rn 18.

§ 1515
Übernahmerecht eines Abkömmlings und des Ehegatten

(1) Jeder Ehegatte kann für den Fall, dass mit seinem Tode die fortgesetzte Gütergemeinschaft eintritt, durch letztwillige Verfügung anordnen, dass ein anteilsberechtigter Abkömmling das Recht haben soll, bei der Teilung das Gesamtgut oder einzelne dazu gehörende Gegenstände gegen Ersatz des Wertes zu übernehmen.

(2) Gehört zu dem Gesamtgut ein Landgut, so kann angeordnet werden, dass das Landgut mit dem Ertragswert oder mit einem Preis, der den Ertragswert mindestens erreicht, angesetzt werden soll. Die für die Erbfolge geltende Vorschrift des § 2049 findet Anwendung.

(3) Das Recht, das Landgut zu dem im Absatz 2 bezeichneten Wert oder Preis zu übernehmen, kann auch dem überlebenden Ehegatten eingeräumt werden.

Materialien: Zu § 1515 aF: E I § 1389 Abs 1; II § 1385 S 2 rev § 1500; III § 1498; Mot IV 443; Prot IV 310; VI 393. Zu § 1515 nF: GleichberG E I § 1515; II § 1515. Vgl STAUDINGER/BGB-Synopse 1896–2005 § 1515.

I. Grundgedanke

Die Teilung des nach Berichtigung der Gesamtgutsverbindlichkeiten der fortgesetz- **1** ten Gütergemeinschaft verbleibenden Überschusses zwischen dem überlebenden Ehegatten und den anteilsberechtigten Abkömmlingen erfolgt grundsätzlich nach den Vorschriften über die Gemeinschaft (§§ 1489, 1477 Abs 1, 752 ff BGB). Ebenso wie jedoch nach den §§ 2048, 2049 BGB der Erblasser Anordnungen über die Auseinandersetzung des Nachlasses treffen darf, räumt § 1515 Abs 1 BGB jedem Ehegatten das Recht ein, in gewissem Umfange Bestimmungen über die Art der Teilung des Gesamtguts der fortgesetzten Gütergemeinschaft zu treffen. Zu diesem Zwecke kann jeder Ehegatte einen anteilsberechtigten Abkömmling durch letztwillige Verfügung (mit Zustimmung des anderen Ehegatten) berechtigen, bei der Teilung das Gesamtgut im Ganzen oder einzelne dazu gehörende Gegenstände gegen Ersatz des Wertes zu übernehmen. Damit sollen vor allem Vermögenswerte, deren Erhaltung für die Familie oder einzelne Familienmitglieder bedeutsam ist, vor der Verwertung zum Zwecke der Teilung bewahrt bleiben. Das gilt insbesondere auch für einen landwirtschaftlichen Betrieb, dessen Verschleuderung und Zersplitterung verhindert werden soll. § 1515 Abs 2 BGB fördert daher seine Übernahme durch einen Abkömmling oder den überlebenden Ehegatten (§ 1515 Abs 3 BGB) dadurch, dass in diesem Falle ein günstigerer Wert (Ertragswert) angesetzt werden darf. Insofern wird durch § 1515 BGB auch der Anschluss an die landesgesetzlichen Vorschriften über die Erbfolge in einen landwirtschaftlichen Betrieb gewonnen (Mot IV 445). Die Vorschrift ist durch das Gleichberechtigungsgesetz nicht geändert worden.

II. Übernahme des ganzen Gesamtguts oder einzelner Gesamtgutsgegenstände (Abs 1)

2 **Gegenstand des Übernahmerechts** kann sowohl das Gesamtgut der fortgesetzten Gütergemeinschaft im Ganzen als auch jeder einzelne dazu gehörende Gegenstand ohne Rücksicht auf seine Art oder Herkunft sein (anders die Beschränkungen in den §§ 1477 Abs 2, 1502 Abs 2 S 2 BGB). Das Übernahmerecht kann **nur gegen die Verpflichtung zum Ersatz des Wertes** eingeräumt werden. Zu ersetzen ist der **objektive Wert**, den das Gesamtgut oder der übernommene Gegenstand zur Zeit der Übernahme hat. Die Ermittlung des Wertes erfolgt, wenn sich die Beteiligten darüber nicht einigen können, in einem Rechtsstreit zwischen den Beteiligten (§ 410 Nr 2 FamFG ist nicht anwendbar; vgl § 1477 Rn 13). Über den Wert, der für ein übernommenes Landgut zu ersetzen ist (§ 1515 Abs 2, 3 BGB, s unten Rn 6). Das Übernahmerecht kann jedem anteilsberechtigten Abkömmling, also auch einem solchen Abkömmling eingeräumt werden, dessen Anteil auf die Hälfte oder auch weniger als die Hälfte herabgesetzt worden ist (§§ 1512, 1513 BGB), nicht aber einem Abkömmling, der von der fortgesetzten Gütergemeinschaft ausgeschlossen (§ 1511 BGB) oder dem sein Anteil am Gesamtgut vollständig entzogen ist (§ 1513 BGB). Das Übernahmerecht kann auch mehreren oder allen Abkömmlingen eingeräumt werden.

3 Dem überlebenden Ehegatten und den anteilsberechtigten Abkömmlingen steht nach § 1502 BGB kraft Gesetzes ein Übernahmerecht zu. Dieses Recht kann jedoch nur ausgeübt werden, soweit dies nicht mit einer von dem erstverstorbenen Ehegatten gemäß § 1515 BGB getroffenen rechtswirksamen letztwilligen Anordnung im Widerspruch steht. Die Regelung gemäß **§ 1515 BGB geht vor** (s § 1502 Rn 3; aber unten Rn 7). Das Übernahmerecht aufgrund des § 1515 Abs 1 BGB steht auch den **Rechtsnachfolgern** des Übernahmeberechtigten und auch dem Gläubiger zu, der den Anteil

des Übernahmeberechtigten gepfändet hat, § 860 Abs 2 ZPO (vgl § 1477 Rn 14; § 1502 Rn 16).

Die in § 1515 BGB genannten Anordnungen erfolgen durch letztwillige Verfügung **4** des erstversterbenden Ehegatten. Diese bedarf der Zustimmung des anderen Ehegatten (§ 1516 BGB; s auch unten Rn 9). Stirbt der andere Ehegatte zuerst oder tritt die fortgesetzte Gütergemeinschaft (etwa wegen der Ablehnung des überlebenden Ehegatten, § 1484 BGB) nicht ein, so ist die letztwillige Verfügung gegenstandslos.

Das Übernahmerecht ist ein Gestaltungsrecht. Seine Geltendmachung erfolgt durch **5** einseitige, formlose, zugangsbedürftige und unwiderrufliche Erklärung gegenüber allen an der fortgesetzten Gütergemeinschaft Beteiligten (oder der die Auseinandersetzung vermittelnden Behörde, § 1477 Rn 15). Es ist an keine Frist gebunden, kann also bis zur Erledigung der Auseinandersetzung ausgeübt werden (vgl § 1477 Rn 15). *Mehrere* berechtigte Abkömmlinge können das Recht nur *gemeinschaftlich* ausüben (entsprechend § 1502 Abs 2 S 3 BGB). Mit der Übernahmeerklärung werden die an der fortgesetzten Gütergemeinschaft Beteiligten verpflichtet, die zur Übertragung des bisherigen gemeinschaftlichen Eigentums in das Alleineigentum des übernehmenden Abkömmlings erforderlichen Handlungen vorzunehmen, also bewegliche Sachen an ihn zu übereignen (§ 929 Abs 2 BGB), Grundstücke an ihn aufzulassen und die für die Umschreibung im Grundbuch nötigen Erklärungen abzugeben (§§ 925, 873 BGB). Der übernehmende Abkömmling ist zur Zahlung des Gegenwertes an die an der fortgesetzten Gütergemeinschaft Beteiligten verpflichtet. Übt der Abkömmling das ihm eingeräumte Übernahmerecht nicht aus, so wird es gegenstandslos; die Verteilung richtet sich dann nach §§ 1477 Abs 1, 752 ff BGB.

III. Besonderheiten bei der Übernahme eines Landguts (Abs 2 und 3)

Gehört zum **Gesamtgut** ein Landgut, so kann der Ehegatte, der einem Abkömmling **6** die Übernahme dieses Landguts eingeräumt hat, anordnen, dass nicht der Verkaufswert oder Verkehrswert (s oben Rn 2), sondern entweder der **Ertragswert** oder ein den Ertragswert übersteigender oder doch mindestens erreichender Preis angesetzt werden soll (dazu Bölling FamRZ 1980, 754 ff). Ein „**Landgut**" ist nicht jedes landwirtschaftlichen Zwecken dienende Grundstück, sondern nur die zum selbständigen landwirtschaftlichen Betrieb eingerichtete Grundstückseinheit oder Grundstücksmehrheit (s dazu Staudinger/Herzog [2015] § 2312 Rn 17 ff; Staudinger/Stieper [2017] § 98 Rn 9 mwNw). Der „**Ertragswert**" bestimmt sich nach dem Reinertrag, den das Landgut nach seiner bisherigen wirtschaftlichen Bestimmung bei ordnungsmäßiger Bewirtschaftung nachhaltig gewähren kann (§§ 1515 Abs 2 S 2, 2049 Abs 2 BGB; s näher Bölling FamRZ 1980, 754 ff; Steffen RdL 1980, 143). Im Übrigen bleiben gemäß Art 137 EGBGB die landesrechtlichen Vorschriften über die Grundsätze unberührt, nach denen in den Fällen des § 1515 Abs 2 und 3 BGB der Ertragswert eines Landguts festzustellen ist. Zu einem niedrigeren Gegenwert als dem Ertragswert oder einem diesen mindestens erreichenden Preise darf der Ehegatte die Übernahme eines Landguts nicht anordnen (§ 1518 S 1 BGB), weil er damit die Rechte der übrigen Abkömmlinge schmälern würde. Andererseits wird man den objektiven Wert (Verkaufswert) als obere Grenze ansehen müssen (so auch BGB-RGRK/Finke Rn 6; NK-BGB/Völker Rn 3). Aus dem Zweck des Rechts, ein Landgut zum Ertragswert zu über-

Burkhard Thiele

nehmen, ergibt sich, dass diese Vergünstigung einem **Gläubiger des Abkömmlings**, der dessen Anteil pfänden ließ (s dazu oben Rn 3), nicht zugutekommen soll. Der Gläubiger muss vielmehr den Verkehrswert entrichten (zu weitgehend PLANCK/UNZNER § 1515 Anm 13, der das Recht des pfändenden Gläubigers auf Übernahme des Landgutes überhaupt nicht zulassen will; s auch unten Rn 8). Hat der Ehegatte eine Bestimmung über den Wert der Gegenleistung nicht getroffen, so ist **im Zweifel** anzunehmen, dass das Landgut zu seinem **Ertragswert** übernommen werden soll (§§ 1515 Abs 2 S 2, 2049 Abs 2 BGB).

7 Das Recht, ein zum Gesamtgut der fortgesetzten Gütergemeinschaft gehörendes Landgut zum Ertragswert oder einem den Ertragswert mindestens erreichenden Preis zu übernehmen, kann auch dem überlebenden Ehegatten eingeräumt werden (§ 1515 Abs 3 BGB). Voraussetzung für die Wirksamkeit dieser Anordnung ist jedoch, dass dem überlebenden Ehegatten überhaupt das Recht zur Übernahme des Landguts zusteht (s § 1502 Abs 1 BGB). § 1515 Abs 3 BGB trifft eine **selbständige Regelung nur bezüglich des Preises**. Daher ist die letztwillige Anordnung, dass der überlebende Ehegatte das zum Gesamtgut gehörende Landgut zum Ertragswert übernehmen darf, gegenstandslos, wenn das Übernahmerecht des überlebenden Ehegatten deswegen ausgeschlossen ist (§ 1502 Abs 2 BGB), weil die fortgesetzte Gütergemeinschaft aufgrund des § 1495 BGB durch gerichtliche Entscheidung aufgehoben worden ist (hM; BAMBERGER/ROTH/MAYER Rn 3; BGB-RGRK/FINKE Rn 7; Münch-Komm/KANZLEITER Rn 3; SOERGEL/GAUL/ALTHAMMER Rn 2).

8 Das Recht, das Landgut zum Ertragswert oder einem ihn mindestens erreichenden Preise zu übernehmen, steht auch dem Rechtsnachfolger des überlebenden Ehegatten zu (s oben Rn 3), wird jedoch aus dem in Rn 6 genannten Grunde einem Gläubiger des überlebenden Ehegatten, der dessen Anteil gepfändet hat, nicht zugestanden werden können. Die Anordnung des günstigeren Preises (Ertragswertes) wirkt nur zugunsten des überlebenden Ehegatten (und seiner Rechtsnachfolger), nicht aber zugunsten seines Gläubigers. Dieser muss vielmehr, wenn er den Anteil des überlebenden Ehegatten gepfändet hat (§ 860 Abs 2 ZPO), den Verkaufswert zahlen, wenn er von seinem Übernahmerecht Gebrauch macht.

9 Auch die letztwillige Anordnung des erstversterbenden Ehegatten, dass der überlebende Ehegatte das Landgut zum Ertragswert übernehmen soll, bedarf der **Zustimmung** des überlebenden Ehegatten in der in § 1516 BGB vorgeschriebenen Form (anders MünchKomm/KANZLEITER § 1516 Rn 2; PLANCK/UNZNER Anm 17). Diese Zustimmung hindert den überlebenden Ehegatten nicht daran, die fortgesetzte Gütergemeinschaft abzulehnen (§ 1484 BGB; s auch § 1516 Rn 7).

10 Unberührt bleiben die landesrechtlichen Vorschriften über das **Anerbenrecht** in Ansehung landwirtschaftlicher oder forstwirtschaftlicher Betriebe nebst deren Zubehör (Art 64 EGBGB). Die Landesgesetze dürfen jedoch das Recht des Erblassers, über das dem Anerbenrecht unterliegende Grundstück von Todes wegen zu verfügen, nicht beschränken. Wegen der Einzelheiten vgl die Zusammenstellung der derzeit geltenden Anerbengesetze und des Schrifttums bei STAUDINGER/MAYER (2013) Art 64 EGBGB.

§ 1516
Zustimmung des anderen Ehegatten

(1) Zur Wirksamkeit der in den §§ 1511 bis 1515 bezeichneten Verfügungen eines Ehegatten ist die Zustimmung des anderen Ehegatten erforderlich.

(2) Die Zustimmung kann nicht durch einen Vertreter erteilt werden. Die Zustimmungserklärung bedarf der notariellen Beurkundung. Die Zustimmung ist unwiderruflich.

(3) Die Ehegatten können die in den §§ 1511 bis 1515 bezeichneten Verfügungen auch in einem gemeinschaftlichen Testament treffen.

Materialien: Zu § 1516 aF: E I § 1390; II § 1388 rev § 1501; III § 1499; Mot IV 445; Prot IV 313; V 442; VI 287, 394. Zu § 1516 nF: GleichberG E I § 1516; II § 1516. Vgl STAUDINGER/BGB-Synopse 1896–2005 § 1516. BT-Drucks 18/12086, 21.

I. Grundgedanke

Soweit ein Ehegatte nach den §§ 1511–1515 BGB durch letztwillige Verfügung in **1** das den gemeinschaftlichen Abkömmlingen zustehende Anteilsrecht am Gesamtgut der fortgesetzten Gütergemeinschaft eingreifen kann, ist nach § 1516 Abs 1 BGB zur Wirksamkeit der *Verfügung* die Zustimmung des anderen Ehegatten erforderlich. Diese Regelung steht im Einklang mit zahlreichen früheren Gütergemeinschaftsrechten, die bei beerbter Ehe nur gemeinschaftliche letztwillige Verfügungen beider Ehegatten für zulässig erklärten, und bezweckt insbesondere, ungerechtfertigte Begünstigungen oder Benachteiligungen einzelner anteilsberechtigter Abkömmlinge gegenüber den anderen zu verhindern. Der überlebende Ehegatte hat ein erhebliches Interesse daran, dass ohne seine Zustimmung das Verhältnis der einzelnen Abkömmlinge zu der fortgesetzten Gütergemeinschaft nicht geändert wird. Die Beschränkung des letztwillig verfügenden Ehegatten durch das Erfordernis der Zustimmung des anderen Ehegatten entspricht dem Grundgedanken der Gütergemeinschaft (Mot IV 445 ff). Die Vorschrift ist durch das Gleichberechtigungsgesetz nicht geändert worden. Durch das am 22. 7. 2017 in Kraft getretene Gesetz gegen Kinderehen ist Abs 2 S 2 aF aufgehoben worden. Nach der Regelung war für den Fall der beschränkten Geschäftsfähigkeit des Ehegatten die Zustimmung des gesetzlichen Vertreters zur Erteilung der Zustimmung nicht erforderlich. Es handelt sich um eine Folgeänderung zur Aufhebung von § 1303 Abs 2 aF.

II. Zustimmung des anderen Ehegatten (Abs 1 und 2)

Da die in den §§ 1511–1515 BGB genannten letztwilligen Verfügungen des einen **2** Ehegatten weder Verträge noch empfangsbedürftige einseitige Rechtsgeschäfte sind, finden auf die nach § 1516 BGB geforderte Zustimmung des anderen Ehegatten die Vorschriften der §§ 182–184 BGB nicht unmittelbare, aber doch entsprechende

Anwendung. Die Zustimmung des anderen Ehegatten ist ein **einseitiges, empfangs-bedürftiges Rechtsgeschäft** im Sinne des § 130 BGB. Sie muss dem verfügenden Ehegatten gegenüber erklärt werden (das war in E I § 1390 S 1 ausdrücklich ausgesprochen, wurde dann jedoch von der II. Kommission als selbstverständlich gestrichen; Mot IV 446; Prot IV 313; BayObLGZ 28, 318).

3 Während nach § 182 Abs 2 BGB die Zustimmung nicht der für das Rechtsgeschäft selbst bestimmten **Form** bedarf, schreibt § 1516 Abs 2 S 2 BGB zur Vermeidung jeder Unsicherheit (Mot IV 446) vor, dass die Zustimmungserklärung des anderen Ehegatten der **notariellen Beurkundung** bedarf. Wegen der Einzelheiten dieser Form s Bem zu § 128. Wird diese Form nicht beachtet, so ist die Zustimmungserklärung nichtig (§ 125 BGB). In welcher Form die letztwillige Verfügung selbst errichtet worden ist, bleibt für die Anwendbarkeit des § 1516 Abs 2 S 2 BGB außer Betracht. Die Zustimmungserklärung des anderen Ehegatten bedarf also auch dann der notariellen Beurkundung, wenn die letztwillige Verfügung nicht in der ordentlichen Form des § 2231 Nr 1 BGB, sondern in den erleichterten Formen der §§ 2249–2251 BGB (Nottestamente) oder als eigenhändiges Testament (§ 2247 BGB) errichtet worden ist. Auch die Zustimmungserklärung des § 1516 Abs 1 BGB kann Einwilligung (vorherige Zustimmung, § 183 BGB) oder Genehmigung (nachträgliche Zustimmung, § 184 BGB) sein. Sie muss jedoch **vor dem Tode des verfügenden Ehegatten** erklärt sein (so auch BayObLGZ 28, 318). Aus den allgemeinen Grundsätzen über letztwillige Verfügungen ergibt sich, dass die gesetzlichen Voraussetzungen für deren Wirksamkeit zur Zeit des Todes des letztwillig Verfügenden erfüllt sein müssen und später nicht mehr nachgeholt werden können (so auch Prot IV 313). Auch als vorherige Zustimmung (Einwilligung) ist die Zustimmungserklärung des anderen Ehegatten nach § 1516 Abs 2 S 3 BGB **unwiderruflich** (anders als in § 183 BGB; Begründung dafür in Mot IV 446).

4 Die Zustimmung des anderen Ehegatten kann ihrer **höchstpersönlichen Natur** wegen nach § 1516 Abs 2 S 1 BGB nicht durch einen Vertreter, also weder durch einen Bevollmächtigten, noch durch den gesetzlichen Vertreter erteilt werden. War der Ehegatte in der **Geschäftsfähigkeit beschränkt**, so bedurfte er (abweichend vom Grundsatz des § 111 BGB) zur Erteilung der Zustimmung nicht der Zustimmung seines gesetzlichen Vertreters (§ 1516 Abs 2 S 2 aF; dazu Prot VI 394). Die Regelung ist mit Blick auf die Änderung der Ehemündigkeit durch die Aufhebung von § 1303 Abs 2 aF als Folgeänderung aufgehoben worden (s Rn 1). Ist der Ehegatte **geschäftsunfähig** (§ 104 BGB), so kann eine rechtswirksame Zustimmungserklärung weder durch ihn selbst (§ 105 BGB), noch durch seinen gesetzlichen Vertreter (§ 1516 Abs 2 S 1 BGB), also überhaupt nicht abgegeben werden. Eine letztwillige Verfügung nach §§ 1511–1515 BGB kann daher während der Geschäftsunfähigkeit des anderen Ehegatten nicht wirksam errichtet werden.

5 **Zustimmungsbedürftig** sind alle in den §§ 1511–1515 BGB genannten letztwilligen Verfügungen, auch wenn sie in die Rechte des überlebenden Ehegatten nicht eingreifen oder ihm lediglich Vorteile bringen (anders für die letztwillige Anordnung gemäß § 1515 Abs 3 BGB, dass der überlebende Ehegatte das zum Gesamtgut gehörende Landgut zum Ertragswert übernehmen soll, Planck/Unzner § 1515 Anm 17; MünchKomm/Kanzleiter Rn 2; dazu § 1515 Rn 9; wie hier Bamberger/Roth/Mayer Rn 2; NK-BGB/Völker Rn 3; Soergel/Gaul/Althammer Rn 1; Palandt/Brudermüller Rn 1).

Die Zustimmung kann **nur zu einer bestimmten letztwilligen Verfügung** der in den 6
§§ 1511–1515 BGB bezeichneten Art, nicht allgemein zu allen von dem anderen
Ehegatten möglicherweise zu treffenden derartigen Verfügungen erteilt werden.

Dadurch dass ein Ehegatte seine Zustimmung gemäß § 1516 BGB erteilt hat, ver- 7
liert er sein Recht nicht, die **Fortsetzung der Gütergemeinschaft abzulehnen** und
damit die Wirksamkeit der letztwilligen Verfügung des anderen Ehegatten zu beseitigen (§ 1484 BGB). Der verfügende Ehegatte kann seine letztwillige Verfügung
jederzeit widerrufen (§§ 2253 ff BGB), auch wenn der andere Ehegatte ihr zugestimmt hat. Zu diesem Widerruf ist die Zustimmung des anderen Ehegatten nicht
erforderlich.

III.   Gemeinschaftliches Testament (Abs 3)

Nach dem von der II. Kommission eingefügten Abs 3 können die Verfügungen der in 8
den §§ 1511–1515 BGB genannten Art auch in einem gemeinschaftlichen Testament
getroffen werden. Über das gemeinschaftliche Testament s §§ 2265 ff BGB. Ein
ausdrücklicher Ausschluss ist im Fall des § 1511 BGB nicht erforderlich. Es genügt
jede Regelung, die mit der Fortsetzung der Gütergemeinschaft unvereinbar ist, etwa
die gegenseitige Einsetzung der Ehegatten als Erben oder Vorerben des Gesamtguts
(hM; s § 1511 Rn 6). Durch § 1516 Abs 3 BGB werden Verfügungen nach §§ 1511–1515
BGB auch für solche Fälle ermöglicht, in denen eine notarielle Beurkundung der
Zustimmungserklärung nicht mehr rechtzeitig beschafft werden kann (Prot VI
287).

Die Zustimmung des anderen Ehegatten wird durch ein gemeinschaftliches Testa- 9
ment auch dann ersetzt, wenn dieses in der Form der §§ 2266, 2249, 2250 BGB
(gemeinschaftliches Nottestament) oder der §§ 2267, 2247 BGB (gemeinschaftliches
handschriftliches Testament) errichtet wird. Dass die in §§ 1511–1515 BGB bezeichneten Verfügungen auch durch **Erbvertrag** (§§ 2274 ff BGB) getroffen werden können (hM), ergibt sich daraus, dass in diesem Falle gemäß § 2276 BGB den Erfordernissen des § 1516 Abs 2 S 2 BGB genügt werden muss. Auch wenn die letztwilligen
Verfügungen in der Form des gemeinschaftlichen Testaments oder des Erbvertrags
getroffen sind, können sie jederzeit widerrufen werden (§§ 2271, 2299 BGB; s auch
oben Rn 7).

§ 1517
Verzicht eines Abkömmlings auf seinen Anteil

**(1) Zur Wirksamkeit eines Vertrags, durch den ein gemeinschaftlicher Abkömmling
einem der Ehegatten gegenüber für den Fall, dass die Ehe durch dessen Tod aufgelöst wird, auf seinen Anteil am Gesamtgut der fortgesetzten Gütergemeinschaft
verzichtet oder durch den ein solcher Verzicht aufgehoben wird, ist die Zustimmung
des anderen Ehegatten erforderlich. Für die Zustimmung gelten die Vorschriften des
§ 1516 Abs. 2 Satz 3, 4.**

**(2) Die für den Erbverzicht geltenden Vorschriften finden entsprechende Anwen-
dung.**

Burkhard Thiele

Materialien: Zu § 1517 aF: E I § 1393; II § 1391
rev § 1502; III § 1500; Mot IV 448; Prot IV 314;
V 443; VI 394. Zu § 1517 nF: GleichberG E I
§ 1517; II § 1517. Vgl Staudinger/BGB-Syn-
opse 1896–2005 § 1517.

Systematische Übersicht

I.   Grundgedanke

1 Während § 1491 BGB den Verzicht eines anteilsberechtigten Abkömmlings auf
seinen Anteil am Gesamtgut der fortgesetzten Gütergemeinschaft behandelt, den
bereits erfolgten Eintritt der fortgesetzten Gütergemeinschaft also voraussetzt, regelt § 1517 BGB den vor Eintritt der fortgesetzten Gütergemeinschaft erklärten
Verzicht eines gemeinschaftlichen Abkömmlings auf seinen zukünftigen Anteil am
Gesamtgut der fortgesetzten Gütergemeinschaft (Mot IV 448 ff; PrALR TI II Tit 2
§§ 368 ff). Ein solcher „Vorausverzicht" ist zulässig, jedoch nur in der Form eines
Vertrages zwischen dem verzichtenden Abkömmling und demjenigen Ehegatten,
dessen Tod als Grund für den Eintritt der fortgesetzten Gütergemeinschaft vorausgesetzt wird, unter Zustimmung des anderen Ehegatten. Endet die Ehe durch den
Tod des anderen Ehegatten, so ist der Verzichtsvertrag gegenstandslos. Der Abkömmling kann aber auch beiden Ehegatten gegenüber auf seinen künftigen Anteil
am Gesamtgute der fortgesetzten Gütergemeinschaft verzichten. Auf den Verzichtsvertrag und auf den den Verzicht aufhebenden Vertrag finden die Vorschriften über
den Erbverzicht entsprechende Anwendung (§ 1517 Abs 2 BGB). Abs 1 S 2 enthält
im Hinblick auf die Aufhebung von § 1516 Abs 2 S 2 aF eine redaktionelle Unrichtigkeit. Der Verweis hat richtigerweise auf § 1516 Abs 2 S 2 u 3 BGB zu lauten.

II. Verzichtsvertrag

2 Der Verzichtsvertrag wird zwischen dem gemeinschaftlichen Abkömmling und dem
Ehegatten abgeschlossen, dessen Tod als Grund für den Eintritt der fortgesetzten
Gütergemeinschaft vorausgesetzt wird. Er kann auch mit beiden Ehegatten abgeschlossen werden. Steht der verzichtende Abkömmling unter elterlicher Sorge, Vormundschaft oder unterliegt er einer Betreuung so bedarf er zum Abschluss des
Verzichtsvertrages der **Genehmigung des Familien- oder Betreuungsgerichts** (vgl
§ 2347 Abs 1 BGB). Der Ehegatte, dem gegenüber der Verzicht erklärt wird, kann
den Vertrag **nur persönlich** schließen. War er in der Geschäftsfähigkeit beschränkt,
so bedurfte er nicht der Zustimmung seines gesetzlichen Vertreters (§ 2347 Abs 2 S 1
BGB). Die Möglichkeit, bereits im Alter von 16 Jahren eine Ehe zu schließen, ist

durch die Änderung des § 1303 BGB abgeschafft worden, sodass dieser Fall künftig nicht mehr eintritt. Ist er geschäftsunfähig, so kann der Vertrag durch seinen Betreuer geschlossen werden; die Genehmigung des Betreuungsgerichts ist in gleichem Umfang wie für den Abkömmling erforderlich (vgl § 2347 Abs 2 BGB; hinsichtlich des anderen Ehegatten s unten Rn 9). Der Verzichtsvertrag bedarf der **notariellen Beurkundung** (vgl § 2348 BGB; § 128 BGB).

III. Wirkung des Verzichtsvertrages

Der verzichtende Abkömmling ist von der fortgesetzten Gütergemeinschaft ausgeschlossen, wie wenn er zur Zeit des Eintritts der fortgesetzten Gütergemeinschaft nicht mehr lebte (s § 1483 Rn 12 f). Sein gesetzliches Erbrecht an dem Nachlass (Vorbehaltsgut und Sondergut) des erstversterbenden Ehegatten, dem gegenüber er verzichtet hat, bleibt jedoch unberührt, wenn er nicht auch einen Erbverzicht (§ 2346 BGB) erklärt hat. Ein **Erbverzicht** des Abkömmlings **schließt den Vorausverzicht gem § 1517 BGB ein.** Der im § 1511 Abs 2 BGB genannte Ausgleichsanspruch steht ihm nicht zu (vgl § 2346 Abs 1 S 2 BGB; eine entsprechende Anwendung des § 2346 Abs 1 S 1 BGB und des Abs 2 ist ausgeschlossen; **aM** hins § 2346 Abs 2: BGB-RGRK/ FINKE Rn 8); es bestehen jedoch keine Bedenken gegen die Vereinbarung einer Abfindung (dazu unten Rn 7) oder eines Ausgleichsbetrages entsprechend § 1511 Abs 2 BGB (ebenso BAMBERGER/ROTH/MAYER Rn 1; MünchKomm/KANZLEITER Rn 5; ERMAN/ HEINEMANN Rn 2). Die Wirkung des Vorausverzichts erstreckt sich auf die Abkömmlinge des verzichtenden Abkömmlings, sofern nicht ein anderes vereinbart ist (vgl § 2349 BGB; s dagegen §§ 1491 Abs 4, 1490 S 2 BGB). **Im Zweifel** ist also **der ganze Stamm** des verzichtenden Abkömmlings ausgeschlossen.

Der Abkömmling kann auch **zugunsten eines Dritten** auf seinen künftigen Anteil am Gesamtgut der fortgesetzten Gütergemeinschaft verzichten (hM; dagegen BAMBERGER/ ROTH/MAYER Rn 2; ROHR 44 ff; MünchKomm/KANZLEITER Rn 4). Da jedoch der fortgesetzten Gütergemeinschaft nur der überlebende Ehegatte und gemeinschaftliche Abkömmlinge angehören können, kommen nur sie als Begünstigte in Betracht. Die früher teilweise befürwortete Ausschließung des überlebenden Ehegatten aus dem Kreis der möglichen Begünstigten (PLANCK/UNZNER Anm 13; OTT ZBlFG 1915, 596 ff) ist mit der hM abzulehnen, zumal die regelmäßig für den Verzicht gezahlte Abfindung (dazu unten Rn 7) meistens von beiden Ehegatten der Gütergemeinschaft zulasten des Gesamtgutes getragen wird (so auch BGB-RGRK/FINKE Rn 7; SOERGEL/GAUL/ALTHAMMER Rn 2; PALANDT/BRUDERMÜLLER Rn 1; NK-BGB/VÖLKER Rn 5; WITTICH 34; GERNHUBER/COES-TER-WALTJEN § 39 Rn 15–17).

Verzichtet der Abkömmling zugunsten eines anderen anteilsberechtigten Abkömmlings, so ist im Zweifel anzunehmen, dass der Verzicht nur gelten soll, wenn der andere Abkömmling an der fortgesetzten Gütergemeinschaft teilnimmt (vgl § 2350 Abs 1 BGB; § 2350 Abs 2 BGB ist unanwendbar). Verzichtet der Abkömmling zugunsten des überlebenden Ehegatten oder eines gemeinschaftlichen Abkömmlings, so wächst dem Begünstigten der Anteil des verzichtenden Abkömmlings bei Eintritt der fortgesetzten Gütergemeinschaft oder in dem Zeitpunkt an, in dem der Begünstigte an ihr teilnimmt. Eine **Anrechnung einer** dem verzichtenden Abkömmling gezahlten Abfindung nach den Vorschriften der §§ 1501, 1503 Abs 3 BGB kommt nicht in Betracht; diese Vorschriften gelten nur bei einem nach Eintritt der fortgesetzten Gütergemeinschaft erklärten Verzicht (§ 1491 BGB; s dazu § 1501 Rn 2; § 1503 Rn 13).

6 Ist der Abkömmling, der gemäß § 1517 BGB verzichtet hat, beim Tode des erstversterbenden Ehegatten (mit dem er den Verzicht vereinbart hat) der einzige gemeinschaftliche Abkömmling oder haben alle gemeinschaftlichen Abkömmlinge verzichtet, so tritt die fortgesetzte Gütergemeinschaft nicht ein; die Beerbung des verstorbenen Ehegatten erfolgt nach den allgemeinen erbrechtlichen Grundsätzen (§ 1482 BGB).

IV.   Verzicht und Abfindungsvertrag

7 Der Verzicht gem § 1517 BGB ist eine (gestaltende) **Verfügung** und beruht auf einem unentgeltlichen oder entgeltlichen Verpflichtungsvertrag, in dem der Abkömmling seinen Verzicht auf seinen ihm später möglicherweise zufallenden Anteil am Gesamtgut der fortgesetzten Gütergemeinschaft zu erklären verspricht. Ist dafür – wie zumeist – ein Entgelt zugesagt, so liegt ein Abfindungsvertrag vor (siehe dazu, insbes zur – bestrittenen – Formfreiheit und Anfechtbarkeit § 1491 Rn 7 ff; s auch SPECKMANN NJW 1970, 117 ff).

V.   Aufhebung des Verzichts

8 Der vereinbarte Verzicht kann durch einen Vertrag der Personen, die den Verzichtsvertrag abgeschlossen haben, wieder aufgehoben werden. Auch dieser Aufhebungsvertrag bedarf der Zustimmung des anderen Ehegatten (§ 1517 Abs 1 BGB; s unten Rn 9). Nach dem Tode des Ehegatten, mit dem der Verzicht vereinbart war, ist die Aufhebung des Verzichts nicht mehr möglich. Hat der Abkömmling den Verzichtsvertrag mit beiden Ehegatten abgeschlossen, so müssen auch er und beide Ehegatten den Aufhebungsvertrag schließen. In diesem Falle erübrigt sich eine besondere Zustimmung des anderen Ehegatten (s unten Rn 10). Nach dem Tode eines Ehegatten kann der Verzicht nicht mehr aufgehoben werden. Zu den persönlichen Voraussetzungen des Ehegatten s oben Rn 2; §§ 1517 Abs 2, 2351, 2347 Abs 2 BGB. Da für den Abkömmling, der den Verzichtsvertrag wieder aufhebt, nichts Besonderes vorgeschrieben ist, gelten die allgemeinen Vorschriften (§§ 104 ff, 145 ff BGB). Der Aufhebungsvertrag bedarf – ebenso wie der Verzicht – der **notariellen Beurkundung** (§§ 1517 Abs 2, 2348 BGB).

VI.   Zustimmung des anderen Ehegatten

9 Die in § 1517 Abs 1 S 1 BGB für den Verzichtsvertrag und den Aufhebungsvertrag geforderte Zustimmung des anderen Ehegatten ist Zustimmung eines Dritten, von der die Wirksamkeit eines Vertrages abhängt. Auf sie finden daher, soweit nicht § 1517 BGB Abweichungen enthält, die Vorschriften der §§ 182–184 BGB unmittelbar Anwendung (anders in § 1516 BGB, dazu dort Rn 2). Im Einzelnen ergibt sich daraus Folgendes: In Abweichung von dem Grundsatz des § 182 Abs 2 BGB bedarf die Zustimmungserklärung nach §§ 1517 Abs 1 S 2, 1516 Abs 2 S 2 BGB der notariellen Beurkundung. Wird diese Form nicht gewahrt, so ist die Zustimmung nichtig (§ 125 BGB).

Die Zustimmung kann Einwilligung (vorherige Zustimmung, § 183 BGB) oder Genehmigung (nachträgliche Zustimmung, § 184 BGB) sein. Sie muss auch hier vor dem Tode des vertragschließenden Ehegatten erklärt sein (dazu § 1516 Rn 3). In Abweichung von dem Grundsatz des § 183 BGB ist die Zustimmungserklärung auch als Einwilligung (vorherige Zustimmung) unwiderruflich (§§ 1517 Abs 1 S 2, 1516 Abs 2 S 4 BGB).

Die Vorschrift des **§ 1516 Abs 2 S 1 BGB** ist auf die nach § 1517 BGB erforderliche Zustimmungserklärung **nicht anwendbar** (Prot VI 398). Die Zustimmung kann daher auch **durch einen Vertreter**, also sowohl durch einen Bevollmächtigten wie durch den gesetzlichen Vertreter erteilt werden. Ist der Ehegatte geschäftsunfähig, wird die Zustimmung durch seinen gesetzlichen Vertreter erteilt. Die Genehmigung des Betreuungsgerichts ist nicht erforderlich (anders hinsichtlich der Vertragschließenden; dazu oben Rn 2, 8).

10 Wird der Verzichtvertrag oder der Aufhebungsvertrag mit beiden Ehegatten geschlossen (s dazu Rn 1 f, 8), so ist eine besondere Zustimmungserklärung nicht erforderlich, wenn sich aus dem Mitabschluss die Zustimmung des anderen Ehegatten ergibt. Die für die Zustimmungserklärung vorgeschriebene Form (§ 1517 Abs 1 S 1 BGB; dazu oben Rn 9) ist in diesem Fall ohnehin gewahrt.

VII. Erbverzicht gegenüber dem Nachlass des erstversterbenden Ehegatten

11 Auf den Erbverzicht gegenüber dem Nachlass (Vorbehaltsgut, Sondergut) des erstversterbenden Ehegatten finden die Vorschriften der §§ 2346–2352 BGB unmittelbar Anwendung.

§ 1518
Zwingendes Recht

Anordnungen, die mit den Vorschriften der §§ 1483 bis 1517 in Widerspruch stehen, können von den Ehegatten weder durch letztwillige Verfügung noch durch Vertrag getroffen werden. Das Recht der Ehegatten, den Vertrag, durch den sie die Fortsetzung der Gütergemeinschaft vereinbart haben, durch Ehevertrag aufzuheben, bleibt unberührt.

Materialien: Zu § 1518 aF: E I § 1383 Abs 2 S 2; II § 1413 rev § 1503; III § 1501; Mot IV 424; Prot IV 303. Zu § 1518 nF: GleichberG E I § 1518; II § 1518. Vgl STAUDINGER/BGB-Synopse 1896–2005 § 1518.

Systematische Übersicht

I. Allgemeines

1 Die Vorschrift ist aus dem § 1518 aF (= § 1518 S 1 nF) und einem dem Gedanken des § 1508 BGB entsprechenden Satz 2 neu gebildet worden, nach dem die Ehegatten die ehevertraglich vereinbarte Fortsetzung der Gütergemeinschaft durch Ehevertrag wieder aufheben können. Während der durch das Gleichberechtigungsgesetz einge- fügte Satz 2 nur der Klarstellung dient und insbesondere verhüten will, dass aus der im Gleichberechtigungsgesetz angeordneten Streichung des § 1508 BGB der unrich- tige Schluss gezogen werden könnte, eine einmal vertraglich vereinbarte Fortsetzung der Gütergemeinschaft könne (außer im Falle des § 1509 BGB) überhaupt nicht – auch nicht durch Ehevertrag – wieder ausgeschlossen werden, ist die sachliche Tragweite des Satz 1, durch den die Unabdingbarkeit der gesetzlichen Regelung der fortgesetzten Gütergemeinschaft ausgesprochen wird, von ungleich größerer Bedeutung. Beide Sätze enthalten keine Änderung der früheren Rechtslage.

2 Die durch § 1518 S 1 BGB angeordnete Unabdingbarkeit der Vorschriften über die fortgesetzte Gütergemeinschaft (§§ 1483–1517 BGB) geht davon aus, dass durch die fortgesetzte Gütergemeinschaft die Rechtsstellung der gemeinschaftlichen Ab- kömmlinge erheblich eingeschränkt wird. Nach dem Tode des erstversterbenden Ehegatten sind sie bei Eintritt der fortgesetzten Gütergemeinschaft in ihrem Erb- recht (und Pflichtteilsrecht) auf ihren Anteil am Vorbehaltsgut und Sondergut (so- weit vererblich) des verstorbenen Ehegatten beschränkt, während dessen Gesamt- gutsanteil, der regelmäßig den Hauptbestandteil seines Vermögens enthält, vor allem im Interesse des überlebenden Ehegatten in das Gesamtgut der fortgesetzten Gütergemeinschaft fällt, das für die Lebensdauer des überlebenden Ehegatten der Verwaltung und Verfügung der gemeinschaftlichen Abkömmlinge entzogen ist (§§ 1483 Abs 1, 1485 Abs 1, 1487 Abs 1 BGB). Der Gesetzgeber hielt eine solche Beschränkung der gemeinschaftlichen Abkömmlinge entsprechend historischen Vorbildern für annehmbar, legte jedoch die Grenzen ehevertraglicher Gestaltung der fortgesetzten Gütergemeinschaft im **Interesse der Abkömmlinge** fest. Über die im Gesetz (§§ 1483–1517 BGB) vorgezeichneten Möglichkeiten hinaus können die Ehegatten weitere Änderungen der fortgesetzten Gütergemeinschaft weder durch letztwillige Verfügung noch durch Vertrag vornehmen (§ 1518 S 1 BGB). Damit sind die Voraussetzungen, die innere Ausgestaltung und die Wirkungen der von den

Ehegatten vereinbarten fortgesetzten Gütergemeinschaft auf das gesetzliche Modell festgelegt.

II. Unzulässige Anordnungen (§ 1518 S 1)

Obwohl die Grenzen der Anwendung der einzelnen Vorschriften der §§ 1493–1517 **3** BGB in deren Kommentierung beschrieben werden, soll die Tragweite des § 1518 S 1 BGB im Folgenden an einigen Beispielen erläutert werden.

1. Die Ehegatten können den vereinbarten Eintritt der fortgesetzten Güterge- **4** meinschaft einseitig nur durch letztwillige Anordnung nach § 1509 BGB verhindern. Insbesondere kann ein Ehegatte durch die letztwillige Einsetzung des anderen Ehegatten zum Alleinerben den Eintritt der fortgesetzten Gütergemeinschaft nicht ausschließen (RG WarnR 1908 Nr 163; KG OLGE 31, 399); eine solche letztwillige Verfügung ist nichtig.

Die Ehegatten können den Kreis der an der fortgesetzten Gütergemeinschaft be- **5** teiligten Abkömmlinge nicht beliebig erweitern und etwa auf einseitige Abkömmlinge oder nichteheliche Abkömmlinge erstrecken (§ 1483 Rn 8 ff).

2. Die Ehegatten können nicht anordnen, dass die fortgesetzte Gütergemein- **6** schaft auch bei Wiederverheiratung des überlebenden Ehegatten fortdauern soll (§ 1493 Rn 2).

3. Die Ehegatten können den überlebenden Ehegatten nicht allgemein von den **7** Beschränkungen seiner *Verfügungsmacht* (§§ 1423–1425, 1487 Abs 1 BGB) befreien. Selbst wenn der überlebende Ehegatte in der ehelichen Gütergemeinschaft kraft des Ehevertrages von der Beschränkung des § 1424 BGB befreit ist (dazu § 1424 Rn 20), so wirkt diese Befreiung nicht auch für die fortgesetzte Gütergemeinschaft (dazu § 1487 Rn 12; hM).

Die Ehegatten können weder vertraglich noch durch letztwillige Verfügung die **8** Verwaltungsbefugnis des überlebenden Ehegatten (§§ 1487 Abs 1, 1422 ff BGB) dadurch beschränken, dass sie die Verwaltung einem Dritten, zB einem Testamentsvollstrecker, zuweisen (RG JW 1916, 43; BAMBERGER/ROTH/MAYER Rn 3 mwNw).

4. Die Ehegatten können nicht anordnen, dass dem überlebenden Ehegatten bei **9** Beendigung der fortgesetzten Gütergemeinschaft der Nießbrauch an der den anteilsberechtigten Abkömmlinge zustehenden Gesamtguthälfte zustehen soll (str, wie hier SOERGEL/GAUL/ALTHAMMER Rn 3 mwNw; s aber unten Rn 12) oder dass die Abkömmlinge nach dem Tode des letztversterbenden Ehegatten auf eine Geldforderung entsprechend ihrem Pflichtteilsrecht verwiesen werden (RGZ 105, 242). Ebenso ist die Anordnung unzulässig, nach der die Auseinandersetzung des Gesamtguts einem Testamentsvollstrecker übertragen wird.

5. Anordnungen, die im Widerspruch zu den §§ 1483–1517 BGB stehen und **10** daher nicht getroffen werden können, sind **gemäß § 134 BGB nichtig**. Das gilt **auch für solche** Anordnungen, **die die Abkömmlinge oder einzelne von ihnen begünstigen**

sollen (RG JW 1916, 43; NK-BGB/Völker Rn 2; Bamberger/Roth/Mayer Rn 2). Ihre Nichtigkeit kann von jedem davon Betroffenen geltend gemacht werden (KG OLGE 6, 164).

III. Zulässige Anordnungen

1. Vereinbarungen des überlebenden Ehegatten mit Dritten und den Abkömmlingen

11 § 1518 S 1 BGB betrifft lediglich das Verhältnis der Ehegatten den anteilsberechtigten Abkömmlingen gegenüber. Rechtsgeschäfte, die der überlebende Ehegatte
nach Eintritt der fortgesetzten Gütergemeinschaft mit Dritten trifft, bleiben unberührt. Das gilt auch für Verträge, die zwischen dem überlebenden Ehegatten und den
anteilsberechtigten Abkömmlingen geschlossen werden; sie sind in dieser Beziehung
„Dritte". So können der überlebende Ehegatte mit den Abkömmlingen zB eine
andere Art der Auseinandersetzung des Gesamtguts vereinbaren. Ebenso kann der
überlebende Ehegatte mit den anteilsberechtigten Abkömmlingen in Abweichung
von den Vorschriften der §§ 1499, 1500 BGB vereinbaren, welche Gesamtgutsverbindlichkeiten dem Gesamtgut, dem überlebenden Ehegatten oder den Abkömmlingen zur Last fallen sollen (dazu § 1499 Rn 13; § 1500 Rn 11).

2. Letztwillige Verfügungen des überlebenden Ehegatten

12 Der überlebende Ehegatte ist durch die fortgesetzte Gütergemeinschaft an letztwilligen Verfügungen über seinen Nachlass, zu dem außer seinem Vorbehaltsgut und
seinem Sondergut (soweit vererblich) auch sein Anteil am Gesamtgut der fortgesetzten Gütergemeinschaft gehört, nicht gehindert (BGH NJW 1964, 2298, FamRZ 1985,
278; dazu § 1494 Rn 6; anders die Abkömmlinge, dazu § 1490 Rn 3). Dadurch, dass er seine
Abkömmlinge auf ihr Pflichtteil zu setzen androht, falls sie den von ihm gewünsch-
ten Anordnungen (zB eines Nießbrauchs an dem ihnen bei der Auseinandersetzung
zustehenden Gesamtgutsanteil zugunsten des überlebenden Ehegatten) nicht nachkommen, kann er ihnen jedoch sogar im Gesetz nicht vorgesehene Beschränkungen
auferlegen.

IV. Aufhebungsvertrag (§ 1518 S 2)

13 Haben die Ehegatten, die in Gütergemeinschaft leben, durch Ehevertrag vereinbart,
dass nach dem Tode des erstversterbenden Ehegatten der überlebende Ehegatte mit
den gemeinschaftlichen Abkömmlingen die Gütergemeinschaft fortsetzen soll, so
tritt diese Wirkung mit dem Tode des erstversterbenden Ehegatten ein (§ 1483 Abs 1
S 1 und 2 BGB). Die Ehegatten können jedoch diese Vereinbarung vertraglich
wieder aufheben. Das ergibt sich schon aus dem Gedanken der Vertragsfreiheit
im Ehegüterrecht (dazu Vorbem 10 ff zu §§ 1408 ff; § 1483 Rn 2). § 1518 S 2 BGB spricht
es jedoch um der Klarheit willen noch einmal aus.

14 Eine solche Vereinbarung bedarf der für den Ehevertrag vorgeschriebenen Form
(§ 1410 BGB). Die persönlichen Voraussetzungen für den Abschluss dieses Aufhe-
bungsvertrages sind in § 1411 BGB geregelt.

Kapitel 4
Wahl-Zugewinngemeinschaft

§ 1519
Vereinbarung durch Ehevertrag

Vereinbaren die Ehegatten durch Ehevertrag den Güterstand der Wahl-Zugewinn-gemeinschaft, so gelten die Vorschriften des Abkommens vom 4. Februar 2010 zwischen der Bundesrepublik Deutschland und der Französischen Republik über den Güterstand der Wahl-Zugewinngemeinschaft. § 1368 gilt entsprechend. § 1412 ist nicht anzuwenden.

Materialien: Fundstellen BT-Drucks 17/5126, 8, 18 ff (Denkschrift).

Schrifttum

AMANN, Die Verfügungsbeschränkung über die Familienwohnung im Güterstand der Wahl-Zugewinngemeinschaft, DNotZ 2013, 252

BRAUN, Die Wahl-Zugewinngemeinschaft: Ein neuer Güterstand im deutschem und französischem Recht, MittBayNot 2012, 89

DETHLOFF, Der deutsch-französische Wahlgüterstand – Wegbereiter für eine Angleichung des Familienrechts?, RabelsZ 2012, 509

ERGER/KAESLING, Immaterieller Schadensersatz im Zugewinnausgleich der deutsch-französischen Wahlzugewinngemeinschaft, NZFam 2014, 631

FINGER, Deutsch-Französischer Wahlgüterstand, FuR 2010, 481

HEINEMANN, Die Wahl-Zugewinngemeinschaft als neuer Güterstand, FamRB 2012, 129

HOISCHEN, Der deutsch-französische Wahlgüterstand in der notariellen Praxis, RNotZ 2015, 317

JÄGER, Der neue deutsch-französische Güterstand der Wahl-Zugewinngemeinschaft, DNotZ 2010, 805

JÜNEMANN, Der neue Güterstand der Wahl-Zugewinngemeinschaft: Familienrechtliche Grundlagen und erbrechtliche Wirkungen, ZEV 2013, 353

KELLER/vSCHRENCK, Der vierte Güterstand, JA 2014, 87

KEMPER, Die deutsch-französische Wahlgütergemeinschaft – Anmerkungen aus deutscher Perspektive, in: FS Seul (2014) 225

KLIPPSTEIN, Der deutsch-französische Wahlgüterstand der Wahl-Zugewinngemeinschaft, FPR 2010, 510

KNOOP, Der deutsch-französische Wahlgüterstand, NJW-Spezial 2016, 708

LERCH/LERCH/JUNKOV, Die Wahlzugewinngemeinschaft im deutsch-französischen Rechtsvergleich, FuR 2012, 639

MARTINY, Der neue deutsch-französische Wahlgüterstand, ZEUP 2011, 577

STÜRNER, Der deutsch-französische Wahlgüterstand als Modell für die europäische Rechtsvereinheitlichung, JZ 2011, 545

SÜSS, Der deutsch-französische Güterstand der Wahl-Zugewinngemeinschaft als erbrechtliches Gestaltungsmittel, ZErb 2010, 281.

Systematische Übersicht

I. Allgemeines

1 Durch das Gesetz zu dem Abkommen vom 4. 2. 2010 zwischen der Bundesrepublik Deutschland und der Französischen Republik über den Güterstand der Wahl-Zugewinngemeinschaft, das am 1. 5. 2013 in Kraft getreten ist (BGBl II 2012, 178; BGBl II 2015, 431a), wurde in das deutsche Güterrecht ein neuer Güterstand eingeführt. Die Wahl-Zugewinngemeinschaft gemäß § 1519 BGB ergänzt die Wahlgüterstände der Gütertrennung und der Gütergemeinschaft als **dritter Wahlgüterstand**.

2 § 1519 S 1 BGB implementiert das deutsch-französische Abkommen durch Verweisung vollständig in das deutsche Familienrecht (kritisch zur Schaffung zweier Rechtsgrundlagen BRAUN MittBayNot 2012, 89 f). In Frankreich wurde das Abkommen nicht in den Code civil (CC) integriert, sondern ist unmittelbar anwendbar. Dort tritt die Wahl-Zugewinngemeinschaft neben die Gütertrennung (Art 1536 ff CC), die Zugewinngemeinschaft (Art 1569 ff CC) und die Gütergemeinschaft (Art 1497 ff CC) als vierter Wahlgüterstand.

Die Einführung des neuen Güterstandes durch das deutsch-französische Abkommen 3
ist als Signal in Richtung einer europäischen Rechtseinheit zu verstehen. Das macht
die Beitrittsklausel in Art 21 des Abkommens deutlich, denn danach kann jeder
Mitgliedstaat der Union dem Abkommen beitreten (MEYER FamRZ 2010, 617; STÜRNER
JZ 2011, 553 f).

Sowohl in Frankreich als auch in Deutschland wird einheitliches nationales mate- 4
rielles Recht geschaffen. Die Vereinbarung der Wahl-Zugewinngemeinschaft bedeutet **keine kollisionsrechtliche Rechtswahl** (STÜRNER JZ 2011, 549). Angesichts der rechtlichen Unsicherheiten bei Ehen mit Auslandsbezug soll mit dem Abkommen ein
binationaler Wahlgüterstand geschaffen werden, der für beide Rechtsordnungen
identische Regelungen enthält und den Betroffenen damit Rechtsklarheit und
Rechtssicherheit bieten kann. Dabei werden in der Ausgestaltung aus beiden
Rechtsordnungen stammende güterrechtliche Besonderheiten berücksichtigt. Dem
neuen Güterstand soll damit sowohl in Frankreich als auch in Deutschland Akzep-
tanz verliehen werden (BT-Drucks 17/5126, 7). Gleichwohl sind hohe Erwartungen in
die Zahl der künftigen Vereinbarungen des neuen Güterstandes nicht gerechtfertigt
(zweifelnd auch AMANN DNotZ 2013, 278 ff; BRAUN MittBayNot 2012, 94; HEINEMANN FamRB
2012, 135; MünchKomm/KOCH WahlZugAbk-F Vorbem Art 1 Rn 5).

II.   Regelungsgehalt

In ihrer Grundstruktur entspricht die Wahl-Zugewinngemeinschaft der deutschen 5
Zugewinngemeinschaft, weist aber auch Modifikationen auf, die der französischen
Rechtstradition Rechnung tragen. Das deutsch-französische Abkommen **regelt deswegen den Güterstand abschließend**, ohne dass ein ergänzender Rückgriff etwa auf
die Regelungen der deutschen Zugewinngemeinschaft möglich ist. Stattdessen ist
dem Abkommen eine Denkschrift beigefügt (BT-Drucks 17/5126, 18 ff), die nebst Er-
läuterndem Bericht in der Anlage bei der Auslegung des Abkommens die Vorstellungen der Vertragsstaaten verdeutlicht. Der Beratungspraxis der beiden Staaten
sollen mit dem zweisprachigen Dokument Antworten auf fallbezogene rechtliche
Fragen erleichtert werden.

Weil die Wahl-Zugewinngemeinschaft Bestandteil eines völkerrechtlichen Vertrags 6
zwischen Deutschland und Frankreich ist, können zur Auslegung des Abkommens
auch die allgemeinen völkerrechtlichen Auslegungskriterien herangezogenen werden. Nach der Wiener Vertragsrechtskonvention (WVRK; BGBL II 1985, 927), deren
Regelungen als kodifiziertes Völkergewohnheitsrecht auch den Nichtvertragsstaat
Frankreich binden (BGH NJW-RR 2017, 313 Rn 25), gilt als angemessene Auslegungsregel, dass Verträge nach Treu und Glauben in Übereinstimmung mit der gewöhnlichen, ihren Bestimmungen im konkreten Zusammenhang zukommenden Bedeutung und im Lichte ihres Ziels und Zwecks auszulegen sind (Art 31 WVRK;
KLIPPSTEIN FPR 2010, 512).

Die Auslegung des Abkommens wird im Hinblick darauf, dass die Vorschriften in 7
einem einheitlichen Gesetz in zwei Sprachen niedergelegt sind, neue Probleme für
die Rechtsanwendung schaffen. Die Wortauslegung findet ihre Grenzen darin, dass
das Abkommen bewusst in Teilen eine andere Rechtssprache verwendet als das
BGB im Übrigen. Die Auslegung aus dem Gesetzeszusammenhang muss berück-

sichtigen, dass Bezüge in sowohl die deutsche als auch die französische Rechtsordnung bestehen. Die Besonderen Erläuterungen, die ebenfalls zweisprachig gehalten sind, werden für die Auslegung des Abkommens ein eigenes Gewicht erhalten, wie dies auch von den Vertragsstaaten bereits vorhergesehen worden war (Braeuer Rn 834; Jünemann ZEV 2013, 354; Klippstein FPR 2010, 512; zur Auslegungsproblematik des Schmerzensgeldbegriffs in Art 8 Abs 2 S 1 des Abkommens Erger/Kaesling NZFam 2014, 631). Daneben kann zur Auslegung mit der gebotenen Zurückhaltung wegen der Bezüge in zwei Rechtsordnungen auf die Erkenntnisse zu vergleichbaren nationalen Regelungen zurückgegriffen werden (Palandt/Brudermüller Vorbem zu § 1519 Rn 3).

8 Soweit das Abkommen Regelungen nicht vorhält, gelten die Vorschriften der Rechtsordnung, die nach den Regeln des internationalen Privatrechts heranzuziehen sind. Das betrifft etwa den **Versorgungsausgleich**, der, sofern deutsches Güterrecht gilt, das Altersvorsorgevermögen dem güterrechtlichen Ausgleich entzieht. Das Gleiche gilt für das **Unterhaltsrecht**, weil nach deutschem Recht Unterhaltszahlungen ebenfalls Einfluss auf den güterrechtlichen Ausgleich haben können.

9 Zwar erfordert die Wahl des neuen Güterstandes nicht eine **ausdrückliche Rechtswahl**. Es kommt nach Art 1 des Abkommens für seine Vereinbarung nur darauf an, dass der Güterstand dem Sachrecht eines der Vertragsstaaten unterliegt. Zur Vermeidung von Zweifelsfragen empfiehlt es sich für die Eheleute gleichwohl, das für ihr Güterrecht anwendbare Recht zu benennen (s dazu etwa Rn 47; Erläuternder Bericht BT-Drucks 17/5126, 23; MünchKomm/Koch WahlZugAbk-F Art 1 Rn 5; Jäger DNotZ 2010, 823; Hoischen RNotZ 2015, 322; Langenfeld/Milzer Rn 374; Braun MittBayNot 2012, 90). So können auch Rechtsunsicherheiten ausgeräumt werden, wenn das Ehepaar zum Zeitpunkt der Eheschließung seinen gewöhnlichen Aufenthalt in einem Nichtvertragsstaat des Abkommens hat. Wird dabei deutsches Güterrecht gewählt, kann die mit den nach französischem Recht bestehenden Registrierungs- und gerichtlichen Genehmigungspflichten verbundene Rechtsunsicherheit vermieden werden. Damit wird zugleich sonstigen im französischen Recht vorgesehenen Beschränkungen der Ehevertragsfreiheit ausgewichen (Langenfeld/Milzer Rn 374).

III. Grundlagen der Wahl-Zugewinngemeinschaft

10 Das Abkommen über die Wahl-Zugewinngemeinschaft vom 4. 2. 2010 zwischen der Bundesrepublik Deutschland und der französischen Republik, das § 1519 S 1 BGB in das BGB aufnimmt, enthält 7 Kapitel und insgesamt 23 Artikel. Die Regelungen des Wahl-Güterstands entsprechen weitgehend den deutschen Regelungen zum Zugewinnausgleich. Die jeweiligen Vermögen der Ehegatten bleiben getrennt. Erst bei Ende des Güterstandes wird der erzielte Zugewinn ausgeglichen. Der Ausgleich erfolgt weitgehend wie nach deutschem Recht. Einen negativen Zugewinn kennt das Abkommen ebensowenig wie das deutsche Recht. Artikel 3 Abs 3 des Abkommens lässt in beschränktem Umfang abweichende Regelungen im Detail zwischen den Ehegatten zu.

1. Persönlicher Anwendungsbereich

11 Während in Frankreich ausschließlich Ehepaare die Wahl-Zugewinngemeinschaft vereinbaren können, führt die Einführung der Vorschriften des deutsch-französischen Abkommens in das BGB durch § 1519 BGB dazu, dass gem § 7 S 2 LPartG die güterrechtlichen Vorschriften des BGB entsprechend für die gleichgeschlechtliche Lebenspartnerschaft anzuwenden sind. Auch insoweit steht die Wahl-Zugewinngemeinschaft als Güterstand offen (MünchKomm/Koch WahlZugAbk-F Art 1 Rn 6).

Der Anwendungsbereich ist weit gezogen. Der Güterstand der Wahl-Zugewinnge- **12** meinschaft steht **allen Eheleuten offen, für die das Güterrecht eines Vertragsstaates anwendbar** ist. Dabei muss die Ehe keinen internationalen Bezug aufweisen. Der Güterstand steht nach Art 1 des Abkommens allen Ehegatten zur Verfügung, deren Güterstand dem Sachrecht eines Vertragsstaates unterliegt. Die Anwendbarkeit deutschen oder französischen Rechts kann sich aus den maßgeblichen Kollisionsnormen des deutschen, französischen oder sogar eines drittstaatlichen Rechts ergeben. Danach kann der Güterstand zur Anwendung kommen bei zwei Deutschen, die in Frankreich leben, bei zwei Franzosen, die in Deutschland leben aber auch bei zwei Deutschen, die in Deutschland leben oder zwei Franzosen, die in Frankreich leben.

Soweit das Kollisionsrecht eines Drittstaates die freie Rechtswahl des Güterstand- **13** statuts zulässt, steht der Güterstand auch Ehepaaren dieses Staates zur Verfügung, sofern sie für das deutsche oder französische Güterrecht optiert haben (SCHAAL DNotZ 2010, 162 f; MünchKomm/Koch WahlZugAbk-F Art 1 Rn 4; KLIPPSTEIN FPR 10, 512; MEIER FamRZ 10, 614). Für das deutsche Recht gilt **Art 15 Abs 2 EGBGB** für die Wahl des Güterrechts. Für Frankreich gilt das seit 1992 geltende Haager Übereinkommen über das auf eheliche Güterstände anwendbare Recht vom 14. 3. 1978 (HGÜ). Am 29. 1. 2019 werden die Verordnungen (EU) 2016/1103 (betreffend Ehegatten) und 2016/1104 (betreffend eingetragene Partnerschaften) des Rates vom 24. 6. 2016 zum Güterrecht ua zwischen Deutschland und Frankreich in Kraft treten. Danach hat Vorrang ausdrücklich die Rechtswahl der Eheleute. Diese können wählen das Recht des Staates, dessen Angehörige einer von ihnen ist, oder das Recht des Staates, in dem zumindest einer von ihnen seinen gewöhnlichen Aufenthalt hat. Die Wahl des Rechts des Lageortes des Vermögens wird künftig unzulässig sein (Art 22 der VO). Mangels einer Rechtswahl soll nach Inkrafttreten der VO – unabhängig von der Staatsangehörigkeit der Eheleute – unwandelbar das Recht des Staates gelten, in dem die Eheleute nach der Eheschließung ihren ersten gemeinsamen gewöhnlichen Aufenthalt begründet haben (Art 26 der VO). Es kann nicht durch Umzug, sondern nur durch Rechtswahlvereinbarung geändert werden. Eine Rückverweisung bleibt unbeachtet (Art 32 der VO).

2. Begründung des Güterstandes

Die Vereinbarung der Wahl-Zugewinngemeinschaft erfolgt durch Ehevertrag. Das **14** Abkommen enthält keine Formvorschriften. Für die **Form des Ehevertrages** gilt deswegen das nach dem für die Ehegatten maßgeblichen Kollisionsrecht geltende Recht. Nach deutschem Kollisionsrecht gilt insoweit Art 11 Abs 1 EGBGB. Für Frankreich gilt Art 12 HGÜ. Für die Form des Vertrages gilt das am Ort des Vertragsschlusses anwendbare Recht oder das auf den Güterstand anwendbare innerstaatliche Recht. Sowohl deutsches als auch französisches Recht sehen für den Ehevertrag die notarielle Beurkundung bei gleichzeitiges Anwesenheit der Ehegatten vor (§ 1410; Art 1394 CC; Änderungen ergeben sich nicht aus der Verordnung [EU] 2012/1103, Art 23 Abs 2).

15 Die notarielle Beurkundung verlangt die gleichzeitige Anwesenheit der Vertragsparteien vor dem Notar. Gleichzeitige Anwesenheit beider Teile heißt nicht persönliche Anwesenheit. Stellvertretung ist nach deutschem wie französischem Recht zulässig (Art 1394 Abs 1 CC; § 1410 Rn 7; ERMAN/HEINEMANN Anhang zu § 1519 Rn 3; KEMPER, in: FS Seul 228; aA HOISCHEN RNotZ 2015, 321, offensichtlich irrtümlich von einem Vertretungsverbot nach deutschem Recht ausgehend). Zusätzlich ist in einigen Fällen, beispielsweise wenn minderjährige Kinder vorhanden sind oder wenn Gläubiger dem Güterstandwechsel widersprechen, nach französischem Recht eine gerichtliche Genehmigung des Güterstandwechsels erforderlich (HOISCHEN RNotZ 2015, 322; DETHLOFF RabelsZ 2012, 515).

16 Unter formalem Gesichtspunkt ist bei der Vereinbarung der deutsch-französischen Wahl-Zugewinngemeinschaft zu beachten, dass der Ehevertrag wegen des Einflusses des Güterstandes auf die gesetzliche Erbfolge als erbfolgerelevante Urkunde dem **Zentralen Testamentsregister** anzuzeigen ist (§ 34a Abs 1 BeurkG; § 78d Abs 2 S 1 BnotO; § 2 ZTRV; HOISCHEN RNotZ 2015, 322).

17 Der Ehevertrag kann vor oder nach der Heirat geschlossen werden, Art 3 Abs 2 S 1 des Abkommens. Er darf nicht schon vor Inkrafttreten des Abkommens am 1. 5. 2013 geschlossen worden sein, Art 19. Wurde die Wahl-Zugewinngemeinschaft vor der Heirat gewählt, wird sie frühestens mit dem Tag der Eheschließung wirksam, Art 3 Abs 2 S 3. Entscheiden sich die Ehegatten später für die Wahl der Wahl-Zugewinngemeinschaft, führt dies zu einer Änderung des Güterstands. Nach französischem Recht kommt die Wahl erst nach zweijähriger Geltung des bisherigen Güterstandes und unter Umständen nur unter weiteren Voraussetzungen in Betracht (Art 1397 CC). Diese Einschränkungen sind nach Art 3 Abs 2 S 2 zu beachten. Durch vorherigen Wechsel zum deutschen Güterrechtsstatut können die Beschränkungen umgangen werden (DETHLOFF RabelsZ 2012, 515; SCHAAL ZNotP 10, 165; JÄGER DNotZ 10, 807; LERCH/LERCH/JUNKOV FuR 12, 640). Art 3 Abs 2 S 2 gilt entsprechend für die Aufhebung der Wahl-Zugewinngemeinschaft (aA SCHAAL ZNotP 10, 166; zweifelnd ERMAN/HEINEMANN Anhang zu § 1519 Rn 4).

3. Abdingbarkeit

18 Nach Art 3 Abs 3 des Abkommens können die Ehegatten von den Vorschriften des Kapitel V zur Ausgleichsforderung abweichen. Darauf beschränken sich die Möglichkeiten ehevertraglicher Ausgestaltung der Wahl-Zugewinngemeinschaft (zu Abweichungen bei ehegattenschützenden Regelungen s Rn 52, 59, 61). Es besteht lediglich Vertragsfreiheit hinsichtlich der in dem Kapitel V geregelten Faktoren für die Berechnung des auszugleichenden Zugewinns. Beispielsweise können die Ehegatten die Zusammensetzung der Vermögen, die Bewertungsregeln für die Vermögensgegenstände, die Höhe der Beteiligung am jeweiligen Vermögenszuwachs und die Verteilung des Zugewinns anders regeln (BT-Drucks 17/5126, 24).

4. Wirkungen gegenüber Dritten

19 § 1412 BGB wird durch § 1519 S 3 BGB ausdrücklich für unanwendbar erklärt. Damit scheidet eine Eintragung der Wahl-Zugewinngemeinschaft in das Güterrechtsregister aus. Der Güterstand entfaltet in Deutschland gegenüber Dritten seine volle Wirksamkeit unabhängig davon, ob er diesem bekannt ist (JÄGER DNotZ 2010, 807; SCHAAL ZNotP 2010, 167; ERMAN/HEINEMANN Anhang zu § 1519 Rn 3; ab Inkrafttreten der VO [EU] 2016/1103 am 29. 1. 2019, s aber dort Art 28). Eine Eintragung der Wahl-Zugewinngemeinschaft in das Güterrechtsregister kommt nach Art 16 Abs 1 EGBGB in Betracht, wenn der Wahl-Güterstand nach französischem Recht vereinbart worden ist (JÄGER DNotZ 2010, 821; ERMAN/HEINEMANN Anhang zu § 1519 Rn 10 mwNw; **aA** AMANN DNotZ 2013, 273)

5. Gütertrennung

Jeder Ehegatte verwaltet und nutzt sein Vermögen allein; nur er verfügt über sein **20** Vermögen. Die Ehegatten behalten also im Wahlgüterstand grundsätzlich ihre völlige Unabhängigkeit in Bezug auf ihr Vermögen. Sie bleiben Alleineigentümer und Alleininhaber der von ihnen vor oder nach Begründung des Güterstandes erworbenen Vermögensgegenstände (BT-Drucks 17/5126, 25). Im Gegenzug haftet jeder Ehegatte allein für die durch ihn vor oder während der Ehe entstandenen Schulden. Diese Regelung entspricht den deutschen (§ 1364 BGB) und französischen (Art 1569 CC) Zugewinnregelungen.

6. Verfügungsbeschränkungen

Zum Schutze des anderen Ehegatten ist in beiden Ländern die Vermögensverwal **21** tung in Ausnahmefällen beschränkt. In Deutschland gilt für den gesetzlichen Güterstand ein Verfügungsverbot über das Vermögen als Ganzes und über Haushaltsgegenstände gem §§ 1365, 1369 BGB. Die Geschäfte bedürfen der Einwilligung oder Genehmigung des anderen Ehegatten. Fehlt diese, ist das abgeschlossene Rechtsgeschäft unwirksam. Ein einseitiges Rechtsgeschäft ist schlichthin unwirksam, § 1367 BGB; ein ohne die erforderliche Einwilligung abgeschlossener Vertrag ist zunächst schwebend unwirksam, § 1366 BGB. Demgegenüber treffen **Art 5 und 6 des deutschfranzösischen Abkommens abweichende Regelungen**. Artikel 5 enthält insbesondere mit der Verfügungsbeschränkung über die Familienwohnung den deutlichsten Beitrag des französischen Rechts zum Abkommen. Sie entspricht in ihren Voraussetzungen dem in Frankreich unabhängig vom Güterstand zwingenden Art 215 Abs 3 CC (AMANN DNotZ 2013, 255).

Die Verfügungsbeschränkungen des Art 5 sind unabdingbar (vgl Art 3 Abs 2 des **22** Abkommens). Rechtsgeschäfte über Haushaltsgegenstände oder über Rechte, durch die die Familienwohnung sichergestellt ist, bedürfen der Zustimmung des anderen Ehegatten. Sowohl nach Art 5 Abs 1 S 1 als auch nach S 2 ist eine Genehmigung möglich. Anders als nach deutschem Recht ist damit auch die **Genehmigung eines einseitigen Rechtsgeschäftes** rechtswirksam. So kann die durch einen Ehegatten ausgesprochene Kündigung der Ehewohnung durch den anderen genehmigt werden (BT-Drucks 17/5126, 26).

a) Die Verfügungsbeschränkung des Art 5 Abs 1 Alt 1

Hinsichtlich der **Haushaltsgegenstände** sieht § 1369 BGB im deutschen Recht ledig- **23** lich für den gesetzlichen Güterstand Verfügungsbeschränkungen vor, nicht jedoch güterstandsunabhängig. Da die Wahl-Zugewinngemeinschaft an den gesetzlichen Güterstand deutschen Rechts angelehnt ist, ist die Verfügungsbeschränkung auf

Haushaltsgegenstände konsequent. Ziel der Regelung des Art 5 ist es, den Schutz der Familie bezogen auf die Ehewohnung und die Haushaltsgegenstände umfassend sicherzustellen. Dementsprechend erstreckt sich der Schutz der Haushaltsgegenstände im Wahlgüterstand anders als im französischen Recht nicht nur auf die Wohnungseinrichtung selbst, sondern erfasst auch sonstige Gegenstände, die die Familie gemeinsam nutzt. Haushaltsgegenstände können deswegen wie im deutschen Recht nach § 1369 BGB verstanden werden als alle beweglichen Sachen, die dem gemeinschaftlichen Leben der Ehegatten im familiären Bereich einschließlich der Freizeitgestaltung zu dienen bestimmt sind (vgl STAUDINGER/THIELE [2017] § 1369 Rn 6 ff; DETHLOFF RabelsZ 2012, 517). Ob ein Haushaltsgegenstand von den Ehegatten gemeinsam erworben wurde oder einem allein gehört, ob er gemietet oder geleast ist, ist irrrelevant. Rechtsgeschäfte ohne Zustimmung des anderen Ehegatten über die Haushaltsgegenstände sind unwirksam (MünchKomm/KOCH WahlZugAbk-F Art 5 Rn 2).

b) Die Verfügungsbeschränkung des Art 5 Abs 1 Alt 2

24 Der Begriff der **Ehewohnung** ist weit aufzufassen, zu ihr gehören unabhängig vom Melderecht, den Eigentums- oder güterechtlichen Verhältnissen alle Räume, die die Ehegatten als Wohnung nutzen, gemeinschaftlich bewohnt haben oder die nach den Umständen dazu bestimmt waren, Ehewohnung zu werden, auch wenn dies nicht zur Ausführung gekommen ist. Zur Ehewohnung können damit auch Nebenräume gehören (etwa Keller, Dachboden, Garage, Sport- und Fitnessräume). Insoweit kann auf das Verständnis der französischen Rechtsordnung zurückgegriffen werden, auf die die Regelung zurückgeht (AMANN DNotZ 2013, 2056 f). Nicht geschützt sind Zweitwohnungen, Ferienwohnungen und Wohnungen, die der Arbeitgeber dem Arbeitnehmer und seiner Familie im Rahmen eines Arbeitsverhältnisses für dessen Dauer zur Verfügung stellt (AMANN DNotZ 2013, 257; ERMAN/HEINEMANN Anhang zu § 1519 Rn 9). Die Eigenschaft als Familienwohnung wird nicht berührt, wenn die Wohnung für berufliche oder gewerbliche Zwecke nur mitbenutzt wird.

25 Zu den Rechten, durch die die Familienwohnung sichergestellt wird, zählen neben dem Eigentum das Miteigentum, grundstücksgleiche Rechte, wie Erbbau- oder Dauerwohnrechte ebenso dingliche Rechte wie Nießbrauch oder Dienstbarkeit an der Familienwohnung (SCHAAL ZNotP 2010, 166; ERMAN/HEINEMANN Anhang zu § 1519 Rn 9). Erfasst werden ebenso schuldrechtliche Verträge wie **Miet- oder Leihverträge** sowie **Versicherungsverträge** über die Wohnung (AMANN DNotZ 2013, 259; SCHAAL ZNotP 2010, 166). Auch die Belastung des Grundstücks- oder Wohnungseigentums ist einseitig nicht möglich, so lange die Familie in diesem Eigentum wohnt. Die Einräumung eines dinglichen Nutzungsrechts an dem von der Familie bewohnten Hausgrundstück beeinflusst die räumlichen Grundlagen der Familie. Dies gilt auch für die Bestellung eines Grundpfandrechts, weil die Gefahr des Zugriffs von Gläubigern auf das bewohnte Grundstück begründet wird (MünchKomm/KOCH WahlZugAbk-F Art 5 Rn 7; differenzierend AMANN DNotZ 2013, 258; **aA** ERMAN/HEINEMANN Anhang zu § 1519 Rn 9). Auch Gesellschaftsbeteiligungen sind im Einzelfall geeignet, die Familienwohnung zu sichern (AMANN DNotZ 2013 258 f; **aA** ERMAN/HEINEMANN Anhang zu § 1519 Rn 9).

c) Unwirksamkeit

26 Auch wenn die Überschrift von Art 5 des Abkommens Verfügungsbeschränkungen aufgreift, ordnet Abs 2 umfassend die Unwirksamkeit von Rechtsgeschäften ohne

Zustimmung des anderen Ehegatten an. Es sind also nicht nur sachenrechtliche Verfügungsgeschäfte betroffen, sondern auch schuldrechtliche Verpflichtungsgeschäfte und einseitige Handlungen wie Kündigungen. Weder kann ein Haushaltsgegenstand vermietet oder verliehen werden, noch kann ein Ehegatte allein die gemietete Wohnung kündigen oder das Eigentum an der Wohnung veräußern. Weil Art 5 Abs 1 die Familienwohnung uneingeschränkt sicherstellt, sind auch Rechtsgeschäfte mit dem Ziel einer Verbesserung oder Wertsteigerung von Familienwohnung oder Haushaltsgegenstand zustimmungsbedürftig (MünchKomm/Koch WahlZug-Abk-F Art 5 Rn 8).

d) Ermächtigung

Nach Art 5 Abs 2 des Abkommens kann sich ein Ehegatte gerichtlich ermächtigen **27** lassen, ein Rechtsgeschäft allein vorzunehmen, zu dem die Zustimmung des anderen Ehegatten notwendig wäre. Dies gilt dann, wenn dieser zur Zustimmung außerstande ist oder sie verweigert, ohne dass Belange der Familie dies rechtfertigten. Damit werden in der Regel wirtschaftlich vernünftige Maßnahmen zustimmungsfähig sein. Das Vorliegen einer Gefährdungslage ist nicht erforderlich (DETHLOFF RabelsZ 2012, 518). insoweit besteht gegenüber § 1365 Abs 2 BGB eine Abweichung, die aber der Regelung des § 1369 Abs 2 BGB für Haushaltsgegenstände entspricht (vgl STAUDINGER/THIELE [2017] § 1369 Rn 51).

Die sich aus der Unwirksamkeit des einseitig vorgenommen Geschäfts ergebenden **28** Rechtsfolgen regelt das Abkommen nicht. Es gilt insoweit nationales Recht. In Deutschland führt dies dazu, dass die güterrechtlichen Verfügungsbeschränkungen des Art 5 absolut wirken und das **Rechtsgeschäft gegenüber jedermann unwirksam** machen, ohne dass es auf Kenntnis ankäme. Artikel 5 Abs 1 entsprechend der sogenannten subjektiven Theorie zu § 1365 BGB zum Schutz des Rechtsverkehrs um eine subjektive Tatbestandvoraussetzung der Kenntnis erweiternd auszulegen (dazu STAUDINGER/THIELE [2017] § 1365 Rn 19 ff), ist nicht möglich. Eine Auslegung in Anlehnung an § 1365 BGB scheidet aus, weil die Regelung in der Wahlzugewinngemeinschaft der des französischen Rechts entlehnt ist (s o Rn 21; MünchKomm/Koch WahlZugAbk-F Art 5 Rn 12; ERMAN/HEINEMANN Anhang zu § 1519 Rn 10; BT-Drucks 17/5126, 27). Demgegenüber bedarf es nach französischem Recht einer Nichtigkeitsklage, die binnen Jahresfrist geltend zu machen ist (BT-Drucks 17/5126, 27; BRAUN MittBayNot 2012, 91; **aA** AMANN DNotZ 2010, 268 f).

e) Genehmigung

Ein mangels Zustimmung zunächst schwebend unwirksames Rechtsgeschäft wird **29** mit der Genehmigung des anderen Ehegatten wirksam. Das gilt auch, soweit es sich um **einseitige Rechtsgeschäfte** handelt. § 1367 BGB ist nicht entsprechend anwendbar (JÄGER DNotZ 2010, 809). Nähere Regelungen über die Genehmigung fehlen. Die Genehmigung kann gegenüber dem Ehegatten erteilt werden, sie ist aber auch (§ 182 Abs 1 BGB) gegenüber dem Dritten möglich (**aA** ERMAN/HEINEMANN Anhang zu § 1519 Rn 11). Demgegenüber hat der Dritte keine Möglichkeit der Einflussnahme, um den Schwebezustand bis zur Genehmigung entsprechend § 1366 Abs 2 und 3 BGB einseitig zu beenden. Die güterrechtlichen Vorschriften der Wahl-Zugewinngemeinschaft sind insoweit ebenso wie hinsichtlich des § 1367 BGB abschließend (ERMAN/HEINEMANN Anhang zu § 1519 Rn 11; **aA** AMANN DNotZ 2013, 2071 f).

f)   Verfahren zur Ermächtigung

30 Für die Ermächtigung nach Art 5 Abs 2 des Abkommens, ein Rechtsgeschäft allein vorzunehmen, ist das Familiengericht zuständig, §§ 111 Nr 9, 261 Abs 2 FamFG, §§ 23a Abs 1 Nr 1, 23b Abs 1 GVG. Es entscheidet der Richter, § 3 Nr 3g iVm §§ 20 ff RPflG. Die Ermächtigung wird erst mit Rechtskraft des richterlichen Beschlusses wirksam, § 40 Abs 3 S 1 FamFG. Anders ist die Lage bei Gefahr in Verzug, hier kann der Beschluss sofort wirksam werden, § 40 Abs 3 S 2 FamFG.

g)   Geltendmachung der Unwirksamkeit

31 Soweit kollisionsrechtlich deutsches Güterrecht heranzuziehen ist, sieht § 1519 S 2 BGB ausdrücklich die **Geltung von § 1368 BGB** vor. Damit erhält der übergangene Ehegatte die Berechtigung, die sich aus der Unwirksamkeit der Verfügung ergebenden Rechte gegen einen Dritten selbst gerichtlich geltend zu machen

7.   Geschäfte zur Führung des Haushalts

32 Beide Ehegatten können Verträge zur Führung des Haushalts und für den Bedarf der Kinder jeweils allein schließen. Diese Verträge verpflichten sie gesamtschuldnerisch. Gewollt ist Art 6 des Abkommens als eine modernisierte Übernahme des Art 220 CC. Nach der Gesetzesbegründung geht die Regelung zwar über § 1357 BGB hinaus. Diese Weiterung soll aber nach der Gesetzesbegründung für die Eheleute hinnehmbar sein, weil sie den Güterstand durch Vertrag selbst gewählt haben (BT-Drucks 17/5126, 28). Nach deutschem Recht gestattet § **1357 Abs 2 BGB** einem Ehegatten durch formlose Erklärung die Befugnis des anderen zur Mitverpflichtung zu beschränken oder zu entziehen. In Frankreich besteht die Möglichkeit, einem Ehegatten die Befugnis nach Art 220 zu entziehen, nur wenn dieser die Interessen der Familie gefährdet und nur im Wege einer richterlichen Entscheidung. Wegen dieser abweichenden Regelungen über Art 6 des Abkommens hinaus das nationale Recht heranzuziehen, würde die vereinheitlichende Wirkung des neuen Güterstands beeinträchtigen (Dethloff RabelsZ 2012, 522).

Deswegen wird man zu Recht davon ausgehen können, dass die Regelung als abschließend gewollt ist, auch soweit sie über das Güterrecht hinausgreift. Eine entsprechende Anwendung von § 1357 Abs 2 BGB ist deswegen nicht möglich (BT-Drucks 17/5126, 8; wohl auch Erman/Heinemann Anhang zu § 1519 Rn 12; **aA** MünchKomm/Koch WahlZugAbk-F Art 6 Rn 7; kritisch auch Braun MittBayNot 2012, 92).

8.   Beendigung des Güterstandes

33 Nach Art 7 des Abkommens endet die Wahl-Zugewinngemeinschaft durch den Tod oder die Todeserklärung eines Ehegatten, durch den Wechsel des Güterstandes, mit der Rechtskraft der Ehescheidung oder jeder anderen gerichtlichen Entscheidung, die den Güterstand beendet. Zu diesen gerichtlichen Entscheidungen gehört nach deutschem Recht die über die Aufhebung der Ehe (§§ 1303 ff BGB) und über die vorzeitige Beendigung des Güterstands nach vorzeitigem Zugewinnausgleich, Art 18 Abs 2 des Abkommens (die Regelung schließt die Anwendung von §§ 1384, 1385 BGB aus; missverständlich insoweit BT-Drucks 17/5126, 28). Nach französischem Recht zählt zu diesen Entscheidungen die Trennung ohne Auflösung des Ehebandes, die Ungültigkeitserklärung der Ehe bei Gutgläubigkeit und die vorzeitige Beglei-

chung der Ausgleichsforderung; schließlich führt auch hier der vorzeitige Ausgleich des Zugewinns zur Beendigung des Güterstands gem Art 18 Abs 2 (BT-Drucks 17/5126, 28).

Im Falle der Todeserklärung tritt die Beendigung nach Art 7 Nr 1 auch im Falle einer **34** unrichtigen Todeserklärung ein (BT-Drucks 17/5126, 28; MünchKomm/Koch WahlZugAbk-F Art 7 Rn 10; Erman/Heinemann Anhang zu § 1519 Rn 14). Wechseln die Ehegatten den Güterstand, beendet dies nach Art 7 Nr 2 die Wahl-Zugewinngemeinschaft auch dann, wenn der Wechsel in das Güterrechtsstatut eines Nichtvertragsstaates erfolgt (Finger FuR 10, 483; Schaal ZNotP 10, 168; Palandt/Brudermüller[75] § 1519 Art 7 Rn 2; aA Erman/Heinemann Anhang zu § 1519 Rn 14). Als actus contrarius einer positiv getroffenen Rechtswahl bedarf die Änderung des Güterrechtsstatus der Eheverträgsform (Staudinger/Mankowski [2011] Art 14 EGBGB Rn 120 ff, Art 15 EGBGB Rn 114). Treffen die Ehegatten keine besondere Güterrechtsvereinbarung unter dem neu gewählten Statut, gilt dessen gesetzlicher Güterstand. Der Güterstand der Wahl-Zugewinngemeinschaft endet.

IV. Zugewinnausgleich

Endet der Güterstand, kommt es zum Ausgleich des Zugewinns nach den in Ka- **35** pitel V des Abkommens aufgeführten Regeln. Bei **gleichzeitigem Tod** beider Ehegatten wird demgegenüber der Güterstand zwar beendet, ein Ausgleich des Zugewinns findet gleichwohl nicht statt (Staudinger/Thiele [2017] § 1372 Rn 8; § 1371 Rn 58).

1. Keine Anwendung von § 1371 Abs 1

Der **Wahlgüterstand kennt keinen § 1371 Abs 1 BGB** entsprechenden pauschalierten **36** Zugewinnausgleich im Fall der Beendigung des Güterstandes durch den Tod eines Ehepartners. Es hat der Ausgleich des Zugewinns zu erfolgen. Für den Fall des Versterbens des ausgleichsberechtigten Ehegatten vererbt sich seine Ausgleichsforderung (Jünemann ZEV 2013, 359; Erman/Heinemann § 1519 Rn 3). Der überlebende Ehegatte kann den rechnerischen Zugewinnausgleich anders als im Falle des § 1371 BGB auch dann verlangen, wenn er Erbe wird. Durch die im Wahlgüterstand ermöglichte Kombination von erbrechtlicher und güterrechtlicher Beteiligung wird **Spielraum zur Reduzierung des Nachlasses** des verstorbenen Ehegatten begründet. Dies kann dazu führen, dass Pflichtteilsansprüche, nachlassabhängige Vermächtnisse oder auch die Erbschaftssteuer der Höhe nach gesenkt werden können (Beispiele bei Süss ZErb 2010, 285; Jünemann ZEV 2013, 359; MünchKomm/Koch WahlZugAbk-F Art 7 Rn 7 f). Umgekehrt kommt es zu einer Erhöhung entsprechender Ansprüche, wenn der Ehegatte zuerst verstirbt, der den geringeren Zugewinn erzielt hat. Dessen Zugewinnausgleichsforderung ist vom Ausgleichspflichtigen Ehegatten vorab in den Nachlass zu begleichen.

2. Anfangsvermögen

Anfangsvermögen ist das Vermögen jedes Ehegatten bei Eintritt in den Güterstand. **37** Liegt eine Überschuldung vor, ist das Anfangsvermögen entsprechend der Regelung in § 1374 Abs 3 BGB negativ (Art 8 Abs 1 S 2 des Abkommens). Dem Anfangsvermögen werden nicht hinzugerechnet dessen Früchte. Art 8 Abs 3 Nr 1 stellt dies ausdrücklich klar. Diese Regelung entspricht damit sowohl deutschem als auch französischem Recht.

a) Privilegierter Erwerb

38 Nicht aus ausgleichspflichtig ist während des Güterstandes hinzuerworbenes **privilegiertes Vermögen durch Erbschaft oder Schenkung**. Diese Vermögenszuwächse sind nach den Rechtsordnungen beider Länder dem Anfangsvermögen hinzuzurechnen (§ 1374 Abs 2 BGB; Art 1570 CC). Der Begriff der Schenkung wird im Abkommen nicht näher definiert. Die Wesensmerkmale der Schenkung stimmen aber in beiden Rechtsordnungen insofern überein, als entscheidend ist, dass die Zuwendung unentgeltlich erfolgt und der Schenker dabei den Zweck verfolgt, den Beschenkten zu begünstigen. § 1374 Abs 2 BGB stellt die **Ausstattung** ausdrücklich neben den privilegierten Erwerb durch Schenkung. In Art 8 fehlt zwar dieser Hinweis. Man wird aber die Ausstattung als der Schenkung entsprechenden privilegierten Erwerb ansehen können (HOISCHEN RNotZ 2015, 323: ERMAN/HEINEMANN Anhang zu § 1519 Rn 15; PALANDT/BRUDERMÜLLER[75] § 1519 Art 8 Rn 5; aA MünchKomm/KOCH WahlZugAbk-F Art 8 Rn 3; wohl auch JÄGER DNotZ 2010, 811). Schenkungen unter Ehegatten und unbenannte Zuwendungen sind dem Anfangsvermögen hinzuzurechnen (str für § 1374 Abs 2; s STAUDINGER/THIELE [2017] §§ 1374 Rn 34, 37; 1380 Rn 25), auch weil für die Wahl-Zugewinngemeinschaft eine § 1380 BGB entsprechende Anrechnungsregel für Vorausempfänge fehlt (ERMAN/HEINEMANN Anhang zu § 1519 Rn 15; aA PALANDT/BRUDERMÜLLER[75] § 1519 Art 8 Rn 5; SCHAAL ZNotP 2010, 169; MARTINY ZEuP 2011, 592).

39 Anders als nach deutschem Recht wird durch Art 8 Abs 2 des Abkommens der **Erwerb eines Schmerzensgeldes** dem Anfangsvermögen hinzugerechnet. Dies entspricht französischer Rechtstradition (Art 1570, 1404 CC; BRAUN MittBayNot 2012, 92). Der Begriff des Schmerzensgeldes findet sich nach Aufhebung von § 847 im deutschen Recht nicht mehr ausdrücklich. Er ist durch den Begriff eines „Schadens, der nicht Vermögensschaden ist," ersetzt worden. Neben einer Ausgleichsfunktion kommt der Geldzahlung auch eine Genugtuungsfunktion zu. Dazu was unter Schmerzensgeld iSd deutsch-französischen Abkommens zu verstehen ist, findet sich in den Materialien nur der Hinweis auf den Ausgleich erlittener Schmerzen (BT-Drucks 17/5126, 29). Der Begriff bedarf also der Auslegung. Während die deutsche Fassung nach deutschem Verständnis den Ersatz immaterieller Schäden vom Zugewinnausgleich ausnimmt, umfasst der Wortlaut der französischen Version den Ersatz sämtlicher Schäden infolge der Verletzung der genannten immateriellen Rechtsgüter. Es spricht einiges dafür, Art 8 Abs 2 des Abkommens eng auszulegen, dass nur der Ersatz immaterieller Schäden aus dem Zugewinnausgleich auszunehmen ist. Ersatzzahlungen mit wirtschaftlichem Charakter sowie Schadensersatz mit präventivem oder pönalem Charakter dürften nicht darunter fallen (ERGER/KAESLING NZFam 2014, 635; ERMAN/HEINEMANN Anhang zu § 1519 Rn 15; offengelassen bei HOISCHEN RNotZ 2015, 324).

40 Eine erweiternde Auslegung des privilegierten Erwerbs nach Ar. 8 Abs 2 auf „eheneutralen" Erwerb kommt nicht in Betracht. Lottogewinne sind auch in der Wahlzugewinngemeinschaft nicht privilegiert (BRAUN MittBayNot 2012, 92; HOISCHEN RNotZ 2015, 325; ERMAN/HEINEMANN Anhang zu § 1519 Rn 15).

b) Schenkungen an Verwandte

Keinen Einfluss auf die Bemessung der Zugewinnausgleichsforderung haben Ge- **41** genstände des Anfangsvermögens, die ein Ehegatte an Verwandte in gerader Linie verschenkt. Sie werden weder im Anfangsvermögen noch im Endvermögen berücksichtigt (Art 8 Abs 3 Nr 2, Art 10 Abs 2 Ziff 1b des Abkommens). Auf diese Weise wird der ausgleichpflichtige Zugewinn nicht durch die unentgeltliche Weggabe von Vermögenswerten aus dem Anfangsvermögen zu Lasten des Partners verringert. Dieses Ergebnis wird im deutschen Recht durch Hinzurechnung zum Endvermögen erreicht, allerdings nur in Bezug auf Vermögensminderungen während der letzten 10 Jahre, § 1375 Abs 3 BGB. Haben die verschenkten Gegenstände während der Ehezeit eine Wertsteigerung erfahren, die nicht aus dem Anfangsvermögen vorgenommen worden sind, werden diese Wertverbesserungen beim Endvermögen eingerechnet, Art 10 Abs 2 Nr 1b S 2 des Abkommens. Damit soll vermieden werden, dass ein Wertzuwachs der aufgrund von Ehemitteln erfolgt ist, durch die Weggabe des Vermögensgegenstandes dem Zugewinnausgleich entzogen wird (MünchKomm/ Koch WahlZugAbk-F Art 8 Rn 7; Hoischen RNotZ 2015, 325).

c) Verzeichnis

Nach Art 8 Abs 4 des Abkommens erstellen die Ehegatten bei Abschluss des Ehe- **42** vertrages ein Verzeichnis über ihr Anfangsvermögen. Diese Regelung ist nicht Wirksamkeitsvoraussetzung für den zwischen den Parteien abgeschlossenen Ehevertrag. Die als Feststellung formulierte Regelung trägt eher Appellcharakter (ähnlich MünchKomm/Koch WahlZugAbk-F Art 8 Rn 9). Eine notarielle Form für das Verzeichnis ist nicht zwingend. Es genügt ein privatschriftliches Verzeichnis (BT-Drucks 17/5126, 30). Die Richtigkeit des Verzeichnisses wird vermutet, wenn es von beiden Ehegatten unterschrieben ist. Die Vermutung kann widerlegt werden. Haben die Ehegatten kein Verzeichnis erstellt, so gilt die ebenfalls widerlegliche Vermutung, dass kein Anfangsvermögen bei Eintritt in den Güterstand vorhanden war, Art 8 Abs 5 des Abkommens; dies entspricht § 1377 Abs 3 BGB.

3. Bewertung des Anfangsvermögens

Die Bewertung des Anfangsvermögens berücksichtigt die unterschiedlichen natio- **43** nalen Regelungen Deutschlands und Frankreichs und orientiert sich an beiden Rechtsordnungen (BT-Drucks 17/5126, 31). Gegenstände des Anfangsvermögens werden grundsätzlich mit ihrem Wert bei Eintritt in den Güterstand bewertet, Art 9 Abs 1 des Abkommens. Privilegierter Erwerb wird mit dem Wert am Tage des Erwerbs in das Anfangsvermögen eingerechnet. Dies entspricht den Bewertungsregelungen des § 1376 Abs 1 BGB. Im Ergebnis führt dies dazu, dass beide Ehegatten am Wertzuwachs nach dem Stichtag teilhaben. Ob sie etwas dazu beigetragen haben, ist ohne Belang.

a) Grundstücke und grundstücksgleiche Rechte

Eine den Güterstand prägende Besonderheit greift bei der Bewertung von im An- **44** fangsvermögen befindlichen Grundstücken und grundstücksgleichen Rechten mit Ausnahme des Nießbrauchs und des Wohnrechts. Abweichend von Art 9 Abs 1 des Abkommens wird hier auf den **Wert bei Beendigung des Güterstands** abgestellt, Art 9 Abs 2 S 1. Dies entspricht der französischen Rechtsordnung (Art 1571 CC). Bei Beendigung des Güterstandes durch gerichtliche Entscheidung gem Art 13 ist der

Zeitpunkt des anhängig Werdens nicht der Rechtshängigkeit zugrunde zu legen. Wurden die Gegenstände während der Ehe veräußert oder ersetzt, so ist der Wert am Tag der Veräußerung oder Ersetzung der Stichtag. In beiden Fällen bleiben Änderungen des Zustandes, die während der Ehe vorgenommen worden sind, bei der Bewertung des Anfangsvermögens gem Art 9 Abs 2 S 3 unberücksichtigt (auch der Erschließungsaufwand: SCHAAL ZNotP 2010, 170). Die Verschiebung des Bewertungszeitpunktes gegenüber Art 9 Abs 1 führt dazu, dass der andere Ehegatte an der Wertentwicklung während der Ehe nicht teilhat. Der eheneutrale Zugewinn soll unberücksichtigt bleiben. Die für das Übereinkommen gefundene Kompromisslösung, diese besondere Bewertung lediglich auf Grundstücke und grundstücksgleiche Rechte zu beziehen, lässt andere Vermögenswerte außen vor, die ebenfalls typischerweise großen Wertschwankungen unterliegen wie Aktien oder auch Unternehmen. Bei der Bewertung des Anfangsvermögens werden **Änderungen des Grundstückszustandes** nicht berücksichtigt, die während der Ehe vorgenommen wurden, Art 9 Abs 2 S 3. Wertsteigernde Verwendungen der Ehegatten während der Ehezeit auf das Grundstück bleiben deswegen ausgleichpflichtiger Zugewinn.

b) Indexierung

45 Sofern für die Bewertung des Anfangsvermögens auf den Zeitpunkt vor Beendigung des Güterstands abzustellen ist, sieht Art 9 Abs 3 des Abkommens ausdrücklich eine Indexierung vor. Aus deutscher Sicht wäre diese Regelung nicht erforderlich gewesen. Anders in Frankreich (MünchKomm/KOCH WahlZugAbk-F Art 9 Rn 10).

c) Verbindlichkeiten

46 Verbindlichkeiten sind mit dem Wert zu berücksichtigen, die sie am Tag ihrer Zurechnung zum Anfangsvermögen haben. Sie sind wie die zum Anfangsvermögen gehörenden Aktiva zu indexieren, Art 9 Abs 4 des Abkommens.

4. Endvermögen

47 Die Zusammensetzung des Endvermögens ähnelt gemäß Art 10 des Abkommens § 1375 BGB. Endvermögen ist das Vermögen, das ein Ehegatte bei Beendigung des Güterstandes hat. Dabei werden Verbindlichkeiten berücksichtigt, auch wenn sie den Wert des Aktivvermögens übersteigen, Art 10 Abs 1 S 2. Ebenso wie das Anfangsvermögen kann deswegen das Endvermögen negativ sein. Die gegenständliche Zusammensetzung des Endvermögens ist nicht geregelt. Es kommt für die Festlegung deswegen darauf an, welches Recht für die Ehegatten gilt. Nach deutschem Recht gelten spezielle Ausgleichsregeln. Im Endvermögen ist etwa das **Vorsorgevermögen nicht zu berücksichtigen**, das dem Versorgungsausgleich unterliegt, § 2 Abs 2, 4 VersAusglG. Dies kann auch für Abfindungen gelten, die unterhaltsrechtlich geteilt werden und den Zugewinnausgleich deswegen entzogen sind (Einzelheiten s STAUDINGER/THIELE [2017] § 1374 Rn 5c ff). Eine ausdrückliche Berücksichtigung dieser Vermögenspositionen im Endvermögen sieht das Abkommen nicht vor. Gilt deutsches Recht, sind sie auch in der Wahl-Zugewinngemeinschaft dem Zugewinnausgleich entzogen (MünchKomm/KOCH WahlZugAbk-F Art 10 Rn 3; ERMAN/HEINEMANN § 1519 Rn 3). Danach zählen auch **Haushaltsgegenstände**, deren Überlassung nach § 1568b BGB verlangt werden kann, nicht zum Endvermögen (wohl hM; s aber STAUDINGER/THIELE [2017] § 1375 Rn 6). Lebensversicherungen können sowohl in den Zugewinn als auch in den Versorgungsausgleich fallen. Allgemein wird allerdings empfohlen, um Unsi-

cherheiten in dieser Frage auszuschließen, bei der Vereinbarung der Wahl-Zuge-
winngemeinschaft über die Zuordnung dieser Vermögensmassen eine ausdrückliche
Vereinbarung zu treffen (Hoischen RNotZ 2015, 327; MünchKomm/Koch WahlZugAbk-F
Art 10 Rn 3).

a) Schenkungen

Nach dem Abkommen sind bestimmte Schenkungen, Verschwendung und illoyale **48**
Vermögensminderungen hinzuzurechnen. Damit soll verhindert werden, dass ein
Ehegatte durch diese Vermögensverfügungen seinen Zugewinn schmälert und den
anderen Ehegatten benachteiligt. Nach Art 10 Abs 2 Nr 1 wird dem Endvermögen
der Wert der Gegenstände zugerechnet, die ein Ehegatte verschenkt hat. Es sei
denn, dass die Schenkung nach der Lebensführung der Ehegatten angemessen war.
Das ist der Fall, wenn sie nicht erheblich den geldwerten Rahmen überstieg, der den
Eheleuten zum täglichen Leben zur Leben zur Verfügung stand (BT-Drucks 17/5126,
34). Anders als bei § 1375 Abs 2 Nr 1 BGB kommt es nicht darauf an, ob die
Schenkung einer sittlichen Pflicht oder dem Anstand entsprochen hatte, sondern
auf deren Wert. Da überdimensionierte Schenkungen nach Sitte und Anstand nicht
geboten sind, wird man bei beiden Regelungen zu gleichen Ergebnissen kommen
(MünchKomm/Koch WahlZugAbk-F Art 10 Rn 5). Schenkungen an den anderen Ehegatten
und ehebedingte Zuwendungen fallen nicht unter Art 10 Abs 2 Nr 1a des Abkommens. Das ergibt sich bereits aus Abs 2 S 2 2. Alt.

Dem Endvermögen sind nicht Schenkungen hinzuzurechnen mit Mitteln aus dem **49**
Anfangsvermögen eines Ehegatten an einen Verwandten in gerader Linie (Art 10
Abs 2 Nr 1b; Art 8 Abs 3 Nr 2). Wertverbesserungen an diesen Gegenständen, die
während der Dauer des Güterstandes mit Mitteln vorgenommen sind, die nicht zum
Anfangsvermögen gehören, werden gleichwohl beim Endvermögen berücksichtigt
(s o Rn 41).

b) Verschwendung und Benachteiligungsabsicht

Ferner sind dem Endvermögen hinzuzurechnen die Werte der Gegenstände, die der **50**
Ehegatte in Benachteiligungsabsicht veräußert oder verschwendet hat, Art 10 Abs 2
Nr 2 und Nr 3 des Abkommens. Nach den Vorstellungen des deutschen und französischen Gesetzgebers muss die Benachteiligungsabsicht das leitende Motiv gewesen sein (BT-Drucks 17/5126, 24; vgl Staudinger/Thiele [2017] § 1375 Rn 31 ff). Entsprechend
der Regelung im deutschen Recht sind Hinzurechnungen ausgeschlossen, wenn die
vermögensmindernden Maßnahmen mehr als 10 Jahre vor Beendigung des Güterstands erfolgt sind oder der andere Ehegatte damit einverstanden gewesen ist,
Art 10 Abs 2 S 2 des Abkommens

5. Bewertung des Endvermögens

Die Gegenstände des Endvermögens werden mit ihrem Wert bei Beendigung des **51**
Güterstandes bewertet; Art 11 Abs 1 des Abkommens. Das entspricht der Regelung
in Deutschland gemäß § 1376 BGB. Im Falle der Scheidung oder der Beendigung des
Güterstandes durch gerichtliche Entscheidung gilt der Zeitpunkt der Einreichung
des Antrags bei Gericht. Der Zeitpunkt der Hinzurechnung von Schenkungen, Verlusten durch Verschwendung und Veräußerungen mit Benachteiligungsabsicht liegt
bei der Vornahme der vermögensmindernden Maßnahme, Art 11 Abs 2 S 1. Für

Wertverbesserung nach Art 10 Abs 2 Nr 1b gilt der Zeitpunkt der Schenkung des Gegenstands. Die Werte nach Art 11 Abs 2 werden indexiert (Art 11 Abs 3). All dies ist abdingbar, Art 3 Abs 3.

6. Zugewinnausgleichsforderung

a) Anspruch auf Zugewinnausgleich (Art 12)

52 Die Zugewinnausgleichsforderung beträgt **die Hälfte der Differenz der Zugewinne**. Verluste werden nicht ausgeglichen. Die Anrechnung eines Vorausempfanges entsprechend § 1380 BGB ist nicht vorgesehen. Der Zugewinnausgleich erfolgt ausschließlich nach Art 12 des Abkommens, weil ein erbrechtlicher Ausgleich nach § 1371 Abs 1 BGB nicht vorgesehen ist (s o Rn 36). Eine dem entsprechende Erhöhung der Ausgleichsquote kann allerdings durch Ehevertrag zwischen den Ehegatten vereinbart werden (SCHAAL ZNotP 2010, 168). Anders als die gläubigerschützende Regelung des § 1378 Abs 2 BGB hindert Art 14 des Abkommens auch eine ehevertragliche Aufhebung der Kappungsgrenze nicht (BT-Drucks 17/5126, 37; zu § 1378 vgl STAUDINGER/THIELE [2017] § 1378 Rn 37; aA SCHAAL ZNotP 2010, 168). Der Zugewinnausgleichsanspruch ist **auf Geld gerichtet**, Art 12 Abs 2 S 1. Auf Antrag kann das Gericht anordnen, dass Gegenstände des Schuldners dem Gläubiger zum Zwecke des Ausgleichs übertragen werden, wenn dies der Billigkeit entspricht. Den Antrag können beide Ehegatten stellen. Die Übertragung des Gegenstandes erfolgt nicht durch gerichtlichen Gestaltungsakt, sondern bedarf der Umsetzung (ERMAN/HEIMANN Anhang zu § 1519 Rn 30).

53 Die Geltendmachung des Zugewinnausgleichanspruchs oder des vorzeitigen Zugewinnausgleichs ist eine Güterrechtssache, die als Familienstreitsache vor dem **Familiengericht** zu führen ist (§§ 111 Nr 9, 112 Nr 2, 261 Abs 1 FamFG). Für die Abgeltung in Natur gemäß Art 12 Abs 2 S 2 ist das Familiengericht im Verfahren nach §§ 111 Nr 9, 261 Abs 2 FamFG zuständig. Gemäß § 25 Nr 3c RpflG entscheidet der Rechtspfleger, es sei denn, über die Ausgleichsforderung ist ein Verfahren anhängig (§ 137 Abs 2 Nr 4 FamFG).

54 Die Zugewinnausgleichsforderung wird mit dem Zeitpunkt der Beendigung des Güterstandes vererblich und übertragbar, Art 12 Abs 3 des Abkommens. Zu diesem Zeitpunkt entsteht sie und ist fällig. Für die Pfändbarkeit gilt § 852 Abs 2 ZPO (vgl STAUDINGER/THIELE [2017] § 1378 Rn 22). Weil eine § 1378 Abs 3 S 3 BGB entsprechende Vorschrift für die Wahl-Zugewinngemeinschaft fehlt, bleiben Vereinbarungen über den künftigen Zugewinnausgleich möglich (SCHAAL ZNotP 2010, 171; ERMAN/HEINEMANN Anhang zu § 1519 Rn 31; MünchKomm/KOCH WahlZugAbk-F Art 12 Rn 7). Auch im Übrigen sind Vereinbarungen über die Zugewinnausgleichsforderung möglich, Art 3 Abs 3 des Abkommens.

b) Besonderer Berechnungszeitpunkt des Zugewinnausgleichs (Art 13)

55 Art 13 des Abkommens verlegt den Zeitpunkt für die Berechnung des Zugewinnausgleichs von der Beendigung des Güterstandes auf den **Zeitpunkt des Eingangs der verfahrenseinleitenden Anträge**, wenn diese auf die Scheidung oder die Auflösung des Güterstandes gerichtet sind. Spätere Vermögensänderungen berühren den Zugewinnausgleichsanspruch nicht mehr. Mit der Vorverlegung des Stichtages soll verhindert werden, dass Ehegatten während eines auf Scheidung oder Beendigung des Güterstandes gerichteten Verfahrens ihr Vermögen zum Nachteil des anderen vermindern. § 1384 BGB sieht demgegenüber als Stichtag in dieser Konstellation die Rechtshängigkeit des Verfahrens, also die Zustellung des Antrages, vor.

c) Begrenzung der Zugewinnausgleichsforderung (Art 14)

Artikel 14 des Abkommens bestimmt eine **Kappungsgrenze**. Die Zugewinnaus- **56** gleichsforderung wird auf den **halben Wert des Vermögens** des Ausgleichspflichtigen begrenzt, das nach Abzug der Verbindlichkeiten zu dem Zeitpunkt, der für die Feststellung der Höhe der Zugewinnausgleichsforderung maßgebend ist, vorhanden ist. Diese Kappungsgrenze verhindert die völlige Aufzehrung des Endvermögens durch die Ausgleichsforderung, wenn der Zugewinn ganz oder teilweise durch den Ausgleich negativen Anfangsvermögens erzielt worden ist. Nach Art 14 S 2 erhöht sich die Grenze um den halben Wert der dem Endvermögen nach Art 10 Abs 2 hinzurechnenden Vermögensminderungen.

7. Abdingbarkeit

Die Regelungen zur Bewertung von End- und Anfangsvermögen sind disponibel, **57** Art 3 Abs 3 des Abkommens. Die Ehegatten können abweichende Bewertungsmethoden festlegen. Sie können auch zum Endvermögen zählende Gegenstände festlegen oder diese davon ausnehmen. Sie können die Stichtage für die Bewertung von Anfangs- und Endvermögen abweichend festlegen oder den Zeitpunkt für die Hinzurechnung vermögensmindernder Maßnahmen ändern. Ebenso ist die Indexierung (Rn 45 f, 51) abänderbar. Verfügungen über den künftigen Ausgleichsanspruch sind möglich (Rn 54). Auch die Kappungsgrenze des Art 14 des Abkommens ist abdingbar. Die Kappungsgrenze kann also herauf- oder herabgesetzt werden oder aber es können Vermögenswerte aus der Berechnung der Kappungsgrenze ausgenommen werden (BT-Drucks 17/5126, 37; MünchKomm/Koch WahlZugAbk-F Art 14 Rn 6; Erman/Heinemann Anhang zu § 1519 Rn 34; Hoischen RNotZ 2015, 329; aA Schaal ZNotP 2010, 172 wegen Gläubigerschutzes).

8. Verjährung (Art 15)

Der Zugewinnausgleichsanspruch verjährt nach Art 15 des Abkommens wie nach **58** deutschem Recht (§ 195) in 3 Jahren. Anders als nach deutschem Recht beginnt die Frist nicht mit Beendigung des Güterstandes, sondern mit der Erlangung der Kenntnis davon. Das entspricht der Rechtslage nach § 1378 Abs 4 S 1 aF (vgl dazu Staudinger/Thiele [2007] § 1378 Rn 26 f). Unabhängig von der Kenntnis verjährt die Forderung innerhalb von 10 Jahren ab Beendigung des Güterstandes (hM; aA Jünemann ZEV 2013, 356: 10 + 3 Jahre). Für die Fristberechnung, Hemmung, Ablaufhemmung und den Neubeginn der Verjährung gelten die allgemeinen Vorschriften soweit deutsches Güterrechtsstatut Anwendung findet (Schaal ZNotP 2010, 171; Palandt/Brudermüller75 § 1519 Art 15 Rn 3; aA Jünemann DV 2013, 356). Abweichende Vereinbarungen sind gem Art 3 Abs 3 des Abkommens nicht möglich (Schaal ZNotP 2010, 172; aA Erman/Heinemann Anhang zu § 1519 Rn 35).

9. Auskunftspflicht, Verzeichnis (Art 16)

Die in Art 16 des Abkommens geregelten Informationsansprüche stehen beiden **59**

Ehegatten offen. Der Auskunftsanspruch der Wahl-Zugewinngemeinschaft bleibt hinter dem im deutschen gesetzlichen Güterstand gewährleisteten Standard zurück. Ein Auskunftsanspruch über den Vermögensbestand zum Zeitpunkt der Trennung, den § 1379 Abs 1 S 1 Nr 1 iVm Abs 2 BGB mit Beginn des Getrenntlebens vorsieht, besteht nicht. Damit wird der Schutz des Ausgleichsberechtigten vor illoyalen Vermögensminderungen des Partners herabgesetzt (Dethloff RabelsZ 2012, 531). Der Auskunftsanspruch bleibt hinter dem deutschen Recht auch insoweit zurück, als er nicht auch die Ermittlung des Wertes der angegebenen Gegenstände erfasst (§ 1379 Abs 1 S 3). Dies wird in Fällen komplexer Vermögensmassen in der Regel zu gerichtlichen Auseinandersetzungen führen (MünchKomm/Koch WahlZugAbk-F Art 16 Rn 10). Die Regelungen des Art 16 sind zwingend. Sie bilden die maßgebliche Grundlage für die Ermittlung der Ausgleichsforderung und sind für beide Ehegatten zur Wahrung ihrer Interessen unentbehrlich. **Weitergehende Ansprüche** entsprechend § 1379 Abs 1 Nr 1, Abs 2 BGB sind aber möglich und können durch Ehevertrag vereinbart werden (Erman/Heinemann Anhang zu § 1519 Rn 36; Braun MittBayNot 2012, 94; zweifelnd Jäger DNotZ 2010, 818).

10. Stundung (Art 17)

60 Belastet die sofortige Zahlung den Ausgleichspflichtigen unbillig, so kann er nach Art 17 Abs 1 S 1 des Abkommens Stundung verlangen. Dies kommt insbesondere in Betracht, wenn die Erfüllung des Anspruchs den Schuldner zur Aufgabe eines Gegenstandes zwingen würde, der seine wirtschaftliche Grundlage bildet (Art 17 Abs 1 S 2). So etwa, wenn der einzige Vermögenswert, den der ausgleichspflichtige Ehegatte besitzt, sein Haus ist, in dem er lebt und in dem er sein Geschäft, von dem er seinen Lebensunterhalt bestreitet, untergebracht hat. Hier wäre es unbillig, dem Ehegatten die Veräußerung seines Hauses zuzumuten. Eine Stundung käme in Betracht (BT-Drucks 17/5126, 38). Nach Art 17 Abs 2 ist die gestundete Forderung zu verzinsen. Der Zinssatz richtet sich nach § 246 BGB als gesetzlichem Zinssatz, nur im Verzugsfall gelten die §§ 247, 288 Abs 1 S 2 BGB. Die Verzinsung erfolgt von Gesetzeswegen. Eines Antrages des Gläubigers bedarf demgegenüber nach Abs 3 die gerichtliche Anordnung einer Sicherheitsleistung für die gestundete Forderung. Anders als nach deutschem Recht (§ 1382 Abs 4 BGB) ist die Entscheidung des Gerichts nur hinsichtlich der Sicherheitsleistung in das Ermessen des Gerichts gestellt.

11. Vorzeitiger Zugewinnausgleich (Art 18)

61 Der vorzeitige Zugewinnausgleich führt mit Rechtskraft der gerichtlichen Entscheidung nach Art 18 Abs 2 des Abkommens zur Gütertrennung. Damit entsteht der Zugewinnausgleichsanspruch mit dem Berechnungsstichtag der Anhängigkeit des Verfahrens (Art 13). Vorzeitiger Ausgleich kann verlangt werden, wenn ein Ehegatte sein Vermögen so verwaltet, dass er dadurch die Rechte des anderen bei der Berechnung der Zugewinnausgleichsforderung beeinträchtigt, Art 18 Abs 1 S 1. Dies gilt insbesondere in den Fällen der Vermögensminderungen nach Art 10 Abs 2 Nr 1–3. Den vorzeitigen Zugewinnausgleich, der den Güterstand beendet, regelt Art 18 für die Wahl-Zugewinngemeinschaft abschließend. Für die Anwendung nationalen Rechts nach §§ 1384, 1385 oder Art 1580 CC bleibt daneben kein Raum (MünchKomm/Koch WahlZugAbk-F Art 7 Rn 11; Jäger DNotZ 2010, 810). Während nach

deutschem Recht (§ 1385 Nr 2) die drohende Beeinträchtigung oder eine dreijährige Trennung ausreicht, gilt dies nicht für die Wahl-Zugewinngemeinschaft (KRAUSE ZFE 2010, 250; SCHAAL ZNotP 2010, 171; ERMAN/HEINEMANN Anhang zu § 1519 Rn 38). Antragsberechtigt ist nicht nur der Zugewinnausgleichsgläubiger, sondern auch der Ausgleichspflichtige (PALANDT/BRUDERMÜLLER[75] § 1519 Art 18 Rn 2). Artikel 18 ist durch Ehevertrag nicht abdingbar, die Rechte können jedoch erweitert werden.

§§ 1520–1557

Die §§ 1519–1557 BGB sind gemäß Art 1 Nr 15 des Gleichberechtigungsgesetzes **1** fortgefallen (Text siehe STAUDINGER/BGB-Synopse 1896–2005 §§ 1519–1557), § 1519 ist inzwischen wieder neu mit Inhalt gefüllt worden (§ 1519 Rn 1 ff). In ihnen waren die Errungenschaftsgemeinschaft und die Fahrnisgemeinschaft geregelt, die als gesetzlich festgelegte Güterstände nicht mehr neu begründet werden können (hierzu § 1408 Rn 17). Die bisherigen Vorschriften blieben jedoch für die Ehegatten, die diese Güterstände vor Inkrafttreten des Gleichberechtigungsgesetzes vereinbart hatten, in Geltung (Art 8 Nr 7 GleichberG).

Untertitel 3
Güterrechtsregister

Vorbemerkungen zu §§ 1558 ff

Schrifttum

DIETERLE, Ehevertrag und Güterrechtsregister, BWNotZ 1963, 205

GOTTSCHALG, Aufgabe und Inhalt des Güterrechtsregisters heute (Diss Bonn 1966)

ders, Zur Eintragungsfähigkeit der Gütertrennung im Güterrechtsregister, DNotZ 1969, 339

ders, Zur Bedeutung des § 1412 Abs 2 BGB im Hinblick auf das Güterrechtsregister, DNotZ 1970, 274

HEINEMANN, Das Güterrechtsregister – ein Register mit Zukunft, FamRB 2011, 194

ders, Das Verfahren in Registersachen und das unternehmensrechtliche Verfahren nach dem FamFG, FGPrax 2009, 1

KANZLEITER, Zur Eintragungsfähigkeit in das Güterrechtsregister, DNotZ 1971, 453

KEILBACH, Zu den im Güterrechtsregister eintragungsfähigen Tatsachen, FamRZ 2000, 870

LANGE, Ehevertrag und Güterrechtsregister, FamRZ 1964, 547

MEYER, Güterstandsaufhebungsurteil und Güterrechtsregister, FamRZ 1957, 285

MICHAELIS, Die Güterstände in der Praxis (Diss Hamburg 1968)

MOHRBUTTER, Folgen der Gleichberechtigung von Mann und Frau für das Güterrechtsregister, Rpfleger 1953, 321

REITHMANN, Schutz des Rechtsverkehrs bei Geschäften mit verheirateten Personen, DNotZ 1961, 3

ders, Die Aufgabe öffentlicher Register, DNotZ 1979, 67

SCHMIDT, Die Bedeutung des Güterrechtsregistereintrags im Güterrecht, § 1412 BGB und die Schuldenhaftung, BWNotZ 1964, 184.

Weitere Literaturhinweise finden sich vor den Vorbem zu §§ 1408 ff; zum älteren Schrifttum s auch STAUDINGER/THIELE (2007).

Systematische Übersicht

I. Grundzüge

1 Die §§ 1558–1563 BGB betreffen die Zuständigkeit sowie das Eintragungsverfahren für das Güterrechtsregister. Die Rechtswirkungen der Eintragungen oder Nichteintragungen regelt allein § 1412 BGB.

Zur *Funktion* des Güterrechtsregisters s § 1412 Rn 2 ff; zur praktischen *Bedeutung* s **2** dort § 1412 Rn 6; zur *Wirkung* der Eintragung s § 1412 Rn 7 ff.

Die §§ 1558–1563 BGB werden ergänzt durch die Verfahrensvorschriften des **3** FamFG §§ 374 ff.

II. Eintragungsfähige Tatsachen

Das Güterrechtsregister hat eine umfassende Publikationsfunktion. Neben dem **4** Schutz Dritter dient es der Offenlegung der güterrechtlichen Verhältnisse zwecks Erleichterung des Rechtsverkehrs. Die Eintragungsfähigkeit güterrechtlicher Regelungen kann immer angenommen werden, wenn diese eine *Außenwirkung* entfalten, weil sie geeignet sind, die Rechtsstellung der Ehegatten zu Dritten zu beeinflussen. Das ist insbesondere der Fall, wenn die Offenlegung des Güterstandes aus wirtschaftlichen Gründen, etwa Gründen der Kreditgewährung, im Interesse der Ehegatten oder Dritter liegt (BGHZ 66, 203, 207 ff; OLG Köln FamRZ 1994, 1257; hM s auch § 1412 Rn 4 f). Im Einzelnen sind eintragungsfähig:

1. Eheverträge

Eheverträge, die den gesetzlichen Güterstand vor oder nach seinem Eintritt abbe- **5** dingen, sind eintragungsfähig, ohne dass es darauf ankommt, ob stattdessen Gütergemeinschaft oder Gütertrennung vereinbart wird (hM im Anschluss an BGHZ 66, 203, 207 ff gegen BGHZ 41, 370; auch OLG Braunschweig FamRZ 2005, 904 mAnm Bergschneider zugleich zur Eintragungsfähigkeit der Vereinbarung einer auflösend bedingten Gütertrennung). Auch der mit dem Eintritt der Gütertrennung verbundene Wegfall der Verfügungsbeschränkungen der §§ 1365 und 1369 BGB enthält eine Außenwirkung, die im Verhältnis der Ehegatten zu Dritten von Bedeutung sein kann, sodass die Eintragung zuzulassen ist.

Eintragungsfähig ist der **Eintritt der Gütertrennung** auch dann, wenn er sich infolge **6** der vertraglichen Ausschließung oder Aufhebung des gesetzlichen Güterstandes **aus dem Gesetz** (§ 1414 S 1 BGB) ergibt, so beim Ausschluss des Zugewinnausgleichs oder bei der Aufhebung der Gütergemeinschaft (§ 1414 S 2 BGB).

Eheverträge, die den gesetzlichen Güterstand modifizieren, sind immer dann eintra- **7** gungsfähig, wenn sie im Verhältnis zu Dritten Bedeutung haben und damit ihre Eintragung der Erleichterung des Rechtsverkehrs dienen kann. In Betracht kommen insbesondere Eheverträge, die im Rahmen der Zugewinngemeinschaft die *Beschränkung der Verfügungsmacht* des einzelnen Ehegatten über sein Vermögen im Ganzen (s § 1365 BGB) oder ihm gehörende Haushaltsgegenstände (s § 1369 BGB) oder beide Beschränkungen *ausschließen* (so auch BGB-RGRK/Finke § 1412 Rn 5; MünchKomm/ Kanzleiter Vorbem 7 zu § 1558; Palandt/Brudermüller Vorbem 3 zu § 1558; Soergel/Gaul/ Althammer Vorbem 8 zu § 1558; Keilbach FamRZ 2000, 871; aM BGHZ 41, 370 aufgegeben durch BGHZ 66, 203, 207). Wird der *Zugewinnausgleich* ausgeschlossen oder modifiziert, liegt darin eine rein *interne* Regelung zwischen den Ehegatten, die nicht in das Güterrechtsregister einzutragen ist – es sei denn § 1414 S 2 BGB greift ein, dazu s oben Rn 6 – (wie hier MünchKomm/Kanzleiter Vorbem 7 zu § 1558; Soergel/Gaul/Althammer Vorbem 8 zu § 1558; Bamberger/Roth/Mayer § 1558, Rn 7; Gernhuber/Coester-Waltjen § 33

Rn 6; **aA** OLG Köln FamRZ 1994, 1257; LG Bonn RNotZ 2001, 588; Keilbach FamRZ 2000, 871; BGB-RGRK/Finke § 1412 Rn 6; Lange FamRZ 1964, 546 im Hinblick auf § 1390). Auch eine abweichende Regelung des *Versorgungsausgleichs* berührt nur das Innenverhältnis der Ehegatten und kann daher, bei Aufrechterhaltung der Zugewinngemeinschaft, nicht eingetragen werden. Eheverträge, durch die bei Gütergemeinschaft das *Vorbehaltsgut* neu bestimmt wird, sind ebenfalls eintragungsfähig (s § 1418 BGB).

2. Rechtskräftige Entscheidungen

8 Rechtskräftige Entscheidungen, durch die eine Gütergemeinschaft aufgehoben und damit durch Gütertrennung ersetzt wird, sind eintragungsfähig. Das ergibt sich bereits aus der Verweisung auf § 1412 BGB, die in § 1449 Abs 2 BGB bzw § 1470 Abs 2 BGB enthalten ist. Das Gleiche galt für die Beendigung einer (für die Ehegatten maßgebenden, eingetragenen) *Errungenschafts-* oder *Fahrnisgemeinschaft* durch Urteil oder Beschluss (§§ 1542–1544, 1545 Abs 2, 1549, 1468, 1469, 1470 Abs 2 aF). Auch in diesen Fällen trat Gütertrennung ein, die Dritten gegenüber jedoch nur bei Eintragung in das Güterrechtsregister (oder Kenntnis) wirksam war (s § 1435 aF = § 1412 nF).

9 Für die Aufhebung der *Zugewinngemeinschaft* gemäß § 1388 BGB fehlt zwar eine Verweisung auf § 1412 im Gesetz, gleichwohl ist eine entsprechende Entscheidung eintragungsfähig, weil die Verlautbarung der mit der Rechtskraft der Entscheidung eingetretenen Gütertrennung, etwa wegen des Wegfalls der Verfügungsbeschränkungen (§§ 1365–1369 BGB), für Dritte von Interesse sein kann und der Erleichterung des Rechtsverkehrs dient (s auch oben Rn 5 und 7; s auch Staudinger/Thiele [2017] § 1388 Rn 10 f).

3. Änderung des Güterstandes durch einseitige Gestaltungserklärungen

10 Die **Entziehung** oder Beschränkung der Berechtigung gemäß **§ 1357 Abs 2 BGB**, mit Wirkung für den anderen Ehegatten bestimmte Geschäfte zu besorgen, kann ebenso wie die Aufhebung der eingetragenen Entziehung oder Beschränkung, sei sie durch den Ehegatten oder das Betreuungsgericht bewirkt, eingetragen werden (KG OLGE 30, 39 zu § 1357 aF).

11 Dagegen kann das **Getrenntleben** mit der Folge des Ruhens der Berechtigung gemäß **§ 1357 Abs 3 BGB** nicht eingetragen werden. Die Verweisung des § 1357 Abs 2 BGB auf § 1412 BGB fehlt in Abs 3. Eine entsprechende Anwendung von § 1357 Abs 2 BGB ist nicht möglich. Es fehlt einerseits eine Vergleichbarkeit der Tatbestände, weil das Getrenntleben ein rein tatsächlicher Umstand ist, bei dem die Handlungsmacht latent vorhanden bleibt und bei Ende des Getrenntlebens sofort wieder wirksam wird. Andererseits ist angesichts der Neuregelung durch das 1. EheRG nicht von einer Regelungslücke auszugehen (iE hM OLG Hamm MDR 1951, 140; BGB-RGRK/Finke § 1412 Rn 21; Gernhuber/Coester-Waltjen § 33 Rn 7–9; Bamberger/Roth/Mayer § 1558 Rn 12; NK-BGB/Völker Vorbem 8 zu § 1558; MünchKomm/Roth § 1357 Rn 52; **aM** Soergel/Gaul/Althammer Vorbem 8 zu § 1558; MünchKomm/Kanzleiter Vorbem 10 zu § 1558; Lüke, Die persönlichen Ehewirkungen und die Scheidungsgründe nach dem neuen Ehe- und Familienrecht, in: FS Bosch [1976] 637; ders, Grundsätzliche Veränderungen im Familienrecht durch das 1. EheRG, AcP 178, 1, 21). Der Ausschluss der Berechtigung ist aber auch während des Getrenntlebens möglich und eintragungsfähig (BayObLG FamRZ 1959, 504; hM).

Eintragungsfähig ist der **Einspruch gegen den selbständigen Betrieb** eines Erwerbs- 12 geschäfts durch den anderen Ehegatten und der Widerruf der erteilten Einwilligung hierzu (§§ 1431 Abs 3, 1456 Abs 3 BGB). Bei ausländischen Ehegatten s Art 16 Abs 2 EGBGB.

Die Bestimmung von **Zuwendungen Dritter zum Vorbehaltsgut** des Ehegatten (§ 1418 13 Abs 2 Nr 2 BGB) ist eintragungsfähig, vgl § 1418 Abs 4 BGB.

4.   Ausländischer Güterstand

Leben Ehegatten mit Inlandswohnsitz in einem ausländischen Güterstand, können 14 sie dessen Regelungen Dritten nur entgegenhalten, wenn er in das Güterrechts-register eingetragen ist (Art 16 Abs 1 EGBGB mit Verweisung auf § 1412 BGB).

5.   Güterstand nach dem Beitritt der DDR

Vertriebene sowie Flüchtlinge und Übersiedler aus der DDR konnten nach dem 15 Gesetz vom 4. 8. 1969 (BGBl I 1067) bis zum 31. 12. 1970 in notariell beurkundeter Form die Fortgeltung des bis dahin für sie geltenden gesetzlichen Güterstandes erklären. Diese Erklärung, die später übergesiedelte Ehegatten binnen einer Frist von 15 Monaten (§ 3 des oa Gesetzes) abgeben konnten – und zwar ohne Zustim-mung des anderen Ehegatten – konnte auf Antrag in das Güterrechtsregister ein-getragen werden (dazu im Einzelnen BUERGEL NJW 1969, 1838; HAEGELE Rpfleger 1969, 325; HERZ DNotZ 1970, 127). Mit dem **Einigungsvertrag** wurde eine entsprechende Regelung für die Überleitung des Güterstandes der Eigentums- und Vermögensgemeinschaft nach dem Familiengesetzbuch der DDR durch Art 234 § 4 Abs 3 EGBGB getroffen. Bis zum Ablauf von zwei Jahren nach dem Beitritt, also bis zum 2. 10. 1992, konnte eine Fortgeltungserklärung abgegeben werden. Die Ehegatten gemeinsam, der die Fortgeltungserklärung allein abgebende oder der andere Ehegatte kann die Eintra-gung der Fortgeltung des bisherigen Güterstandes beantragen. Zu den Einzelheiten s STAUDINGER/RAUSCHER (2016) Art 234 § 4 EGBGB Rn 110 ff.

III.   Nichteintragungsfähige Tatsachen

Tatsachen, die im vorstehenden Abschnitt nicht als eintragungsfähig bezeichnet sind, 16 dürfen nicht in das Güterrechtsregister eingetragen werden. Insbesondere gilt dies für folgende Fallgruppen:

1.   Ehevertragliche Regelung im Innenverhältnis

Ehevertragliche Regelungen, die sich nur auf das Innenverhältnis der Ehegatten 17 zueinander beziehen und für den Rechtsverkehr mit Außenstehenden keine Bedeu-tung haben, wie Vereinbarungen über den Zugewinnausgleich oder Versorgungs-ausgleich (s dazu Rn 7), Eheverträge über die Ausschließung oder Beschränkung des Widerrufs der Vermögensüberlassung (§ 1413 S 1 BGB, s § 1413 Rn 21), sowie alle Vereinbarungen der Ehegatten über die interne Verteilung von Einkünften und

Ausgaben, etwa über das „Haushaltsgeld" oder den Schuldenausgleich bei Gütergemeinschaft.

2. Vereinbarung der fortgesetzten Gütergemeinschaft

18 Die Vereinbarung der fortgesetzten Gütergemeinschaft ist, ebenso wie deren **Beendigung**, nicht eintragungsfähig, weil sie die Rechtsverhältnisse nach Beendigung der Ehe betrifft, während das Güterrechtsregister nur über die güterrechtlichen Verhältnisse in einer tatsächlich bestehenden Ehe Auskunft gibt.

3. Aufhebung oder Änderung einer nicht eingetragenen Regelung

19 Die Aufhebung oder Änderung einer güterrechtlichen Regelung, die selbst nicht eingetragen ist, kann nicht eingetragen werden. Hatten die Ehegatten zB Gütergemeinschaft vereinbart, ohne sie in das Güterrechtsregister eintragen zu lassen, so können sie eine Vereinbarung über das Vorbehaltsgut (s § 1418 Abs 2 Nr 1 BGB) nicht eintragen lassen.

4. Ruhen der Berechtigung nach § 1357

20 Das Ruhen der Berechtigung nach § 1357 Abs 1 BGB im Falle des Getrenntlebens der Ehegatten (§ 1357 Abs 3 BGB) ist ebenfalls nicht eintragungsfähig, anders aber die Beschränkung oder der Entzug, s dazu oben Rn 11.

§ 1558
Zuständiges Registergericht

(1) Die Eintragungen in das Güterrechtsregister sind bei jedem Amtsgericht zu bewirken, in dessen Bezirk auch nur einer der Ehegatten seinen gewöhnlichen Aufenthalt hat.

(2) Die Landesregierungen werden ermächtigt, durch Rechtsverordnung einem Amtsgericht für die Bezirke mehrerer Amtsgerichte die Zuständigkeit für die Führung des Registers zu übertragen. Die Landesregierungen können die Ermächtigung durch Rechtsverordnung auf die Landesjustizverwaltungen übertragen.

Materialien: Zu § 1558 aF: E I § 1436 S 1; II § 1453 Abs 1; § 1454 rev § 1543; III § 1541; Mot IV 555; Prot IV 381 ff. Zu § 1558 nF: GleichberG E I § 1558; II § 1558; BT-Drucks 10/5632, 46. Vgl STAUDINGER/BGB-Synopse 1896–2005 § 1558. BT-Drucks 16/47, 70.

I. Grundzüge

1 Durch das am 1. 9. 1986 in Kraft getretene IPRG (BGBl I 1142) wurde die Anknüpfung der Zuständigkeit an den Wohnsitz des Mannes aufgehoben. Angeknüpft wird nunmehr an den gewöhnlichen Aufenthalt auch nur eines von beiden Ehegatten. Die Gesetzesänderung geht auf die Entscheidung BVerfGE 63, 181 ff zurück (BT-Drucks

10/5632, 46), wonach von einem Verstoß der aF gegen Art 3 GG auszugehen war. Abs 2 ist durch das Gesetz über die Bereinigung von Bundesrecht im Zuständigkeitsbereich des Bundesministers der Justiz vom 19. 4. 2006 neu gefasst und durch eine Subdelegationsbefugnis für die Verordnungsermächtigung der Landesregierungen auf die Landesjustizverwaltungen ergänzt worden.

II. Zuständigkeit des Amtsgerichts

1. Sachliche Zuständigkeit

Das Güterrechtsregister wird beim Amtsgericht geführt und fällt gemäß § 3 Nr 1e **2** RPflG in die Zuständigkeit des Rechtspflegers.

2. Örtliche Zuständigkeit

Zuständig ist das **Amtsgericht, in dessen Bezirk auch nur einer der Ehegatten seinen** **3** **gewöhnlichen Aufenthalt hat.** § 1558 Abs 1 BGB entspricht insoweit § 377 Abs 3 FamFG.

Maßgeblich ist der *gewöhnliche Aufenthalt* eines von beiden Ehegatten. Das ist der Ort, in dem der Schwerpunkt der Bindungen der Person, ihr Daseinsmittelpunkt liegt (BGH FamRZ 1981, 135; NJW 1975, 1068). Der Begriff ist tatsächlich geprägt, nicht rechtlich (HENRICH FamRZ 1986, 841, 846). Er setzt einen längeren Aufenthalt an einem Ort – regelmäßig 6 Monate – voraus (BGH FamRZ 1981, 137). Ein gewöhnlicher Aufenthalt ist auch an *mehreren Orten* möglich (KG FamRZ 1987, 603, 605; BayObLG FamRZ 1980, 883). In diesem Fall ist bei *jedem* zuständigen Registergericht die Eintragung erforderlich. Andernfalls ist die erfolgte Eintragung unwirksam (Münch-Komm/KANZLEITER Rn 3), sodass im Streitfall hier nur die Kenntnis eines Dritten hilft, vgl § 1412 Abs 1 BGB. Bei einander *widersprechenden Eintragungen* in verschiedenen Güterrechtsregistern sind die Eintragungen unwirksam. Es kommt auch hier nur auf die Kenntnis des betroffenen Dritten von der güterrechtlichen Lage an, die allerdings durch Einsicht gerade in das richtige Register begründet wird.

Ist **ein Ehegatte Kaufmann**, so ist für seine güterrechtlichen Verhältnisse allein das **4** Güterrechtsregister und nicht das Handelsregister maßgebend (RGZ 63, 248). Befindet sich seine Handelsniederlassung nicht im Bezirk des für seinen Wohnsitz zuständigen Amtsgerichts, treten die an die Eintragung in das Güterrechtsregister geknüpften Wirkungen in Bezug auf sein Handelsgewerbe nur ein, wenn die Eintragung auch in das *Güterrechtsregister* erfolgt ist, das für den *Ort der Handelsniederlassung* zuständig ist (Art 4 EGHGB). Bei mehreren Niederlassungen genügt die Eintragung in das Güterrechtsregister des Ortes der *Hauptniederlassung*. Wird die Niederlassung verlegt, gilt § 1559 BGB entsprechend.

Hat keiner der Ehegatten einen gewöhnlichen Aufenthalt im Inland, so ist ein für **5** Eintragungen in das Güterrechtsregister *zuständiges Gericht nicht vorhanden* (eine dem früheren § 15 Abs 3 EheG entsprechende Regelung mit einer Zuständigkeitszuweisung für derartige Fälle fehlt). Die Ehegatten können sich daher in diesem Falle die mit der Eintragung in das Güterrechtsregister verbundenen Vorteile nicht sichern und demgemäß einem Dritten gegenüber aus der eintragungsfähigen Tatsa-

Burkhard Thiele

che Einwendungen nur herleiten, wenn die *Tatsache dem Dritten bekannt* war (s § 1412 BGB).

6 Die **Zuständigkeit bei ausländischen Ehegatten** (und bei sonstigen Fällen mit Auslandsberührung), die ihren gewöhnlichen Aufenthalt im Inland haben, weicht nicht ab, s Art 16 EGBGB (§ 1412 BGB gilt auch für solche Ehegatten). Das deutsche Güterrechtsregistergericht ist international also zuständig (§ 105 FamFG), wenn auch nur ein Ehegatte seinen gewöhnlichen Aufenthalt im Inland hat.

7 *Abs 2* ermöglicht den Landesregierungen, *abweichend von Abs 1,* im Interesse der Verwaltungsvereinfachung für mehrere Amtsgerichtsbezirke ein gemeinsames Güterrechtsregister einzurichten. Die Subdelegationsermächtigung des Abs 2 S 2 erlaubt die Weiterübertragung der Ermächtigung auf die Landesjustizverwaltungen.

3. Eintragungen bei einem unzuständigen Güterrechtsregister

8 Eintragungen bei einem Güterrechtsregister, das nach den vorstehenden Grundsätzen sachlich oder örtlich unzuständig ist, sind **unwirksam** und damit ungeeignet, Einwendungen gegenüber Dritten gemäß § 1412 BGB zu stützen. Allerdings beseitigen solche Eintragungen die Unkenntnis des Einblick nehmenden Dritten, was nach § 1412 BGB ebenso wie die Eintragung beim zuständigen Register Einwendungen der Ehegatten ermöglicht.

§ 1559
Verlegung des gewöhnlichen Aufenthalts

Verlegt ein Ehegatte nach der Eintragung seinen gewöhnlichen Aufenthalt in einen anderen Bezirk, so muss die Eintragung im Register dieses Bezirks wiederholt werden. Die frühere Eintragung gilt als von neuem erfolgt, wenn ein Ehegatte den gewöhnlichen Aufenthalt in den früheren Bezirk zurück verlegt.

Materialien: Zu § 1559 aF: E I § 1436 S 2; II § 1453 Abs 2 S 1, 3 rev § 1544; III § 1542; Mot IV 556; Prot IV 386; V 141. Zu § 1559 nF: GleichberG E I § 1559; II § 1559; BT-Drucks 10/5632, 46. Vgl Staudinger/BGB-Synopse 1896–2005 § 1559.

I. Verlegung des Aufenthalts (Satz 1)

1. Aufenthaltsverlegung in einen anderen Bezirk

1 Im Falle der Neubegründung unter Beibehaltung des bisherigen Aufenthalts gelten die für mehrere Aufenthalte aufgestellten Regeln (s § 1558 Rn 3). Die Verlegung *innerhalb des Bezirks desselben Registergerichts* ist ohne Bedeutung für das Güterrechtsregister. Bei *mehreren Aufenthalten* gilt § 1559 BGB bereits, wenn nur *einer* verlegt wird. Auch § 1559 BGB ist durch das IPRG geändert worden (s § 1558 Rn 1).

2. Wiederholung der Eintragung

Die Eintragung in das Güterrechtsregister muss nach der Aufenthaltsverlegung bei **2** dem nunmehr zuständigen Register wiederholt werden. Das Gesetz begründet zwar keine Rechtspflicht, die frühere Eintragung verliert aber sofort mit der Aufgabe des früheren Aufenthalts ihre Wirksamkeit. Das gilt auch dann, wenn ein neuer Aufenthalt im Inland überhaupt nicht begründet wird (s auch § 1558 Rn 5).

Die „Wiederholung" der Eintragung schließt Abänderungen bei der neuen Eintra- **3** gung nicht aus, wie auch selbstverständlich die Eintragung beim Register am neuen Aufenthalt nicht eine frühere Eintragung voraussetzt. Andererseits ist auch der Rechtspfleger des neuen Güterrechtsregisters an die frühere Eintragung nicht gebunden; er entscheidet über die Zulässigkeit des ihm vorliegenden Antrages selbständig.

3. Keine Löschung der bisherigen Eintragung

Obwohl die frühere Eintragung mit der Aufgabe des gewöhnlichen Aufenthalts ihre **4** Wirksamkeit verliert (s oben Rn 2), bleibt sie bestehen, wie sich aus § 1559 S 2 BGB ergibt. Eine Löschung von Amts wegen findet aus Anlass der Verlegung nicht statt. Die frühere Eintragung kann jedoch beim ursprünglich zuständigen Registergericht **auf Antrag** der Ehegatten geändert oder gelöscht werden, weil dadurch vermieden wird, dass die Folge des § 1559 S 2 BGB im Falle der Zurückverlegung des gewöhnlichen Aufenthalts unbeabsichtigt eintritt (OLG Hamburg MDR 1975, 492).

4. Antrag auf Wiederholung der Eintragung

Zur Eintragung im Güterrechtsregister des Bezirks, in den der Ehegatte seinen **5** Wohnsitz verlegt hat, genügt der Antrag eines der beiden Ehegatten, wenn mit dem Antrag eine nach der Aufhebung des bisherigen Wohnsitzes erteilte, öffentlich beglaubigte Abschrift der früheren Eintragung vorgelegt wird (§ 1561 Abs 2 Nr 2 BGB).

II. Rückverlegung des gewöhnlichen Aufenthalts (Satz 2)

Nach § 1559 S 2 BGB gilt die frühere Eintragung als von neuem erfolgt, wenn der **6** gewöhnliche Aufenthalt in den früheren Bezirk zurückverlegt wird. Eine Neueintragung ist also nicht erforderlich. Das setzt allerdings voraus, dass die frühere Eintragung nicht inzwischen gelöscht worden ist (vgl oben Rn 4); andernfalls muss eine neue Eintragung erfolgen.

Eintragungen, die in der Zwischenzeit im Register des Zwischenaufenthalts erfolgt **7** sind, verlieren mit der Aufgabe des Zwischenaufenthalts sofort ihre Wirksamkeit (s dazu oben Rn 2), und zwar auch dann, wenn das Register des ursprünglichen (und nunmehr wiedergewählten) Aufenthalts keine Eintragung enthält (Prot V 142; VI 290); statt der Regelung des § 1559 S 2 BGB greift dann S 1 ein. Andererseits erhält die Eintragung im Register des ursprünglichen Aufenthalts ihre Wirksamkeit auch dann wieder, wenn sie mit der Eintragung im Register des Zwischenaufenthalts nicht übereinstimmt (OLG Hamburg MDR 1975, 492).

Burkhard Thiele

8 **§ 1559 S 2 BGB ist entsprechend anzuwenden**, wenn der Aufenthalt ohne Begründung eines neuen inländischen Aufenthalts aufgegeben und später wieder begründet wird.

III.   Entsprechende Anwendung auf Kaufleute

9 Auf die Verlegung der Niederlassung eines Kaufmanns finden nach Art 4 Abs 2 EGHGB die Vorschriften des § 1559 BGB entsprechende Anwendung (s dazu auch § 1558 Rn 4).

§ 1560
Antrag auf Eintragung

Eine Eintragung in das Register soll nur auf Antrag und nur insoweit erfolgen, als sie beantragt ist. Der Antrag ist in öffentlich beglaubigter Form zu stellen.

Materialien: Zu § 1560 aF: E I § 1437 Abs 1 S 2, Abs 2 S 1, 3; II § 1455 rev § 1545; III § 1543; Mot IV 557; Prot IV 389; V 164. Zu § 1560 nF: GleichberG E I § 1560; II § 1560.

I.   Antragsgrundsatz

1.   Inhalt des Antrags (Satz 1)

1 Die Vorschrift bestimmt in Satz 1, dass **Eintragungen** in das Güterrechtsregister nicht von Amts wegen, sondern **nur auf Antrag** erfolgen. Dies beruht auf der Erwägung, dass die Ehegatten die Möglichkeit haben sollen, sich durch die Eintragung gegen die an den guten Glauben Dritter geknüpften Nachteile zu sichern. Daher soll es ihnen auch überlassen bleiben, ob sie von dem ihnen im Güterrechtsregister gebotenen Sicherungsmittel Gebrauch machen oder nicht (Mot IV 557). Der Antrag ist eine materiell-rechtliche, keine verfahrensrechtliche Erklärung (OLG Köln OLGZ 1983, 268 = Rpfleger 1983, 159; OLG Celle NJW-FER 2000, 109). Demgemäß ist auch die Eintragung auf Ersuchen eines anderen Gerichts ausgeschlossen (OLG Colmar ZBlFG 4, 637).

2 Gemäß § 1560 S 1 BGB soll die Eintragung auch nur insoweit erfolgen, als sie beantragt ist. Den Ehegatten steht demnach auch frei, in welchem **Umfang** sie ihre güterrechtlichen Verhältnisse eintragen lassen wollen. Daraus folgt, dass ein Antrag nicht alle eintragungsfähigen Tatsachen umfassen muss, sondern auf einzelne Punkte beschränkt werden kann. Beispielsweise können die Ehegatten die Eintragung der Gütergemeinschaft beantragen und von der Eintragung der Zugehörigkeit einzelner Gegenstände zum Vorbehaltsgut eines Ehegatten absehen, auch wenn entsprechende Regelungen in demselben Ehevertrag enthalten sind. Ein Ehevertrag braucht daher dem Registerrichter nicht in vollem Wortlaut vorgelegt zu werden (Mot IV 558); allerdings muss ein Auszug des Vertrages dessen Gültigkeit erkennen lassen.

Zur Frage, welche Tatsachen zulässigerweise Gegenstand des Eintragungsantrages sein können, s oben Vorbem 4 ff zu §§ 1558 ff.

2. Änderung und Löschung der Eintragung

Die Änderung oder Löschung einer schon vorhandenen Eintragung richtet sich nach denselben Grundsätzen. Zur ausnahmsweise möglichen Löschung von Amts wegen s unten Rn 5. **3**

3. Zeitpunkt des Antrags

Ein bestimmter Zeitpunkt oder eine Frist ist für die Antragstellung vom Gesetz nicht vorgesehen. Der *Antrag* auf Eintragung kann mit dem *Ehevertrag verbunden* und sogleich beim Amtsgericht eingereicht, also auch schon vor der Eingehung der Ehe gestellt werden (Prot IV 388; hM). Die Eintragung in das Güterrechtsregister kann jedoch erst nach der Eheschließung erfolgen (hM im Anschluss an KG OLGE 1, 320). **4**

4. Eintragung ohne Antrag

Einer Eintragung, die *ohne Antrag* erfolgt oder *über den gestellten Antrag hinausgeht* (vgl oben Rn 2), mangelt es an einer wesentlichen Zulässigkeitsvoraussetzung, sodass sie vom Registergericht gemäß § 395 Abs 1 FamFG *von Amts wegen gelöscht* werden kann. **5**

5. Form des Antrags (Satz 2)

Der Antrag auf Eintragung in das Güterrechtsregister ist in **öffentlich beglaubigter Form** (§ 129 BGB, §§ 39, 40 BeurkG) zu stellen, gleichgültig, ob eine erstmalige Eintragung, eine Änderung oder Löschung (vgl oben Rn 3) angestrebt wird. Das Formerfordernis gilt auch in Fällen der Aufhebung des Güterstandes durch rechtskräftige gerichtliche Entscheidung (§§ 1388, 1449, 1470 BGB). Der Antrag kann in den Ehevertrag aufgenommen werden. **6**

Zuständig für die öffentliche Beglaubigung ist ausschließlich der Notar (s § 129 BGB). Dieser gilt, wenn er die zu einer Eintragung erforderliche Erklärung, also den Eintragungsantrag (bzw die Anträge) beurkundet oder beglaubigt hat, als ermächtigt, im Namen der Antragsberechtigten die Eintragung zu beantragen, § 378 Abs 2 FamFG. Er hat auch die Ermächtigung, namens des Ehegatten Beschwerde gegen eine ablehnende Entscheidung einzulegen, aber kein selbständiges *Beschwerderecht* bei Abweisung des von ihm gestellten Antrages (KG Rpfleger 1977, 309). Fehlt jedoch in der Urkunde ein Eintragungsantrag, so bedarf er einer Vollmacht (hM im Anschluss an KG OLGE 6, 286 ff; OLG Colmar OLGE 17, 368 ff; OLG Köln Rpfleger 1983, 159; OLG Celle NJW-FER 2000, 109; **aA** MünchKomm/Kanzleiter § 1561 Rn 7). Stellt der Notar den Antrag, so bedarf seine Unterschrift nicht der öffentlichen Beglaubigung, diese wird durch die Form des § 24 Abs 3 S 2 BNotO ersetzt (MünchKomm/Kanzleiter Rn 3). Andere Personen können ebenfalls zur Antragstellung bevollmächtigt werden, wobei die Vollmacht der gleichen Form wie der Antrag bedarf (hL; s auch § 12 Abs 1 S 2 HGB). **7**

8 Entbehrt der Antrag der in § 1560 S 2 BGB vorgeschriebenen Form, so ist er nichtig (§ 125 BGB). Eine aufgrund eines solchen Antrags erfolgte Eintragung gilt als ohne Antrag vorgenommen und ist als solche zu behandeln (s oben Rn 5).

9 Der regelmäßig erforderliche Nachweis der Eheschließung (vgl oben Rn 4) kann durch die dem Antrag beigefügte Heiratsurkunde (§ 54 PStG), aber auch durch die Beurkundung des Notars erbracht werden, dass ihm die Antragsteller als Eheleute bekannt sind (KG OLGE 30, 134).

II. Eintragungsverfahren

10 Das Registergericht (s dazu § 1558 Rn 2) hat die Zuständigkeit (§ 1558 BGB; § 377 Abs 3 FamFG), die formellen Voraussetzungen (§ 1560 BGB) und die inhaltliche Zulässigkeit des Antrags zu prüfen. Dagegen ist es *nicht seine Aufgabe, die Richtigkeit* der abgegebenen Erklärungen *nachzuprüfen* (KG KGJ 45, 190). Soll die Entziehung der Schlüsselgewalt eingetragen werden, wird die Begründetheit dieser Maßnahme nicht geprüft (OLG Schleswig NJW 1954, 155). Auch nach gerichtlicher Aufhebung der Entziehung gilt nichts anderes; eine Prüfungspflicht dahingehend, ob die erneute Entziehung auf neue Tatsachen gestützt wird, besteht nicht (aA WACKE, Änderungen der allgemeinen Ehewirkungen durch das 1. EheRG, FamRZ 1977, 525; SOERGEL/ GAUL/ALTHAMMER Rn 4; kritisch GERNHUBER, Die geordnete Ehe, FamRZ 1979, 198 unter Hinweis auf die geringe Bedeutung der Frage). Allerdings darf das Registergericht im Interesse des Rechtsverkehrs keine Eintragung vornehmen, die nach den vorgelegten Eintragungsunterlagen nicht der wahren Rechtslage entspricht (KG RPfleger 2001, 589 für Zweifel an der Vollmacht zum Abschluss des Ehevertrags; OLG Düsseldorf FamRZ 1959, 250; BAMBERGER/ROTH/MAYER Rn 4; MünchKomm/KANZLEITER Rn 6; NK-BGB/VÖLKER Rn 5; s auch § 1560 Rn 2). Anträge mit unzulässigem Inhalt hat es zurückzuweisen. Es kann, wenn eine zu erlassende Entscheidung von der Beurteilung eines streitigen Rechtsverhältnisses (zB von der Gültigkeit eines vorgelegten Ehevertrages) abhängig ist, die Entscheidung aussetzen, bis über das Rechtsverhältnis im Wege des Rechtsstreits entschieden ist; ist ein Rechtsstreit nicht anhängig, so kann einem Beteiligten eine Frist zur Antragsstellung bestimmt werden (§§ 381, 21 Abs 1 FamFG). Der Antrag kann nicht wegen Nichtzahlung des nach § 8 Abs 2 KostO angeforderten Kostenvorschusses zurückgewiesen werden (OLG Frankfurt FamRZ 1994, 254).

11 Bei der **Fassung der Eintragung** verfährt der Rechtspfleger nach seinem pflichtgemäßen Ermessen (BayObLGZ 3, 562; SOERGEL/GAUL/ALTHAMMER Rn 5; MünchKomm/KANZLEITER Rn 5); er ist an den Wortlaut des Antrags nicht gebunden. Er hat der Eintragung die sachgerechte Form zu geben und dabei die im Gesetz gebräuchlichen Ausdrücke zu verwenden.

12 Gibt er dem Antrag auf Eintragung statt, so verfügt er die von ihm formulierte Eintragung. Jede Eintragung in das Güterrechtsregister soll den Tag, an dem sie erfolgt ist, angeben und mit der Unterschrift des zuständigen Beamten versehen werden (§ 382 Abs 2 FamFG). Von jeder Eintragung sollen in allen Fällen beide Ehegatten benachrichtigt werden (§ 383 Abs 1 FamFG).

13 Wegen der **öffentlichen Bekanntmachung** der Eintragung s § 1562 BGB, wegen der Einsicht in das Register und der Abschriften der Eintragungen s § 1563 BGB.

Wird der Antrag auf Eintragung abgelehnt, so hat der Antragsteller ein **Beschwer-** 14 **derecht** (§ 58 FamFG). Wegen des selbständigen Beschwerderechts des Notars s oben Rn 7.

Die **Kosten der Eintragung** und der öffentlichen Bekanntmachung trägt der Antrag- 15 steller (also in der Regel beide Ehegatten), § 29 Nr 1 GNotKG. Sie bemessen sich gemäß § 3 Abs 2 GNotKG nach dem Kostenverzeichnis in Anlage 1 zum Gesetz, dort Nr 13200 und 13201.

§ 1561
Antragserfordernisse

(1) Zur Eintragung ist der Antrag beider Ehegatten erforderlich; jeder Ehegatte ist dem anderen gegenüber zur Mitwirkung verpflichtet.

(2) Der Antrag eines Ehegatten genügt

1. zur Eintragung eines Ehevertrags oder einer auf gerichtlicher Entscheidung beruhenden Änderung der güterrechtlichen Verhältnisse der Ehegatten, wenn mit dem Antrag der Ehevertrag oder die mit dem Zeugnis der Rechtskraft versehene Entscheidung vorgelegt wird;

2. zur Wiederholung einer Eintragung in das Register eines anderen Bezirks, wenn mit dem Antrag eine nach der Aufhebung des bisherigen Wohnsitzes erteilte, öffentlich beglaubigte Abschrift der früheren Eintragung vorgelegt wird;

3. zur Eintragung des Einspruchs gegen den selbständigen Betrieb eines Erwerbsgeschäfts durch den anderen Ehegatten und zur Eintragung des Widerrufs der Einwilligung, wenn die Ehegatten in Gütergemeinschaft leben und der Ehegatte, der den Antrag stellt, das Gesamtgut allein oder mit dem anderen Ehegatten gemeinschaftlich verwaltet;

4. zur Eintragung der Beschränkung oder Ausschließung der Berechtigung des anderen Ehegatten, Geschäfte mit Wirkung für den Antragsteller zu besorgen (§ 1357 Abs. 2).

Materialien: Zu § 1561 aF: E I §§ 1437 Abs 1 S 1, 3, Abs 2, 1438; II § 1456 rev § 1546; III § 1544; Mot IV 557; Prot IV 387; V 140; VI 290. Zu § 1561 nF: GleichberG E I § 1561; II § 1561. Vgl STAUDINGER/BGB-Synopse 1896–2005 § 1561.

I. Allgemeines

§ 1561 BGB ist gemäß Art 1 Nr 16 GleichberG den Änderungen des Güterrechts 1 angepasst und im Aufbau neu gefasst worden. Abs 2 Nr 4 wurde zur Anpassung an § 1357 nF durch das 1. EheRG unter Aufhebung des bis dahin geltenden Abs 3 neu angefügt.

2 Die Vorschrift regelt die Antragsberechtigung, wobei Abs 1 als Grundsatz die Antragstellung durch beide Ehegatten anführt, während Abs 2 die Einzelfälle beschreibt, in denen der Antrag eines Ehegatten ausreicht.

II. Gemeinsamer Antrag beider Ehegatten (Abs 1)

1. Form des Antrages

3 Im Regelfall des Abs 1 müssen beide Ehegatten den Antrag in öffentlich beglaubigter **Form** (s § 1560 S 2 BGB) stellen. Es reicht nicht aus, wenn ein Ehegatte den Antrag mit der formlosen Zustimmung des anderen Ehegatten stellt. Eine Vollmacht des bei Vertragsschluss vollmachtlos vertretenen Ehegatten ist in öffentlich beglaubigter Form nachzuweisen (KG Rpfleger 2001, 589).

2. Mitwirkungspflicht

4 § 1561 Abs 1 BGB gibt dem antragswilligen Ehegatten einen gerichtlich durchsetzbaren **Anspruch gegen den anderen Ehegatten auf Mitwirkung** an der gemeinsamen Antragstellung. Für den Antrag ist gemäß §§ 111 Nr 9, 112 Nr 2, 261 Abs 1 FamFG iVm § 23a Abs 1 Nr 1, 25b Abs 1 GVG das Familiengericht ausschließlich zuständig, da der Mitwirkungsanspruch unmittelbar auf einer güterrechtlichen Vorschrift beruht (ebenso BAMBERGER/ROTH/MAYER Rn 1; SOERGEL/GAUL/ALTHAMMER Rn 2). Mit der Rechtskraft eines den anderen Ehegatten zur Mitwirkung bei der gemeinsamen Antragstellung verpflichtenden Beschlusses gilt auch dessen Antrag als abgegeben (§ 894 ZPO).

5 Eine Mitwirkungspflicht des anderen Ehegatten kommt dann nicht in Betracht, wenn beide Ehegatten, sei es auch formlos, vereinbart haben, dass eine Eintragung nicht erfolgen soll, es sei denn, dass eine solche Abrede unter den besonderen Umständen des Einzelfalls wegen Verstoßes gegen die guten Sitten unbeachtlich ist (§ 138 Abs 1 BGB).

3. Anwendungsbereich

6 Gemeinsame Antragstellung ist insbesondere in den Fällen des § 1418 Nr 2 und 3 BGB (*Vorbehaltsgut* durch Bestimmung Dritter oder durch Surrogation, dazu § 1418 Rn 15 ff, 35 ff) erforderlich. Da ihrer Entstehung weder ein Ehevertrag noch eine gerichtliche Entscheidung zugrundeliegt, reicht der Antrag eines Ehegatten nicht aus. Das Gleiche gilt in den Fällen, in denen die in Abs 2 Nr 1 und 2 zur Antragstellung eines Ehegatten erforderlichen Urkunden nicht beigebracht werden können.

III. Antragsrecht eines Ehegatten (Abs 2)

1. Eintragung eines Ehevertrages

7 Nach Abs 2 Nr 1 reicht der Antrag eines Ehegatten aus, wenn ein Ehevertrag eingetragen werden soll. Dieser muss eintragsfähige Regelungen enthalten (vgl dazu Vorbem 5 ff zu §§ 1558 ff) und bei der **Antragstellung** in *Urschrift* oder *öffentlich be-*

glaubigter Abschrift vorgelegt werden. Es genügt auch die Vorlage eines beglaubigten Auszuges aus dem Ehevertrag (s dazu § 1560 Rn 2), wenn sich aus dem Auszug die Eintragungsfähigkeit des Vertrages, seine Formgültigkeit sowie die sonstigen gesetzlichen Erfordernisse der Eintragung ergeben.

2. Auf gerichtlicher Entscheidung beruhende Änderung der güterrechtlichen Verhältnisse

Auch in diesen Fällen genügt die Antragstellung eines Ehegatten, der jedoch die mit **8** dem Rechtskraftzeugnis versehene gerichtliche Entscheidung beim Registergericht vorlegen muss. Fälle sind hier insbesondere die Entscheidung über die auf Aufhebung der Gütergemeinschaft (§§ 1449, 1470 BGB) oder auf vorzeitigen Ausgleich des Zugewinns (§ 1388 BGB; s dazu Vorbem 9 zu §§ 1558 ff).

Wegen weiterer Fälle im Zusammenhang mit *altrechtlichen Güterständen* s STAU- **9** DINGER/FELGENTRAEGER[10/11] § 1561 Rn 12 f.

3. Wiederholung der Eintragung

Gemäß Abs 2 Nr 2 ist auch für die Wiederholung der Eintragung bei Verlegung des **10** Wohnsitzes (dazu im Einzelnen § 1559 BGB) der Antrag eines Ehegatten ausreichend. Die Anpassung an den neuen Wortlaut des § 1559 BGB ist wohl aufgrund eines Redaktionsversehens unterblieben, sodass noch vom *Wohnsitz* wechsel ausgegangen wird, obgleich dort auf den Wechsel des gewöhnlichen Aufenthalts abgestellt wird. Dazu muss eine nach der Aufhebung des bisherigen Aufenthalts erteilte *öffentlich beglaubigte Abschrift* der früheren Eintragung und eine *Bescheinigung* der Meldebehörde vorgelegt werden, aus der sich der Wechsel des bisherigen Aufenthalts und dessen Zeitpunkt ergibt (so auch NK-BGB/VöLKER Rn 3; BAMBERGER/ROTH/ MAYER Rn 2; SOERGEL/GAUL/ALTHAMMER § 1561 Rn 3; **aM** MünchKomm/KANZLEITER § 1561 Rn 4). Wird ein neuer gewöhnlicher Aufenthalt unter Beibehaltung des früheren begründet, findet die Vorschrift entsprechende Anwendung (s dazu § 1559 Rn 1, § 1558 Rn 3).

4. Einspruch gegen Erwerbsbetrieb

Gemäß Abs 2 Nr 3 reicht zur Eintragung des Einspruchs gegen den selbständigen **11** Betrieb eines Erwerbsgeschäfts des anderen Ehegatten und des Widerrufs der Einwilligung zu einem derartigen Geschäftsbetrieb (§§ 1431, 1456 BGB) in einer Gütergemeinschaft ebenfalls der Antrag eines Ehegatten aus. Das kann der Alleinverwalter des Gesamtgutes oder bei gemeinschaftlicher Verwaltung der jeweils andere, Einspruch erhebende oder widerrufende Ehegatte sein. Die Eintragung der Zurücknahme des Einspruchs oder Widerrufs ist in entsprechender Anwendung der Vorschrift ebenfalls auf Antrag eines Ehegatten zuzulassen.

5. Beschränkung oder Ausschließung der Berechtigung nach § 1357

Gemäß Abs 2 Nr 4 kann jeder Ehegatte den Antrag stellen, die Beschränkung oder **12** Ausschließung der Berechtigung des anderen Ehegatten, Geschäfte mit Wirkung für den Antragsteller zu besorgen (§ 1357 Abs 2 BGB), einzutragen. Der gleiche Ehegatte kann auch die Löschung einer auf seinen Antrag erfolgten Eintragung beantragen. Wird die zugrundeliegende Beschränkung oder Ausschließung durch das Familiengericht *aufgehoben* (vgl § 1357 Abs 2 BGB), so kann der Ehegatte, der die Entscheidung beantragt hatte, die Löschung der gegenstandslos gewordenen Eintragung gemäß § 1561 Abs 2 Nr 1 BGB ebenfalls einseitig beantragen (Münch-Komm/KANZLEITER Rn 6; SOERGEL/GAUL/ALTHAMMER Rn 4; BAMBERGER/ROTH/MAYER Rn 2; aA ERMAN/HEINEMANN Rn 5).

6. Sonstige Fälle

13 Weitere, in § 1561 BGB nicht aufgeführte Fälle, in denen ein Ehegatte einseitig Eintragungen beantragen kann, bildeten die durch Art 8 I Nr 3 GleichberG für einen bestimmten Zeitraum ermöglichten Gütertrennungserklärungen (s dazu STAUDINGER/FELGENTRAEGER[10/11] Vorbem 18 zu §§ 1558–1563) und die Spezialregelungen für vertriebene Ehegatten (s dazu Vorbem 15 zu § 1558 ff). Wegen der Fortgeltung altrechtlicher Güterstände s STAUDINGER/FELGENTRAEGER[10/11] § 1561 Rn 20.

IV. Antragsrecht des Notars

14 Zum Antragsrecht des Notars s § 1560 Rn 7.

§ 1562
Öffentliche Bekanntmachung

(1) Das Amtsgericht hat die Eintragung durch das für seine Bekanntmachungen bestimmte Blatt zu veröffentlichen.

(2) Wird eine Änderung des Güterstands eingetragen, so hat sich die Bekanntmachung auf die Bezeichnung des Güterstands und, wenn dieser abweichend von dem Gesetz geregelt ist, auf eine allgemeine Bezeichnung der Abweichung zu beschränken.

Materialien: Zu § 1562 aF: E I § 1439; II § 1457 rev 1547; III § 1545; Mot IV 558; Prot IV 390. Zu § 1562 nF: GleichberG E I § 1562; II § 1562. Vgl STAUDINGER/BGB-Synopse 1896–2005 § 1562.

1. Bekanntmachungspflicht

1 § 1562 BGB, der vom GleichberG nicht geändert worden ist, verpflichtet in Abs 1 das mit der Führung des Güterrechtsregisters betraute Amtsgericht, die erfolgten Eintragungen **von Amts wegen zu veröffentlichen**, und zwar *einmal* in dem Blatt, das zur Veröffentlichung amtlicher Bekanntmachungen dieses Gerichts bestimmt ist. Dass die Bekanntmachung alsbald nach der Eintragung zu erfolgen hat, ist im Gesetz als selbstverständlich nicht besonders hervorgehoben (vgl E I § 1439: „unverzüglich").

2. Inhaltliche Beschränkung der Bekanntmachung

Zwecks Kostenersparnis (Mot IV 559) bestimmt Abs 2, dass sich die Bekanntma- **2** chung zu **beschränken** hat:

a) auf die **Bezeichnung des Güterstands** (zB „Zugewinngemeinschaft", vgl § 1363 **3** BGB, „Gütertrennung", vgl § 1414 BGB, „Gütergemeinschaft", vgl § 1415 BGB), wenn eine Änderung des Güterstandes eingetragen wird, gleichgültig, ob die Änderung auf Ehevertrag, auf einer gerichtlichen Entscheidung oder auf Gesetz beruht.

b) auf eine **allgemeine Bezeichnung der Abweichung**, wenn der Güterstand ab- **4** weichend vom Gesetz geregelt wird. So genügt zB bei der Erklärung einzelner Gegenstände zum Vorbehaltsgut (vgl § 1418 Abs 2 Nr 1 BGB) die Bekanntmachung, dass „Vorbehaltsgut besteht"; die Aufführung der einzelnen hierzu erklärten Gegenstände ist nicht erforderlich.

c) In allen übrigen Fällen ist der Inhalt der Eintragung vollständig zu veröffent- **5** lichen.

3. Wiederholte Bekanntmachung

Verlegt ein Ehegatte seinen gewöhnlichen Aufenthalt in den Bezirk des Amtsge- **6** richts zurück, in dessen Güterrechtsregister eine Eintragung bezüglich seiner güterrechtlichen Verhältnisse vorgenommen und nicht gelöscht worden war (§ 1559 S 2 BGB; dazu dort Rn 6 f), so gilt die Eintragung als von neuem erfolgt. Obwohl tatsächlich keine Neueintragung anfällt, ist eine **erneute Bekanntmachung der früheren Eintragung** erforderlich (hM vgl MünchKomm/Kanzleiter § 1562 Rn 1; Soergel/Gaul/Althammer § 1562 Rn 1; aM Erman/Heinemann § 1562 Rn 1). Der Ehegatte muss daher dem Registergericht die Rückkehr an seinen früheren Aufenthalt anzeigen. Zur Wirkung der Bekanntmachung auch in diesem Fall s Rn 7.

4. Rechtliche Wirkung der Bekanntmachung

Die Bekanntmachung der Eintragung ist für deren Wirksamkeit nicht erforderlich. **7** Daher entscheidet auch für den *Beginn* der Rechtswirkung einer Eintragung der *Zeitpunkt der Eintragung,* nicht der der Veröffentlichung. Der Registerbeamte, der schuldhaft eine Bekanntmachung unterlässt, kann sich jedoch uU schadensersatzpflichtig gemäß § 839 BGB machen.

5. Die Kosten der Bekanntmachung trägt der Antragsteller (s § 1560 Rn 15). **8**

§ 1563
Registereinsicht

Die Einsicht des Registers ist jedem gestattet. Von den Eintragungen kann eine Abschrift gefordert werden; die Abschrift ist auf Verlangen zu beglaubigen.

Materialien: Zu § 1563 aF: E I § 1435 Abs 2; II
§ 1458 rev § 1548; III § 1546; Mot IV 555; Prot
IV 384. Zu § 1563 nF: GleichberG E I § 1563; II
§ 1563. Vgl Staudinger/BGB-Synopse 1896–
2005 § 1563.

1. Einsicht in das Register

1 Die durch das GleichberG nicht geänderte Vorschrift gewährt jedermann Einsicht in
das Güterrechtsregister, ohne dass ein berechtigtes Interesse erforderlich wäre.
Diese uneingeschränkte Einsichtsmöglichkeit erstreckt sich auf die Eintragungen
im Register selbst, daneben auf die *Registerakten* aber nur, soweit auf diese in der
Eintragung Bezug genommen ist. Einsicht in die Registerakten steht im Übrigen nur
den Interessenten zu, die ein berechtigtes Interesse glaubhaft machen (§ 13 Abs 2
FamFG). Das *Datenschutzrecht* beschränkt das Einsichtsrecht nicht (vgl Lüke, Regis-
tereinsicht und Datenschutz, NJW 1983, 1407).

2. Abschriften

2 Ebenso wie die Einsichtnahme (Satz 1) steht jedem das Recht frei, von den Eintragungen des Güterrechtsregisters eine Abschrift zu fordern, die auf Verlangen zu
beglaubigen ist. Es gelten die gleichen Grundsätze wie bei der Einsichtnahme
(s Rn 1). Es kann auch eine Bescheinigung des Inhalts verlangt werden, dass bezüglich des Gegenstandes einer Eintragung weitere Eintragungen in das Güterrechtsregister nicht vorhanden sind oder dass eine bestimmte Eintragung in das Register
nicht erfolgt ist *(„Negativzeugnis"*, § 386 FamFG). Ein positives Zeugnis wird nur bei
ausdrücklicher gesetzlicher Regelung erteilt (vgl § 33 GBO).

3. Kosten

3 Für die Einsicht in das Güterrechtsregister werden Gebühren nicht erhoben. Die
Kosten für Abschriften, Zeugnisse und Beglaubigungen bestimmen sich nach Anlage 1 Kostenverzeichnis Nr 17000 ff zu § 3 Abs 2 GNotKG.

Sachregister

Die fetten Zahlen beziehen sich auf die Paragraphen, die mageren Zahlen auf die Randnummern.

J. von Staudingers Kommentar zum Bürgerlichen Gesetzbuch mit Einführungsgesetz und Nebengesetzen

Übersicht vom 1. 4. 2018

Die Übersicht informiert über die Erscheinungsjahre der Kommentierungen in der 13. Bearbeitung und deren Neubearbeitungen (= Gesamtwerk STAUDINGER). *Kursiv* geschrieben sind die geplanten Erscheinungsjahre.

Die Übersicht ist für die 13. Bearbeitung und für deren Neubearbeitungen zugleich ein Vorschlag für das Aufstellen des „Gesamtwerk STAUDINGER" (insbesondere für solche Bände, die nur eine Sachbezeichnung haben). Es wird empfohlen, die Austauschbände chronologisch neben den überholten Bänden einzusortieren, um bei Querverweisungen auf diese schnell Zugriff zu haben. Bei Platzmangel sollten die ausgetauschten Bände an anderem Ort in gleicher Reihenfolge verwahrt werden.

Neubearbeitungen

Buch 1. Allgemeiner Teil

Einl BGB; §§ 1–14; VerschG	2004	2013			
§§ 21–79	2005				
§§ 80–89	2011	2017			
§§ 90–124; 130–133		2012	2016		
§§ 125–129; BeurkG			2012	2017	
§§ 134–163	2003				
§§ 134–138		2011	2017		
§§ 139–163		2010	2015		
§§ 164–240	2004	2009	2014		

Buch 2. Recht der Schuldverhältnisse

§§ 241–243	2005	2009	2014		
§§ 244–248	2016				
§§ 249–254	2005	2016			
§§ 255–314	2001				
§§ 255–304	2004	2009	2014		
§§ 305–310; UKlaG	2006		2013		
§§ 311, 311a, 312, 312a–i	2013				
§§ 311, 311a–c		2018			
§§ 311b, 311c	2012				
§§ 313, 314	*2019*				
§§ 315–327	2001	2004	2009	2015	
§§ 328–361b	2001				
§§ 328–359		2004			
§§ 328–345			2009	2015	
§§ 346–361			2012		
§§ 358–360				2016	
§§ 362–396	2000	2006	2011	2016	
§§ 397–432	2005	2012	2017		
§§ 433–487; Leasing	2004				
§§ 433–480		2013			
Wiener UN-Kaufrecht (CISG)	1999	2005	2013	2017	
§§ 488–490; 607–609	2011	2015			
VerbrKrG; HWiG; § 13a UWG; TzWrG	2001				
§§ 491–512	2004	2012			
§§ 516–534	2005	2013			
§§ 535–562d (Mietrecht 1)	2003	2006	2011		
§§ 563–580a (Mietrecht 2)	2003	2006	2011		
§§ 535–555f (Mietrecht 1)				2014	
§§ 556–561; HeizkostenV; BetrKV (Mietrecht 2)				2014	
§§ 562–580a; Anh AGG (Mietrecht 3)				2014	
§§ 535–556g (Mietrecht 1)					2017
§§ 557–580a; Anh AGG (Mietrecht 2)					2017
Leasing			2014		
§§ 581–606	2005	2013			
§§ 607–610 (siehe §§ 488–490; 607–609)	./.				
§§ 611–615	2005				
§§ 611–613		2011	2015		
§§ 613a–619a		2011	2016		
§§ 616–630	2002				
§§ 620–630		2012	2016		
§§ 631–651	2003	2008	2013		
§§ 651a–651m	2003	2011	2015		
§§ 652–656	2003	2010			
§§ 652–661a			2015		
§§ 657–704	2006				
§§ 662–675b		2017			
§§ 675c–676c		2012			
§§ 677–704		2015			
§§ 741–764	2002	2008	2015		
§§ 765–778	2013				
§§ 779–811	2002	2009	2015		
§§ 812–822	1999	2007			
§§ 823 A–D	2016				
§§ 823 E–I, 824, 825	2009				
§§ 826–829; ProdHaftG	2003	2009	2013		
§§ 830–838	2002	2008	2012	2017	
§§ 839, 839a	2007	2013			
§§ 840–853	2007	2015			
AGG	2017				
UmweltHR	2002	2010	2017		

Buch 3. Sachenrecht

§§ 854–882	2000	2007	2012
§§ 883–902	2002	2008	2013
§§ 903–924	2002	2009	2015
§§ 925–984; Anh §§ 929 ff	2004	2011	2016
§§ 985–1011	1999	2006	2013
ErbbauRG; §§ 1018–1112	2002	2009	2016
§§ 1113–1203	2002	2009	2014
§§ 1204–1296; §§ 1–84 SchiffsRG	2002	2009	
§§ 1–19 WEG	2017		
§§ 20–64 WEG	2017		

Buch 4. Familienrecht

§§ 1297–1320; Anh §§ 1297 ff; §§ 1353–1362	2007		
§§ 1297–1352		2012	2015
LPartG		2010	
§§ 1353–1362		2012	
§§ 1363–1563	2000	2007	
§§ 1363–1407			2017
§§ 1408–1563			2018
§§ 1564–1568; §§ 1–27 HausratsVO	2004		
§§ 1564–1568; §§ 1568 a+b		2010	
§§ 1569–1586b	2014		
§§ 1587–1588; VAHRG	2004		
§§ 1589–1600d	2000	2004	2011
§§ 1601–1615n	2000	2018	
§§ 1616–1625	2007	2014	
§§ 1626–1633; §§ 1–11 RKEG	2007	2015	
§§ 1638–1683	2004	2009	2015
§§ 1684–1717	2006	2013	
§§ 1741–1772	2007		
§§ 1773–1895; Anh §§ 1773–1895 (KJHG)	2004		
§§ 1773–1895		2013	
§§ 1896–1921	2006	2013	2017

Buch 5. Erbrecht

§§ 1922–1966	2000	2008	2016
§§ 1967–2063	2002	2010	2016
§§ 2064–2196	2003	2013	
§§ 2197–2264	2003		
§§ 2197–2228		2012	2016
§§ 2229–2264		2012	2017
§§ 2265–2338	2006		
§§ 2265–2302		2013	
§§ 2303–2345		2014	
§§ 2339–2385	2004		
§§ 2346–2385		2010	2016

EGBGB

Einl EGBGB; Art 1, 2, 50–218	2005	2013	
Art 219–245	2003		
Art 219–232		2015	
Art 233–248		2015	

EGBGB/Internationales Privatrecht

Einl IPR; Art 3–6	2003		
Einl IPR		2012	
Art 3–6		2013	
Art 7, 9–12, 47,48	2007	2013	
IntGesR	1998		
Art 13–17b	2003	2011	
Art 18; Vorbem A + B zu Art 19	2003		
Haager Unterhaltsprotokoll		2016	
Vorbem C–H zu Art 19	2009		
IntVerfREhe	2005		
IntVerfREhe 1		2014	
IntVerfREhe 2		2016	
Art 19–24	2002	2008	2014
Art 25, 26	2000	2007	
Art 1–10 Rom I VO	2011	2016	
Art 11–29 Rom I–VO; Art 46b, c; IntVertrVerfR	2011	2016	
Art 38–42	2001		
IntWirtschR	2006	2010	2015
Art 43–46	2014		

Eckpfeiler des Zivilrechts	2011	2012	2014

Demnächst erscheinen

Einl zum BGB; §§ 1–14; VerschG	2004	2013	2018
§§ 1353–1362		2012	2018
EU-VO u Übk z Schutz v Kindern	2009	2018	

oHG Dr. Arthur L. Sellier & Co. KG – Walter de Gruyter GmbH, Berlin
Postfach 30 34 21, D-10728 Berlin, Telefon (030) 2 60 05-0, Fax (030) 2 60 05-222